《上海物流年鉴》编撰委员会主任周禹鹏对编撰工作作要求

2018 年 5 月 6 日，第二届上海物流日活动主宾席一角

2018 年 5 月 6 日，第二届上海物流日活动主宾席一角

上海市商务委副主任刘敏在2018物流日活动上作主旨发言

上海现代服务业联合会副秘书长、上海物流年鉴主编白焕耀发布新版《上海物流年鉴2017》

上海现代服务业联合会物流与供应链服务专委会副主任相峰发布《物流创新路径报告》

市发展和改革委副主任阮青在2018物流日活动上作主旨演讲

民建上海市委主委周汉民在2018物流日活动上作主旨演讲

上海现代服务业联合会副会长、物流与供应链服务专委会主任范鸿喜接受记者采访

2018 第二届物流节嘉宾合影

上海冷链联盟工作会议会场

上海现代服务业联合会物流与供应链服务专委会赴上海生产性服务业促进会调研合影

上海现代服务业联合会物流与供应链服务专委会赴上海工技大供应链研究院调研

上海现代服务业联合会物流与供应链服务专委会赴上海锦江
国际低温物流有限公司与台湾冷链协会同行交流

上海现代服务业联合会物流与供应链服务专委会与台湾冷链协会同行工作交流合影

周禹鹏会长率队参加长三角铁路冷链班列（上海－成都）首发仪式

长三角冷链班列（上海　成都）首发仪式现场

围绕“企业进入供应链新时代做了哪些准备”主题的论坛嘉宾对话

论坛与会领导和嘉宾合影

上海现代服务业联合会物流与供应链服务专委会与重庆盐业协会合作交流活动现场

上海现代服务业联合会物流与供应链服务专委会
与重庆盐业协会合作交流活动现场

2018 年 12 月 27 日，纪念改革开放 40 周年上海物流业座谈会会场

上海郑明现代物流有限公司在 2018 上海第八届创意产业博览会的展示台

上海市物流协会常务副秘书长陈震在座谈会上发言

上海郑明现代物流有限公司董事长黄郑明发言

上汽安吉物流负责人讲话

上海冷链协会会长刘龙昌发言

上海现代服务业联合会副会长陈振鸿、范鸿喜在座谈会上

2019 年 1 月 9 日，上海物流年鉴编委会和编辑部召开专题研讨会

上海现代服务业联合会副会长兼秘书长、上海物流年鉴编委会委员李关德作研讨会动员

上海现代服务业联合会物流与供应链服务专委会常务副会长韩志雄主持研讨会

上海市发展和改革委员会经贸流通处处长殷飞

上海市经济与信息化委员会生产性服务处处长何勇

上海市商务委员会代表发言

上海市交通委员会代表发言

上海现代服务业联合会副秘书长、物流年鉴编辑部主编白焕耀

上海工程技术大学副校长史健勇指导物流供应链应用展览

上海现代服务业联合会领导一行走访上海振华重工（集团）股份有限公司

上海物流企业家协会专家委员会 2018 年会

上海现代服务业联合会物流与供应链服务专委会走访上海市物流协会

上海冷链联盟领导走访上海冷冻空调行业协会

上海现代服务业促进中心与浙江西塘镇人民政府签署合作协议

上海冷链联盟领导陪同台湾冷链协会一行走访上海工程技术大学

上海现代服务业联合会副会长简大年会见上海自贸区联合发展有限公司党委书记董事长孙仓龙一行

上海现代服务业联合会组织会员单位在浙江西塘镇交流考察长二角新片区

上海市商务委员会副主任刘敏与上海现代服务业联合会副会长兼秘书长李关德共同为上海冷链联盟成立揭牌

上海现代服务业联合会物流与供应链服务专委会专题活动

上海现代服务业联合会物流与供应链服务专委会领导接待上海市电子商务协会一行

上海现代服务业联合会领导考察东台市房车露营基地

上海现代服务业联合会领导与东台市政府领导在房车露营基地

上海嗨酷强供应链信息技术有限公司在 2018 上海第八届创意产业博览会的展示台

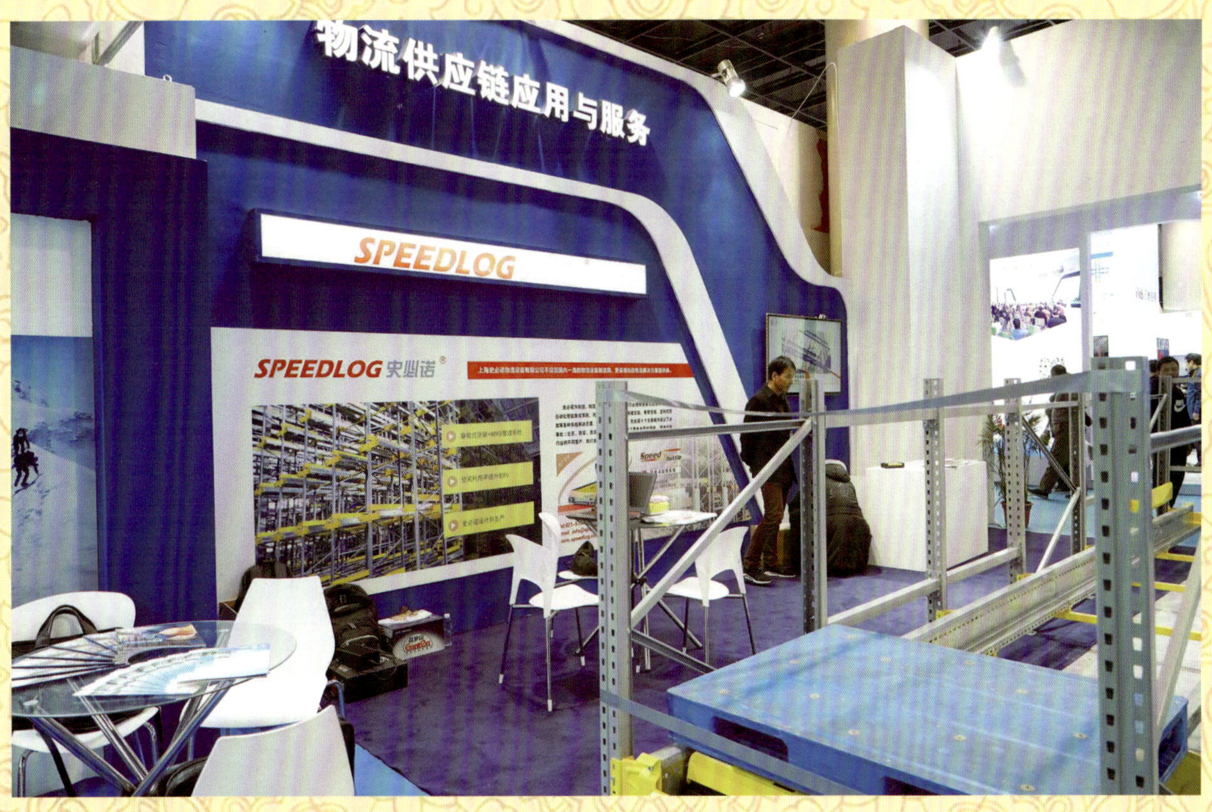

史必诺在 2018 第八届上海创意产业博览会的展示台

上海卓昕瑞供应链管理有限公司在 2018 第八届上海创意产业博览会的展示台

第二届56物流节活动现场

上海现代服务业联合会物流与供应链服务专委会常务副主任韩志雄代表专委会受领奖牌

上海物流年鉴 2018

Shanghai Logistics Yearbook 2018

上海现代服务业联合会
上 海 市 物 流 协 会　编著
上 海 市 物 流 学 会

图书在版编目（CIP）数据

上海物流年鉴. 2018 / 上海现代服务业联合会，上海市物流协会，上海市物流学会编著. -- 上海：上海社会科学院出版社，2019

ISBN 978-7-5520-2731-0

Ⅰ. ①上… Ⅱ. ①上… ②上… ③上… Ⅲ. ①物流—上海—2018—年鉴 Ⅳ. ①F259.275.1-54

中国版本图书馆CIP数据核字(2019)第072262号

上海物流年鉴 2018

编　　著—— 上海现代服务业联合会
　　　　　　上海市物流协会
　　　　　　上海市物流学会
责任编辑—— 董汉玲
封面设计—— 白焕耀
出版发行—— 上海社会科学院出版社
　　　　　　上海顺昌路 622 号　邮编 200025
　　　　　　电话总机 021-63315900　销售热线 021-53063735
　　　　　　http://www.sassp.org.cn　E-mail:sassp@sass.org.cn
印　　刷—— 上海新岛印刷有限公司
开　　本—— 890×1240 毫米　1/16 开
印　　张—— 38
字　　数—— 840 千字
版　　次—— 2019 年 4 月第 1 版
　　　　　　2019 年 4 月第 1 次印刷
书　　号—— ISBN 978-7-5520-2731-0/F·571
定　　价—— 399.00 元

《上海物流年鉴》编辑委员会

地址： 上海市浦东滨江大道 2525 弄 5 号 A 栋（邮编 200120）/ 北海路 8 号福申大厦 10 楼（邮编 200001）

电话： 021-50151868（总机）　**传真：** 021-50151827

E-mail: shsf.china@163.com　shlogyearbook@126.com

新浪博客 / 微博： http://blog.sina.com.cn/u/2748023544

前　言

在编创人员的共同努力下，新年鉴又如期与大家见面了。我谨代表上海现代服务业联合会和我个人，向年鉴编辑部和积极支持年鉴编纂工作的业内外朋友们表示衷心祝贺和感谢，为新年鉴的出版发行喝彩。

《上海物流年鉴2018》是创办以来的第8本，也就是说，从筹办开始，《上海物流年鉴》已经陪伴我们走过了超过八年的光荣历程。对于由第三方单位和人员主办的一本地方行业性专业年鉴，八年时间不算短也不算长，难能可贵的是，多年来大家能始终坚持立足这一领域，同心同力，不懈努力，并为之深耕细作、出书振业，也得到业内外的认可和赞赏。作为年鉴编委会的牵头人之一，多年来我也见证了这一历程，在关心年鉴工作的同时我始终看好年鉴的成长，更真心期望年鉴前进的脚步越走越好。

过去的2018年，面对深刻变化的外部环境，面临多年少有的国内外复杂严峻形势，全市在以习近平同志为核心的党中央坚强领导下，坚决贯彻落实党中央、国务院和中共上海市委的决策部署，全市经济社会发展总体平稳、稳中有进、稳中向好，呈现结构更优、效益更好、更趋协调、更可持续的高质量发展态势。作为国民经济体系中的重要产业之一，本市的物流业与其他各行各业一起，面对新形势的考验积极应对，物流业发展继续良好态势，交出了一份可喜的答卷。

2018年发生的一些重大事件，也成为本市物流业发展的重大契机，如三省一市的长三角一体化发展三年行动计划审议通过，聚焦交通和环保等7个重点领域12个合作专题，好多都与物流业区域合作相关；举世瞩目的首届中国国际博览会在沪举办，物流业在展会保障、对外合作交流等方面又大展手脚；改革开放40周年纪念活动，又牵动本市物流业发展历史回顾和对未来的展望......很高兴以上这些重要内容已在新年鉴中得到描述和反映。

2018年12月27日，在上海现代服务业联合会举办的“纪念改革开放40周年上海物流业座谈会”上，我曾在发言中讲过一段话，现谨作为本文的结尾与大家共勉：

上海的物流业对上海经济的发展发挥了巨大的不可或缺的支撑作用，并随着整个经济大势的发展自身也获得了举世瞩目的变化。今天的上海物流业已经形成了陆运水运空运管运，城市配送区域联动，平台撮合优势互补，多式联运方便快捷，跨界融合错位发展，全方位立体式多功能的服务体系。在全国的物流业发展中始终发挥着引领前行的作用。

今天，我们上海物流业同行们欢聚一堂，回顾曾经的风雨，共享发展的成果，展望更美好的未来，很有必要。因为我们仍然面临着很多需要破解的难题，面临着很多探索和创新之路，未来的路还很长，需要我们物流业的全体同仁们，尤其是那些业内的领军企业，不忘初心，砥砺前行，奋发有为，再创佳绩。把上海的物流业不断地推向新的更高的水平。

周禹鹏

2019 年 4 月 3 日

目　录

第一篇　综合报告和政策文件

第二篇 物流基础领域

第三篇 物流业改革开放四十年

第四篇 物流业创新研发与应用实践

第五篇 口岸与自贸区物流、长三角物流业区域合作

第六篇 制造业物流

第七篇 城市配送物流

第八篇 物流装备技术与物流标准

第九篇 物流金融和供应链物流

第十篇 附录

第一篇 综合报告和政策文件

1.1 物流业综合报告和2018年度统计数据

1.1.1 全国物流业

《中华人民共和国2018年国民经济和社会发展统计公报》交通运输、仓储和邮政业部分（节录）

四、服务业

* 全年交通运输[①]、仓储和邮政业增加值40550亿元，增长8.1%。

* 全年货物运输总量515亿吨，比上年增长7.1%。货物运输周转量205452亿吨公里，增长4.1%。全年规模以上港口完成货物吞吐量133亿吨，比上年增长2.7%，其中外贸货物吞吐量42亿吨，增长2.0%。规模以上港口集装箱吞吐量24955万标准箱，增长5.2%。

表4 2018年各种运输方式完成货物运输量及其增长速度

指标	单位	绝对数	比上年增长（%）
货物运输总量	亿吨	514.6	7.1
铁路	亿吨	40.3	9.2
公路	亿吨	395.9	7.4
水运	亿吨	69.9	4.7
民航	万吨	738.5	4.6
管道	亿吨	8.5	5.4
货物运输周转量	亿吨公里	205451.6	4.1
铁路	亿吨公里	28821.0	6.9
公路	亿吨公里	71202.5	6.6
水运	亿吨公里	99303.6	0.7
民航	亿吨公里	262.4	7.7
管道	亿吨公里	5862.0	22.5

* 年末全国民用汽车保有量24028万辆（包括三轮汽车和低速货车906万辆），比上年末增长10.5%。

[①]交通运输类统计数据含客运和货运两大部分。——编者注

＊ 全年完成邮政行业业务总量 12345 亿元，比上年增长 26.4%。邮政业全年完成邮政函件业务 26.8 亿件，包裹业务 0.2 亿件，快递业务量 507.1 亿件，快递业务收入 6038 亿元。

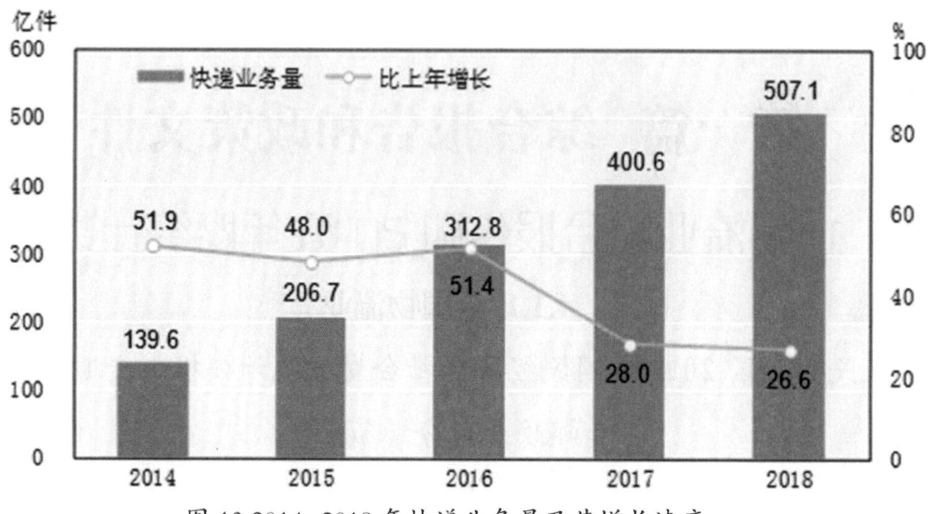

图 13 2014–2018 年快递业务量及其增长速度

六、固定资产投资

＊ 2018 年分行业固定资产投资中交通运输、仓储和邮政业年增长速度：3.9%。

表 7　2018 年固定资产投资新增主要生产与运营能力（交通运输部分）

指标	单位	绝对数
新建铁路投产里程	公里	4683
其中：高速铁路 [47]	公里	4100
增、新建铁路复线投产里程	公里	4711
电气化铁路投产里程	公里	6474
新改建公路里程	公里	356045
其中：高速公路	公里	6063
港口万吨级码头泊位新增通过能力	万吨 / 年	26428
新增民用运输机场	个	6

七、对外经济

＊ 2018 年外商直接投资（不含银行、证券、保险领域）及其增长速度

行业	企业数（家）	比上年增长（%）	实际使用金额（亿元）	比上年增长（%）
其中：交通运输、仓储和邮政业	754	45.8	314	-16.0

＊ 2018 年对外非金融类直接投资额及其增长速度

行业	金额（亿美元）	比上年增长（%）
交通运输、仓储和邮政业	58	92.7

来源：国家统计局《2018 年国民经济和社会发展统计公报》　2019 年 2 月 28 日

2018 年全国物流运行情况通报

国家发展改革委、中国物流与采购联合会

2018 年全社会物流总额保持平稳增长，社会物流总费用与 GDP 的比率为 14.8%，其中运输费用比率稳中有降，保管费用和管理费用比率上升。

一、社会物流总额保持平稳增长

2018 年全国社会物流总额 283.1 万亿元，按可比价格计算，同比增长 6.4%，增速比上年同期回落 0.2 个百分点。分季度看，一季度 62.4 万亿元，增长 7.2%；上半年 131.1 万亿元，增长 6.9%；前三季度 204.1 万亿元，增长 6.7%，全年社会物流总需求呈趋缓趋稳的发展态势。

从构成看，工业品物流总额 256.8 万亿元，按可比价格计算，同比增长 6.2%，增速与上年同期持平；进口货物物流总额 14.1 万亿元，增长 3.7%，增速比上年同期回落 5 个百分点；农产品物流总额 3.9 万亿元，增长 3.5%，增速比上年同期回落 0.4 个百分点；单位与居民物品物流总额 7 万亿元，增长 22.8%；再生资源物流总额 1.3 万亿元，增长 15.1%；

二、社会物流总费用与 GDP 的比率略有回升，运输环节效率明显改善

2018 年社会物流总费用 13.3 万亿元，同比增长 9.8%，增速比上年同期提高 0.7 个百分点。社会物流总费用与 GDP 的比率为 14.8%，比上年同期上升 0.2 个百分点。

运输费用 6.9 万亿元，增长 6.5%，增速比上年同期下降 4.3 个百分点，运输费用与 GDP 的比率为 7.7%，比上年同期下降 0.3 个百分点。

保管费用 4.6 万亿元，增长 13.8%，增速比上年同期提高 7.1 个百分点，保管费用与 GDP 的比率为 5.1%，比上年同期提高 0.4 个百分点。

管理费用 1.8 万亿元，增长 13.5%，增速比上年同期提高 5.1 个百分点，管理费用与 GDP 的比率为 2%，比上年同期提高 0.1 个百分点。

三、物流业总收入加快增长

2018 年物流业总收入 10.1 万亿元，比上年增长 14.5%，增速比上年同期提高 3 个百分点。

来源：中物联网 2019 年 03 月 23 日

2018 年物流运行形势分析及 2019 年预判

中国物流与采购联合会副会长：蔡进

2018 年 12 月 22 日

2018 年，我国宏观经济稳中有变，变中有进，预计全年经济增长 6.5% 的目标能够实现。从物流发展来看，物流运行整体变中有进，社会物流总需求基本平稳，初步预计全年社会物流总额为 280 万亿元左右，可比增长 6.5%，物流运行继续朝向高质量方向发展，初步预计社会物流总费用与 GDP 的比率预计仍保持在 14.6% 左右，运输环节成本效率有所提高，但保管环节成本水平有所上升，显示出当前宏观经济和物流降本增效仍处在攻坚期。

2019 年，我们将面临更为复杂的国际经济环境，经济继续平稳运行存在积极因素，同时也要看到仍存在影响经济运行的不确定性。预期 2019 年经济增速保持适度，或将有所放缓。在中美贸易摩擦没有进一步恶化的影响下，2019 年 GDP 增速将保持在 6.4% 左右。在全球经济复苏趋势有所放缓，国内经济适度增长的大背景下，初步预计 2019 年社会物流总额增长 6.3% 左右，社会物流运行效率将继续处于稳中有降通道，2019 年社会物流总费用与 GDP 比率或将继续下降，但降幅有限。

一、2018 年宏观经济与物流运行形势分析

（一）宏观经济稳中有变，变中有进

1. 经济整体运行稳中有变

PMI 数据显示，1-11 月，制造业 PMI 均值虽较去年同期回落 0.6 个百分点，但仍保持在 51.0%；非制造业商务活动指数均值为54.5%，较去年同期持平。综合两大指数变化，制造业发展保持温和增长，非制造业发展适度较快，经济总体保持平稳运行格局。

在经济总体平稳运行的同时，经济发展稳中有变的特征也持续显现。PMI 数据显示，制造业 PMI 从 9 月开始回落至 51% 以下，连续 3 个月环比回落，11 月降至 50% 的荣枯线；非制造业自 10 月份开始降至 54% 以下，连续两个月环比回落，11 月降至 53.4%，创年内新低。制造业与非制造业的双双回落，意味着经济增长出现放缓迹象，下行压力有所加大。

2. 变中有进，经济发展质量有所改善

今年我国经济运行呈现稳中有变的特征，除了受外部因素干扰外，也是我国经济转型过程中的必然结果，具有合理性。伴随着经济增速的放缓，是经济结构的持续优化，发展均衡性的提升以及新旧动能的持续转换，我国经济正在由高速增长向高质量发展方向持续迈进。一是服务业保持稳定，其发展水平和稳定性高于制造业，带动经济结构优化。二是经济发展的均衡性持续改善，生产指数降幅要超过新订单指数降幅，供给端压力持续缓解，供需发展均衡性持续改善。三是新动能发展势头良好。高新技术产业继续保持较快发展趋势，且增速并未放缓，信息服务业在去年高增长的基础上，继续加快发展。

综合来看，2018 年我国经济运行保持平稳，受国内及国际经济环境影响，经济运行稳中有变。这存在一定的必然性和合理性，是主动调控的结果。与稳中有变相伴随的是变中有进，是经济发展质量提升、经济结构继续优化、经济发展均衡性持续改善、新动能加快成长。预计全年经济增长 6.5% 的目标能够实现，全年 GDP 增速将达到 6.6%。

（二）物流需求增长适度，增速稳中趋缓，物流企业盈利水平出现分化，物流成本水平稳中有降

1. 社会物流总需求增长适度，全年呈现稳中趋缓走势

1-10 月份，全社会物流总额 231.5 万亿元，按可比价格计算，同比增长 6.6%，增速比去年同期回落 0.2 个百分点，分项来看，1-10 月份，工业品物流总额 209.7 万亿元，可比增长 6.3%，增速比去年同期回落 0.4 个百分点；原油、天然气、煤炭等大宗商品进口需求回升，带动进口货物物流需求较快增长，1-10 月份，进口货物物流总额 11.7 万亿元，现价增长 15.5%，可比增长 4.9%；与民生、绿色经济相关的物流规模保持快速增长，1-10 月份，单位与居民物品物流总额 5.5 万亿元，可比增长 25.9%；节能环保和低碳经济对再生资源物流需求日益提高，1-10 月份，再生资源物流总额可比增长 12.1%，增速较 1-9 月份提高 0.3 个百分点。今年前 10 个月，物流需求增长平稳趋势仍在延续，初步预计全年社会物流总额为 280 万亿元左右，可比增长 6.5%。

2. 工业物流需求发展动力转换力度不断增强

伴随着我国经济发展模式的转型升级，物流需求结构也呈现出不同的变化，突出表现在物流发展结构持续优化，新旧动能转换持续加快，发展的均衡性在增强。1-10 月份，分行业中高新技术和装备制造业物流需求保持领先，医药工业物流、计算机工业物流总额增长超过 10%，显示物流发展动

力在持续转换。从快递物流指数来看，电器机械制造业、计算机制造业、交通运输设备制造业、专用设备制造业等行业商务快件指数前 11 个月均值分别为 103.2%、105.7%、105.7% 和 106.5%，高于黑色金属加工、非金属制品业和化学原料制造业 101% 左右的水平。

3. 电商物流需求保持旺盛需求

今年以来在电商促销作用下，电商物流高位基础上快速增长，1-11 月份，电商物流指数中总业务量指数、农村业务量平均为 133.2 点和 131.2 点，显示出今年以来电商物流总业务规模和农村业务规模同比增长超过 30%，特别是今年 6 月份及金九银十、双十一等促销旺季，电商物流订单量剧增，以 11 月份为例，电商物流总业务量规模环比增长近 60%，农村业务量规模环比增长超过 30%。

4. 宏观物流降本增效成效显现，运输环节效率显著改善

前三季度社会物流总费用 9.5 万亿元，增长 8.6%，社会物流总费用与 GDP 的比率为 14.6%，比去年同期和今年上半年提高 0.1 个百分点，分环节来看，运输环节物流成本水平稳中有降，但保管环节成本有所上升。当前我国经济已经从高速增长向高质量阶段转变，从发达国家的发展历程看，当前社会物流成本也从快速回落期向平台期转换，因此长期来看，社会物流总费用与 GDP 比率总体稳中下行，但不排除一段时间内出现反弹，初步预计 2018 年全年社会物流总费用与 GDP 的比率为 14.6% 左右。

一是公转铁和多式联运快速发展，运输结构调整优化了成本空间。前三季度运输费用 5 万亿元，同比增长 8%，增速比去年同期回落 4.6 个百分点，其中铁路运输费用增速比道路运输费用高 3.7 个百分点，多式联运和车货匹配平台的应用减少了无效周转和无序装卸，有效降低装卸搬运费用成本，前三季度装卸搬运费用增长 8.4%，增速比去年同期回落 6.2 个百分点。

二是保管环节物流成本水平有所上升，前三季度保管费用 3.3 万亿元，同比增长 9.3%，增速比去年同期提高 1.4 个百分点，其中资金占用成本增长 9.1%，增速比去年同期提高 7.3 个百分点；仓储成本增长 8.6%，增速比去年同期有所回落，但仍保持较快增长。保管费用与 GDP 比率为 5%，比去年同期提高 0.2 个百分点。

三是尽管社会物流保管环节成本水平上升，但消费领域电商物流库存、运输和末端配送环节均显现高效率特征。9 月份，电商物流库存周转指数为 108.8 点，比上月回升 3.2 个点，副食品和酒水等食品饮料类商品库存周转明显加快，采购备货和网点分拨量较前期明显增加；实载率指数为 107 点，比上月回升 0.1 个点，回升至今年以来较高水平。

四是行业物流效率继续改善。中国物流信息中心重点企业调查显示，近年来我国工业和批发零售企业物流费用率呈逐年稳步下降趋势，反映出企业物流运作效率和管理水平有所提升，但与发达国家相比，行业物流仍存在明显差距，2017 年我国工业企业物流费用率为 8.3%，批发和零售企业物流费用率为 7.3%，均比日本高出 3 个多百分点。(2017 年数据尚未公布)

二、2019 年宏观经济与物流走势研判

（一）宏观经济预判，2019 年经济增速将保持在 6.4% 左右

2019 年，我们将面临更为复杂的国际经济环境，经济继续平稳运行存在积极因素，同时也要看到仍存在影响经济运行的不确定性。

从国际环境看，全球经济将延续复苏趋势，但强度将有所偏弱。从不同区域表现来看，各区域经济复苏进程也有所分化。亚洲整体保持温和复苏趋势；欧洲复苏进程整体偏弱；美洲经济目前复苏趋势保持强劲，但加息预期不容忽视；非洲经济发展水平好于去年同期，但经济体量占比较小。

从国内环境看，国内经济具备平稳运行基础，今年出台的一系列政策措施有望在明年持续释放效果，为经济平稳运行保驾护航。投资增长有望在明年企稳回升，今年下半年以来，国家出台多项

政策保证投资稳定，财政支出进度将有所加快，有助于保障基建项目的资金投入。消费升级的潜力依然较大，预期 2019 年不会出现较大波动，仍将继续发挥稳增长的基础性作用。伴随着原油等大宗商品价格的持续下跌，全球通胀压力有所缓解。原材料价格的回落以及对民企的资金纾困有望缓解企业成本压力，改善企业利润空间。

影响经济运行的不确定性集中体现在市场需求基础仍不稳固，新订单指数持续回落，企业反映需求不足比重有所上升，当前市场稳定运行的需求基础和动力基础仍需进一步加强。中美贸易摩擦带来的不确定性影响仍在存在。

综合以上因素，2019 年我国经济具备平稳运行基础，但存在不确定性因素，经济增速保持适度，或将有所放缓。在中美贸易摩擦没有进一步恶化的影响下，2019 年 GDP 增速将保持在 6.4% 左右。

（二）物流运行形势预判

在全球经济复苏趋势有所放缓，国内经济适度增长的大背景下，初步判断 2019 年社会物流总额能够实现 6.2% 以上的平稳增长．从重点行业来看，随着“一带一路”倡仪及“走出去”等国家战略的深入实施，我国与世界其它国家贸易广度和深度不断增强，贸易便利化、通关、电子商务以及投融资合作等日益频繁，中西部地区以及国际物流需求将成为新的增长动力。在跨境电子商务快速发展的带动下，跨境商贸物流也将呈现快速发展态势。在全球新一轮科技革命的推动下，新技术、新模式、新业态不断涌现，为产业转型升级创造重大机遇。智慧物流逐步成为推进物流业发展的新动力、新路径，也为经济结构优化升级和提质增效注入强大动力，物流企业对智慧物流的需求越来越强烈、越来越多样化，预计到 2025 年智慧物流服务的市场规模将超过万亿。

但物流分领域分行业也或将出现分化，其中与居民消费密切相关的快消品、食品以及电商物流已经进入到高基数阶段，增速将出现稳步下行趋势，冷链、医药等高品质消费物流需求仍将高速增长，与工业品转型升级相关的装备制造业、高新技术物流需求快速回升，大宗领域物流需求仍将低速增长。

来源：中物联网　2018 年 12 月

2018 年中国物流行业十件大事

中国物流与采购联合会

（二〇一八年十二月三十一日发布）

第一，李克强总理主持召开国务院常务会议，部署进一步促进物流降本增效，推出简政、减税、降费新举措。

第二，国务院常务会议部署推进物流枢纽布局建设，多措并举发展“通道 + 枢纽 + 网络”的现代物流体系。

第三，国务院印发《打赢蓝天保卫战三年行动计划》和《调整运输结构三年行动计划》，以推进运输结构调整，提高综合运输效率。

第四，国务院常务会议通过《快递暂行条例（草案）》，促进快递行业在法治轨道上提质升级。

第五，商务部等 8 部门开展供应链创新与应用试点，55 个城市列为试点城市，266 家企业纳入试点企业名单。

第六，7 月 1 日起，全部不合规车辆运输车不再驶入高速公路，历时两年的车辆运输车治理工作取得显著成效。

第七，交通运输部公布第三批共24个多式联运示范工程项目，多式联运示范工程项目增至70个。

第八，京东无人配送站落成、顺丰获得无人机航空运营许可证，菜鸟启动物流物联网（IoT）战略，苏宁无人车投入运营，多家公司开展自动驾驶卡车测试，物流"无人技术"加快推进。

第九，中远海控完成收购东方海外多数股权，顺丰收购DHL在华供应链业务，中国邮政寄递事业部成立，天地华宇并入上汽物流板块，满帮收购志鸿物流，万科物流并购太古冷链，物流企业兼并重组事件频发。

第十，中国物流与采购联合会在山东济南隆重举行物流行业庆祝我国改革开放40周年大会和座谈会。

来源：中物联网 2018年12月31日

多管齐下 多方发力 推动物流高质量发展

——对《关于推动物流高质量发展，促进形成强大国内市场的意见》的理解

中国物流与采购联合会副会长：贺登才

（二〇一九年三月五日）

2019年全国"两会"前夕，国家发展和改革委员会等24个部门和单位联合印发《关于推动物流高质量发展，促进形成强大国内市场的意见》"发改经贸〔2019〕352号"，提出25条政策措施（以下简称《物流25条》）。其目的是为巩固物流降本增效成果，增强物流企业活力，提升行业效率效益水平，畅通物流全链条运行，进而促进形成强大国内市场，构建现代化经济体系，实现国民经济高质量发展。

一、《物流25条》恰逢其时，应运而生

推动物流高质量发展符合党中央、国务院关于高质量发展的战略部署和我国经济发展的阶段性特征；是促进形成强大国内市场，构建现代化经济体系，实现国民经济高质量发展的内在要求；也是推进物流业发展方式转变、结构优化和动力转换，实现自身转型升级的必由之路。

党的十九大做出了"我国经济已由高速增长阶段转向高质量发展阶段"的科学判断。李克强总理在十三届人大二次会议所做的《政府工作报告》中明确要求，提升产业链水平，畅通国民经济循环，推动经济高质量发展。《物流25条》开宗明义，把物流业定位于支撑国民经济发展的基础性、战略性、先导性产业，把物流高质量发展作为推动经济高质量发展不可或缺的重要力量。这是党中央国务院高质量发展战略和政策在物流领域的具体体现，也反映了《物流25条》的政治站位。

当前，国内外环境正在发生深刻变化。世界经济增速放缓，保护主义、单边主义加剧，不稳定不确定因素明显增加。国内经济下行压力加大，消费增速减慢，有效投资增长乏力，实体经济困难较多。要使经济增长保持在合理区间，迫切需要部分产业率先加快结构调整，着力提质增效，以带动其他产业融合发展，实现转型升级。而物流业是实体经济的有机组成部分，更是市场流通的必经环节，经济平稳增长、产业协调发展和消费升级都离不开相应的物流服务。物流业对于经济发展的贡献不仅在于本身创造的税收、就业，累积发展后劲，更在于支撑各相关产业健康发展，增强实体经济活力，促进形成强大国内市场，服务于现代化经济体系建设。

我国物流业经过改革开放40多年发展，服务能力和水平显著提升，为经济持续高速增长、综合

国力显著增强提供了有力支撑，对产业升级、流通业改革、发展方式转变和民生改善发挥了重大作用。从规模上看，我国已成为全球“物流大国”，许多指标排在世界前列。但也要清醒地认识到，从总体上看我国物流运行质量和效率还不高、服务供给能力不强、基础设施整体效能发挥不够、创新能力不足等问题依然存在。发展不平衡、不充分的矛盾比较突出，传统的以数量规模、要素驱动的粗放发展方式难以为继，体制政策环境有待进一步改善。近年来，各部门、各地方出台了一系列支持物流业发展的政策措施，多数开始见效。但也存在涉及部门多、地方协调难等问题，导致出台政策落实不够，营商环境与市场主体期待还有差距。

推进物流高质量发展，是形成强大国内市场，满足人民日益增长的美好生活对物流服务需求的战略任务，也是当前物流业深化供给侧结构性改革、提质增效的主攻方向。《物流 25 条》较好地回答了这一紧迫课题，对于新时代物流业转型升级、创新发展必将发挥重要的指导作用。

二、《物流 25 条》点多面广，切合实际

2018 年下半年以来，国家发改委牵头组织现场调研、企业座谈、起草酝酿、征求各有关部门和地方意见，逐步形成了《物流 25 条》的核心内容。这些内容既考虑和已出台政策的衔接，保持政策的连续性，又在原有基础上寻求突破和创新；主要“政策点”根据职能分工征得有关部门同意，既全面系统，又重点突出；既符合党中央国务院关于高质量发展的总体部署，又紧密结合物流业创新发展的实际。部分核心内容，已纳入今年的国务院《政府工作报告》。

《物流 25 条》全文 8000 多字，分为七个部分。主要“政策点”集中在高质量的基础设施网络、高质量的物流服务能力、高质量的内生发展动力和高质量的营商环境等方面。

《物流 25 条》第二部分“构建高质量物流基础设施网络体系”，提出了四个大的“政策点”。一是推动国家物流枢纽网络建设。根据《国家物流枢纽布局和建设规划》的总目标，特别提到 2019 年要启动第一批 15 个左右国家物流枢纽布局建设。二是加强联运转运衔接设施短板建设。要推动具备条件的物流园区引入铁路专用线，加强入港铁路专用线等基础设施短板建设，支持铁路专用线进码头等。三是完善城乡消费物流体系。要实施城乡高效配送专项行动，完善城乡配送网络；实施“邮政在乡”工程，升级“快递下乡”工程，深入开展电子商务进农村综合示范等。四是建立资源共享的物流公共信息平台。要促进相关部门、大型市场主体的物流公共数据互联互通和开放共享；扩大物流相关信息公开范围和内容，为物流企业和制造业企业查询提供便利；依托行业协会，实施全国百家骨干物流园区“互联互通”工程等。

《物流 25 条》第三部分“提升高质量物流服务实体经济能力”，突出强调物流业与相关产业联动融合发展，也有四个大的“政策点”。一是促进现代物流业与制造业深度融合。主要是支撑制造业高质量集群化发展；支持物流企业开展服务化转型；扩大大宗物资运量运能互保协议范围；构建高价值商品的快捷物流服务网络等。二是积极推动物流装备制造业发展。提出要加大重大智能物流技术研发力度，推动关键技术装备产业化；研究推广尺寸和类型适宜的内陆集装箱，在适宜线路开展铁路双层集装箱运输，推广铁路重载运输技术装备等。三是提升制造业供应链智慧化水平。要鼓励物流和供应链企业在依法合规的前提下开发面向加工制造企业的物流大数据、云计算产品；鼓励发展以个性化定制、柔性化生产、资源高度共享为特征的虚拟生产、云制造等现代供应链模式等。四是发挥物流对农业的支撑带动作用。要加强农产品物流骨干网络和冷链物流体系建设，聚焦农产品流通“最先一公里”；鼓励企业创新冷链物流基础设施经营模式，开展多品种经营和“产销双向合作”；加强邮政、快递物流与特色农产品产地合作，畅通农产品“上行”通道；推动地方全面落实冷链物流企业用水、用电、用气与工业同价政策等。

《物流 25 条》第四部分“增强物流高质量发展的内生动力”，提出七个方面的“政策点”。一是发展物流新服务模式。列举了诸如：以网络为依托的货运新业态，铁路企业班列化货物列车、“门到门”运输和“点对点”铁路冷链运输、共同配送、集中配送、夜间配送、分时配送、探索发展无人机配送等。二是实施物流智能化改造行动。提出要大力发展数字物流；支持物流园区和大型仓储设施等应用物联网技术，鼓励货运车辆加装智能设备；发展机械化、智能化立体仓库等。三是推进多式联运发展。提出要研究制定统一的多式联运服务规则，完善多式联运转运、装卸场站等物流设施标准；加快建设多式联运公共信息平台；依托国家物流枢纽网络开发“一站式”多式联运服务产品，加快实现集装箱多式联运“一单制”；研究在适宜线路开展驮背运输；发展海铁联运班列等。四是促进物流供应链创新发展。要发展基于核心企业的“链主型”供应链、基于现代信息技术的“平台型”供应链、依托专业化分工的“互补型”供应链，基于区域内分工协作的“区块型”供应链和基于存货控制的“共享型”供应链等。五是加快国际物流发展。要点有深入推进通关一体化改革，提升通道国际物流便利化水平；加强陆上边境口岸型物流枢纽建设；加强与中亚、欧洲沿线各国的大型生产制造企业的对接，提升中欧班列国际物流服务能力与质量等。六是加快绿色物流发展。强调持续推进柴油货车污染治理力度；研究推广清洁能源（LNG）、无轨双源电动货车、新能源（纯电动）车辆和船舶；在批发市场、快递转运中心、物流园区等建设充电基础设施；落实新能源货车差别化通行管理政策；发展绿色仓储，使用绿色包材，以绿色物流为突破口，带动上下游企业发展绿色供应链等。七是促进标准化单元化物流设施设备应用。提出要精简货运车型规格数量，严查严处货车非法改装企业；稳步开展超长平板半挂车、超长集装箱半挂车等非标货运车辆治理工作；推动城市配送车辆结构升级；支持集装箱、托盘、笼车、周转箱等单元化装载器具循环共用以及托盘服务运营体系建设；鼓励和支持公共“挂车池”“运力池”“托盘池”等共享模式和甩挂运输等新型运输发展；加快物流信息、物流设施、物流装备等标准对接等。

《物流 25 条》第五部分“完善促进物流高质量发展的营商环境”的主要内容有：深化物流领域“放管服”改革、推进铁路货运服务提质增效、降低车辆通行和港口物流成本、提升城市物流管理水平等。第六部分“建立物流高质量发展的配套支撑体系”提出了完善现代物流业统计制度、健全物流标准规范体系、构建物流高质量发展评价体系、健全完善物流行业信用体系。第七部分“健全物流高质量发展的政策保障体系”提出，创新用地支持政策、加强投融资支持方式创新等。以上三部分内容有的是对已有政策的深化和细化，有的对已有政策提出了具体的完成时限，还有的是首次提出的“政策干货”。特别是业界普遍关心的用地支持政策、简化行政审批、清理涉企收费等，更有针对性和可操作性。

《物流 25 条》力求工作实效，按照能操作、可落地、见效快的原则，提出了 2019 年推动物流高质量发展的 10 项重点工作，主要包括开展国家物流枢纽布局建设、实施物流智能化改造行动、全国百家骨干物流园区“互联互通”工程、降低铁路运价水平、创新物流用地支持政策等，并要求建立工作台账，由相关部门和单位按任务分工推动落实。

三、落实《物流 25 条》，需要多方发力，形成合力

个人认为《物流 25 条》是近年来政府出台的同类文件当中，覆盖面较广、“政策点”较多、“含金量”较高的一份“高质量”指导性文件。仔细梳理，全文“政策点”超过 100 个。如何使“好政策”落到实处，见到实效，切实增强行业企业“获得感”，需要政府、企业和协会多方发力，形成合力，各司其职，共同推进。

（一）政府应发挥推动政策落实的主导作用。《物流 25 条》由 24 个部门和单位联合发布，这些部门及各级地方政府应该是推动政策落实的主体。一是加强协调。一份文件，九分落实。多部门联合协调形成的文件，同样离不开上下贯通、部门联动，加大政策创新和支持力度。希望更好发挥现代物流工作部际联席会议等协调机制，加强组织领导，明确任务分工和完成时限，强化协同配合，切实推动各项政策真正落地实施。二是进一步发挥行业协会作用。在《物流 25 条》起草制定过程中，政府部门委托中国物流与采购联合会多次组织召开企业座谈会，听取相关企业和行业协会意见，使政府决策更符合实际和民意。在政策落实过程中同样需要发挥行业协会作用，把听取企业和行业协会意见贯穿全程。这也是推进科学民主决策、建设法治政府的重要举措。三是开展评估和督查。在 2018 年国务院大督查工作中，把物流政策落实情况作为督查重点，取得明显成效。建议在《物流 25 条》贯彻落实过程中加强工作指导和督促检查，及时协调解决政策实施中的问题，促使各项政策“落地有声”“抓铁有痕”。

（二）行业企业应更好把握政策导向。企业是市场主体，市场在资源配置中起决定性作用。我们的企业在关注市场变化的同时，也要很好把握政府政策导向。个人理解，减税降费、资金扶持、营造良好环境是政府政策手段；提出发展战略、制定产业规划和政策，引导企业发展方向，也是更好发挥政府作用的具体体现。不可把政府政策简单地等同于资金扶持、项目补助。《物流 25 条》提出的许多政策方向，应该引起行业企业高度重视。比如：国家物流枢纽网络建设，多式联运转运设施补短板，百家骨干物流园区互联互通，以网络为依托的货运新业态（应为“无车承运人”的升级版），超长平板半挂车、超长集装箱半挂车（俗称“大板车”）治理，调整运输结构（重点是“公转铁”），多式联运“一站式”产品和“一单制”服务，物流业与农业、制造业、商贸业等产业融合，电子商务进农村综合示范、国家级贫困县全覆盖，数字化转型、智能化改造、供应链创新应用，标准化、单元化物流，国际物流、绿色物流等等。当然，关于用地支持政策、投融资支持方式创新、取消高速公路省界收费站、高速公路差异化收费、避免城市货车限行“一刀切”、货车异地审验等“利好”政策同样值得期待。

（三）行业协会将更好发挥桥梁纽带作用。近年来，中国物流与采购联合会在业界大力支持下，深入开展调查研究，积极反映企业诉求，主动协助政府决策，得到政府、企业和行业认可。《物流 25 条》在百家骨干物流园区互联互通、完善现代物流业统计体系和构建物流高质量发展评价体系等条目中明确将我会列入责任单位。在 2019 年推动物流高质量发展的 10 项重点工作中，也把中物联作为全国百家骨干物流园区“互联互通”工程的分工负责单位。此外，多数条款同行业协会工作职责密切相关，而且我们已有相当的工作基础。中国物流与采购联合会作为行业社团组织，将按照政府部门统一部署和行业企业殷切期盼，在落实《物流 25 条》中发挥应有作用。同时，也希望继续得到政府有关部门、地方政府、各兄弟协会和会员单位以及广大行业企业的大力支持。多管齐下，多方发力，扎实推进物流高质量发展各项工作。

来源：中物联网　2019 年 3 月 8 日

2018 年中物联和部分上海市周边省市发布的物流业景气指数一览

2018 年中物联和部分上海市周边省市发布的物流业景气指数一览（%）

<table>
<tr><th>月份</th><th>中物联</th><th>浙江省</th><th>浙江省嘉兴市</th><th>江苏省</th><th>福建省</th><th>江西省</th></tr>
<tr><td>12</td><td>54.7</td><td>51.02</td><td>51.55</td><td rowspan="3">52.2</td><td>56.4</td><td>60.6</td></tr>
<tr><td>11</td><td>55.9</td><td>52.8</td><td>55.98</td><td>56.6</td><td>59.3</td></tr>
<tr><td>10</td><td>54.5</td><td>54.1</td><td>53.61</td><td>56.1</td><td>57.4</td></tr>
<tr><td>9</td><td>53.1</td><td>52.2</td><td>51.4</td><td rowspan="3">53.3</td><td>56.3</td><td>52.7</td></tr>
<tr><td>8</td><td>50.7</td><td>50.24</td><td>50.9</td><td>55.9</td><td>52.0</td></tr>
<tr><td>7</td><td>50.9</td><td>51.35</td><td>52.0</td><td>55.7</td><td>53.0</td></tr>
<tr><td>6</td><td>54.9</td><td>50.16</td><td>51.8</td><td rowspan="3">54.4</td><td>55.9</td><td>54.0</td></tr>
<tr><td>5</td><td>56.1</td><td>51.05</td><td>51.5</td><td>55.6</td><td>53.9</td></tr>
<tr><td>4</td><td>54.6</td><td>52.5</td><td>54.6</td><td>56.1</td><td></td></tr>
<tr><td>3</td><td>53.4</td><td>50.54</td><td>53.5</td><td rowspan="3">52.8</td><td>55.6</td><td></td></tr>
<tr><td>2</td><td>50.0</td><td>49.09</td><td>48.4</td><td>55.0</td><td></td></tr>
<tr><td>1</td><td>54.2</td><td>52.61</td><td>52.1</td><td>55.4</td><td></td></tr>
<tr><td>来源</td><td>中国物流信息中心网 http://www.clic.org.cn/</td><td>浙江省物流与采购协会网 http://zjwlcg.org/</td><td>嘉兴市物流与供应链网 http://www.jxwlxh.com/</td><td>江苏省现代物流协会网 http://www.56home.org/</td><td>福建省物流产业服务网 http://www.fj56.org/</td><td>江西省物流与采购联合会网 http://www.jiangxiwuliu.com.cn/</td></tr>
<tr><td>抽样业内企业种类和数量</td><td>涉及《国民经济行业分类》（GB/T4751-2011）中与物业相关的 8 行业大类，抽取 316 家样本企业</td><td>按照行业大类（铁路运输、道路运输、水上运输、装卸搬运及运输代理、仓储业、邮政业）、企业类型分布、规模分布的 100 家样本企业</td><td>全市 198 家物流业企业</td><td>158 家省重点物流业企业</td><td>省内 74 家或国家 3A 级及以上物流业企业</td><td>不详</td></tr>
<tr><td>首次发布物流业指数时间</td><td>2013 年 3 月 5 日（追编自 2011 年 10 月至 2013 年 2 月）</td><td>2014 年 5 月</td><td>2014 年 3 月</td><td>2015 年 1 季度</td><td>2014 年 5 月始按季度发布，2016 年 2 月起按月发布</td><td>2018 年 7 月</td></tr>
</table>

来源：中物联 & 部分省市物流业相关协会网

摘录和制表：张志坚

中物联：中国物流业景气指数（LPI）（2011–2018）和中国仓储指数（2017–2018）走势图

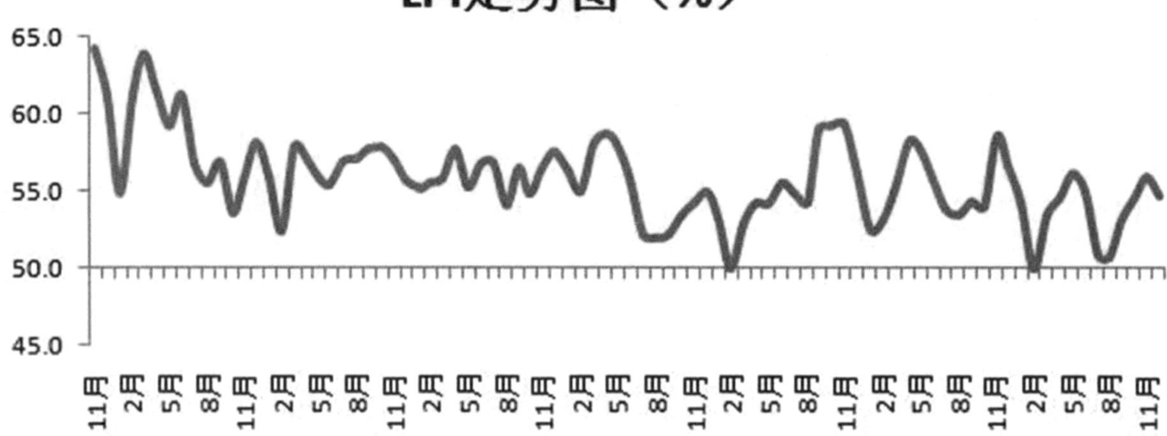

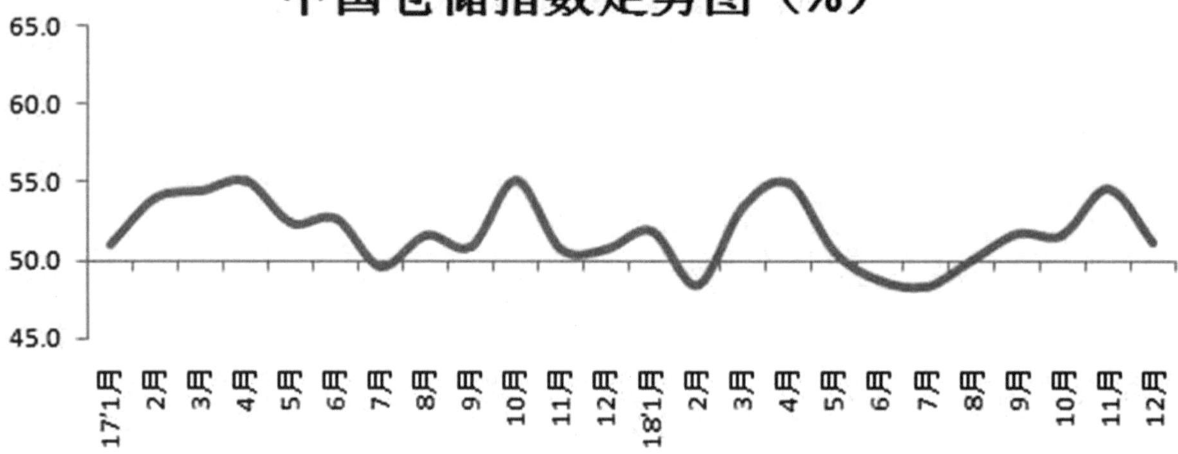

来源：中物联网

1.1.2 上海市物流业

《2018 年上海市国民经济和社会发展统计公报》中交通运输、仓储和邮政业部分统计数据（节录）

五、交通、邮电和旅游

全年实现交通运输[①]、仓储和邮政业增加值 1533.36 亿元，比上年增长 10.4%。

全年各种运输方式完成货物运输量 107386.82 万吨，比上年增长 10.4%（见表 9，有删节）。

表 9　2018 年货物运输量与旅客发送量及其增长速度

指　标	单　位	绝对值	比上年增长（%）
货物运输量	**万吨**	**107386.82**	**10.4**
铁　路	万吨	468.38	-0.7
水　运	万吨	66905.87	18.2
公　路	万吨	39595.00	-0.4
航　空	万吨	417.57	-1.3

全年上海港口货物吞吐量 73047.94 万吨，比上年下降 2.7%；集装箱吞吐量 4201.02 万国际标准箱，增长 4.4%。集装箱水水中转比例达 46.8%，其中，国际中转比例为 8.8%。

全年完成邮政业务总量 820.62 亿元，比上年增长 15.3%；电信业务总量 1432.00 亿元，增长 1.1 倍。邮政业全年完成邮政函件业务 5.74 亿件、包裹业务 221.4 万件、快递业务 34.86 亿件；快递业务收入 1020.28 亿元。

另外，据本公报“一、综合”表 3“2018 年全社会固定资产投资速度”中分行业统计数据，交通运输、仓储和邮政业的固定资产投资年增幅为 9.6%，在五大行业中排名第五。

来源：《2018 年上海市国民经济和社会发展统计公报》　2019 年 3 月 1 日

[①]交通运输类统计数据含客运和货运两大部分。——编者注

上海市发展和改革委员会：《上海市关于物流降本增效主要做法经验的报告》

一、体制机制创新

1. 建设国际贸易“单一窗口”。对标高标准贸易便利化水平，率先探索建立国际贸易“单一窗口”。按照“一个平台、一次提交、结果反馈、数据共享”的模式，以电子口岸平台为依托，构建了货物进出口、运输工具、贸易许可与资质、支付结算等9大功能板块，实现口岸通关的申报、查验、支付、放行、提离、运抵等各业务环节全覆盖，还纳入出口退税以及商务、农业、环保等类别的贸易许可办理。单一窗口大幅提高了企业办事和政府监管效率，企业申报数据项在船舶申报环节缩减 $^{2}/_{3}$，在货物申报环节缩减 $^{1}/_{3}$。全面实行国际贸易单一窗口免费申报制度，每年直接节省企业申报信息服务成本近3亿元。

2. 推进货物状态分类监管试点。为适应企业国际国内物流业务统一运作需要，上海自贸试验区率先开展货物状态分类监管模式试点，允许非保税货物进入自贸试验区储存，与保税货物一同集拼、分拨、管理和配送。通过实施货物状态分类监管，企业可以灵活整合不同状态货物，明显降低了运营成本。据第三方评估，参与货物状态分类监管试点企业的物流仓储成本下降了50%以上，极大便利了亚太分拨中心等运作。

3. 改革交通运输领域行政审批。研究推进取消经营国内船舶管理业务审批，将外资企业、中外合资经营企业、中外合作经营企业经营中华人民共和国沿海、江河、湖泊及其他通航水域水路运输审批归入国内水路运输业务审批，将港口经营许可中的危险货物港口经营许可下放至各区。推进港口经营许可（含理货）除危险品和客运外实行告知承诺制，按照最大限度透明和精简的原则，研究制定具体管理办法和操作流程。研究实施无船承运业务资格登记事项网上电子申报，时限可由原来的10个工作日压缩至5个工作日。

二、完善物流设施网络

1. 完善港口集疏运体系。结合沪通铁路建设，同步建设外高桥铁路货场和进港铁路。依托沪通、沪乍杭铁路构建多式联运枢纽，积极发展海铁联运。加快高等级航道和配套港区建设发展，四级及以上内河航道通航里程达到260公里左右；加快实施外高桥、芦潮港内河集装箱港区建设，切实解决内外港运输衔接问题。培育内河水运市场，完善水水中转软环境，实施基于利益共享的内河外港一体化运营。完善公路集疏运通道布局，重点提升宝山－外高桥区域路网能力。集疏运体系的不断完善进一步优化了港口集疏运结构，2017年全港集装箱水水中转比例达到46.7%，其中国际中转比率为7.7%，洋山港集装箱水水中转比例达到50%以上。

2. 推进枢纽园区等物流网络建设。推进浦东机场国际快件转运中心建设，支持浦东祝桥国际现代快递物流园区的建设，鼓励新兴航空物流集成商入驻，大力发展冷链物流、跨境电子商务等新业务，提高航空货运枢纽的竞争力。依托产业空间布局和对外运输通道网络，结合现有货运场站资源整合和调整，构建布局合理的货运场站体系。支持铁路集装箱中心站、物流园区发展，引导传统货运场站向物流园区，尤其是向具有公共服务性质的货运枢纽型物流园区转型升级。

三、优化车辆通行管理

1. 减少大件运输成本。建立上海作为起运地和途径地的大件运输许可流程。2017年9月30日，跨省大件运输并联许可系统正式联网运行，申请企业可以做到全程网上办理，减少来回奔波，降低了企业的运输成本。同时，不再向申请人收取验算费、检测费及未发生实际路产损失的赔补偿费。

2. **降低货运车辆通行成本。**落实收费公路营改增，2017年底实现本市高速公路增值税电子发票的网上开具功能。延续本市现有ETC通行费95折优惠政策，推进货运车辆安装ETC，降低货车高速通行费用（预计年减负超1亿元）。

四、降低物流相关费收

1. **取消停征收费。**上海海事局先后停止、取消征收船舶证明签证费、船舶港务费等13项行政事业性收费，暂停征收强制性护航收费；自2015年1月起对小微企业免征100吨以下内河船和500总吨以下海船船舶港务费、船舶登记费，每年为航运企业减负约5.5亿元。2015年4月以来，上海海关先后取消海关预归类服务等3项收费，停止收取加封服务费和海关电子授权费，每年为进出口企业减负0.4亿元。自2017年4月1日起，取消内河货物港务费，停征船舶登记费、船舶及船用品设施检验费共4项涉企收费，预计全年降低企业成本约8000万元。自2015年9月15日起，在上海港港区内，对海关查验没有问题的进出口集装箱（重箱）货物查验（固体废物除外）免除企业缴纳的查验作业服务费，相关费用由市财政承担，预计每年可为进出口企业减负5.8亿元。

2. **降低港口经营性收费。**拖轮费由按拖轮马力和使用时间计收调整为按被拖船舶的大小和类型计收，统一制定拖轮费艘次单价。预计每年拖轮降费约9000万元。上港集团下调上海港外贸集装箱港口作业包干费（一般装卸）收费标准，外贸集装箱装卸费，每20英尺集装箱从现有的595.5元降至480元，每40英尺集装箱从现有的893.3元降至720元。预计年降低港口物流成本约15亿元。优化船舶引航收费结构，对12万净吨以上的大船引航费实行固定标准上限封顶。此项举措降低成本约500万元。

五、优化市场环境

1. **优化跨境贸易营商环境。**印发《上海口岸优化跨境贸易营商环境若干措施》，重点围绕降低集装箱跨境贸易合规成本采取积极措施，包括：推进报检报关、通关与物流“并联作业”，大幅缩短进口时间和费用；推进口岸物流作业无纸化，实行集装箱设备交接单无纸化，实现集装箱在船公司、码头、堆场、集卡（司机）之间无纸化流转交接；进一步完善和规范口岸收费，便利单证办理，完善口岸通关服务机制等。以集装箱设备交接单无纸化为例，据估算，每年可以节省纸质单证印制成本数千万元，减少纸质单证传递费用5亿元以上。

2. **清理规范交通运输领域行政处罚、行政检查和涉企收费。**形成了本市交通运输领域行政处罚、行政检查和涉企收费事项清单，并对社会公开发布。通过清理规范工作，治理和杜绝交通运输领域乱罚款、滥收费、任性检查问题，形成减轻企业负担的长效工作机制，切实优化交通运输领域营商环境，促进物流业“降本增效”。

3. **提升港口服务市场化水平。**船公司或船舶代理自主选择拖轮公司以及拖轮服务。凡是具有资质的理货公司，均可在上海港开展理货业务，船公司或货主根据自身需求，自主选择理货公司以及理货服务。船公司及船舶代理可通过上港集团物流有限公司多式联运分公司船舶代理系统以外的渠道与本港码头对接支线船舶相关信息，各支线船公司根据自身需求，自主选择船舶代理公司以及船舶代理服务。

4. **促进港口物流服务市场公平公正。**上海港拆箱理货服务不再作为提箱的前置条件，拆箱理货由船公司或货主根据业务需要自主申请。充分尊重船公司的选择权和经营自主权，上海港与船公司签署的合同中不包含要求船公司必须选用上海港下属企业提供的空箱相关服务（空箱堆存、收发箱、清洗、修理、运输等）、水路集装箱支线运输、公路集卡运输等服务的条款，以及不设立限制船公司发展有关集装箱班轮航线、内支线业务等条款。

六、实施物流标准化试点

开展物流标准化试点，印发《本市托盘标准化及社会化循环共用推广专项行动计划》，聚焦重点领域，首推快推租赁式托盘循环共用模式。建立包括城市物流标准服务联盟、团体标准、企业标准在内的上海城市物流标准体系。自物流标准化试点开展以来，全市新增标准化托盘 360 万块，试点企业供应链效率提升 35%，装卸效率提升 2-3 倍，人工成本降低 15%，商品破损率降低 50%，实现了“物流提速、成本减速、效益增速”。

七、推动物流模式创新

1. 支持物流与供应链服务模式创新。依托电子商务“双推”工程，采取“政府补一点、平台企业让一点、中小企业出一点”的政策支持方式，加快推动钢铁、化塑、纺织、工业品等领域产业电商平台深化供应链服务，实现物流、交易、金融等融合发展和功能集成，提升产业链资源配置效率。

2. 推动“互联网 +”物流平台创新发展。将物流平台作为发展平台经济的重点领域，鼓励平台模式、技术、业态创新，吸引集聚了天地汇供应链、卡行天下、物流汇等一批社会化、多元化“互联网 +”物流平台。据企业反映，通过“互联网 +”物流平台进行车货匹配交易，可以促进物流服务价格公开透明，运输价格可降低 20%-30%。

3. 开展无车承运人试点。在 2017 年首批选择 40 家企业作为上海市市级无车承运人试点单位的基础上，2018 年继续组织实施市级无车承运人试点，发挥试点企业的引领带动作用，推动本市货运行业从“零、散、小、弱”向集约化、规模化、组织化方向发展，有效提升了物流运输的组织效率。

下一步，我们将继续深化落实《关于进一步推进物流降本增效促进实体经济发展的意见》（国办发〔2017〕73 号），结合“十三五”规划中期评估，围绕推动上海物流业高质量发展，聚焦设施网络、体制机制、民生保障、智慧物流等重点环节，研究制定有效政策举措，进一步促进上海物流业转型升级、提质增效。

供稿：上海市发展和改革委员会经贸处

上海市经济和信息化委员会：2018 年物流与供应链工作要点

2018 年，市经济信息化委积极贯彻落实《国务院办公厅关于积极推进供应链创新与应用的指导意见》，以及《上海市现代物流业发展“十三五”规划》，聚焦物流与供应链服务创新、物流业与制造业联动发展、智慧物流技术设备研发应用等方面，加强政策引导与环境营造，并开展本领域物流业“十三五”规划中期评估工作，充分依托市物流行业协会等行业组织，加强高技能人才培养，行业动态跟踪等发展环境建设。

一、支持物流与供应链模式创新及平台化发展

依托电子商务“双推”工程，采取“政府贴一点、平台企业让一点、中小企业出一点”的政策支持方式，加快推动钢铁、化塑、工业品、纺织等领域产业电商平台深化供应链服务、加速整合行业内专业物流、仓储、货代等服务资源，同时鼓励各类物流公共服务平台模式、技术、业态创新，推动物流平台化发展。一方面支持能够辐射服务全国，实现物流资源优化配置、促进物流市场规范透明、有效降低社会物流成本的产业供应链服务平台、专业化物流服务平台、国际物流供应链服务平台等加快市场服务拓展；另一方面支持广大中小微物流企业依托专业化服务平台加快“互联网 +”应用，提升运营效率、服务能级，涌现出了新跃物流汇、运东西网、运去哪网等创新物流服务平台，以及震坤行、西域供应链、欧冶采购、摩贝化学、塑米城、化塑汇、找钢网、上海钢联、乐钢网等服务于工业品、化学品、钢铁产业等各领域的平台型供应链服务企业。

二、推动物流业与制造业联动发展

1. 依托生产性服务业发展专项，支持与制造业密切相关、带动制造业高端化、服务化发展的物流、供应链管理领域的总集成总承包服务项目，推动骨干物流企业与制造业的联动发展与集成服务创新。如上海金山石化物流有限公司承担的神华包头双聚产品及硫磺副产品包装单元物流服务总集成总承包项目、上海石化产成品供应链总包项目；上海树风物流有限公司承担的百威英博精益供应链管理总集成总承包项目等。

2. 积极贯彻落实《国务院办公厅关于积极推进供应链创新与应用的指导意见》，根据《商务部、工信部等8部门关于开展供应链创新与应用试点的通知》（商建函〔2018〕142号，详见附件1）要求，推动骨干物流企业及供应链服务企业从深度嵌入制造业供应链、加快整合对接社会化物流资源等角度加快探索实践，积极申报应用试点。配合推动《关于本市积极推进供应链创新与应用的实施意见》（沪府办发〔2018〕26号，详见附件2）出台。

三、推动智慧物流技术与设备的研发、制造与应用

1. 鼓励和引导相关企业积极开展高端智能物流装备自主研制创新，通过本市高端智能装备首台突破和示范应用专项支持相关企业实现首台套智能物流装备突破，投入工程应用并新增销售收入数亿元，促进装备制造业高端化、智能化、自主化发展。如支持上海振华重工（集团）股份有限公司研制和推广自动导航运载车（AGV）智能运输系统；支持上海速锐信息技术有限公司研制和推广立体库搬运智能四向穿梭机器人；支持科大智能科技股份有限公司研制和推广超长超重管料生产车间智能物流及仓库装备等。

2. 积极通过技术改造专项政策，支持部分智慧物流技术与设备的产业化改造提升项目，提升部分自动化物流智能成套设备生产能力，更好为各行业服务。一是为电子商务企业实施“智慧物流”提供标准化立体仓库等成套物流设施，如京东商城亚洲一号项目、一号店，天猫菜鸟，唯品会等主流电商标准化配套；二是为钢铁、医药、食品冷链、农产品等行业提供标准化立体仓库等成套物流设施，本市企业参与制订相关领域三项国家标准；三是为物流园区提供标准化立体仓库等成套物流设施。

四、优化物流业人才培养、知识更新环境

根据产业与信息化高技能人才培养基地建设要求，与市人保局联合推动上海市物流行业协会充分调动和依托行业龙头企业资源，建设上海市物流产业高技能人才培养基地，为物流行业的人才培养、知识更新提供环境支撑。

五、跟踪行业动态，推动行业前瞻性研究

充分依托我委行业协会发展专项，积极支持本市物流行业协会组织开展逆向物流等行业课题研究、以及物流业发展报告编写等物流业发展基础工作。

供稿：市经济信息化委生产性服务业处 2019年3月11日

上海现代服务业联合会物流与供应链专委会：《2018年工作小结暨2019年工作要点》

2018年工作小结

我们物流与供应链服务专委会一周岁了。在这一年里，专委会在联合会的统一领导和工作步骤下，遵循周禹鹏会长关于“构筑平台，撮合资源；跨界融合，错位发展”的总体要求，根据联合会秘书处年内各个阶段的活动措施和指导意见，脚踏实地开展了一系列力所能及的工作。为了更好地总结一年工作的实时性和实效性，为新一年的工作奠定更好的基础，有必要对过去一年的工作作一简要回顾。

一、配合政府工作 引领行业前行

专委会成立伊始，班子成员就主动与政府有关部门对接，我们走访了市商务委，发改委，经信委，交通委，合作交流办等部门，认真听取了有关处室对专委会开展工作的意见，同时也争取政府部门对专委会的工作给与更多的关心和指导。

一年来，我们在政府部门的要求或建议下，主要做了以下几方面的工作。

1. 以建设现代供应链为主题，积极筹划召开“五六”大型研讨会

党的十九大提出了建设现代供应链的宏伟目标，上海众多物流企业都积极践行。市商务委因势利导，要求我们在今年五月六日的物流日之时，筹划一次以建设现代供应链为主题的大型活动。在联合会秘书处的牵头下，在兄弟协会和若干物流企业的支持与参与下，今年五月六日，我们成功举办了一场以“物流创新与现代供应链”为主题的大型论坛，并同时在宝山地区设立了分会场而遥相呼应。在业内收到了很好的效果。

2. 积极参与市商务委推进的供应链试点企业评审工作

为了保证现代供应链建设工作健康有效推进，认真总结不同类型的物流企业实施过程中的经验，发挥不同层面，不同资源的作用和积极性，商务委组建了供应链建设的工作联盟，选择了若干有代表性的企业，作为供应链建设的试点企业，这些被提名的企业，必须将企业情况如实汇报，符合条件才能正式入选。专委会作为工作联盟的成员，应商务委要求也派人参加了评审。经过严格的评审，选取了几十家企业作为上海市现代供应链建设的试点企业，从目前的情况看，不仅为上海，乃至全国都积累了很多好的经验。

3. 举办纪念改革开放 40 周年上海物流业座谈会

改革开放40年来，上海物流业得到了巨大的发展，根据商务委领导的意见，我们举办了一次以“历经风雨见彩虹”的大型座谈会。邀请了沪上五十家物流企业和协会参加，其中十几家企业和协会作了重点发言。联合会周禹鹏会长亲自到会致辞，并至始至终听取了与会企业的发言，还不时与发言同志互动交流。市商务委、发改委、交通委、经信委以及合作交流办有关处室的领导也到会讲话。

二、把握行业实情 助推资源合作

一年中，专委会积极主动发挥平台和纽带作用，对不同需求的企业，沟通信息，提供合作的可能。利用在原单位工作时积累的资源，开展进一步的延伸服务。一年来，我们为郑明、卓昕瑞、新发地、大微、亚东、景鸿、电商协会，报关协会及台商企业等提供了大量的穿针引线工作。

如我们为卓昕瑞与上海工程技术大学做了牵线之后，卓昕瑞公司组队前往工程大进行专访，通过双方的研讨沟通，为下一步的校企合作，确定了合作的内容和方式。

又如，通过我们的牵线之后，新发地上海公司与台商企业上海果源跨贸电子商务有限公司建立了正式合作关系，他们的合作成果——“熊猫小店”，一种在技术上和手段上都有所创新的销售方式，准备走向市场。目前我们正进一步帮助他们与上海对台办联系，争取一些政策支持。

再如，根据易果集团创办的新生鲜大学的要求，我们牵头与上海工程大合作，为上海冷链方面培养实用性人才优势互补。

三、集聚社会资源 推进错位发展

专委会成立之初，本市共有 20 家行业组织，近 50 家业内知名物流企业参与了发起。基本上集聚了上海物流业主力资源。然而更多的中小物流企业仍然游离于组织之外。为了更好地服务社会，满足行业所需，帮助更多的企业，了解和享受政府给与的政策，享受自身发展所需要的各种信息沟通，我们又联合了上海 14 家冷链方面的行业组织，发起成立了上海冷链联盟。与上海工程技术大学合作成立了供应链研究院。与上海正和岛物流组织签订了战略合作协议等等。年内这些组织众多企业进行了多次不同类型的活动。

我们还以上海冷链联盟的名义，在中国仓储与配送协会的布置和指导下，在一部分冷链企业中，推进了冷链标准体系建设的工作。

四、树立大局观念 积极当好配角

作为联合会的一个专委会，我们除了积极配合政府的工作之外，我们更多地是要在联合会的领导下，完成联合会秘书处下达的各项任务，包括中国物流与采购联合会，中国仓储与配送行业协会，中国交通与运输行业协会要求的一些协办工作。

年内我们配合联合会完成了 2017 年物流年鉴的编纂工作，完成了以物流与供应链服务专委会名义组织的赴大小洋山的考察活动。完成了与杨浦区联合举办的，为进博会呼应的，以“国际贸易的新机遇与思考”为主题的大型论坛。

中物联、中交协与中仓储举办各类会议和活动，大都邀请我们参加与合作，我们还根据活动的内容推荐上海的物流企业与行业组织参与和配合。

五、开展各类活动 增强沟通融合

年内，我们除了积极参加联合会组织的多项市内外的走访活动。专委会自身也组织了多次学习考察。如大微公司、卓昕瑞公司、行知物流、上海冷冻行业协会、上海生产性服务业行业协会、天津全日物流、安徽含山地区等。了解和掌握了企业的实际情况，学习和借鉴了兄弟行业协会许多好的经验和做法。同时也形成和凝聚了行业组织的合力。

今年 7 月我们应台湾冷链协会的邀请，与上海工程技术大学联合组团赴台湾考察。短短的 5 天，我们走访了 6 家企业和大学，和台湾的同行们进行了充分的交流，一方面学习和观摩了台湾的先进技术，另一方面也增加了相互的了解。

2019 年工作要点

一、办好两个大型活动

1. 在联合会的领导下，继续办好五月六日的物流日活动。年初市商务委已就今年的物流日活动，提出了具体意见，我们将抓紧时间，召集有关方面进行筹划。

2. 通过与上海市台办的沟通，市台办领导希望我们在 2019 年能组织一次由两岸冷链方面的企业家共同参与的大型研讨会，台办在策划上和资金方面也将给予一定的支持。

二、进一步推进各类社会资源的合作

通过一年来与一些企业和机构的了解沟通，我们考虑在新的一年，要加大撮合各类资源实现功能互补的力度。在业务合作、政策把握、规避风险、教育培训等方面，让有这方面资质和能力的机构与有某方面需求的企业取得合作。

三、结合行业发展趋势，增强到发起协会和企业的走访调研

物流业是整个国民经济的重要支撑力量，随着经济形势的发展，自身也在不断地完善和变化。专委会在与企业的服务交往中，一方面要制定必要的走访计划，另一方面也要根据形势的变化，选择一些有代表性的企业，进行针对性的走访调研，及时掌握和反映行业和企业的实际，帮助企业解决实际问题。

四、适时发展会员企业，增强专委会的整体力量

专委会目前拥有 70 多家企业和行业组织为会员单位，为了扩大影响和工作力度，为了自身的可持续发展，专委会必须不断地发展新的会员单位，充实新的血液，增强新的活力。因此在新的一年，发展新会员，也将是专委会的重要任务之一。

五、进一步完善专委会工作机制

为了使专委会的工作始终保持活力，把握工作节奏，提高工作效率，更好地适应联合会的整体思路。专委会在总结 2018 年工作的基础上，要考虑进一步完善自身的工作机制。如周会、月会、主任会议、党支部的建设，等等。努力使专委会的工作，一方面要紧跟联合会的工作步伐，另一方面又要做出自身的特点和创新之处。

供稿：上海现代服务业联合会物流与供应链服务专业委员会 2019 年 1 月 24 日

上海市邮政管理局：第 49 届世界邮政日致辞

坚持目标导向，推进高质量发展，加快建设与小康社会相适应的现代邮政业

上海市邮政管理局局长 夏颐

在举国欢庆中华人民共和国 69 华诞的日子里，我们迎来了第 49 届世界邮政日。借此机会，我代表上海市邮政管理局，向关心、支持上海邮政业发展的社会各界表示崇高的敬意和衷心的感谢！向上海邮政业的广大干部职工致以节日的问候和良好的祝愿！

邮政业是推动流通方式转型、促进消费升级的现代化先导性产业，邮政体系是国家战略性基础设施和社会组织系统的重要组成部分，在国民经济中发挥着重要的基础性作用。当前，行业发展的基本面总体向好，仍处于大有作为的重要战略机遇期和快速成长阶段。邮政体制改革以来特别是党的十八大以来，我们始终坚持扭住发展第一要务不放松，真抓实干、务实创新，行业发展环境持续优化，发展质效不断提升，市场主体综合实力明显增强，对外开放深入推进，科技装备水平突飞猛进，闯出了一条符合我国国情独具特色的发展路径。2017 年，我国邮政业业务总量完成 9764 亿元，业务收入完成 6623 亿元，同比增长分别达到 32% 和 23%。其中快递业务量突破 400 亿件，连续 4 年稳居世界第一，年业务量占全球 45% 以上，对世界快递增长贡献率超过一半。2017 年，上海邮政业业务总量完成 711.9 亿元，业务收入完成 935.6 亿元，同比增长分别达到 26.2% 和 22.2%。其中快递业务量完成 31.2 亿件，快递业务收入完成 868.9 亿元，在全国省市排名中分别名列第四、第二位。上海市邮政业业务收入在全国邮政业业务收入、上海地区生产总值和第三产业增加值中的占比分别为 14%、3% 和 4.5%，全行业 7 家成功改制上市的快递企业有 5 家总部在上海，上海邮政业的成功经验为推动全国邮政业高质量发展提供了上海智慧和上海方案。

在看到成绩和机遇的同时，我们更要清醒地认识到，上海邮政业正进入行业发展换挡期、布局整合期、结构转型期，提高供给质量和效益的任务还很繁重，转变发展方式、完善行业生态体系的任务还很繁重，实现行业治理体系和治理能力现代化的任务还很繁重。我们必须以习近平新时代中国特色社会主义思想为指导，认真贯彻落实党的十九大精神，坚持“互联网 +”方向，坚持问题导向和目标导向，充分发挥市场在资源配置中的决定性作用和更好发挥政府作用，创新经营机制、促进业务转型、完善监管体系、规范市场秩序，推动行业由传统服务向现代服务转变，由规模发展向高质量发展转变，更好地满足人民美好生活需要，更好地服务经济社会发展大局。

坚持以人民为中心，进一步保障人民群众用邮需要。要抓好《邮政普遍服务规范》落实工作，全面履行邮政普遍服务义务，努力解决人民日益增长的更好用邮需要与行业发展不平衡不充分之间的矛盾，推动上海邮政普遍服务达到更高水平。要大力推进“邮政 + 政务”服务，通过提供上海市“一

网通办”统一物流平台邮政快递服务，优化行政审批业务流程，减少送达时间，助力解决政务服务中的“堵点”和 “痛点”。要强化基层员工的权益保障，改善一线工作环境，提升社保等基本权益保障和职业发展保障水平。

深化供给侧结构性改革，进一步拓展行业发展格局。要对标国际先进水平，把提高行业供给体系质量作为主攻方向，持续推动质量变革、效率变革、动力变革。要丰富服务功能拓宽联动领域，聚焦现代农业打造特色农产品“直通车”、打好邮政业服务精准脱贫攻坚战。聚焦先进制造业探索设立“移动仓库”、聚焦跨境电商建设跨境网购“桥头堡”。要推动大包裹、供应链解决方案、即时配送、众包递送等新产品新业态新模式发展，不断培育壮大新动能。要加快与互联网、大数据、物联网和人工智能等前沿科技深度融合，打造智慧供应链体系。要构建多层次的行业人才培养体系，大力弘扬劳模精神和工匠精神，建设一支知识型、技能型、创新型的劳动者大军。要不断提升寄递服务质量，擦亮中国寄递名片。

持续优化空间布局，进一步服务好国家重大战略。要以“一带一路”建设为契机，对标国际大都市建设要求，积极推进国际寄递网络规划建设，加快上海邮政快递国际枢纽中心建设进程，打造覆盖国内外的寄递服务体系，形成空陆内外联动、东西双向互济的开放发展新格局。要落实国家区域发展重大战略，优化产业空间布局，切实加强长江经济带邮政业区域合作，提升大城市群寄递服务水平。

善于抓住突出问题，进一步补齐发展中的短板弱项。要全面贯彻落实习近平生态文明思想和绿色发展理念，聚焦绿色化、减量化、可循环目标，坚定不移推进绿色低碳循环发展，打好邮政业污染防治攻坚战。要加快推进“快递入区”工程，大力发展第三方和智能终端服务体系，加快末端转型升级，全力推动末端变革。要贯彻以人民安全为宗旨的总体国家安全观，充分发挥寄递渠道安全联合监管机制作用，全面落实寄递安全“三项制度”，加快“绿盾”工程建设，进一步落实总部企业对全网安全、质量、稳定的主体责任，治理“加而不盟、连而不锁”，助力打赢防范化解重大风险攻坚战。

不断创新体制机制，进一步提升行业现代治理水平。要深化“放管服”改革，创造良好营商环境，增强政府公信力和执行力，实现要素自由流动、价格反应灵活、竞争公平有序、企业优胜劣汰。要坚持包容审慎原则，逐步将新产品新业态新模式纳入行业管理服务范畴。要逐步构建守信名单、失信名单和信用异常名单评定管理工作体系，建立完善多部门守信联合激励和失信联合惩戒机制。要培育世界一流邮政企业，推动邮政企业做强做优做大寄递主业，着力提升创新能力；引导快递企业健全现代企业制度，着力提高管理效能和发展层次。要鼓励企业围绕增强核心能力并购投资，引导支持中高端差异化供给资源和要素进入邮政业。

高质量发展正当其时，携手共圆梦适得其势。让我们更加紧密地团结在以习近平同志为核心的党中央周围，不忘初心、牢记使命，奋力开创邮政业更加美好的未来，为全面建成与小康社会相适应的现代邮政业而努力奋斗！

来源：上海市邮政管理局网 2018 年 10 月 9 日

1.2 2018年物流业政策文件

1.2.1 国务院暨各部委局物流业部分政策文件

国务院暨国家部委物流业部分政策文件辑要及目录

中物联：每月《物流政策辑要》

2018年1–2月

政策点评：国务院：印发《关于推进电子商务与快递物流协同发展的意见》

政策动向：国务院：通过《快递暂行条例（草案）》

国家发展改革委、国土资源部、住房城乡建设部公布第二批示范物流园区名单

财政部、工业和信息化部、科技部、发展改革委调整新能源汽车推广应用财政补贴政策

财政部、海关总署、税务总局完善启运港退税政策

政策摘要：工信部等7部门：联合发布《新能源汽车动力蓄电池回收利用管理暂行办法》

商务部联合9部门：印发《关于推广标准托盘发展单元化物流的意见》

国家铁路局：关于印发《国家铁路局开展质量提升行动实施方案》的通知

民航局：发布《国内投资民用航空业规定》

2018年3月

政策解读：国务院：出台《快递暂行条例》

政策点评：财政部：出台《关于调整增值税税率的通知》

政策动向：商务部办公厅、公安部办公厅、国家邮政局办公室、供销合作总社办公厅：组织实施城乡高效配送重点工程

交通运输部：关于《快递业务经营许可管理办法》（修订草案征求意见稿）公开征求意见

财政部：出台《关于统一增值税小规模纳税人标准的通知》

交通运输部：列出“2018年民生清单”

政策摘要：交通运输部：出台《促进交通运输新型智库发展的实施意见》

民航局：出台《关于进一步提升民航服务质量的指导意见》

2018年4月

政策动向：交通运输部开展模块化中置轴汽车列车示范运行

交通运输部、公安部、中华全国总工会联合发文：开展“最美货车司机”推选宣传活动

公安部：新《道路交通事故处理程序规定》实施

中国铁路总公司：铁路货运票据电子化在全路正式实施

政策摘要：交通运输部：印发《关于深入推进无车承运人试点工作的通知》

工业和信息化部、公安部、交通运输部：印发《智能网联汽车道路测试管理规范（试行）》的通知

公安部：下发《关于警企共治创新外卖行业电动自行车交通违法治理工作的通知》

商务部等8部门《关于开展供应链创新与应用试点的通知》

国家邮政局：印发《快递业信用体系建设工作方案》

2018 年 5 月

政策摘要：国务院：印发《进一步深化中国（广东）、（天津）、（福建）自由贸易试验区改革开放方案》

国务院：印发《关于做好自由贸易试验区第四批改革试点经验复制推广工作的通知》

发展改革委：印发《关于做好引导和规范共享经济健康良性发展有关工作的通知》

发展改革委：出台《关于做好 2018 年降成本重点工作 的通知》

交通运输部：《关于印发 2018 年全国治理车辆超限超载工作要点通知》

交通运输部办公厅、公安部办公厅、工业和信息化部办公厅：《关于深入推进车辆运输车治理工作的通知》

交通运输部：《关于开展道路货运驾驶员免费网络继续教育试点工作的通知》

民航局：关于促进航空物流业发展的指导意见

财政部办公厅、商务部办公厅：印发《关于开展 2018 年流通领域现代供应链体系建设的通知》

财政部：《关于对挂车减征车辆购置税的公告》

财政部办公厅、商务部办公厅、国务院扶贫办综合司：《关于开展 2018 年电子商务进农村综合示范工作的通知》

中国铁路总公司：《关于调整铁路集装箱运价有关事项的通知》

2018 年 6 月

特别关注：调整运输结构：国务院：印发《打赢蓝天保卫战三年行动计划》，积极调整运输结构，发展绿色交通体系。大幅提升铁路货运比例，加快车船结构升级，加快油品质量升级，强化移动源污染防治。

国务院常务会议：调整运输结构 提高运输效率

国务院新闻办公室：举行调整交通运输结构提高综合运输效率吹风会

中国铁路总公司：《2018-2020 年货运增量行动方案》

政策点评：交通运输部、公安部、应急管理部：印发《道路运输安全生产工作计划（2018—2020 年）》的通知

政策摘要：国务院：进一步深化“互联网 + 政务服务”推进政务服务“一网、一门、一次”改革

交通运输部、国家发展改革委：印发《关于进一步放开港口部分收费等有关事项的通知》

交通运输部、中华全国总工会：开展“司机之家”建设试点

交通运输部、公安部、商务部：公布城市绿色货运配送示范工程创建城市

交通运输部：组织开展交通运输信息资源整合共享应用试点

财政部、税务总局：物流企业承租用于大宗商品仓储设施的土地城镇土地使用税享受优惠

国家邮政局：发布《快递末端网点备案暂行规定》

2018 年 7 月

生态环境部：发布《重型柴油车污染物排放限值及测量方法（中国第六阶段）》公告

生态环境部：原则通过柴油货车污染治理攻坚战等行动计划

交通运输部：关于全面加强生态环境保护坚决打好污染防治攻坚战的实施意见

四部门发布通知鼓励新能源使用新能源车船免征车船税

政策动向：国务院常务会议：部署持续优化营商环境

国家发展改革委、交通运输部：联合召开“全国物流降成本工作电视电话会议”

交通运输部：加快推进综合交通运输标准化工作 支撑交通运输高质量发展

政策摘要：国务院：转发《关于扩大进口促进对外贸易平衡发展的意见》

交通运输部：印发平安交通三年攻坚行动方案（2018-2020 年）的通知

财政部：关于进一步扩大小型微利企业所得税优惠政策范围的通知

2018 年 8 月

政策点评：十三届全国人大常委会第五次会议：表决通过《中华人民共和国电子商务法》

政策动向：国务院常务会议：听取减费降税政策落实情况，再推新举措支持实体经济发展

国务院常务会议：确定落实新修订的个人所得税法的配套措施等

国务院：印发《全国深化“放管服”改革转变政府职能电视电话会议重点任务分工方案》

国务院：《关于取消一批行政许可等事项的决定》

税务总局：《关于贯彻落实全国深化“放管服”改革转变政府职能电视电话会议精神 优化税收营商环境有关事项的通知》

多部门联合进驻滴滴展开安全专项检查

多省联合打击超载超速

政策摘要：国家发展改革委、民航局：联合印发《关于促进通用机场有序发展的意见》

交通运输部：发布《关于印发深入推进长江经济带多式联运发展三年行动计划》

交通运输部：关于加强沿海省际散装液体危险货物船舶运输市场宏观调控的公告

最高人民法院：《关于虚开增值税专用发票定罪量刑标准有关问题的通知》

国家统计局：《关于印发新产业新业态新商业模式统计分类（2018）的通知》

2018 年 9 月

特别关注：国务院办公厅：印发《推进运输结构调整三年行动计划（2018 － 2020 年）》

政策动向：国务院常务会议：确定完善出口退税政策加快退税进度的措施

国务院关税税则委员会：关于降低部分商品进口关税的公告

交通运输部：强化港口经营管理促进高质量发展

交通运输部：关于无车承运人试点综合监测评估情况的通报

交通运输部：关于对 2019 年拟投资补助的货运枢纽（物流园区）项目进行公示的公告

邮政局：举办推广智能信包箱建设现场会

政策摘要：交通运输部：印发《关于推广应用智能视频监控报警技术的通知》

交通运输部公安部、市场监管总局三部门：印发《关于进一步落实道路货运车辆检验检测改革政策有关工作的通知》

交通运输部：关于严格执行全国超载超限认定标准的通知

交通运输部：关于进一步优化跨省大件运输并联许可服务工作的通知

财政部：印发《关于跨境电子商务综合试验区零售出口货物税收政策的通知》

2018 年 10 月

政策点评：公安部：印发《关于进一步规范和优化城市配送车辆通行管理的通知》

交通运输部：关于印发《加快推进道路运输车辆综合性能检测联网实现普通货运车辆全国异地检测工作方案》的通知

政策摘要：国务院办公厅：印发《关于保持基础设施领域补短板力度的指导意见》

国务院：印发《优化口岸营商环境促进跨境贸易便利化工作方案》

国务院：关于在全国推开“证照分离”改革的通知

交通运输部等九部门：发布贯彻落实国务院办公厅《推进运输结构调整三年行动计划（2018—

2020年）》的通知

国家税务总局、公安部《关于试点应用车辆购置税电子完税信息办理车辆登记业务的公告》

最高人民法院、最高人民检察院、公安部：印发《关于办理盗窃油气、破坏油气设备等刑事案件适用法律若干问题的意见》

2018年11月

政策动向：国务院常务会议：部署推进物流枢纽布局建设

交通运输部：召开全国多式联运现场推进会

政策摘要：国务院办公厅：发布《关于聚焦企业关切进一步推动优化营商环境政策落实的通知》

国务院：印发《关于做好当前和今后一个时期促进就业工作的若干意见》

交通运输部、发展改革委：关于公布第三批多式联运示范工程项目名单的通知

交通运输部：印发《交通运输物流标准体系（2018年）》的通知

交通运输部：关于做好交通运输行业标准《危险货物道路运输规则》（JT/T617-2018）贯彻实施工作的通知

交通运输部：关于印发深化道路运输驾驶员从业管理改革实施方案的通知

交通运输部：关于交通运输行业“证照分离”改革具体措施的公告

国家邮政局：各寄递企业严格落实禁寄制度

2018年12月

政策解读：发展改革委、交通运输部：关于印发《国家物流枢纽布局和建设规划》的通知

中物联副会长贺登才讲话：《布局国家物流枢纽，建设网络运行体系》

政策动向：国务院常务会议：部署对标国际先进水平促进综合保税区升级 打造高水平开放新平台

交通运输部：取消总质量4.5吨及以下普通货运车辆道路运输证和驾驶员从业资格证

国家邮政局：《快递业绿色包装指南（试行）》

政策摘要：交通运输部：关于推进乡镇运输服务站建设加快完善农村物流网络节点体系的意见

交通运输部：印发《交通运输守信联合激励和失信联合惩戒对象名单管理办法（试行）》

工信部：印发《车联网（智能网联汽车）产业发展行动计划》

四部门：印发《提升新能源汽车充电保障能力行动计划》

商务部：印发《商务部关于深入推进商务信用建设的指导意见》

生态环境部：印发《柴油货车污染治理攻坚战行动计划》

2019年1-2月

政策点评：国务院：印发《关于推进电子商务与快递物流协同发展的意见》

政策动向：国务院：通过《快递暂行条例（草案）》

国家发展改革委、国土资源部、住房城乡建设部公布第二批示范物流园区名单

财政部、工业和信息化部、科技部、发展改革委调整新能源汽车推广应用财政补贴政策

财政部、海关总署、税务总局完善启运港退税政策

政策摘要：工信部等7部门：联合发布《新能源汽车动力蓄电池回收利用管理暂行办法》

商务部联合9部门：印发《关于推广标准托盘发展单元化物流的意见》

国家铁路局：关于印发《国家铁路局开展质量提升行动实施方案》的通知

民航局：发布《国内投资民用航空业规定》

来源：中物联每月《物流政策辑要》 2018年-2019年3月

国务院暨部委发布的物流业其他部分政策文件目录

* 2018 年 1 月 4 日，交通运输部办公厅 公安部办公厅 商务部办公厅《关于加强城市绿色货运配送示范工程动态管理工作的通知》

* 2018 年 2 月 7 日，交通运输部办公厅《关于做好推进道路货运车辆检验检测改革工作的通知》

* 2018 年 2 月 12 日，交通运输部办公厅《关于加快推进新一代国家交通控制网和智慧公路试点的通知》

* 2018 年 4 月 4 日，交通运输部办公厅《关于做好交通运输行业标准营运货车安全技术条件 第 1 部分：载货汽车》（JT/T1178.1-2018）实施工作的通知

* 2018 年 10 月 22 日，交通运输部《快递业务经营许可管理办法》（中华人民共和国交通运输部令 2018 年第 23 号）

* 2018 年 10 月 22 日，交通运输部《邮件快件实名收寄管理办法》（中华人民共和国交通运输部令 2018 年第 24 号）

* 2018 年 11 月，交通运输部《关于加强水路运输危险货物安全管理的紧急通知》

* 2018 年 11 月 7 日，商务部办公厅 公安部办公厅 交通运输部办公厅 国家邮政局办公室 供销合作总社办公厅：关于印发《城乡配送绩效评价指标体系》的通知（商办流通函 [2018]389 号）

* 2019 年 1 月，国务院印发《关于促进综合保税区高水平开放高质量发展的若干意见》

* 2019 年 1 月，国家发展改革委和交通运输部发布《国家物流枢纽布局和建设规划》

* 2019 年 2 月 26 日，国家发展改革委等 24 国务院部委：《关于推动物流高质量发展促进形成强大国内市场的意见》（发改经贸〔2019〕352 号）

摘录整理：张志坚

1.2.2 上海市人民政府暨部门物流业部分政策文件目录

* 2018 年 6 月 24 日，上海市人民政府办公厅关于印发《上海国际航运中心建设三年行动计划（2018-2020）》的通知

* 2018 年 7 月 10 日，中共上海市委、上海市人民政府：《上海市贯彻落实国家进一步扩大开放重大举措加快建立开放型经济新体制行动方案》（扩大开放 100 条）

* 2018 年 7 月 13 日，上海市人民政府：关于《上海国际航运中心建设三年行动计划（2018-2020）》的解读

* 2018 年 8 月 9 日，上海市人民政府办公厅印发《关于本市积极推进供应链创新与应用的实施意见》的通知

* 2018 年 8 月 23 日，上海市交通委员会：关于深入开展本市交通建设工程质量安全专项整治行动的通知

* 2018 年 8 月 30 日，上海市商务委员会：《关于本市积极推进供应链创新与应用的实施意见》解读

* 2018 年 9 月 10 日，国家税务总局上海市税务局《关于开展本市互联网物流平台企业代开增值税专用发票试点工作相关事项的公告》

* 2018 年 12 月 6 日，上海市交通委员会：关于开展危险货物港口经营人资质年度核查工作的通知

* 2018 年 12 月 12 日，上海市城市交通运输管理处：《关于加强道路货物运输安全工作的通知》

* 2018 年 1 月 4 日，上海市人民政府办公厅印发《关于本市推进电子商务与快递物流协同发展的实施意见》的通知

* 2019 年 1 月 29 日，上海市商务委员会：《关于本市推进电子商务与快递物流协同发展的实施意见》解读

摘录整理：张志坚

1.2.3 部分物流业政策文件解读

《上海国际航运中心建设三年行动计划（2018–2020）》解读

《上海市国际航运中心建设三年行动计划（2018-2020）》（以下简称《计划》）由市政府办公厅发布。现将相关内容解读如下：

一、编制背景

随着中国特色社会主义新时代的到来，上海国际航运中心建设迎来新的历史机遇，面临新的发展要求。为全面贯彻党的十九大精神，落实“一带一路”“长江经济带”“交通强国”“海洋强国”等决策部署，践行“创新、协调、绿色、开放、共享”的发展理念，推动上海国际航运中心国家战略目标的实现，市交通委牵头研究编制《计划》，并经市委常委会审议通过。该《计划》在总结回顾“十三五”前期建设情况的基础上，进一步明确了今后三年的工作目标和重点任务，是上海国际航运中心“十三五”规划的有效补充。

二、总体考虑

上海国际航运中心建设涉及领域广、产业跨度大、关联部门多。为确保《计划》的引导性和可操作性，在编制过程中，主要作了以下考虑：一是紧紧围绕国家战略，以国务院〔2009〕19 号文件为指引，充分体现“一带一路”“长江经济带”“交通强国”“海洋强国”战略布局要求，将国家战略实施与上海国际航运中心建设紧密结合。二是充分体现制度创新性，依托上海自贸试验区改革创新平台，营造航运发展环境，集聚航运要素，提升上海国际航运中心辐射服务能力。三是立足航运中心转型升级，重点突出绿色航运、智慧发展和服务品质提升。四是注重区域协作合作，在立足上海的同时，充分体现与长三角、长江经济带以及“一带一路”沿线国家的相互协作和共同发展。

三、主要内容

（一）总体目标

到 2020 年，上海要基本建成航运资源高度集聚、航运服务功能健全、航运市场环境优良、现代物流服务高效，具有全球航运资源配置能力的国际航运中心。一是航运枢纽功能国际领先。建成以智慧高效的集装箱枢纽港、品质领先的航空枢纽港、国际一流的邮轮母港等为特征的具有全球影响力的国际航运运营中心。集装箱年吞吐量突破 4200 万标准箱；航空旅客年吞吐量达到 1.2 亿人次，货邮年吞吐量达到 440 万吨；邮轮年接待出入境游客 350 万人次。二是航运服务能级大幅提升。提高现代航运服务业务对外辐射能力和国际化水平，基本建成国际航运服务中心，集聚航运服务全要

素。全球百强航运企业和国际航运组织进一步增加，海事法律与仲裁、航运融资与保险、海事教育与研发、航运咨询与信息等服务能级进一步提高。三是航运创新能力全面增强。深化航运制度创新，对标国际贸易便利化最高标准，口岸综合效率和营商环境达到国际先进水平。打造航运科技创新高地，通过互联网、物联网、大数据、智能化等新技术应用，实现航运产业转型发展。枢纽港建设与城市发展相协调，实现能源清洁、能耗节约、污染物受控、土地岸线资源集约利用。

（二）2018-2020 年重点任务

一是打造世界先进的海空枢纽港。完成洋山四期工程后续工作，加快推进外高桥港区八期工程建设。建设浦东机场三期、虹桥机场 T1 航站楼、浦东机场第五跑道工程，推进浦东机场总体规划修编；优化上海地区空域结构，深化空域精细化管理改革，提升两场航班放行正常率；争取对上海开通和加密国际航班的政策支持；提升国际航空货邮中转功能，推进快件、冷链物流和跨境电商等细分业务开展；发展机场旅客中转业务，扩大旅客过境免签政策适用国家范围。推进吴淞口国际邮轮码头后续工程建设，优化完善综合交通和口岸配套设施；建立邮轮旅客凭票进港凭票登船机制。

二是优化完善枢纽港集疏运体系。推进南槽航道治理一期工程，推动长江口大型船舶超宽交会常态化运行。推动江海直达运输，加强船员培训和安全监管。推进外高桥内河港区一期工程项目和大芦线二期等内河高等级航道建设。推进沪通铁路南通至安亭段建设，力争沪通铁路太仓至四团段开工，推进铁路进外高桥港区。优化完善外高桥港区周边路网，建设郊环北部越江通道工程，建设临港集卡服务中心。加快浦东综合交通枢纽规划编制，推进轨道交通引入浦东综合交通枢纽。加快机场联络线前期工作，完成轨道交通二号线东延伸改造工程，完善机场周边路网。

三是促进航运绿色、安全、高效发展。编制实施新一轮《绿色港口三年行动计划》，进一步实施船舶排放控制区管控措施，加快岸电设施推广和应用，推广 LNG 动力内河船舶应用，提高港区非道路移动机械清洁能源使用率，全面落实港口、船舶污染物的规范接收处置。全面具备向停靠飞机提供桥载电源的能力，支持机场新能源车辆推广应用。完善国际贸易单一窗口，打造长江口深水航道 E 航海示范区，建设跨境贸易管理大数据平台和长江集装箱江海联运综合服务信息平台，完善集卡预约平台功能，全面推行港口业务网上受理，推进集装箱设备交接单、提货单电子化。浦东、虹桥机场打造全流程自助服务候机楼。修编发布《上海港防止船舶污染海洋环境应急能力建设规划》；合理布局锚地，提升不良气候条件下应急保障能力；推进外高桥危险品堆场工程。

四是全面提升现代航运服务能级。打造上海航运金融产业集聚区，深化北外滩“航运服务总部基地”建设，吸引航运服务功能性机构落户；打造虹桥临空经济示范区，促进航空要素集聚和交易；建设吴淞口邮轮总部基地，丰富邮轮商业服务，打造邮轮物资配送中心。推动船用保税油许可制度创新，完善国际船舶登记服务，建成洋山国际船员服务中心。建设国际海事司法中心，推进航运仲裁信息化服务。深化航运保险注册制改革，拓展航运保险指数功能，发布航运保险纯风险损失表。完善融资租赁登记、查询和配套司法配套服务，协调解决融资租赁飞机实际入区问题。打造“上海航运指数”品牌，发展航运金融衍生品业务。打造具有全球影响力的航运智库，加强国际间协同创新。上海中国航海博物馆打造国内一流、具有全球知名度的一级博物馆。

五是加强区域港航发展协同。强化长三角区域港航协同发展机制，加快推进小洋山北侧岸线联动开发，鼓励以港航龙头企业为主体开展区域合作。鼓励机场之间构建联盟体，创新跨区域机场运行管理体制。发挥长江经济带航运联盟作用，完善工作机制，发挥示范效应。建立 21 世纪海上丝绸之路港航合作机制。支持航空公司拓展“一带一路”国际航线网络。支持和推动保险机构大力发展海外投资保险等业务。充实“一带一路”航贸指数的内涵，加强指数应用和推广。开展与“一带一路”沿线国家在法律服务、海事人才培养领域的合作。

六是加强航运中心建设保障。完善上海国际航运中心建设推进协调机制，强化与国家相关部委的沟通协调。优化航运业综合发展环境，推动港航业审批制度改革。优化口岸服务环境，提高物流效率，降低物流成本。加强航运人才队伍建设，提高海事教育和培训质量，完善航运人才引进政策，加大航运高端人才、紧缺急需人才和特殊人才引进力度。完善上海国际航运中心建设、上海航空枢纽建设相关的财政专项扶持政策，增加支持力度、拓展扶持广度。

来源：中国上海门户网 2018 年 7 月 13 日

《关于本市积极推进供应链创新与应用的实施意见》解读

为贯彻落实国务院办公厅《关于积极推进供应链创新与应用的指导意见》（国办发〔2017〕84 号），促进产业组织方式、商业模式和政府治理方式创新，推进供给侧结构性改革，近日，市政府办公厅印发了《关于本市积极推进供应链创新与应用的实施意见》（以下简称《实施意见》）。

一、《实施意见》起草背景与过程

党的十九大报告提出，我国经济已由高速增长阶段转向高质量发展阶段，必须坚持以供给侧结构性改革为主线，推动经济发展质量变革、效率变革、动力变革，在现代供应链等领域培育新增长点、形成新动能。2017 年 10 月，国务院办公厅印发了《关于积极推进供应链创新与应用的指导意见》（国办发〔2017〕84 号），上海列入国家智慧供应链示范城市和国家首批供应链体系建设试点城市。

近年来，上海大力发展平台经济，培育了一批全面整合产业链、融合价值链的资源配置型平台，实现了从企业层面链主型供应链转向以互联网技术驱动的平台型供应链。其中，汽车、钢铁、医药、消费品等重点行业供应链发展已达到国际先进、国内领先水平。

根据国办 84 号文精神，市商务委会同市有关部门广泛开展调研，推动上海现代服务业联合会成立了物流与供应链服务专业委员会，加强政企学协联动，共同研究制定了《实施意见》，为加快上海“五个中心”建设、打响“四大品牌”构筑战略新优势。

二、《实施意见》主要特点

《实施方案》在贯彻国办 84 号文的总体目标和任务要求的基础上，紧紧围绕上海国际经济、金融、贸易、航运、科技创新“五个中心”建设，依托中国（上海）自由贸易试验区制度创新，抓住举办首届中国国际进口博览会的契机，进行总体设计，充分体现上海特点。

（一）聚焦上海战略定位和优势，明确发展目标

《实施方案》按照上海要当好改革开放排头兵、创新发展先行者的要求，立足发挥本市产业优势、市场优势和开放优势，对本市供应链创新与应用示范企业培育、重点产业的供应链竞争力提升、推动长三角地区供应链服务一体化高质量发展、建成具有全球影响力的供应链资源配置中心等均提出了适合本市定位的明确要求。

（二）围绕产业转型升级，明确发展任务

《实施意见》对照国办 84 号文提出的六大方面重点任务，促进制造供应链、流通供应链、农业供应链组织方式变革、技术应用创新、服务水平提升；以供应链金融、绿色供应链、全球供应链为重点，着力发挥供应链创新应用在促进金融创新、绿色环保、配置全球资源中的显著作用。同时将各项任务落实到相应的责任部门，力求做到各项工作任务目标清晰、要求明确、措施具体、责任到位。

（三）立足治理和服务体系构建，明确保障措施

《实施方案》不仅提出了供应链创新发展的促进政策，更是针对目前供应链发展存在的痛点和

难点问题，从信用和监管服务体系、质量促进体系、政策体系完善等方面，提出了解决的思路，突出软硬结合，着力构建政府、协会、企业各司其职、各尽其责的科学、务实、可持续发展的供应链创新与应用的良好生态。

三、《实施意见》重点内容

（一）明确一个总目标：发挥本市产业优势、市场优势和开放优势，坚持新发展理念，面向全球、面向未来，对标顶级全球城市，力争到2020年，培育100家全国领先的供应链创新与应用示范企业，其中培育10家以上全球供应链领先企业，重点产业的供应链竞争力进入全国及世界前列，上海成为具有全球影响力的供应链资源配置中心。

（二）聚焦六大重点领域：一是积极发展制造供应链。重点是推进供应链协同制造，促进制造供应链可视化和智能化，发展服务型制造。二是创新发展流通供应链。重点是推动流通创新转型，促进流通技术创新应用，提升供应链服务水平。三是建立健全农业供应链。重点是创新都市农业产业组织体系，推进农业科技创新，提高质量安全追溯能力。四是规范稳妥发展供应链金融。重点是推动供应链金融服务实体经济，有效防范供应链金融风险。五是大力倡导绿色供应链。重点是发展绿色生态农业，大力倡导绿色制造，积极推行绿色流通。六是努力构建全球供应链。重点是积极融入全球供应链网络，鼓励企业开展对外贸易和投资合作。

（三）建立一个支撑体系：一是加快探索供应链政府治理和公共服务新模式。重点是加强供应链信用和监管服务体系建设，健全政府部门信用信息共享机制，研究建立基于供应链的信用评价机制，创新监管机制，加强供应链风险管控。二是构建优质高效的供应链质量促进体系。重点是推进供应链服务标准化，推广适应供应链管理需求的先进质量管理方法，创建一批高价值供应链品牌。三是营造良好的供应链创新与应用政策环境。重点是建设产学研用合作、跨界交叉领域的创新服务平台，建立行业指数、经济运行等指标体系，集成高新技术企业认定、外经贸发展专项资金、服务业发展引导资金、标准化推进专项资金等相关政策支持供应链相关企业发展。

来源：中国上海门户网　2018年8月30日

《关于本市推进电子商务与快递物流协同发展的实施意见》解读

为贯彻落实《国务院办公厅关于推进电子商务与快递物流协同发展的意见》，深入实施“互联网+流通”行动计划，提高电子商务与快递物流协同发展水平。经政府常务会议审议通过，近日，市政府办公厅印发了《关于本市推进电子商务与快递物流协同发展的实施意见》（以下简称《实施意见》）。

一、《实施意见》起草的背景和过程

近年来，本市电子商务高速发展，2017年全市电子商务年交易额达2.42万亿元，其中网络购物交易额（含商品和服务）7340亿元，居全国城市首位，连续6年实现了20%以上增长；2018年，全市预计实现电子商务交易额2.89万亿元，同比增长约19.3%；其中，网络购物交易额预计达到1.04万亿元，同比增长29.7%。本市快递物流发展也领先全国，2017年全市快递业务收入868.9亿元，全国城市排名第一，截至2018年10月，全市邮政行业业务收入累计完成867.4亿元，同比增长19.6%，全国7家快递物流上市公司中5家总部在沪。但是，本市电子商务与快递物流协同发展也面临一些瓶颈，存在末端配送体系不健全、标准体系缺失、基础设施落地难等问题。

为更好地贯彻落实《国务院办公厅关于推进电子商务与快递物流协同发展的意见》，推动本市电子商务与快递物流向更高质量、更高水平的协同发展。按照市政府的总体部署，市商务委会同市邮政管理局等相关部门通过座谈、调研等多种形式，对本市电子商务与快递物流的发展瓶颈和主要发展方向开展了深入研究。充分借鉴相关省市实践经验，不断结合上海实际，努力开展创新，认真做好《实施意见》起草工作。起草过程中，充分征求了政府部门间、社会各界的意见和建议，经反复论证和修改，形成了《实施意见》。

二、《实施意见》的主要内容

《实施意见》围绕加快本市电子商务与物流快递协同发展，共五个方面 14 条，主要包括：

一是推动电商快递基础设施合理化布局，进一步提升集约水平。主要是加强规划协同引领，落实邮政及电子商务“十三五”规划，加快构建长三角快递网络，建设国际航空快递枢纽；保障基础设施建设用地，建立电子商务快递物流土地保障机制，支持建设集约化智能仓储、现代化无人仓库；创新末端设施支持政策，明确智能快件箱、电商快递末端综合服务场所的公共属性，并作为社区公共服务设施纳入设置规划，结合实施本市住宅小区建设“美丽家园”行动计划，构建覆盖 15 分钟社区生活圈及住宅小区的智能末端配送体系。

二是推动电商快递智能化发展，进一步提升协同水平。主要是提高科技应用水平，建立深度感知的智慧化仓储管理系统、高效便捷的末端配送网络、科学有序的物流分拨调配系统及物流信息服务平台；推进园区建设与升级，加快青浦全国快递行业转型发展示范区建设，支持重点电商快递企业建设贸易型总部，鼓励在有条件的园区对无人配送技术应用给予特定道路测试支持；推动供应链协同发展，鼓励物流快递与电商、实体商业企业合作，推进“店仓配”一体发展，构建跨界融合的产业供应链生态。

三是推动电商快递绿色化运营，进一步提升环保水平。主要是推广绿色包装，鼓励企业应用绿色包装材料和回收利用技术，推进快递物流包装减量化，鼓励电商平台提供绿色包装选项，对绿色包装实行计价优惠，试点开展“逆向物流”回收包装，促进包装材料循环利用；推动绿色运营，引导企业开展多式联运，推广使用新能源车辆，在电商快递物流园区内建设配套汽车充电桩，加强快递物流设施能源管理，提高能源利用效率。

四是推动电商快递标准化建设，进一步提升规范运营水平。主要是便利配送车辆通行，支持重点电商快递物流企业车辆办理通行证，合理确定通行区域和时段，给予临时停靠便利；规范配送车辆运营管理，推广符合标准的快递揽投专用电动车，研究制定城市小型快递专用汽车标准；推进末端快递服务标准，加快出台本市《快递末端综合服务站通用规范》，完善快递末端综合服务站点消防设置及快递配送车辆充电规范等要求。

五是推动电商快递便利化服务，进一步优化营商环境。主要是深化“放管服”改革，简化快递业务经营许可程序，整合公共数据资源，实现“一网通办”；健全企业间数据协同共享制度，鼓励和引导上海电子商务平台与快递物流企业之间开展数据交换共享；健全协同共治管理模式，建立本市邮政快递企业信用评级体系，建立“信用不良名单”制度，鼓励企业建立诚信联盟，联合建立从业人员诚信档案。加快全市范围内快递一体化安检建设。

来源：中国上海门户网 2019 年 1 月 29 日

1.2.4 国务院部委最新政策文件

国家发展改革委等24国家部委局：《关于推动物流高质量发展 促进形成强大国内市场的意见》（发改经贸〔2019〕352号）

各省、自治区、直辖市及计划单列市发展改革、网信、工业和信息化、公安、财政、自然资源、生态环境、住房城乡建设、交通运输、农业农村、商务、应急管理部门，中国人民银行上海总部，各分行、营业管理部，各省会（首府）城市中心支行，各副省级城市中心支行，海关总署广东分署、各直属海关，市场监管、统计、气象、银保监、证监、能源部门，各地区铁路监督管理局，民航各地区管理局，邮政管理局，各铁路局集团公司：

物流业是支撑国民经济发展的基础性、战略性、先导性产业。物流高质量发展是经济高质量发展的重要组成部分，也是推动经济高质量发展不可或缺的重要力量。为巩固物流降本增效成果，增强物流企业活力，提升行业效率效益水平，畅通物流全链条运行，按照党中央、国务院关于推动高质量发展的要求和中央经济工作会议精神，现提出以下意见。

一、深刻认识物流高质量发展的重要意义

物流是实体经济的有机组成部分，加快解决物流发展不平衡不充分问题，推动物流高质量发展是推进物流业发展方式转变、结构优化和动力转换，实现物流业自身转型升级的必由之路；是降低实体经济特别是制造企业物流成本水平，增强实体经济活力的必然选择；是深化供给侧结构性改革，增强经济发展内生动力，提升社会经济运行效率的迫切需要；是促进形成强大国内市场，构建现代化经济体系，实现国民经济高质量发展的内在要求。物流业发展的贡献不仅在于行业企业本身创造的税收、就业等，更在于支撑和促进区域内各相关产业产生更多的税收和就业，有力推动区域经济较快增长。要把推动物流高质量发展作为当前和今后一段时期改善产业发展和投资环境的重要抓手，培育经济发展新动能的关键一招，以物流高质量发展为突破口，加快推动提升区域经济和国民经济综合竞争力。

二、构建高质量物流基础设施网络体系

（一）推动国家物流枢纽网络建设。围绕“一带一路”建设、京津冀协同发展、长江经济带发展、粤港澳大湾区建设、长三角一体化发展等重大战略实施，依据国土空间规划，在国家物流骨干网络的关键节点，选择部分基础条件成熟的承载城市，启动第一批15个左右国家物流枢纽布局建设，培育形成一批资源整合能力强、运营模式先进的枢纽运营企业，促进区域内和跨区域物流活动组织化、规模化、网络化运行。（发展改革委、交通运输部负责，列第一位的为牵头部门，下同）

（二）加强联运转运衔接设施短板建设。发挥政府投资的示范带动作用，引导各类社会资本加大对公铁、铁水、空陆等不同运输方式的转运场站和“不落地”装卸设施等的投入力度，提高一体化转运衔接能力和货物快速换装便捷性，破解制约物流整体运作效率提升的瓶颈。推动具备条件的物流园区引入铁路专用线。加强入港铁路专用线等基础设施短板建设，支持铁路专用线进码头，打通公铁水联运衔接“最后一公里”，实现铁路货运场站与港口码头、前方堆场等的无缝衔接。（发展改革委、交通运输部、财政部、自然资源部、铁路局、民航局、铁路总公司按职责分工负责）

（三）完善城乡消费物流体系。实施城乡高效配送专项行动，完善城乡配送网络，鼓励企业在城乡和具备条件的村建立物流配送网点，加强公用型城市配送节点和社区配送设施建设，将末端配送设施纳入社区统一管理，推进设施共享共用，支持试点城市和企业加快构建城乡双向畅通的物流配送网络。实施“邮政在乡”工程，完善县乡村三级邮政农村物流配送体系建设。升级“快递下乡”工程，加快农村物流快递公共取送点建设，提升乡镇快递网点覆盖率。深入开展电子商务进农村综合示范，提升农村物流服务质量和效率，2019 年力争对具备条件的国家级贫困县全覆盖。通过合资合作等方式发展面向乡镇（村）的农村物流服务体系。（商务部、交通运输部、住房城乡建设部、财政部、农业农村部、邮政局按职责分工负责）

（四）建立资源共享的物流公共信息平台。推进国家交通运输物流公共信息平台完善工作，鼓励和引导城市共同配送公共信息平台加强与国家交通运输物流公共信息平台有效衔接，促进相关部门、大型市场主体的物流公共数据互联互通和开放共享。在保障信息安全的情况下，扩大物流相关信息公开范围和内容，为物流企业和制造业企业查询提供便利。依托骨干物流信息平台试点单位，探索市场化机制下物流信息资源整合利用的新模式，推动建立国家骨干物流信息网络，畅通物流信息链，加强社会物流活动全程监测预警、实时跟踪查询。依托行业协会实施全国百家骨干物流园区“互联互通”工程，促进信息匹配、交易撮合、资源协同。（交通运输部、公安部、发展改革委、商务部、中央网信办、住房城乡建设部、自然资源部、铁路局、民航局、气象局、铁路总公司、中国物流与采购联合会按职责分工负责）

三、提升高质量物流服务实体经济能力

（五）促进现代物流业与制造业深度融合。加强生产服务型国家物流枢纽建设，利用枢纽聚集的大量物流资源，为制造企业提供高效快捷的物流服务，降低制造企业物流成本，提升区域制造企业竞争力，支撑制造业高质量集群化发展。以深化实施“互联网 +”高效物流和物流降本增效专项行动为突破口，促进物流业与制造业深度融合创新发展。研究出台促进物流业与制造业深度融合发展的政策措施，鼓励物流企业为制造企业量身定做供应链管理库存、“线边物流”、供应链一体化服务等物流解决方案。实施服务型制造示范遴选，支持物流企业开展服务化转型。增加开行面向大型厂矿、制造业基地等的“点对点”直达货运列车，提高协议制运输比重，扩大大宗物资运量运能互保协议范围，2019 年力争达到 25 亿吨左右。加快发展面向集成电路、生物制药、高端电子消费产品等高附加值制造业的航空货运服务，加大“卡车航班”开行力度，构建高价值商品的快捷物流服务网络。（发展改革委、交通运输部、工业和信息化部、民航局、铁路总公司负责）

（六）积极推动物流装备制造业发展。加大重大智能物流技术研发力度，加强物流核心装备设施研发攻关，推动关键技术装备产业化。开展物流智能装备首台（套）示范应用，推动物流装备向高端化、智能化、自主化、安全化方向发展。研究推广尺寸和类型适宜的内陆集装箱，提高集装箱装载和运送能力。在适宜线路开展铁路双层集装箱运输，推广铁路重载运输技术装备，提升铁路运能。（工业和信息化部、交通运输部、铁路总公司按职责分工负责）

（七）提升制造业供应链智慧化水平。鼓励物流和供应链企业在依法合规的前提下开发面向加工制造企业的物流大数据、云计算产品，提高数据服务能力，协助制造企业及时感知市场变化，增强制造企业对市场需求的捕捉能力、响应能力和敏捷调整能力。鼓励发展以个性化定制、柔性化生产、资源高度共享为特征的虚拟生产、云制造等现代供应链模式，提升全物流链条的价值创造水平。（发展改革委、工业和信息化部、商务部、人民银行按职责分工负责）

（八）发挥物流对农业的支撑带动作用。加强农产品物流骨干网络和冷链物流体系建设。聚焦农产品流通“最先一公里”，加强农产品产地冷链物流体系建设，鼓励企业利用产地现有常温仓储设施改造或就近新建产后预冷、贮藏保鲜、分级包装等冷链物流基础设施，开展分拣、包装等流通加工业务。鼓励企业创新冷链物流基础设施经营模式，开展多品种经营和“产销双向合作”，提高淡季期间设施利用率。加强邮政、快递物流与特色农产品产地合作，畅通农产品“上行”通道。发展第三方冷链物流全程监控平台，加强全程温度、湿度监控，减少“断链”隐患，保障生鲜农产品品质和消费安全。鼓励和引导大型农产品流通企业拓展社区服务网点，减少中间环节，降低农产品物流成本。发展“生鲜电商 + 冷链宅配”“中央厨房 + 食材冷链配送”等冷链物流新模式，改善消费者体验。推动地方全面落实冷链物流企业用水、用电、用气与工业同价政策。（商务部、农业农村部、发展改革委、邮政局按职责分工负责）

四、增强物流高质量发展的内生动力

（九）发展物流新服务模式。健全完善相关法规制度和标准规范，推动以网络为依托的货运新业态规范有序发展。大幅提高铁路企业开行班列化货物列车数量。优化铁路班列运行组织方案，推动铁路“门到门”运输全程可追踪，提供信息查询服务。探索开行国内冷链货运班列和“点对点”铁路冷链运输。发展铁路危化品运输。发展“端到端”的物流模式。鼓励和支持云仓等共享物流模式、共同配送、集中配送、夜间配送、分时配送等先进物流组织方式发展，在具备条件的地区探索发展无人机配送等创新模式。（交通运输部、铁路总公司、商务部、公安部、民航局、发展改革委按职责分工负责）

（十）实施物流智能化改造行动。大力发展数字物流，加强数字物流基础设施建设，推进货、车（船、飞机）、场等物流要素数字化。加强信息化管理系统和云计算、人工智能等信息技术应用，提高物流软件智慧化水平。支持物流园区和大型仓储设施等应用物联网技术，鼓励货运车辆加装智能设备，加快数字化终端设备的普及应用，实现物流信息采集标准化、处理电子化、交互自动化。发展机械化、智能化立体仓库，加快普及“信息系统 + 货架、托盘、叉车”的仓库基本技术配置，推动平层仓储设施向立体化网格结构升级。鼓励和引导有条件的乡村建设智慧物流配送中心。鼓励各地为布局建设和推广应用智能快（邮）件箱提供场地等方面的便利。（发展改革委、工业和信息化部、商务部、中央网信办、交通运输部、农业农村部、民航局、邮政局按职责分工负责）

（十一）推进多式联运发展。总结多式联运示范工程工作经验，研究制定统一的多式联运服务规则，完善多式联运转运、装卸场站等物流设施标准，力争在货物交接、合同运单、信息共享、责任划分、货损理赔等方面实现突破。加快建设多式联运公共信息平台，促进货源与公铁水空等运力资源有效匹配，降低车船等载运工具空驶率。依托国家物流枢纽网络开发“一站式”多式联运服务产品，加快实现集装箱多式联运“一单制”。研究在适宜线路开展驮背运输。发展海铁联运班列。在保障安全的前提下，积极推动 LNG 罐箱多式联运。（交通运输部、发展改革委、能源局、铁路局、民航局、铁路总公司负责）

（十二）促进物流供应链创新发展。充分发挥物流供应链系统化组织、专业化分工、协同化合作和敏捷化调整的优势，发展符合中国特色的供应链企业，提高生产、流通资源的配置效率，提升企业综合运行效率效益。支持具备条件的物流企业做大做强，发展基于核心企业的“链主型”供应链，将上下游小微企业整合嵌入生产经营过程，强化资源系统整合与优化能力；发展基于现代信息技术的“平台型”供应链，重点解决信息不对称问题，提高资源整体配置效率；发展依托专业化分工的“互补型”供应链，实现资源和渠道的优势互补，提高企业协同发展水平；发展基于区域内分工协作的“区块型”供应链，促进区域内企业高效协同和集聚化发展，提升区域整体竞争优势；发展基于存货控制的“共享型”供应链，打通与整合生产、分销等各环节的库存管理，促进供应商与零售商之间的统仓共配。（发展改革委、商务部、工业和信息化部按职责分工负责）

（十三）加快国际物流发展。深入推进通关一体化改革，建立现场查验联动机制，推进跨部门协同共管，鼓励应用智能化查验设施设备，推动口岸物流信息电子化，压缩整体通关时间，提高口岸物流服务效率，提升通道国际物流便利化水平。加强陆上边境口岸型物流枢纽建设，完善境外沿线物流节点、渠道网络布局。积极推动中欧班列枢纽节点建设，打造一批具有多式联运功能的大型综合物流基地，促进大型集结中心建设。加大中欧班列组织协调和品牌宣传力度，利用进口博览会等平台引导班列运营公司加强与中亚、欧洲沿线各国的大型生产制造企业的对接，针对大型企业打造“量身定做”的班列物流服务产品，促进中欧班列双向均衡运行，提升中欧班列国际物流服务能力与质量。（海关总署、发展改革委、商务部、铁路总公司按职责分工负责）

（十四）加快绿色物流发展。持续推进柴油货车污染治理力度。研究推广清洁能源（LNG）、无轨双源电动货车、新能源（纯电动）车辆和船舶，加快岸电设施建设，推进靠港船舶使用岸电。加快车用LNG加气站、内河船舶LNG加注站、充电桩布局，在批发市场、快递转运中心、物流园区等建设充电基础设施。鼓励企业使用符合标准的低碳环保配送车型。落实新能源货车差别化通行管理政策，提供通行便利，扩大通行范围，对纯电动轻型货车少限行甚至不限行。发展绿色仓储，鼓励和支持在物流园区、大型仓储设施应用绿色建筑材料、节能技术与装备以及能源合同管理等节能管理模式。以绿色物流为突破口，带动上下游企业发展绿色供应链，使用绿色包材，推广循环包装，减少过度包装和二次包装，推行实施货物包装和物流器具绿色化、减量化。（生态环境部、交通运输部、住房城乡建设部、发展改革委、能源局、工业和信息化部、公安部、邮政局、商务部按职责分工负责）

（十五）促进标准化单元化物流设施设备应用。精简货运车型规格数量，严查严处货车非法改装企业。研究制定常压液体危险货物罐车专项治理工作方案，稳步开展超长平板半挂车、超长集装箱半挂车等非标货运车辆治理工作。合理设置过渡期，通过既有政策措施加快淘汰存量非标货运车辆和鼓励应用中置轴厢式货车等标准厢式货运车辆，推动货运车辆市场平稳过渡和转型升级。推动城市配送车辆结构升级，逐步建立以新能源配送车辆为主体、小型末端配送车辆为补充的配送车辆体系。支持集装箱、托盘、笼车、周转箱等单元化装载器具循环共用以及托盘服务运营体系建设，推动二手集装箱交易流转。鼓励和支持公共“挂车池”“运力池”“托盘池”等共享模式和甩挂运输等新型运输发展。鼓励企业使用智能化托盘等集装单元化技术，研发使用适应生鲜农产品网络销售的可重复使用的冷藏箱或保冷袋，提升配送效率。鼓励企业使用1200毫米×1000毫米的标准托盘。加快物流信息、物流设施、物流装备等标准对接。（交通运输部、工业和信息化部、财政部、公安部、商务部、市场监管总局、铁路局、民航局、铁路总公司按职责分工负责）

五、完善促进物流高质量发展的营商环境

（十六）深化物流领域“放管服”改革。按照“只进一扇门”“最多跑一次”原则，简化物流企业开展业务的行政审批手续，最大程度减少对物流企业业务创新的制约。规范、简化铁路专用线接轨审查手续、压缩审查时间。在简化住所（经营场所）登记手续的基础上，支持地方在物流领域开展“一照多址”改革。精简快递分支机构办理手续，2019年内将快递业务经营许可审批时间缩短至法定时限一半以内，全面实施快递末端网点备案管理。加快推动道路货运车辆异地审验工作，2019年12月底前全面实现普通货运车辆全国跨省异地审验。深入推进治理车辆超限超载联合执法常态化制度化工作，严格执行全国统一的公路货运车辆超限超载认定标准。（交通运输部、公安部、市场监管总局、海关总署、邮政局、铁路总公司等按职责分工负责）

（十七）推进铁路货运服务提质增效。清理规范铁路运输企业开展专用线、专用铁路、自备货车、自备机车等铁路运输设备代维护、维修及运用环节相关服务收费。进一步开放专用线代运营代维护、自备车检修、铁路运输两端短驳等市场，允许工程施工、装备制造、社会物流企业等参与并提供相关服务，促进降低铁路物流成本水平。支持铁路运输企业开展载运工具共管共用试点，降低企业自备载运工具运用成本。完善铁路运价灵活调整机制，进一步清理规范铁路货运经营服务性收费，推动货物运输由公路向铁路转移。研究推动160公里时速的新型货运列车投入使用，完善相关技术标准和运行图。实施铁路货运增量行动，2019年国家铁路货物发送量达到33.68亿吨。（铁路局、铁路总公司、市场监管总局、交通运输部、发展改革委按职责分工负责）

（十八）降低车辆通行和港口物流成本。深化收费公路制度改革，加快修订出台《收费公路管理条例》。全面推广高速公路差异化收费，完善货车使用ETC非现金支付等优惠政策。深入推动取消高速公路省界收费站试点工作，总结经验，逐步扩大取消高速公路省界收费站的范围。降低水路运输过闸费。进一步清理港口收费，合理降低收费标准，规范收费行为，严格执行收费目录清单和公示制度，严禁违规收费。（交通运输部、发展改革委、市场监管总局按职责分工负责）

（十九）提升城市物流管理水平。科学制定城市物流政策，指导城市提高配送车辆通行管理的精细化水平，合理规划城市货运通道，避免“一刀切”限行。实行分车型、分时段、分路段通行管控，有效释放货运通行路权，保障城市生产生活的必要需求。鼓励地方政府在城市中心区建设一批公共物流配送中心，通过租赁等方式为服务居民生活的物流企业提供必要经营场所。完善城市物流配送装卸、停靠作业设施。指导企业按照新近发布的《物流建筑设计规范》等标准要求，建设大型物流仓储设施，应用大型分拣作业流水线，便利企业经营。在符合相关法规标准要求并保障安全生产的基础上，允许在物流仓储设施内从事再包装等流通加工业务。在货物来源可追溯、流向可追踪的情况下，研究出台允许动检证变更目的地的操作规范，为冷链物流跨区域分拨提供便利。（交通运输部、公安部、商务部、应急部、住房城乡建设部、农业农村部按职责分工负责）

六、建立物流高质量发展的配套支撑体系

（二十）完善现代物流业统计制度。加快研究建立物流行业统计分类标准。研究完善反映物流重点领域、重点环节高质量发展的监测指标体系。加大对物流统计体系建设的支持力度，推动落实社会物流统计制度，加快企业样本库扩容提质，加强对物流重点企业运营成本、效率的监测。利用骨干物流平台开展公路物流监测。（发展改革委、统计局、中国物流与采购联合会负责）

（二十一）健全物流标准规范体系。完善物流标准体系，对不适应国民经济运行和行业发展需要的标准进行修订、转化或废止。深入推进物流标准化试点示范和供应链体系建设试点等工作，加强已发布物流标准在物流领域相关试点示范中的应用，提升物流标准化水平。支持具备条件的物流企业标准上升为行业标准、国家标准。（市场监管总局、发展改革委、交通运输部、商务部、财政部、农业农村部负责）

（二十二）构建物流高质量发展评价体系。研究编制并适时发布“中国物流发展指数”，从物流发展质量、效率、动力、贡献等方面，对我国物流发展质量水平进行客观、全面、可量化的综合性评价，为有针对性地研究制定政策措施提供可量化的参考依据。（发展改革委、中国物流与采购联合会负责）

（二十三）健全完善物流行业信用体系。研究出台运输物流行业失信联合惩戒对象“黑名单”管理办法，明确严重失信企业标准，构建政府层面失信惩戒机制。充分发挥行业组织和社会信用机构作用，组织建立物流企业信用联盟，鼓励开发针对物流行业的信用产品，推动信用信息市场化应用，强化守信激励和失信惩戒效果。（发展改革委负责）

七、健全物流高质量发展的政策保障体系

（二十四）创新用地支持政策。加强城市物流发展规划与国土空间规划的协同衔接。指导地方加大土地政策支持力度，鼓励地方政府利用有效载体和多种渠道整合盘活存量闲置土地资源，用于物流用途。探索政府负责土地平整并建设道路、管网等基础设施，企业负责建设经营性物流基础设施，约定土地物流用途并长期租赁的新型物流用地供应保障模式。研究利用工业企业旧厂房、仓库和存量土地资源建设物流设施或提供物流服务的支持政策。铁路划拨用地用于物流相关设施建设，从事长期租赁等物流经营活动的，可在五年内实行继续按原用途和土地权利类型使用土地的过渡期政策，期满及涉及转让需办理相关用地手续的，按新的用途、权利类型和市场价格以协议方式办理。对企业利用原有土地进行物流基础设施建设的，在办理规划条件、规划许可等方面予以支持。（自然资源部、铁路总公司负责）

（二十五）加强投融资支持方式创新。按照“扶优做强”原则，研究设立国家物流枢纽中央预算内投资专项，支持国家物流枢纽的物流基础设施建设。鼓励符合条件的金融机构或大型物流企业集团等发起物流产业发展投资基金，按照市场化原则运作，加强重要节点物流设施建设。支持符合条件的物流企业发行各类债务融资工具，拓展市场化主动融资渠道，稳定企业融资链条。鼓励持牌金融机构在相应的金融业务资质范围内开发基于供应链的金融产品，引导和支持资金流向实体企业，加大对小微企业融资支持力度。（发展改革委、财政部、人民银行、银保监会、证监会负责）

各地区有关部门要认真贯彻落实党中央、国务院决策部署，结合本地区实际，加强组织领导，明确任务分工，强化协调配合，加大政策创新和支持力度，扎实推进物流高质量发展各项工作。国家发展改革委将会同有关部门加强工作指导和督促检查，及时协调解决政策实施中存在的问题，推动各项政策措施落地实施。

附件：2019 年推动物流高质量发展 10 项重点工作

国家发展改革委、中央网信办、工业和信息化部、公安部、财政部、自然资源部、生态环境部、住房城乡建设部、交通运输部、农业农村部、商务部、应急部、人民银行、海关总署、市场监管总局、统计局、气象局、银保监会、证监会、能源局、铁路局、民航局、邮政局、铁路总公司

2019 年 2 月 26 日

本篇编辑：张志坚

第二篇 物流基础领域

2.1 交通运输

2.1.1 2018 年基本情况

2018 年 1–12 月上海市交通运输业（货运部分）分月基本情况

1 月

本市交通货物运输总量 8249.50 万吨，比去年同月增长 18.4%。其中，铁路 41.78 万吨，增长 32.9%；水运 4872.14 万吨，增长 35.9%；公路 3300.00 万吨，下降 0.5%；机场 35.58 万吨，增长 8.5%。

上海港完成港口货物吞吐量 6212.73 万吨，比去年同月增长 2.2%。其中，进港 3556.64 万吨，增长 5.6%；出港 2656.09 万吨，下降 2.1%。国际标准集装箱吞吐量 339.68 万 TEU，增长 2.8%。其中，进港 164.04 万 TEU，增长 2.7%；出港 175.64 万 TEU，增长 2.9%。

2 月

本市交通货物运输总量 7505.32 万吨，比去年同月下降 3.2%。其中，铁路 26.80 万吨，下降 16.6%；水运 4661.22 万吨，下降 4.1%；公路 2791.00 万吨，下降 1.6%；机场 26.30 万吨，增长 1.3%。

上海港完成港口货物吞吐量 4979.59 万吨，比去年同月下降 1.3%。其中，进港 2864.83 万吨，下降 5.6%；出港 2114.76 万吨，增长 5.1%。国际标准集装箱吞吐量 294.81 万 TEU，增长 11.3%。其中，进港 150.13 万 TEU，增长 5.5%；出港 144.69 万 TEU，增长 18.0%。

3 月

本市交通货物运输总量 8482.99 万吨，比去年同月增长 12.7%。其中，铁路 43.26 万吨，增长 0.1%；水运 5031.72 万吨，增长 24.8%；公路 3372.00 万吨，下降 1.3%；机场 36.01 万吨，下降 1.6%。

上海港完成港口货物吞吐量 5850.19 万吨，比去年同月下降 12.3%。其中，进港 3389.73 万吨，下降 13.1%；出港 2460.46 万吨，下降 11.2%。国际标准集装箱吞吐量 339.47 万 TEU，下降 1.2%。其中，进港 172.36 万 TEU，增长 4.0%；出港 167.11 万 TEU，下降 6.0%。

4 月

本市交通货物运输总量 9318.96 万吨，比去年同月增长 10.2%。其中，铁路 41.50 万吨，增长 8.4%；水运 5888.68 万吨，增长 17.2%；公路 3353.00 万吨，下降 0.2%；机场 35.79 万吨，增长 2.8%。

上海港完成港口货物吞吐量 6261.15 万吨，比去年同月下降 2.3%。其中，进港 3629.19 万吨，下降 2.3%；出港 2631.96 万吨，下降 2.2%。国际标准集装箱吞吐量 353.09 万 TEU，比去年同月增长 7.8%。其中，进港 169.60 万 TEU，增长 6.7%；出港 183.49 万 TEU，增长 8.8%。

5 月

本市交通货物运输总量 9409.67 万吨，比去年同月增长 16.6%。其中，铁路 39.75 万吨，增长 3.0%；

水运 5903.99 万吨，增长 28.5%；公路 3430.00 万吨，增长 0.9%；机场 35.94 万吨，增长 1.1%。

上海港完成港口货物吞吐量 6450.22 万吨，比去年同月下降 2.4%。其中，进港 3770.09 万吨，下降 0.7%；出港 2680.13 万吨，下降 4.8%。国际标准集装箱吞吐量 363.32 万 TEU，比去年同月增长 2.6%。其中，进港 174.51 万 TEU，增长 1.4%；出港 188.81 万 TEU，增长 3.8%。

6 月

本市交通货物运输总量 9455.80 万吨，比去年同月增长 9.9%。其中，铁路 38.03 万吨，下降 9.6%；水运 5993.10 万吨，增长 16.0%；公路 3390.00 万吨，增长 0.8%；机场 34.67 万吨，下降 1.6%。

上海港完成港口货物吞吐量 6278.27 万吨，比去年同月下降 0.2%。其中，进港 3584.59 万吨，增长 0.9%；出港 2693.68 万吨，下降 1.6%。国际标准集装箱吞吐量 360.35 万 TEU，比去年同月增长 6.1%。其中，进港 175.41 万 TEU，增长 6.5%；出港 184.94 万 TEU，增长 5.7%。

7 月

本市交通货物运输总量 9166.50 万吨，比去年同月下降 0.1%。其中，铁路 37.47 万吨，下降 6.9%；水运 5716.96 万吨，增长 0.1%；公路 3377.00 万吨，下降 0.4%；机场 35.07 万吨，下降 0.6%。

上海港完成港口货物吞吐量 6222.90 万吨，比去年同月下降 0.8%。其中，进港 3622.61 万吨，增长 1.9%；出港 2600.29 万吨，下降 4.4%。国际标准集装箱吞吐量 355.32 万 TEU，比去年同月增长 3.2%。其中，进港 174.38 万 TEU，增长 4.7%；出港 180.94 万 TEU，增长 1.8%。

8 月

本市交通货物运输总量 9617.00 万吨，比去年同月增长 15.1%。其中，铁路 39.07 万吨，增长 0.3%；水运 6226.25 万吨，增长 25.3%；公路 3317.00 万吨，与去年同月持平；机场 34.68 万吨，增长 0.3%。

上海港完成港口货物吞吐量 6149.29 万吨，比去年同月下降 8.6%。其中，进港 3517.41 万吨，下降 8.8%；出港 2631.89 万吨，下降 8.3%。国际标准集装箱吞吐量 348.39 万 TEU，比去年同月增长 0.6%。其中，进港 169.52 万 TEU，与去年同月持平；出港 178.88 万 TEU，增长 1.1%。

9 月

本市交通货物运输总量 9038.75 万吨，比去年同月增长 20.8%。其中，铁路 39.49 万吨，增长 1.3%；水运 5660.54 万吨，增长 40.6%；公路 3303.00 万吨，比去年同月下降 2.2%；机场 35.72 万吨，下降 4.7%。

上海港完成港口货物吞吐量 6438.62 万吨，比去年同月增长 4.0%。其中，进港 3636.42 万吨，增长 1.4%；出港 2802.20 万吨，增长 7.7%。国际标准集装箱吞吐量 381.19 万 TEU，比去年同月增长 13.0%。其中，进港 186.75 万 TEU，增长 11.6%；出港 194.44 万 TEU，增长 14.4%。

10 月

本市交通运输业保持平稳增长。交通货物运输总量为 9353.48 万吨，比去年同月增长 12.8%。其中，铁路 41.58 万吨，增长 12.4%；水运 5986.16 万吨，增长 22.3%；公路 3290.00 万吨，下降 0.9%；机场 35.74 万吨，比去年同月下降 5.2%。

本市港口货物吞吐量 6234.93 万吨，比去年同月增长 0.9%。其中，进港 3580.07 万吨，增长 0.1%；出港 2654.86 万吨，增长 1.9%。国际标准集装箱吞吐量 357.35 万 TEU，比去年同月增长 5.3%。其中，进港 176.03 万 TEU，增长 3.5%；出港 181.32 万 TEU，增长 7.2%。

本市快递业务量 2.91 亿件，比去年同月增长 5.0%。

11 月

本市交通运输业生产运行总体平稳。交通货物运输总量为 8628.59 万吨，比去年同月增长 4.3%。其中，铁路 38.11 万吨，下降 12.3%；水运 5228.71 万吨，增长 6.3%；公路 3326.00 万吨，增长 1.7%；机场 35.78 万吨，比去年同月下降 9.1%。

受进口博览会及大雾天气影响，本市港口货物吞吐量出现阶段性下降。本市港口货物吞吐量5824.42万吨，比去年同月下降9.3%。其中，进港3280.37万吨，下降12.2%；出港2544.05万吨，下降5.2%。国际标准集装箱吞吐量352.93万TEU，比去年同月下降2.0%。其中，进港175.09万TEU，下降 1.4%；出港177.83万TEU，下降2.6%。

本市快递业务量3.80亿件，比去年同月增长2.9%。

12月

本市交通货物运输总量为9160.01万吨，比去年同月增长10.4%。其中，铁路41.56万吨，下降12.6%；水运5736.41万吨，增长18.6%；公路3346.00万吨，下降0.9 %；机场36.04万吨，比去年同月下降4.7%。

本市港口货物吞吐量6145.64万吨，比去年同月下降0.2%。其中，进港3498.90万吨，下降3.9%；出港2646.73万吨，增长5.1%。国际标准集装箱吞吐量355.10万TEU，比去年同月增长5.8%。其中，进港176.76万TEU，增长6.6%；出港178.34万TEU，增长5.0 %。

本市快递业务量3.46亿件，比去年同月增长9.0%。

来源：上海市统计局网

摘录：张志坚

2018年上海市交通运输货运部分基本情况一览表

2018年上海市交通运输货运部分基本情况一览表（一）

月份	统计值	货物运输量（万吨）/ 同期增长（%）				
		总量	其中铁路	其中水运	其中公路	其中机场
1月	数量	8249.5	41.78	4872.14	3300	26.3
	增长（%）	18.4	32.9	35.9	-0.5	1.3
2月	数量	7505.32	26.8	4661.22	2791	26.3
	增长（%）	-3.2	-16.6	-4.1	-1.6	1.3
3月	数量	8482.99	43.26	5031.72	3372	36.01
	增长（%）	12.7	0.1	24.8	-1.3	-1.6
4月	数量	9318.96	41.5	5888.68	3353	35.79
	增长（%）	10.2	8.4	17.2	-0.2	2.8
5月	数量	9409.67	39.75	5903.99	3430	35.94
	增长（%）	16.6	3	28.5	0.9	1.1
6月	数量	9455.8	38.03	5993.1	3390	34.67
	增长（%）	9.9	-9.6	16	0.8	-1.6
7月	数量	9166.5	37.47	5716.96	3377	35.07
	增长（%）	-0.1	-6.9	0.1	-0.4	-0.6

月份	统计值	货物运输量（万吨）/ 同期增长（%）				
		总量	其中铁路	其中水运	其中公路	其中机场
8月	数量	9617	39.07	6226.25	3317	34.68
	增长（%）	15.1	0.3	25.3	0	0.3
9月	数量	9038.75	39.49	5660.54	3303	35.72
	增长（%）	20.8	1.3	40.6	-2.2	-4.7
10月	数量	9353.48	41.58	5986.16	3290	35.74
	增长（%）	12.8	12.4	22.3	-0.9	-5.2
11月	数量	8628.59	38.11	5228.71	3326	35.78
	增长（%）	4.3	-12.3	6.3	1.7	-9.1
12月	数量	9160.01	41.56	5736.41	3346	36.04
	增长（%）	10.4	-12.6	18.6	-0.9	-4.7
2018全年	数量	107386.82	468.38	66905.87	39595.00	417.57
	增长（%）	10.4	-0.7	18.2	-0.4	-1.3

2018 年上海市交通运输（货运部分）基本情况一览表（二）

月份	统计值	港口货物吞吐量（万吨）/ 同期增长（%）			国际标准集装箱吞吐量（万 TEU）/ 同期增长（%）		
		总量	其中进港量	其中出港量	总量	其中进港量	其中出港量
1月	数量	6212.73	3556.64	2656.09	339.68	164.04	175.64
	增长（%）	2.2	5.6	-2.1	2.8	2.7	2.9
2月	数量	4979.59	2864.83	2114.76	294.81	150.13	144.69
	增长（%）	-1.3	-5.6	5.1	11.3	5.5	18
3月	数量	5850.19	3389.73	2460.46	339.47	172.36	167.11
	增长（%）	-12.3	-13.1	-11.2	-1.2	4	-6
4月	数量	6261.15	3629.19	2631.96	353.09	169.6	183.49
	增长（%）	-2.3	-2.3	-2.2	7.8	6.7	8.8
5月	数量	6450.22	3770.09	2680.13	363.32	174.51	188.81
	增长（%）	-2.4	-0.7	-4.8	2.6	1.4	3.8
6月	数量	6278.27	3584.59	2693.68	360.35	175.41	184.94
	增长（%）	-0.2	0.9	1.6	6.1	6.5	5.7
7月	数量	6222.9	3622.61	2600.29	355.32	174.38	180.94
	增长（%）	-0.8	1.9	-4.4	3.2	4.7	1.8

月份	统计值	港口货物吞吐量（万吨）/ 同期增长（%）			国际标准集装箱吞吐量（万 TEU）/ 同期增长（%）		
		总量	其中进港量	其中出港量	总量	其中进港量	其中出港量
8 月	数量	6149.29	3517.41	2631.89	348.39	169.52	178.88
	增长（%）	-8.6	-8.8	-8.3	0.6	0	1.1
9 月	数量	6438.62	3636.42	2802.2	381.19	186.75	194.44
	增长（%）	4	1.4	7.7	13	11.6	14.4
10 月	数量	6234.93	3580.07	2654.86	357.35	176.03	181.32
	增长（%）	0.9	0.1	1.9	5.3	3.5	7.2
11 月	数量	5824.42	3280.37	2544.05	352.93	175.09	177.83
	增长（%）	-9.3	-12.2	-5.2	-2	-1.4	-2.6
12 月	数量	6145.64	3498.9	2646.73	355.1	176.76	178.34
	增长（%）	-0.2	-3.9	5.1	5.8	6.6	5
1-12 月累计	数量	73047.95	41930.85	31117.1	4201.01	2064.58	2136.43
	平均增长（%）	-1.45	-3.45	1.55	5.15	5.85	5

数据来源：上海市统计局网 整理制表：张志坚

2018 年上海市货运行业与装备概况

上海是我国最大的江海陆空综合枢纽和国际港口城市，作为以国际金融中心和国际航运中心为目标建设的特大型城市，上海的货物运输主要方式为水路、道路、铁路和航空。上海城市道路货运主要由省际货运和市域货运两大板块组成，并初步形成了普通货物、大件物品、化学危险品、冷藏保温、商品车运输以及集装箱、省际快运和市域便捷货运、商业配送、搬场运输等细分市场，基本满足上海国民经济发展和居民生活所需。

截至 2018 年 12 月，本市从事道路货物运输的业户近 3.4 万户，车辆近 22.7 万辆，总吨位近 46.67 万吨。

普通货物运输（含普通货运、搬场运输、货运出租）：普通货运 28799 户，运输车辆 13.1 万余辆；货运搬场 18 户，车辆 512 辆；货运出租 9 户，车辆 3101 辆；

货物专用运输（含集装箱、冷藏保温、罐式容器运输）：业户 4778 户，车辆近 8 万辆车；

大型物件运输业户：485 户，车辆 3830 辆；

道路危险货物运输：298 户，车辆 10932 辆（含挂车 4091 辆）；

道路货物运输站（场）：46 户。

公路基础设施建设概况

截至 2018 年第三季度，公路固定资产投资 38.9 亿元，同比上升 1.6%。其中，市投资公路项目 20.2 亿元，同比下降 18%，占全部公路固定资产投资 51.9%；各区投资公路项目 18.7 亿元，同比上升 40.6%，占全部公路固定资产投资 48.1%。

前三季度，公路固定资产投资 103 亿元，同比下降 0.6%。其中，市投资公路项目 57.7 亿元，同比下降 26.3%，占全部公路固定资产投资 56%；各区投资公路项目 45.3 亿元，同比上升 78.8%，占全部公路固定资产投资 44%。

图 2017 年 1 月 –2018 年 9 月全社会公路固定资产投资情况

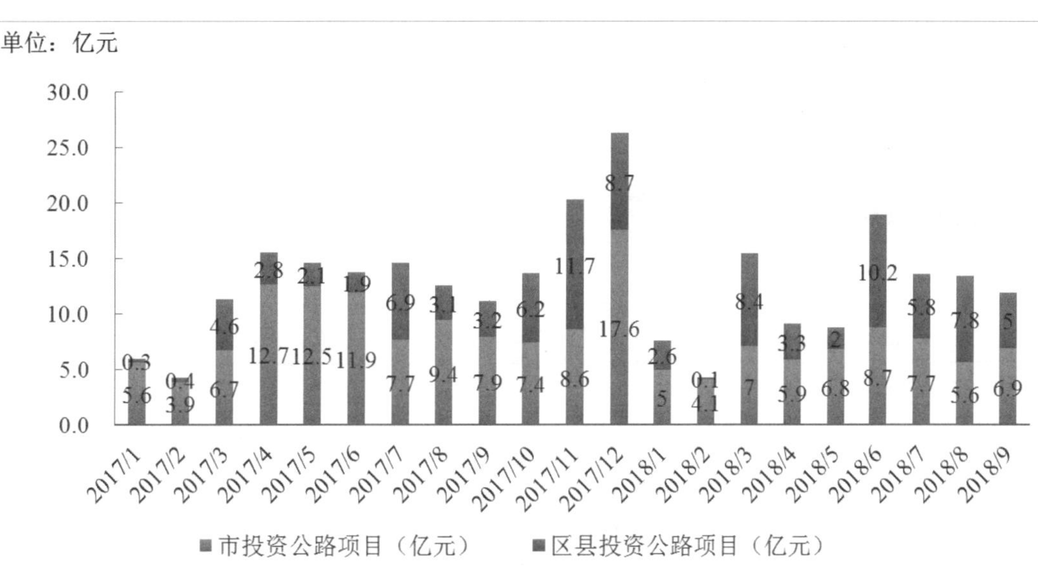

来源：上海市交通港航发展研究中心 2018 年三季度《综合货运季报》

铁路基础设施建设概况

至 2018 年 9 月底，铁路在上海地区共有办理货物运输作业的车站 16 个，分属 9 条不同铁路运输线路。

上海地区货运线路营业里程与货运站

线路名称	货运营业里程（公里）	货运站名称
京沪线（Ⅰ级）	32.2	安亭站、黄渡站、南翔站
沪昆线（Ⅰ级）	77.7	松江站、封浜站
沪春线	11.3	
南何线	14.3	何家湾站、桃浦站

线路名称	货运营业里程（公里）	货运站名称
何杨线	9.6	杨浦站
淞沪线	4.5	
新闵线	2.7	闵行站
金山线（Ⅰ级）	53.1	金山卫西站
吴泾线	15.2	
南何立交线	4.6	
浦东线（Ⅰ级）	41.2	海湾站、漕泾站
北杨线	9.5	北郊站、张庙站、杨行站
京沪到达线	6.2	
翔西联络线	1	
沪昆到达线	3.2	
南翔环到线	2.5	
李莘联络线	4	
黄封线	7.2	
芦潮港线		芦潮港站
总计	301.2	16

来源：上海市交通港航发展研究中心 2018 年三季度《综合货运季报》

机场基础设施建设概况

浦东机场第五跑道附属工程完工，三期扩建工作正常推进。浦东机场第五跑道预计年内投入运行；三期工程计划于明年 9 月份投入使用。

虹桥机场 T1 航站楼改造工程正常推进。预计于 2018 年 10 月 15 日投入使用。

来源：上海市交通港航发展研究中心 2018 年三季度《综合货运季报》

2.1.2 综合信息

2019 年全国交通运输工作会议要点梳理

2018年12月26日，2019年全国交通运输工作会议在交通运输部党校召开。会议总结2018年工作，分析当前形势，部署 2019 年工作。

2018 年工作

交通基础设施建设规模保持高位运行，供给侧结构性改革取得明显成效，创下多项世界之最的港珠澳大桥建成通车，中欧班列累计开行突破 1.2 万列，长江南京以下 12.5 米深水航道贯通等。极大提振了全行业士气，也为改革开放 40 周年增光添彩。我们正阔步踏上建设交通强国新征程。

形势判断

交通运输仍处于基础设施发展、服务水平提高和转型发展的黄金时期。做好 2019 年工作，重点抓好一个主题：推动交通运输高质量发展；一条主线：深化交通运输供给侧结构性改革。落实好“巩固、增强、提升、畅通”八字方针。巩固“三去一降一补”成果，主要是补短板、降成本。增强微观主体活力，主要是优环境、强服务。提升产业链水平，主要是抓创新、增动能。畅通经济循环，主要是提效率、促融合。

六个着力：着力提高综合交通运输网络效率；着力降低物流成本；着力确保安全稳定；着力深化市场化改革；着力扩大高水平开放；着力推动科技创新。

2019 年，以下重点工作将加快推进：

1. 完成公路水路投资 1.8 万亿元左右。

2. 新改建农村公路20万公里，实现具备条件的乡镇、建制村通硬化路。新增通客车建制村5000个，其中贫困地区 3000 个。

3. 新增内河高等级航道达标里程 400 公里。

4. 新增直接通邮建制村 5000 个。

5. 确保运输结构调整取得阶段性进展，实现铁路货运量增加 3.5 亿吨，集装箱铁水联运量增长 15% 以上。

6. 抓紧推进川藏铁路、郑万高铁等规划建设；高质量推动深中通道等重点公路项目建设；加快实施引江济淮航运工程和京杭运河升级改造工程；确保北京大兴国际机场等重大项目如期建成。

7. 全面推广高速公路差异化收费，扎实推进试点省市开展取消高速公路省界收费站工作。

8. 降低铁路专用线和短驳服务收费。

9. 全面实现交通运输政务服务“一网通办”。

10. 实现 260 个城市交通一卡通互联互通。

11. 实现 ETC 车载设备免费安装全覆盖，实现手机移动支付在高速公路人工收费车道全覆盖。

12. 开展全国高速公路服务区服务质量等级评定。

13. 推动快递和电商物流等新模式发展。

14. 推广邮轮船票制度，试点推进海南邮轮公海游。

15. 鼓励发展公铁、空巴等多种形式的旅客联程运输，加快推动票务服务一体化、行李服务便利化。

16. 实施多式联运提速行动。

17. 积极推进“海上丝绸之路”重要港口建设，在重点地区研究建设海外救助基地。

18. 加快京沈高铁、大张高铁、京秦高速等项目建设，加强津冀港口、京津冀三地机场协同发展。

19. 加大“四好农村路”示范县和“路长制”推广力度。

20. 确保按期完成交通运输综合行政执法改革。

21. 出台绿色出行行动计划。

22. 加快国家综合交通运输信息平台建设，组织开展首批交通大数据融合平台试点 。

23. 持续推进自动驾驶封闭测试及标准规范建设。

24. 加强高铁、公路、港口码头等领域技术标准国际合作，支持交通运输企业参与海外交通基础设施的规划、设计、建设和运营。

25. 筹备好 2020 年第二届联合国全球可持续交通大会。

26. 推动制修订《收费公路管理条例》《城市公共交通管理条例》《铁路交通事故应急救援和调查处理条例》《民用航空法》等。

27. 编制《内河航运发展纲要（2021-2050 年）》等规划。

28. 部署开展交通强国建设试点研究工作。

29. 实施乡道及以上公路安全生命防护工程 24 万公里，改造危桥 4700 座，完成干线公路地质灾害处理 500 公里。

30. 开展提升公路桥梁安全防护和连续长陡下坡路段安全通行能力专项行动、营运客运汽车安全监控及防护装置整治专项行动等。

来源：物流北京网 2018 年 12 月 28 日

铁路货运：2018 年铁路货运量超 40 亿吨，同比增长 9.1%

2018 年，铁路货运量继续保持高速增长态势。2018 年全国铁路完成货物发送量 40.22 亿吨，同比增长 9.1%。其中，国家铁路完成货物发送量 31.9 亿吨，同比增长 9.3%，增运 2.72 亿吨，超额完成全年增运 2 亿吨的目标任务。增加的货运量与公路完成同样货运量相比，可节省 299 万吨标准煤，减少二氧化碳排放 736 万吨。

2018 年 4 月 2 日，习近平总书记主持召开中央财经委员会第一次会议时强调，要调整运输结构，减少公路运输量，增加铁路运输量。2018 年 7 月，中铁总制定实施《2018-2020 年货运增量行动方案》提出，到 2020 年，全国铁路货运量将达到 47.9 亿吨，较 2017 年增长 30%。一年来，紧紧盯住运需矛盾最突出、调整结构最迫切、增量效果最显著的重点通道、重点区域和煤炭、矿石、多式联运三大业务板块，确保了全年货运增量任务目标的超额完成。

增强西煤东运、北煤南运能力

山西、陕西、内蒙西部、新疆等地是煤炭主产区。2018 年，中铁总充分发挥大秦（大同至秦皇岛）、唐呼（唐山至呼和浩特）、瓦日（瓦塘至日照）、侯月（侯马至月山）、宁西（南京至西安）、兰渝（兰州至重庆）等煤炭外运主通道能力，大力组织开行万吨重载列车，采用铁路直达、铁水联运等多种方式，全面增强西煤东运、北煤南运能力。

数据显示，2018 年以来，唐呼、瓦日铁路首次开行万吨重载列车，大秦、唐呼、瓦日铁路全年运量分别完成 45100、5405、3395 万吨，同比增长 4.3%、491.6%、75.6%，陕煤外运和疆煤外运分别同比增长 24.3%、44.9%。

加大港口“公转铁”力度

去年 10 月，国务院办公厅印发《推进运输结构调整三年行动计划（2018—2020 年）》，提出以推进大宗货物运输“公转铁、公转水”为主攻方向，减少公路运输量，增加铁路运输量，加快建设现代综合交通运输体系，有力支撑打赢蓝天保卫战、打好污染防治攻坚战。

2018 年，中铁总以环渤海及山东、江苏北部沿海港口为重点，锁定 17 个港口共 5 亿吨左右的公路矿石运量，坚持“一港一策”，逐港制定疏港矿石铁路运输方案，特别是与河北省唐山市政府、沧州市政府联合制定了曹妃甸港、黄骅港疏港矿石“公转铁”（公路转铁路）运输组织方案。

2018 年，沿海主要港口疏港矿石运量完成 3.11 亿吨，同比增长 11.2%，曹妃甸港、黄骅港两个港口的疏港矿石铁路运量分别同比增长 352.4%、65.2%。

来源：《时代周报》 2019 年 1 月 16 日

铁路货运：2018 年我国铁路货运量市场数据分析

目前，铁路货运主要以大宗商品、原材料为主，包括煤炭、矿石等，而这类产品的货运量主要与宏观经济相关，近年来，我国 GDP 保持稳定增长（2017 年实际增速 6.9%，2018 年预期增速 6.5%），同时每年的工业增加值也较为稳定。

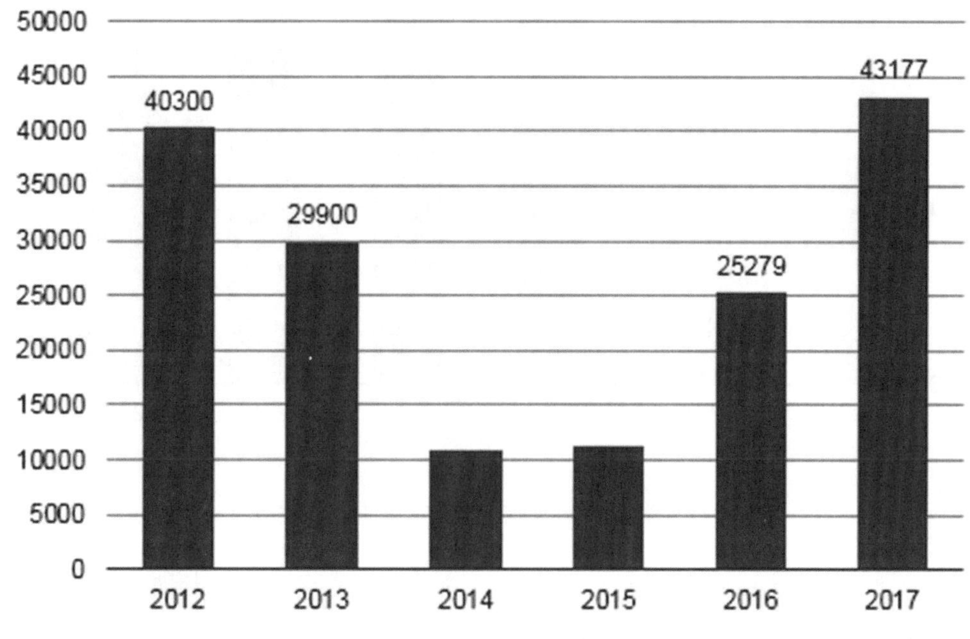

图 1 2012-2017 年铁路货运车辆采购量（辆）

数据来源：公开资料整理

相关报告：智研咨询发布的《2018-2024 年中国铁路货运产业市场分析与投资战略咨询报告》

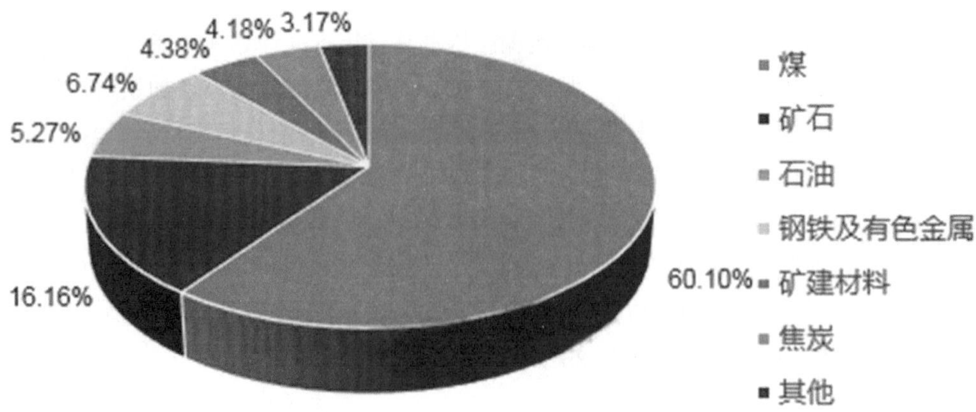

图 2 煤炭矿石等原材料占据了铁路货运的主要部分

数据来源：公开资料整理

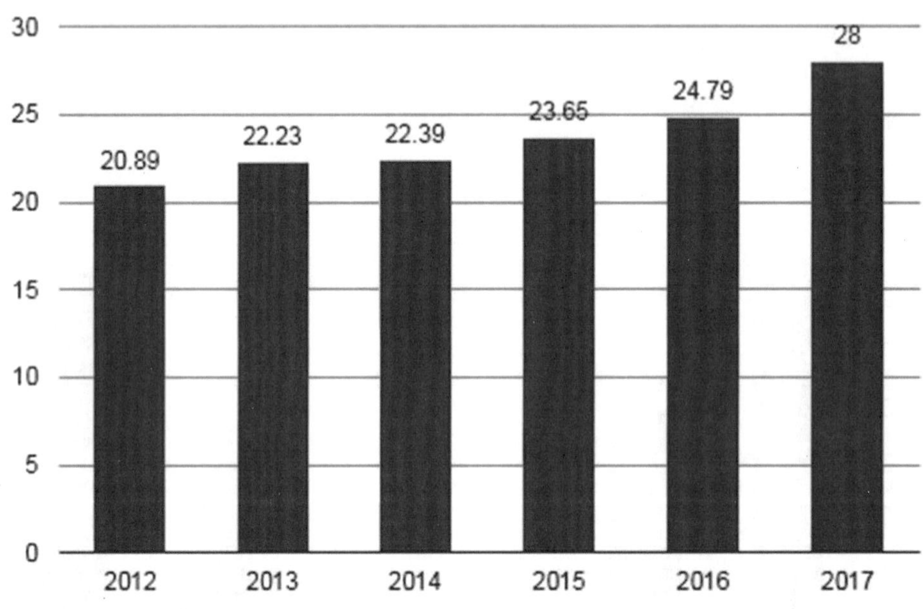

图 3 2012-2017 全国工业增加值（万亿元）

数据来源：公开资料整理

2018 年以来，中国铁路总公司开展了“调整运输结构，增加铁路货运量”攻坚战，重新修订了国家铁路货物发送量，年计划完成 31.18 亿吨，同比增加 2 亿吨、增长 6.9%。2018 年 1 月，全国铁路货运量达 3.4 亿吨，相比去年同期 3.11 亿吨增长近 10%。同时，由于铁路运输是目前货物运输方式中最为经济环保，因此“公转铁”，即公路运输转铁路运输在交通运输行业中的呼声日益高涨。

表 1 “公转铁”部分实施情况

时间	主要内容
2017 年 3 月	根据环保部 2017 年出台的《京津冀及周边地区 2017 年大气污染防治工作方案》（征求意见稿），2017 年 9 月底前，天津港集疏港煤炭一律改由铁路运输。该项措施已被列入天津市 2017 年环保重点工作 20 项‘硬措施’之一，将对京津冀地区大气环境的改善起到积极的推动作用。
2018 年 2 月	2 月 28 日，中国铁路北京局集团司与唐山市政府签订《关于加强唐山地区铁路集疏港运输战略合作的框架协议》，并与北京首钢公司、河钢唐山钢铁集团、唐山燕山钢铁公司等 6 家企业签署运量互保战略合作协议，年疏港运量将达 1500 万吨，《框架协议》的签订，标志着项目正式进入实施阶段。曹妃甸港疏港矿石将从 3 月 1 日起逐步转由铁路运输，2019 年将实现全部“公转铁”。
2017 年 7 月	在钢铁、煤炭等“黑货”逐步开始“公转铁”的同时，2017 年 7 月 21 日，由广州铁路（集团）公司、东莞徐记食品有限公司联合开行的“徐福记号”货运专列，驶出东莞石龙铁路货场，这是全国首趟铁路食品集装箱快运专列，吹响了铁路货运白货“公转铁”的号角。

数据来源：公开资料整理

2018 年 1、2 月，全国铁路货运辆同比增速为 9.40% 和 8.20%，在 2017 年的基础上继续回暖，我们认为，随着我国整体经济的持续稳定增长，以及“公转铁”的继续推进，预期我国铁路运输行业也将会保持稳定增长。

2018 年 4 月 26 日

铁路货运：2018 年 1–12 月全国铁路主要指标数据

中铁总发布了 12 月国家铁路主要指标数据。据统计数据显示，2018 年 1-12 月，全国铁路货运总发送量累计达 40.26 亿吨，同比增长 9.1%。其中，12 月，货运总发送量为 34648 万吨，比上年同期增长 14%。

2018 年 1-12 月，货运总周转量为 28820.55 亿吨公里，同比增长 6.9%。其中，12 月，货运总周转量为 2497.77 亿吨公里，比上年同期增长 7.1%。

另外，2018 年 1-12 月，全国铁路固定资产投资累计达 8028 亿元，增长 0.2%。

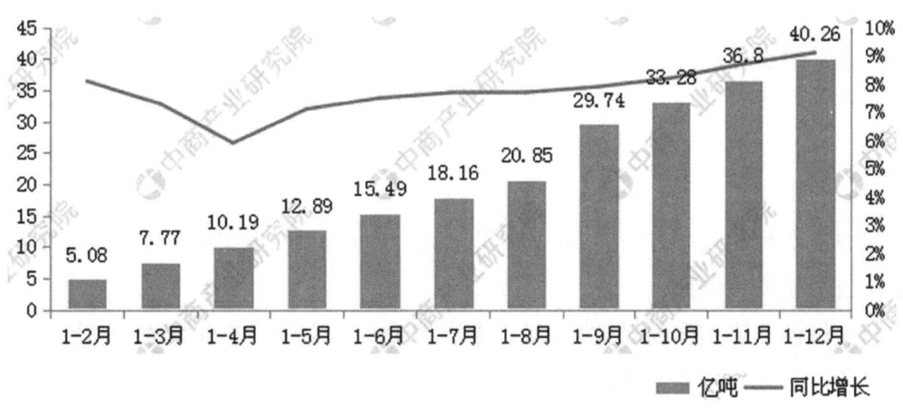

图 1 2018 年 1–12 月铁路货运总发送量及增长情况

数据来源：中铁总、中商产业研究院整理

来源：中商产业研究院 2019 年 1 月 26 日

航空货运：航空物流增速加快，民航局指导意见呼之欲出

2018年5月,《民航局关于促进航空物流业发展的指导意见》出台,从地面机场、信息化、多式联运、无人机配送等方面为快递企业发展航空货运加大了“马力”。

继中国快递全货机数量“破百”之后，航空货运领域再次迎来好消息。日前，《民航局关于促进航空物流业发展的指导意见》（以下简称《意见》）出台，从地面机场、信息化、多式联运、无人机配送等方面为快递企业发展航空货运加大了“马力”。

货运增速不低客运，快递走航空比例下降

随着消费能力的提升和消费方式的改变,很多人认为,中国无论是人还是货,都爱坐飞机了。然而，在“十二五”期间，航空客运量年均增长率达到了10.4%，航空货邮运输量年均增速却远低于此，仅有2.2%。“货”不如“人”爱坐飞机。

中国民航局的数据显示，快递业高速增长导致航空货源结构性变化，2016年，航空快件运输量约300万吨，占航空总货邮运输量的45%，是2006年占比(14%)的3倍多；然而，快件通过航空方式运输的比例却从2009年的15%下降到了2016年的8%。快递已经成为航空货运的绝对主力，但随着陆运时效的提升，陆运仍然是大多数快件是首选运输方式。

为此，《意见》提出要扭转“重客轻货”思想，注重打破民航边界，从全方位、全物流链视角审视航空物流业发展方向。提出结合航空快件、冷链货物、鲜活水产品等运输特点，建设常态化、规范化的绿色通道机制，在保证航空安全的前提下实现快速通关。同时还提出积极开展卡车航班等陆空联运，不断探索建立空铁联运规则，努力加强各种运输方式标准对接，着力培育多式联运市场主体。

五方面提升效率，重点提升信息化水平

运行效率不高是当前我国航空物流业存在的主要问题之一。为此，《意见》从五个方面提出具体措施。

在优化航空资源配置方面，《意见》提出放开对货运航空的时刻限制、优化货运基础设施建设、推进鄂州等以货运功能为主的机场建设、促进航空物流企业转型发展等措施。

在提高航空物流信息化水平方面，《意见》明确将全面实施中性电子运单工程和物联网航空货物跟踪项目，大力开发建设面向客户的物流信息服务平台。

中国民航局相关负责人强调，信息化不仅是现代物流服务体系的重要标志，是实现“物畅其流”的重要“软通道”，更是夯实行业高效运行和管理的重要基础条件，因此提高航空物流信息化水平是此次主要任务中的重中之重。

在提升地面服务质量和效率方面,《意见》提出大力促进机场地面服务准入、优化机场货运流程、加大航空物流新技术新装备供给。

在完善货运安保链条管理方面,《意见》指出通过建设货运安保信息管理平台、优化简化安检流程、统一机场安检标准、加强对货运代理企业的监管、推进行业信用管理等方式系统地解决安检效率低、压力大等问题。

在推动标准化建设和绿色发展方面，《意见》提出加快推动标准化建设，推动航空物流绿色发展。

降低成本提升服务，无人机获明确支持

近年来，无人机等引发的新业态、新模式、新技术不断涌现和广泛应用，顺丰、京东、中通、苏宁等企业纷纷试点试点无人机配送运行。特别是顺丰，构建了“干线大型有人运输机 + 支线大型无人机 + 末端小型无人机”三段式航空运输网络，并成立了经营无人机相关业务的“丰鸟航空”。

如何看到无人机这一新业态对传统航空运输的冲击？中国民航局相关负责任人明确表示，无人机等引发的新业态、新模式、新技术不断涌现和广泛应用，对传统航空货运来说存在挑战，但对航空物流发展则是机遇大于挑战。

当前，无人机技术不断成熟，无人机产品体系不断丰富，载重由几公斤至吨位级。无人机配送等新兴商业模式发展，不仅降低了交通不便地区居高不下的物流成本，也有利于提高物流服务品质。

针对无人机配送和货运，《意见》明确给与了支持，提出支持物流企业在空域条件良好、地面交通欠发达地区开展无人机物流配送试点。此外，还支持物流企业利用通用航空器、无人机等提供航空物流解决方案，加快制定和完善有关运行规章制度和标准体系，规范市场秩序，制定货运无人机设计要求，创新开展无人机适航审定工作，推动新兴商业模式健康发展。

来源：中国邮政快递报 2018 年 5 月 16 日

港口：洋山港区引航突破 10 万艘次

2018 年 10 月 13 日下午 14：30 时，在上海港引航站洋山分站高级引航员李能荣、陈俊的精心引领下，“中远非洲”轮稳稳靠上洋四期自动化码头泊位，这标志着洋山港区第 10 万艘次船舶引航任务顺利完成。

连续 8 年，上海港集装箱吞吐量稳居世界第一。自 2005 年 11 月 30 日，引领集装箱船“彩虹石”轮完成洋山开港前夕“第一靠”至今，上海港引航员已累计引领了 10 万艘次船舶进出洋山港区。13 年前，回首洋山港区引航发展历程，引航站举全站之力，制定并推进落实“洋山引航方案”，选派作风过硬、技艺精湛的党员高级引航员，通过理论培训、实地考察、模拟器操纵等方法，投身洋山引航作业。

2005 年底，洋山开港；2008 年，累计引领船舶靠离洋山港区突破 1 万艘次；2011 年突破 3 万艘次；2013 年突破 5 万艘次；2015 年突破 7 万艘次；2017 年突破 9 万艘次；2018 年突破 10 万大关。洋山分站引航团队用精湛的引航技术和顽强的拼搏精神不断刷新着引航纪录。

按照集团领导“有纪律、有约束、有品行”和忠诚、专业、廉洁、担当的要求，洋山分站始终紧扣“安全与服务”的引航工作生命线，坚持党建引领，实现了套泊作业、顺水离泊、能见度不良条件下进出港区等一系列课题创新攻关，以技术创新提升效率，以精湛技艺服务港航，始终保持着百分百的引航安全率和服务满意率。

引航站上下决心以“10 万艘次”为新起点，以更高标准、更严要求，不自满、不懈怠，再接再厉，全力以赴保障引航服务高效优质，全力以赴保障集团年度目标任务。

来源：上海国际港务集团有限公司网 2018 年 10 月 23 日

港口：洋山完成首票国际船舶设备保税维修区港直供业务

全球维修产业，被认为是衡量一个国家或地区竞争力的一项重要指标。作为工业 4.0 时代的战略性产业，全球维修正在为中国未来的经济发展提供新的增长点。

注册在洋山保税港区内的曼恩供应链管理（上海）有限公司为停靠于吴淞国际邮轮港的国际邮轮“处女星号”提供船舶设备保税维修服务，涉及柴油机空气冷却器 2 个，货值 1 万欧元。此举也标志着上海自贸区率先在国内开展国际船舶设备保税维修跨港业务试点。

维修设备、服务直供

发展国际船舶服务产业，提升国际航运服务能级，是上海自贸区改革创新的一项重要任务。4 年多来，上海自贸区各项改革创新措施全面推开，区域功能进一步完善，为船舶服务产业发展营造了良好的制度环境。

以此次率先完成试点业务的曼恩供应链为例，该企业于 2013 年入驻洋山保税港区，开展船用柴油机、增压器及船用自动控制设备等高等级专业保税维修服务，实现大型集装箱干线船“一站式快速维修”，营业收入持续增长，并带动了一批海内外船东客户选择上海的备件及技术服务，促进了上海船舶零配件生产制造业和船舶修造服务业发展。

随着上海自贸区完成首票国际船舶设备保税维修区港直供业务，今后区内企业可为靠泊在上海关区各港口的国际航行船舶提供维修设备直达、服务直供的保税维修服务，满足了国际航行船舶对快速响应、零等待的维修养护需求，以此进一步提升上海港航运服务能级。

期待分享“大蛋糕”

船舶后期服务是一块诱人的“大蛋糕”。相关调查数据显示，从船舶营运费用的分配情况来看，主机备件、辅机备件、其他设备备件以及维修的总体费用占船舶营运费用的 33%。

不断优化的全球维修检验监管制度，以及不断创新的监管模式，解决了市场需求与传统监管要求、准入条件之间的障碍，让上海自贸区维修产业发展的优势逐渐凸显。

目前，国内外船用发动机制造维修前三强企业——曼恩供应链、中国船舶、中船重工均已齐聚洋山保税港区，区内船舶保税维修业务快速增长，区域性国际船舶服务功能集聚区正在加快形成。

上海自贸区保税区管理局方面表示，接下来，保税区管理局将配合海关完善试点操作流程，推动曼恩供应链扩大试点业务规模，并及时总结完善推广至中船重工、中国船舶等已落户洋山保税港区正积极筹备启动业务运作的重点船舶维修企业，同时积极推动保税船用物料仓库在洋山保税港区尽快落地，努力为国际航运服务产业发展打造良好营商环境。

来源：上海港口行业协会网

航运综合：上海国际航运中心硬件日益创新发展软实力紧跟

今后长江的客户托付集装箱，或将像买一张机票一样，可在平台上自由选择；中国制造的豪华邮轮定在 2023 年前下水；浦东机场三期工程计划 2019 年 9 月建成投运。

到 2020 年，上海要基本建成航运资源高度集聚、航运服务功能健全、航运市场环境优良、现代物流服务高效，具有全球航运资源配置能力的国际航运中心。

自动化码头产量创新高

作为全国首个全自动化的港口，洋山港在一次次探索中不断突破。

2017 年 12 月，洋山四期开始投入运营，开港时，其全自动化的码头生产令人惊叹。四期地处整个洋山深水港的最西侧，依托颗珠山岛及大、小乌龟岛围海填筑形成，总用地面积 223 万平方米，设计年通过能力初期为 400 万标准箱，远期为 630 万标准箱。

码头装卸作业采用“远程操控双小车集装箱桥吊(简称‘桥吊’)+自动导引车(简称‘AGV’)+自动操控轨道式龙门起重机(简称‘轨道吊’)”的生产方案，驾驶人员可以在办公室内通过远程操作台控制桥吊和轨道吊，改善了工作人员的劳动环境，极大降低了人力资源成本，女性也可以成为大型器械的驾驭者。

上港集团自主研发了全自动化码头智能生产管理控制系统（TOS 系统），结合洋山四期装卸设备的实际特点，创新研发了指令调度架构平台，高效率地组织码头现场生产。

半年后，2018 年 7 月 18 日晚，洋山港四期实现“昼夜吞吐量”和“单机产量”的双突破。上港集团尚东分公司（洋山四期码头运营主体）昼夜集装箱吞吐量首破万箱，桥吊昼夜单机平均产量突破 900 标准箱。那一夜，码头灯火通明。

尚东分公司总经理柳长满介绍，目前码头已形成 13 台桥吊、70 台轨道吊、80 台 AGV 的生产规模。至 2018 年第三季度末，自动化码头将形成 16 条作业路、44 个自动化箱区的生产规模，昼夜吞吐量超 1 万标准箱将成为码头生产作业新常态。

数据显示，2017 年，上海港完成货物吞吐量 7.51 亿吨，同比增长 6.9%；集装箱吞吐量 4023 万标准箱，同比增长 8.3%，集装箱吞吐量连续 8 年位居世界第一。

亚太门户复合航空枢纽确立

国际物流有洋山港，国际客流有邮轮港。

2011 年 10 月 15 日，上海吴淞口国际邮轮港开港。游客的热情推动上海邮轮经济迅速增长。宝山区政府公开信息显示，仅过 3 年，也就是 2014 年，吴淞口国际邮轮港接靠邮轮 216 艘次，接待出入境游客约 110 万人次，分别约占全国的 46% 和 64%，超过新加坡首次成为亚洲接待游客人数最多的邮轮母港。如今，该港已成为亚洲第一、全球第四的邮轮母港。

根据上海的发展预测，未来仅在上海运营的邮轮，其船供市场规模就达 50 亿元，若建成具有“全球采购、全球配送”功能的邮轮物资配送中心，将带动长江经济带乃至全国范围物资采购量呈几何级增长。

空港的发展同样蒸蒸日上。

2017 年，上海机场旅客吞吐量达 1.12 亿人次，在全球城市中排名第四；浦东机场货邮吞吐量连续 10 年排名全球机场第三；国际旅客和货邮吞吐量全国占比分别达 1/3 和 1/2，成为大陆第一空中门户。亚太门户复合航空枢纽地位基本确立。

据上海机场集团介绍，浦东机场第 5 跑道预计 2018 年年内投入运行，在建的浦东机场三期工程计划 2019 年 9 月建成投运，浦东机场年客货设计能力将得到进一步提升，届时两场年客运设计保障能力将达到 1.2 亿人次。虹桥机场 T1 航站楼 B 楼将于 2018 年下半年改造完成投入运行，虹桥机场 T1 航站楼改造工程将全部完成，服务品质将得到整体改善。

硬件与软实力两手抓

航运中心建设硬件发展日新月异，软实力也从未放松。上海正考虑着手在港航业审批制度改革、优化口岸监管模式和服务环境、以及完善口岸信息共享机制等三方面，进一步优化营商环境。接下来，智慧港口的建设还会有怎样的可能？

“在智慧港口建设方面，不外乎有码头运营的自动化、远程操作、远程诊断、物联网、互联网感知、智慧监管、大数据、可视化等内容。”上港集团总裁严俊此前接受澎湃新闻记者采访时透露，目前正在建设长江港航综合服务平台，希望加大对长江流域的辐射，让长江流域的客户通过这个平台实现货物可视化，包括货物状态跟踪、选择船公司等一系列业务开展都可在这个平台上实现。“我们希望达到的效果是，以后长江的客户托付集装箱，就像买一张机票一样可以在平台上自由选择。”

在《全力打响“上海服务”品牌 加快构筑新时代上海发展战略优势三年行动计划（2018-2020年）》（下简称“《三年行动计划》”）中，明确提出了打响“上海服务”品牌的13个专项行动。 这13个专项行动中包括了提升航运服务能级行动。

其中，专项行动分别提出了三点要求：建设一批现代航运设施标杆工程、打造一批现代航运服务示范项目、打造一批区域航运协同发展的重要载体。

上海市交通委介绍，上海将完成洋山四期工程后续工作，加快推进外高桥港区八期工程建设。优化上海地区空域结构，深化空域精细化管理改革，提升两场航班放行正常率。提升国际航空货邮中转功能，推进快件、冷链物流和跨境电商等细分业务开展。发展机场旅客中转业务，扩大旅客过境免签政策适用国家范围。推进吴淞口国际邮轮码头后续工程建设，优化完善综合交通和口岸配套设施。建立邮轮旅客凭票进港凭票登船机制。

根据计划，到2020年，上海要基本建成航运资源高度集聚、航运服务功能健全、航运市场环境优良、现代物流服务高效，具有全球航运资源配置能力的国际航运中心。

港口：2018海港航道维护项目提前启动

为确保黄浦江、洋山、长江口支航道水深监测的连续性，收集、积累黄浦江、洋山深水港区航道枯季水文、泥沙特性资料，确保重要航道设施吴淞导堤的安全稳定，经市财政局同意，2018年，黄浦江、洋山、长江口支航道水深监测、吴淞导堤监测以及黄浦江、洋山深水港区航道水文测验6个港建费项目为提前启动项目。

下一阶段，码头中心将积极配合招标代理机构，严格按照法律、法规的规定做好6个提前启动项目的开标、评标，督促中标单位尽快启动2018年第1期航道水深监测、做好枯季水文测验准备。

来源：上海港口行业协会

货运综合：本市货运行业积极做好“放”“管”“服”三篇文章

深化“放管服”改革，是党中央、国务院作出的重大决策部署，是全面深化改革的重要任务。近年来，交通行业着力精简审批事项，大力加强事中事后监管，努力提升管理服务水平，促进了交通运输持续健康发展。作为基层一线的管理部门，在贯彻落实上级要求的同时，更需要思考的是如何持续发力“放管服”改革，为企业“松了绑”，为市场“腾了位”，同时，兼顾不放松事中事后监管力度。通过去年广泛的调研，走访企业、区运管部门等，收集了大量的信息，拓宽了管理思路。

“放”，取消 4.5 吨及以下普通货运从业资格证和车辆营运证

为贯彻落实交通运输“放管服”改革，促进物流业降本增效，根据《交通运输部办公厅关于取消总质量 4.5 吨及以下普通货运车辆道路运输证和驾驶员从业资格证的通知》，本市货运行业制定了相关监管措施。自 2019 年 1 月 1 日起，本市对 4.5 吨及以下普通货运将取消从业资格证和车辆营运证的管理。一是自 2019 年 1 月 1 日起，各区运管机构不再为总质量 4.5 吨及以下普通货运车辆配发道路运输证。二是自 2019 年 1 月 1 日起，将已办理道路运输证的总质量 4.5 吨及以下普通货运车辆在运管系统中的车辆状态变更为“非在册”。相关车辆无需参加车辆年度审验，企业可前往发证机关对相关车辆申请注销道路运输证。三是自 2019 年 1 月 1 日起，总质量 4.5 吨及以下普通货运车辆驾驶员无需取得从业资格证件。

“管”，建立“黑名单”数据库，加强事中事后监管

按照“管行业必须管安全、管业务必须管安全、管生产经营必须管安全”的要求，管理部门建立了上海市道路货物行业“黑名单数据库”，利用信息化手段做好事中事后的监管，督促企业落实安全生产主体责任。

在走访调研的基础上，管理部门广泛听取企业、区运管机构及行业协会的意见建议，制定并下发《关于建立上海市道路货物运输行业黑名单数据库的通知》，明确上海市道路货物行业黑名单数据库将在册道路普通货物运输企业（车辆）存在的以下十类异常情况的列入重点监管范围，即（1）本市及外省市执法部门查处案件未处理的；（2）普通货运半挂牵引车或总质量在 12 吨以上的重型载货汽车未接入或连续 15 天以上在全国道路货运车辆公共监管与服务平台显示异常，占 10% 以上车辆异常的；（3）普通货运车辆技术等级评定逾期（车辆超过 13 个月未进行检测评定），1 辆以上逾期的；（4）国三集卡尾气净化装置未正常运行的；（5）企业存在的其他违法及不诚信行为（提供虚假营业执照、机动车登记证书、机动车行驶证等行为）的；（6）伪造道路运输经营许可证、道路运输证、从业资格证的；（7）被委托人无理取闹、扰乱正常办公秩序的；（8）冒用他人证件被发现后拒不改正的；（9）拥有 50 辆及以上重型载货汽车或牵引车的道路货物运输企业未配备专职监控人员。专职监控人员配置少于 2 人的；（10）每年未按规定参加营运车辆年度审验的企业。

2018 年，利用“黑名单”大数据，管理部门已将连续不参加车辆年度审验、车辆技术等级评定过期及有重型车辆车载卫星定位监控离线 15 天以上车辆的运输企业列入锁定“黑名单”。截至目前，已将 7669 户（占总业户数 20.86%）涉及违规的企业信息及 633 户（占总业户数 2%）的牵引车准牵引总质量与挂车总质量不匹配的企业信息进行了锁定。这些企业将被列为年度重点监管对象，并限制其办理业务、抄告执法部门进一步查处等，倒逼此类违规企业及时改正违规行为，确保安全运行。

今后，“黑名单”制度将形成长效监管机制，管理部门将不定期锁定违规企业，督促其落实安全主体责任，强化车辆运营安全管理，做好半挂牵引车以及重型载货汽车（总质量为 12 吨及以上的普通货运车辆）的车载卫星定位监控工作，杜绝各类违规现象的发生。

“服”，全面推行网上年审，当好“店小二”

为深入推进道路运输“放管服”改革，切实解决企业实际困难，提高监管效能，运管部门依托互联网平台，自 2018 年 10 月 15 起开始试点网上年审模式。运输企业不再需要来回奔波，只需要网上提交相关年审材料，待管理部门审核通过后，就近赴相关便民服务点打印“年审”标志即可。为了让企业更快熟悉网上年审流程和操作，市运输管理处通过建立年审咨询 QQ 群、开通年审专门咨询热线电话，及时回复企业提问咨询，并要求年审工作人员沉着应对、有条不紊按年审程序、要求进行操作，确保完成今年年审工作任务。截至目前，已受理企业年审 10916 户，受到企业广泛好评。

来源：上海市城市交通运输管理处网 2019 年 1 月 7 日

道路货运：完善信用体系建设 促进集装箱运输行业健康稳定发展

本市集装箱道路运输行业公布了2017年度企业质量信誉考核结果。同时，为了提高本市道路集装箱运输企业规范经营、安全生产、优质服务的水平，探索道路集装箱行业优胜劣汰机制，行业还发布了考核结果运用的方案，对获得不同等级的企业，在政策扶持、行业监管等方面采取不同的监管措施。

经过半年多的考核，2017年度集装箱道路运输企业质量信誉考核工作已圆满结束。全市共有2192户集装箱道路运输企业参与了此次考核，其中：AAA级企业27户、AA级企业77户、A级企业2088户和B级企业0户（AAA级企业名单见附件）。

为了更好地发挥质量信誉考核工作的监管效能，市运输管理处将考评结果与行业管理工作相结合，以“守信受益，失信惩戒”为原则，对诚信度高的企业，在行业政策及市场准入予以大力支持；对严重失信的企业加大监管力度，在市场准入及行业政策上给予限制。

管理部门将对诚信度高的AAA级企业，在行业政策及市场准入等方面予以大力支持，在车辆年审和许可证延续上，开通绿色通道，不纳入“道路货物运输行业黑名单数据库”管理，优先向堆场、船公司和码头推荐；对被评为AA级的企业，给予一定的扶持政策，企业增加运力适度发展；对被评为A级的企业，控制企业增加运力发展；对严重失信的B级企业加大监管力度，在市场准入及行业政策上给予限制。

针对未参加质量信誉考核的企业和确需增加运力的A级企业，管理部门也提出了相应监管要求。企业需先经集装箱道路运输分会专家评审同意后，再由运管机构根据评审意见做出审批决定。集装箱道路运输分会专家评审每月一次。

来源：上海市城市交通运输管理处网　2018年12月19日

道路货运：本市20家综合性能检测站签订贯彻落实道路货运车辆“三检合一”改革政策承诺书

根据《交通运输部公安部　质检总局关于加快推进道路货运车辆检验检测改革工作的通知》《交通运输部办公厅　公安部办公厅　市场监管总局办公厅关于进一步落实道路货运车辆检验检测改革政策有关工作的通知》以及《上海市交通委　市公安局　市环保局　市质监局关于实施道路货运车辆检验检测改革工作的通知》有关要求，落实道路货运车辆检验检测改革政策要求，为道路货运经营者提供更加优质、便捷的检验检测服务，各综合性能检测站按照文件要求近期签订了贯彻落实道路货运车辆“三检合一”改革政策承诺书。《承诺书》的主要内容包括主动向车主宣传“三检合一”改革政策、公开检验检测项目、收费标准、服务流程，做到不重复检测、不重复收费、不哄抬价格，保证检验检测报告真实、有效。各综合性能检测站还同时实施车主“交钥匙工程”，简化服务流程，实行一站式服务，力争车主满意。《承诺书》的签订有助于各综合性能检测站在实施“三检合一”改革中增强自律意识。

来源：上海市城市交通运输管理处网　2018年11月30日

道路货运：市运输管理处部署集装箱行业质量信誉考核工作

为促进本市集装箱运输行业健康发展，迎接进口博览会的召开，2018 年 10 月 30 日，市运输管理处与市集装箱分会联合召开行业诚信暨行业管理工作会议。集卡行业管理网络的组长单位及 2017 年 AAA 级企业，共 76 户集装箱运输企业相关负责人参加。

会上，市运输管理处总结了 2017 年本市集装箱运输企业质量信誉考核工作并对 2018 年质量信誉考核工作进行了宣贯，提出要继续以质量信誉考核工作为抓手，严格考核标准，进一步加强宣传，充分利用好管理网络，实现互帮互助互学的良好氛围，帮助企业提高规范经营水平，大力促进本市集装箱道路运输行业健康稳定发展，引导企业实现集约化、规模化、公司化经营。全市有 2192 户集装箱运输企业参与了 2017 年度集装箱道路运输企业质量信誉考核工作，其中：AAA 级企业 27 户、AA 级企业 77 户、A 级企业 2088 户和 B 级企业 0 户。与会领导向 27 户获得 AAA 级质量信誉集装箱运输企业颁发了标牌。

会议要求各组长单位会后将会议精神传达落实到各企业，并要求各企业对照《2018 年度企业质量信誉考核指标》做好自查自评自纠工作，守住安全底线，把好服务质量关，提高服务水平，并提出以迎进口博览会为契机，提高站位，主动对接，把提升集装箱运输服务质量放到突出位置，增强责任感。

下一步，集装箱运输行业管理工作将加强考评结果运用，以“守信受益，失信惩戒”为原则，对诚信度高的企业，在行业政策及市场准入予以大力支持，对严重失信的企业加大监管力度，在市场准入及行业政策上给予限制。

来源：上海市城市交通运输管理处网 2018 年 11 月 1 日

道路货运：市运输管理处召开本市货运车辆（除危险货物）2018 年度审验暨行业管理工作会议

2018 年 10 月 11 日，市运输管理处召开本市货运车辆（除危险货物）2018 年度审验暨行业管理工作会议各区运管机构参加会议。

会上，市运输管理处对 2018 货运车辆年审工作中的相关内容作了详细布置和解释。会议要求：一是做好审验准备工作，加强行业宣贯。通过新闻媒体、市交通委、市运输管理处网站、QQ 群等渠道发布审验公告，做好宣传咨询工作。二是严格审验要求，落实安全监管职责。根据《道路货物运输及站场管理规定》（交通运输部令 2016 年第 35 号）、《道路运输车辆技术管理规定》（交通运输部令 2016 年第 1 号）、《道路运输车辆动态监督管理办法》（交通运输部令 2016 年第 55 号）及交通运输部《道路运输管理工作规范》等规定和国家“放管服”改革的新形势、新要求，全力做好便民服务，重点加强对企业安全专职管理人员及安全负责人、企业安全生产等管理制度建设、从业人员安全教育学习台账、车辆检测与维护、车辆卫星定位接入及监控等管理审核。

本市 2018 年度货运车辆（除危险货运、清障施救）审验工作于 2018 年 10 月 15 日正式启动。

来源：上海市城市交通运输管理处网 2018 年 10 月 16 日

道路货运：市运输管理处8月对道路货物运输企业随机抽查结果公布

根据《上海市交通行政随机抽查工作实施细则》的相关规定，现将2018年8月对道路货物运输企业随机抽查结果公布如下：

8月，市运输管理处依据《道路货物运输及站场管理规定》第五十四条和《道路危险货物运输管理规定》第五十三条的规定，随机对市交通委《检查对象名录库登记表》中的上海国际集装箱汽车运输有限公司、新银豪国际物流（上海）有限公司、上海义通储运有限公司、上海亚绿物流有限公司共4家道路货物运输企业安全管理工作开展了书面和实地检查。检查情况如下：1家企业调度日志填写不规范；1家企业行车日志填写不规范，应急预案未明确应急车辆；1家企业管理制度不健全，落实不到位；1家企业情况基本正常。对检查中发现的问题已责令相关企业立即改正，并督促企业及时完善并严格执行各项安全生产管理制度，各项措施落实到位，确保企业安全运行。

来源：上海市城市交通运输管理处网 2018年10月11日

货运综合：聚焦两会，铁路公路水运2019年计划投资2.6万亿元

2019年经济社会发展任务重、挑战多、要求高，3月5日国务院总理李克强作政府工作报告时指出，要突出重点、把握关键。将交通运输业现行10%的税率降至9%，减税降费直击当前市场主体的痛点和难点；两年内基本取消全国高速公路省界收费站，以改革推动降低涉企收费；紧扣国家发展战略，加快实施一批重点项目，今年完成铁路投资8000亿元、公路水运投资1.8万亿元……政府工作报告中，多项任务需要交通运输行业“结合实际创造性地干”。

交通运输业税率降至9%，2.15万亿元地方政府专项债支持重点项目

减税降费是既公平又有效率的政策。政府工作报告提出，实施更大规模的减税。深化增值税改革，将制造业等行业现行16%的税率降至13%，将交通运输业、建筑业等行业现行10%的税率降至9%，确保主要行业税负明显降低。

在有效发挥地方政府债券作用方面，今年拟安排地方政府专项债券2.15万亿元，比去年增加8000亿元，为重点项目建设提供资金支持，也为更好防范化解地方政府债务风险创造条件。合理扩大专项债券使用范围。继续发行一定数量的地方政府置换债券，减轻地方利息负担。鼓励采取市场化方式，妥善解决融资平台到期债务问题，不能搞“半拉子”工程。

深化收费公路制度改革，缩短工程建设全流程审批时间

我国有上亿市场主体，把市场主体的活跃度保持住、提上去，是促进经济平稳增长的关键所在。政府工作报告提出激发市场主体活力、着力优化营商环境一揽子措施，包括以改革推动降低涉企收费等。

2019年，将深化收费公路制度改革，推动降低过路过桥费用，治理对客货运车辆不合理审批和乱收费、乱罚款。两年内基本取消全国高速公路省界收费站，实现不停车快捷收费，减少拥堵、便利群众。取消或降低一批铁路、港口收费。

在优化营商环境方面，政府工作报告还提出，在全国推开工程建设项目审批制度改革，使全流

程审批时间大幅缩短。在深化重点领域改革方面，深化电力、油气、铁路等领域改革，自然垄断行业要根据不同行业特点实行网运分开，将竞争性业务全面推向市场。

合理扩大有效投资，适当降低基础设施等项目资本金比例

投资将继续为经济平稳运行发挥关键作用、提供有力支撑。政府工作报告指出，今年将合理扩大有效投资，紧扣国家发展战略，加快实施一批重点项目。完成铁路投资 8000 亿元、公路水运投资 1.8 万亿元，再开工一批重大水利工程，加快川藏铁路规划建设，加大城际交通、物流、市政、灾害防治、民用和通用航空等基础设施投资力度，加强新一代信息基础设施建设。今年中央预算内投资安排 5776 亿元，比去年增加 400 亿元。

同时，还将创新项目融资方式，适当降低基础设施等项目资本金比例，用好开发性金融工具，吸引更多民间资本参与重点领域项目建设。落实民间投资支持政策，有序推进政府和社会资本合作。

在推动消费稳定增长方面，将健全农村流通网络，支持电商和快递发展。稳定汽车消费，继续执行新能源汽车购置优惠政策。

2018 年，我国新增高速铁路运营里程 4100 公里，新建改建高速公路 6000 多公里、农村公路 30 多万公里，对城乡区域协调发展发挥了重要作用。2019 年，交通运输发展将继续促进区域协调发展，提高新型城镇化质量。政府工作报告提出，落实粤港澳大湾区建设规划，促进规则衔接，推动生产要素流动和人员往来便利化。长江经济带发展要坚持上中下游协同，加强生态保护修复和综合交通运输体系建设，打造高质量发展经济带。加快补齐革命老区、民族地区、边疆地区、贫困地区发展短板。

此外，政府工作报告还就城镇老旧小区健全停车场、推动新能源汽车产业发展、探索建设中国特色自由贸易港、推动“一带一路”基础设施互联互通、共享经济发展等工作作出部署。

2019 年 3 月

2.2 仓储

2.2.1 年度报告

2018 年上海仓库租赁行业现状与仓储物流产业发展分析报告

上海仓储资源概况：

作为中国最大的枢纽港之一，上海在高速发展态势下已形成了由地面道路、高架道路、越江隧道和大桥以及地铁、高架式轨道交通等陆地交通及水运、航运、航空组成的超大规模立体综合交通网络。上海主要大型仓储物流园区（上海钢铁及冶金产品物流基地、上海浦东空港物流园区、上海外高桥保税物流园区、上海洋山深水港物流园区、上海国际汽车物流基地、上海西北综合物流园区、上海临港装备制作物流基地、上海化学工业区物流基地等）对于增强城市功能辐射能量、推动经济供应发展链进程、加速上海仓储物流产业的发展以及更好地服务全国有重要的战略意义。

截至目前，据物联云仓实时数据显示，上海市在线仓库数量为 363 个，总面积为 14,830,541 平方米，分别分布在浦东新区、宝山区、奉贤区、嘉定区、青浦区、金山区、松江区、闵行区、普陀区、杨浦区、长宁区等地区。

图 1 物联云仓仓库云图

本期物联云仓《2018 年上海仓库租赁行业现状与仓储物流产业发展分析报告》挑选了浦东新区、宝山区、奉贤区、嘉定区、青浦区、金山区、松江区、闵行区、普陀区等仓库主要分布地区仓库进行分析，希望对大家了解市场行情、租仓选仓有一定参考价值。

上海各区仓库面积及空置率、租金情况分析

一、普通仓在线仓库面积统计

截至 2018 年 11 月底，据物联云仓平台在线数据显示，上海各区中浦东新区普通仓面积（4,025,895

平方米）远超其他各区，占到了全市总普通仓面积的 29.6%，其次是奉贤区（1,985,191 平方米）、松江区（1,765,581 平方米）、青浦区（1,716,209 平方米）、嘉定区（1,402,454 平方米）、金山区（903,787 平方米）、宝山区（770,385 平方米）、闵行区（664,066 平方米），普陀区（312,461 平方米）在线仓库面积相对较小，仅占全市总仓库面积的 2.3%（见图 2）。

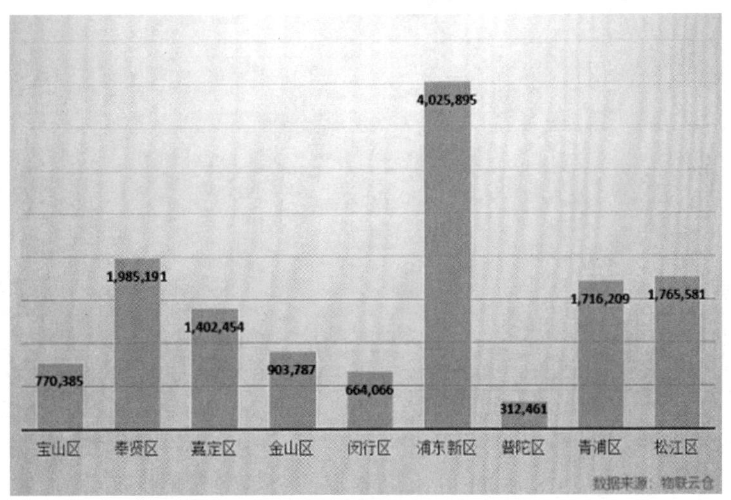

图 2 2018 年 11 月上海各区普通仓面积（单位：平方米）

浦东新区作为第一批国家智慧试点城市，是上海重要的交通枢纽，先进的国际物流港口，航空运输、铁路轨道运输、城际高速路共同建构水、陆、空三位一体的交通体系。浦江大桥、公路货运网络、海底隧道、磁悬浮列车、地铁线路、航空运输网等多方面织成的密集交通网络，造就了浦东新区不可撼动的仓储物流地位，因此，浦东新区拥有其他地区数倍的在线仓储面积。

奉贤区位于上海南部，与浦东新区接壤，境内水陆交通便捷。浦东新区临港产业区的分区——临港奉贤园区位于奉贤区内，面积为 17 平方公里，承载了不小的仓储物流功能。基于优越的地理位置和临近浦东的优势，奉贤区一定程度上疏解了浦东的仓储物流压力。

青浦区内河航运具有天然优势，是江浙沪的重要水上通道，水运优势明显。目前，青浦正致力于打造长三角供应链管理中心、全国快递行业转型发展示范区，发挥全国快递行业转型发展示范区效应，放大物流信息互通共享技术及应用国家工程实验室辐射作用，引导企业在长三角区域合理布局智能物流、电商物流、保税物流、供应链管理、专业第三方和第四方物流等物流新业态。

松江区有“上海之根” 之称，交通发达，综合经济实力位于市郊各区县前列。松江枢纽将沪苏湖高铁、沪杭高铁连接起来，成为上海南部的重要交通枢纽。作为上海重要的制造业基地之一，松江每天发往世界各地的货物数量巨大，现已有多家世界物流公司入驻松江。目前松江区正大力发展现代仓储物流业，拓展保税物流功能，开拓先进物流经营管理模式。

嘉定区主打民营科技，是上海国际汽车城所在地，全世界首个全流程无人仓库——京东无人仓落户于该区。根据嘉定区国民经济和社会发展第十三个五年规划纲要，未来计划围绕上汽大众安亭总部园区百万产能达纲的目标，优化交通、仓储物流等配套，着力打上海高端制造业转型示范区，提升汽车全产业链能级。

二、普通仓空置率情况分析

2018 年 11 月，上海各区物联云仓在线仓库可租面积为 1,635,969 平方米（不包含在建仓），仓库空置率在 1%-24% 之间，宝山区与金山区空置率悬殊巨大。如图 3 所示，金山区空置率最高，达到 23.08%；宝山区空置率最低，仅为 1.43%。

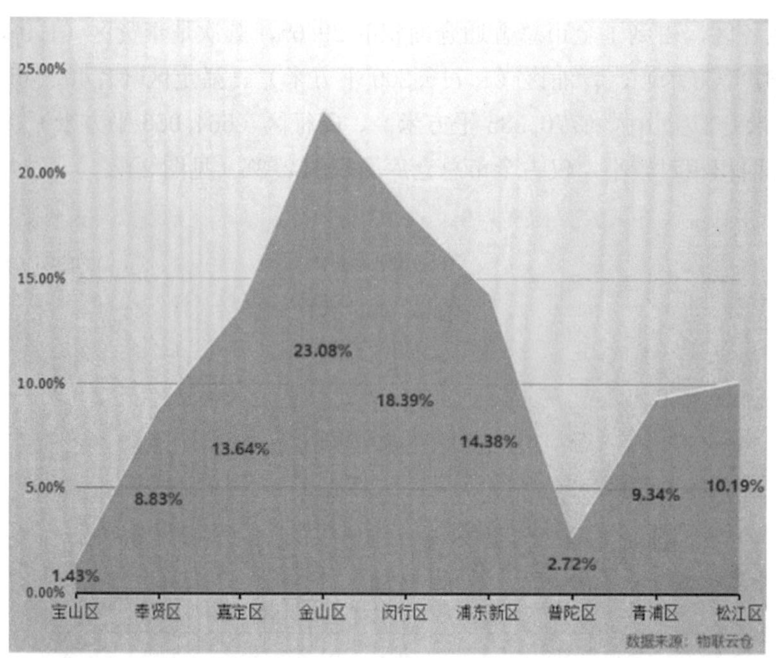

图 3 2018 年 11 月上海各市区仓库空置率情况

相较于全国其他一线城市仓库空置率数据（见图 4），上海地区仓库平均空置率为 12% 左右，低于重庆、深圳、东莞、天津、沈阳、西安等地区，处于全国一线城市中仓库空置率偏高水平。

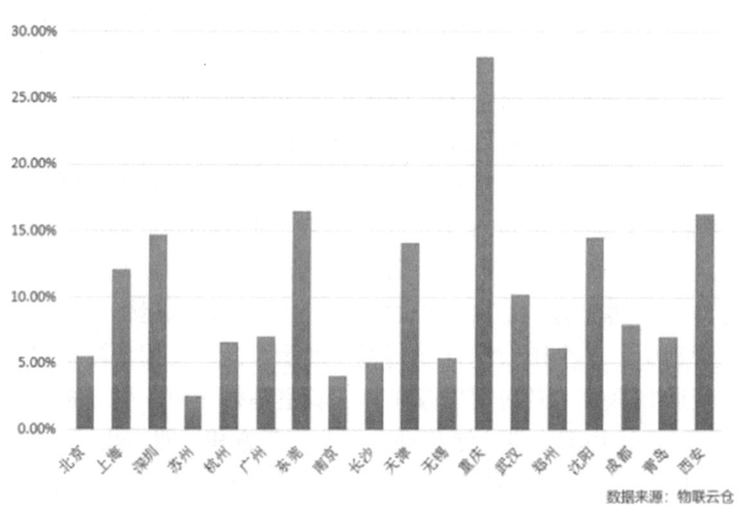

图 4 2018 年 11 月全国一线城市仓库空置率情况

【仓库小贴士】：受地理位置、主要产业布局影响，上海各区空置率相差巨大。其中，宝山区、普陀区仓库空置率均在 3% 以下，仓库租赁市场饱和度高，预计短时间内急租仓会有一定难度。金山区空置率最高，租仓难度相对较小。如果仓库空置率低的地区有租仓需求，可以提前制定租仓计划，如果急需仓库，不妨多了解一下仓库空置率较高地区，譬如金山区、闵行区等，同时对比地理位置、租金价格、交通情况等更易租到合适的仓库。

伴随着双十二、黑五、圣诞、元旦等购物节扎堆而至推动的消费热度再次上涨，众多企业租仓备货需求逐渐升温，预计未来一段时间部分地区仓库空置率会有不同程度的下降。

三、普通仓月平均租金分析

2018 年 11 月，上海各市区普通仓平均租金图显示（见图 5），普陀区月平均租金高于其他各区，为 48.25 元 / 平方米 • 月；金山区则以 34.00 元 / 平方米 • 月成为仓库月平均租金最低地区。

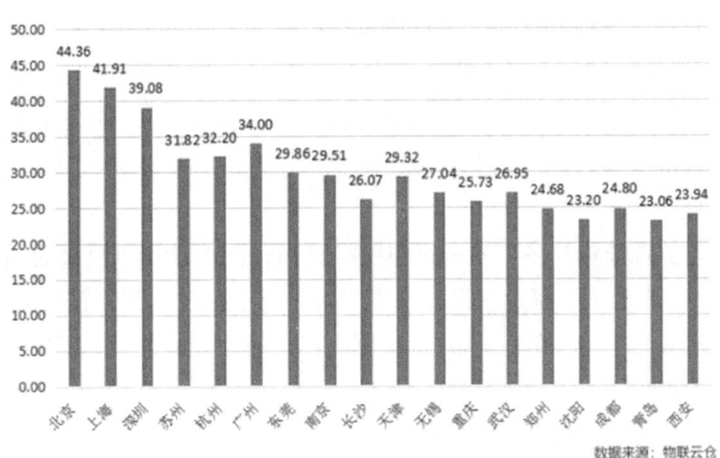

图 5 2018 年 11 月上海各区仓库平均租金

据物联云仓大数据显示，上海地区 11 月高标库平均租金约 41.91 元 / ㎡・月，地区高标库租金价格浮动区间为 36 元 / ㎡・月 -57 元 / ㎡・月左右。根据一线城市仓库租金情况数据（图 6）分析，上海地区高标库平均租金相较其他一线城市处于较高水平，仅次于北京。

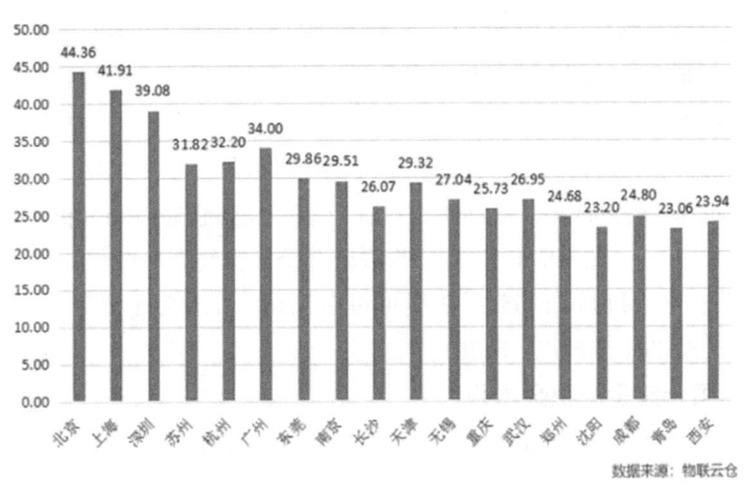

图 6 2018 年 11 月全国一线城市仓库租金情况

【租仓小贴士】：上海各地区普通仓租金差异较大，租金主要在 34 元 / 平方米・月 -49 元 / 平方米・月。其中，普陀区租金最高，且空置率较低，短时间内要租到合适的仓库可能有一定困难。与之相反，金山区租金最低，空置率最高，租仓难度相对容易。

年末电商物流旺季将至，目前多地仓库租金曲线已有上扬趋势，物联云仓提醒，未来数月有租仓、扩仓等需求的企业宜提前计划仓储需求，有备无患。

上海仓储物流产业发展趋势展望

得益于人口、交通、经济实力等重要因素支撑，上海仓储物流行业不仅深受政策的“万千宠爱”，更拥有各大企业青睐。作为物流地产投资优选城市与仓储物流企业落户热门城市，上海仓储物流行业未来发展可期，总的来看，主要呈现以下发展趋势：

1. 政策推动物流快递业发展，培育壮大物流快递企业，支持优势物流快递企业有进一步发展，稳固上海在全国快递总部经济地位；

2. 物流快递服务网络继续完善，末端服务能力提升，加强末端资源的对接，衔接综合交通体系；

3. 仓储物流企业成本有望进一步降低，政策包括：a. 降低港口物流成本。调降外贸本港集装箱收费标准，降低港口物流成本；b. 降低车辆通行成本。一是延续本市现有ETC通行费95折优惠政策，推进货运车辆安装ETC，降低流通环节费用。二是落实国家要求，推进高速公路差异化收费试点工作；

4. 上海等各一线城市及周边地区工业物流土地供应不断收紧，未来几年高标仓库新增供应速度将进入缓冲阶段；

5. 仓储物流行业竞争者数量众多，未来集中度将提高。在市场竞争巨大的当下，一些效率低下、人员素质低、管理水平低的仓储物流企业将面临着“大鱼吃小鱼”，或将被吞并或淘汰；

6. 基于仓储、配送等一条龙式物流服务质量更高，有利于企业降低运营成本等因素，未来上海第三方仓储物流发展空间较大；

7. 仓储物流安全监管加强，安全管理措施进一步落实完善。

来源：中物联网 2018年12月7日

《2018年12月中国通用仓储市场动态报告》概要

在中国仓储与配送协会指导下，物联云仓《中国通用仓储市场动态报告》下简称《报告》已连续发布5期，《报告》通过对物联云仓实时数据进行汇总、整理，全面反映我国主要物流节点城市的仓储设施租金水平和空置情况，体现通用仓储市场的供需动态变化，总结市场发展规律，预测市场发展趋势，为了解仓储市场发展情况、合理投资提供参考依据，以下是中文报告全文。

物联云仓延续往期《报告》成果，不断扩大统计范围，加强仓储市场分析，发布《2018年12月中国通用仓储市场动态报告》。2018年12月，物联云仓全国在线仓库面积新增367万平方米，总面积超2.54亿平方米，较11月增长1.55%；在线可租面积超3,486万平方米，较11月增长5.55%。仓库资源覆盖32个省份，201个城市，5,701个园区。

2018年12月中国仓储设施租金水平

全国30个城市仓库平均租金为26.80元/平方米·月，环比下降0.70%。其中，华南、华东地区仓库平均租金仍高于华北、华中、华西地区。相较11月，华西地区仓库平均租金小幅下降，降幅为0.48%；华南、华东地区仓库平均租金小幅上涨，涨幅分别为1.85%和1.46%；华北、华中地区租金波动不大，涨幅分别为0.19%和0.13%。

仓库租金最高的城市为北京、上海，平均租金均高于40元/平方米·月，较11月均有小幅下降（降幅约2%）。其中，北京仓库租金水平受疏解非首都功能影响较大，在“疏解整治促提升”专项行动初期，部分不合规仓储设施拆（外）迁，导致仓库资源紧张，仓库租金大幅上涨；随着疏散措施持续推进，仓储市场趋于稳定，仓库租金稳中略降。

仓库租金最低的城市为兰州、石家庄、太原，平均租金均低于20元/平方米·月，较11月有小幅上涨。受“双十二”购物节及天气因素（寒冷、雾霾、大雪）影响，企业备货积极，仓库需求有所增长，拉动仓库租金上涨。

仓库租金波动最大的城市为深圳，较11月下降6.24%（约2.44元/平方米·月）。近期，中美贸易虽释放了积极信号，但贸易战对深圳进出口业务的消极影响仍在持续，部分外贸企业、跨境电商企业备货减少，对保税仓的租赁需求降低，导致深圳仓库租金整体水平延续下行趋势。

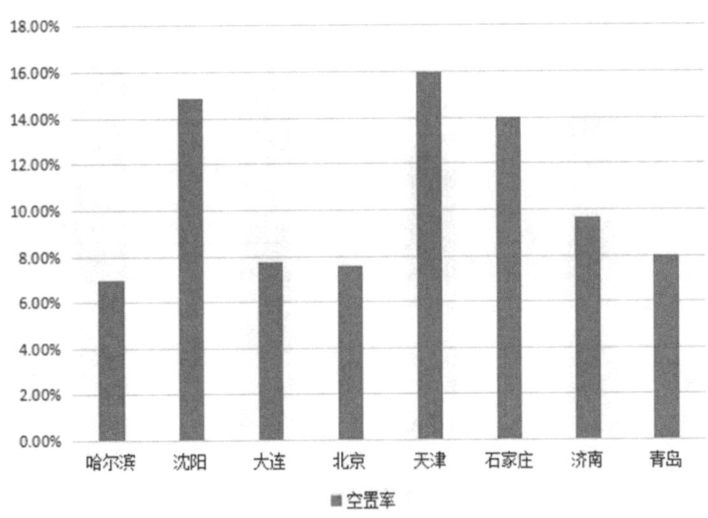

图 1 2018 年 12 月华北地区仓库空置率情况

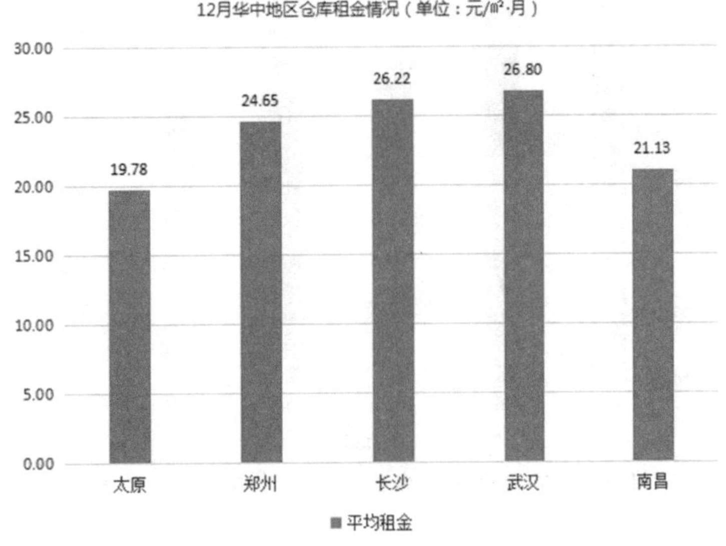

图 2 2018 年 12 月华中地区仓库租金情况（单位：元 / 平方米 • 月）

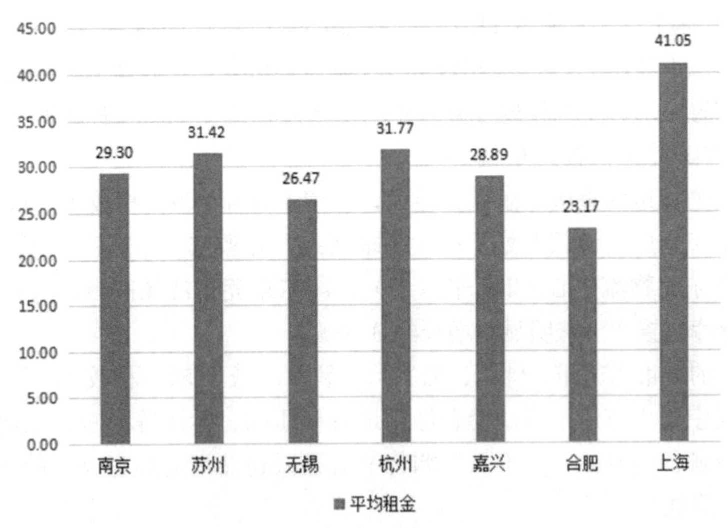

图 3 2018 年 12 月华东地区仓库租金情况（单位：元 / 平方米 • 月）

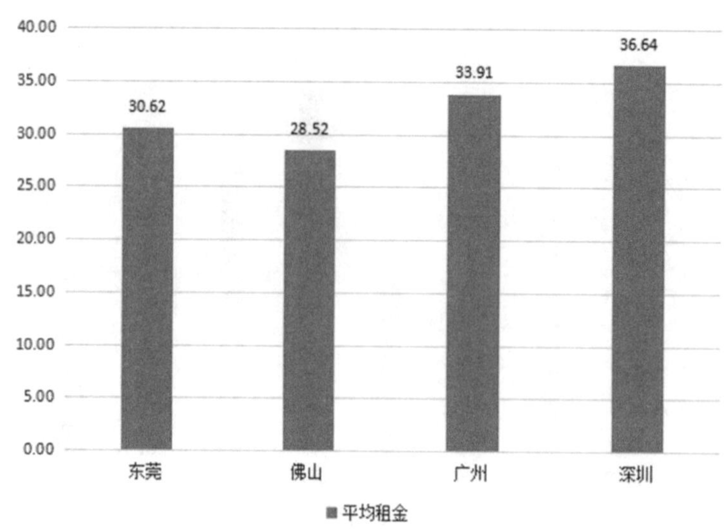

图 4 2018 年 12 月华南地区仓库租金情况（单位：元 / 平方米 • 月）

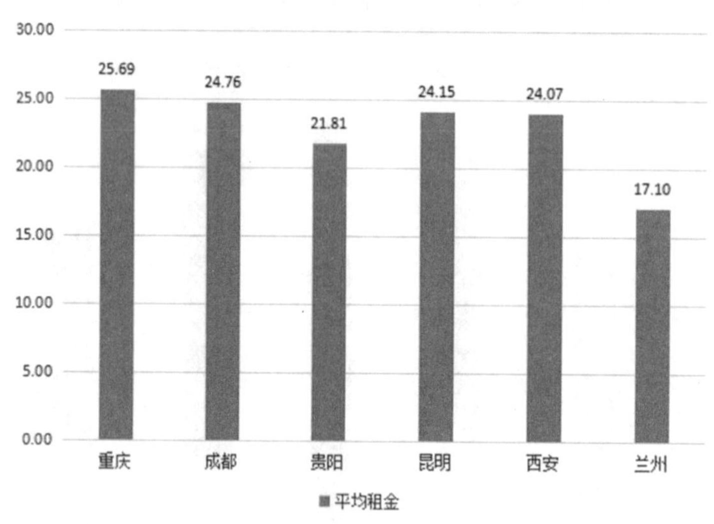

图 5 2018 年 12 月华西地区仓库租金情况（单位：元 / 平方米 • 月）

* 数据来源：物联云仓

2018 年 12 月中国仓储设施空置率情况

全国 30 个城市仓库平均空置率为 11.78%，环比上涨 1.35%，仓库需求增长有所放缓。其中，华东地区仓库空置率远低于其他 4 个大区。相较 11 月，华西地区仓库空置率有小幅上涨（涨幅约 1.06%），其他 4 个大区仓库空置率均有不同程度下降（华南地区降幅约 4.62%、华中地区降幅约 2.29%、华北地区降幅约 1.94%、华东地区降幅约 0.19%）。

仓库空置率最高的城市为重庆、东莞、昆明，空置率均超 26%。相较 11 月，重庆、东莞空置率有所上涨。其中，重庆仓库资源长期处于供大于求状态，导致空置率居高不下；东莞部分新建仓库投入市场，如新夏晖东莞物流中心（2 万平方米）、广东东莞黄江镇高台库（16 万平方米），仓库供应量较大，导致仓库空置率上涨明显，增长约 9.88%。

仓库空置率最低的城市为苏州、佛山、嘉兴，空置率均低于 5%。相较 11 月，苏州、佛山仓库空置率波动不大；嘉兴空置率有所下降。受仓储用地规模压缩、拆违等影响，上海部分企业在嘉兴等周边城市寻求仓库资源，同时，“双十二”购物节对嘉兴仓储市场具有一定的带动作用，使嘉兴仓库需求增加、空置率降低。

来源：中国物流与采购网 2019 年 1 月 16 日

从中国仓储指数看 2019 年仓储行业形势

2018 年以来，受国际政治经济形势影响，我国宏观经济稳中有变，与此相应仓储行业发展也出现了新变化，业务规模稳中趋缓，行业需求整体趋弱，企业盈利能力下滑、整体就业规模下降。但变中也有进，成本支出增速减缓、商品库存压力下降、企业预期情况良好。从中国仓储指数来看，2018 年 2 月份、6 月和 7 月均处于 50% 以下的收缩区间以内，其余各月均保持在扩张区间，而 2017 年仅有 7 月处于收缩区间。2018 年全年，该指数的均值为 51.3%，低于 2017 年 1.1 个百分点。

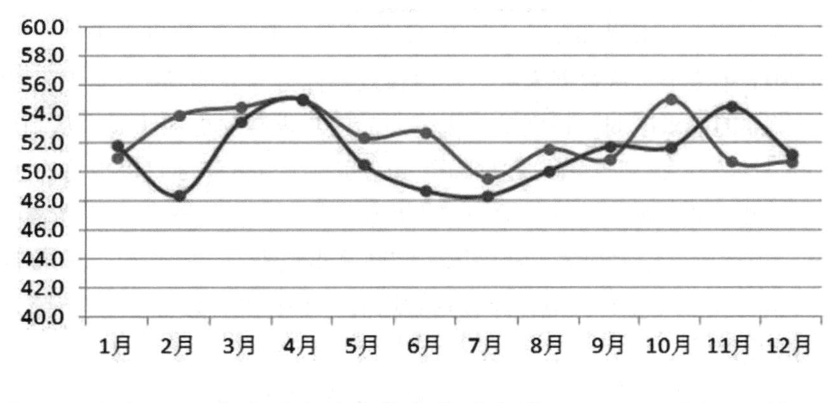

图 2017 年与 2018 年中国仓储指数走势对比图　—●—2017　—●—2018

从各分项指数走势看，2018 年以来，仓储行业运行确实是稳中有变，变中有忧。

1. 行业需求整体趋弱

从新订单指数的变化情况来看，全年均值为 52.7%，较 2017 年下跌 2.4 个百分点。从全年的走势来看全年共有 3 个月份低于 50% 的荣枯线以下，分别是 3 月、6 月和 7 月，其中 6 月为 47.4%，是 2016 年 3 月以来的最低点。不过，下半年均值为 53.0%，较上半年回升 0.6 个百分点，显示仓储行业受大宗商品传统消费旺季的来临，以及“双十一”等因素影响，行业需求稳步回升。

2. 业务量及设施利用率增速减缓

2018 年，业务量指数平均水平为 52.7%，较 2017 年同期下降 0.8 个百分点，显示全年仓储行业业务总量呈现稳中有降的态势，业务量增速有所减缓。受其影响，设施利用率增速也有所减缓，全年设施利用率指数均值为 53.0%，低于 2016 年同期 0.8 个百分点。从指数的全年走势来看，业务量指数自 8 月止跌回升至扩张区间后，年内持续保持在 51% 以上的高位，设施利用率指数除 7 月处于 50% 的荣枯线上以外，其余月份均保持在 50% 以上的扩张区间。

3. 行业盈利能力下降

2018 年，收费价格指数均值为 50.7%，高于 2017 年 1.0 个百分点，显示全年仓储行业对外服务价格明显上升。而 2018 年，主营业务成本指数平均水平较 2017 年下降 0.9 个百分点，行业成本支出有所减缓。2018 年，仓储行业业务利润指数均值为 49.7%，较 2017 年下降 1.9 个百分点。从指数的变化情况来看，全年服务价格水平上升、成本支出减少，但业务利润反而出现下降，显示行业仍处于以量换价的阶段，仓储行业依然是靠规模的低盈利发展模式，降本增效仍需进一步落实。

4. 就业形势仍需关注

从企业员工指数的变化情况来看，全年 6 次位于 50% 的荣枯线以下，特别是一季度各月受春节因素影响均处于荣枯线以下。全年均值为 49.4%，低于 2017 年 1.0 个百分点，反映出随着智慧物流的加快发展，特别是智能仓储、在线调度、全流程监测和货物追溯等新技术的广泛推广、应用，仓储行业就业活动明显萎缩，行业解决就业的能力下降。

不过，从全年指数的变化情况来看，也出现了积极的变化，行业变中有进的态势也所有显现，有几个亮点值得关注：

1. 成本支出增速减缓

2018 年，主营业务成本指数平均水平为 53.5%，较 2017 年同期下降 0.9 个百分点，显示 2018 年仓储行业成本支出增速有所减缓，行业降成本成效有所显现。不过进入下半年，行业成本支出较上半年所有增加，平均水平达到 53.6%，较上半年增长 0.2 个百分点。

2. 商品库存压力缓解

2018 年期末，库存指数均值为 51.2%，较 2017 年下降 0.6 个百分点，平均库存周转次数指数均值为 52.1%，与 2017 年持平。从数据来看，在周转效率保持高效的基础上，库存有所下降，表明 2018 年终端市场对商品的需求减弱，特别是对大宗商品的需求减弱更加明显。从制造业 PMI 指数来看，新订单指数自 6 月以来，持续下降，12 月降至 49.7%，是 2016 年 3 月以来首次回落到 50% 以内。12 月，新出口订单指数为 46.6%，为 2015 年 12 月以来的低点，且连续 7 个月在 50% 以下。反映出国内需求仍然疲弱，外部出口压力加大。从中国大宗商品指数来看，2018 年大宗商品销售指数均值为 101.9%，较 2017 年下降 3.1 个百分点，库存指数均值为 101.8%，较 2017 年下降 3.1 个百分点。

3. 仓储企业预期良好

2018 年，仓储企业业务活动预期指数均值为 58.3%，较 2017 年上升 2.6 个百分点，显示随着中央提出“稳”字当头的经济工作主基调，特别是与促消费、稳投资相关的政策密集出台，企业信心明显恢复，对未来行业需求预期较为乐观。

总体来看，2018 年，同宏观经济“稳中有变”的大环境相应，国内仓储行业发展也是稳中有变，而在这种变化里面，也反映出了一些积极因素，特别是行业成本支出增速减缓，证明行业降成本取得一定的成效，加之随着国内相关政策出台，企业信心增强，预期良好，后期国内仓储行业稳中向好的基础仍较为稳固。

展望 2019 年，世界经济在经历了较为强劲的复苏之后，现在面临下行风险。实际上，最近国际货币基金组织（IMF）已将 2018 年和 2019 年的全球经济增长预测值从 3.9% 下调至 3.7%。而这是自 2016 年以来，国际货币基金组织第一次下调全球经济增长的预测值。至于国内方面，2019 年虽然存在一定下行压力，但下行压力有限，整体看好中国经济。总的来说，2019 年国内经济情况还是比较乐观，特别是中国将进一步深化经济改革、扩大经济对外开放，大力发展中小企业和民营企业，更加重视保护知识产权等，这些都将为 2019 年经济增长提供支撑，因此经济下行压力有限。受此影响，2019 年，仓储行业需求基础稳固，仍将保持平稳较快发展，特别是互联网 + 高效物流将会快速发展。在此背景下，我国仓储行业的运行环境将会继续优化，行业稳中向好的格局将会延续。

1. 国内宏观经济增速继续回落，走势前低后高

从目前来看，由于国内需求仍显偏弱，外部环境依然复杂，世界经济复苏存在波动风险，整体来看 2019 年仍有较大下行压力，这种压力在上半年表现相对突出。但随着政策红利累积和逐步释放，投资增长有望企稳回升，消费的基础性作用有望增强，新旧动能转换进一步加快，经济走势下半年有望趋稳，甚至有所回升。总体判断，全年经济增长 6.2% 左右，走势前低后高。

2. 国内大宗商品市场对仓储行业的需求仍有亮点

经济的先行指标——制造业 PMI 在 2018 年 12 月跌破 50 荣枯线，制造业景气度继续下降。在经济不景气的背景下，企业不仅面临销售端的低迷，而且面临着融资困难、成本抬升的窘境，企业生存压力较大。由于债务负担从政府部门向居民转移，国内居民杠杆提高，房贷严重抑制消费能力；投资方面，国家供给侧改革的决心不会动摇，固定资产投资规模和房地产投资规模难有明显改善。2018 年，尽管房地产调控趋严，但在行业高利润、低库存的背景下，投资仍然维持着较高增速。国家统计局的数据显示，1-11 月，房地产投资累计完成 11 万亿元，同比增长 9.7%，增速较 2017 年同期提高 2.2 个百分点。基建方面，由于地方政府去杠杆，严控地方违规举债，基建投资增速大幅下滑。1-11 月，基建投资（不含电力）增速仅为 3.7%，较 2017 年同期降低 16.4 百分点。但可喜的是，制造业投资增速在整体固定资产投资增速持续下滑的背景下持续上升，并且显著高于固定投资增速，且是 2012 年以来首次出现反弹迹象。不过，领导层多次提出补短板，加快西部地区基础设施建设，因此可以预期未来西部及农村地区的基建投资将是重点方向。特别是轨道交通项目对大宗商品市场的支撑作用将会强化。近期发改委密集批复了新建西安至延安铁路、广西北部湾经济区城际铁路建设规划，12 月 19 日，国家发改委同时批复了上海轨道交通三期规划和杭州轨道交通三期的调整规划，两地新增的投资项目金额预计将超过 3500 亿元。加上 12 月初重庆轨道交通三期规划和 12 月中旬的济南轨道交通一期规划，项目总投资超过 5000 亿元。这些基础设施建设会对未来大宗商品市场的需求形成支撑，进而拉动仓储行业的需求，提升仓储行业的业务量。

3. 电子商务对整体物流仓储租赁需求仍将继续增加

2018 年，在电商促销作用下，电商物流保持平稳较快发展。电商物流指数中，总业务量指数、农村业务量全年平均为 132.4 点和 131 点，显示电商物流总业务规模和农村业务规模同比增长均超过 30%，特别是 6 月份及金九银十、双十一等促销旺季，电商物流订单量剧增。以 11 月为例，电商物流总业务量规模环比增长近 60%，农村业务量规模环比增长超过 30%。整体来看，2019 年以电商物流为代表的物流新业态仍将保持平稳较快发展。预计 2019 年中国整体零售市场将达到 6.77 万亿美元，其中电商零售销售额 1.25 万亿美元，同比上一年分别增长 9% 和 21%。

综合来看，2019 年，虽然国内经济存在一定下行压力，但下行压力有限，整体看好，预计增长 6.2% 左右，走势前低后高。在此背景下，我国仓储行业仍将保持平稳较快发展，行业运行环境将会继续优化。不过，如何降本增效仍是全行业的难题，仍需重点关注，特别是在创新发展中要重视推动供应链的创新与应用，适应创新发展形势，要加快管理创新。

来源：中物联网 2019 年 1 月 30 日

2.2.2 综合信息

案例：上海联华物流有限公司生鲜物流仓储管理系统

1. 应用企业简况

上海联华物流有限公司成立于 2016 年，由原有联华桃浦仓库和生鲜仓库组合，包含常温和冷链两个运作仓库。冷链运作部主要承接世纪联华、标超、快客便利 3 个业态冷链线下配送业务和 i 百联冷链线上仓作业平台，拥有常温、冷藏、冷冻温带的贮存、配送条件，一年 365 天，一天 24 小时运作不停歇。冷链运作部含单证、质检、仓储、运输 4 个职能中心，旨在追求资源综合效用更大化，探索联华物流冷链新领域，创混合型经济物流企业。

目前，冷链运作部占地 2 万平方米，2 个楼面各 1 万平方米，整个场地由不同温带冷链覆盖，由松下制冷体系自动监控和调整温带情况。1 楼为卖场和标超组配场地，附建有 5 个各 100 平小型冷库，用于存储；单独猪肉悬挂链系统可直接对接供应商来货车辆，即时称重分配门店，快速冷藏；周转箱自动清洗设备每日对周转箱进行清洗，保证食品卫生安全；配套 1000 平库区存放基地直采水果。2 楼 6 个独立库区冷库共计 3000 平方米，可提供 12 万冷冻商品存储，另配备 2 个组配冷库，共计 800 平方米；高温库共计 800 平方米可提供 2 万箱冷藏商品存储。便利作业区共计 2000 平方米，采用半自动分拣流水线，配置 DPS，冷链线上仓和便利线下仓分时段共用。

冷链运作部作业系统由同振 LCS、海鼎 WMS 组成，负责冷冻冷藏、蔬果、鸡蛋、肉禽等生鲜商品的组配，sku 数 1 万个，日常经营 3000 个，周转天数为 10 天，主要为经过型日配品，冷冻商品库存型。日吞吐量 2 万箱，峰值 5 万箱；日均配送额 250 万，峰值 600 万。自有冷冻冷藏配送车辆 27 辆，日均配送门店数 800 家，配送范围上海及周边，冷链车辆全程 GPS+ 车辆温控。

2. 信息化实施之前存在的问题

相较于对常温货品的管理，仓库对生鲜货品的管理更加严格、复杂，因为生鲜品相有较为独有的特征：保质期短、需要冷链存储环境、散装、无条码、称重进出货等。此外，生鲜品项的称重进出货管理、越库品项管理、食品安全与追溯管理、 多温度带的独立作业和协同管理都是不容忽略的问题。

（1）生鲜品计量单位管理复杂

大部分生鲜货品并不仅仅只是按重量进出货和结算。它们一方面按重量流通结算，一方面又要按数量流通来加快作业速度，例如在收货、盘点、分拣、运输、门店交接等环节整箱作业。因此，生鲜称重品既有纯粹称重的货品，也有同时使用了两种计量单位的货品。其中，在加工作业中，重量与数量之间还有互换业务，例如散装果蔬加工成规格包装型果蔬。

（2）持续增的越库品项与繁琐的操作流程

仓库为了降低生鲜品的损耗管理，可以通过降低存储型商品的类别来实现，但是从而造成了大量的越库作业，造成仓库人员时间长、作业流程复杂。其中，越库品项主要包括：瓜果、猪肉、面包、鸡蛋、奶制品、熟食等。按照常规的越库收发模式，需要经过收货员 RF 收货、分拨员打印标签分拨、集货员 RF 集货等动作。针对这些越库品项的处理，仓库人员每天处理大概 2 万多箱的收发量，往往需要 12 小时以上来完成。

（3）食品安全与追溯管理问题

随着新《食品安全法》的实施，各级政府加强了对食品安全追溯管理，要求生鲜经营者对肉类、蔬菜等货品加强追溯管理，对肉类货品同时管理动物检疫证和追溯码，对蔬菜类货品管理追溯码。生鲜经营者的生鲜追溯信息与上海市追溯平台对接，对生鲜流通过程进行监管和实现追溯。

（4）电商业务的增加，增加了仓库管理的难度

随着百联集团对电商业务的战略拓展，上海联华江桥（生鲜）物流中心承担起了对上海全市的电商业务存储与配送业务。基于此，上海联华物流中心面临电商仓库与电商仓储管理系统再建设的难题。

（5）低效率的直分越库作业

相对于直流作业（一步越库）而言，直分作业（二步越库）多了分拨环节，仅仅快客便利店的直分业务，每天近 3 万件需要分拨。由于其全部为拆零品项，且每家门店的要货量不一，仓库运用纸质单据分拨和贴标签分拨，经常出现现场员工工作时间长、效率低，从而影响仓库的排车装车、送货准点率以及门店满足率等；此外，仓库每天也要面临着大笔的办公耗材开支。

3. 项目关键要素与解决方案

(1) 双重计量单位管理

生鲜商品的品类多样，相应的管理规格不同。目前，海鼎生鲜系统推出“双计量单位管理”模式，主要从数量和重量两个数据实现对生鲜商品的管理；可以将生鲜产品划分三大类：标准箱、类标准箱和称重，实现生鲜出入库的灵活管理。

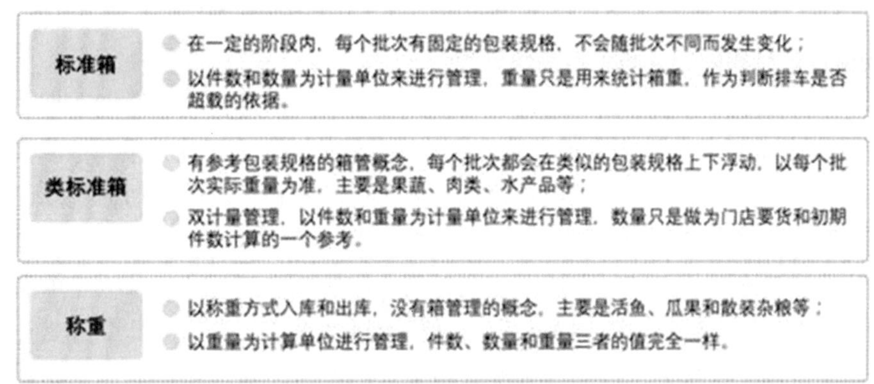

图 1 “双计量单位管理”模式

标准箱：固定包装规格的箱采用 RF 收货，主要以数量作为计量单位。收货完成后平移到待分拨区，分拨人员可以通过 RF 或者标签两种模式分拨。

类标准箱：完全采取 RF 收货，采用数量和重量两种计量方式来管理，即 RF 收取箱数和重量，结合 RF、PC 和电子称来收货，通过 RF 首先收取箱数，再由 PC 连接电子秤来对每件称取重量，并打印出分拨标签。

称重品项：采用 RF 和 PC 都可以进行称重收货，分拨时采用 PC 称重打印出分拨标签或者使用 RF 直接称重分拨。

(2) 高效的“以发代收”业务和“组配”管理

上海联华物流每天面临着日均 2 万多箱，高峰 3 万箱的各种越库品，如果按照传统的越库作业模式，工作人员每天 12 个小时的作业量。海鼎公司派出专业的咨询团队对传统越库模式进行流程的梳理和简化，最终结合海鼎研发人员的经验，提出“以发代收”的业务模式：收货人员将货物称重，WMS 与寺冈 / 托利多电子秤对接，自动读取称重重量，并打印出分拨标签，包含门店信息、重量和分拨位，然后分拨人员根据分拨标签将货品分拨到门店分拨位。该“以发代收”业务缩减了分拨员过多的系统操作，极其显著地提高了越库品项的分拨作业效率。

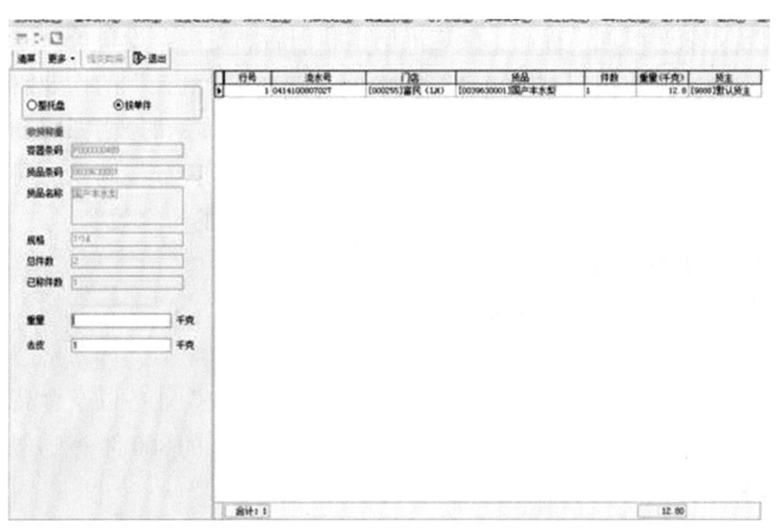

针对一些量少且拆零品类，联华生鲜采取由供应商提前组装，即供应商按照门店以周转箱为载具来送货，并配送到门店。为了提高收货和分拨效率，海鼎团队与客户探讨出了一种组配收货/分拨模式，即预检时先根据送货清单来确认供应商在组装时是否有门店缺货，如有缺少则调整门店数据。RF 收货时则根据定单扫描门店和周转箱条码确认收货，这样可以管理到是否所有门店都已经收货，同时可以管理到容器数量。收货完成后使用 RF 组配分拨将周转箱分拨到门店分拨位。

（3）动物检疫证号和肉类/蔬菜追溯码管理

为保证食品质量安全，对生鲜流通全过程进行监管和追溯：进行动物检疫证号和肉类/蔬菜追溯码管理。HDWMS 为上海联华物流中心提供精准有效的溯源体系：为了高效采集追溯信息，由物流系统记录追溯码，在后续流转中自动跟踪记录每批货品的追溯码和批次码、动物检疫证号等，并自动回馈信息平台和下游平台，以支持后续的追溯管理。对于动物检疫证管理：海鼎生鲜物流管理系统支持从入库时管理检疫证号，出库时门店匹配到对应入库的检疫证号。通过按照单品维度管理，可以保证检疫证号的入和出一致。对于肉类和蔬菜：均有进/出追溯管理，其中蔬菜会有部分商品是自己去种植地或者市场上直接采购，这种情况直接管理到产地。对于蔬菜商品，同时系统会产生相应的收货批次，与追溯码一起上传到市商委追溯管理平台。

（4）全流程容器管理

为了保证生鲜货品的品质，在物流中会用到各种容器，例如：普通周转箱、水果筐、白条猪包装袋、笼车、面包盒饭筐等。相对常温来说，不仅容器品类多，而且要管理上游链条和下游链条的容器，与上下游容器共享的场景更多。于是，在生鲜的收货入库和配送给门店的全程中，物流自动计算容器的收进和发出，同时管理容器的回收情况，这样可以统计在供应商、仓库和门店各处的容器数量。通过这个环节的有效控制和跟进，极大地降低了容器的丢失情况，帮助仓库实现成本的节省。

（5）线上、线下库存共享，线上有较高优先级

针对上海联华物流中心涵盖联华线下实体门店以及线上电商业务，因此如何有效处理两种业务的作业流程并做到精细化管理是提高中心运作效率的关键点。而海鼎结合现有项目经验，提出一套 HDWMS 系统管理线上、线下两种库存，并提供针对线上订单管理接口。此外，结合联华现有实体店的分布情况，提供线上订单结合线下门店配送系统一同配送，可供客户至门店自提或者门店配送至客户。HDWMS 生鲜解决方案提供的共享库存模式，可以有效地加快仓库库存周转、提高生鲜业务作业效率。

（6）“电子标签+流水线”助力仓库提高拆零分拨效率

海鼎结合拆零作业特点和其行业业态，提出利用海鼎自主研发的 DPS 系统结合电子标签、输送线、自动弹出设备等设备助力联华生鲜品的分拨，可以实现生鲜品项的边收边拨、边拣边拨，显著地缩短了仓库配货、排车、装车时间，提高了配送准确率和门店满足率。投料员只需将周转箱推送到输送线上，输送线结合自动弹出装置判断周转箱的路径，实现“货到人”的作业路径；分拨员只需通过扫描枪扫描周转箱上的条码来点亮电子标签，并根据电子标签显示的数字完成分拨、拍灭等动作，来完成分拨作业，并且 DPS 系统提供周转箱的换箱、补箱等作业；分拨满箱的周转箱根据输送线和自动弹出设备，自动分配到各个复合台，极大地提高了复核人员的符合效率。

4. 项目主要效益分析及评估

（1）实施化前后的效益指标对比分析

1）相助提高人均作业效率

系统上线后，通过生鲜 WMS 的双计量单位管理、“以发代收”业务以及食品安全与追溯码管理等特点，显著加强了仓库内部的人均作业效率，人均配货量由原来的 800 件/天，提升到 1000 件/天，人均效率提升了 25%。

2）节约仓库人数

系统上线后，人均配货作业效率提高了 25%，造成了员工人数过剩，所以仓库内部员工由原来的 100 人降低到了 80 人（包含部分后边并进来的 900 多家便利业务员工），节约了 20% 位人员成本，上海仓库内部员工（假设）平均月薪 4000 元，一年节约成本 96 万元。

3）缩短作业时间

通过对联华冷链业务流程的梳理、优化以及 DPS 系统（电子标签系统）等的使用，极其显著的降低了员工的作业时间，由原来的 18 个小时降低到 11.5 个小时，人均降低了 6.5 个小时的工作时间，则一年节约成本可达到 78 万元；此外，由于 DPS 系统的超精准率的特点，拆零拣货的准确率严格的控制在 2%% 左右，有效降低门店配货差异。

4）提升仓库配货量

在降低仓库作业人员及工作时间、提高人均作业量的情况下，借助生鲜 WMS 的全程仓储信息化管理，助力联华冷链物流实现日均 2 万箱，峰值可达 3 万箱的配货量。相较于以前，提高了 30% 以上的配货能力，按照每箱 5 元的净利润，则一年提高了近 900 万元的营业额。

5）降低容器损耗率

借助生鲜 WMS 实现对容器的全程管理，包括对收货、上架、存储、拣货、集货、分拨、拆并、装车、回收过程中全程采用容器对商品进行管理。通过这种容器管理方式，可以实现各个环节的有效追踪，极大地降低了上海联华生鲜项目的容器丢失情况，帮助仓库实现成本的节省。

（2）信息化实施对企业业务流程改造与竞争模式的影响

WMS 软件的研发与项目的实施都是基于对生鲜业务流程的改造。通过对联华生鲜的统配业务、越库业务以及基于两者之间的交叉模式的业务梳理，才取得上述的成绩。

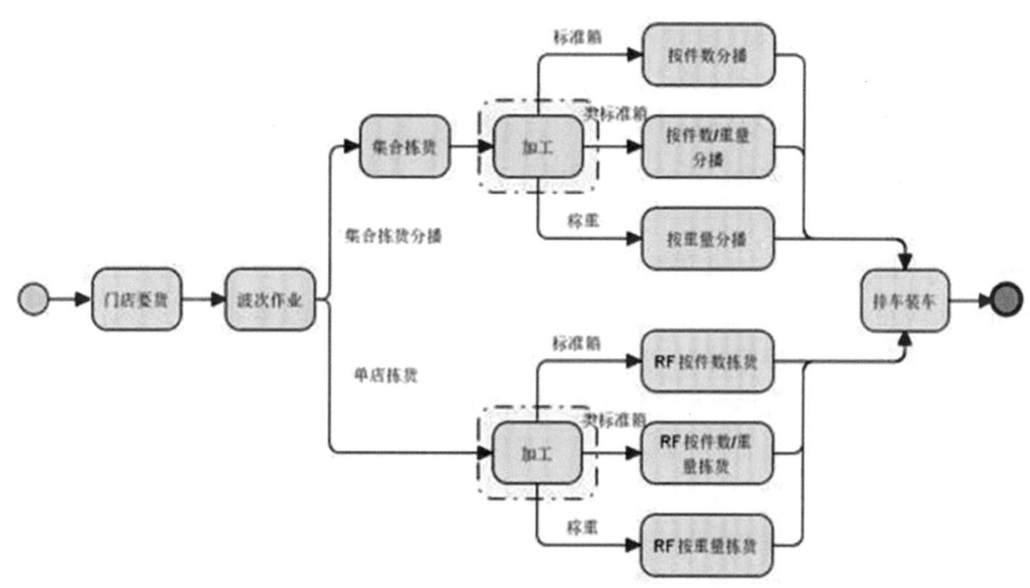

图 2 对统配出货业务流程的梳理、改造

上海联华生鲜项目初期针对标准箱采取了 RF 分拨方式，虽然保证了分拨的准确性，但满足不了客户的作业效率要求，经过多次探讨，改为采取扫描托盘容器打印分拨标签模式，现场分拨效率提高了一倍，分拨的准确性也得到了保证，同时方便了装车、卸货。类标准箱采取的以发代收，称重时匹配到门店并打印出标签信息，避免了仓库多次称重引起的误差，同时节省了后续多次称重及扫描打印的繁琐，提高了仓库整体运作效率。

2）对越库业务流程的梳理、改造

越库模式是生鲜出入库管理模式中最常见的一种模式，主要是指按照门店要货汇总向供应商采购，供应商送货到仓库后，立即按照门店要货分拨到门店分拨位上，然后集货送往各门店，不进入仓库进行存储。为保证生鲜产品的质量，快进快出是生鲜一直所倡导的，特别是蔬菜、水果和水产等品类，所以越库模式的品类占比达到了 70~80%。

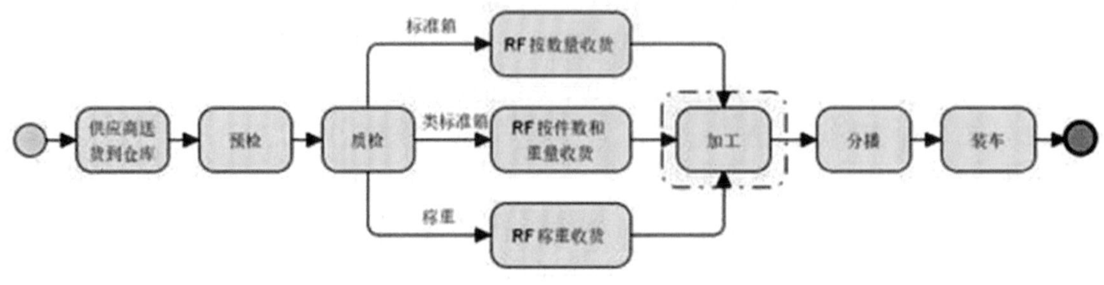

图 3 越库模式

生鲜商品的品类多样，相应的管理规格不同。目前，海鼎生鲜系统主要从件数、数量和重量三个数据实现对生鲜商品的管理，将生鲜产品划分三大类：标准箱、类标准箱和称重，实现生鲜出入库的灵活管理。其中，相较于常温 WMS，海鼎为联华生鲜 WMS 系统开通允许多收、少收的收货模式，以解决生鲜品送货途中的货损、质检不合格等问题。

3）对交叉模式业务的梳理、改造

商品的越库和统配两种属性并不是完全绝对的，业务部门会根据供应商促销或者门店紧急团购等特殊情况，临时转变部分库存或者订单的属性，具体可以分为越库属性商品部分库存转为存储与存储属性商品部分订单转为越库两种情况。

存储属性商品部分订单临时转为越库，如当门店临时搞团购或促销活动，需要仓库紧急补货，这时仓库收到同一商品不同类型的采购订单，对越库类型采购订单按照越库流程处理。

5. 信息化实施中的主要体会、经验以及教训

上海联华生鲜项目是一个非常复杂的项目，包含生鲜电商和生鲜线下，生鲜线下又涉及标超、大卖场和便利三大业务，同时信息化需要对接设备：寺冈电子秤、托利多电子秤、电子标签和流水线等。另外，仓库部分运作为第三方，项目人际关系比较复杂，项目推进难度大。

在业务上，标超和大卖场的发货时间不一样使得项目实施过程中需要从仓库分拨位布局、线路维护以及运作等因素上综合考虑来拆分标超和大卖场的作业区域和作业时间。另外，标超和大卖场的要货量也有不同，标超要货品种数多，单品种量较少，而大卖场单品要货量大，这样在最后的分拨打印环节上也进行了一些细微的调整。

分拨模式上，最初方案是使用 RF 扫描容器和商品来分拨，并扫描目标容器来确认，这样可以充分保证分拨的准确率，但是存在很严重的问题就是分拨效率相对比较低，延长了整体作业时间，也使得配送出车时间相对较晚，这样送货时间就得不到保证。为了提高仓库分拨效率，经过海鼎咨询团队、项目组和客户多次研究探讨，最终确定采取 PC+ 打印标签模式替代原有的 RF 模式，这种模式上线后，现场分拨效率得到了极大提高，而且分拨差错率也得以降低，也能够对分拨人效进行考核。

综上所述，信息化实施过程中不仅仅只是将产品给客户使用，同时也促进了产品的完善和发展创新。

6. 信息化系统推广意义

（1）产品前景

对于生鲜商品，从源头供应到末端零售均需保障冷链，构建全程可控、风险可防的管理体系。作为关键环节，高信息化水平的仓储物流是传统零售企业优化自身竞争力的必备要素。然而，这类企业的物流信息化水平仍有局限；加之生鲜商品类型多、业务线条广，需求与常温业务差别较大，目前市场上没有较为成熟的仓储管理产品能够提供完备的生鲜物流业务解决方案，软件产品市场缺口较大。

（2）产品创新性及技术水平

HDWMS 生鲜物流解决方案结合传统零售企业的生鲜业务提出创新性的管理模式，针对生鲜特有的业务需求提出成熟的解决方案，如：①库存管理采用数量、重量双计量模式：库内使用件数管理，结算使用重量管理双计量模式；②与政府监管平台对接质检追溯数据，保证生鲜流通过程中的有效监管和可追溯；③生鲜加工管理模块支持精确记录、反馈、考核加工全流程，有效控制耗损，解决生鲜“必备难题“；④全流程管理多类型多温层的容器；⑤灵活支持不同零售企业的流通模式，系统支持纯存储型，纯越库型模式，及介于存储和越库之间的作业模式；⑥库内实现标准化管理；⑦全方位信息化管理物流环节，通过低错误率物流支持实现全程冷链不断链；⑧实现线上线下不同渠道共享库存，以支持零售企业新方向。HDWMS 生鲜物流解决方案基于海鼎公司成熟的仓储管理软件，该软件适用性强，具有完善的库存跟踪和计算方法，实时、准确地反映真实库存，高效管理大型仓库和物流中心，并提供与其他系统的良好接口，能够伴随企业的发展提供适合的仓库管理模式，打造专业的可视的物流中心，实现供应链快速响应。

（3）助力仓库环保、节能

1) 降低办公耗材。生鲜 WMS 提供完整的信息化解决方案及信息化流程，降低各个物流环节的纸质单据、标签的使用，助力仓库实现信息化、无纸化。

2) 逆向物流管理。对于各个流程的废物回收利用提供完整的解决方案，提高仓储的资源利用率，例如分拣过程中的纸箱回收利用、加工环节的再回收等。

3) 容器标准化及回收。标准化周转筐，并在物流全程对周转筐进行精细管理，记录进出、回收情况，提高周转筐的重复利用率，较低一次性容器的使用。

4) 降低生鲜品损耗。HDWMS 生鲜解决方案为降低仓储环节耗损提供持续有效的设计方案：系统帮助用户严格管理收货控制天数与配货控制天数，分类记录与管理采购数量、扣称数量、实际入库数量、财务结算数量等，对采购工作进行量化的财务控制以及精细化管理采购中的生鲜损耗。同时，HDWMS 帮助用户实现精确的损耗考核。在每一次加工作业中，系统自动对这些损耗进行采集、统计分析，一方面考评加工收益与加工成本，另一个方面不断优化加工配方，增加生鲜加工的原料利用率。

来源：中物联网　2018 年 12 月 24 日

观点：多仓融合：挖掘潜藏的利润增长点

消费者消费行为习惯的变化，让线下传统销售渠道遇到了前所未有的挑战，传统企业纷纷在线上渠道寻求突破。消费者消费行为习惯的变化，让线下传统销售渠道遇到了前所未有的挑战，传统企业纷纷在线上渠道寻求突破。互联网红利逐渐消退，线上获客成本从几十元飙升到几百元，电商巨头又纷纷向线下布局。家居建材行业除了以往的传统分销渠道、家居大卖场、电商渠道，近几年又新增了家装平台公司这类O2O渠道。润滑油企业近一年来，也开始注重与途虎、车发发这类汽车后市场平台合作，以开拓新的销售渠道。化妆品企业开始减少在超市百货渠道的投入，转而增加在电商渠道、CS渠道（专营店）的布局。

凡此种种，无不在证明当今销售渠道向多元化、全渠道发展的趋势，线上线下融合渐渐成为企业发展的刚需。

一、新零售呼唤"多仓融合"

新零售时代，企业通常拥有不止一类分销零售渠道，既有线上电商渠道，又有线下实体分销商或终端门店；即使是线上电商渠道，又可能分天猫、京东、苏宁易购、零售通、中商惠民、易久批等B2C、B2B众多不同平台。另外，企业商品中又分为成品、促销品、售后资材等多品类，对于仓储管理又有不同要求。

而在消费端，当今消费者可能在电商平台浏览比较商品，再跑到线下门店现场体验；或者是在线下门店选中合意的商品，然后登陆线上电商店查看评论并进行比价。消费场景的边界变得模糊，在消费者看来已没有明显的渠道间隔；传统模式下按不同渠道进行备货与库存管理，就变得没那么必要，甚至可以说是一种浪费。

在以往，线上线下渠道、几大电商平台各自为战，各自备货，很容易出现一个渠道短时间内售罄，另一个渠道又存货较多且无法及时调货的情况。如何协调不同渠道的备货问题，如何实现最优库存，如何合理快速调配货物，如何避免库存积压或缺断货，如何实现仓储成本效益最优……这些都是时下企业关心与头痛的问题。

因此，多品类、多平台、全渠道的仓储需要进行整合，打通线上线下商品流，线上的订单可通过线下取货，线下渠道可购买到线上产品；同时合理集约资源，减少重复备货，并打通数据以便进一步分析与优化。

二、"多仓融合"案例

在案例开讲前，我们先简单阐述一下"多仓融合"的概念：这是一种基于订单集成智能处理，为具有多平台、全渠道模式的客户提供库存融合、仓储服务资源共享、不同分拣模式并行、线上线下一站式订单履约交付的服务。主要目的是帮助客户高效便捷地实现"一盘货"管理；同时降低客户资金占用成本及整体物流成本，挖掘潜藏的利润。

下面同时将为大家介绍一个"多仓融合"领域的案例，希望能让各位看官有更具体、更直观的感受。

案例：某大型3C家电企业多品类全渠道的多仓融合

1. 项目背景

融合前，该企业线上线下销售渠道独立备货，在华东地区的3个城市设置了5个仓库，分别存放成品、售后资材、促销品等不同品类的商品，SKU众多；而且分属不同物流供应商管理，信息联通不顺畅，管理协调难度大。

而这种分仓模式，给客户带来了成本高、效率低、管理难度大等问题：

①重复备货库存高

分开外包下，为不同销售渠道重复备货，库存量过高导致资金占用大，企业现金流压力大；库存量不足又引起缺货，市场需求无法满足。

②资源分散效率低

仓库人员和设备资源分开配置，波峰波谷需求无法平衡，作业效率低，资源投入大，管理成本高。

③数据离散，分析管理难度大

业务数据分散在不同的系统中独立处理，数据分析和管理难度大。

2. 多仓融合解决方案

首先是整合 IT 信息系统，搬仓后，更换掉原有三家不同物流服务商的信息系统，改为统一的 WMS；同时进行有针对性的二次开发，对接不同平台的订单信息，且满足 B2B、B2b、B2C 等不同订单模式下的作业管理。

其次是同时使用多种存储与分拣模式，分库区管理，使用 4 种存储容器、5 种存储模式、2 种分拣模式，以满足整托、箱拣、零拣等不同出入库作业的需要。

再次是应用多种仓储作业设备，多仓融合后作业将比以前要复杂一些，为不影响仓储效率，在作业中应用 RF 设备、CBM 称重机、流水线、PTL 电子拨种墙、电子看板等多种仓储作业设备，减少人工数量，提升作业效率。

最后是优化现场运营管理，明确作业模块并推行标准化，进而对作业与人员进行整合；之后，统合现场操作技能，减少专向岗位，实现一人多能，提升人效产出；然后再定期回顾作业流程，持续优化并在信息系统上加以固化。

3. 多仓融合效果

多仓融合的作用，首先是有效地减少了仓库面积，减少仓租成本，该 3C 客户在实施多仓融合后，所使用的仓库面积减少了超 1 万平方米。

其次是人员与设备效率的提升，多仓融合后，人员与设备均实现了集约化，加上仓储设备、人员技能、作业流程的不同优化，达到了人员效率提升 40%、设备效率提升 18% 的效果。

再次是库存资金占用的下降与库存周转率的上升，多品类全渠道融合后，不再需要多余的重复备货，一仓即可以满足多个渠道的订单履约要求，因此库存资金占用降低了 10%，而库存的减少又帮助库存周转率提升了 25%。

最后，通过以上的种种努力，该多仓融合解决方案帮助客户每年减少 1100 万元的费用支出，成为客户一个新的利润增长点。

来源：万联网 2019 年 2 月 20 日

2.3 多式联运综合信息

核心在运关键在联，多式联运创新“门到门”一站式服务

2018年11月20日-21日，全国多式联运推进会在湖北武汉召开。面对我国经济从高速增长转向高质量增长、打赢蓝天保卫战倒逼运输结构调整、建设交通强国、全球经济发展面临新挑战等新形势，如何推进多式联运健康有序发展，交通运输部、国家铁路局等政府部门对当前行业发展态势进行解读，多家企业代表分享了探索经验。

完善枢纽集疏运体系，打通“最后一公里”

目前，我国联运枢纽集疏运体系不畅、转运效率不高、对城市交通干扰大等问题突出。一些重要的铁路物流基地、水运港口、航空枢纽集疏运体系建设方案不完善，铁路专用线建设滞后，进出通道不畅，“中间一公里”“最后一公里”“园区孤岛”等现象普遍，枢纽与城市交通矛盾突出。

阳逻港把货场到码头的运输距离由60公里缩短为2公里，在联运枢纽规划与建设上作出有益探索。作为武汉以及中西部地区出海口，阳逻港与武汉临空港吴家山铁路中心站之间相距60公里，经过反复研究，港发集团把阳逻港、吴家山铁路中心站和汉口北铁路物流枢纽通过铁路线连接，实现了铁路班列和水运班轮无缝衔接。今年7月，港发集团把阳逻港集装箱港区进出港货物的必经之路—平江路，由原来的双向6车道拓展至10车道，并以隔离栏杆将港区侧4个车道封闭管理，作为疏港专用路，真正打通了铁水联运“最后一公里”，实现了每个集装箱运费下降500元。

近年来，我国出台《推进长江干线港口铁水联运设施联通的行动计划》等文件推动枢纽集疏运体系建设。为切实打破各运输方式间物理隔离和固有利益藩篱，会议指出，多式联运发展还需深化多主体间合作机制，以资本为纽带，推动形成发展共同体，实现不同运输方式企业间设施共建、资源共用。

培育壮大市场主体，善用资本产品纽带

据有关预测，到2020年，我国多式联运市场规模可以达到3000亿元-4000亿元，到2030年有望达到1万亿元。而目前制约多式联运市场发展的最大短板是缺乏具有全程运输服务能力的多式联运承运人。

如何为物流业供需两端提供一体化解决方案、提供运输全链条服务？会议指出，下一步，还需加快推进跨运输方式的混合所有制改革，鼓励社会资本和民营等企业积极参与铁路、公路、水路、航空货运企业混合所有制改革，以资本、信息、产品等为纽带，建立完善以资产管理为核心的现代企业管理制度。

据中国铁路总公司总经理李文新介绍，中国铁路总公司在去年与中远海运集团签订战略合作协议的基础上，今年又与招商局集团签订战略合作协议，重点深化在中欧班列、海铁联运等多式联运领域的合作。中铁快运股份有限公司与深圳顺丰泰森控股（集团）有限公司合资组建了中铁顺丰国际快运有限公司。部分铁路局集团公司也在港口、物流企业合资组建了海铁联运经营公司，在拓展货源、开行班列上取得一定成效。

此外，由安通控股股份有限公司牵头的“国内一流、国际知名”的“陆海河联动、内外贸融合”网络化多式联运示范工程获批第三批多式联运示范工程。据介绍，定义为多式联运经营人的安通控股正加快拓展内贸集装箱海运业务，通过与铁路企业合作，提供“门到门”一站式全程多式联运服务。

推进信息平台建设，以数据驱动供应链

目前，我国信息资源整合和综合开发利用水平不高，缺乏联通各种运输方式、有效汇集各方信息资源、提供综合信息服务的多式联运公共信息平台，难以满足“让信息多跑路，货物少跑路”的需求。

为加快多式联运发展，中国交通通信信息中心正在搭建全国多式联运公共信息平台，以便为30多家试点企业提供资质资格验证性服务和运载工具动态位置服务。

中国交通通信信息中心主任曹德胜介绍，建设全国多式联运公共信息服务平台，需发挥政府在行业的信息整合能力，打通物流信息链，实现物流信息全程可追踪，利用信息大数据实现价值挖掘，以数据驱动供应链，推进多式联运跨越发展。该平台将以公共信息服务体系为基础，推进不同部门、不同运输方式、不同企业间多式联运信息开放共享和互联互通。

值得一提的是，顺丰目前已具备打造“以铁路为核心”的多式联运信息化平台的能力。基于人工智能、物联网、机器学习、智能设备等技术的应用，顺丰自主研发了一套完整的“智慧物流平台”，包括物流的各项核心营运系统、地图平台、大数据平台、信息安全平台、智能运维管理平台等，在多式联运的公路、铁路和航空的运输、仓储、包装、装卸、分拣、配送等各个环节实现了自动化、智能化。

根据顺丰的最近规划，其将在2019年底建成实现覆盖全国主要铁路站点的接取送达服务网络，实现平台交易额达20亿元，集装箱量达20万标箱，货量达1000万吨。

来源：中国交通新闻网 2018年11月26日

货运“公转铁”力度加大 降低物流成本有潜力可挖

2018年，全国铁路完成货物发送量40.22亿吨，同比增长9.1%，增运3.34亿吨。其中，国家铁路完成货物发送量31.9亿吨，同比增长9.3%，增运2.72亿吨，超额完成全年增运2亿吨的目标任务。增加的货运量与公路完成同样货运量相比，可节省299万吨标准煤，减少二氧化碳排放736万吨。

中国铁路总公司党组书记、总经理陆东福表示，为确保货运增量目标完成，铁路部门制定实施了2018年-2020年铁路货运增量行动方案，全力组织西煤东运、北煤南运，推进港口集疏运体系建设，发展集装箱多式联运，有序承接“公转铁”运量，货运增量行动实现良好开局。强化运输调度集中统一指挥，路网和装备运用效率明显提升。

目前，中国物流成本仍较高，铁路货运、水运等低成本、低能耗的优势尚未完全发挥。国家统计局数据显示，2017年，铁路货运量增速为10.7%，高于公路货运量10.1%的增速，改变了2015年、2016年以及更早前公路货运增速远超铁路的局面。但与公路货运量相比，铁路货运量仍差距显著。

国务院办公厅2018年10月印发《推进运输结构调整三年行动计划（2018—2020年）》，提出到2020年将实现全国货物运输结构明显优化，铁路、水路承担的大宗货物运输量显著提高。北京交通大学教授张晓东认为，铁路货运比例较低、多式联运不多是目前交通运输领域存在的主要问题。因此，要加快改善铁路运输条件，增加铁路货运比例，降低全社会物流成本，从而为实体经济发展提供支持。

来源：浙江物流网 2019年1月18日

深入推进长江经济带多式联运发展三年行动计划

交通运输部办公厅印发关于《深入推进长江经济带多式联运发展三年行动计划的通知》（以下简称《通知》），要求系统各单位以江海直达、江海联运、铁水联运等为重点，加快推进长江经济带多式联运发展，构建高质量综合立体交通走廊，更好服务长江经济带发展战略。

通知明确，到2020年，构建有机衔接、具备竞争力的铁水联运系统，基本形成长江干线、长三角地区至宁波—舟山港、上海洋山江海直达运输系统，进一步完善干支直达、通江达海、区域成网的水运基础设施体系，初步形成布局合理、结构优化、功能完善、互联互通的长江经济带多式联运服务体系。长江经济带主要港口铁路进港率达到80%以上，大宗散货铁路、水运集疏港比例力争达到90%以上，重点集装箱港口铁水联运量年均增长15%以上，力争上海洋山集装箱江海直达比例达到20%。

针对如何进一步深入推进长江经济带多式联运发展，通知提出5项主要任务包括16项具体措施——

着力补齐联运基础设施短板

1. 加快畅通重要航段和重要运输通道；2. 完善联运配套港口设施；3. 加快解决铁路进港“最后一公里”。

着力强化联运服务模式创新

4. 大力推进江海直达运输发展；5. 大力推进集装箱铁水联运；6. 进一步完善大宗干散货铁水联运体系；7. 统筹推进江海直达和江河海联运发展。

着力提升多式联运装备水平

8. 深入推进内河船型标准化；9. 加快江海直达船型研发和推广应用；10. 提升港口联运装备专业化水平。

着力增强联运发展新动能

11. 提升物流服务效率；12. 提升联运信息化水平；13. 加快绿色发展。

着力优化联运市场营商环境

14. 深化“放管服”改革；15. 加快培育多式联运经营企业；16. 严格规范涉企收费行为。

此外，交通运输部还要求，加强部省联动，统筹推进长江经济带多式联运发展相关重大政策落实和重大项目落地。要充分利用好中央和地方已有的资金补贴政策，加快推进多式联运设施设备和信息化建设。同时，完善铁水联运统计制度，加强多式联运信息发布。

长江集装箱多式联运发展预期

2018 年 3 月 20 日，“2018 年集装箱多式联运亚洲展”在上海开幕。上海国际航运中心国际航运研究室主任张永锋在展会上介绍了长江集装箱多式联运发展的实践，并就行业发展趋势与前景提出自己的观点。

在长江沿海港口基础设施不断完善，区域间港口分工与协调日益明确的大背景下，水运航线开始逐步打通，“轴幅式”格局已初步形成。而随着水铁联运枢纽建设不断加快，江海联运项目也迅速推广。数据显示，2006-2015 年，上海港集装箱江海联运总量稳中有升，已接近 1000 万 TEU。

在区域铁路与网络加快形成的有利条件下，应建立区域性铁路中心枢纽以保障国际货运班列顺利通行。市场目前仍处于培育期，在诸多政策推动下，行业将进入快速发展期。多式联运基础设施建设的提速，将推动建设约 150 个货运枢纽（物流园区）、主要港口疏港公路、铁路集装箱中心站，以及 6 条集装箱铁水联运示范通道建设等重大基础设施项目。

针对长江集装箱多式联运发展，张永锋提出了六条相关建议：一是充分发挥上海国际航运中心在长江多式联运体系的龙头作用；二是需要加强资源整合，破除影响跨区域市场一体化的各种障碍；三是需要以长江综合立体走廊为主体，强化其他运输方式与水运的衔接；四是破除制约铁路进港区最后一公里问题，建立高效衔接的标准与规范；五是借鉴国际多式联运发展经验，创新联运运营标准与操作规范；六是依托大型航运公司、物流企业，打造多式联运经营人。

本篇编辑：张志坚

第三篇 物流业改革开放40年

3.1 物流业纪念改革开放40周年

3.1.1 物流行业庆祝改革开放40周年大会

“物流行业庆祝改革开放40周年大会”在济南隆重召开

11月24日，“物流行业庆祝改革开放40周年大会”在济南隆重召开。国家交通运输部副部长刘小明，山东省省委常委、济南市委书记王忠林，中国物流与采购联合会会长何黎明，原国内贸易部副部长、中国物流与采购联合会原会长陆江，原国家物资部副部长桓玉珊，中共第十四届中央纪委委员、原国内贸易部纪检组组长靳玉德，国有重点大型企业监事会原主席武保忠，国防大学教授、博士生导师、少将王宗喜，一汽集团原党委书记赵方宽，国家商务部流通业发展司司长郑文，国家发改委经济运行调节局巡视员魏贵军等出席了大会。

不忘初心，砥砺前行

经过40年的发展，我国物流业发生了根本性的变革，取得了举世瞩目的巨大成就，走出了一条中国特色的物流发展道路。会上，交通运输部副部长刘小明，山东省省委常委、济南市委书记王忠林，商务部流通业发展司司长郑文，国家发改委经济运行调节局巡视员魏贵军先后对大会的召开表示热烈祝贺并讲话。中国物流与采购联合会会长何黎明发表了题为《不忘初心，砥砺前行，为建设物流强国而努力奋斗》的长篇讲话。

座谈会同期举办

当天下午，大会同期举办了“纪念改革开放四十周年物流行业座谈会”，由中国物流与采购联合会会长何黎明主持。座谈会主要回顾了40年来我国物流的重要发展阶段，总结了有中国特色的物流发展经验，探索加快中国物流改革发展的新思路，并展望未来。陆江、桓玉珊、靳玉德、武保忠、王宗喜、赵方宽、丁俊发等有关领导、专家、部分重点企业代表以及地方行业组织的负责人出席座谈会并发言。

行业表彰盛大揭晓

根据党中央、国务院关于组织开展改革开放40周年纪念和表彰活动的精神，为深入贯彻落实习近平新时代中国特色社会主义思想和党的十九大精神，充分展现改革开放40年来的伟大成就，大力弘扬以改革创新为核心的时代精神，中国物流与采购联合会经组织评定，决定对改革开放40年来在我国物流业发展过程中表现突出、贡献巨大的一批企业和个人进行表彰，分别授予“改革开放40年物流行业代表性企业”“改革开放40年物流行业企业家代表性人物”“改革开放40年物流行业专家代表性人物”“中国物流40年行业组织代表性人物”荣誉称号。上海外高桥物流中心有限公司、上汽安吉物流股份有限公司两家企业入选改革开放40年物流行业代表性企业，上海保税区域协会会长邢慷弟、上汽安吉物流股份有限公司首席执行官余德、上海天地汇供应链管理有限公司董事长徐水波、西本新干线股份有限公司首席执行官虞钢等入选改革开放 40 年物流行业企业家代表性人物，上海交通大学朱道立教授、上海海事大学校长黄有方教授等入选改革开放 40 年物流行业专家代表性人物，上海市物流学会原会长李厚圭、上海市物流协会常务副秘书长陈震、上海物流企业家协会原会长范鸿喜等入选改革开放 40 年物流行业协会工作代表性人物。

来源：中物联网　2018 年 11 月 26 日

何黎明：不忘初心，砥砺前行，为建设物流强国而努力奋斗

——纪念我国物流业改革开放 40 年的讲话

中国物流与采购联合会会长 何黎明

（二〇一八年十一月二十四日）

我国改革开放 40 年，也是我国现代物流业从起步到快速发展的 40 年。在我们隆重纪念改革开放 40 周年之际，回顾总结我国现代物流业的发展历程，展望新时代赋予的新使命，探索物流业发展的新目标和新任务，可以更好激励我们迈向现代物流业发展的新征程。

一、我国物流业的历史性变革

我国物流业 40 年的发展历程，与我国的改革开放同步。40 年来，物流业经历了从理念传拨、实践探索、产业地位确立到创新发展的全过程。

1978 年 12 月，党的十一届三中全会拉开了我国改革开放的序幕。同年的 11 月份，当时的国家物资总局组织有关部门和地方领导赴日本考察，首次将“物流”的概念引入国内。1979 年 6 月，中国物资工作者考察团到日本参加第三届国际物流会议，这是我国代表首次参与国际的物流研讨活动。随后，介绍物流知识的专业文章开始出现，物流专业著作相继出版，国外专家来华举办讲座，国内的大专院校、研究机构、专家学者积极投入现代物流理论研究和知识传拨。

在此基础上，1984 年 8 月，我国第一个物流专业研究团体——中国物流研究会成立。时任国家计委副主任柳随年出任会长。1989 年 4 月，由中国物资经济学会承办的第一个国际物流会议——第八届国际物流会议在北京举办。1990 年 7 月，中国物流研究会与 1980 年成立的中国物资经济学会（余啸谷任会长）合并为中国物资流通学会。1995 年，中国物资流通学会更名为中国物资流通协会（当时马毅民同志担任会长）。这一时期物流知识启蒙和理念传拨，为中国物流发展发挥了重要的引领作用。

通过引进、借鉴国外物流理念，物流实践开始起步。1978 年以后，我国实行“搞活企业、搞活流通、培育市场”的一系列改革，逐步突破“计划分配、统一定价”的管理体制，扩大企业自主权。1988 年设立的物资部推进物资配送的专项行动，1991 年“八五”计划提出“积极发展配送中心”。经国务院同意，财政部设立了专项基金，由物资部、国家体改委先后在无锡、石家庄、沈阳、上海、武汉等地开展物资流通综合改革试点。物资配送成为当时推进流通体制改革和物流发展的一个重大举措，流通和物流引导生产和消费的作用开始发挥。

1992 年，邓小平同志发表“南巡讲话”，党的十四大确定建立社会主义市场经济体制。传统生产和流通企业破除“大而全”“小而全”的模式，扩大物流外包，改善物流管理。跨国物流公司“试水”中国物流市场，带来先进的物流理念、技术和模式。民营物流企业开始大量涌现，加速成长。国有物流企业转变观念，向现代物流转型发展。国有、民营、外资物流企业出现了“三足鼎立”的共同发展局面。深圳、上海、天津等地把物流列入支柱产业或新兴产业，积极推动发展。1999 年 11

月，国家经贸委与世界银行召开“现代物流发展国际研讨会”。时任国务院副总理吴邦国提出，“要把现代物流作为国民经济的重要产业和国民经济新的增长点”。

新世纪伊始，中国加入世界贸易组织(WTO)。伴随着改革开放的步伐，现代物流开启了“新纪元”。

2001 年 3 月，国家经贸委等六部委联合印发《关于加快我国现代物流发展的若干意见》，成为我国政府部门就物流发展发出的第一个专题文件。同年 4 月，经国务院批准，中国物资流通协会更名为中国物流与采购联合会（陆江为首任会长），成为我国物流行业第一家综合性社团组织。

2003 年 12 月，国务院领导同志在全国政协经济委员会《关于我国现代物流情况的调研报告》上作出批示。

2004 年 8 月，经国务院批准，国家发展改革委等 9 部门联合发布《关于促进我国现代物流业发展的意见》。

2005 年 2 月，经国务院批准，由国家发展和改革委牵头，组建了“全国现代物流工作部际联席会议”。同年 9 月，第一次由政府部门主办的全国现代物流工作会议在青岛召开。在此期间，由政府部门领导，行业协会牵头的物流标准、统计制度、企业评估、科技进步、教育培训、表彰奖励、理论研究、舆论宣传等行业基础性工作体系初步建立，为物流产业地位的确立和物流业跨越式发展奠定了坚实的基础。

2006 年 3 月，十届全国人大四次会议通过的《“十一五”规划纲要》将“大力发展现代物流业”单列一节，标志着物流业的产业地位正式确立。2007 年，中央军委文件作出“构建军民结合的军事物流体系”的重大部署。

2009 年 3 月，国务院发布第一个物流业发展专项规划《物流业调整和振兴规划》，纳入当年“十大调整和振兴规划”。

2011 年 5 月，中央电视台连续拨放《聚焦中国物流顽症》的系列节目，集中报道我国物流业发展中遇到的突出问题，引起政府部门及全社会的广泛关注。同年 8 月，国务院常务会议专题研究部署促进物流业健康发展工作，国务院办公厅印发“物流国九条”，着力破解物流业发展中遇到的政策障碍。

进入新世纪的头 10 年，也是中国经济发展的“黄金十年”。这 10 年，我国国内生产总值年均增速达 10.45%。到 2010 年 GDP 总量超过日本，成为世界第二大经济体。到 2012 年，制造业产值超过美、德、日等国，成为全球制造业中心，世界 500 强企业大部分进入中国市场。这 10 年，我国社会物流总额、社会物流总费用、物流业增加值的增长幅度都在 20% 左右，物流企业集中度也显著提高，涌现了一批做大做强做优的物流企业。

党的十八大以来，中共中央总书记习近平等领导同志多次考察物流企业，从国家战略高度对物流业发展提出明确要求。2013 年召开的党的十八届三中全会吹响了全面深化改革的号角。2014 年，国务院发布《物流业发展中长期规划》（2014—2020 年），把物流业的产业地位提升到基础性、战略性的高度。2015 年十八届五中全会提出了“创新、协调、绿色、开放、共享”五大新发展理念。同年，国务院把“互联网 +”高效物流列入“互联网 +”重点行动之一。2016 年以来，国务院办公厅及政府有关部门陆续出台以“降本增效”为核心的支持物流业发展的政策措施。

2017 年，党的十九大报告提出，要加强“物流等基础设施网络建设”；要在“现代供应链等领域培育新增长点、形成新动能”，为新时代物流业的发展指明了方向。2018 年，国务院大督查把物流业降本增效作为督查工作的重点之一。物流业的产业地位逐步提升和营商环境持续改善，为物流业供给侧结构性改革创造了条件。

在这一时期，资本和技术“双轮驱动”，是物流业发展的突出特点。从 2013 年开始萌芽，到“互

联网 +”物流探索愈发成熟，物流业投融资进入高速成长期。2015 年，物流互联网平台成为投资热点。2017 年，物流类企业加快进入资本市场，当年有 8 家企业跻身国内主板，5 家在境外证券市场上市，45 家登陆国内“新三板”。上市、融资、兼并、重组、跨界整合，物流企业科技创新能力显著提高，物联网、大数据、云计算、人工智能有效应用。现代供应链、智慧物流、多式联运、无车承运、共同配送、托盘共享、挂车租赁等新模式、新技术和新业态加快普及。应急物流、绿色物流、军民融合物流打开了新局面。

经过 40 年发展，我国物流业发生了根本性的变革，取得了举世瞩目的巨大成就，走出了一条中国特色的物流发展道路。

一是为综合国力增强、人民生活改善和经济体制改革作出重大贡献。2017 年，我国社会物流总额达 250 多万亿元，支撑了 GDP 总值超过 80 万亿元；社会物流总费用与 GDP 的比率下降为 14.6%，比有记录的 1991 年下降了接近 10 个百分点。

二是现代物流服务体系基本建立。从改革开放初期第一家现代意义物流企业成立至今，全国物流相关法人单位已有大约 40 万家。按照国家标准评审认定的 A 级物流企业 5355 家，其中代表国内最高水平的 5A 物流企业 293 家，一批综合实力强、引领作用大的龙头骨干企业加速成长。在电商、快递、汽车、冷链等细分市场领域，出现了追赶或超越世界领先水平的一批标杆企业。从第一个物流园区启动到现在，我国规模以上物流园区超过 1600 家。截至 2017 年底，全国铁路营业里程达 12.7 万公里，其中高铁 2.5 万公里；公路总里程 477.15 万公里，其中高速公路 13.6 万公里；港口万吨级以上泊位达 2317 个；民航运输机场发展到 229 个。交通与物流融合发展，物流基础设施网络基本成型。

三是物流人才队伍加速成长。目前，我国物流业从业人员超过 5000 万人，占全国就业总人数的 6% 以上，成为服务业就业的主渠道之一。截至目前，全国已有 610 多所本科院校和近 2000 所中、高职院校开设了物流专业，形成了从中职、高职、专科、本科到硕士、博士、博士后全系列物流人才的教育培养体系，在校生规模达 50 万人。同时，在职培训同步推进，有 60 万人参加了物流、采购等职业能力等级培训与认证，多层次、全方位、高素质的物流人才队伍不断成长壮大，也在支撑着物流产业的发展。

四是行业基础性工作体系趋于完善。2003 年 9 月，全国物流标准化技术委员会建立。2004 年 10 月，物流统计制度建立，已形成社会物流统计、物流业景气指数、公路运价指数、仓储指数、电商指数、快递指数等系列指数。同时，制造业采购经理指数（PMI）自 2005 年 7 月首次发布以来，已成为国内知名、世界有影响的观察中国经济走向的重要“风向标”。2002 年 11 月，省部级奖励——中国物流与采购联合会科学技术奖设立，截至目前已有共计 1330 项获奖项目。自 2007 年 11 月经人事部批准，评选表彰全国物流行业先进集体、劳动模范和先进工作者以来，已有 159 个先进单位、662 名劳动模范和 127 名物流先进工作者受到表彰。

五是促进物流业发展的工作机制基本形成。自从全国现代物流工作部际联席会议成立以来，十几年来，国务院及相关部门相继出台规划、政策，支持促进和规范发展的物流政策体系，中国物流与采购联合会等行业社团组织深入企业调研，积极反映行业诉求，参与政府决策。政府、企业和协会沟通协调的工作机制逐步形成，推动物流业发展的政策环境持续改善。

回顾我国物流业 40 年发展历程，我们有以下深刻体会：

一是必须坚持党的领导。党的领导是中国特色社会主义的本质特征，只有坚持党的领导，才能走好中国特色物流发展的道路。

二是必须坚持改革开放。改革开放既是我国现代物流业产生的基本条件，也是物流业持续健康发展的必然要求。

三是必须培育市场主体。物流企业是物流市场活动的主体，只有做强做大做优做精，物流企业才能发展壮大。

四是必须尊重企业家的劳动创造。只有营造公平竞争的市场环境，维护企业家合法权益，才能激发物流企业创新发展的活力和动力。

五是必须坚持科技进步。科学技术是第一生产力。只有采用科技进步成果，提高物流运行的科技含量，才能推动物流业不断转型升级，转换发展动能。

六是必须坚持创新驱动。创新是引领发展的第一动力。只有不断推进理论创新、技术创新、模式创新、业态创新和体制机制创新，才能保证现代物流业高质量发展。

七是必须培养和造就优秀的物流人才队伍。物流业既是劳动密集也是知识密集型产业，只有注重物流教育和在职培训，才能不断提高从业人员的业务能力和职业素养，满足行业发展的人才需求。

八是必须营造良好的政策环境。物流业是新兴的复合型服务业，涉及部门多，协调难度大。只有各部门加强统筹协调，同时发挥行业协会的桥梁和纽带作用，形成协同治理机制，才能不断改善营商环境，为物流业持续健康发展创造良好的条件。

我国物流业 40 年发展的成果，得益于党的改革开放政策，得益于社会主义市场经济体制，得益于国民经济持续快速发展。同样离不开全行业广大企业和职工的努力奋斗，离不开政府有关部门的重视与支持，也离不开老领导、老前辈的领导和指导。在回顾总结 40 年发展历程的时候，我们不会忘记曾经为物流理论探索和实践发展作出过突出贡献的企业和企业家、专家学者和行业组织的推动者；不会忘记曾经担任物流管理部门和行业组织的老领导，袁宝华同志、陆江同志、马毅民同志、桓玉珊同志、靳玉德同志、武保忠同志和丁俊发同志等所作的杰出贡献。在这里，我代表中国物流与采购联合会，也代表今天在座的各位来宾，向他们表示崇高的敬意和诚挚的问候，并向全行业、全体从业人员表示诚挚的谢意！

二、新时代新物流的新使命

同志们，经过 40 年改革开放，我国物流业多项指标排名世界前列，论规模已经成为世界“物流大国”。我们的物流市场已经达到 12 万亿，超过美国的 9 万多亿。但我们也要认识到，我国物流业发展中还有不小的差距。主要表现在：社会物流总费用与 GDP 的比率尽管这几年进步很快，但与发达国家相比仍然偏高；行业之间、地区之间物流运行能力和效率还存在不平衡的现象；物流供需衔接较弱、基础设施网络配套还不够；物流企业和从业人员素质有待进一步提高，物流市场治理体系和能力还有待加强；效率变革、动力变革和质量变革的任务还很艰巨。总之，物流业发展现状与现代化经济体系建设和人民对美好生活向往的物流需求还有许多方面不相适应。国家物流竞争力还有较大的提升空间，打造世界“物流强国”还有很长的路要走。

当前，国内外形势正在发生深刻的变化，新时代的新机遇和新挑战并存，对我国物流业进一步深化改革、扩大开放，全面提升国家物流竞争力提出了新的要求。

从国际环境看，新一轮产业革命、技术革命深入推进，成为新发展的强劲引擎。数字经济引领创新发展，将深刻改变传统物流运作方式和商业模式。全球经济复苏进程中风险积聚，保护主义、单边主义明显抬头，贸易摩擦加剧。世界经济不稳定、不确定因素增加，给我国经济和市场预期带来了诸多不利影响。

从国内环境看，我国经济由高速增长转向高质量发展阶段，对供给质量和水平提出了更高要求。随着消费升级、产业升级，物流需求的个性化、定制化、精益化趋势明显。要素成本增长较快，企业盈利能力持续走弱，传统增长模式难以为继。多项重大环保政策陆续出台，绿色物流转型压力较大。

从政策环境看，改革开放进入深水区，行业治理的难度日益增加。物流业管理涉及部门多，协调难度大，与物流一体化运作、网络化经营的物流运行模式不完全相适应。近年来，各部门出台了一系列政策措施，但是，也还存在着落实不到位、推进速度慢、地方协调难等问题。新兴物流领域出现的新问题，也对物流业治理体系和治理能力现代化提出了新的课题和新的挑战。

党的十九大明确提出了决胜全面建成小康社会，开启全面建设社会主义现代化国家新征程的宏伟目标。作为现代化经济体系的重要支撑和现代化强国的必备条件，物流业使命光荣，责任重大。“物流强国”建设应及早谋划，尽快启程。我们要坚定不移贯彻“创新、协调、绿色、开放、共享”的新发展理念，以效率变革、动力变革和质量变革为重点，全面推进物流高质量发展。

三、建设物流强国的重点任务

建设“物流强国”是新时代赋予新物流的新使命。从长远看需要统筹规划、顶层设计，近期需要重点突出、务实推进。

一是围绕国家重大战略，做好物流业的服务保障。譬如，要适应“制造强国”战略，推进服务型制造供应链创新；围绕“乡村振兴”战略，构建农业、农村物流服务体系；围绕“京津冀协同发展”“长江经济带”和“粤港澳大湾区”等区域协调发展战略，调整优化区域物流布局；围绕“军民融合”战略，形成军事物流和社会物流兼容、应急物流和平时物流兼顾的物流服务保障体系；构建符合“一带一路”建设需要的物流服务网络，积极融入全球供应链体系。

二是顺应产业升级趋势，推进物流业与相关产业深度融合。

三是根据市场需要，加快物流企业转型升级。

四是双管齐下，促进物流降本增效。一方面，要进一步降低物流税费、通行、融资、用地、审批等制度性交易成本。另一方面，要引导物流企业调整资源配置方式和运输结构。要引导工商企业优化物流成本管理，从降低物流企业成本向降低企业物流成本乃至整个供应链物流成本转变。大力推广应用现代供应链等新模式和智慧物流等新技术，降低全链条的物流成本。

五是推进互联互通，加强物流基础设施网络协同。要科学规划国家物流枢纽布局，加大中西部内陆地区、大中型消费城市、重点制造业产业集群的枢纽设施配套，促进物流园区互联互通，发挥社会物流网络整体效能。

六是要以提高质量和效率为目标，鼓励供应链创新应用。要开展供应链创新与应用试点示范，引导工商企业聚焦整合资源、优化流程、协同创新。加强数字供应链、智能供应链的研究，提升供应链的数字化、可视化和智能化水平。

七是抓住数字经济发展机遇，加快推进智慧物流发展。要制定智慧物流的专项规划，编制智能物流技术装备的路线图，开展重大智能技术装备的科技攻关等等。

八是投身生态文明建设，发展绿色低碳物流。

九是立足长远发展，进一步培育物流人才队伍。

十是夯实行业基础工作，提升市场治理能力。

改革开放40年来，我国物流业实现了历史性变革，取得了辉煌成就，积累了丰富经验。中国物流与采购联合会与大家一起参与和见证了这个历史性进程，经受了锻炼和考验。站在历史的新起点上，我们要以习近平新时代中国特色社会主义思想为指导，坚持新发展理念，不忘初心，砥砺前行，积极推进高质量发展，努力建立和完善现代物流服务体系，不断拓展中国特色物流发展道路，为建设“物流强国”的战略目标而努力奋斗！

来源：中物联网　2018年11月

改革开放40年物流行业代表性事件

按：11月24日，“物流行业庆祝改革开放四十周年大会”在济南隆重召开。经过40年的发展，我国物流业发生了根本性的变革，取得了举世瞩目的巨大成就，走出了一条中国特色的物流发展道路。“改革开放40年物流行业代表性事件”就是本次会议聚焦内容之一。

1.1978 年 11—12 月，国家物资总局组团考察日本生产资料管理和流通现状，回国后的考察报告中首次将“物流”概念引入国内。

2.1984 年 8 月，全国第一个物流研究社团组织——中国物流研究会成立。

3.1986 年 2 月，由吴润涛、靳伟、王之泰等翻译的我国第一本物流工具书——《物流手册》由中国物资出版社出版发行。

4.1989 年 4 月，中国物资经济学会在北京承办了第八届国际物流会议，这是国际物流会议首次在中国召开。

5.1991 年，经国务院同意，由物资部、国家体改委共同组织实施城市配送行动计划，“积极发展配送中心”列入国民经济和社会发展第八个五年计划。

6.1999 年 11 月，国家经济贸易委员会等八个部门和世界银行在北京联合召开现代物流发展国际研讨会，时任国务院副总理吴邦国发表书面讲话。

7.2000 年 11 月，中国物资流通协会和德国汉诺威展览公司在上海举办“中国国际物流技术与运输系统展览会”，这是我国首次举办国际物流展览会。

8.2001 年 2 月，中国物资流通协会更名为中国物流与采购联合会。同年 11 月，中国物资流通学会更名为中国物流学会。

9.2001 年 3 月，国家经贸委等六部委发布《关于加快我国现代物流发展的若干意见》（国经贸运行〔2001〕189 号），成为国务院有关部门发出的第一个推动现代物流发展的政策文件。

10.2001 年 8 月，我国物流领域第一个国家标准《物流术语》（GB/T 18354-2001）发布实施。

11.2001 年 8 月，首届“全国高校物流教学研讨会”在武汉召开，提出“启动物流人才教育工程”。

12.2002 年 7-8 月，由中国物流与采购联合会组织编写的《中国物流发展报告》和《中国物流年鉴》先后出版发行。

13.2002 年 10 月，科技部批准设立我国物流与采购行业科技奖项——“中国物流与采购联合会科学技术奖”。

14.2003 年 1 月，劳动和社会保障部发布《物流师国家职业标准》，物流师职业资格认证工作全面启动。

15.2003 年 9 月，全国物流标准化技术委员会和全国物流信息化技术委员会成立。

16.2003 年 12 月，时任国务院总理温家宝等领导同志对全国政协经济委员会提交的《关于我国现代物流情况的调研报告》做出批示。

17.2004 年 8 月，经国务院批准，国家发展和改革委员会等九部门发布《关于促进我国现代物流业发展的意见》（发改运行〔2004〕1617 号）。

18.2004 年 10 月，国家发展改革委和国家统计局联合印发《关于组织实施〈社会物流统计制度及核算表式（试行）〉的通知》，明确社会物流统计核算工作由国家发展改革委、中国物流与采购联合会联合组织实施，并会同国家统计局发布。

19. 自 2004 年 12 月 11 日起，我国履行“入世”承诺，进一步开放物流市场。

20. 2005 年 4 月，经国务院批准，由国家发展和改革委员会牵头、15 个部门和单位组成的全国现代物流工作部际联席会议建立。

21. 2005 年 5 月，国家标准《物流企业分类与评估指标》（GB/T19680—2005）正式实施，A 级物流企业评估认定工作全面启动。

22. 2005 年 7 月，中国物流与采购联合会首次发布我国制造业采购经理指数（PMI）。

23. 2005 年 9 月，由国家发展改革委等九部门联合主办的首次全国现代物流工作会议在青岛召开。

24. 2006 年 3 月，《国民经济和社会发展第十一个五年规划纲要》将“大力发展现代物流业”单列一节，标志着现代物流的产业地位确立。

25. 2006 年 4 月，教育部高等学校物流类专业教学指导委员会和教育部中等职业学校物流专业教学指导委员会相继成立。

26. 2007 年 11 月，人事部和中国物流与采购联合会首次在北京人民大会堂举行全国物流行业先进集体、劳动模范和先进工作者评选表彰大会。

27. 2007 年 12 月，中央军委在《全面建设现代后勤纲要》的文件中作出了“构建军民结合的军事物流体系”重大部署，有序推进我军现代军事物流体系建设。

28. 2009 年 3 月，国务院发布《物流业调整和振兴规划》（国发〔2009〕8 号），这是我国第一个物流业发展专项规划。

29. 2011 年 5 月，中央电视台连续三周拨出《聚焦中国物流顽症》系列节目，集中报道我国物流业发展中遇到的突出问题，引起政府部门及全社会广泛关注。

30. 2011 年 8 月，国务院常务会议专题研究部署促进物流业健康发展工作。国务院办公厅印发《关于促进物流业健康发展政策措施的意见》（国办发〔2011〕38 号）（“物流国九条”）。

31. 2013 年 9 月，国家发展改革委等 12 个部门联合发布《全国物流园区发展规划》（发改经贸[2013]1949 号），确定 99 个城市为物流园区布局城市。

32. 2014 年 9 月，国务院发布《物流业发展中长期规划》（2014—2020 年）（国发〔2014〕42 号），明确物流业为支撑国民经济发展的基础性、战略性产业。

33. 2015 年 10 月，国务院印发《关于促进快递业发展的若干意见》（国发〔2015〕61 号），到年底我国快递业务量突破 200 亿件。

34. 2017 年 1 月，中国物流与采购联合会会长何黎明当选国际采购与供应管理联盟全球主席，这是该组织成立 45 年来首次由中国人担任此项职务。

35. 2017 年 5 月，李克强总理主持召开国务院常务会议，确定进一步降低物流成本的措施。会后出台国办发〔2017〕73 号《国务院办公厅关于进一步推进物流降本增效，促进实体经济发展的意见》。

36. 2017 年 9 月，国家发展改革委会同人民银行、交通运输部等 20 部门联合印发《关于对运输物流行业严重违法失信市场主体及其有关人员实施联合惩戒的合作备忘录》。

37. 2017 年 10 月，国务院办公厅印发国办发〔2017〕84 号《关于积极推进供应链创新与应用的指导意见》，这是国务院第一次出台支持供应链发展的文件。

38. 2017 年，末端级无人机常态化运行；无人配送车完成路测；全球最大自动化码头开港试运营；全球第四、亚洲第一航空物流枢纽项目开工建设。

39. 2017 年，物流类企业加快进入证券市场，年内有 8 家企业跻身国内主板，5 家在境外证券交易所上市，45 家登录国内“新三板”。

40.2018 年 7 月，根据交通运输部、国家发改委、工信部、公安部、质检总局五部委《车辆运输车治理工作方案》（交办运〔2016〕107 号）的要求，经过两年治理，车辆运输车实现全面合规运营。

来源：中物联网 2018 年 11 月

上海物流业纪念改革开放四十周年座谈会隆重召开

2018 年 12 月 27 日，“纪念改革开放 40 周年上海物流业座谈会”在上海现代服务业联合会会议大厅隆重召开。上海现代服务业联合会会长周禹鹏、副会长周伟民、陈振鸿、巢卫林、范鸿喜、副秘书长隋军、市发展改革委员会经贸流通处殷飞处长、市经济和信息化委员会生产性服务处何勇处长、市商务委员会市场体系建设处王纪升副处长、市交通委员会运输管理处滕俊频主任科员、市对外合作交流办企业管理处代表、物流业领军企业 22 家和物流业 15 家社团组织共 60 余人出席座谈会。会议由现代服务业联合会物流与供应链服务专业委员会专职副主任兼秘书长韩志雄主持。

不忘初心，砥砺前行

经过 40 年的发展，我国物流业发生了根本性的变革，取得了举世瞩目的巨大成就，走出了一条中国特色的物流发展道路。

周禹鹏在会上讲话指出，我国改革开放的 40 年，也是现代物流业从起步到快速发展的 40 年。在庆祝改革开放 40 周年之际，回顾总结我国现代物流业发展历程，展望新时代赋予的新使命，探索物流业发展的新目标和新任务，以激励我们迈向现代物流业发展的新征程。

首先从宏观数字看，物流总值从 2013 年 197.8 万亿元增加到 2017 年的 252 万亿元。年均增长 7.2%；社会物流总费用从 2013 年的 10.2 万亿元增加到 2017 年的 12.1 万亿元，年均增长 6.2%；总费用与 GDP 的比率从 2013 年 18%，逐年下降为 16.6%、16%、14.9%，2017 年为 14.6%；全年货运总量从 2013 年的 451 亿吨上升到 2017 年的 471 亿吨。中国已是全球最大的市场物流国，物流业务总收入从 2013 年的 3.9 万亿元到 2017 年的 8.8 万亿元。物流景气指数按月波动值趋于保持在平稳增长区间。物流业作为国民经济的基础性、战略性产业进一步呈现，在供给侧结构性改革中的作用日益明显。40 年来，改革开放的丰硕成果惠及 13 亿中国人民，让人民群众有了实实在在的获得感。

周禹鹏表示，上海的物流业对上海经济的发展发挥了巨大的不可或缺的支撑作用，并随着整个经济大势的发展自身也获得了举世瞩目的变化。今天的上海物流业已经形成了陆运水运空运管运，城市配送区域联动，平台撮合优势互补，多式联运方便快捷，跨界融合错位发展，全方位立体式多功能的服务体系，上海的物流业在全国的物流业发展中始终发挥着引领前行的作用。

周禹鹏提出，今天，我们上海物流业的精英们欢聚一堂，回顾曾经的风雨，共享发展的成果，展望更美好的未来，很有必要。因为我们仍然面临着很多需要破解的难题，面临着很多探索和创新之路，未来的路还很长，需要我们物流业的全体同仁们，尤其是业内的领军企业，不忘初心，砥砺前行，奋发有为，再创佳绩，把上海的物流业不断地推向新的更高的水平。

畅所欲言，共谋发展

座谈会上，上海安吉物流负责人介绍了安吉物流伴随上汽发展，成海陆大板车加滚装船年运送整车近千万辆加汽配另部件，并收购了天地华宇，发展成为年经营规模数百亿元的现代物流供应链服务企业。

上海郑明现代物流有限公司董事长黄郑明表示：改革开放 40 年的发展历程，也是中国物流业从概念传入、实践探索、产业地位确立到创新发展的全过程，目前物流业已经发展成为支撑国民经济和社会发展的基础性、战略性、先导性产业，实现了历史性的变革。40 年来，随着我国人民生活水平不断提高，经济收入日益增加，对生活品质和食品安全的追求、消费的升级，也推动着我国冷链物流从无到有、由小及大、由高速向高质量的转型升级发展。特别是进入互联网时代，物联网、大数据、云计算、人工智能等新技术的发展与应用，推动现代供应链、智慧物流等新模式、新技术和新业态的加快普及，整个物流行业迸发出无限潜能。据中物联统计数据显示，2017 年，我国社会物流总额增长稳中有升，达到了 252.8 万亿元，且物流效率逐步提升，社会物流总费用与 GDP 的比率为 14.6%，同比上年度下降 0.3 个百分点。郑明现代物流作为新时代冷链物流的代表企业，过去 20 余载，不仅参与并见证了中国冷链物流行业的快速发展与转型升级，更是通过自身不断创新发展，完成了由区域性冷链物流公司向全国性温控供应链公司的转型升级，带动和引领中国冷链物流产业的创新、升级发展，更是成为上海、乃至中国冷链物流细分领域的标杆企业。尤其是近年来，郑明现代物流顺应产业升级、消费升级和新技术革命的发展趋势，携手社会各界，通过产业合作、产城融合，充分发挥各地的区位优势和产业优势，布局了郑明全国温控仓储网络及冷链物流网络，打造集流通加工、检验检测、展示交易、温控仓储、无车承运、供应链金融等功能于一体的智慧温控供应链公共服务平台，构建覆盖从“最先一公里”到“最后一公里”的温控供应链服务体系，践行着“郑明冷链——只为品质生活”的发展使命，为社会各界、广大客户提供优质、专业的温控供应链服务，引领着冷链行业向更高质量的创新发展。黄郑明表示：未来我们将不忘初心、砥砺前行，围绕上海市委市政府关于“五个中心”建设和“四大品牌”的战略指导，继续秉持“开放、共享、合作、融合、发展”的五大理念，以商贸作为动力、金融作为引擎、平台作为支撑、技术作为驱动，构建智慧温控供应链的生态体系，共同努力把我们冷链物流行业做大、做强，致力于成为上海冷链行业的一张名片！

上海锐特信息技术有限公司总裁陈丽园在座谈会上非常感慨：像我们这一代人，应了那句话：生在红旗下，长在春风里。我们也非常感恩这个风起云涌的时代给我们带来的巨大机遇，亲身经历了我们小家和整个国家从温饱走向复兴的伟大征程。锐特公司一家是面向物流供应链领域提供信息化服务的企业，十几年来始终专著于此。见证了物流行业的蓬勃发展，参与了物流领域的信息化建设，我们看到无人机、AGV 机器人、自动分拣机、传送带、甚至自动驾驶、自动送货机器人等高科技越来越多的在物流领域得到应用。物流行业从肩扛手推人挑，从跑码头，发展到天上飞、地下跑、海里游。IT 技术也得到了越来越深的应用，不仅仅是业务环节、高新设备的创新，而是逐渐发展到供应链协同、生态圈协同，发展到以客户为中心，以市场需求来拉动整个供应链的开放式 IT 应用。推出了晶链通智慧温控供应链运营管理平台，打通企业上下游，帮助物流企业做到商流、资金流、信息流、物流、票据流 OMO 五流融合，打通整个物流链条的数据，实现线上线下融合。建立全链可视、可控、可追溯的管理体系，实现物流各节点信息的标准化、数据化、集中化，打造完善的数字化物流供应链生态圈。

座谈会上陈震、张闯、范立军、王惠珍、刘龙昌、戴佩华、何斌等嘉宾结合企业、行业协会自身发展特点，回顾了 40 年来我国物流的重要发展阶段，总结了具有中国特色的物流发展经验，探索了中国物流发展的新思路、新方法并展望物流业美好愿景。

市商务委员会市场体系建设处王纪升副处长代表刘敏主任“向物流行业全体从业人员表示崇高的敬意和诚挚的问候！对上海物流业敢为人先、勇于创新、不断做大做强，始终走在全国前列表示热烈的祝贺和的衷心感谢！”。市发展改革委员会经贸流通处殷飞处长、市经济和信息化委员会生产性服务处何勇处长、市交通委员会运输管理处滕俊频主任科员对大会的召开表示热烈祝贺并讲话。

最后，上海现代服务业联合会副会长、物流与供应链服务专业委员会主任范鸿喜作总结发言。范鸿喜表示，与会代表作为改革开放亲历者、参与者、实践者和受益者，见证了我国物流业 40 年发展，在回顾总结 40 年发展历程中，我们不能忘记是改革开放导入物流概念，开启了中国现代物流业的探索和发展；不能忘记是 1993 年成立了上海物资流通协会率先在 2007 年更名为上海市物流协会；不能忘记是上海市商务委 2013 年指导推动建立了上海物流行业组织合作联盟；不能忘记是市商务委等政府主管部门和“四委一办一会”，特别是周禹鹏会长指导，建立了上海现代服务业联合会物流与供应链服务专业委员会和上海冷链联盟、连续多年组织编撰出版《上海现代服务业发展报告》和《上海物流年鉴》；不能忘记是党和国家对发展物流业和现代供应链的战略要求和历史使命。范鸿喜提出，认真学习深刻领会习总书记在庆祝改革开放 40 周年大会上的讲话精神，充分认识改革开放伟大历史意义，坚定改革开放再出发的信心和决心，将“构筑平台、撮合资源、跨界融合、错位发展”具体落实在发展现代物流供应链实践中。

来源：上海现代服务业联合会网　黄慧英 / 文

3.1.2 纪念物流业改革开放 40 周年专题文章

* 丁俊发[1]：改革开放 40 年中国物流业的腾飞：从 1978 年，党的十一届三中全会实现改革开放以来，到 2018 年已走过了 40 个年头，这 40 年，从中国现代物流发展来讲，可以分为三个阶段，即探索与起步阶段（1978-2001）、快速发展阶段（2002-2012）和转型升级阶段（2013-2020）。这三个阶段客观反映了中国现代物流业从学习、引进、借鉴到自主创新发展，从一个物流弱国到物流大国再到物流强国，从传统物流到现代物流的历史过程。

来源：摘自丁俊发文《1978-2018 改革开放 40 年的中国物流业》

改革开放 40 年的中国物流业：探索和起步阶段（1978–2001）

1978 年 11 月，国家物资总局组团考察日本，1979 又组团到日本参加第二届国际物流会议，物流概念进入中国。在中央政府的支持下，开启了中国现代物流业的探索与实践征程。

从 1978 至 2001 年的 22 年间，中国物流业发生了什么变化呢？

第一，从学习、借鉴、研究起步。

在与日本初步的交流过程中，大家都认识到，对中国物流的研究要组织起来，经过一年的筹备，1984 年 8 月 21 日 -25 日，中国物流研究会成立大会在北京“二七剧场”召开，大会选举时任国家计委副主任的柳随年为会长，高博为秘书长。这是中国历史上第一个全国性物流组织，这一组织成员一开始就是复合的，有计委、商业部、轻工部、物资总局、冶金部、煤炭部、外贸部、解放军总后勤部以及研究部门、高校与企业。

[1]丁俊发，研究员，中国知名流通经济学家、资深物流与供应链专家、中国流通 G30 成员，享受国务院政府特殊津贴，长期从事流通经济学、消费经济学、物流经济学研究。

时任副总理李鹏发来贺信，时任中顾委委员顾卓新、经济学家于光远讲了话。柳随年指出，由于物流是一门年轻的学科，在理论上、实践上、技术上、组织上都处于一个探索发展阶段。

1988 年，全国人大决定恢复物资部，柳随年任部长，1990 年 7 月，中国物流研究会与 1980 年成立的中国物资经济学会（余啸谷任会长）合并为中国物资流通学会，柳随年任会长，胡俊明任秘书长。在中国物资流通学会下，设立“物流技术经济委员会”（后改设于 1995 年成立的中国物资流通协会〈马毅民为会长〉下），徐寿波、王之泰先后任主任，吴润涛为秘书长，直到 2001 年中国物流与采购联合会成立。

在这段时间里，开展了重点调研，先后完成了物流社会化、合理化研究，口岸物流、煤炭物流研究，大中型物流企业深化改革与物流发展远景研究。先后创办了《中国物流》与《物流技术》杂志，翻译出版了有关书籍，从 1984 年开始，在政府支持下，在北京物资学院、北京商学院、北京铁道学院开设物流本科与研究生方向。组织承办了亚太国际物流会议（1997 年 5 月）、常州与天津物流会议，对行业物流及物流各环节进行了初步探讨。

第二，物流发展引起政府与国家领导人的关注。

通过学习、引进、借鉴国外物流的先进理念、先进技术、先进模式，中国政府开始认识到物流的重要性，李鹏同志于 1984 年提出“物质管理科学化、现代化”（《中国物流》丁俊发主编第 28 页，2007 年中国物资出版社出版），1992 年他在政府工作报告中提出，“试办为企业服务的原材料配送中心”。1997 年，朱镕基同志提出“物资业要发展代理制与配送制，建立新型工商关系，更好地为经济建设服务”（《中国物流》丁俊发主编第 294 页，2007 年中国物资出版社出版）。

1995 年 9 月 28 日《中共中央关于制定国民经济和社会发展“九五”计划和 2000 年远景目标的建议》和 2000 年 10 月 11 日《中共中央关于制定国民经济和社会发展第十个五年计划的建议》中，明确提出“积极发展配送中心”“着重发展商贸流通、交通运输、市政服务等行业，推进连锁经营、物流配送、多式联运、网上销售等组织形式和服务方式，提高服务质量和经济效益”。

1999 年 11 月，国家经贸委与世界银行在北京举办“现代物流发展国际研讨会”，时任副总理吴邦国作了书面讲话，体现了国家领导人对物流新的认识，他指出：“现代物流作为一种先进的组织方式和管理技术，被广泛认为是企业在降低物资消耗、提高劳动生产率以外的重要利润源泉，在国民经济和社会发展中发挥着重要作用。加快中国现代物流的发展，对于优化资源配置、提高经济运行质量、促进企业改革发展、推进中国经济体制与经济增长方式的两个根本性转变，具有十分重要的意义。”

他还指出，“可以预料，21 世纪，现代物流业将会成为中国经济发展的重要产业和新的经济增长点”。他要求国家经贸委会同有关部委抓紧研究有关政策措施。（《中国物流》丁俊发主编第 111-112 页，2007 年中国物资出版社出版）

第三，采取实际行动，物流有了初步发展。

1988 年设立的物资部成为抓物流的行政管理部门，开始了推进物资配送的实际行动。在进行了大量调研的基础上，并学习发达国家的经验，提出通过发展物资配送搞社会化大流通，1991 年 12 月 21 日，物资部部长柳随年向李鹏总理汇报，李鹏总理赞成物资配送设想，财政部设物资配送专项基金。

同年，物资部与体改委决定开展物资流通综合改革试点，在物资部党组领导下设城市配送领导小组，丁俊发任组长。当时关注的重点是通过实施物资配送，降低生产企业库存，加快资金周转，从而提高社会生产整体效益。先从无锡、石家庄、沈阳开始，发展到上海、武汉等 11 个试点城市，后又准备扩大到 60 个城市。

配送品种从动力配煤、商品混凝土到钢材加工剪切、铸造产品、化工原材料、机电产品等等。无论 1993 年成立的国家内贸部和 1998 年成立的国家内贸局都把物流配送作为工作重点，1996 年还草拟了《物流配送中心建设规划》。2000 年 10 月，国家内贸局与联合国开发计划署还联合举办“现代物流与电子商务国际研讨会”，物资配送是当时中国推进物流发展的第一个大规模行动，取得了一定成效，但由于国家仍处于短缺经济，体制约束十分严重，所以并没有取得十分成功。

根据国务院领导的指示，2001 年 3 月 1 日，国家经贸委联合六部委，出台了《关于加快我国现代物流发展的若干意见》，成为中国政府发出的第一个物流文件，并开始在全国布局与运作。

到 2001 年 11 月 27 日召开的中央经济工作会议上，提出了“大力推广连锁经营、物流配送等现代营销方式”，在 2002 年朱镕基总理的《政府工作报告》中提出，“逐步推行连锁经营、物流配送、代理制、电子商务等组织形式和服务方式”。

直到 2003 年 10 月 14 日，中共中央十六届三中全会通过的《中共中央关于完善社会主义市场经济体制若干问题的决定》中，把物流纳入全国市场，明确指出，“加快建设全国统一市场，强化市场的统一性是建设现代市场体系的重要任务，大力推进市场对内对外开放，加快要素价格市场化，发展电子商务、连锁经营、物流配送等现代流通方式，促进商品和各种要素在全国范围自由流动和充分竞争”。到这时为止，党中央与国务院把电子商务、连锁经营与物流配送并列为三大现代流通方式。而“物流配送”则成了当时物流业的代名词。

在 20 世纪末，上海、天津、深圳等城市开始把物流列入支柱产业或新兴产业，并开始起步。青岛海尔、深圳华为、天津天汽、中远、中外运、中储、上海联华、广州宝供、深圳中海、上海大众等一批企业开始了物流的起步并取得实效。丹麦马士基、美国总统轮船公司等国际物流企业开始试探性的进入中国物流市场。

2001 年，中国国内生产总值已从 1978 年的 3678.7 亿元上升到 110863.1 亿元，增加了 30 倍；社会消费品零售总额已从 1558.6 亿上升到 43055.4 亿，增加了 28 倍。

进出口货物贸易从 355 亿上升到 42183.6 亿，增加了 119 倍；货运总量已从 31.9 万吨上升到 140.2 万吨，增加了 4.4 倍，货物周转量增加了 4.8 倍。

物流基础设施建设也加大了投入，2001 年，铁路营业里程 7.01 万公里，公路里程 169.8 万公里，内河航道 12.15 万公里，定期航班航线 155.36 万公里，输油（气）管道 2.76 万公里。

但根据国家经贸委测算，那时的中国物流仍十分落后，1999 年，我国独立核算工业企业流动资金占用 31042 亿人民币，资本周转次数为 1.2 次，而发达国家周转次数为 15-18 次，如中国达到发达国家水平，3 万亿流动资本相当于 45 万亿使用。

2000 年，我国全社会支出的流通费用 17880 亿，约占 GDP 的 20%，而发达国家仅为 10%，如果全国流通费用降低一个百分点，就可以节约资金 178 亿（《中国物流》丁俊发主编第 116 页 2007 年中国物资出版社出版）。

物流业是中国经济发展中一块还未被开发的黑土地，有着广阔的市场空间，2001 年底中国加入国际世贸组织，成为中国加快物流业发展的助推器。

来源：摘自丁俊发文《1978-2018 改革开放 40 年的中国物流业》

改革开放 40 年的中国物流业：快速发展阶段（2002-2012）

我们常讲，中国加入 WTO，迎来了中国经济发展黄金十年。但我认为，这是中国改革开放后充分抓住经济全球化战略机遇期的结果。这 10 年，中国国内生产总值年平均增速达到 10.45%，高于 1997-2016 年 9.6%，1991-2016 年 9.8% 与 2001-2016 年 9.5% 的年平均增速。

2010 年 GDP 达到 61006 亿美元，超过日本 57001 亿美元，成为世界第二大经济体。中国加入 WTO，是中国对外开放的一个新阶段，或者说是部分沿海城市与区域开放后的第二个阶段，在经济全球化的推动下，充分利用国际产业分工的大调整这一战略机遇，使中国进一步与国际接轨，外企与外资看到了中国改革开放的巨大红利，纷纷把一些劳动密集型与资本密集型产业转移到中国，到 2012 年，中国制造业产值已超过美、德、日，成为全球制造业中心。

实际利用外资 9112.9 亿美元，超过 1979-2001 年实际利用外资 5715 亿美元的总和。世界 500 强企业大部分进入中国，中国进出口贸易已从 2002 年的 5.1 万亿人民币增加到 2012 年的 24.4 万亿人民币，增长 4.75 倍。外汇储备从 2002 年的 2864 亿美元增加到 2012 年的 33115.8 亿美元，增长 11.56 倍。

在这一大背景下，中国的物流业发生了以下变化。

第一，政府加大了推动力度。

当时中国物流业的发展有四大难关：一是理念，大家习惯于“大而全”“小而全”商业运作模式，物流需求释放受到影响。二是缺少物流服务商，传统运输、仓储、货代等企业不知如何转型，外资制造与流通企业进入缺少国内物流服务商跟进。三是物流人才严重短缺，当时初步估算，到 2010 年，缺 30 万管理与工程人员。四是体制、机制约束，市场如何构造，环境如何优化，政府如何监管，一系列的问题急需要解决。

在前一段探索与起步的基础上，政府对物流重要性的认识进一步提升，推动力度进一步加大。

在 2001 年 11 月 10 日中国正式加入 WTO 以前，党中央与国务院高度重视分销业与物流业对外开放的重要性，考虑到物流业刚起步，分销业有一些薄弱环节，在许多领域规定了三年的过渡期，避免不必要的过度冲击。

江泽民同志指出，要适应我国加入世贸组织的新形势，更好地利用国内外两种资源、两个市场，努力形成我们参与国际市场竞争的新优势（《十五大以来重要文献选编》中册第 1443 页）。2002 年 2 月 25 日，他在中央党校省部级主要领导干部《国际形势与 WTO 专题研讨班》上指出，“只有现代流通方式才能带动现代化的生产，大规模的流通方式才能带动大规模的生产。因此，要大力支持和推动连锁经营、集中配送等现代流通方式，推动经济发展，提高竞争力”。

2003 年下半年，全国政协经济委员会组织对全国物流业专题调研，调研报告得到温家宝等国家领导人批示，2004 年 8 月，经国务院批准，国家发改委等 9 部委印发了《关于促进我国现代物流业发展的意见》，2005 年 2 月，经国务院批准，由国家发改委牵头成立“现代物流工作部际联席会议”，协调全国物流业发展。

2006 年 3 月 14 日，第十届全国人大四次会议通过了“十一五”规划，在第十六章《拓展生产性服务业》中单列一节“大力发展现代物流业”，物流业作为国民经济的一个产业得到确认，并第一次列入五年规划，这是历史性突破。

温家宝总理在每年的《政府工作报告》中，把物流放入服务业中与其他服务业并列。如 2006 年在《政府工作报告》中提出，“要加快服务业，特别是信息、金融、保险、物流、旅游和社区服务业的发展”。2007 年的《政府工作报告》则把物流列为现代服务业的第一位，“尤其要发展物流、金融、信息、咨询、旅游、社区服务等现代服务业”，在 2009 年的《政府工作报告》中，开始提“现代物流”。

2009 年全球金融危机爆发，中国如何应对？

党中央、国务院提出十大振兴产业，英明果断地把物流业作为十大振兴产业之一，印发了《物流业调整和振兴规划》，明确指出：“物流业是融合运输业、仓储业、货代业和信息业等的复合型服务业，是国民经济的重要组成部分，涉及领域广，吸纳就业人数多，促进生产、拉动消费作用大，在促进产业结构调整、转变经济发展方式和增强国民经济竞争力等方面发挥着重要作用。”

文件提出了 10 项主要任务、9 大工程与 9 项保障措施，要求到 2011 年“初步建立起布局合理、技术先进、节能环保、便捷高效、安全有序并具有一定国际竞争力的现代物流服务体系”。这一文件对促进中国物流业的快速发展起到了历史性巨大作用，文件发出后，得到了各省市区、各部委的积极响应，出现了物流业发展的大好局面。

2011 年 3 月全国人大通过的“十二五”规划中，第四篇“营造环境推动服务业大发展”第十五章，专列第二节“大力发展现代物流业”。2011 年 8 月，根据各地出现的问题，国务院办公厅及时颁发了《关于促进物流业健康发展政策措施的意见》。政府为了创造物流业发展的环境，对市场准入、财政税务、土地使用、学历教育、标准制订、统计制度、企业评估、科技进步等方面做出规定。对物流园区、城市配送、食品冷链、信息化、应急物流、多式联运、物联网等进行专项规划。

2011 年 11 月 15 日，胡锦涛同志在亚太经合组织第十九次领导人非正式会议上，针对全球复杂多变的经济形势，明确指出：“我们应该深化全球供应链合作。”2012 年 9 月 8 日，胡锦涛同志在亚太经合组织第二十次领导人非正式会议上再次提出，“建立可靠的供应链”。他在亚太经合组织工商领导人峰会上的主旨演讲中，对全球供应链作了精辟论述，他说：“提高供应链连通性和便利性程度，充分发挥基础设施效能，持续推进《亚太经合组织供应链联接行动计划》，突破供应链瓶颈限制，消除货物、服务流通障碍；加强物流网络建设，简化海关程序；促进商务人员流动便利化。为中小物流企业在信息获取、跨境合作、能力建设等方面提供帮助。”这是中国国家领导人第一次在国际会议上提出中国要积极参与深化全球供应链合作。

放眼全球，有许多国家对物流业的发展采用政府推动的办法，特别是日本、新加坡、德国等国家更明显，但中国可以这样讲，是世界上政府推动力度最大的国家。

第二，现代物流业快速发展。

从数字上我们明显看到了这 10 年的飞速发展。

表 1 物流业 2002-2012 年发展情况

主要指标	2002	2012	2012 比 2002 增长（倍）
社会物流总额（万亿元）	23.3	177.3	7.6
社会物流总费用（万亿元）	2.2（与 GDP 比率 18.9%）	9.4（与 GDP 比率 18%）	4.3
物流业增加值（万亿元）	0.7（占 GDP6% 左右；占服务业 18%）	3.5（占 GDP6.9%；占服务业 15.3%）	5
物流业固定资产投资（万亿元）	0.48	4	8.3
货物运输总量（亿吨）	148.3	412.1	2.78
货运周转量（万亿吨公里）	5	17.3	3.46
社会消费品零售总额（万亿元）	4.8	21.4	4.46
货物进出口（万亿元）	5.13	24.4	4.7
生产资料销售总额（万亿元）	6.68	50.1	7.5

这 10 年，社会物流总值、社会物流总费用、物流增加值的增长速度都在 20% 左右，大大超过了 GDP 的增长速度，由于经济的高速发展，中国处于工业化中后期，城市化加速，新农村建设，进出口贸易加码，使物流的需求量大增，这 10 年，是数量扩张型的 10 年。

第三，基本形成一支庞大的物流服务大军。

这 10 年，物流企业从少到多，从小到大，从分散到集中，物流市场从无序逐步走向有序，物流服务水平逐步提高。在前三年，形成了国有、民营和外资三足鼎立的格局。

2001 年，在中国即将加入 WTO 之际，世界著名咨询公司麦肯锡与摩根 • 斯坦利经过调查研究，分别发表了《中国物流市场白皮书》与《中国物流报告》，得出了同样的结论。

(1) 中国物流市场很大，是一个还未被开发的市场。

(2) 中国物流处于初级阶段，刚起步，加入 WTO 将加速这一过程。

(3) 跨国公司对中国物流市场必须实行“抢滩战略”。

(4) 现代物流业将在中国的经济发展中起到关键作用，未来 10 年的增长率将超过 20%。跨国物流公司如马士基、总统轮船、英国英运、荷兰天地、日本日通、联邦快递、联合包裹、德国邮政、普洛斯等，以及港澳台资的和记黄埔、嘉里物流、台湾长荣、大荣等纷纷进入中国物流市场，借鉴他们的资产实力、先进模式、国际化视野、信息化技术和人才优势，在物流领域处于领先地位。

但国有物流企业体量大，占有大量物流基础设施，与需求企业有不可分割的联系，中远、中外运、中海、中邮、中铁、中储、招商局等在物流界举足轻重。

民营物流企业是异军突起，虽然以中小型为主，但市场适应性强，机制灵活，先进的东西学习快，成本相对较低。如广州宝供、南方物流、天津大田、北京宅急送、华宇、远成、锦成等。

经过 10 年激烈竞争，经过兼并、重组、上市、跨界整合，现在物流各行业形成的领军企业，基本在这一时期形成。如海尔、华为、上海大众等一批制造企业，顺丰、德邦、卡行天下、安能等快运物流，“三通一达”等快递物流、传化、林安、苏州工业园等园区物流，河南鲜易、上海荣庆等冷链物流，上药、九州通等医药物流，昆船、中集、北京自动化所等装备物流等等。这期间有两支队伍异军突起，一是互联网企业，特别是电子商务网购平台进入物流，如阿里巴巴、东东、苏宁，等等，二是供应链企业快速登场，以优异业绩得到普遍好评，如怡亚通、深发展（后进入平安银行）、嘉诚，等等。

10 年的发展，散、小、差的状况有较大改变，2004 年开始的中国物流 50 强排序，入围企业从 2004 年的 2 亿人民币到 2012 年的 20.3 亿。已基本形成了多种所有制、不同经营规模、不同功能、不同服务模式、各具特色的物流服务企业集群。这支大军在 2010-2011 年进行的全国第二次经济普查时，有 13 多万个物流企业，如加上一些没有冠以物流名称，但实际运作物流的企业，有 20 多万家。

第四，基本完善了中国物流服务系统。

物流是一个系统工程，有两个含义：一是由物流基础设施、物流技术与装备、物流运作主体、物流行政管理与行业自律四部分构成，二是由物流的包装、运输、搬运、装卸、仓储、货代、流通加工、配道、信息处理等所有功能所构成。这两个系统都非常重要，改革开放 40 年，中国物流就是在打造这两个系统。

物流的基础设施，从交通运输来讲，这 10 年国家进行了大量投入，取得了巨大进步（见表 2）。

主要指标	2002	2012	10 年新增
铁路营业里程（万公里）	7.19	9.76	2.57
公路里程（万公里）	169.8	423.75	253.95
其中：高速	1.94	9.62	7.68
内河航线里程（万公里）	12.15	12.5	0.35
定期航线里程（万公里）	155.36	328.01	172.65
输油（气）管道（万公里）	2.98	9.16	6.18

此外，物流园区、交通枢纽、港口、机场、冷链基地、公共配送中心、信息平台等建设都有了新的突破。

物流技术与装备随着互联网时代的到来及中国制造业的进步，物流技术与装备发生了巨大变化，如运输工具中集装箱、箱式挂车、特种运输。现代库特别是配送中心的系统集成，单元化物流，自动识别系统。透明化管理与信息追溯，智能机器人，特别是互联网、物联网技术的大量应用。

物流的运作主体，不仅有第三方物流、第四方物流，许多制造企业通过延伸发展制造服务业，许多服务企业通过延伸发展其它产业，进军物流业。一开始主要是工业物流，这十年中开始关注农产品物流，物流也从生产性服务业同时向生活性服务业迈进。

物流的行政管理迈了一大步，物流业从第“十一五”规划才确立其产业地位，过去基本没有部门管理，谁来管、怎么管，政府有一个模索的过程。虽然这 10 年并没有完全理顺，但政府该抓的，如规划、监管、协调、教育、标准、科研等都有了，从无序逐步走向有序。

在中国物流业的发展中，行业协会，特别是中国物流与采购联合会起到了不可替代的作用。2001 年中国物流与采购联合会经国务院领导批准成立以来，成为中国物流业发展的助推器，参与了规划的制定，物流企业分类与评估指标体系的实施，启动了物流人才教育工程，申请批准设立全国物流科技进步奖与全国物流劳模评选，提出了建立采购经理指数与社会物流统计，反映行业诉求，向政府提出政策建议，开展了国内外一系列重大活动，在中国物流发展历史上有他们光辉的一页。

第五，物流市场化程度有所提高。

现代物流要求整合社会资源，实行多功能一体化运作，而要这样做的前提条件，是物流资源市场化，只要有需要，所有的企业，特别是物流企业都可以在市场上通过等价交换，取得这些资源的使用权，从而实现用最合理的路线、合理的运载工具、最合理的时间、最安全的措施满足用户的要求。所以，《物流业调整和振兴规划》明确提出，中国物流业必须走“市场化、专业化、社会化的发展道路”，充分发挥市场优化配置资源的作用，打破部门间和地区间的分割和封锁，创造公平的竞争环境，促进物流服务的社会化和资源的市场化。

这 10 年间，中国物流业的市场化程度如何？目前还没有一个准确的统计指标，大约为 90% 以上，物流市场化程度的衡量标准，主要有三个：一是物流资源是否通过市场进行交易；二是服务价格是否按市场的需求波动自由定价；三是物流服务的运作主体是否是自负盈亏的法人实体。

目前中国的实际情况是，除《邮政法》规定的公务文件，部分铁路、管道与航空资源以外，其他资源都已进入市场；除邮政、铁路货运、管道运输、航空货运中的重要服务项目仍由国家做出指导价以外，其它价格都已放开，国家发改委公布，2016 年市场形成的商品与服务价格已超过 97%；物流服务的运作主体都已公司化，铁路企业最后一个与政府脱钩，走向市场。

这 10 年间，中国物流专业化分工加速，推进了市场细分，钢材、油品、汽车、煤炭、农产品、建材、危化品等产品物流，快运、冷链、电商、应急、配送、金融、货代等功能物流，物流技术与装备物流，会展、培训、研讨会等服务物流得到充分发展。

来源：摘自丁俊发文《1978-2018 改革开放 40 年的中国物流业》

改革开放 40 年的中国物流业：转型升级阶段 (2013–2020)

2012 年 11 月 8 日，中国共产党十八大召开，从这时开始，中国经济与社会发进入新时期，一方面是国际形势错综复杂，国际金融危机以来，世界政治、经济、军事、金融在深度调整，综合国力竞争加剧。另一方面，国内经济发展中不平衡、不协调、不可持续问题依然突出，动能转换缺少应对措施，国际经济增长下行对中国造成巨大压力。改革进入深水区，“三期叠加”，矛盾重重，加上有些党政干部腐败成风，治国理政能力减弱。

在这种情况下，有中国特色的社会主义建设如何巩固，如何进一步推进，摆在全党面前，以习近平同志为核心的党中央审时图势，科学决策，提出中国经济进入新常态，中国特色社会主义建设进入新时期。2013 年 2 月 26 日在二中全会上，习近平同志提出，要“深入研究全面深化体制改革的顶层设计和总体规划”，要坚持“以加快经济发展方式转变为主线”。

2013 年 11 月 9-12 日召开的十八届三中全会上，习近平提出“实现中华民族伟大复兴的中国梦，必须在新的历史起点上全面深化改革”，要求“到 2020 年在重要领域和关键环节上取得决定性成果”。2015 年 10 月 29 日十八届五中全会，他提出了“创新、协调、绿色、开放、共享”五大新发展理念，同年 11 月 10 日，他在中央财经领导小组会议上提出了供给侧结构性改革，“在适度扩大总需求的同时，着力加强供给侧结构性改革，着力提高供给体系质量和效率，增强经济持续增长动力，推动我国社会生产力水平实现整体越升”。

在 2017 年 10 月 18 日召开的中共十九大上，习近平同志全面论述了新时代的宏伟蓝图。中国特色社会主义经过近 40 年的建设取得了辉煌的成果，中国已是世界第二大经济体，2008 年全球金融危机以来，中国对全球经济增长的贡献率超过 30%，从 1979 至 2016 年国内生产总值的年均增长率达到 9.6%，中国的综合国力大幅提升。

但国内外的客观事实说明，中国特色社会主义进入了新时代。世界出现了新格局，中国必须积极参与世界的治理，打造人类命运共同体。中国特色社会主义产生了新矛盾，中国仍处于社会主义初级阶段的基本国情没变，中国仍然是世界上最大的发展中国家的现实没变，但主要矛盾已从“人民日益增长的物质文化需求同落后的生产之间的矛盾”变为“人民日益增长的美好生活需要和不平衡不充分的发展之间的矛盾”。

中国经济已从高速增长转变为高质量增长阶段。从十九大到二十大，是“两个一百年”奋斗目标的历史交汇期。我们既要全面建成小康社会、实现第一个百年奋斗目标，又要乘势而上，开启全面建设社会主义现代化国家新征程，向第二个百年奋斗目标进军。

从 2020 年到 2035 年，在全面建成小康社会的基础上，再奋斗十五年，基本实现社会主义现代化。从 2035 年到本世纪中叶，在基本实现现代化的基础上，再奋斗十五年，把我国建成富强民主文明和谐美丽的社会主义现代化强国。

习近平新时代中国特色社会主义思想就是指引航向的一面旗帜，和毛泽东思想、邓小平理论一样，是马克思主义中国化的新飞跃。

在这一总背景下，从党的十八大以来，中国的物流业有些什么变化呢？

第一，中国物流发展的主要矛盾发生了变化。

改革开放以来，主要矛盾是经济快速发展的物流需求与物流服务供给不足的矛盾，解决的重点主要是发展物流企业与企业物流，但现在的主要矛盾已演变为经济高质量高效率发展对物流的需求与物流发展不充分、不协调、不平衡、不可持久的矛盾。

2012 年，受经济下行压力的影响，物流所有宏观指标比上一年回落 3-5 个百分点，这是正常的，但我们可以看到，2012 年物流总费用与 GDP 的比率仍高达 18%，比发达国家高出一倍。2012 年企业的物流费用率为 8.6%（其中工业为 9.2%，批发零售为 7.8%），日本 2011 年只有 4.9%。在物流总费用中，管理费占物流总费用的 12.3%，而西方发达国家只占 3%-5%。规模以上工业企业库存率（存货占销售总值的比例）高达 10%，比发达国家高出一倍。

2012 年物流发展的环境也有很多问题，高成本的到来，加上高税收，乱收费乱罚款，不少物流企业难于为继。这足于说明，由于经济发展的粗放，产业结构的不合理，物流业同样粗放，结构不合理、区域与行业发展不平衡，与实体经济融合度差，创新力不足，集中度偏低，全球供应链国际竞争力不强等等，物流业为国民经济降本增效没有完全实现，物流业必须转型发展，从追求规模速度的粗放式增长转为质量和效率集约式增长，从外延扩张向内涵增值深度调整，从要素、投资躯动转向创新、科技躯动，实现动能转换。

第二，政府继续加大推动力度。

2013 年，李克强同志出任总理。国家进入“三期叠加”时期。经济转型发展更需要物流业发挥更好作用，在他的主持下，2014 年 9 月 12 日出台了《物流业发展中长期规划（2014-2020 年）》，把物流业进一步提升为“基础性、战略性产业”，其基础性主要体现在物流业对国民经济发展的贡献度，其战略性主要体现物流业对国民经济发展的引领度、扩展度。

这是一个继《物流业调整和振兴规划》以后又一个纲领性文件，文件要求，到 2020 年基本建立布局合理、技术先进、便捷高效、绿色环保、安全有序的现代物流服务体系，提出三大发展重点，七项主要任务，十二项重点工程，和九项保障措施，是“新常态”下物流发展的顶层设计。文件颁发后，各部委、地方各级政府加大了对物流业的支持力度，努力改善法制环境。

2015 年 7 月 1 日，国务院颁发了《关于积极推进“互联网 +”行动的指导意见》，“互联网 + 高效物”流列入重点工程。

2016 年，全国人大通过颁发的“十三五”规划，提高了对现代物流业的要求。

为了适应电子商务特别是网上购物的迅猛发展，2015 年 10 月 23 日，国务院印发了《关于促进快递业发展的若干意见》，至 2017 年，快递业务总规模已达到 401 亿件。

2017 年 8 月 17 日，国务院办公厅印发了《关于进一步推进物流降本增效促进实体经济发展的意见》，10 月 13 日国务院办公厅印发了《关于积极推进供应链创新与应用的指导意见》，把供应链上升到了国家层面，是中国物流业发展的新起点，标志着物流业进入新时代，将对中国社会与经济的发展产生不可估量的影响。李克强同志在 2016 年政府工作报告中提出，“利用信息网络等现代技术，推动生产、管理和营销模式变革，重塑产业链、供应链、价值链，改造提升传统动能，使之焕发新的生机和活力”。

习近平同志十分关注物流业的发展，曾先后到河南、山东等地专门进行调研，他着眼于国际与国内两个大局来看现代物流与现代供应链。2013 年 9 月和 10 月，习近平同志在出访中亚和东南亚国家期间，先后提出共建“丝绸之路经济带”和“21 世纪海上丝绸之路”的重大倡议和战略构想，得到了国际社会的一致好评与广泛响应。“一带一路”倡议，是中国的全球供应链建设的重要内容之一。互联互通，合作共赢，打造全球经济命运共同体，将是一条全新的全球供应链之路。

2014 年 11 月 8 日，习近平同志在亚太经合组织会议上指出：“现在需要对接各国战略和规划，找出优先领域和项目，集中资源，联合推进，这有利于降低物流成本，创造需求和就业，发挥比较优势，在全球供应链、产业链、价值链中占据有利位置，提高综合竞争力，打造强劲、可持续、平衡增长的亚洲发展新气象。”2014 年 12 月 5 日，习近平同志在政治局第 29 次集体学习会议上指出，中国要“勇于并善于在全球范围内配置资源”。

在 2016 年底中央经济工作会议上，习近平同志又明确提出，“要促进形成大中小企业专业化分工协作的网络体系，形成完整高效的产业供应链”。在党的十九大上，习近平同志把现代供应链又提升到经济发展新动能与新的经济增长点。

第三，物流业稳步增长，基本保证了国民经济发展对物流业的需求。

1. 从宏观数字看，物流总值从 2013 年的 197.8 万亿元增加到 2017 年的 252 万亿元，年均增长 7.2%；社会物流总费用从 2013 年的 10.2 万亿元增加到 2017 年的 12.1 万亿元，年均增长 6.2%，总费用与 GDP 的比率从 2013 的 18% 逐年下降为 16.6%、16%、14.9%，2017 年为 14.6%; 全年货运总量从 2013 年的 451 亿吨上升到 2017 年的 471 亿吨。中国已是全球最大的物流市场国，物流业务总收入从 2013 年的 3.9 万亿元到 2017 年的 8.8 万亿元。

工业企业与批发零售企业物流费用率已从 2013 年的 8.4% 略有下降到 2016 年的 8.1%(其中工业为 8.6%，批发零售为 7.4%)；物流业景气指数从 2013 年的 53.1% 上升到 2017 年的 55.3%，平稳发展。物流业作为国民经济的基础性、战略性产业进一步显现。在供给侧结构性改革中的作用日益明显。

2. 物流业从粗放到集约上了新台阶。在上一个 10 年不同领域形成的一批领军企业得到强化，并出现了一些新的领军企业，如运满满、货车帮、物润船联、中储智运等。

在物流企业 50 强中，2017 年从第 50 位九州通的经营额 30 亿元到第 1 位中国远洋海运的 1400 亿元。企业兼并重组加速，中远与中海重组，招商与中外运长航重组，普洛斯股权重构等等，2017 年有 8 家主板上市，5 家境外上市，45 家新三板上市。2017 年，A 级物流企业达到 4938 家，其中 5A 级 273 家。

综合运输体系加速推进，空间覆盖率大大提升，通江达海，货通天下。物流基础设施投入从 2013 年的 3.6 万亿元上升到 2017 年的 6.1 万亿元，铁路营业里程 12.7 万公里，其中高铁 2.5 万公里，占世界总量的 66.3%; 公路总里程 477.15 万公里，其中高速公路 13.6 万公里；港口万吨级以上泊位 2713 个，民航运输机场 229 个。

3. 供应链平台企业异军突起。不同产业都涌现了一批优秀样板企业，如海尔、华为、中兴、平安银行、京东商城、鲜易、创捷、上汽、国药、怡亚通、川山甲、九好等，形成了生产型供应链、商贸交易型供应链、服务型供应链、平台型供应链和生态型供应链等五种新模式。2017 年深圳百强企业中，入围的供应链企业从 2016 年的 9 家上升到 11 家。

4. 高科技成为创新驱动新动能，互联网 + 高效物流初见成效。运输革命、仓储革命、码头革命、管理革命一浪高过一浪，物联网、大数据、云计算、人工智能得到有效应用。

5. 物流业结构进一步完善。中西部物流、农村物流、国际物流、生活物流有所加强。进入新时期，消费进入个性化、体验式阶段，电子商务得到快速发展，电商物流成为物流发展新亮点。

中国电子商务交易市场从 2013 年的 9.9 万亿元到 2017 年的 29.2 万亿元，增加了 2.95 倍，到 2020 年，将超过 35 万亿元。其中，网购交易额从 2013 年的 1.85 万亿元猛增到 2017 年的 7.1 万亿元，增加了 3.8 倍。

电子商务的发展，使快递业超高速发展，快递业务量已从 2013 年的 61.1 亿件增加到 2017 年的 401 亿件，超过美国，位居世界第一。李克强同志在 2017 年的《政府工作报告》中突出“发展物流快递”，要求电子商务、物流快递等新业态快速成长，大力降低流通成本。

6. 物流人才红利得到显现。人才是中国经济社会发展的第一资源，人才短缺一直是物流业发展的瓶颈。经过 2002 年开始“中国物流人才教育工程”的实施，到 2017 年底，已有 551 所本科院校、965 所高职高专院校和 800 多所中职学校开设了物流专业，在校学生超过 100 万。15 年间共培养本科生 50 多万，大专生 170 多万，中专生 30 多万。自 2003 年以来，物流师系列培训人数超过 50 万。这为新时期物流发展打下了坚实的人才基础，为物流企业中高级管理人员作了大量补充，人才红利得到有效释放。

来源：摘自丁俊发文《1978-2018 改革开放 40 年的中国物流业》

浅谈改革开放40年中国交通发展

交通运输是基础性、先导性、战略性产业，是经济社会发展的重要支撑和强力保障。40年来，我国坚持改革开放的基本国策，无论是在交通基础设施规模、运输服务质量、技术装备等方面，还是在发展理念转变、体制创新、市场化发展等方面，都取得了前所未有的成绩，在世界交通运输史上创造了举世瞩目的“中国速度”和“中国模式”。

一、40年交通运输发展突飞猛进

从改革开放初期的“瓶颈”制约到目前与经济社会发展相适应，交通运输生产力得到极大地解放和发展。

（一）基础设施位居世界前列

改革开放40年，我国交通基础设施建设取得了巨大成就，各种运输方式都实现了快速发展，高速铁路、高速公路、城市轨道运营里程以及港口万吨级泊位数量等均位居世界第一，机场数量、管道里程位居世界前列，成为社会主义现代化建设的重要支撑。

1. 现代化的高速铁路网

改革开放初期，我国铁路网里程仅5.17万公里，2003年年底，我国铁路网规模达7.3万公里，25年间增加了约2万公里。《中长期铁路网规划》2004年实施，我国铁路进入了快速发展阶段，世界上海拔最高的青藏铁路2006年建成，我国第一条高速铁路——京津城际铁路2008年开通运营，拉开了我国高铁时代的序幕。2011年建成通车的京沪高速铁路，是世界上商业运营速度最高、里程最长的高速铁路。

党的十八大以来，我国铁路尤其是高速铁路发展迅速，高速铁路运营里程由2012年的0.97万公里增加到2017年的2.5万公里，增加了1.58倍，2017年具有完全自主知识产权的复兴号奔驰在祖国广袤的大地上。我国高速铁路在短时间内实现了从无到有、再到世界第一的跨越式发展，成为闪耀世界的亮丽名片。截至2017年年底，全国铁路营业里程12.7万公里，其中高铁2.5万公里，占世界高铁的$^{2}/_{3}$，“四纵四横”高铁主通道全部提前贯通，高铁覆盖65%以上的百万人口城市。目前，我国拥有世界上最现代化的铁路网和最发达的高铁网。

2. 四通八达的高速公路网

改革开放40年，我国公路建设突飞猛进，1978年，我国公路通车总里程89万公里，公路密度9.27公里/百平方公里。1988年，第一条高速公路——沪嘉高速公路建成通车，到2012年年底，全国高速公路里程已达9.62万公里。

党的十八大以来，我国公路建设更是取得了辉煌成绩。公路总里程增加了53万公里，高速公路增加了4万公里，高速公路覆盖97%的20万人口城市及地级行政中心，二级以上公路通达96.7%的县，全国通公路乡（镇）达99.99%，通公路建制村达99.98%。截至2017年年底，全国公路总里程477.35万公里，高速公路以13.65万公里的通车里程稳居世界之首，全国公路网密度达49.72公里/百平方公里。30年间，我国高速公路发展举世瞩目，创造了世界高速公路史上的奇迹。

3. 超级桥隧工程

随着通车里程的延伸，逢山开路，遇水架桥，“最长、最高、最大”的纪录不断被写进世界桥梁和隧道建设史，“中国桥、中国隧”成为展示中国形象的新品牌。

当今世界前 10 座最大跨径悬索桥和最大跨径斜拉桥，我国分别占了 5 座和 6 座。近年来，我国陆续建成东海大桥、江阴长江大桥、杭州湾跨海大桥、润扬长江大桥、苏通大桥、港珠澳大桥等一批世界级大跨径桥梁。港珠澳大桥是世界上最长的跨海大桥；北盘江大桥是世界上最高的大桥；大胜关公铁大桥是世界首座六线铁路桥，双跨连拱为世界高速铁路跨度最大；在建的五峰山长江公铁大桥主跨达 1120 米，在世界悬索桥中位列第一；在建的沪通长江大桥将成为世界上首座跨度超过千米的公铁两用斜拉桥。

在隧道建设方面，近年来我国相继建成了一批世界之最：世界最长的双洞高速公路隧道——秦岭终南山隧道，世界最大直径的盾构隧道——上海长江隧道，世界海拔最高的公路特长隧道——川藏线雀儿山隧道，世界最长的高原铁路隧道——青藏铁路新关角隧道，世界海拔最高的高铁隧道——祁连山隧道，世界最大断面的公路隧道——港珠澳大桥拱北隧道，世界最长的海底沉管隧道——港珠澳大桥沉管隧道。

4. 先进的大型港口

1978 年，我国主要港口拥有生产泊位 735 个，其中万吨级及以上深水泊位 133 个，内河没有万吨级以上泊位；1985 年后大型化、专业化港口进入了快速发展阶段；到 2012 年，全国港口拥有生产用码头泊位 31862 个，其中万吨级及以上泊位 1886 个（内河 369 个）。

党的十八大以来，我国港口智能化水平明显提速，万吨级以上泊位增加 480 个，平均每年增加 96 个，10 万吨级以上港口泊位增加 133 个。截至 2017 年年底，全国港口拥有生产用码头泊位 27578 个，其中万吨级及以上泊位 2366 个（内河 418 个）。2017 年投入运营的上海港洋山港区四期全自动化集装箱码头是目前全球规模最大、自动化程度最高的集装箱码头。目前，全球排名前十的港口中有 7 个位于我国，2017 年上海港以 4030 万标箱吞吐量位居世界第一，深圳港、宁波舟山港、香港港分列第三、四、五位，广州港和青岛港分列第七、八位，我国现代化的大型港口在“一带一路”建设中扮演着重要角色。

5. 通畅的黄金水道

改革开放以来，我国内河航道如长江干线、京杭运河、西江、湘江等相继得到了比较系统全面的治理。1982 年开始，我国陆续对京杭运河航道进行整治，山东济宁至浙江杭州可通航 500 吨级船舶，苏北部分河段可通航千吨级船队。20 世纪 90 年代末，长江口深水航道整治工程开工建设，这是迄今为止世界上最大、最复杂的河口整治工程，于 2010 年顺利完工，长江口至太仓段 12.5 米深水航道全面贯通，上海港及江苏沿江港口货物吞吐量迅速增长，通过长江口的货运量由 2000 年的 2.2 亿吨增加到 2012 年的 10.2 亿吨。2012 年年末，全国内河航道通航里程 12.5 万公里，其中三级及以上航道 9894 公里。

党的十八大以来，依托长江黄金水道推动长江经济带发展上升为国家重大战略，长江南京以下 12.5 米深水航道建设工程启动，已于今年 4 月建成交工，并已正式试运行，可实现南京至长江出海口全程通航 5 万吨级及以上船舶，将海港向内河纵深推进，相当于增加了近 800 公里的海岸线，大规模实现我国黄金水道江海联运。与此同时，我国加快了长江中游荆江河段航道、上游重庆至宜宾段航道的整治工程。长江成为世界上运量最大、航运最繁忙的通航河流。西江界首至肇庆段航道整治工程完成，实现 2000 吨级船舶直达广西贵港，并继续推进实施西江界首至肇庆航道扩能升级工程，实现通航 3000 吨级船舶的目标。京杭运河（浙江段）整治工程也已启动，将实现千吨级船舶从山东直达杭州。

6. 广泛覆盖的民用航空

伴随着我国改革开放的伟大历史进程，我国民用航空从一个军事化的行业发展成为一个现代化的、对国民经济和社会发展起到重要作用的全球第二大航空运输系统。改革开放初期，我国民航隶属空军，民用机场78个，1980年管理体制改革后，民航业取得了长足发展。2012年年底，我国民用航空机场达到183个，定期航班通航城市178个。

党的十八大以来，我国民用航空颁证机场增加了46个、增幅25%，作为国家发展新动力源的首都新机场已顺利封顶。截至2017年年底，我国境内民用航空颁证机场共229个，其中定期航班通航机场228个，定期航班通航城市224个，机队规模达到3261架，定期航班航线里程近700万公里，民航服务覆盖了全国88.5%的地级市和76.5%的县。国际航线784条，定期航班通航国家61个（通航国际城市167个）。2017年，首都国际机场旅客吞吐量9579万人次，位列世界第二，香港国际机场和上海浦东国际机场分别位列第八和第九，广州白云国际机场排名第十三位。航空运输作为我国综合运输体系的组成部分，已由从属补充地位，发展成为一种大众化的交通工具。

7. 发达的城市轨道交通

我国城市轨道交通建设始于20世纪50-70年代，直到20世纪80年代末，我国仅北京和天津有地铁40公里。20世纪至80年代末90年代初期，以上海地铁一号线、北京地铁复八线、广州地铁一号线建设为标志，我国真正意义上开始了以交通为目的的城市轨道交通建设。进入21世纪初，北京、上海、广州三市共拥有地铁运营里程105公里。到2012年年底，我国17个城市开通70条轨道交通运营线路，运营里程2064公里，其中地铁线路1726公里。

党的十八大以来，我国城市轨道交通运营里程增加了近3000公里，是2012年年底运营里程的2.4倍。截至2017年年末，我国34个城市开通了165条城市轨道交通线路，运营里程达到5033公里，其中，地铁线路里程3884公里。上海轨道交通运营里程732公里，世界排名第一；北京轨道交通运营里程685公里，世界排名第二；广州和南京分别排第五位和第六位。目前，我国城市轨道交通运营里程和在建里程均居世界第一。

8. 纵横交织的油气管网

1958年，新中国建成了第一条长距离原油管道，1978年，我国油气管道里程达8300公里。随着改革开放，我国各大油气田步入勘探开发高峰，极大地带动了长距离油气管道等储运设施建设，2012年年底，我国油气管道里程达9万公里。

党的十八大以来，我国油气管道建设更是全面提速，截至2017年年底，全国已建成原油管道2.38万公里，成品油管道2.6万公里；天然气长输管道总里程近7.4万公里（不含省级管网），总计达到12.38万公里。油气骨干管网基本构成了“西油东送、北油南运、西气东输、北气南下、缅气北上、海气登陆”的格局，对保障我国能源安全，促进我国经济社会发展发挥了重要作用。

（二）客货运输快速增长

改革开放40年，无论是客运量还是货运量都取得了巨大的发展，这既是经济社会快速发展带动巨大运输需求的客观事实，也是交通基础设施迅速发展大幅提升运输能力的成就，同时还是交通运输不断改革开放释放生产力的显著效果，交通运输对经济社会发展起到了十分重要的保障作用。

1. 客运质量明显改善

1978年，我国全社会客运总量仅25.4亿人次，客运周转量1743亿人公里，随着经济社会的发展和客运市场的放开，客运量快速增加，到2012年，全社会客运量达到380亿人次，客运周转量达到33383亿人公里，客运量和客运周转量较改革开放初期分别增加了15倍和19倍。

党的十八大以来，我国旅客出行质量明显提高，人民群众的幸福感、获得感不断增强。截至2017年年底，全社会客运量184.86亿人次，客运周转量32812亿人公里。随着高速铁路的快速发展，铁路客运量由2012年的18.9亿人次增加到2017年的30.8亿人次、增加了63%，客运周转量由 9812 亿人公里增加到 13457 亿人公里、增加 37%，高铁动车组承运比例达到 56.4%，我国铁路旅客周转量位居世界第一。随着人民生活水平的不断提高，民航客运量由 2012 年的 3.2 亿人次增加到 2017 年的 5.5 亿人次、增加了 71.9%，客运周转量由 5025 亿人公里增加到 9512 亿人公里、增加了 89.3%。民航客运量和客运周转量占比分别提高到 3% 和 29%，我国民航旅客周转量位居世界第二。

2. 货运效率不断提升

改革开放初期，全社会年货运总量不到 32 亿吨，货运周转量不到 1 万亿吨公里。随着经济社会发展和货运市场放开，货物运输得到了快速发展，到 2012 年，全社会货运量达到 410 亿吨，货运周转量达到 173804 亿吨公里，货运量和货运周转量分别较改革开放初期增加了 12.8 倍和 17.4 倍。

党的十八大以来，全社会货运量增加了 15.2%，货运周转量增加了 10%，物流成本占 GDP 的比重由 2012 年的 18%，降低到 2017 年的 14.6%，降低了 3.4 个百分点，交通运输进一步促进了物流业降本增效，对提升整个供给体系的质量和效率发挥了重要保障作用。截至 2017 年年底，全社会货运量 472 亿吨，货运周转量 192588 亿吨公里，公路货运周转量占 34.7%，内河和沿海货运周转量分别占 7.76% 和 14.8%，远洋货运周转量占 28.6%，铁路货物周转量占 14%，我国铁路货运量、公路货运量及周转量、港口货物吞吐量和集装箱吞吐量均位居世界第一，民航货邮周转量 243 亿吨公里，位居世界第二。近年来，随着电商的兴起，我国快递业发展迅猛，2017 年快递完成 400.56 亿件，位居世界第一。

3. 城市交通更加便捷

改革开放 40 年来，随着我国城镇化进程的快速发展，我国城市交通也获得了前所未有的发展。20 世纪 80 年代末，我国拥有公交车 6.14 万辆、出租汽车 11.4 万辆。改革开放 40 年来，我国城市公共交通得到了快速发展，特别是党的十八大以来，网约车、共享单车等新业态发展迅猛。截至 2017 年年底，全国拥有公共汽电车 65.12 万辆，其中天然气车占 27.9%，混合动力车占 13.2%，纯电动车占 26.3%；拥有出租汽车 139.58 万辆，全年完成城市客运量 1272.15 亿人次。2017 年，全国 34 个城市开通了轨道交通，全年累计完成客运量 184.8 亿人次，累计完成客运周转量 1515 亿人公里。

40 年众志成城，40 年砥砺奋进，40 年春风化雨，我国坚持改革开放的基本方针不动摇，推动中国发生了翻天覆地的变化。改革开放 40 年，交通建设领域始终朝着拓宽融资渠道、多元投资的方向，不断深化改革。

1978 年 12 月召开的党的十一届三中全会，吹响了改革开放的号角，开启了改革开放的历史征程。40 年众志成城，40 年砥砺奋进，40 年春风化雨，我国坚持改革开放的基本方针不动摇，推动中国发生了翻天覆地的变化。40 年改革开放实践证明，“改革开放是决定当代中国命运的关键抉择，是党和人民事业大踏步赶上时代的重要法宝”。

坚持解放思想、实事求是。习近平总书记指出：“改革开放的过程就是思想解放的过程。”“中国人民坚持解放思想、实事求是，实现解放思想和改革开放相互激荡、观念创新和实践探索相互促进，充分显示了思想引领的强大力量。”1978 年，邓小平同志发表《解放思想，实事求是，团结一致向前看》的讲话，旗帜鲜明地支持“真理标准问题的讨论”。1992 年，邓小平同志在南方谈话中指出，不要纠缠于“姓资”还是“姓社”的问题讨论，“改革开放的判断标准主要看是否有利于发展社会主义社会的生产力，是否有利于增强社会主义国家的综合国力，是否有利于提高人民的生活水平”“改革开放胆子要大一些，敢于试验”。正是一次次思想大解放，使我国经济社会发展不断获得新的活力和动力。实践证明，没有解放思想、实事求是，就不会有改革的突破、开放的襟怀。党的十八届三中全会指出，实践发展永无止境，解放思想永无止境，改革开放永无止境。这进一步明确了市场在资源配置中的决定性作用，并作出了全面深化改革的决定，把改革的理论推进到新的广度和深度。

坚持市场配置资源的改革方向不动摇。交通运输市场化改革是贯穿交通改革开放 40 年的一条主线。1983 年，交通部提出“有河大家走船，有路大家走车”的改革方针，“各部门、各行业、各地区一起干，国营、集体、个人以及各种运输工具一起上”，突破所有制的束缚，允许个体户进入运输市场，极大地促进了运力发展，有效地缓解了交通运输紧张状况。1985 年铁路实行“大包干”，1986 年，国务院批复了五部委《关于铁道部实行经济承包责任制的方案》，实行“以路建路”经济承包责任制。1993 年，第一家股份制铁路公司——广深铁路股份有限公司成立，并于 1996 年在香港和纽约成功上市。1995 年，《关于加快培育和发展道路运输市场的若干意见》提出，建立全国统一开放、竞争有序的道路运输体系。1996 年，《关于进一步加强我国水运市场管理的通知》提出，推进水运市场的培育和完善；上海航运交易所组建，对规范航运市场交易行为、调节市场价格、深化水路运输市场改革具有重要意义。党的十八大以来，交通运输领域加快了市场化改革步伐，积极推进深化“放管服”改革，有效激发了市场竞争活力。2014 年，交通运输部《关于全面深化交通运输改革的意见》，围绕深化改革的主线，加强顶层设计，在完善综合交通运输、建立完善交通运输现代市场体系、交通运输转型升级等体制机制方面，部署了 42 项改革任务 150 多项改革举措。2016 年，《关于进一步深化民航改革工作的意见》面对民航发展的新形势新任务，提出了 10 个方面 40 项改革任务。2017 年，中共中央、国务院印发《关于深化石油天然气体制改革的若干意见》，要求进一步完善油气管网公平接入机制，油气管网向第三方市场主体公平开放。

坚持多元化投融资的改革方向不动摇。改革开放 40 年，交通建设领域始终朝着拓宽融资渠道、多元投资的方向，不断深化改革。1984 年，国务院第五十四次常务会议批准同意提高养路费征收标准、开征车辆购置附加费，允许“贷款修路，收费还贷”，这三件事具有重要历史意义，使公路建设有了稳定的资金来源和加快发展的环境。1983 年，交通部提出“谁投资、谁使用、谁受益”的原则，鼓励货主单位投资建设码头。1986 年，国家决定对 26 个沿海港口的货物征收港建费，实行“以港养港，以收抵支”政策，港口建设资金有了稳定渠道。“七五”期间，我国第一条合资铁路——三茂铁路开始建设，1992 年国务院批转国家计委、铁道部《关于发展中央和地方合资建设铁路的通知》，明确了中央和地方合资铁路建设的发展模式，1991 年，铁路开始征收每吨公里 2 厘的建设基金，铁路建设资金有了基本保障。对民航建设，除了给予“一九制”优惠外，还免征其他一切税收，先后制定了允许地方政府、国内企业、民间资本投资民航企业和机场的规定，进行了地方投资建设并管理机场的改革试点。2004 年，国务院颁布《收费公路管理条例》，将“贷款修路，收费还贷”的政策通过法规的形式予以固定。目前，我国交通建设领域基本形成了“国家投资，地方筹资，社会融资，引进外资”的多元化交通融资格局。

党的十八大以来，2013 年，国务院《关于改革铁路投融资体制加快推进铁路建设的意见》提出，全面开放铁路建设市场，鼓励社会资本投资建设铁路。石油管道建设投资逐步向第三方放开，2013 年，中石油引入泰康资产、国联基金 600 亿元资本成立了“中石油管道联合有限公司”。2015 年，交通运输部《关于深化交通运输基础设施投融资改革的指导意见》提出，建立和完善交通运输发展“政府主导、分级负责、多元筹资、规范高效”的投融资管理体制。2016 年，中国民航局《关于鼓励社会资本投资建设运营民用机场的意见》提出，全面放开民用机场建设和运营市场，广泛吸引社会资本参与民用机场及其服务配套设施项目建设和运营。

坚持政企分开的管理体制改革方向不动摇。改革开放 40 年，交通运输管理体制始终朝着政企分开、综合交通一体化的方向推进。1980 年，民航由军队划归国务院管理，开始走企业化道路。1984 年，交通部提出以“转、分、放”和“实现两个转变”为主要内容的改革思路，实现政企分开，加强行业管理，建立了五级交通行政管理机构。随后，14 个沿海港口和 26 个长江重点港口全部下放地方。1985 年，国务院批复了《关于民航系统管理体制改革的报告》，加快“政企分开”“机场与航空公司分设”改革，管理局、航空公司、机场分设，组建独立的民航空中交通管理系统。1993 年，国务院批复广州铁路局组建广州铁路（集团）公司，建立现代企业制度试点，1995 年建立了大连铁道有限公司，积极探索铁路政企分开。1996 年，交通部《深化水运管理体制改革方案》提出，推动水运管理体制改革，组建了海事局，实行“一水一监、一港一监”的管理体制。1998 年，石油石化两大集团重组，油气管网改革向市场化、专业化方向不断推进。2001 年，国务院办公厅《关于深化中央直属和双重领导港口管理体制改革意见的通知》提出，彻底将港口下放地方管理。2002 年，民航开启了“政资分开”“机场属地化”的改革。2005 年，撤销铁路分局，铁路局直接管理站段，铁路政企分开和市场主体管理持续深化。2008 年，撤销民航总局，成立民航局并划归交通运输部管理，同时，国家邮政局也划归交通运输部管理。党的十八大以来，国务院撤销了铁道部，成立国家铁路局并由交通运输部管理，至此，交通运输部管理国家铁路局、中国民用航空局、国家邮政局，负责统筹铁路、公路、水路、民航以及邮政行业发展，基本形成了交通“大部制”管理体制。

坚持对外开放的方向不动摇。在对内改革的同时，交通领域积极对外开放。1979 年年初，交通部所属企业招商局在深圳率先创办了蛇口工业区，打响改革开放“第一炮”。20 世纪 80 年代初，我国交通建设开始引入外国政府贷款和世界银行贷款等外资，1983 年，陕西西安至三原一级公路首次引进世界银行贷款，不仅引进了资金，而且引进了世界上先进的工程管理制度，如工程监理制度、工程招投标制度等。1984 年，我国北同蒲铁路电气化项目首次使用世界银行贷款 2.19 亿美元。1991 年成立金温铁路公司，金温铁路是我国第一条引入外资的铁路，香港联盈兴业股份有限公司出资 4586 万美元（占 80%）。1988 年批准了第一家中外合资经营道路运输企业，1993 年颁布了《外商投资道路运输业立项审批暂行规定》，进一步放开道路运输市场。民航在上世纪 90 年代开始对外开放，1994 年颁布了《关于外商投资民航业有关政策的通知》，2002 年实施《外商投资民用航空业规定》，进一步开放民航市场。党的十八大以来，我国交通运输领域秉承“一带一路”倡议，承载着“五通”中“设施连通”的重大使命，积极推进交通基础设施互联互通，发展交通运输支撑我国对外贸易发展，加快交通运输“走出去”。中欧班列驰骋在欧亚大陆，截至 2018 年 3 月，累计开行数量突破 7600 列，到达欧洲 13 个国家 41 个城市，为我国全方位对外开放新格局提供了强有力的支撑。

此外，编制中长期交通发展规划，也是中国特色综合交通发展道路的重要组成部分。上世纪 80 年代末，交通部提出“三主一支持”发展战略规划，《“五纵七横”国道主干线规划》于“八五”期间通过国务院审批实施，这是交通系统中审批层次最高的规划。进入 21 世纪，国家级规划陆续出台，2004 年国务院批准了《中长期铁路网规划》和《国家高速公路网规划》，2005 年国务院批准《农村公路建设规划》，2006 年国务院批准《全国沿海港口布局规划》，2007 年国务院批准《全国内河航道与港口布局规划》，颁布了我国第一个综合性交通规划——《综合交通网中长期发展规划》，2008 年国务院批准了《全国民用机场布局规划》。党的十八大后，国务院陆续批准了新的公路、铁路、民用机场布局、油气管网中长期规划。国家级中长期交通规划的出台，既保障国家政治、经济和国防安全，又增强了宏观调控能力，整合交通优势资源，合理布局，同时还能保证科学有序发展。

三、新时代开启交通强国新篇章

党的十九大制定了全面建设社会主义现代化强国的宏伟蓝图，提出建设交通强国的宏伟目标，这是以习近平同志为核心的党中央站在党和国家事业发展全局高度作出的战略部署，是新时代赋予交通运输的历史使命。

建设交通强国是建设社会主义现代化强国和实现中华民族伟大复兴的中国梦的内在要求。纵观人类文明史，发达的交通始终是综合国力强盛的重要标志。“要想富，先修路”朴实而又深刻地揭示了交通与经济发展的规律。新时代建设交通强国赋予“要想富，先修路”新的历史内涵，既要“交通强”，又要“强国家”，构建安全、便捷、高效、绿色、经济的现代化综合交通运输体系，满足人民日益增长的美好生活需要，支撑我国现代化经济体系建设，为建设社会主义现代化强国当好先行，二者相得益彰、相辅相成。现代化的交通强国，“人便其行，货畅其流”。

建设交通强国，要始终坚持改革开放的基本思想。“惟改革者进，惟创新者强，惟改革创新者胜。”在 40 年改革开放实践基础上，坚定不移地把改革推向纵深，深化交通供给侧结构性改革，着力推动交通发展质量变革、效率变革、动力变革，坚持高质量发展的道路。创新是引领发展的第一动力，在交通发展动力、服务质量、科学技术、治理方式、安全保障、体制机制等方面勇于创新，走创新驱动发展道路。

优化提升基础设施网络。改革开放 40 年，我国交通基础设施建设发展迅猛，交通基础设施规模位居世界前列，成为名副其实的交通大国。未来，将逐渐从“以建设为主”向“运营养护为主”转变，基础设施建设主要是“补短板”和优化网络。加强现代科技在交通基础设施中的应用，大力推动数字化、智能化的新一代基础设施发展。与此同时，要重视基础设施养护与管理，提高交通基础设施质量和运行效率。

突出交通运输服务经济社会的基本功能。交通的基本功能是提供优质高效的运输服务，这也是交通“强国家”的最根本要求。交通供给侧结构性改革要着力满足人民对交通日益增长的高品质需求，提供安全、便利、舒适的运输服务，不断增强人民群众的幸福感、获得感、安全感。交通供给侧结构性改革要着力满足现代化经济体系建设的需要，推动现代物流发展，优化调整运输结构，平衡各种运输方式，“宜水则水，宜路则路”，促进全社会物流“降本增效”。

以公共交通为导向的城市发展模式。城市交通拥堵是一个世界性难题。随着城市化进程的加快，交通拥堵已不只是大城市的“专利”，不少中小城市也开始患上拥堵的“城市病”。截至 2017 年年底，全国汽车保有量已达 2.17 亿辆，有 53 个城市汽车保有量超过百万辆，24 个城市超 200 万辆。习近平总书记指出：“要把解决交通拥堵问题放在城市发展的重要位置，加快形成安全、便捷、高效、绿色、经济的综合交通体系。”“发展公共交通是现代城市发展的方向。”要坚持以公共交通为导向的城市用地空间规划，构建便捷顺畅的立体化城市交通体系，大力发展智能交通技术，加强交通需求管理，走可持续的城市交通发展模式。

重点发展先进的智能交通。智能交通系统是未来交通系统的发展方向，是交通事业的一场革命。通过集成应用先进的信息、通信、传感、控制等技术，使人、车、路间相互作用关系以新的方式呈现，从而实现实时、准确、高效、安全、节能目标。合作式智能交通和自动驾驶将成为未来智能交通发展的重点。要大力实施科技创新引领战略，加强应用基础研究和科技成果转化，推动互联网、大数据、人工智能等新技术与交通的深度融合，加快我国智能交通发展。

构建现代化的综合交通治理体系。现代综合交通治理体系是交通强国的“软实力”，更是“硬要求”。统筹各种交通方式，创新组织和管理方式，建立统一开放、竞争有序的交通运输市场，不断推进治理体系和治理能力现代化。应用现代科技手段，提高交通管理、信息共享和决策支持等水平。加强交通法制建设和文化建设。坚持安全发展的理念，加强安全保障系统建设和应急救援体系建设，夯实交通强国基础。

改革开放 40 年，中华民族实现了从站起来到富起来，极大解放和发展了社会生产力，开辟了中国特色社会主义道路，充分证明了改革开放是决定当代中国命运的关键抉择，是当代中国发展进步的活力之源，是党和人民事业大踏步赶上时代的重要法宝，是坚持和发展中国特色社会主义、实现中华民族伟大复兴的必由之路。当前，站在新的历史起点上，中国特色社会主义进入了新时代，开启了由富起来向强起来迈进的中华民族伟大复兴强国之路。在习近平新时代中国特色社会主义思想的指导下，要坚定不移坚持中国特色社会主义道路，坚定不移走改革开放这条正确之路、强国之路、富民之路。坚持以人民为中心的发展思想，不断满足人民日益增长的美好生活需要，让改革发展成果更多更公平惠及全体人民。在夺取新时代中国特色社会主义伟大胜利的新征程中，继续自强不息、自我革新，坚定不移全面深化改革，逢山开路，遇水架桥，将改革进行到底，奋力开启交通强国新篇章，为建设社会主义现代化强国当好先行。

来源：中国交通新闻网　2018 年 7 月 4 日

上海物流业理论认识与社会组织的发展历史沿革

我国改革开放 40 周年，也是现代物流业从起步到快速发展的 40 周年。回顾、总结现代物流业发展历程，中国物流业的发展与改革开放进程同步。40 年来，物流业经历了从理念传拨、实践探索、产业地位的确立到创新发展的全过程。同时，物流行业协会和学会等社团组织也得到了提升和发展。回顾上海市物流学会、上海市物流协会的发展历程（及中物联和中国物流学会的简历）来反映改革开放 40 周年上海社会团体组织发展的一个侧面。

1993–2001 年

1978 年 12 月，党的十一届三中全会拉开了改革开放的序幕。同年 11 月，国家物资总局组织有关部门和地方领导赴日本考察，首次将“物流”概念引入国内。当时，上海市物资局局长王少卿同志作为考察团成员参加了考察，并将这一理念引入了上海。1980 年 9 月，上海市物资局与市社科院部门经济研究院联合成立了上海物资经济学会，王少卿同志担任首席会长。学会主要研究商流和物流，是上海最早研究物流的学术团体。

1993 年 3 月，顺应物资流通行业改革发展的需要，上海物资流通行业协会应运而生，上海市物资局为会长单位，李厚奎局长为首任会长，成员是本市各大系统以生产资料流通企业和中央在沪的流通企业为主。与此同时，1980 年国家物资总局成立了中国物资经济学会，余啸谷任会长，上海市王少卿任副会长。1984 年 9 月，中国第一个物流专业研究团体——中国物流研究会成立，时任国家计委副主任柳随任会长。1995 年中国物资流通学会更名为中国物资流通协会（马毅民部长任会长），李厚圭局长任副会长。

这一时期，在物流学术团体和行业组织的引领下，上海物流业的物流知识启蒙和理论传拨，为中国现代物流业的发展发挥了引领作用。

1997 年，在中国北京“亚太物流联盟年会”上，上海物资流通行业协会会长李厚圭作了题为“上海工业品——生产资料物流探索与实践”的演讲，第一次代表上海在国际年会上发表现代物流方面的报告，就上海的物流状况，上海对交运物流、制造物流、生产资料物流作了深度的展望。发言引起与会者的高度重视，这篇讲稿还被评为优秀论文。1998 年，中国物资流通协会马毅民会长带队赴希腊雅典参加世界物流年会，李厚圭会长作为随团成员，再次收获了大量现代物流发展的信息。

1999 年，上海物资流通行业协会召开，上海市物资经济学会邀请亚太物流联盟主席，澳大利亚墨尔本大学哈蒙德教授来上海作交流，并在上海物流大厦举办现代物流系列论坛上作了精彩的演讲，让会员单位、国内同仁了解了国际现代物流发展现状。

1999 年，上海市物资经济学会接到上海物资流通行业第十五发展专项规划的编制任务，对流通行业的实际情况以及变化作了大量调研，在编制规划中提出了评估现代物流接轨的意见和建议。同时，用书面形式向计划委员会提出，应开展现代物流业专项发展规划的研究，引起了有关部门的重视。

2000 年初，上海市物流学会和上海物资流通行业协会应上海外贸学院的诚邀，合作举办国际物流论坛，这是上海地区最早的国际化物流论坛。会上由我会主要拟稿并推荐的两个演讲的内容，引起与会者重视。其中一个是上海物资（集团）总公司的发展，内容主要是流通大集团转型升级为现代物流集团的决策和措施。另一个是市计委王思政作了题为“对上海实施现代物流产业发展规划的再认识”的演讲，明确指出从十一五发展规划开始上海现代物流业由新兴产业上升为支柱产业的战略定位，第一次从政府角度给现代物流作了产业定位。

进入新世纪，中国加入世贸组织。现代物流伴随着改革开放的步伐，开启了“新的纪元”。2001 年 3 月，国家经贸委等六部委联合印发《关于加快我国现代物流发展的若干意见》，成为我国政府部门就物流发展发出的第一个专题文件。2001 年 4 月，经国务院批准，中国物资流通协会更名为中国物流与采购联合会（陆江为首任会长，李厚圭为副会长），成为我国物流行业第一家综合性社团组织，同时，中物联是我国物流领域最具影响力的社团组织。中字头物流组织的变更，为全国流通行业的社团组织起了示范和引领作用，现代物流和供应链管理成为了行业的主要类别。

2002-2012 年

2001 年下半年，上海率先向主管单位提出行业协会的更名，当时，因对名称有歧义未实施更名。2002 年开始，上海市物资经济学会提出更名，得到了当时市社联党组书记、常务副会长潘世伟的支持。2003 年 4 月正式更名为上海市物流学会。学会更名后，为推进本市现代物流业的发展做了大量工作。

一是在组织架构上，吸收了本市大专院校和科研机构的专家学者（复旦、交大、同济、海事、上大、二工大、社科院等）商学院、物资学校以及企业家成为学会会员。理事、常务理事、副会长。其中，杰出的学者教授企业家组成了学术委员会，形成现代物流理论研究的骨干队伍，并以产学研的形式为企业、行业提供服务。

二是组织论坛讲座，经常组织系列论坛和专题讲座，向会员企业宣传、交流现代物流的新概念、新思想、新模式和新技术，提升本市物流业的服务能级。

三是与市标准化院合作，参加了多项活动，如长三角联动物流标准化的制定，组织物流企业参加修改讨论，并积极组织贯标（三方物流企业、A 级物流企业等）。

四是做了协会的事，开展 A 级物流企业评审。 在市计委的支持下，上海由学会出面组织评审产生多个第一。第一期评审员培训，第一批评审试点、第一家评审企业。这一评审工作现已移交给了协会。

约 2005 年，全国政协组团到上海调查现代物流发展情况，当时由陆江会长带队，上海市物流学会参与了接待，还积极向政府和有关部门放映了上海物流业的发展情况，争取政府支持，配合召集多个座谈会，听取上海物流发展的有关情况，并将其中挖掘第三利润源，降低物流成本，以及物流业作为本市支柱产业的定位等向国家有关部门作了书面报告。后来 2009 年国家发布“十大调整和振兴规划”，9 个是制造业，仅物流 1 个服务业，这次调研有一定的渊源关系。

2013 年至今

2014 年，国务院发布《物流业发展中长期规划》（2014—2020 年），把物流业的产业地位提升到基础性战略性高度。上海物资流通行业协会的更名，经过几年的努力，做了大量的工作，到 2006 年有了转机，2007 年 5 月正式更名重组，成立了上海市物流协会。为了行业协会的更名，我们做了大量工作，特别是李厚圭会长起了主要作用，同时更离不开方方面面的支持。

1. 得到了会员企业的支持。在争取更名的期间，协会领导密集走访物流企业，听取意见、交换看法，得到大多数会员赞同和支持。

2. 得到了百联集团的支持。百联集团首任董事长、党委书记张新生到物资调研，李会长专门提了协会工作，受到了张新生的重视。事后就协会的会长人选、协会办公用房、协会工作人员编制及待遇都得到落实，为协会工作的开展解决了后顾之忧。

3. 得到了市政协的支持。协会更名专题报告报给市政协。市政协财政经济委员会先后开了二次论证会，都是李会长亲自前往答辩。第一次论证会，因有反对意见，认为更名条件不成熟没通过。半年不到又召开了第二次论证会，协会的汇报得到了肯定，市社团局认为上海物资流通协会更名重组为物流协会的条件已经成立。上海交通运输协会主要领导黄敬待认为协会这几年在推动本市物流业发展上做了大量工作，条件具备，同意更名，使协会早日更名重组变为可能。

4. 得到政府各主管部门的支持。这是最关键的，在各主管部门协调一致并形成初型后，协会更名尘埃落定。否则不知还要等到猴年马月。李会长再三委托我在今天要感谢上海市发改委、市经委、市社团局、市行业协会发展署以及后来的市交通委支持。在这里特别要感谢刘敏主任的支持，做了大量的协调工作，起了决定性作用。

5. 得到了二个联合会的支持。现代服务业联合会首任会长宋仪桥了解我会提出的更名情况后，专门向当时的主管副市长周太彤作了协调。工业经济联合会蒋以任会长与市社团作了协调。

这些都为我会的更名重组创造了有利条件，也为协会自身建设打下了良好的基础。因此，李厚圭会长在回顾这段历程时，说了这样几个体会：①上海市国际化大都市，物流业发展前景广阔，行业协会要把握好机遇。②产业的发展要加快行业组织的发展，势在必行。③争取各方支持，集聚资源优势。④脚踏实地做好协会工作，以学会理论走在前，宣传推广走在前，把协会的功能建设起来，水到渠成。否则协会建设没这样顺利。

上海市物流协会更名重组至今也有 11 年了，经历三次换届改选，为行业会员服务，协会做了大量工作，协会自身各项工作取得了很大提升。在韩志雄专职副会长主持工作期间（2011-2017 年），协会开拓创新，努力为会员、行业、政府做好服务工作，获得各方奖状和好评，其中社团组织的两项最高奖项的活动，将协会的行业地位和作用提升到一个新的高度（即 2014 年获得民政局 5A 级社团组织；2017 年获得上海市先进行业协会奖项）。本届理事会（第三届），刘鹰秘书长主持工作后，协会在管理上进一步细化深耕，在“深”度上下功夫。为了更好地发挥行业协会的作用、深化服务工作，建立了三个平台、长三角联席会议、5A 级社团组织复评。未来，我们仍将不忘初心，砥砺前行，努力为上海现代物流业的发展作出新的贡献。

来源：上海市物流协会常务副秘书长陈震在“纪念改革开放 40 周年上海物流业座谈会”上的讲话

2018 年 12 月 27 日

3.2 我国物流业相关行业发展历史追溯

3.2.1 综述

新中国成立前后物流相关行业发展简要回顾

回顾改革开放 40 年中国物流业发展的历史，不能忘记中国古代物流的辉煌与新中国成立后物流业发展所取得的进步以及所面临的困境。

回顾世界历史，古代的中国与巴比伦、埃及、印度一起，组成四大文明古国，对推动世界社会、经济、文化的发展起到了十分重要的作用。英国经济历史学家麦迪森在《世界经济千年史》中指出，中国 GDP 总量在历史上长期居世界第一位，直到 1820 年，仍然占到世界总量的 32.9%。著名史学家休·昂纳在《中国风：遗失在西方 800 年的中国元素》一书中记载了从 11 世纪至 17 世纪中国对西方的巨大影响。

回顾世界物流史，回看中国古代物流那份厚重、深沉和辉煌，让当代中国物流人为之振奋。

值得我们骄傲的，是对中国乃至世界有深远影响的“丝绸之路”，这是一条国际物流通道。“丝绸之路”分为“陆上丝绸之路”和“海上丝绸之路”。“陆上丝绸之路”从西汉开始，繁荣于汉唐，结束于 12 世纪。以西安为起点，南路到达印度，北路到达中亚各国，西路到达地中海与北非。

“海上丝绸之路”起于秦汉，兴于隋唐，盛于宋元，明初达到顶峰，明中叶因海禁而衰落。东洋航线到达朝鲜和日本，南洋航线到达东南亚各国，西洋航线到达南亚、阿拉伯和东非沿岸各国。通过丝绸之路，沟通了当时沿途 36 个国家的商品与文化交流。

值得我们骄傲的，还有国内物流通道“京杭大运河”。以当时世界著名的经济文化中心洛阳为起点，从隋唐开始，开凿了一条东达于海，南下苏杭，西至关陇，北朔幽燕，全长 1800 多公里的大运河，贯通海河、黄河、淮河、长江、钱塘江五大水系，满足了当时粮、盐与工程物资的跨区域物流。

另外，值得我们骄傲的，不仅是丝绸之路和大运河本身，还有当时世界上最先进的运载工具与物流组织、物流布局。明代郑和下西洋，率领 62 艘大船，2.7 万人，纵横太平洋、印度洋。从隋朝开始，历代都十分重视漕运，明代从事漕运的有 12 万人，1 万多艘商船，反映当时的造船技术、航海技术到达顶峯。从汉代开始，仓储建设兴起，隋朝有义仓，宋朝有惠民仓、广惠仓，明朝有预备仓，在全国布局，“积于不涸之仓，藏于不竭之府”，俗称“天下之大命”。

中国古代物流之所以发达，主要基于四个条件：一是商品经济的发展，从公元前 1 世纪到 12 世纪，中国的封建社会经济繁荣，需要与外国进行商品交换与文化交流；二是商人的出现；三是货币成为交易媒介；四是交通工具的发展，特别是造船业。当时的晋商、徽商、闽商、广商、宁波商、洞庭商就有一个理念 --“货通天下”！

但到近代，中国落伍了，西方一些国家先后开启了人类工业化、现代化大幕，而中国闭关锁国，持续在农业社会的生产力水平上徘徊，最终坠入半封建半殖民地落后挨打的悲惨境地。中国人民觉醒了，经过辛亥革命与新民主主义革命艰苦卓绝的英勇奋斗，终于迎来了春天的曙光，一个在中国共产党领导下的新中国诞生了！

按照《关于建国以来党的若干历史问题的决议》的划分，建国以来经历了四个阶段：1949-1956 年，基本完成社会主义改造的七年；1956-1966 年，开始全面建设社会主义的十年；1966-1976 年“文化大革命 10 年”；1976 年 10 月粉碎“四人帮”，特别是 1978 年十一届三中全会进入改革开放伟大转折时期。

要讲中国物流的历史，可以简单的划分为两个大阶段：1949-1978 年为计划经济体制下的物流、1978 年改革开放以后为社会主义市场经济体制下的物流。

1949 年新中国成立了，但旧中国留给我们的是一个破烂不堪的经济，以美国为首的帝国主义又千方百计想把我们扼杀在摇篮中，以毛泽东同志为领导核心的中国共产党，根据中国的实际情况，对如何进行社会主义建设进行了积极的探索，付出了巨大的代价，但始终没有摆脱计划经济体制这个大框架。实行计划经济体制，在一个贫困落后的中国取得革命胜利后的社会与经济发展，起过重大的作用，但长期坚持不变，对中国经济发展带来了严重的束缚。

在这一大背景下，中国的物流业，特别是交通运输业得到恢复并开始大规模建设，初步建立了以铁路和水运为骨干，包括铁路、公路、海运、内河航运和管道构成的运输体系。对铁路运输的 16 种主要物资进行合理化运作，开展了以城市为中心的物资储存与调拨，取得明显成效，保证了经济恢复与社会主义建设，特别是抗美援朝对物流的需要。但从总体讲，这一时期中国的物流是落后的、贫困的，主要表现为以下特点：

第一，高度集权。当时国家指令性计划的物资有 1200 多种，统一计划、统一生产、统一分配，也统一安排物流。计划部门管指标，物资部门管调拨，交通部门管送达。所有企业都无权生产计划外产品并进行物资调运与产品交易，一方面资源短缺，另一方面产品库存积压又十分严重。

第二，分割管理。计划经济是一种短缺经济，实行城市与农村、内贸与外贸、生活资料与生产资料分割管理。商业部负责生活资料，物资部负责生产资料，外贸部负责进出口贸易，供销合作总社负责农业生产资料和农副产品。货物的运输也是交通部、铁道部、邮电部、民航总分别管理，铁路警察各管一段。所有物资分国家指令性与地方指令性，设一级物资储备站与二级物资储备站。分割管理是计划经济体制下的一个基本特征。

第三，政府定价。在社会消费品零售总额、生产资料销售总额与农产品收购总额中，政府定价比例分别为97%、100%和94.4%。运输与仓储价格也都是政府定价，价格是一种政府行为，价格与价值背离。

第四，政企不分。物流所有环节所设立的运输、仓储、装卸、包装、货代等企业都是政府所属清一色的公有制企业。

第五，“大而全”“小而全”的商业运作模式。新中国是从一个小农经济社会走过来的，又借鉴了苏联计划经济模式，不管是工业还是服务业，都是“大而全”“小而全”模式，社会化程度低，每个企业都自己设库，建车队，凡能自己干的从不外购、不外包。

这一时期，中国物流发展遇到了前所未有的困境，远远掉在了发达国家的后面。

来源：摘自丁俊发文《1978-2018 改革开放 40 年的中国物流业》

3.2.2 上海物流业发展史巡礼

上海物流业发展史巡礼之一：仓储托运业

按：上海近现代物流业及其基础要素产业开端于何时，走过了一段怎么样的发展历程，又对行业现状和未来有着什么样的影响，一直受到业内人士的高度关注。这是 2005 年 4 月编纂出版的《上海通志》中第十九卷商业服务业第十一章仓储托运业的内容。

仓储业

清道光二十四年（1844 年），美商大来洋行、英商太古轮船公司、日商邮船会社在上海建码头和码头仓库。光绪元年（1875 年），招商局在虹口兆丰路北建码头仓库，称北栈。此后，宁绍轮船公司建宁绍码头仓库，开滦煤矿局建开平码头和大储栈。1931 年，四川民生轮船公司在南市、虹口、杨家渡等处建码头仓库。1929 年，全市码头仓库库房总容量 91.1 万吨，其中华商 22.4 万吨、英商 39.0 万吨、美商 6.5 万吨、日商 23.2 万吨。货场总容量 69.2 万吨，其中华商 23.3 万吨、英商 7.7 万吨、美商 4.0 万吨、日商 34.1 万吨。光绪三十一年，英商隆茂公司在广东路和陆家嘴分别建仓库 1.5 万和 6 万平方米。1927 年，英商卜内门洋行建长治路仓库 1.5 万平方米。之后，英商元芳洋行在四川中路元芳弄建仓库 7000 平方米。20 世纪，出现商业性仓库，以金融业仓库为主。1915 年，通商银行在苏州河南建仓库。此后，东莱、上海、垦业等银行和顺亨钱庄相继在苏州河南建仓库。1931 年，浙兴、大陆、四行、交通、新华、滋康、福源、福康等银行、钱庄同时在苏州河北建大型仓库。苏州河两岸形成仓库群，仓库面积 5000 平方米以上的 13 家，其中 4 家超 1 万平方米。抗日战争胜利后，成立银钱业仓库联谊会。30 年代初，上海形成仓储商业，永兴仓库规模最大，面积 3.42 万平方米，90% 以上的业主租赁民屋经营，面积 1000 平方米以下占 70%。1942 年 10 月，成立堆栈业同业公会，会员 63 家，仓库面积 3.15 万平方米。1943 年 7 月，改名仓库商业同业公会，会员 79 家。1946 年，成立仓库业同业公会，会员 93 家。

1949 年，全市银钱业仓库 56 家，仓库面积 19.86 万平方米；商业仓库 84 家，面积 19.37 万平方米；粮库 7 家，总容量 4.33 万吨；冷库 9 家，总容量 2.12 万吨；石油库 2 家，总容量 0.44 万立方米；外商企业仓库总面积 37.21 万平方米。1949 年 5 月，上海市军管会接管前民国政府物资供应局国顺路、复兴岛仓库，面积 2.14 万平方米。1952 年 10 月，成立华东军政委员会贸易部上海仓库公司，集中管理商业部门仓库。1953 年 4 月，改名上海市国营商业仓储公司，归口市商业局，有仓库面积 25.26 万平方米。因集中过多，不利管理，陆续退还原属部门。1954 年 1 月，集中管理仓库面积 20.86 万平方米。1952-1956 年，市仓储公司接管隆茂等 8 家外商仓库，总面积 14.91 万平方米。1953 年 3 月，公私合营银行成立仓库业务部。1956 年 6 月，金融业仓库全部划交市仓储公司，计库房 56 幢，11.6 万平方米。

1949 年，全市有私营仓库 84 家。1953 年，122 家参加仓库同业公会，其中主业户 102 家、兼业户 20 家，库房面积 22 万平方米，货场 5.3 万平方米。1956 年，同业公会会员 145 家，总面积 12.88 万平方米，从业人员 2588 人，其中资方 151 人，公方及职工 2437 人，有 97 家实行公私合营，总股金 497 万元，归口市仓储公司；撤销同业公会。是年，市仓储公司统一管理全市社会仓储业，仓库面积 62.39 万平方米，占全市商业仓库总面积 130.84 万平方米的 47.68%，从业人员 7000 余人，主要业务对象限于市商业一局所属各级批发部门。为此，其他系统相继自建仓库。70 年代，建江浦、大场、军工路储存水产和肉类大型冷库，总容量 3.8 万吨；龙华冷库储存水果，容量 1 万吨；石油公司油罐 261 只，容量 174 万立方米；化剂站危险品库 1.3 万平方米。1979 年起，商业系统仓库开始招揽社会储存业务，外贸、物资部门及部队仓库也对外开放。市郊农村生产队、生产大队利用仓库、棚舍发展农村仓储，1984 年有 1035 家，1990 年 2474 家，从业人员 28443 人。1985 年，市商业一局租用农村仓库 7 万多平方米，1990 年 18 万多平方米。

1979 年起，商业、供销合作社系统先后建成一批普通库和专业库。1988 年，市区有工业品仓库 46.40 万平方米，副食品仓库 5.77 万平方米，粮库 73.74 万平方米，医药库 10.80 万平方米；供销合作社系统仓库 11.69 万平方米；农村仓库 387.00 万平方米。是年，上海市仓储行业协会成立，会员 275 家。1990 年起，农村仓库减少，有的市区仓库改作批发市场。1995 年，全市商业仓库面积 367.15 万平方米，其中日用工业品仓库 42.03 万平方米，副食品仓库 14.41 万平方米，粮库 117.10 万平方米，水产库 17.43 万平方米，医药库 16.76 万平方米，供销合作社系统仓库 159.42 万平方米。

一、设施

普通库　上海开埠后，外商兴建的码头仓库大多是砖木建筑，部分为二三层楼库。1921 年，东莱银行仓库建成，高 4 层，砖木结构，面积 7000 平方米。1931 年，建浙江兴业银行仓库，钢筋混凝土结构，高 5 层，面积 17465 平方米，相连的库房设有自动防火门，有载重 2 吨电梯。1932 年，建 5 层高的四行仓库，投资 70 多万元银元，面积 1.2 万平方米。1949 年 4 月，全市金融仓库 63 家，面积 25.66 万平方米。商业性仓库大多租赁房屋经营，多数为砖木结构。1935 年，建永兴仓库，面积 3.42 万平方米，主楼 6 层钢筋混凝土建筑，有 8 吨载重电梯 2 部，货车可直上各楼装卸货物，号称远东第一。1933 年，建宝丰仓库，5 层钢筋混凝土建筑，面积 0.72 万平方米，有电梯 2 部。1949 年，全市私营仓库 84 家，总面积 19.37 万平方米。50 年代初，国营批发企业建造竹架结构油毛毡顶简易库棚，储藏蔬菜的席棚面积 3 万 -4 万平方米，储存肥皂、五金工具、日用杂品等的席棚面积 4 万多平方米。60 年代初，开始建砖木结构仓库，石棉瓦或油毛毡屋顶，水泥地坪，有门窗。1964 年，上海一级站直属企业建日用工业品仓库近 3 万平方米，药品和医疗器材仓库近 4 万平方米，都是 4-5 层钢筋混凝土结构仓库。1978、1985 年，在吴泾黄浦江边建造有专用码头的糖库，占地 8 万平方米，5 幢库房总面积 2 万平方米，可储糖 7 万吨。1981 年，在国顺路建成二线库 2 幢，面积 4.14 万平方米。同时，建成日用工业品仓库 9.9 万平方米、医药仓库 3.6 万平方米、蔬菜仓库 2.3 万平方米；供销合作社系统淘汰 10 万平方米旧库，新建仓库 19 万平方米；文化站武威路仓库设恒温设置，储存照相器材等；医药部门 1.58 万平方米仓间改造为吸湿仓间。1988 年，医药站引进瑞典仓库项目，改造水电路仓库 0.3 万平方米，计算机操纵药品收发，报表信息电脑管理。1995 年，全市商业系统普通库面积 83.64 万平方米。

油脂库　1953 年前，食用油脂都在油厂或批发部门零散储存，或租借场地委托寄储，无专业性油脂仓库。是年，上海油脂储炼厂建油罐，可容散装油 2500 吨，货场可堆桶装油 5000 桶；光复西路油库油罐，可容散装油 800 吨，货场可堆桶装油 8000 桶，总仓容 5740 吨。1954 年 3 月，油脂仓库面积 3244 平方米，货场面积 21424 平方米，油罐容量 3960 吨，总仓容量 13904 吨。1964 年总仓容 19000 吨。1965 年，建龙吴路油库，油罐容量 7000 吨，在眉州路仓库建容量 1000 吨的油罐，年底市区仓储能力 41350 吨。是年松江、南汇、川沙、崇明、奉贤、宝山、嘉定等县建造油罐 99 座，可储油 2949.7 吨。70 年代初期，第六、五油库各建砖砌油罐 6 座，因油脂对水泥腐蚀，水泥油罐报废。以后发展钢板油罐。1980 年，拆并中小油罐，增建大型油罐 136 座，可储油脂 5.5 万吨；仓库 1503 平方米，简易仓棚 4800 平方米，水泥地坪 11669 平方米，核定桶装储存量 1.5 万多吨，共可储油 7 万吨，为市区 10 个月的供油量。1987 年，改造春江路仓库，建造 4 座容量 500 吨和 6 座容量 200 吨的油罐。1989 年，第四油库征地 23.3 亩，增建 1 万吨容量的油罐，先后在有条件的库站建罐 10 座，容量 1.32 万吨。市油脂公司系统油罐总容量 10.75 万吨，可储散装油 8.9 万吨。

冷藏库　清光绪十六年，德商开设新上海制冰厂，储藏冰蛋。光绪三十一年，英商华昌冷气公司、日商东方制冰株式会社、华商收购英商屈臣氏汽水厂等冷冻厂，生产机制冰，形成机冰商业。光绪三十四年，英、美洋行开设培林、怡和、班达、海宁、和记、英国、汉中等 7 家冰蛋厂，相继建造冷库。1925 年，华商茂昌蛋业公司建造冷库，1929 年在十六铺建沪南冷库容量 0.2 万吨，1931 年在闵行路建沪北冷库容量 0.32 万吨。1929 年，舟山鱼行集股建永新冷库容量 800 吨。1932 年，杏花楼、新雅等大酒店集资开设宏昌冷气公司，为各大饭店储藏冻肉、冻鱼等，冷库容量 0.16 万吨，可日制冰 20 吨。1936 年，上海鱼市场有冷库 5 间容量 2700 吨。1956 年，上海市冷藏商业同业公会会员有茂昌、洽茂、合众、中华、鱼市场等 11 家，总容量 2 万余吨。冷库容量不敷需要。1958 年，开始扩建、新建冷库。1960 年，建江浦冷冻厂冷库，容量 1.8 万吨，以冻结和冷藏肉类为主；1973 年，以冻结水产品为主。1971 年，建大场肉联厂冷库，容量 1 万吨。1979 年，建军工路冷库，容量 1 万吨。1981

年，建薛家浜冷库，容量1.2万吨。1984年，建吴泾冷库，占地7万平方米，4幢7层建筑面积9.7万平方米，容量5.2万吨，约占全国冻肉储存量40%，是全国最大的冷库群。80年代初，在大场清真宰牲厂建容量2千吨清真冷藏库。全市储藏肉类为主体的冷库容量10.4万吨。为调节蔬菜、蛋品等副食品淡旺季供应，1973年建国庆路小型冷风库1座，容量750吨。80年代，先后在杨家桥、曹杨路、彭浦、塘桥建4座冷风库，总容量1万吨。在龙漕路禽蛋一厂、龙华蛋品批发部等地建3处冷风库。供销合作社系统在50年代有容量500吨的新闸路冷库。为常年供应瓜果，70-80年代建成龙华、中山西路和北郊冷库，容量分别为1万，0.2万和0.8万吨。此外，还有县属8个冷库。1995年，全市商业系统冷库总容量25.86万吨，其中供销合作社系统2.05万吨。

石油库 上海开埠后，英国亚细亚公司在杨树浦路底建油库，占地37亩，油罐13座，总容量2950立方米，储存轻油；美国美孚和德士古公司在复兴岛建油库，占地48亩，油罐10座，总容量1527立方米，另有简易仓棚和桶装库房各1座，储存散装和整装润滑油。1951年起，上海市军管会接管美商美孚和德士古公司，征用英商亚细亚公司，由中国石油公司华东区公司管理。60年代，上海市石油公司在复兴岛油库扩建50立方米卧式油罐20座、100立方米卧式油罐3座、300立方米卧式油罐3座，建造仓棚2座；在宝山油库建造50立方米覆土式卧式油罐55座；在青浦油库建造30立方米覆土式卧式油罐16座和50立方米覆土式卧式油罐79座。1970年，在闵行征地68亩，建第一批300立方米覆土式卧式油罐16座、容量4800立方米，建成土油罐2座、容量1300立方米，卧式油罐100立方米20座及500立方米5座，建成仓库1座面积2000平方米，储存润滑油。1977年，扩建2000立方米罐2座。1974年，在杨树浦路油库建金属油罐2座、容量1000立方米，在青浦油库建50立方米油罐40座。1980年后，复兴岛油库扩大润滑油储存量，建造简易货棚1座，面积3000平方米；杨树浦路油库新建19座容量600立方米和11座容量100立方米的油罐，改储润滑油；闵行油库建成5000立方米的油库8座，征地41亩，建造13座容量35000立方米内浮顶油罐，扩建2座容量1600立方米中转油罐。1995年，市公司所属油库有油罐142座，总容量109387立方米；县、区级油库有油罐506座，总容量45892立方米。

危险品库 20世纪50年代初，市医药公司设上海市第一个专用危险品库，在梅陇市化轻公司仓库建3间危险品平房专储化学试剂。1958年，市化学试剂公司为储存乙醚、乒乓球等危险品，建危险品仓库，是年建4246平方米，1960年建2551平方米，1962年建1394平方米，1975年建4000平方米，合计近1.3万平方米。1980年，为储存不耐热商品，建造1座冷库，面积207平方米，常年恒温10度；改建1个保暖库。1988～1992年，拆除5800平方米三类仓间，按一类仓库标准建造6幢库房，夏季仓间温度可保持30℃以下。70年代，在南翔建造专储农药危险品仓库5000平方米。1985年，建鞭炮专用仓库，面积2500平方米。

二、经营

业务 上海开埠前，民间仓库大多附属一个行业或大行号，也有为北方商人经销土布的贸易货栈，客栈、货物堆栈两用。19世纪，进口货物大多储存码头仓库，储存期长，影响码头货物吞吐。30年代起，金融仓库和私营仓库业承揽社会货物储存业务。商业采购的工业品，大多储存营业性仓库。仓库签发仓单（又称栈单）作为储存凭证，客户凭单提货，也可将仓单过户给别的客户，过户给银行可作贷款抵押，信誉好的可在交易市场买卖。商业仓库业务有普通保管、出租仓房、原仓保管和加工保管4类，兼管代理保险。业务收入有仓租、上下力、联络费、杂项等。仓库同业公会按商品大类制订仓租费率，按件按月向客户收取仓租。1952年，市商业储运公司主要为商业系统批发企业服务，不储存系统外货物。因所管仓库历史上有储存外贸和其他系统的物资业务，1961年起储运公司保证每年储存外贸商品不低于17万吨。此后，外贸系统陆续新建仓库，在储运公司的储存量逐步减少。1977 年，储运公司日均储存量 35.60 万吨，其中商业一局 20.88 万吨、外贸 13.07 万吨、其他 1.65 万吨；1978 年日均储存量 35.09 万吨，1980 年 35.72 万吨，1982 年 34.61 万吨。1995 年，储运公司为 20 多家大型企业提供物流服务，日均储存量 21.95 万吨。

收费、利润 1953 年，市商业储运公司收支相平。以后，逐年降低收费标准。1952 年每平方米成本 0.085 元，1953 年 1 月 0.076 元，12 月 0.0648 元，1954 年 2 月 0.0635 元，1956 年 1 月 0.058 元。1956 年起，不再降低仓租费率。1957 年，实现利润 2.5 万元。1958 年，实行储运合一，利润 914 万元，其中仓储利润 429 万元。1959-1962 年，仓储年利润 500 万 -600 万元；1976 年，亏损 4.6 万元。1979 年，调整收费标准，1980 年利润 1269 万元。

托运业

上海托运业的前身是报关、转运、打包 3 个行业。清咸丰四年（1854 年），江海关规定须用英文报关，商人请会英文者代办申报，出现报关行，集中十六铺、新开河一带，清宣统三年（1911 年）有 60 多家。1937 年上海沦陷后，700 家报关行歇业，剩 50 余家。抗日战争胜利后复业。1948 年，全市近 2000 家。

清光绪三十四年（1908 年）、宣统元年，沪宁、沪杭铁路相继通车，出现专事沿线货物运输的转运行，代客办理托运、押运、理货、打包、搬运及货物运抵车站再转运到目的地等手续。报关行专营航运业务，转运行专营铁路运输。

上海开埠后，分别成立同业公所，称南、北公所。南公所会员多是杂粮、糖、海味北货和洋杂货帮同业；北公所会员经营纱布和住客庄居多，称大行家。1946 年 4 月，两公所合并为上海市转运报关商业同业公会，会员 366 家，未入会 134 家。1948 年 2 月，改称上海市报关运输商业同业公会。

清同治七年（1868 年），阜昌打包号开业。后有鸿茂、广福和、同孚泰、泰昌等打包号。包装材料有藤条、竹篾、麻袋、铁皮等，工具有包针、榔头、小刀、手机、木机等。1949 年，全市打包行号 60 余家 400 余人，其中丝茶打包 10 家 100 余人，从业人员多为郊区农民；手机打包 30 余家，木机打包 21 家，从业人员均为江浙赣省籍人。

1950 年 7 月，上海市转运商业同业公会筹备会成立，登记会员 260 家。12 月，上海市报关运输商业同业公会成立，会员 394 家。1951 年 9 月，两公会合并为上海市转运报关商业同业公会，会员 625 家，其中 443 家在黄浦区。此后，行业萎缩。1956 年，存 298 家，资金倒挂的 211 家。是年，8 家划归外贸局，79 家实行公私合营，总股金 23 万元，统称托运行业，归口商业运输站托运服务部管理，除承揽零星托运业务外，重点为外省驻沪办事处服务。1970 年起，托运业务由交通运输部门统一办理，上海托运服务部撤销。

1951 年，打包同业公会成立，会员 143 家。1955 年 231 家，资金 2 万元以上的有 7 家。1956 年，实行公私合营，归上海市商业储运公司包装服务部管理，有打包行 220 家，其中木机 84 家、手机 87 家、其他 49 家；从业人员 1159 人，其中私方 461 人。1979 年，商业储运公司重建上海托运部。静安区威海街道为安排青年就业，成立威海储运中心，开办托运打包业务。之后，各区街道开设托运行。1990 年，全市托运行有 1015 家。1991 年，有托运行 737 家，资金总额近 1 亿元，从业人员 2.2 万人，营业额 2.08 亿元。

一、设施

码头 1938 年，在江浦路建上海鱼市场 2 座码头，岸线 204 米，为上海首项商业自有码头设施。1951 年，国营商业在外马路租用私营大通公司土地，建上海鱼市场南市分场，有卸货码头 2 座，岸线 86 米。1956 年，在江浦路扩建卸鱼码头 5 座（包括 1 座冲水码头），可日卸鱼 700 吨，成为上海海轮水产品的主要起卸基地。同时，蔬菜公司在关桥、西藏路桥、三官塘桥和开平码头等地建小型码头，粮食系统 7 个粮库建专用码头，在北苏州路和关桥建 2 座日用品装卸码头。1981 年，建薛家浜冷库，

16米宽活猪接卸码头改建成64米宽冻肉接卸专用码头。1984年，蕰藻浜吴淞肉联厂建成宽251米综合性码头，在吴泾建成岸线长66米的冻肉深水码头。1985年，吴泾糖库建成万吨级深水码头，岸线180米。1983年，吴泾农资仓库建专用码头，有4个5000吨级泊位，岸线162米。1979年，在闵行和杨树浦建石油码头各1座。1993年，投资2.4亿元在罗泾建大型石油码头，1995年竣工，有13个泊位，分万吨、千吨、百吨级泊位；引桥1座，总长1184米，宽12米。

铁路 1952年，在真如仓库建成接运和发运日用工业品的铁路专用线，长2700米，有4座月台，日装车能力50个车皮。1959年，建成上粮四库专用线，长450米。1964年，水产供销公司在军工路建成专用线，长763米，有2座共长208米月台，日装车能力56个车皮。1965年，上粮七库修复停用专用线，长1060米。1985年，吴泾糖库、吴泾冷库和农资冷库分别建2股道专用线600米、3股道专用线1200米和520米；建兰溪路蔬菜2股道专用线210米。1990、1994年，先后建成上粮五库和三库专用线，长5004和1530米。1985年，闵行油库建成2股道专用线480米，可停放槽车30个，有10个散装和15个桶装发货货场。1988年，投资1350万元，改建真如工业品专用线第一期工程，月台面积16840平方米，货位108个，可同时停卡车50～150辆，一次可停靠车皮28个，用计算机操作，建有监视、通信、报警三系统控制中心。

二、经营

民国时期，商业部门及各地到沪采购的工业品，一般委托运输报关行办理运输。运输报关行除向交通运输部门办理托车托船手续外，还代办提货、理货、打包、搬运、纳税、报关、押运等业务。商品运输过程由运输报关行全程负责。运输报关各行大多专做一条运输路线。1948年，187家转运报关行，南路有46家，经办海运南洋线至福州、厦门、广州等地，以及粤汉铁路沿线，以棉布为主，百货次之；北路有37家，经办海运北洋线至青岛、烟台、天津等地，以及沪宁、津浦及东北各铁路线，以棉布、百货、五金为主；长江线、苏北线有50家，以百货为主，棉布次之；浙赣线有11家，以金华、上饶为中转地，转运到浙、赣、闽各地，以土产为主，百货、五金次之；陇海线有18家，以百货为主、土产、医药次之；宁波线有9家；还有16家以国际贸易进出口业务为主的报关行。

解放初，国营商业以加工定货统购包销的形式，收购全市工业品，运往外地的工业品数量很大，如百货系统1950年外运量2.2万吨，1952年增至36万吨。1957年后，商业运输站，统一办理市第一商业局系统百货、文化、针织、纺织、五金等6个一级站的商品发运业务。1958年发运48万吨。1960年，发运量增至69.23万吨，其中百货14.24万吨、文化8.11万吨、针织5.09万吨、纺织8.74万吨、五金11.76万吨、交电8.67万吨，其他12.61万吨。1970年，发运74.88万吨，1978年79.63万吨。1983年，市商业一局对日用工业品实行多点发运、多头发运、多种运输线路、多种运输方式，1982年6个一级站自办运输量4.20万吨，1990年14.73万吨，占年运量26.71%。此后，发运量逐年下降。1995年，铁路发运17.05万吨，水路7.38万吨。

（来源：上海地方志办公室网选自《上海通志》

http://www.shtong.gov.cn/ ）

上海物流业发展史巡礼之二：《上海港志》（节选）

按：上海港是本市物流业的一个重要领地，这是2001年8月编纂出版的《上海港志》中的总述部分，可供大家简略了解上海港的发展历史情况。当然，从2001年至现在上海港又已经历了翻天覆地的新变化，“窥一斑见全豹”，但从历史角度观察跟踪上海港的成长发展全过程，对业界还是非常有益的。

总述

上海港居黄浦江之畔和长江入海口南岸，前瞻东海，背负太湖，南临钱塘，揽江海交汇之胜，得内陆广袤之利。港口形成于隋唐，定位于宋及明，兴于清前期，壮大于清末民初，繁荣于新中国，尤其是改革开放后。雄居中国大陆港口一个半世纪，并已跻身世界港口前列，为上海城市形成与发展，为长江流域开发与崛起，为中国与世界的贸易往来做出了积极的贡献。

一

上海地区港口孕育甚早。河网纵横，水运便捷，早在西晋以前，吴淞江入海口已有渔业生产和水上军事活动，或渔港，或军港。然就商港而言，形成于隋唐两朝在此设镇立县之时。初始，黄浦江尚未形成，港口位于吴淞江支流顾会浦通达的华亭镇及吴淞江入海口的青龙镇。在宋代，华亭镇港和青龙镇港都曾经是对外贸易口岸。

南宋中期，港口位置逐渐向海口迁移，间有海船停泊于上海浦，越百年，遂成人烟密集、海舶辐辏的港口市镇。约在宋景定末年至咸淳初年（1264-1265年），上海建镇并设置市舶提举分司，港与城同步形成，并名列全国7个水路口岸之一。

明永乐初年，治水开河，形成黄浦江新航道。至明代中期，黄浦壮阔，海轮可直抵城下。藉此优良航道，上海港控江襟海，占据了江海中转最有利的位置。加之苏松地区棉花种植与纺织业兴盛，棉布输往全国，成为中国资本主义萌芽最早孕育的地区。故虽有倭寇侵骚和闭关锁国交相干扰，仍难以阻止港口前进步伐。清康熙年间一开海禁，即在上海设立江海关，成为四大口岸之一，进出口船舶倍增。乾隆年间全国只许广州一口开放，江海关不再对外，上海港外贸运输一度中断，但作为海港发展的其它基本条件没有改变。到鸦片战争前夕，上海港已成全国最主要的江海中转枢纽港，有沙船数千艘，被誉为“沙船之乡”；货物吞吐量已接近200万吨，其中内贸吞吐量已跃居全国首位；从事装卸的人数达万余。城市依港而兴，人称“江海之通津，东南之都会”。

二

清道光二十年（1840年）爆发的鸦片战争，使中国的历史发生了重大转折，“天朝帝国万世长存的迷信受到了致命的打击，野蛮的、闭关自守的、与文明世界隔绝的状态打破了”（马克思语）。中国的广阔市场渐次被迫向外国资本主义敞开，上海港是最早开放的五口之一。作为外国资本主义入侵和正常的中西贸易的主要渠道，港口一开始就处于侵略与反侵略、掠夺与反掠夺、文明与传统、先进的生产方式与落后的生产方式等一系列矛盾冲突之中。一方面上海港较早地受到外国入侵者的染指和控制，一系列不平等条约迫使其演变为半殖民地港口，殖民主义者制定了有利于外国船舶的港口管理章程，任命外籍港务长，划定洋船停泊界，设立水上武装警察；勾结封建把头残酷压迫和剥削码头工人；并利用港口倾销洋货、掠夺土货，无穷无尽地吮吸着中国人民的血汗。另一方面，港口直接对外的有利条件使其较早地接触了西方发达的资本主义商品经济及其相对先进的物质文明，逐步纳入环球航运体系，较早地开始了港口近代化的历程。在开港后短短十年间，中国对外贸易的重心便从广州转移到上海，上海港从此开始了其作为中国第一大港的历史。

第二次鸦片战争以后，长江和北方沿海港口相继对外开埠通商；苏伊士运河通航，缩短了欧亚航程；轮船成为主要运输工具。这些航贸巨变，促进了上海港航运地位的提高和港口设施的近代化。港口对内对外的辐射面都有很大的拓展。对内，通过天津、营口等港与北方内陆相连，通过汉口、重庆等港与西南、西北相通，扩大了港口间接经济腹地，提高了国货集中和洋货消纳的能力，使上海港成为进出口商品中转的大枢纽；对外，远程国际航线逐步增加，与广阔的欧美国际贸易市场的联系日益密切。外国在华航运势力以上海港为基地，建立了众多的轮船公司，垄断了中国沿海沿江的航运。外商开始兴建轮船码头，港区扩展至虹口和浦东沿江；驳船运输、航标设置等都有所发展。在港口与航运的带动下，上海城市外向型经济结构逐渐形成，近代商业、金融业、加工业和公用事业与港口互相促进，同步发展。甲午战争之后，上海近代工业加速发展，尤其是第一次世界大战为民族工业的崛起提供了良好的机遇，在黄浦江和苏州河港区旁形成了沪东工业区、沪南工业区和沪西工业区，为上海成为全国工业中心奠定了基础。当时万吨轮逐步成为远洋运输的主要船型。为此，从光绪三十二年至民国 9 年（1906-1920 年），上海港先后在荷兰工程师奈格和瑞典工程师海德生的主持下，对黄浦江进行了大规模的航道整治，筑堤坝束窄河宽，在吴淞口建造了吴淞导堤；在高桥河段开挖了新航道，极大地改善了黄浦江的通航条件，满足了万吨轮进出港口的需要，而且保持了长期稳定的状态。从光绪三十四年建成万吨级蓝烟囱码头（今民生路码头）起，较大规模的建设一直延续到民国 23 年，部分木结构码头和趸船式浮码头被钢筋混凝土框架结构码头所取代，并添置了部分起重机械；许多小码头被兼并；基本适应了港口装卸业务发展的需要。一批万吨级码头相继建成，港口规模不断扩大；沪宁、沪杭铁路先后通车，汽车投入营运，港口综合集疏运系统初步形成。至 19 世纪 20 年代，无论是港口集疏运条件、航运企业的运力或航线、港口的投资环境包括港口城市在金融商业方面的水平，还是港口自身的通过能力（包括整治后的航道，码头设施等），都已具备成为国际贸易大港的先决条件。民国间年，上海港进出口船舶净吨位已位居世界港口第十四位；民国 20 年更跃居第七位，港口货物吞吐量达到 1400 万吨。

民国 14-22 年，经上海港完成的外贸进出口货值平均占全国港口的 55%，国内贸易货值平均占全国港口的 38%。民国 22 年，上海港从国外进口煤油 7400 万加仑，占全国煤油进口量的 39.6%；民国 23 和 24 年每年进口汽油 2400 万加仑，分别占全国汽油进口量的 62.5% 和 60.1%；进口的国外小麦占全国小麦进口总量的 84% 以上；运出的棉布占全国轮船运输流通总量的 3/4。至民国 25 年，全国 500 总吨以上的本国资本轮船企业共 99 家、船 404 艘，其中总部设在上海的有 58 家、船 252 艘；以上海港为起迄港或中继港的航线总计在 100 条以上，上海港已经是远东的航运中心。在航运中心的支撑下，上海市成为远东金融中心、商业贸易中心和文化中心，成为国内最大的近代工业基地；沿长江形成了以上海为“龙头”，以南京、武汉、重庆为中心，包括一批开放口岸，由东向西推进的沿江商业贸易走廊；对外贸易方面形成了以洋行为核心，航运、港口、贸易一体，从国外到国内经济腹地都有自成体系的货源组织和中转、联运、销售的网络。上海港的自然地理优势得到了相对充分的发挥。

民国 26-38 年，上海港被卷入战争的动荡之中。芦沟桥事变将中国人民拖入了战争的苦海。“八一三”日军进攻上海，终止了港口上升的势头而走向衰落。港口管理部门逐渐沦落于日本侵略者之手。港口在军事上成为日军发动侵略战争的桥头堡和补给站；在经济上成为其掠夺中国资源和财富的重要中转基地。特别是民国 30 年 12 月太平洋战争爆发后，上海完全沦陷，上海港也随之成为由日军完全控制的殖民地港口，码头、仓库、装卸设备均遭到严重破坏。远东的金融、贸易、航运中心逐步从上海转移到了香港。抗日战争胜利后，在全国各业出现复苏的形势下，以上海港为中心的国内外航线得到较快的恢复，客货运输业务一度相当繁忙。然而，在国民党发动全面内战以后，上海港很快成为国民党军队运兵运械，发动内战的重要基地；尤其是上海港所依托的城市及广大腹地内的经济迅速恶化，致使商货运输清淡，南北交通阻隔，远洋航线也因外商转向香港而处于停顿状态，港口日趋衰落。1949 年，上海港全年只完成货物吞吐量 149 万吨，而且大部分是 5 月解放后完成的。

三

新中国的成立，揭开了上海港历史的新篇章。港口主权回到人民手中，昔日牛马不如的码头苦力终于当家做了主人。装卸机械逐步添置，大大减轻了工人的劳动强度，增加了安全系数。1957 年，港口货物吞吐量达到 1649.4 万吨，超过解放前的最高纪录；1966 年达到 3697.2 万吨，遥遥领先于国内其它港口。与此同时，上海港制定了新的《上海港港章》，完善了港务监督系统，航道施工能力和施工技术在原浚浦局的基础上有了进一步的提高，形成了专业建港设计和施工队伍，建成了全国最大的港口机械制造厂，外轮理货和船舶检验的业务能力、范围和水平均居全国前列。

然而，在 1978 年以前，港口先后受到“大跃进”和“文化大革命”的干扰或破坏；同时，中国与世界的联系也受到重重阻隔。虽然从纵向看，上海港在曲折中依然创业有成，有所进步和发展，但从横向看，与世界港口的差距有所扩大。当中国还在为扩大以煤炭为主导的低附加值货物吞吐量的时候，世界上一些先进港口已开始大力发展集装箱运输。上海港日益变得陈旧，就象一位蹒跚而行的老人，难以实现新的飞跃。当然，历史绝不会凝滞，当中国与美国、日本建交之后，打开了中国与西方国家的贸易大门。1973 年起，为适应外贸运输发展的需要，上海港职工响应国务院总理周恩来提出的“三年改变港口面貌”的号召，在浦江两岸搭起了一个个建设工地，掀起了以建设外贸件杂货码头和对煤炭泊位进行机械化改造为主要内容的建设高潮，为港口快速发展创造了一定的有利条件。1976 年完成港口货物吞吐量 5461.3 万吨，1978 年已猛增至 7954 万吨。在这一时期，上海航道局开始向长江口航道浅滩进军，开通了人工维护水深 7 米以上的航道；交通部第三航务工程局则在建港中壮大了队伍，提高了建港技术；上海港口机械制造厂研制开发了一系列大型门机，并出口援助越南港口。

中共十一届三中全会吹响了改革开放的号角，上海港的发展步入了快车道。尤其是浦东开发开放，更是推进了上海港的腾飞。90 年代后，上海经济发展的速度明显加快，国民总产值（GDP）年均增长速度连续 10 年超过两位数，经济总量规模迅速扩大，经济结构发生了很大变化。1999 年，全市 GDP 达到 4035 亿元，人均 GDP 接近 4000 美元，已步入中等发达国家城市水平，城市的经济积聚力和辐射力进一步增强，尤其是加工工业由粗放型向集约形的转变和上海工业加快向周边地区梯度转移，使长江三角洲地区成为集装箱箱源的重要产出区。在改革开放方针的指引下，在上海城市和长江三角洲经济快速发展的推动下，上海港在八九十年代掀起了以建设集装箱码头和老港区改造、外移为重点的高潮，先后新建了朱家门、关港、宝山、罗泾、外高桥等新港区以及宝钢等大型货主码头，改造了一大批设施陈旧的老码头，港口规模不断壮大，结构日趋合理，装备更加先进。1993 年，上海港集装箱综合发展有限公司与香港和记黄埔合资 56 亿元，组建了全国最大的集装箱码头企业—上海集装箱码头有限公司，集装箱业务突飞猛进。与此同时，老港区改造开始进入实质性启动。汇山客运码头正逐步改造为集交易、办公、旅馆、会务、物流等为一体的综合服务设施；高阳码头正在向高档办公和商住区域发展，为最终形成与浦东陆家嘴和外滩相辉映的现代化北外滩创造条件；十六铺客运码头开始搬迁，南站煤码头已经拆除；东昌公司、新华公司等都在不同程度上推进了功能转换和综合开发利用。上海港在生产方式上实现了从粗放型向集约型的转变，在生产结构上实现了从以煤炭为主向以集装箱为主的转变，在生产布局上实现了从以黄浦江内老港区为主向以长江口新港区为主的转变。上海港跳出黄浦江，能以更广阔的视野远眺海洋，拥抱世界。至 1999 年，上海港共有生产用泊位 319 个，其中万吨级泊位 98 个，码头总长度 39 公里，年吞吐能力 17981 万吨，完成货物吞吐量 1.86 亿吨，稳居大陆港口首位；集装箱吞吐量 421.6 万国际标准箱（TEU），跃居世界第七位。

在改革开放方针的指引下，港口管理、筑港和工程设计、航道疏浚、港机制造、船舶检验、外轮代理等得到迅速发展和壮大，取得显著成效。

上海海事局（原上海海上安全监督局）认真执法，加强监管，率先改革了国际航行船舶的进出港手续。该局建设开通的上海港水上交通管理系统（一期），达到世界先进水平。上海港在全国最早设立港政管理和货主专用码头管理机构，率先实施了岸线管理和专用码头管理。

筑港和工程设计、航道疏浚能力在全国一直居于领先地位，完成了一大批上海和沿海省市港口的水工项目。上海航道局先后从国外购置多艘大型挖泥船，拥 6500 立方米自行云边抛耙吸挖泥船和接近世界先进水平的“航浚 5001”等轮；年疏浚能力已达到 6500 万 -7000 万立方米。90 年代，挖泥船已广泛使用卫星导航、卫星定位和电脑控制等科技设备，并已进入国际疏浚市场，业务范围遍及 12 个国家和地区，上海疏浚公司有 400 余人常年在国外工作。

第三航务工程局不仅承建了上海港内大型码头建设，而且建设了国内最大的宁波北仑 20 万吨级矿石码头和国内最长的连云港拦海大堤等一批重大工程；并参与完成了上海金茂大厦、吴淞路闸桥等市政大型工程项目，并承接了一批境外码头工程。

第三航务工程设计院自 1984 年组建以来，先后获得国家级优秀设计奖近 40 项，已完成的澳门海岛式机场跑道区及联络桥等 16 项工程设计方案，在境外工程界享有美誉。

上海港机制造业实现了产品结构调整，大力开发制造集装箱桥吊系列，产品在国内港口的覆盖率达到 70% 以上，而且打入国际港机市场，远销 10 多个国家和地区，产品质量和售后服务质量获得港口界的赞誉。

上海船检和船级社已发展成为集船舶、海上设施、集装箱和船用产品检验、技术咨询等业务于一体的全国最大的船检机构，检验业务量约占全国 $^1/_4$，居全国同行首位。

上海外轮代理市场自 1985 年起逐步形成，全市已形成 10 余家外轮代理公司，其中，上海外轮代理公司的规模和业务量仍首屈一指，并在国内领先；1998 年改组为区域性公司后，积极发展现代物流，全方位开拓业务，取得良好业绩。

四

90 年代后，为顺应经济全球化的发展趋势，上海作为中国社会经济发展水平较高的城市，被推到了中国经济发展的前沿，要尽快建成国际经济中心城市，成为“一个龙头、三个中心”。为了实现这一战略目标，1996 年 1 月，国务院总理李鹏代表中共中央、国务院，向全世界宣布要建设上海国际航运中心。同时，中共上海市委书记黄菊明确指出：上海未来发展的关键是“三港”，即信息港、国际航空港和深水港，其中深水港是上海迈向 21 世纪最为重要的基础性设施项目。为加强对上海地区港口航运建设的领导，上海市于 1996 年 5 月成立了上海国际航运中心上海地区领导小组及办公室。

围绕着国际航运中心建设，上海港明确提出了“围绕一个目标，做好两篇文章”的战略指导思想，即以把上海港建成国际集装箱枢纽港为目标，做好集装箱码头建设和黄浦江老港区功能调整、综合开发这两篇文章。明确提出了在集装箱码头建设上，长远目标与近期需要相结合的基本方针，即一方面积极为深水港区的建设方案作好经济论证、完善方案、融筹资金，另一方面，先后完成了外高桥一期、龙吴港区、洋泾港区和宝山港区的集装箱化改造，建成了外高桥港区二期工程，并已实施三期和四期集装箱码头的建设。1999 年，港务局固定资产投资完成 9.97 亿元，其中安排集装箱项目的投资额达 8.2 亿元，占投资总量的 82.2%。全港集装箱航班密度已达到每月 728 班，是国内港口中唯一在全球 12 条国际干线上均有定期集装箱班轮的港口。同时，初步形成了贯通南北 28 个港口的内贸集装箱水运网络，确立了上海港内贸集装箱枢纽港地位。

1996 年 11 月，经国务院批准，由交通部和上海市共同组建了上海航运交易所，作为国际航运中心建设的重要内容，其发布的中国出口集装箱运价指数，填补了世界集装箱运价指数的空白。1997 年 9 月，上海组合港管理委员会及其办公室正式成立，作为跨地区的集装箱码头行政管理机构，对上海市吴淞口以下、江苏省南京长江大桥以下的长江水域以及浙江省宁波、舟山地区水域内已建集装箱泊位和规划建设集装箱泊位的深水岸线进行统一管理与协调。1998 年，上海航运交易所抓住海关通关制度改革的契机，建立上海国际航运服务中心，将上海口岸进出口货物报关、检验、检疫、船代、货代等集中在一起，直接为航贸企业提供一门式服务。同年，长江口深水航道一期整治工程开工，于 2000 年 8 月竣工通航，水深达到－8.5 米。与此同时，能满足吃水 15 米以上的超巴拿马型集装箱船进出的深水港选址工作，在上海市委和市政府的直接领导下正紧锣密鼓地进行，力求彻底摆脱航道问题的困扰，为上海港的长远发展寻找一条金色的航道。

上海国际航运中心建设的实践，加速了航线和箱源向上海港集中。中远集装箱运输有限公司、中国海运（集团）公司、中国外运集装箱运输有限公司和长江集装箱运输的大本营均安在上海；一批外资大航运企业增强了对上海港发展的信心，全球最大的 20 家船公司已进驻上海，境外航商在上海设立子公司或办事处已达 103 家，货运代理 250 多家；50 多家船公司在沪开辟了 200 多条集装箱班轮航线；上海港与周边港口围绕枢纽港与支线港的分工逐步明朗。

在正确的发展战略的指引下，上海港的集装箱业务日益兴旺。在祖国大陆，上海港在集装箱运输方面与其它港口的领先优势正在不断扩大。与此同时，上海港与同处世界集装箱港口第二集团的竞争者之间的差距正在缩小，并且在大踏步地赶超。

上海港与世界集装箱港口差距缩小趋势表　　单位：万 TEU

港口	1997 年		1998 年		1999 年	
	吞吐量	上海港落后值	吞吐量	上海港落后值	吞吐量	上海港落后值
高雄港	569.3	－316.6	627.1	－320.5	698.5	－276.9
釜山港	528.6	－275.9	532.0	－225.4	644.0	－222.4
鹿特丹港	534.0	－341.3	603.2	－296.6	640.0	－218.4
长滩港	333.7	－81.0	406.2	－99.6	440.8	－18.4
洛杉矶港	290.0	－37.9	338.3	－31.6	382.9	＋38.7
汉堡港	350.5	－97.8	356.7	－50.1	375.0	＋46.6

五

从根本上讲，港口发展的动力源于社会经济运行过程中所产生的各种运输需要。可以预料，新的世纪国际经济将继续向全球化方向发展，全球范围内的产业结构调整和重组将与贸易自由化和区域集团化并存，国际贸易增长的速度会明显高于世界经济增长的速度，港口将面临很好的发展机遇；中国即将加入世界贸易组织和中共中央和国务院开发西部决策的实施，同样也会进一步激活港口功能的拓展。上海港是上海城市的最重要的基础设施之一，是上海综合竞争力的重要组成部分。但是，上海港也存在着一些急待解决的问题，其中最为突出的问题是缺乏深水航道和深水港区，严重地制约着上海城市综合竞争力的进一步提高。鉴于港口尤其是深水港的发展状态，对上海城市的未来走向举足轻重，中共上海市委和市政府对港口发展提出了更高的要求。在《中共上海市委关于制定上海市国民经济和社会发展第十个五年计划的建议》中，明确提出“要以深水港建设为重点，继续推进外高桥港区建设，加快黄浦江岸线功能调整和内河航道改造与建设，推进集装箱多式联运，完善上海国际航运中心的设施体系和综合功能。”为了落实中共十五届五中全会和上海市委七届七次全会精神，上海正加紧开展在大小洋山建设深水港区的积极探索。港口及与之有关的方方面面正在进一步解放思想，跳出上海看港口，使上海的港口建设与发展服从和服务于构筑枢纽型交通设施体系，提高上海国际经济中心城市的积聚能力和辐射能力，促进生产要素从“留”到“流”的跨越式转变，增强城市的综合竞争力的战略目标；服从和服务于提高上海与周边地区及内陆纵深腹地的通达度，更好地发挥促进中西部地区开发和服务全国的枢纽作用的战略目标；服从和服务于长江三角洲综合交通网络和港口布局的整体需要，面向世界，建成上海国际航运中心，增强上海港参与国际竞争能力的战略目标。上海港的前景光辉灿烂。

（来源：上海市地方志办公室网
http://www.shtong.gov.cn/）

上海物流业发展历史巡礼之三：《上海公路运输志》（节选）

按：这是1995年9月编写出版的《上海公路运输志》（节选）部分内容，时至今日，上海的公路运输和全国一样，都已跨入与以前全然不同的新面貌，历史的经验仍然值得我们回顾和总结。

概述

（一）

上海地处长江三角洲，中国大陆海岸线的中点，濒江临海，气候温和，地势平坦。境内湖沼密布，港汊纵横，江河终年不冻，水运条件优越。上海的先民生息繁衍于此，或载物或渡人，颇得舟楫之便。在陆上他们的足迹所到之处，形成了众多的人行小道，以肩扛背挑方式搬携物品。直至18世纪末，上海的内外贸易已很活跃，成为“江海之通津，东南之都会”，但在交通运输方面，依然是“有舟无车”，码头装卸、陆路搬运悉由划地为界、分帮把持的箩夫、扛夫、脚班等承担，时有纷争。清乾嘉年间上海县衙曾数次居间调停，勒石告示，予以干预。至于陆路客运，仍仅有轿舆一项。市井乡民外出，若有少量物品，则可雇挑夫短途随行。

清道光二十年（1840年）第一次鸦片战争爆发后，上海成为通商口岸之一。清道光二十三年上海被迫正式开埠，西方殖民者的峨舸大舰尾衔而至，洋商外人随之而来。英、美、法等国胁迫清政府，先后在沪设立租界，成为清政府难以鞭及的“国中之国”。殖民者长驻上海，在从事“自由贸易”的同时，也带入了西方的近代物质文明。得风气之先的租界地区开始兴筑第一批近代城市道路和桥梁。殖民者几度大规模越界筑路，上海城区范围急剧扩大，原先囿于南市一隅的蕞尔小城，迅速成为一个远东的大都市。随着城区扩大，人口增加，货源增多，运距增长，从19世纪五六十年代起，小车、马车、榻车、黄包车等陆路运输工具先后在沪出现，上海“有舟无车”的历史方告结束。小车等运输工具，“价值较廉，复能任重”，问世后数量增长很快。至19世纪八九十年代，小车已成为沪上使用最广泛的陆路货运车辆。清光绪二十五年（1899 年）仅公共租界就有捐照小车 4505 辆。租界和华界为此相继建立了管理陆路运输事务的机构。小车运输工人全凭体力谋生，辛苦终日，仅得数文，收入低微，曾因捐税沉重，在清光绪年间数次掀起抗捐斗争。人力车货运业日盛，使原先集中于码头的搬运工人一分为二，部分仍在码头内从事装卸作业，部分则分离出来专事运距较长的陆路搬运。后者除继续沿用肩扛背挑的作业方式外，更多的则在码头与货主、仓库、商号间用小车、榻车等工具运货。码头装卸和陆路搬运从此出现分工。陆路搬运业遂成为近代上海公路运输业的前身。

（二）

清光绪二十七年（1901 年）中国最早出现的两辆汽车，由一名匈牙利人从国外输入上海。此后汽车在上海逐年增多，先用于客运，后用于货运。至清宣统三年（1911 年）在公共租界捐照的汽车已有 217 辆。民国元年（1912 年）龚福记、华盛义、恒泰 3 家华商汽车运输行在北火车站附近开设，成为全国最早的城市短途汽车货运企业。上海的陆路运输业进入了人力车和汽车长期并存、相互补充、此消彼长的时期。第一次世界大战期间至 20 世纪 30 年代中期抗日战争爆发之前的 20 年间，上海成为吸纳国际资本和国内游资最集中的地区，中外资本在此开设大批工厂，近代建筑业崛起，城市道路网密度提高，沪太、沪杭、锡沪等跨省市公路筑成，埠际贸易和对外贸易增长迅速，港口、铁路进出货物增加，外来人口剧增，使上海的汽车客货运输业出现了一个发展高潮。这一时期，美、英、法、德等国的汽车大批在沪经销，上海的汽车保有量增加，单车载重量增大，超长车、倾卸车、油罐车、汽车挂车开始投入营运。英商茂泰、华商华富运输行先后拥有载重 20 吨和 25 吨的平板车，后者成为上海解放前最大的陆路运输工具。至民国 25 年，华界、公共租界、法租界分别有捐照货运汽车 1500-1700 余辆，其中公共租界的捐照货运汽车数量比民国 7 年增长 41.5 倍。随着汽车的增多，华商和外商的汽车运输企业纷纷开办，经营范围扩大。以华商为主的上海汽车货运业至民国 26 年抗日战争爆发前，已有经营户 260 余家，拥有营运汽车 600 多辆，并开始出现专运花纱布、杂货、煤炭、沙石、垃圾等货类的初步分工。为适应市民、商号的频繁迁徙，英商上海搬场公司于民国 17 年在沪首家经营汽车搬场业务，此后华商中国、宁波等搬场汽车运输企业相继效仿，其中中国搬场汽车公司在 30 年代初曾有搬场汽车 30 多辆。在运输起讫点将锅炉等重件货物搬移到位的起重盘路作业也开始出现。30 年代初，上海的起重运输工人还承担了浙江钱塘江大桥工地的打桩起重作业。跨省市长途汽车客运业在这一时期迅速形成。继上海首家长途汽车公司——沪太长途汽车股份有限公司成立，并辟通上海至江苏省太仓县浏河镇之间首条跨省市班车线之后，又有沪闵南柘、上南、上川、宝山城淞杨、交通、上松、青沪、锡沪等华商长途汽车客运企业开办。这些企业大都采用民间集资、垫款筑路，以取得专营权的方式经营。上海与邻省间的商旅往来，除凭藉沪杭、沪宁铁路和内河船运外，又增添了汽车客运这一新兴渠道。其间虽有不少长途客运汽车和站屋设施毁于民国 21 年的一二八战火，但多数经营者怀着实业救国、交通兴沪之志，协力同心，在战后不久即告复兴。民国 21 年苏浙皖京（南京）沪五省市交通委员会在沪成立后，也推动了上海跨省市公路客运事业。此外，随着汽车增多，使用频率提高，汽车维修企业不断增加。一批有识之士从汽油全赖进口的实情出发，进行了用木炭代替汽油的代燃汽车研究，并取得了成功。在汽车运输勃然兴起之时，榻车、老虎车因制造简单，使用灵便，可在窄街小巷中运行，加上其运价较汽车为低，又有大批破产农民和城市贫民操此业谋生，在城市短途货运中仍起着重要作用。民国 25 年仅在公共租界捐照的榻车、老虎车、小车就超过 2.1 万辆，比民国 9 年增长近 1 倍。许多建筑工地、仓库、工厂、商店仍雇用人力货车运货。

民国 26 年 8 月 13 日，日军侵沪，中国军队英勇抗击。全市 470 辆客货汽车被国民政府军征用，后大都毁于战火。许多长途汽车公司的站屋设施也损失殆尽。11 月，中国军队西撤，上海华界沦陷。原在华界经营的大批汽车运输行、人力货车行涌入尚未被日军占领的租界经营。此时的租界，人口膨胀，粮食、煤炭等需求量增加，与海外仍保持着贸易往来，江浙一带的富户携产挟资纷纷来沪避难，游资麇集，租界西部地区又有一批新厂设立，这些工厂离黄浦江、苏州河码头较远，市内运输也开始依靠汽车。于是一些运输行增添新车，以扩大货运业务。民国 30 年 12 月，太平洋战争爆发，侵沪日军进驻租界，包括汽车运输业在内的经济活动都置于日军统制之下。由于汽油来源渐少，大批民用汽车停驶。一批华商汽车运输行拆下汽车轮胎装配成榻车运货，或将汽车改装成代燃车勉强维持营业。英美等外商汽车运输行除歇业者外多被日军接管。日商汽车运输行则仗势扩张，垄断大宗业务，仅闸北、虹口一带就出现日商汽车运输行数十家，有车 250 ～ 300 辆。民国 31 年 7 月日军卵翼下在沪成立的华中运输股份有限公司和此前成立的华中铁道股份有限公司，加紧对上海地区汽车运输业的控制，并垄断跨省市公路客运业务。上海的汽车运输业经历了战前近 20 年的发展高潮后，跌入低谷。相比之下，人力车货运业在抗战期间因汽车缺油大批停驶而畸形发展。公共租界的捐照榻车在民国 31-32 年间增加近 1 倍，达到 6145 辆。三轮、四轮人力拖车（黄鱼车）也于此时在沪出现。至抗战胜利前夕，全市营业榻车有七八千辆之多，专业化分工也趋细，充气橡胶轮榻车逐步取代了实心橡胶轮榻车。但在人力车货运业中，封建把持垄断的情况有增无减，从业者生活艰辛。

民国 34 年 8 月抗日战争胜利结束后，上海的经济出现了一个短暂的恢复发展时期。国际航运畅通，对外贸易激增，工商企业复苏，社会经济趋于活跃，汽车保有量迅速增加，汽车货运业规模扩大。民国 35 年 8 月，全市有货运汽车 4149 辆，16 个月后增至 6797 辆，增长 63.8%。一批战时歇业的汽车运输行复业，新设立的运输行日增，加入同业公会的华商运输行，民国 37 年 8 月比民国 35 年 11 月增加 182 户，拥有营业汽车数增加 683 辆。有的运输行已能一次承担几百吨至上千吨的大批量业务。黄鱼车在人力车货运业中成为后起之秀，民国 37 年其数量已超过 1 万辆。榻车、老虎车数量也有增加，至民国 38 年初，全市约有营业榻车 1.3 万辆。战后的长途汽车客运企业虽大都相继复业，但多因资金短缺，经营竭蹶困难。即便是民国 35 年初正式成立的国民政府交通部公路总局第一运输处，一度有客货汽车 345 辆，也因公路复建迟缓，通车里程少，通货膨胀加剧，开办不久即告紧缩，"无法再事支撑"，载客量剧减。汽车维修业因战后上海汽车保有量增加而竞争趋烈，威海路、虬江路一带还形成了汽车拆旧市场。至民国 38 年 4 月，全市已有汽车修理行（厂）近 200 家，比民国 35 年增加 120 余家。

民国 38 年初，中国人民解放战争节节胜利，国民党政权处于风雨飘摇之中。4 月国民党军警当局强征汽车以供军运，并严禁一切汽车驶出市境，上海与邻省间的公路运输断绝。5 月上、中旬又强征货运汽车 1825 辆，市内汽车货运也渐告停顿。广大运输工人翘首盼解放。1949 年 5 月上海解放前夕，全市共有货运汽车 6654 辆，其中营业性货车 2628 辆，企业自用货车 4026 辆，此外还有 2.37 万辆营业人力货车。1949 年 5 月 27 日，上海全境解放，上海公路运输业的历史翻开了新的一页。至 1949 年底，全市剩有货运汽车 3857 辆，是年完成货运量 625 万吨、1774 万吨公里。同年人力车完成货运量 565 万吨、971 万吨公里。

（三）

上海解放后，上海市军事管制委员会立即接管了原国民党上海市政府公用局、国民政府交通部公路总局第一运输处和交通股份有限公司等机构。上海市人民政府大力鼓励民营运输企业尽早复业。广大公路运输工人抢修公路、车辆，在短短几个月中，锡沪、沪太等跨省市公路客运线恢复经营，沪苏两省市间的长途货运业务开始承办；粮食部门建立了第一个工商企业自备汽车运输队；郑兴泰汽车材料制造厂等制成的木炭、木柴两用煤气发生炉，使大批因经济封锁、汽油短缺而停驶的汽车重新投入营运；全国旧废汽车整修处理委员会华东分会在 1950 年 11 月 -1952 年 9 月间，先后接收旧废汽车 4435 辆，经拆拼整修完工 1596 辆，占全国同期整修完工量的 63%，这批汽车大部分被调往河南、河北、青海等 10 个省及解放军部队，为稳定上海经济和支援全国作出了贡献。1950 年成立的国营上海搬运公司，根据中央人民政府政务院公布施行的《关于废除各地搬运事业中封建把持制度的暂行处理办法》，开始分批分阶段对全市私营汽车货运业、人力车货运业实行统一承揽业务、统一调配人力和车辆、统一运价的“三统”政策，这些行业中的封建把持制度被迅速铲除。同年成立的国营华东联运公司开始组织公路、水路、铁路等多种运输方式之间的联合运输，以加快商品流通，适应城乡建设的需要。为壮大国营汽车运输能力，市人民政府采取了国家投资、车辆归并等政策，至 1954 年初，市公路交通部门已有国营货运汽车 361 辆。1956 年 1 月全市私营汽车货运业实行全行业公私合营，全部私营货运汽车由公路交通部门的国营企业合并经营。至 1957 年底，全市 59%的民用货运汽车已集中在市公路交通部门的直属企业中，加上 1.44 万辆人力货车，是年市公路交通部门共完成货运量 1882 万吨，占同年全市公路货运量的 72.8%，从而确立了公路交通部门在全市公路运输行业中的主导地位。

随着国民经济的发展，从 1958 年起，上海市内汽车货运需求量剧增，运力严重短缺。公路交通部门职工自力更生，土法上马，开展群众性的技术革新和技术革命运动，试制成功交通牌 4 吨载货汽车和一大批装卸机械，汽车运输拖挂化、线性规划调度法、人歇车不停的日夜双班运输、公路铁路港口联合调度、车船直过、车车直过、成组运输、送货上门等办法相继推行，运输效率大幅度提高。私营人力货车运输业在走上集体化道路之后，从业人员大都改事汽车货运，榻车、拖车等大量淘汰，运输能力倍增。为缓解汽车运力不足的矛盾，上海市交通运输局还开展了对机关企事业单位自用货运汽车的组织利用工作，最高峰时全市有 3100 多辆非交通部门的货运汽车纳入公路交通部门的统一调度。半挂车、平板车、槽罐车等的批量应用，使公路交通部门的专业化运输程度提高，大件、化工等专业汽车运输场相继成立。从 1960 年起，公路交通部门还派出大批汽车先后驻晋、豫、赣、闽、浙、冀等省，在当地赶运煤炭、木材、粮食、工业用盐，不久又为此专门组建了上海市外地运输公司，以加强市境外驻点运输的管理，既为驻点省份增加了汽车短途驳运能力，也给上海工农业生产增加了国家统一分配物资的调入量。由于“左”的思想影响，这一时期公路交通部门和全市许多行业一样，一度推行和采用了一些违反科学和忽视客观规律的做法，使运输生产造成不应有的损失。为此，在 1963-1965 年间，各运输企业对超负荷运行的车辆和一批土设备不得不进行全面检修、鉴定和改进，并制订相应的规章制度，一些不合实际的做法也逐步得到纠正。至 1965 年底，上海公路交通部门已有营运汽车 2993 辆，完成年货运量 3163 万吨，分别比 1957 年增长 32%和 1.9 倍。

1966-1976 年的“文化大革命”时期，上海公路运输行业受到严重干扰。许多领导机关一度陷于瘫痪，一些行之有效的规章制度受到冲击，刚成立不久的公路运输行业专管机构——上海市陆上运输管理处名存实亡，深受市民和企事业单位欢迎的搬场运输业务受到无端批判而被迫停办，运输生产指挥系统运转不灵，不计货种、运距、装卸难易的“一刀切”运价严重违背价值规律，全市民用汽车增长失控，造反派组织“文攻武卫”还强行接管一批外省市驻沪运输机构，公路交通部门的市属汽车运输企业体制和营业、调度体制数度不科学地拆并折腾，运输生产质量下降，事故频发。但广大公路运输职工坚守岗位，坚持生产，做好本职工作，力保全市工农业生产和市民生活对公路运输的基本需求。根据国民经济发展和上海后方战备基地建设的需要，1969 年起，公路交通部门抽调大批职工和车机设备赴江苏的梅山、大屯和皖南山区，在艰苦的条件下从事运输生产。1970 年后，沪苏、沪皖、沪浙间新辟了一批长途汽车客运线。市公路交通部门先后试制成功国内第一辆 300 吨级重型平板车、玻璃钢槽罐车、高压气瓶集装车、DC—20 型装载机等，以装备运输生产第一线，并为上海第一条穿越黄浦江的打浦路隧道、上海石油化工总厂一期工程等承运了大批物资。1974 年上海市汽车运输公司的大平板车赴四川成功地承运一批大型进口化肥生产设备。至 1976 年，上海公路交通部门用占全市16.8%的民用货运汽车，完成了占全市50%的汽车货运量。但全市的汽车运输效率在这一时期明显下降，1976年全市民用货运汽车保有量比1965年增长3.3倍，同期全市汽车货运量只增长1.1倍。

（四）

1976年10月“文化大革命”结束后，特别是1978年12月中国共产党十一届三中全会以后，经过思想战线上的拨乱反正，上海公路运输业进入一个改革开放、持续发展的新时期。广大公路运输职工励精图治，锐意改革，一心一意为国民经济振兴服务，全行业的运输能力登上新台阶。

不断开拓新的公路运输服务方式，恢复和发展传统服务项目。国际集装箱汽车运输从无到有，运力持续增长。1979年上海第一个专运国际集装箱的汽车队建立，至1990年全市已有国际集装箱公路运输企业15家，有专用汽车488辆、685个箱位，完成年接运量32万个标准箱。适应公路特大件运输的需要，国内第一辆800吨级组合式平板车在1989年由上海公路交通部门投入营运。化学工业加工的精细化和一批新型特种汽车的制成，使全市化工物品汽车运输量和能运品种增多，1990年仅公路交通部门就完成化工物品运输量375.5万吨。公路和铁路、水路、民用航空部门之间加强协作，发展联合运输，异地托运、集装箱联运、笨大件联运等服务项目的新设，“一票到底，全程负责”的经营方式，使市内外货主能“人在家中坐，收发全国货”，加速了物资流通。以搬场业务为主的公路运输企业重新在沪出现，并靠优质服务，声誉日增。公路交通部门的货运代理企业在1978年恢复建制后，本着为货主、车主服务的宗旨，扩大网点，改进服务，1990年已在全市设有103个营业网点，年货物受理量6900万吨。打包托运业因服务周到、发运渠道畅道，在80年代迅速扩大，至1990年已有经营户753户，遍布全市。需要特殊操作技能、素有“四两拨千斤”之称的起重盘路业在80年代后期也有较快发展，单件重量几十吨至上百吨的设备搬运已成常事，1990年全市共有这类经营户78家，从业人员4000余人。

为确保国家重点工程建设和港口、铁路的畅通，公路运输职工不断作出新贡献。在上海石油化工总厂、宝山钢铁总厂、秦山核电厂、石洞口电厂、黄浦江延安东路隧道、铁路上海新客站、沪嘉高速公路、南浦大桥等一批重点工程兴建时，上海公路交通部门抽调大批汽车实行对口运输，运输工人们以工地为家，日夜抢运，确保工程进度。1980年6月至1990年，在上海石油化工总厂建设工地，仅公路交通部门的市属企业就完成汽车货运量2389万吨；在宝钢一、二期建设工地，运输工人共承运各种设备、构件、建材等3415万吨，还创造了承运16.5万根钢管桩无一损伤的奇迹；1984年至1990年3月，公路交通部门先后出动596个车次，为秦山核电厂运送设备1万多吨，首次取得汽车承运全套核电站设备的经验。在承担重点工程运输任务的过程中，上海运输职工屡创国内公路单件运输新记录，其中单件最重的524吨，最高的12.3米，最长的77米，令世人瞩目。上海公路交通部门甘当配角，始终把疏港疏站作为重点任务，“来多少，运多少”，1984年起还与港口、铁路部门签订出货承包合同，80年代每年完成的港站物资疏运量在1800万吨以上。

跨省市公路客货运输随着地区间经济联系的密切而得到迅速发展。80年代上海与外省市之间人员往来大幅度增长，铁路运输不堪负担，国家制订了“公铁分流”的政策。1982年成立的上海市长途汽车运输公司连年开辟新的跨省市客运班车线，外地客运班车也纷纷驶入上海。经营灵活、深受中小客户欢迎的跨省市零担、整车货运班车线在80年代也成为公路交通部门优先发展的业务。1990年末，上海与苏、浙、皖、闽、鲁、赣、豫等7省间有跨省市客运班车线286条，其中95.2%的线路始辟于80年代，最长的线路营运里程871公里。112条跨省市零担、整车货运班车线织成的运输网，覆盖了除台湾省以外的各省、市、自治区，线路营运长度总和超过8.6万公里，其中单程运距超过1000公里的有32条，最长的线路达2377公里。

以高度的责任感和聪明才智，及时优质完成特殊的运输项目。1977 年，为在沪制造毛泽东主席纪念堂工程所需的材料，运输工人日夜赶运特种物资，历时半年，未有中断，累计行程 55 万公里。1980 年 4 月有 1200 多年历史的日本国宝、中国唐代鉴真大师坐像回国巡展，1982 年价值连城的法国卢浮宫和凡尔赛宫稀世油画来沪展出，承运企业及时改造专用汽车，采取多种避震措施，驾驶员和装卸工精心操作，全部展品万无一失。此外，公路交通部门还成功地承担了国家名誉主席宋庆龄玉雕坐像、美国总统里根访华代表团的行李、上海友好城市赠送的长颈鹿、价值数百万美元的进口精密模型、退役的鱼雷快艇和飞机等一大批未有先例的运输任务。

打破部门专营，开放运输市场，大力发展公路运输生产力。1985 年起，上海公路交通行政主管机关和 1978 年恢复建制的上海市陆上运输管理处，坚决贯彻交通部提出的“各部门、各行业、各地区一起干，国营、集体、个人以及各种运输工具一起上”的发展交通新方针，改革直属企业经营管理体制，提倡多家经营，鼓励有序竞争，支持个体和联户发展运输，公路运输业中的市场经济因素开始活跃，地区封锁、部门专营和长期存在的汽车运货难状况迅速改变。1985 年全市汽车货运量首次突破 2 亿吨，比上年增长 48.4%。公路交通部门的汽车货运量在 1986 年也首次突破 1 亿吨，占全国公路交通部门年货运量的 1 / 8。1987 年郊区各县交通部门的营运汽车保有量首次超过市属公路交通部门，比 1976 年增长 7.5 倍。同一时期上海汽车维修业的规模连年扩大。1988 年上海市汽车维修管理处成立，开始对汽车维修行业实行全面管理。至 1990 年，全市有汽车维修经营户 2401 家，比 1983 年增长 22.3 倍，其中有集体企业 888 户，个体经营户 1021 户。

至 1990 年底，上海共有民用货运汽车 7.92 万辆，比 1976 年增长 1.64 倍，其中公路交通部门和非公路交通部门分别占 10.5%和 89.5%。全市完成汽车货运量 2.41 亿吨，比 1976 年增长近 1 倍，其中公路交通部门和非公路交通部门分别占 36.1%和 63.9%。全市到发公路旅客 1800 多万人次，其中班车客运量占 1400 多万人次。市、区、县公路交通部门有从业人员 8 万余人，其中市交通运输局系统的汽车运输、汽车修理和行业管理机构有职工 47567 人。是年 4 月，中国政府向全世界宣布开发开放浦东的重大决策。上海公路交通部门迅速制订大规模参与浦东开发的“运力东进”规划。9 月，能停放 215 辆 10 吨半挂货车的大型双层停车场在浦东金桥开发区破土动工，规模更大的外高桥停车场的设计也在年内通过专家评审，一批县属运输企业已抽调精兵强将进驻浦东。“开发新浦东，建设大都市，当好先行官”的心声化作了公路运输职工的实际行动。

汽车货运

民国元年（1912 年）上海首批汽车货运行创设。20 年代汽车货运行业形成，汽车货运逐步发展。至 30 年代中期，全市已有汽车货运行 260 多家，共有货运汽车 700 多辆；另外，中外企业的自用货运汽车已有 1000 多辆。市内大宗物资运输逐渐由人力货车转向货运汽车。抗日战争时期汽车货运业严重衰落。抗战胜利后复有较大增长。至 1949 年上海解放前夕，全市货运汽车增至 6600 多辆，其中营业性货运汽车 2600 多辆，企业自用货运汽车 4000 多辆。

解放后，市公路交通部门建立和发展国营企业，组织改造私营企业，统一组织全市社会货物运输。1956 年私营企业实行全行业公私合营，统一归口。是年，公路交通部门拥有货运汽车 2251 辆，全年完成汽车运量 1019 万吨，分别占全市货运汽车总数和汽车总运量的 62.25%和 63.10%。

1958 年起，全市货物运输量急剧上升。公路交通部门发展双班运输和拖挂运输，开展“一条龙”运输大协作，建立钢铁、大件、煤炭等专业化的汽车运输场，并组织机关企事业部分自用货运汽车集中统一使用，以保证钢铁等重点物资的运输和港口、铁路干线的畅通。60 年代初组织大批人员和车辆，分赴苏、浙、皖、赣、闽、鲁、晋等省，设 30 余个驻点车队，承担驻点地区调沪的煤炭、粮食、木材、盐等物资的短途运输，保证上海工业生产和市场供应的需要。

60年代初，冶金、机电、纺织、化工、轻工等工业部门和商业系统，纷纷发展自用汽车。非公路交通部门的货运汽车，由1957年的1572辆，增至1966年的4033辆。

60年代后期和70年代初，上海公路交通部门再次抽调大批人员和车辆，分赴在皖、赣两省的上海后方战备工业基地支援建设。1966年和1972年试制成功国内第一辆150吨级及300吨级平板挂车，为上海和其他省市重点建设工程完成数以千计的大型物件的公路运输。1972年，上海石油化工总厂（简称上海石化总厂）一期工程动工兴建，公路交通部门组织大量运力投入运输。至1975年，上海公路交通部门的汽车年货运量已超过6000万吨。在此期间，工业、商业、建工、市政、人防等系统的自用货运汽车增加很多，1976年全市非公路交通部门的货运汽车数量较1966年增长5倍，达到24509辆。

自70年代末实行改革、开放政策后，上海经济发展和城市建设步伐加快，货物流通量大幅度增长。公路交通部门积极发展国际集装箱公路运输，开拓跨省市零担和整车长途货运，努力增加运力，以适应新形势的需要。1990年，全市15家经营国际集装箱公路运输的企业，拥有集装箱专用汽车（简称集卡）448辆、685个箱位，约占全国大陆集卡总数的$^{1}/_{4}$，接运国际集装箱32万个标准箱，占全国总数的29%。跨省市的长途整车、零担班车线路达100多条，联运业务通达国内400多个市县。其间，上海公路交通部门的汽车年运量1986年首次突破亿吨大关，比1949年增长43.6倍。1987年，全市汽车货运量达到2.63亿吨，比1949年增长41.1倍。公路交通部门还为宝山钢铁总厂（简称宝钢总厂）、上海石化总厂等大型重点工程建设投入了大量运力，并多次创造国内大件运输新纪录。

1984年起的城市经济体制改革，促进运输市场的开放，汽车运输行业形成多渠道、多层次、多种经济成份并存的新格局，非公路交通部门的货运汽车数量以更大幅度增长。到1990年底，全市货运汽车数量增至7.92万辆，其中公路交通部门和非公路交通部门的拥有量分别占10.5%和89.5%。是年，全市完成汽车货运量2.41亿吨，公路交通部门占36.1%，非公路交通部门占63.9%。

（来源：上海市地方志办公室网 http://www.shtong.gov.cn/）

上海物流业发展历史巡礼之四：《上海民用航空志－货邮运输》（节选）

按：这是2000年7月编写的《上海民用航空志》中货邮运输部分内容。2000年以后，上海的航空货邮运输同样也已发生了新的变化，万里之行始于足下，回顾新中国及改革开放以来上海航空货运的发展成长历史，确实令人振奋。

客货运输

国民党统治时期以上海为基地的中国航空公司（简称“中航”）及中德合办的欧亚航空公司（简称“欧亚”），使用的飞机比较小，客货载运量也少。从民国19年（1930年）“中航”成立至民国26年的8年中，运送旅客60926人次，货邮运输量879吨；“欧亚”自民国20年成立至民国31年结束，12年中运送旅客4111人次，货邮运输量为200吨。当时由于飞机的票价相对比坐火车、轮船要昂贵，能乘飞机的基本上是一些军政要员、绅耆富商。运输货物除一般丝绸。棉纺织品、医药器材外，还有从中国出口的钨、锡、桐油、茶叶、猪鬃、水银等等。除此之外，还有被包机运载的生熟金玉、钞票、证券、印花邮票等贵重物品。

抗日战争时期，“中航”奉命开辟“驼峰空运”，为大后方运载后勤补给物资。抗战胜利后，国民党责成“中航”及中央航空公司（简称“央航”）投入所谓复员运输，客货运量骤增，仅民国

35 年，“中航”客运量 210366 人次，货邮运量 11476 吨，“央航”客运量 48933 人次，货邮运量 3751 吨。解放战争时期，国民党又责令这两家航空公司承担运载军用物资和投入所谓撤退等运输任务。

新中国建立后，50 年代初上海民航事业受国际形势的影响，发展缓慢。此后，随着国民经济的突飞猛进，上海民航为适应交通运输的需要，40 多年来从初期使用革新型飞机，逐渐发展到现今可与世界先进行列接轨的波音 757、空中客车 300、麦道 11 等大型远程客机。就乘客对象来说，与解放前也发生了很大变化，各阶层的普通群众，乘坐飞机的也已为数不少；货邮运输量从 1952 年 8-12 月的 41 吨到 1965 年达 3813 吨，1976 年 12923 吨。1988 年民航上海管理局贯彻国务院的决定，实行“政企分开”，成立了中国东方航空公司（简称“东航”），至 1995 年全年货邮运输量达到 17.6 万吨。由上海市投资组建的上海航空公司（简称“上航”），在 1986 年刚开始营运 7 个月中，就完成货邮运输量 183.3 吨，至 1995 年，全年货邮运输量达到 29494 吨。虹桥国际机场 1964-1995 年旅客吞吐量由 2.61 万人次增至 1107.60 万人次；货邮吞吐量由 0.54 万吨增至 36.63 万吨。

货邮运输

民航上海管理处（局）货邮运输

1951 年 12 月 15 日，军委民航局华东办事处完成货运 40 吨。

1953 年货运量达到 202 吨。1954 年则达到 310 吨。货运品种有 8 类。（1）仪器：如水平仪、平板仪、经纬仪、分析天平等。（2）五金：如砂轮、电焊条、三角皮带、铆钉、轴承。（3）医药：如抗生素、消炎片、农用杀虫器械。（4）交电：如电桥、电阻箱、台扇等。（5）百货：如美术材料、金笔、照相纸。（6）化工：如亚硝酸纳、赛璐珞。（7）样品类：如茶叶样品、新华书店图书目录等。（8）其他类：如橡皮头、油墨、梭子、帆布、滚带、毛毯等。是年，民航上海营业处专门分析总结了航空货运发展较快的三个原因：一是货运服务对象发生了变化，3 月份沪渝两地 160 个托运单位中私商占 140 个，而下半年各个月的托运单位，私商不到 16 个。二是随着国家建设事业的发展和民航影响的扩大，货运托运单位有了增加，托运物品也扩大了，如江苏省农林厅运蚕种至喀什，苏联影片输出公司运影片至朝鲜平壤，中国幻灯片公司运幻灯片至西南各地，粮食管理局运测温计至昆明等。分析认为：中影公司的宣传品，交运量的趋势是上升的，由于协议的签订，争取了去西北的宣传品，也由于人民文化生活的提高，电影宣传品的发行量不断增加，这是运量上升的原因。三是商业部推动国营贸易部门利用空运以来，他们的托运量比 1953 年有了很大的进展，11 个月全部托运量为 283 吨，国营及合作社贸易的总托运量达 80 吨，占 11 个月运量的 28%。据国营贸易部门反映，“使用空运的最大优点是资金周转快，如果空运费用占货价的比率在 10% 以下，货运到后能够畅销，即使空运运费比地面运费贵不少，我们还是乐于使用空运的。”

至 1955 年，全年货运 420 吨，完成计划 91.4%；邮运 20 吨，完成计划 111.4%。但是，1955 年的货运第二、四季度较好，一、三季度较差，尤其是第三季度沪渝货源奇缺，收运量降低至开航以来最低纪录，虽第四季度大力组织专价货，但仍难补第三季度之不足，这样就影响了全年任务的完成。造成货源不足主要是因开展增产节约运动以后，一部分企业将空运当作“浪费”，如是年 9 月 26 日太原 247 厂在沪交货 2 吨已决定空运，但至货物即将启运时，该厂厂长发加急电报通知改为火车快件；下半年开始肃反学习之后，各单位无暇研究空运，营业处亦无时间外出联系。与此同时，长江运输的改善及运价的降低，也是航空货源减少原因之一。过去沪渝水运很不便，一般须 20 多天，转班轮迟至 1 月余，各单位对稍有时间性要求的任务，不得不交空运。长江运输效率提高后，直达货轮每旬至少 1 次，限期 11-13 天到达，转口班轮亦限期 15-18 天到达，从 10 月份起，长江运输货物以分等量尺办法调正，有 24 种货物（多属工业品）运价下降 41% 左右，这种地面交通条件的变化，大大地影响了空运的需要。另外，航班航次和调度方面的一些问题，对京沪线和沪渝线影响较大，上海营业处在工作中经常遇到京沪线不能加班，甚至有时要取消航班，而同时沪渝线却缺载严重，即使在年终奉指示在沪渝线组织专价货加班时，京沪线却因不能加班而拒收普通货。在货运形势欠佳的情况下，上海民航的邮运任务完成较好，这是由于上海营业处采取了一些措施：进行了适当的宣传如张贴招贴画等，更主要的是与邮电局加强联系和配合，邮运量逐月有所上升，1月份为1340.3千克，3月份为1382.2千克，5月份为1614千克，8月份为1766千克，10月份为1823千克，12月份为2224千克，全年邮运量达到20吨以上。

1957年全年货运收入占总收入的62.20%，货运占运输业务主要比例的情况虽无变化，但是在品种、流向和使用单位方面却有改变，主要特点：整批货和固定货源显著减少。1954-1956年，整批和大件货甚多，如西南钢铁公司、铁道部、第二机械工业部所属厂、玉门油矿和电力部等单位运往西南、西北、东北等地的大型马达、电焊条、机件、电力设备等，每批交货量总在1-2吨以上。1957年情况显著不同，不仅大批固定货源减少，就是适合空运的品种也在减少，如上海电表厂运往哈尔滨松花江电炉厂的高温计和控制器等，每季约6-10吨，由过去经常利用空运改为陆运。上海仪器厂运往全国的大平板仪、水平仪，由过去大部分空运全部改用铁路运输。贸易单位的交运量逐年下降。1954年商业系统的交运量达108吨，占总运量34%，如医药公司的喷雾器、硫胺嘧啶、抗生素、体温表以及中百的金笔、照相纸，交电的风扇等经常空运，数量亦大，1955-1956年商业系统的交运量已下降，但上海医药公司仍交运大批显微镜和烤烟机等。1957年商业系统的交运量下降最剧，全年只交运27.4吨，占总运量的3%以上。上海医药公司较为固定的调拨空运物资如X光球管及灯泡，连贵重的抗生素也改用陆运。交电只交运少量仪表等。上海的中百、化工，甚少使用空运。客货运包机渐趋萎缩。由于地面运输畅通，物资供销平衡，紧急需要减少，以及增产节约等原因，1957年货运包机的需求不大，同时，在航线逐渐延长和航班增加的情况下，班机或加班机已能满足需要，包机趋向萎缩是很自然的现象。北京石景山钢铁厂原拟包机从上海运电缆去京解决紧迫的生产问题，后因费用太贵改用陆运。上海食品工业公司计划运往海南岛树苗1吨多，郑州纺织机件厂计划从上海运郑州钢铁条5.5吨，都因包机运费高放弃空运。然而，由于国际贸易的发展，缅甸航空公司经转情况略有改善，是年国际货运一年中从上海经京昆两地转运的共达6.10吨，运往32个国家45个城市，货物品种虽以样品为主，但已有扩大的趋势。50年代后期，上海民航所经营的航线来回载量不平衡，1956年以前因汉渝段货邮运输非常紧张，经常发生夺沪渝线吨位的情况，1957年则转变为沪汉线紧张，汉渝线经常空载的现象，第三季度从每周4班改为3班以后，沪渝线货物每月约15-17吨；沪汉航段虽经适当压缩，仍在5-6吨之间，再加上经武汉转的邮件1-1.5吨，汉渝航段经常缺载，形成客货运价较低的区间航段拥挤、运价较高航段空飞的浪费现象。两条航线业务不平衡的矛盾现象，直接影响业务的发展和收入。对专价货的组织非常审慎，是年主要以利用油差和包机及调机空余吨位，收运专价货135.75吨，占全年货运量的24.8%（不包括宁赣两站），解决沪宁油差和空吨126.76吨，利用调机吨位7吨，班机空吨2吨（计上海－南京126.64吨，上海－重庆1.04吨，上海－北京2.71吨，上海－南昌0.95吨，上海－合肥1.18吨，上海－广州3.24吨）。

1958年“大跃进”时期，航空运输成了工农业生产“抢时间、夺高产”的应急运输的特殊工具。在上海始发货物中，自9月20日至11月27日，空军支援钢铁生产包机共59架次，运载131.635吨；为保证“元帅（钢铁）升帐”，上海营业处8-12月份运往宁、汉、穗、京、渝等地的冶炼急需物资共40.429吨，但在托运时未能取得适当证明而让路的其他物资估计远远超过上述数量。全年货邮运量（即航站货邮发运量，下同）急剧上升，达到1360吨，较1957年755吨增长80%。

1959 年，在“反右倾，鼓干劲”的口号影响下，货运量达到 2436 吨，又较 1958 年的货运量提高 79%。各方面对民航的需求远远超出上海管理局的运输能力，各线普遍出现了不能满足需要的拥挤现象。上海、南京两地自 10-11 月份起，不得不采取限制或停收货物的办法，以免积压。估计全年无力承运而拒绝收运的货物共达 450 吨。由于航班不能满足需要，各客货单位甚至自动组织凑满一架包机的载量，要求派机包运。

1960 年上半年，全国性专业会议多，技术革新运动的普遍开展，经验交流、相互观摩的生产活动增加，以及急救任务较多，相当一部分干部往来和物资运输都依赖空运。下半年全国开展增产节约和三反整风等政治运动，航空运输大为减少。上半年上海始发的包机运输达 152 架次，运量 256 吨（包括各管理局支援 46 架次运量 96 吨），下半年包机需要锐减，仅 75 架次，运量 113 吨，不及上半年的半数。全年货邮运量 3281 吨。

1961-1963 年，在中共中央“调整、巩固、充实、提高”方针的指引下，国民经济全面好转，到 1964 年民航各项生产都超额完成了指标。是年客运完成 154.2%；邮运超额完成 104.3%；货运超额完成 129.7%；收入超额完成 139.3%。

1965 年，民航上海管理局贯彻运输工作会议精神，先后整顿和加强了客货源组织工作，不少领导深入生产单位进行摸底和重点组织回程载。具体办法是：从到达货中找线索；在订货会议上“找协作厂”“找地区总负责人”；主动为客户提供发电报等催交货的服务；通过兄弟售票服务处的协作争取回程货，解决部分回程空载现象。全年的货运总量达到 3813 吨。其中：上海较 1964 年增加 110%；南京增 114.57%；合肥增 104.5%；济南增 150.4%；杭州 171.64%；南昌增 115.77%。

1966 年第一季度，虽然客观上生产处于淡季，但由于不放松货运的组织，一季度总发运量为 1369.6 吨，完成计划 113.1%，其中旅客 4907 人，完成计划的 97%；邮运 53.4 吨，完成计划 118.7%；货运 962.9 吨，完成计划 120.4%，总的说来任务完成得还比较好。同年 6 月，由于“文化大革命”的影响，旅客比 5 月份减少 708 人，货运却比较充沛。据 1-9 月统计，运送邮件 146 吨，完成计划的 71.2%；货物 3139 吨，完成计划的 82.7%；运输总周转量 417.7 万吨公里，完成计划的 72%。货运比较突出的原因是：承运宣传毛泽东思想的物资，这是空运中作为首要政治任务对待的，如 9 月份就有 4-5 吨；由于铁路运输暂停快运，有许多物资的运输转移到空运方面来，所以，民航上海管理局所属航站及上海地区收运的货运量普遍上升；贯彻“抓革命，促生产”的指示后，“两不误”的思想在干部和职工中得到重视；支援工农业生产的包机，如由沪运至哈尔滨的敌百虫 6 吨，支援长沙电机厂停工待料急需聚脂漆的包机，由青岛运至四川达县的蚕种 800 多千克；急救包机多架次，如济南锅炉厂发生爆炸事故及湖北沙市有 170 人食物中毒，派包机急运医生、药品及降温设备等。

1967 年，全年货邮运量 7334 吨，运输总周转量达 755 万吨公里。航空运量的突然增大，重要的因素是“文化大革命”开始后地面运输阻塞，其中不少待运物资由地面运输转向空运；另一方面，由于“文化大革命”的政治形势要求，航空运输中承担了大量免费的政治性出版物资。如赶运机要文件、中央报刊、通知、命令等邮件包机和抢救“红卫兵”等包机达 18 架次。但 1967 年运输业务发生的差错事故比较突出，计差错 201 起，等级事故 20 起。以后，由于许多工厂企业相继减产等原因，航空货运不景气。

1974 年，民航上海管理局货邮运量逐渐上升，全年为 7447 吨，完成计划 148.9%，与 1973 年相比有较大的增长。货邮运量上升的原因：加强了运输生产的组织领导，飞机利用率有所提高，较多地担任了加班包机任务；开展客货源的调查组织工作，客货发运量大幅度上升；运输服务处改进服务态度，积极搞好定座工作；规章制度的执行情况有进步，差错事故比以往有所减少。

“文化大革命”结束后，民航上海管理局从上到下做了大量拨乱反正的工作，“左”的错误逐步得到纠正。

中共十一届三中全会后，上海民航在以下几方面发生了大变化：运输部门出现了上门提货，上门售票，争取客货运量的新局面；为适应国民经济的发展和提高飞机利用率，民航上海管理局先后开辟了上海到乌鲁木齐、桂林、成都和上海－合肥－北京等新航线和新航班；主动宣传民航业务，走访工厂企业，有效地利用运力；该局所属运输服务大队的技术革新出了新成果，货物皮带运输车等10项装卸机械化设备试制成功，并在虹桥国际机场运用，缩短了货物配载时间，减轻了劳动强度，提高了运输工作效率；服务部门建立了岗位责任制，货运质量有了提高，在客户中提高了民航的信誉；实行经济独立核算，三叉戟型飞机直接承接香港、日本的加班客货和包机运输，发展了国际和地区空运；贯彻民航总局召开的“客货运交流会”和“货运工作会议”精神，开展了“安全、正常、服务好”百日竞赛和文明礼貌活动，为客货运输创造了较好的环境和条件。

1980年，在“调整、改革、整顿、提高”的方针指引下，国民经济持续发展，民航客货运出现了新的转机，在客货源充沛的情况下，民航上海管理局采取了包机加班的措施，利用三叉戟型飞机“插中间，用两头”，即早晚两个班机，中间空隙时间插飞包机，提高飞机的利用率；对安24型飞机采用早点起飞，晚点结束，使飞机日利用率大大提高。据10月份统计，飞机日利用率为：三叉戟型飞机达到4.7小时；安24型飞机达到4.3小时；伊尔14型飞机达到3.2小时。因此，是年货邮运量达到18812吨，运输总周转量达到4850万吨公里，与1976年相比，分别增长45%和1.8倍以上。货物品种变化，较突出的有以下物品，即：鱼苗、蟹苗、蚕种和工业原料及设备、电视机显象管、高考复习大纲；到香港的包机，主要是丝绸、水产、畜牧、药材、白银等。

1981年，航空运输生产各项指标分别提前超额完成，运输总周转量5936万吨公里，货邮运量21415吨，为年计划的115.8%；航站旅客发运量62.99万人次，为年计划的128.5%；发运收入8495.5万元，为年计划的147.8%。运输生产大幅度上升的主要原因是：民航实行经济核算的第二年，在原核算基础上实行了国内对飞行线联营利润包干制度，调动了全体人员的生产积极性，并进一步提高了各级领导干部抓好生产、注意经济效益的责任心；调整、恢复、新辟了一些国际、国内航线，停航了客货长期不足、经济上亏本的航线，开辟了九江－广州、九江－上海旅游季节航线（6月5日-10月12日）、屯溪－杭州－上海线。5月份起将三叉戟飞机投入上海－桂林线营运；根据中英航空谈判的临时协议，于2月16日恢复上海－香港线，11月1日开辟南京－香港线；6月10日，根据民航总局安排将杭州－香港线交民航广州管理局经营；对飞往日本航班从7月份起以加班名义增开上海－大阪班机和11月1日起北京－上海－长崎线改由上海管理局经营。由于航线的调整，国际航线的扩大，为民航上海管理局扭亏增盈打下较好的基础；组建了生产办公室后，根据运输生产需要全面协调运输生产的组织工作，较好地发挥了运输生产调度的作用。如春节、复活节、国庆节前后和元旦期间，上海、杭州、香港客货较多，生产办公室适时地安排了加班机50多架；在了解中日航线客货动向后，灵活地使用国际运价，争取了不少对日加包机；在春节国内淡季时，与有关航站及时联络，减少和合并航班；生产旺季时又及时合理安排运力，提高飞机利用率，尽量多飞加班机，争取增产增收；客货调查组织工作方法多样化，在客货形势变化，少数航线缺载的情况下，组织客货的办法和重点也有了变化，重点抓好合理运输、均衡航班载量、开展座位再证实、机场候补和积极组织短途航班，以提高飞机载运率和客座利用率。上海运输服务大队在上海－香港航线试行超额定座售票和在国内国际航班上办理机场后补，收到了良好的效果；采用较灵活的运价，争取客货，如对日本和对香港包机，开价前多方摸清价格和需求等，避免开价偏低或过高；又如运输梭子蟹包机，采用按飞机吨位核收包机费；对至香港的运输螃蟹包机，采用外汇价不变，加收人民币包机费，增收人民币 6.4 万多元。

1982 年，民航上海管理局以提高经济效益为中心，狠抓安全生产，提高服务质量，通过开展“文明礼貌月”“安全月”“质量月”活动，调动职工积极性，促进生产发展，确保飞行安全；参照首都机场的试点经验，上海地区在推行经济责任制试点基础上，从 6 月份起陆续在华东地区各省管理局、大队、航站全面推行经济责任制，实行财务包干和经费包干，职工的经济利益和企业的经营效果直接挂钩，出现了“三少”（迟到早退少，请假旷工的少，差错事故少）、“二强”（组织纪律性和工作责任心增强）、“一提高”（经济效益提高）的新局面。全年货邮发运量达到 23350 吨，完成年计划的 116%。

1983 年“5•5”劫机事件发生后对运输飞行带来了影响，但由于各级领导的重视和各生产保障部门的密切配合，以及运输服务部门的积极努力工作，全年完成运输飞行 21459 小时，为年度计划的 105.5%；运输总周转量 6895 万吨公里，为调整后年计划的 113%。货邮发运量 29030 吨，为年计划的 130%；旅客发运量为 68.33 万人，为年计划的 113%。发运收入突破 1 亿元大关，为年计划 115%。

1984 年上海管理局运输总周转量考核指标 8400 万吨公里，实际完成为 11447 万吨公里，飞机日利用率考核指标为：麦道 80 型 4.23 小时，波音 707 型 4.23 小时，实际完成分别为：5.08 小时、4.17 小时。

1985 年，民航上海管理局调走波音 707 型飞机 2 架，报废安 24 型飞机 1 架，新增空中客车 310 型飞机 2 架，肖特 360 型飞机 4 架，实增 363 个座位。新增的 6 架飞机，到达上海后 7 天就投入了航线飞行，取得了良好的经济效益。并认真贯彻民航总局下发的《关于加强空运货物质量综合治理工作的通知》，抓好货运服务、包装检查、文明装卸、安全运输和仓储的科学管理，全面改善货运服务和货运质量，收运的货物 90% 以上都能在收运 7 天内运出。全年货邮发运量为 44786 万吨。

1986-1987 年，民航上海管理局货邮发运量分别完成 53198 吨和 70337 吨。

1988 年 6 月 25 日，民航总局下发民航运输企业考核情况的通知，按 5 项考核指标（即飞行安全、航班正常率、服务质量、航班正班载运率、飞机日利用率）完成情况，民航上海管理局被列为 1987 年民航运输企业全面考核的得奖单位。

“东航”货邮运输

1987 年 12 月起，“东航”进入内部机构运转阶段，至 1988 年 6 月 25 日，对外正式宣布成立。1988 年全年货邮运输量为 64335 吨，运输总周转量为 30024 万吨公里。

1989 年，货邮运输量 58729 吨，为年计划的 90.4%；运输总周转量完成 26485 万吨公里，为年计划的 80.7%。是年，开始时生产呈逐月迅速上升趋势，淡季不淡，到 6 月份，因国内发生政治风波，生产影响较大。那场政治风波平息后，为把造成的经济损失减低到最小程度，“东航”采取积极的措施，继续落实保证飞行安全的 19 项禁令，组织货运以弥补客运的不足；成立航班营运调整应急小组，及时调整航班；年度生产指标虽未完成，但比预料的情况要好得多。

1990 年，4 架麦道 82 型飞机投入航班飞行。7 月 4 日，使用麦道 82 型飞机，开辟上海 - 温州航线。12 月 13 日又开辟上海 - 襄樊航线。全年货邮运量为 72927 吨；运输总周转量 34199 万吨公里，其中，除分公司外，“东航”总公司的货邮运量完成 70255 吨，总周转量完成 32395 万吨公里，分别完成计划的 107.2% 和 113.4%，其增长速度还是较快的。

1991 年 3 月 31 日，开辟义乌至广州、义乌至厦门、温州至南昌、温州至武汉航线。10 月 27 日，使用运 7 型飞机，又开辟了上海至义乌航线。11 月 5 日，从美国麦道公司引进的麦道 11F 型全货机抵达上海，1 月 27 日，该型货机投入上海 - 洛杉矶货班飞行。是年，提前 50 天完成全年运输生产任务，共完成运输总周转量 47296 万吨公里，为年计划的 114.6%；货邮运输量 95278 吨。

1992 年，“东航”运输生产以 30%左右的速度增长。面对高速度发展的形势，“东航”领导坚持“安全第一”的方针，在运输生产中做到两个合理安排：一是合理安排新航线，以量力而行为原则，有选择有重点地开辟国内航线，如 1-4 月，分别开辟上海 - 深圳、福州 - 深圳、厦门 - 深圳、青岛 - 深圳等航线；二是合理安排加班、包机任务，其飞行量基本控制在上年度同期 30%左右，以保证正常航班的安全和正点。全年完成运输总周转量 72559 万吨公里，为年计划的 128%，比上年增长 53%；货邮运输量 128384 吨，完成年计划 121%，比上年度增长 34.8%。

1993 年，围绕“安全、正点、服务、效益”，“东航”营运部保持上海市交通邮电系统“十大窗口竞赛”一级窗口称号。是年新辟 5 条国际（地区）航线，如上海 - 新加坡航线、上海 - 曼谷航线等。全年完成运输飞行 8.96 万小时，运输总周转量 86285 万吨公里，为计划的 103%，比上年增长 19%；货邮运量 142917 吨，为年计划的 95%，比上年增长 11%；运输收入 34 亿元人民币，增长 15%。

1994 年，“东航”全货机停航进行 D 检，为了保证货物的正常运输，减少经济损失，货运处租用美国联邦公司波音 747 型全货机等，执行中美货班飞行任务，取得了较好的经济效益。全年货邮运量 149219 吨。1995 年 7 月 18、27 日，“东航”分别开辟青岛至日本大阪、上海至釜山包机航线。全年货邮运输总量 175721 吨。

“上航”货邮运输

1986 年 5-12 月，完成货邮运量 183.3 吨，其中行李 160.8 吨，货物 22.5 吨。1987 年，提前 1 个月完成全年运输计划，货邮运输量为 1310 吨，为年计划的 187%。1988 年，受到“1.18”空难事故的影响，客货运量有所降低，但在全体员工的努力下，1-3 月初，共运送货邮 378 吨，其中货物 263 吨。从 3 月 4 日起，老龄波音 707 型飞机停航。1989 年 8 月 1 日，第一架波音 757 型飞机抵沪，是年 8 月 23 日，飞行上海至广州定期航班。同年 8 月 28 日，第二架波音 757 型飞机抵沪后，于 9 月份投入上海至北京航线飞行。由于春夏之交那场政治风波，货邮运输受一定影响，全年货邮运量为 1020 吨，其中：货邮 690 吨；行李 330 吨，载运率为 39.7%。

1990 年，2 架波音 757 型飞机投入营运，全年共完成货邮运量 5285 吨。同年 8 月，第三架波音 757 型飞机抵沪。1991 年 4 月，上海 - 昆明航线开航 12 月，上海 - 深圳航线开航。全年货邮运量 8869 吨。

1992 年，是全年客货运全面增长的一年，货邮运量达到 11664 吨。1993 年，全年货邮运量为 11601 吨。

1994 年，共开通上海 - 汕头、北京 - 哈尔滨等 11 条航线，全年货邮运量 18607 吨。1995 年货邮运量为 29494 吨。

从 1988 年 3 月 4 日起，“上航”为确保飞行安全，5 架波音 707 型旧飞机暂停飞行，职工转入全员培训，至次年 8 月 23 日使用波音 757 型飞机复航。

（来源：上海市地方志办公室网 http://www.shtong.gov.cn/）

小贴士：上海的青龙镇在古代是海上丝绸之路的重要港口！

2001 年 5 月，一支建筑施工队在上海市区的志丹路附近施工时，发现了一座地下水利工程遗址，这个发现入选了 2006 年度中国十大考古新发现，颠覆了人们对上海古史的认知，这是怎么一回事呢？人们常说 3000 年中国看陕西，千年中国看北京，而百年中国看上海。在我们眼中古老的上海一直是一个小渔村的印象，但是水闸的发现，加上最近对青龙镇遗址的研究，把上海的历史向前推进了 1000 多年。

在唐宋时期，上海一直没有处于当时的政治中心，所以这一时期留下了的记载很少，很多东西都没有办法证实，但是对青龙镇遗址的考古研究弥补了这方面的空白。从 2001 年到 2016 年，在这里出土了大量的陶瓷器，其中就包括这个青釉褐绿彩莲瓣纹碗，这种碗属于唐代长沙窑，在晚唐时期最为兴盛，还有大量唐代时期的瓷器，这就说明从唐代开始，青龙镇的陶瓷贸易就十分发达。

青龙镇遗址

2016 年，在青龙镇遗址发现了龙平寺塔基，龙平寺塔建造于北宋年间，位于青龙镇北侧，临近当时一条十分宽广的吴淞江，因为当时江面非常宽阔，商船来了都看不到港口所在，所以龙平寺塔就起到了一个灯塔的作用，这样来往的商贸船只就能找到港口啦。这就证明了青龙镇对外贸易港口的重要功能，这些发现证实了青龙镇是唐宋时期海上丝绸之路的重要地方。

古代的大部分城市都是靠水运发展起来的，因此，上海成为了海上丝绸之路的重要港口，但是随着环境的变化，重要的吴淞江逐渐淤塞，到了明代下游几乎淤成平地，失去了通航能力，曾经辉煌一时的青龙镇就此没落，淡出了人们的视线。

选自《乡城的故事》 2018-08-26

本篇编辑：张志坚

第四篇 物流业创新研发与应用实践

4.1 综合信息

中国民航网：我国物流 2018 年回顾与 2019 年展望：创新与融合（节选）

对中国物流行业而言，2018 年有着不一样的意义：这是降本增效、技术创新、蝶变突破的一年，是传统物流行业向物流金融、供应链金融等领域不断拓展的一年，是物联网、人工智能、信息化等科技与物流不断融合的一年。

增强物流企业的竞争力离不开科技升级。

一是搭建大数据平台。2018 年 4 月，顺丰控股与 8 家供应链企业或其子公司签署了《关于设立超级大数据合资公司之股东协议》。超级大数据合资公司将搭建开放共赢的平台，推动建立高效协同的现代供应链体系。生态圈型供应链合作是未来的一种发展趋势。对传统制造、贸易及物流企业来说，这种联手可以被看作是有别于阿里、京东数字供应链的差异化突围。

二是物联网成为行业共识。2018 年 9 月，菜鸟宣布与快递合作伙伴一起正式上线视频云监控系统。这意味着全国各类物流场站内的几百万个摄像头将从简单的监控回溯设施升级为智能感知设备，开启“物流天眼”，实现对场站的智能管理。物联网不亚于一次从煤到电的能源革命，只有拥抱物联网，才能用科技来驱动物流降本增效。

三是无人机物流应用实现多项突破。2018 年 2 月，京东取得了覆盖陕西全省的无人机物流运营许可证；同年 11 月，其自主研发的支线无人机“京鸿”完成首飞。2018 年 5 月，饿了么宣布获批准开通中国第一批无人机即时配送航线，送餐无人机正式投入商业运营。同年 10 月，顺丰控股参与研发的大型货运无人机 AT200 完成了异地转场飞行试验，标志着该无人机向民用化和商业化又迈进了一步。

2019 年智慧物流技术升级新趋势

展望 2019 年，智慧物流技术再次成为主旋律。从市场规模和国家政策引导方面来看，2019 年不会发生太大变化，但因经济总体情况及资本市场相对保守，苦练内功、加快技术升级将成为物流企业突出重围的不二选择。那么，2019 年智慧物流技术升级的新趋势都有哪些呢？

一是智能仓储将继续爆发。以智能仓储为代表的新兴物流科技已经成为中国智能制造关键技术装备之一。高速分拣机、多层穿梭车、高密度存储穿梭板等智能化物流装备实现了精准、柔性、高效的物料配送和无人化智能仓储。“大促”带来的订单爆发式增长不再引发仓储的“爆仓式效应”，智能物流在背后发挥的作用显而易见。推动物流装备的更新升级，仓储是目前需求最大、有望最早全面应用智能设备的领域。

二是自动驾驶技术商用来临，末端配送环节或率先实现规模化。从 2018 年各大企业最新发布的物流科技来看，京东、百度、美团等都推出了基于自动驾驶技术的产品，包括无人驾驶重型卡车、无人配送车、外卖机器人等。其中，专注服务“最后一公里”的无人配送车和外卖机器人的实际应用相对简单。在高精地图、激光雷达、5G 技术的加持下，其在物流领域的商用化之路在 2019 年或将更加顺畅。

三是人工智能图像识别技术将加速引入物流体系。快递包裹的海量增长给公共安全和海关监管提出了更高的要求。如果全部由人工来检查包裹，在成本和效率上都不具备可操作性。应用最新的人工智能图像识别技术，针对所有包裹的 X 光或 CT 图像来做初步筛查识别将成为可行的方案。将图像识别技术大范围引入物流体系是值得我们期待的行业技术发展方向。

四是无人机成为智慧物流的关键突破口。长期以来，从支线吨级运输、构建区域航空运输网络到末端无人机配送的常态化使用，无人机在物流行业的应用很受追捧。这标志着物流业从劳动密集型向技术密集型转变。目前，监管部门有意给予物流企业更大的无人机试点空间，但根本宗旨是要求有统一的平台实现可控、可管。同时，商业牌照的发放也更为谨慎。其在偏远山区的应用或将在 2 年内成熟，而在城市的应用还有更长的路要走。尤其是如果吨级以上的大型货运无人机投入商业运营，要按照相关法律法规开展适航审定工作。

虽然 2019 年可预见的挑战较为严峻，但是物流市场总量庞大，我国的物流中心地位也得以不断巩固。摆在物流企业面前的题目其实很简单：在这个智能技术大变革的时代，是否能够跟上时代的步伐，利用智能技术尽快实现对传统业务的升级，从而大幅度降低成本和提高效率？

来源：中国民航网　2019 年 1 月 9 日

中物联副会长蔡进：在第十一届现代物流科技创新大会上的讲话（节选）

未来物流业的发展是要推进物流服务能力的进一步升级，或者是物流服务水平的进一步提高，在这个方面我们一定要把握住一个非常重要的发展趋势，就是现代科技与现代物流的密切融合，而不仅仅是一种合作，更是一种融合，现在有一些人叫数字化的物流，我觉得叫得非常好，包括长安民生，他们就在做数字化的园区，数字化的网络体系，我觉得科技和物流的结合，突出的就是数字化，所以我们叫科技物流也好，叫智慧物流也好，叫数字化物流也好，总归有一个大的趋势要把握住，在未来提升物流服务水平，推动物流发展的转型升级过程中，现代科技和现代物流的密切融合，是一个大的趋势。

现代科技和现代物流的密切融合，它的目标是推进物流水平的不断提高，推进物流发展的转型升级，而不是为了用现代科技而用现代科技，在科技和物流的融合过程中间，我觉得有这么几大趋势需要我们去形成共识：

第一，科技和物流的融合，使得我们物流的服务能力在进一步的提高。我们现在说物流的服务能力主要着眼于更加高效、更加安全、更加可靠，这是我们需要做的，因为要降本增效，不安全不可靠的话，你的成本也降不下来。但未来社会经济的发展对物流提出的要求不仅仅局限于更高效、更安全、更稳定，还要更加敏捷，更加定制化，更加有创造力，更加有创新能力，所以说我们未来物流的服务能力应该说在更加高效、更加可靠、更加安全的基础上要做到更加敏捷，更加可定制，更具有创新能力。从这个角度来讲，现代科技和现代物流的融合，它的要求是要提升物流服务能力，而不仅仅是局限在现在的能力水平。

第二，现代科技和现代物流的融合。要把握住的是物流组织方式的进一步转型升级，甚至叫创新。现代物流主要是对资源的整合，对流程的优化，包括流程之间的组织协同，但是我们现在做整合也好，做优化也好，做协同也好，目前更多的是企业内部，但是社会经济发展到现在，特别是在降物流成本的过程中间，仅仅局限于企业内部物流的优化已经不够了，它需要在企业和企业之间，甚至产业和产业之间做资源的整合，做流程的优化，做组织的协同，但传统的手段是不可能实现的，必须要运用现代科技，所以现代科技的运用催生了物流在生产组织过程，企业之间及产业之间的整合、优化、协同，这种组织方式就叫做供应链。这个供应链还不是一般供应链，是数字化供应链，是智慧供应链。

第三，物流发展的社会经济运营模式发展的变化，或者是物流自身地位的变化。我昨天才从德国和瑞典考察回来，德国和瑞典的物流业有一个非常重要的共识，他们抓的一个是新能源技术，一个是智能化的技术，也就是无人驾驶技术、车联网技术，我们说的人工智能大数据、区块链、云计算包括物联网相融合的车联网技术，他们在车联网技术过程中间，所需要实现的就是车辆的共享，未来的车辆是物流解决方案的一个要素，而不是你做物流的一个目标，现在形象的讲是卖产品、送服务，但是我们到了新的物流发展模式过程中间，恐怕我们是送产品、卖服务，现在我们做的一切物流都是为了把产品卖出去，比如要把卡车卖出去，所以提供各种各样的物流服务，未来不是这样的，未来这个卡车是整个物流解决方案中间的一个要素，我未来卖的是我的服务，是物流服务，而不是这辆车。所以科技和物流的融合，不仅仅使得物流本身的地位在提高，使得整个社会经济的营销模式在发生深刻的变化，我们现在已经开始出现这种变化了，大家都知道我们的手机 4G 出来以后，移动通讯产业中手机就是直接送给你的，所挣的钱是来自手机背后的网络服务，未来我想在物流行业也是这样的，从这个角度来讲一定要把握这种趋势，西方人在做这个事情，而且在积极的尝试，我们国家恐怕也要通过技术和物流的融合做更新的尝试，我们叫共享经济，他们也叫共享经济，这个方面是要把握的。

第四，握住科技和物流融合的目标模式提升。今天会议的主题是科技创新推动降本增效，当然我们目前来讲，通过物流的发展，通过物流的转型升级，确实核心目标是降成本。但是真正把科技融合到物流中间来讲的话，未来的目标一定不是降成本，而是创新，应该是科技助力物流创新，现在已经出现了一些非常好的发展趋势，如在做数字化物流的过程中间，从供给侧推动物流行业的创新，形象的讲由无人车、无人机、无人仓，无人港，推动了智能产业的发展，在过去的产业来讲是从无到有的一种创新，这样的创新在技术和物流的融合过程中间是具有无限发展空间的。所以说科技和物流的融合推动了整个物流发展目标模式的转型升级，不是着眼于降成本，而是着眼于创新，而且是供给侧创新。

第五，通过科技和物流的融合，推动绿色物流的发展。我们说绿色物流实际上是说窄了，实际上是通过物流的贡献推动整个环保效果的提升，在西方也很重要，环保是放在第一位的，所以我们也需要做，中国不仅仅要金山银山，也需要有绿水青山，这也是物流行业所需要承担的一种社会责任，需要通新技术，特别是新能源技术逐步去实现的，物流与科技的融合对未来的物流发展应该说是一种服务水平的提高，一定是要从发展的眼光，从创新的眼光去看待科技和物流融合的趋势，而不仅仅是用一种静态的眼光去解决目前物流有关的问题。

来源：中物联网　2018 年 10 月 9 日

中物联副会长崔忠付：《数字物流引领行业智慧升级》（节选）

2018 年，正值中国物流信息化大会召开 10 周年，这 10 年，我们跟随大会共同见证了中国物流信息化发展的黄金时期，经历了物流信息化的转折与巨变。当前，全面走向“数字化”已成为中国经济发展的明显趋势，以“数字化转型”为主线，走向创新发展，为实现经济新旧动能转换，为促进产业革新以及推动前言科技的发展与应用起到了重要作用。如今，物流行业的数字化发展也为企业带来了新的机遇，我们应总结规律、顺应趋势，共同迎接智慧物流的新阶段。所以我们这次会议的主题就是“数字物流引领行业智慧升级”。前不久，首届数字中国建设峰会在福州举办，习近平总书记专门发来贺信。我们此次会议安排在福州召开 ，就是要借“建设数字中国”的东风，把数字物流的建设引向深入。下面，我主要讲三部分内容就我国物流信息化发展的历程阶段以及数字物流对行业的影响和趋势谈几点看法。

一、我国物流信息化的主要发展历程

我国的物流信息化发展主要经历了四个阶段。第一个阶段是普及信息化理念。大量物流企业停留在手工操作、人工报表阶段，企业还未关注信息化对提升物流效率、降低成本的影响。第二个阶段是随着物流行业快速发展，信息化需求增多，为服务物流企业个性化需求出现了专业信息化服务商与物流信息化产品，这些信息化服务商也成为了最初的物流公共信息服务平台。第三个阶段是随着移动互联网的快速发展，行业出现了以横向整合为主的跨区域运力资源平台以及以纵向整合为主的专业化供应链管理平台，并在平台基础上逐渐形成了金融、保险、汽车后服务等产业链生态，物流的新商业模式呈现出生命力和竞争力。第四个阶段是数字化引领智慧物流解决差异化多元化需求。智慧的起因是供需关系逆转，需求变得差异化、多元化和快变化。智慧物流市场快速发展，成为行业转型升级的新动能，行业正由自动化、网络化向数据化、智能化升级。

二、智慧物流发展为行业升级提供新动能

智慧物流是现代物流的基础，是利用传感网与现有互联网的整合，通过精细、动态、科学的管理，实现物流的自动化、可视化、可控化、智能化、网络化，从而提高资源利用率和生产力水平，创造更丰富社会价值。智慧物流的快速发展为行业转型升级以及创新发展提供了新动能，主要有以下方面：

第一是平台化促进行业新模式新业态发展。近年来，国务院常务会议部署推进“互联网 +”高效物流，以现代信息技术为标志的智慧物流已经为物流业供给侧结构性改革提供了新动能。国家发改委会同有关部门研究制定了《“互联网 +”高效物流实施意见》，交通运输部、商务部、工信部等有关部门从各自职能领域陆续部署了推进“互联网 +”高效物流相关工作。在政策背景下，物流行业互联网化、平台化趋势明显，各类物流平台的社会化和数据开放，形成了广泛的社会分工协同模式，引导小微物流企业依托互联网平台形成即时化、个性化运营。通过物流平台整合线上线下资源，正逐步构建覆盖仓储、分拣、运输、配送、结算、客服等供应链环节的物流服务体系，提供国内、国际物流“一站式”“一单到底”等高价值服务。互联网平台同时推动了跨界融合，加油维修、应急救援、保险金融、ETC 等物流服务机构参与，形成深度协同、多主体共赢的新模式、新业态。

第二是智能技术的成熟加速提升行业效率。“工业 4.0”下的智慧工厂、电子商务、物流平台的大力发展加速吸引了智能技术在物流领域的商业化应用，逐步向全行业推进。AI、物联网、自动仓库、机器人、可穿戴设备、无人机、自动驾驶、智能移动终端等技术的应用趋向成熟，实现物流订

单的便捷管理、合理配载、智能调度、实时跟踪，并实现最终交付全流程的可视化、网络化、标准化，同时推动了物流各环节的数字化、自动化、无人化，实现物流由劳动密集型向技术密集型发展，指数级提升作业效率，降低人工成本，适应客户需求的多元变化，不断开发个性化、体验式服务。

第三是大数据应用引领行业高质量发展。近年，大数据已应用在物流行业的节点布局、仓储规划、线路优化、运力调度和供应链上下游协同等方面，实现了动态决策和资源配置，以数据驱动物流组织的活动已出具雏形。通过大数据有效构建了多层次的行业信用体系，加速行业服务标准化，建立政府监管、行业治理的新格局。不断挖掘和释放数据价值，有助于推动物流资源要素协作化开发、高效化利用，持续激发商业模式创新。数字技术和物流系统的融合无疑促使物流现代化进入快车道，开辟智慧物流的新阶段。另一方面，区块链技术在物流大数据场景中的探索应用正在进行，通过去中心化、多方共建的方式，提供高效便捷、透明共享和安全可靠的数据交换服务，为实现物流供应链全程追溯，优化资源利用率、降低商业成本、提升行业整体高效协作等价值提供可能。中物联物流信息服务平台分会正在筹建的平台型物流企业诚信联合体正是通过区块链技术创新打造跨行业、跨区域的全国物流大数据平台。

第四是智慧物流车辆装备助推绿色货运。针对物流行业的高能耗现状，智慧物流新能源汽车搭载智慧大脑，不断推陈出新，逐步实现人、车、库、终端的全智能绿色覆盖。智慧物流车辆在动态定位、线路优化、道路感知、司机交互、节能减排、智能驾驶等方面全面提升，形成车与人、车与车、车与路、车与物的共享网络空间，实现了智慧跑、智能送的绿色货运。

三、智慧物流影响下的行业未来

随着物流信息化的深入发展，新一轮科技革命和产业变革也蓄势待发，物流行业格局深刻演变，产业链、供应链、价值链加速整合，向形态更高级、分工更复杂、结构更合理阶段演化。而数字化物流的深入推进，将为行业发展和结构调整增添新动能。未来，创新、协同、开放、共享的四大核心要素将依然是智慧物流推动的主要发展趋势。

首先是持续创新发展。随着数字经济对物流行业的影响加深，企业间创新的竞争将成为行业竞争最高点。物流数字生态的建立，也将吸引大量资本注入，加快传统物流业态变革，将推动企业从“封闭竞争”走向“开放合作”，物流数字生态建设将促进多个企业在一个生态系统中相互合作完成的，创新边界已经超出了企业既有的边界。

其次是深入协同发展。物流组织已经从“一体化”走向“平台化”。“平台”以其特有的弹性，将成为行业转型背景下的重要战略选择和组织形式。平台化使得产业链中各类创新主体深入协同、互动，促进商业要素同智慧技术和市场变化共同演进，更加高效的配置的生态资源，形成协同发展的实践载体、制度安排和环境保障。

再次是坚持开放发展，智慧物流在着眼行业透明的基础上，将着力更加开放发展。智慧物流解决的将不仅是资源的互联与开放，更多的是生态的开放。实现企业在生态中互利共赢的开放战略，发展更高层次的开放型物流数字经济，完善开放中数据资产的法治营商环境，推动行业治理和政府监管的供给，构建广泛的利益共同体。

最后是推动充分共享。智慧物流技术应用在构建企业商业能力上逐步深入，通过更有效的连接，将丰富物流商业的共享模式。云仓资源共享模式、物流设备共享模式、末端网点资源共享模式、物流众包共享模式、共同配送共享模式、运力整合共享模式、物流中心运营服务共享模式等都将在智慧物流基础上将更加丰富。

来源：中物联：崔忠付在2018（第十届）中国物流信息化大会上的致辞 2018年7月13日

财政部：推动大数据、区块链、人工智能等技术与供应链融合

2018 年 11 月 12 日，中国财政部发布关于开展 2018 年流通领域现在供应链体系建设的通知。通过推广现代供应链新理念、新技术、新模式，培育一批有影响的供应链重点企业，探索一批成熟可复制的经验模式，形成一批行之有效的重要标准，提高我国供应链的核心竞争力，促进产业转型优化升级，促进流通领域供给侧结构性改革。主要目标：城市消费品社会零售总额同比增长高于全国平均水平，重点行业平均库存周转率同比提高 10% 以上，供应链综合成本（采购、库存、物流、交易成本）同比降低 20% 以上，订单服务满意度（及时交付率、客户测评满意率等）达到 80% 以上，重点供应商产品质量合格率达到 92% 以上，托盘、周转箱（筐）等物流单元标准化率达到 80% 以上，供应链重点用户系统数据对接畅通率达到 80% 以上，单元化物流占供应链物流比例同比提高 10% 以上，供应链管理整体水平明显提升。

主要任务

有关城市结合自身实际情况，重点围绕农产品、快消品、药品、日用电子产品、汽车零部件、家电家具、纺织服装，以及餐饮、冷链、物流快递、电子商务等行业领域，加快推进现代供应链体系建设。

加强信息化建设，发展智慧供应链

一是规范信息数据和接口。加快推广基于全球统一编码标识（GS1）的商品条码体系，推动托盘条码与商品条码、箱码、物流单元代码关联衔接，实现商品和集装单元的源头信息绑定，并沿供应链顺畅流转。二是提升智能化水平。推动大数据、云计算、区块链、人工智能等技术与供应链融合，发展具有供应链协同效应的公共型平台，支持上下游用户的生产、采购、仓储、运输、销售等管理系统相对接，平台与平台之间相对接，实现相关方单元化的信息数据正向可追踪、逆向可溯源、横向可对比，发挥供应链对优化生产、加快周转、精准销售、品质控制、决策管理等作用。

来源：万联网 2018 年 11 月 14 日

4.2 物流创新分类

4.2.1 物流信息化、大数据和 5G 网络应用

大数据，为物流植入智慧大脑

大数据应用技术在物流行业可以提升物流效率、应对供应链挑战。同时，数据赋能物流行业，能够给行业带来新的机遇和挑战。

电商巨头亚马逊宣布了一项重要举措：要求所有三方卖家从 2018 年 8 月 31 日开始，将其包裹的投递速度提高 40%。那么，亚马逊究竟是如何在保证销量的同时，提高整个平台物流效率的？其实，亚马逊不仅仅是电商平台，还是一家科技公司，其在业内率先使用了大数据，利用人工智能和云技术进行仓储物流的管理，创新推出了预测性调拨、跨区域配送、跨国境配送等服务，并由此建立了全球跨境云仓。可以说，大数据应用技术是亚马逊提升物流效率、应对供应链挑战的关键。

DHL 发布《2018/19 物流趋势雷达》(Logistics Trend Radar) 报告中指出，未来 5-10 年，有 28 个关键趋势影响着物流业的发展，数字化将成为行业变革的最大驱动力。新的物流趋势是以客户为中心，不断创新的需要。

数据是赋能的魔法，尤其是物流大数据应用，使物流企业能够提高效率，降低成本，并寻求新的商机，可以说，大数据正在成为物流行业最大的福利。联想到这几年物流行业的快速发展，处处可见的大物流、大流通、新物流、新渠道、新零售、无界零售，等等，成立的前提都是数据应用，是数据的变现与数据沉淀的结果。

1. 数据的价值

2018 年是云鸟科技提出“用数据驱动供应链交付”的第四个年头，发展至今，云鸟科技已拥有 100 万专业司机的运力池，服务了 1.6 万家企业货主，业务覆盖全国 18 个省、22 个一二线城市、77 个地级以上城市，并辐射周边 550 公里的城市圈。云鸟科技创始人兼 CEO 韩毅在最近由云鸟科技主办的“新经济 新城配——2018 中国绿色智慧城市物流峰会”上表示：“未来 3 年，云鸟科技的主要发展方向全部都会指向新能源自营运力和车后市场，打造全新的商业生态，而这新生态的基础就是数据，包括数据的采集、数据的处理、数据的算法。”

大数据技术能够让我们对经济领域的事物进行更加科学准确地评估。近些年，由于计算机、软件和网络技术的进步，出现大数据、共享数据、云统计、云计算，人们可以对订单、消费和物流进行精确统计和安排。

在航运业，中国大数据平台建设目前可知的有海事系统的“船舶自动识别系统信息服务平台”；航运管理方面信息系统有“国际运输船舶运力登记管理系统”“海运集装箱运价备案系统”和“中国船舶交易网”等；政府主管部门现阶段具有的行业大数据平台只有运价备案受理系统，是《国际海运条例》和《国际海运条例实施细则》实施以来建立的首个第一手的大数据平台。该平台的建设、安全运行、辅以运价检查，已为国际海运市场规范有序、公平竞争发挥了积极的作用。

可以说，大数据已经渗透到物流领域的各个环节之中，其作为一种新兴技术，它给物流的发展带来了更多的机遇。对物流企业而言，合理地运用大数据技术，对企业的管理、客户关系维护、资源配置等方面都将起到积极的作用，使物流决策更加高效与准确。2014 年，中国物流大数据应用市

场应用规模为 2.92 亿元，预计到 2020 年将达到 188.23 亿元。

数据带来的好处显而易见，它能更好地感知世界，比如能迅速厘清物流各个环节都发生了什么事，这是数据的价值。

近年来，我国国家层面出台支持物流大数据进步的政策不少，包括：《第三方物流信息服务平台建设案例指引》《商贸物流标准化专项行动计划》《物流业发展中长期规划（2014-2020 年）》《关于推进物流信息化工作的指导意见》，等等，都将大数据、信息化处理方法作为物流行业转型升级的重要指导思想。

智慧物流已经成为“互联网 + 高效物流”的核心要点，物流行业正在进入一个新的发展时代。处在云计算、大数据、人工智能等信息技术高速发展变革的时代，物流业作为供应链的一部分，为经济的高质量发展起到了举足轻重的作用。

物流的新旧动能的转化进一步加速，其中之一就是物流新理念不断兴起，比如菜鸟网络提出的新物流概念。新物流就是“大数据 + 智能 + 协同”，服务于新零售。

大数据和人工智能已经把物流业从肩扛手提的传统模式，带入了科技驱动的新物流时代。

2. 数据支撑共享货运

共享是现在社会经济的一个热词。共享经济作为一种新型商业模式，对交通运输业的赋能被业界看好，共享货运就是其中一个亮点。

我国拥有全球最大的公路物流市场，但货运行业参与者极其分散，产业链条长、环节多，导致流通效率低、成本高，实现存量资源的社会化转变与闲置车辆最大化利用，成为迫切的需求。

大数据作为技术底子，为共享货运风口到来做足准备，第三方平台就是一个最好的实践成果。第三方平台运用大数据可以为物流公司、发货企业或个人车源、货源等提供一个高效的业务对接，在提高物流行业服务的同时降低物流成本。

在货运行业，中交兴路是一家拥有扎实的基础大数据平台和全面先进数据服务的物流企业，负责运营的全国道路货运车辆公共监管与服务平台覆盖了全国 95% 以上的重载型货车，积累了数据量高达 10PB 的海量货运大数据，数据范围涵盖重载卡车的动态和静态数据，车主、司机相关数据以及物流企业“用油、ETC、金融”数据三大类，每日新增数据量超 8TB。这个平台将多维、实时的智能大数据叠加在物流场景中，形成了一幅以“人、车、企、货”多维度的数据拼图，由此展开多元化的数据应用服务，打破了物流业传统的发展僵局。

业界人士分析，物流平台基于先进的物流信息网络数据，实时跟踪每辆货车的多余空间，并将其智能共享给需要的客户，在保证客户货物安全高效运抵目的地的同时，减少货车空跑，充分实现运力效益最大化。

交通运输部公路科学研究院联合 G7 智慧物联网公司最近发布的《基于大数据的中国公路货运行业运行分析报告（2017）》显示，我国主要城市间货车通行效率正在逐步提升；公路货运车辆平均油耗下行；智能化技术应用将有效实现成本节约。报告认为，随着数字技术加持、龙头企业带动，中国公路货运行业正朝着安全、高效、绿色、经济的趋势发展，整个物流业智慧化、数字化的前景可以预见。

3. 数字牵引行业提档升级

借助技术驱动和数字牵引，苏宁智慧物流发展成绩斐然。截至 2018 年 3 月末，苏宁物流及天天快递拥有仓储及相关配套合计面积近 700 万平方米，拥有快递网点达到 21904 个，苏宁物流社会化营业收入（不含天天快递）同比增长 84.84%。而基于大数据分析的智能包装推荐、路由网络优化、绿色快递盒投放与回收等系统上线，使得苏宁物流运营效率与成本管控能力显著增强。

大数据时代的到来为物流业转型升级指出了新方向、提供了新动力，为物流行业赋能升级。多年来，物流行业“多、小、散、乱”及信息不对称等问题，始终制约着物流行业的发展。中国物流成本占 GDP 的比重是 15%，发达国家是 7%-8%，我国物流效率仍有较大的提升空间。数字经济作为革新传统物流的新方式，数据成为基础战略资源，特别是大数据，使物流行业变得更加智能，也更加高效。

运满满的全国干线物流智能调度系统，基于云计算、大数据、移动互联网和人工智能技术，以复杂事件检测分析和处理技术、大数据智能分析决策技术创新为重点，运用先进的算法模型，实现了智能车货匹配、智能实时调度、智能标准报价，对物流信息全程追踪和可视化。仅 2015 年、2016 年两年，运满满平台上司机的月行里数由 9000 千米提高到 1.2 万千米，平均找货时间从 2.27 天降低为 0.38 天。车货匹配平台企业最核心的竞争力是具有绝对优势的用户数，以及每日沉淀的货运大数据。

专注于城际整车运输的互联网交易平台福佑卡车，摆脱了直接做车货匹配信息平台的思维，开辟了经纪人竞价模式，并依托交易过程中积累的大量数据，运用大数据和人工智能技术，开发了图灵智能报价系统。图灵智能报价系统根据市场供需、货源品类、车型、线路、天气等要素推算运价，并及时进行报价，生成整车运输价格表。货主企业在福佑卡车平台发货平均节省了 8% 的运输成本，请车和询价时间减少了 1 个小时以上。

当下无论是对于信息平台还是交易平台，数据都是最核心的竞争力。对于交易型平台而言，数据是提高交易精准度和建立信用评价体系的关键。

“物流 + 大数据”的运用还有很多，像菜鸟电子面单的推广，打印速度能提升 4-6 倍，使得发货效率至少提高了 30%，还可以提高快递人员的打印效率和分拣效率，在环保以及保护个人隐私方面都有一定的成效，深得消费者的青睐。

大数据 + 物流”的到来，为智慧物流开启了新的运营模式，既是顺应时代的发展，也是智慧物流必走的路径，未来的物流公司成长要靠数据、技术和人才。相信，在未来，“大数据 + 物流”的结合，还会带来意想不到的惊喜。

4. 大数据产业尚在起步阶段

据了解，物流大数据行业的生命周期比较长，一般要在 5-8 年，前期的数据积累和沉淀耗时耗力耗财。目前，中国物流大数据产业正处于起步阶段，专家预测未来 5 年有望快速发展，率先实现大数据增值。

当下，我国物流大数据行业还存在着信息壁垒、收集繁复等痛点。

业内人士反映，目前货车司机的涉案数据、物流企业在银行的黑名单数据、货车司机罚款频次、超载频次、交通违章频次，这些数据尚未互联互通，一定程度上影响了共享货运平台所能提供服务的质量。平台企业希望能与相关行政机构合作推动数据的互通共享，据此平台可以更好地掌握司机的情况从而提供更个性化的服务，司机的相关权益也更有保障。

新零售时代的物流，要求更精准地预测销量，调拨库存，以更高的效率、更低的成本、更优质的服务体验将商品送至客户手中。供应链管理下的物流依赖于对大量信息、数据的采集、分析、处理和及时的更新。物流企业和供应链中任何一个节点之间都需要信息沟通，而这些信息可能会存在于不同架构的平台之中。因此，“在实现精益供应链管理的过程中，数据的整合是重中之重”。多位物流业界人士都有着上述共识。

对于企业来说，要做到物流的降本增效依旧面临很多瓶颈，即便是面对当前大数据、云计算、物联网带来的新机遇，要想从中把握发展机会，实现降本增效并不容易。例如，很多车企、大车队、车主以及各类设备厂商，运力数据可以实时获取，但业务运营数据却难以拥有。在当下以前端消费影响后端生产的状态下，要想更好地降低物流成本，提高运营管理效率，还需多方探索。

不仅公路货运存在大数据运用的瓶颈，海运业也是如此。据悉，海运业在整个物流体系中占有的链条最长，航运产业链其他环节，特别是全国性的无船承运人资信评估体系建设，需要航运大数据平台的强有力支撑。海运企业有民营与国营之分，有独资与合资之分，有联营与中外之分，纷繁复杂，造成了海运企业数据的割裂难以联通。高效、有序、透明的国际航运服务需要市场航运业资信评估等诚信体系建设，因此迫切需要动态更新的航运大数据平台的支撑。

数据的准备对于智慧物流的发展至关重要，整体上来说中国物流行业缺乏科技感，公司积累的数据量虽然很大，但这些数据更多是存在于一些报表之中，其形态不足以支撑大数据分析、人工智能等方面的应用。

数据是智慧物流精确化运营的基础，也是智能决策的先决条件。在智慧物流时代，数据收集要越来越精准，“我们要做的不仅是收集核心数据，还要收集更精细化的数据，有了这些数据才能做规律性的分析，了解到客户多样化的需求，才能做到最优化的商业决策，也就是智能决策”。

来源：《中国水运报》 2018 年 8 月 29 日

大数据应用常见的 6 种商业模式

大数据作为一个新兴的行业，商业模式需要从事于这一行业的人不断探索，不断优化改进，不断创新挖掘出有价值的商业模式。

每一个新兴的行业都会衍生出很多种商业模式，每一种商业模式都能抵达成功，都有可能实现盈利，大数据作为一个新兴的行业，商业模式需要从事于这一行业的人不断探索，不断优化改进，不断创新挖掘出有价值的商业模式。

大数据创业，不一定是大公司的专利，这也是许多小公司或者创业型公司崛起的机遇。很多小规模企业，尤其是初创企业，通过大数据手段，能够“小而精”“快而准”地针对一个行业的实际需求，创造出改变行业格局，改变人们生产生活方式的颠覆性产品。

不管是数据采集还是数据分析，最终的目的都是为了应用，只有数据“用起来”才会产生更大的价值，这就涉及到大数据应用的商业模式模式。商业模式是从数据出发，挖掘数据的价值，让数据产生更大的价值，让数据更好地为社会服务。从目前的现状和环境来看，有 6 种大数据应用的商业模式可供参考。

一、企业数据自营模式

企业自身拥有海量数据和大数据技术，同时具备一定的分析能力，能够根据数据分析结果改进现有产品或预测未来，从而使企业获得利润的商业模式是企业数据自营模式。不是所有的企业都适应与这一商业模式，这种商业模式的成功运行建立在 4 个条件之上。

首先，数据来自公司内部，可以是生产经营信息或管理信息；

其次，拥有先进的大数据技术，能够对信息进行充分的挖掘和提炼；

再次，具备高效的分析能力，能够对数据分析结果进行准确评价；

最后，具备数据决策能力。

企业数据自运营模式的最大价值在于能根据分析结果进行商业决策，通过不断改进原有产品、推出新产品以及预测企业的发展方向使企业持续获得利润。但是这种商业模式只适用于一部分企业，并不适用于所有的企业。必须是基本上囊括了大数据产业链的各个环节，集数据生成、存储、处理和应用为一体，形成了良好的产业链循环体系。

二、数据租售模式

数据就是资产。通过一定的媒介，将广泛收集、精心过滤的数据销售或者租赁给客户来获取报酬的方式，就是数据租售的商业模式。这需要企业具有强大的收集数据和整合萃取信息的能力，以此形成数据采集、信息萃取、价值传递的完整链条。

数据的租售模式，实现了数据的增值，使数据成为可供交易的商品，对于拥有海量数据的企业来说，具有天然的优势，只需要简单加工处理，就有获得较大的数据变现收益。

三、数据平台模式

通过建立平台，实现数据的分析、分享和交易等功能，为用户提供方便快捷的个性化平台服务来获取利润。数据平台模式主要包括数据分析平台模式、数据分享平台模式和数据交易平台模式。数据分析平台模式是指通过灵活租赁的方式为用户提供数据存储、数据运算和数据分析的平台服务。数据分享平台模式是指平台服务商凭借其拥有的数据资产，为用户提供云数据库、数据推送、数据集成等服务，同时开放数据接口、提供开发环境，供开发者进行基于数据的应用开发从而获取利润分成。数据交易平台模式是指第三方平台提供商为数据所有者和需求者提供数据交换、交易的服务平台。数据分析平台模式要求用户掌握一定的数据分析技能，用户只需将数据上传到平台上，便可使用平台上面的分析工具进行数据分析。

数据分享平台模式需要平台服务商具有强大的数据采集能力和分析能力，便可轻松运行。数据平台模式适用于技术创新型企业，因其拥有先进的平台技术，能够自如的利用平台进行数据处理和交易。由于这种模式是由技术驱动的，只要技术不断创新，未来将不可估量。

四、数据仓库模式

通过整合所有类型的数据来为企业提供决策支持，从而获得利润，这种商业模式被称为数据仓库模式。这种商业模式通常需要具备决策支持工具和高素质的分析人才，以为企业提供分心性报告和决策支持为目的，从而帮助企业实现智能化改进业务流程和监视时间、成本、质量和控制。这种商业模式适用于决策型企业，帮助用户快速做出正确的决策，实现投资回报率的最大化。

五、数据众包模式

数据众包模式是从大数据的角度出发，企业从创新设计领域切入，将产品设计转向用户，通过搜集消费者设计的海量数据，进行数据测评找到最佳的产品设计，同时借助社会资源提升自身的创新与研发实力。这要求企业拥有一定的创新能力和研发技术。这种商业模式适用于创新驱动型企业。其核心是用户创造数据，优势在于强调了社会的差异性、多元性带来的创新潜力。因其倚重“草根阶层”，大大的降低了企业运营成本，还能使产品更具创造力和适应性。

六、数据外包模式

数据外包模式是指企业将数据收集、数据处理等业务环节剥离出来，外包给专业机构，通过优化资源配置，降低成本增强核心竞争力。数据外包模式主要包括决策外包和技术外包。这种模式要求企业拥有一定的知识背景、先进的大数据技术和卓越的分析应变能力，能够游刃有余的解决各种类型企业的决策问题和技术问题。这种商业模式适用于经验型企业，它的优势不仅在于帮助用户缩短决策周期、缩减业务流程，更重要的是降低运营成本，可以使用户集中精力做核心业务，不断增强其核心竞争力。

来源：中物联网　2018 年 9 月 18 日

物流信息化的未来将是运输平台公司?

软件即服务在中国的物流行业中扮演着重要的角色，运输控制塔更是一项前沿的服务，能够在整个价值链中建立前所未有的透明度，帮助优化物流运营，有助于整个物流供应链灵活及时地响应意外情况，极大地提升客户满意度。

TMS的全称是Transportation Management System,即运输管理系统,是一种基于网络的"供应链"分组下的操作软件。传统的TMS集中于企业内部的流转，是企业内部管控系统，在此基础上oTMS发展出一套更具有全局性的基于云端的管理系统oneTMS，它是支撑oTMS其他产品的基础，连接了货主、第三方物流、运输公司、收货人，打通了物流运输产业链中的信息流，由此衍生出一系列的管理及金融服务——金融科技和全橙服务。oTMS认为，这种软件+管理的模式，将在未来成为引领中国物流科技发展的主要模式之一。

以货主企业作为切入点

目前，市场上做物流运输管理系统的企业有从“车”切入市场的，如G7，建立了一套智能化物流车队运输管理体系，其客户覆盖顺丰速运、申通、韵达、长久物流、狮桥租赁、亚马逊、安能物流、天地华宇等；另一种便是从“货”切入的。oTMS平台拥有货主企业客户250多家，这些企业的平均销售额均在50亿人民币左右，下游用户中的承运商、物流公司数量多达2800多家。

当一家货主公司选择使用oneTMS系统平台为其提供物流运输管理支持，在oneTMS开通账号并设置好运输流程后，可以邀请它下游的物流公司入驻oneTMS。当被邀请的物流公司在oneTMS平台上注册免费账号之后，就能收到订单，再一步进行下游承运商及司机邀请。这样层层递进下，货主可以全程把控自己货物运输的流程。除此之外，oTMS还提供账单核对、KPI核算等一系列服务。那么，oTMS为什么选择货主企业作为切入点呢?

货主企业前端商流变化

1. 物流的供应链解析

对于大规模的货主企业来说，其物流的供应链是：货主企业外包给第三方物流公司，第三方物流公司联系专线物流公司，专线物流公司再联系司机，司机配送给收货人。这个链条中，“货”和“车”是永远不会消失的两个要素，中间的三方、专线发挥的功能会逐步被信息所替代。因为物流运输门槛极低，所以中长期的物流运输市场是买方市场，运力的供给一定是大于需求，基于此，oTMS选择了“货”作为切入点。

亿欧智库：物流供应链解析

2. 货主企业销售模式变化

货主企业销售模式经历了从经销商模式到零售模式的转变。其中，最典型的是服装行业，从2015、2016年起，直营比例、联营比例不断提升，一个品牌旗下50%-95%的门店为直营，并且还在持续提高；在消费品行业，渠道也更加扁平化，产品能够更紧密地贴近消费者。基于此，货主企业将面临大批量、小批次的订单，这直接导致了无论是仓储还是运输层面，订单都趋于碎片化，复杂程度变高，因此对物流中信息整合处理的要求也就越高。

3. 新零售

在阿里提出新零售、京东提出无界零售的概念之前，货主企业端其实已经衍生出全渠道销售模式。自2015、2016年起，货主企业端的销售模式开始由传统经销商模式向O2O、社区电商、企业自建的线上渠道等模式转变，后期还经历了线上线下的融合，这样就对物流提出了新的需求。如果是电商平台的订单，消费者就要求物流呈现出快递公司那样的精准、可视化；O2O 模式下，货物从全国几千个门店发货，发货点又互相分散，货主企业需要直接面对公路卡车、快递公司，加上美团、达达、蜂鸟等同城货运匹配进入到 2B 市场，货主企业再通过第三方物流来发货就会相对滞后于市场需求，这就催生了其对全平台物流管理的需求。

软件 + 管理模式，将 oneTMS 积累的数据进一步延伸到管理领域

在 oTMS 平台，客户可以只使用最基础的 oneTMS 系统，但同时 oTMS 也提供运输外包、流程外包等管理服务，使用其自主开发的软件帮货主企业管理物流运作的全流程。

在外包管理模式下，oTMS 可以提供轻型的综合运输管理（Transport Control Tower 运输控制塔）以及全面型的综合运输管理（全橙服务）。例如，某服装货主企业就曾经选择 oTMS 为其华东区域提供管理支持，其中的一个 KPI 叫做无纸化运输，通过货主、第三方物流公司、司机、收货人在 APP 的握手交接方式来确认最终收货。在此流程未被打通之前，证明货物交接的纸质单证的流转比较复杂，往下发放和往回收的过程会产生许多间接的成本，需要有仓库员，司机等人的参与，还涉及到 QA 人员、财务、审计的抽检全检等流程，当订单量很大的时候，无疑中间会产生误差。当 oTMS 把 WMS、采购环节和 POS 打通，再加上平台数据，全部的订单交接将通过机器，回单原件与电子件都不需要再返回进行复核，让账单传递实现可视化，极大地解放了人力。

除此之外，oTMS 还拥有可智能匹配货主方与承运商方的招投标平台友货来。

案例产品

1. 金融科技

使用 oneTMS 系统的客户可以享受到 oTMS 提供的保理服务。在中国的货运市场上，付款账期很大程度影响甚至决定了运费高低。占国内货车总数超过 80% 的司机自有车辆，往往要求预付款或货到付款。因此，承运商们常常会产生资金拆借需求。大的承运商垫资能力比较强，但是中小公司融资渠道有限，能够证明其偿付能力的是他们所稳定的物流服务，但是这种服务在原来时无法向银行资方证明的，oTMS 通过数据开放，以运输多方产生并验证的运输数据作为预期运费收入的证明。具体来说，物流公司的服务订单、电子回单、月底账单、甲方是否确认以及发票上传等关键数据取，整个运输过程中产生的所有关键节点数据都可以由 oTMS 系统进行抓取，oTMS 就可以为银行、金融集团、外部的保理公司等资方提供物流公司的关键数据，再辅以其他的风控措施，就可以为物流公司提供应收账款管理和资金融通服务。在这个流程中，物流公司的偿付能力是通过货主企业的支付能力来确定的，如果货主企业规模大、信用好，最终确定提供的账单比例也会比较高。

2. 全橙服务

全橙服务是 oTMS 科技平台提供的综合运输外包服务，有别于传统第三方物流（3PL）服务，可作为三方服务之外的选择，或是补充服务。相较于只专注管理的运输控制塔服务，全橙服务涵盖了从采购、管理、支付、分析的全流程，为货主企业提供端到端的整体运输服务，选择这项服务的有 oTMS 以往的客户，也有越来越多的新客户加入进来。更加全面的全橙服务将成为 oTMS 未来发展的一个新趋势。

软件即服务在中国的物流行业中扮演着重要的角色，运输控制塔更是一项前沿的服务，能够在整个价值链中建立前所未有的透明度，帮助优化物流运营，有助于整个物流供应链灵活及时地响应意外情况，极大地提升客户满意度。oTMS 有着技术与专业服务的双层加持，相信在未来也能走在物流科技行业的前列。

来源：亿欧网 2018 年 8 月 3 日

依托大数据实现车辆管控可视化，让物流更“聪明”

随着物流智慧化的大势所趋，使数据科技越来越凸显出其的重要性。智慧物流中的人、车、货、企等主要角色也依托着数据的链接实现更规范的统一运转。在新技术、新模式、新业态的影响下，中国已经涌现出像阿里的“菜鸟物流大脑”、京东的“无人仓”，以及中交兴路的货运大数据开放平台“车旺智运”这样先进的物流技术，但也同样存在着大量依靠人工的不规范的运输环节。目前国内的物流行业由于运作水平和效率的低下产生很多问题，比如车队的成本管理、运输安全、运力调配等问题；货主企业有货没车的问题；企业外协车辆难找难管理的问题等，这些都是运输行业经营者面临的重要难题。

企业货运业务的高效开展，需要人、车、货的能够实现便捷快速的对接。比如以货主找车发货到收货为一个完整交易流程，我们可以看到技术是如何解决各个环节中的效率、安全问题的。

第一步，大型货主企业手里掌握大批货源，马上就要到运输旺季，自己的车辆不够用，需要在周边迅速查找可靠低廉的社会车辆来承运。如何快速、精准的找到合适的车源成为货主的一大难题……

利用车旺智运数据开放接口：（1）发布货源：可以通过接口的方式，将用户的货源信息发布到智运平台，使几百万车源均能受众。（2）找车接口：通过始发地、目的地、车辆类型、车辆位置、车长、载重等信息进行车辆数据的查询。基于几百万车辆数据，进行找车，快速锁定目标车源。中交兴路通过车辆位置、轨迹分析、车辆画像、安全驾驶指数等数据指标，通过大数据核心算法对入网车辆进行挖掘，优先甄选返程车，为货主单位提供就近优质车源供单位选择。

第二步，货主企业通过各种途经找来了可以承运货物的社会车辆。面对初次合作的车辆，车辆是否有合法的资质？车主或司机提供的车辆信息是否真实可靠？如何放心安全的把货交给社会车辆来运输，是所有货主急需关心的问题。

利用智运数据开放接口：（1）车辆入网验证：可以通过接口的方式获取车辆是否在全国道路货运车辆公共监管与服务平台入网，保证车辆有运营资质。（2）车主真实性验证：提供按车牌号、车主姓名、车主电话联合条件判断信息是否与行驶证信息保持一致，保证车辆资料真实可靠。（3）套牌车验证：通过提供车牌号、当前车辆所在区县级行政区位置信息来判断目前车辆是否是套牌套，保证车辆安全可靠。利用中交兴路的大数据平台货主企业可以通过各种维度对外协车辆进行真实性验证，从而规避套牌车及异常车辆为业务带来不必要的损失。

第三步，当实际承运货物的车辆出发了，一大批昂贵的货物在路上跑着。货主关心自己的货物是否已经离开始发站了？货物现在运到哪里了？货物在路上是否安全？货物什么时候能到达目的地？

利用智运数据开放接口：（1）车辆最新位置查询：可以通过接口的方式，用户通过车牌号或者车架号获取车辆最新位置信息，包括车辆的位置、时速、海拔、方向、行驶状态等信息，帮助企业随时掌握车辆动态。（2）车辆驶入、车辆驶出通知：平台实时监控车辆运行轨迹，当车辆发生驶入、驶出预设区域时，平台将车辆驶入、驶出事件信息及时推送到客户端，使货主随时掌握货物离站、到站信息。（3）异常离线提示：平台实时监控车辆运行轨迹，当车辆发生异常离线情况时，平台将异常事件及时推送到客户端，让客户及时发现异常、减少损失。中交兴路通过对承运过程车辆货物的实时位置及车辆动态进行可视化管理，用电子围栏技术预知车辆在对应站点驶入驶出、异常离线等状态，让运输过程更加安全可靠。

第四步，货物已顺利交割。货主企业、运输企业每月的运单量在不断提升，但是货物周转率低、运输效率慢、运输成本高，导致企业利润微薄、入不敷出。如何降本增效、实现企业利润最大化成为企业决策人的一大难题……

利用智运数据开放接口：（1）历史轨迹：可以通过车牌号或车架号获取车辆的历史轨迹数据，分析运输行驶路线是否合理，逐步优化最优路线，缩短运输时间，提供运输效率。（2）车辆里程查询：通过车牌号、起止时间查询车辆的总行驶里程，检查行驶里程是否在合理范围内，从而减少油费、降低运输成本。（3）车辆停车查询：通过车牌号、起止时间查询车辆在运输过程中的停车信息，帮助企业分析运输效率慢、货物装货卸货效率低的问题。中交兴路通过对车辆的运行轨迹数据进行深度挖掘分析，为企业提供核心的运营状况数据，从而帮助企业达到降低运输成本，提高运输效率，增加企业利润。

所以，从降低成本、提高效率、保障安全方面，利用数据技术结合物流配送流程中的各个环节，帮助货运企业可以进一步摆脱很多传统的经营问题，从而将整个物流配送的过程实现智能化。以数据促业务，以业务带数据，从而帮助企业实现工作效率的提高与成本的降低。新技术是效率提升第一生产力，是安全运输的重要保障。中交兴路的智能化数据服务将云计算、大数据、车联网、物联网等技术应用在各种运输场景中，实现在互联网和云端上便捷管理车队、智能调度车辆、合理配置运力的可视化、网络化、智能化、精益化的智慧物流，为货运行业的高品质经营创造出新的客户价值。

来源：中国物流与采购网 2018 年 9 月 13 日

5G 网络时代真的要来了 物流人做好准备了吗

2019 年 1 月 10 日，工信部部长苗圩表示，今年，国家将在若干个城市发放 5G 临时牌照，使大规模的组网能够在部分城市和热点地区率先实现，同时加快推进终端的产业化进程和网络建设。他表示，除了消费领域，今年，国家还将加快 5G 技术在教育、医疗、养老等各个领域的应用。苗圩表示，特别值得一提的是车联网，将来在我们的路网上面，也要进行数字化信息化的改造，将来的红绿灯，不光发出红绿黄，也同时发出一个 5G 无线信号，将来在智能网联汽车上面，也都可以通过传感器能够接收到这个无线的信号。构建起一个车、路、人互相连通的这么一个整个大的网络体系。

5G 时代即将到来，物流业将受到哪些影响？

5G 与车联网

什么是车联网？有一个定义如此表示：近年来，因汽车数量持续增长而引起的交通安全、出行效率、环境保护等问题日益突出，车联网相关领域的研究和发展受到了广泛关注。车联网是以车内网、车际网和车载移动互联网为基础，融合了传感器、RFID、数据挖掘、自动控制等相关技术，按照约定的通信协议和标准，在车 X （X：车、路、行人、互联网）交互过程中，实现车辆与公众网络的动态移动通信，是物联网技术在交通系统领域的典型应用。

显然，车联网与物流是密切相关的。如今随着 5G 的快速发展，5G 移动通信网络将融合大规模天线阵列、超密集组网、终端直通、认知无线电等先进技术，以更加灵活的体系结构解决多样化应用场景中差异化性能指标带来的挑战。

正如苗圩所言，未来的路网上面将进行数字化信息化的改造，红绿灯不仅发出人眼可见的信号灯，而且可以发出一个 5G 的无线信号，智能网联汽车就可以通过传感器接收到这个无线的信号。

5G 与无人驾驶

工信部印发车联网（智能网联汽车）产业发展行动计划，旨在加快 5G-V2X 等技术研发。计划提出，到 2020 年，实现车联网（智能网联汽车）产业跨行业融合取得突破，具备高级别自动驾驶功能的智能网联汽车实现特定场景规模应用。这也就意味着自动驾驶、无人驾驶上路也就成为可能，比起无人驾驶汽车学习人辨别信号灯的能力，接受识别来自于 5G 的信号才能实现快速、准确和安全的反应。

近几年，关于自动驾驶技术的研发风靡全世界，传统车企、互联网巨头、快递物流企业相继布局。然而，自动驾驶的发展过程始终伴随着“安全风险大”的诟病。让人对其产生了几多担忧。而 5G 通信技术具备庞大的带宽容量和接近零时延的特性，正在让自动驾驶照进现实。因此，自动驾驶也被认为是最具前景的 5G 应用。有数据预测，到 2025 年，5G 连接的汽车将达到 5030 万辆。当前，已有不少企业推出 5G 自动驾驶应用方案。

5G 与人工智能

10 亿包裹时代的提前到来，对电商背后的物流运转能力提出了巨大的挑战。但令人高兴的是，由于智能科技在货物扫码、分类、运送等多个环节的应用，物流运转的效率实现了大幅提升，消费者收包裹的体验也逐步提高。

在当下的仓库中，不仅有智能分拣机器人，而且越来越多的设备正接入网络。目前，全球已经有数十亿的联网终端，未来在 5G 海量连接能力的支持下，智能仓储迟早会迎来具有数万亿连接的世界。有专家这样表示，5G 技术能将这些设备产生的海量数据全部传给一个中心实体（即云）进行处理和管理，而企业将现有模式转变为去中心化的模式，将智能处理能力分布到构成无线边缘的海量终端上，使它们能够独立地理解、推理并行动，从而可以创造出更高的社会效益，比如汽车驾驶更安全、监控摄像头有效保护隐私。可以想象，5G 网络接入的海量设备，也将为人工智能系统带来丰富的数据资源，可以基于此训练出更好的人工智能模型，从而形成良性循环，开启万物互连的智能新时代。

5G 与新零售

消费需求的变化带来的商业模式的不断蝶变，传统电商、物流企业、快递企业基于互联网和移动互联网规模普及所带来的流量红利逐渐萎缩，增长瓶颈开始显现。在这种背景下，在新一轮技术浪潮的推动下，线上线下和物流结合，新零售概念被提出。

新零售，企业通过线上 + 线下的营销解决方案，构建端到端的数字化核心应用平台，实现业务增长，重塑商业价值。5G 的各种技术优势将使得企业布局新零售更加游刃有余。意义何在？有专家表示，新零售必须依赖大数据 AI 系统，而 5G 网络的普及则有利于加快数据之间的传输，尤其是对于大型企业来说，利用 5G 网络为人工智能技术服务，能够进一步减少企业内部获取信息的时差，提高工作效率。

5G 与智慧新场景

5G 让远程手术、车路协同、智慧城市等应用场景也成为可能，实现运营商与应用端的深度融合。比如虚拟现实技术，虽然设备经过数次迭代，但因为视觉效果限制和网络环境影响，一直在惨淡经营的边缘徘徊。而 5G 带来的新网络支持，能够大大提升 VR 的体验流畅感。有机构曾预测，5G 大规模商用后，VR、AR 设备的出货量将达到千万台级别。同时还会出现各种各样的智能家居产品，无论是 2B 还是 2C，巨大的货物量将需要巨大的物流支持。不过，5G 运用下产生的智能和科技的新产品，很可能需要定制化的物流服务，这就需要专业的物流公司提供具有差异化的物流服务，到时候谁能满足新产品的需求，就可以占据市场的一片天地。就如目前，杭州市计划建立覆盖杭州的 5G 无人机城域网络，为智慧物流提供基于网联无人机 E2E 解决方案。

2018 年底，苏宁易购与中国移动在全球合作伙伴大会上签订渠道战略合作协议，在 5G 应用方面，苏宁易购将与中国移动联手探索 5G 应用场景，更加快速地推进 5G 技术商业应用。

总的来说，5G 具有更高的速率、更宽的带宽、更高的可靠性以及更低的时延，可以提升用户的网络体验，同时还将满足未来万物互联的应用需求。而在此过程中，人工智能、自动驾驶、车联网等技术运用到物流领域可以实现降本增效，新产品的出现会带来巨大的物流市场。无论怎样，我们应抱有信心，5G 的革新，将会带来又一种繁荣。

来源：亿欧网　2019 年 01 月 14 日

小贴士：5G 网络技术（5G network）

5G 网络是第五代移动通信网络，其峰值理论传输速度可达每秒数 10Gb，比 4G 网络的传输速度快数百倍。5G 网络是指下一代无线网络。5G 网络将是 4G 网络的真正升级版，它的基本要求并不同于无线网络。5G 网络中最大改进之处是它能够灵活地支持各种不同的设备。除了支持手机和平板电脑外，5G 网络将还需要支持可佩戴式设备、各种生活和工业智能终端。在一个给定的区域内支持无数台设备，这就是 5G 网络技术的设计目标。

技术原理

2014 年 5 月，三星电子首先通过研究和试验表明，在 28GHz 的超高频段，以每秒 1Gb 以上的速度，成功实现了传送距离在 2Km 范围内的数据传输。此前，世界上没有一个企业或机构开发出在 6GHz 以上的超高频段实现每秒 Gb 级以上的数据传输技术，这是因为难以解决超高频波长段带来的数据损失大、传送距离短等难题。三星电子利用 64 个天线单元的自适应阵列传输技术，使电波的远距离输送成为可能，并能实时追踪使用者终端的位置，实现数据的上下载交换。超高频段数据传输技术的成功，不仅保证了更高的数据传输速度，也有效解决了移动通信波段资源几近枯竭的问题。

研发进展历程

2014 年 5 月 13 日，三星电子宣布，其已率先开发出了首个基于 5G 核心技术的移动传输网络，并表示将在 2020 年之前进行 5G 网络的商业推广。

2016 年 8 月 4 日，诺基亚与电信传媒公司贝尔再次在加拿大完成了 5G 信号的测试。在测试中诺基亚使用了 73GHz 范围内的频谱，数据传输速度也达到了现有 4G 网络的 6 倍。

2017 年 8 月 22 日德国电信联合华为在商用网络中成功部署基于最新 3GPP 标准的 5G 新空口连接，该 5G 新空口承载在 Sub 6GHz（3.7GHz），可支持移动性、广覆盖以及室内覆盖等场景，速率直达 Gbps 级，时延低至毫秒级；同时采用 5G 新空口与 4GLTE 非独立组网架构，实现无处不在、实时在线的用户体验。

2017 年 12 月 21 日，在国际电信标准组织 3GPP RAN 第 78 次全体会议上，5G NR 首发版本正式发布，这是全球第一个可商用部署的 5G 标准。

2018 年 6 月 14 日 11:18，3GPP 全会（TSG#80）批准了第五代移动通信技术标准（5G NR）独立组网功能冻结。加之 2017 年 12 月完成的非独立组网 NR 标准，5G 已经完成第一阶段全功能标准化工作，进入了产业全面冲刺新阶段。

2018 年 7 月 6 日在瑞典的爱立信实验室，爱立信携手英特尔以及早期 5G 服务供应商，完成了 3.5GHz 频段端到端的非独立组网标准（NSA）5G 数据呼叫。

2018 年 9 月 12 日，移动电信设备制造商爱立信表示，已与美国移动运营商 T-Mobile US 签署价值 35 亿美元、为期多年的供货协议，以支持 T-Mobile US 的 5G 网络部署，这是爱立信获得的最大 5G 订单。

2018 年 10 月 19 日，爱立信携手 Qualcomm 将 28 GHz 加入 5G 商用频段。

2018 年 12 月 7 日，工业和信息化部许可中国电信、中国移动、中国联通自通知日至 2020 年 6 月 30 日在全国开展第五代移动通信系统试验。

当前全球多个国家已竞相展开 5G 网络技术开发，中国和欧盟都为此投入了大量资金和研发力量。三星在 5G 网络上取得的技术突破，将进一步加剧全球 5G 网络研发的竞争，加速其商业化进程。华为在 3GPP RAN1 87 次会议的 5G 短码讨论方案中，凭借 59 家代表的支持，以极化码（Polar Code）战胜了高通主推的 LDPC 及法国的 Turbo2.0 方案，拿下 5G 时代的话语权。5G 商用进程

工信部此前发布的《信息通信行业发展规划（2016-2020 年）》明确提出，2020 年启动 5G 商用服务。根据工信部等部门提出的 5G 推进工作部署以及三大运营商的 5G 商用计划，我国将于 2017 年展开 5G 网络第二阶段测试，2018 年进行大规模试验组网，并在此基础上于 2019 年启动 5G 网络建设，最快 2020 年正式推出商用服务。

三大运营商已经披露了在全国几十个城市进行的试点工作计划。其中，中国联通将在北京、天津、青岛、杭州、南京、武汉、贵阳、成都、深圳、福州、郑州、沈阳等 16 个城市开展 5G 试点。中国移动将在杭州、上海、广州、苏州、武汉这五个城市开展 5G 外场测试。中国电信则将雄安、深圳、上海、苏州、成都等作为试点城市。

来源：百度百科

4.2.2 区块链应用

上海发布首个《区块链技术与应用白皮书》

2018 年 9 月 6 日，2018 中国（上海）区块链技术创新峰会暨 2018 中国（上海）大数据产业创新峰会 6 日在上海杨浦区举办。该峰会是国内首个由省级政府相关部门主办的区块链重磅会议，由上海市科学技术委员会、上海市经济和信息化委员会、上海市人民政府侨务办公室、杨浦区人民政府、上海市欧美同学会、上海产业技术研究院共同主办。

上海市科委副主任干频在峰会上发布了上海首个《区块链技术与应用白皮书》，其中指出：工

信部信息中心发布的 2018 中国区块链产业白皮书显示，截至 2018 年 3 月底，全国有区块链企业 456 家，目前上海有区块链企业 95 家，位列第二；从国内区块链融资事件地域分布来看，上海有 73 次，排名第二。上海区块链发展有一定基础优势。从上海区块链企业注册地域来看，浦东新区数量最多，为 27 家，杨浦、松江、奉贤、宝山、虹口、黄浦等地区块链企业也比较集中。

上海从 2016 年开始推动区块链技术研发和应用探索，目前已经形成了从理论技术研究、底层平台研发、到行业应用创新的完整生态体系，拥有一批区块链技术研发企业，底层平台国内领先，在浦东新区、杨浦等地形成产业集聚。

下一步，上海市将紧密围绕上海“五个中心”建设的总体战略，抓住“信息互联网”向“价值互联网”发展的契机，继续凝聚区块链领域优势力量，突破区块链关键技术、研发区块链技术平台、培育区块链产业基地，加快推动区块链技术在各个行业领域的创新应用，加快发展基于区块链的新模式、新业态，促进技术创新、应用创新、价值创新。

根据上海《区块链技术与应用白皮书》，上海在区块链发展存在一定的优势，拥有一批区块链技术研发企业，底层平台国内领先；区块链天然适用于多方协作、多信任主体间建立信任机制，金融、航运、供应链等场景丰富；上海各大高校纷纷成立区块链研究机构，开展区块链教育与培训，具有一定人才储备。但是上海在一定程度上还存在一些不足，比如：上海区块链企业分散，产业各方很难形成合力，在顶层规划方面也需要进一步强化。

来源：中新网 2018 年 9 月 6 日

上港集团总裁严俊：航运区块链应用已见曙光

2018年是区块链最热的一年，除了熟为人知的比特币以外，大多数人其实还很难分清“币圈”与“链圈”的区别。而对比已经濒临爆仓的“币圈”而言，“链圈”所代表的区块链技术正一步步被人所熟识、认同、接纳。

著名咨询公司 OliverWyman 曾在报告中预测：“利用区块链技术缩减结算周期，每年可以节省 100 亿 -200 亿美元，这笔节省的巨额费用正是与区块链产业相关的市场空间。”

而作为一家航运媒体，我们认为，链圈技术如果想成功应用到航运产业之中，一定离不开港口、船东（承运人）们的努力，以及货主等行业从业者的推动。而诸如马士基、中远海运、上港集团等行业领先企业，似乎在起跑线上就具备了整合这一资源的先天优势，但未必会带着优势跑到终点。

更准确地来说船东 + 货主 + 港口 + 物流企业共同参与的区块链模式，其价值首先在于处在物流配送之中的“货”，可以多方账本实时共享、易于追踪，并且数据透明，这将极大地提高实体业务的工作效率。其次，区块链信息具有真实有效、不可篡改、精确追溯与责任界定的特质，在实操中还可以防止货物的无辜丢失，易于监管部门的分析和调查，在真实可视化展示物流过程中，可以实现全面电子化的管理。就是在这样的全民区块链热的契机之下，航运界网与上港集团总裁严俊先生进行了一期特别的采访。

怎么定义跟中远海运的关系?

严俊认为，上港集团和中远海运集团现在是“完全战略合作”的关系，这既是港航界的联合，也体现了制度优势，而且这种战略合作的关系将会朝着更好的方向发展。

在航运界网的眼里，过去的两年是两家集团紧密联系的两年，而在 2018 年 11 月闭幕的中国首届进口博览会中的分论坛，由中远海运集团承办的 2018 国际海运（中国）年会，上港集团也是一如既往地参与其中。

关于 GSBN 航运业区块链联盟

2018 年 11 月 6 日，迪拜环球港务集团、和记港口集团、PSA 国际港务集团、上港集团、法国达飞集团、中远海运集运、长荣海运、东方海外、阳明海运等 9 家知名港航企业以及软件解决方案提供商货讯通（CargoSmart）共同签署意向书，就打造航运业区块链联盟——全球航运商业网络（Global Shipping Business Network，GSBN）达成合作意向。

作为当时的签约人，严俊告诉航运界网，GSBN 联盟一定会朝着共赢多赢的方向去探索。

彼时，航运界网曾评论称，这是一个超越海洋联盟的联盟，在区块链技术下，该联盟就联合打造航运业区块链在航运业的应用迈出了坚实的第一步。也许短期内我们还不清楚这些巨头要如何引领行业新趋势，但可以想象的是，众人拾柴火焰高，在链圈场景下其改变行业营商环境的影响力毋庸置疑。

严俊认为，区块链上的所有利益相关方，都会根据其贡献多少，获得相应回报。但前述相关方要有以下四点共识：第一是认同行业标准；第二是认同链圈技术可以得到应用；第三是认同“航运链圈”架构的价值；最后是共同参与，即所有成员都要遵循利益分配格局的架构设计。

当今全球有 206 个国家和地区、600 多个港口，太多的市场机遇等待被“链在一起”。按照全球各地的当地法律法规，在同一数据标准下，实现跟全球性网络进行数据对接与数据交换。

严俊表示，理想中的全球区块链联盟架构应该是“区域链”“行业链”和“国际联盟链”，三者是相互融合的关系。

在航运界网的理解中，航运、物流、港口都处在行业链之中，所有的物流数据信息都在行业链中运行、交换，随着“货物”的移动，如跨区域的“货物”运送，其背后的大数据将在区域链中行进交换，而区域与区域之间，所构成的就是基于每一个地区的区域链所形成的国际联盟链：全球所有的商品与产品，从产生起就被标记了相应的坐标、产品属性等相关数据。基于同一个大数据的链圈平台之中，任何被标记过的产品，都在“国际联盟链”的注视下，都有迹可循、精确追溯。

例如一个从昆山经过上海出口到德国汉堡的集装箱，这个物流的全程将会被“国际联盟链”下的各个层级区域的区块链中进行痕迹标记。以往，货方只是大概了解自己的货装了箱、上了船，但具体船开到哪里、是否到港、货车信息等都无法精确地在第一时间掌握，简而言之，物流信息不对等。

而如果运用链圈技术，物流配送的所有相关方都会清晰、及时地知晓某一票货物的真实状态等信息，完完全全数据化、透明化，这样一种技术，能够使整个行业从目前不透明的碎片化孤岛式运输得到彻底改变。

严俊强调：“航运区块链的应用已经看见了曙光。今后的 2-3 年是最关键的时间点，谁能够捅破窗户纸，在今后的行业地位中就会变的很重要。这一点，上港集团（SIPG）有自己的路要走。”

对此，航运界网向严俊也抛出一连串为什么：为什么要变革？没有区块链技术港航业就不能进步吗？如果一定有一家公司要站出来解决这件事，一定是船东或者港口公司吗，有没有可能是 IT 互联网公司？有没有可能是大货主公司？而严俊的答案也非常明确，区块链属于未来，链圈技术是安全的；同时在该技术背后，其理念是开放的。任何公司都有机会上牌桌，但任何一家公司想要在航运区块链的牌桌上得到呼风唤雨的话语权，除要有巨大的魄力和勇气外，还必须付出惊人的努力。

没有船老大，也没有港老大，只有货老大

在严俊看来，没有船老大，也没有港老大，只有货老大。就当前市场状况而言，货主、货代、船公司和港口公司的组成，其实是一个利益共同体，只有以服务为目的，平台才能够长久。坦率地说，航运界网曾遇见过有想法、有能力的货主，也知道许多勇气可嘉的船东，但如此有魄力、有远见、有格局的港口公司却并不多见。

对于未来区块链牌桌上的人是谁，都有谁什么身份，其实并不重要。重要的是这个行业通过链圈技术会顺应时代潮流变得更好。在“国际联盟链”下，各方将最优势的部分整合在一起，加上人工智能、物联网等共同形成一个生态圈，就会出现新的突破，新的业态或者新的业务模式。

区块链重新定义了 NB？

2017 年，严俊曾公开表示港口业大数据从整合走向跨界，数据的量级从过去的 KB 到现在的 GB，未来可能是 NB（数量级）。他表示，数据对一个行业来讲非常重要，企业通过对数据的分析来了解到客户的出货习惯、周期性变化等信息，从而有预见性的配置资源，更合理地使用资源进行调度。互联网也好，区块链也罢，都只是各代表一种技术阶段，而最终目标是为了让行业有更好的服务，而这都离不开大数据的支持。

航运界网评论认为，按照目前区块链技术前进的脚步，“国际联盟链”的到来也许就是不久之后的事儿。如果“国际联盟链”日趋的完善，那集装箱行业势必会面临新的洗牌。港口码头、货主货代以及集装箱船东们的姿态与地位也将会改变。上港集团的经验告诉我们，优秀的决策者会促使企业不断进步与提升。

后记：

这是我们第二次与严俊总裁面对面深度的交流，不同于两年前在东大名 678 号红楼楼顶的交谈，这回我们对足球只字未提。对比两年前，这一次的交谈更加偏向技术从行业的宏观维度而言，严俊对链圈技术与港口航运业的结合有着透彻、长远的理解。这在过往我们所接触的受访者中，包括与链圈世界的老法师们对话而言，其格局都是不多见的，他所理解的区块链的世界更加真实、更易落地，更鼓舞人心。

而从严俊身上，我们也可窥上港集团在新时代，新格局下致力于成为全球数字化港航业的引领者，他们正在积极把握开放型世界经济的发展规律，正在积极参与国际规则制定，并不断增强国际行业话语权。最清晰的脚印总会留在最泥泞的路上，唯有变革和提升感受科技的适应能力，才能让上港集团在航运界的江湖里值得期待，并始终保持领先。

或许，“航运 + 区块链”的具体场景落地还需要一段时间。但我们有理由相信，这个世界终究会掌握在能够经受得住嘲笑与批评，并不断一路向前的人手中。

来源：上海国际港务集团有限公司网

京东发布区块链白皮书 全面开放自身区块链技术

2018 年 3 月 22 日，京东公司（股票代码：JD）今日正式发布区块链方案白皮书，称旨以区块链为“链接器”，结合自身在云计算、大数据、人工智能、物联网等新技术上积累的经验，构建一体化的智慧供应链体系、零售网络和金融科技，拉近商品与客户的距离，在无界零售的集团战略指引下，全面开放自身的区块链技术积累。

据白皮书显示，早在 2016 年，京东集团就全面启动了区块链技术在京东业务场景中的应用探索与研发实践，先后在数据交易、供应链管理、金融科技等领域落地了不同的区块链应用，在此过程中积累了大量的区块链部署经验与底层技术研发能力。

历经几年时间的应用和探索，京东认为区块链技术在以下三个方向存在将引领数字经济变革的巨大的应用机会：

1. 建立社会化共享的可信数据库区块链的技术本质是一种去中心化、面向业务、跨主体、健壮与安全的分布式状态机。区块链具有存储数据、共有数据、分布式、防篡改与保护隐私、数字化合约京东区块链技术实践白皮书项核心特征。基于这些特征，部署跨主体间的区块链联盟链节点和桥接，用区块链技术搭建一张社会化的共享数据存储网络，有机会以客观的技术手段来解决跨主体的信任问题。

2. 提升交易效率，降低交易成本得益于上链数据本身具备多个交易主体相互背书和相互校验的特质，基于区块链智能合约等多种模式的商业交易可以大幅减少数据核实的环节和降低成本，同时又能保证商业交易的风险降低，交易更具确定性。传统中心化的交易方式将发生改变，数据和价值的传递或转移将变得更为顺畅。

3. 推动供应链创新伴随着中国政府将供应链创新与应用上升为国家战略和居民消费的不断升级，供应链风险控制和提升供应链透明度的诉求不断攀升。区块链技术可以搭建供应链全流程节点共同维护的联盟链，在联盟链中建立数据维护的参与规则与激励机制，鼓励供应链节点中的企业参与和维护供应链数据，促进供应链数据的协同和互通，进而提升整条供应链的透明度，同时也可为消费者购买商品的溯源和防伪提供技术支持。

京东集团首席技术官张晨表示，为推动区块链技术的发展和京东集团各种业务场景的结合，运用区块链技术推动价值大数据的记录、流动和交换，京东集团联合了内部各职能、技术、及业务体系，开展区块链技术和应用发展趋势专题研究，编撰形成了《京东区块链技术实践白皮书（2018）》。白皮书总结了区块链核心技术在京东集团的发展现状和方向，分享了京东集团各个业务落地实践的典型应用案例，为区块链技术发展路线图和标准化路线图提出了相关建议。

来源：中物联网　2018 年 3 月 23 日

中物联与京东物流联合发布《中国物流与区块链融合创新应用蓝皮书》

随着区块链、物联网、大数据等新兴技术与物流行业的深度融合，物流供应链正成为区块链技术最具潜力的应用场景之一。1 月 23 日，“物流 + 区块链技术应用联盟”创新论坛在北京举办，中国物流与采购联合会、京东物流、物流 + 区块链技术应用联盟联合发布了《中国物流与区块链融合创新应用蓝皮书》。

工信部中国电子技术标准化研究院软件工程与评估中心主任周平、中国物流与采购联合会区块链应用分会执行秘书长潘海洪、京东集团副总裁 & 京东物流市场公关兼公共事务负责人王颖、京东物流研发部负责人程岩、京东物流生态创新部总经理孙波、中外运科技创新部副总经理谢骏等嘉宾出席了发布仪式，并共同为蓝皮书揭牌，京东物流研发架构部负责人者文明主持了发布会。

蓝皮书指出，我国区块链技术目前在物流行业正聚焦四大应用方向：流程优化、物流追踪、物流征信和物流金融，通过区块链和供应链的创新结合，正在助力物流行业朝着更高效、协同、智能的方向发展。此外，区块链还在和物联网、大数据、人工智能等技术深入结合，推动建立多方信任的智能物流生态系统，促进整个物流行业转型升级。

工信部中国电子技术标准化研究院软件工程与评估中心主任周平表示，从当前行业发展来看，区块链应用的关键在于加强与实体经济的深度融合。物流是支撑实体经济发展的基础性行业，区块链在物流中的应用有助于建立多方信任、高效便捷的物流生态系统，有助于物流基础设施网络的建设。

中国物流与采购联合会区块链应用分会执行秘书长潘海洪表示，物流业作为最古老的行业之一，近年来发展迅猛，但依然存在大而不精、协而不同、征信难、融资难等问题，区块链技术创造信任的机制恰好能解决这一问题，为行业提质降本增效提供保障。蓝皮书的发布只是开始，未来协会将与行业企业一道在场景探索、标杆树立、标准制订、人才培养和政策支持等方面推进区块链在物流供应链行业落地应用，促进区块链与实体经济的深度融合。

京东物流研发部负责人程岩表示，哪里存在不信任，哪里就是区块链技术最佳爆发点。物流行业因其链条长、环节多的行业特性，长期以来存在协同难、追溯难、征信难、融资难等痛点，而区块链技术作为创造信任的新模式，其分布式、不可篡改、可追溯的技术特性恰好为解决这些痛点提供了技术方案，区块链在流程优化、物流追踪、物流征信和物流金融四大方向上的应用与京东物流正在进行的区块链技术实践高度一致，促进了物流领域的商流、物流、信息流、资金流四流合一。

发布会上，京东物流、中远海运、中外运、福佑卡车等企业嘉宾分别分享了区块链技术在物流供应链领域上的应用。

来源：中物联区块链应用分会 2019 年 1 月 25 日

看菜鸟物流专家解密，物流是如何成为区块链新主场

当大数据、区块链与物流业相结合，怎样使海淘获得更多人的信任？如何进一步发展跨境贸易？近期数据侠实验室，DT 君邀请来了菜鸟网络国际技术负责人、海淘进口区块链技术专家余艺，他将从菜鸟的实际业务出发，和大家分享如何将区块链技术应用到实际业务中。

区块链与底层大数据的关系

区块链和底层大数据间的关系究竟是什么样的？其实可以从三个方面来考虑：一是在互联网时代之前；二是互联网对其产生的影响；三是区块链给其带来的影响。

对于互联网前的传统 PC 时代而言，企业之间的数据联通只能通过传统的电话、电报、邮件甚至文件的方式传出，整体的传输效率非常低下且容易出错。在互联网时代，各类数据的获取、存储、传输、处理变得越来越便捷，大数据也渐渐成为了互联网时代的趋势。一方面，互联网的发展为大数据时代提供了更多的数据和资讯信息；另一方面，大数据也在不断地拓展互联网的服务边界，为互联网创造更多的可能性。BAT、Google、Facebook 等优秀的互联网公司也逐渐涌现，成为这个时代的弄潮儿。

再聊到我们今天的主题——区块链，从我的理解来看，它其实是一种技术，把互联网作为自己的底层，在互联网的基础上搭建了区块链的网络。使数据包在区块链网络上流动交易时，能够让全网看到它的流向，从而令数据质量获得一个前所未有的背书。因此在区块链的数据上，由于全网分享的机制令更多的数据被想象并解放出来，推动了海量数据的增长。

用一句话来总结互联网和大数据的关系就是：互联网在线化的大数据碰上区块链后，得到了强信任背书，从而激发出更多的数据产业涌现出来。

菜鸟如何运用区块链技术

以天猫国际保税进口为例，来回顾一个成功送达到消费者手中的商品的生命周期。首先这个商品需要在境外生产商生产，通过分销商网络流通到海外各级分销商，再进行境外质检，通过质检后以轮船、火车、飞机等运输工具翻山涉水来到中国境内，在满足中国海关商检的监管要求后，进入跨境保税仓。一旦得到买家垂青，保税仓就开始进行二次申报，一旦通过就开仓、拣货、包装交接给国内物流，最终被派送到消费者手上。很显然，整个过程呈现出链条长、参与角色众多、线上线下紧密结合的特点，物流行业在其中呈现的是一个线上数据流及线下实物流相互交融的场景。

针对这个业务背景，我们就将区块链技术运用在海淘商品的溯源上。这里的溯源体系可以分成四个方面，分别是生产企业溯源、海外商品溯源，国际物流及进口申报溯源、境内物流溯源。现阶段我们已完成了后三个溯源的初步建立。通过全流程、多方位参与的多方分布式上传各自数据，使溯源具有公开透明、无法篡改的优势。这些去中心化的数据在海淘商品物流详情页面进行展示，通过区块链技术手段，加强海淘商品正品心智。

在区块链的具体实现上，可以分为三类：第一类是公有区块链，主要指不用给与权限，可以任由人们读取发送交易并参与到共识过程中。第二类是联盟区块链，主要由一个联盟组织构建而成，同时也交由其代管护，需要得到授权才能写入。其余用户可以利用这一区块链中开放的API接口，在有效范围内进行查看寻找。每一节点均有相对应的实体机构组织，构成与之相关的利益联盟来共同维护区块链的一个正常运作。第三类是私有区块链，它主要是指写入权限为一个组织所有的区块链，无论是读取权限还是对外开放等权限都设定了限定的条件。

基于这三种区块链的特性，综合考虑自身的业务场景，我们不仅需要保证信息的正确性与真实性，让写入的数据得到授权和各组织的信任，还要保障信息的透明度，使其公开化，以便所有人均可以进行读取。因此最终选择联盟链。在这条联盟链上，不仅可以接收外部机构的接入，同时商家及各个生产商、物流商也可以按需接入节点，能确保在链上进行信息互换，达到共赢的目的。

区块链技术未来的演变

区块链从诞生到现在已经有10年时间，可除了虚拟货币外，目前还没有具体的大规模商业应用落地。这就是因为区块链的布能还没有被很好地解决和突破，如多链平台间如何互动？基于区块链的共识算法怎么解决它的性能问题？但我认为更大的挑战是在技术之外，即如何让多方达成信任？在商业讨论业务讨论时，如何让更多人加入进来，这就是联盟链的建立需要解决的一个信任问题。

但这些问题一旦突破，就会释放出巨大的能量。比如说在我们的物流行业，我们已经开始尝试着将区块链的不可篡改性以及可追溯性运用于商品安全方面，从整个供应链体系为广大消费者提供更优质的购物体验，打破供应链各个环节的信息壁垒，同时在每个环节结合现在的物联网IOT的技术，采集到第一手的数据，从而能够打造一条真正的去中心化的、可信赖的全球供应链商品追溯体系，加速世界跨境贸易的进一步发展。

因为这些数据是由多方上传构成，所以它所展示的商家、用户的画像是极具有权威性的。全球的商家有无造假或者是不良信息记录，都能在这基础技术下无所遁形，有助于进一步开展供应链金融业务。而在更广阔的产业下，如果某些领域的信用成本很高，或者根本就缺乏信任，那这就是区块链技术的应用场地。

来源：中物联网 2018年3月21日

想象区块链+车联网强强联手后 诞生的新商业模式

现在提到区块链，想必大家都不是很陌生。近年来，区块链其技术的应用场景落地，正在广泛的被人们所挖掘，从金融、医疗、游戏、物流、电商等，几乎要普及到我们生活的方方面面了。问题来了：那我们的交通工具——车，又会是怎样的一个改变？

车联网：是由车辆位置、速度和路线等信息构成的巨大交互网络。通过GPS、RFID、传感器、摄像头图像处理等装置，完成自身环境和状态信息的采集。通过互联网技术，所有的车辆都可以将自身的各种信息传输汇聚到中央处理器。再通过计算机技术，将这些车辆信息逐个分析和处理，从而计算出不同车辆的最佳路线、及时汇报路况和安排信号灯周期。

区块链：是分布式数据存储、点对点传输、共识机制、加密算法等计算机技术的新型应用模式，它的本质上是一个去中心化的数据库。区块链是一串使用密码学方法相关联产生的数据块，每一个数据块中包含了一次网络中的交易信息，用于验证其信息的有效性（防伪）和生成下一个区块。

区块链 + 车联网诞生的新商业模式

当前区块链的场景应用概念遍地开花，但显少有合适的场景应用落地。各行各业都还在积极的探索区块链技术落地应用的开发，而区块链 + 车联网融合的新产品，正在这个背景前提下慢慢孵化。

安装了这个新产品，车主不仅可以通过手机 APP 对车辆进行远程定位、获得车况检测、行车轨迹、用车报告、非法点熄火提醒、碰撞拖吊提醒、违章提醒、保养保险提醒等一站式综合服务。这些联网的汽车大数据将全部上传到区块链上，形成一个去中心化、分布式存储的大数据共享市场。以汽车保险、汽车售后市场、二手车等领域发挥巨大的商业价值。可以说，区块链技术为这个行业带来了变局，一个区块链 + 车联网的新商业模式就这样诞生了。

区块链技术破解车联网信任难题

那么，如何有效地解决这一大数据不被信任的难题？

区块链技术是去中心化的分布式存储技术，通过去中心化的共识机制将有效提高系统的安全私密性，为相互连接的智能设备间的数据交换带来了相当的便利。每个用户都拥有唯一的区块地址，防止账户数据被黑客盗用。任何人不可能将车辆的行驶轨迹、GPS 轨迹、发动机数据等全部做篡改。

区块链技术的加入， 能够真正让大数据的所属权归数据持有者掌握，让数据拥有者不在为担心数据泄露而心存不安。也许你从未想过，一个基于区块链技术的小小产品能够让整个车联网生态产生巨变。这，就是区块链技术的魅力所在。

来源：中物联网 2018 年 6 月 15 日

UPS、马士基、沃尔玛的区块链技术应用

物流公司在这次数字化颠覆中不会落后。他们正将目光转向这场数字技术革命，以简化信息记录、跟踪货物、实现为客户提供更好的服务，并保持国际贸易的合规性。数字化已席卷全球。从零售到采矿，精简运营和降低成本等各个行业都在追求技术，物流运输业也不例外。

比如，卡车发动机上的与机载计算机相连的小小传感器，可评估燃油使用量和机械性能。它可以帮助驾驶员以更少的「停机时间」到达目的地，同时减少燃油消耗。运输集装箱中的类似传感器，也有助于减少产品损坏。物流企业正在利用物联网（IoT）优化流程，以共享实时数据。现在，仓库管理人员、货车司机和零售商，可以使用更准确的 ETA 来跟踪货运信息，还可以减少货运损失和在途损坏。

物流公司在这次数字化颠覆中不会落后。他们正将目光转向这场数字技术革命，以简化信息记录、跟踪货物、实现为客户提供更好的服务，并保持国际贸易的合规性。

区块链技术能帮助企业做什么？

现在，众多航运公司正在使用这种分布式数据库技术进行创新性研发。

区块链是一个公共的分布式账本，它将交易信息保存在记录的“块”中。参与交易的每个人都可以在不篡改数据的情况下阅读信息，保证分类账本是完全安全的。参与者们可以添加自己的信息来显示他们已完成的区块链交易。

这种数字技术的应用，能够减少整个供应链的文件数量。它允许实时、安全的访问，并且能够

让客户更好地了解供应链流程，以便跟踪货物，同时加速合规性流程。

那么，区块链技术的应用可以在哪些方面帮助企业发挥作用？

（1）文件交换更简单

运输公司必须处理大量文件：原产地证书、提单、海关申报单和船只清单等等。每一个文档在到达最终用户之前都会在每个端口被交换了许多手。

而通过区块链技术，运输公司、分销商和监管机构都可以通过应用程序访问信息。这项技术可以减少纸质文件的数量，并确保更高准确性的，同时帮助运输公司遵守监管机构的监管。

（2）简化付款交易流程

由于区块链技术首次被引入金融行业，运输公司可以在自己的金融交易中利用这种数字技术。结合使用智能合约，当区块链交易的每个部分完成时，支付流程可以加快。

算法可以验证已经完成的数字签名和发货服务。然后数字技术可以评估智能合约的付款条件。这些应用程序可以自动将付款发送给制造商、分销商和托运人。

（3）提高交付质量

有时候，运输过程中货物会丢失或损坏。而这可能会影响客户对运输公司的信任。区块链可以通过提高透明度，为客户提供更好的货物管理。

具体来说，客户可以查看区块链信息以及每个公司的交易。他们可以检查制造商的原产地证书，以确保使用优质材料制造产品。他们还可以查看分销商的文档以了解物流链中的事件。客户可以跟踪区块链信息，查看供应链流程出错的位置。

有了这种数字技术，他们可以让合适的公司对丢失或损坏的产品负责。现在，客户可以对其供应链做出更明智的决定，以提高运营效率。

（4）有助于增强业务全球化

越来越多的公司通过其供应链采取全球化的立场。班轮运输公司正在寻求解决方案，以实现高效运营。区块链技术正在改变物流环境。它为制造商、分销商、托运人和最终客户提供了更多的数字连接。运输管理因区块链数字化颠覆性变革而得到改善。

区块链技术物流运输业案例

（1）UPS 加入区块链货运联盟

2017 年 11 月 7 日，全球运输行业巨头之一 UPS，宣布加入全球区块链货运联盟 BiTA（Blockchain in Transport Alliance），一个货运行业的区块链联盟，主要专注于货运行业区块链技术标准和教育发展论坛。

UPS 公司在声明中声称，UPS 将协助围绕用于追踪或监控包裹的系统中使用区块链的标准，促进发货方和其他行业应用之间的支付。

“区块链在物流行业有多种应用，特别是与供应链、保险、支付、审计和报关相关的应用。”UPS 企业架构和创新总监 Linda Weakland 表示，“该技术有可能提高发货人、运营商、经纪人、消费者、供应商和其他供应链利益相关者之间的透明度和效率”。

加入 BiTA 联盟之前，UPS 已经启动了多个区块链项目。特别是，UPS 正在海关经纪业务中探索区块链的应用。UPS 是全球最大的海关经纪商之一，其经纪策略的关键目标是数字化交易。区块链技术将有助于提高交易的准确性，并取代现有的纸质和手动流程，并建立一个更高效的共享平台，这将有利于参与交易的各方。这样的应用程序将非常安全，并将为依赖 UPS 进行海关经纪业务的托运人带来宝贵的效率。

为支持区块链标准的发展，UPS 声称其目标是促进物流战略，使其客户能够参与全球贸易和金融。

BiTA 于 2017 年 8 月推出，目前已有包括 UPS、联邦快递、潘斯克物流和 GE 运输子公司等众多成员加入该联盟。据介绍，BiTA 成员来自行业的各个方面：技术供应商、原始设备制造商、一级供应商、银行、运营商、托运人和经纪商等等。

（2）全球航运巨头马士基，希望通过区块链拥抱世界

通过获得共同的、可信的交易记录，马士基高管表示，全球的船运公司可以节省资金，并更好地竞争增强型服务。为了做到这一点，马士基和 IBM 决定，通过将该项目分拆为独立实体，成立一家区块链合资公司。

2018 年 1 月 16 日，马士基宣布，这家尚未命名的合资企业正在等待最终监管机构的批准，但其想法是一个全面的咨询委员会（目前仍在建立中）将有助于确保参与者的透明度和公平的竞争环境。

杜邦、陶氏化学以及食品包装商和加工商利乐已经在该平台的早期版本中进行过试验。此外，荷兰和美国的海关机构以及鹿特丹和休斯顿的港口也都参与其中。

根据合资公司首席执行官迈克尔·怀特的说法，鉴于马士基不同的潜在竞争对手，该合资公司的作用至关重要。“这不是一个定制的马士基体系”，之前担任马士基航运公司北美总裁的告诉 Coin Desk，“这将是一个属于所有生态系统参与者的全行业开放式平台解决方案”。

迈克尔·怀特希望在获得监管机构批准后的 6 个月内，公司能够提供更广泛的服务。包括通用汽车、宝洁、敏捷物流均表示有意加入该区块链项目（目前敏捷物流已于 2018 年 2 月 7 日宣布加入），并且获得来自新加坡、秘鲁和中国的海关及政府机构的额外参与。

IBM 全球工业高级副总裁 Bridget van Kralingen 表示，该合资企业是供应链生态系统利用“未开发”资源进行更大努力的一部分。

此次分拆项目成立实体公司是马士基继 2017 年 5 月份完成首次“实时区块链交易”试验及 8 月份在新加坡展示了一个试点项目后的最新进展。9 月份，马士基还表示了将使用区块链部署海上保险产品的计划。

迈克尔·怀特表示，新公司提供的前两项服务旨在提供端到端的运输信息，并将贸易文件数字化并实现自动化。

（3）沃尔玛提交新专利，使用区块链技术完善“智能包裹”物流追踪系统

当地时间本周四（2018 年 3 月 1 日），根据美国专利商标局（USPTO）披露的专利申请信息显示，零售巨头沃尔玛已经申请了一项新的专利，旨在利用区块链技术来完善更智能的包裹交付追踪系统。

根据专利申请信息显示，沃尔玛的这项专利名称为“智能包裹（smart package）”，它还表明，它的智能包装可以与其他新兴技术，包括无人驾驶汽车等「自动驾驶汽车」配合使用。

该专利是沃尔玛公司于 2017 年 8 月首次提交的，其中特别提到要构建一个基于区块链技术的无人机包裹寄送追踪系统。沃尔玛的专利文件解释称，在物流运输方面，网上购物已经给零售商带来了巨大挑战——特别是配送一些需要温度控制的易腐商品时，因此这一领域需要进一步创新。

沃尔玛公司在专利申请中写道：“线上客户多次尝试购买需要控制温度环境的商品，并且有对物流运输的更高安全性的需求”。该区块链组件将会被加密整合到运输设备中，这些组件中保管着“该包裹的一系列关键地址，包括卖家私人密钥地址、快递员私人密钥地址和买家私人密钥地址”。

除了实现无人机运输的愿望外，沃尔玛还试图将区块链技术应用于其他业务领域。

去年，沃尔玛加入了克罗格、雀巢和其他食品工业公司，与 IBM 合作使用区块链来提高食品的可追溯性。且去年 12 月份，沃尔玛与京东、IBM、清华大学国际电子商务技术工程实验室一起创建了区块链食品安全联盟（Blockchain Food Safety Alliance），致力于为中国寻求并建立食品供应链业务。

来源：运联传媒 2018 年 3 月 9 日

埃森哲使用区块链来跟踪物流过程中货物的质量变化

专业咨询巨头埃森哲的全球解决方案可能正在考虑使用区块链来简化航运物流，使之更为自动化。

根据美国专利和商标局周四公布的一份文件，拟议中的系统将确定所运物品类型属性，并将这些信息存储在区块链上。拟议的系统将跟踪从一个地点运到另一个地点的对象，使用分布式账本上存储的数据来确认对象的状态和状况。

例如，参与网络的设备可以是机器人或无人驾驶飞行器，当它们被运送到不同的地点时，可以将它们的状态与已经存储在区块链上的信息进行比较，以检查这些货物的完整性。这些信息也可以由无人驾驶或其他自动驾驶设备跟踪。

借助分析设备，当货物的属性可以匹配到已描述并存储在区块链上货物的属性成功，就使验证成功。如果验证成功，系统就允许该物品继续其行程，无论是将其放置在货架上、进行进一步的运输或者使进一步加工制造。如果验证失败，设备可能会命令系统返回产品并停止支付。

该系统还可以对参与运输过程的管理人员或管理该产品的政府机构提出警告消息。如果有必要，系统甚至可以召集管理员会议，或者要求调查人员检查产品的信息数据是否被篡改或更改。

该并不是埃森哲第一次采取行动保护技术相关知识产权，但是这是第一次采用区块链应用程序。去年夏天，埃森哲和微软推出了一个身份存储区块链的原型，目前还在继续与世界经济论坛和联合国合作开展有关数字身份的项目。

来源：蜜蜂财经网 2018 年 7 月 31 日

货物追踪、文件流转，欧洲两大基本港均开始应用区块链！

欧洲传统的三大基本港安特卫普、鹿特丹和汉堡中，前两者已经纷纷涉足区块链技术，打造“港口 + 区块链”。具体应用场景如下：

近日，鹿特丹港口管理局宣布，将与区块链初创企业 CargoLedger 合作，应用区块链技术实现港口无纸化，优化港口货物处理和追踪以及实现港口使费的支付。据了解，这是鹿特丹港年度 PortXL 创新加速器项目的重要组成部分，旨在测试区块链技术能否简化货物处理过程和调配、追踪货物。

CargoLedger 将开发区块解决方案，实现货物流转更为便利、透明和安全。每票货物将被贴上标签。收货人只要扫描标签，即可实时查看货物的状态，如货物的温度、湿度及所在地。此外，2017 年 9 月，鹿特丹港和鹿特丹市政府联合启动区块链实验室“BlockLab”，探索区块链在海事、物流、能源产业的应用。InnovationQuarter、鹿特丹市政府提供相应的资金支持。

安特卫普港试点利用区块链进行文件的流转

安特卫普港务局和安特卫普区块链初创公司 T-Mining 共同开发了区块链解决方案，使文件流转更为安全和高效。诸如原产地证书和植物检疫证书等文件通过区块链技术传输，文件流转通过智能合约实现自动化。Belfruco、Enzafruit、PortApp、1-Stop 和 T&G Global 共同参与，为植物检疫证书开发了一种特定的解决方案，从而确保水果和蔬菜的安全。借由这个试点项目，安特卫普港证明了其在创新和数字化领域的领头羊地位，并积极合作开发新的解决方案，以进一步确保食物链的安全，同时实现行政流程的自动化。

在这个试点项目中，来自新西兰并运往欧洲市场的一批水果，采用数字植物检疫证书，这些证书通过区块链技术进行传输和流转。新西兰出口商把数字证书传送给比利时进口商 Enzafruit，然后将其转运给 SEA-invest 集团的内部货运代理 Belfruco，Belfruco 则必须将这些证书转交给比利时相关部门，然后才能从 SEA-invest 码头处放行水果。

“当前，这些纸质证书通常是由新西兰的快递公司发送的。”安特卫普港务局港口生态系统业务架构师 Nico De Cauwer 解释说，“这花费了很多时间和财力。通过试点项目，我们可以更快地将这些证书从新西兰传送到比利时，然后将其转交给安特卫普有关部门。如此一来，每个人都可以获得即时、最新的信息，并且可以更快地进行必要的准备和检查。最重要的是，区块链技术保证证书的真实性没有被篡改，同时可以实时检索文件的来源。目前，我们正在小规模测试这一解决方案，只有一小部分相关方参与其中。我们想要测试特定的区块链要素，以及那些如今已完全数字化的新的工作方式。试点的结果将帮助我们进行必要的调整以及考虑进一步推出的可能”。

所有参与的相关方如何使用区块链进行植物检疫证书的传送

“借助于区块链技术，我们能够完全数字化地传输文件的正本 - 而不是传送它的副本，”T-Mining 首席产品官 Filip Heremans 解释说，“当你将文件电子邮件给一个人时，双方各自都持有关于同一份文档的一个版本，那么问题来了，哪个版本才是正本文件呢？像证明产品出产地和食品安全的一些重要证书，这显然是个很重要的问题。区块链技术允许在不复制文档的情况下传输文件，因此任何时候只有一方拥有正本文件。最重要的是，区块链保证了文件的真实性，因为没有人能够不被注意地改变或删除任何东西，这也是区块链的一个关键特征。为此，所有数据都存储在多个节点上，如安特卫普港务局、澳大利亚和新西兰港口社区系统 (Australian & New Zealand Port Community System)1-stop、Belfruco 和 T-Mining 等。区块链技术的另一个关键特征是各方都可以访问完全相同的数据，这对于高效的流程而言至关重要。智能合约可以自动触发并确保各方之间文件流转的畅通，从而特定的访问规则可以得到执行，新信息也可即时并安全地共享给所有相关方。由于区块链是一项后端技术，因此我们与 PortApp 一起开发前端应用程序，以便最终用户可以借由区块链上传、传输和审核文件。

安特卫普港务局 CDIO Erwin Verstraelen 表示，安特卫普港这一试点项目证明了其在海事领域运用区块链技术方面的全球领先地位。“在 2017 年，我们成为全球首个在现实场景中测试区块链的港口。而今天，我们再次阐明了成为引进新技术的开放式创新中心的决心，因为从长远来看，创新和数字化至关重要。为了维持港口的竞争力，我们正在投资多个试点项目，以更好地了解新技术应用的可能性以及如何最好地应用它们”。

安特卫普港务局首席执行官 Jacques Vandermeiren 表示：“打造智慧港口，是安特卫普的首要任务。“因此，对数字化和技术的关注是我们的核心任务之一。通过这个试点项目，我们联合政府、港口公司和年轻的创新技术初创公司，提出创新性的解决方案，让港口更安全、更高效”。

T-Mining 首席执行官 Nico Wauter 认为，区块链是一项全新的技术，可以提供全新的解决方案，不过依赖于各方的紧密合作。这个试点项目彰显了安特卫普港口各方的创新性思维模式，“不得不说，安特卫普港在区块链技术领域的应用正赢得广泛的认可”。

1-Stop Connections 首席执行官 Michael Bouari 表示，“港口各方之间的数字联系对实现增长和创新至关重要。我们与安特卫普港紧密合作参与这个项目，在国际范围内测试复杂而具有高科技的解决方案”。

imec.istart 项目经理 Sven De Cleyn 表示，很高兴看到区块链等新技术所带来的机会，它让生活变得轻松、更高效，而 T-Mining 等初创企业在其中扮演了重要角色。“它表明，T-mining 在内的新一代初创公司，正在为一些大型的客户开发相关的解决方案，而 imec.istart 对此非常支持”。

来源：《航运界》 2018 年 6 月 26 日

4.2.3 人工智能（AI）

人工智能正在物流行业中蓬勃发展

据美国商业资讯在一份联合报告中表示，全球领先的物流服务提供商 DHL 和 IBM 评估了人工智能在物流领域的发展潜力，并揭示了如何最好地应用于改善物流行业，从而催生出一种新型的智能物流资产和运营模式。DHL 和 IBM 概述了供应链领导者如何利用人工智能的关键优势和机遇，以现在的可访问性以及成本都比以往任何时候都更有利。

这份合作报告确定了人工智能在物流行业的应用和使用案例，发现人工智能具备高效提高工作的效率的潜力。虽然人工智能在消费者领域已经很普遍，但正如语音助理应用程序的快速增长所证明的那样，DHL 和 IBM 发现人工智能技术正飞速发展成熟，从而为物流行业带来了更多的应用。例如，这些可以帮助物流供应商通过对话的方式丰富客户体验，甚至在客户还没有订购之前就交付产品了。

“当今的技术、商业和社会条件都倾向于将模式转变为前瞻性和预见性的物流操作，这比以往任何时候都要多，”高级副总裁兼创新 DHL 全球主管 Matthias Heutger 解释说。“随着人工智能领域的技术进步日新月异，我们认为，在与客户和员工一起探索人工智能将如何塑造物流行业的未来，是我们的责任。”

许多行业已经成功地将人工智能应用到日常业务中，例如工程和制造业，人工智能被用于生产流水线，通过图像识别和对话接口来帮助简化生产和维护。在汽车领域中，人工智能被广泛地要求提高车辆的自主学习能力。更多的例子证明了人工智能的好处，它可以改变行业，改变其对消费转型影响。

在人工智能的帮助下，物流业会将其运营模式从反应性行为转变为前瞻性和预测性模式，这将为后台部门的成本、运营和面向客户的活动带来更好的分析。例如，人工智能技术可以利用先进的图像识别技术来跟踪货物和资产的状况，给运输带来端到端的自主性，或者在全球出货量出现波动之前预测其波动。显然，人工智能增强了人类的能力，但也消除了日常工作，这将把物流工作的重点转移到更有意义和增值的工作上。

IBM 全球货运、物流和铁路行业领导者基思·迪埃克克斯（Keith Dierkx）表示：技术正在改变物流业的传统价值链，而生态系统正在重塑企业、行业和经济。通过将人工智能应用到核心流程中，企业可以在战略增长方面投入更多资金，以实现现代化或消除遗留应用系统。这可以提高现有资产和基础设施的效率，同时为劳动力提供时间，提高他们的技能和能力。

在报告中，DHL 和 IBM 的结论是，人工智能将发展成为像目前在消费者世界中一样无处不在的工业部门。人工智能是将物流业转型为主动、预测、自动化、个性化的分支机构。考虑到这一点，该报告为物流企业如何在全球供应链中抓住和采用人工智能提供了视角和最佳实践。

来源：搜狐网 2018 年 6 月 28 日

智慧动态运输网络，欲风靡新物流时代

物流信息化从传统软件向互联网化转移，从物流信息化 1.0 进入 2.0 时代，2.0 时代最显著的特点就是云服务、互联互通、智能化。近几年全球物流迎来新变革，移动互联和大数据成为推动新变革的核心引擎。

今天的中国物流，在经过多年的积累、沉淀之后，从极度零散到越来越体系化、专业化；从全手工到逐步完善的信息化，也在去年迎来了可以代表这个行业的高光时刻——通达、顺丰、百世、德邦纷纷上市；菜鸟网络、京东物流全面进入物流领域，越走越快；众多平台涌现，很多传统物流公司也积极求变，互联网技术与物流行业的融合在走向深入。

在这个过程中，物流信息化也在从传统软件向互联网化转移，从物流信息化 1.0 进入 2.0 时代，2.0 时代最显著的特点就是云服务、互联互通、智能化。物流信息化逐步深入的进程，是每个节点连接成网的过程，是数据电子化、结构化的过程，是全方位迎来物流大数据时代奠基的过程。

信息化浪潮的背后一定反映的是业务链条的变化。物流信息化反映的是物流产业的变化，而物流和商流一直都是紧密结合的，物流的变化一定反映的是上游商流的变化，商流反映的是生产消费关系的变化。

本文将以物流中的运输信息化为切入点，结合 oTMS 众多客户的实践经验，从以下几个方面和大家分享关于物流信息化的一些关键要素：

（1）本质：物流信息化的底层逻辑是什么，为什么需要智慧动态运输网络；

（2）趋势：物流的趋势以及物流信息化的趋势，动态运输网络的核心特点是什么；

（3）方案：企业如何通过信息化解决方案，来实现从“静态”到“动态”的转型呢？

一、本质：生产消费关系 – 商流 – 物流 – 物流信息化的逻辑关系

（1）生产消费关系中，权力中心在从生产者向消费者转移，而且不可逆转。

企业的经营模式，从 push （推动） 到 pull（拉动），消费者的话语权越来越多，权力中心从生产者向消费者转移。在推动式增长方式下，企业的服务对象其实主要是经销商体系，这是批发商业模式；在拉动式增长下，企业的服务对象更多开始要考虑终端消费者，逐步变成批发 + 零售的商业模式。

（2）商品销售渠道日益多元化、扁平化，快速优质的服务体验日益重要，销售订单加速碎片化。

线下：传统经销商、终端门店（加盟 + 自营）、KA 商超；

线上：电商平台（天猫 / 京东 / 唯品会等）、社交电商、企业自营线上渠道；

线上线下融合：2017 年，众多品牌商加速带有本企业特色的 O2O 战略，传统电商的销量依旧在增长，但是已经放缓，而 O2O 的订单增幅却是越来越亮眼。

（3）销售订单的碎片化决定了物流订单的碎片化，渠道多元化决定了物流模式的日益动态化和扁平化。

物流订单的碎片化：比如，过去实现 1 亿元的销售额，只需要运输 1000 个订单给 50 个经销商即可，现在可能需要运输 100,000 个订单给 500 个客户。

多元化的运输实现方式：原来都是大订单，而现在可能变成：30% 订单是 1 公斤 -100 公斤，30% 是 100 公斤 -500 公斤，30% 是 500 公斤 -5000 公斤，10%>5000 公斤，分别对应整车、大票零担、小票零担、快递、同城落地配等不同的运输实现方式。

（4）物流信息化成为必然：实际业务的复杂性越来越高、成本压力日益增大以及日益高企的客户满意度期望，加速了企业利用新技术的进程。

（5）质量和效率成为企业增长新动力。在过去容易实现快速增长的时代，效率并未得到真正重视。但自2015年以来，粗放式、简单式的增长方式难以为继，企业逐步进入精细化管理时代，追求高质量、高效率的增长，成本、服务、效率越来越重要，而且努力通过技术驱动，来全面提高企业的经营效率。

（6）整合资源成为提高物流企业业务效率新动力。举例而言，十几年前，鲜有物流企业能同时服务宝洁、高露洁、联合利华等大客户，因为这些货主和物流企业间的合作具有排他性。如今，排他性逐渐消失，开拓物流层面资源整合局面需通过物流企业来实现。

二、趋势：物流的趋势以及物流信息化的趋势

（1）新物流：从静态网络到智慧动态网络。

如上文所说，原有企业的经营模式是push为主，服务对象是经销商体系，订单是低频次、大批量，运输相对而言是比较稳定和简单的，我称之为“静态运输网络”（静态和动态都是相对而言）。如图2，按照区域划分，企业和少数几家3PL合作，由他们负责所有的其他服务。这种物流模式对应过去的企业经营模式是合理而且经济的。

但是，对应到现在新的企业经营模式，消费者主导，需求拉动，订单高频次、小批量、越来越碎片化，而且渠道越来越多元化。无疑上述的静态运输网络就会显得越来越脱节，我认为新的企业经营模式和增长模式，必然需要有新的物流模式与之对应，我称之为“智慧动态运输网络”。

动态运输网络背后的真正的推动力来自于货主企业自身业务的变化，属于企业内生需求，开始可能会慢，但一旦形成趋势，行业出现标杆，就很有可能形成星火燎原之势。就好像我和一些客户的共同感受 – 此时暗潮汹涌，未来波澜壮阔。

（2）物流信息化的趋势。

这种“动态运输网络”下的信息化，我认为有三个核心特点：云服务、互联互通、智能化。

云服务

继2017年之后，oTMS又入选Gartner 2018 TMS魔力象限报告中的潜力服务商。一共9家公司，亚洲仅有oTMS一家公司入选。在2018年的Gartner TMS魔力象限报告中，有一个特别强调的趋势：云服务已成为运输管理系统方案的主要机制。几乎所有TMS领域的增长都来自云TMS。Gartner注意到，对于企业传统私有部署应用的新投资正大幅降低。TMS终端用户企业已开始从传统私有部署方案转向云服务方案，他们或是选择更换供应商，或是仍使用同一供应商但选择切换至云平台。

除了TMS，市场上也出现了越来越多的SaaS化的WMS和优化软件，云端化部署大幅度降低了用户的使用门槛，投入更低、回报更快。而作为运输，使用基于云计算技术的SaaS软件则是必然之选。

云计算在企业应用中的普及，是物流信息化的一个分水岭。在云计算普及之前，当我们谈物流信息化，是以传统的WMS/TMS为主，是企业的内部解决方案，以提高企业内部效率为主。当云计算普及之后，物流信息化的边界被大大延伸，从一个企业变为一个链条或多个链条，尤其是对于运输领域，这是最大的一个突破，因为企业的运输本来就是一个网络中的不同企业之间的互联互通、协同合作，而能实现这一点的，唯有云计算技术。

互联互通

这里有两个层面的互联互通：上下游合作伙伴的互联互通以及不同系统、设备之间的互联互通。尤其是运输，涉及大量不同企业之间的协同合作，只有云服务的方式，才能让不同企业以低成本、灵活的方式相互连接，形成信息的闭环流转，这样形成的数据才是完整、准确的。同时，企业的业务流转和数据来源是多样的，有ERP、WMS、POS、GPS等等，相互打通，不留数据孤岛，也是必然的趋势。

智能化

无论是智能分单 / 调度，还是智能的路径优化，需求已经越来越旺盛。尤其是当上游数据变得完整、准确之后，智能优化的结果也有了更实际的落地性。

当物流模式发生变化后，让供应链“动”起来，因此成为越来越多企业的战略布局。为了能更有力地实现“客户需求”“质量和效率”和“整合资源”的三效合一，一种新型物流模式、行业新名词应运而生 —— “智慧动态供应链网络”！

三、智慧动态供应链拥有哪些特征？

（1）**动态。**货主企业会根据不同订单的特点、不同的渠道、不同的服务要求与提供该品类服务的物流企业进行直接合作。这相较于过去只面对第三方物流企业，其运营管理更加动态、更加灵活。其核心原因就是，前端订单结构的多元化。

（2）**短链 / 直接采购。**随着技术和外部条件的成熟，货主企业会越来越倾向于通过直接采购，以缩短外包链条。通常会采用两种方式：货主跳过大型第三方物流企业直接和中小型运输公司合作与第三方物流企业直接和司机、信息中介合作。如此一来，传统的多层外包链条会越来越短，这不仅直接降低了成本，而且保持高度灵活性和竞争性。

（3）**信息和身份的双重透明。**信息透明指的是全链条追踪信息的透明；身份透明指的是货主企业可以清晰地看到全链条中的各项操作以及信息更新等。

（4）**中立。**类似阿里、京东等在商流和物流两端均具有强大能力的企业，其供应链的这一特点尤为明显。尽管此类企业拥有强大的商流分发能力，但它们不会全面将业务外包给单独一家，因为单一依附对于大中型企业不是最优选择。所以，它们必然会拓展自己能够影响甚至控制的全渠道。如此一来，整个物流网络的中立性便成必然。

（5）**协同。**跨越组织之间的协同还存在一定的难度，但跨组织协同带来的效率提升是不容置疑的。真正规模化的跨组织协同将作为一大重要的趋势，值得各方期待。

（6）**技术驱动。**这种动态网络与静态网络在逻辑和模式上存在较大差异，主要体现在技术、操作模式、管理方式等方面。如今这些因素随着互联网、移动互联网、云计算技术的成熟，一一得到了解决，而且还在继续深入。

四、方案：应用如何落地

那么，企业如何通过信息化解决方案，来实现从“静态”到“动态”的转型呢？

动态网络要求更灵活、机动的合作和更短链、直接的采购。如何对承运商进行有效评估？如何真正匹配价格和服务质量？如何加入新的承运商增大自己的选择池……这些问题通过传统的线下模式显然无法满足，必须要将线下关系和数据向线上迁移。类似 oTMS 友货来这样的产品，就是通过智能匹配与算法推荐，帮助货主寻找可靠、符合业务特性的承运商资源，智能、高效地链接货主方与承运商方，用技术手段打造一站式招投标服务平台。

货主在发标时，可以自定义投标准入门槛，获得承运商匹配和推荐，建立起自己的在线承运商资源池。平台数据的沉淀让承运商的画像更为清晰透明，更便于选择。同时，相较于线下复杂的比价方式，货主也可在线进行价格文件的创建及分发，通过算法智能议价比价，分析招标数据，加快整个招投标的流程和科学性。

进行直接采购和灵活合作后，管理要求也相应增高，必须以技术驱动来实现，现在我们谈的是信息透明，但很有可能不久的将来是双重透明，即信息透明和身份透明。信息透明反映的是企业基本诉求，即清晰的了解物流过程。身份透明反映的是企业的升级诉求，即对自己物流链条的掌控能力。

信息透明指的是全链条追踪信息的透明，oTMS 的 oneTMS 一大功能就是解决这一问题。通过网页端、APP 和微信端的使用，客户能自动获取实时货物状态，极速获取真实业务数据，简化和电子化司机的日常工作流程。司机应用端可通过智能手机 GPS 或车辆 GPS（如可用）上报货物状态和位置。通过百度地图直观展示运单周期和回放真实路径，还可通过微信二维码、短信及网址链接共享运单在途状态。同时，可以做到主动的预警管理，比如潜在迟到的运单警示。这就使运输执行的管理更灵活、高效，对承运商也有了更有效的约束。

身份透明则更进一步。在业务管理层面，指的是货主企业可以清晰地看到全链条中是谁做了什么操作、提供了什么信息，包括每个分包层面。这也方便了后期进行对账和支付。货主和承运商都可以通过时间窗口、订单类型等灵活的筛选条件，在线一键生成账单并发送给对方。账单数据是基于电子合同自动匹配订单数据和真实执行情况而生成的，真正做到所付即所得、所付即所约定；任何异常费用、特殊费用、罚款扣除、费用调整都会被记录并高亮，以确保完全的透明和合规。

与此同时，企业间的协同也是动态智慧网络的重要特点。过去线下的模式，让跨组织之间的协同难度很大，但跨组织协同带来的效率提升是最高效的。在企业信息化深入后，数据线上可得了，可分析了，可匹配了，真正规模化的跨组织协同将成为可能。

以上种种我们可以看出，信息化是打造智慧动态网络的基础。我们需要移动互联网、云计算技术和先进的算法，来驱动这一物流新模式。物流信息化是必然趋势，只会进一步深化和铺开。大数据技术的应用会更加深入，互联互通的云技术将成为主流，最近大热的区块链或也将在未来影响物流生态圈。

来源：亿欧网 2018 年 11 月 13 日

智慧物流没有这十项物流技术 谈何智慧?

1. 配载技术（装载、路线优化）

配载技术是在完成一个或者多个运作目标的前提下，将时间、成本、资源、效率、环境约束集中整合优化，实现现代物流管理低成本高效率的关键技术，是物流运营计划与实际运营之间的有效结合的关键。

现代物流已被公认为是企业在降低物质消耗、提高劳动生产率以外创造利润的第三个重要源泉，也是企业降低生产经营成本，提高产品市场竞争力的重要途径。

配送是物流系统中的一个重要环节，它是指按客户的订货要求，在物流中心进行分货、配货工作，并将配好的货物及时送交收货人的物流活动。

在配送业务中，配载技术、配载路线优化技术、配送车辆调度技术对配送企业提高服务质量、降低物流成本、增加经济效益的有着绝对性的影响。

2. 配载线路优化技术

集货线路优化、货物配装及送货线路优化等，是配送系统优化的关键。

国外将配送车辆调度问题归结为VRP(VehicleRoutingProblem，即车辆路径问题)、VSP(VehicleSchedulingProblem，即车辆调度问题）和 MTSP(MultipleTravelingSalesmanProblem，即多路旅行商问题）。解决相关问题会运用到运筹学、应用数学、组合从不同执行角度支持和实现配送路线。

3. 装卸技术

传统的定义，装卸技术是指在同一地域范围内进行的、以改变物的存放状态和空间位置为主要内容和目的的活动，具体说包括装上、卸下、移送、拣选、分类、堆垛、入库、出库等活动。装卸技术直接影响物流管理中的成本、效率（时间控制）、质量管理。

装卸技术合理化原则：

（1）省力化原则：能往下则不往上、能直行则不拐弯、能用机械则不用人力、能水平则不要上坡、能连续则不间断、能集装则不分散；

（2）消除无效搬运；

（3）提高搬运活性；

（4）合理利用机械；

（5）连续化原则；

（6）保持物流的均衡顺畅；

（7）集装单元化原则；

（8）人格化原则；

（9）提高综合效果。

装卸技术的实施是完全个性化的工作，不能够照搬别人的模式进行复制，需要综合规划设计。

4. 包装技术

包装技术包括包装工艺、包装材料、包装设计、包装测试、包装测试等，在物流中包装技术的运用与包装工艺、包装材料、包装设计有着密切的相关性。

包装技术使用：为在流通过程中保护产品，方便储运，促进销售，按一定技术方法而采用的容器、材料及辅助物的总体名称。也指为了达到上述目的而采用容器、材料和辅助物的过程中施加一定技术方法等的操作活动。是生产物流的终点，也是社会物流的起点。

5. MilkRun 运作技术

MILKRUN 循环取货是由一家（或几家）运输承包商根据预先设计的取货路线，按次序到供应商 A、B、C 取货，然后直接输送到工厂或零件再分配中心。

MILKRUN 循环取货是一种非常优化的物流系统，是闭环拉动式取货。

其特点是多频次、小批量、及时拉动式的取货模式，它把原先的供应商送货–推动方式，转变为工厂委托的物流运输者取货–拉动方式。

6. 过程控制技术

现代物流已趋向商流和信息流的一体化的趋势，通过构建现代化物流中心、信息处理中心这一全新的现代物流体系，使商流、物流和信息流在物流信息系统的支持下实现互动，从而能提供准确和及时的物流服务。现代物流的发展是以信息技术的广泛应用为主要特征的。

其通过包括 Internet、条码技术、EDI、射频技术、MIS、GPS、GIS 在内的多种信息技术的支持，从而实现对在运输、仓储、装卸、包装等各个环节的作业中产生的大量信息进行及时有效的收集、处理和分析，为诸如“缩短在途时间，实现零库存，及时供货和保持供应链的连续与稳定”等现代物流管理目标服务。

在以上物流管理过程中，过程控制已经是物流透明化管理的必须环节支持。

在企业物流、第三方物流都需要基于过程管理技术的支持，作为现代物流管理咨询机构，需要结合当前和未来企业发展的需求，合理的规划设计物流运营过程管理实现方案，集成 Internet 公共信息平台、采购平台、条码技术、EDI、射频技术、MIS、GPS、GIS 等技术。

7. 条码与自动识别技术

条码（barcode）是由一组按一定编码规则排列的条、空符号，用以表示一定的字符、数字及符号组成的信息。条码系统是由条码符号设计、制作及扫描阅读组成的自动识别系统。常见的条码分类：EAN码、UPC码、39码、库德巴（Codabar）码、Code128码、二维条码。

8. 物流自动化技术

物流作业自动化是提高物流效率的一个重要途径和手段，也是物流产业发展的一个重要趋势。国际经验表明，物流作业自动化的实现，并不仅仅是各种物流机械装备的应用，而是与大量信息技术的应用联系在一起的。我国物流作业的自动化水平是比较低的，在搬运、点货、包装、分拣、订单及数据处理等诸多物流作业环节上，手工操作方式仍然占据着主导地位。

应当说明的是，我国很多物流企业和工商企业都拥有一些自动化物流设备，如自动分拣系统、自动堆垛机、自动巷道起重机等，但是这些自动化设备并没有充分发挥出其应有的效率。

物流自动化系统不是一套孤立的管理系统，作为现场执行的管理系统需要与仓储管理系统（WMS）、运输管理系统（TMS）、生产执行系统（MES）、SCM系统、ERP、公共信息平台等各中系统进行集成，通过科学的管理流程衔接，实现整体物流管理的高效与协同。

9.POS系统与物流EDI技术

POS(PointOfSale）系统即销售时点信息系统，就是销售的动态数据要及时的传送到生产、采购、供应环节，POS机通过收银机自动读取数据，实现整个供应链即时数据的共享，在收银台的作业效率可以大大提高，顾客的满意度也就提高了。

10.GIS技术、GPS技术

GIS地理信息系统是以地理空间数据库为基础，在计算机软硬件的支持下，运用系统工程和信息科学的理论，科学管理和综合分析具有空间内涵的地理数据，以提供管理、决策等所需信息的技术系统。简单的说，地理信息系统就是综合处理和分析地理空间数据的一种技术系统。

GPS又称为全球定位系统（GlobalPositioningSystemGPS）包括三大部分：空间部分—GPS卫星星座；地面控制部分—地面监控系统；用户设备部分—GPS信号接收机。

现代物流中实用技术和系统仍是当今物流技术发展的主题，伴随着国际金融危机对于现代物流业的服务对象的刺激，企业不得不重视先进的技术作为企业战略发展的核心，先进的技术换来的是企业核心竞争力。

与此同时，在国家物流振兴规划的政策支持下，企业、第三方物流、物流技术服务商将获得相应的发展。随着社会物流量的猛增与对物流服务质量要求的提高，社会对物流技术将提出更高的要求要求物流设备与手段更加先进适用、物流作业高效、优质、安全。世界科学技术的长足发展及其在物流领域的充分应用又为物流技术的发展提供了保证与基础条件。

所以说，未来将是物流技术获得飞速发展与长足进步的时期，现代物流的发展必须以现代物流技术为核心。

来源：同花顺财经网 2018年6月29日

人工智能和区块链赋能 新零售倒逼电商物流加速变革

2018 年 5 月 24 日，上海市郊，在京东“亚洲一号”无人仓的分拣车间里，300 个“小红人”（分拣机器人）正以每秒 3 米的速度往来穿梭，分拣数十万个来自多个地区的包裹，该速度相当于 3 小时跑完北京二环，这是全世界最快的分拣速度，也使得无人仓的日处理订单能力超过 20 万单，整体运营效率较传统仓储提升 10 倍。

随着新零售时代到来，传统物流体系正在加速变革，配合消费升级，对消费者的精准服务是电商物流制胜的关键。但需注意的是，智能电商物流的建设并非一蹴而就，其中成本投入等问题仍面临挑战。

“无人”科技遍地开花

目前，为提升购物体验，实现精准库存控制和升级配送效率已成为国际电商物流的竞争焦点。为提升运营效率，无人仓、无人机、无人车等无人科技已成为物流中下游降本增效的利器。

自去年 10 月京东启动全球首个全流程无人仓项目后，分拣工作变得轻松而高效。原来赶上订单多的时候，每位工作人员每天大约要分拣 3000 多个包裹，非常忙碌。有了“小红人”之后，自动化设备取代了简单机械化劳动，工作人员只需要处理一些技术方面的问题，效率大大提高了。

除分拣“小红人”外，智能搬运机器人 (AGV) 叉车、堆垛机器人、自动供包机器人等十几种不同工种的上千个机器人，在 4 万平方米的仓库内基于人工智能、深度学习、图像智能识别、大数据应用等技术集成各司其职，其投放使用密度行业领先。

全流程无人仓涵盖了收货、存储、订单拣选、包装四个作业系统，而操控全局的智能控制系统，是京东自主研发的“智慧”大脑，可以在 0.2 秒内，计算出 300 多个机器人运行的 680 亿条可行路径，并做出最佳选择。同时，智能控制系统的反应速度为 0.017 秒，是人的 6 倍，达到世界领先水平。

科技已为京东无人仓装上了“大脑”“眼睛”“胳膊”和“腿”，使其变成一个强大的“人工智能”。目前，无人仓的运营效率是传统仓库的 10 倍，除该仓外，京东已经投入使用的无人仓还有武汉亚一小件无人仓、华北物流中心 AGV 仓和昆山无人分拣中心等。

2017 年 4 月，京东集团宣布京东物流正式独立运营，并组建京东物流子集团。成立半年后，京东物流收入规模达 200 亿 -300 亿元，2018 年 2 月又获得 25 亿美元的融资，投后估值达 134 亿美元，位居同行前列。华尔街分析师认为，京东大幅投入的物流建设是公司制胜的关键。

除京东外，海内外电商也纷纷布局智能物流。亚马逊早在 2012 年就收购了 Kiva systems 公司的机器人项目，目前已在全球部署 10 万台 Kiva 仓储机器人，在机器人应用数量、订单处理能力，以及仓库自动化程度上均居全球前列。亚马逊推出的即时物流 Prime Now 还能通过云计算 AWS 等系列测算，一个小时内将物品送达用户，远超同行速度。在供应链方面，亚马逊在全球范围内开启了智能供应链系统，基于云技术、机器学习和大数据分析系统，可以实现预测、采购、补货和分仓的自动化，并自动根据客户需求，精准调整库存，实现发货。

此外，物流巨头 UPS、联邦快递、电商巨头阿里巴巴等均加大无人仓布局。UPS 自 2016 年起对分拣设施、技术能力和生产自动化进行升级和投资，增大了运送能力；联邦快递则在 2017 财年投资建设 19 个全自动站点；菜鸟网络已累计投资上百亿元，打造全球最大的物流数据基础设施，并推出电子面单、物流地址库、物流云、智能云客服等产品。

抢滩区块链物流

如果说无人科技使物流供应链的中下游成功实现了降本增效，那么区块链物流则在上游处理订单和分发方面提升了效率，保证防伪溯源。2018 年初以来，以科技公司自居的京东、亚马逊、阿里巴巴等巨头纷纷抢滩区块链物流，希望通过区块链技术优化生产、运输、检验的物流全过程。

2018 年 4 月，亚马逊的 AWS 云服务部门推出了支持以太坊和超级账本两种项目的“AWS 区块链模板”业务，以帮助亚马逊打假以及优化支付流程及物流服务。京东物流也于本月宣布成立“物流 + 区块链技术应用联盟”，希望通过搭建国内外区块链技术互动平台，联合政府部门和相关机构共同推动建立区块链在物流行业统一的应用技术标准，解决区块链技术共性、关键性问题。阿里巴巴旗下香水品牌凌仕国际则宣布，已成功将区块链技术应用于跨境物流贸易，公司基于区块链研发的系统能够对进口货物的所有相关信息进行追踪，包括产品生产、运输方法、海关、检验及第三方认证。UPS 也于月初宣布加入货运区块链联盟，连零售巨头沃尔玛近日也申请区块链专利，称要创建一个智能的快递系统，当客户与产品进行交互时，客户可以通过私有或公共身份验证密钥，接收来自智能搬运机器人 (AGV) 的包裹。

咨询机构普华永道本月发布报告称，区块链技术在物流领域最有可能创造价值。天然具有去中介化的区块链可以记录供应链物流的全流程信息，满足透明化以联合决策的需求。更重要的是，物流与供应链中需要交易的各类资源均可以在封闭的供应链生态中得到区块链技术的支持。未来区块链在物流领域的发展方向应该是“区块链 + 人工智能 + 物联网”三者相结合，人工智能是更先进的生产力，区块链是更先进的生产关系，物联网则连接更多的生产要素，三者结合将使更多的生产要素在信任的基础上，自主进行智能交易与合作，同时将更广泛地应用到智能仓储、智能商店、智能快运和智能配送等环节。

新零售加速变革

线下零售场景的不断丰富对电商物流提出更高要求。刘大成认为，未来物流的成功将源于对消费者的精准理解。举例说，亚马逊的 AWS 云服务可以将配送时间普遍缩短至两天，部分地区能够缩短至 1 小时；相比之下，沃尔玛的配送体系还停留在 7 天一个周期。亚马逊物流和云计算 AWS 已成为亚马逊市值高企的主要推动力。

截至 24 日，亚马逊市值达 7779 亿美元，远高出沃尔玛 (2445 亿美元)、好市多 (873 亿美元) 等零售商市值；在科技公司中，亚马逊市值也仅低于苹果 (9248 亿美元)。另据分析机构 FactSet 数据，2017 年，亚马逊研发支出高达 226 亿美元，居全美首位，远高于谷歌母公司 Alphabet、微软、苹果，三家公司同期研发支出分别为 166 亿美元、123 亿美元和 116 亿美元。

除上游区块链和中游无人仓外，在新零售的推动下，多数电商巨头在物流供应链的下游已将线下门店附加前置仓功能，在缩短配送时间同时，降低仓储成本，进一步实现线上线下的深度融合。

自去年起，亚马逊就设置了生鲜提货点，其生鲜自提可以在 15 分钟内备好货，等待消费者取货。阿里巴巴则在旗下安鲜达等品牌收购好邻居超市后，将其附加前置仓功能。未来新零售业态下的物流体系一定是去中心化的，例如在线下店覆盖的 3 公里范围内做到 30 分钟送货上门，如此，覆盖消费者生活半径的前置仓库将使物流作业更加简洁高效。

与此同时，在打通最后一公里的配送环节方面，无人机、无人车等代替快递员的无人物流时代已悄然而至。亚马逊的空中物流中心项目早于 2014 年底已获批专利，该中心在指定区域上空建立一种悬浮仓，通过小型接驳飞船将货物运送至目的地附近的悬浮仓，然后用无人机完成最后一公里配送。亚马逊已于 2016 年实现无人机送货首飞。

随着无人驾驶技术的日渐成熟，将把物流业带入由互联网、人工智能、大数据、云计算所组成的高科技自动化的全新领域。其中无人驾驶在促进物流业降本增效上的突破是最快的，该技术将给物流管理模式带来根本性变革。无人驾驶还将加剧物流企业间的竞争，通过并购、联盟等形式实现资源整合，进一步促进行业降本增效。

值得注意的是，无人化电商物流的盈利能力尚存隐忧。尽管各大电商巨头和快递公司已从智能系统、智能机器人、无人机等硬件终端和大数据系统入手，实现物流体系的改造升级，但物流业的全面无人化仍为时过早。为吸引政策和投资，很多智慧物流公司将成本让位于速度，但无人科技在物流方面的投入较大，目前综合盈利水平还未可知。

英国技术调查顾问公司 Technavio 曾发布报告称，随着电商物流公司不断增加对科技软件、自动物料搬运设备和射频技术等科技投入，到 2020 年，全球电商物流的市场规模增速将达 9.69%。

能否降本增效要取决于应用场景和具体作业，无人化不是万能的，在柔性化可变作业方面，仍需人机结合。新物流的建设并非一蹴而就，从计划、网络、仓储到配送等仍然面临诸多挑战。其中，物流计划需要对社区、个人客户有更精准的感知；在网络布局层面，需要兼顾零售和仓储配送，并满足不同订单需求。

来源：腾讯网　2018 年 5 月 28 日

智慧物流与智慧城市的融合“三维度”

自 2012 年开始，政府陆续出台了二十余个有关智慧城市的政策文件，分别涵盖了“大云移物智”中的基础设施建设、智慧政务、智慧交通、智慧市政、智慧旅游、智慧医疗、智慧教育、智慧社区、智慧建筑和智慧家居等，但对于智慧城市的重要保障——智慧城市物流却关注不多，而智慧物流与供应链却恰恰应是智慧城市建设的主要支撑。

中国具有全球最大规模的城市体系和最快的城市化演化速度。改革开放后，中国城镇化率从 1978 年底的 17.9% 到 2018 年底的 59.6%，发展极为迅速，每年有 1000 万人口进入城市，城市人口已经超过 8 亿人；据最新估计，1000 万常住人口级超大城市已达 10 个，500 万人口级特大城市已达 20 个，而最新城市群发展趋势将进一步加剧城市人口的聚集。

一方面，城市是人才的聚居区、效率的提升机和创新的加速器，更是财富的贮存池、文明的催化剂和文化的交换台；另一方面，随着城市规模越来越大，大城市的“城市病”日趋严重，目前面临的主要问题有三方面：一是城市交通拥堵日益严重；二是城市空气、水和土壤污染加剧；三是居住成本占比过高。

智慧城市的主要目标是提升市民生活工作品质、提高城市治理效率和集约化使用城市资源，也是解决大城市“城市病”的一个有效途径。

在当下城市中，随着全行业结构性供大于求，市民消费的商品向数量增多、质量增高和差异化增强渐进发展，使得城市物资保障服务体系的负荷逐步增大；作为商贸活动基础保障的城市物流系统，既需要持续提高商品交付的服务水平（主要包括交付的准时、安全、便利、可变 / 柔性和低价等），又需要减少城市物流系统对城市道路和空间的占用负荷（主要包括公路货车运行里程、多级仓储库存量和社区末端等），减少城市物流系统对城市环境的破坏要素等（主要包括碳排放、PM2.5 和废弃物 / 残留物等）。

城市物流多数属于消费保障型物流，消费终端随生活社区、商务区和商贸区布局而分散化、碎片化；少数属于城市产业服务型物流，物流终端随产业布局而集中化、规模化。因此，要求城市物流一方面尽可能少地占用城市资源，降低城市资源浪费和闲置；另一方面，又尽可能将城市闲置资源加以复用，实现城市资源集约化和再生资源循环利用。

智慧物流分四个层次：第一层智慧是物流各功能内部的资源配置优化，如路径优化、库存优化等；第二层智慧是物流各功能间资源配置优化，如“以储代运”和“以运分储”；第三层智慧是依托物流供应链推动产业链的结构性优化，如“坑口发电”；第四层智慧是并行／平行产业链间的资源配置优化，如通过“运贸融”一体化实现互联网“羊毛出在猪身上”的类似模式。

智慧物流与智慧城市的融合要集中在逻辑维度、空间维度和时间维度三个维度上，并形成基于城市的智慧供应链与智慧产业链生态，而成功与否取决于是否能够以零成本／近零成本配置资源，是否能够将非标产品／服务／流程低成本实现标准化进而实现规模化，是否能够跨功能跨产业业务升维并降维打击竞争对手。

第一，逻辑维融合得益于互联网和移动互联网的应用与普及，得益于“大云移物智”等智能技术及装备的引入，以及随之而来商业模式的变革。

传统供给与需求受制于商贸渠道和物流体系的规模性约束，个性化供给与差异化／客户化需求因规模性小，难以在市场竞争中获得商贸及物流支持。但互联网电商平台及其衍生发展的电商物流，用近零成本实现了个性化供给与差异化需求的精准对接且易形成规模化，特别是消费集中的大城市社区，得到了更佳的购买和服务体验。

移动互联网支撑的手机导航系统、第三方电子支付和网络快递／外卖送餐服务平台则通过时、空、逻辑在货品、快递员和消费者之上三个维度的融合，以近零成本大幅度提高了精准配送服务的效率，外卖的高频服务也正在打击低频配送。

“大云移物智”等智能产品则通过精准收集供给／需求、科学预测供／需匹配、高效服务个性化定制和标准化非标终端与渠道等方法，持续推进高效低价标准化进程。最初最易标准化的信函及特小件成就了效率安全领先的顺丰快递；二维码扩展了快件的标准化，智能装备扩展了非标商品的标准化，在快运物流领先的德邦开始受到资本青睐，标准化能力决定了市场竞争优势。

第二，空间维融合得益于城市与物流融合后的空间结构重构。

城市物流的运储集配空间布局极大地影响城市交通负荷，特别是某些具有高度时效性货品的仓配资源需求，在城市道路和区域空间环境均属于“非常态”，极易造成城市道路虚糜／闲置和拥堵／拥塞两种状态的分时转变或潮汐特征。

将“非常态”转变成“常态”可从顶层战略实现资源配置优化，如“（轨道）+ 物业 + 商贸”客运体系和“（轨道）+ 仓配 + 批零”货运体系，通过资源和活动的集聚实现区域空间满负荷常态，城市资源得以集约化。是否选择轨道，取决于城市轨道交通网络和（车）站（货）场具有的覆盖能力。

智慧物流还推动城市间的甩挂运输、城市内的共同配送、社区共享快递柜等模式的落地，用数据驱动运储集配的智慧物流供应链，推动城市供给／消费／商贸渠道的资源优化变革。

智慧物流支撑的智慧城市空间结构重构，还可以推动商品及流通过程中的废弃物／残留物的低产出率和低价高效回收。以“运贸融”一体化带来的责权利统一的运营模式，可以大规模降低废弃物／残留物数量，如围绕城市边缘集中布局的中央厨房、装配式建筑和预制式建材等均大规模降低了废弃物／残留物的产出；可以让绿色包装、共享集装箱、共享最小封闭运／储单元和共享标准托盘等资源循环使用理念落地；可以推动消费末端残留物智能处理装备实现回收物流总量大规模降低。

第三，时间维融合得益于供／需潮汐特性后的资源分时租赁模式和平行／并行产业链间资源配置优化。

囿于中国资源的消费者拥有量远不及西方发达国家居民那么充沛，畅行于发达国家的共享经济运用到中国基本改良为资源的分时租赁；“大云移物智”等智能工具恰恰可以精准度量供／需／商贸及物流渠道的资源分时利用率；智慧物流与供应链恰恰可以在城市、社区和产业集群生态中实现闲置资源复用和跨功能、跨产业链的资源综合配置，推进智慧城市向深度发展。

来源：亿欧网 2019 年 2 月 27 日

智能物流改造的不仅仅是商业基础设施

传统物流的数字化改造和重塑，中国已经全面加速，国家智能物流骨干网的建设，中国更已呈现出弯道超车之势-2018年6月7日，阿里旗下菜鸟网络宣布，将在香港建设一个总投资120亿港元的超级eH ub项目。消息显示，参与该项目的投资方还包括中国航空集团和圆通速递。

本次宣布在香港建设的超级eH ub，定位为国家智能物流骨干网的一个全球数字中枢，而这一战略动作，可以视为中国物流业发展向纵深推进的一个标志。从全球化角度看，正如有专家所表示的，中国高铁、移动支付、智能物流骨干网，在未来10年最有可能成为全球基础设施。

纵观当代经济发展史，过去30多年的全球化，是规模化生产的全球化，跨国大企业天然具备规模经济优势，所以，这30年里，跨国大企业是全球化红利的最大享受者。而在个性化消费、小众化生产已成为新一轮消费升级的标签时，规模不经济开始取代规模经济，中小企业逐渐成为新一轮全球化的主角。

而近年来伴随着电子商务的高速发展，全球化贸易已经呈现出信息去中介化的趋势，这一趋势无疑给无数中小企业插上了腾飞的翅膀，它们由此可以更低成本地直接触达全球消费者。在这个过程中，物流业作为最重要的配套和基石，作为中小企业开展全球贸易不可替代的货品通路，重要性也在日益凸显，尤其是在基础设施建设整体较为薄弱的“一带一路”沿线地区。

从降本增效的意义上讲，国家智能物流骨干网络通过数字化降本、提效，通过技术革新降低整个社会物流成本，实际上首先是中国物流业的分内之事。在这个基础上强化能力输出，能够真正确立中国物流业在全球的绝对领先地位。截至2018年一季度，中国社会物流总费用与G D P的比率为14.5%，高于主要发达国家8%-9%和新兴经济体11%-13%的水平。这意味着中国物流业正面临从“规模全球第一”到“全面引领世界”的升级任务。

就政策取向而言，近期物流行业的政策利好频频加码，涉及物流仓储、道路运输等多项税费的减免，这背后有着明确的政策标定，就是要把社会物流总费用占社会物流总额的比重由目前的4 .9%降低0 .5个百分点左右，工商业企业物流费用率由8.3%降低1个百分点左右。

物流网络不是孤立、突兀的存在，其重要性因其作为经贸、商业基础设施的重要组成部分而凸显。资金流、人才流、物流作为全球化的“三位一体”，在短时间内，物流网络对全球化贡献的提升空间最大，可预见性最强。在移动互联网创新的带动下，中国商业的变革速度全球最快，体现出明显的后发优势，移动支付引领全球，人才集聚效应的基础在不断夯实，而物流业的快速跟进以及生态效应不断显现，实则是一种必然。

作为大数据、人工智能的应用型典范，智慧物流网络和智慧零售、智能制造等，本质上均具有极强的前瞻性。这也意味着，在国家大力发展人工智能的战略之下，其更多的战略意义不仅仅限于当下和未来数年，而是长期的、可能超出预期的。

中国正处在数字化时代后发优势的机遇期-这不仅体现在物流、零售等行业，包括制造业、医疗、教育等等，中国的广阔市场、人口密度以及移动互联网的普及应用，经由这些先天优势所产生的技术驱动效应以及广泛的创新实践，未来势必持续井喷，在数字化新经济时代，中国极有可能在一个较短的时间内成功实现弯道超车。

来源：《南方都市报》 2018年6月12日

智能硬件时代在无声的轰鸣中到来

近几年来，智能硬件市场可谓是坐过山车，从爆发式增长到寒冬来临，也不过就2014年左右的事情。90%的创业团队不是挂掉了就是在挂掉的路上，甚至有文章直指，智能硬件市场在2014年集体踏空！不过智能硬件市场并未就此熄火，业内人士仍然对此满怀希望：自助设备的使用，是一个趋势。这意味着什么呢？ 意味着虽然过去在2014年出现的智能硬件大潮并不是什么“巨大的颠覆”，但这个颠覆一定会来。

智能硬件市场的大时代运动

中国智能硬件市场虽然是在2014年左右爆发，但追溯其源头，还得回到1999年。时任美国麻省理工学院（MIT）教授的凯文•艾什顿（Kevin Ashton）首次提出物联网概念。而这正是智能硬件崛起的理论基础，不过这一时期，这一概念还不为大众所知。

2005年国际电信联盟（ITU）发表了《The Internet of Things（ 物联网 ）》的年度报告，向世界宣告物联网时代即将到来。不过一直到2008年，IBM公司提出智慧的地球，人们才真正意识到所有的物品都有可能安装并应用智能技术，进而向整个社会提供更加智能化的服务。

同样在2008年，中国三网融合初步落实，中国移动、中国电信、中国联通三家新运营商即将进入电信全业务竞争时代。同时，物联网概念在中国社会开始被频繁提及。不过这一时期仍然是大概念、大方向阶段。整个物联网理论的爆发还得再等一年。

在2009-2010年期间，众多国家都将物联网的发展提到了战略性的高度：美国政府将物联网列为振兴经济的重点之一；韩国政府出台《物联网基础设施构建基本规划》，将物联网确定为新增长动力，提出到2012年实现“通过构建世界最先进的物联网基础实施，打造未来广拨通信融合领域超一流信息通信技术强国”的目标；欧盟执委会发表欧洲物联网行动计划，描绘物联网技术的应用前景，提出欧盟政府要加强对物联网的管理，促进物联网的发展。而在中国，物联网研究院成立，随后物联网更是被正式列为国家五大新兴战略性产业之一，写入了十一届全国人大三次会议政府工作报告，物联网在中国受到了全社会极大的关注。

不过物联网能够实现落地的基础仍未搭建完成。在2011年，安卓系统在全球市场跃居第一，开放性的系统为物联网实现落地提供了系统基础。这也是众多智能硬件所搭载的系统框架。随后在2012年，中国4G网络标准制定，4G网络和安卓系统的出现，让智能硬件开发正式跨入实践阶段。也就是在这一年，谷歌眼镜的发布，迅速点燃了智能硬件市场。随后在2013年到2014年，企业云计算服务产业的逐渐成熟，更是为智能硬件市场添加了一把火。然而这一时期，整个市场目光主要集中在智能可穿戴设备以及智能家居领域，其他领域的应用相对较少。

但劳动密集型的物流行业是个例外。在2012年，身处中国成都的速递易（中邮速递易的前身）正式推出第一台智能终端设备——智能快递柜，由此开启了物流行业尤其是物流末端的智能化时代。随后，这一领域如同中国其它行业一样，在后来的几年中再度上演大混战。

回顾整个智能硬件市场崛起的过程，不难看出物联网概念提出和完善、移动互联网的发展、政府政策的推动、开放性系统的出现、企业云计算服务的成熟以及其他各方面因素的合力，推动了智能硬件的大时代运动。而这其中的参与者，无论是主动跟随历史潮流，还是被裹挟，当所有因素都成熟时，智能硬件的历史车轮不会因某些质疑或遇到的行业寒冬而停滞。

智能硬件市场，集体涌入后的茫然

或许是看到了这一历史趋势，亦或许是被潮流裹挟，在 2013-2014 年期间，中国智能硬件市场迸发了无数的热情。几乎所有的家电都打上了智能的标签，都标配上了一个可以操控的手机 APP。与此同时，智能可穿戴设备更是五花八门，智能眼镜、智能手环等等都备受热捧。而在智能快递柜行业，同样在资本的助推下集体涌入。在这几年期间，诞生了中集 E 栈、近邻宝、云柜、格格货栈、富友收件宝等数家智能快递柜品牌。

但这一火热情形迅速在 2014 年偃旗息鼓，智能家居和智能可穿戴设备，能够称得上成功的寥寥无几。市场终于意识到，这种装上安卓系统、以 APP 控制开关的智能硬件不是真正的智能，充其量不过是以智能为噱头，以更高的价格卖着装有 APP 的产品，它们击中的不是真正的刚需，而是人为制造的伪刚需。智能硬件市场不是产品的 show，也不是靠 idea 和小聪明就能成功，而是资本、技术以及多年的行业积累共同推动。

不过，相较于其它智能硬件市场的骤然遇冷，智能快递柜却激战正酣。在 2015 年，速递易智能快递柜的累计派件量正式破亿。与此同时，流量获取成本越来越贵，或许是基于跟风，亦或者是基于流量新入口的押宝和恐慌心理。包括丰巢在内的多家智能快递柜企业也纷纷涌入并拼命“烧钱”圈地。一时间，智能快递柜市场成为了智能硬件市场最热的一个分支。究其原因，虽有资本热捧，但最根本的则是智能快递柜行业击中了真正的刚需。

数据统计显示，2015 年，我国快递量达 206 亿件，年均增速达到 54.6%。然而巨量快递规模在物流末端依然依靠密集的人力派送。劳动力与快递规模之间的矛盾在电商大促期间暴露得更加明显，以智能终端设备弥补劳动力不足势在必行。再加上用户与快递员时间不对等问题的存在，让用户尤其是上班族更需要智能快递柜等来代收快递包裹。

巨大的刚需市场造就了智能快递柜行业，然而，中国行业大都有一个共同特点，即最早一家摸索出新蓝海，紧接着就会有众多追随者集体涌入，集体涌入既是占坑圈地，也是等待被收割。对于大多数入围者而言，被收割恐怕是难逃的命运，智能快递柜行业也不例外。其背后最致命的原因则是“后进生们”集体看轻了智能硬件市场操盘的难度。

资金、资源的获取能力和资金成本的控制，是成为智能快递柜行业入局者要面临的第一道门槛。小型智能快递柜运营平台刚刚做好进攻姿势，就面临着资金不足的窘境。而除此之外，中国物流行业独特的特点，让资源的重要性完全不亚于资金。谁能获得进入市场的独家资源，谁就能稳坐行业龙头的位置。

另外，相对于其他智能硬件，智能快递柜的运营需要与物业、用户、各大快递公司、相关管理部门，甚至是生产厂商等各方打交道，这不是一个热钱想投就投得进的领域。因为这是一个需要深挖场景的行业，这意味着，企业在发展中，需要下苦工去找到更多场景，注定是一个重活和累活。然而多数的后进生们并没有经历过传统行业洗礼，整体偏向年轻化，过度追求商业模式的做法，最终都会被淘汰。

这或许是速递易的聪明之处，也是其与其他智能快递柜拉开距离的优势所在。在 2017 年，速递易获得中邮资本注资，成功跨入国家队行列，改名中邮速递易。由此，中邮速递易参与到中国邮政基础设施建设中，以低成本的优势和独家资源，进一步在市场圈地。

更值得一提的是，中邮速递易母公司成都三泰控股集团股份有限公司以金融电子设备及系统软件的研发、生产、销售和服务起家。其主要产品和服务包括三大类：一是以电子回单系统为代表的 ATC 类银行自助服务产品；二是以 ATM 监控系统、银行数字化网络安防监控业务为代表的 DVR 类银行安全防范业务；三是以银行票据影像化处理外包业务为代表的 BPO 类金融服务外包业务。多年电子终端设备研发、生产的经历，让三泰完整地经历了传统行业从生到死的完整循环，搭建起了战斗力更为强悍线下队伍，这是中邮速递易能够快速在线下市场推进的重要原因所在。

但行业洗牌的最后一只靴子，在2017年前后终于落地。经过几年的争夺，智能快递柜行业最终形成了中邮速递易稳居龙头、丰巢紧随其后，其它品牌要么被兼并，要么在夹缝中求生存的格局。

智能硬件市场最终指向技术与数据

行业寒冬并未熄灭智能硬件市场的火种，在随后几年，包括智能快递柜行业在内的智能硬件市场，都开始明确肯定技术和数据的价值。在这一点上，补建在接受采访时进行了详细的解读。

在补建看来，中国物流包裹数在2017年高达401亿件，但在未来，快递包裹规模仍将快速增长，劳动力不足的矛盾将进一步凸显，智能硬件设备的投入已成必然。这也是中邮速递易在推出智能快递柜后，又携手中国邮政相继推出智能信报箱、小黄筒等智能终端的原因所在。当然，这其实也是出于对于数据的需求。补建认为，单个硬件能收集的数据和数据种类都有限，而实现真正的智能化需要海量的、不同类型的数据，这就需要多种硬件设备共同收集和共享数据，这其实就是所谓的生态。

与此同时，所有的智能硬件都需要围绕人的需求进行，从智能快递柜到智能信报箱再到小黄筒，一个满足用户寄件、收件、物品存储等一系列社区生活需求的产品矩阵被搭建了起来。刚需、高频的使用模式，不仅让中邮速递易这一产品模式有着极大的用户粘性，还获得了大量的数据沉淀，让离用户的最近10米有了无限的可能。这也是目前小黄筒虽然只主要布局上海和北京，但补建对它仍然充满信心的原因。

而跳出智能快递柜行业，从整个社会来看，智能快递柜所代表的智能硬件还有着更大的社会价值。在补建看来，一方面，智能快递柜等硬件将变革人力劳动价值的实现方式，让人能够从低价值的服务中抽离，从而投入到更有价值的活动中。另一方面，沉淀的海量数据将发挥出真正的赋能作用。

具体来看，在整个智能硬件市场的发展过程中，2014-2018年，是智能硬件的单品培育期，这一时期包括中邮速递易在内的企业，仍然在努力培育市场，人们在争议中开始习惯这些产品的出现。

但从2018年到2022年，就正式进入智能硬件单品成熟期。这一时期，部分企业开始围绕智能硬件形成生态圈，实现企业与用户共赢，数据的价值将从这一时期开始体现得淋漓尽致。也就是从这一时期开始，中邮速递易明确提出要构建智慧物流生态平台的目标，以数据去赋能整个供应链上的主体。

预计在2022年以后，智能硬件市场将是多品互联时期。这一时期，成熟的生态圈相互融合，形成真正的万物慧联，人类开始享受智能硬件市场带来的服务。而大数据最终会被细分化到任何一个领域的智能终端上，人类的行为数据也不再单一，而是多样化。在这一时期，技术和数据将发挥出真正的价值，实现真正意义上的赋能，智能终端企业作为数据、技术和服务的提供商，也将迎来真正的黄金时期。同时智能硬件也不再是单一的业务模式，它们将在其中呈现出功能叠加的状态，这也是中邮速递易智能快递柜、小黄筒、智能信报箱的未来发展方向，在聚焦物流行业的同时，围绕用户需求，接入更多的社区O2O服务。

想象一个详细的场景：“未来，当我走到小区里面，我随时随地就能看到小黄筒，当我要寄件或是要退换货时，看到小黄筒将快递扔进去就可以了。而当我回到家门，通过门禁刷脸的方式，与我的智能信包箱连接起来，如果有包裹或是信件，手机就会提示。同时，未来的智能信包箱也不再局限于现在的智能快递柜的形式，它未来可能像是立体停车场一样，可以扩展、反转，甚至也能缩小和变大。所有用户一进到小区或是单位，这个信报箱就会通讯和连接……”

来源：中华网 2018年6月15日

以“差异化”服务推进智能机器人应用

最近几年，很多传统企业都在向自动化转化，其中机器人的应用也较为普遍，那么，国内机器人应用目前处于什么态势？在物流业中的应用涉及哪些领域？在世界上处于什么地位？请看本刊记者对中国物流与采购联合会专家委员会主任戴定一进行的专访。

使用机器人的特性

戴定一认为，从总体上看，机器人或者说智慧技术在物流中的应用是一个必然的趋势，现在还处于方兴未艾，甚至是刚刚起步的阶段。某些领域得到了成功的应用，但在更多领域的应用还在逐步探索，没有发展到成熟或者摸清它的道路规律这样的地步。很多人对智慧技术或机器人还有一些模糊的认识。所以，在发展中还要不断探索不断积累，要把握住这个方向和趋势，在这个方向加大关注，深入学习。

那么究竟什么企业适合使用机器人呢？戴定一表示，智慧化过程是由很多很多阶梯来构成的，从最终目标来看我们希望完全不需要人的处理而满足客户的差异化、个性化、碎片化以及快速变化的需求。当需求出现这些特征的时候，如何尽量减少人的干预，这就是智慧技术或机器人希望达到的目标，这个过程也要经历由浅到深，把握好差异化与效率之间的平衡。

物流技术大体可分为两大板块，一个是作业板块，另一个是管理、设计规划板块。目前能够取代人工的一些智能技术应用在作业板块，如自动运输、自动分拣、自动仓储上下架等等。这些作业板块都是在有比较明确的流程规格之后再由机器人做少量流程处理就能完成比较规范的动作。通常此类技术归于工业机器人的范畴。而在管理板块，因为管理的复杂性要远远超过作业的复杂性，通常需要由一些高层的管理人员去处理管理，因为它的变化、差异化是随客户要求而变，随机性比较大，现在完全交给机器人处理还有一定困难，所以这方面应用成果就少一点，只有一些少量的比如说在路径的选择，货物的存取方案这些可以交给机器人。此类技术可归于服务机器人范畴，相比之下服务机器人的工作环境更开放、随机，所以技术要求更复杂。总的来说这里没有严格的界限规范某种技术叫“智慧技术”，有的就是看似很简单的一个杠杆，但是它有采集信息、感知环境，能够做出应变的动作，这其实就是一种智慧技术，尽管他用的场景简单，作业也不复杂，但它已经有了智慧的基本特征。

所谓智慧的特征，戴定一认为，从技术角度来看集中在两类技术，一是感知技术，能够从变幻的环境中感受这些差异化要求。不断扩大采集种类更多的信息以及不断提高精细化程度，无论是图像、文字、声音，各种各样的位置，并能够动态地采集，随时采集。二是识别这些信息，寻找可应用的规律，这实际上是一种学习技术，即信息处理过程，能够快速在大数据的基础上高效地完善认知过程，能够实现自我调节自我优化。在物流中就能够快速形成差异化的作业模式、优化模式，并随需而变。这也是模拟人的大脑的过程。人从小到大的过程就是不断地学不断改进，形成自己的经验、理论、模式。当然人花费的时间很长，交给机器运用大数据就快多了。所以现在像下棋这样的简单环境下的作业，机器已经远远超过人了，因为它的效率高，会比较容易学到这种技术。感知加上学习就是机器人的基础技术，只要是处理差异化需求，就是智慧技术的基本特征。在各种环境都可以用，在简单作业中可以用，在复杂作业中也可以用，这个过程是没有严格界限的，在我们智慧物流的发展进程中，作业层面会最先发展，管理层面也会积累逐渐形成这方面的经验。总之，无论是作业层面还是管理层面能够越来越多地替代人的大脑，这就是智慧物流或机器人的发展道路。

前景光明投资不盲从

当前国内物流业作业板块的机器人应用来看，主要是用于分拣技术、搬运、输送、室内 AGV 等等代替人作业的机器人。目前，国内最有影响案例的就是京东的亚洲一号，它是完全没有人参与的作业，拣选、仓储、无人配送等整个过程都是全自动化的，这种案例世界上也不多见，堪称世界先进水平。管理板块方面，由于管理是对人的，应用比较初步，比如现在对于诚信系统的建立，运用大数据判断人诚信度如何？风险控制也是利用这些数据，所以我们会看到在一些做得比较好的企业里它的风控、诚信管理、客户管理都有一套数据处理的能力，从而保证对客户有差异化服务，个性化服务。对于变化的需求，调整的需求做出快速反应，面对差异化需求会体现在流程的柔性、网络的弹性上面。这方面很多企业都有应用，尤其是一些平台类企业，它集聚了很多方面的数据，很多平台都有金融服务、小额贷款、支付、质押，都需要对客户的诚信和风控能力作出评估，这就是一种智慧化的管理，不能靠人去评，完全靠数据，这种智慧应用更多体现在决策上，和作业机器人相比，它输出的不是一个动作，而是一种决策。

从今后方向来说，戴定一认为，要越来越多地依赖于系统、依赖于设备，减少人工干预，减少人为操作做不好的事情。这也是智慧技术发展的动力。至于每个公司如何应用，就要看成本分析，投入的成本和获得的效益在一定时间内能否均衡，如果能获得更多收益就值得考虑在这方面投资。如果目前不能带来收益投入又很大的话，就不要盲动。这里最重要的考虑，就是现在的需求是不是差异化的性质越来越明显，如果这种需求没有成为一种主要趋势的话，说明市场还不到这个阶段，仍然处于传统的工业化社会，这就要解决工业化的问题，而不是后工业化社会或差异化社会的要求。所以智慧时代实际就是解决差异化、个性化、碎片化、快变化以后出现的需求的。根本就是要分析现在的需求跟原来的工业化的模式的矛盾尖锐不尖锐。

由于我们对机器人的理念，对智慧技术在需求变革时代的判断原则我们还不太理解，所以我们看到很多地方都在喊智慧技术、智慧物流园，实际上他们都没有针对需求的革命性变化，而仅仅是从供给的角度用到了云计算、互联网、大数据，就认为是智慧物流了，这是错误的。必须把这些技术用在解决差异化、多元化、碎片化、快变化等等才叫智慧，否则谈不上智慧。现在很多人都没有意识到这点，大都是从供给角度而不是需求角度去判断智慧物流的发展阶段。

如果抓住时机，就能培养出这种需求甚至引领需求形成趋势。比如传统物流目前大都是标准化，但你的价格、时间、保险、交易方式、支付方式能不能实行差异化？需求也是需要培养的，这个公司没有个性化、碎片化服务的时候，客户也往往不会想到这方面需求。但公司如果能够提供的话，差异化的需求肯定会反映出来。可以说，差异化一定是企业在竞争中能够立足的发展方向，而这也是机器人或智慧技术不断发展的原动力。

来源：凤凰网财经　2018 年 4 月 13 日

4.2.4 物流云仓

中邮云仓发挥仓配一体化优势 成双 11 邮件“加速器”

截至 2018 年 11 月 15 日，中邮云仓共接收订单 2000 余万单，同比增长 63%，其中近一半的订单是由枢纽仓发区域内的订单。

为确保广大消费者在“双 11”期间快速收到包裹，中国邮政集团公司寄递事业部依托中邮云仓覆盖全国 356 个城市的 510 万平方米的仓储网络，将重点客户的货品提前布局到全国各分仓。将一点发全国的寄递模式改为枢纽仓发区域内模式，使入仓客户平均仓储配送时限缩短 2-5 天。今年“双 11”，已经有华为、戴尔、惠普等多家世界 500 强企业以及小米、老板电器、三只松鼠、良品铺子、百草味等中国一流品牌商入驻中邮云仓，共计超过 800 个。

“双 11”期间，枢纽仓集合了多家规模客户的订单操作，处理压力较传统单点仓更大，其中，规模最大的华北廊坊枢纽仓接单量达 127 万单，同比增长 26%。面对如此大规模的发单量，早在 3 个月前，中邮云仓就集结团队，精心制定了仓储生产组织预案，以确保“双 11”订单能够及时出库。中邮云仓将团队、资源、培训、后勤当作四大战役，凭借丰富的仓储运营管理经验，充分考虑各方面影响因素，将旺季作业涉及的各项资源保障到位。“双 11”期间，各仓保持 24 小时不间断生产，华为等仓保持了“双 11”订单 24 小时内发运的业内领先运作能力。

中邮云仓极大地发挥了仓配一体化服务的优势，在仓端处理环节就将邮件按照路向集合处理，并跟进运输网络运行情况及时调整邮件的生产计划；仓端直发干线到达目的地进行配送，最大限度地减少中转处理环节。今年“双 11”活动开始 3 分钟内，各仓首单就完成出库，当日上午就有大批量邮件送达消费者手中，获得了广泛好评。

来源：国家邮政局网　2018 年 11 月 23 日

苏宁云仓：智慧物流 提升流通效率

苏宁把智慧物流当作全面布局未来电商产业链中的重要一环，自动化的“无人物流”渗透到了其物流全产业链的每一个环节。

苏宁把智慧物流当作全面布局未来电商产业链中的重要一环，自动化的“无人物流”渗透到了其物流全产业链的每一个环节。从仓储分拨，到干线配送，再到 “最后一公里”，从无人仓，到无人卡车，再到无人配送车，苏宁把“黑科技”视作提高未来流通效率的重要抓手——无论是在消费者看得见的终端或是在他们看不见的上游。

云仓驱动仓储端智慧化

苏宁云仓是智慧物流体系中重要的一环，建筑面积在 20 万平方米，相当于 28 个标准足球场大小，可存储 2000 万件商品，是亚洲最大智慧物流基地。苏宁云仓日处理包裹可达到 181 万件，是行业同类仓库处理能力的 4.5 倍以上。

凭借云仓中的 SCS 智能拣选系统，拣选人员无需步行只需简单操作，拣选速度可以达到 1200 件 / 小时。此外，苏宁云仓还有每小时能够拣选 1600 箱小件商品的 A-frame 自动拣货系统，以及智能 AGV 机器人。据计算，苏宁云仓的分拣速度是传统人找货拣选方式的 10 倍以上。

目前，苏宁物流正在以南京为范本，在北京、南京、广州、成都等 11 个中心城市，通过升级现有全国级大仓全流程自动化的作业能力，从南到北、从东到西，逐步构建一张覆盖全国的智能云仓体系。

与此同时，苏宁正在推广它们的 AGV 机器人在无人仓的应用。2018 年 4 月上线的济南仓是苏宁物流全国第二个智能机器人仓。AGV 机器人在上海仓主要负责 3C 商品的拣选，而在济南仓主要是承接快消品的拣选。苏宁物流在合肥、福州、深圳、郑州、重庆等城市也已启动机器人仓库的建设工作，全国最大的机器人仓储网络正在逐步成形。

无人重卡引路干线物流

电商物流正尝试将无人化应用拓展至更多的场景。2018 年 5 月 24 日，苏宁在苏宁物流上海奉贤园区完成了对无人重卡的第二轮测试。该论测试完成后，意味着苏宁在干线运输方面正加速实现无人化。

参与测试的苏宁物流无人卡车名为“行龙一号”，主要解决苏宁物流园区到物流园区的干线运输和园区内的自动驾驶问题。当前苏宁无人驾驶项目由物流 研究院S实验室主导，旨在通过无人驾驶技术来进一步提升自身物流系统的服务能力，通过无人化打通配送链条的自动化，最终实现降本增效。

无人重卡采用深度传感器融合技术，在无人驾驶感知、认知、决策、控制层面技术领先，300米的精确识别，25ms的反应速度，能够在驾驶速度达80千米/小时时实现安全自动驾驶。

“行龙一号”可实现从物流园区到物流园区的全程无人化运输。在高速路段（测试道路）可以实现自动紧急制动（AEB）、自适应巡航 （ACC）、交通拥堵辅助 （TJA）、车道偏移预警 （LDW）、车道保持辅助 （LKA）、高速跟车、行人检测、自主避障等功能。

在物流园区路段，“行龙一号”可实现自主避障、自主规划路线、自动精确泊车等功能。无人重卡具有成熟的RTK、GPS、SLAM、VSLAM定位技术，配合算法，两次驾驶误差可控制在2厘米以内。

无人配送延伸末端长度

面向农村地区的物流需求，苏宁物流利用无人机物流做了多种尝试，仅2017年苏宁物流的无人机就成功完成了两次实景派送。无论是在浙江安吉创造 的15.06公里飞行纪录的首飞，还是在安徽的3条航线同一天多次实景派送，苏宁物流无人机都做到了精准、迅速、安全。未来，苏宁物流计划围绕无人机上下 游配套产业，在全国建设5000个无人机智慧物流枢纽，覆盖全国的无人机通航、研发、生产和售后的地面服务网络，集中管理无人机行业资源，解决各项服务问题。

除无人机外，苏宁的无人快递车“卧龙一号”已正式上路。“卧龙一号”有四轮和六轮版，六轮版车高在1米左右，承重30千克，速度可达12千米/小时，爬坡高度35度，续航可达8小时，定位精度1-3厘米，可24小时为封闭园区提供无人配送服务。

来源：“北京商报” 2018年9月6日

借云仓模式整合仓储资源 京东物流仓储布局提速

京东云仓，是京东物流去年推出的全新业务。通过库房管理系统和标准的输出，全方位培训体系的开放，科学的规划方案赋能，提升云仓合作伙伴的物流管理能力和操作水平。通过京东配送打标引流，改善商流。通过帮助中小物流企业升级，为分层需求提供分层供给，解决电商物流刚性供给和弹性需求的矛盾。运行一年以来，这种模式不仅实现了仓储资源的整合共享，促进物流降本增效，也实现了物流企业和入驻商家的多方共赢，赢得广泛好评。

整合共享盘活“沉睡”仓储资源，促进物流降本增效

京东云仓与商家达成合作意向后，随即对商家库房进行了实地考察，先提供规划方案，然后在库内部署京东物流的操作系统，接着又对操作人员进行了培训……经过一番改造后，库内场地利用率大幅提高，生产人效提高了一倍以上。管理能力提升之后，越来越多的商家前来入驻，客户每天的出库单量增加了数倍。

商家自建仓储面临资金、选址、用工等问题，而与此同时，许多已建成的仓储资源，由于技术、管理等方面相对落后，未能很好地发挥作用。在此背景下，京东物流构建起云仓模式，即与第三方仓储资源合作，注入自身成熟先进的技术、标准和品牌。这样一来，京东物流不仅盘活了原来“沉睡”的仓储资源，又可以减少自建仓库的困难。仓储资源通过整合共享，效能大幅提高。

借助京东云仓，京东物流可以更快更多的布局仓储，这也便于其进一步发挥规模优势，为商家提供一体化的供应链管理服务，降低物流成本，提升物流效率。

赋能物流企业和商家，实现多方共赢

作为中国物流和京东物流战略合作后的开篇之作，中国物流（安吉）有限公司在今年 4 月加入了京东云仓。仅 3 个月后，原本技术落后、缺乏订单的传统仓库摇身一变，成了当地炙手可热的物流服务商。

中国物流（安吉）有限公司原有一个 3000 平方米的仓库，但由于库内规划简单，操作、管理能力较弱，仍停留在线下的手工操作，只能提供 B2B 的传统存储业务。加入京东云仓并经过改造后，仓库焕然一新。辅以京东品牌赋能和商城前台的京配打标（商家的商品在京东商城标识为“京东配送”），其对商家的吸引力大幅提高。如今，安吉京东云仓已经吸引了当地数十家企业入驻。

安吉是我国主要的电脑椅生产基地。京东云仓在当地落成后，这些企业可以直接加入到京东物流成熟的配送体系中，借助科学的一体化供应链管理，实现更高效的交付。同时，物流提升还带动商品的销量增长，为企业带来更多利润。安吉京东云仓，充分结合双方的领先优势，为客户提供效率更高、成本更低的供应链服务，助力安吉电商的提档升级、持续快速发展，实现了多方共赢。

鉴于这一项目的顺利开展，京东物流和中国物流的合作也继续深入，目前双方正在继续接洽成都、武汉、娄底等地的云仓项目。

升级基础设施打通物流通道，助力经济

2018 年 5 月，京东物流与陕西汉中的华利实业公司在城固县合作建起华利京东云仓。这次合作不仅实现了双赢，也为当地带来了物流基础设施的升级和服务水平的提升，为经济发展注入了强劲活力。

汉中地区，盛产众多特色农产品，如洋县黑米、城固柑橘等。长期以来，由于物流滞后，农产品上行的渠道不畅，品质优良的产品“走不远”“卖不上价”，难以帮助当地农民增收致富。虽然在政府引导下建起了物流园区，但当地物流基础设施和运营能力依旧偏弱。华利京东云仓建成后，彻底改变了这一窘况。物流和电商的赋能，打通了当地农产品的销售和运输渠道，帮助乡村脱贫致富，助力农业发展，为经济发展带来了新活力。

华利京东云仓 6 月开始招商后，数十家企业蜂拥而至。企业负责人纷纷表示，以前大家也都期盼发展物流来推动经济，但是缺资金、没技术，物流“建不起”“玩不转”，京东云仓来了之后，物流难题彻底解决了，汉中的农产品从此也搭上了物流和电商的东风！

京东云仓相关负责人表示，京东云仓并非只为京东商城或京东物流服务，而是希望将京东物流多年来已经积累的能力向外输出，提升整个社会的物流基础设施水平和管理运营能力。京东云仓愿意与物流企业、商家等多方展开广泛合作，为经济和社会发展创造更多价值。

来源：京东物流　2018 年 8 月 20 日

中通“生态圈”集齐最后一块拼图 云仓公开亮相

中通旗下的中通云仓科技有限公司公开亮相，并以独立公司的形式开始运作，同时开始招商加盟。中通云仓成立于2018年6月5日，法人代表为胡向亮，其同时为中通云仓自然人股东，此外中通云仓还有两个机构股东，分别是上海中通吉网络技术有限公司和浙江仲君投资管理有限公司。

根据官方描述，中通云仓是利用信息化技术和网络协同，实现全渠道库存管理和订单生产，并通过配送网络及时送达消费者的新物流服务。按照规划，中通云仓上线后将在全国19个省的64个城市及北京、上海、天津、重庆4个直辖市，筛选92家加盟商。

在业内看来，作为继中通快运、中通国际、中通金融、中通商业之后的第五个以独立身份亮相的业务版块，中通云仓的强势上线和全国招商，意味着中通快递的“生态圈”拼图正式集齐和完成。

来源：中物联网 2018年7月23日

4.2.5 物联网

2018年中国物流业物联网技术应用分析与2019年展望

2018年，在人工智能技术的推动下，随着全球智能制造的发展，物联网技术应用开始爆发，产业互联网成为热点，全球众多一线巨头的企业开始全面布局物联网。

一、2018物联网技术及其在物流业应用发展分析

1. 2018年物联网发展综述

2018年，在人工智能技术的推动下，随着全球智能制造的发展，物联网技术应用开始爆发，产业互联网成为热点，全球众多一线巨头的企业开始全面布局物联网。2018年4月，微软宣布在未来4年内，将投入50亿美元支持物联网创新，计划在在万物智能的时代，以云和AI为基础，以数据驱动物联网产业，提高物联网易用性，全力推进人工智能、边缘计算和物联网的前沿创新。2018年5月，谷歌发布了物联网操作系统，让开发者大规模构建和维护物联网设备，帮助开发者轻松地将物联网设备从原型设计推进到商品化，加速物联网普及。此外，著名的苹果公司也加入了物联网标准组织，英特尔和ARM开始合作推进物联网应用。

在中国，2018年物联网技术应用也取得重大进展，开始了实实在在的落地应用，这一年利用物联网技术，海尔开启智慧家庭全场景定制化时代，推动了海尔基于物联网的智慧家电的联网激活量高速增长，物联网生态收入成倍增长。阿里在2018年3月宣布全面进军物联网，全面推进依托“阿里云”为核心的物联网战略，从智能城市到智能制造，从智慧金融到智慧农业，从智能家庭到智慧物流，阿里物联网战略开始落地各行业；2018年中国移动物联网预计连接的数量增加近3亿个，而截至2017年底，中国移动也仅累计拥有2.29亿个物联网连接。2018年9月，腾讯宣布了重大战略调整，积极面向产业互联网转型，开始全面进入物联网主赛道。2018年，百度DuerOS智能设备激活量突破2亿台，且这种高速增长态势会持续到2019年，等等。

伴随一线巨头纷纷入场和5G通信技术的发展，将会推动物联网更加广泛的应用，为物联网带来诸多创新，让我们进入万物互联的好时代。

2. 物流行业物联网技术应用分析

物流业是应用物联网技术最主要行业，随着物流与物联网技术深度融合，推动了物流互联网发展和智慧物流落地应用。

根据相关资料，2018 年，物联网在物流领域广泛应用有很多重大进展。根据新华网报道，截至目前，全国已有 617 万辆道路营运车辆、3.56 万辆邮政和快递车辆、3230 座内河导航设施、2960 座海上导航设施使用北斗定位导航。大量物流货运装备利用北斗等物联网技术接入互联网，以信息互联、设施互联带动物流互联，推动了中国智慧物流的深入发展。

在联网作业的物流机器人方面，2018 年是全面发展的一年，这一年预计科智能感知与联网作业的物流机器人销量增长至少在 2 万台以上，同比增长 50% 以上。智能机器人利用物联网技术实现智能定位与导航，实现机器人之间、机器人与其他设备等之间的通信，实现智能视觉感知、环境感知，推动了传感器、芯片、通信等技术全面发展。

2018 年，中国物流领域无人机物联网快速发展，基于无人机联网配送的无人机配送网已经在在陕西、云南、江苏、青海、海南、广东等地尝试常态化配送。由于发展基数较低，预计目前物流领域参与货运、配送的无人机同比增长至少在 40% 左右，有 1 万驾左右的无人机参与了货运与配送。

从企业看，2018 年 2 月，京东获得民航西北地区管理局的授牌，成为陕西省无人机航空物流多式联运创新试点企业，也是国内第一家以省域为范围进行无人机物流配送的国家级试点企业；3 月，京东无人配送站开始运营，可以实现全程无人配送中转；6 月，京鸿大型原生货运无人机在陕西完成总装下线。

2018 年 3 月，顺丰获得中国民用航空华东地区管理局颁发无人机航空运营（试点）许可证，顺丰物流无人机在指定的授权空域内开始商业化运营。

2018 年 5 月，中国邮政 EMS 水陆两栖无人机在湖北荆门试飞成功。5 月 29 日，饿了么宣布获准开辟中国第一批无人机即时配送航线，送餐无人机正式投入商业运营，共有 17 条无人机航线，覆盖面积达到 58 平方公里，可以为 100 多家外卖商家提供服务，等等。

2018 年，物流领域物联网信息感知与采集的技术与产品全面普及。仓储盘点、物流分拣、快递配送与收件等领域手持终端已经广泛应用，在快递领域手持终端设备正出现与手机融合与小型化等方向发展。预计 2018 年物流领域手持终端产品产销量增长 30% 以上。

2018 年，无人驾驶货车开始上路进行测试，“无人配送车”开始在特定区域如校园启动常态化运营，并开始在繁忙的市区继续进行配送测试。目前，已经有北京、上海、天津、广州、贵阳、武汉、西安等全国 20 多个城市就配送机器人项目的应用开展布局和运营。

全自动化仓储系统是物联网技术的集成应用领域，2018 年，京东物流继续推进无人仓建设，多个无人仓开始投入运营测试；阿里菜鸟无人仓与柔性自动化仓储系统建设步伐加快。

在传统的制造业物流领域，无人的全自动化物流系统发展最早，由于产品品类简单，产品包装标准，无人化仓储在医药、烟草、快消品、通信等领域市场规模巨大。

在传统的港口领域，2018 年，智慧无人港也是发展快的领域之一。无人港码头空无一人却忙碌有序，巨大的集装箱被稳稳抓起、平移、放下，无人驾驶车辆来回穿梭运输，这样的场景在国内的青岛、厦门、上海已经成为现实。目前，岸桥、轨道吊、自动引导车、智能控制系统……“无人港”的核心技术中，“中国制造”已经占有一席之地，将为迎接更大规模的智能时代提供坚实支撑。

此外，在钢铁行业，钢卷库高温、超重，是不适合人员作业的恶劣环境，更需要发展无人仓技术。目前宝钢等企业也已经建成了智慧无人仓钢卷库，实现了真正的巨大的仓库空无一人的自动化作业。

总之，2018 年，在物联网技术应用的推动下，人工智能技术在智能终端、无人驾驶、无人仓储、无人配送、无人机、无人叉车、无人港口等前沿领域的已经开始了深度探索与初步的应用，领先企业已经与国际一流企业从同一起跑线起步，正在全面推进智慧物流发展。

二、2018 年物流行业物联网技术创新与变革趋势

1. AI+IOT 成为智慧物流发展新趋势

智慧物流由三大系统组成：一是智慧物流思维系统，二是智慧物流传输系统，三是智慧物流的执行系统。智慧物流的执行系统主要是各类自动化设备的应用，而智慧物流发展最关键的核心技术应该是智慧物流思维系统和信息传输系统。物联网是智慧物流传输系统核心技术，2018 年，物联网在物流业应用中，物联网技术全面与物流大脑建立连接与相互融合，推动了人工智能 AI 技术与物联网 IOT 技术的融合发展，成为了 2018 年智慧物流的发展亮点，正在重新定义物流。

2018 年，人工智能与物联网融合成为很多物流行业会议的讨论热点，物流互联网的天网与实体货物的地网融合，在 AI+IOT 的技术支持下，物流系统中的人、装备、设施与货物、空间、时间都发生了重大变化，数据流、物流在 AIOT 驱动下产生了重大变革，形成了经济社会新的智慧型基础支撑，在 AIOT 技术基础上重构的信息网络 + 物流网络成为新的经济社会基础设施，数据和 AI 驱动的物流带来运营的高效率，将彻底解构我们原有的物流产业格局。

从企业层面看，2018 年，菜鸟物流发布物联网战略，推动 AI+IoT 融合发展，建立基于全局视角的智能服务体系。菜鸟物流认为：物流服务链条的优化需要做到全流程的可预测、可规划、可调度、可反馈，形成运作闭环才能最大化提升实物流的服务效率，降低运作成本。人工智能技术将针对物流服务的链路长，模式复杂，不确定性高等特点，建立基于全局视角的离线规划和在线动态调整的智能服务体系。在离线规划环节，要建立基于全局视角的供需匹配服务网络，网络的设计具备抵抗不确定需求的动态调整能力；在线服务环节，利用大数据建模能力，预估每一个在网络中流动包裹的状态和时效，从而能更好把握网络流的状态，从而让每一份决策都能防患于未然。

旷视科技收购艾瑞思机器人（Ares robot）以后，发现物流场景非常有价值，很多 AIOT 技术马上就可以在物流仓库的应用场景落地。2018 年，旷视科技全面推进 AI+IOT 战略，打造 IOT 操作系统，并在 2019 年 1 月正式发布了核心产品“河图（Hetu）”。基于算法的核心基因，加强数字化与操作控制能力，全面升级为 AIoT 操作系统。据悉，未来 5 年，旷视科技想要连接和赋能的机器人超过 10 亿个，到底能不能实现，我们需要拭目以待。

2. 物联网技术推动物流智慧大脑的计算模式变革

物联网、云计算、大数据、区块链等新一代技术的协同发展，推动全面连接的物流互联网逐步形成。“万物互联”呈指数级增长，产生了物流大数据，推动了云计算和人工智能发展，催生了物流大脑的逐步成熟与进化。如阿里体系利用物流大脑，可以使网购大数据通过在互联网中集合、运算、分析、优化、运筹，再通过互联网 + 物联网智慧分布到整个实体物流系统，实现对现实物流系统智慧管理、计划控制，实现大数据对现代物流体系的赋能。

2018 年，物联网技术应用不仅仅是促进了大数据为智慧物流赋能，同时物流大数据也推动了物流大脑的计算模式变革。在物流数据领域，越来越多物流场景需要实时决策分析；在末端配送领域，需要实时匹配和规划运力；这需求驱动大数据计算越来越向着实时 / 离线计算融合方向发展。硬件性能的提升和容器化技术会让实时计算的成本更低，更容易在行业进行普及。对物流行业而言，随着 IoT 设备产生的数据量增长，实时计算会和边缘计算、雾计算结合起来，在 IoT 等数据密集型监控场景上发挥越来越大的作用，推动物流大脑变革与升级。

3. 物联网技术推动了新零售与新物流创新

2018 年是新零售和新物流发展的重要一年，物联网技术的应用让线下实体店与线上网店实时融

合，让传统门店成为电子商务网购系统的一个交易终端、一个体验场景、一个交付节点、一个物流的前置店仓。客户可以在实体店实现自助体验、自助取货、自助结算或自助下单后门店配货等功能。

2018 年，新零售领域无人值守门店、无人货架、无人售货柜等基于物联网技术的新零售的创新，在经过了一轮喧闹的泡沫后将趋于理性，基于实实在在物联网技术创新应用的新零售将进入稳定的发展轨道。

利用物联网技术可以实现软件定义门店仓储系统，借助各类物联网感知技术，利用线下门店的物理空间，通过软件系统实现对遍布全国的各类门店物理空间进行云仓管理，可以让线下所有门店都加入物流系统的云仓网络，从而盘活全国各个门店的物理空间，实现店与仓的共享。此外，还可以利用大数据和云计算技术，实现数据订货、在线调拨，把物流货物通过前置布仓到客户的最后一公里门店的“店仓”内，通过即时物流系统进行最后一公里的即时配送，让物流配送的实效达到分钟级的精准。

4. 物联网技术推动卡车后市场创新发展

货运互联网一直是物联网应用的重要领域，利用物联网技术打造车联网系统，可以实现运输透明化管理，车、货、人无缝链接，实现货运资源优化整合与最佳配置，提升货物装载率，降低货物返程空载率，实现标准化的定点航班货运管理，实现全面的联网追踪与追溯。在这些方面由于具有巨大想象空间，近几年成为资本追逐热点，也积累了大量的泡沫。同时由于货运领域竞争激烈，运价低迷，利润空间极为狭小，再好的货运物联网整合货运资源，也难以找到盈利的空间。

随着 2017 年货运物联网泡沫破灭，在 2018 年很多创新企业开始利用货运物联网链接车、人、物的特点，将商业模式的赢利点纷纷转向后市场服务，利用货运车联网链接的货运车辆池，通过匹配车辆保险、维修、保养、加油、零部件供应的团购服务，赚取后卡车后市场服务利润；通过货运车联网链接的庞大货物资源，利用物流与资金流的融合创新，开展物流与供应链金融创新服务，等等。

物联网技术与货运相结合正在推动着中国货运领域的后市场物流创新与变革。2018 年这场创新变革进入全面深化与发展阶段。

三、2019 年中国物流业物联网技术应用发展预测

进入 2019 年，随着互联网 + 物流、智能制造与电子商务发展，随着物联网、云计算、大数据技术、区块链的应用，在物流领域的采购、仓储、、分拣、配送、运输等环节的传统供应链将重塑为高度智能化、服务化的智慧供应链，从而推动物流的物联网应用快速发展。

我们预计，2019 年，在制造业物流领域，广泛应用物联网技术的自动化立体仓库将继续保持快速发展态势，增长率预计在 28% 左右，高于制造业本身增长；自动的输送分拣系统增长率预计在 30% 左右；物流搬运机器人的增长率预计在 40% 以上，均继续呈现高速增长态势。制造业物流系统将逐步通过物联网全面联网，实现智能化与网络化，与智能工厂衔接配套，成为工业互联网的一部分。

在电子商务物流配送领域，预计配送末端的智能终端自提货柜保持 15% 左右快速增长，手持智能终端系统将保持 15% 左右较快增长，大型电商物流配送中心将继续向高度智能化和网络化方向发展，电商智能拣选系统继续保持快速增长；部分电商物流中心将使用物流机器人。在综合电商大平台的物流信息系统领域，大数据、云计算与物联网融合，物流互联网将成为引导电商物流配送，优化全国物流资源，建立智能物流骨干网的神经中枢，云仓储系统将得到较大发展。

在商贸物流领域，随着新零售的快速发展，现代仓储业将转型升级，物联网技术也将得到应用与推广，预计新零售需要的智能物流系统将会快速发展，带托运输和按托盘进行货物的定位与追踪快速增长，利用物联网技术手段实现按整托盘交货得到较多应用，智能周转箱循环共用系统发展很快，预计 2019 年商贸物流物联网应用综合增长速度将达到 20% 以上；

在智能追溯领域，2019 年，物联网技术产品仍将保持快速发展，RFID、GPS、传感技术、视频技术、条码技术等各项感知技术和自动识别技术都会获得广泛应用，预计增长速度会达到 25% 以上；物流技术装备将全面向智能化、可视化方向发展，这一领域的发展空间极为广阔。

在物流行业物联网技术创新方面，2019 年预计将有如下发展趋势：

第一，AI+IOT 将进入全面创新发展时期，基于物联网技术的智慧物流操作系统开始落地应用，并推动全面的创新与升级；人工智能技术将沿着物联网的网络延伸到物流服务全链路，推动全链路的智能规划、数字路由、智能调度、智能分仓、智能调拨、智能控制等方面技术创新。

第二，预计物联网与区块链技术将加速融合，并开始落地应用，推动在供应链金融、产地溯源等领域创新。

第三，物联网技术在物流业应用还将推动大数据计算模式进一步创新发展，雾计算、边缘计算等计算模式将在物流场景中得到应用，大数据计算会越来越向着实时 / 离线计算融合方向发展。随着 IoT 设备产生的数据量增长，实时计算会和边缘计算结合起来，在 IoT 等数据密集型监控场景上发挥越来越大的作用。

第四，物联网在仓储系统将推进智能导航技术升级和机器视觉技术变革。基于机器视觉、网络调度、激光感知、地面二维码等综合应用的机器人导航技术不断融合创新，基于 SLAM、VSLAM 等底层核心技术及相关算法将推动机器人自主定位导航系统技术发展。可以预见的是：机器视觉技术在电商物流领域应用会更为广泛，在仓储自动化、管理智能化方面都将发挥更重要的作用。

第五，物联网技术 + 物流自动化，将推动物流无人仓的柔性自动化发展。柔性自动化系统和作业模式将在应用中不断成熟，形成相关的技术标准，推动仓储自动化系统的大规模复制时代的到来。

来源：亿欧网　2019 年 03 月 14 日

上海优链用“物流单元 + 物联网”实现货物对话

物联网在物流领域的应用，是运输车辆首先被连接起来，其代表就是 G7 和易流的车联网技术。然而，现在已经有人将目光看向了比运输车辆更小的容器“托盘”。实践这个想法的是一家去年成立的新兴创业公司：上海优链。其创始人将优链的模式描述为：物流单元 + 物联网技术成就的一个的供应链平台。

奇特的组合，物流单元 + 物联网

优链的模式称为“物流单元 + 物联网技术成就的一个的供应链平台”。物流单元和物联网，都不是新的概念，那将他们两者结合到一起后发生了什么？优链通过重组应用“电子标签”，这些标签中会包括商品的出库信息、运输信息、收货信息等，帮助企业解决和商品关联的问题，让交接过程更加可视化。

从物联网的层面来看。优链推出可以将误差范围控制在 1 公分内的定位技术。这项技术的研发有一个很有意思的点，它源于监狱用来管理犯人的手环上的技术，应用到了物流场景中。除定位技术外，优链还在托盘上安装其他各种传感器。这些传感器可以帮助企业监督产品的质量，比如针对冷链运输，安装温度检测的传感器；易碎品运输，安装震动传感器。而且优链为智能托盘安装了几乎适用于任何传感器的插口，使用者可以根据企业的需求，自主增减。

不过从物联网的层面来看，优链所做的不仅是在托盘上安装定位技术和传感器，更突破的一点，是可以实现货物间的对话。这种货物间的对话是依靠名为“LoRa”（远距离无线电）的系统实现的。LoRa 的最大特点就是，在同样的功耗条件下，比其他无线方式传拨的距离更远，正常情况下能比传统的无线射频通信距离扩大 3-5 倍，实现了低功耗和远距离的统一。而操作上只需在仓内安装 LoRaWan 网关，配置网关转换协议，将 LoRa 传感器的数据转换为 TCP/IP 的格式发送到 Internet 上。

优链 LoRa 系统可以覆盖 3000 平方米以上、四层楼高度的仓库。不在 LoRaWan 网关的覆盖范围内，并非仅能安装一颗 LoRa 传感器，而是可以安装两颗、10 颗甚至 1 万颗，且这个结果是优链已经测试通过的。

优链不仅只是卖一个托盘，而是为企业提供一整套的基于“容器 + 物联网技术”解决痛点的服务。

首先，从供应链层面优化了整个物流流程。托盘贯穿产品的物流周期。产品从生产线下线，即被码放在托盘上，然后带托运输至仓库货架进行存储，出库时则带托运输至各个分仓点。除却带托运输本身能够节省的物流成本，在这个过程中，通过电子标签和各种传感器技术，货主或者参与到其中的运输企业都可以实时监控产品状态和交接流程。优链把这个过程称之为“渗透”，渗透到供应链层面。

其次，改变了传统的仓储管理。优链通过实现仓库内各种智能设备之间的“对话”，完成无人叉车导航、仓内最优路线优化、机器人自动分拣、货位流量管理等各种操作流程。比如前面提到的优链推出的精度 1 公分以内的定位技术，可以实现货位的流量管理；后台管理系统中，每个货位会以坐标的形式显示出来。

再次，改变了传统末端配送。托盘的智能化使得末端交接流程进一步透明化，降低货物丢失、托盘丢失等情况的发生概率。而且，托盘的智能化可以对末端配送流量进行精准把控。举例来说，便利店配送货物时会预先估算需要多少个“容器”，但实际操作中，人工估算是很难实现完全精确的。但智能化的容器和其后台系统则可以准确把握所需容器的数量，再加上自动分拣等技术，最终实现末端的智能化和无人化。

优链的实力归为三种：第一，循环包装技术。目前优链已经拥有了循环包装方面的近十项专利。第二，模式壁垒。第三，硬件研发能力。

来源：中国物流行业网　2018 年 12 月 07 日

物联网如何影响运输业

物联网（IoT）已经在道路运输行业中发挥着及其重要的作用，并被广泛应用，从温度控制和预测停机到减少车辆爆胎风险。

根据 Statista 发布的一项调查显示，制造、运输、物流和配件行业两年内将在物联网平台、系统和服务上投入 400 亿美元。物联网将从根本上改变了所有行业，运输业也不例外，而且它也越来越依赖于技术。那么，物联网如何影响运输业？

使用物联网传感器收集车辆和轮胎数据

为车辆配备物联网传感器，可以比以前更轻松地收集和分析车辆数据。传感器收集的数据使整个车队能够做到实时跟踪、监控、分析和维护。

轮胎制造商大陆集团最近推出了一款名为 ContiConnect 的数字轮胎监控平台，该平台由三部分构成，第一部分是轮胎传感器，安装在轮胎内衬上以测量轮胎压力和温度；该系统的第二部分是车场读取站，相当于安装在公司场地上的“网关”，以供商用车辆定期通过，例如，它可以安装在洗车车间、加油站或安全检查站等，车场读取站是轮胎传感器与大陆公司软件平台之间的“桥梁”，当车辆通过时，能够读取传感器上的数据并将其发送到后台进行分析；第三部分是基础软件，这包括门户网站，车队运营商的员工可以使用该门户来监控轮胎，例如，它会显示轮胎的历史记录，让他们能够进行回顾性分析。而且，当发现特定问题并需要维护时，系统将通过电子邮件或短信向车队经理发送通知。

易腐货物的运输

问题不仅仅只是轮胎，在运输行业中运输的许多货物易腐烂和/或对生态敏感，此类货物可能受到高温或低温、振动、冲击和潮湿影响。

在医疗行业，运送生物制品和生物药品的车辆在运输途中必须保持一定温度。当实施物联网应用程序时，如果温度条件偏离设定值时，司机和操作管理人员就会收到警告信息，这样做可以防止潜在危险和危及生命的后果发生。

遵守法规

越来越多的政府法规对公路运输业产生影响。电子记录设备（ELD）政策于 2017 年底生效，要求所有汽车运输公司在其车辆上安装电子设备，以自动记录司机的工作时间。

根据法规要求，卡车司机每天开车不能超过 11 小时，而且必须有充分的 10 小时休息时间。在这项政策生效之前，大多数司机，即使不是所有司机，都会用手动日志来记录他们的驾驶时间。一些较大运输公司现在已在其车辆中安装了 ELD，与此同时，即使是一些规模较小的运输公司大多数都符合要求。

减少浪费

位于明尼苏达州的 Upper Lakes Foods 公司利用物联网技术记录检查过程中出现的问题。移动 ELD 解决方案使司机能够用智能手机或平板电脑记录开车前后的检查情况，数据被传递到货运公司，并记录所有问题。这就提供了一个主动、高效的维护模型，连接物联网的卡车有助于优化维护计划并避免不必要的行驶里程和车辆空闲时间。

物联网为优化公司日常业务创造了先决条件，使公司能够改进交付策略，降低运输成本或减少排放，例如，如果两个司机从同一地点出发，使用不同的路线到达同一目的地，传感器数据将提供重要的见解，比如，哪个司机更快地到达目的地，支付更少的费用或节省更多燃料。与 Upper Lakes Foods 公司一样，优化是主要目标，这使公司能够简化和标准化其交付流程。

避免停机或更快地识别停机时间

车队运营商的另一个关键领域是车辆停机时间，它们被认为是卡车维修方面最大的支出项目之一，如果意外停机，成本会迅速上升。物联网应用程序为车队所有者提供重要信息，并帮助避免未来故障，如引擎问题或至少更快地识别它们。

道路运输行业将从物联网解决方案中获益匪浅，从温度控制和预测停机时间到减少危险的轮胎被扎，车队所有者和后勤协调员将越来越多地利用这项技术为客户提供更好的服务。

来源：CIO 时代网 2018 年 11 月 28 日

物联网行业应用前景分析 2018 年主要聚焦五大领域

在成熟条码技术在物流各类中越来越普及应用的背景下，在对 RFID（射频标签）自动标识技术开发、应用前景的一片怀疑和争论声中，一些 IT 和供应链的领导者们又提出 EPC 技术（电子产品代码）和物连网的概念蓝图。那么，EPC 与 RFID 到底是什么关系 ?EPC 会取代条码吗？这些问题使业界和物流信息技术用户困惑和茫然，急需一个科学的辨析和合乎逻辑的解释。

1. 条码标识技术的局限性与 RFID 标识技术及其优越性

(1) 条码标识技术的局限性

条码虽然在现在应用很广泛，而且也大大提高了物流的效率。但是条码仍有很多缺点：

① 条码只能识别一类产品，而无法识别单品。

② 条码是可视传拨技术。即扫描仪必须“看见”条码才能读取它，这表明人们通常必须将条码对准扫描仪才有效。

③ 如果印有条码的横条被撕裂、污损或脱落，就无法扫描这些商品。

④ 传统一维条码是索引代码，必须实时和数据库联系，从数据库中寻找完整的描述数据。

条码的局限性具体有：

信息标识是静态的，信息识别是接触式的，信息容量是有限的，不能给每个消费单元唯一的身份。数据存储、计算是集中的，二维条码只解决了信息标识容量问题，EAN.UCC 条码标识系统在零售结算和库存管理中发挥了重要的作用，但在供应链中还有几个方面的不足：

① 没有做到真正的“一物一码”：对每一个商品的管理不到位，无法实现产品的实时追踪。

② 传统的EDI 方式由于成本和技术等方面的原因，不便于推广，需要开发基于互联网的EDI 标准。

③ 没有分类和属性信息；不能实现分类查询、统计等应用，电子商务中的应用受到限制。

总之，条码只能适用于流通领域（商流和物流的信息管理），不能透明地跟踪和贯穿供应链过程。

(2) RFID 标识技术及其优越性

RFID 在本质上是物品标识的一种手段，它被认为将会最终取代现今应用非常广泛的传统条形码，成为物品标识的最有效方式，它具有一些非常明显的优点。条码与 RFID 的功能对比，在标签信息容量大小、一次读取数量、读取距离远近、读写能力更新（标签信息可反复读写 R/W）、读取方便性（读取速度与可否高速移动读取）、适应性（全方位穿透性读取、在恶劣环境下仍可读取，全天候工作）等方面都大大优于条码。RFID 技术拥有良好的功能特性，能满足当前社会经济发展对商品处理的高效性需求。射频识别技术作为快速、实时、准确采集与处理信息的高新技术和信息标准化的基础，通过对实体对象（包括零售商品、物流单元、集装箱、货运包装、生产零部件等）的唯一有效标识，被广泛应用于生产、零售、物流、交通等各个行业。RFID 技术已逐渐成为企业提高物流供应链管理水平，降低成本，实现企业管理信息化，增强企业核心竞争能力不可缺少的技术工具和手段。

与条码技术相比，射频识别 RFID(Radio Frequency IdenTIficaTIon) 则是一种新兴的自动识别技术。射频识别系统利用射频标签承载信息，射频标签和识读器间通过感应、无线电波或微波能量进行非接触双向通信，达到自动识别的目的。RFID 技术是实现物流过程实施货品跟踪的一种非常有效的技术。

射频识别技术最突出的特点是：

① 可以非接触识读，距离可以从十厘米至几十米。

② 可识别高速运动物体。

③ 抗恶劣环境。

④ 保密性强。

⑤ 可同时识别多个识别对象等。

2. EPC 概念和技术的产生及其技术特性

大家公认，产品的唯一识别对于某些商品非常必要。而条码识别最大的缺点之一是它只能识别一类产品，而不是唯一的商品。例如牛奶纸盒上的条码到处都一样，要辨别哪盒牛奶先超过有效期将是不可能的。那么如何才能识别和跟踪供应链上的每一件单品呢？

随着因特网的飞速发展和射频技术趋于成熟，信息数字化和全球商业化促进了更现代化的产品标识和跟踪方案的研发，可以为供应链提供前所未有的、近乎完美的解决方案。也就是说，公司将能够及时知道每个商品在他们供应链上任何时点的位置信息。

虽然有多种方法可以解决单品识别问题，但目前所找到的最好的解决方法就是给每一个商品提供唯一的号码——“EPC 码”。EPC 码采用一组编号来代表制造商及其产品，不同的是 EPC 还用另外一组数字来唯一地标识单品。EPC 是唯一存储在 RFID 标签微型芯片中的信息，这样可使得 RFID 标签能够维持低廉的成本并保持灵活性，使在数据库中无数的动态数据能够与 EPC 标签相链接。

EPC 技术是由美国麻省理工学院的自动识别研究中心（Auto-ID Center）开发的，旨在通过互联网平台，利用射频识别（RFID）、无线数据通信等技术，构造一个实现全球物品信息实时共享的“物联网（Internet of Things）”。

2003 年 11 月 1 日，国际物品编码协会（EAN-UCC）正式接管了 EPC 在全球的推广应用工作，成立了电子产品代码全球推广中心（EPC Global），标志着 EPC 正式进入全球推广应用阶段。中国物品编码中心（ANCC）是 EPC Global 在国内的唯一授权代表机构。

EPC 系统是一个非常先进的、综合性的和复杂的系统。其最终目标是为每一单品建立全球的、开放的标识标准。

为了解决第一个问题，EAN 和 UCC（目前已经合并并改名为 GS1 全球第一商贸标准化组织）联合推出产品电子标签（EPC）技术。产品电子标签是一种新型的射频识别标签，每个标签包含唯一的电子产品代码，可以对所有实体对象提供唯一有效的标识。它利用计算机自动地对物品的位置及其状态进行管理，并将信息充分应用于物流过程中，详细掌握从企业流向消费者的每一件商品的动态和流通过程，这样可以对具体产品在供应链上进行跟踪。

来源：中物联网 2018 年 11 月 08 日

快递业备战双十一 全面应用物联网技术

随着双十一临近，快递业也展开全面备战。目前全行业已开始全面应用以物联网技术为核心的智慧物流系统，以处理双十一期间可能产生天量包裹。业内普遍认为，每年双十一都是对快递行业的一次大考。物联网技术的全面应用，不但将帮助快递企业有效缓解双十一期间的快递配送压力，也将促进全行业效率整体提升。

2017 年双十一期间产生了超过 15 亿个快递包裹。业内预计，2018 年双十一期间的包裹量还将在去年基础上大幅增长，可能超过 18 亿个。对此，中国快递协会副会长、秘书长孙康表示，2018 年包裹量将达到 10 年来最高点，是对快递物流业运营能力的新检验。

为此，快递企业开始全面应用以物联网技术为核心的智慧物流系统。据介绍，菜鸟等物流企业共同打造的智能物流骨干网已大规模采用智能分拣、智能配送等物联网技术，配合智能仓储中心、智能货柜、eHub、新零售智慧供应链等其他技术设施。目前，快递业已在全国 30 个省区市近 250 个城市，实现了“分钟级配送”，大大提升了物流配送效率。

菜鸟云快仓事业部总经理孙建介绍，今年将是全行业首个使用物联网技术的双十一：在物流园区，在物联网技术的支持下，可实现智能化管理、自动化生产；在末端，刷脸取件柜、无人车等一系列智能设备，也在满足消费者多元的收货需求。

来源：《经济参考报》 2018 年 10 月 10 日

物联网赋能智慧物流苏宁物流革新智慧零售服务业

2018 年 9 月 15 日，世界物联网博览大会（以下简称“物博会”）在无锡开幕。本届物博会以“数字新经济 物联新时代”为主题，集中展示物联网产品、技术和解决方案的最新成果和应用。苏宁物流在本次大会上的亮相充分展示了其利用人工智能、大数据等新兴技术将物流业运输、仓储、配送、包装、装卸等环节都纳入到了物联网中，实现了物流业的自动化和高效率优化管理运营，在降低成本的同时提高了服务水平。

为了给更多合作伙伴和消费者提供定制化解决方案和更高品质物流服务，苏宁物流持续对前沿技术进行学习吸纳，大胆在实践中尝试，而物联网作为左右物流未来发展的关键领域，一直以来都是苏宁物流重点研究和发展的技术。

早在 2005 年，苏宁物流就通过物联网技术实现了对每个包裹的全程监控。此次大会上苏宁物流带来的明星展品“漂流箱”共享快递盒 2.0, 从出库到用户收货可实现全程可视化跟踪定位，并且能第一时间查看包裹回收进展以及异常情况，不失为物联网技术绿色循环包装上的深入应用。

物流是作业量波动明显的行业，苏宁物流通过物联网技术提升终端作业资产的利用率，并将资源网延展至整个社会，达到在日常运作中柔性制造、精益生产的目的。比如，车辆是苏宁物流最成熟的资产之一，为提升车辆日常运作的效率和安全性，苏宁物流自主研发了车联网平台 -- 车运通，在整个运输网络调度上，车运通平台与自有的无车承运人平台互通有无，补充苏宁物流自有运输能力。与此同时，苏宁还在持续与百度、北汽及美国智加科技进行深度合作，完成了行业内首家 L4 无人重卡运输车“行龙 1 号”的试跑。

展会现场，苏宁物流还搬来了无人机、无人车供参观者零距离接触，加上工作人员的介绍和现场演示，为前来观展的人们生动诠释了苏宁智慧物流。与此同时，在上海和济南，上百台 AGV 机器人正在苏宁物流的智慧仓库中运行，拣选效率相比传统人工至少提升 5 倍，准确率高达 99.99% 以上。而在北京和南京，无人车“卧龙一号”正从苏宁小店出发，为 3 公里范围内的客户送去刚下单的商品，或者刚送完货的无人车正在返回苏宁小店的路上。在安徽怀远、灵璧、金寨三地的无人机正起起落落，为偏远地区的人们送去网购的包裹。

值得一提的是，苏宁物流正在建设中的无人仓群无疑是物联网技术应用最广泛的场景。苏宁物流将物联网感知技术与设备控制技术进行结合，再通过大数据和人工智能技术实现入库、存储、包装、拣选等各个环节的无人化操作，最终形成仓储 AI 智能的解决方案，将为行业带来最新的创新智慧标杆。

从苏宁智慧零售的全盘布局来看，无人化物流设备的加速布局和常态化运营是深植于消费场景与零售产业中的，苏宁智慧物流的异军突起正是得益于苏宁智慧零售模型的定型及持续能量释放，作为智慧零售过程中连接企业和用户的重要组成部分，苏宁智慧物流必将推动智慧零售引起新一轮产业变革。

来源：第一物流网 2018 年 09 月 19 日

物联网环境下的物流管理问题分析

一、前言

物联网技术的应用能够使经过互联的设备在无人操作的环境下进行工作，大大提高了物流行业的工作效率。随着科学技术不断的进步，手机等移动设备也能够进行高速互联，通过云计算技术的帮助，物联网技术逐渐走向成熟。物联网在物流管理上的应用提高了物流行业的工作效率，提高物流管理工作的准确性，为物流行业的高度发展提供了广阔的关键。

二、物联网的基本概念

物联网技术是以计算机网络技术为基础发展未来的一种新型的通信技术。物联网指的是将无处不在的末端设备和设施，包括具备“内在智能”的传感器、移动终端、工业系统、数控系统、视频监控系统等和“外在使能”的智能化物件或者智能尘埃，例如携带无线终端的个人与车辆等，通过各种无线或者有线，使得长距离或者短距离实现互联互通的通讯网络，应用大集成，云计算等技术，在互联网的环境下，采用适当的安全保障机制，提供安全可靠，个性化的实时在线监控，定位追踪、报警联动、远程监控、在线升级等管理和服务功能，实现对各种事物的高效、节能、安全的“管、控、营”一体化。

三、物联网环境下我国物流的发展情况

（一）物流行业对物联网技术的应用

我国在上世纪末就已经开始了对物联网技术的研究，物联网技术在物流行业中的应用相对来说也比较成熟了，但是，由于我国对物联网技术的应用仍然处于研究阶段，所以，还存在许多需要改进的问题。目前我国物流行业对物联网技术的运用主要是利用物联网技术进行企业的基础信息化的建设和物流行业办公软件中，对物流行业最重要的业务流程以及业务技术规范中还没有应用到物联网技术。仍然停留在表层的应用上，物联网技术中最主要的辅助物流企业决策的基本功能还应用到物流的管理中去。还有一点明显的不足就是，对于一些微小型的物流企业还没有应用到物联网技术，还停留在传统管理的层面上。

（二）物流行业在物联网应用过程中存在的问题

物流行业在对物联网技术的应用中缺少一个技术上的标准，没有一套完整的管理体制。

一是物流行业对物联网技术的应用仍然处于研究阶段，物联网主要的功能没有被使用，即物联网的辅助决策功能以及管理功能。二是使用物联网技术的企业没有向更深的层面去发掘互联网的功能，使得互联网的核心功能没有被开发出来。三是物流行业没有根据自身企业的特点度开发物联网技术的功能，循序渐进的使用方法使得物联网的功能单一化，物联网无法发挥其真正的功能。

四、物联网在物流管理上存在的问题

物联网技术和物流行业的构成都比较复杂的，因此，在物流企业中应用物联网技术进行企业管理也是具有一定的复杂性。因此，我国的物流行业在物联网技术的环境下进行多维度协同管理的过程中无可避免会遇到各种各样的问题。

（一）对物流信息进行融合管理

物联网环境下的数据信息来源广，结构各异，数据量大，实时更新，具有一定的不确定性。物流数据资源的及时有效的处理是实现物流信息优化调度和物流业务实时再造的前提。因此，要及时

解决物联网环境下物流信息的融合与管理中存在的问题：①缺少物联网环境下对物流信息在服务层面上的信息融合与管理。②缺少物联网环境下对物流数据多具有的特点，没有建立针对物联网技术的存储体系。③在对数据进行检索应用的过程中，过于重视从技术角度上去研究新的查询语言和数据跟踪技术，忽略了从面向服务的角度研究数据之间的关联关系，建立检索、回溯模型等。

（二）物流行业的业务管理上存在一定的问题

在现行的物流行业的管理中，物联网环境下业务流程管理方面仍旧处于一个理论阶段，缺少实践经验。业务流程再造既是对组织结构和管理模式等的重新设计，还是一次重要的革命，旨在重新塑造符合时代发展潮流的经营理念和思维方式，对于如何保证物联网环境下物流业务管理，许多学者都开展了相应的研究课题，其中主要存在的问题有：①业务流程再造过程中系统需求分析问题。②物联网环境下业务流程需要建立一个合理的评价体制和正确的评价方法。

（三）缺少相关的物流管理标准体系

无论国内还是国外都没有制定相关的在物联网环境下针对物流管理的标准，为物流行业和物联网技术发展提供带来一定的阻碍。

五、物联网环境下多维度协同物流管理的对策

（一）加大物联网环境下信息的融合与管理力度

在物联网环境下，应该全面的从数据信息的各种特点出发，对信息进行融合和管理，建立完善的存储系统，完善信息的检索和追踪。

（二）实现物联网环境下物流业务再造

设计合理的业务流程和业务目标，仔细分析系统所需问题，对业务过程中存在的瓶颈进行优化配置，建立合理的评价体系，选择正确的评价方式。

（三）在现有的基础上大力开发物联网技术的潜能

虽然我国对物联网技术的研究开始的比较早，但是还存在很多的不足之处，物联网环境下多维度协同物流管理还存在很多技术难点，相关的研究人员应该加大对物联网技术的研究，逐渐完善物联网环境下物流管理体系。

六、总结

物联网技术作为一种新型的通信技术，在我国已经得到可广泛的应用。将物联网技术应用在我国的物流行业上为我国物流行业的发展提高了广阔的发展空间。虽然，目前，物联网技术在物流管理上的应用仍然存在许多问题，比如物联网的核心功能没有得到开发等。但是，只要我国的物流企业在应用中都能够积极克服技术困难，就一定能够使得物联网技术更好地为物流行业服务。

来源：物流天下 2018 年 08 月 24 日

物联网对现代物流管理的影响分析

1. 物联网定义

物联网的核心还是互联网，但它是新一代信息网络的组成部分，也是在互联网基础上的延伸。定义为：通过射频识别技术（RFID）与互联网、热敏感应器、GPS、激光扫描设备、气体感应等传感设备，按照某种约定的协议，把指定的物品同互联网连起来，执行信息通讯、交换，来实现智能跟踪、识别、监控、定位、管理等目的。物联网的三大技术体系包括：传感器技术、通信网络体系、智能体系。而通过这三大体系所包含的 RFID、GPS 系统、传感、红外、激光等物联网技术可完成对物的识别、定位、追踪、计数、分类、拣选的信息化操作。

2. 物联网技术在现在物流领域当中的应用

(1) 射频识别 RFID 技术在物流领域的应用

以托盘为例的集装设备的管理。在托盘等集装设备上加装射频标签，便于此类设备的管理及跟踪。如使用射频识别标识自动化立体仓库设备中的托盘，并对其动态的跟踪，通过监控系统把各个仓储流程的时间加以信息采集，以便仓储作业的信息化管理。目前，这一技术在我国的高端物流、制药、奢侈品、餐饮行业有成功案例。同时，此类技术在货物识别、信息采集、查询、追踪过程中也发挥着巨大作用。为物资在储存过程中的安全提供了保障。运用射频识别技术加强对运输物资的监控。通过 RFID 技术与传感技术的结合，可在感知在途运输货物状态的基础上对货物实施管理和控制。此项措施通过在运输线上安装 RFID 读写器和传感器，接受 RFID 标签信息来实现运输车辆及运输货物的识别、定位、跟踪及状态感知等。实现在途运输货物管理的透明化、可视化，保证货物运输的质量与安全。配送中心管理中的物联网技术。通过在配送中心的收货处、使用 RFID 读写器、货物包装箱上加装的 RFID 标签；在搬运设备上安装移动式的 RFID 读写器并在仓库出入口、托盘、货架及其他物流关卡上安装、使用手持读写器，能实现对整体配送中心货物每个运行细节实现物品库存信息化管理。企业的管理人员能及时掌握货物的库存情况以及其分配，自动补货系统可对商品进行及时补充，有效降低库存，提高库存控制能力。此外，装车智能化过程中也可使用 RFID 技术，利用手持设备扫描驶入月台运输车辆上的 RFID 标识，将运输车辆的配送货物信息录入到车载终端，并将订单信息下载，暂存区的货物信息也可调度到月台并将其装车。

(2) 物流领域中 GPS 的应用

应用在车辆的 GPS 技术来进行运输管理，可对货物运输车辆进行全程的跟踪、定位。实现了突发情况下的车辆紧急救援。还可进行车辆调度，提供车辆的报警功能，使货物在运输过程中变得更加安全。货运车辆运行管理中使用的 GPS 技术。在长途货物运输的监控调度、特种车辆定位跟踪等领域，GPS 技术应用也非常广泛，基于 GPS 技术对于所有车辆起到的追踪作用，实现在线配货信息服务，完成再返回途中的空车就近配货，降低空车返回率，为企业节约成本。目前许多的大型原油商已经引入此项技术，通过智能监控保障了货物的运输安全与效率。港口物联网中使用的 GPS 技术。以集装箱卡车监控 GPS 软件、专用 GPS 车载监控系统为代表的智能港口系统，成为物联网技术在我国港口业的发展标志。也为物联网技术在港口业的发展奠定了坚实基础。物流配送监控系统的 GPS 应用。首先可调整入库调度服务流程，避免由于仓促到货而引起的车辆到达后无法卸货、入库的问题。通过在途监控系统软件，对在途车辆进行全程跟踪，提高货源组织水平，加快周转效率，建立和配备 GPS 智能物流网络系统。

3. 物联网将来的发展趋势

物联网技术是一项综合性技术，它在物流业中的应用具有规模性、广泛性、管理性、技术性等特征。并以智能运输、自动仓储、动态配送和信息控制等共同构成的新型物流业务体系得以形成。由于物联网贯穿在物流业的各个环节，使得物流产业的供应链的各个环节紧密相连，形成无缝对接，进而构成物流服务链。基于物联网的信息协同技术，将在很大程度上改变物流行业的运营模式。并且物流企业内部的信息将得到高度的集成和整合，使得企业内部能实时了解货物动态，并根据货物的动态进行必要的物流控制。同时，物流信息在物联网的实现环境下，有助于资源的优化配置和整合，使运行效率大大提高。有效的传输物流企业所需要的即时信息，帮助企业分析解决问题，及时、有效做出决策，提高内部的运作效率，提升物流服务水平。

4. 结语

物流业是物联网应用最广泛的行业，它的发展有助于物流的专业化提升。对物流环节的运作产生积极影响，并促进物流功能的整合。随着相关政策的大力支持以及物联网技术的不断发展，中国的物流行业一定会随着物联网的发展产生巨大变化并受其深刻影响。

来源：中物联网

物联网：数字化时代的物流新生态

供应链与物流的变革是数字化的变革，通过供应链运营平台、数字化黑科技、资本带动资源等方式，实现物流新生态。最近对物流生态及平台，有一些新的思考。供应链与物流这一轮变革，是数字化，什么是数字化、怎么数字化？

前两天看德国工业 4.0 的一个报告，在顾客与生产者之间，传统是生产者直接给顾客提供产品，后来中间增加了平台、服务商，通过他们将产品交付给客户，并收集客户的使用数据，再将数据提供给生产者和服务提供商，支持他们提供更好的商品与服务。这个模型：平台 + 服务，给了我对数字化供应链更深刻的理解。

1. 供应链运营平台：物流与互联网融合的“平台 + 服务”新物种

回看物流 + 互联网的发展历程，从最早从车货匹配 APP，通过互联网和移动互联网，提供信息匹配与交易撮合，到后来基于 SaaS 的社区型物流管理软件，都在通过互联网提升沟通、交易效率，但并未给物流业务带来真正的影响和变革。接着物流行业的自动化迎来发展，我们开始提科技，但物流的实质是什么？仓、运、配，如何组织这些资源，更好解决客户的问题？

数字化已是最大的趋势，也是每个企业势必要走的路。今天，在技术驱动的从制造商到品牌商，及至终端用户的供应链数字化转型中，我们能看到各参与方都在发生一些改变，但如果纯数据驱动，那就是数据 /IT 公司，但如果一个公司不结合产业，也无法做大，中国最大的 IT 公司能做多大？比顺丰要小很多。

数字化的价值体现，远不仅是既有链条各参与者简单的线上化，而是用户需求驱动下全新的，协同、一体化的供应链网络。在这样的供应链网络，逐渐产生了一类新的商业模式：供应链运营平台，为品牌商提供“平台 + 服务”的综合解决方案。

池子就是平台，而所谓“平台 + 服务”，是通过过平台，实现资源的数字化组织与调度，为品牌商的供应链提供高效的服务并沉淀数据，比如京东物流作为供应链运营平台，通过对顾客购买活动的全过程数字化，并通过掌握数据，指导库存及仓储分布、配送服务设计等整个供应链及物流体系。

基于数据来指导服务可识别、可定义、可运营、可优化。平台，就是把订单数据、执行过程数据化，汇集到平台，支持对于整个流程的优化，这就是现在这个时代正在发生的最大的变化，而这也让平台型企业比传统企业发展的更快。

平台，就是新物种。以前，想将数据归集起来，非常困难，现在因为互联网、移动互联网、物联网，真正可以做到将这些信息归集到一个平台。

怎么构建平台和系统，通过数据化，将数据汇总到大的平台，并帮助决策，将前端服务交付出去，如同我们现在基于平台在将营销、咨询交付出去。以前服务商也在，只是没有与平台连接。

2. 数字化：科技赋能新商业与供应链

今天，我们已无法脱离技术，来谈商业、供应链以及物流的发展。对于消费者，已经可以很直观的从日常消费、物流体验中感受到技术带来的便利，而在水面之下，技术如何支撑商业变革、智慧供应链以及物流体系？作为一家企业，怎样算科技？

2017年，新一轮零售变革爆发，也就是阿里的新零售、京东的无界零售，以及苏宁的智慧零售等等，我们关注物流的视角逐渐向供应链、商业端扩展，2018年，随着对数字化供应链的研究，我们开始看工业供应链、工业互联网。而此轮零售革命，是在国内经济／消费结构转型的大环境下，以数字化技术为驱动的零售新商业模式的探索与孵化，使得商业零售从传统以商品为中心的“人找货”模式，向以用户为中心的“货找人”模式转化，并驱动后端供应链的变革。

3. 资本撬动资源：物流行业进入新整合期

生态企业如何发展？以资本撬动资源（烧钱）。我们将时间拉长，2007年至今，近几年物流行业投融资非常火热，截至2018年7月，物流行业各领域共411家企业受到资本关注，投融资事件共计达725起，已公开资金规模3731亿人民币，其中2017年投融资事件171起，已公开资金规模1757.1亿人民币，较上年增长近130%；2018年截至7月，投融资事件80起，已公开资金规模605亿人民币。

另外很明显的趋势是，物流行业正在进入大规模投资、并购的整合期，投资并购事件呈明显的上升趋势，单笔资金规模在10亿人民币以上的事件占比逐年走高。同时，商业主体越加频繁地出现在投资人列表里，供应链与物流对于商业生态布局的意义逐渐凸显。

4. 恐龙与蚁群：共生下的物流新生态

物流领域的千亿级公司（包括市值、估值等）越来越多，海航、中外运、招商等，顺丰很快应该可以跨入千亿俱乐部。以前物流生态是丛林式的，也有一些规模较大的企业但不突出，而现在逐渐出现了超高市值、估值的公司，我们称之为物流领域的恐龙。

当恐龙与蚁群共存时，行业生态在发生大的改变，恐龙具有明显的优势，他们有资源，资金、资产、业务……并不断强化服务，但同时，大企业的服务获取壁垒，让小型需求企业无法买单，这也让蚁群有生存空间。为什么拼多多上的东西便宜质量不高但仍有很多人买？因为是用低成本满足另一部分人群的需要。小公司的存在，是为了满足低收入群体的需求，物流领域也是。

来源：物流沙龙 2018年08月15日

物联网在物流行业的三大应用

由于受政治、社会等多方面的影响，近些年来，全球经济增长乏力，世界各国的经济都面临着严峻的挑战，在这种情况下，物联网应运而生地成为了经济发展的新动力。物联网（ Internet of Things，简称 IoT ），被认为是继计算机、互联网之后世界信息发展的第三次浪潮，我国已将物联网上升为战略性新兴产业。基于此，亿欧智库近日将发布一份新的报告《2018物联网行业应用研究报告》，报告根据实际情况，对物联网产业的发展进行了梳理，并总结出了十大应用领域，分别为物流、交通、安防、能源、医疗、建筑、制造、家居、零售和农业。本篇文章将着重讲述物流行业的应用情况。

新技术加上传统物流，就变成了智慧物流。智慧物流指的是以物联网、大数据、人工智能等信息技术为支撑，在物流的运输、仓储、包装、装卸搬运、流通加工、配送、信息服务等各个环节实现系统感知、全面分析、及时处理以及自我调整的功能。智慧物流的实现能大大地降低各相关行业运输的成本，提高运输效率，增强企业利润。亿欧智库根据当前行业的发展，总结了物联网以应用于与物流行业的三个方面，即货物仓储、运输监测以及智能快递终端。

一、货物仓储

在传统的仓储中，往往需要人工进行货物扫描以及数据录取，工作效率低下；同时仓储货位有时候划分不清晰，堆放混乱，缺乏流程跟踪。将物联网技术应用于传统仓储中，形成智能仓储管理系统，能提高货物进出效率、扩大存储的容量、减少人工的劳动力强度以及人工的成本，且能实时显示、监控货物进出情况，提高交货准确率，完成收货入库、盘点调拨、拣货出库以及整个系统的数据查询、备份、统计、报表生产及报表管理等任务。

二、运输监测

通过物流车辆管理系统对运输的货车以及货物进行实时监控，可完成车辆及货物的实时、定位跟踪，监测货物的状态及温湿度情况，同时监测运输车辆的速度、胎温胎压、油量油耗、车速等车辆行驶行为以及刹车次数等驾驶行为，在货物运输过程中，将货物、司机以及车辆驾驶情况等信息高效的结合起来，提高运输效率、降低运输成本，降低货物损耗，清楚地了解运输过程中的一切情况。

三、智能快递柜

智能快递柜是基于物联网技术，能够对物体进行识别、存储、监控和管理等功能，与 PC 服务器一起构成了智能快递投递系统。PC 服务端能够将智能快递终端采集到的信息数据进行处理，并实时在数据后台去更新，方便使用人员进行查询快递，调配快递以及快递终端维护等操作。

快递员将快件送达到指定的地点后，将其存入到快递终端后，智能系统就可以自动为用户发送一条短信，包括取件地址以及验证码等信息，用户能在 24 小时内随时去智能终端取货物，简单快捷的完成取件服务。

除了运用到物联网技术之外，智慧物流还包括云计算以及人工智能等相关技术，将采集后的数据传输到云平台，利用云计算、人工智能技术将数据进行分析处理，能够提高运输效率以及节省人力资本，而物联网技术是传统行业数据获取的重要途径，发展物联网产业至关重要。

来源：亿欧网　2018 年 07 月 20 日

基于 RFID 的物联网技术在物流仓储管理中的应用

作为物联网核心技术的 RFID 技术，在包括物流仓储管理在内的众多领域得到了广泛应用。文章对 RFID 的工作原理和发展状况进行了分析，对 RFID 技术在物流仓储管理中的实际应用进行了探讨。

RFID 技术诞生于二战期间，但此后的 50 多年时间里，其发展一直较为缓慢。近年来，随着其应用技术环境日臻成熟，基于射频识别（RFID）的物联网技术异军突起，吸引了众多行业的关注。随着信息技术的迅猛发展，物流仓储供应链的管理必须与时俱进，向着工业数字化、智能化发展。基于 RFID 的物联网技术是近年来备受世界瞩目的 IT 热点。RFID 技术在中国已经得到了广泛应用，在物流、第二代身份证、电子售票、高速公路、物业管理和公交等多方面应用突出。基于 RFID 的物联网技术已经成为物流仓储信息化的着力点与突破点。本文在介绍基于 RFID 物联网技术内涵的基础上，通过分析物联网技术对物流仓储管理各个层面的影响，初步探究了基于 RFID 的物联网技术在物流仓储管理中的实际应用。

一、物联网技术简介

1. 物联网的内涵

物联网（IOT，InternetofThings）又叫“传感网”，指的是利用射频识别等各种信息传感设备，把所有物品的信息与互联网实时连接起来，实现智能化管理与识别。物联网为每一个物品分配标识，通过射频识别装置、红外感应器、全球定位系统、激光扫描器等获取物品标识中的信息，从而达到对物品进行识别和供应链实时跟踪的目的。物联网由三个要素组成，一是传感设备，即以二维码、射频标签和传感器来识别“物”，国内以低频 RFID 为主；二是传输网络，即通过现有的互联网、广电网络、通信网络或未来的 NGN（NextGenerationNetwork）网络，实现数据的传输与计算，如中国移动积极推进的 M2M（Machine-To-Machine）业务；三是处理终端，指输入输出的控制终端，手机、电脑、通信基站以及其他移动终端。因此，我们可以给物联网下一个定义，即：通过射频识别、红外感应器、全球定位系统、激光扫描器等信息传感设备，按约定的协议，把任何物品与互联网相连接，进行信息交换和通讯，以实现智能化识别、定位、跟踪、监控和管理的一种网络。

2. RFID 技术

RFID 的全称是 RadioFrequeneyIdentification，中文称为无线射频识别，它是一种利用射频信号通过空间藕合（交变磁场或电磁场）实现无接触信息传递，并通过所传递的信息达到识别目的的技术。RFID 技术最重要的优点是非接触识别，它能穿透雪、雾、冰、涂料、尘垢和条形码无法使用的恶劣环境阅读标签，并且阅读速度极快，大多数情况下不到 100 毫秒，特别在识别唯一物体领域具有其他识别技术无与比拟的优势。

完整的 RFID 系统包括 RFID 数据采集端（标签、阅读器、天线）、中间件或者接口、应用系统和管理平台等。RFID 应用系统参考架构一般可采取四层结构形式，从下至上依次为阅读器层、边缘层、集成层和应用层。RFID 系统的工作原理是：阅读器通过发射天线发送一定频率的射频查询信号，当电子标签进入发射天线工作区域时产生感应电流，标签获得能量被激活并自动将自身编码等信息通过卡中内置发送天线发送出去；系统接收天线接收到从标签发送来的载波信号，经天线调节器传送到阅读器，阅读器对接收的信号进行调解和解码，然后通过电脑主机、无线 PDA 或发卡器等设备送到后台管理系统进行相应处理和控制，最终发出指令信号控制阅读器完成不同的读写操作，如图 1 所示。

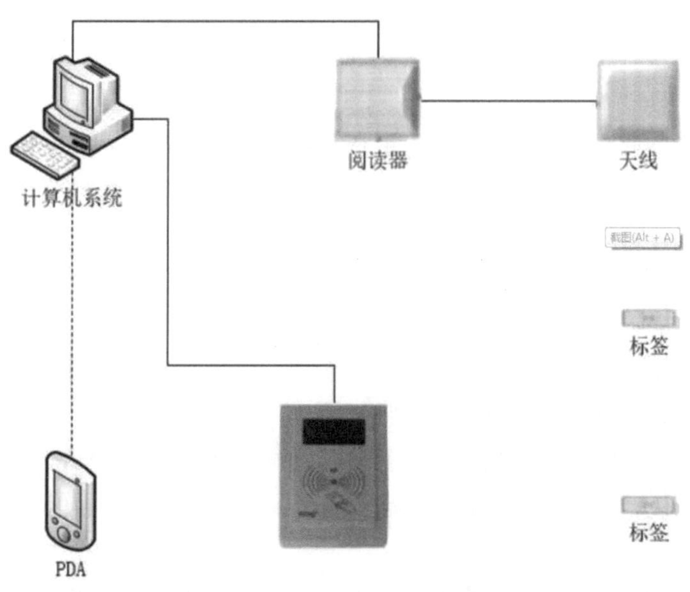

图 1 RFID 系统组成

3.RFID与物流仓储管理系统

以简单RFID系统为基础，结合已有的网络技术、数据库技术、中间件技术等，构筑一个由大量联网的阅读器和无数移动的标签组成的，比Intemet更为庞大的“物联网”（InternetofThings）成为RFID技术发展的趋势。

物流仓储管理系统利用RFID射频识别技术来捕获信息，通过无线数据通信等技术将其与开放的网络系统相连，对供应链中各环节的信息进行自动识别与实时跟踪，从而将庞大的物流系统建成一个高度智能、覆盖仓库上所有物品之间、甚至于物品和人之间的实物互联网。

基于RFID的物联网将在全球物流仓储范围内从根本上改变对物品生产、运输、仓储等各环节流动监控的管理水平。一个带有电子标签的产品，电子标签中有这个产品的唯一编码，当这个带有标签的产品通过一个读写器时，这个产品的信息就会通过互联网传输到指定的计算机内，这是一个全自动的产品流动监测网络。通过物流仓储管理系统，带有电子标签的物品都可以随时随地按需被标识、追踪和监控，从而达到信息的实时共享，便于统筹管理，进而可以更好地促进企业生产能力的生成。

二、物联网技术在物流仓储管理中的应用

1. 采购环节

在采购环节中，企业可以通过RFID技术实现及时采购和快速反应采购。管理部门通过RFID技术能够实时地了解到整个供应链的供应状态，从而更好地把握库存信息、供应和生产需求信息等，及时对采购计划进行制定和管理，并及时生成有效的采购订单。通过应用RFID技术，可以在准确的时间购入准确的物资不会造成库存的积压，又不会因为缺少物资影响生产计划，从而实现“简单购买”向“合理采购”转变，即在合适的时间，选择合适的产品，以合适的价格，按合适的质量，并通过合适的供应商获得。

企业以通过物联网技术集成的信息资源为前提，可以实现采购内部业务和外部运作的信息化，实现采购管理的无纸化，提高信息传递的速度，加快生产决策的反应速度，并且最终达到工作流的统一，即以采购单为源头，对从供应商确认订单、发货、到货、检验、入库等采购订单流转的各个环节进行准确的跟踪，并可进行多种采购流程选择，如订单直接入库，或经过到货质检环节后检验入库等，同时在整个过程中，可以实现对采购存货的计划状态、订单在途状态、到货待检状态等的监控和管理。通过对采购过程中资金流、物流和信息流的统一控制，以达到采购过程总成本和总效率的最优匹配。

2. 生产环节

传统企业物流系统的起点在入库或出库，但在基于RFID的物流系统中，所有的物资在生产过程中应该已经开始实现RFID标签（Tag）。由于在一般的商品物流中，大部分的RFID标签都以不干胶标签的形式使用，只需要在物品包装上贴RFID标签就可以。

在企业物资生产环节中最重要的是RFID标签的信息录入，可分为4个步骤完成：

（1）描述相对应的物品信息，包括生产部门、完成时间、生产各工序以及责任人、使用期限、使用目标部门、项目编号、安全级别等，RFID标签全面的信息录入将成为过程追踪的有力支持。

（2）在数据库中将物品的相关信息录入到相对应的RFID标签项中。

（3）将物品与相对应的信息编辑整理，得到物品的原始信息和数据库，这是整个物流系统中的第一步，也是RFID开始介入的第一个环节，需要绝对保证这个环节中的信息和RFID标签的准确性与安全性。

（4）完成信息录入后，使用阅读器进行信息确认，检查RFID标签相对应的信息是否和物品信息一致。同时进行数据录入，显示每一件物品的RFID标签信息录入的完成时间和经手人。为保证

RFID 标签的唯一性，可将相同产品的信息进行排序编码，方便相同物品的清查。

3. 入库环节

传统物流系统的入库有 3 个基本要素是严格控制的：经手人员、物品、记录。这个过程需要耗费大量的人力、时间，并且一般需要多层多次检查才能确保准确性。在 RFID 的入库系统中，通过 RFID 的信息交换系统，这 3 个环节能够得到高效、准确的控制。在 RFID 的入库系统中，通过在入库口通道处的阅读器 (Reader)，识别物品的 RFID 标签，并在数据库中找到相应物品的信息并自动输入到 RFID 的库存管理系统中。系统记录入库信息并进行核实，若合格则录入库存信息，如有错误则提示错误信息，发出警报信号，自动禁止入库。在 RFID 的库存信息系统中，通过功能扩展，可直接指引叉车、堆垛机的设备上的射频终端，选择空货位并找出最佳途径，抵达空位。阅读器确认货物就位后，随即更新库存信息。物资入库完毕后，可以通过 RFID 系统打印机打印入库清单，责任人进行确认。

4. 库存管理环节

物品入库后还需要利用 RFID 系统进行库存检查和管理，这个环节包括通过阅读器对分类的物品进行定期的盘查，分析物品库存变化情况；物品出现移位时，通过阅读器自动采集货物的 RFID 标签，并在数据库中找到相对应的信息，并将信息自动录入库存管理系统中，记录物品的品名、数量、位置等信息，核查是否出现异常情况，在 RFID 系统的帮助下，大量减少传统库存管理中的人工工作量，实现物品安全、高效的库存管理。由于 RFID 实现数据录入的自动化，盘点时无需人工检查或扫描条码，可以减少大量的人力物力，使盘点更加快速和准确。利用 RFID 技术进行库存控制，能够实时准确掌握库存信息，从中了解每种产品的需求模式及时进行补货，改变低效率的运作情况，同时提升库存管理能力，降低平均库存水平，通过动态实时的库存控制有效降低库存成本。

5. 出库管理环节

在 RFID 的出库系统管理中，管理系统按物品的出库订单要求，自动确定提货区及最优提货路径。经扫描货物和货位的 RFID 标签，确认出库物品，同时更新库存。当物品到达出库口通道时，阅读器将自动读取 RFID 标签，并在数据库中调出相对应的信息，与定单信息行对比，若正确即可出库，货物的库存量相应减除；若出现异常，仓储管理系统出现提示信息，方便工作人员进行处理。

6. 堆场管理环节

物品在出库到货物堆场后需要定期进行检查，而传统的检查办法耗费大量的人力和时间。在 RFID 系统帮助下，堆场寻物的检查便捷很多。使用 UHF 的高频射频系统可对方圆 10 米的 RFID 标签进行自动识别，RFID 系统的阅读器首先将同批物品的 RFID 标签进行识别，同时调出数据库相对应的标签信息；然后将这些信息与数据库的进行对比，查看堆场中的各类物品是否存在异常。

三、结语

时下，“物联网”被看作是推动世界经济复苏的重要动力，其核心技术 RFID 也备受关注。RFID 技术具有非接触、自动识别的优点，在物流管理中具有广泛的应用。然而 RFID 的发展仍然面临诸多问题，技术标准、实施成本以及信息安全等问题都构成了 RFID 全面应用的主要障碍。当统一的 RFID 国际标准被制定出来、RFID 的实施成本降低到可以接受的程度、RFID 可能导致的信息安全问题得以解决后，RFID 将在包括物流在内的众多行业迎来一个全球范围内高速发展的春天。

对于 RFID 的应用场景，仓储环境会比运输要复杂很多，通过无源 RFID 来对仓储进行升级改造，摩方智能托盘只是一个载体，它还需要与仓储系统平台配合，包括出入库的管理、货位的预定、与自动化设备的配合等等，这些结合起来，才是真正的智能仓，自动化设备引进相对简单，但管理平台的功能开发，实现通过平台来对货物进行管理，才是重点和难点。

摩方智能托盘（进入官网）作为一个收集货物信息的载体，相当于数据单元化的一个切入点。

每个单元的信息反馈在摩方智享云，给企业的生产和供应提供一个更为便捷直观的可视化管理途径，从而完成对货物的有效管理。可以说真正实现货物管理、进行仓储升级改造的并不是摩方智能托盘，而是能与企业仓储系统对接的摩方智享云平台。

4.2.6 逆向物流

逆向物流标准

三项逆向物流标准由国家发改委发布并实施

日前，国家发展和改革委员会发布 2018 年第 8 号公告， 上海市物流协会逆向物流分会常务副会长郝皓教授带队主持制定的WB/T 1088-2018《非危液态化工产品逆向物流服务方案设计要求》、WB/T 1089-2018《非危液态化工产品逆向物流服务质量评价指标》、WB/T 1090-2018《非危液态化学品逆向物流作业规范》3 项行业标准经国家发改委审核通过，并正式向全国发布实施。

这 3 项行业标准是继我国首个逆向物流国标 GB/T 34404-2017《非危液态化工产品逆向物流通用服务规范》之后，逆向物流团队再次完成的系列逆向物流行业标准，填补了国内该领域行业标准的空白，达到国内先进水平。

该系列行业标准的发布实施对化工产品逆向物流活动的规范性、安全及环保具有积极的意义，凝聚了上海第二工业大学、中石化、中石油、中远海运、上海市物流协会逆向物流分会、上海中石化工、东方海外、中物联危化品物流分会、上海祥发、上海市质量与标准化研究院等十余家企业、高校和科研院所在逆向物流标准化领域持续 5 年多的产学研应用、方法创新和合作研究成果。

WB
中华人民共和国物流行业标准
非危液态化工产品逆向物流服务质量评价指标

WB
中华人民共和国物流行业标准
非危液态化工产品逆向物流作业规范

WB
中华人民共和国物流行业标准
非危液态化工产品逆向物流服务方案设计要求

年度逆向物流指数

2017 年上海市逆向物流指数系列（机动车）发布

宏观政策背景：

2014 年 10 月 4 日，国务院印发《物流业发展中长期规划（2014—2020 年）》要求“大力发展绿色物流”、“大力发展回收物流”。2015 年 5 月 19 日，国务院印发《中国制造 2025》提出“发展循环经济，提高资源回收利用效率，构建绿色制造体系，走生态文明的发展道路。”此后，国务院办公厅相继印发《生产者责任延伸制度推行方案》提出“支持回收报废机动车，推广再制造产品”，印发《积极推进供应链创新与应用》强调“建立逆向物流体系”。

2018 年 7 月 20 日，在上海市发展和改革委员会、上海市经济与信息化委员会、上海市商务委员会的指导支持下，上海市物流协会、上海市再生资源回收利用协会报废汽车专业委员会、上海第二工业大学循环产业与绿色供应链研究中心、上海市物流学会、上海师范大学、上海大学云商物流与供应链研究中心、智经供应链研究院、上海市运筹学会服务科学与标准化专业委员会联合发布包括上海市机动车总回收指数、上海市机动车回收发展指数、上海市机动车回收价值指数、上海市机动车回收拆解企业能力指数在内的“2017 年上海市逆向物流指数（SRLI）系列（机动车）”。2017 年上海市逆向物流指数（SRLI）系列（机动车）包括 4 大核心指数和 15 个分类指数。

2017 年度上海市报废机动车总回收指数为 10.71 点，回收率仍处于较低水平

根据上海第二工业大学循环产业与绿色供应链研究中心、上海市再生资源回收利用协会报废汽车专业委员会、上海市物流协会等最新调查结果显示（见图 1）， 2017 年全年，上海市报废机动车回收指数是 10.71 点，回收率仍处于较低水平，仅有 10.71% 的回收率，较去年同期下降 1.94 点，环比下降 15.3%。各年度上海市报废机动车回收指数具体指数值参见图 1。

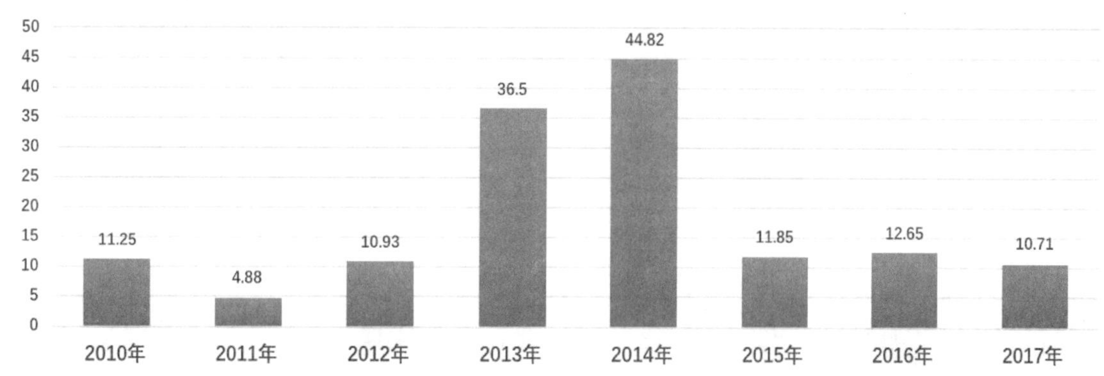

图 1 2010–2017 年总回收指数情况统计

上海市历年机动车回收指数都不高，最小值是 2011 年的 4.88；最好的是 2014 年的 44.82，回收量未超过预期回收的半数，上海市报废机动车历年年的整体回收情况并不太理想，受国家、本市老旧汽车淘汰补贴政策退出以及二手车限迁政策调整的影响，环比下降幅度较大。可以看到，政府对报废机动车车主补贴的回收政策对报废机动车的回收有一定的影响。因此，总回收指数与政府补贴政策的持续性有关。

全国物流标准化技术委员会逆向物流标准化工作组秘书长、循环产业与绿色供应链研究中心主任郝皓教授、上海师范大学卓德保教授、上海市再生资源回收利用协会报废汽车专业委员会史蕴棣秘书长分析指出，从机动车各车型来看（见图 2）：大客车回收指数为 34.55 点，较 2016 年上升 21.17 点，环比上升 158%，其余车型回收指数均处于较低水平。可以看出，从 2012 年 9 月开始的政府回收补贴政策对提高报废车辆回收率影响比较显著，而随着更新补贴政策的实施完毕，正规回收渠道的报废车辆回收率明显降低。这种现象容易导致报废机动车非法拼装，重新上路行驶，扰乱社会交通秩序的现象。很大一部分报废车辆在无资质拆解点私拆乱拼过程中不注重环保，二次污染严重，给社会环境造成很大的隐患。

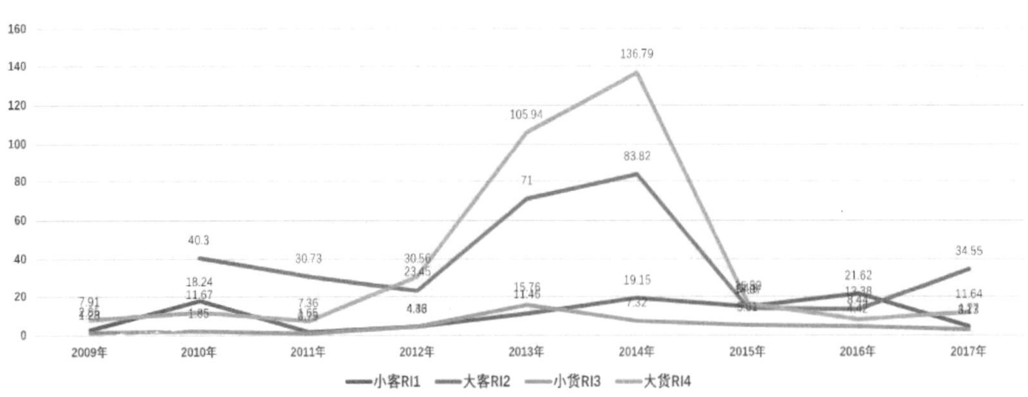

图 2 各类机动车回收分指数

2017 年度上海市报废机动车回收发展指数为 -15，回收发展趋势进一步走低

机动车回收发展指数反映了回收拆解企业机动车回收状况的变化趋向。根据上海第二工业大学循环产业与绿色供应链研究中心、上海市再生资源回收利用协会报废汽车专业委员会、上海市物流协会等最新调查结果显示，从 2011 年到 2017 年的总发展指数值分别是 -62，301，218，12，-47，7 和 -15，如图 3 所示。

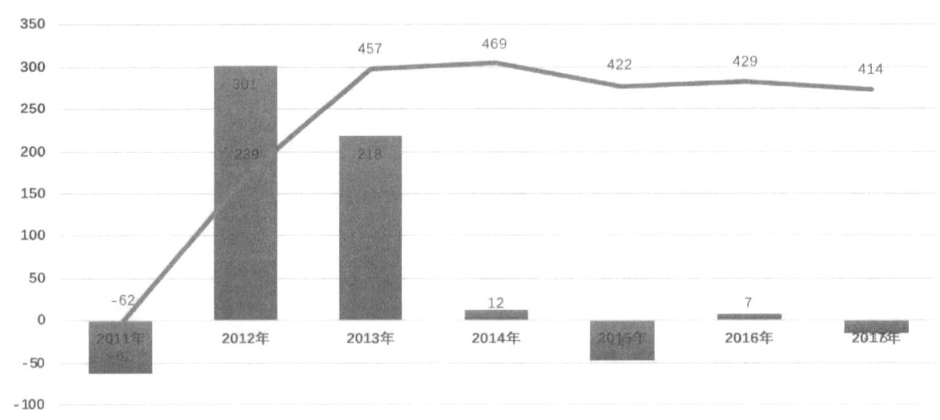

图 3 总回收发展指数统计

从发展趋势，即发展指数累计指数来看，2012—2014 年，上海市机动车回收发展趋势在变好，从 239 点上升到 469 点；2015—2017 年的回收发展趋势在变差从 469 点下降到 414 点，说明了 2015 年前上海市报废机动车回收发展速度较快，但近几年回收发展速度下降，甚至负增长，应该引起政府相关部门和社会各界的重视。

全国物流标准化技术委员会逆向物流标准化工作组秘书长、循环产业与绿色供应链研究中心主任郝皓教授、上海师范大学卓德保教授、上海市再生资源回收利用协会报废汽车专业委员会史蕴棣秘书长分析指出，从机动车各车型来看（见图 4），大客车和大货车的回收发展趋势是从 2011 年到 2017 一致向好趋势较稳定，分别从 48 点上升到 502 点和 243 点；小客车在 2016 年的 631 点下降到 2017 年的 602 点，在 2017 年发展趋势变差；小货车在 2013 年的 601 点下降到 2017 年的 502 点，发展趋势变差。分类回收发展指数说明，大客车、大货车对区分吨位的政府补贴政策敏感度较大，这种补贴政策促使了回收量的急剧增加；小货车对政府补贴政策的敏感度要小一些，回收量也受政府补贴政策的影响；小客车对不分吨位的政府补贴政策敏感度较高，对区分吨位的政府补贴政策敏感度相对大客大货要小一些。

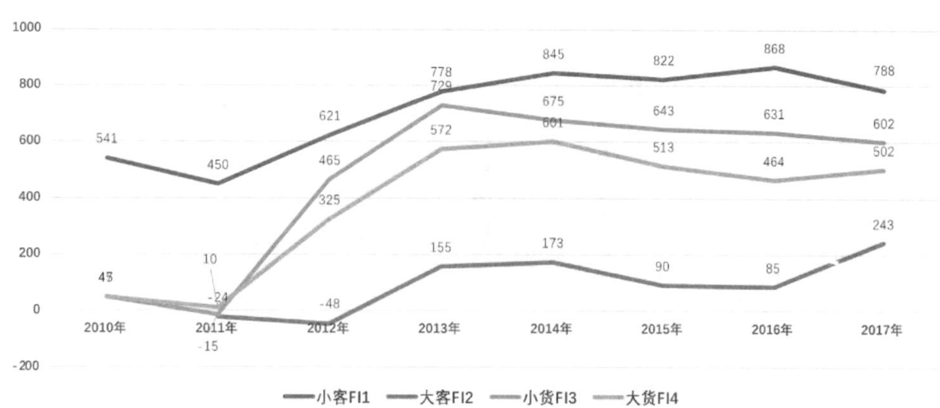

图 4 各类机动车回收发展指数统计

2017 年度上海市机动车回收价值指数为 3020.35，较 2016 年有小幅上涨

根据上海第二工业大学循环产业与绿色供应链研究中心、上海市再生资源回收利用协会报废汽车专业委员会、上海市物流协会等最新调查结果显示（见图 5），机动车回收价值指数表示回收单位机动车带来的价值增值。指数值越高，回收动力越大。

2017 年度上海市机动车总回收价值指数为 3020.35，表明了企业回收一辆车的价值是 3020.35，较 2016 年度环比上涨 331.09 点，环比增长率为 12.3%。虽然目前总回收价值指数有小幅度的回升，但与 2011-2014 年相比该指数仍在低位。

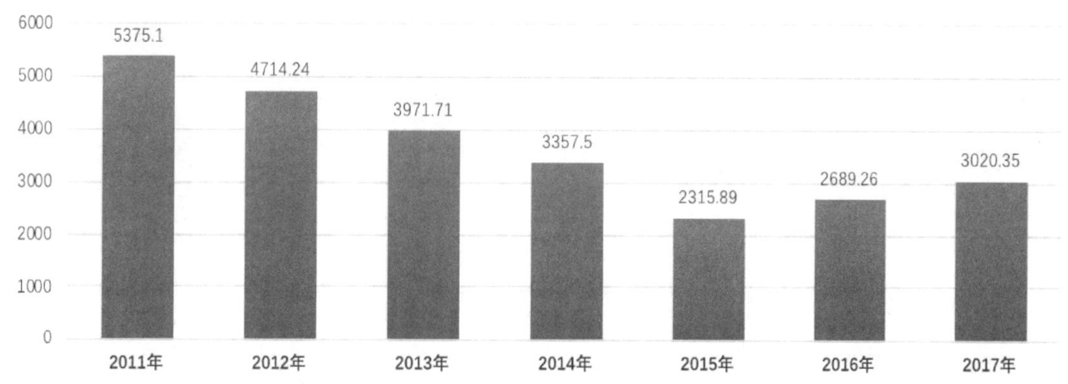

图 5 机动车总回收价值指数

全国物流标准化技术委员会逆向物流标准化工作组秘书长、循环产业与绿色供应链研究中心主任郝皓教授、上海师范大学卓德保教授、上海市再生资源回收利用协会报废汽车专业委员会史蕴棣秘书长分析指出，从机动车各车型来看（见图 6），2017 年，小客车回收价值指数为 1742.78，较 2016 年环比增长 102.05 点，环比增长率为 6%；大客车回收价值指数为 6443.22，较 2016 年上涨 848.52 点，但与 2011 的回收价值指数 12752.1 相比仍不乐观；小货车 2017 年的回收价值指数为 1782.54，较 2016 年下降了 9.6 点，同比基本持平；大货车的回收价值指数为 3966.71，较 2016 年上升 434.43 点，环比增长率为 12.3%。2017 年由于金属回收价格有所上升，使回收价值指数有小幅度回升，但受机动车回收总量下降影响，总回收价值处于较低水平。

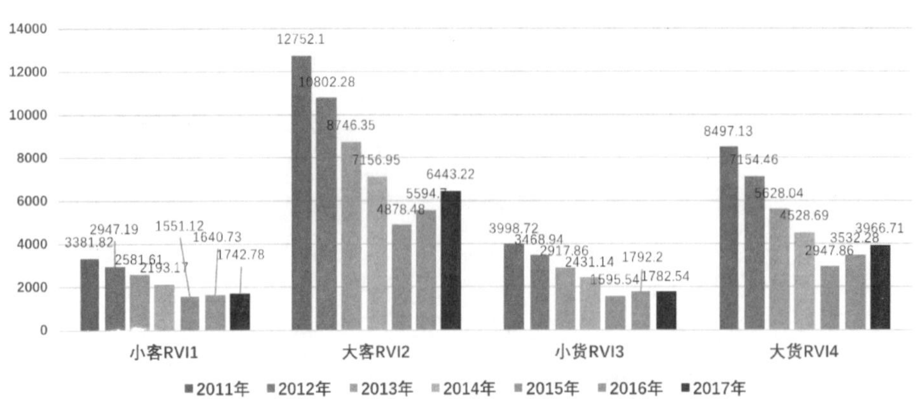

图 6 各类机动车回收价值指数

2017 年度上海市机动车回收拆解企业能力指数达到 883，拆解能力是拆解需求的 8.83 倍，拆解能力严重过剩

实际回收拆解能力指数反映环评达标回收拆解企业设计的机动车拆解能力满足实际回收车辆拆解需求的程度。根据上海第二工业大学循环产业与绿色供应链研究中心、上海市再生资源回收利用协会报废汽车专业委员会、上海市物流协会等最新调查结果显示（见图 7），红线以上表示能力过剩，2017 年度实际回收拆解能力达到 883，说明回收拆解企业的设计拆解能力是实际回收车辆的 8.83 倍，环比增长率高达 98.8%，拆解能力严重过剩，设计产能没有得到充分利用，回收拆解企业处于严重“吃不饱”状态。

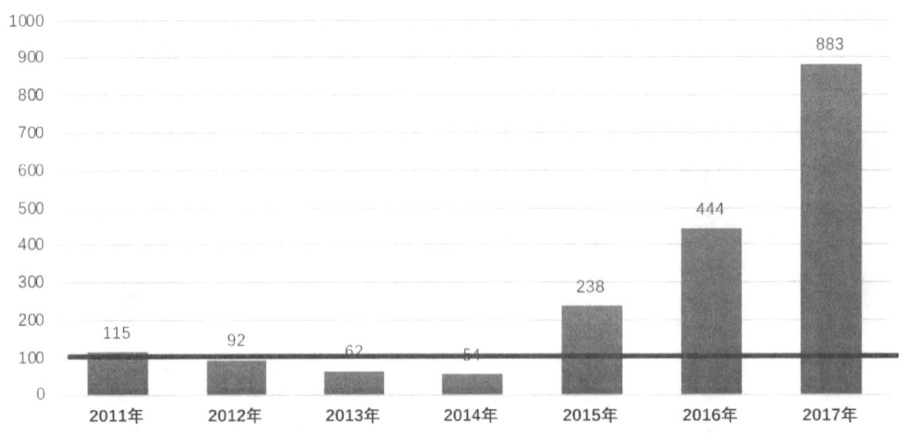

图 7 2011-2017 年实际回收拆解能力指数

全国物流标准化技术委员会逆向物流标准化工作组设在上海市物流协会，工作组职责是对逆向物流标准化需求进行分析研究，为物流标准化工作提出专业支撑；组织开展逆向物流国家标准、行业标准的制修订；组织开展逆向物流标准的实施应用、信息反馈等工作。工作组将遵循“绿色、循环、可持续发展”理念，致力于促进我国逆向物流服务标准化工作发展，成为我国绿色物流标准化建设的重要支撑，结合我国逆向物流发展的实际情况，深入研究、积极采用国际标准和国外先进标准，加速逆向物流标准的制修订工作，更好地服务于物流业健康发展，为绿色、环保和可持续发展的循环经济作出一份贡献。

从本月起，由上海第二工业大学、中远化工、中石化、中石油、中国物流与采购联合会、上海市物流协会逆向物流分会、东方海外、上海中石化工、上海市质量与标准化研究院等共同起草的我国首个逆向物流国家标准《非危液态化工产品逆向物流通用服务规范》（GB/T 34404-2017）正式实施（见图8），填补了国内该领域空白。

全国物流标准化技术委员会逆向物流标准化工作组秘书长、循环产业与绿色供应链研究中心主任郝皓教授、上海师范大学卓德保教授、上海市再生资源回收利用协会报废汽车专业委员会史蕴棣秘书长分析指出，从历年实际回收拆解能力指数的变化分析，随着机动车回收状况好转，企业闲置拆解能力逐步得到利用，2015年的投资迅速扩大了企业机动车的拆解能力，使得迄今为止，回收拆解企业一致处于严重“饥饿”状态。需要扩大实际回收规模，以便充分利用设计能力，取得规模效益。

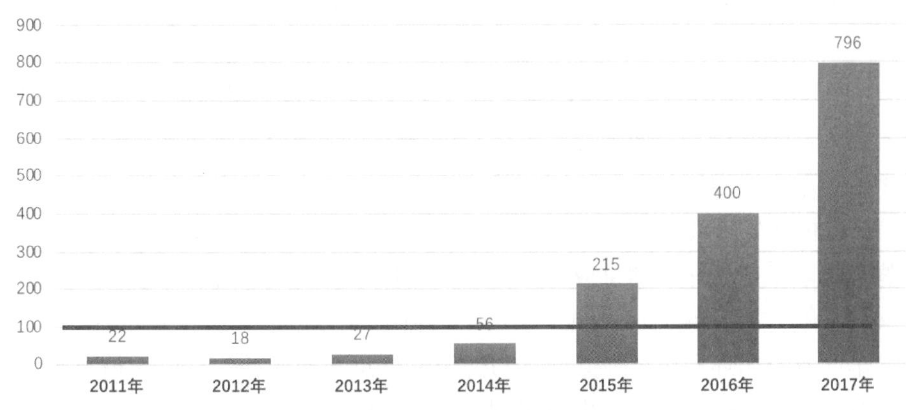

图8 危废处理能力指数

上海市机动车逆向物流指数变化的原因分析及对策措施

全国物流标准化技术委员会逆向物流标准化工作组秘书长、循环产业与绿色供应链研究中心主任郝皓教授、上海师范大学卓德保教授、上海市再生资源回收利用协会报废汽车专业委员会史蕴棣秘书长分析指出，2017年度上海市机动车总回收指数和上海市机动车回收发展指数环比下降，并处于较低水平；上海市机动车回收价值指数比2016年略有上升，但受总回收指数影响，仍在低位徘徊；上海市机动车回收拆解企业能力指数持续上升，其中设计拆解能力是实际回收车辆的8.83倍，危废处理能力指数是处理需求的7.96倍，设计产能没有得到充分利用，呈现严重“吃不饱”状况。总体来看，上海市报废机动车回收指数不高，相当部分预期报废机动车没有回收到有资质的回收拆解企业中，报废机动车回收市场的空间广阔。相对而言，大客车回收状况较好，小客车、小货车回收状况较差。主要变化原因在于：

首先，相比于前几年本市出台高污染车辆提前淘汰更新补贴政策的政策性利好因素，后续尚未有新的淘汰更新补贴政策出台而导致报废机动车回收数量的大幅下滑，特别是2017年8月后，全国多地放开二手车限迁政策，减少了部分原先由于无法转籍而办理报废手续的车辆，因此去年下半年以来本市报废车数量较前又有了更明显的回落。其次，前几年，国家为了鼓励车主提前报废老旧汽车，实施了一些补贴政策，但是由于这些政策的出台和实行缺乏连贯性，使得车主对于政策的了解不够全面，很多车主在将车辆报废后才知道这些政策的存在，从而难以确保报废车辆回收率的持续提升。再次，由于回收拆解企业担心市场在失去政策扶持下报废数量下降，因此在进行技术升级改造和引进环保设备的资金投入上缺乏力度和积极性。为此，郝皓教授建议：

一是寻求建立报废机动车回收的生产者责任延伸制度。着力推行生产者的延伸责任（EPR），构建以汽车生产企业为核心的回收物流体系，实施生产者的信息公开披露和回收利用责任。细化明确生产者对报废机动车回收处理的责任，明确要求生产者从汽车全生命周期供应链的角度去考量原生材料、回收利用等环节对企业成本利润的影响，进而从生产者的角度，促进其主动回收报废车辆，形成完整的循环车辆产业链，实现“第五利润源”。如产品设计要考虑可回收性、可拆解性，优先使用再生原料、安全环保材料，并对汽车生产厂商的车体材料回收率、可再利用率提出量化要求，在新款汽车上市时，只有达到相关规定标准后，方可进入市场。

二是亟需政府政策法规配套支持落实。首先，期待尽早出台新的《报废机动车回收拆解管理办法》，允许报废机动车“五大总成”交售给零部件再制造企业，加强资源循环利用，增加正规报废回收企业的利润来源，提高正规企业的积极性。其次，报废机动车回收拆解企业由于规范拆解的高成本导致回收价格市场竞争力低的现状，建议给予报废机动车回收拆解企业适当税收优惠政策，鼓励其严格按照要求规范运作。再次，政府为了鼓励报废机动车回收拆解企业按照循环经济的要求进行技术升级改造给予资金上的支持，帮助企业逐步实现设施和管理现代化，作业流程标准化，废弃物处理无害化。

三是加强循环可持续发展理念宣贯和正规渠道回收的信息传拨。利用社会等多种渠道宣传、引导、约束群体和个人行为，转变观念，增强社会责任和可持续发展意识，将报废车辆交给有资质的正规企业处置；国家给予车主适当的补贴，能够使其将报废车辆交给正规企业处置；增加力度打击非法经营主体，确保报废机动车按照有关规定要求规范拆解。

四是探索整合机动车全生命周期供应链的信息监管体系。搜集整合汽车生产、交易、维修、保险、报废回收和循环利用等环节的基础信息，构建汽车生产企业、汽车报废管理部门、供应链金融、后市场企业、汽车回收及循环利用企业共同参与的公共信息平台，并建立监管信息平台、绿色评估平台及执法平台组成的贯穿汽车产品全生命周期供应链的信息监管体系，确保整个汽车产品全生命周期各阶段信息的畅通和可追溯，使报废机动车产品的流向合规、精确和高透明。

五是鼓励回收拆解企业探索创新管理模式，提升服务能级。围绕循环经济“减量化、再利用、资源化”原则，回收拆解企业对相关技术进行升级改造，根据环评要求添置环保设施，改进生产工艺；积极探索创新社会服务模式，完善回收服务体系，尤其是积极探索电商服务新模式，在利用现代化信息技术提高企业内部管理水平的同时，不断创新发展开拓，促进报废机动车回收和再生资源综合利用水平的健康发展；进一步创新引进或研发再生资源综合利用的技术和方法。在单位报废机动车的回收价值变窄的客观现实下，采用新的技术，增加报废机动车的再生资源利用率，提升企业的回收价值。促进报废机动车回收拆解行业经济效益、社会效益和环境效益的同步发展；通过“产、学、研”合作探索报废机动车回收拆解技术，促进报废机动车回收拆解行业经济效益、社会效益和环境效益的同步发展。

文 | 上海市物流协会逆向物流分会、智经供应链研究院、
《逆向物流界》逆向物流指数研究中心 编辑 | 王治国 张骞 张继 孙亦辰

逆向物流大赛

“云丰杯”第二届全国逆向物流设计大赛在上海大学顺利举办

2018 年 6 月 30 日，“云丰杯”第二届全国逆向物流设计大赛决赛在上海大学顺利举行，来自国内外 28 所高校近 40 支队伍进入最后的金象奖角逐。本次大赛在中国运筹学会、上海市教育委员会、上海市发展和改革委员会、上海市商务委员会和上海市经济和信息化委员会指导下，由上海市物流协会、上海市运筹学会、上海市物流学会主办，上海大学和上海第二工业大学承办，并邀请上海市学位办、上海市发改委、上海市标准化研究院、清华大学、上海交通大学、同济大学、东南大学和著名企业董事长、总监共近 30 位专家、学者担任本次大赛评委和观察员。

经过选手们激烈比拼和评委们严格评议，最终，来自全国各地的近 40 支队伍分获最佳金像奖、一、

二、三等奖、优胜奖、最佳答辩奖、优秀创意奖等。代表逆向物流设计大赛最高奖项的最佳金像奖被江苏大学“逆向时光”队获得，一等奖则分别被上海第二工业大学 “逆向先锋”队、上海大学“逆向骑士”队、英国伯明翰大学“stardust”队摘得。闭幕式上，大赛组委会向获得最佳组织奖的高校和每支获奖队伍分别颁发了奖状和奖金。

逆向物流行业活动

1. 与上海质协用户评价中心开展标准编制和课题研讨会

2018 年 6 月 12 日上午，上海市物流协会逆向物流分会常务副会长郝皓教授率队前往上海市质协用户评价中心开展标准编制研讨，上海市质协用户评价中心主任高峰、总工程师陶利萍、相关技术人员参与研讨。与会人员就本年度双方拟合作开展的主要事项和工作安排进行商讨，对逆向物流良好行为的标准研制和课题研究等工作的主要目标达成共识。会后，双方将按计划加快开展相关工作。

双方均认为，开展逆向物流标准化工作与课题研究，能够为企业实施逆向物流良好行为，创造绿色利润源提供解决方案；能够为政府驱动逆向物流降本增效，推进绿色循环经济发展提供抓手，是促进可持续发展的重要举措。

2. 全国物流标准化技术委员会逆向物流标准化工作组成立

2018 年 5 月 25 日，全国物流标准化技术委员会逆向物流标准化工作组（SAC/TC269/WG4）成立大会在上海第二工业大学成功召开。

本次大会邀请上海市发改委、商务委、学位办、质监局、中国物流采购与联合会、全国物流标准化技术委员会、中国品牌建设促进会以及相关企业机构的领导出席，来自格力、东方海外、东方久信集团、云丰国际物流、上海家化、赣州豪鹏、圆通速递、安鲜达科技、上海交大、上海大学、上海市物流协会、上海市物流学会、上海市质协用户评价中心等近 30 家生产企业、物流企业、科研院校的 40 余名代表参加了会议。

会议首先由上海第二工业大学副校长徐玉芳女士在大会上致欢迎辞，对莅临大会的各位专家学者表示诚挚的欢迎，希望逆向物流标准化工作组能够集思广益，促进行业发展。

中国物流与采购联合会副会长兼秘书长，全国物流标准化技术委员会常务副主任崔忠付指出我国正由物流大国向物流强国迈进，鼓励建立逆向物流回收体系，大力发展绿色回收物流，向物流标准化的新模式协调推进，应注重法律法规，并结合国际标准进行广泛调研。

接着，全国物流标准化技术委员会秘书长李红梅宣读了《关于成立全国物流标准化技术委员会逆向物流标准化工作组的批复》，并对工作组的成立表示祝贺，指出逆向物流标准化工作组的主要责任和未来相关产业聚焦点。在接下来的领导嘉宾发言环节，中国品牌建设促进会副理事长（中国标准化研究院原远战）马林聪希望逆向物流未来涉足军民融合领域，鼓励积极参与国际规则制定，为我国物流行业在国际标准领域谋取话语权。上海市发改委经贸流通处处长殷飞博士表示要在国际化大都市上海把中国的逆向物流做成品牌，推向国际，掌握话语权。上海市学位办主任束金龙教授要求工作组依托上海优质教育资源，瞄准国际组织人才培养，产、学、研、用相结合，对接行业所求，培养专业人才，校企合作，满足社会需求。

上海市物流协会秘书长刘鹰指出当下物流业以正向物流为主，从绿色物流循环经济来看逆向物流更适合要做专业的。而且逆向物流，必须符合国家标准并与国际接轨。

逆向物流标准化工作组副秘书长高峰详细介绍工作组工作章程、工作秘书处工作细则，以及今后工作的规范，并征求了各个委员的相关建议。逆向物流标准化工作组秘书长，上海第二工业大学郝皓教授介绍了工作组筹建情况、工作思路和下一步工作计划。与会领导及专家分别就逆向物流标准化工作组工作章程、工作组秘书处工作细则、逆向物流标准化内容和发展方向以及下一步工作组工作重点进行了讨论。

会议最后由中国物流与采购联合会专家委员会主任，逆向物流标准化工作组组长戴定一作总结发言，并指出物流的自动化和智能化是基于供给导向和需求导向，并且在目前碎片化、个性化、差异化等情况下具有智慧学习能力，这样的新物流才能称为新技术。问题导向才是最好的指导，始终是人的认知最好体现，一定要抓住新的问题和新的矛盾，把物流的发展向前前进，会思考，发现问题，解决问题。

全国物流标准化技术委员会逆向物流标准化工作组设在上海市物流协会，工作组职责是对逆向物流标准化需求进行分析研究，为物流标准化工作提出专业支撑；组织开展逆向物流国家标准、行业标准的制修订；组织开展逆向物流标准的实施应用、信息反馈等工作。工作组将遵循“绿色、循环、可持续发展”理念，致力于促进我国逆向物流服务标准化工作发展，成为我国绿色物流标准化建设的重要支撑，结合我国逆向物流发展的实际情况，深入研究、积极采用国际标准和国外先进标准，加速逆向物流标准的制修订工作，更好地服务于物流业健康发展，为绿色、环保和可持续发展的循环经济做出一份贡献。

从 2018 年 5 月起，由上海第二工业大学、中远化工、中石化、中石油、中国物流与采购联合会、上海市物流协会逆向物流分会、东方海外、上海中石化工、上海市质量与标准化研究院等共同起草的我国首个逆向物流国家标准《非危液态化工产品逆向物流通用服务规范》（GB/T 34404-2017）正式实施，填补了国内该领域空白。

3. 调研圆通速递深入探讨逆向物流标准编制工作

2018 年 6 月 15 日上午，上海市物流协会逆向物流分会常务副会长郝皓教授率队前往圆通速递调研逆向物流标准化实践，与逆向物流分会委员、圆通速递战略规划部周杨总监，圆通研究院孙建英经理等共同研讨逆向物流标准编制工作。

与会人员就我国快递业发展现状，圆通速递的发展历程、企业文化、标准化战略、逆向物流良好行为、逆向物流发展前景与瓶颈等议题进行了深度沟通，广泛交换了意见。据悉，圆通速递已获评国家级快递服务标准化试点，并将积极参与工作组工作，包括分享企业逆向物流实践、共同制定逆向物流标准、探讨逆向物流经济问题等。

会上，郝皓教授提出，标准的有效性、宣贯、实施，是标准的生命力的关键。企业率先开展逆向物流工作，实施逆向物流标准，是应对生产者责任制相关准入门槛和监管压力的重要方法。周杨总监提出，“战略”“标准化”已成为圆通速递企业文化和运营管理中紧密相连的两个重要词汇，相信逆向物流将是企业获取绿色利润源的宝贵机会。会后，双方将就上述事宜开展进一步的深度交流，做出具体规划安排。

4. 调研 BALLY 奢侈品逆向物流和供应链现状

2018 年 6 月 28 日上午，上海市物流协会逆向物流分会常务副会长郝皓教授率队前往 Bally 公司调研奢侈品逆向物流情况。

与会人员了解到，BALLY 货物的全生命周期销售流程。双方就奢侈品文化、营销战略、供应链现状做了深入的探讨。具体操作人员也对目前供应链存在的痛点、逆向物流的痛点做了深入的交流。

双方均认为，开展奢侈品逆向物流是非常有意义的，有助于改善目前供应链信息化缺失、库存信息滞后等痛点，将会更好的优化供应链，提高企业获取利润来源。

5. 从德国 TP 公司入手了解欧洲逆向物流的实际运作

2018 年 7 月 6 日，上海市物流协会逆向物流分会常务副会长郝皓教授带队前往驻在二工大的德国 TP 公司，该公司是一家专注于为电子产品全生命周期的各个阶段（包括市场营销、废旧产品回收、资源化处理及再生产品销售等）提供服务的国际化专业逆向物流集团，在欧洲电子废弃物逆向物流管理方面处于领先水平，在业内享有很高的声誉。

与会人员向我们介绍了 TP 公司帮 HP 公司做回收流程：（1）顾客在 HP 的官网上下订单，提供详细的地址；（2）HP 将订单转移到 TP 处；（3）TP 根据顾客地址分配至最近的网点，并寄送带有 TP 标识回收箱；（4）返回到网点后，根据标识实现自动分拣。

我们了解到欧洲具有极为完善的垃圾分类系统及电子废弃物的回收利用系统，具备完善的法律法规体系，其逆向物流发展相对成熟，具有较大的参考价值。秘书处表示愿意就 WEEE（废旧电子电气设备指令）、RoHS（电子电气功设备中限制使用某些有害物质指令）等法律条文以及其逆向物流运作模式与 TP 公司进行深入探讨与交流。

6. 调研上药控股逆向物流现状及标准化工作

2018 年 7 月 20 日上午，上海市物流协会逆向物流分会会长孔国卫先生、上海市物流协会逆向物流分会常务副会长郝皓教授率队前往上药控股有限公司调研逆向物流标准化实践，与上药控股有限公司质量负责人华佳、上海医药物流中心有限公司副总经理于宁、上药敦豪供应链（上海）有限公司质量总监黄薇薇等共同研讨医药逆向物流标准编制工作。

会上，首先由孔国卫会长介绍本次拜访交流的目的和意义，接着，郝皓教授从已取得的成绩以及未来定位两个方面展开详细介绍。

随后，与会人员就我国医药行业逆向物流发展现状，现存瓶颈及医药特性、痛点问题以及医药逆向物流标准的实施方向等进行了深度沟通，广泛交换了意见。

于宁总表示上药将致力于打造绿色供应链生态、实施绿色闭环供应链，对医药逆向物流标准的规划中包括可视化信息系统、移动终端、供应链协作、数字接口等方面。对于医药逆向物流标准的制定，上药有一定的行业代表性。

华佳总指出上药此前已参与了制定医药流通领域内不少标准，并表示很愿意与上海市物流协会逆向物流分会和高校专家共同参与制定逆向物流相关标准。同时指出制定医药物流标准时需考虑到医药的特性，注重客户配合，职业道德问题，保证再销售的合规性。

会后，双方将就上述事宜开展进一步的深度交流，建立有效沟通机制，做出具体规划安排。

7. 赴张家港国家再制造产业示范基地调研

7 月 20 日下午，上海市物流协会逆向物流分会常务副会长郝皓教授一行前往张家港国家再制造产业示范基地进行调研，清研再制造产业研究院院长助理梁建国，清研再制造产业研究院总工程师戴立刚，清研再制造产业研究院标准所副所长徐强，国家再制造汽车零部件产品质量监督检验中心新能源项目经理郑博文等相关负责人接待了逆向物流分会一行。

基地相关负责人带领参观了基地展厅及国家再制造汽车零部件产品质量监督检验中心，就再制造基地的建设情况、发展方向及国检中心一期建设、二期规划等作了简要介绍，同时，在负责人的带领下共同参观了一期、二期基地的运营流程、业务内容，就业务过程中的现状与问题作了探讨。

参观后，逆向物流分会委员与基地相关负责人一同在质检中心会议室双方展开座谈，研究院院长助理梁建国对工作组一行的到访调研表示欢迎，他表示，清研再制造团队在动力电池的回收及梯次利用的技术研究、政策标准、应用推广等几个方面已积极开展工作并都取得了阶段性进展，希望从课题、逆向物流标准化、实验室建设、产业化等方面与工作组紧密合作寻求突破点，围绕汽车零部件处理以及动力电池回收、梯次利用的技术、政策法规等需求，建立普适性强、精细性好的回收及梯次利用商业模式，推动产业发展。

郝皓教授表示，在基地看到了逆向物流的“春天”，张家港再制造基地在逆向物流方面有着良好的实践活动，很值得其他企业借鉴，在新能源汽车和汽车零部件再制造方面的践行和商业化运营，是对当前绿色循环可持续发展国家政策的有力响应和贯彻，希望能够在大量成果的基础上形成标准，逐步向整个行业推进。

会后，双方表示就进一步推进示范基地向产业化、标准化、循环化方向发展作进一步交流探讨，旨在突破行业瓶颈，为推进回收再利用产业可持续发展提供有力支撑。

8. 调研爱回收电子产品回收及逆向物流标准化建设事宜

7 月 26 日下午，上海市物流协会逆向物流分会常务副会长郝皓教授一行来到全国最大的 020 电子产品回收互联网平台—“爱回收”上海营运中心，调研电子产品回收及逆向物流标准化建设事宜。

爱回收标准化负责人 Kevin 和上海营运中心负责人刘总首先陪同郝皓教授等参观了爱回收整个业务作业过程，在现场详细介绍了手机回收、拆包、分类、质检、入库等操作过程。让工作组成员对手机回收操作流程有了一个感性的认识。

参观后，工作组与爱回收标准化负责人 Kevin、营运中心的负责人刘总在会议室展开座谈。郝皓教授首先从成立背景、工作介绍、已取得的成绩以及未来定位四个方面对全国物流标准化技术委员会逆向物流标准化工作组（SAC/TC269/WG4）做了详细介绍。然后， Kevin 介绍了公司的发展历程、业务情况、回收流程、业务模式等。接着，上海营运中心刘总介绍了目前全国有六个运营中心：天津、上海、常州、武汉、深圳、成都。运营人数约 800-900 人，全公司约 4000 人左右。业务最大的来源为物流订单回收，对旧手机进行质检和分类，一般按照报废、中端和高端的分类进行业务处理。通过分类处理，最大限度地发挥二手手机的使用价值。

爱回收作为一家基于逆向物流的 020 回收服务企业，通过“互联网 +”电子产品逆向流通，产生新的价值，不但为企业带来了盈利，而且为环保及绿色循环发展做出了价值贡献，获得了真正的“第五利润源”。由于关注到爱回收的商业与社会责任结合的独特价值所在，众多著名机构都已投资该企业，这其中有京东集团、世界银行、老虎环球基金、天图资本等。

目前，爱回收在手机的回收、检测、销售、包装等环节已经形成了一套完整的逆向物流作业体系，并在内部操作的标准化上展开了富有成效的工作，他们希望下一步在逆向物流标准体系建设上与逆向物流标准化工作组密切合作，力争取得更大的进展和突破。

郝皓教授代表逆向物流分会感谢爱回收的热情接待，表示逆向物流分会的目标就是要为企业、行业解决标准化方面的痛点问题，将为推进回收利用产业的可持续发展提供有力支撑。

双方共同认为推进电子产品逆向物流标准化、体系化、规范化是实现绿色环保的重要途径。在会议上，双方初步商定了定期交流的工作机制。为今后双方在逆向物流标准化领域里进行合作，奠定了一个良好基础，创立一个良好开端。

9. 前往临港再制造基地调研再制造再循环产业

2018 年 8 月 8 日，上海市物流协会逆向物流分会常务副会长郝皓教授率队，与上海东方久信集团股份有限公司副董事长王一明、上海电机学院商学院副院长马洪伟等一行来到上海临港再制造示范基地，调研再制造再循环产业及逆向物流标准化事宜。

基地培训负责人陪同逆向物流分会人员一行就上海临港再制造（汽车零部件）实训基地的建立背景，发展情况作了简单介绍，同时参观了发动机再制造作业过程，并详细介绍了汽车发动机的拆洗、清洗、质检、翻新、修复、装配等操作过程，让工作组成员对发动机再制造操作流程有了一个感性的认识。

参观后，郝皓教授一行又来到临港示范基地的上海宜达胜临港打印耗材有限公司进行调研。宜达胜有限公司董事长陈卫权、上海临港再制造产业发展有限公司副总经理田富钛接待了工作组一行。

首先，陈卫权董事长带领分会成员参观了公司展示厅，并和工作组就循环经济的未来发展趋势，再利用、再制造、再循环的标准化建设做了深入的探讨。宜胜达又名“一拉一邦”，主要从事办公耗材的循环利用，属于生产型服务业，把回收进来的产品，更改一定比例损耗件，进行修复，并符合相关国家标准，以此来延续产品的生命周期。

陈卫权董事长介绍了办公循环经济的趋势预示着未来企业将可能不需要购买打印机、复印机，使用云服务平台，通过租赁方式，实现产品 + 服务的模式，在上海试点后，将复制到全国各个省市，从而实现循环经济倡导的“3R”：无害化、资源化和减量化。

郝皓教授表示，在“一拉一邦”看到了逆向物流产业化、商业化发展的路径，办公循环经济所构建的产业链和生态链，很值得推广和借鉴。随着生产者责任延伸制的不断推行，资源再生和循环再利用正成为一种趋势。在办公循环产业领域的践行和商业化运营，是对循环经济、资源再利用、可持续发展的国家政策有力响应和贯彻。

会后，双方表示就进一步推进办公循环经济发展的标准化、产业化、商业化作进一步深入探讨，逐步构建办公逆向物流的标准化体系，帮助企业真正实现“第五利润源”。

10. 赴华东拆车厂调研逆向物流标准化实践工作

2018 年 8 月 9 日上午，上海市物流协会逆向物流分会常务副会长郝皓教授带队前往上海华东拆车股份有限公司调研逆向物流标准化实践，华东拆车股份有限公司总经理史蕴棣，副总经理曹晓舟接待了工作组一行。

首先，史蕴棣总经理介绍了公司的业务发展情况，再制造产业的发展历程，国外再制造产品的主要市场、再制造发展模式等。副总经理曹晓舟表示，根据国家 307 号文件规定，进入报废程序的汽车，“五大总成”作为废旧报废转而资源化，由于回收价格低，回收率一直不高。

随后，与会人员就汽车再制造的发展现状、机动车报废、现存瓶颈及痛点问题以及机动车逆向物流标准的编制方向进行了深度沟通，广泛交换了意见。

上海市物流协会逆向物流分会常务副会长郝皓教授表示，工作组未来会和企业一起开展更深入的机动车逆向物流指数和机动车逆向物流标准研究等，逐步构建相关的逆向物流标准化体系，规范行业服务，为机动车循环利用产业的可持续发展提供有力支撑。

11. 赴“独角兽企业”云从科技调研人工智能 (AI)

2018 年 10 月 25 日下午，上海市物流协会逆向物流分会常务副会长郝皓教授带队前往云从科技有限公司调研人工智能、图像识别在逆向物流中的尝试和应用。云从科技政府关系部经理曾曦接待了工作组一行。

云从科技是一家孵化于中国科学院的高科技企业，专注于计算机视觉与人工智能。创始人周曦博士师从四院院士、计算机视觉之父 -Thomas S.Huang 黄煦涛教授，他带领团队在计算机视觉识别、图像识别、音频检测等国际挑战赛中 7 次夺冠。 “云从”目前位列我国人脸识别“四大独角兽”企业之一。

该企业目前有上海、成都、重庆三个研发中心，美国 UIUC 和硅谷两个前沿实验室，及中科院、上海交大两个联合实验室组成三级研发架构。凭借领先技术，该企业成为人脸识别国标、部标、行标起草与制定单位。2018 年 1 月，国家发改委确定云从科技承担国家“人工智能”产业化项目重大工程一“人脸识别系统产业化应用平台”建设任务。

云从科技曾经理陪同分会成员一行参观了公司的展厅，并详细介绍了云从科技的发展历史、业务情况、应用场景、真实案例等，并带领工作组成员进行了现场刷脸演示和模拟，让工作组成员对人脸识别有了感性的认识。

参观后，逆向物流分会与云从科技的曾经理在会议室展开座谈。郝皓教授首先从成立背景、工作介绍、已取得的标准以及未来定位四个方面对逆向物流分会做了详细的介绍。对企业目前逆向物流的痛点，EPR 生产者责任制，企业回收情况做了简单的介绍，并和云从探讨图像识别在逆向物流中应用的可能性。

基于人工智能和图像识别，云从科技也在积极探索新的应用领域，也希望人工智能的旅程能不断延伸，用尖端科技去造福社会。此次会谈，为今后双方在逆向物流智能化领域的合作，奠定了一个良好的基础和开端。

12. 与德国企业专家交流调研

近日，上海市物流协会逆向物流分会常务副会长郝皓教授带队前往上海电子废弃物资源化协同中心（上海第二工业大学电子废弃物研究中心），与德国 1CC 公司董事长 Hans-Jochen Lueckefett，就政策问题、回收问题、商业模式、分拣追溯四个方面交流调研德国逆向物流的发展情况。作为资深法律专家，Hans 曾参与欧盟 WEEE 和 RoHS 等欧盟多部电子废弃物管理相关法令的起草和修订工作。

上海电子废弃物资源化产学研合作开发中心是由上海第二工业大学承建的上海市教育委员会第二批上海高校知识服务平台项目。该中心旨在围绕电子废弃物的立法管理和资源化处理等方面，全面开展相关政策标准的研究制订、工艺技术和装备的制造研发、本科和专业硕士人才的培养、产业调研和咨询服务、国内外合作与交流。

郝皓教授首先介绍了分会成员的情况以及分会在逆向物流所作的工作和取得的成就。Hans 随后以一个生动形象的闭环供应链的例子将本次的探讨主题引入，并介绍了德国电子废弃物的主要回收方式，相应政策、法律及标准。双方就电池回收的盈利模式、电子废弃物回收的商业模式、电子废弃物回收的运输安全等等进行了深入的探讨。Hans 阐述了目前在德国的逆向物流的回收已经取得了一些良好进展，并进一步努力达到预期的目标。

郝皓教授提出了将人工智能、物联网、大数据及区块链引入到逆向物流过程的可能性和可行性，尤其在分拣、检测、复原、再利用和再循环环节人机互动的智能模式，以此推动逆向物流在现阶段的快速发展。双方就以后的合作达成了初步的意向，并打算在中国和德国分别开展相应的逆向物流合作。会后，郝皓教授代表工作组向 Hans 赠送了带有中国传统文化特征脸谱的笔筒。

13. 调研饿了么新零售物流及标准化建设事宜

2018 年 11 月 29 日，上海市物流协会逆向物流分会常务副会长郝皓教授一行来到“饿了么”，调研互联网零售业逆向物流发展情况及标准化事宜。

“饿了么”上海新零售物流负责人胡汉麟向工作组介绍了“饿了么”无人零售模式、业务流程、退货痛点等。

“饿了么”无人零售项目，使用自主研发智能货柜，主要铺设在30-50人的白领封闭场所，集中在办公区域的休息室、茶水室。目前智能货柜约有140个SKU。产生逆向物流主要是销售不佳的产品，需要退回并重新调整上架产品。

目前，逆向物流存在的主要痛点是：退回物品的数量时间不确定，对退回物品效期、重新上架物品、库内物品数据无法进行有效管理，处理退回物品缺乏系统化管理和检测设备，仍然依赖人工分拣，耗费了大量的人力成本。

会后，双方表示共同努力攻关无人零售逆向物流的瓶颈问题，解决企业、行业的痛点，真正实现逆向物流的“第五利润源”。此次会谈，为今后双方在逆向物流领域纵深拓展，奠定了一个良好的基础和开端。

14. 赴浙江汉振智能技术有限公司调研

2019年1月24日下午，上海市物流协会逆向物流分会常务副会长郝皓教授一行来到浙江汉振智能技术有限公司，调研逆向物流在分拣过程中物体识别事宜。

浙江汉振CEO陈贵博士介绍了公司的发展历程、业务情况、场景应用等。浙江汉振一家专注于机器视觉和机器人技术的高科技公司，图像识别主要应用在工业领域中的二维尺寸测量、三维轮廓测量、无序抓取、引导机器人等。在工业中的要求是高可靠、高精度、高速度。

郝皓教授介绍了逆向物流中的分拣痛点，逆向物流的物品具有个性化、差异化、零散化的特点。前期分拣非常关键，目前很多日化品的退货都是人工分拣，大量的人力成本、时间成本，导致物品无法及时上架，进行二次销售。希望图像识别技术能够节省一部分的人力成本，提高速度，使逆向物流更加智能化。

浙江汉振陈贵博士、马福斌总经理带领分会成员参观了图像识别机械臂抓手，详细讲解了整个识别、抓取、摆放物品的过程。公司以标准化软件加上定制化硬件，对客户进行销售，解决客户在生产流水线中外观残次品、危险品摆放等问题。

会后，双方表示就汉振现有的成熟方案就行延伸，先解决某一类、某一种物品的识别，真正为企业、行业解决痛点问题，为推进逆向物流循环产业可持续发展提供有力的技术支撑。

逆向物流学术研究文摘

1. 报废汽车蓄电池逆向物流可行性评价——基于改进的模糊神经网络

摘要：随着机动车行业规模的逐步扩大和消费量的与日俱增，大量的报废蓄电池相伴而生，蓄电池逆向物流的实施作为供应链中无法避免的“责任”正逐步引起企业的重视。基于评价指标体系的科学性、系统性、层次性、国情性等原则，构建以报废汽车蓄电池逆向物流可行性为目标层，以经济效益、生态环境效益、社会效益为准则层，以28个影响因素为指标层的可行性评价指标体系。构建基于模糊综合评价法与粒子群算法（PSO）优化的误差反向传拨（BP）神经网络结合的改进模糊神经网络评价结构模型，并运用数据仿真模拟验证模型的有效性。开展报废汽车蓄电池逆向物流可行性评估，按照可行性等级提出相应的控制策略，可以为从事蓄电池回收处理的企业在实践过程中需重点关注及防控的影响因素提供理论依据，克服一定的盲目性，且其评价的客观性、科学性、实践性和有效性直接影响着企业实施蓄电池逆向物流的前景及效益。

关键词：报废汽车蓄电池；逆向物流；模糊综合评价；神经网络；可行性评价

（作者：郝皓 张骞 王治国 来源：中国流通经济）

2. 基于市场的再制造 / 制造系统集成库存随机最优控制研究

摘要：在逆向物流中，再制造零部件的数量具有不确定性。根据这一特点，将其看成是随机参数，给出了再制造 / 制造系统集成库存模式。基于市场对再生品和新产品的不同需求，利用马尔科夫决策理论对具有随机再制造零部件的再制造 / 制造系统集成库存进行研究，考虑再制造零部件单位成本、新零部件（新购或新制造）单位成本和固定成本及有缺货赔偿的情况，给出了马尔科夫决策过程模型，得到了随机最优控制策略，并用案例进行分析验证。

关键词：再制造；库存；马尔科夫决策过程（MDP）；市场

（作者：顾巧论 季建华；来源：《系统工程理论与实践》2006 年 1 月第 1 期）

3. Multi-attribute decision making on reverse logistics based on DEA-TOPSIS: A study of the Shanghai End-of-life vehicles industry

Abstract: This study analyzes the effect of multi-attribute decision making (MADM) on the efficiency of the end-of-life vehicle (ELV) reverse logistics industry in the context of the circular economy to improve resource utilization efficiency.

In this paper, the DEA-TOPSIS method, based on a prediction model of Triple Exponential Smoothing (TES), is adopted for multi-attribute decision making with a view to improving industry efficiency, Data Envelopment Analysis (DEA) is used to calculate the input and output indicators' efficiency values and the slack movements of the indicators of input and output decision-making unit's (DMU's) base with TES as the decision-making basis. Meanwhile, the Technique for Order Preference by Similarity to Ideal Solutions (TOPSIS) is used to rank alternative decision-making schemes. Moreover, the ordering is also carried out using the Additive Weighting, Weighted Product and Elimination et Choice Translating Reality (ELECTRE) method. In this study, the DEA-TOPSIS method is used to make multi-attribute decisions about industry efficiency.

Taking Shanghai's ELV industry as an example, this study utilizes 2017 data from seven member-enterprises of the Shanghai End-of-life Vehicle Professional Committee; it uses the DEA-TOPSIS method based on TES to conduct an empirical study on multi-attribute decision making to improve efficiency and analyze efficiency improvement through alternative decision-making schemes. The findings show that the DEA-TOPSIS method based on TES is effective for multi-attribute decision-making to improve the ELV reverse logistics industry's efficiency.

The multi-attribute decision-making in this paper facilitates the management and investment decision making of the ELV recycling industry. It also provides an effective solution for managers and researchers in the ELV industry to improve its efficiency.

Keywords: End-of-lifevehicles; Reverse logistics; Multi-attribute decision-making (MADM); Data Envelopment analysis (DEA); Technique for order preference by similarity to ideal solutions (TOPSIS); Forecasting

（作者：王治国 郝皓 张骞 高峰；来源：*Journal of Cleaner Production*）

4. 企业逆向物流回收处理若干关键问题研究

摘要：随着社会对环境资源的日益关注，人们越来越重视对废旧产品和原材料的再利用。许多国家立法，规定生产者对自己产品的整个生命周期负责，包括产品废旧后的回收处理。如今在我国，也把发展循环经济作为实现可持续发展战略的重要途径和实现形式。随着政府对发展可持续经济的重视，随着中国加入 WTO，中国的企业要与国际接轨，以及我国有关立法的健全，许多诸如汽车、电子等行业的制造商将很快面临如何对逆向物流进行管理的问题。由于我国企业目前还较少关注到这一领域，逆向物流的开发利用存在着巨大的空间。同时，相对于前向物流来说，逆向物流的研究也尚处于起步阶段，特别是站在企业角度，探讨逆向物流管理问题和解决办法的系统研究还较少，逆向物流管理层面的许多问题远未得到充分的考虑和解决。本文从制造企业角度出发，对其逆向物流回收处理过程中的一些关键问题进行了较为系统的讨论。主要内容包括：(1) 逆向物流回收模式问题；(2) 逆向物流网络优化问题；(3) 逆向物流合作伙伴选择问题；(4) 逆向物流信息集成管理问题。

关键词：逆向物流；回收处理；运作模式；网络优化；伙伴选择；信息集成

（作者：常香云；来源：同济大学博士论文，2007 年）

5. 基于产品风险控制的主动式逆向物流运作模型 RLOM

摘要：归纳了因产品风险导致的各种逆向物流，提出以降低企业产品风险、提高单位产品利润率为核心的主动式逆向物流管理概念及其 PPT-SIR 原则。在此基础上，创新性地设计出基于产品风险控制的主动式逆向物流运作模型 RLOM，该模型以正向与逆向物流构成的闭合逆向物流作业活动系统为中心，紧密关联着 8 个子系统，旨在协助企业控制产品风险，减少逆向物流发生的频次。

关键词：产品风险控制；主动式逆向物流管理；PPT-SIR 原则；RLOM 模型

（作者：郝皓 黄敏 李培鸿 颜家平 王治国 孔国卫；来源：物流技术）

6. 基于 DEA 的电子废弃物回收点选址

摘要：逆向物流网络设计中的回收点选址决策是一个多目标决策问题，涉及成本和回收率等多种目标。现有研究大都基于距离或成本等单一目标，以回收点为研究对象，建立非线性的混合整数规划模型，设计复杂的算法完成相应的选址决策。从实际问题出发，基于 DEA 理论，改变现有研究方法中以回收点为研究对象的传统思维，以决策方案为决策单元建立相应的回收点选址决策的 DEA 模型，大大简化了计算的复杂性。最后，采用一个算例分析说明了所提方法的合理性和优越性。

关键词：数据包络分析；选址决策；逆向物流；电子废弃物

（作者：卞亦文 孙向阳 李尚昱；来源：《工业工程与管理》2012 年 10 月第 17 卷第 5 期）

7. 第五利润源：我国逆向物流的商业价值及模式

摘要：首先分析了逆向物流问题带来的商业挑战与机遇，归纳了逆向物流商业价值的驱动因素，然后创新性地提出了在当前全球绿色低碳循环发展下，逆向物流成为"第五利润源"的前提和内涵，以及实现企业额外利润、绿色发展和社会效益的途径。在此基础上，归纳了国内逆向物流生态圈的 5 种商业模式，并对各模式的代表企业、特色和涉及产品等进行了分析。最后，对逆向物流的经济性边际效益、客户粘合度以及可持续性发展进行了阐述。

关键词：第五利润源；逆向物流；商业价值；商业模式

（作者：郝皓 王治国 林慧丹 张骞 黄敏 朱建云 刘飞 李团生；来源：物流技术）

8. 推荐书籍：专著《基于服务外包的售后逆向物流管理研究：理论分析与汽保行业实践探索》

本书获得中国物流与采购联合会科技进步二等奖，是一部透过行业实践来剖析外包环境下售后逆向物流管理的具有开创新成果的著作。

本书是一部通过行业实践来研究经济全球化趋势深入发展，网络信息技术革命带动新技术、新业态不断涌现的环境下，如何通过有效服务外包协同来实现高绩效售后逆向物流运作的著作。本书阐述了基于服务外包的汽保售后逆向物流管理的内涵和特征，提出了售后逆向物流的外包服务商协同的基本模式并展开实证研究，在此基础上设计了基于服务外包的汽保售后逆向物流管理机制，对基于服务外包的汽保售后逆向物流管理策略进行了探索。

全书视角独特、观点新颖、案例丰富，对涉及供应链、物流、采购及制造外包等业务环节的实际管理人员、大学相关专业师生以及理论研究人员均有参考价值。

（作者：郝皓）

9. 推荐论文：逆向物流激发企业潜利

近年来，制造企业面临着市场竞争激烈，原材料资源短缺且价格不断上涨，劳动力成本的低廉优势已是一去不复返，产品价格不断受到打压的不利形势。因此，企业管理层纷纷把降低成本提升到了一个新的高度，给予充分的重视。而在这样一个环境下，逆向物流对企业潜在利益的激发作用仍然没有被大多数企业所察觉。而逆向物流恰恰对企业有着诸多方面的利好作用。

利好作用之一，可以降低产品的浪费，一般来讲，当产品被退回后，处理都是比较粗放，经过粗糙的分解后，挑选出有价值的零件或者原材料，其他就废弃了，远远不如正向物流的产品。有的甚至一收到，就立刻按废品进行处理。但有些企业就采用精细管理的方法，对退回产品进行逐个分析，逐步分解，形成拆解和利用标准，尽可能地进行再利用、再加工、再生产，使这些退回产品得到充分的利用。从中可以激发出不少的利润。即使是废品，也通过彻底分解，不同的材料进行不同的处理，有的交给专业工厂进行回炉再利用，有的以不同价格进行出售，获得收益。笔者在国外就看到工厂里有一条专门拆解退回产品的流水线，把拆分的零件和原材料分门别类地摆放在专用的周转箱里，并按规定流向各自应去的地方，以得到充分的利用。该厂厂长告诉我：只有尊重不良产品，才能做出高质量的产品。不良品还要得到尊重，可见他们对逆向物流的重视程度。

利好作用之二，可以降低逆向物流费用。逆向物流的特点就是不确定，无计划。一般都是不管数量，定时退回，这样就产生了浪费。笔者曾工作过的工厂，是采用快递把不良品运回工厂，这样造成价格不菲。但因为不良品处理的预算是以上年处理不良品总费用来估算的，所以大家都习以为常，没有部门和人员会考虑到其中的浪费。一次偶然的机会，物流部门发现这个问题，就与相关部门合作，采用委托专业物流公司进行逆向物流运输，企业为此降低了 90% 的逆向物流费用。不重视逆向物流是不可能挖掘出这样的效益。

利好作用之三，通过对退回产品的仔细拆解，认真分析，积累数据，就会发现产品质量的根本原因和问题所在。对解决产品质量起到重要的作用。产品质量提升了，不良率降低了，逆向物流就减少了。产品的信誉度提高了，企业的效益也就随之提升了。同时，逆向物流还起到企业风险的警示作用。企业通过逆向物流的数量和质量，可以发现产品是否处于良好的状态，一旦看到数量增大，质量出异，就应立刻采取应急措施，将不良状态控制在初始阶段，以避免造成更大损失。有的企业因不重视逆向物流的异常，从而导致企业倒闭。这样的案例也是信手拈来。

利好作用之四，对循环使用的容器和逆向物流产品包装物的管理。许多容器的价值高于容器里的物品，但有些企业重视产品的管理，却忽视容器具的管理。以致于许多容器具在周转过程中就遗失了，只得再花钱购买，或者用一次性包装替代。笔者曾走访过一家企业，他们因容器具的周转不良，每年损失近百万。而容器具缺失的主要原因还是逆向物流没有得到良好的管理，产品包装得很好地发运出去了，却因缺乏管理，就再也回不来了。不但容器具的成本增加了，而且因逆向回流缺少容器，车辆装载率下降了，成本就自然而然上升了。有同样遭遇的企业不在少数。为了管好循环容器，上汽通用公司花费了上百万购买了管理软件。通过应用软件与供应商共同进行管理。此后，容器具遗失率大幅度降低，消除了因容器引起的纠纷和成本上升。因此管理好容器具的逆向物流，将会消除这方面的浪费，企业的效益就不会受到损害。

逆向物流不但给企业带来经济效益，而且还会带来社会效益。一个重视逆向物流的企业，肯定对不良品和废弃物处理有方，对环境，对生态就有利。就会得到社会的尊重。市场也会给这样的企业应有的报答。现在，逆向物流的经济效益作用已经引起了学术界的重视，他们把这个效益称作为“第五利润源”。

逆向物流既然有这么多的利好作用，既然是利润源，为什么在许多企业还得不到重视呢？原因之一是看不到其利好的作用，逆向物流承载的物品一般仅占企业销售的百分之一都不到，因此利小而不为。没有必要花精力去挖掘这么点薄利。原因之二是没有管理逆向物流的人才。我们说过，逆向物流管理的难度远远高于正向物流。正向物流的人才本身就缺乏，造成相当一部分企业物流管理混乱，库存高居不下。根本没有人有能力去管理逆向物流。我国制造业通过高速发展后，开始向高质发展。国家加强了对环保的控制。企业又面临着市场、材料和劳动力等诸多困难。逆向物流就应该提到企业管理层的议事日程上，要看到逆向物流不是小利，而是金矿。要花力气去挖掘第五利润源。通过培养人才、树立目标、制定计划、落实一系列的有效行动，改进和完善逆向物流管理。让逆向物流真正成为企业潜利发掘的推进器。

（作者：颜家平）

本篇编辑：张志坚

第五篇 口岸与自贸区物流、长三角物流业区域合作

5.1 口岸物流

5.1.1 上海口岸2018年度物流统计数据

2018年上海口岸主要数据统计表（节选）

大类	项　　目	2018年	同比（%）	2017年	同比（%）
货物	上海口岸进出口货物总值（亿元）	85,317.0	7.7	79,211.4	15.1
	出口	48,913.9	6.9	45,766.3	18.9
	进口	36,403.1	8.8	33,445.1	12.5
	上海关区进出口货物总值	64,064.3	7.3	59,690.2	14.0
	出口	37,099.1	6.0	35,006.0	19.3
	进口	26,965.2	9.2	24,684.2	10.6
	上海市进出口货物总值	34,009.9	5.5	32,237.8	12.5
	出口	13,666.9	4.2	13,120.3	15.4
	进口	20,343.1	6.4	19,117.5	8.4
	上海口岸货物吞吐量（万吨）	40,550.7	-2.0	41,389.0	8.0
	航空口岸货邮量	344.9	-0.4	346.3	14.1
	水运口岸货物量	40,205.8	-2.0	41,042.7	8.0
	上海口岸集装箱吞吐量（万标箱）	3574.8	4.6	3418.0	7.2
	出口	1593.0	5.7	1507.7	8.3
	进口	1446.8	3.5	1397.4	7.0
	内支线	535.0	4.3	512.9	4.8
交通工具	上海口岸出入境交通工具总数	277,119	3.2	268,495	3.3
	飞机（架次）	252,845	4.0	243,215	3.9
	船舶（艘次）	23,908	-4.1	24,918	-2.8
	列车（车次）	366	1.1	362	0.0
	进出上海口岸国际航行船舶（艘次）	40467	-2.6	41528	-0.1
	货船	39462	-2.1	40303	-0.1
	邮（客）船	1005	-18.0	1225	0.9

备注：① 2018年上海口岸进出口货物总值占全国进出口货物总值（305050.4亿元）的27.9%。

②上海水运口岸货物吞吐量占上海港货物吞吐量（7.3 亿吨）的 55.0%；水运口岸集装箱吞吐量占上海港集装箱吞吐量（4201.0 万标箱）的 85.1%。③上海航空口岸货邮吞吐量占上海航空港货邮吞吐总量（417.6 万吨）的 82.6%。

来源：上海市口岸服务办公室网

2018 年上海口岸运行分析图

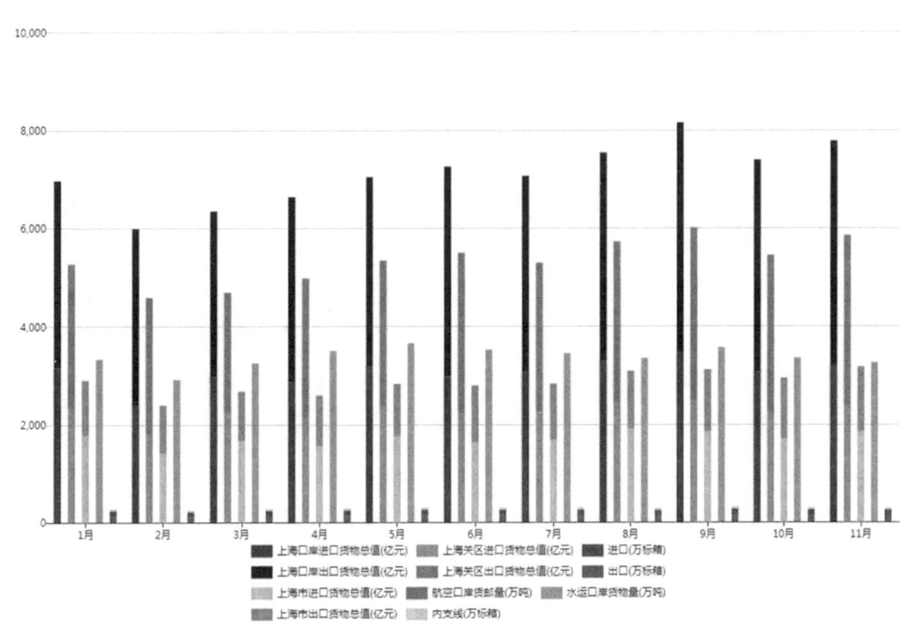

来源：上海市口岸服务办网

2018 年上海关区进出口超 6 万亿元

2019 年 1 月 23 日，上海海关发布 2018 年上海关区进出口情况。2018 年，上海关区进出口 6.41 万亿元，比上年（下同）增长 7.3%。其中，出口 3.71 万亿元，增长 6%；进口 2.7 万亿元，增长 9.2%。

以美元计价，2018 年，上海关区实现进出口 9715.2 亿美元，增长 10.2%。其中，出口 5624.4 亿美元，增长 8.9%；进口 4090.8 亿美元，增长 12.1%。

12 月，进出口值同比下降，进口降幅较高。12 月，上海关区单月进出口值由增转降，结束自 4 月起连续 8 个月同比增长。当月进出口值为 5338.9 亿元，同比下降 2.3%。其中，出口 3324.8 亿元，同比增长 1.5%；进口 2014.1 亿元，同比下降 7.9%。

以美元计价，2018 年 12 月，上海关区进出口 769.2 亿美元，同比下降 6.8%。其中，出口 479.2 亿美元，同比下降 3.2%；进口 290 亿美元，同比下降 12.2%。

从贸易方式看，一般贸易方式进出口为主体，加工贸易方式进出口增幅较低。2018 年，上海关区以一般贸易方式进出口 3.89 万亿元，增长 9.2%，占同期关区进出口总值的 60.7%。其中，出口 2.42 万亿元，增长 9.6%；进口 1.47 万亿元，增长 8.7%。同期，以加工贸易方式进出口 1.55 万亿元，增长 3.8%，占 24.2%。此外，以保税物流方式进出口 8720.1 亿元，增长 5.9%，占 13.6%。

从外贸主体看，外商投资企业进出口超过 5 成，民营企业进出口比重提升。2018 年，外商投资企业通过上海关区进出口 3.51 万亿元，增长 4%，占同期关区进出口总值的 54.7%。其中，出口 1.79 万亿元，增长 1.8%；进口 1.72 万亿元，增长 6.4%。同期，民营企业进出口 2 万亿元，增长 12.8%，所占比重由上年的 29.7% 提升至 31.2%。此外，国有企业进出口 8895.6 亿元，增长 8.7%，占 13.9%。

欧美为主要贸易伙伴，对韩国进出口增长较快。2018 年，上海关区对最大贸易伙伴欧盟进出口 1.31 万亿元，增长 5.3%，占同期关区进出口总值的 20.4%。其中，出口 6931.5 亿元，增长 5.1%；进口 6120.1 亿元，增长 5.5%。同期，对美国进出口 1.12 万亿元，增长 4.5%，占 17.4%；对东盟进出口 7758.4 亿元，增长 5.4%，占 12.1%；对日本进出口 6363.5 亿元，增长 5%。此外，对韩国和我国台湾分别进出口 4567.9 亿元和 2981 亿元，分别增长 14.3% 和 6.3%。

自动数据处理设备及其部件出口下降，纺织服装产品出口保持增长。2018 年，上海关区出口机电产品 2.11 万亿元，增长 5.1%。占同期关区出口总值的 56.9%。其中，自动数据处理设备及其部件出口 1919.2 亿元，下降 12.2%；集成电路出口 1547.8 亿元，增长 4.7%；电话机出口 1066.9 亿元，增长 3.5%。同期，服装及衣着附件出口 3551.9 亿元，增长 1.2%；纺织纱线、织物及制品出口 2928.6 亿元，增长 5.5%。

集成电路为最大类进口产品，汽车进口出现下降。2018 年，上海关区进口高新技术产品 9025.2 亿元，增长 9.5%，占同期关区进口总值的 33.5%。其中，集成电路进口 4313.2 亿元，增长 11%；计量检测分析自控仪器及器具进口 804.2 亿元，增长 10.3%。同期，未锻轧铜及铜材和初级形状的塑料分别进口 1377.5 亿元和 1050.5 亿元，分别增长 23.2% 和 12.3%。此外，汽车进口 1103.7 亿元，下降 4.7%。

来源：上海市口岸服务办网 2019 年 01 月 23 日

5.1.2 综合信息

2018 年上海国际航运中心建设十大事件发布

全球规模最大的自动化集装箱码头成熟运行；航运基础设施不断升级；国际豪华邮轮市场管理逐步完善，并向全产业链发展迈进；绿色、协同、共荣的长三角港口群为长三角一体化建设助力。2018 年，上海国际航运中心建设成绩斐然，国际地位逐步提升。

1. 洋山深水港区四期工程竣工验收 运行效率不断提升

2018 年 12 月 25 日，上海国际航运中心洋山深水港区四期工程通过竣工验收，码头靠泊能力核定为 15 万吨级。

自 2017 年底洋山深水港区四期工程自动化码头试运行以来，码头生产管理系统、航线资源配置不断优化，产能逐步释放。目前已实现成熟运作，码头昼夜最高吞吐量达到 14451 标准箱，全年集装箱吞吐量有望超过 200 万标准箱。随着洋山深水港区四期工程成功试运行，上海港 2018 年集装箱吞吐量将再创新高。

2. 新华－波罗的海国际航运中心发展指数发布 上海跃居第四

在 2018 年 7 月发布的“2018 新华－波罗的海国际航运中心发展指数”中，新加坡、中国香港、伦敦位列全球国际航运中心前三甲，上海排名提升一位至第四。

2014 年新华 - 波罗的海国际航运中心发展指数首次发布时，上海位列第七位。得益于快速发展的现代航运集疏运体系和航运服务体系，以及区域航运协同发展效应，上海的排名不断提升。

上海于 2018 年 6 月 24 日发布《上海国际航运中心建设三年行动计划（2018-2020）》，冲刺国际航运中心建设目标。

3. 长江口南槽航道治理一期工程开工 长江口大型邮轮和大型集装箱船舶“超宽交会”常态化运行 长江咽喉要道能力将大幅提升

长江口南槽航道治理一期工程将于 2018 年末开工。项目完成后，将满足 5000 吨级船舶满载乘潮双向通航，兼顾 1-2 万吨级船舶减载乘潮通航和大型空载船舶下行乘潮通航，大大缓解了北槽深水航道通航压力。

2018 年 12 月 1 日起，长江口深水航道大型邮轮和大型集装箱船舶“超宽交会”由试运行转为常态化运行。此后，总宽度大于 80 米但不超过 90 米的大型邮轮与大型集装箱船，可进行双向交会，对提升长江黄金水道通航效率，助推上海国际航运中心和邮轮母港建设意义重大。

4. 以上海为中心引领长三角城市群发展 交通运输部联合长三角三省一市发布《关于协同推进长三角港航一体化发展六大行动方案》

长三角一体化上升为国家战略，上海将在长三角城市群发展中发挥龙头作用。作为推动长三角港航一体化发展的重要机构，上海组合港管理委员会吸纳安徽省作为成员单位。

通过落实《关于协同推进长三角港航一体化发展六大行动方案》，长三角地区将协同推进港航一体化发展，在区域协同战略中发挥示范引领作用，更好服务交通强国建设和长江经济带发展。

5. 航运人许立荣、包起帆入选“改革先锋”100 人

中国远洋海运集团有限公司董事长、党组书记许立荣，上海国际港务（集团）股份有限公司原副总裁包起帆入选“改革先锋”100 人。

改革开放 40 年来，以许立荣、包起帆为代表的航运人，锐意进取、开拓创新，有力推动了中国外贸运输改革，着力打造中国融入全球经济的物流通道，为更多中国企业“走出去”搭建了桥梁，为“一带一路”建设提供有力保障。

6. 豪华邮轮建造实质性启动 邮轮船票试点成功 通关效率达一流水平

2018 年 11 月，中船集团与嘉年华集团、意大利芬坎蒂尼集团共同宣布合作设计建造“2+4”艘 13.35 万总吨 Vista 级大型邮轮，第一艘计划 2023 年 9 月 30 日交付，第二艘初步计划 2024 年 12 月交付。这是打响“上海制造”品牌、促进上海邮轮全产业链发展的重要一步。

2018 年，上海全面启动邮轮船票试点并取得阶段性成果，有望在全国推广。邮轮船票试点的实施，重构了邮轮分销渠道，保障了游客权益，将引导和规范邮轮市场健康发展。同时，随着上海吴淞口国际邮轮码头后续工程进入试运行，上海邮轮码头进入四船同靠时代。通过技术、监管模式和流程创新，邮轮通关效率不断提升。

7. 第十四个“中国航海日”主题活动在上海举办

时隔 12 年，中国航海日活动主会场再次回到上海，第十四个中国航海日活动在上海举行，主题是“航海新时代，丝路再出发”。

上海主会场举行了上海国际航运中心论坛、21 世纪海上丝绸之路港航合作会议等 6 个专题论坛。通过举办“舰船开放日”“船艇巡游”“水上安全知识进校园”“共绘航海梦”和“当代航海精神”微视频大赛等活动，促进航海文化传拨。同期，还举办了为期约 20 天的上海国际航运中心建设成果展，生动展示上海国际航运中心建设历程。

8. 上海航空枢纽服务能级提升 虹桥临空经济示范区建设提速

2018 年 10 月 15 日，上海虹桥国际机场 1 号航站楼改造完成，国内出港流程实现全自助。上海两大机场先后被国际航空运输协会授予便捷出行项目“白金机场”认证。

《上海虹桥临空经济示范区发展规划（2018-2030 年）》发布，明确示范区建设中长期发展目标和主要任务。根据规划，上海力争将虹桥临空经济示范区建设成为国际航空枢纽、全球航空企业总部基地、高端临空服务业集聚区、全国公务机运营基地和低碳绿色发展区。到 2030 年，示范区将配合虹桥机场与浦东机场共同构建上海国际航空枢纽核心竞争力。

9. 聚焦“可持续” 上海国际航运中心积极推动“绿色”发展

《上海市绿色交通行动方案（2018-2020 年）》发布，明确新能源、清洁能源船舶应用鼓励措施，以及绿色机场建设等要求。上海港深化船舶排放控制区工作，10 月 1 日起启动“进入排放控制区使用 0.5% 低硫油”的管控措施。

7 月 1 日起，上海港国际集装箱设备交接单全面推行电子化。不仅有望每年为企业减少 4 亿元以上的费用，还能实现 24 小时报送，提高报关效率，缓解交通拥堵，减少车辆污染排放。

10. 上海市虹口区发布建设北外滩航运品牌“百年老店” 上海航运交易所全力打造“上海航运指数”品牌

上海市虹口区发布建设北外滩航运品牌“百年老店”，上海航运交易所全力打造“上海航运指数”品牌上海市虹口区 2018 年 7 月发布《提升城区能级和核心竞争力实施意见》。

根据《意见》，航运机构云集的虹口北外滩功能区，将加快航运服务高端要素集聚，集聚和培育一批国内领先、国际一流的知名航运服务总部企业和功能性机构，将北外滩航运品牌打造成航运业的“百年老店”。

2018 年 11 月 28 日，上海航运交易所发布“中国（上海）进口贸易海运指数”，试运行中国沿海金属矿石运价指数和中国沿海粮食运价指数。

“上海航运指数”体系不断完善，成为“上海航运服务”品牌建设中的亮点。上海航运交易平台启动，实现线上运费（美元）支付等五大功能，在“互联网 + 航运”模式下，探索发展航运交易相关的线上服务。

来源：市交通委网 2018 年 12 月 29 日

上海建设服务全国的进口枢纽口岸

“企业最关心的有四点：生意能不能做？容不容易做？便宜不便宜？能做多久？” 魏德米勒电联接（上海）有限公司亚太区物流总监史志斌说，“在上海，包容性、便利性、经济性和持久性都是可见的。”作为全球电气联接技术产品领域的领先制造商，魏德米勒拥有 160 多年的历史。2001 年 7 月，魏德米勒在中国上海成立其全资子公司——魏德米勒电联接国际贸易（上海）有限公司，由此正式开始了在中国的发展历程。2011 年，魏德米勒在新加坡、上海等地中，最终选择了上海外高桥保税区作为亚太物流中心。

随着《上海市贯彻落实国家进一步扩大开放重大举措加快建立开放型经济新体制行动方案》（简称“上海扩大开放 100 条”）的发布，魏德米勒也计划再次升级，将魏德米勒亚太物流中心打造为中国乃至全亚洲的分拨枢纽中心，魏德米勒集团还将继续增加除海运和空运以外的从欧洲至中国的多种物流途径与模式，持续缩短货物运输周期，提升中国及亚太地区客户的满意度。

世界级口岸：在上海做全球生意

日前发布的上海扩大开放100条中，明确要建设服务全国的进口枢纽口岸，打造更具国际市场影响力的进口促进新平台。其中，就包括要营造高效便捷的货物和服务进口贸易环境。

上海市商务委员会副主任申卫华认为，打造世界级口岸，保持口岸货物进口规模等，离不开口岸功能的不断优化，服务窗口的智慧化提升。“上海已经建成兼具监管和服务功能、覆盖口岸通关全流程和贸易监管主要环节、可以跨区域申报的‘单一窗口’3.0版；原上海出入境检验检疫局牵头推行以‘进口直通、出口直放’为核心的长江经济带检验检疫一体化改革，与长江经济带11个直属局也已全部实施一体化工作等。”

在这一点上，魏德米勒感受最深，位于上海自贸区的魏德米勒亚太物流中心启动后，扩大了其业务服务的覆盖范围，陆续增加了美国、俄罗斯、阿联酋等国家，业务量增长了80%，但以上海口岸为支点的服务速率却不降反升：受惠于上海自贸区的“分送集报”功能，从以往2-3天的清关时间，变成了当天进出。

“此外，根据上海自贸区提供的相关政策，魏德米勒亚太物流中心在同一个仓库内同时运营保税与非保税的业务，适应了公司所需的不同贸易模式，给公司运作带来了极大的便利。”如今，魏德米勒亚太物流中心内，每天流转着上万个品种库存货物，其中80%送往全国各地、20%运往海外。

“上海扩大开放100条”发布后，将有更大的“礼包”交付给在上海做全球生意的企业们：依托全市贸易便利化联系会议工作机制，围绕“行政效率最高、行政透明度最高、行政收费最少”的目标，将支持和促进上海货物贸易便利化工作。而加快实施世界贸易组织《贸易便利化协定》上，40项条款中38项已在上海自贸试验区实施和推进。

服务级口岸：进口商品集散中心

按照国际一流标准全力办好中国国际进口博览会，是“上海扩大开放100条”中，打造更具国际市场影响力的进口促进新平台重要举措之一。

目前，已成立跨境电商、大型零售商、综合贸易服务商、展示展销服务四大采购商联盟，促进“展品”变“商品”，扩大采购成交规模，打造联动长三角、服务全国、辐射亚太的进口商品集散地。“从当前情况看，上海各类企业参加进口博览会的热情高涨，上海交易团采购商组织工作进展顺利，预计将组织动员1.1万家交易商到会采购洽谈。”

事实上，上海口岸已成为服务长三角、辐射中国的进口商品集散中心。2017年，上海口岸货物贸易进口增速创6年新高，超出预期。据上海海关统计，上海口岸进口33445.1亿元，增长18.9%，占全国26.8%，继续保持全国最大口岸。

在类别上，进口医药品、计量检测分析自控仪器及器具、未锻轧的铜及铜材、服装及衣着附件、医疗仪器及器械继续保持全国最大省市，进口量分别占全国的32.0%、24.4%、23.3%、58.2%、43.3%。

吸引全球客户将更多的业务带到上海来，除了国内消费升级外，也离不开口岸服务的升级：作为上海老牌物流企业——畅联股份见证了2005年洋山深水港一期建成，至2017年，洋山港发展成为全球最大的智能集装箱码头的历程。越来越多的大型船只停靠洋山港，货物由此进入中国市场。大批大型跨国企业已率先进驻上海。目前，仅畅联股份就在上海为苹果、博世集团、索尼、三菱、松下、卡特彼勒、富士集团、日东电工等30多家的世界500强企业提供进口配套服务。

在畅联股份的控制中心内，100多台服务器正连接着其全国各地100多家子公司，负责口岸报关报检、仓储及全国运输，其中进口及配套业务约占90%。“近年来，消费品增长快速，以无印良品为例，其食品都是由我们负责的，今后还预计将负责化妆品部分。”上海畅联国际物流股份有限公司质量总监、进口高端消费品事业部负责人曲品南说。

作为服务全国的进口枢纽口岸，上海进口商品结构也正在优化。上海还将进一步支持关系民生的产品进口，支持与人民生活密切相关的日用消费品、医药和康复、养老护理等设备进口。此外，上海正计划在进口博览会期间，在市区开设两家保税展示商品中心。

开放型口岸：把假设变成现实

加快建立开放型经济新体制，上海的大门正越开越大，更多以前想做而不能做的事情，在制度创新背景下开始试水。2015 年 1 月，上海市商务委官网发布《关于在中国（上海）自由贸易试验区开展平行进口汽车试点的通知》，正式在上海自贸区启动平行进口汽车试点。

所谓“平行进口”，是指除总经销商以外，由其他进口商从产品原产地直接进口，其进口渠道与国内授权经销渠道“平行”。由于平行进口商一般向海外汽车经销商直接订货，通过小批量认证方式进口到中国境内销售，因此平行进口的汽车价格低于传统进口汽车价格。

2017 年上海平行进口汽车约有 5000 辆，预计到年底将达到 1 万辆。

“上海扩大开放 100 条”明确，上海还将全面推进专业产品的进口枢纽口岸建设

比如，争取建设药品进口枢纽，争取对临床急需境外已上市且在我国尚无同品种产品获准注册的抗肿瘤新药，在上海先行定点使用；争取建设医疗器械进口枢纽，对正在开展临床试验的、用于治疗严重危及生命且在我国尚无同品种产品获准注册的医疗器械，争取在上海开展拓展性使用。并计划将医疗器械注册人制度改革试点推广到全市，并逐步复制推广至长三角地区实施等。

来源：《浦东时报》 2018 年 8 月 3 日

漕河泾、奉贤综合保税区揭牌

2019 年 3 月 20 日下午，上海市促进综合保税区高水平开放高质量发展工作推进会暨颁证揭牌仪式在上海市政府举行。漕河泾、奉贤综合保税区在会上揭牌。

据统计，截至 2018 年底，我国已批准设立 140 个海关特殊监管区域。其中上海地区先后设立了 5 类 10 个特殊监管区域，目前总验收面积 38.786 平方公里。

2018 年，上海地区特殊监管区域共完成进出口总额 1874.5 亿美元，同比增长 6.0%，占上海外贸进出口 28.0%；实现工业总产值 2601.5 亿元，占全国特殊监管区域总量 11%；完成商品销售额 18864 亿元，占全国特殊监管区域总量 52%；完成物流企业经营收入 1638 亿元，占全国特殊监管区域总量 51%。

而就在去年，国务院批复同意两个综保区转型，这也是本市首批获准转型的特殊监管区域。

漕河泾综合保税区目前已形成独特的产业集群，汇聚了一批具有国际先进水平的高新技术项目和品牌企业，英业达、美敦力等世界 500 强企业在此落户，区内第三方物流、高端制造、检测维修、科创研发等产业的集聚效应显现。

奉贤综合保税区则已形成了新能源、电子信息、装备制造、保税物流四大主导产业，将引进一批化妆品、保健品、医疗器械等领域的企业，率先在全国打造美丽健康主导产业集群。

记者获悉，漕河泾、奉贤综合保税区的转型揭牌，是上海市贯彻落实《国务院关于促进综合保税区高水平开放高质量发展的若干意见》的重要举措，也是上海建设“五个中心”，打响“四大品牌”的重要载体。

漕河泾综合保税区相关负责人表示，此次综合保税区的揭牌将对园区整体产业起到巨大的推动作用，而奉贤区综合保税区的相关负责人则表示，综合保税区将对企业自身降低成本起到积极作用，未来将加强管理，做强结构管理和功能搭建，注重平台类功能型企业的招商工作，“此次揭牌也将对奉贤区的整体发展起到重要作用。”

下一步相关部门将制定贯彻具有本市特殊监管区域特点的实施意见，打好各方面政策配套的“组合拳”，提升国际化营商环境水平，特别是优化支持中小企业发展的制度环境，确保上海特殊监管区域的发展继续走在全国前列。

来源：解放网 2019/3/21

5.1.3 首届进口博览会物流专题
进口博览会为全球贸易与物流发展注入新动力

2018 年 11 月 7 日汇聚全球目光的首届中国国际进口博览会正在上海举办。7 日上午，圆通速递副总裁、先达国际执行总裁李显俊在接受新华网独家专访时表示，进口博览会为全球贸易与物流搭建了新平台，注入了新动力。与国际快递巨头同台亮相，有助于国内企业补齐创新短板，增强企业核心竞争力。此外，随着跨境电子商务等新业态、新模式的快速发展，快递行业又将迎来下一个发展蓝海。

进口博览会是展示、交流与学习的舞台

在这场全球瞩目的贸易盛会中，“快递元素”是重要组成部分。在位于服务贸易展区的 1 号馆展厅内，圆通速递旗下先达国际货运与美国联邦快递、美国联合包裹、德国邮政敦豪等国际快递巨头同场亮相，引来不少专业观众驻足。

“中国国际进口博览会是全世界首个以进口为主题的国家级展会，它为全球贸易与物流搭建了新平台、注入了新动力。”李显俊对新华网表示，进口博览会为广大物流企业提供了一个高层次的展示企业产品和形象、了解宏观经济和行业发展最新态势和加强和客户沟通合作的机会。

李显俊介绍，进口博览会期间，除了国内外大量客户到展台参观、咨询、商谈合作之外，先达国际还接待了来自巴基斯坦、捷克、俄罗斯等重要的境外合作伙伴，这也为企业发展带来大量商机。展会上，李显俊最为关注的是全球经济一体化发展的最新态势、全球物流行业发展的最新趋势，包括与物流相关的智能科技、电商、金融、供应链等各领域前沿动态。他认为与国际知名企业比邻而展，更是为中国企业近距离了解同行巨头创造了机会和可能。“参展的世界500强企业带来了最新的技术、产品和服务，我们不仅可以借机寻找合适的技术和装备，促进服务质量提升，还能寻找产品和服务差距，补齐创新短板，提升服务质量，增强企业核心竞争力。”

跨境电商是一片巨大的蓝海

近年来，我国电子商务发展迅速，物流作为电商活动的要素支撑，发挥着“绿叶衬红花”的作用。而随着跨境电子商务这种新业态新模式的出现，快递业与电商结合的趋势愈加明显。

对此李显俊表示，跨境电商是一片巨大的蓝海，它的发展势必需要跨境寄递物流服务的跟进。目前，“快递向外”形成的跨境物流网络布局优化和跨境电商的快速增长，共同促进了国际及港澳台快递业务的迅猛增长，快递在跨境贸易中扮演的角色越发重要。

中国物流行业如何把握这一机遇，需要克服哪些挑战？李显俊认为，一方面，应该加快国际网络布局；另一方面，应该丰富产品结构、提高产品竞争力。此外，物流企业的跨境业务还应注重解决合规化经营、专业化人才培育、政策法规等方面的问题。

李显俊解释道，跨境寄递作为物流快递的一个类型，离不开国际寄递网络的快速拓展。从国外一些巨头的经验来看，通过股权投资、兼并收购等资本运作快速起网，成为多数企业的选择。国际化也是圆通近两年发展的一大侧重点。2017 年，圆通速递战略收购先达国际，这是中国民营快递物流企业的“跨境第一购”。并购之后，圆通的国际化网络拓展到全球 50 多个国家和地区，国际化团队人数也达到 2000 人。

李显俊说，今年是改革开放 40 周年。没有改革开放，就没有民营快递物流、没有圆通的今天。圆通赶上了一个好时代，选择了一个好行业，未来仍将踏踏实实把快件送好，把以快递为核心的产业生态圈打造好，为国内国际的客户、合作伙伴创造更大的价值。

来源：第一物流网 2018 年 11 月 9 日

一站式物流中心未来可期

10 月 5 日，中国国际进口博览会在上海开幕，作为一场以进口为主题的国际盛会，许多国际港口航运企业纷纷参展。

在博览会服务贸易类馆现场，记者看到，港口方面的企业有迪拜世界港口公司、和记港口集团有限公司等参展，其中一带一路沿线国家的许多港口航运企业如比雷埃夫斯港务局、科伦坡国际集装箱码头有限公司、汉班托塔国际港口集团有限公司、巴西 TCP 码头、泽布鲁日港、汉堡港等港口码头也出现在现场。

值得一提的是，新加坡领先的运输管理服务物流供应商之一——高升控股也来推介其一站式物流服务中心。现场高升控股工作人员介绍，该公司在新加坡主要物流枢纽区拥有约 360 万平方英尺的覆盖式和开放式仓储空间，并负责其运营和管理。“未来随着港口发展，土地资源会日益紧张，我们一站式物流服务中心，将仓库和中转站整合到一处建筑之中，大大缩短了运输周期和等待时间，从而降低成本，提高生产率。”该工作人员介绍，通过整合运输流程，物流中心可以将综合中专站的集装箱在短短几分钟之内送到仓库，实现无缝式协同操作，周转时间被大大缩短。

相比传统的仓库最多只能堆叠 9 个集装箱，一站式物流中心独特的屋顶集装箱中转站设计能堆叠多达 15 个空箱，在土地占用方面，屋顶集装箱中转站可比传统仓库减少占用 11.38 公顷，而且避免了其作业时不利天气的影响。“我们希望未来能将这种技术应用到中国来。”该工作人员说。

来源：中国水运网 2018 年 11 月 06 日

霍尼韦尔与海信集团将共同打造互联物流网络平台

11 月 5 日，在首届中国国际进口博览会期间，霍尼韦尔在上海与海信集团正式签署战略合作谅解备忘录。双方将针对大数据、物联网、云计算、智能终端等互联物流解决方案和高性能材料应用进行联合开发，同时助力构建一体化物流生态圈，共同打造全国领先的互联物流网络平台。

双方将针对大数据、物联网、云计算、智能终端等互联物流解决方案和高性能材料应用进行联合开发，同时助力构建一体化物流生态圈，共同打造全国领先的互联物流网络平台。

物流是国家经济支撑性产业，提高物流效率，降低物流成本已成为产业链各方的重点发展方向。而集多种服务功能于一体的智慧物流、互联物流与这种现代经济运作的需求相契合，通过信息流与物质流快速、高效、通畅地运转，实现降低社会成本，提高生产效率，整合社会资源的目的。

研究报告表明，当今国内智慧物流市场发展迅速，预计到2025年规模将超万亿元。

霍尼韦尔和海信集团双方正是秉承着智慧物流、互联物流的理念，以打造科技型物流网络平台作为愿景，同时持续深耕环保型高性能材料应用，达成了一系列战略性合作，包括拟共同：建立战略联合实验室/创新孵化器：对人工智能、机器学习等大数据挖掘技术，物联网传感器、智能终端及边缘计算技术，高性能材料技术等进行创新开拓，并使用合作技术进行新产品的试点开发，集成整合以及最终商品化。

打造智慧物流合作项目：利用双方优势资源组建智慧物流项目组，正式启动物流产业化项目，进行信息化、平台化、社会化及产业化的实施。联合开发与推广：双方的优秀团队将在新技术、新工艺、创新解决方案等方面进行联合项目开发，借助各自技术优势推广高性能材料在新产品中的应用。

霍尼韦尔与海信集团将在合作中充分发挥各自优势，通过技术创新模式解决物流问题，拟共建物流供应链生态平台，推动优质社会化资源整合，致力于成为新时代互联物流的引领者。海信集团副总裁贾少谦在签约仪式上表示："集多种服务功能于一体的智慧物流，正在快速发展，未来前景广大。它体现了现代经济运作特点的需求，能实现物流信息的快速、高效、通畅地运转，降低物流成本，提高流转效率。海信原有的物流模式已无法满足业务的快速增长，也不适应多元化发展的战略，此次合作基于海信在制造业已有的物流体量与霍尼韦尔领先的物流供应链高精尖智能技术及平台级软硬件产品，双方优势互补，相信能够为海信带来全方位的数字化赋能，助力海信物流战略转型，共同打造全国领先的互联物流网络平台。"

霍尼韦尔智能建筑科技集团大中华区及亚太区和安全与生产力解决方案集团大中华区及印度地区总裁李宁表示："随着物流体系的不断完善及现代信息技术的发展，互联物流成为了现代物流的必然发展方向。借助物联网技术，互联物流通过货运流程的自动化与智能化，将为企业注入源源不断的创新活力、推动物流行业产业升级。作为全球高科技制造企业，霍尼韦尔正从软件、数据和服务等方面迅速推进公司成为互联领域的高科技企业。此次合作霍尼韦尔提供互联物流整体解决方案，与海信集团强大的本地化运营能力相结合，实现高效的物流管理，旨在连接并优化中国物流生态系统。"

霍尼韦尔近一半的产品和技术均致力于节能环保。通过领先的技术和解决方案，帮助中国的客户实现节能减排与绿色发展，遵守相关政策法规的要求。"霍尼韦尔在降低全球变暖潜值，减少可挥发性化合物和改善产品能源效率相关技术的开发上拥有深厚的历史积淀且一直遥遥领先。我们同海信多年来相互信任并有很好的合作基础。未来双方将在此合作框架下，进一步发挥各自业务和技术优势，共同开发环保型新材料、新技术、新工艺，应对日益严格的环保法规和满足不断提高的产品能效要求，促进中国企业的可持续发展。"霍尼韦尔高性能材料部亚太区副总裁兼总经理安娜在签约仪式上表示。

霍尼韦尔将携一系列创新互联产品和解决方案参加首届中国国际进口博览会，涉及互联飞机、互联供应链、互联工厂、智慧建筑等。通过此次盛会，霍尼韦尔将向全世界展示公司的高科技产品和技术，进一步深耕中国市场，全面融入中国蓬勃发展的数字经济浪潮之中。

来源：第一物流网 2018年11月06日

际链科技与诺基亚贝尔、立镖机器人签订三方战略合作协议 加速智慧物流升级

首届中国国际进口博览会期间，11 月 9 日，普洛斯旗下的上海际链网络科技有限公司（下文简称“际链科技”）与浙江立镖机器人有限公司（下文简称“立镖机器人”）以及上海诺基亚贝尔股份有限公司（下文简称“诺基亚贝尔”），在普洛斯展台共同签署三方战略合作框架协议。

结合际链科技的智慧物流园区网络、立镖机器人全球首创的智能包裹分拣机器人及诺基亚全球领先的通信设备等技术，率先服务于普洛斯运营并管理的物流园区，为更加智慧的信息化物流业务“赋能”。据悉，以上三方还将为此建立起一个指导管理委员会，以实现信息的共享和互通有无。

芬兰驻华大使肃海岚先生、芬兰驻沪总领事馆总领事万伯阳先生、普洛斯资产中国区联席总裁赵明琪女士、上海诺基亚贝尔股份有限公司 CEO 王建亚先生、上海际链网络科技有限公司副总裁朱琦先生、浙江立镖机器人有限公司总经理夏慧玲女士等嘉宾出席仪式并致辞。

近年来，在消费增长的驱动下，中国的物流行业进入了高速增长的时期，分工更为细化，目标是通过提高效率来降低运营成本，因此对资源的整合和技术创新提出了更高的要求。物联网、大数据、机器学习等智慧信息技术，不仅可以加快整个智慧物流行业升级，同时也能共同创造更加高效的智慧物流领域，为社会、行业创造更大价值，让更多的人能够享受到智慧物流带来的美好生活。

有鉴于此，际链科技、立镖机器人、诺基亚贝尔三方共同达成了本次战略合作。三方商定将利用合作优势互补，通过技术驱动物流要素互链，加速物流行业智慧化进程。同时，三方还将强强联手，利用各自在行业内积累的能量，打造独特的智慧物流平台并输出平台能力。

普洛斯旗下科技创新平台际链科技副总裁朱琦表示：基于普洛斯全国领先的物流园、工业园及科创园载体，际链科技的智慧物流园区网络能够为物流科技创新提供最广阔的应用场景和实践空间。际链致力于利用先进的技术进行物流园区的基础设施升级，打造智慧物流园区网络，帮助园区业主更好的管理资产，和更好的服务于园区租户的运营效率提升。

浙江立镖机器人有限公司 CEO 夏慧玲表示：立镖机器人是一家很年轻的公司，敢于尝试、思考和创新，除立镖全球首创智能包裹分拣机器人——“小黄人”以外，还会不断研发新兴、先进技术，在智慧物流领域上下求索，全力拓展新的发展路径。并积极与合作伙伴、行业和社会紧密携手，紧紧抓住人工智能从“技术变革”跨入“创新应用”的重要时期，取长补短、协同创新，加快整个智慧物流行业升级，共同创造更加高效的智慧物流领域，让更多的人能够享受到智慧物流带来的美好生活。

上海诺基亚贝尔股份有限公司执行副总裁、企业与公用事业团队负责人金剑表示：通过将全球领先的信息技术引入物流行业，我们有志于为全产业化的高效智慧服务打造一个样本，在提高物流园区仓储、运输、管控等环节执行效率的同时，实现物流服务全流畅的透明、可追踪、可溯源，从而更好地服务于最终企业、消费者和社会公众。

来源：中物联网 2018 年 11 月 12 日

面对国内外环境变化 物流业如何搭上扩大进口的快车

面对国内外环境的变化，中国将实施更加积极的开放战略，构建开放型经济体制。其中的重要措施之一就是以举办首届国际进口博览会为标志，主动扩大进口规模。进口规模的扩大意味着我国进口商品的比重、结构和流向会发生显著变化，这将给我国货运物流业带来重大利好。笔者认为，最值得期待的影响是，可能改变外资物流企业对进出口运输权的控制。

长期以来，我国外贸出口货物多以 FOB 条款成交，运输决定权在国外买方，由于服务的异质性和国内企业海外网络缺乏等原因，买方多会选择外资物流公司。据初步统计，FOB 货物占我国外贸运输比例的 70% 以上，造成海运外汇收入大量流失。自 1982 年有统计服务贸易数据以来，我国运输服务逆差严重，长期第一位。近年来，由于旅行服务逆差迅速扩大，运输逆差才降至第二位。2017 年，我国运输逆差达 558.4 亿美元，计 3771.9 亿元人民币，同我国贸易大国和海运大国的地位极不相配。

业内人士认为，若我国坚持扩大进口规模，这种状况有望得到遏制和扭转。因在进口合同中，进口方即国内贸易商和生产制造企业可掌握国际贸易的主动权，决定价格和运输服务的选择。基于文化、合作关系等考虑，国内进口企业有望选择国内物流企业作为全程物流服务商，一定程度上减少我国运输服务逆差。以下笔者将从货运量、业务结构及海外市场布局三方面进行详细分析。

首先，进口规模的扩大意味着国内物流企业进口业务量的增加。从货类看，中国进口商品主要包括大宗资源类产品、关键设施和高端设备以及品质优良的民生必需品，如生鲜食品、药品和化妆品等消费品。除必须适度进口的战略性大宗资源产品外，减少大宗资源产品占比是我国改善进口贸易结构的重点之一。国内物流企业应密切跟踪商品结构的变化，将关注的重点放在关键设施设备和高端装备的进口上。这类货物的单位货值较高，从时效上看，除集装箱运输外，采用空运和中欧班列承运这类货物的比例会稳定增长。2017 年重点国际货代企业运行监测数据显示，近 20 家企业空运进口量呈 30% 以上的高增长；另据统计，得益于回运的货值较高的汽车配件、机械设备等进口货物比例快速提升，2017 年和 2018 年上半年中欧班列回程班列分别增长同比 123% 和 100%。而进口冷链食品和高端消费品的增加将给发展跨境电商和保税物流业务带来机会。2017 年，通过海关跨境电商通关管理系统进口货物的货值共计 562.2 亿元人民币，同比增长 115%，这使得跨境电商物流正成为一些货运物流企业的经营亮点。另外，无论采取哪种运输方式，通关都是货物进出口的必备环节。当前，出口报关价格透明，劳务费低，相对来说，因涉及货物征税归类，进口环节报关流程复杂且利润率相对较高，所以进口货运量的持续增长会给低迷的报关市场带来生机。

其次，进口业务可给国内货运物流企业调结构、促转型带来机会。当前，国内物流市场竞争激烈，利润率低，根本原因在于其业务链条短，集成化服务能力不强。如现阶段，我国多数进口货代的业务局限在进口报关和中转等环节，容易产生增值的海外端业务较少。近些年，深圳、义乌、上海、郑州等一些市场活跃地区的中小物流企业抓住我国大力发展跨境电商及进口优质农产品和鲜活食品快速增长的机会，通过贸运结合的方式，开始提供进口贸易、运输、报关、保税、分拨、批发和零售等一站式供应链服务，既增加了客户黏性，也大幅提高了利润率和业务量，前景看好。因此，对不少国内物流企业来说，能否将进口业务量扩大带来的潜在机遇转化为现实的竞争优势，取决于其能否及时延伸业务链，提升服务的集约化和专业化程度。

最后，扩大进口有望给国内物流企业提升国际化水平带来难得机会。高质量运营进口跨境电商业务需要我们在重点进口区域建立海外仓；客户将全程进口运输业务托付给国内物流企业，能否操作好这些全程业务尤其是海外段业务，关键也在于国内企业的海外网络布局和属地化服务水平。近年来，不少国内国际货代物流企业抓住共建“一带一路”的机遇，“走出去”加快海外网络布局，而现在则到了“走进去”积极开展属地化经营的攻坚阶段。因此，我们应抓住进口规模不断扩大的机会，通过合资、项目合作等多种形式加强在海外地区的实体网络布局，在此基础上，还要在进口物流市场需求集中以及物流作业环境复杂的海外区域如欧洲、中亚、非洲、南美、东南亚等，加大资产设施投入，完善网络功能，加紧培养复合型海外人才，通过采取反向营销、国内外协同、进出口并重等措施，遵循“走出去—走进去—走上去”的路径，全面提升国内物流企业的国际化水平。

来源：中国道路运输网　2018 年 11 月 13 日

“苏新欧”班列首发 苏州“赴欧”物流又增添新的通道

作为苏州积极参与首届中国国际进口博览会的重要成果之一，2018 年 12 月 5 日上午，由苏州新城投资发展有限公司、哈萨克斯坦铁路货运股份公司合作运行的中欧班列（苏州—多斯特克—杜伊斯堡）（简称“苏新欧”）举行首发仪式，江苏（苏州）国际铁路物流中心国际货运专线也同时启用。苏州成为同时运营 2 条中欧班列即“苏满欧”和“苏新欧”的城市。副市长杨知评出席首发仪式。

苏州地处“一带一路”与长江经济带的交汇点，在建设“一带一路”、进一步扩大对外开放中，有着雄厚的经济条件和优越的区位条件。截至 2017 年底，“一带一路”沿线国家在苏州投资设立的实际运营企业为 1600 余家，实际使用外资 111 亿美元；苏州企业累计在“一带一路”沿线国家和地区投资项目 367 个，中方协议投资额 59 亿美元。

作为深化苏州与“一带一路”沿线国家经贸合作的有力抓手，苏州着力推进中欧班列的发展，目前已初步形成集中欧、中亚、中俄进出口班列为一体的国际铁路货运班列平台。2018 年 1 月至 11 月，共发运进出口班列 145 列，其中，回程班列 40 列，同比增长 33%。

苏州新城投资发展有限公司党委书记、董事长陈建斌介绍，近年来，该公司积极拓展国际合作空间，分别与德国杜伊斯堡港口股份公司、新加坡新中联集团、白俄罗斯国际运输公司等签署了合作备忘录。在今年 11 月 5 日开幕的首届中国国际进口博览会上，新城投资公司与哈萨克斯坦铁路国有股份公司签署合作会谈纪要，决定合作运行中欧班列（苏州—多斯特克—杜伊斯堡）。

12 月 5 日首发的“苏新欧”中欧班列（苏州—多斯特克—杜伊斯堡），从江苏（苏州）国际铁路物流中心始发，经新疆阿拉山口出境途经哈萨克斯坦多斯特克，终点到达德国杜伊斯堡港，全程预计 16 天。其出口货物主要为笔记本电脑、电子元器件、液晶显示屏等。

杨知评表示，苏州市政府将继续深入实施开放提升战略，全力推进江苏（苏州）国际铁路物流中心建设，苏州有信心将苏州铁路物流中心打造成长三角经济圈运量最大、多式联运效率最高、运营成本最低的国际铁路物流中心，为苏州乃至长三角企业拓展国外市场特别是中亚和东欧市场，深化对外经贸往来提供重要的贸易物流通道，实现中欧班列的可持续性高质量发展。

此外，“苏满欧”中欧班列（苏州——华沙），自 2013 年 9 月 30 日第一次正式发车以来，截至目前已运送了 4 万多个标准集装箱的货物，进出口总额超过 36 亿美元。其中，2018 年 1 月 1 日 -10 月 31 日，“苏满欧”班列进出口发车 116 趟，进出口总值 8.2 亿美元。

背景链接：江苏（苏州）国际铁路物流中心

2016 年 8 月，苏州市人民政府和上海铁路局签订框架协议，合作共建以铁路为核心、以多式联运为特色的江苏（苏州）国际铁路物流中心。同年，该项目被国家海关总署列入中欧班列铁路场站对外开放项目，是中国铁路总公司“十三五”时期重点建设的全国33个一级物流基地之一。今年11月，国际铁路物流中心项目获批成为全国第三批多式联运示范工程。

目前，苏州正加快江苏（苏州）国际铁路物流中心建设，该项目规划面积1280亩，计划总投资65.8亿元。其中，具有年10万标箱换装作业能力的国际专用线已建成并正式启用，监管中心项目计划于2019年上半年建成并投入使用。

来源：浙江物流网 2018年12月06日

国际物流巨头 开启“进博会时光”

10月31日，为迎接首届中国国际进口博览会（以下简称“进博会”），国际速递集团联邦快递宣布在中国市场提升一系列进口货物运输解决方案，用以支持中国进口贸易的发展。

无独有偶，《国际金融报》记者获悉，美国另一家物流巨头UPS（联合包裹速递服务公司）在进博会期间也将宣布再次升级中欧铁路服务，在中国与欧洲多国新设多处站点，从而提高地区与地区企业之间的连通性。

作为进博会服务贸易展区的重要参展企业，联邦快递和UPS做足准备，等待着进博会时刻的到来。在接受《国际金融报》记者采访时，二者均表示将在进博会的舞台上“大秀风采”，认为进博会的举办将创造巨大的商机，对于国际贸易和企业发展来说，都具有深远的意义与价值。

秀出风采

“停机坪式的展台、开放式的空间、777货机模型、VR体验区……”对于即将在进博会上向全球参观者亮相的展台情景，联邦快递相关负责人如数家珍。作为最早应邀参加进博会的跨国公司之一，联邦快递早已为参展做好了充足的准备。目前，联邦快递已在服务贸易展区设置了一个面积为180平方米的展台，公司将以多种方式展示联邦快递支持进口贸易的各项物流解决方案和技术。

据联邦快递方面介绍，展台设计成一个停机坪的场景，上面停靠了一架联邦快递777货机模型，整个展台空间呈现全开放模式。值得一提的是，在货机模型前部设置了一个VR体验区，可以让参观者身临其境地体会联邦快递的分拣系统效率。此外，货机机身部分将借助三维影像技术，展示联邦快递对医疗保健、电子商务及汽车三大垂直行业领域的物流解决方案。

“进博会致力于打造此次参展商与采购商的精准对接，联邦快递也将有机会向更多的海内外采购商介绍高效的进口物流解决方案，并了解他们的需求。”联邦快递方面对记者表示。

与联邦快递类似，UPS称赞进博会为企业提供了直接面对面交流的机会，并表示“进博会对UPS来说非常有意义和价值”。UPS在进博会展台上的设计将凸显创新、自由、活跃的价值主张，并通过一系列互动环节的设计，展现UPS在中国市场的里程碑与亮点事件，同时将利用图文形式为到场观众演示UPS前沿的技术与进口解决方案。

UPS方面特别强调，将在进博会上着重推出近日在亚太地区最新拓展的UPS My Choice服务。据了解，该服务通过强化包裹递送状态追踪的可见性和可控性，不仅能让顾客更好地掌控物流方式，也将助力零售商面对递送故障时做出敏锐和及时的应对举措。

把握商机

从市场规模来看，目前中国快递市场已经接近全球份额的25%以上，是全球第一快递大国。

业内人士分析认为，在市场需求和政策等多方红利的支持下，预计到2020年我国快递物流收入规模超过8000亿元，市场将迎来下一个“黄金十年”。

联邦快递人士对《国际金融报》记者表示："通过参加进博会，公司将能更加深入地了解中国消费者的喜好，了解消费市场的分布情况，从而有助于公司拓展进口业务，获取商业机会。"

UPS 也看中了进博会蕴含的商业机遇。UPS 方面对记者表示，进博会期间，公司将宣布再次升级中欧铁路服务，在中国、德国、匈牙利、荷兰和波兰新设多处站点，提高企业之间的连通性。"与传统空运服务相比，UPS 往来中欧铁路货运服务可以为中国客户节省 65% 的运输成本；与传统海运服务相比，则可以为客户节省 40% 的运输时间。此服务为中国进口企业提供了更广阔的商业机遇、交通便利以及商业利润。"

许多业内专家认为，进博会也将为国内物流企业带来众多机会。中国物流学会特约研究员、知名物流专家杨达卿在接受《国际金融报》记者采访时表示，进博会开设运输物流展，有助于中国市场向全球采购先进的物流服务、技术和设备。对国内物流企业来说，进博会提供了与发达国家领先企业交流及对接合作的机会，中国物流企业缺乏全球化网络布局，需要与海外物流企业开展服务网络嫁接等合作。想要走向全球的中国物流企业，可以通过进博会找到更多海外服务对接资源。

来源：人民网 2018 年 11 月 05 日

"物流总仓"创新模式确保进博会食品安全

首届中国国际进口博览会餐饮食品供应中转物流总仓 21 日正式运行。上海市商务委进博会餐饮服务保障组副组长徐剑锋表示，本届进博会创新性地建立了这一"物流总仓"模式，按照进口博览会总体物流管控要求，将所有进入核心区展馆内的食品及原料集中存储到物流总仓，采取"安检前移、集中检测、全程押运、绿色通道、集中配送"等措施，确保进口博览会期间餐饮食品供应和安全。

进博会场馆内目前有 100 多家餐饮企业，物流总仓建立的进口博览会餐饮食品供应物流配送追溯系统，与上海现有的食用农产品流通安全信息追溯管理平台的大数据相通，可从源头到餐桌，保障进博会展馆内食品原料百分百信息可追溯。

据进博会餐饮物流保障工作小组成员袁燕红介绍，进博会物流配送车辆配备物联网系统，开门次数多少、行车路径如何、电子签封记录等都在后台记录在案，系统还与后端客户，以及食药监、商务委等政府部门进行联网，从而让安全监管前移。

来源：中国新闻网 2018 年 10 月 22 日

5.2 自贸区物流

5.2.1 2018 年度相关统计数据

自贸区保税片区 2018 年 1–12 月物流部分统计数据

自贸区保税片区总计

外贸进出口总额 9816.59 亿元，增长 6.5%；其中出口额 2713.21 亿元，增长 10.4%；集装箱吞吐量 3793.43 万标箱，增长 4.5%。

外高桥保税区

外贸进出口总额 8429.93 亿元，增长 5.9%；其中出口额 2173.27 亿元，增长 10.3%。货物吞吐量 17420.31 万吨，降幅 1.9%；集装箱吞吐量 1950.99 万标箱，降幅 1.7%；停泊船舶 39937 艘次，降幅 4.4%；船舶在区停时 0.29 天，增幅 3.9%。

洋山保税港区

外贸进出口总额 855.71 亿元，增长 11.1%；其中出口额 270.83，降幅 6.1%。航运物流服务收入 1284.00 亿元，增长 11%，占经营总收入（3420 亿元）3758%；货物吞吐量 16669.17 万吨，增长 9.9%；集装箱吞吐量 1842.44 万标箱，增长 11.5%；其中水水中转 909.28 万标箱，增长 8.8%；国际中转 232.90 万标箱，增长 22.1%。停靠船舶 15725 艘次，增长 29.5%。

浦东机场综合保税区

航运物流服务收入 68.00 亿元，增长 13%，占经营总收入（180 亿元）37.8%；货邮吞吐量 376.86 万吨，降幅 1.5%。

来源：中国（上海）自由贸易试验区保税区管理局《2018 年 12 月统计月报》

5.2.2 综合信息

2018 年上海自贸区重要政策梳理

过去的 2018 年，上海自贸试验区步入 5 周年，根据党中央“大胆试、大胆闯、自主改，力争取得更多可复制推广的制度创新成果”的指示，一系列支持自贸区先行先试发展推动更深层次改革、更高水平开放的政策于年内出台。

2018-01：《国务院关于在自由贸易试验区暂时调整有关行政法规、国务院文件和经国务院批准的部门规章规定的决定》

国务院决定，在自由贸易试验区暂时调整若干法律法规。调整内容包括：

● 允许设立外商独资经营的娱乐场所。

● 未来自贸区内将允许设立外商独资国际船舶运输、国际船舶管理、国际海运货物装卸、国际海运集装箱站和堆场企业，允许外商以合资、合作形式从事国际船舶代理业务，外方持股比例放宽至 51%。

● 在航空方面，允许外商以独资形式投资设立航空运输销售代理企业和航空货运仓储、地面服务、航空食品、停车场项目；放宽外商投资通用飞机维修由中方控股的限制；取消外商投资飞机维修承揽国际维修市场业务的义务要求，由国务院民用航空主管部门制定相关管理办法。允许外商以独资形式从事6吨级9座以下通用飞机设计、制造与维修业务；取消3吨级及以上民用直升机设计与制造的投资比例限制。

● 在轨道交通方面，取消外商投资城市轨道交通项目设备国产化比例须达到70%以上的限制。

● 允许外商以独资形式在自贸区从事加油站建设、经营。

● 互联网信息服务方面，允许外商投资互联网上网服务营业场所。

● 农业方面，取消外商从事稻谷、小麦、玉米收购、批发的限制。

● 金融方面，此前的外资银行条例规定，外资银行营业性机构经营人民币业务的在提出申请前应在中国境内开业1年以上，《决定》第15项取消了这一开业年限限制。

2018-01：《关于完善启运港退税政策的通知》

财政部、海关总署、税务总局联合发布该通知，对符合条件的出口企业从启运地口岸（启运港）启运报关出口，由符合条件的运输企业承运，从水路转关直航或经停指定口岸（经停港），自离境地口岸（离境港）离境的集装箱货物，实行启运港退税政策。其中“离境港”的政策适用范围为上海市外高桥港区、上海市洋山保税港区。

2018-03：《关于推动拓展自由贸易账户适用范围的通知》

市金融办发布该通知，拟将FT账户适用范围拓展至全市：一是“上海科技创新职业清单”内的机构，有跨境筹资、增资扩股、收购兼并、上市、资金集中管理等实际跨境需求的科创类企业，以及在其发展周期中起推动作用的市场主体；二是服务“一带一路”建设和“走出去”的有国际贸易结算和融资需求的实体企业；三是总部经济相关的实体企业，有设立全功能型跨境双向人民币资金池需求，在岸集中管理全球人民币资金的跨国企业等；四是遵循绿色投资、科创投资等理念，且重点投向上海科创中心建设、绿色环保、“一带一路”建设相关领域，支持实体经济增强资本实力的跨境股权投资企业。

2018-03：【沪关公告】自贸试验区海关特殊监管区域内开展汽车平行进口试点保税仓储业务

仓储企业应建立符合海关监管要求的计算机管理系统，具备符合海关监管要求的汽车专用仓储场地，试点企业开展业务前，应凭地方主管部门批准的汽车平行进口试点资质认定证明，向上海海关加工贸易主管部门备案。试点企业应按规定向海关申报进口、进行标准符合性整改等。

2018-04：《中国（上海）自由贸易试验区顶尖科研团队外籍核心成员申请在华永久居留的认定细则（2018年试行）》

承担近5年获批且仍在进行中的国家、上海市重大项目的、注册在上海自由贸易试验区且具有独立法人资格的企事业单位项目团队中的外籍核心成员（最多可申请6人），经该重大项目首席专家或项目负责人推荐，经认定后可申请在华永久居留。

2018-06：《中国（上海）自由贸易试验区关于扩大金融服务业对外开放 进一步形成开发开放新优势的意见》

上海自贸试验区颁25条扩大银行、证券、保险业务。具体内容包括扩大自贸区金融业对外开放，先行先试外汇管理改革，拓展自由贸易账户的投融资功能和适用范围，支持境外投资者参与上海证券市场，支持海外人才于上海自贸试验区金融机构开立FTF账户，增强上海自贸试验区金融服务“一带一路”功能与服务科创中心建设等。

2018-06：《自由贸易试验区外商投资准入特别管理措施（负面清单）（2018年版）》

自由贸易试验区负面清单由2017年版95条措施减至2018年版45条措施。2018年版自由贸易试验区负面清单，在全国负面清单开放措施基础上，在更多领域试点取消或放宽外资准入限制。农业领域，将小麦、玉米新品种选育和种子生产外资股比由不超过49%放宽至不超过66%。采矿领域，取消石油、天然气勘探、开发限于合资、合作的限制，取消禁止投资放射性矿产冶炼加工与核燃料生产的规定。文化领域，取消演出经纪机构的外资股比限制，将文艺表演团体由禁止投资放宽至中方控股。增值电信领域，将上海自贸试验区原有28.8平方公里区域试点的开放措施推广到所有自由贸易试验区等。

2018–08：《关于本市积极推进供应链创新与应用的实施意见》

紧紧围绕上海“五个中心”建设，依托中国（上海）自由贸易试验区制度创新，抓住举办首届中国国际进口博览会的契机，进行总体设计。重点内容包括力争到2020年，培育100家全国领先的供应链创新与应用示范企业，聚焦制造、流通、农业、金融、绿色、全球供应链，建立相应支撑体系等。

2018–08：《关于加快本市体育产业创新发展的若干意见》

推动形成与全球著名体育城市定位相匹配的产业发展格局，着力推动体育产业重点领域加快发展，内容包括引进一批体育用品跨国公司地区总部，按照《上海市鼓励跨国公司设立地区总部的规定》的要求，享受资金奖励、出入境便利等鼓励政策，鼓励各区积极引进体育用品龙头企业落户，给予政策支持；探索在上海自贸试验区开展体育服务产业政策试点等。

2018–08：《市场监管总局关于进一步推进企业简易注销登记改革的通知》

支持各地试点进一步优化企业简易注销登记程序，依托自贸试验区、国家级经济功能区和有条件的地区，继续探索试点拓展改革适用范围、压缩公告时间等改革举措，进一步优化企业简易注销登记程序，支持未开业和无债权债务企业快速退出市场，形成可复制推广的市场退出制度创新成果。鼓励各地探索构建企业注销登记服务平台。

2018–10：中国（上海）自由贸易试验区跨境服务贸易特别管理措施（负面清单）（2018年）及其管理模式实施办法发布

根据国际通行自由贸易协定中负面清单的内容形式，《负面清单》在结构上分为“编制说明”和“特别管理措施列表”两部分内容。“编制说明”主要对跨境服务贸易定义进行界定；对“负面清单”所列特别管理措施为不符合国民待遇等原则的措施予以界定；对负面清单的适用范围（自贸试验区范围内）、法规依据和行业分类标准予以说明等。“特别管理措施列表”本着与外商投资准入负面清单相衔接的原则，根据《国民经济行业分类》（GB/T4754-2017），以表格形式进行编写，共梳理出159项特别管理措施，涉及13个门类，31个行业大类。实施办法主要内容包括明确了跨境服务贸易的定义、确立了跨境服务贸易管理与开放的基本原则、建立了负面清单管理模式、明确部门管理职责、明确规定试点开放领域应当配套风险防范制度等。

2018–10：《关于促进本市邮轮经济深化发展的若干意见》

实现与中国（上海）自由贸易试验区的协同创新，支持宝山邮轮配套产业园、外高桥造船基地等建设邮轮修造产业基地及配套园区，深化上海中国邮轮旅游发展实验区与中国（上海）自由贸易试验区的协同创新，在邮轮经济领域，探索实施新一轮对外开放、贸易便利化、金融创新等政策举措。支持在国际邮轮港率先建设海关政策迭加、资源整合的邮轮监管区。逐步完善以服务邮轮经济为主要特色的海关监管制度，适时在符合条件的区域探索创建海关特殊监管区域等。

2018–11：上海自贸试验区将增设新片区

习近平主席在首届中国国际进口博览会开幕式主旨演讲中表示，将增设中国上海自由贸易试验区的新片区，鼓励和支持上海在推进投资和贸易自由化便利化方面大胆创新探索，为全国积累更多可复制可推广经验。同时，将在上海证券交易所设立科创板并试点注册制，支持长江三角洲区域一体化发展并上升为国家战略。

2018–11：《国务院关于支持自由贸易试验区深化改革创新若干措施的通知》

进一步营造优良投资环境、提升贸易便利化水平、推动金融创新服务实体经济、推进人力资源领域先行先试等。具体措施有研究支持对海关特殊监管区域外的“两头在外”航空维修业态实行保税监管、支持设立首次进口药品和生物制品口岸、允许银行将自贸试验区交易所出具的纸质交易凭证替代双方贸易合同作为贸易真实性审核依据、允许自贸试验区内银行按规定为境外机构办理人民币衍生产品、鼓励、支持自贸试验区内银行基于真实需求和审慎原则向境外机构和境外项目发放人民币贷款、支持自贸试验区内符合条件的个人按照规定开展境外证券投资、支持在有条件的自贸试验区开展知识产权证券化试点等。

2018-11：《中国（上海）自由贸易试验区关于进一步促进融资租赁产业发展的若干措施》

上海自贸试验区宣布设立融资租赁产业发展服务中心（平台），并发布了《中国（上海）自由贸易试验区关于进一步促进融资租赁产业发展的若干措施》，包含支持融资租赁企业设立和发展、优化融资租赁产业创新发展环境、加大对融资租赁企业和人才的政策支持力度、支持融资租赁企业服务实体经济、提升融资租赁产业营商环境水平、创新政府服务模式等六个方面的服务措施。其中，将着重加大对上海自贸试验区保税区域重点项目公司（SPV）发展的政策扶持力度，对开展航空、航运、重点设备融资租赁项目的专业子公司，在项目运行期间，给予一定奖励。

2018-12：2019 年度保税区域中国（上海）自由贸易试验区专项发展资金社会类功能提升项目申报指南

支持对象为注册地和税管地在自贸试验区保税区域范围内的企业和社会组织，围绕支持重点申报的提升自贸试验区服务和管理功能的项目，项目要求在 2018 年 8 月 1 日至 2019 年 12 月 31 日期间启动建设，项目建设周期原则上不超过两年。专项资金采取政府补贴、贷款贴息等方式。单个项目的支持额原则上不超过 2000 万元。申报材料应于 2019 年 1 月 15 日前提交至保税区管理局。

来源：中国（上海）自由贸易试验区网 2019 年 1 月 15 日

外高桥保税物流园区实现国际中转集拼业务创新突破

2018 年以来，外高桥集团股份下属物流中心公司在外高桥保税物流园区积极推进自贸区国际中转集拼规模化运作，推动业务放量增长及功能深化，尤其在“一带一路”的联动拓展下，实现了创新突破。

一是实现了直客集拼模式的业务增量。除原有海关批准的中外运、大创 2 家试点企业的基础上，推动了商船三井、日通、近铁等企业共同参与试点，园区 1-11 月完成国际中转箱量 3682TEU，预计全年将突破 4000TEU 直客中转规模，实现既定目标。

二是推动了“一带一路”下与中欧班列的联合拼箱运作。以保税仓储、保税转关等现有功能为基础，利用上海港在东南亚的航运优势，实现国内货源与东南亚货源在园区集聚后，通过义新欧、渝新欧班列实现“一带一路”的集拼，并发往欧洲的新型贸易方式。发挥了园区国际中转集拼的辐射优势，形成了亚太地区与欧洲板块的新型贸易走廊，也进一步提高了上海自贸区保税物流的发展水平。

针对试点企业的运作项目，物流中心公司与自贸区管委会、海关等组建工作联系机制，以项目为导向，根据不同试点企业的项目需求（如目前日通的中欧班列项目、近铁的尼桑项目等），解决项目实际营运过程中的功能性障碍与流程制约，进一步帮助企业优化现有业务流程，提高通关便利化与运作效率，切实扩大业务规模。

来源：中国（上海）自由贸易试验区网 2018 年 12 月 20 日

上海副市长吴清：上海自贸区新设片区相当大 具体情况将很快披露

2018 年 11 月 5 日，举世瞩目的中国国际进口博览会在上海正式开启，中国国家主席习近平在进口博览会开幕式的演讲阐明，将增设中国上海自由贸易试验区的新片区，鼓励和支持上海在推进投资和贸易自由化便利化方面大胆创新探索，为全国积累更多可复制可推广经验。并强调，中国将支持自由贸易试验区深化改革创新，持续深化差别化探索，加大压力测试，发挥自由贸易试验区改革开放试验田作用。与此同时，中国将抓紧研究提出海南分步骤、分阶段建设自由贸易港政策和制度体系，加快探索建设中国特色自由贸易港进程。这是中国扩大对外开放的重大举措，将带动形成更高层次改革开放新格局。

11 月 6 日，上海市副市长吴清在“共享新机遇 共谋新发展——人民币助推跨境贸易与投资便利化”主题论坛致辞时表示，关于进一步扩大上海自贸区的范围，“虽然详细信息还没有披露，但我可以透露，扩大的范围相当大，比原来的 120 平方公里大许多”。吴清表示良好的金融服务是国际投资贸易的引力场、助推器，上海市政府也将继续优化营商环境，支持和服务好企业、银行等各类市场主体，进一步促进跨境贸易与投资发展。

上海自贸区扩大开放措施取得明显成效

自 2013 年上海自贸试验区发布全国首份负面清单以来，2018 版负面清单已于今年 6 月 30 日发布。经四次修订后，负面清单的长度已经从 2013 版的 190 条减少到 2018 版的 45 条。由于负面清单外实施备案制，因此在上海自贸试验区，外商投资的办理时间由 8 个工作日缩减到 1 个工作日，申报材料由 10 份减少到 3 份。

5 年来，上海自贸试验区内先后推出了 2 批 54 项扩大开放措施，其中服务业领域 37 项，制造业等领域 17 项。由此，大量外资进入了原来受限制的领域。截止 2018 年 6 月，这 54 项扩大开放措施共有 32 项措施落地，累计落地企业超过 2600 家，融资租赁、工程设计、旅行社等行业的扩大开放措施取得明显成效。

上海自贸区扩区猜想 新虹桥和临港呼声最高

上海自贸试验区会如何扩？会在多大程度上扩区？专家认为，上海新虹桥地区和上海临港地区相对而言最具潜力。2013 年 9 月挂牌之初，上海自贸试验区面积为 28.78 平方公里。2015 年经历了扩区之后，面积扩大到 120 平方公里，包括综合保税区、陆家嘴金融片区等区域。

上海财经大学自贸区研究院副院长孙元欣预计，扩区可能有多个方案。扩在什么地方，具体多大面积，均有待中央决策，应该是一种新的形式，与现有上海自贸试验区片区类型有一定差异。

有专家猜测，新片区会落在新虹桥区，同步联动建设长三角区域一体化平台。同时，上海临港同样具备作为自贸区新片区的潜力。华中科技大学教授、光谷自贸研究院院长陈波告诉上证报记者，很多人预计新的片区会划入虹桥商务区。国家领导人在发言中提及医疗与教育开放，这些在虹桥商务区都有着现成的基础。

而孙元欣认为，临港面积较大，有数百平方公里，可以发展智能制造、新能源汽车、国际航运、国际船舶管理、生物研发、海洋产业等产业。若新片区选在新虹桥，则比较适合发展博览会展业以及和贸易相关的产业。“当然，新片区也有很大可能设立在临港和新虹桥之外的区域。”

来源：《每日经济新闻》 2018 年 11 月 6 日

5.3 长三角物流业区域合作综合信息

长三角一体化发展三年行动计划审议通过，聚焦交通和环保等 7 个重点领域

2018 年 6 月 1 日，长三角地区主要领导座谈会在上海召开，会议审议并原则同意《长三角地区一体化发展三年行动计划（2018-2020 年）》（以下简称“三年行动计划”）和《长三角地区合作近期工作要点》。三年行动计划的内容覆盖 12 个合作专题，进一步聚焦交通互联互通、能源互济互保、产业协同创新、信息网络高速泛在、环境整治联防联控、公共服务普惠便利、市场开放有序等 7 个重点领域。

本次座谈会是 2005 年首次举行长三角地区主要领导座谈会以来的第 14 次会议，长三角三省一市主要领导和国家发改委领导出席会议，包括：中共中央政治局委员、上海市委书记李强，上海市委副书记、市长应勇；江苏省委书记娄勤俭，江苏省委副书记、省长吴政隆；浙江省委书记车俊，浙江省委副书记、省长袁家军；安徽省委书记李锦斌，安徽省委副书记、省长李国英；国家发展改革委副主任连维良应邀出席会议。

6 月 1 日下午，2018 年度长三角地区主要领导座谈会圆满完成各项议程后，举行了成果发布会。李强代表与会各方向媒体记者通报了会议主要成果。

李强表示，会议以三年行动计划编制完成为标志，进一步明确了长三角一体化发展的任务书、时间表和路线图。据介绍，三年行动计划是开门编制，三省一市多方积极参与，共提出了 180 余项合作需求和工作建议，在三轮征求意见过程中，各方面又提出了 360 多条反馈意见。经反复会商协调，绝大部分需求、意见和建议都在行动计划中得到了体现。

三年行动计划覆盖 12 个合作专题，聚焦交通互联互通、能源互济互保、产业协同创新、信息网络高速泛在、环境整治联防联控、公共服务普惠便利、市场开放有序等 7 个重点领域，形成了一批项目化、可实施的工作任务。

三年行动计划明确了节点目标——到 2020 年，长三角地区要基本形成世界级城市群框架，基本建成枢纽型、功能性、网络化的基础设施体系，基本形成创新引领的区域产业体系和协同创新体系，绿色美丽长三角建设取得重大进展，区域公共服务供给便利化程度明显提升，全国新一轮改革开放排头兵地位更加凸显，更加有效的区域协调发展新机制基本建立，在此基础上，再经过一段时间的努力，把长三角地区建设成为全国贯彻新发展理念的引领示范区，成为全球资源配置的亚太门户，成为具有全球竞争力的世界级城市群。

“行动计划，重在行动。大家商定，对比较紧要又具备条件的事，要以只争朝夕的精神，立即着手做，抓紧干起来。”李强表示。

为此，会议梳理提炼了 30 多项重要合作事项清单，纳入近期工作要点，确保能够落地。他指出，近期重点是推进“六个一批”：抓紧编制一批专项规划，启动实施一批专项行动，率先制定一批实施方案，推动落实一批重大项目，积极搭建一批合作平台，全力推进一批民生工程建设。

目前已展开了哪些工作？

为提升长三角基础设施互联互通水平，已经启动了长三角区域城际铁路网规划编制工作。三省一市积极谋划制定 5G 先试先用行动，在长三角率先布局 5G 网络建设，开展综合应用示范，以新一代信息基础设施建设引领长三角数字经济发展。

作为国家批复的唯一信用体系建设区域合作示范区，长三角三省一市编制了建设“信用长三角”行动方案，在长三角范围内构建起“一处失信、处处受限”的工作格局。

目前，三省一市已落实了打通省际断头路第一批 17 个项目，今明两年全面开工。共建覆盖三省一市的 G60 科创走廊，研究规划建设长三角创新圈，建设具有全国影响力的长三角产业协同发展示范区。

在民生工程建设方面，三省一市正积极研究探索急诊和部分门诊实现异地就医直接结算的可行性；实施民生档案“异地查档、便民服务”等项目。同时，还将旅游、体育、养老等人民群众关心的合作事项纳入三年行动计划，努力使长三角一体化的实践成果惠及百姓。

6 月 1 日会议当日，长三角三省一市常务副省（市）长出席的长三角合作与发展联席会议，党委、政府秘书长座谈会，党委、政府研究室主任座谈会以及长三角地区合作与发展专家咨询会等平行会议同时召开。陆大道、徐宪平、王一鸣、周其仁、董祚继、陈东琪、陈雯、吴越、陈晓剑、周振华被聘为长三角地区一体化发展决策咨询专家。

会议期间，长三角三省一市签约了 11 个项目，涉基金、环保信用、基础设施、信息化、区域合作、商务等领域各 1 个、产业领域 3 个、民生服务领域 2 个。其中，政府 - 政府层面 5 个，政府 - 企业层面 2 个，企事业 - 企业层面 4 个，签约项目内容包括组建长三角地区一体化发展投资基金、5G 先试先用、环保领域信用联合奖惩、打通省际断头路、共建 G60 科创走廊、推进“人工智能 + 法院”、申宁杭合四城轨交扫码便捷通行、推进“互联网 +”医联体、协同做好中国国际进口博览会服务保障工作、推进工业互联网平台集群联动、建立协同优势产业基金等。

会议确定，2019 年长三角地区主要领导座谈会在安徽省召开。

来源：界面新闻 2018-06-01

长三角区域物流一体化发展报告

长三角经济圈是我国三大经济圈之一，四大物流圈之一。按照国务院批复的《长江三角洲地区区域规划》，到 2020 年，长三角将形成以服务业为主的产业结构，这为区域现代物流联动发展迎来难得契机。多年来，长三角制造业的加速发展使得共建“物流大通道”成为长三角联动发展的重要组成部分。“区划界限没了，条块分割没了，流通成本自然降了”，长三角物流一体化发展不仅是长三角经济联动发展的基本需要，也是物流供应链管理的进一步延伸和网络化拓展的切实需要，更是促进我国物流业健康发展、降低流通成本的有效途径。

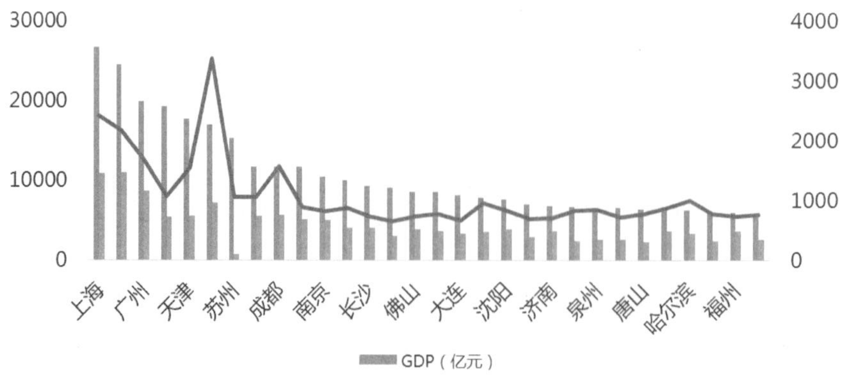

图 1 2017 年全国 GDP 排名前 30 城市 GDP、GDP 增长率、人口规模

近年来，长三角地区在围绕参与“一带一路”、长江经济带建设，推进地区协同发展方面取得了重要共识，这背后长三角物流一体化先行发挥了积极促进作用。早在2007年8月，苏浙沪三地（上海、江苏和浙江）共同研究制定了《关于推进长三角地区现代物流联动发展的若干措施》，确定了完善物流一体化基础设施、培育发展物流市场、优化物流发展环境三大发展重点，启动长三角地区现代物流发展联席会议制度，每年召开一次会议商讨物流联动发展的工作重点和推进措施。

10年来，实现长三角物流一体化一直是各地区城市的一致共识。在长三角地区两省一市的共同努力下，该地区已逐步形成政府部门、行业协会和企业联盟三个层面的交流机制，培育了一批三地制造业与物流业联动示范项目，区域物流一体化发展取得长足进步，从整体上提高了长三角地区现代物流业的国际竞争力，对于拓展新的经济增长空间，增强城市综合竞争力，具有重要意义。

事实上，跨区域联动发展抓住了物流业发展的关键。物流企业运营的一个显著特点就是跨区域无边界。比如浙江的车辆可能要跑到江苏去参加运输，中间还要经过上海地界，各地的政策不一样，收费不一样，标准不一样，就会给企业造成困扰。同时，物流本身又是一个系统工程，牵涉生产和流通企业的方方面面，横跨各行各业，各行业之间的政策是否匹配同样关系到物流企业的发展是否顺利。跨区域联动发展，通过三地政府部门、行业协会和企业联盟的交流沟通、统筹协调，及时破除物流业发展中的种种瓶颈和阻碍，创造有利于物流业发展的市场环境、体制机制是一个行之有效的办法。

一、长三角物流一体化发展特征

1. 整体性

长三角物流一体化很重要特点就是将多个区域的行为放置于一个分工协作的统一的整体当中。其整体性主要体现在：物流区域布局与基础设施的建设统一规划，相互衔接，避免恶性竞争在内部发生；物流信息系统构成是一个即时的完整、连续的网络，实现区域物流传递无缝化的信息；区域物流政策统一有效等。

2. 开放性

长三角区域物流不是一种排他的、封闭的区域联合体系，而是一种开放型的联合体系。物流一体化尽管会在一定范围内逐步形成统一的物流共同市场，但并不排斥各成员同其他区域的联合与协作。长三角区域物流一体化的形成是为了更好地参与合作与竞争。

3. 区域性

长三角区域物流是以某区域为范围的，相对于某一个城市物流，范围要广，它可能包括多个城市，整合若干个城市物流，它不仅要对某个城市服务，更重要的是，还需要合理配置该区域的各方面资源，服务于整个区域。

4. 共享性

长三角物流一体化通过合理的协作与分工会给该区域内的物流的各成员方带来共同的利益，达到共赢的目的。因此，长三角区域物流范围内相关的地方政府、各管理部门、企业和组织会由于这种共同利益结合起来，最后形成一个互利共赢的统一的体系。

5. 独立性

长三角区域物流一体化是以经济区划为基础的。经济区划是按照社会劳动区域分工的规律、区域经济发展水平以及经济联系的密切程度构成的一种共同体。因此，长三角区域物流一体化各成员之间具有相对的独立性，是一种合约关系而非隶属关系。

二、长三角物流一体化发展模式

近年来，随着地区经济持续快速的发展，长三角区域物流网络已经初具雏形，物流圈体系也已初步形成（见图 2）。这其中几个物流圈分别以上海、宁波、南京为增长极，总体上，长三角已经形成了多中心、多层次的综合型物流网络，网络的效应也已经慢慢显现。但是长三角区域物流一体化还存在不完善的地方，例如节点和节点、通道和通道、节点和通道之间的衔接不通畅的问题仍普遍存在，阻碍了区域内各要素资源的通畅流动，也影响了长三角区域物流一体化的发展，因此很有必要促进区域物流一体化的发展。其实现模式包括以下四个主要方面：一是港口和物流园区等相关物流节点一体化；二是公路、铁路等相关物流通道一体化；三是物流企业一体化；四是物流信息的一体化。

1. 物流节点一体化模式

（1）港口

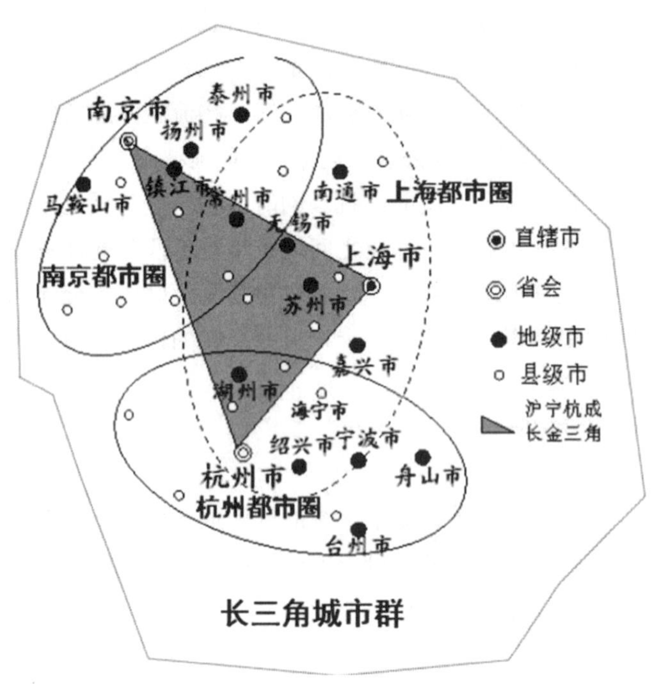

图 2 长三角区域物流网络结构

近年来，长三角港口发展较快，但也有一些不尽如人意的地方。比较突出的就是互相争夺货源、抢占腹地，竞争远大于合作。这种地方保护主义、各自为政的竞争局势，影响了长三角港口发挥综合水平。所以，必须要从区域的视角出发，争取使港口群的错位发展早日实现，以达到其功能互补，提高长三角港口群的整体实力。

根据《全国沿海港口布局规划》，长三角港口群的优化整合主要包括以下几方面：长三角区域港口群依托着上海国际航运中心，并以上海港、宁波港、南京港为主，充分发挥了连云港、舟山、温州、苏州、南通、镇江等沿海及长江下游港口的重要作用，服务于长三角以及长江沿线区域的社会发展与经济发展。

长三角区域港口群的集装箱运输布局是以上海、宁波港为干线港，包括南京、江苏、镇江、南通等长江下游各港口共同组成的上海国际航运中心集装箱储运系统，相应布局嘉兴、台州、温州、连云港等支线与喂给港口；进口石油与天然气等接卸中转储运系统是以上海、宁波、舟山、南通港为主，相应布局南京等港口；进口铁矿石等中转储运系统以连云港、宁波港、舟山港为主，相应布局上海、南京、镇江、苏州、南通等港口；煤炭装卸及转运系统是以连云港为主布局的煤炭装船港与由该区域公用码头及能源等企业自有码头共同组成的；粮食中转储运系统由上海、舟山、嘉兴、南通和连云港等港口组成；以宁波、温州、舟山等港口布局陆岛滚装运输系统；以上海、南京等港口为主布局商品汽车运输系统，最后以上海港为主布局国内、外旅客中转和邮轮运输设施。另外根据地区经济发展需要，在连云港适当布局进口原油装卸设施。

在长三角港口群布局规划的基础上，从物流一体化出发，长江三角洲港口群物流的定位与分工可以划分为以下四类：一是上海港、宁波一舟山港的功能定位为国际性枢纽中心。其中的上海港应该通过开发洋山港，积极地发展国际干线，充分巩固沿海支线，不断发展长江支线，另外适当发展周边区域的近洋航线，目标成为战略性国际航运枢纽港。宁波——舟山港应该参与欧美非等国际航运市场的竞争，加快发展远洋水水中转运输，作为上海国际航运中心的外港及洋山港的重要补助。二是苏州港、南京港的功能定位为集装箱支线港，作为长江中下游货物连接上海航运中心的地方性枢纽港口，主要为了开辟江海航线。三是南通港、镇江港的功能定位主要是近海运输航线骨干港与远洋运输支线喂给港。四是连云港的功能定位应为重要物流中转港，随着苏北、安徽和江西等中部省份的工业化加快发展，未来或将成为长三角北部地区的综合物流中转港。

长三角港口群在其协调发展过程之中，各地区应该在政府监管、企业自营运作和物流协会等方面多进行合作与交流。首先，长三角港口行政管理部门应该多加强人员交流、信息共享、政策研究和规划制定等多方面的合作与交流，使长三角区域港口群在整体管理工作上达成一致。其次，在长三角区域推动区域性物流等行业协会的发展，并加强港口物流协会合作，使港口物流协会发挥纽带与桥梁等作用。再次，鼓励并支持长三角地区各港口在企业总体层面上，加强投资与合作，实现互利共赢，促进各港口不断发展壮大。总之，长三角港口群应该分工协作、错位发展、形成合力，不断提升长三角港口群的整体实力。

(2) 物流园区

长三角地区各个物流园区应该在竞争中不断开展合作。但是，这个合作不是简单进行的，而是应该构建立体多层次的物流园区体系，并且建立联系，把物流园区的业务量规划与依存度作为标准，使节点资源在空间上得到优化配置。为了实现物流园区的合理分布，实现物流园区系统高效运行，需要进行研究梯度选择与服务功能方面。在梯度集团的选择上，应当以经济圈的产业结构、交通网络体系、经济发展梯度等为依据，经济圈内的城市应当通过相互协商，并达成共识，最后对自己的梯度集团合理定位，规范制订自己的物流园区发展战略。

长三角地区的经济发展有着比较明显的梯度体系，其中上海是中国经济与航运中心，另外杭州、宁波、南京、苏州为次中心，长三角地区城市体系齐全，而且各城市的功能定位比较合理。所以长三角地区物流产业的梯度集团比较容易清晰明确地划分。作为区域经济发展的重要推动力量，物流园区的梯度应与对应的城市的经济发展相对匹配。这样就可以为长三角的规划及在建的物流园区进行大致的梯度划分（见表 1）：上海的国际型物流园区——浦东空港物流园区与外高桥物流园区，作为长三角地区的第一物流梯度集团；杭州运河现代物流园区、宁波北仑物流主园区、上海的西北物流园区、苏州物流园区、南京的龙潭港物流园区和禄口空港物流园区作为长三角的第二物流梯度集团；其他各物流园区通过整合，分别归为第三与第四物流梯度集团。这样就形成以上海为龙头，杭州、宁波作为南翼，南京、苏州作为北翼的定位明确、层次明晰的长三角物流系统一体化发展模式。

表 1 长三角物流园区梯度表

第一梯度	浦东空港物流园区、外高桥物流园区
第二梯度	上海西北物流园区、宁波北仑物流主园区、杭州运河现代物流园区、南京龙潭港物流园区、禄口空港物流园区、苏州物流园区
第三、四梯队	其它物流园区

在功能定位上，以物流园区依托经济腹地这一产业特点，确定了目标市场，注重与周边城市的协调发展，尽量做到错位发展。尤其是对于在同一梯度集团里的物流园区更是要注重园区功能上的特色定位，避免功能雷同过多，对于第三第四梯度集团的物流园区来说，应当以发展专业性物流为主，针对某一行业提供全面的专业的物流服务，并做细做精。

2. 物流通道一体化模式

虽然长三角地区拥有公路、铁路和水路等多种运输方式，交通运量和线网密度在全国属于较高水平，基本形成了以上海为中心枢纽、南京和杭州为次级枢纽、其他城市作为第三级枢纽的网络格局。但是各城市的交通基础设施跟不上该地区的经济发展水平，其主要原因是长三角地区的交通布局规划还不完全统一。长三角各个区域的交通布局规划自成体系，并没有统一的长远的规划，目前的规划体系的目标是不断增大交通建设项目的规模与数量，不断制约着交通运输网络发挥整体水平。因此，各个行政区划应当加强合作，共同打造一个完善的高效的综合性交通服务网络，不断推动区域物流发展。下面将重点分析公路和铁路这两种物流通道的一体化的发展。

（1）公路网

长三角公路交通虽然展现出了又好又快的良好发展势头，并制定了以沪杭宁为核心，沪杭甬、沪宁苏作为区域龙头的发展战略，但是“多中心、网络式”的公路交通体系还不完善，“多中心”是指长三角区域应该以上海、南京、杭州形成区域内的三个公路枢纽中心；“网络式”包含着两层含义：一是区域内各主要城市间需要形成快速公路网。二是要建立起来覆盖整个城乡之间相对快捷的公路网络。快速的公路交通网络体系应由高速公路、干线公路、农村公路等组成，并且三类路网在其服务侧重点上应该有所不同。首先，高速公路应主要负责区域内各省市及各大中城市之间的中长距离的运输；其次，一般的干线公路应该作为区域路网中链接中小城市与衔接农村公路与高速公路的纽带；最后，农村公路应当发挥连通城乡、连接干线与通达社区的功能。

长三角公路网的优化与整合就是指在充分发挥其现有的高速公路、干线公路、农村公路等路网功能的基础上，根据长三角区域经济发展的要求，不断推进新线路的建设。根据《长江三角洲地区现代化公路水路交通基础设施规划纲要》，2020 年，依托现代化的基础设施网络，加上高效管理与信息服务，长江三角洲将会拥有一个高效、安全、舒适、便捷，与其他的运输方式充分衔接的现代化公路交通体系。对外形成辐射华南、西南、长江沿线、西北、华北五大通道；内部形成温州—金华、宁波—杭州、上海—南京、连云港—徐州四条横向通道，徐州—南京—杭州—金华、新沂—淮阴—苏州—绍兴—温州、连云港—上海—宁波—温州三条纵向通道及上海—杭州、上海—徐州两条放射通道。区域公路网由农村公路、干线公路、高速公路网组成，路网规模将会达到 30 万公里左右，高速公路约 1.2 万公里，公路密度基本接近欧美发达国家的水平。

（2）铁路网

长三角大规模铁路网建设正在加快推进，但还不能充分利用铁路运输的比较优势为区域提供现代化的物流服务。今后应重点发展的是完善路网规模，扩大运输能力，优化货运发展质量。根据《长江三角洲地区城际轨道交通网规划》，为适应长三角地区旅客快速增长的运输需求，缓解区域交通运输的紧张状况，不断推进城镇化与经济一体化的进程，并且建设以上海为中心，沪杭、沪宁为两翼的城市间轨道交通主框架，覆盖区域内各主要城市，基本上形成以上海、杭州、南京为中心的“1-2 小时交通圈”。到 2020 年，长三角地区城市间轨道交通总的路程将达 815 公里，线网布局基本满足区域经济持续发展的要求，主要技术装备将会达到国际先进水平。其建设内容为：南京 - 镇江 - 无锡 - 苏州 - 上海城际轨道交通线，全长达 295 公里；上海 - 杭州城际轨道交通线，全长达 160 公里；杭州 - 宁波城际轨道交通线，全长达 158 公里；常州 - 江阴 - 常熟 - 苏州城际轨道交通线，全长达 124 公里；

苏州－嘉兴城际轨道交通线，全长达 78 公里。实施原则：统一规划，分期建设，逐步建成投产。到 2010 年，已建成上海－杭州、南京－镇江－无锡－苏州－上海城际轨道交通线，构建长三角区域城市间轨道交通网的主轴，营业里程达到 455 公里；到 2020 年，将建成杭州－宁波、苏州－嘉兴、常州－江阴－常熟－苏州城市间轨道交通线，营业里程达到 815 公里。

3. 物流企业一体化模式

长三角地区物流企业一体化可以促进长三角的经济协调发展，可以支持它企业将原料的采购与销售，成品的运输与储藏等异地结合或分离，可以有效地推动地区间优势互补与分工协作。与国际上经济发达地区相比，长三角地区的物流企业仍然存在着“小、散、差、弱”等问题，而且各个类型的物流企业的经营规模和传统业务背景差别比较大，造成了目前物流企业类型迥异、业务种类比较多，“产业同构”现象相对较严重。在一定程度上，对物流企业进行优化整合，不仅是物流企业自己专业化、规模化、社会化发展的需要，更是长三角区域物流一体化发展的必要条件。

（1）自营物流

工商企业自营物流的优化整合是长三角区域物流一体化发展的重要方式之一。企业物流是一种核心为企业经营的物流活动，是明确、微观的物流活动的一个典型领域。伴随着长三角区域物流一体化发展的不断深入与物流业不断加剧的竞争形势，有越来越多的企业为了适应竞争形势，开始把重点放到进行物流系统的改造上，包括仓储设施设备、物流车辆等。物流系统的改造在企业管理中已经开始进行，企业自营物流的发展已不断深入（见图 3）。一些大型的企业、垄断企业、商业连锁性企业，都已经以自营物流为主，他们都不同程度的在进行物流系统的改造用以提升企业核心竞争力。可以这么说，自营物流的发展已成为了长三角区域的企业增强其实力的重要战略之一。这些自营物流以其不同的形式更大程度地推动了长三角区域物流一体化的发展。

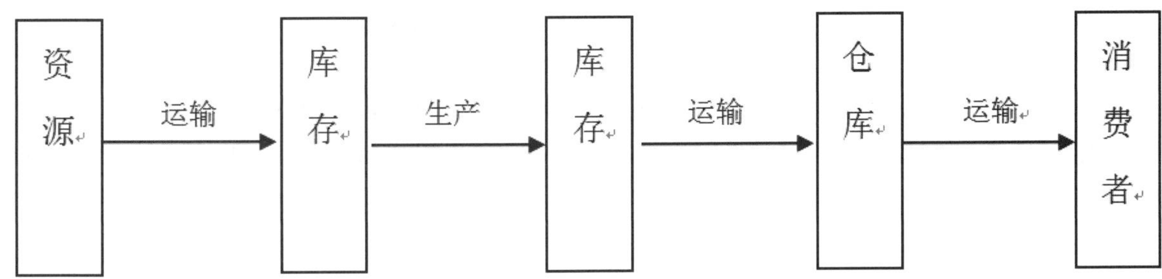

图 3 企业自营物流过程

（2）物流联盟

物流联盟是物流企业跟其它企业相互合作的一种形式，所谓建立物流联盟即是各个企业通过一定的协议，共同承担风险、一起分享收益，形成物流供需双方相互促进、相互信任、分工协作的一种物流形式，各合作方主要是：物流服务提供方，物流服务需求方与最终用户（见图 4）。伴随着企业对物流管理意识的不断增强，长三角地区大多生产、贸易企业及物流服务企业都采用了物流联盟等形式结成了战略合作伙伴关系。使企业可以通过这些不同的联盟形式，既保持自身在技术与市场上的战略地位，还可以利用对方比较有优势的资源，互补优势、增强竞争实力。

2008 年 10 月 10 日，江苏省经贸委、浙江省发改委和上海市经委在无锡联合召开长三角地区现代物流联动发展大会。在这次会议上，长三角地区现代物流合作联盟宣告成立，该联盟一成立就迎来了 10 项物流业务合作典型项目的签约。通过建立物流联盟，各物流企业能够使分散物流进行集约运作与规模经济，为广大客户提供商品的储存、库存管理、加工、分拣、包装、配送、订单处理、信息处理等大量优质服务，将外部优势充分利用于弥补自身的劣势与不足，将有限的优质资源专注于自身核心业务，以实现长三角区域物流企业的一体化。

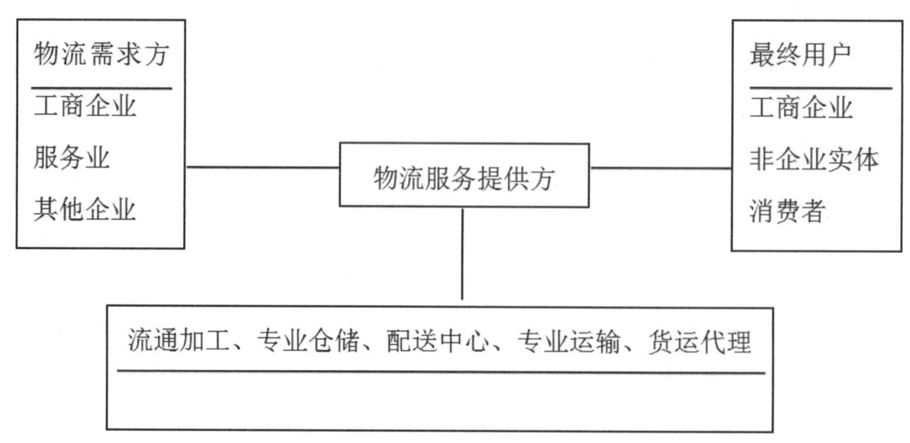

图 4 物流联盟形式

4. 物流平台一体化模式

以这几年的发展情况来看，长三角地区已初步形成多层次、多中心的物流平台：上海定位是综合性物流枢纽中心，南京和杭州是区域性物流枢纽中心，其他城市则是城市性物流枢纽中心。虽然物流信息平台有比较完善的空间构架，但是“信息孤岛”“连而不通”等现象仍然存在，就是物流信息还是不完整的、割裂的。这表明，在区域范围内需要对物流信息平台进行优化，来破除行政区划的体制约束，来推动长三角区域物流信息平台一体化的发展。

（1）区域物流信息平台

长三角区域物流信息平台的建设目标是在区域内各城市之间建立相对完善的物流信息平台，实现各个城市之间的物流信息电子化管理，促使实物配送网络与信息平台能够融合，促使物流资源的优化配置。

第一，推进物流信息平台的建设。建立起覆盖所有长三角区域内仓储运输与流通的企业的网络平台，使各企业、各客户与相关管理机构能够信息联网；建立起平台用于发布物流信息，使信息资源能够充分交换与共享；建立起区域内物流资源的交换平台，其中包括自动交易功能的实现与资源供需信息的发布等。

第二，推动改造企业物流信息化。包括配备 GPS，将卫星定位技术用于组织、管理货物运输，发挥运用高科技的优势；为实现仓库作业机械化、管理信息化、仓库商品养护与监控报警的自动化，必须建立起现代化仓储和与之相匹配的电脑信息管理系统、货物分拣系统和立体仓库自主条形码录入系统；为实现物流服务的国际网络化，企业的生产、资源、技术以及销售分布在全球各大市场，必然需要现代物流服务的跨国网络化，通过与国外物流企业进行合作，形成相对完善的长三角区域物流信息平台，实现与国际物流平台相链接，使企业的销售系统、生产系统、供应系统被自己的服务网络所覆盖。

（2）物流信息平台标准化

目前，长三角地区许多城市都有一定的信息数据库，不过还存在一些技术等方面的问题，所以这些数据库都只是信息的“孤岛”。同样，物流领域还没有本行业的编码与公共数据接口标准，造成了实际操作过程中无法兼容、数据不能自由共享与交换等情况，根本无法显现出信息应有的价值，同时还影响物流效率。标准化是行业发展与社会分工的基础和前提。所以，为了实现物流信息平台的一体化，使整条物流供应链的工作效率不断提高，其最基础的方式就是实现物流信息网络平台标准化。一般来说，物流信息平台网络标准化主要包括：物流信息分类编码标准、信息传输与电子数据交换标准、信息采集标准。

物流信息分类编码标准是物流信息标准化的专业领域和一个分支，其核心就是将庞大的物流信息统一地进行合理规范的分类，并以代码表示，构建标准的信息类别代码，以便人们凭代码进行计算机或手工方式查询和检索信息。目前，“大通关”工程已经在长三角区域展开，更应该加快专门领域标准的制定工作。

由于长三角地区没有统一的物流信息采集标准，针对不同的作业流程、不同的企业都必须制定不同的方案，使得物流信息采集技术在企业中运行成本很高，速度也很慢，普及程度不高。因此必须加快设计统一的物流信息采集标准。

电子数据交换标准化可以实现管理工作的规范化与标准化，实现信息的搜集和有效录入，是长三角地区“大通关”工程必须优先考虑的问题。长三角地区很多城市的物流电子化程度还比较低，有些地方甚至还没有起步。建立一个统一的标准化体系，不仅能够提高区域内城市间的物流信息平台建设速度，而且能够促进大通关系统的有效运行，进而推动长三角区域物流信息平台一体化发展。

三、长三角物流一体化合作宣言

为了响应习近平主席提出的“将支持长三角区域一体化发展并上升为国家战略”指示精神，我们江浙沪三地的物流行业协会和部分物流企业代表于 2018 年 12 月 14 日在苏州聚会，共同研讨长三角物流一体化升级合作创新模式，并由上海市物流协会、江苏省现代化物流协会、浙江省物流与采购协会共同提出如下宣言：

1. 长三角一体化物流合作的目的是为了实现互联互通、资源共享、优势互补，达到降本增效，建立一套绿色高效的物流发展体系和机制，加速长三角区域的物流行业创新、转型、升级，推动一体化共赢发展。

2. 深化长三角区域供应链创新与应用，以模式创新为引领，以技术应用为支撑，以共享协同为重点，推进现代供应链信息化公共服务平台建设，进行大数据分析，挖掘行业资源，提升载体功能，创新协同组织方式，实施智慧物流发展战略，提高物流行业集约化水平。

3. 大力推进长三角区域物流标准化建设，以推广普及设施设备和服务流程标准化为切入点，以物流系统为出发点，制定物流各领域的技术标准和工作标准，统一整合物流系统标准，增强物流系统和各流程的配合性，促进物流管理现代化和系统化，提高物流行业运行效率。

4. 长三角区域内公铁水运输企业要逐步整合物流设施、运输工具和装卸工具，优化运输线路，节约运输时间，规划好交接流程，促使信息流、商流、资金流和物流高效运行，建立起标准化的物流设施和统一操作流程，实现多式联运。推进甩挂运输，优化运输模式。

5. 长三角区域内的各级物流行业协会和主要的物流企业要发挥引领作用，推动各地的物流企业向合作共赢和一体化方向发展，加速长三角区域的物流行业合作交流、技术升级、模式创新、兼并重组，实现高质量转型发展，为长三角区域一体化发展作出贡献。

供稿：王京、张三敏

六大行动协同推进 实现长三角港航一体化

2018 年 12 月，交通运输部与上海市、江苏省、浙江省、安徽省政府联合印发《关于协同推进长三角港航一体化发展六大行动方案》（以下简称《方案》），深入贯彻落实习近平总书记关于推动长三角更高质量一体化发展的重要指示精神，以内河航道网络化、区域港口一体化、运输船舶标准化、绿色发展协同化、信息资源共享化、航运中心建设联动化六大行动为抓手，协同推进港航一体化发展、绿色发展、率先发展，完善上海国际航运中心“一体两翼”格局，推动形成上海国际航运中心、舟山江海联运服务中心和南京长江区域性航运物流中心联动发展格局，发挥示范引领作用，更好服务交通强国建设和长江经济带发展。

《方案》确定了六大行动 13 项主要任务：内河航道网络化行动方面，协同推进长三角内河高等级航道网建设，合力加快推进淮河出海通道建设；区域港口一体化行动方面，进一步优化港口功能布局，完善江海直达、江海联运配套港口设施，加强港口资源整合、提升港口资源利用效率；运输船舶标准化行动方面，深入推进内河船型标准化，加快江海直达船型研发和推广应用；绿色航运协同发展行动方面，强化港口船舶污染防治，积极推进新能源和清洁能源应用；信息资源共享化行动方面，大力提升海事港口服务效率，推进港航物流公共信息平台建设；航运中心建设联动化行动方面，全面提升现代航运服务能级，推动整合航运指数资源。

《方案》明确，力争 2019 年年底前开工建设小洋山北侧支线码头，2020 年年底前基本完成安徽、江苏沿江港口相关码头技术改造和锚地建设，增加大型船舶公共锚地数量。协同推进 400 总吨以下内河运输货船加装生活污水存储装置，江苏省、安徽省纳入长江干线水上洗舱站布局方案的水上洗舱站力争于 2020 年 6 月底前建成并投入使用，长三角区域力争提前 1 年完成《港口岸电布局方案》并率先对大型客船实施靠港强制使用岸电措施，试点施行沿海港口码头大容量高压变频岸电设施首次投入使用前检验检测制度，力争 2020 年年底前全部淘汰长三角国一和国二标准的港口作业机械和车辆。沿江主要港口 2019 年年底前实现外贸集装箱设备交接单电子化；2020 年年底前，外贸集装箱港口作业主要单证基本实现电子化，主要外贸集装箱港口接入东北亚物流信息服务网络（NEAL-NET），基本建成具有全球航运资源配置能力的上海国际航运中心。

《方案》强调，将充分发挥上海组合港管委会统筹协调、整体推进和督促落实的作用，形成各方共同支持参与、高效务实的工作机制。上海组合港管委会办公室建立考核机制，并鼓励地方政府出台相应的扶持政策。

来源：浙江物流网 2018 年 12 月 18 日

长三角中欧班列统筹会初步建立统筹框架

2018 年 12 月 4 号下午，长三角区域中欧班列资源统筹协调会（下称“长三角中欧班列统筹会”）在杭州召开。长三角中欧班列统筹会初步建立了统筹协调框架，三省一市中欧班列各相关单位最终形成六点共识：一是共同确保可持续发展；二是共同推动高质量运行；三是共享现有建设成果；四是共同提升服务水平；五是共同促进对外合作；六是共商体制机制建设。

该会议由浙江省商务厅牵头，长三角区域合作办公室、江苏省交通运输厅、安徽省商务厅、上海市发改委、中铁集运上海分公司、杭州市发改委、宁波市商务委、温州市商务局、绍兴市商务局、金华市商务局、义乌市人民政府、义乌市陆港事务与口岸管理局、“义新欧”班列运行平台天盟实业公司等单位代表参加。

长三角一体化不断升温，三省一市“钢铁驼铃”货运亚欧

随着长三角一体化上升为国家战略，三省一市之间的合作不断升温。

2018年11月初举办的中国国际进口博览会期间，G60科创走廊九城市协同扩大开放政策发布会举行，上海市松江区、浙江省嘉兴市、浙江省杭州市、浙江省金华市、江苏省苏州市、浙江省湖州市、安徽省宣城市、安徽省芜湖市、安徽省合肥市九城市共同研究并提出了“G60 科创走廊九城市协同扩大开放促进开放型经济一体化发展的 30 条措施”，其中第六条便提及加强长三角区域中欧班列资源统筹。

“加强中欧班列（苏州线、义乌线、合肥线）之间的交流协作、利益融合，形成发展合力，共同拓展回程货源，促进进出平衡，提升通关效率，逐步实现运贸一体化，有效促进长三角地区与欧亚贸易往来，提升 G60 科创走廊在“一带一路”建设中的影响力。”

——《G60 科创走廊九城市协同扩大开放促进开放型经济一体化发展的 30 条措施》

实际上，长三角的中欧班列不止苏州线、义乌线、合肥线三条。

浙江在线记者在今日的长三角中欧班列统筹会了解到，目前三省一市共有 7 市开行了中欧（亚）班列，分别是江苏苏州、徐州、连云港、南京，浙江义乌、金华，安徽合肥以及上海。

2013年9月29日，中欧班列（苏州—华沙）首次开行，标志着长三角地区中欧班列开行实现零的突破。

2014 年 6 月 26 日晚，首趟列车满载 50 只集装箱的“合肥造”家电产品，从合肥始发经阿拉山口出境，最终到达中亚目的地哈萨克斯坦阿拉木图，这是安徽省历史上第一列铁路国际货运专列。

2014 年 11 月 18 日，中欧班列（义乌 - 马德里）开行，成为浙江第一列中欧班列。

2017 年 12 月 1 日，上海到莫斯科中欧班列实现首发。随着这列从上海至莫斯科班的“钢铁骆驼”轰轰隆隆，至此，长三角中欧班列共有欧洲方向俄罗斯、捷克、德国、西班牙、英国等 8 条运行线路，中亚方向哈萨克斯坦、乌兹别克斯坦、土库曼斯坦、塔吉克斯坦等 6 条运行线路，到达欧洲 8 个国家、中亚 8 个国家。

据新华社援引中国铁路上海局集团有限公司发布的消息称，2017 年长三角中欧（含中亚方向）班列开行 1127 列（其中返程 55 列），同比增加 362 列，同比增长 47.32%，创班列年度开行数量历史新高。

长三角地区错位发展，期待协调机制再促外贸发展

“目前，长三角地区已形成义乌至西班牙马德里、捷克等国以小商品为主要货源，苏州至德国汉堡、波兰华沙以电子产品和电器为主要货源，合肥至德国汉堡以白色家电及机械产品为主要货源的去程货物品类特征。”中铁集运上海分公司副总经理姚王华在长三角中欧班列统筹会介绍。

从上述介绍中不难看出，多年来中欧班列蓬勃发展，且长三角地区已经初步形成了产业分工协作版图。而根据三省一市的产业特点，进一步优化分工协作格局，巩固错位发展态势，更好发挥长三角一体化优势，成为今天长三角中欧班列统筹会各方代表屡屡提及的诉求。

“长三角的各个班列都各有特色，形成了错位竞争，也布局了不同国家的不同目的地。我们平时三省一市的几个平台公司常有交流，这几年发展下来都是良性的竞争关系，且市场化程度都比较高。”“义新欧”班列运行平台义乌市天盟实业投资有限公司董事长冯旭斌在会上直言，“我们各地平台公司之前也在集装箱、海外代理等方面进行过合作，甚至有共同开发 app 的想法。今天希望通过这个会议，能够让我们长三角的中欧班列平台合作紧密程度进一步提升，政府层面给予整合资源方面更大的支持，共同降低运营成本，在选择海外代理、铁路运输保险等方面形成合力。”

合肥国际内陆港公司是安徽中欧班列“合肥线”的平台公司，该公司副总经理陈锋直呼长三角中欧班列统筹会“恰逢其时”：“作为长三角一体化发展的内涵之一，中欧班列的资源统筹协调非常重要。实际上，在中国往来亚欧的货源中，长三角占据了大量份额。我们长三角如何携手打造中欧班列的长三角差异化发展集群、建立协调机制，影响重大。”

就在十多天前，“义新欧”中欧班列迎来“四周岁”的生日。经过四年的快速发展，目前义乌已开通至马德里、伦敦、布拉格、俄罗斯、里加、中亚等 9 个方向的中欧班列，实现去程每周 3-4 列、回程每周 1 列的常态化发展，海关累计监管中欧班列集装箱 5.05 万标箱，班列累计直接产生进出口贸易额35亿美元以上。

今日的长三角中欧班列统筹会无疑将为这“茁壮成长”的四岁孩童带去一个更大、更温暖的“家”。

达成六项共识，长三角率先携手共商

浙江省商务厅厅长盛秋平告诉记者，此次中欧班列统筹会是按照长三角一体化办公室的总体安排，浙江省邀请主要负责中欧班列牵头省份各单位，共同就如何统筹长三角中欧班列进行分享。

“长三角在中国对外贸易中占据重要地位。运输交通领域的设施联通是推动长三角外贸进一步发展的主要手段。近年来中欧班列为我们对外贸易提供了诸多便利。因此中欧班列的推进，对我们的外贸、尤其是对‘一带一路’沿线国家的外贸，有提高效率、降低成本的促进作用。此次会议目的便是提高长三角中欧班列的运行效率，加快一体化建设，最终推动长三角进一步的对外开放。”

盛秋平介绍，今天的中欧班列统筹会只是一个开始，接下来针对中欧班列的协调工作将会不断展开。基于长三角各地在中欧班列的运力、资源和目的地等各方面水平特点，各自货源情况和运营主体实力进行调配，最终实现长三角中欧班列的资源共享、分工协作和差异竞争。

根据《长三角地区一体化发展三年行动计划（2018-2020年）》任务要求，为共同推动长三角区域中欧班列协同发展，今天长三角区域中欧班列资源统筹协调会共形成如下六项共识：

一是共同确保可持续发展。中欧班列是习近平总书记“一带一路”倡议下的重要成果，已多次被总书记在重要外交场合提及。在本次进口博览会上，总书记提出要将长三角一体化发展上升为国家战略，中欧班列区域协同发展作为长三角一体化建设的一项重要内容，是“一带一路”倡议实施的有力支撑，我们要高度重视，提高站位，行稳致远，确保班列稳定开行，可持续发展。

二是共同推动高质量运行。目前，长三角区域中欧班列开行情况各异，发展不均衡，为保证长三角区域中欧班列高质量运行，我们要加强政策引导，培育运营主体，坚持市场化运行，资源优势互补，优化线路布局，营造健康市场环境，避免重复开行和同质化竞争。

三是共享现有建设成果。浙江省已率先建设“一带一路”捷克站，具有商贸、物流、货运等海外集成平台功能，是浙江省重点打造的中欧班列欧洲集聚枢纽、多式联运中枢和中欧进出口商品双向流通的集散中心。我们要共享长三角区域现有建设成果，互通资源信息，避免重复建设，鼓励共建中欧进出口贸易全产业链综合服务体系（如捷克站货运场、物流园、商贸服务中心等子项目），共享国际贸易供应链集成服务等现有建设成果。

四是共同提升服务水平。浙江省拟组建“一带一路”国际物流联盟，以拓宽“一带一路”物流通道和贸易通道，提高社会力量参与中欧班列建设的积极性，提升中欧班列综合服务能力。我们要围绕中欧班列组织和运营，凝聚多方力量，在提供全程物流服务、国际邮（快）件运输、供应链金融服务等方面创新服务模式，合力提升中欧班列综合服务水平。

五是共同促进对外合作。依托长三角区域常态化、规模化运营能力，统一开展境外价格谈判，加强价格主导权，降低国际联运物流成本。探索外贸企业信用管理、完善税收征管机制、实施小额小批量进口清单管理等便利化举措，加快集聚更多进口资源。

六是共商体制机制建设。通过开展协调会、文件日常报送等形式，建立联系，互通信息。

来源：浙江物流网 2018年12月06日

长三角物流将从“天”级进入“小时”级

物流作为重要的基础设施，对区域经济发展的重要性不言而喻。近日，长三角联合办公室编制的《长三角地区一体化发展三年行动计划（2018-2020 年）》（以下简称《计划》）印发。《计划》提出，未来 3 年将鼓励应用无人仓、AGV 等先进物流技术，建成技术和通达率全球领先的长三角智慧物流体系，将长三角物流网络从“天”级推进到“小时”级，打造新零售“三公里理想生活圈”。

长三角地区是“一带一路”建设及长江经济带、国家自贸区等重大战略的交汇地，也是电商和现代物流业的发源地。国内 7 家已上市民营快递企业中，有 6 家诞生于此。目前，在当日达、次日达基础上，长三角已向“小时级生活圈”迈进，盒马 30 分钟达、天猫 1 小时达、菜鸟“门店发货”等打通线上线下的新物流模式，都在上海、杭州率先落地，并向全国推广。

据了解，菜鸟的新物流运力在长三角最为密集。上海、浙江、江苏、安徽三省一市中，有 41 城覆盖了“分钟级配送”服务，其中上海、杭州、南京、苏州、宁波五地实现了天猫超市 1 小时达。

菜鸟相关负责人表示，作为面向世界的门户，长三角不仅是建设“国内 24 小时达”智慧物流网络的起点，更是连通世界、实现“全球 72 小时达”的起点。中国到世界主要国家的跨境贸易包裹以上海、杭州、宁波等口岸为原点，向全球辐射，配送时效已缩短至 10 天以内。

来源：中物联网 2018 年 08 月 10 日

江苏、浙江、安徽三省 2018 年物流业情况报告

江苏省现代物流协会：2018 年江苏省物流运行情况通报

2018 年，江苏省物流业运行总体平稳，呈现稳中向好、稳中有进的良好态势。社会物流需求保持平稳增长、运行质量持续向好、企业效益持续改善。全年实现物流相关行业增加值 5647.3 亿元，同比增长 8%，占全省 GDP 的比重为 6.1%。

一、社会物流规模稳中有进

2018 年，全省社会物流总额为 302551.9 亿元，同比增长 8.2%，社会物流总额结构随着社会物流需求变化调整的趋势更加明显。受高新技术和装备制造业的增速发展，工业品物流总额保持稳定上升，全年达到 244355.6 亿元，同比增长 7.8%，占社会物流总额比重为 80.8%，；大宗商品进口强劲增长，带动进口货物物流需求增长，全年进口货物物流总额为 17205.2 亿元，同比增长 13.8%；互联网普及化推动了电商快速发展，与民生、绿色经济相关的物流规模也保持快速增长，单位与居民物品物流总额增速达 19.2%；外省市商品购进额同比增长 10%，占社会物流总额的比重略有提高。

二、社会货运结构持续调优

去年全省货物运输量持续平稳增长。全省实现总货运量为 247388.1 万吨，比上年同期增长 5.7%，货物周转量为 9684.0 亿吨公里，比上年同期下降 0.5%。分运输方式来看，铁路大宗物资运输优势进一步发挥，全省铁路运输持续增长，完成铁路货运量为 5971.4 万吨，同比增长 4.4%，货物周转量 296.7 亿吨公里，同比增长 1.8%；完成公路货运量 139251.0 万吨，同比增长 8.0%，货物周转量 2544.4 亿吨公里，同比增长 7.0%；水路货运增速回升，水路运输货运周转量降幅收窄，完成水路货运量 87735.0 万吨，同比增长 2.4%，货物周转量 6121.9 亿吨公里，同比下降 4.1%。全年完成港口

货物吞吐量 233070.0 万吨，比上年同期增长 0.8%，全年实现由负增长转正。

三、物流运行效率稳步提升

2018 年，全省社会物流总费用为 12892.7 亿元，同比增长 6.5%，继续保持中低速增长。其中，运输费用为 6430 亿元，增长 4.2%；保管费用 5095.5 亿元，增长 9.1%；管理费用 1367.14 亿元，增长 8.1%，物流传统服务平稳增长，增值服务能力继续增强，管理水平稳步提升。运输费用、保管费用和管理费用占社会物流总费用的比重分别为 49.9%、39.5% 和 10.6%，公转铁和多式联运快速发展优化了成本空间，增值服务业务所占比重持续提升。

2018 年全省社会物流总费用与 GDP 的比率为 13.9%，同比下降 0.2 个百分点，物流效率继续稳步提升，表明物流业调结构、促转型和降成本等相关政策效力正逐步向实体经济传导。

四、物流企业效益明显改善

2018 年，月度调查的 158 家省重点物流企业数据显示，平均每单位的物流业务收入、成本、利润分别比上年增长 14%、13.8% 和 15%。物流业务营业税金及附加占物流业务收入为 3%，同比下降 0.1 个百分点，表明促进企业降本措施取得实效。从重点物流企业营业利润来看，平均每单位的物流业务利润额占物流业务收入的比重为 3.1%，比上年同期增长 0.2 个百分点。其中 96 家企业的物流业务收入同比有所增长，51 家企业有不同程度下降，55 家企业的利润有所下降，共有 8 家企业出现亏损，亏损面为 5.1%。物流企业经营效益两极分化状况持续，部分企业生产经营形势仍然比较困难，表明物流企业尤其是传统物流企业需要顺应时代发展趋势，借助物流业与制造业的深度融合时机，细分产业供应链管理类别，加强物流一体化运作，促进平台与实体经济的结合。

五、物流市场活动较为活跃

2018 年江苏物流业景气指数（LPI）月度均值为 53.7%，总体呈现平稳增长态势。节假日临近，需求略有回落，四季度月度均值为 52.2%，其中 12 月的江苏物流业景气指数为 51%，比上月回落 2.3 个百分点，保持在景气区间运行。

社会物流需求规模增长放缓。业务总量指数、固定资产投资完成额指数、从业人员指数的月度均值分别为 55.5%、50.2% 和 49.7%，四季度均值分别为 53.9%、50.8% 和 49.5%，其中 12 月份分别为 52.4%、54.8% 和 50.0%，业务总量指数比上月下降 2.2 个百分点，固定资产投资完成额指数比上月上升 8 个百分点，从业人员指数上升 0.8 个百分点，显示出物流需求平稳放缓，物流企业基础建设或购进物流相关设备设施完成速率的加快，为后期物流业持续保持增长奠定基础。

企业利润平稳增长。主营业务利润指数、主营业务成本指数和物流服务价格指数的月度均值为 51.5%、55.9% 和 50.1%，四季度均值为 50.8%、55.0% 和 51%，其中 12 月份分别为 50.0%、52.4% 和 51.6%，分别比上月增长 1.5 个百分点、下降 3.9 个百分点、增长 1.6 个百分点，主营业务利润与服务价格指数的同步回升，表明行业服务水平的提升逐步得到市场认可，市场同质化竞争状态有所改善，行业效益景气度稳步上升。

物流周转效率趋升。平均库存量指数、库存周转次数指数和设备利用率指数月度均值分别为 49.8%、52.6% 和 53.2%，四季度均值 49.0%、51.2% 和 51.6%，其中 12 月份分别为 50.9%、49.2% 和 50.0%，分别比上月增长 3.3 个百分点、下降 1.6 个百分点和 1.5 个百分点，表明经济活动较为活跃，仓储环节货物去库存明显。随着年终节假日临近，物流运作效率受季节性影响有所下降。

后期发展预期平稳。新订单指数月度均值为 55.4%，四季度均值为 53.3%，依然保持在景气区间运行。其中，12 月的业务活动预期指数、新订单指数分别为 54% 和 51.6%。物流企业对后市信心趋于理性，市场总体预期向好未变，物流业将延续平稳增长走势，但仍然要重点关注一季度相关行业物流需求情况。

来源：江苏省现代物流协会 2019 年 2 月 12 日

浙江省 2018 年 1–12 月按月公布景气指数与分析一览

2018 年 1 月浙江省物流业景气指数为 52.61%

1 月，浙江省物流业景气指数为 52.61%，较上月下降 1.37 个百分点，仍保持扩张区间运行，表明物流业务活动需求有所回落，供应链上采购和销售等各环节经济活动活跃度有所减弱，反映出临近春节假期，物流业务活动规模增势减弱，但总体上物流活动仍较为活跃。从企业成本效益看，主营业务成本指数仍保持高位运行，主营业务价格指数同比大幅下降，表明目前行业的价格战竞争日趋激烈，企业经营环境仍然不甚乐观，企业整合逐步加快。

分类别看，大宗商品尤其是能源类商品供需双侧联动上升，市场价格有所回落，企业生产经营环境进一步改善，大宗商品市场稳中向好的态势继续深入发展，物流需求呈现淡季不淡的良好态势。随着春节临近，尽管 1 月下旬冰冻雨雪对快消品物流和冷链的干线运输、末端配送环节均造成一定影响，导致物流业务量前高后低，但快消品物流指数和冷链物流指数月度指数仍呈现上升态势，如图 1 所示。

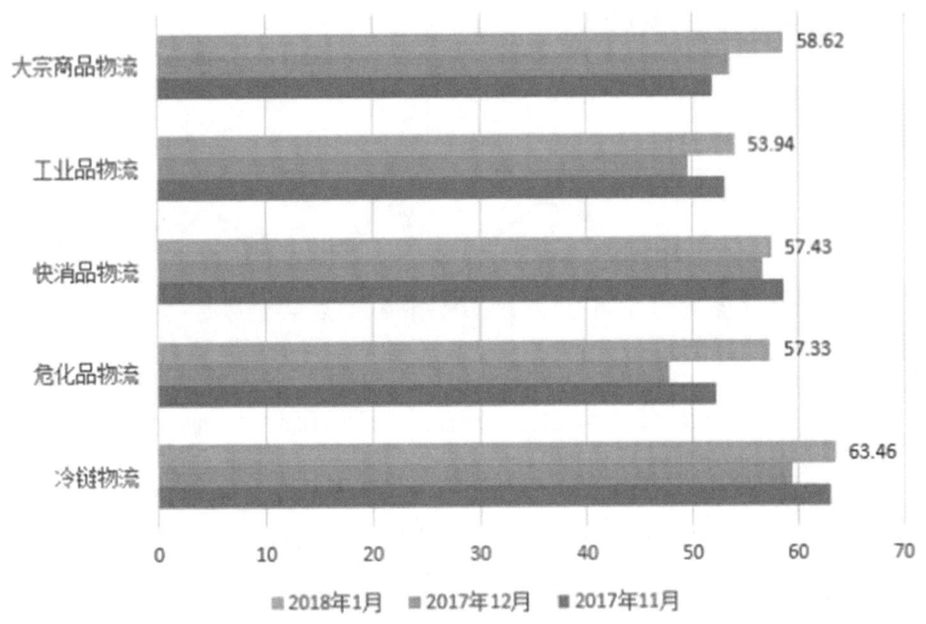

图 1 2018 年 1 月浙江省物流业景气指数细分类别指数

分运输方式看，随着铁路运营市场化开放的深入，铁路运输指数仍然保持高位运行，为 62.05%；水路运输指数下降明显，为 51.47%；多式联运指数有所上升，为 59.17%。由于受节日因素影响，加之我省 1 月下旬雨雪天气，部分企业生产建设有所放缓，公路物流需求小幅回落，物流运输受阻，运力供给小幅减少，为 53.31%。

分区域看，各地市物流市场热度均有不同程度的下降。其中，金华、台州、杭州、宁波等地物流业景气指数好于全省水平，分别为：53.12%、52.81%、55.43%、53.2%，如图 2 所示。

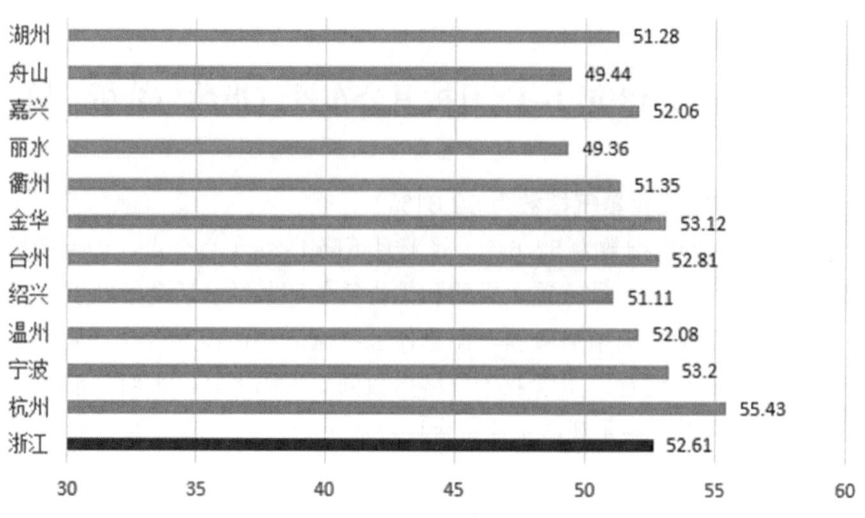

图 2 2018 年 1 月浙江省各地区物流业景气指数

从发展趋势看，从 2016 年 1 月 -2018 年 1 月，浙江省与全国三大物流指数环比变化基本一致，具有较强的季节性特征，变化幅度处于合理的震荡区间。2018 年 1 月，中国物流业景气指数为 54.2%，较上月回落 2.4 个百分点；中国仓储指数为 51.9%，较上月回升 1.2 个百分点；中国公路物流运价指数为 102.5 点，比上月回落 0.6%。

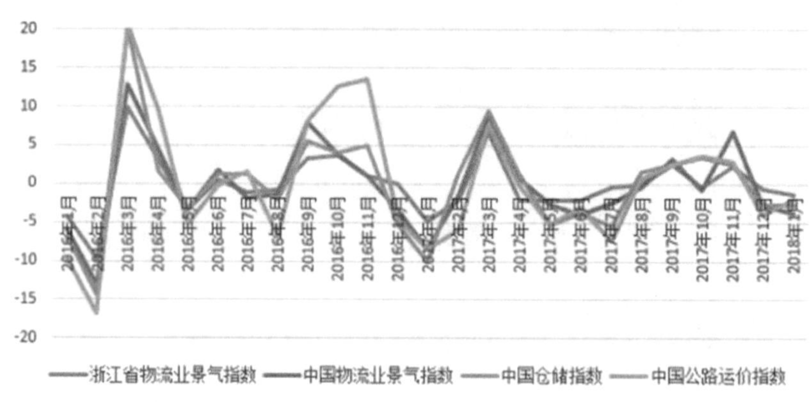

图 3 物流各项指标变化情况一览

分项指数分析：业务总量指数同比下降，环比基本持平。1 月，业务总量指数为 55.92%，较上月上升 0.12 个百分点，同比下降 2.29 个百分点，仍位于荣枯线以上扩展区间高位运行。

新订单指数同比基本持平，环比有所回落。1 月，新订单指数为 51.63%，较上月下降 2.72 个百分点，同比上升 0.72 个百分点，位于荣枯线以上扩张区间。表明全省物流市场需求仍然向好。平均库存量指数环比同比均有不同程度下降。1 月，平均库存量指数为 48.52%，较上月下降 0.88 个百分点，同比下降 3.76 个百分点，仍在荣枯线以下收缩区间。

库存周转次数指数环比同比均有不同程度下降。1 月，库存周转次数指数为 51.48%，较上月下降 3.35 个百分点，同比下降 1.26 个百分点，仍在荣枯线以上扩张区间运行，表明物流环节的周转速度较快，周转效率正在提升。资金周转率指数环比同比均有所下降。1 月，资金周转率指数为 50.89%，较上月下降 2.37 个百分点，同比下降 2.61 个百分点，表明物流企业资金利用率有所下降。

设备利用率指数同比环比均有所上升。1 月，设备利用率指数为 53.7%，较上月上升 1.04 个百分点，同比上升 0.66 个百分点，在荣枯线以上扩张区间运行。物流企业经营状况仍待改善，“高成本、低价格、薄利润”的现状仍然在持续。1 月，主营业务成本指数为 58.28%，较上月下降 1.74 个百分点，同比下降 2.05 个百分点。物流服务价格指数为 49.41%，与上月相比下降 0.47 个百分点，同比下降 8.04 个百分点。主营业务利润指数为 45.71%，较上月下降 1.39 个百分点，同比下降 2.77 个百分点。表明物流企业盈利情况仍然不容乐观，企业成本价格比进一步拉大，物流企业的盈利结构仍待进一步优化。

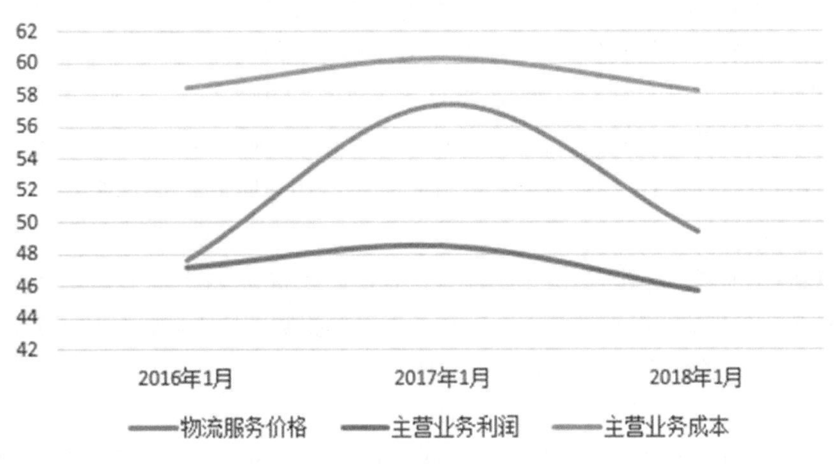

图 4 近 3 年 1 月份企业经营情况指数同比

固定资产投资完成额指数环比同比均有所上升。1 月，固定资产投资完成额指数为 52.37%，在荣枯线以上扩张区间运行，较上月上升 2.73 个百分点，同比上升 2.83 个百分点。表明行业整体投资热度有所增强。

从业人员指数同比上升，环比有所下降。1 月，从业人员指数为 49.7%，较上月下降 1.99 个百分点，同比上升 2.89 个百分点。

从业活动预期指数继续保持荣枯线以上扩张区间运行。1 月，从业活动预期指数为 42.46%，较上月下降 11.77 个百分点，同比下降 7.69 个百分点。随着春节临近，行业对未来预期呈现季节性下降，表明企业对未来物流行业发展继续保持谨慎乐观。

2018 年 3 月浙江省物流业景气指数为 50.54%

3 月，浙江省物流业景气指数为 50.54%，回升至荣枯线以上扩张区间运行，物流业景气指数各主要分项指数均保持回升态势，各地市物流市场热度均有不同程度的回升。其中，杭州、宁波、温州、台州、嘉兴等地物流业景气指数好于全省水平，分别为：55.25%、51.27%、51.34%、53.85%、53.5%。

随着生产建设步入常态运行轨道，供应链上下游企业生产经营活动复苏，物流业务活动趋于活跃。后期来看，业务活动预期指数仍在 53.92% 的扩张区间运行，表明企业对未来市场信心充足。但也要注意到，近期中美贸易摩擦愈演愈烈，外需转弱，或将给物流行业发展带来一些不利影响。

业务总量指数环比有所上升，新订单指数同比环比均有不同程度下降。业务总量指数为 51.07%，较上月上升 3.56 个百分点，同比下降 9.59 个百分点。新订单指数为 49.52%，较上月下降 0.74 个百分点，同比下降 6.19 个百分点，位于荣枯线以下收缩区间。

物流企业经营状况仍不乐观，物流企业的盈利结构仍待进一步优化。企业经营成本仍然居高不下，物流价格大幅下降，物流业务利润指数低位徘徊。主营业务成本指数为 55.34%，较上月上升 7.18 个百分点，同比下降 6.21 个百分点。物流服务价格指数为 46.2%，与上月相比下降 10.23 个百分点，同比下降 7.23 个百分点。主营业务利润指数为 45.01%，较上月上升 1.18 个百分点，同比下降 8.67 个百分点。

从业活动预期指数继续保持荣枯线以上扩张区间运行。从业活动预期指数为53.92%，较上月下降10.65个百分点，同比下降7.5个百分点。从后期走势看，宏观层面，一季度经济形势开局良好，为后期走势奠定了一个良好基础，行业对未来发展仍较有信心。

2018年4月浙江省物流业景气指数为52.5%

4月，浙江省物流业景气指数为52.5%，回升至荣枯线以上扩张区间运行，物流业景气指数各主要分项指数均保持回升态势，各地市物流市场热度均有不同程度的回升。其中，杭州、宁波、台州、嘉兴等地物流业景气指数好于全省水平，分别为：57.63%、56.1%、57%、54.64%。

物流业景气指数继续回升，显示出物流活动在继续转旺，物流运行呈现稳中有升的发展态势，物流业景气指数各主要分项指数均保持回升态势。业务总量指数和新订单指数环比均有不同程度回升，物流业务供需增长均有所加快，且发展较为均衡；业务活动预期指数仍在57.52%的扩张区间运行，表明后市预期继续看好。

业务总量指数同比下降，环比上升。业务总量指数为53.36%，较上月上升2.29个百分点，同比下降4.94个百分点，在荣枯线以上扩张区间运行。新订单指数同比下降，环比上升。新订单指数为51.97%，较上月上升2.45个百分点，同比下降2.18个百分点，位于荣枯线以上扩张区间。表明全省物流市场需求转旺。

物流企业经营状况有所好转。企业经营成本指数环比同比均有不同程度下降，物流价格指数和物流业务利润指数环比均有所上升。主营业务成本指数为54.28%，较上月下降1.06个百分点，同比下降1.21个百分点。物流服务价格指数为47.45%，与上月相比上升1.25个百分点，同比下降3个百分点。主营业务利润指数为47.8%，较上月上升2.79个百分点，同比下降2.2个百分点。

从业活动预期指数继续保持荣枯线以上扩张区间运行。从业活动预期指数为57.52%，较上月上升3.6个百分点，同比上升1.02个百分点。表明行业对未来发展仍较有信心。

2018年5月浙江省景气指数总体向好，但有所回落，保持谨慎乐观

5月，浙江省景气指数为51.05，总体保持上升趋势，但较上月有所回落，符合历史趋势。近5个月数据显示，较往年相比，物流行业震荡幅度收窄，经济平稳运行的趋势凸显。作为进出口大省的浙江，随着中美贸易战的展开，首当其冲的受到了影响，总体来说市场观望情绪较强，加之5月属于消费淡季，双重叠加因素影响浙江省景气指数较上月有所疲软，但仍在合理区间运行。分项数据：

业务总量指数为53.22%，仍在荣枯线以上扩张区间运行，显示出物流业总体趋好。从业人员预期指数为52.99%，保持荣枯线以上扩张区间运行，回升态势趋缓，总体来说行业从业者对未来发展仍有信心。新订单指数为49.77%，跌至荣枯线以下收缩运行，显示全省物流市场需求增速回落。值得关注的是，今年以来，新订单指数两次跌至荣枯线以下，说明物流业缺乏增长动力，总体经济出现下滑。成本指数为53.1%，价格指数为48.16%，利润指数为45.06%。虽然物流服务价格有所提升，但成本高企、利润微薄的现状仍未改变。资金周转率指数为49.66%，连续4个月处于荣枯线以下收缩区间运行，表明物流企业现金流持续紧张，存在运行风险，主要问题来源于客户回款慢、账期长、垫资压力等，企业需保持关注。

2018年6月浙江省景气指数总体保持上升趋势，后市预期向好

6月，浙江省景气指数为50.16%，总体保持上升趋势，但出现了持续性回落，与中国物流业景气指数趋势相符。近6个月数据显示，较往年相比，物流行业震荡幅度收窄，经济平稳运行的趋势明显。随着中美贸易战的逐渐明朗，部分短期利空因素仍需释放，总体来说市场继续保持观望情绪，但值得一提的是，受电商年中促销活动拉动，浙江省电商物流指数十分强劲。其中分项数据：

业务总量指数为51.9%，仍在荣枯线以上扩张区间运行，显示出物流业总体趋好。新订单指数为

50.71%，回升至荣枯线以上扩张区间运行，显示后市预期向好。物流服务价格指数为51.18%，主营业务成本指数为55.45%，主营业务利润指数为43.13%。物流服务价格有所提升，成本高企较往年有所好转，但受总体业务需求增速减缓影响，利润微薄的现状仍未改变。平均库存量指数为46.68%，库存周转次数指数为47.16%，均持续在荣枯线以下收缩区间运行。受宏观经济与政策叠加因素影响，物流仓储用地逐渐减少，整体库容萎缩，仓库价格攀升。从业活动预期指数为48.58%，回落至荣枯线以下收缩区间运行，总体来说行业从业者对未来发展谨慎乐观。

2018年7月浙江省景气指数总体保持增速回升态势

7月，浙江省景气指数为51.35%，总体保持加速上升趋势，略高于中国物流业景气指数，高于全国平均水平。近7个月数据显示，较往年相比，我省物流行业震荡幅度收窄，经济平稳运行的趋势越发明显。随着中美贸易摩擦的升级，我省外贸物流领域逐步出现的增幅放缓现象，但总体来说，随着市场情绪修复，物流需求十分活跃，显示出总体经济面貌保持良好态势。其中分项数据：

业务总量指数为52.2%，在荣枯线以上扩张区间持续运行，全省物流市场需求旺盛。新订单指数为50.41%，持续在荣枯线以上扩张区间运行，显示后市预期向好。库存量与周转次数指数均摆脱连月收缩运行态势，重回荣枯线以上扩张区间运行，随着物流淡季转旺季，企业库存策略发生变化，以保障旺盛的市场需求能够被满足。资金周转率指数为50.96%，摆脱连月收缩运行态势，重回荣枯线以上扩张区间，表明物流企业现金流有所好转，账期问题逐渐改善。受现金流充裕和业绩上升等因素影响，行业整体投资热度也有所回暖。物流服务价格指数为50.96%，主营业务成本指数为53.58%，主营业务利润指数为47.66%。得益于业务量拉动与服务价格上涨，成本高企、利润微薄的现状虽未根本性改变但有所好转。从业活动预期指数为55.23%，回升至荣枯线以上扩张区间运行。表明物流行业从业者前期悲观情绪得到有效缓解，对后期发展充满信心。

2018年8月浙江省景气指数为50.24%，呈稳中趋缓的态势

8月，浙江省景气指数为50.24%，略低于全国平均水平，略好于去年同期水平。近8个月数据显示，较往年相比，我省物流行业震荡幅度收窄，经济平稳运行的趋势越发明显。总体来看，呈稳中趋缓的态势，呈现出我省物流行业持续向好发展。但多数指数均回落至荣枯线以下收缩区间内运行，显示物流活动活跃度有所下降，市场需求有所减弱。受高温天气影响，物流业务活动规模增势减缓，但总体上物流活动较为活跃，全省物流业需求和市场呈现前高后低趋势，从后期走势看，虽然需求减缓，但随着物流旺季的来临，9月份景气指数预计将有所回升。虽然中美贸易摩擦不断升级，但受益于其他国家贸易增幅，我省进出口物流出现了回升。

业务总量指数为51.75%，仍在荣枯线以上扩张区间内运行；新订单指数为49.73%，回落至荣枯线以下收缩区间内运行，全省物流市场需求持续旺盛，但后市需求回落，增速放缓。平均库存量指数为46.9%；库存周转次数指数为49.73%，均回落至荣枯线以下收缩区间内运行，反映出上游企业处于去库存化阶段，流通环节库存不足的情况。设备利用率指数为50.13%，持续回升至荣枯线以上扩张区间内运行，显示出物流利用效率在逐步提高，受益于智慧物流的发展与互联网、物联网的运用，物流业运力资源进行了有效整合。物流服务价格指数为47.44%；主营业务成本指数为55.26%；主营业务利润指数为45.15%。我省物流企业尚未摆脱议价能力低、成本高企、利润微薄的现状。固定资产投资完成额指数为48.79%，表明行业投资扩张意愿不强。从业人员指数为49.46%；从业活动预期指数为52.83%，同环比均有所下降。表明物流行业规模有所收缩，但从业人员对后期发展仍具备信心。

2018年10月浙江省物流业景气指数回升 后市呈向好发展态势

10月，全省物流业景气指数54.1%，同比、环比分别上升1.4、1.9个百分点，行业表现好于去年同期，略低于中国物流业景气指数。近10个月数据显示，较往年相比，我省物流行业震荡幅度收窄，经济平稳运行的趋势越发明显。随着双十一的来临，电商物流等业态呈现快速增长态势，总体来说，物流需求十分活跃，显示出总体经济面貌保持良好态势。其中分项数据：

业务总量指数为54.6%，；持续在荣枯线以上扩张区间运行，显示全省物流市场需求旺盛。新订单指数为53.76%，持续在荣枯线以上扩张区间运行，显示后市预期向好。物流服务价格指数为51.95%，持续在荣枯线以上扩张区间内运行；主营业务利润指数为46.94%，持续在荣枯线以下收缩区间内运行。主营业务成本指数为63.93%，保持高景气度运行，成本指数快速上涨一定程度来源于企业应对业务高峰临时雇佣的人力成本的刚性增加。固定资产投资完成额指数为54.18%，重回在荣枯线以上扩张区间内运行。表明受到良好业务预期因素影响，企业家与社会投资信心有所提振，物流行业投资扩张热度持续回温。从业活动预期指数为55.85%，保持荣枯线以上扩张区间内运行，且从业者对后市发展充满信心。

随着物流旺季来临，11月，我省物流业景气指数预期将继续保持增长态势。

2018年11月物流业景气指数有所回落，但继续保持向好趋势

11月，全省物流业景气指数52.8%，同比、环比分别下降1.8、1.3个百分点，行业表现差于去年同期，略低于中国物流业景气指数。11个月数据显示，较往年相比，我省物流行业震荡幅度收窄，经济平稳运行的趋势越发明显。总体来看，经济活动仍保持活跃，消费需求旺盛，带动物流行业向好发展，但景气度有所回落，显示出商品周转效率有所放缓，物流业扩张规模有所回落，从业者保持谨慎乐观的预期。其中分项数据：

业务总量指数为53.98%，较上月有所回落，但仍在荣枯线以上扩张区间运行，显示全省物流市场需求旺盛；新订单指数为51.81%，持续在荣枯线以上扩张区间运行，显示后市预期向好；物流服务价格指数为51.2%，保持在荣枯线以上扩张区间内运行；主营业务利润指数为48.43%，保持在荣枯线以下收缩区间内运行；主营业务成本指数为56.75%，保持高景气度运行但较上月有所回落，物流企业经营效益有所改善；从业人员指数为53.13%，保持荣枯线以上扩张区间内运行，物流行业从业规模继续扩张，但有放缓迹象；从业活动预期指数为52.41%，保持荣枯线以上扩张区间内运行，从业者对后市发展持谨慎乐观态度。

虽然本月物流业景气指数有放缓迹象，但随着年关将至，各类物流业态较为活跃，12月的物流业景气指数表现仍值得期待，预计保持平稳增长。

2018年12月物流业景气指数季节性回落，物流经济活动总体保持稳定

12月，全省物流业景气指数51.02%，同比、环比分别下降2.97、1.78个百分点，行业表现差于去年同期，略低于中国物流业景气指数。12个月数据显示，较往年相比，我省物流行业震荡幅度收窄，经济平稳运行的趋势越发明显。总体来看，随着年关将至，总体物流经济活动出现季节性收缩，属于正常现象，景气度进一步回落，物流需求有所放缓，物流就业缺口逐步呈现上升趋势。其中分项数据：

业务总量指数为53.5%，较上月有所回落，但仍在荣枯线以上扩张区间运行，显示全省物流市场需求旺盛；新订单指数为50.81%，持续在荣枯线以上扩张区间运行，显示后市预期向好；物流服务价格指数为47.71%，回落至荣枯线以下收缩区间内运行，显示出物流价格走弱；主营业务利润指数为46.09%，保持在荣枯线以下收缩区间内运行；主营业务成本指数为57.68%，保持高景气度运行，物流企业经营效益有待改善；从业人员指数为47.57%，回落至荣枯线以下收缩区间内运行，物流行业从业规模有所回落；从业活动预期指数为46.09%，回落至荣枯线以下收缩区间内运行，受到临近春节的因素影响，行业对后市发展持谨慎态度。

本月开始，受春节影响，物流业活动将逐步减弱，2019年1月的物流业景气指数表现预计有所回落。

来源：浙江省物流与采购协会网

安徽省2018年国民经济和社会发展统计公报中物流业相关统计数据

2018年，全省交通运输、仓储和邮政业完成生产总值（绝对数）985.77亿元，同比增长3.3%；约占地区生产总值比重3.3%。当年交通运输、仓储和邮政业固定资产投资增长2.3%。

全年货物运输量40.7亿吨，增长0.8%。旅客运输周转量1206.2亿人公里，增长0.8%；货物运输周转量11783.7亿吨公里，增长3.2%。全年港口货物吞吐量5.1亿吨，下降0.2%。

2018年，全省各种运输方式货物运输量及增速

指　标	单 位	绝对数	比上年增长（%）
货物运输量	亿　吨	40.7	0.8
其中：铁路	亿　吨	0.8	-11.2
公路	亿　吨	28.4	1.2
水运	亿　吨	11.5	0.8
货物运输周转量	亿吨公里	11783.7	3.2
其中：铁路	亿吨公里	700.9	-4.2
公路	亿吨公里	5451.6	5.3
水运	亿吨公里	5630.9	2.3

来源：安徽省统计局网 2019年2月28日

本篇编辑：张志坚

第六篇 制造业物流

6.1 钢铁物流

上海钢铁物流园区进入新的增长调整期

概述

面对中国经济“新常态”，实现经济转型升级最得力的工具就是“改革”，最终出路也在“改革”。 中国钢铁产能世界第一，可单位GDP对钢材消费强度正在下降，钢铁产能、产量、流通和需求严重失衡已经成为突出矛盾。当前我国推进供给侧结构性改革，是“创新驱动发展、经济转型升级”的关键。像钢铁这样的工业必需品，首当其冲成为我国供给侧结构性改革中的主战场，这个“大方向”很明确，但根本还要落实“细步骤”。

而钢铁物流行业是以“钢铁”为载体，以“物流”为运作，以“信息”为核心，集钢材贸易、电子商务、三方物流为一体，客户流、资金流、信息流、物流相互促进、相互融合，涵盖建筑行业、冶金行业、信息产业、现代物流四大行业的交叉行业。具体而言，钢铁物流主要包括钢材（及其原材料）的运输、仓储、装卸、搬运、包装、加工、配送、信息平台和电商商务等环节。

2018年，我国政府开始加大深化供给侧结构性改革力度，已将“去产能”正式列为五大结构性改革的任务之首。在国务院下发的《关于钢铁行业化解过剩产能实现脱困发展的意见》中，给钢铁行业供给侧结构性改革下达了中短期目标，未来3-5年内，将在全国化解钢铁过剩产能1亿-1.5亿吨，全面落实“三去一降一补”任务。

而上海是我国重要的钢铁制造业基地和钢铁流通消费集散地，改革开放过程中，长三角钢铁物流行业尤其是以上海为主的钢铁物流企业在经济建设中发挥了很大的作用，作出较大贡献。在繁荣时期，上海钢铁物流企业超过1.2万家，300多座钢材仓库，100多家钢材加工中心，60余家钢铁物流园区（钢材市场），其中最大的一家，驻场的钢铁企业达到1200多家，最小的一般也有100-200家，而整个银行信贷规模达到2000亿元，所需的物流能折合超过400亿吨公里。

2018年，上海钢铁物流行业正在发生重大改变。在我国供给侧结构性改革影响下，这些钢铁物流企业几十年来传统的“买断式”销售模式正在面临着历史性挑战。上海钢铁物流园区面临着从粗放式增长向集约式增长的转变，钢厂和钢铁贸易流通商在传统的钢铁现货交易基础上也发展了许多具有现代服务功能的新领域，涌现了一批现代化的集钢材仓储、加工配送、运输和交易等为一体的钢铁物流园区，钢铁电子商务也得到不断的完善、创新和推广，这将有助于全面提升我国现代钢铁物流加工配送服务功能并改善我国钢铁流通格局。如果我们借鉴引进国外物流先进理念、经验和技术，实现物流现代化，把社会专业化分工的优越性充分发挥出来，那么钢铁物流也面临的问题有望逐步改观。

第一部分：投建钢铁物流园增速紧急“刹车”

“十三五”时期，上海钢铁物流园区（钢材市场）将进入新的增长调整周期。按照中国物流与采购联合会最新统计，2016 年，中国钢铁物流量已超过 40 亿吨，居中国国民经济行业物流量之最，增长速度更是远远超过生产资料流通的平均增长速度。追溯历史，在过去 10 年间，上海钢铁物流园区（钢材市场）获得了快速发展，尤其是福建籍钢材市场在国内遍地开花，成倍增长。据统计，在 2009-2012 年三年间，全国各地政府及企业都在加快钢材市场投建进程，仅在长江中下游地区了解统计，个别不到二百公里的沿江地带，居然兴建了几百个钢材市场。

火爆的背后是由于我国钢铁供需分布不均，许多钢材并非由钢厂直接运至国内外终端用钢企业，而是历经全国各地钢材市场不断周转而至。2012 年以后，受钢铁产能过剩等因素影响，我国钢铁物流园区（钢材市场）也出现一定程度的过剩现象，有的钢材市场开办至今没有一吨交易，沦陷为“跑马圈地”的投机项目。而如今随着我国钢铁供给侧结构性改革深入，这种过剩现象同样成为产业结构性调整的重点对象。受此影响，2018 年，上海钢铁物流园区（钢材市场）整体发展步伐开始出现减速势头。而调查统计结果显示，其中全国钢材市场审批立项数量、入驻商户新增数量和交易额的增长速度均开始出现紧急“刹车”现象。

一、钢材市场建设状态及分布说明

从全国范围内调查收集的 267 份钢材市场问卷统计数据来看，2018 年上海地区仍处在运营状态的钢铁物流园区（钢材市场）比例有较大下滑，而在建或规划中的钢铁物流园区比例有较大减少。表明最近两年，上海地区已完成规划的钢铁物流园区（钢材市场）建设进程正在迅速下降，而钢材市场规划热开始出现急速降温，并逐步趋向理性回归。

值得一提的是，近 5 年来，在长三角地区新建钢材市场仍然保持着相对稳定态势。除了满足当地钢材代理商生存发展的需要，让大家看好这块市场空间的根本原因还有，上海钢材市场的日趋饱和与竞争的白热化程度明显，加上上海周边长三角区域内的地方政府给予的土地优惠、税收减免及贷款支持等政策诱惑，一些地区税收优惠比上海低一个点，使得这些成功钢铁贸易流通商自愿选择走上“市场外延，异地投建钢铁物流园区（钢材市场）”的道路。

1. 沿海经济区钢铁物流园占据全国“半壁江山”

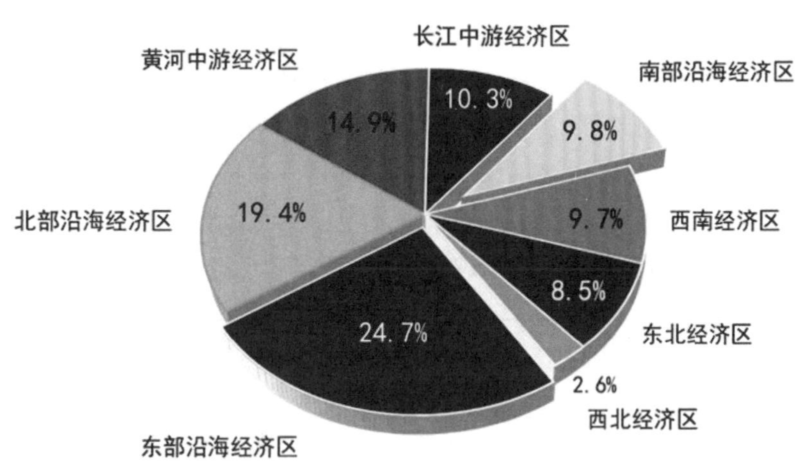

图 1 全国钢材市场（物流园区）区域分布图（单位：%）

尽管伴随我国钢铁供给侧结构性改革的推进，当前上海钢铁物流园区（钢材市场）数量出现一定程度的减少，但是我国钢材市场总量规模仍然比较大。据不完全统计数据显示，全国共有 800 多家钢材市场，其中，东部沿海经济区钢材市场数量居八大经济区首位，大大小小共有 206 家，占比 24.7%；然后依次是北部沿海经济区有 162 家，占比 19.4%；黄河中游经济区有 124 家，占比 14.9%；长江中游经济区有 86 家，占比 10.3%；南部沿海经济区有 82 家，占比 9.8%；西南经济区有

81 家，占比 9.7%；东北经济区有 71 家，占比 8.5%，而全国数量最少的是西北经济区，只有 22 家钢材市场，占比 2.6%（见图 1）。

调研结果显示，目前全国各省市地区初具规模以钢材交易为主的市场数量及占比中，江苏省钢材市场数量最多，目前还在经营的有 56 家，成为全国钢铁物流园区（钢材市场）竞争最激烈的地区。排在其次的是上海，还有 28 家在开业，再次为浙江、山东，分别有 23 家。综上所述，全国三大沿海经济区（东部沿海经济区、北部沿海经济区、南部沿海经济区）的钢材市场数量总占比达到一半以上，为 54.9%，充分说明了国家沿海区域经济发展对钢材市场的带动作用。

2. 新建钢铁物流园呈现中西部稳步转移趋势

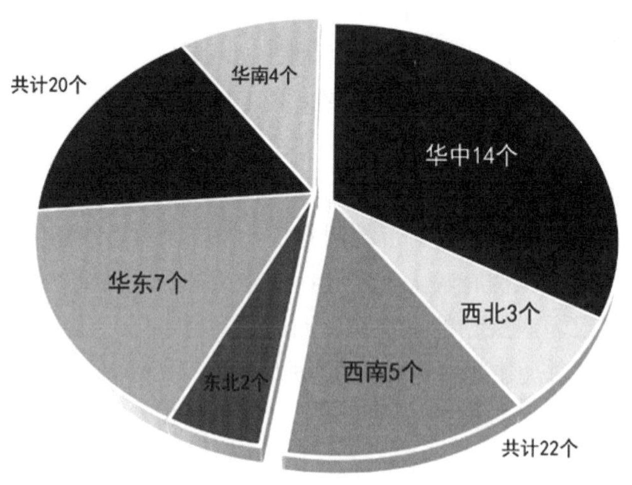

图 2 近五年全国新开工钢铁物流项目示意图

从近 5 年以来新开工建设的钢铁物流园区（钢材市场）情况来看，西北、西南、华中地区等中西部地区的新建钢材市场数量为 22 家，正在逐渐超过传统的东北、华北、华东、华南等沿海经济区新建钢材市场的数量（见图 2）。这也充分说明我国钢材市场建设已经开始走向“随着钢材需求消费布局而进行钢材市场转移布局”的新趋势。

不过从总体来看，过去的 10 年我国东部沿海地区发展最为迅猛，中西部地区的发展落后于全国，而未来五年中西部经济发展前景更加广阔，中西部地区的用钢结构和钢材消费增速也将有望快速增长，并逐渐超过东部地区。当然，我国新建钢铁物流园区（钢材市场）的布局趋势同样充分说明了这一点。

3. 我国钢材市场分布加快向产地、消费地集中

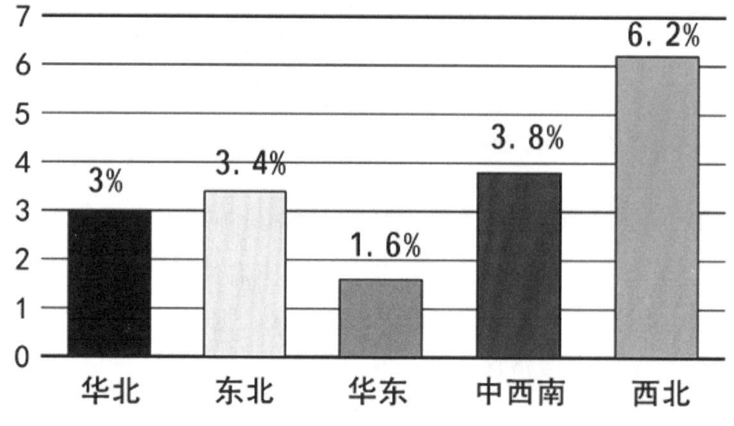

图 3 未来五年粗钢需求增速示意图

从全国范围内钢铁主要产地和消费地分布情况来看，我国环渤海地区是典型的钢铁产能集中区，钢铁物流园区（钢材市场）达到 233 家，占比 27.9%。北方环渤海五省市具体数量分布为：山东 55 家，占比 6.6%；河北 38 家，占比 4.6%；天津 31 家，占比 3.7%；北京 38 家，占比 4.6%；辽宁 41 家，占比 4.9%。我国环渤海地区钢铁产能约在 3 亿吨左右，自己只消费一半，其余全部要输出。

而与其相反的是，我国长三角地区是典型的钢材消费和集散地。这里拥有钢材物流市场多达 206 家，占比 24.7%，这里分布有大量的终端用钢制造企业工业圈，如上海的松金闵和嘉定沿江沿海工业带、浙江的甬台温工业带、江苏的苏锡常工业带等。当然，我国珠三角地区也是重要的钢材消费基地，该地区钢材市场数量已经达到 58 家，占比 7.0%。综上所述，我国环渤海、长三角、珠三角三地钢材市场数量占到全国总数的一半以上，这充分表明钢材市场分布向产地、消费地集中的现象十分明显。不过，我们要警惕这一发展趋势的需求增速正在逐步放缓，预计再过五年后，我国华东地区的粗钢需求增速将只有 1.6%，达到最低谷，而西北地区粗钢需求将迎来快速发展势头，增速有望突破 6%（见图 3）。

二、我国钢铁物流园区盈利模式花样百出

对照国外钢铁物流园区（钢材市场）发展经验来看，发达国家钢铁物流园区是属于基础设施型长线投资项目，投资收益率约为 6%-8%。钢材市场投资回收期在 15 年左右，主要原因是由于钢铁物流基地投资大，盈利途径有限。而在我国，由于地价相较国外低廉，同时钢材市场大多利用了原来的仓储设施存量，因此理论上其盈利前景应该更为看好。但由于投资主体的不同（有的以政府为主，有的以企业为主），以及钢材市场功能上的大小差异，各钢材市场投资者有着不同的盈利能力，回报率也不一样。

2016 年以来，随着我国钢铁供给侧结构性改革推进，上海钢铁物流园区（钢材市场）经营运作理念有所提升，在具体盈利模式上同样加大了创新力度。例如：一些钢材市场利用现有的钢材仓储设施、运输设备和配套设施，深挖第三方物流服务功能，并从中快速盈利；还有一些钢材市场以“电子商务”为平台，提供商品供求信息、车辆配载信息等，从信息化服务中盈利；此外，更有一些市场通过提供银行担保、工商税务、餐饮住宿、人员培训和专案咨询等商务及生活服务获得增值服务利润。

调查显示，我国钢铁物流园区（钢材市场）的赢利模式中主要收入来源首先是库房、货场租金；其次是办公楼租金、配套设施租金、管理费和物业管理费；然后是所属物流企业、增值服务费、设备租金、税收优惠以及国家拨款获得的收益；最后是土地增值，也是目前钢材市场盈利模式中很重要的收入来源。钢材市场盈利模式的变化也直接导致其主营业务逐渐发生了变化。由原来的简单收取租金发展为仓储物流、办公招待、加工配送和电子商务等多项内容。

而目前我国钢铁物流园区（钢材市场）的主营业务收入主要来自以下六个方面：钢材库存和搬运作业费（按吨位收取）；在基地成交的钢材交易佣金（按成交的金额提取）；库房及货场租金、配套设施租金与管理费、物业管理费、办公楼租金等；仓储和配送及钢材加工等增值服务的收费；物流信息服务、在市场网站入网的会员费；市场与合资单位合作经营的收益及其他收益。而具体概括起来包括：服务费用、出租收入、项目投资收益及其他收益。

1. 服务费用

上海钢铁物流园区（钢材市场）服务费用具体包括吊装费，即钢材进出基地都需要使用吊装设备，如龙门吊、叉车等，进出各收取一次吊装费用；仓储费，即向钢材经销商出租仓库收取仓储费和管理费；加工费，即可根据客户的需求对钢材进行各种普通加工和深加工费，不过目前大多数钢材市场的加工处于简单的剪切开平阶段；配送费，即采用共同配送的方式对区域内的客户进行共同配送，

并收取一定的配送费用，既能实现效益、降低成本，也能减少钢材的流通环节，提升客户满意度；电子交易手续费，即电子交易平台能为钢材经销商和用户提供更大范围的交易空间和快捷的信息传递方式；融资中介费用，即市场通过与当地银行合作，为客户提供质押贷款的金融服务，并从中收取中介费用；培训服务费，即利用钢材市场运作的成功经验及相关的物流的发展资讯优势，开展物流人才培训业务，或对经销商和用户进行电子商务的培训，将电子交易模式推广开来，并从中收取培训费用。

2. 租金收入

上海钢铁物流园区（钢材市场）租金收入具体包括房屋租赁费用，主要包括交易大厅商铺和综合服务区的房屋租金；仓库租赁费用，即投资者将钢材市场内所修建的大型现代化仓储设施租给一些第三方物流商、生产型企业等，从中收取租金；设备租赁费用，即将钢材市场内一些主要的交通设施如铁路专用线、物流设备如装卸运输设备等租给基地内企业使用，从而收取租金。

3. 投资收益

上海钢铁物流园区（钢材市场）项目投资主要是指钢材市场楼宇设施及其建设费用、主要物流设备费用、主要信息系统软件和土地购置成本等，随着钢材市场制定的详细的商业计划实施后，钢材市场投资者可以从这些固定投资中获取收益。另外，对于投资者来说，将来肯定能从土地增值中获取巨大收益。新建钢材市场完成初期基础设施建设并逐步投入使用后，土地将有一定幅度的升值，到钢材市场建设全部完成并正式运营时，还将有上涨空间，土地的增殖将能提高其商铺的出租收入和各项服务费用。

4. 其他收益

上海钢铁物流园区（钢材市场）其他收益包括停车场收费，市场凭借强大的信息功能，吸引众多运输企业入驻，市场内修建现代化的停车场，不仅为钢材市场自己的车辆服务，也为外部的运输企业或第三方物流企业提供服务，并收取一定的停车费用；其他管理费用，包括物业管理费等；增资扩股，如果市场发展到一定规模后，还可通过增资扩股上市的方式从股市融资，从而加快发展速度，并取得更大的收益。在上述各项营业收入中，这两年钢材融资中介费用收入占比呈现明显的提高迹象，尤其是金融担保服务等服务收益甚至已占到很多市场总营收的一半以上。

三、钢铁物流园交易模式趋向线上线下结合

可以说，“互联网+”为我国钢铁供给侧结构性改革带来了新的发展机遇。当前，越来越多的上海钢铁物流园区（钢材市场）也开始积极拥抱“互联网+”，建设钢材电子商务交易平台，积极推动现货交易、网上采购招标等多种形式并存的交易模式，通过线上线下一体化采购，来推动供应商、流通商、金融商及批发代理商实现整体联动，从而大大改善传统钢材市场的交易方式。据本次调研统计数据显示，截至 2016 年年底，全国新建和在建的上海钢铁物流园区（钢材市场）中，88.6% 的钢材市场已经或已规划有简单的电子信息化功能，并成立专门部门负责运行。调查中，还有 91.7% 的传统钢材市场表示亟待引进电子信息化功能，也为此正在努力。

而从发展趋势来看，我国钢铁电子商务交易平台作为一种新兴的交易模式，依赖现货市场的发展而发展，是对钢材现货市场交易功能的有效补充。本次对钢材市场内商户的问卷调查结果显示，在平常的钢材交易中，仍然有 43% 的商户采用的是直接电话订购，而通过钢铁电子商务平台和招投标方式进行交易的各占 25%。剩余的 7% 采用的是直接面谈，从一定程度上可以看出未来我国钢铁电子商务交易平台的发展空间很大（见图 4）。

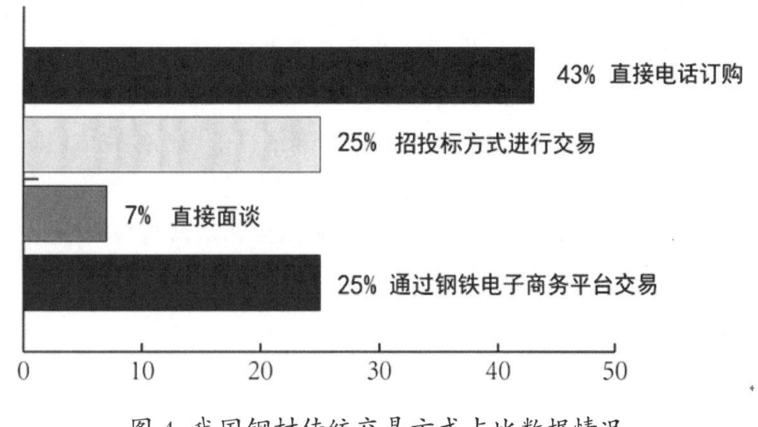

图 4 我国钢材传统交易方式占比数据情况

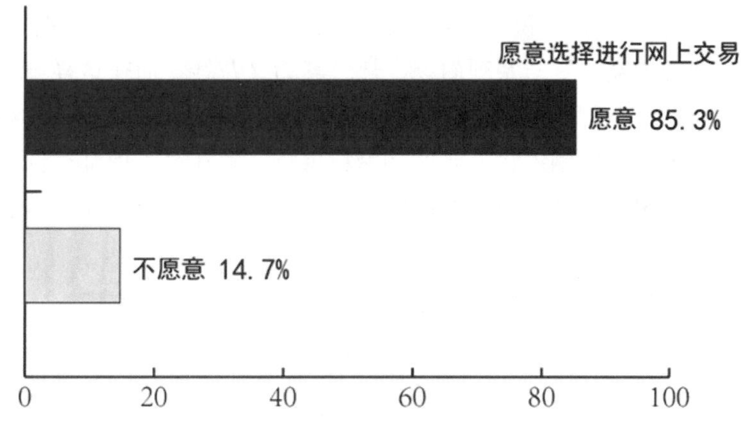

图 5 选择在钢铁电子商务网站上进行交易的意愿调查结果

另据本次调研统计结果显示，目前我国钢材市场中有将近 85.3% 的商户在条件允许下愿意选择进行网上交易，这说明钢铁电子商务交易平台的潜在客户数量较大（见图 5）。钢材电子商务交易正逐渐被众多钢铁贸易流通商所接受，最主要的是钢材电子商务交易平台有诸多功能是传统现货交易市场所不具备的。具体而言，钢铁电子商务交易平台从交易和信息的角度极大地将钢材市场客户的地理空间集中化了。对比之前的现货市场，电子化交易具有以下优势和特点：一是钢铁电子商务交易平台超越地域限制，短时间内实现全国性远距离交易，大大提高了交易效率；二是钢铁电子商务交易平台所有交易均在网上明示，极大地提高了交易透明度，通过众多来自不同地区参与者的集中交易，其形成的价格信息更有权威性和代表性；三是钢铁电子商务交易平台中电子合同的价格积累，可以为现货商提供预测和把握钢材价格未来趋势的重要参考依据；四是电子商务平台交易和现货交易市场并存的格局，可以方便生产企业、经销商和终端消费企业通过跨市对比操作，及时回避现货价格剧烈波动所带来的市场风险，从而有效达到锁定成本、资源或利润的目标。

四、重点城市钢铁物流园区“被迫拆迁”风声四起

市场总是变化无常。这几年，伴随我国经济结构深度调整和重点城市合理规划发展部署，许多曾经经营“红火”的钢材市场突然收到了“被搬迁”的通知书。我们在实地调查中发现，这些市场有的在大城市，有的在小县城；有的在城区、也有的在郊外。而关于钢材市场变迁问题，全国有 87% 的钢铁贸易流通商表示曾经历过三次以上的搬迁。

2013 年 8 月，根据云南省昆明市政府决定主城区关闭搬迁和转型升级 103 个商品交易市场的要求，昆明叁斗钢材交易市场、浩宏钢材批发市场、昆明铁公鸡钢材市场、云南省钢材市场、明波钢材批

发市场、昆明明波泰来钢材市场、昆明市西山区钢材现货市场强行完成关闭搬迁工作。

2016年6月，位于河南省郑州市南四环区域、生存期仅两年半的郑州紫金钢铁企业园区正式拆迁。而在之前，由于道路限行和修建高架桥的缘故，河南益隆钢材市场、河南金元钢材市场已宣告被迫“撤离”，还有郑州南四环区域内的金马南区、豫通、信泰等钢材市场已经完成清场。

2017 年 4 月，总投资超过 7.6 亿元的上海松江钢材城大门口的一纸拆迁通知，成为入驻钢铁贸易商的最后通牒，要求 5 月底前所有商家全部清退。而在全国钢铁贸易流通业素有“南有佛山北有松江”的说法，意思是中国北方以上海松江钢材城为标杆，南方以广东佛山钢铁大世界为风向标。没多久，上海云峰钢材市场全部搬离的拆迁令下达，意味着这家容纳上千家商户的新型钢材市场也要清场。

在当前的严峻形势下，传统钢铁物流园区（钢材市场）格局亟待改变和升级，这同样是大型钢材市场进行资源、平台、渠道和资本有效整合，争当钢铁物流供应链链主的难得机会。可面临不断“迁徙”的烦恼，确实给整个行业的健康积极发展带来了极大困扰。毫无疑问，要搬迁就会涉及重新选址、租金对比、配套服务和搬运装修等一系列问题，耗时耗力又花钱。而在这样一个钢材市场频繁迁徙时期，之前聚集的钢铁贸易流通商户群体被打散，市场也被打碎了，可以说每一次搬迁都是一个变局。当然，也有人乐观地认为，传统钢铁物流园区（钢材市场）存在“小散乱、低效益”的格局，我们要借每一次搬迁进行一次整合，“而当前钢铁电子商务交易平台的出现便是催发此次整合的关键利器。”

第二部分：钢铁物流园盲目扩张与无序竞争怪圈

国际金融危机爆发之后，世界经济复苏乏力，影响世界经济发展的不确定和不稳定因素持续增加，全球供需关系发生了重大变化，产能过剩成为全球性问题，钢铁行业尤为突出。伴随着钢铁产能过剩的出现，目前全国钢铁物流园区（钢材市场）也由此出现一些问题，这也正是当前我国钢铁供给侧结构性改革的重点，其主要表现在以下几方面：

一、盲目扩张、区域布局不合理、重复建设和无序竞争严重

前几年，诸如钢材市场、钢铁物流园区、交易中心等场所在全国可谓层出不穷，这与我国钢铁需求较快增长，以及国家对物流行业基础设施建设的投入加大密切相关。但是在大兴钢材市场建设的同时，务必要站在全行业发展的高度，充分考虑钢材市场区域布局的合理性。譬如：各级政府积极招商钢材市场项目建设，场内外大量社会资金流入，可很多地方政府、企业只是为了项目本身带来的利益，忽视了产业竞争格局的合理安排。

2018 年发布问卷调查结果显示，在此过程中，我国各级政府规划推动建设钢铁物流园区（钢材市场），通过省级政府审批的占 32%；地市级政府审批的占 59%；区县级政府审批的占 9%，地市、区县一级政府审批建设的钢材市场数量占比偏高。一些地方政府为拉动税收增长，很容易造成同一地区或小区域范围内有多个市场存在，“多、乱、散、小”现象导致钢材市场无序重复建设发展，钢材市场资源得不到有效利用。此类现象在河北唐山、湖北武汉和江苏南京、无锡等地不同程度地存在。

此次调查中还发现，同一区域内投建钢铁物流园区（钢材市场）数量过多、市场定位类同、商户重叠造成严重恶性竞争的现象。例如，在长江中下游地区，个别不到二百公里的沿江地带，居然兴建了几百个批发市场，有的钢材市场开办至今没有一吨交易。这种状况不仅浪费了宝贵的土地资源，也使得区域内形成恶性竞争，严重不利于社会资源整合，很大程度上搞乱了正常的市场经济秩序。此外，由于我国钢铁物流行业缺乏规范和标准，一些低水平小仓储、小仓库，也自称为钢材市场，其经营成本低、政策灵活，对商户吸引力很强，造成一些商户交易席位设在大型钢材市场，但货物却放在周边小仓库中。我们要加快摆脱小仓储的“围追堵截”，尽早摆脱低水平竞争，因为这些已

经成为许多大型钢材市场深感头痛的事情。换个思路，从产业视角来看，当前我海钢铁物流园区（钢材市场）集中度很低，也可以认为没有集中度，可能都无法用集中度指标衡量，几乎一家企业办一个市场，一千家市场一千家企业办，使得整个行业无序竞争、恶性竞争比例逐年升级。

二、缺乏统一规划、战略定位不明确、缺乏区域协同与分工

我们在调查中发现，当前我国许多钢铁物流园区（钢材市场）仍然沿用工业园区地产经营思路，项目规划流于形式，以取得土地资源为首要目标，脱离了我国钢铁物流供应链的服务功能实际需求。尤其是在一些钢材市场的开发建设中，到底建不建、建多大、经营什么品种，不是由政府部门主动地、先行地、长远地设定规划，缺乏统筹的考虑和科学的论证，多数往往是开发商策划、推动的。这就在一定程度上导致了重复建设，低层次开发、低水平运营，其目的很多都是追求短期利益，靠出让门面、追求近期摊位出租率，难以形成规模化、专业化和现代化的经营管理高度。

与此同时，我国许多钢铁物流园区（钢材市场）在建设时还缺乏统一规划和明确的战略定位，不仅没有考虑区域经济发展水平、运输资源的联络与调配、市场所在地实际用钢需求、产钢集中度等宏观因素，同时也忽略了区域竞争环境、市场定位、区域制造业布局等实际需求。有些规划仅凭几个宏观的货运总量、年货运周转量、几条道路或道路规划、几个人的主观判断确定，至于市场需求和客户分析则由于数据收集时间长、难度大无法进行。

研究发现，我国多数钢铁物流园区（钢材市场）在前期建设时缺乏明确的战略与市场定位，很不利于钢铁物流产业的可持续发展，难以做大做强。究其原因，一方面同一区域内钢材市场定位雷同，无序竞争，难以发挥专业化分工优势；另一方面，各个钢材市场之间缺乏联系，各自为政，缺乏物流功能上的分工与协作，难以协同满足制造企业物流供应链管理的需求，造成资源重复浪费、衔接不畅、配置不平衡。

从整体来看，目前我国钢铁物流园区（钢材市场）还缺乏一定的整体规划，相对格局混乱，各个钢材市场之间又缺乏物流功能上的分工与协作，没有形成系统化、规范化的产业体系。而且，各个钢材市场彼此分散经营，结构、规模、类型和营运模式呈现趋同性和同质性，没有发挥专业化分工优势，这很不利于我国钢铁物流产业的健康发展，将会直接导致在全国或区域内知名的“重量级”钢材市场，区域性的钢铁商贸、物流、交易和定价中心的数量变得“凤毛麟角”。

三、钢材市场亟待规范、行业自律，走出“圈地骗钱”怪圈

前些年，由于重视程度不够，上海钢铁物流园区（钢材市场）规范性建设门槛准入无从，只有靠投资方和兴建方来自我定位。一些房地产商或投机商在非产钢地和钢材消耗地、根本不具备建钢材集散的地区（没有水路和码头，也没有铁路接卸站，甚至连马路都没有）大兴钢材市场，以建市场之名，行圈地、开发房地产之实；还有些借办钢材市场名义，对项目进行二次包装，目的是上市圈钱，或融资贷款用于炒房、炒股和炒期货，给我国钢铁流通行业的整体健康发展带来一定金融风险和负面影响。

尽管投建钢铁物流园区（钢材市场）确实可以拉动地方经济建设，但各级政府还需要加快研究出台相应的规范与监管政策。我们此前在江苏某地调查时发现，许多外地企业家以建钢材市场为名圈地，一下就是几百亩上千亩土地。而且一般都是先不动工，待三年之后土地升值后，钢材买卖又难以为继时，再顺理成章地把钢材市场用地转为商业地产。这种通过圈地、囤地和最后转卖的收益率可以达到100%，甚至更高。当然，在闲置期间，投资方还能以钢材市场建设土地项目为抵押，向银行申请贷款，拿到钱以后就做短贷或再到其他地方兴建钢材市场，逐次类推滚雪球似地“投机敛钱”。此次调查中还发现，我国有的县级市一下就规划出5个钢材批发市场，由于市场规模小，资金投入不足，其服务功能不能适应现代钢铁物流发展要求，甚至有的圈到地后，再加价分块转让或合伙开发工业地产，以长租和出售形式获取利润。这种由于现代化的管理手段缺失，流通秩序管理混乱，使得整个钢铁物流行业信用缺失现象时有发生。

与此同时，目前上海大多数钢铁物流园区（钢材市场）还缺乏物流供应链的整体解决方案与能力，不能进入本区域的下游制造业、分销业整体供应链的需求中去，无法解决它们的物流问题，也难以发挥对上游钢厂资源的“统购分销”作用。造成这种现象的主要原因还是很多钢材市场新建时，对当地制造业布局、经济活跃度和配套产业群落等地缘背景丝毫不予考虑，导致市场与上下游间的联系完全割裂，难以建立系统化、规范化和产业化的现代钢铁供应链物流服务体系。因此，我国加速推进钢铁供给侧结构性改革进程中，一定会积极围绕现代制造业基地，充分发挥出钢铁物流业在工业增长、结构调整和消费升级中的巨大作用，并通过产业结构深入调整，努力促进我国制造业与物流业融合发展的互动双赢。

四、市场管理手段滞后、行业环境和服务创新水平较差

目前我国钢铁物流园区（钢材市场）规划和建设整体仍处于初步探索阶段，产业面貌总体表现相对落后。随着我国钢铁供给侧结构性改革不断深入和产业结构延伸调整，我国传统钢铁物流园区（钢材市场）场已经不能适应现代钢铁服务业需求。尽管一些钢材市场已经实现资本、商业和金融的融合，但大部分钢材市场还是以提供仓储、运输配送、计重、配载等低端物流服务为主，物流综合服务功能较弱，在钢铁物流产业创新方面严重不足。

譬如：我们调研的上海宝山地区部分钢材市场服务尤其单一，其主营业务大多为门面出租、仓库租赁以及钢材配送服务等，缺乏深加工能力，不能提供及时的行业信息和其他物流信息服务，没有其他相应配套服务，特别是加工配送能力不能满足市场需求，而且由于资金、设备等限制，短期内很难延伸加工配送能力。此外，由于传统体制等影响，这些市场管理者经营观念落后，管理水平低下，其所提供的服务局限于库房货场出租和物流设备租赁，不能满足客户差异化的需求，不能对入驻钢材市场企业的运作提供各种支持性配套服务。可以说，整个市场难以为高端客户提供高附加值的个性化服务，直接导致钢材市场招商不力、入驻不佳、客户留不住、效益低下。

本次调查中还发现，我国绝大多数钢材市场都具备仓储吊装功能，但一些钢材市场的主要功能只有仓储，谈不上物流，更谈不上供应链概念。其中，很多钢材市场仅有加工配送中心，而且还停留在初级加工阶段，缺乏深加工，并多为“只加工不配送”服务，因为大多数市场没有建成完整的销售网络和物流信息系统，钢材流通不太通畅。总之，当前我国钢铁上下游客户之所以选择钢材市场，是祈求市场对其经营品种实现个性加工和高效流动，减少滞存周期，因此，“十三五”期间，我国钢材市场要加快创新经营形式、完善物流加工配送体系、持续不断地提高流通效率。很明显，尤其是“实现高效流通供应、打造现代钢铁供应链物流服务体系”未来将是我国钢材市场“破局红海”的核心竞争力。

五、融资环境长期不乐观、资金运转能力低和盈利空间小

本次问卷调查和实际调研显示，资金问题已经成为上海钢铁物流园区（钢材市场）经营发展过程中遇到的重要困难之一。由于行业利润率较低，市场建设开发投资回报期较长，资金短缺现象比一般制造业表现得更为严重。而融资担保却是一个系统工程，涉及政府、银行、担保机构、流通商等，但钢材市场入驻商户 90% 以上为民营企业，其中，中小企业占比高达 95% 左右。由于这些企业经营规模小，提供质押贷款能力有限，财务报表随意性较大，真实性差，透明度不够高，缺乏审计和良好的连续经营记录，给钢材市场的融资担保带来极大不便。

尤其是在 2011 年我国部分钢铁物流园区（钢材市场）内出现了“携款潜逃”“水泥钢筋”和钢材重复质押贷款等恶劣事件后，许多金融机构对不在自己监管控制下的质押物也不敢触碰，再次加重了钢材市场的融资困难。在此次调查回收的121份问卷中，有83.8%的钢材市场反映目前摆在钢铁物流园区（钢材市场）头上的最大难题就是信贷融资问题，甚至一些新建市场因为融资问题出现项目搁浅现象。不难看出，我国钢铁行业不景气，钢材市场自然也难以独善其身。本次调查统计结果显示，82.5%参与调查的钢材市场反映从2011年开始销售规模及交易额增速出现大幅回落，甚至负增长，而另有9.3%参与调查的钢材市场表示出现了明显回落，只有5.1%反映回落幅度不大，但总体都在回落。接受调查的钢材市场中，89%表示2016年地产、租赁和物流等非钢业务营收已占到总营收的一半，而总体盈利在减少，利润增长率出现负值，一些市场甚至难以维持正常经营。

与兴盛时期相比，目前我国钢铁物流园区（钢材市场）运营成本在大大增加，以上海的钢材市场为例，其土地租借成本和人工费用支出负担很重，并在逐年增加。这些经营成本的增加，只能市场自己承担，还不能转嫁给商户，因为商户已经很困难。这两年，此类现象在全国各地较为常见。众所周知，我国钢铁流通业是资金密集型行业，面临资金压力和融资难的问题，我国钢铁贸易流通企业的融资困难严重制约着整个钢铁物流行业的快速发展。此次调查中，企业普遍希望地方政府出台税费减免和租赁补贴激励、适当降低仓储物流企业土地使用租金和税金、出台钢材市场及园区电费与水费按照工业标准收费等相关具体政策办法，来支持现存钢材市场的正常发展。

六、钢铁物流园运营方式单一、缺乏一体化合理规划

前几年，我国大多数传统钢铁物流园区（钢材市场）没有自己的物流公司，多是依靠商户自己找车队配送。据统计显示，上海钢铁物流园区（钢材市场）具有运输车队可做配送的占比还不足30%，其中能够提供24小时全天候提货服务的更为少见。所以截至目前，在很多钢材市场附近都会停留着很多等待拉活的个体运输车。一般情况下，这类传统钢材市场的客户交易完成之后，就会自己联系车辆运送或提货，可是几经议价磋商和安全认证后大半天已经过去，如此根本无法提高钢材市场的总体运输效率、规模经营和顾客服务质量等。

此外，目前我国钢铁物流在运输方式的选择上，主要是以公路运输为主、水路运输为辅的货品运输方式，部分企业采用公铁联运，除了少数企业利用自身港口、码头直接采用水路运输以外，公水联运模式并没有被广泛采用。在我国南方一些地区，由于水路运输费用低廉、货运量大等优势，常常成为运输钢材等大宗货品的第一选择。但很多钢铁贸易流通商反映，虽然水运发展比较快，但是港口、码头的装卸能力和船舶载重量十分有限，而且管理模式也比较混乱，对钢材的质量缺少安全保证，对送货时间缺少一定程度的保障。

不难发觉，由于缺乏现代物流理念，我国许多传统钢铁物流园区（钢材市场）对现代物流的含义认识还不够，物流信息化、标准化程度不高，大多市场只能提供简单的运输和仓储服务，很难提供一体化的钢铁供应链物流服务，从而造成运输资源浪费及第三方物流市场需求不足，物流资源浪费严重，效率和效益普遍不高，很难实现物流多功能、一体化运作，也难以与国际物流活动接轨。当然，我国物流企业同样只考虑从物流服务的单项方面（如运输、仓储）降低成本，没有从物流的整体角度考察物流成本，还没有找到物流成本和物流服务水平最佳的结合点。调查显示，只有一少部分钢铁市场拥有自己的物流公司，并已经形成集钢材仓储、物流配送、码头中转于一体的物流管理电子系统。

众所周知，“物流一体化发展”的精髓在于有效整合供应链上下游资源，促使供应链上各方实现成本最低化和运作高效化。而物流基地将用系统科学的方法，充分考虑整个物流过程和影响此过程的各种环境因素，对商品的实物流动进行整体规划和运行，形成以物流系统为核心的由生产企业、物流企业和销售企业，直至消费者的供应链的整体化和系统化。同理而言，我国钢铁物流一体化发展服务同样包括跟踪客户订货量变化，提供准确、经济、有效的物流信息服务，只要客户上网就可查询到所需产品信息，包括各地钢材库存数据对比、货物订单配送路线监测和入库数据统计等，有了这种“物流一体化”，大家就不必自己再去建立一个独立管理系统。

第三部分：钢铁物流园区创新发展“2345”升级模式

伴随我国钢铁供给侧结构性改革不断推进，目前上海钢铁物流园区（钢材市场）都在进行创新谋变发展，尤其是各地新建的现代化钢铁物流园，一般都较为重视前期的规划论证设计，虽然各有特色，但我们可以总结出许多共性之处，在这里我们统称为“2345”原则。

“2”就是“两个顺应”，即一要顺应国家和地方产业发展规划政策；二要顺应当地城市土地功能利用总体规划。“3”是指在具体实施过程中，要谨记“三个促进”，即以提高招商质量促进仓储库存量；以扩大仓储库存量促进加工配送发展；以加强加工配送业务促进“增值服务”项目和钢铁物流传统业务。“4”是指在日常经营活动中，要严格落实“四个依托”，即依托区域经济发展做强钢铁物流，依托当地产业优势做大钢铁物流，依托周边市场资源做好钢铁物流，依托优质大客户做精物流。“5”是指在钢材市场选址时，要采用优选法选好“五块地皮”，即水陆交通枢纽地、钢铁冶炼资源开采地、钢铁产品生产地、钢铁产品集散地和用钢终端用户密集地。

一、钢铁物流园整体功能日趋完善

实地调研发现，2018 年上海钢铁物流园区（钢材市场）投建热度在逐步回归理性同时，整体质量也在创新提升，尤其是现代化钢材市场整体配套功能日趋完善，较之前有了很大改善。譬如，一些钢材市场通过改善和提高集聚配套流通功能及多元化服务手段，正在逐步提升我国钢铁物流市场总体业态。据统计数据显示，目前我国已有 69% 的钢材市场重点提高了其仓储、运输、加工、配送、融资、展销和信息化等配套服务能力。

1. 区位条件和物流条件更加优越

我国传统钢铁物流园区（钢材市场）多位于城区内，随着中国城市化进程推进，钢材市场每天成千上万吨钢材的运输、仓储、加工对城市的交通、道路、空气、噪声等都会带来严重影响。2012 年之后，全国各主要城市都已出台相关物流产业规划政策，计划将原有市内专业市场外迁至郊外。而在对钢铁市场的重新选址上，投资者都非常注重区位条件和物流条件，一般选址于大型工业开发区内，多条高速公路和省市公路干线的汇集处，并申请自有铁路货运专用线、申请自有内河码头，如此一来，便捷的物流条件必将为项目未来经营奠定良好的基础。

2. 加工配送服务能力更加增强

我国传统钢铁物流园区（钢材市场）加工配送功能一直较弱，并且加工手段和设备单一，无法全面满足终端用钢企业的“个性化”需求。而随着这两年钢铁行业“去产能、调结构”的深度改革，现代化钢材市场的加工功能已经在逐渐加强，现在不仅可以提供简单的卷板开平、分条等加工，还可以进行一些焊接、冲压、冷弯和涂层等服务，切实提升了我国钢材市场总体竞争力和附加赢利能力的提升。

3. 智能信息化技术应用更普及

与传统钢材交易市场相比，现在我国钢铁物流园区（钢材市场）对网上交易、自动化仓储管理、数据信息化和办公自动化等“互联网 +”功能非常重视。为了更好地支持入驻企业的经营活动，一些钢材市场还以外包系统开发或联合现存钢材电子盘的形式实现网上交易功能。同时，引入 WMS 仓储管理系统和 OA 办公系统，实现仓储管理和智能办公现代化，努力优化并降低钢材市场管理成本。

4. 金融信贷业务风控能力增强

随着钢材金融属性的不断增强，我国钢材贸易流通企业对融资的需求是不可或缺的，现代化钢材市场除了沿用仓单质押、担保贷款等传统金融信贷服务外，还新增业务融资、联合担保和应收账款融资等手段。最主要的是金融业务的风险控制能力日益增强，调研发现，目前许多钢材市场在这方面多是引入社会第三方保理、信托等金融机构，以便更好地服务市场内贸易企业商户。

5. 商业配套服务功能日趋全面

我国传统钢铁物流园区（钢材市场）数没有像资讯、酒店、便利店、咖啡厅、餐厅、洗车房等商业配套功能，给入驻贸易流通商家生活上带来许多不便。现代化钢材市场提出了“钢贸创客”服务理念，不仅提倡积极建立自己的网络平台，及时发布市场内产品信息、库存数据和物流配对网，并且还创建自己的智能APP、小程序等服务共享平台。另外，在沿街店铺更是积极引入中高档餐饮、星级酒店和商务接待咖啡厅等，因此扩大市场配套服务功能，真正构建钢铁行业的“交易生态圈”。

二、钢材市场区域分布日趋合理

上海钢铁物流园区（钢材市场）作为连接钢铁产业上下游的纽带，正在发展成为各项钢铁物流活动开展的重要载体，也是我国钢铁供给侧结构性改革的重要环节。这两年，随着我国钢材市场投建热度回归理性，许多历经风雨锤炼后的钢材市场通过合理创新与高效运营，开始逐步产生明显的经济和社会效益。众所周知，每一个城市的基础设施建设对钢材都有着极大的需求，同样地区经济建设和制造业的发展也离不开钢铁流通业的支撑，一些钢材市场的合理创新与高效运营促进了该地区经济更快、更好发展，对于改善地区投资环境、提高地区经济和工商企业市场竞争力、推动区域经济协调持续发展具有重要的促进作用。

当然，目前我国之所以存在大量钢铁物流园区（钢材市场）和钢铁贸易商，与下游产业组织化程度极低有着密切关系。我国钢材消费者主要是大量的、分散的、规模相对较小的建筑企业、金属加工制造企业和工程项目，单个用户对钢材需求量少、种类多，而且不确定性大。在这种情况下，我国钢铁生产企业无法直接满足这些分散的、需求量比较小的企业需要，而钢材市场和钢铁贸易商则通过其集散功能，可以满足终端用户对不同品种、不同材质、不同规格的用钢要求，完成钢材从生产企业到最终用户的转移。可以说，在我国工业化过程中，钢材市场的存在与发展，有效地提高了钢材资源的配置效率，对促进我国中小企业成长、促进制造业特别是机械制造业的发展以及产业集群的形成都发挥了巨大作用。

通过调研发现，我国一些制造业产业集群如浙江绍兴、张家港等地，外部调运的钢材等物资量正逐年增加，但面临着生产性服务行业缺乏的困境，导致用钢成本甚高，迫切需要有高效、低成本的钢材流通体系做支撑。以此为发展契机，投建钢材市场不仅可基本满足本地区的钢材交易需求，更重要的是为钢材贸易流通商提供了交易、装卸、储存、流通加工、配送等物流服务平台，为生产制造企业实现物流外包、降低生产企业成本创造条件。

多年来，上海钢铁物流园区（钢材市场）的建设主要就是依托所在区域现有运输组织枢纽、交通枢纽或制造业基地来整合区域中的现有资源。通过有效管理物流、商流、信息流和资金流，提高商品的周转速度，降低企业运营成本，推动商品高效流通，最终建立多层次、全方位、快捷高效的钢铁综合物流服务体系。

三、钢材市场环境和交通压力改善

近年来，随着我国城市化建设进程的加快和市区的不断扩展，住宅、商贸、金融、饮食服务等第三产业的用地需求不断增加，原来的城市边缘区迅速成为市中心区，原有的钢材市场、配送中心由于散乱经营等因素，对城市交通和环境造成了很多不利的影响，许多传统的钢材市场都面临着搬迁的问题。

一方面，上海钢铁物流园区（钢材市场）的搬迁缓解了城市交通、环境和能源的压力，为城市的发展让出了空间，有利于促进城市功能分区的合理布局和效能的充分发挥。另一方面，钢材市场的“换巢升级”和大型钢铁物流园区的兴建，为各种物流资源的整合创造条件，它将区域内外众多工商企业的物流需求和物流企业的服务信息汇集在一起，通过空间的集聚、公用配套设施建设的集约使用、从而有效地节约了稀缺的土地资源，促进了各地区土地资源的合理利用，缓解政府土地供给紧张问题。

不仅如此，随着大量钢材市场的外迁，可以促进整个城市功能分区的合理布局和效能的充分发挥，尤其是通过区域内货源集散的统一管理和调度、合理配载，有效地衔接了生产供应与市场需求，提高了运输效率，进一步缓解城市交通压力。另外，我国现代化钢材市场的积聚功能，将之前小、散、乱的钢铁贸易商聚集到一起，又将银行、电信、保险、法律、会计等相关服务企业、餐饮酒店等生活配套服务，工商、财税、运管、公安等政府的监督管理服务职能一起集聚到同一平台上，在实现资源整合同时，大大方便了政策协调和政府相关部门管理，在节约行政资源、实现高效管理和提升服务水平方面有着极大的贡献。这也有利于促进区域现代服务业发展、增加就业机会。总之，现代化钢铁市场的投建，通过组织、协调和衔接各种物流活动，在为生产制造企业提供各种现代物流服务功能的综合配套系统过程中，极易衍生出一批与之相关联的其他生产性服务业，进一步拉动社会经济第三产业的发展。

四、钢材市场投资主体日趋多元化发展

20 世纪 80 年代之前，我国钢材市场的开办主体是以国有经济为主体、多种经济成分并存。这是由于钢材市场的开办对硬件设施有较高的要求，如通常要求交易市场要拥有较大面积的仓库来储存钢材、要有各种装载设备、要拥有一定的专用铁路线路等。这无疑使一些国有仓库在开办钢材交易市场中占得先机。

通过调查总结，过去我国钢材交易市场的开办者主要有以下几类：一部分为 1992 年后，由物资部门开办的钢材交易市场逐步转变为“自负盈亏”的经济实体，以获利为目的的经营取向已成为钢材交易市场开办者的企业行为；一部分为国有仓库直接改建为“前店后库”式钢材交易市场，如中国储运集团在全国各地的 20 多个仓库全部转型成为“前店后库”式的商品交易市场。

从投资主体的性质看，主要有四种类型：一是由传统的钢铁物流园区（钢材市场）通过设施升级改造以及民营钢铁贸易商的重新整合转型而来；二是有实力的民营钢铁贸易商投资建设；三是由大型钢铁生产企业投资建设；四是钢铁生产企业与流通企业共同投资建设。鉴于此，目前我国钢材市场基本上形成了以第一、第二两种类型投资主体为主的局面，近年来国有企业投资的钢材市场的主体则以钢铁生产企业及大型生产资料流通企业为主。

而伴随着我国钢铁供给侧结构性改革的深化，在我国钢铁物流园区（钢材市场）的开发建设过程中，投资建设主体开始快速呈现多元化的趋势，民营及民营控股企业参与投资建设的钢材市场呈现“后来居上”趋势，数量最多。本次问卷调查结果显示，其中民营企业开办的钢材市场已经占到了新建总数的 90% 以上，远远超过国有企业。其次是由国有及国有控股企业参与出资建设的钢材市场。另外，部分由中外合资企业投资建设。这也表明我国钢材市场的投资主体日趋多元化，越来越多的社会资本开始青睐这一块“蓝海”。

第四部分：钢铁物流园由“量”向“质”快速发力谋变

当前，我国钢材市场（物流园区）建设正处在一个十分重要的发展时期，既面临新的机遇，又面临新的挑战。随着国民经济社会持续快速发展，我国钢材消费正在经历一个从以数量需求为主向更加注重质量加速转变的发展阶段，对高效优质钢铁产品的消费需求进一步增长。为了适应我国钢铁供给侧结构性改革步伐，要求钢铁物流园区（钢材市场）建设也必须跟上国民经济和社会发展的进程，在不断适应消费需求加快升级的过程中实现可持续发展。

进入“十三五”时期，我国钢铁物流园区（钢材市场）整体建设环境将维持一个持续稳健的增长态势，并且逐渐走向成熟。这意味着我国钢铁物流园区（钢材市场）建设正走进一个拓宽期，通过对商户的嵌入，从广度和深度不断延展，实现钢材市场融合创新发展新阶段，也将成为相关行业价值变现的重要出口，从这个角度预测，未来我国钢材市场具有巨大发展潜力和良好发展前景。

具体而言，未来上海钢铁物流园区（钢材市场）将把发展的重点建立在提升钢铁物流标准化建设能力、提升钢铁产品有效供给能力、积极推进现代钢材市场建设和线上线下信息化管理上，目的就是要建设以服务生产、科技支撑、市场流通、信息管理为核心的现代钢铁供应链物流产业创新服务体系，进一步提升钢材市场发展的质量和水平，增强钢铁产业链条带动能力。当然，在这一建设过程中，我们要坚持“严格标准、规范程序、加强管理、稳健发展”的基本原则，确保钢铁市场建设持续健康发展。

一、钢铁物流园区趋向电子商务一体化发展

不容置疑，加强自动化、智能化与信息化建设，是我国钢铁物流园区（钢材市场）提高管理水平、增强市场竞争力的重要手段，也是衡量现代物流企业的重要标志。据实地调研结果显示，目前不少钢材市场已经积极应用自动货位处理系统、射频自动识别系统、数码智能仓库、自动订货系统和仓储作业机器人等物流信息化先进技术与装备，以此提高物流作业的自动化与智能化水平。许多钢材市场通过自建或外包投建电子商务交易平台，整合有形市场与网上交易流程，吸纳钢铁行业上下游客户、金融机构、投资商及咨询商等加盟，形成一个系统功能性强大、多行业信息交互的钢铁供应链物流管理电子商务综合服务平台。

目前，信息化已经成为上海钢铁物流园区（钢材市场）提高营运效率、降低成本、增进客户服务质量的核心因素。不过，钢铁市场的电子商务平台建设要注重钢铁物流核心业务流程的规划和设计、与相关信息系统的对接和交换，以及不同层次客户对园区信息平台功能的需求等。一方面，钢铁市场的高层管理者应该重视钢铁市场价值链信息化管理的实施，在钢铁市场总体战略的指导思想下，从长远发展的角度看待市场内各个企业的价值链信息化管理。另一方面，各个企业根据自身实力情况，实施价值链信息化时可以与别的企业建立战略联盟共享信息化系统，达到资源有效共享及优化资本投入作用。

根据研究总结，目前我国钢铁物流园区（钢材市场）信息化大致分为三个层次：第一个层次是基础设施，主要是标准、编码、协议和网络；第二个层次是网络平台，主要有开发平台、交易平台和服务平台等；第三个层次是真正的物流个性化和电子化综合平台。因此，在钢铁市场信息化的推进过程中，一定要事前统一规划、分步实施，有目标地改进和循序渐进地逐步实施。

值得一提的是，这两年，我国有些传统钢材市场也开始积极利用互联网技术搭建电子商务交易平台。这样的平台有两大功能：一是用于内部管理，从员工考勤、智能办公到客户信息管理都能通过 PC 或智能移动端进行管理；二是帮助或促成驻场企业达成交易，因为单个传统钢材市场拥有驻场客户的总量还不足以填补网上市场的容量，投入与产出达不到平衡，不可能在服务中有过大的亏损。所以，这类传统钢铁市场的网上市场一般从提供信息服务着手，逐步过渡到有 B2B 功能的电子商务交易平台，为驻场商家沟通资源信息，方便买家和卖家找到交易点。不过，随着交易量放大，这一平台很可能发展成为现代钢铁供应链上的第三方区域性电子商务交易平台，并通过升级完善网上交易流程和配套服务功能，变“网上洽谈、网下交易”为“全程网上交易”平台。

二、钢铁物流园区趋向实施多元化与创新配套

不容忽视，目前上海钢铁物流园区（钢材市场）基础设施建设依旧传统落后，绝大多数投入使用的钢材市场经营比较困难、利润水平较低。此外，一些新建中小钢材市场缺乏统一规划、战略定位不明确，粗放式发展特征十分明显。在国外一个经济发达的用钢集中区域内仅有几家钢材市场，而我国某些城市则拥有几家甚至十几家钢材市场，而且许多模式雷同，服务功能单一，缺乏有效的开发、管理和盈利模式创新。

未来这一类钢材市场要加快创新配套设施，不断完善服务功能，提升系统服务能力。为入驻企业提供行业信息、仓储管理、平台交易、加工配送和融资担保等“一站到位”式增值服务，让钢材用户的需求能够便捷、全面地得到满足。尤其是要努力把服务功能向下游延伸，与终端客户企业建立战略伙伴关系，加强客户关系管理，建立具有针对性的加工配送中心，根据下游客户的不同需求提供剪切、冲孔、校平、抛光、铆焊、精细仓储、实时跟踪、信息分析和物流方案咨询等增值物流服务，通过拓展和完善钢铁物流企业的服务功能，加快推进钢铁物流的现代化，降低钢材市场经营成本，满足不同层次客户的多元化需求，适应不断发展变化的行业形势，大力提升市场盈利能力与水平。

在强化钢铁物流专业化分工的同时，我国钢材市场的功能还需要不断延伸和拓展融资服务功能，通过不断协调设计应用新的金融产品，打造质押、保理、定向交易等新型物流金融业务模式，帮助入驻企业和钢材用户解决临时资金紧张的难题，维护客户资源，通过园区内部的有序竞争与紧密合作，产生发展合力，发挥钢材市场综合系统服务效应。

很明显，随着我国钢材市场的发展和完善，单纯商流的钢材市场已经不能完全适应市场的发展，取而代之的是将商流、信息流、资金流和物流融合在一起的钢材市场综合服务运作模式，这种模式已经越来越受到政府和上下游企业的青睐。鉴于此，未来钢材市场要积极开展“多元化”经营管理思路，面对入驻市场商户的“多层次、个性化”需求，创新产品服务组合和努力打造“一条龙”服务功能，争取能够向这些钢材贸易商户提供价格低廉、质量优异的钢铁供应链物流综合配套服务。

三、钢铁物流园区趋向依托产业集群模式发展

上海钢铁物流园区（钢材市场）产业集群作为一种社会化大生产的组织模式，已成为一种世界性的经济现象，也成为一个国家和地区经济持续增长的核心增长极。而产业集群化作为一种高效的组织形式，以区域网络为基础，通过强化专业细分，促使每个企业把产品做精，最大限度地发挥产业关联和协作效应，共同促进着产业之间的协同发展。为此，我国钢材市场在未来发展过程中也要将自我融入周边地区制造业、房地产业的大产业链中，依托产业集群化效应来实现自我发展、自我价值。

以“钢领”——上海国际钢铁服务业中心为例，其所处的上海宝山区位于长江和黄浦江的交汇地，集黄金水道和黄金岸线于一身，拥有中国最大集装箱制造基地和国际物流园区以及中国最大的造船基地。毗邻上海港，水运、吊运运作便捷。地铁一号线、三号线延伸至此。外环线、郊环线、同济路高架近在咫尺，交通十分便利。宝山有着诞生钢铁贸易群得天独厚的区位条件，宝钢、上钢一厂、五厂、浦江钢铁厂均落户宝山。目前宝山区已聚集了约 3000 家的钢铁贸易、加工、仓储和信息服务企业，而且“钢领”已经与中远、中储精诚合作，积极探索仓储监管、土地质押的新模式，依托宝山产业集群实现自我发展。

而广东的乐从钢铁市场也是在周围雄厚产业基础上发展起来的，珠三角快速发展的制造业的强劲需求、自身发展的需要以及日益改善的交通条件和国际化潮流，都促使乐从钢铁市场继续做大做强。特别是由于乐从的现代钢铁物流中心的地位进一步强化，带动和促进钢铁加工配送产业的发展，从而形成一个日趋完善的强大的钢铁物流产业集群式商圈。

事实上，集约化经营的核心是提高钢材市场自主创新能力，通过功能的开发、资源的利用为企业提供更广泛的业务营运空间，通过价值链、作业链和供应链的共享服务，为企业在时间、地点、服务、对象上的选择提供更为便利、更为灵活的环境。随着全国各地方“十三五”物流业规划的实施和城市功能定位的更加合理，通过搬迁和改造已有钢材市场，将其整合成为现代化钢铁物流园区，提高钢材市场的现代化水平；通过退城进园，选择某特定区域作为钢铁市场的发展，吸引众多业务相同或类似的物流企业向钢铁市场聚集；通过整合钢铁物流供应链条上的各环节，共享物流信息资源，全面提升服务水平和质量……这些都已成为新的发展趋势。

四、钢铁物流园区趋向以龙头企业主导式发展

企业是经济发展的主体，是带动结构优化升级的主导力量。随着我国供给侧结构性改革推进，未来由开发区、园区等政府部门组织推动建设钢材市场的局面，将会向由企业主导建设钢材市场方式转变。这种龙头企业包括钢铁生产企业和大型贸易流通企业两部分。当前，我国钢铁生产企业为改变主业利润率较低的局面，正积极开展多元化经营，并尝试延伸钢铁产业链，提高产品附加值，建设钢材市场的积极性正在明显提高。采用该模式，既可以发挥大型钢铁生产企业拥有持续、高品质的产品和雄厚的资金保障优势，又可以发挥当地贸易流通企业短时间内可获取销售网络渠道、客户资源和人脉资源的优势。

以河钢集团曹妃甸综合物流园区（钢材市场为主）项目为例，河钢集团在黄骅港拥有上万亩地，这块地本来是政府低成本给予石家庄钢铁搬迁之用，但河钢集团计划早期初步建设一个现代化的新型物流园区，然后再搬迁石钢。该项目共计投资68亿元，目前已经正式开工奠基。项目建成后，将具备冶金辅料仓储、钢材加工配送、现货电子交易等多种功能。

无独有偶，其他大型钢铁生产企业也不甘落后，这两年均在争抢这块“大蛋糕”。据调研，沙钢在建的“玖隆钢铁物流基地”项目，总投资约300亿元，将着力打造一个集现货和期货交易、剪切加工、运输配送、进出口保税、电子商务和金融担保质押为一体的钢铁物流综合园区。太钢集团在其新的规划中也提出，要“做大做强”不锈钢生态工业园，使现代物流业成为公司“多元发展、延伸发展”的落脚点。

与此同时，我国大型钢铁贸易流通企业也在积极进军钢铁物流园区（钢材市场）投建领域。比如：中国铁路物资广东钢材交易中心已经建成开业，目前该市场是中国铁路物资集团在华南最大的钢材交易中心，也是中国铁路物资集团在华南地区钢材业务发展的战略布局之一。该项目总投资金额为6.8亿元，项目用地规划166亩，计划打造一个集采购组织、销售服务、加工配送、质押融资和仓单交割等多功能综合一体的钢材现货交易大卖场。

五、钢铁物流园区趋向优化整合现有资源

资源是指社会经济活动中人力、物力和财力的总和，是社会的基本物质条件。我国供给侧结构性改革中优化资源配置的根本目的是，实现资源的最佳利用，即用最少的资源耗费，生产出最适用的商品和劳务，并以此获取最佳的效益。而对于钢铁物流产业来说，钢材市场的根本服务宗旨就是优化产品加工、流通和销售环节，通过降低运营成本，来提高企业市场竞争力，最大限度地优化生产和流通关系。

上海钢铁物流园区（钢材市场）可以将原来分散的产品运输、仓储、加工、配送、金融和资讯等各方面实现最佳结合，形成完整的一条龙式专业化供应链条，可以为用户提供多功能、一体化综合功能服务。因此，对钢材市场科学规划的优势首先表现在对现有松散的资源进行优化和配置，将社会上的仓库、企业的流通中心或配送中心、加工运输服务等相关产业集约在特定区域内，实现钢铁消费与生产信息对称，这对提升我国钢铁物流运作效率与社会效益都将发挥重要作用，同时也会大大促进我国钢铁物流产业进一步健康有序发展。

在上海钢铁物流园区（钢材市场）发展初期，更多的是单个企业或个体作为市场调节信号的接受者，而随着钢材市场的建设与完善，这些个体将在市场内凝聚，更多依靠钢材市场来承担。目前我国钢材贸易流通企业的特点是：小、散、乱、差，各自为阵，社会资源整合程度十分偏低。而钢材市场的出现，不仅可以充分整合企业资源培育大型流通企业，发挥积聚效应，还可以让更多生产和消费个体通过钢材市场来了解市场价格行情，把握市场供需结构，以此指导和调整钢铁生产经营方向、品种、数量和规模，继而进行生产要素的重新优化组合。

据 2018 年走访调研，在推进上海宝山成为全国大型钢铁物流园区（钢材市场）进程中，宝山区政府积极推出了四大创新举措：一是打造钢铁总部经济，充分利用大型钢铁生产经营中心在宝山集聚所带来的信息、资源、人才等优势，吸引国内外有实力的钢铁企业总部落户宝山，逐步形成钢铁产业集群效应。二是提升产业能级水平，鼓励引导民营钢铁贸易流通企业调整产业结构，锻造钢铁产业供应链，提升企业核心竞争力。三是搭建合作交流信息平台，定期举办钢铁市场研讨、品牌展示、经贸洽谈，促进民营钢铁企业互动交流合作。四是提供优质配套服务，出台贯彻落实市政府配套实施细则，建设现代化钢铁电子商务交易平台，为企业提供多种形式的现货、期货交易，降低交易成本，促进上海宝山钢铁产业真正做实、做精、做大、做强。

供稿：《现代物流报》记者 王京

简讯一：西本参与编制四部钢铁物流行业标准获发改委审批发布

2018 年 9 月，记者从全国物流标准化技术委员会获悉，由西本新干线股份有限公司为主参与编制的《钢铁物流包装、标识规范》《钢铁物流作业规范》《钢铁物流验货操作规范》以及《铁矿石仓储服务规范》四部钢铁物流行业标准正式获国家发展与改革委员会审批，届时对外发布实施。

据了解，这四部标准由中国物流与采购联合会提出，全国物流标准化技术委员会归口，由中物联钢铁物流专业委员会牵头制订。参与起草编制单位除了西本新干线股份有限公司外，还包括宝山钢铁股份有限公司、鞍山钢铁集团、江苏沙钢集团、攀钢集团、中天钢铁集团、湖南华菱钢铁股份有限公司、日照钢铁控股集团、中国铁路物资股份有限公司、新兴铸管股份有限公司、冀中能源国际物流集团、营口港务股份有限公司、大连长兴岛港口有限公司以及中物联钢铁物流专业委员会等钢铁产业链生产、流通企业、港口以及行业协会。

近年来，随着钢铁物流业在国内突飞猛进的发展，其严重滞后的标准已成为制约行业发展的瓶颈。业内专家认为，物流领域是导致钢价大幅波动、经销商盲目囤货的关键环节之一，钢铁物流业的行业秩序亟待规范。

其中，中国物流与采购联合会会长何黎明曾在公开场合表示，“目前我国的钢铁行业在流通和物流环节中的运输、仓储、管理和信息化等方面都没有规范，流通企业相比于钢厂来说集中度更低，并且小而散乱，急需制定相关标准加以规范。”

而四部钢铁物流行业标准的出台，标志着我国钢铁物流行业正式告别了没有行业标准的历史，将助力钢铁物流业的发展，使我国的钢铁物流发展进入健康、快速的发展通道。中物联钢铁物流专业委员会秘书长王建中认为，四部钢铁物流行业标准的发布和实施，对钢铁物流行业的发展具有重要的里程碑意义。

“一方面，能够确保钢铁物流消费与生产信息的对称，促进国内钢铁物流产业高效协同，解决多年来困扰钢铁物流行业发展的顽疾；另一方面，将有效遏制钢铁流通环节现存的一些不透明操作，对建筑钢材质量进行有效监控，有效保障建筑钢材质量。”中物联钢铁物流专业委员会副秘书长王京说。

据了解，西本新干线股份有限公司创建于1999年10月，成立于2002年6月，注册资本6.6亿元，是一家以互联网方式提供信息服务、数据交易、应用支持、信用管理、品牌认证与在线授权业务为核心的大型股份制标准商品电子商务平台。

作为标准商品电子商务交易平台，西本新干线一直致力于打造标准商品的规范化交易平台，不仅在业内率先推出了具有广泛参考和交易价值的钢材指数、铁矿石指数、焦炭指数、废钢指数、水泥指数等标准商品指数，也在标准商品的行业标准制定方面发挥作用。

公开资料显示，在今年年初发布的《钢铁物流互联网公共商务信息平台建设》和《钢铁物流互联网信息交互技术规范》两部钢铁物流关键技术国家标准的起草单位中，也可以看到西本新干线股份有限公司的身影。

简讯二：航母级钢铁电商起航：卓钢链力争五年打造千亿平台

钢铁电商风云再起，千亿级航母正式起航，“卓钢链”横空出世。2018年5月8日上午，西本新干线携手卓尔控股及合伙人经营团队设立的上海卓钢链电子商务有限公司迎来开业庆典，宣布正式进军钢铁电商领域，打造国内一流黑色系标准商品B2B电商平台，力争5年内实现年营收1200亿元的目标。

开业庆典在西本新干线南翔中心隆重举行。西本新干线股份有限公司董事长虞钢、卓钢链董事长齐志平出席开业庆典并发表致辞，开业庆典由卓钢链总经理潘富杰主持。

齐志平在致辞中表示，卓尔集团经过两三年的电商化构建和布局，交易平台已经涉及消费品、农产品、化工塑料原材料等各个领域。“希望卓钢链未来越做越好，越做越大，成为卓尔大家庭中优秀的一员，也为中国钢铁流通事业作出自己贡献。”

对于卓钢链未来的发展，虞钢表示，希望卓钢链在未来的发展中，能够对接股东资源，实现团队价值，将卓钢链打造成为国内一流的黑色系标准商品B2B电商平台。多年来，西本新干线始终以“架构产业IT新经济”为发展愿景，依托“交易+投资”商业模式，携手众多战略合作伙伴构建新一代标准商品交易生态圈。

活动期间，虞钢和齐志平、潘富杰共同为卓钢链开业庆典剪彩，并与参加开业典礼的领导和嘉宾进行了座谈交流。对于本次合作，业内人士评价，卓钢链的成立是顺应市场的发展，是一次强强联手的结晶，各股东方之间有着很强的互补性。未来股东方及合伙人经营团队将发挥各自多年在钢铁流通领域的资源、渠道、团队和专业能力优势，打造国内一流黑色系标准商品B2B电子商务平台，力争五年内实现年营收1200亿元的目标。

据了解，西本新干线股份有限公司作为国内领先的标准商品电子商务交易平台，始建于1999年，注册资本6.6亿元，由中国物流事业服务中心和上海国际信托有限公司作为发起人股东设立，在互联网信息服务、数据交易、应用支持、信用管理和指数品牌等方面具有强大的竞争优势，其推出的钢铁、铁矿石等标准商品指数及指导价在行业内具有很高关注度与知名度。

卓尔集团(HK.02098)成立于1996年，专注于批发市场的供应链物业及交易服务，主要为客户提供批发交易的物业、物流、仓储、金融、在线交易、大数据等服务。公司2011年7月在香港联交所主板上市，成为湖北省首家在港交所主板上市的民营企业，2016年3月列为恒生综合大中型指数成份股，进入沪港通名单。2015-2018年里，卓尔股价增长14倍，市值超千亿。2018年胡润全球富豪榜上，卓尔集团董事长阎志以605亿元身家，蝉联湖北首富，这一年他的财富上涨了68%。

供稿：现代物流报记者 王京

6.2 汽车物流

6.2.1 综述

2018年汽车物流行业年度热点盘点

第一是市场情况。今年整个市场的情况不是特别理想，我们遇到了前所未有的负增长。虽然新车市场不好，但二手车的市场还是不错的，所以二手车市场和旅游自驾的市场有望成为未来整车物流的一个新增长点，也就是说我们很多的物流服务商要把原来2 B的业务向2 C的业务进行转移。

第二是合规。经统计，在治超之前市场上有3.2万台超长车。还有一些不在统计范围的套牌车辆，实际上超长车有4-5万辆。根据工信部合格证情况统计，截至目前，市面上约有中置轴车2万辆，半挂车6.4万辆。也就是说，根据生产制造的统计情况来看，行业运行的车辆约有8.4万辆。这个情况说明中置轴车的保有量还不可以支撑整个行业运行，在未来1-2年，中置轴车的市场仍会释放非常大的购买力，还有一些半挂车的运营商需要消化买车贷款。

整车物流市场风气好转。我们有一个治理工作沟通的微信群，原来是反映企业上路时遇到的问题，比如某个地方不让我们上路，企业就会把相关的信息报到治理工作群中。但是从今年7月1日之后，我们治理工作群的主要工作内容发生了变化，变成了违法装载的举报群。现在群里面反映的问题，更多的是在路上遇到了6+2的情况，不仅仅是违法装载，包括超长的情况也都会举报到群里。这个群的监督工作是积极有效的，现在举报到群里的所有违法行为都按要求带有时间、地点、图片。公安部的同志也在群里，受理并反馈的比例是100%，一起都没有落下，这是行业非常大的转变。治超工作也得到了所有物流企业的大力支撑。

第三是综合运输。经过3年左右的发展，干线市场铁水占比有所增加，在去年达到了30%。2018年依旧保持高速增长，增长率有望超过30%。另外铁路的运输能力也在持续提升，今年新增的装备数量是4000节车厢，总计超过1.8万节车厢，用来分拨的物流基地也达到42个。水路方面，2018年新增了2条海船和10条江船，现在内贸滚装的数量约为39艘海船，25艘江船，明年有望继续增长。

第四是效率。在治超完成了之后，公路运输的短、中、长的比例发生了变化。现在公路方面80%的业务集中在短途运输。

另外从周转次数来看，这是中物联与G7每个月统计发布的数据，从10月以来，较去年同期周转次数增加4.52次，也就是说公路短距离运输优势加大，周转效率提升。

第五是安全。现在的运输车上并没有普及EBS，但EBS并不是特别贵的设备，中置轴车辆加装一套EBS的费用实际上只有五六千块钱。虽然说从表面上好像看不出区别，但其实际作用却非常大，它对车辆的稳定性起关键的作用。有一些企业如安吉物流，会强制要求新增车辆全部装配EBS。未来希望我们行业可以普及这种安全高效的设备，让这种装备发展及应用成为行业标准，不是按照工信部的要求，而是按照安全的标准。关于维护运输安全，一方面我们要从装备发展与应用上提升，另一方面要从管理和人上提升，其关键在于对速度的监控以及对整个团队建设和对人员的管理。

第六是合作。中物联上周发布了物流行业50强的名单，汽车、物流有5家企业入围，在名单中占比约为10%。今年，这5家企业的物流收入比去年50强统计时有明显的提升，排位上也有明显的提升。从合作方面看，T3L5是去年曝光率较高的热点话题，它是国有物流企业积极进行战略合作的尝试。另外重汽与长久成立了合资公司，主机厂也与铁路直接对接发展多式联运。全行业的跨界也非常明显，比如安吉物流收购了天地华宇，已经变成了综合性的物流服务商。顺丰速运收购 DHL 供应链，开始步入汽车行业。

第七是创新。今年的创新奖绝大多数都是零部件物流领域的，备件和零部件的内容加在一起超过 50%，整车物流大概只占 20%。关于创新奖的内容涉及广泛，包括自动化，智能化、智慧化等应用先进装备提升物流效率，具体表现是无人车、自动化库，还有一些包装和细节的改进，这些都主要集中在零部件领域。未来汽车物流将向高质量发展转变，对技术创新方面也越来越重视。

第八是国际拓展。现在汽车零部件和整车的进出口都在积极响应国家“一带一路”倡议，我们还希望有更多的企业加入进来。

第九是新能源。新能源是近年新的造车势头，是一个很有潜力的增长点，未来还会有更多企业投入到新能源车的制造中来。不过现阶段绝大多数的新能源企业依然在政府是补贴扶持下发展，所以我们非常期待在 2020 年新能源退补贴之后，那些能坚持下来的企业，能够变成真正有潜力，有发展的新能源企业。在新能源汽车产业里面一个非常明确的需求是电池，电池的物流是一个很值得关注的关键点，电池算九类危险品，但是它危险的等级比较低，并且现阶段没有严格界定，所以未来整个动力电池的专业化物流有望会成为行业内部一个新增的零部件业务的增长点。

根据中国汽车物流行业协会秘书长左新宇在“2018 全国汽车物流行业年会”上的演讲整理。

汽车物流：向第三方和综合型物流发展

我国汽车物流随着汽车工业的进步不断发展，从其组织形式和经营模式来看，主要经历了四个主要阶段：

阶段一（20 世纪 80-90 年代）

该阶段处于国内汽车工业的起步阶段，汽车物流规模不大，汽车制造企业往往设立物流部门以满足自身物流需求。一般的通用型物流企业在专业性方面还存在一定欠缺。

阶段二（20 世纪 90 年代中后期）

随着国内汽车制造企业的成熟扩大，其逐渐意识到物流的重要性，并纷纷设立物流子公司辅助汽车生产。例如，上汽集团成立安吉物流，一汽集团成立一汽物流等。

阶段三（21 世纪初期）

国内第三方物流向着专业化、规模化的方向发展，并且逐渐渗透汽车产业。由于其产权独立于汽车制造企业、不在局限于单一客户，具有较好的效率和规模优势。在此阶段，汽车制造企业也倾向于将部分物流业务外包，从而专注于汽车生产和营销。

阶段四（2010 年左右）

综合型汽车物流企业基本成熟。大型汽车物流企业逐渐将运输环节外包给承运商，专注于物流方案设计和物流网络优化等附加值较高的环节。由于其自身运力较少，经营灵活性提高，由行业景气波动带来的经营风险大大降低。

随着中国汽车工业的蓬勃发展，汽车物流市场的前景也显得格外诱人。然而，由于系统庞大、地域广阔，供求双方信息交流困难，物流作业环节繁复落后，导致中国现行汽车物流供应链体系已经不能满足现代汽车行业市场竞争的需要。中国的物流企业发展还处于起步阶段，很多是由传统的仓储、运输企业转型而来，在管理水平、技术力量及服务范围上还没有质的提高，真正实力超群、竞争力强的物流企业为数不多。

整车物流运作效率的高低，直接关系到制造商能否以较低的物流成本、较快的反应速度、较高的运输质量、准时高效地将汽车配送给最终客户。作为汽车物流供应链的重要组成部分，整车物流将最终影响到汽车制造企业的形象、市场表现和客户满意度。因此越来越多的汽车制造商认识到，如果不能高效地管理运作整车物流，将造成整车交付时间的延迟，甚至汽车在仓储和运输过程中产生破损，最终影响购车者的满意度。另外，汽车生产逐渐向多品种、小批量方向发展，汽车制造商难以对市场做出准确的预测，很容易造成生产计划频繁变动，需要整车物流以客户需求为源头逐步带动上游工序的运作模式。现阶段，整车物流正在从简单的商品车运输转变为以运输为主体，仓储、配送、末端增值服务为辅的新型物流。

我国汽车整车物流业目前最突出的问题在于企业群体呈现多、散、小的局面，企业之间竞争大于合作，一方面导致资源浪费，另一方面企业一体化物流能力差，不能适应快速变化的市场要求。在服务专业化、分工明确化的供应链环境下，依靠企业自身的能力来实现物流服务全面最优化，对于众多整车物流企业来说是不可能的。而采取资源整合战略，实现整车物流企业间资源的优势互补，是我国汽车整车物流业提高行业发展水平、增强企业竞争能力、降低企业物流成本、提高物流服务质量的最优选择。调查结果显示，89% 的汽车生产企业和 84% 的整车物流企业认为实现资源整合是今后我国汽车整车物流的发展趋势。

来源：中物联网 2018 年 09 月 11 日

6.2.2 综合信息

2018 全国汽车物流行业年会召开

2018 年 11 月 26-27 日，由中国物流与采购联合会主办、中物联汽车物流分会承办的“2018 全国汽车物流行业年会”在深圳盛大召开。中国物流与采购联合会副会长蔡进，分会轮值会长：上汽安吉物流股份有限公司总经理余德、北京长久物流股份有限公司董事长薄世久，招商局能源运输股份有限公司总经理谢春林，东风汽车集团有限公司经营管理部部长魏文清为大会致开幕辞。

蔡进在致辞中表示：2018 年，是中国物流平稳健康发展的一年，这也是新时期和未来物流发展的基本趋势；2018 年，是中国物流创新发展的一年，其核心是供应链创新与实践，是企业间与产业间的资源整合、流程优化和组织协同；2018 年，是中国物流功能进一步提升的一年，其由内部提升效率逐渐向外部协同优化发展；2018 年，是中国物流先进技术和现代物流进一步紧密融合发展的一年，人工智能、区块链、云计算与大数据等技术飞速发展，并广泛应用到物流中，其融合背后的深刻背景是社会经济对物流要求的进一步提高，其要适应社会经济发展的柔性、敏捷性和定制化需求，并具有价值创造能力。同时，从今年起，我国物流产业真正向高质量发展转变，这对汽车和汽车物流领域提出了新的机遇与挑战。我们应从以下几方面进行思考：要在供应链创新和实践中，进一步延伸汽车价值链，充分挖掘汽车后市场；要扩展服务空间，拓宽价值链，未来提供完整的物流解决方案将成为趋势；要发展绿色物流，特别是汽车物流领域，这也是社会对我们提出的要求。2018 年物流行业变化很大，这些变化对汽车物流未来发展影响极大，既有挑战，同时更有机遇！

会上，中物联汽车物流分会秘书长左新宇宣读了四届三次常务理事会纪要。国家信息中心副主任徐长明向行业代表介绍并分析了汽车市场的现状和未来发展趋势。交通运输部运输服务司处长余兴源对汽车整车物流行业相关政策进行了解读。中物联汽车物流分会秘书长左新宇盘点了2018汽车物流行业年度热点话题。

大会会议内容丰富，汽车物流行业的精英专家们从汽车物流发展趋势，整车物流与零部件物流经验分享与案例分析，以及汽车物流技术创新与行业应用等方面与参会代表进行了精彩的宣讲与热烈的交流。

来自交通运输部运输服务司、公安部交通管理局、国家信息中心等政府部门与相关机构的领导同志，以及来自全国近480家汽车生产企业、汽车零部件企业、汽车物流企业、物流装备企业、高等院校与相关行业协会等单位的1200余名代表共同相聚深圳，围绕“开放合作 聚力前行”这一主题，就汽车物流行业政策、组织、运营、技术等方面进行了深度的交流与热烈的互动。大会为汽车物流行业企业提供了相互学习，分享经验的高效交流平台，参会代表纷纷表示收获良多。

余德先生在致辞中表示，今天，物流企业面临前所未有的挑战。作为汽车物流分会的轮值会长单位，上汽安吉物流一直在不断探索、不断创新，开拓新的领域，拓展新的业务，希望能够跟行业同仁一起携手，资源共享、合作共赢，共同肩负起汽车行业物流产业链的发展重任，共同推动汽车物流行业高质量发展，共同为我国经济发展贡献自身的力量。

在分会执行副会长马增荣主持的“高端沙龙”中，余德先生与中国汽车流通协会、长久物流、一汽物流、中铁特货、风神物流、长安民生等团体、企业代表畅聊我国汽车物流行业发展、变革与趋势。

各分会场开展各专业探讨。零部件物流论坛互动沙龙中，上汽安吉物流副总经理、安吉智行总经理沈飞先生与集保中国、上海元初、天津精英、顺丰速运等企业代表探讨我国汽车零部件物流发展现状及趋势。上汽天地华宇总裁杨兼文发表题为“零部件一站式智慧物流”的演讲。整车物流论坛上，上汽安吉物流业务发展部总监李乐发表题为“智能驱动——整车物流多式联运发展”的演讲。

企业奖项方面，上汽安吉物流有“整零协同混合运输车开发”和“整车仓储智能钥匙柜开发”两个项目获得“汽车物流行业创新奖”。下属安吉智行物流有限公司荣获“汽车零部件入厂物流KPI标杆企业”和“汽车售后服务备件物流KPI标杆企业”称号，并有“标准包装统筹一体化”和“某大型重工企业工厂物流管理优化”两个项目，获得“汽车物流行业创新奖”。下属上海海通国际汽车物流有限公司荣获“汽车整车物流KPI标杆企业”和“汽车零部件入厂物流KPI标杆企业”称号。下属上海安吉通汇汽车物流有限公司荣获“汽车零部件入厂物流KPI标杆企业”称号。个人奖项方面，上汽安吉物流总经理余德先生荣获“2018年度汽车物流行业突出贡献企业家”称号。上汽安吉物流副总经理沈飞先生荣获“2018年度汽车物流行业贡献企业家”称号。

来源：中物联、上汽安吉物流网 2018年11月28日

汽车物流界三“大佬”会面，组建联合物流技术研究中心

近日，中国第一汽车集团有限公司、东风汽车集团有限公司、中国长安汽车集团股份有限公司举行了T3物流合作现场会暨联合物流技术研究中心授牌仪式。

现场会上进行了三方5家物流企业的联合物流技术研究中心授牌仪式。三方组建的联合物流技术研究中心，将深入AGV应用、自动化设备、智能识别及人工智能等前沿物流技术的研究与应用，目前部分项目已完成，合作初见成效。

长安民生物流相关负责人表示，联合物流技术研究中心的成立，将原有各家物流公司技术资源有机地联合起来。物流技术研究领域将在今年的智能搬运、智能仓储、智能调度与管理的合作研发

模块基础上，增加对智能运输、智能包装平台及物流标准的模块深入合作。

据悉，本次现场会是自7月6日T3物流战略合作签约以来再次召开的三方现场研讨会。自合作以来，三方物流企业在共建物流网络布局，整车物流江、海、公、铁运输协同，零部件物流铁运、海运协同，售后备件物流，联合物流技术研究等领域开展了深入合作，并已取得一定成果。

在下一步合作方向上，与会各家物流公司在已有合作项目的基础上提出新的合作内容，对整车江运海运铁运、零部件海运铁运、物流技术等领域又有新的拓展和延伸。

来源：物流产品网 2018年12月05日

汽车物流模式多样，跨界互补

我国汽车物流企业转型升级正处于探索阶段，资源整合才刚刚开始。抓住机遇，摆脱汽车物流的传统模式，深化合作共赢，为客户提供更经济、更全面的服务，是汽车物流企业在市场变革中获得发展的重要途径，也是快速实现汽车物流产业转型升级的必由之路。

汽车产业是世界上规模最大的产业之一，具有产业关联度高、涉及面广、技术要求高、综合性强、零部件数量多、附加值大等特点，对工业结构升级和相关产业发展有很强的带动作用。

近年来，我国汽车产业高速发展，产业集中度不断提高，产品技术水平明显提升。自2009年起，我国就成为世界第一大汽车生产和消费国，汽车消费量占全球总消费量比例已达12%。预计2020年我国汽车产量将突破4000万辆大关。

汽车物流以汽车产业相关产品为服务目标，实现原材料、汽车零部件、汽车整车以及售后配件等的实体流动和空间转移，为整个汽车产业链提供物流支持。由于运输物品和环节的不同，汽车物流可分为零部件物流和整车物流两大类。零部件物流又可按服务环节的不同，细分为零部件采购物流、生产物流、零部件进出口物流、售后备品件物流等；整车物流可细分为商用车物流、乘用车物流和二手车物流。目前，我国汽车物流市场规模为6000亿-8000亿，随着汽车销量的增加，预计2020年将达到9000亿。

汽车物流模式多样

当前，汽车物流根据组织形式和经营模式的不同，可以归为自营物流、第三方物流和第四方物流三种类型。

自营物流是由主机厂自己准备所需物流，提供基本仓储、运输、倒运、排序上线等操作性服务。自营物流模式的优点是主机厂有较大的自主权，体系安全性高；缺点则是物流业务成本较高，物流能力随市场波动存在紧张或浪费现象，专业化程度较低。自营物流的代表如丰田内物流、一汽轿车内物流、一汽解放物流。

第三方物流即由其他专业物流公司提供物流实际操作服务，包括仓储管理、运输管理、包装、搬运、物流加工等。第三方物流的优点是专业化服务、系统化管理，同时由于服务多家主机厂物流能力可均衡调配，物流成本较低；缺点则是主机厂管控性弱，信息安全风险相对较高。国内规模最大的第三方汽车物流公司包括安吉物流、一汽物流、长安民生物流、长久物流等。

第四方物流是指通过由主机厂以外的公司对现有物流过程的调研分析，提出具有建设性意义的优化建议、方案策划、流程再造方案等。提供第四方物流服务的公司如DHL、施奈莱克、风神物流等。

不过，这些传统物流模式也存在很多弊端。例如，坚固的行业壁垒。传统物流是单向流动的环节管理，受传统体制影响，运输、仓储、货运等各环节相互割裂、互不越界、缺乏贯通，没有形成产业链共享。再如，劳动密集的产业特性。传统物流由多个业务过程组成，信息化、智能化、机械化程度低，人工参与度高，人力成本居高不下。物流企业多、小、散、弱也是一大弊端。物流是基础产业，物流行业入门成本、技术需求低，行业体量大，缺乏规模化整合，无核心竞争力。

因此，加强新技术投入、探索智能化设备设施在汽车物流体系的应用、降低人力资源投入、打破行业壁垒、形成共享的物流生态圈，成为解决传统物流弊端的利器，也是未来汽车物流行业发展的方向。

跨界融合优势互补

随着供给侧结构性改革的推进，国民经济发展的重点从增长向质量转变，要求社会物流总成本进一步下降。而在物流业的下游，用户普遍要求更快、更好、更经济的产品供应和物流服务，以及社会发展趋势均要求汽车物流供应链效率提升。在此大背景下，物流企业、装备制作企业、软件信息服务企业等不同行业的企业就需要跨界融合，以达到优势互补，共同发展。

首先，汽车物流企业之间的合作。汽车制造业在规模经济的作用下呈现区域集聚现象，目前国内主要有东北、京津、长三角、中部、西南和珠三角六大汽车产业群，一汽集团、北汽集团、上汽集团、东风集团、长安集团和广汽集团分别立于其上。然而，下游汽车销售市场遍布全国且销售网点众多，国内整车企业共 380 家左右，而品牌汽车 4S 店数量达到约 2 万家，远多于前者。

为提供及时、高效的汽车物流服务，汽车物流企业往往需要控制大量的运力，并且在全国布置广泛的仓储网络。汽车物流企业多立足于特定汽车产业群，其仓储中心和运力也集中于此。例如，一汽物流有限公司的仓储分拨中心主要分布于东北、华东地区，而长安民生物流的仓储分拨中心主要分布于西南、东部沿海地区。如果汽车物流企业各自为政，就会造成回程空驶，不但降低运力效率，而且会提高运输价格；而通过汽车物流企业之间的合作和资源整合，就可以实现运力和中转枢纽的共享共用，提高资源效率。

其次，与物流装备企业合作。自动化立体库、自动化分拣机、自动装卸系统、可穿戴设备等自动化技术可应用于零部件物流的零部件仓储、拣选、搬运等仓库内环节，在大幅度降低人工投入的同时，提高生产效率。但由于服务主机厂生产线，零部件物流及时率要求极高，通常会精确到秒，因此尽管此类设备已处于高成熟水平，在国内外快递零售领域已广泛应用，但出于对设备或系统故障问题的担心和不确定，国内汽车物流领域使用上述设备的范围还非常有限。

通过与物流装备企业的深入合作，可以使先进的自动化设备率先在企业得到应用，加速物流企业自动化的推动进程，增强企业竞争力。同时也可以为客户提供更高效、优质的服务，提高客户的生产效益。目前，国内在此领域较为突出的案例是 2015 年沈阳新松机器人自动化股份有限公司与广州风神物流有限公司的合作，双方对汽车采购物流、生产物流、整车物流以及售后备件物流等领域的自动化进行了研究。

再者，与软件信息服务企业合作。在数字化和智能化创新趋势的推动下，新兴的物联网正面向汽车行业驱动新一轮数字化变革，使“中国制造”向“中国智造”的转型步伐不断加速。在汽车行业激烈的竞争中，通过数字化转型提升设备能效、降低运行维护和资产管理成本，已成为汽车企业供应链管理提升综合竞争力、助力实现智能物流和绿色物流的关键途径。

来源：《物流时代周刊》 2018 年 06 月 21 日

向中间环节要效率，汽车物流亟待迎来互联网化转型

面对零散的市场需求，互联网平台更有优势；同时，新兴的无车承运平台，将释放巨量的小而散的运力资源。整车物流是汽车物流中重要的一个领域，它从过去简单的商品车运输转变为如今以运输为主体，仓储、配送、末端增值服务为辅的新型物流。

从行业整体来看，国内整车物流企业主要分为三类：汽车厂商自己设立的下属物流子公司、第三方物流公司和中小型物流公司。其中，汽车厂商下属物流子公司代表主要有安吉物流、一汽物流等，其主要采用自有运力和承运商模式相结合的方式，以集团内部业务为主要客户资源；第三方物流公司的代表为长久物流等，采用承运商模式，主要依靠外部运力提供服务，由于独立于汽车制造厂商，其可以服务于多家汽车制造企业；众多的中小型物流公司的物流能力较低，在获取客户资源方面较为困难，一般作为外协运力与大型汽车物流企业合作，进而参与到汽车物流服务中。

最近亿欧接触到一家整车物流的创业企业——跑车科技，基于当前的行业发展状况，跑车科技选择主攻整车的二次调拨物流市场，主要服务于二级经销商、二手车商，亿欧基于该市场现状专门采访了该公司的创始人姜维军，从行业的角度讲述了他对汽车物流市场的理解。

在各行各业都迎来数字化转型的时候，扎根汽车物流数十年的姜维军看到了整车物流市场的机会。他坦言：当前的整车物流市场，最大的现状是小、散、乱。在传统的整车物流市场，当经销商找到相应的运输公司，往往不会满足客户的需求，需要一层一层外包给相应的运输公司，中间层越多，运输费用就会越高；在层层外包的运输环境下，运输资质缺失、运输服务难保障，也导致了运输车辆坏损率居高。

为了解决以上行业痛点，跑车科技构建了一个大的运力共享平台，一方连接社会运力，一方连接作为需求方的二级经销商、二手车商。如此形成的无车承运平台将提高寻找优质运力资源的效率，同时更重要的是减少物流中间环节，降低了物流的整体成本。

不过，姜维军表示："我们所处的整车物流领域，毋庸置疑要把它做重，要通过筛选社会优质运力资源、仓储资源，来保证我们提供的服务更为优质。这就像京东在后电商时代能够掀起大风大浪，靠的正是扎实的物流重资产。"关于 2018 年的发展目标，姜维军坚定地讲：今年必须把运输仓储做得很扎实。

当前，跑车科技作为无车承运人的角色，通过整合与筛选社会优质运力资源来为需求方服务。而在需求端，该企业致力于利用互联网平台来整合二段汽车物流的零散需求，姜维军强调："我们主要专注来自于二级经销商、二手车商的零散需求，而非大客户的稳定需求。"亿欧看来，整合并满足零散的需求正是互联网平台最能发挥优势的方面。另外，通过运力服务来拓展相关的供应链金融等服务，逐步深入传统零散的整车物流市场中，是当前第三方汽车物流企业的自然发展历程。

汽车物流是一个极其传统的领域，运力资源极其分散，存在业务层层分包，服务质量参差不齐的现状。即使主机厂商的一段物流，车企与汽车物流供应商之间并没有形成彼此融合的合作关系，整个供应链的价值没有得到显著提升。再者，车企自身的物流系统由于与车企之间存在附带关系，容易导致惰性，难以保证优秀的服务质量。

关于汽车物流的未来发展走势，中国物流与采购联合会汽车物流分会秘书长马增荣曾表示："我认为最终都会发展为纯粹的第三方汽车物流公司。现阶段，车企自身的物流系统主要还是承担内部供应链领域的服务，随着车企对于汽车物流成本指标日趋严格，其自身的物流系统必须要与其他企

业合作，从而实现成本的降低，收入的增加。”

同时，第三方汽车物流公司服务态度积极，且在社会资源的整合方面具有优势，可以降低仓储空置率和运输空驶率等，如此物流成本降低了，物流供应环节得到了重构。

在互联网技术与模式成熟发展的当下，传统的汽车物流也迎来了新的变革。新兴的第三方物流崛起，将促成车企到经销商各个环节的融合，降低整个供应链的成本。

来源：亿欧网 2018 年 05 月 25 日

2018 年汽车物流行业分析：三大市场发展势头良好

随着世界经济的快速发展和现代科学技术的进步，各大汽车制造企业在技术上的优势已经越来越不明显。而对于企业而言，物流已成为企业的“第三利润源”，物流战略已成为企业的重要战略之一。

汽车物流是指汽车供应链上原材料、零部件、整车以及售后配件在各个环节之间的实体流动过程，废旧汽车的回收环节同样包括在内。

从汽车物流角度分析，汽车产业是关系中国经济安全的支柱产业，中国汽车市场将成为世界汽车市场的一部分，汽车产业将直接而对国际竞争。随着世界经济的快速发展和现代科学技术的进步，各大汽车制造企业在技术上的优势已经越来越不明显。而对于企业而言，物流已成为企业的“第三利润源”，物流战略已成为企业的重要战略之一。因此，我国汽车相关行业从业者需要准确把握我国汽车物流行业的发展现状。

根据国家统计局和汽车物流年鉴的数据显示，2016 年，汽车业物流费用率约为 8.5%。前瞻估算 2017 年我国汽车业物流费用率约为 8% 左右，据此推测 2016 年和 2017 年国内汽车物流市场规模为 7501 亿和 8332 亿元。

图 1 2012-2017 年汽车物流市场规模变化情况（单位：亿元）

整车制造市场蒸蒸日上

首先是汽车整车物流市场的现状。长期以来，我国工业企业对供应链管理缺乏重视，许多企业都采用自建物流、自我服务的管理模式，造成我国制造业物流外包比例总体较低。不过比较欣慰的是，我国汽车行业的物流外包状况较为乐观，2003-2017 年，整车物流外包比例从 46% 逐步升至 63%。

外包比例的不断提升，有利于汽车制造企业将自身有限的资源与管理能力集中于汽车及其零部件的制造、产品质量控制、新产品研发、销售等核心环节。同时，外包比率较高也为造就专业化的物流服务提供商创造了一定的市场机遇。

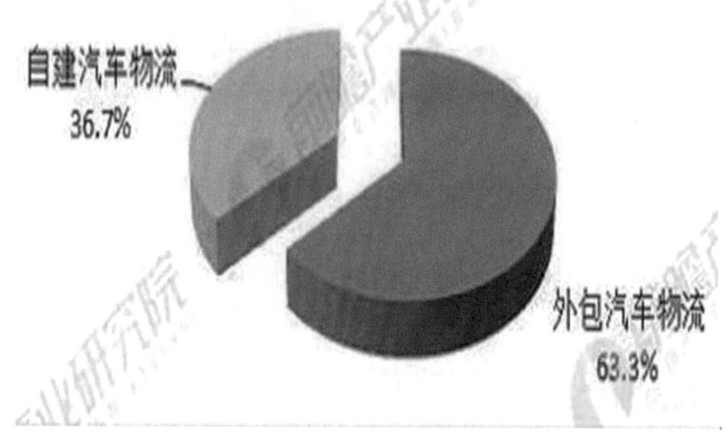

图 2 2017 年汽车行业整车物流外包比例估计图

汽车整车物流是汽车物流链中最重要的一个环节，其发展的状况影响着整个汽车物流的发展。随着汽车产业和物流产业的发展，国家出台了鼓励和支持汽车产业和物流产业的政策，同时国内外汽车制造企业加大了对国内汽车市场的投资。在这些因素的作用下，推动了汽车整车物流的发展。

废旧汽车回收市场蓄势待发

报废汽车回收环节同样是汽车物流行业的重要市场。在国外发达国家，由于年报废汽车量相当大，已基本形成了汽车产品从设计、生产、销售到回收利用的一个良性循环的体系，报废汽车成为产生巨大经济效益和社会效益的现代化产业。

从我国汽车报废量来看，我国已开始逐步进入汽车报废的高峰期。2010-2014 年，我国汽车注销量分别约为 364 万辆、448 万辆、468 万辆、535 万辆、572 万辆，汽车报废量逐年递增。

自 2000 年开始，我国汽车行业迎来首次爆发式增长，按汽车通常报废期限为 10-15 年推算，2015 年我国就已经迎来了第一次汽车报废高峰。近年来我国汽车保有量不断攀升，2017 年我国汽车保有量已经达到 2.17 亿辆。按照成熟市场报废汽车占汽车保有量 6%-8% 的水平来计算，2018 年我国年报废汽车量将达到 1300 万 -1700 万辆，2023 年将达到 1500 万 -2000 万辆。

图 3 2018-2023 年汽车报废数量预测（单位：万辆）

此外，国家出台汽车以旧换新政策，鼓励汽车提前报废。再加上新能源汽车的火热，今后每年报废车辆的数目将会增加。由此可知，我国汽车回收行业正处在朝阳期，而汽车物流行业也将受益匪浅。

售后服务备件市场崭露头角

在我国以汽车生产为主导的物流业务中，汽车零部件物流和汽车整车物流已日趋成熟，而汽车售后服务备件物流正处于起步阶段，是汽车物流大市场中的最后一块“蛋糕”。

与汽车工业发达国家相比，中国的汽车售后服务业才刚刚起步。目前中国汽车市场销售额中配件占37%，制造商占43%，零售占8%，服务占12%，与此相对应的是国外成熟的汽车市场销售额中，配件占39%，制造商占21%、零售占7%、服务占37%。从汽车工业的发展趋势看，今后国内汽车行业的竞争涵盖了价格、质量、售后服务及品牌形象等综合能力的竞争。将售后服务作为整个汽车制造企业重要战略之一，在重视产品开发、整车制造技术、整车销售战略的同时，逐渐转变为以售后服务为中心的技术、生产、装备、零部件供应和以售后服务为中心的销售战略，是汽车行业竞争的大势所趋。

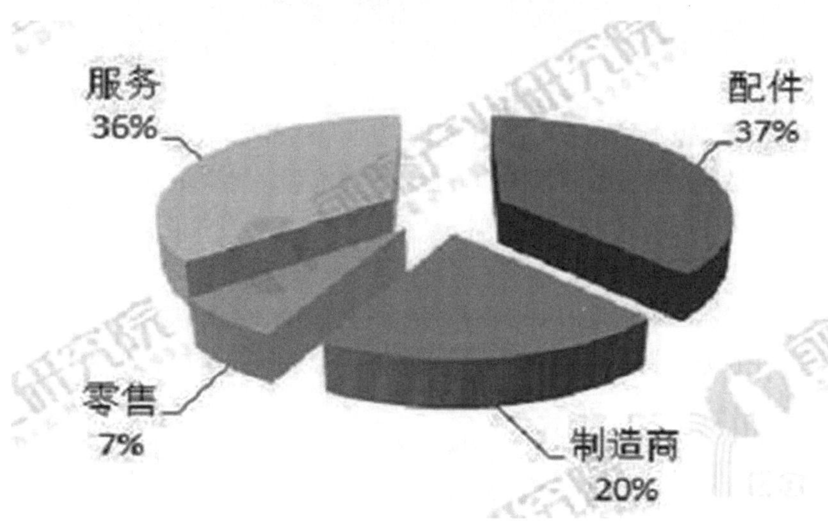

图5 成熟汽车市场销售额结构

国内在市场中地位稳固的部分汽车生产企业和行业领先的汽车物流企业，已经将目光聚焦到汽车售后备件物流领域。一汽大众、一汽轿车、上海通用、东风日产、神龙汽车等国内主流汽车制造企业，其售后备件管理部门以及物流业务管理作为备件市场管理的关键；一汽物流、广州风神、安吉天地等零部件物流领域的龙头企业，在售后备件物流业务的开拓和实践中，已经处于行业领先。

来源：前瞻产业研究院 2018年03月23日

上汽安吉物流口岸“T”型物流枢纽建设取得新突破

2018 年 12 月 27 日上午 9 时，随着安吉 21 轮稳稳地靠泊在新建的汽车码头泊位上，标志着广州港海嘉新建码头项目经过前期紧张的建设工作，初步具备靠船条件，上汽安吉物流口岸板块沿海沿江“T”型物流枢纽建设取得又一个突破性进展。上汽安吉物流党委书记傅鼎出席活动，副总经理孙建国发表致辞。

广州作为上汽安吉物流重点建设的中心枢纽之一，把广州海嘉打造成集码头装卸、物流中心、分拨配送、供应链延伸服务等于一体的整车物流服务商，形成服务华南、西南地区的汽车整车出海物流枢纽，具有极高的战略意义。

未来，广州海嘉将进一步整合股东双方优势资源，利用其创新成果、运输资源、港口资源、货物资源、先进的管理经验等，积极拓展内外贸市场，致力发展汽车物流口岸联动、多式联运，推动绿色低碳智能的汽车物流产业，在大湾区内打造最具实力的专业汽车滚装码头，形成强有力的汽车物流枢纽，深度参与国家“一带一路”建设，用实际行动助力粤港澳大湾区的建设与发展。

来源：上汽安吉物流网 2019-01-03

上汽安吉物流参与签署果园滚装公司增资扩股协议

2018 年 12 月 5 日，上汽安吉物流与长期合作伙伴重庆港务物流集团、长安民生物流达成合作，正式签署《重庆果园滚装码头有限公司增资扩股协议》。上汽安吉物流党委书记傅鼎，重庆港务物流集团党委书记、董事长杨昌学，长安民生物流党委书记、董事长谢世康出席签约仪式并致辞。

傅鼎书记在致辞中表示，上汽安吉物流着眼发展，将重庆果园港作为重点建设的八大中心枢纽之一，力争打造集码头运营、物流管控、仓储管理、供应链服务及延伸服务等一体化的西南地区核心的汽车物流公共平台，具有极高的战略价值。他相信，三方的鼎力合作，定会为促进重庆滚装汽车口岸物流的发展，发挥更加重要的作用。他盛赞此次合作是上汽安吉物流与重庆港务物流集团、长安民生物流合作的又一范例，是上汽安吉物流武汉模式在重庆的又一次成功复制。

上汽安吉物流副总经理孙建国与重庆港务物流集团党委委员、港九副总经理张强，长安民生物流总经理、党委副书记石井岗，分别代表三方签署了《重庆果园滚装码头有限公司增资扩股协议》。

根据协议，上汽安吉物流、长安民生物流将通过对重庆港务物流集团现有重庆果园滚装码头有限公司增资扩股的方式组建合资公司，以充分整合各自优势资源，进一步拓展商品车滚装市场业务，实现汽车物流水陆联运，共同推进绿色低碳的汽车物流产业发展。

杨昌学董事长表示，此次三方携手，充分整合资源优势，构建战略合作联盟，将全面增强果园滚装码头公司的综合实力，为果园港打造集展示、销售、配送等服务为一体的商品车物流分拨中心，进一步辐射和带动西部地区商品车物流、交易市场作出积极贡献。

谢世康董事长对合作前景充满信心。他说，未来，随着长安民生物流和上汽安吉物流水运业务逐步向果园港转移，果园滚装码头的服务能力将得到最大程度的释放，果园港必将成为长江沿线最大的商品车滚装服务公共码头和多式联运集并中心。

来源：上汽安吉物流网 2018-12-07

上汽安吉物流进入交通部、国家发改委第三批多式联运示范工程项目名单

2018 年 11 月 20 日，全国多式联运推进会在武汉召开，交通运输部副部长刘小明，湖北省省长王晓东、副省长曹广晶，以及国家相关部委领导出席会议并讲话。参会单位还包括国家发改委、海关总署、国家市场监督管理总局、各省级交通主管部门、行业协会、第三批多式联运示范工程牵头单位等。

3 个月来，经过企业申请、实地审核和专家评审，并经交通运输部和国家发展改革委研究同意，上汽安吉物流作为牵头企业，海通物流、安盛船务、安东铁路及安吉（湖北）作为参与企业，联合申报的“安吉物流沿江沿海经济带商品车多式联运示范工程”被列为第三批示范工程。公司副总经理忻坚敏、整车事业部总经理彭峰代表公司出席了会议。

会议期间，刘小明副部长带队来到武汉阳逻码头的上汽安吉物流现场展示区，听取上汽安吉物流关于多式联运发展情况的汇报，并参观了“安吉 209”轮。与会期间，上汽安吉物流还将作为地方企业代表向大会作题为“智能驱动，连通中国，连接世界，打造商品车多式联运新模式”的主题报告。

通过此次国家级多式联运示范工程的成功申报，再次验证和肯定了上汽安吉物流多年来坚持的多式联运发展之路是正确的。同时，国家对示范工程建设的各种支持——特别是在物流枢纽建设、船舶标准化建设、智能装备等方面，也将促进上汽安吉物流的多式联运体系向高效、智能、绿色的方向深入发展。

来源：上汽安吉物流网 2018-11-22

安吉物流携手中欧班列吹响一带一路新号角！

2018 年 1 月 11 日上午 10 点，由安吉物流海外事业部承运，载有 16 个标箱上汽大众发动机缸体的“义新欧”中欧班列，从德国杜伊斯堡发出，顺利运抵义乌铁路口岸。这是上汽大众和安吉物流首次通过中欧班列运输欧洲进口零部件。现场举行了简短而热烈的接车仪式，上汽大众、安吉物流和义乌陆港局等相关领导出席了本次仪式。

中欧班列运输是国家推进“一带一路”建设的重要举措，为了响应国家这一号召，安吉物流早

在去年7月就牵头组织，通过母公司上汽集团层面与中铁总公司签订了战略合作协议，将中欧班列定为服务方向之一。

本次中欧班列于2017年12月18日启程，全程20多天，货物从德国杜伊斯堡装车，途径波兰、白俄罗斯、俄罗斯、哈萨克斯坦等国，行驶1.3万多公里，经过2次换装，由阿拉山口进入我国，最终运至义乌西站。自12月8日接到客户的紧急发运需求后，安吉物流海外事业部的小伙伴们群策群力，负责了从工厂提货、铁路运输、清关、以及送货到大众国内仓库的全程“门到门”运输。

新疆阿拉山口是中欧班列5个过境口岸之一，也是西部唯一集铁路、公路、管道运输三位一体的国家一类口岸。这里列车多、容易堵，而且经常有大风造成班列停运，加上恰逢欧洲大雪和圣诞新年假期，卡车短缺、舱位紧张等一系列问题随之而来。安吉物流与合作伙伴们一起克服了种种困难，最终安全地完成了运输任务。

截至2017年11月，中欧班列开行数量已累计突破6000列，国内中欧班列开行城市达到28个。此次安吉物流携手中欧班列吹响了“一带一路”新号角！未来，我们也将继续响应国家号召，提供优质的物流服务，致力发展成为国际领先的物流品牌，为中国乃至世界的经济发展贡献力量！

来源：上汽安吉物流网 2018年01月11日

安吉物流签约上汽国际，打造国际智慧供应链

2018年1月3日，安吉汽车物流股份有限公司与上海汽车国际商贸有限公司（简称上汽国际）在上汽国际本部签署了战略合作协议。

合作双方基于集团海外战略总体部署，立足市场化运作原则，以上汽国际在自贸区投资建设的分拨中心与运营总部为载体，共同打造集国际经营和跨国供应链服务为一体的国际化智慧供应链服务平台。通过本次跨板块的战略协同，形成全供应链的“端到端”服务能力，共同为上汽集团的海外经营，实现弯道超车创造价值。

安吉物流总经理余德表示：在上汽集团完整的国际化战略支撑下，依托上汽国际分拨中心，结合安吉物流全球布局和智能物流的发展，为上汽国际提供优质、智慧的国际供应链运作方案，为“让上汽品牌享誉全球”保驾护航。

此次双方战略合作，目的就是进一步发挥安吉物流在汽车物流上积累的优势，实现国际业务和服务贸易板块协调，力求与上汽国际共同打造智慧、精益的全球供应链，助推集团海外战略的加速实施。

来源：上汽安吉物流网 2018年01月03日

长三角正式建立超限运输治理区域合作机制

2018年6月8日下午，沪苏浙皖四地交通运输管理部门（上海市交通委员会执法总队、江苏省交通运输厅公路局、江苏省高速公路管理局、浙江省交通运输厅公路管理局、安徽省公路管理局）共同签署了《长三角地区治理货物运输车辆超限超载合作协议》，长三角超限运输治理区域合作机制落定。

来源：搜狐网 摘稿：高玲

6.3 医药物流

6.3.1 综述

2018 年医药物流市场现状与发展趋势分析

医药流通市场规模及增速分析

2013-2018 年，我国医药流通市场呈现出高速增长的发展趋势，但增速有所下滑。数据显示，2017 年全国七大类医药商品销售总额 20016 亿元，扣除不可比因素同比增长 8.4%，增速同比下降 2.0 个百分点。2018 年，因医药流通市场内外部未出现重大利好因素，故预计 2018 年市场规模将达 2.18 万亿元，增速与上年持平。

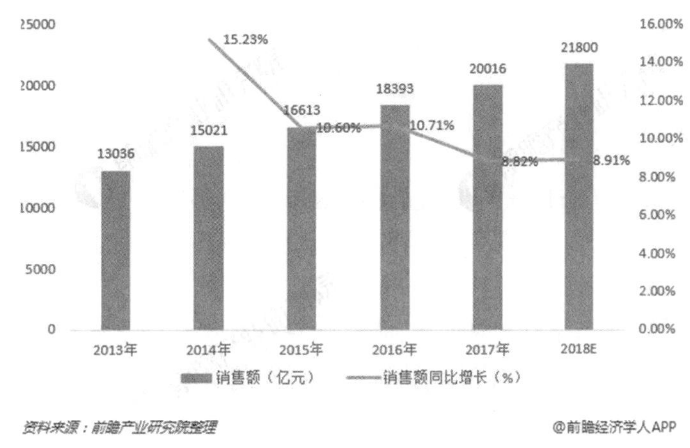

图 1 2013-2018 年医药流通市场规模及同比增长（单位：亿元，%）

医药物流数据分析

2013-2018 年，我国医药物流直报企业所配送的药物货品的货值呈现波动上升的趋势。据不完全统计，2017 年，全国医药物流直报企业配送货值为 11402 亿元，同比增长 26.60%；另从物流企业配送货物占全国药品流通整体规模看，全国物流直报企业配送份额有所下降。2017 年相应配送份额为 56.96%，较 2013 年下降超 5 个百分点，医药物流直报企业配送份额的下降也来源于医药电子商务的崛起，不仅降低了传统医药渠道的集中度，也进一步抢占了对应的配送份额。

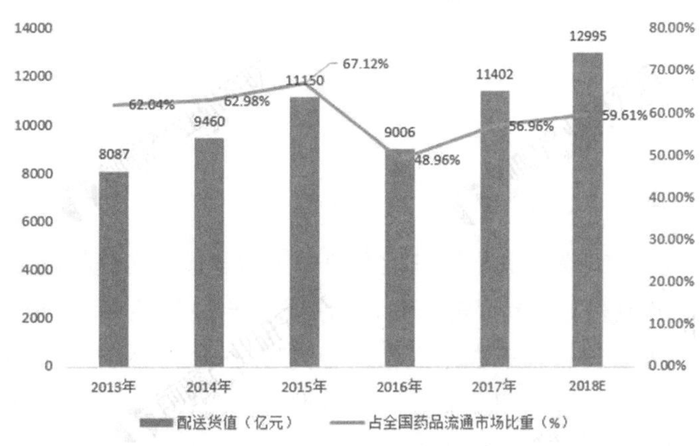

图 2 2013-2018 年全国医药物流直报企业配送货值及占比（单位：亿元，%）

2015-2017 年，全国医药配送基础设施建设力度在增强。截至 2017 年，全国医药物流企业配送客户数量约 308 万家，共拥有 1115 个物流中心，仓库面积 1065 万平方米，较 2015 年分别上升 156.67%、16.39% 以及 18.33%。中国医药物流企业的配送客户数增长数快于物流基础设施建设，说明 3 年间医药配送效率在显著提高。

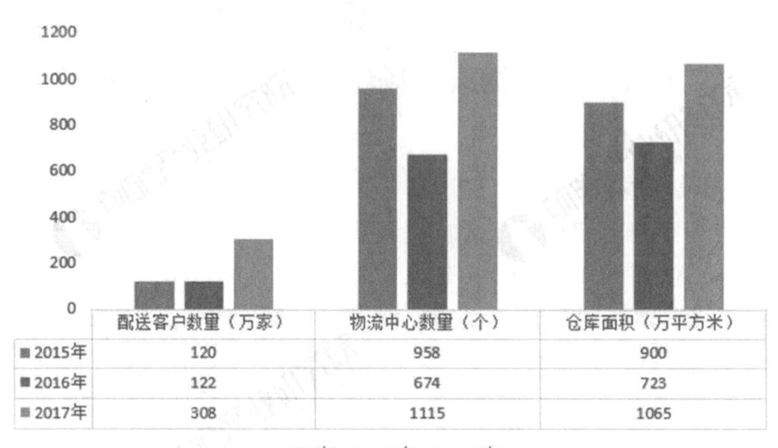

	配送客户数量（万家）	物流中心数量（个）	仓库面积（万平方米）
2015年	120	958	900
2016年	122	674	723
2017年	308	1115	1065

图 3 2015-2017 年全国医药物流直报配送客户数、物流中心数以及仓库面积
（单位：万家、个、万平方米）

医药电子商务在崛起

2015-2017 年，我国医药电子商务呈现快速发展的趋势，3 年间医药电子商务销售规模均保持在 20% 以上。2017 年，我国医药电子商务销售规模为 736 亿元，同比增长 20.26%。

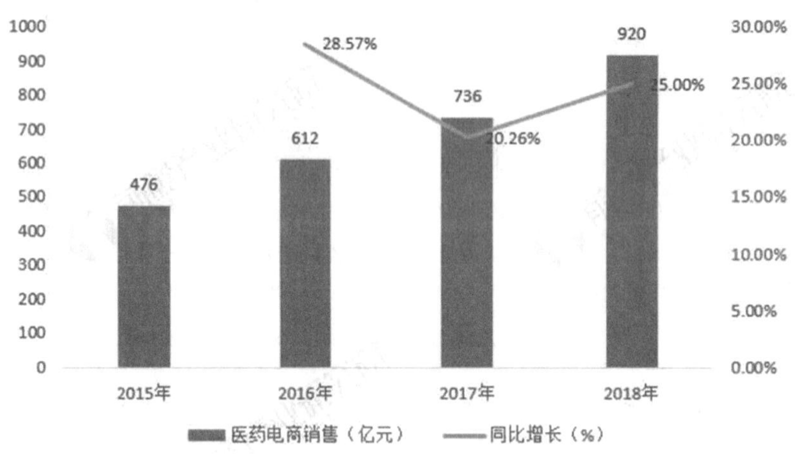

图 4 2015-2018 年医药电子商务销售规模及同比增长（单位：亿元，%）

另 2017 年 1 月国务院日前印发《关于第三批取消中央指定地方实施行政许可事项的决定》，《决定》明确提出，“取消互联网药品交易服务企业（第三方平台 A 证除外）审批”。

互联网药品交易交易服务资格证书在未取消前分为 A、B、C 三种，三种证书均为药品第三方交易平台准入资格。在未取消前，互联网药品商务平台准入门槛较高，制约着医药电子商务的发展。在取消互联网药品交易服务企业（第三方平台 A 证除外）审批后，将可促进医药电子商务平台加快建设与发展。

证书类别	颁发机关	作用
A证	国家食药监总局	为第三方交易平台，即只能作为药品生产企业、药品经营企业和医疗机构之间进行互联网药品交易的平台服务商，不得向个人提供药品销售服务，证书编号示例：国 A20110001。
B证	各地方食药监	为 B2B 交易平台，即药品生产企业、药品批发企业可通过自身网站可与本企业成员之外的其他企业进行的互联网药品交易。
C证	各地方食药监	为 B2C 服务，即连锁药店自建的网上药店可向个人消费者提供药品，不过前提是必须要有连锁线下门店，证书编号示例：冀 C20090001。

资料来源：前瞻产业研究院整理　　@前瞻经济学人APP

图 5 互联网药品交易交易服务资格证书 A、B、C 证介绍

从数据来看，我国医药流通领域市场规模在持续扩大，对医药物流的需求将持续扩大。另因医药电子商务平台的发展，一定程度冲击了我国传统医药物流直报企业的配送份额；但医药电子商务平台的发展，在降低医药企业的物流成本，提高医药供应链的配送效率方面有正向效益。从未来角度看，发展医药电子商务，将是医药流通领域发展趋势。

医药物流领域整体发展趋势分析

未来，随着国际国内医药产业链合作逐步深入，“互联网 + 医疗健康”体系不断完善，供应链服务持续创新，人工智能快速发展，药品流通行业将迎来新的更大发展空间。

前瞻产业研究院分析，医药流通行业将出现以下趋势。

——智慧供应链服务水平不断提升。近年来，全国性医药集团和区域性药品流通龙头企业以云计算、大数据和物联网技术为支撑，积极整合供应链上下游各环节资源，促进“物流、信息流、资金流”三流融合，建立多元协同的医药供应链体系。大中型药品流通企业在医药物流拆零技术、冷链箱周转体系、物流全程可视化信息系统、客户查询和服务系统等方面持续优化升级，打造信息化智慧供应链。同时，“两票制”政策实施加速医药供应链扁平化进程，渠道重心下移已成为必然趋势。随着医药供应链智慧化和物流标准化的持续推进，预计医药供应链市场将呈现有序竞争、稳步发展态势。

——医药电商发展模式日新月异。在新技术、新动能的驱动下，“互联网 + 药品流通”将重塑药品流通行业的生态格局。除 O2O、B2C、B2B 模式之外，FBC 模式逐渐兴起，如九州通正在打造的链接医药全产业链的健康管理平台，将医药行业上下游的全部交易逐步纳入平台体系，帮助上游厂商监测药品库存、销售情况，助力下游药店做好客户管理、增加客户粘性。未来几年内，跨界融合将为医药电商注入新的活力，医药电商领域的竞争将日益加剧。

来源：前瞻产业研究院

2018 年中国医药物流行业：“互联网 + 医疗”创新打造智慧供应链服务

2013-2018 年，我国医药流通市场呈现出高速增长的发展趋势，但增速有所下滑。据报告数据显示，截至 2017 年，全国七大类医药商品销售总额 20016 亿元，扣除不可比因素同比增长 8.4%，增速同比下降 2.0 个百分点。2018 年。因医药流通市场内外部未出现重大利好因素，故预计 2018 年我国医药流通市场规模将达 21800 亿元，增速与上年持平。

2013-2018 年我国医药流通市场规模统计及增长情况预测：中国医药物流万亿市场规模已启

2013-2018 年，我国医药物流直报企业所配送的药物货品的货值呈现波动上升的趋势。据前瞻产业研究院发布的《中国医药物流行业市场前瞻与投资战略规划分析报告》统计数据显示，2013 年全国医药物流直报企业配送货值已达 8087 亿元，2015 年，全国医药物流直报企业配送货值增长突破万亿元，同比增长 67.15%。2016 年降至 9006 亿元。截至 2017 年，全国医药物流直报企业配送货值达到了 11402 亿元，同比增长 26.60%。另从物流企业配送货物占全国药品流通整体规模看，全国物流直报企业配送份额有所下降。2017 年，相应配送份额为 56.96%，较 2013 年下降超 5 个百分点，医药物流直报企业配送份额的下降也来源于医药电子商务的崛起，不仅降低了传统医药渠道的集中度，也进一步抢占了对应的配送份额。预计 2018 年全国医药物流直报企业配送货值将接近 1.3 万元。

2013-2018 年全国医药物流直报企业配送货值统计及增长情况预测

2015-2017 年，全国医药配送基础设施建设力度在增强。截至 2017 年，全国医药物流企业配送客户数量约 308 万家，共拥有 1115 个物流中心，仓库面积 1065 万平方米，较 2015 年分别上升 156.67%、16.39% 以及 18.33%。中国医药物流企业的配送客户数增长数快于物流基础设施建设，说明 3 年间医药配送效率在显著提高。

2015-2017 年全国医药配送基础设施建设分析情况：医药电子商务将是医药流通领域发展趋势

2015-2017 年，我国医药电子商务呈现快速发展的趋势，3 年间医药电子商务销售规模均保持在 20% 以上。到了 2017 年，我国医药电子商务销售规模为 736 亿元，同比增长 20.26%。截至 2018 年，我国医药电子商务销售规模达到了 920 亿元，同比增长 25%。

2015-2018 年我国医药电子商务销售规模统计及增长情况

另 2017 年 1 月国务院日前印发《关于第三批取消中央指定地方实施行政许可事项的决定》，《决定》明确提出，“取消互联网药品交易服务企业（第三方平台 A 证除外）审批”。

互联网药品交易交易服务资格证书在未取消前分为 A、B、C 三种，三种证书均为药品第三方交易平台准入资格。在未取消前，互联网药品商务平台准入门槛较高，制约着医药电子商务的发展。在取消互联网药品交易服务企业（第三方平台 A 证除外）审批后，将可促进医药电子商务平台加快建设与发展。

从数据来看，我国医药流通领域市场规模在持续扩大，对医药物流的需求将持续扩大。另因医药电子商务平台的发展，一定程度冲击了我国传统医药物流直报企业的配送份额；但医药电子商务平台的发展，在降低医药企业的物流成本，提高医药供应链的配送效率方面有正向效益。从未来角度看，发展医药电子商务，将是医药流通领域发展趋势。

中国医药物流行业发展趋势分析

未来，随着国际国内医药产业链合作逐步深入，“互联网 + 医疗健康”体系不断完善，供应链服务持续创新，人工智能快速发展，药品流通行业将迎来新的更大发展空间。

1. 智慧供应链服务水平不断提升

近年来，全国性医药集团和区域性药品流通龙头企业以云计算、大数据和物联网技术为支撑，积极整合供应链上下游各环节资源，促进“物流、信息流、资金流”三流融合，建立多元协同的医药供应链体系。大中型药品流通企业在医药物流拆零技术、冷链箱周转体系、物流全程可视化信息系统、客户查询和服务系统等方面持续优化升级，打造信息化智慧供应链。同时，“两票制”政策实施加速医药供应链扁平化进程，渠道重心下移已成为必然趋势。随着医药供应链智慧化和物流标准化的持续推进，预计医药供应链市场将呈现有序竞争、稳步发展态势。

2. 医药电商发展模式日新月异

在新技术、新动能的驱动下，“互联网＋药品流通”将重塑药品流通行业的生态格局。除 O2O、B2C、B2B 模式之外，FBC 模式逐渐兴起，如九州通（600998）正在打造的链接医药全产业链的健康管理平台，将医药行业上下游的全部交易逐步纳入平台体系，帮助上游厂商监测药品库存、销售情况，助力下游药店做好客户管理、增加客户粘性。未来几年内，跨界融合将为医药电商注入新的活力，医药电商领域的竞争将日益加剧。

来源：前瞻网

6.3.2 综合信息

机遇与挑战并行，中小型医药物流企业何去何从？

随着社会的进步，行业环境的变化，众多传统中小型医药物流企业何去何从？本文将从其面临的机遇与挑战两方面进行分析，并最终得出结论。

医药行业与人们生活联系紧密，在国民经济中逐渐占据更为重要的地位。医药市场份额不断增长的同时带来了医药物流行业的迅猛发展。然而目前我国的医药物流行业呈现多、小、散、乱的格局，药品流通成本居高不下，其中国药、上药、华润北药、九州通四家医药物流企业行业排名前四，却在整个行业占不到30%。随着社会的进步，行业环境的变化，众多传统中小型医药物流企业何去何从？本文将从其面临的机遇与挑战两方面进行分析，并最终得出结论。总体而言，社会大环境的变化对其发展是有利的。

首先，医药物流市场在逐步扩大，统计数据显示，2016 年，我国七大类医药商品销售总额约 1.83 万亿元，比 2015 年增长约 10%，预计 2019 年我国医药市场规模有望超过 2.2 万亿元。按照 1% 物流费率计算，2019 年医药物流市场将有 220 亿元的规模，可为企业提供广阔的发展空间。

其次，相关政策与体制在不断改进，我国新一轮医改进入攻坚期，对进一步改革完善药品流通体制提出要求；另外国务院于 2016 年初取消从事第三方药品的物流业务审批，我国医药公司或物流服务企业在作业流程符合 GSP 及有关规定的前提下，可以自主向各类医药大健康企业提供第三方物流服务。

最后，新技术新观念纷纷涌现，如 WMS 系统、电子标签拣选系统、RF 手持终端等设备的使用已经普遍化，仓库管理呈现明显的无纸化、信息化趋势；又如以国药、浙江英特为代表的企业采用全国或省内一体化多仓联网运营体系，多仓联动的服务模式，实现各物流中心联动，有效提升运营效率。

然而医药物流在我国起步晚、基础弱，就目前的发展看仍存在一系列问题，对整个行业尤其是中小医药物流企业是极大的挑战。

1. 政策标准不完善。如工商政策与药监政策的不配套，国家药监机构允许连锁企业跨区域对异地所属连锁门店进行垂直管理和物流配送，而按照工商部门的政策，即使同一法人主体在同一区域范围内设立的分店也全部是分公司，而不是连锁企业；再如医药市场的行政分割性与地方保护性，一些地区医疗机构的药品招标采购政策向当地药品经营企业倾斜，一些物流企业在外地常遇扣车、扣货，甚至无正当理由的罚款。这无疑加大了医药物流的运作成本，阻碍了医药物流的规模化和网络化，其中实力有限的中小医药物流企业转型与发展尤其受阻。

2. 剥离出来的医药物流企业并未经历第三方物流企业的一般发展过程，很多第三方物流企业能力不足。如供应链单一，多数企业停留在内部进、销、存业务整合、流程优化的阶段，很少涉及对上下游的整合，无法根本性地解决重复运输、牛鞭效应等问题；信息化能力差，局限于自身企业内部的信息资源，未与客户以及供应链上下游企业进行信息共享，内部信息资源所发挥的作用极为有限；物流设施落后，科技含量低，物流作业基本上以人工操作为主，对于要求更高的医药冷链更难满足。

3. 医药流通行业竞争日趋激烈。大型医药物流企业的兼并重组不断，如华润、上药继续通过兼并重组等方式吸收网点，布局全国，向网络化、集约化和信息化目标迈进；社会物流企业纷纷进入市场，从顺丰控股进入医药物流市场，到上海医药联手德国邮政，随着市场的逐步开放，社会化和专业化医药物流企业成为趋势。

4. 物流人才缺乏。据业内专家估计，能够真正称得上医药高级物流人才的不过百余人，当前全国急需高级医药物流人才 2000 人左右。这也就是说，社会上医药物流人才不足总需求量的 1/20，中小企业对于人才的吸引更难。

5. 物流观念落后。医药流通中的服务观念、管理水平与市场要求相比，还存在较大差距。多数企业领导对物流中心的认识不足，多数医药流通企业的仓库千篇一律，以传统的运作方式处理货物，效率低下。

今后一段时期，是全面建成小康社会的决胜时期，是实施健康中国战略的重要时期，也是医药物流业提质增效的关键时期。面对社会发展的新形势，中小型医药物流企业想要生存发展，需要适当转型。

1. 进行医药供应链转型。当前企业间的竞争已经上升为供应链之间的竞争，医药行业具有产供销联动发展的专业特征，具备发展现代供应链的突出优势。随着医药市场逐步开放，客户需求不断提升，产业链上下游深化融合，医药供应链将迎来快速增长期。

2. 进行运作方式、管理方式的整合，寻求与同类医药流通企业的合作。优化药品购销秩序，压缩药品流通环节，通过兼并重组来提高自身的实力、扩大现有市场。

3. 充分利用本土优势，积极抢占终端。随着药品招标采购、“两票制”及分级诊疗等政策的陆续推进，处方药外流成为发展趋势。在本土市场站稳后，应寻求对其他区域市场的扩张。

4. 医药物流智慧化。逐步打造信息化、智慧化的医药物流，积极发展“互联网 + 医药”的创新模式，通过线上、线下相结合的方式为消费者提供更为全面的服务。虽前期投入可能较大，但必将赢得先发竞争优势。

最后，未来行业走向如何，行业如何迎接变化，是政府、行业、企业需要共同讨论的话题。大家应共同推进医药物流持续健康发展，为深入落实健康中国战略，为全面建成小康社会贡献一份力量，共同迎接医药物流发展新时代！

来源：山西新闻网 2018 年 04 月 27 日

4 万亿“金矿”待掘 医药物流发展进入新时代

基于大数据分析、AI 等技术提供智能配载与调度，路径优化等功能应用，从而很好的赋能医药供应链物流升级。目前，有很多冷链药品批发企业已经开始了现代冷链医药物流的信息化建设，实现药品物流精细化管理，实现信息流与物流的实时统一。

在互联网快速发展的时代背景下，中国医药供应链体系在不断革新、升级，物流技术成为这个体系中的核心支撑之一。未来，信息化与智能物流将会是医药企业提升核心竞争力的关键因素。

医药市场发展空间巨大

随着经济持续稳定的发展和人们对医药消费要求的提高，医药行业一直保持较快的增长速度，1978-2015年，医药工业产值年均递增均处于15%以上，规模不断扩大，经济运行质量与效益不断提高。

最新报告显示，2017年我国医药物流总额3.02万亿元，同比增长11.3%。据预测，在“十三五”期间，全国医药工业总产值目标年均增长10%左右，到2020年，全国医药工业总产值将达到41000亿元。其中，疫苗类制品、注射剂、酊剂、口服药品、外用药品、血液制品等医药冷藏品为主要品类，占我国医药流通企业总销售额的10%左右，市场空间巨大。

虽然市场规模不断扩大，但医药关乎民生，对药品的质量管控不可忽视。2018年5月，《医药产品冷链物流温控设施、设备验证性能确认技术规范》国家标准正式实施，整个标准涵盖冷库、运输、冷藏车、运输车等四方面的运输标准，以及可操作层面的执行依据，政策监管力度空前，显示出国家规范药品流通行业的决心和力度。

GSP：史上最严苛的规范

业内人都知道，从事医药物流的门槛很高。据某知名医药公司技术人员透露，建立一个冷链仓库至少需要100万元以上的资金投入，1万平方米的冷库至少需要20万元/月的电费。加之每年的检测费用，即150平米以下的仓库检测费为8000元，冷藏箱验证费用为1200元/个……所以从事医药物流，成本高昂，此外，申请资质也是非常难。

不同于食品领域，药品的质量监控，有一套严格的认证标准，即GSP认证。新修订《药品经营质量管理规范》（以下称“新版GSP”）于2013年6月1日正式实施，全面提升了企业经营的软硬件标准和要求，并对从业人员有了明确的标准要求。

这个新版GSP标准提高到了什么程度？现存流通企业中，将只有20%的零售药店、30%的批发企业能够符合新规要求。这是业内“史上最严苛的规范”！

随着新版药品GSP颁布之后，医药流通行业掀起新一轮并购高峰。大企业收购小企业、小连锁并购单体、大连锁并购小连锁，或者单体药店主动向大连锁靠拢联大靠强成为行业趋势。

新版GSP从市场准入开始抬高门槛、提升标准，要严格执行新版GSP的相关要求，必须要有专业的物流储运设备、专业的物流人才、专业高效的信息化管理系统。

比如软件方面：明确要求医药流通企业建立质量管理体系，提高了对相关药品管理人员的资质要求；硬件方面：医药流通企业必须全面实行计算机信息化管理，对计算机管理的设施、网络环境、数据库及应用软件功能等提出了具体要求。

然而，GSP严标准执行的背后，是利润率的不断走低。

据悉，药品批发及零售企业的利润率逐渐走低，物流成本却不断增加，就拿医药冷链来说，中国药品冷链的覆盖能力仅为10%左右，药品的质量问题中有近20%与冷链物流相关。

其痛点在于，医药冷链配送需要经历多个物流环节，多环节的后果就是国内医药物流利润率仅为0.6%-0.7%，且不同的环节使用不同的运输资源和信息系统，要实现药品流通的信息共享和全程温控，势必需要有统一的标准和执行标准的能力。

目前，由于GSP(《药品经营质量管理规范》)和GMP(《药品生产质量管理规范》)的冷链标准不统一，导致冷链的国家标准、地方标准解读不一，企业自律性差，这在很大程度上造成了医药物流企业的发展步履维艰。

此外，冷链物流技术和信息化程度不高、缺乏上下游的整体规划与协调，也是造成医药冷链物流体系不健全的重要原因。

信息化程度方面，目前我国医药冷链物流从供应链顶层到底层涉及的医药制造商、供应商、分销商、零售商等物流节点并没有实现完全联网，各环节采用各自独立的管理方式，难以实现信息共享。

从技术层面而言，医药冷链物流企业在进货和出货时，仍采用人工对温度进行测量和记录，无法实现全过程温度测定，甚至断链的现象时有发生。

人工到信息化的转型是未来发展趋势

就中国医药市场而言，企业物流实现人工到信息化的转型是未来的发展趋势。没有提升物流信息化及运营管理水平的企业，大部分主要还在进行内部进销存的业务整合，对业务流程没有很清晰的梳理和认识，处于流程的优化阶段。

即将改革的医药物流项目，还停留在企业内部进销存业务整合、流程优化的阶段，很少涉及对上游药品生产厂、供应商和下游药品批发零售企业、医院的整合，所以常会出现库存积压严重，供应链效率低下，药品配送成本增加，药价抬高等一系列不合理现象。

对此，信息化建设十分重要。在信息系统的建设中，要注重软硬件的有效结合，提升整体管理水平和供应链各方的协作性。

基于大数据分析，人工智能等技术提供智能配载与调度，路径优化等功能应用，从而很好的赋能医药供应链物流升级。

目前，有很多冷链药品批发企业已经开始了现代冷链医药物流的信息化建设，实现药品物流精细化管理，实现信息流与物流的实时统一。

他们积极采用先进信息技术与现代科技手段，包括运用企业资源计划管理系统 ERP、供应链管理等新型管理方法，使用无线射频 RFID、全球卫星定位 GPS、无线通讯、温度传感等物联网技术配备自动分拣、立体仓库、冷链物流等先进设备发展新型电子支付和电子结算方式等内容， 实现冷链药品全生命周期和全过程的实时监管，责任追溯机制，以促进冷链药品运输和仓储管理的透明化，达成整体信息化的药品冷链全过程管理。

随着医药物流市场的不断发展，物流技术的不断渗透赋能，相信越来越多的企业会重视物流信息化建设，未来几年，信息化与智能物流将掀起医药行业热潮，促进行业焕发新的生命力。

来源：新医界 2018 年 10 月 10 日

有进也有退，医药物流的“玻璃门”

医药物流存在地域化问题，且行业格局较为分散，一旦规模效应难以提高盈利即会成为挑战。同时，这一领域相对封闭，顺丰以及京东等一众第三方物流企业能否打破“玻璃门”进入核心领域仍难以预见。

医药物流领域，有企业在退出，也有企业在加码布局

2018 年 6 月 22 日，顺丰首次对外发布了“顺丰医药供应链‘方案 +’”和“顺丰医院‘方案 +’”解决方案”。而后，在 6 月 27 日的一次会议上，京东物流相关负责人对外称，其将从医疗器械领域试水，逐步深入到医药流通领域。

在业界看来，这些第三方物流企业是看到了这一领域的市场前景。此前公布的《2017 年中国医药物流发展报告》显示，去年，中国医药物流总额 3.02 万亿元，同比增长 11.3%。

不过，就在 6 月 24 日晚，振东制药则宣布退出医药物流，原因在于这部分业务持续亏损。医药物流存在地域化问题，且行业格局较为分散，一旦规模效应难以提高盈利即会成为挑战。同时，这一领域相对封闭，顺丰以及京东等一众第三方物流企业能否打破“玻璃门”进入核心领域仍难以预见。

科技成“杀手锏”

顺丰科技副总裁江林修在6月22日现场分享案例时表示，医药物流领域由于技术原因，存在着信息不透明、状态和过程信息不可控、温度信息不可控、信息回应弱等问题。“我们采用物联网和大数据技术，结合现代化运输管理系统，为其搭建了医药物流可视化平台，让该厂家的药品运输全程信息可视化”。

顺丰医药事业部负责人马建聪对外表示，随着“两票制”“医药分离”等政策的落地，医药流通模式也逐渐转变，顺丰医药趋向于资源网络化、运作标准化、质量体系化、过程可视化方向发展，为医药健康行业提供专业的端到端供应链服务。

顺丰集团副总裁、顺丰集团华北大区总裁刘晓利则称，医院“方案+”将会是顺丰医疗行业解决方案V1.0版，方案囊括了医院驻点标准、系统自助下单、定制药品包装等13项能力的医院解决方案，以及包含顺丰医药溯源平台、绿色温控包装、全程温度可视等9项能力的医药解决方案。

眼下，在政策和市场需求的双层驱动下，医药行业对于医药安全和质量的要求越来越高。在保证药品质量和安全的大前提下，如何提高整体供应链运作效率以及控制成本向来是企业需要重点关注的问题。为此，除了布局医药物流可视化平台外，顺丰科技还在医药物流领域研发并落地了区块链医药溯源、无人机医药运输等特殊服务。

和顺丰一样，盯紧这块市场的还有更多的第三方企业。2017年8月，京东物流就与8家医药流通企业签署了协议。日前，京东物流开放业务部医药拓展负责人李彩芬表示，京东物流将从医疗器械领域试水，逐步深入到医药流通领域。此外，其还表示将针对医药行业供应链打造“一盘货”模式，把货品全都放在一盘棋里布局，打通所有销售渠道，实现库存共享、统一调配。

很显然，在了解上游药企的需求及痛点后，这些物流企业通过提供全方位的医药供应链解决方案这一“杀手锏”，正欲全面与传统医药流通企业争抢市场。

在行业人士看来，这些物流企业在诸多方面无疑占据优势。“传统医疗体系下医院和药企的闭环供应链体系，在新医药体系下已发生裂变，但传统医药流通服务企业，一则多数仍未建立面向消费需求、高效多频、全国布网的配送物流体系；二则缺乏从药企到医院及家庭的全链路的医药供应链整合服务能力。”

以顺丰为例，中国物流学会特约研究员杨达卿在接受《国际金融报》记者采访时表示，医药物流是高附加值市场，顺丰的强项是供应链整合服务能力和全国化的高效医药仓配网，具备领先优势。

虽然华润、上药、国药等国企巨头也进入医药物流市场，但较重的传统医药供应链架构，使得他们转型动力不足。而基于互联网商业环境下的新医药生产和电子商务，在倒逼行业建立新型医药供应链服务体系，这种情况下，像天猫、京东等掌握庞大消费数据金矿，并占据订单入口的企业，未来或逐步渗透全流程、可视化的医药物流和供应链体系。

行业“玻璃门”难破

在此背景上，宣布要正式进军医疗与健康领域的创新平台公司Plug and Play中国总裁、管理合伙人徐洁平表示，医药领域赛道非常广，其目前关注的领域就包括药品的流通。他表示希望和众多行业内公司合作，碰撞出更多内容。“医药有自己的特色，但是中国医药的流通和全世界的流通领域有相同的需求，在这个领域，全球市场都在做大的变革和创新。”

商务部近期发布的《2017年药品流通行业运行统计分析报告》显示，去年，全国医药物流基础设施规模持续扩大，医药物流仓储面积比2016年增加14.6%，企业自有运输车辆比2016年增加10.5%，这主要是受“两票制”“第三方物流审批取消”等相关政策影响，传统药品批发企业和医药物流企业不断加快物流资源投入和网络布局。

但这个行业也有企业在退出。

6月24日，振东制药发布公告宣布出售其资产，其中大部分为医药流通业务。振东制药董秘在接受《国际金融报》记者采访时表示，未来医药物流业务将基本不再展开，因为“这块业务不赚钱”。

医药物流的地域化较为严重，基本每个省或者每个地区都有自己比较知名的医药物流公司，全国性比较知名的也就是国药、上药、九州通，还有一些国外的特种物流公司兼营医药物流的业务，但是体量也比较小。此外，医药物流还面临规模效应问题。因为药品种类繁多且运输范围广泛，如果想要覆盖县级市乃至乡镇医院，成本就会较高，盈利难就成了一个问题。

就网络布局来看，以顺丰为代表的这类第三方物流企业尤其占优。不过，中国物流与采购联合会医药物流分会副会长秦玉鸣此前表示，医药物流与传统物流的区别就是政策影响特别大，医药物流企业随时要对当下政策有一个深度的解读。社会物流企业要进入这个行业，还要把医药物流质量抓起来。

此外，医药行业自身体制相对封闭，对第三方物流能力要求较高。在杨达卿看来，医药物流市场的社会化还存在一定的“玻璃门”。第一，传统医疗体系下的药企和医院构筑了长期的稳定利益协同。这种协同在新医疗下也在涌现合作变体，对第三方物流看似开放，但传统合作的惯性依然。第二，传统医药流通市场的垄断性经营，已拉高了市场门槛（这确实也是医药安全质量所需），但社会化物流企业若不具备规模化仓配网和现代化储运设施设备，就较难挤入高端市场。

来源：《国际金融报》 2018年07月03日

聚焦万亿医药物流市场，顺丰和京东又想到一起了

已经在生鲜和电商业务上有所竞争的京东物流和顺丰，近期在医药物流领域的动作，又让两家的关系显得有些微妙。

2018年6月22日，顺丰刚在京举办“医脉相承—2018顺丰速运医疗行业博览暨‘方案+’发布会 ”，巧的是6月27日，京东物流也举办了一场以“无界零售共享库存”为主题的京东物流医疗器械新通路推介会。这两场会上透露了其各自在切入医药物流的方式，以及各自的做法，也展示了两家在布局医药物流供应链方面的“共识”。

如果说顺丰切入医药物流领域，是借助其物流配送优势的话，那京东物流的切入方式则颇值得人们深思。京东物流开放业务部医药拓展负责人李彩芬表示，京东物流将从医疗器械领域试水，逐步深入到医药流通领域。

在医药物流的硬实力方面，顺丰有多种冷链包材、227台医药专业冷藏车、3个GSP医药仓、28个集散点、960个覆盖区县；在软实力方面，顺丰实现了客户系统对接和全程温控数据监控。

顺丰认为，未来医药企业的核心竞争力是其数字化供应链能力。据亿欧观察，顺丰所称的医药物流全供应链，主要是指在医药物流配送之外，借助其科技实力，向医药管理、医院内供应链优化、医药物流信息可视化来延伸。据悉，顺丰科技在医药物流领域落地了区块链医药溯源、无人机医药运输等特殊服务。

而京东物流的终极目标是实现“一个品牌一套库存、一条供应链”打造医药“一盘货”模式，即：包括线上线下之间、电商多平台之间、同一电商平台多店铺之间的全渠道“一盘货”。同时，京东还可通过线上销售平台和供应链金融等支持，为医药领域的品牌商和经销商提供全方位的供应链服务，更加凸显其“无界零售的威力。

顺丰尽管在电商及零售业务方面一直在努力，也频频有布局，比如无人货架，以及顺丰跨境电商新零售店“Wow 哇噢”的推出，更像是整个零售业变革的跟从者，其成效先让并没有让关心它的人兴奋起来。在服务产品及市场打法方面来看，顺丰在医药物流的市场打法与其在生鲜领域的打法类似。在生鲜冷链方面顺丰通过对不同的水果产品推出不同的解决方案。据其公开信息显示，到 2017 年年底顺丰冷链已对外发布 12 套涉及水果、海鲜水产、牛羊肉类、鲜花的行业解决方案。

在医药物流领域，顺丰也采取了类似的办法，他们将行业分为 7 大类 17 小类，针对不同的类型推出不同的解决方案。在其 6 月 22 日的“医脉相承”活动上，顺丰推出的医疗行业解决方案 V1.0 版，方案囊括了医院驻点标准、系统自助下单、定制药品包装等 13 项能力的医院解决方案，以及包含顺丰医药溯源平台、绿色温控包装、全程温度可视等 9 项能力的医药解决方案。

而京东物流则开始基于其发达的物流技术和互联网对医药物流领域进行模块化赋能。比如，对将符合 GSP（《药品经营质量管理规范》）认证资质的仓库资源作为京东医药云仓，为其注入体系化的仓库管理能力和操作标准；提供符合 GSP 要求的商品验收、入库、存储、配送等全链条服务；对医药生产企业，提供供应链一体化的一站式服务；对于批发企业，提供主干线配送和支线配送服务；对连锁药店可以提供连锁总仓同城串店配送服务等。

目前，在电商物流增速放缓，国际物流业务还有待开发的当下，快递物流企业纷纷开始深挖国内快递物流市场，比如开启快运业务、布局同城即时配领域，医药物流总额作为一个已有 3.02 万亿元，到 2020 年将达 3.8 万亿元的市场，也开始成为快递物流企业竞逐的焦点。数据显示，全国性的流通龙头企业目前只有国药集团、华润医药、上海医药与九州通等 4 家，占有市场份额约为 30%。如今，中国邮政、顺丰和京东已经开始强化在该领域的影响力，谁能成为下一个全国性的医药流通企业，让我们拭目以待吧？

来源：亿欧 2018 年 07 月 02 日

医药物流成未来风口，国内外巨头纷纷入局

医药产业是国民经济的重要组成部分，与人民群众的生命健康和生活质量等切身利益密切相关，是全社会关注的热点，同时也是构建社会主义和谐社会的重要内容。改革开放以来，中国医药行业一直保持较快的增长速度，1978-2015 年，医药工业产值年均递增均处于 15% 以上，规模不断扩大，经济运行质量与效益不断提高。

据前瞻产业研究院发布的《医药物流行业市场前瞻与投资战略规划分析报告》数据，近年来，全国医药行业平稳增长。2016 年，实现销售收入 29635.86 亿元，同比增长 9.92%。前瞻产业研究院预测，在“十三五”期间，全国医药工业总产值目标年均增长 10% 左右，到 2020 年，全国医药工业总产值将达到 4.1 万亿元。

如果以 10% 的平均物流费用来推算，2016 年，我国医药物流费用超 2963 亿元，到 2020 年将达到 4100 亿元的水平，如果进一步考虑到医药制造业的生产物流，实际的医药物流市场规模还要比这个水平高出很多。

2018–2023 年医药物流市场规模预测

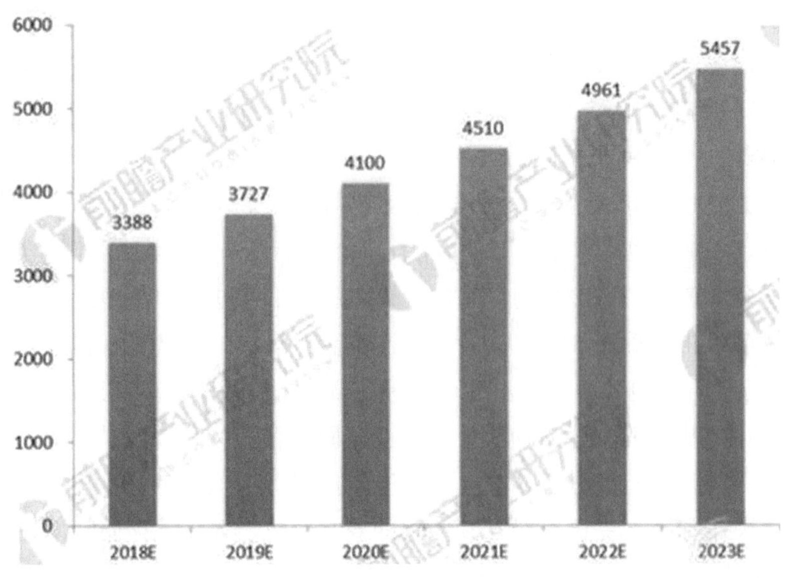

图 1 2018-2023 年医药物流市场规模预测（单位：亿元）

资料来源：前瞻产业研究院整理

医药物流行业竞争态势

长期以来，我国医药物流领域一直由国有企业垄断。近年来，随着医药物流热的兴起，这一格局正在逐渐改变，医药物流领域已江山初分。实力型国有企业凭借其几十年的资本、网络积累雄踞一方，一些民营企业凭借灵活的机制迅速崛起，外资企业也密切关注国内市场的变化伺机进入。

2016 年底，全国取得由省级药监部门核发的“开展第三方药品物流业务确认件”的第三方物流企业已有 123 家。包括中国邮政、顺丰及 UPS 等在内的 3 家企业已陆续进入医药物流市场；其中，早于 2015 年中国邮政拿下了福建省的基本药品配送资格。

阿里巴巴和全球十大药企之一的默沙东达成多方面战略合作，构建专业医疗仓储平台，菜鸟网络开始搭建医药物流体系；国内医药物流巨头企业九州通医药集团将公司物流部门单独列出来，成立了独立的物流公司，除承接集团自身的医药物流配送业务外，也还承接第三方的医药物流业务。国内外的物流巨头和医药企业纷纷进入医药物流市场，国内医药物流行业竞争日益激烈。

医药物流行业发展趋势

1. 管理集约化，经营规模化

随着我国医药市场的不断整合和规范，在淘汰了相当一批效益低下、管理落后、运作原始的医药商业后，通过 GSP 认证达标的系统改造，医药商业的管理体制将日趋完善，管理能力渐步提高，特别是一些大型医药企业通过体制改革，逐步朝着企业集团化、管理现代化的方向发展。医药物流是一个规模经济极强的行业，对物流功能、要素进行整合是增强医药物流企业核心竞争力的重要手段，也是发展现代医药物流的关键问题。通过重组联合，在医药物流领域形成一批跨地区、跨行业、跨所有制的大型医药物流公司，不仅能够克服医药物流市场集中度低的缺点，而且可以逐步增强企业的核心竞争力。从近几年市场结构的发展态势看，我国医药物流行业的市场集中度正逐步增加，向寡头垄断的方向演变的趋势正在开始。

2. 上下游企业的合作加强，医药物流供应链得到发展

首先，药品零售连锁企业积极引进专业化、社会化的第三方物流，进行科学准确的市场定位，变被动为主动，通过加强企业间的战略联盟，实现规模化经营，降低运营成本，提高竞争力。第三方物流以最成本，高效率地完成药品从供应者到需求者之间的空移。

其次，在医药流通领域形成一个物流产业链，加强上下流企业的合作。第一，加强和药品生产企业的合作，主动利用自身的物流信息资源，为生产企业提供建设性的建议，帮助生产企业对当地的市场情况以及主要的竞争品种进行准确、全面的分析，与生产企业一起建立起本地的销售网络。第二，加强和下游客户的合作，以优质的服务为客户创造更大的价值。这种作法不仅增加了药品生产企业的销量，而且药品流通企业自身的收益也有大幅提升，为物流企业的发展打下坚实的基础。

3. 医药物流技术朝着信息化、标准化方向发展

信息化是医药流通企业能否成功扩张、降低管理成本的关键因素，也是更好、更快地响应客户的最基本支持。作为联系医药产业整个产业链的纽带，医药物流企业比其他企业更需要建立信息化管理。在我国，医药物流信息技术的应用尚处于起步阶段，大多医药物流企业没有运用物流信息系统，信息缺乏相互链接和共享，达不到物流运作所要求的信息化水平。通过建立现代化的与 GSP 规范要求相符的信息管理系统，来降低差错率、提高劳动效率以实现向自动化、高效化物流的转型，并成为所在市场区域内的医药物流配送中心是医药物流手段升级换代的方向。

物流标准的不统一已成为制约医药物流向规范化、高效化并与国际接轨的一大障碍。为避免在转移中的错误，提高运作效率，医药物流必须严格执行统一完善的技术标准、名称、质量体系等。统一医药物流标准还能促进医药物流信息化，因此标准的统一化是非常必要的，必须加快推进医药物流标准化的建设。政府主管部门应抓紧组织编制适合我国医药行业特点并能与国际接轨的医药物流技术标准，以提高医药物流运作效率和设备利用水平。

4. 第三方物流将得到大力发展

长期以来，我国许多医药企业都建有自己的物流系统。然而，医药企业成立的物流公司，由于其上游企业生产的产品有限，因而除了销售自己的产品外，必然会代理其他企业的产品。每个企业都有自己的核心竞争力，只有专业化分工才更有利于提高效率，所以医药物流公司有必要向第三方物流转变。第三方物流作为联结厂家和批发商、零售商的桥梁，通过专业化分工，专注于自己的业务，更有可能降低成本，提高服务质量。使用第三方物流是国际上的惯例，而我国的有关政策也预示着第三方物流在医药行业将会有大的发展，形成社会物流与医药物流的共同竞争。

5. 电子商务在医药物流中的应用

医药物流流通量大、单位价值高的特点非常适合采用电子商务方式购销。电子商务平台把商流、信息流和资金流整合为一体，将成为整个医药行业的交易中心和信息中心。目前国内医药行业电子商务网站大多拥有资讯信息业务，并有一部分网站提供有偿资讯信息业务，主要提供咨询信息和供求信息。

另外，还有不少电子商务网站有交易服务的功能。行业中正式运营的该类网站，不仅能搭建起买卖双方的洽谈桥梁，满足社区指定配送服务，提供渠道交易模式，还能使一些拥有电子商务网站的大型医药公司依托其强大的购销网络，通过信息服务提供询价、议价等洽谈平台，并展开远程开票业务。另有用于企业自身经营批发式交易平台的电子商务网站。

虽然药品集中招投标在全国一直存在较大争议，但是，可以预期的是这种借助电子商务平台试图创造性地建立中国特色采购模式的做法不会从根本上动摇。在这个前提下，药品采购的方法将会有所突破，即以集中招投标为基础，以网上交易为核心转化，大部分药品供应将会逐步纳入到交易平台上。

这样的变革既能够符合现实中国药品分销的特殊情况，又可以改正完全集中招投标的缺点与不足，能够真正推动中国医药分销物流向规范化的方向发展。除此之外，以此为基础，将物流的整体规划和资金流的规划结合进交易平台，也会是未来可以预见的趋势，因为只有这样，才能真正使药品采购供应物流的高绩效得以实现。

来源：前瞻产业研究院 2018 年 06 月 22 日

医药冷链前景可期

在新医改和相关政策的扶持下，未来生物生化主要行业仍将持续增长，医药冷链物流市场持续强大的动力。随着药品安全事件频发和社会民众对医药冷链物流的关注，将进一步催热医疗冷链及其关联的设备、技术等蓬勃发展。2017 年，我国医药物流总额 3.02 万亿元，同比增长 11.3%。医药市场规模持续增长，为医药物流及其冷链发展持续提供动能。

2018 年 5 月 3 日，《医药产品冷链物流温控设施设备验证性能确认技术规范》(GB/T34399—2017) 国家标准在京发布，该标准规定了医药产品冷链物流设计的温控仓库、温控车辆、冷藏箱、保温箱及温度监测系统验证性能确认的内容、要求和操作要点等。

引导快递企业加快冷链、医药等高附加值业务。业界专家对此分析认为，随着标准政策的确定，医药产品冷链物流的竞争将更加标准化，企业也将根据国家标准，针对作业设定物流过程中的温度，以降低物流成本，提升服务品质。

事实上，随着经济持续稳定的发展和人们对医药消费要求的提高，整个医药市场的规模逐步扩大，我国已成为全球第三大医药市场。最新公布的《2017 年中国医药物流发展报告》显示，2017 年，我国医药物流总额 3.02 万亿元，同比增长 11.3%。按照每年 8% 的增长速度计算，预计到 2020 年，我国医药物流总额将达到 3.8 万亿元，而冷链运输的药品市场规模或可达到 1200 亿元。

医疗保障水平的提高和市场对需要低温储藏的医药冷藏品的严格要求，无疑对医药产品的物流提出更高的要求，医药冷链物流业随之进入了快速增长期。相关数据显示，疫苗类制品、注射针剂、酊剂、口服药品、外用药品、血液制品等医药冷藏品的销售金额占我国医药流通企业总销售额的 10% 左右，市场空间巨大。

医药市场规模的持续增长，不仅促进企业的快速增长，也为医药物流及其冷链发展持续提供动能。

在新医改和相关政策的扶持下，未来生物生化主要行业仍将持续增长，医药冷链物流市场持续强大的动力。随着药品安全事件频发和社会民众对医药冷链物流的关注，将进一步催热医疗冷链及其关联的设备、技术等蓬勃发展。

标准进一步完善

目前，标准化工作已经成为国家战略层面的重要工作之一，而医药冷链物流作为物流行业的重要组成部分，其意义毋庸置疑。根据国家药监局公布的数据表明，药品质量问题中有近 20% 与冷链物流相关。这表明我国冷链物流的市场潜力巨大，而其规范化的进程也显得格外艰难和迫切。

业界专家对此分析认为，医药冷链配送的难点在于经历多个物流环节，不同的环节使用不同的运输资源和信息系统，要实现药品流通的信息共享和全程温控，势必需要有统一的标准和执行标准的能力。包括医药产品冷链物流涉及的温控仓库、温控车辆、冷藏箱、保温箱及温度监测系统验证性等。

当前，我国的医药物流仍存在标准化覆盖率比较低、标准不统一、实施困难等多方面难题，阻碍着医药冷链物流标准化的推进。

我国冷链物流设备企业标准各家不一，相互合作时，经常重复认证，不仅影响整个流通效率，也增加了企业的成本。目前亟需大家统一标准，解决大家互认的问题，减少重复认证，进而实现降本增效。受困于标准化的影响，很多医药冷链企业尤其是第三方物流企业不敢贸然加大投入，扩大企业发展。

事实上，为解决我国医药冷链物流参差不齐的现状，国家相关监管部门为此制定了多项标准，对“冷藏冷冻药品的储存与运输管理”“温湿度自动检测和验证管理”等方面进行了明确规定，要求进行标准化。

这些政策的出台，说明了国家已将医药冷链物流的标准化提到了很重要的位置。医药冷链物流与一般的物流相比，在设备和运输流程上都要求极高。任何一个节点都可能出现问题，断链的风险随时存在。因此，医药冷链物流实现标准化尤为重要。

相关标准化政策在一定程度上加大了药品流通企业或第三方物流企业的运行成本，但站在可观的角度上看标准化的实施的确会促进我国医药冷链物流行业标准化，给整个冷链系统带来深刻性的改变。

据公开资料显示，截至2017年年底，医药物流相关标准（包含地方）共有40余项。随着相关标准的增加，医药物流、医药物流设施设备等在内的医药物流标准化体系将日益完善。

入局者增多

对于医药冷链而言，竞争愈发激烈，不仅有以此为主的企业，还有第三方物流企业。诸多企业进入这一领域，无疑是看到了其巨大的商业价值和市场潜力。

事实上，医药冷链并不是一块容易涉足的领域，对运输及温度要求极为苛刻，一旦运输途中出现温度异常就会产生不可逆的后果。截至目前，国内可以覆盖全国的医药冷链运输企业仍然屈指可数。

而从另一角度看，一些物流公司却发现了其中的无限商机，并凭借自身巨大的配送网络去探索这一高端物流市场。“在法律法规要求提高，社会化药品冷链物流管理标准逐步形成的背景下，社会化物流企业逐步参与到专业药品冷链物流中。

顺丰2014年3月便单独成立了医药物流事业部，两年后正式成立了“冷运事业部”，分离医药冷链和生鲜冷链资源。为此，顺丰在基础设施、网络能力及人员培训等方面都做了纵深部署，将通过6-7个核心物流中心，打造覆盖全国的仓储能力。

与此同时，随着政策上不断释放利好消息，加之医药流通市场的广阔前景，众多资本也纷纷投入布局医药流通领域。3月30日，医药冷链物流服务提供商——生生物流获得协立投资独家数千万元A轮投资。本轮融资后，生生物流将继续加大设施和人员投入，包括升级仓储中心、新建配送站点、增加物流车辆等，以支持业务的高速增长。

一时之间医药冷链成了物流企业们的“新战场”。新入局者之外，原有流通巨头国控、上药、华润、九州通等也没有闲着，纷纷加码物流配送中心的加深，部署冷链配送业务。“在冷藏药品市场规模持续增长的趋势下，将会吸引大量的企业及投资者进入这一领域，行业内的竞争也会加剧。”中国市场调查网市场分析师对医药冷链物流的市场前景表示看好。

仍存挑战

虽然我国医药冷链物流的市场前景看好，但当下的现状却不得不引起行业和企业的重视，还需要突破重重挑战。我国医药冷链物流发展空间及市场需求巨大，然而面临的困难与挑战也同样不小。

首先，我国医药冷链物流存在地区发展不均衡的现象，资源存量较少。据相关机构统计，2017年，我国冷藏车保有量为14.1万台，铁路方面的冷藏车仅占3%，而这一比例在英国和美国已分别达到2.6%和1%。其次是从技术层面而言，我国医药冷链物流企业在进货和出货时，仍采用人工对温度进行测量和记录，无法实现全过程温度测定，甚至断链的现象时有发生。与此同时，我国专业的医药物流人才的急剧匮乏也导致这一领域发展问题多多。医药冷链物流对于人才有着较高的需求，不仅需要懂得物流方面的知识还需要医药知识。虽然医药物流行业的人才缺口较大，但目前，大多院校并没有专门设置医药物流专业，企业招聘的物流或医药人才也需要后期培养。

尽管近年来我国药品物流发展较为快速，但相对国际水平，我们的医药冷链仍存在不足：一是药品冷链标准不统一；二是运营效率低，成本高；三是全城追溯体系尚未建立；四是专业人才仍旧匮乏。

与医药冷链发达国家相比，我国的医药冷链物流行业仍显的小而散。目前，小、散、乱的局面依旧没有得到有效扭转。这导致的直接后果就是流通环节众多，流通成本高居不下。

公开数据显示，我国医药冷链物流的成本占销售总成本的比例为 12%，是美国的 4 倍。同时，我国医药冷链物流中的设施建设费用、电费、检测费等均处于较高水平。在硬件设施方面，一辆符合标准的冷藏车最低需要 50 万元；而冷链物流的温度控制系统、配套运作管理系统等，至少也需要几十万元的支出。

医药冷链的配套设备包括储存疫苗的低温冷库、冰徘速冻器、普通冷库、运送疫苗专用冷藏车、疫苗运输车、冰箱、冷藏箱、冷藏背包以及计算机和零配件等。医药冷链运输附加值很高，但运输要求以及所存在的风险指数同样很高。医药冷链运输，要求企业要做到精准配送，一不小心就会造成药品污染，产生不良的社会影响甚至危及公众的生命”运输过程中的药品温控，不是简单硬件就可以达成，需要一系列设备辅佐，甚至还须具备特殊通道资源。“这意味着对医药冷链企业运输中的资源整合提出了较高的要求。

政府应积极出台促进医药冷链发展的相关法律法规及政策，引导医药冷链物流向规模化、集中化、社会化、标准化、信息化等方向发展，从而对整个行业起到约束和规范作用。

来源：6-china.com 2018 年 06 月 19 日

互联网 + 医药物流” 看得见的变革

“互联网 + 医药流通”并不仅仅是简单的技术上的变革，也不能理解为利用互联网技术简单去替代人力，而是通过将互联网与医药流通领域的深度融合，以实现药品流通模式的转型升级。利用互联网和信息化技术，将外部需求信息与内部物流操作相结合，使企业在药品批发、物流配送、医药电商等方面实现高效率操作，促进产业升格。

“互联网 + 医药流通”并不仅仅是简单的技术上的变革，也不能理解为利用互联网技术简单去替代人力，而是通过将互联网与医药流通领域的深度融合，以实现药品流通模式的转型升级。利用互联网和信息化技术，将外部需求信息与内部物流操作相结合，使企业在药品批发、物流配送、医药电商等方面实现高效率操作，促进产业升格。

“互联网 + 医药物流”则使传统医药企业能够运用互联网技术进行数据收集、存储、分析及云计算等，从而拓宽流通路径，实现高效率整合。互联网医药平台，通过实现上游医药企业生产厂商、供应商与下游采购商进行信息的无缝对接，将线下的药品环节搬到线上，减少流通环节，降低成本。

“互联网 +”下的医药物流局势

“互联网 + 医药物流”体现在互联网技术支撑起了大数据的物流指挥系统，尤其是随着手持终端设备的普及，以移动互联网运用为代表的 APP 使物流业务变得更加便捷、实时，无论国内外，互联网电商的发展都会对医药物流价值链带来长足的影响：

一是促进第三方物流崛起。消费者购药的特性包含了量小以及分散等因素，物流成本容易抬高。对于实力较弱的医药企业而言，选择第三方物流或众包是最好的办法。新政允许企业委托第三方物流配送药物，物流企业可趁势构建医药物流系统，达到 GSP 体系要求，与医药电商供应链相连接，促进第三方物流的崛起。

二是电商物流将有望为物流价值链带来创新，推动信息化、标准化、自动化、流程化。国务院办公厅印发《关于进一步改革完善药品生产流通使用政策的若干意见》中，鼓励整合药品仓储和运输资源，实现多仓协同，支持药品流通企业跨区域配送，加快形成以大型骨干企业为主体、中小型企业为补充的城乡药品流通网络。同 时，“两票制”的实施将大幅压缩药品流通环节，加速药品零售、物流、电商行业的集约化、信息化、标准化进程。笔者梳理发现，2017 年国家出台涉及医药电 商的重要政策法规或通知不少，其中最重磅、对未来医药电商发展影响最大的当属医药电商“三证”的取消，准入门降低，推动医药物流井喷。当然，虽然审批取消 了、门槛降低了，监管也更加严格了。

众所周知，刚刚过去的 2017 年是严查年，不少药商挺过去了，但在互联网经济冲击下，中小药商是否还能屹立不倒是个未知数。阿里巴巴、京东商城、天猫医药馆、1 号店、顺丰等跨界互联网企业份分红渗透到医药分销及物流行业，医药物流行业的转型升级将发挥更高效的作用。

京东官方数据显示，截至 2017 年 6 月，京东物流已覆盖全国 2691 个区县，自营配送覆盖了 99% 的人口。52% 的订单 6 小时送达，92% 的订单当日达或次日达。与此同时，京东物流于 2017 年下半年推出“医药云仓”项目，旨在为合作方提供整套 系统化的医药供应链解决方案，涵盖了仓储、运输、配送等各环节。这个项目通俗来说就是药品生产企业将产品提前放入医药云仓，下游终端客户下单后，由京东负 责物流配送。

发展痛点仍存

“互联网 +”虽然已经成为解决国内医药流通行业效率低下、成本等高弊端的利器，但一些新问题的出现也将影响流通局势。

一是物流与商流的不匹配。由于医药行业与其他传统行业相 比较而言，其市场开放得相对较晚，加上医药物流数量、发展规模不足等问题的出现，都不同程度地为市场的发展拖了后腿。患者选择互联网购药时往往有较为紧迫 的时间需求，部分 OTC 药品或医疗器械等因需要特殊包装处理、配送设施，对医药配送物流提出了更高要求。但不管是自营物流的医药生产企业还是专业化第三方 医药流通企业，其在配送过程中如何确保产品品质，尚未得到满意解决。

二是标准体系建设滞后。首先是医药物流标准覆盖率低，某些方面存在真空地带，一些医药物流活动还无标准可依；其次是物流标准不统一，缺乏行业通用标准；再次，由于企业规模不一，有相当一部分企业对标准化问题没有意识或认识不足，出于成本因素等的考虑，缺乏执行相关标准的自觉性。

三是医药流动渠道复杂。在电商、物联网和互联网的发展带 动下，消费者的需求越来越个性化，医药物流订单将走向碎片化，及时、小批量、多批次等特征将愈发明显。我国医药产品供应链节点较多，流通环节与交易复杂。 药品在流通环节上的监控也出现了一些新情况。如果售后服务问题不能及时解决，不仅浪费了大量的社会资源，最终还导致医药价格的虚高、“看病难”等社会问题，必须创新医药物流模式。

破局之策

医药物流未来发展的主导方向将会是围绕“互联网 +”而不断创新，并且“互联网 + 医药物流”的融合势必加快医药物流信息化建设，加速资源整合，降低医药物流运营成本，进而提升相关企业竞争能力。

一是变革终端配送模式。面对日益增长的配送到终端患者的需求，医药物流终端配送模式变革是必然。医药制造企业、医药流通企业通过自营或专业第三方医药物流的方式，逐步建立起多种配送到病患的终端配送体系（包括配送到门店、门店配送到家、直接配送到家、配送到集中取货点、取药箱等）。

在移动互联技术的推动下，终端配送体系可以同步研发用户体验度高的信息系统，即多功能终端 APP 应用（可包含药品签收、回单确认、异常药物回传、患者用药提醒、用药过程查询等多种功能组合）。

此外，如何解决终端配送最后一公里的问题是近几年探讨最多的。现在有快递直送，有社区的生鲜自提柜，有前置微仓、同城闪送，还有与连锁便利店合作等形式，都在探索。现在又看到了无人售货架，预计医药物流的终端配送竞争将全面打响。同时，政府在相关基础设施上也会加大投入，互联网的技术发展高度依托于网络基础设施，与物流业相关的服务业如金融业、保险业等的不断完善，将营造良好的物流环境。

二是开启互联网与医药物流全方位管控模式。医药物流行业应当在创新改革、平台整合、结盟合作、全诚信建设等方面着重发力。首先，国家层面严格进行药品管理，把控药品源头；其次，企业通过电子监管系统上传药品各类信息，使含有智能监管码药品出厂后的所有物流过程都处于系统监控之下，逐步建成“药品生产 - 药品流通 - 用户”的全程监管体系。在此需要强调的是，全面的药品追溯体系建设将为互联网医药销售长远而健康的发展奠定基础，并规范现有药品，有效防止假冒伪劣，也可在药品流通过程出现问题时及时发现问题环节，并及时采取措施明显提升医药物流行业的规模化、集约化。

三是推进标准化建设。加强对医药物流及其标准化的研究，为加快我国医药物流标准化步伐、推进医药物流标准化进程奠定理论基础。制订针对医药物流的基础性物流标准，如对于医药物流从业准入门槛、医药物流从业人员职业技能要求、药品物流服务规范、药品容器、包装、编码等基础性标准进行规范，明确从业人员素质、医药仓储、运输环节作业规范等。加强标准化的宣传和引导，提高企业对医药物流标准重要性的认识，鼓励企业、行业协会等从自身工作实际出发，提出符合实践要求的医药物流标准。最后，还要不忘注重专业人才队伍的培养与建设。

四是实践高效物流。移动互联网能够满足医院、医药企业等各方的物流需要，同时实现信息共享，提高物流运输的效率。医药物流需要和移动互联网进行结合，去掉一些中间环节，更直接地对信息进行传递。具体做法可以是灵活的，如医药物流企业开发出一种 APP 终端，使得医药企业、医院能够借助这个 APP 来实现物流下单的功能。也可以在这个 APP 软件中查找药品库存，对物流信息进行跟踪了解，以实现全品种全链条全程可视化、可追溯，最终实现渠道库存可视、物流过程实时监控、库存科学预测及决策、供应链高效协同等功能。

来源：万联网 2018 年 06 月 19 日

透过国内外典型案例，看医药物流的机遇与挑战

随着标准政策的确定，医药产品冷链物流的竞争将更加标准化，企业也将根据国家标准，针对作业设定物流过程中的温度，以降低物流成品，提升服务品质。

2018 年 4 月 25 日，国务院出台办公厅出台“互联网 + 医疗健康”意见，提到要完善“互联网 + 药品”供应保障服务。对线上开具的常见病、慢性病处方，经药师审核后，医疗机构、药品经营企业可委托符合条件的第三方机构配送。5 月 3 日，《医药产品冷链物流温控设施设备验证性能确认技术规范》（GB/T34399-2017）国家标准新闻发布会在北京举行。该项国家标准已于 2018 年 5 月 1 日正式实施。

随着标准政策的确定，医药产品冷链物流的竞争将更加标准化，企业也将根据国家标准，针对作业设定物流过程中的温度，以降低物流成品，提升服务品质。为此，动脉网整理了近期医药物流发展状况，以医药物流与供应链云平台为主进行了梳理。

医药冷链物流存在怎样的机遇与挑战

随着医疗保障水平的提高，医疗市场药物需求量也逐步提高。2017 年，全球医疗销售总额达 1.04 万亿美元，预期今年将达 1.3 万亿美元，预期增长率为 25%。

近日，国家邮政局局长马军胜在 2018 年第 5 次局长办公会上强调，引导快递企业加快冷链、医药等高附加值业务。在政策和市场的双重驱动下，未来中国冷链运输的药品市场规模或可达到 1200 亿元。市场虽大，但也面临挑战。就医院而言，现阶段院内物资管理信息化建设不足，院内电子化采供平台也缺乏。从行业整体上看，我国医疗供应链行业平均费用率是美国的 6 倍，但平均利润率仅为美国的 1/4。

进一步看，医药冷链物流所面临的难题主要来源以技术方面与上下游企业关系两个方面。

1. 技术方面

医药物流与常见消耗品物流不同，国际上对于医药物流有着严格的规定。如 WHO 出台的《The Blood Cold Chain》在血站组织指南中制定了极为严格的血液温度界限。该指南中规定，全血和红细胞必须储藏在 2 至 8° C 的环境下，血小板必须在 22° C 下，新鲜冰冻血浆必须在 -20° C 以下保存，以保证血液成分制品的活性与安全性。

在实际情况中，如新鲜冰冻血浆这类对冷藏温度要求极高产品，将面临更为严格的冷链把控。因为温度记录仪只存在于集装箱内部，而产品在整个物流过程中，会经历多次装卸货进程，而这些进程是难以控制或监控的。所以为避免在装卸过程中的药品、疫苗损坏，企业必须为集装箱设置更低的温度，以避免装卸货过程中造成的损失。

2. 供应链协调

如何处理好供应链上下游企业之间的关系，协调整条供应链的灵活性与精益性是当下供应链发展的趋势。灵活性要求上游企业以满足顾客需求而非成本为经营的第一要素。追求灵活性可以预防缺货情况，但相应的库存成本也会上升。一般情况下，库存是以成本的形式计入经营，一旦有突发事件导致供应链流通不畅，库存便为企业带来了盈利机会。

精益性是指企业以零库存为目标，尽可能的减少安全库存数量。以精益性为目标的企业往往仓储成本较低，但企业经营严重依赖未来业务量估算、供应链的信息化程度以及供应链的反应速度。

此种模式具有较大的经营风险，但企业愿意为了追求零成本而不断提高供应链的稳定性。对两种不同目标的追求直接影响了企业间的关系，医药类企业更偏好于保证供应链的灵活性。

CIPS 会员，来自克莱菲尔德的刘展告诉动脉网记者，医药领域的供应链特征尤其明显：“就英国而言，供应链流通环节少，供应链形式简单，药物原材料商逐渐占据了供应链的主导地位。药物原材料如鱼精蛋白来源于鲑鱼，这种生物类药物原材料受季节影响，不能很好的应对突发需求。在此情况下，原材料商严格的控制了产品定价权，而下游企业话语权低，难以找到合适的替代商。一条具有活力的供应链必须有一个核心企业（指供应链某一节点，并非金融公司），能带动整条链的发展，这个企业不应该是供应商，最有可能成为核心的应该是医院或药物研发机构。”

供应链云平台可能成为链上枢纽

刘展认为：当前造成供应链效率低下的原因仍是不同节点企业之间的操作系统缺乏互操作性，医疗领域则是第三方物流 EMR 系统难以与 HIS 系统对接。既然存在这个问题，那么就会涌现出解决这个问题的企业，这涉及供应链的可持续性。

国外供应链理论研究认为供应链可持续性是企业衡量业务情况的一个重要因素。这里的可持续性分为两层含义，第一层是指单个企业发展的可持续性；第二层是指某一企业所处整个链条发展的可持续性。为了满足第二层的发展要求，为客户提供解决方案的供应链云平台由此产生。

第三方云平台能将大量供应链参与主体聚集在一起，节点企业能够轻易到找到客户资源，选择更优秀的上下游企业，整个行业也因竞争加剧而变得更加有活力。

国外供应链管理平台案例：GHX

2000年，美国一批在医药行业处于领导地位的医药企业共投资5亿美元，建设了环球医药交易中心GHX，以独立、开放、中立、提高整体医药供应链绩效水平为宗旨，推动医药产品全面上网交易。GHX作为全球领先的医药供应链管理者，最成功的一点在于它为整条链的企业群提供了市场，在这个市场中，下游企业能够轻易找到上游企业的替代，以防各个节点定价失衡。

在此基础上，GHX提供预测分析、供应商协作、ePayables、云计算等服务。

数据分析是GHX进行行业管理与帮助节点企业降低成本的重要工具，通过数据分析，医院端能降低药物库存，减少药物短缺情况发生频率；药物生产商能根据市场需要取料，避免药品堆积。同时，生产商能根据需求变动提前估计现金流，提前进行投融资，在避免资金缺口的同时有效的利用资本。

高效的流转过程是GHX提供服务的另一个特点。订单与实际产品不符是供应链企业的主要成本之一，GHX的系统对药物的描述更为准确，如果存在订单与实际产品不符的情况，供应商能轻易的发现此类问题，及时纠正错误。

大部分医疗相关发票输入和付款流程仍然是手动的，效率地低下。GHX最新技术革新将使提高端到端的付款方式，改善对账流程、简化付款流程，使付款过程更加自动化。

GHX从2017开始正在积极推进云服务建设。云服务提供了一个可扩展、灵活的框架，以更低的成本提供更高的安全性和透明度，并推动医疗行业成为数据驱动的行业。

GHX还在原有业务上进行了不少创新。2017年12月，GHX与EHR巨头Epic签署合作协议，推出了Clinical ConneXionSM系统以统一物料管理系统和电子健康记录。

在健康护理过程中，患者通常会消耗一些日常用品或非常用品，而现有的EHR系统通常只记录患者用药情况，而住院过程中的一次性导管、一次性传感器等耗材无法进入EHR系统。

此合作下推出的新系统将为患者提供明确的消费清单，便于患者对整个医疗服务进行预算统计。但更多的功能不可避免的增添了原有EHR的操作复杂程度，具体情况仍需等待新系统的实战结果。

国内供应链管理案例：顺丰集团

医药物流市场规模巨大。最新公布的《2017年中国医药物流发展报告》显示，2017年，中国医药物流总额3.02万亿元，同比增长11.3%。按照每年8%的增长速度计算，预计到2020年，中国医药物流总额将达到3.8万亿元。

顺丰2014年3月便单独成立了医药物流事业部，两年后，顺丰正式成立了“冷运事业部”，分离医药冷链和生鲜冷链资源。

长期以来，顺丰医药一直致力于成为中国最有价值和最有影响力的医药健康供应链服务提供商。针对医药行业的特殊监管要求，顺丰医药取得了GSP认证及第三方物流许可。顺丰医药具备强大的物流基础设施和网络能力，其中医药运输网络覆盖全国132个地级市，基本覆盖了全国大部分重点地区。

在管理体系方面，顺丰控股制定了多项医药冷链物流的质量管控制度和标准操作流程，包括订单管理、收件、运输、中转和派件等各环节，并按GSP要求，针对涉及医药物流的操作人员、质量人员、营运人员等进行相关的质量培训和考核，提升全程冷链物流管理和溯源管理能力。

顺丰医药拥有五大闭环物流供应链服务能力，包括不限于干线运输、城市配送、医药仓储、C端派送、医药临检等。依托强大的信息技术和顺丰控股各板块资源联动能力，面对医药流通两票制的改革，顺丰医药和行业标杆客户一道探索出仓网布局、库存及物流管理、流通渠道及分销等一系列综合解决方案。

据顺丰控股年报数据，2016 年，冷运营业收入金额为 14.37 亿，占营业收入比重 2.50%，2017 年冷运营业收入 22.95 亿，占营业收入 3.23%，同比增长 59.70%。其在医药行业服务客户包括：哈药集团、华润三九、赛诺菲制药、广药集团等。

顺丰控股在年报中指出：2018 年顺丰控股将继续完善医药物流底盘，通过多仓协同 + 干线运输调度 + 航空运力补充逐步建立起全国“T+3”医药物流网络；优化仓干配全链条业务模式和运作流程，进一步提升 -40° C~25° C 多温段精确温控能力，提高资源使用效率和营运质量；继续加强医药冷链设备设施验证管理技术和信息系统管理模式研发和创新。

建设依托于医药工业、疫苗及生物制药企业为核心的行业客户整体解决方案能力，打造企业顺丰医药供应链服务平台 2.0。

顺丰深知要做好医药供应链，只在物流方面下功夫是不行的。更应与医疗相关的电商平台、O2O 平台进行合作；与医院合作。

2018 年 1 月 22 日，三甲医院天津中医药大学第一附属医院与顺丰速运展开合作，开展药物速递业务。此合作尚未涉及端口对接工作。

2018 年 2 月 12 日，康怡医药携手顺丰集团共同成立“第三方医药供应链（西北）物流中心”，旨在开拓西北医药市场。

从以上布局来看，顺丰要在医药行业不仅仅是想做第三方物流，更是想打造一条以自身为核心节点的供应链，并为上下游企业提出解决方案。这将极大提高医药物流效率，另一方面，这顺丰也将威胁传统医疗物流企业的，迫使他们用改革谋求发展。

防伪可追溯：医药供应链 + 区块链会是未来供应链模式?

药品不同于食品，其质量安全问题极其重要。山东非法疫苗案件凸显了追溯疫苗来源的重要性，而区块链技术的核心特点就是可追溯不可篡改。如果能将药品流通过程的每一个环节都存入区块链，那么可能少有人铤而走险从事此类非法贸易。即便是出现了犯罪活动，通过相应技术也总能追溯到问题的根源。

此外，药品流通反应了社会的健康趋势，而由于各主体间缺乏互操作性，行业信息难以整合，系统过于碎片化。但如果通过区块链技术储存，上链过程本身可以标准化信息，这在一定程度上解决了信息孤岛问题。

飞医网的区块链计划白皮书披露了其未来发展方向。飞医网计划用区块链技术来打造高可用、高安全、高效率的供应链系统，解决数据加密、产品追踪溯源问题。实际上，“供应链 + 区块链”已成为区块链技术应用的主要场景之一，不仅能弥补现有供应链流通的缺陷，还能与供应链金融结合，发挥区块链起源时的金融功能。

因此，医药信息医疗器械信息上链很好的迎合了未来供应链发展的需求。

总结

未来国内外均存在在庞大的医疗物流市场，无论是生物制药行业，还是医疗器械市场的繁荣都将推动医疗第三方物流发展；新医改的深化和相关医疗政策的陆续出台也为其发展锦上添花。相比于国外，国内市场的成本有极大的收缩空间，供应链模式也还未完全成熟，区块链、新型冷链运输等技术发展也为市场参与者提供了大量机会。无论是物流企业还是供应链管理云平台企业，这里都有足够大的舞台，可以让他们尽情展示自己。

来源：动脉网 2018 年 06 月 07 日

新环境下，第三方医药物流企业走向

面对新的环境，第三方医药物流企业到底应该如何应对？ 以下为中国物流与采购联合会医药物流分会副会长在2018国际医药供应链峰会暨第七届中国药品冷链物流峰会上演讲的主要内容：

一、新环境

1. 取消三方审批

2016年2月份国务院印发了《关于第二批取消152项中央指定地方实施行政审批事项的决定》（国发〔2016〕9号），决定取消从事第三方药品物流业务批准等7项中央指定地方实施的食品药品行政审批事项，很多物流企业都认为春天到来了，但实际上两年下来之后是相反的，因为药品的特殊性，我们看到更多地方是把这个门关上了。取消药品第三方物流审批初衷是鼓励拥有完整质量体系的大型医药商业流通企业、物流企业向供应链各方开放其物流资源，降低成本和提高医药物流效率。该尝试是以服务提供方符合国家要求的质量规定为前提。物流行政审批取消并不意味着放弃监管和质量要求。

2. 两票制

“两票制”对物流的影响是最大的，使得医药生产企业的成本迅速上升。原来只需和一家全国总代对接，到现在需要和几十家上百家代理商对接，人工成本直线上升。运输部分也是同样的，送达的下游企业数量的大幅增加带来的是物流成本直线上升，同时要花费更多的时间和精力用在筛选适合的第三方物流企业方面。两票制对于医药制造企业而言，药品的流通追溯对信息化管理的需求与日俱增，例如企业管理系统、仓储管理系统、客户管理系统等投资也将被迫增大。

3. 供应链创新与应用

根据《国务院办公厅关于积极推进供应链创新与应用的指导意见》（国办发〔2017〕84号）要求，商务部、工业和信息化部、生态环境部、农业农村部、人民银行、国家市场监督管理总局、中国银行保险监督管理委员会和中国物流与采购联合会决定开展供应链创新与应用试点。希望可以通过试点，使现代供应链成为培育新增长点、形成新动能的重要领域；成为供给侧结构性改革的重要抓手；成为“一带一路”建设和形成全面开放新格局的重要载体。医药的供应链是一条特殊的供应链，有很多的创新点，希望我们的会员单位关注这个文件，尽快跟自己所在地方的商务部门沟通。在这之前，我们与医药物流分会五位会长也与商务部领导针对医药供应链的事宜进行了座谈。

4.“食药总局”到“药监局”

尽管食药监总局的职能被划入大市场，但仍在其中单设了药品监督管理局，可以说是“合中有专”。单设体现了药品监管的重要性、特殊性、专业性，保证了药品监管的相对独立性，也是综合监管与专业监管的一种妥协结果，可以预见接下来的行业监管不会放松，监管只会越来越严。

5. 营商环境

去年一场大火导致北京所有的非法仓库都在被陆续拆掉，现在北京注册一个物流公司都不行了。实际上这是大环境在变，我相信北京的现象不是一个特殊的现象，接下来一线城市的仓储资源会变得越来越紧张。

6. 消费环境

医药行业更多的在聊政策，但实际上消费者群体也变了。80后、90后的消费行为在变，这些变化将来也会影响整个行业，因为最终行业的发展要靠市场来拉动。再看消费场景，消费场景也在不断改变，原先从事物流的都是在做 B2B 业务，就是从厂家到流通然后再到医院或药店等终端。但是现在发展新型物流，物流跟消费者直接接触，这是未来新的消费场景。天士力在这方面做了一些尝试——门特送药，我觉得未来上门服务是值得我们去思考的，因为消费者和消费场景都已经发生了变化，或者说消费者已经被现在的电商、外卖，培养了新的消费习惯。

二、新走向

1. 运营规范化

医药物流与传统物流的区别就是政策影响特别大，医药物流企业随时要对当下政策有一个深度的解读。社会物流企业要进入这个行业，还要把医药物流质量抓起来，总之规范化是从事医药物流最基本的底线。

2. 管理精细化

降本增效一直是所有企业都关注且持续进行的一个事情，对于医药物流行业企业来讲更是这样，尤其是在上层政策变化不断、毛利率持续下滑的大环境影响下。仓储物流作为医药商业企业重要的成本中心，通过更加精细的管理方式来降本增效是每个企业都将面对的。

3. 分工专业化

在全国药品流通行业发展规划里面，也提出企业应该走向专业化、特色化。今后专业化的分工将会越来越明确，现在很多企业都想把所有的事全干完，实际是很难的，比如企业都需要做验证，但验证是很专业的工作，应该由专业的公司去做，但我看到企业更多的是自己在做，大家的验证互相不认，造成了大量的浪费和不必要的成本。

4. 服务社区化、订单碎片化

新医改中很重要的一个方向是分级诊疗，走向社区化，离患者更近。接下来很多工作都要在社区里进行，最近我见的投资商说要把社区的所有服务打通，洗衣、便利店、健身房、药店、菜市场等等，这背后还有共同配送的市场。社区化的背后是物流的订单越来越碎片化，对传统物流配送中心来说是一个挑战。我们在台湾考察的时候处方药是按片来管理的，这对于物流来说操作难度会越来越大。

5. 网络深度化

现在很多企业都已经实现了一二线城市的物流网络，接下来三四线城市、四五线城市的网络，包括乡村怎么去实现呢？现在越往下配送成本越高，这就讲到了共享，大家的网络共享才能让成本真正的降低。我上个月在南京开了一个餐饮供应链峰会，麦当劳、肯德基的老总说他们特别希望听到的就是北上广又开了一家店，每开一家店物流成本就降低了一些，现在最害怕的是在三四线城市开店，因为成本是很高的。所以我们看到肯德基在开店的时候，往往会一个城市开出四五家来。

6. 信息共享和技术化

信息化背后是标准化，但是现在很多企业是信息孤岛，没有互联互通。虽然企业在全国有很多家公司，但实际上信息还是孤立的，系统并没有完全打通，更不用说企业与企业之间的信息共享，所以未来信息的互联互通很重要。现在人工成本越来越高，技术对一个行业的影响很大，有时候会颠覆整个行业。在我们这个领域也一样，我们现在也看到越来越多的自动化的、无人的仓储设施，包括还有一些新的保温技术。在医药冷链行业，箱子有各种各样的材料，一个新型材料出来就有可能把整个行业都颠覆了。

7. 人才战略化

人才一定会成为企业发展的战略。我觉得所有的企业负责人都应该把人才当成战略去做，我们推出了医药物流大讲堂，跟有物流专业的高校进行合作，我们愿意跟大家一起来推动校企合作，提前把人才战略布局到学校。在人才化方面做得比较好的是德邦，因为在德邦的公司架构里面，副总裁级的有好几个都是 30 岁左右，德邦在管培生战略里做得也是非常好的。

8. 数据化

实际上在传统的快销行业里面已经实现了数据化，是靠什么？靠预测。比如今天要买一个牙膏，一定是系统早就知道我需要牙膏，早在我家附近备了。以前叫 B2C，生产企业生产什么，消费者买什么，以前叫人找货，现在叫货找人，现在叫 C2B，倒回来了。医药领域是一个相对特殊的领域，预测订单是比较难的一件事，但是慢病管理部分完全是可以与大数据相结合的。也会有更多常态的需求是可以预测的。

9. 供应链化

无论是医药流通企业还是医药物流企业，将来一定会走向供应链化，也就是上下游的协同发展。我们在欧洲看过一家医药流通企业，他们跟生产企业高度协同，生产企业生产什么，是流通企业告诉他的，这就是供应链的一体化发展。我们也会在医药领域推动医药供应链的发展，希望大家能够参与到我们首批的试点企业当中来。

10. 国际化

中国作为全球第二大医药消费市场、第一大原料药出口国，已经受到全球的关注。随着国力的增强以及“一带一路”等战略的实施，中国企业走向国际已经是必然趋势，医药物流市场的国际化也同样值得关注。

来源：中物联网 2018 年 06 月 05 日

总额三万亿！看京东、顺丰、中国邮政如何抢滩医药物流市场

随着国家取消了从事第三方药品物流业务的行政审批事项，中国邮政、顺丰、京东等第三方物流企业已纷纷布局了医药物流。据最新公布的《2017 年中国医药物流发展报告》显示，2017 年，中国医药物流总额 3.02 万亿元，同比增长 11.3%。按照每年 8% 的增长速度计算，预计到 2020 年，中国医药物流总额将达到 3.8 万亿元。

如此巨大的市场，集中度并不高，医药分销网络较为分散，且地域差异比较明显。在全国 1.3 万家左右的医药批发企业中，大部分是地域企业，覆盖省份少，市场占有率低。而全国性的流通龙头企业目前只有国药集团、华润医药、上海医药与九州通等 4 家，占有市场份额约为 30%。

医药物流市场前景广阔，而竞争也日趋激烈。第三方物流公司纷纷布局医药行业。截至 2016 年年底，全国取得由省级药监部门核发的“开展第三方药品物流业务确认件”的第三方物流企业共有 123 家。随着国家取消了从事第三方药品物流业务的行政审批事项，中国邮政、顺丰、京东等第三方物流企业已纷纷开始布局医药物流。

快速进阶的京东医药

作为全中国最大的网上商城的京东，从其发展开始就一直和医药业务有着不解之缘。早在 2011 年，京东就和九州通合作，合资重新组建好药师，在网上售药领域发力，只是在合作 2 年之后，双方分手。在京东退出好药师之后，京东其实并没有放弃其在医药领域的发展。

2013 年，京东自建京东医药。2016 年 6 月，京东宣布正式整合推出面向产业上下游合作伙伴及流通渠道的“京东医药 B2B 分销平台”，以及为消费者提供自营非处方药（OTC）及健康保健产品的“京东大药房”业务。2017 年 2 月，京东医药上线了“药京采”，通过连接药品工业企业、批发企业等上游“卖家”企业以及零售药房、社区卫生中心、诊所等零售终端“买家”，打造成为药房全

品类一站式采购平台。2017 年 8 月，京东物流与 8 家医药流通企业签署《京东医药云仓战略协议》，各医药流通企业将整合自己的仓储、运输等资源，结合京东的仓配一体供应链整合服务能力，共同搭建一个医药物流网络。2017 年，京东医药陆续与泰州、宿迁、银川三地签订战略合作协议，共同打造互联网“医疗、医药、医保”闭环。

目前，京东已经在山东、湖南、河北、安徽等地开展了业务。和国药集团、红运堂、华潍药业、福康药业、广林药业建立了合作。其提供的医药仓配服务覆盖了运输车辆、运输司机、干线配送、终端配送等各环节，可以提供符合 GSP 认证要求的商品验收、入库、存储、养护、出库等服务。

优势

京东物流能够为医药行业全链条提供的解决方案。对于生产企业，提供了供应链一体化一站式服务，包括全国药品仓储服务，全国干线运输、零担配送服务，从电商平台、大医院到小诊所的配送；对于药品批发企业，提供省内偏远区域的支线配送；对于连锁药店，提供连锁总仓同城串店配送；对于医药 / 卫生站，则提供院外物流服务的延伸；对于电商平台，提供全渠道多平台的订单履约，这也是京东的特色服务。

搅局医药冷链运输的顺丰

早在 2014 年 3 月份，顺丰便单独成立了医药物流事业部。2015 年顺丰宣布成立五大事业群后，医药物流事业部被归入供应链事业群中。2016 年年初，顺丰正式成立了“冷运事业部”，分离医药冷链和生鲜冷链资源。

2016 年 11 月，顺丰旗下公司成都顺意丰医药有限公司与全球医药巨头赛诺菲达成合作，双方在成都启动赛诺菲中国第三家、西南首家医药物流中心项目。媒体公开报道称，双方合作的初始阶段，赛诺菲将制药药品的运输交付给顺丰，后期疫苗的配送也有望纳入。

另外，2016 年 12 月，顺丰集团旗下的顺丰医药供应链有限公司与红石国际健康产业有限公司在南京市合作并注册成立顺丰医药供应链南京有限公司。该公司是由双方共同出资打造的医药领域专业物流平台，专门为医药生产企业、流通企业、卫生医疗机构提供安全、可控、可视的专业医药物流服务。

顺丰的上市重组报告书也显示，其子公司成都顺意丰医药有限公司持有四川省食品药品监督管理局颁发的《药品经营质量管理规范认证证书》和《药品经营许可证》，认证范围囊括生化药品、中药材、中药饮片、化学原料药、中成药、化学药制剂等。

优势

目前，顺丰医药取得了 GSP 认证及第三方物流许可，规划自营医药仓 7 个，已落地 4 个（广州、南京、成都、西安），总仓储面积超过 80000 平方米，已建成投产 26 个专业医药中转场，零担干线网络覆盖全国 22 个省、逾 960 个区县，基本覆盖了全国 75% 以上重点地区，在冷链运输方面拥有独特优势。

国内网络覆盖范围最广的邮政

中国邮政是最早在医药物流配送领域布局的第三方物流机构之一。早在 2006 年，中国邮政就开始在宁夏试点配送药品，并很快取得 GSP 认证证书。随后几年间，中国邮政又相继在甘肃、内蒙古、安徽等地试点。早在 2015 年，中邮旗下医药公司，已经被福建省作为基本药物配送企业。中国邮政在福建的子公司已经完成福州、莆田、三明、泉州等七大片区的覆盖布局，中邮当地子公司仅成立两年，年销售规模可达 10 亿。

优势

中国邮政的网络优势目前在国内无人能望其项背，尤其是在一些农村地区，像国药、九州通这种网络基本覆盖全国的公司，有时候还得与中国邮政合作才能完成配送。另外，各地邮政与当地政府之间的良好互动，也是其他公司所不具备的。

作为快递行业巨头，京东、顺丰、邮局等入局医药运输，无疑为行业带来剧变。与其他配送相比，医药物流是块难啃的硬骨头。好在医改引发的药品流通变革，也为顺丰等第三方快递物流公司带来了巨大的想象空间。但这场博弈之中，到底是以国药等为代表的传统医药流通企业继续屹立不倒，还是被以顺丰、京东等第三方配送模式所合并？或许两者之间也能共生？最终谁能笑到最后，我们拭目以待。

来源：搜狐网 2018 年 05 月 11 日

医药物流的这项新规 将影响大批药商

又一项新规实施了，将影响大批药商！2018 年 5 月 3 日，《医药产品冷链物流温控设施设备验证性能确认技术规范》（GB/T 34399-2017）国家标准新闻发布会在北京举行。标准规定了医药产品冷链物流涉及的温控仓库、温控车辆、冷藏箱、保温箱及温度监测系统验证性能确认的内容、要求和操作要点等。这些对于目前的医药冷链来说，依然存在一定的难度和挑战。据悉，该标准已于 2018 年 5 月 1 日正式实施。

800 亿元的市场机遇

大家还记得两年前，那起震惊全国的山东非法疫苗案，案值 5.7 亿元的疫苗未经严格的冷链运输就销往全国 24 个省份。这给整个行业敲响了警钟。随后，医药行业开始更加重视冷链物流。在山东非法疫苗案爆发后，国务院修改了《疫苗流通和预防接种管理条例》，明确要严格疫苗流通管理，要建立疫苗从生产到使用的全程追溯制度，强化储存、运输冷链要求，增设疾控机构、接种单位在接收环节索要温度监测记录的义务。单纯从这个角度看，医药冷链的需求已经大大增加。

近日，国家邮政局局长马军胜在 2018 年第 5 次局长办公会上强调，引导快递企业加快冷链、医药等高附加值业务。可见，随着国内创新药物试验和医疗器械监管的加强，免疫治疗和基因检测等生物医药行业的快速发展，有着严格温控和时效要求的零担冷链物流及仓储市场前景可观。在政策和市场的双重驱动下，未来，中国冷链运输的药品市场规模或可达到 800 亿元。

费用高，难度大

事实上，就很多传统医药企业而言，冷链对于他们来说，还是存在不同程度的困难。当前我国医药冷链物流呈现高投入与高风险的特征，物流基础设施建设程度和信息化水平较低，运输和配送环节存在监管缺失现象。和普通运输的成本相比，冷链运输的成本要高出 80%，但冷链物流的利润仅为 20% 左右。同时，我国医药冷链物流中的设施建设费用、电费、检测费等均处于较高水平。

建立一个冷链仓库至少需要 100 万元以上的资金投入，相较于普通仓库 400 元 / 平方米的造价，配备保温系统的冷库则需要 3000 元 / 平方米以上的造价。并且，为了保持仓库温度的均匀性，需要花费高额的电费，1 万平方米的冷库至少需要 20 万元 / 月的电费。加之每年的检测费用，即 150 平米以下的仓库检测费为 8000 元，冷藏箱验证费用为 1200 元 / 个。可见，我国医药冷链物流成本较高，是医药冷链发展的主要难题之一。

此外，冷链物流行业人才缺乏，信息化水平低，不能实现温控数据的连续性、准确性也是制约医药冷链发展的重要因素。

第三方，来了！

2016 年 2 月，国务院印发《关于第二批取消 152 项中央指定地方实施行政审批事项的决定》，从事第三方药品物流业务不再需要审批。这被认为是第三方物流进军医药物流行业最大的利好。其中，最有代表性的便是顺丰。

早在 2016 年，顺丰成立了冷运事业部，对医药冷链和生鲜冷链进行了分离。据悉，截至去年 5 月，顺丰冷链医药陆运干线网就已经贯穿 21 个城市网络、22 条干线、462 个流向。未来 3 年，顺丰将计划打造 6~7 个医药供应链核心物流中心，实现仓储能力覆盖全国。

中国邮政，则是最早在医药物流配送领域布局的第三方物流机构之一。早在 2006 年，中国邮政就开始在宁夏试点配送药品，并很快取得GSP 认证证书。随后几年间，中国邮政又相继在甘肃、内蒙古、安徽等地试点，并且不断扩大基层市场的配送覆盖，进行基药与非基药的县乡一体化配送。此外，在医药冷链运输业务方面，中国邮政也有所涉及。

有不少业内人士认为，随着第三方物流企业尤其是顺丰的强势进入，面对本来就困难重重的医药冷链业务，传统医药物流企业将承受不小的压力。而传统医药物流企业对此的看法，却让人意想不到。

此前，九州通冷链事业部总经理姚共亲对媒体表示，目前全国医药冷链物流服务商以传统医药物流企业为主，所以他们一点儿也不担心顺丰的介入。国药控股相关人士也对媒体表达了同样的观点。无论未来市场格局怎样变化，可以肯定的是，在冷藏药品市场规模持续增长的趋势下，行业内的竞争将会加剧，医药冷链行业的重组与整合，也将势在必行。

来源：亿邦动力网 2018 年 05 月 07 日

互联网技术下医药物流新模式的管理架构设计

打造医院资金流、物品流、信息流三流合一的新型医药购销模式。以信息连接为通路，将现代医药物流信息化系统、自动化技术和管理方法延伸到医院需求科室，为医院提供专业化、个性化的信息管理解决方案。

1. 引 言

随着医改和医院信息化建设的逐步深入，国内医院面临着来自政策、患者、自身的挑战越来越大，医院对管理科学化、规范化、精细化的要求也越来越高，医院越来越重视到药品利润的减少是必然趋势，必须向精细化管理，特别是供应链优化方面寻求利润。目前商业物流与医院库房信息流脱节，药品、耗材从商业物流出库时，信息流就断裂，医疗物资常年占用、积压货物与资金等，使医院库房信息成为孤岛。在这种情况下，提升医院药品信息化和质量管理水平刻不容缓。迫切需要善用一切资源和手段提升医院的管理和创新，推进信息化建设的水平，借力先进医药物流延伸服务，将物流技术、信息技术和管理方法相结合，把专业化的现代医药物流服务延伸到医院中，实现共享信息资源、共享现代物流成果，带动医院药品物流的现代化，提升医院药品管理的信息化和质量管理水平，扩展医药流通业物流的社会化功能，改进医院院内物流系统运作效率。

2. 管理架构设计

(1) 搭建医院智能供应链体系

医院智能供应链是指对医院所涉医疗水平采购、日常库存管理、院内配送、病人发放的全过程管理与优化，以实现科学订货、优化库存、减低费用、节省空间、简化工作、全程可追溯的目标。

某医院以落实国家新医改政策为出发点和落脚点，借鉴国外同行业先进经验，发挥企业自身优势，以信息连接为通路，将医院药品、卫生材料、药品材料、诊断试剂、非医药物资、供应商资质等纳入统一管理，通过规划改造现有医院库房和引入现代的库房管理系统，实现库房所存物资有序、严格的管理；通过建立面向科室和药房一级的智能配送，提高物资的质量和效率保障；通过建立医院非医疗物资“商超”寄售模式，实现医院非医疗物资一级库“零库存”；通过建立面向供应商的管理协作平台，实现与供应商的数据联动，提升保障水平，提高工作效率。通过对需求科室的统一配送，使需求科室收货次数明显减少，工作量降低，极大节省了院方收货、管理、操作人员和库房运转空间。

(2) 建设电子商务智能平台

将名称、规格、价格、照片、材料属性、申领地址等商品信息，维护到电商平台中，科室通过请领，更直观的看到商品信息，合理申请，减少申领差错，做到实耗实销，同时让物流人员更加精准的送货到二级科室。提升医院管理水平，降低医院采购成本，加大采购环节的透明度，成功使库房工作人员从繁琐的库房管理工作中释放出来，将职能工作转化为内控管理。

从需求科室足不出户一键请领，采购计划的一键生成、审核到通过电子商务平台发出短信提醒，供应商订单回传，一键入库等功能实现医院物资统一归口出入、平台审核、无纸化办公，减少计划、采购、供货及入库时间，实现对物品的全生命周期管理（见图 1)，确保老百姓及时安全用药。

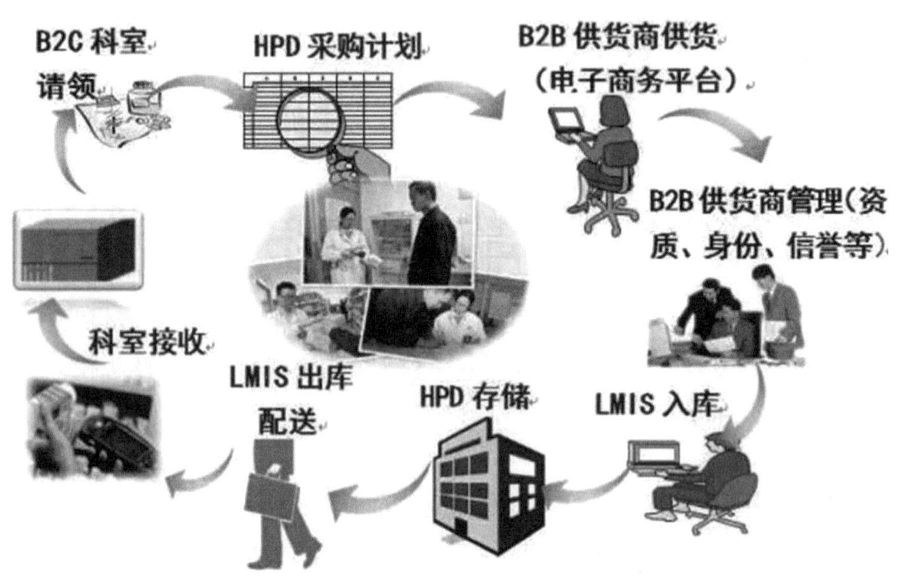

图 1 物品的全生命周期管理

在传统模式中，供应商直接向医院供货，其药品、耗材等供应商往往有 200-300 家之多，各供应商服务标准不统一，送货时间易发生冲突，致使物资管理难度大。面对医院供应商数量较多，通过摒弃人工资质纸质收集审核等工作，让各级供应商按医院要求上传企业资质及商品资质，通过平台审核，便于长久存储、调取。资质效期与医院系统联动，近期提醒，过期关闭，无资质单位物资禁止入库等功能来全面协助医院管理人员对供应商的管理。

为加强对供应商的管理，便于对供应商进行科学评价，从而促进双方合作关系，提高服务质量，制定三方评价辅助方案，明确供应商、医院、服务商的评价项以及评价标准。定期汇总与通报，相互制约，相互监督，携手共进。

(3) 建设智能库房

智能化库房是指根据实际需要，将医疗物资的收货、验收、上架、存储、拆分、领用、配送、账务信息处理的基本功能实施有机结合，建设成具有现代化设施与现代化流程的医药物流系统，支持医院药品的采购与分发工作。

医院库房按照国内行业标准对医院特殊药品库及冷库进行统一规划，合理布局，设立常温库、阴凉库、冷藏库三大类，采用自动存储货架、电子标签、条形码以及自动温湿度控制系统改造，摆脱传统人找药模式，变成药找人模式，增加使用空间。对物资的批号、效期、盘存、库存管理更加规范，全程无纸化作业，简单易懂；增加出库速度，降低差错率，提高物流转运速度。在硬件设施上配置 2-8 ℃智能化温控系统，人体感应报警系统及实时视频监控系统，做到特殊药品出入库登记制度、双人双锁，与医院安保系统进行全面对接，实现对特殊药品 24 小时监管，冷藏物资温度达标，确保医院物资安全存储与配送。

(4)HPD 上下线自动补货系统建设

HPD 系统与 HIS 进行对接，获取 HIS 中每天药品的消耗数据，并实时在 HPD 系统中自动核减药品库存。实现面向二级库存的直接供货与自动补货（见图 2）。根据药品在各个药房的使用情况，利用数学模型以及经验值，设定上下限，上下限考虑了二级库房的 10-15 日需使用量、供应商的配货能力等因素；各药房、科室不再人工申报采购申请，由 HPD 补货系统自动产生，自动处理；并通过电子商务平台来实现采购订单发布、到货信息预通知、供应商发货信息传递管理等功能。供应商发货信息通过电子商务平台上传给医院，到货后，三方组织验收，收货工作复杂度大大降低，实现二级库存管控与按需配送，提升医院的药品流转效率和准确率，确保药品流转全程中的安全性与可靠性，并进一步降低综合成本。

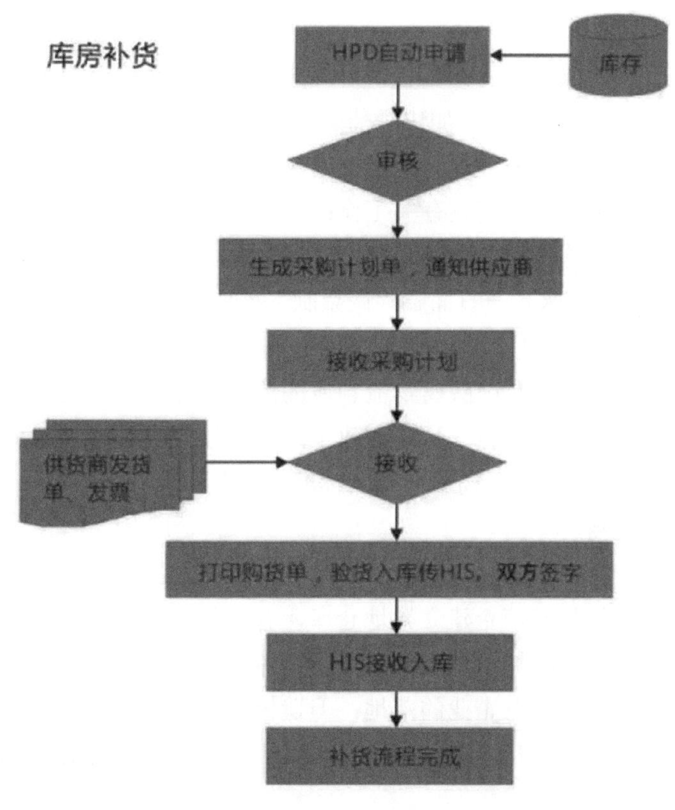

图 2 HPD 自动补货流程图

(5) 搭建信息安全保障体系

一是 HPD 项目 CA 认证 为确保网上交易和网上业务中能正确标识用户身份，维护中心医院电子商务平台的稳定性，保证企业网上业务安全性、合法性，按照《中华人民共和国电子签名法》《电子认证服务管理办法》等法律法规的相关规定，特携手新疆数字证书认证中心签署战略合作协议，给各供应商分发 UKEY，用于保障各供应商网上业务中的身份识别和信息数据加密，确保各供应商的合法利益。

二是增加网络硬件防火墙 纳入医院统一管理，对内数据资源共享，对外数据保密，定期对数据库备份，异地保存等手段，确保网络信息安全。

3. 结语

通过运用互联网技术重塑医院物流新模式，某三甲医院一举解决了目前公立医院中普遍存在的管理工作繁重、资金占用高、管理水平低等问题，随着新模式的构建及应用，将物流服务由药房、库房延伸至医院各个病区，减少医院库房的占地面积及库存量，节省开支，加快了物资及资金的周转速度，同时节省了部分人力物力，在保证配送及时性的基础上，提高物流服务水平。原库房人员的的工作重心由繁重的收货配送工作转移到更为重要的管理工作上面来，优化了服务质量。在提升医院管理水平，降低医院采购成本，加大采购环节的透明度方面，做出了有益的尝试，并取得了医院、供应商、政府三方面“共赢”的成效。成功实现“互联网 + 医药物流配送到需求科室的最后一公里”。

来源：中国数字医学 2018 年 02 月 11 日

完善标准、模式创新是医药物流发展健康发展的关键

要降低我国医药物流总的成本，当务之急，一是要在政策匹配的模式上进行创新，二是要提升行业整体的信息化水平，具体而言就是要加快医药三方物流标准的出台。

近期，国务院办公厅印发了《关于进一步推进物流降本增效促进实体经济发展的意见》（以下简称《意见》），部署推进物流降本增效有关工作；该文件从物流信息技术、政策环境、用地审批等七个方面着力营造物流业发展良好环境，提升物流业发展水平，促进实体经济发展。

事实上，医药物流领域近年来也一直面临“两票制”推广加速、BTC 电商快速增长、药品三方物流企业不断涌现、物流金融逐步面向大众等新的行业热点和业务。但是由于现代医药物流政策的缺失、现代信息技术推广的不平衡，因此我国医药物流领域的成本总体上还是比较高的。笔者认为如果要降低我国医药物流总的成本，当务之急一是要在政策匹配的模式上进行创新，二是要提升行业整体的信息化水平，具体而言就是要加快医药三方物流标准的出台。

一、模式创新需政策支持

近期，山东、河南、山西、江西等省份纷纷出台了本省促进医药流通经济创新发展的意见，部分省份在意见中明确提出支持规模药企建立异地仓库，有的省份在意见中提出要支持发展药品三方物流业务，比如江西药监局就在樟树市试点药品三方物流。笔者认为，上述意见都是从官方层面支持药品三方物流业务这一创新模式在企业的落地；但遗憾的是至今我国尚无国家层面的支持药品三方物流的政策或标准。在对待药品三方物流业务这一问题上，部分省份还是采取了回避或者不支持、不禁止的消极态度。

一方面，国家医改大政推行的“两票制”的核心思路是减少药品流通的层级，这就需要企业能够在省内甚至跨省异地设库，才能保证药品配送的广度与深度。另一方面，随着两票制的推行和医药电商的快速崛起，意味着药品物流处理的订单会越来越散、配送的时效要求越来越高、大量的中小企业必须聚集在规范、统一的药品物流中心仓库内，才有可能确保服务质量和生存质量；同时，

随着物流金融如仓单质押、销售订单的保理等业务的发展，对药品三方物流中心的需求越来越大。上述业务无一不要求药品三方物流业务这一模式能够得到国家层面政策的认可，在全国范围内能够有效开展。

可以讲，正是因为各省对药品三方物流业务这一创新模式给予的政策不一样，导致目前我国合规的药品三方物流中心不足两百家（少数省份甚至是空白），而我国需要药品三方物流中心超过1700家，巨大的差距已经影响了我国医药流通行业的健康发展。

二、行业信息化水平待提升

自新版GSP文件发布执行以来，我国医药流通企业的软硬件条件相比十年前有了很大的提升。但是 目前我国绝大部分医药企业还停留在ERP系统开票，人工纸单作业或者RF作业的水平。根据全国药品三方物流联盟调研统计，目前国内有985个大型医药物流中心投入使用了WMS仓储系统、电子标签拣选系统、自动分拣传输系统等现代化的设备，能够较为轻松的实现日均出库超过2万条。但是在上述企业中，只有不超过120座物流中心的WMS仓储系统具有药品三方物流的“多货主管理”和多种模式的收费功能，并且绝大多数物流中心的软件不支持物流仓储订单质押服务，也没有和银行等金融机构的系统进行对接，无法与上下游客户实现信息共享。

近期，中国医药物资协会医药商业分会成员单位深圳丰宏医药有限公司在深圳地区筹建大型医药物流中心，其物流信息系统和深圳鑫泉健康网络的金融平台将实现对接。丰宏医药的业务在鑫泉健康网进行数据处理与交易，订单数据传递到指定的银行后，可以享受不超过60天的无息资金保理服务。同时，本项目的集成方上海通量信息科技有限公司在国内医药物流领域首创设计与使用了整件货物的自动进出库系统、货到人拣选系统、4台自动发药机和超过20000个货位自动分拣传输系统，据悉可以支持单日最大出库条目数超过30万条，同时为近千家医药企业提供药品三方物流服务。本项目将于2018年上半年启动，将是我国医药物流领域最先进的大型药品三方物流中心。

正是基于行业政策环境不匹配和整体信息化水平较低的现实，中国医药物资协会医药商业分会正在加速制订行业团体标准《药品三方物流建设与运营管理规范》，同时在分会内部以丰宏医药物流中心为模板推广高信息化水平的药品三方物流建设项目，相信很快就有成果可以体现。

标准缺失制约药品三方物流效益

根据有关数据，目前我国共有药品批发企业13508家；药品零售连锁企业4981家，下辖门店204895家，零售单体药店243162家，零售药店门店总数448057家。全国药品三方物流联盟以商务部药品流通行业药品批发直报企业为口径进行预测，2016年我国药品销售直报企业商品配送总额约为12500亿元，其中承接第三方业务配送额约占18%；直报企业共拥有符合新版GSP标准的药品物流中心约为970座，仓库面积超过950万平方米。这970座大型医药物流中心是我国管理水平较高、软硬件技术较为先进的医药物流中心。而其他大大小小一万多家药企实际在用的药品仓库绝大多数还停留在传统的人工依靠纸单拣货的阶段，作业方式粗放。

依据国务院于2016年初取消从事第三方药品物流业务审批的精神，我国医药公司或物流服务企业如果具有通过GSP认证的药品仓库和相关资质的人员、设备、运输车辆和温湿度监控手段，在作业流程符合GSP及有关规定的前提下，完全是可以自主向各类医药大健康企业提供三方物流服务的；但是目前唯一的症结就在于能够取得药品GSP资质的现代化的医药三方物流库房太少。但是，企业要想获得药品三方物流资质并不容易。

目前，我国已经有包括北京、河北、四川、江苏、广东、上海等20个省市出台了当省的药品三方物流以及医疗器械三方物流试点政策；尚有近半省份对药品三方物流业务的开展处于迟疑状态。在已经颁布药品三方物流试点政策的省市里，部分省份以国务院取消了药品三方物流业务的准入审批为由，也不再接受医药公司新申请这一资质，导致企业无法开展药品三方物流；而尚未颁布试点政策的省份，相关部门也多以条件不成熟或更高层面的机构将颁布全国性的药品三方物流政策为由，实际暂停在所在省份开展药品三方物流业务。

一方面，是“两票制“的推行要求具有三方物流功能的医药物流中心必须存在，并且每个省份需要的数量还不少。另一方面，是部分省份的医药公司无法获得这一资质，导致业务无法开展。应该讲，标准的缺失已经制约药品三方物流业务在我国医药流通领域的推广。

团体标准应运而生势不可挡

国务院取消了从事药品三方物流业务的审批事项；而随着医改进入深水区和两票制在全国范围强制推行，标准的缺失显然不能成为药品三方物流业务无法开展的理由。行业协会与企业在药品三方物流这一模式的推动上应该扮演更加重要的角色。

国务院印发的《深化标准化工作改革方案》（国发〔2015〕13 号）指出，政府主导制定的标准由6类整合精简为4类，分别是强制性国家标准和推荐性国家标准、推荐性行业标准、推荐性地方标准；市场自主制定的标准分为团体标准和企业标准。在标准制定主体上，鼓励具备相应能力的学会、协会、商会、联合会等社会组织和产业技术联盟协调相关市场主体共同制定满足市场和创新需要的标准，供市场自愿选用，增加标准的有效供给。在标准管理上，对团体标准不设行政许可，由社会组织和产业技术联盟自主制定发布，通过市场竞争优胜劣汰。因此，针对我国缺乏全国层面的药品三方物流建设与运营标准的现状，中国医药物资协会医药商业分会牵头，与业内众多医药企业一起研究、起草了团体标准《药品三方物流建设与运营管理规范》（征求意见稿），并拟在中国医药物资协会近 6000 家会员单位中实行。

该团体标准规定了具有药品三方物流服务能力的现代医药物流中心的建设面积、配套使用的主要物流设备、运输车辆、信息系统等；同时，标准也规定了仓储与运输管理的基础考核指标，希望从软硬件设备与系统配置、物流中心的实际运营质量等方面规范药品三方物流业务，确保达标的物流中心能够为企业提供优质的、合规的药品三方物流服务。

应该讲，作为业内首部药品三方物流领域的团体标准，将对正式的政策制定起到很好的示范作用，将对企业的物流建设与运营起到帮助。这就意味着我国医药三方物流的建设与管理将走向社会化；形势将倒逼我国大型医药物流中心的管理水平与信息化水平飞速提高。

根据国内知名医药物流自动化研究机构上海通量信息科技有限公司的调研，我国需要药品三方物流中心不低于 1700 座，而目前各省获得资质的物流中心才两百家不到，相信《药品三方物流建设与运营管理规范》团体标准的出台，能够极大的促进我国药品三方物流业务的全面铺开与合规发展。

跨界行为需规范

近日，京东物流医药云仓项目举行了多场战略签约仪式，据悉来自全国各地的多家医药产业企业参与了签约仪式；而顺丰集团也于近日宣布正式成立医药事业部（此前医药业务是隶属于冷链事业部）；据悉，邮政物流在云南投资的医药物流中心也即将进行认证。

实际上，以京东物流为例：京东物流集团推出的云仓服务模式，核心在于具有库房或物流资源的三方仓储资源商联手与京东合作，由京东物流为其提供库内管理系统和库内操作标准，而商家为京东提供高标准的物流服务。据悉，京东大药房目前最大的医药仓就在青岛海东润医药物流配送有限公司。

综合笔者掌握的信息，京东、顺丰、邮政等社会企业可能还将加大对医药产业链尤其是商业与物流领域的投入，会在全国各地收购医药企业或者寻找具有大型医药物流服务能力的企业合作；在确保自身医药网上销售业务的物流服务水平的同时，直接进入医药销售、医药物流服务领域。

当然，上述跨界物流企业如果想将其现有的高标准的仓储资源对外提供药品三方物流服务，也将面临医药三方物流资质获取难的问题，而收购具有牌照的医药企业是见效较快的办法。目前，这些大型的社会物流企业自身的物流网络很健全，笔者判断当前最需要解决的应该是医药物流服务标准化的问题；而非其仓储资源对外服务的问题。

类似于京东、顺丰、邮政这样的大型规模物流企业，自身物流资源很丰富，因此他们进入医药三方物流服务领域的步伐是有序推进的。

综上所述，结合国家与地方近期的政策导向，尽快出台全国性的医药物流标准并且内容需要创新，不要回避如全国范围内的三方物流资质问题，采取创新的思路将跨界行为合规化是我国医药物流健康发展的关键。

来源：《物流时代》 2018 年 01 月 08 日

医药物流：物流企业“送药”，得加强内功修炼

俗话说，“没有金刚钻，就别揽瓷器活。”对于邮政企业而言，要从事医药配送，就要加强“内功”修炼，对药品配送实行售前、售中和售后服务同时并举，随时跟踪药品投送，使其始终处在受控的范围内。

在北京举办的“2017 顺丰冷运华北医药峰会”上，顺丰冷运负责人不仅详细介绍了顺丰医药供应链的概况以及医药行业解决方案，还围绕“在医药流通行业变革中共寻发展”主题，与参会诸方共同探讨了如何在新常态的医药流通变化中实现政府、医药生产经营企业、医疗行业、患者的多方共赢。

作为社会化物流公司代表，发力医药配送市场，顺丰筹谋已久。早在 2014 年 3 月，顺丰便单独成立了医药物流事业部；两年后又正式成立了冷运事业部，分离医药冷链和生鲜冷链资源。顺丰 2016 年年报显示，报告期末其冷运网络覆盖 26 个城市及周边区域，其中有 2 座医药冷库、12 条医药干线，贯通东北、华北、华东、华南、华中核心城市。

从医药行业来分析，顺丰医药冷链物流的铺设将对医药流通行业带来极大影响，医药流通行业将迎来新一波的转型并购、破产、重组，原来由中小型医药流通企业所承担的仓储、配送责任，将由第三方物流公司承担。这将极大提高医药流通行业的集中度，促使其提供更专业、精细的服务，并可能使医药供应链条缩短，使医药流通更加扁平化。

实际上，像顺丰这样的物流快递公司参与医药配送，无论是运输速度、营业网点还是物流处理能力，均有着普通药企不可比拟的优势。特别是国务院发文取消了“从事第三方药品物流业务批准”，规定只要符合药品运输的要求，任何公司包括流通公司、社会快递公司都能加入到第三方医药物流中来。

在药品流通环节，若制药企业只需通过第三方物流平台配送产品，则可以在一定程度上削减药价。通过发展第三方物流，特别是允许顺丰这样“以件收费”的企业进来，将促使整个产业链的配送成本大幅降低，为招标谈判降低价格提供空间。可以预见，出于成本考虑，会有更多的医药商业公司与第三方物流达成合作，以规模效应带动成本下降。

当前，互联网医疗发展迅猛，诊疗可借助网络线上进行，但药品配送离不开实体，由谁负责将药品送到患者手中，也是一个现实问题。如今，快递业务发展迅速，且跨区域信息交流也是日渐便捷，当一地找不到“救命药”而在另一地可以买到时，通过快递送药就成为一种现实的选择。药品通过

线上线下信息传递和实物寄递，可促使药品生产厂家与客户之间减少更多的流通环节和费用。

各方需求摆在那里，快递公司能否担起这项任务，又如何确保不出差错呢？首先，应该认识到，药品不是普通商品，投递需要有专门通道，普通商品误投迟投，影响的只是效率，而药品误投迟投，影响的则是健康和生命。快递公司若有心拓展这块市场，就要根据医药生产商、医疗管理部门、医院、药店等客户的需求，结合自身实际和投递服务水平，针对药品投递专门制定相应规则。更重要的是，有些药品在运送中有冷冻、避光等特殊要求，快递公司若揽下这份活，就得积极创造条件，保障安全，及时投递。

能否送好药、如何送药，需要快递公司加以探索，更需要相关部门根据行业特点和社会发展趋势，研究出台相应办法，填补空白，确保药品运递安全。

俗话说，没有金刚钻，就别揽瓷器活。对于邮政企业而言，要从事医药配送，就要加强“内功”修炼，对药品配送实行售前、售中和售后服务同时并举，随时跟踪药品投送，使其始终处在受控的范围内。只有提升揽投实力和服务水平，才能获得管理部门、厂商、批发商、销售商和使用者的认可；只有做到诚信可靠，才能赢得客户和声誉，成为让客户把“救命药”放心托付的企业。

邮政企业可以借鉴国内外快递送药的经验，为我所用。要善于结合邮政的实际和优势，做好药品快递的宣传营销工作，从药品生产和管理部门的源头上抓起，形成产、供、销“一条龙”的格局。要配备专业配送药品的人员和车辆，主动与各药厂和医药管理部门联系接洽，做好配合支撑服务工作，使之成为邮政速递新的增长点。可选择有代表性的城乡地区进行试点，并不断地总结经验，然后进行复制推广。同时，建立健全检查、跟踪、考核和服务的反馈机制，制定药品配送的相关规章制度，逐步规范药品配送。做好普遍服务和个性化服务，根据时限制定出不同收费标准，让客户有更多选择，也便于各方进行监督。

邮政企业要在实践中不断完善，针对互联网医疗建立一套合适的药品配送模式，有效扩大业务范围和领域，将其打造成为新的品牌业务。

来源：《中国邮政报》 2018 年 01 月 03 日

6.4 危化品物流

6.4.1 综述

中物联：危化品物流行业年度分析

一、石化产业平稳增长，民营企业成为中坚力量

2018 年上半年，我国全行业实现主营收入 6.43 万亿 ，同比增长 13.2% ，利润总额 4861 亿元，同比增长了 46.6% 。2018 年上半年石油和化工行业运行中出现了三大变化：第一，盈利能力持续改善，全行业主营收入利润率达到了 7.56%，为 7 年来最高，同比提高了 1.72%。第二，企业数量有所下降，全行业标上企业 2.76 万家，同比减少了 1666 家，其中化工企业下降最为明显，减少了 1565 家。环保监管更加严厉，企业运行成本维持高位是主要原因。第三，民营企业发展迅猛，企业间发展不平衡的问题依然严重，行业亏损企业依然有 18.7%，说明行业结构性矛盾依然存在，降本增效压力依然较大。

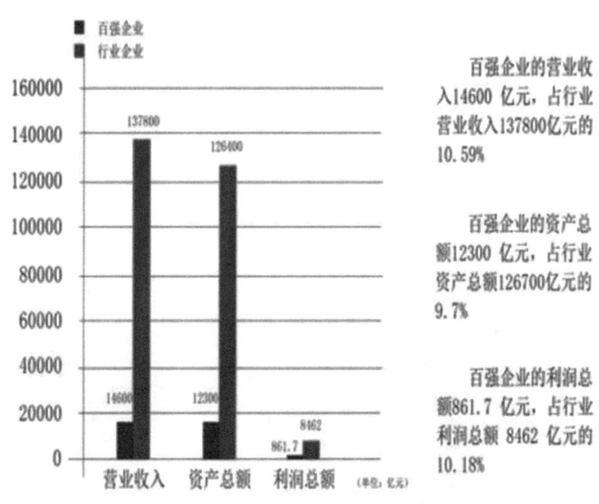

图 1 2018 年上半年百强企业营业收入，资产总额，利润总额情况

危化品物流市场运输能力分析

预计 2018 年底，全化工物流行业市场规模 1.4 万亿元，第三方物流市场占有率 25%；道路运输运量 12 亿吨，道路运输仍为危险货物的主要运输方式；铁路运输运量 1.26 亿吨，水路运输运量 3 亿吨以上。我国将以推进大宗货物运输“公转铁、公转水”为主攻方向，通过三年集中攻坚，到 2020 年实现全国铁路货运量较 2017 年增加 11 亿吨、增长 30%，水路货运量增加 5 亿吨、增长 7.5%，沿海港口大宗货物公路运输量减少 4.4 亿吨。

新政策频发、法规落地、趋势明确，从源头上，加强托运环节监管；在规模上，改进危货罐车管理；实施运单管理制度；在系统上，完善培训管理制度，完善危货豁免制度；从科技角度，实施企业、园区集中管理；环保、治超、设备升级；

供应链创新、多式联运

车辆装备情况较好：

汽车使用情况分析

ABS 故障问题占比 20%，制动其他问题占比 24%，ECAS 问题、EBS 问题分别占比 8%、16%，

罐车设备使用情况分析

运营情况“好”的企业占比为 81.1%，车辆的平均故障率为 1.7%，山东地区相关车辆故障率相对较高。

驾驶员情况分析、需加强从业人员素养

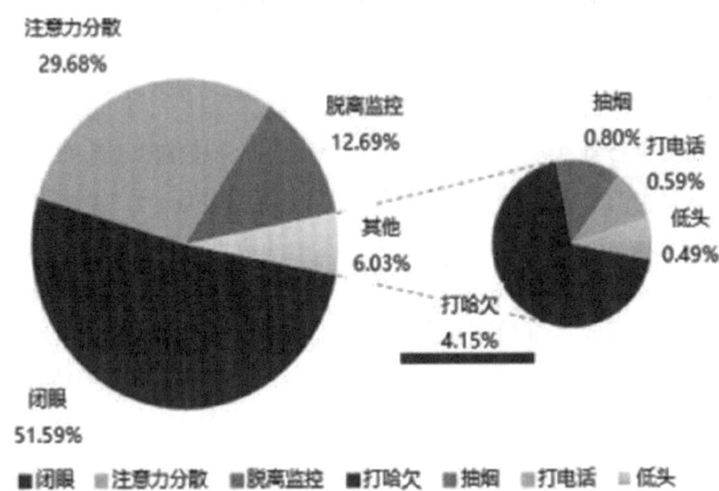

图 2 驾驶状态风险事件类型占比

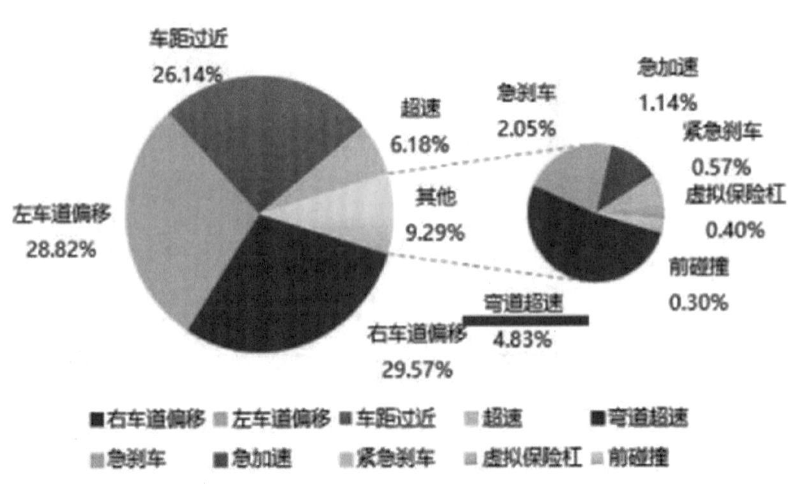

图 3 驾驶行为风险事件占比

需进一步完善从业人员的培养体系，由行业协会或相关组织出面，进行驾驶员定向培训试点，中央及地方政府给予一定的资金、场地及政策支撑，降低驾驶员报名培训的成本，并组织运输企业与驾驶员对接，确保试点培养出的驾驶人员具有稳定的就业前景。

全国道路运输主要危险路段前 20 名：

省分	市	区县	道路名称	排名
浙江省	宁波市	北仑区	G329	1
内蒙古自治区	包头市	九原区	G110	2
山东省	烟台市	芝罘区	只楚路	3

内蒙古自治区	呼和浩特市	土默特左旗	G1104	4
山东省	烟台市	福山区	沈海高速公路	5
内蒙古自治区	呼和浩特市	土默特左旗	京藏高速公路	6
广东省	珠海市	金湾区	南港路	7
香港特别行政区	沙田区	沙角街		8
山东省	烟台市	蓬莱市 G18	荣乌高速	9
广东省	广州市	黄埔区	东乐路	10
山东省	淄博市	张店区	尚风路	11
内蒙古自治区	呼和浩特市	土默特左旗	110 国道	12
内蒙古自治区	包头市	土默特右旗	G110	13
内蒙古自治区	包头市	九原区	110 国道	14
内蒙古自治区	呼和浩特市	玉泉区	G209	15
广东省	广州市	番禺区	坑头东线路九横路	16
内蒙古自治区	包头市	九原区	南绕城	17
山西省	运城市	河津市	京昆高速公路	18
山东省	烟台市	福山区	三亚路	19
广东省	中山市	启兴路		20

化工园区日益成为行业发展的主战场

全国重点化工园区或以石油和化工为主导产业的工业园区共有 600 多家。其中，国家级（包括经济技术开发区、高新区）61 家，省级 315 家，地市级 225 家。

十大潜力化工园区	**省份**
天津南港工业区	天津
福建漳州古雷港经济开发区	福建
大连长兴岛（西中岛）石化产业基地	辽宁
中国化工新材料（聊城）产业园	山东
镇江新区新材料产业园	江苏
青岛新河生态化工科技产业基地	山东
安徽（淮北）新型煤化工合成材料基地	安徽
连云港石化基地（徐圩新区）	江苏
营口仙人岛能源化工区	山东
江苏省洋口港经济开发区（洋口化学）工业园	江苏

二、储罐库和立体仓库发展前景较好

预计储罐将以每年 10% 以上的增长，未来占比将超过 60%，甚至更高; 立体仓库紧跟其后; 平仓“只减不增” 。

三、供应链创新升级加快

“公、铁、水”尤其是基于运输单元标准化的铁路罐箱运输的多式联运将成为危化品物流供应链提升效率的重心。第四方物流将进一步推动供应量持续创新升级。智慧物流将供应链创新的新动能。供应链金融将更有力的支撑和服务实体经济。

项目名称	营收总额（万）	道路运输货运总量（吨）	水路运输货运总量（吨）	包装货仓储均量（平方米）	散装货仓储均量（万立方米）	服务世界5百强化工企业平均数量
道路运输百强（50家）	1581730	103863679.9				379（总数）
综合百强（20家）	2700681.27	65039400	12534981	1748072	771.08	143（总数）
仓储百强（18家）	316981.96			308693.03	728.67	110（总数）
水运百强（12家）	782991	56233399	58052343			109（总数）
合计	5382384.23	225136478.9	69587324	89424.575	94	7.4

表 1 行业百强道路运输，水路运输等情况

2018 年，中国化工物流行业百强企业总营业额为 538.2 亿元。道路运输 （50 家） 货运总量为 2.25 亿吨， 占全国危化品道路货运量的 18%； 水路运输 （12 家） 货运总量为 6959 万吨，占全国水路危化品货运量的 22%；包装货仓储平均储量约 9 万 平方米 ，散装货仓储总平均储量为 94 万 立方米。

来源：中物联危化品物流分会

6.4.2 综合信息

危化品物流《JT/T 617 危险货物道路运输规则》发布实施

由交通运输部公路科学研究院牵头，联合交通运输部科学研究院、长安大学、北京交通大学、中国船级社、上海化工研究院、巴斯夫（中国）有限公司、科思创聚合物（中国）有限公司、中外运化工国际物流有限公司等单位，于 2014 年开始组织制订的《危险货物道路运输规则》（JT/T 617-2018）（以下简称《617 标准》）正式发布。

该标准将于 2018 年 12 月 1 日起实施。标准包括 7 个部分、600 多页、40 多万字，内容完整、系统性强，对危险货物分类、包装、托运、装卸、运输等环节的操作要求都进行了明确规定。

国家为何组织出台此项标准，该标准内容较原先标准有哪些改变，对于危险化学品生产经营企业、运输企业、包装制造商、装货人、驾驶员等从业单位和个人来说，需要特别学习和掌握的内容有哪些？

物流商用车网有幸就此话题采访到该标准牵头负责人——交通运输部公路科学研究院主任工程师吴金中。吴金中是我国危险货物道路运输管理领域的著名专家， 2018 年被交通运输部选聘为交通运输部危险货物道路运输专家组组长。近年来，吴金中作为项目负责人，先后主持和参与 20 余项有关危险货物运输管理的科研项目，获省部级一等奖 2 次，二等奖 2 次，其中包括《西部省域道路危险货物运输安全监管体系与关键技术研究及示范应用》等行业重点科研项目，以及《危险货物道路运输安全管理办法》、《危险货物道路运输规则》等重要法规及标准的研究起草，为健全我国危险货物道路运输安全管理体系，提升我国危险货物道路运输安全水平作出了重要贡献。

解决危险货物运输标准“四大问题”

吴金中表示，《617 标准》的制定与实施，对于促进危化物流行业安全高效发展，加快危险货物道路运输标准与国际规则接轨，具有重要的现实意义。总的来说，该标准主要解决行业标准目前存在的四个问题：

一是标准分散的问题。据初步统计，我国危险货物运输常见国家和行业标准有 100 多个，其中包括危险货物相关标准 63 个，包装容器相关标准 41 个，专用车辆相关标准 13 个，运输操作管理标准 7 个等。标准内容非常分散，危化品生产经营企业、运输企业很难掌握。

二是部分关键内容缺失的问题。虽然标准众多，但是涉及实际运营过程中的关键问题却没有明确规定。比如：“一品一罐”的问题，到底一种罐是否还可再用于运装其它危化品、装哪些介质等，现有标准没有明确说明。事实上，对于危化物流企业来说，很多罐可以做到“一罐装多品”，这样有利于提高储运效率，降低运营成本。又如：少量危险货物运输与危险货物整车运输在标准上有哪些差异，哪些物质是强腐蚀物质等与危化品物流息息相关的内容，也缺乏明确说明。

三是各个标准衔接不畅的问题。危险货物运输涉及到的环节众多，包括托运、充装、运输、收货等。此前，这些环节上的各参与方之间，各自遵循各自的标准，相互之间缺少衔接，有时货物托运人不了解运输企业遵循什么标准，托运人也不了解运输企业遵循什么标准。而危险货物运输各方，需要共同传递货物的危险性和安全要求等重要信息，缺乏这个共识就达不到衔接的目的。

四是与国际规则接轨不够的问题。原先的危险货物运输标准中，如危险货物标志、车辆标准等，都需要进一步与国际接轨。特别是现在，我国提出“一带一路”倡议，企业与中亚等地区商业机构从事贸易往来频繁，货物品类众多，其中包括天然气、石油等大类，我国同时也有大量进口危化品的需要。在此背景下，我国必须与国际标准对接，特别是与包括中亚、俄罗斯执行的欧洲标准衔接，才更有利于国际化商业合作的开展。

“七部分”说清包装运输、装卸等规则

针对这些问题，新标准从七个方面给予了明确规范。这七个方面是：通则、分类、品名与运输要求索引、运输包装使用要求、托运要求、装卸条件及作业要求、运输条件及作业要求。各环节参与方需要对这七部分内容详细了解，涉及到每个环节的具体规范需相关方特别关注。

第一部分：通则。这部分规定了危险货物道路运输术语定义、范围、豁免、人员培训、各参与方的安全要求、安保要求、与其他运输方式的衔接等基础性、通用性要求。比如， 在豁免方面，某些危险货物在某特定运输场景可以豁免相关标准。以二氧化碳气瓶运输为例，虽然它属于危险货物，但如果符合国家特种设备安全技术规范《气瓶安全技术监察规程》(TSG R0006)，单个气瓶容积不超过 50 升，每个运输单元所运输的二氧化碳总质量不超过 500 千克，在道路运输环节它即可被作为普通货物进行运输管理，同时可豁免运输企业资质、专用车辆和从业人员资格等有关危险货物运输管理的要求。

这部分内容，涉及危险货物分类、包装使用、托运、承运、装卸等所有环节的基础性内容，需要所有参与方都明确知晓。

第二部分：分类。这部分主要规定了道路运输危险货物（包括纯物质、混合物、溶液、废弃物、样品等）的分类原则、流程（包括优先顺序）、试验方法、注意事项（如不允许运输物质）。其中，该部分对 9 大类危险货物进行了明确的界定。

危化品生产经营企业、危险货物运输需要特别注意的是，《617 标准》引入了道路禁运危险货物的概念，哪些物质禁运在本部分有详细说明。例如：UN1798 王水是一种有极强腐蚀性的剧毒物质，与其蒸气接触危险性非常大，不能通过公路运输（可以现场配置）。

第三部分：品名与运输要求索引。这部分列出了常见的危险货物品名表，其按照联合国编号顺序，以品名及运输要求索引的形式串起本规则核心内容，共20列，包括危险货物基本规定，以及特殊规定、有限及例外数量、包装及罐体、允许使用的车辆、装卸及运输等要求的代码。

托运人、包装罐体制造商、车辆生产厂商、承运人、装货人、驾驶员等，需要对这一部分内容进行明确和了解。

第四部分：运输包装使用要求。这部分主要规定了各类危险货物包装（包括中型散装容器、大型包装、可移动罐柜、罐式车辆、罐式集装箱等）的选择、使用（内包装放置方式、安全附件使用、充装率、各类货物特殊规定）等要求。

托运人应特别熟悉这部分内容，根据货物类型选择对应的包装容器，并根据货物性质选择使用适宜的包装材料，以及根据各种类包装的不同要求进行维护等等。

运输企业、罐车制造厂商需要掌握本部分中有关罐体使用要求，尤其是罐体层级代码（“一罐多品”）、罐体充装率及使用要求等方面。例如汽油（UN1203）对应的罐体代码是LGBF，甲醇（UN1230）对应的罐体代码L4BH（安全水平高于LGBF），在满足安全附件等其他要求的情况下，装过甲醇的罐体经清洗后也可以装汽油，在保证安全性的前提下进一步提升运输效率。

第五部分：托运要求。这部分主要规定了运输危险货物时的包装标记和标志，车辆菱形标志牌、矩形标志牌及特殊标记，运输单据（托运清单、运单、安全卡）要求。

托运人、承运人、驾驶员需要对这些标记、标志所代表的含义谨记，更应熟知这些标记、标志的粘贴方法、粘贴位置等。

第六部分：装卸条件和作业要求。这部分主要规定了包件运输、散装运输、罐式运输等各种运输条件的车辆选择、混合装载、运输量限制、特殊规定等要求。

装货人、承运人应掌握针对不同类别的危险货物，哪些可以混合装载，哪些不能混装。比如：通常情况下第1类爆炸品包件（1.4S除外）与第3类易燃液体包件不能混合装载在一个车厢内。

第七部分：运输条件及作业要求。这部分主要规定了随车携带单据、安全防护设备、人员培训要求、车辆监护、运输过程中注意事项要求等内容。

承运人、驾驶员对这一部分要详细研读。在实际工作中，广大承运人、驾驶员要做足运输安全准备，包括按标准要求配置相应的应急工具、灭火设施等；有的物品在运输过程中需要加强监控，关注温度等变化，以保证运输安全；需要停车时，驾驶员应该按照标准要求停放，避免因乱停乱放造成安全隐患。

以上七个方面的内容，除包装制造、车辆要求遵循原有行业相关标准外，其余按新标准实施。对于托运人即危化品生产企业来说，需重点掌握第一、二、三、四、五部分内容；运输企业需要重点掌握第一、三、六、七部分；车辆制造厂商，应重点掌握第一、三、四部分；包装容器供应商，应重点掌握和了解第一、三、四、六部分内容；驾驶员则需重点了解第一、七部分内容。

新规定具体、明确 利于提升安全水平和运输效率

吴金中强调，除提高安全性外，新标准使各参与方都有了更加明确统一的操作规范，其重要意义在于提高了危化物流的整体安全水平和运输效率。上述例证中，由于新标准在实践中，对于符合要求的二氧化碳气瓶运输企业资质、操作要求的豁免，企业运输符合要求的二气化碳气瓶，不必另派危险货物运输专车，在允许的规定时间配送上门，而是可以用普货车辆与普通货物一同运输。这一举措，使不少餐饮企业大大降低了运输成本，保证了对可乐、雪碧等碳酸饮料的实时供给。

危险货物运输安全责任重于泰山，运输效率更是运输企业生存发展的基础。对于危险货物运输行业的各参与方来说，新标准的出台，将带来更加规范的市场环境；新标准的实施，也将助推行业建立更加安全、高效的危化物流运输体系。

来源：物流商用车网 2018年09月21日

运输量年均增长 10% 我国危化品物流需求强劲

2017 年，我国危化品全行业货物运输量超过 16 亿吨，实现 10% 以上的年增长，致使我国危化品物流仓储行业需求旺盛，且逐年增加。但整体看来，在规模巨大的物流市场中，铁路运力无法提升、仓储能力不足、专业人才短缺三大短板问题制约了行业的发展。

2017 年，我国危化品全行业货物运输量超过 16 亿吨，实现 10% 以上的年增长，致使我国危化品物流仓储行业需求旺盛，且逐年增加。但整体看来，在规模巨大的物流市场中，铁路运力无法提升、仓储能力不足、专业人才短缺三大短板问题制约了行业的发展。

运输规模庞大 铁路运输是短板

来自中国物流与采购联合会危化品物流分会的数据显示，我国每年运输的危险化学品中大部分通过道路运输，每年通过道路运输的危化品超过 10 亿吨，占危化品运输总量的 60% 以上，占公路年运输总量的 30% 以上，且呈上升趋势。数据显示，截至 2017 年 6 月，我国从事危化品货物运输的企业为 10928 家，预计去年年底危化品运输汽车车辆超过 21 万辆，总吨位超过 220 万吨。各地区车辆规模排名中，广东、新疆、辽宁位列前三。

危化品运输车辆主要分罐车、厢式车等类型。据危化品物流分会统计，目前我国危化品罐车占比已超过 70%，规模达到 151590 辆。去年年底我国危险货物运输汽车车辆的吨位总规模超过 220 万吨，从各省拥有的危化品车辆规模及吨位上看，广东、安徽、江西、新疆、河北等省份车辆吨位占比较高。截至 2017 年 6 月，我国从事危化品货物运输的挂车为 15 万辆，总吨位为 422 万吨。

从水路运输来看，交通运输部数据显示，截至 2017 年 6 月 30 日，国内沿海省际运输油船 1319 艘、994.73 万载重吨，比 2016 年底减少 33 艘，载重吨增加 1.42 万载重吨，载重吨增幅为 0.14%。2017 年上半年新增运力 33 艘，其中，新建油船 14 艘、16.02 万载重吨。

国内沿海省际运输化学品船 269 艘，105.93 万载重吨，比 2016 年底减少 3 艘，载重吨减少 0.41 万，载重吨降幅为 0.39%。2017 年上半年新增运力 3 艘，其中，新建化学品船 3 艘、3.23 万载重吨。

国内沿海省际运输液化气船 68 艘、22.03 万载重吨，比 2016 年底增加 1 艘，载重吨增加 0.82 万，载重吨增幅为 3.86%。2017 年上半年新增运力 1 艘，为新建船舶 1 艘、0.91 万载重吨。没有强制报废船。

2017 年 1~11 月，仅长江江苏段危险货物运输量就达到 1.74 亿吨，其中，散装液态化学品 6843 万吨，散装油类 9110 万吨；沿海危险货物运输约 2200 万吨。预计 2017 年全年我国水运危化货物总量将超过 2.5 亿吨。

从铁路运输来看，由于我国铁路货运运力严重不足，现有运力主要从事大宗货物的运输，因此，危化品运输较少。

仓储缺口明显 高端仓储供不应求

目前，我国约有各种类型的仓储企业共 5000 家，危化品仓储面积在 1 亿平方米的规模。我国石化仓储企业平均资产为 1.9 亿元，平均占地面积 15 万平方米，平均建筑面积 3 万平方米，平均储罐库容量 4 万立方米。危化品仓储需求则在 1.3 亿平方米左右，供需缺口大约在 30% 以上，部分区域甚至更高，尤其是对危化品高端仓储的需求缺口更大。

数据显示，2016 年各类型仓储形式大致占比是：储罐约 55%，立体仓约 25%，平仓约 15%，其他类型仓储约 5%。2017 年储罐仓储占比约接近 60%，立体仓约 30%，平仓及其他类型仓储的比例将逐步下降。最近几年，虽然危化品仓库储存能力有所增加，每年大约增长 6%~7%，但仍然难以满足市场需求。预计未来，危化品仓库短缺情况，在短期内仍难以缓解。

从我国危化品仓储能力分布看，我国东南沿海、长三角、珠三角、环渤海湾地区占我国危化学仓储业的70%以上，中西部地区不足30%，且大多分布在大中城市和能源产地，地域性集中分布的特点非常明显。

我国危化品仓储业，大型仓库数量占30%，仓库容积可达上万平方米，多为大型石化企业自己建造；小型及以下仓库数量占70%，但储量仅占30%。

从仓储类型上看，随着我国原油产量和原油加工量不断增长，煤化工、天然气、油页岩化工发展速度加快，其产品多为液体和气体，储罐需求量不断增加。

专业人员短缺 行业呼唤正规军

安监部门数据显示，目前我国危险化学品仓储业一线保管人员中，农民工占有33.57%的比例，他们文化素质普遍较低，对专业知识、商品养护、科学管理知之更少，只能从事简单的出入库业务和装卸搬运作业。另据调查，有70%-80%的一线保管员没有进行过正规的职业技术培训。

道路运输业从业人员主要包括驾驶员、押运员和装卸管理员等人员。目前，我国道路运输从业人员3000多万人，其中从事危化品运输的驾驶员、押运员和装卸管理员共约148.9万人。2017年，全国危险货物运输驾驶员、押运员和装卸管理员数量分别为72万、70万、7万人。

从全国各省危化品运输从业人员占比情况看，山东、江苏、广东等地区人员规模较大；而重庆、青海、西藏和海南等地区占比较低。危化品运输从业人员数量及其占比的高低，除与本地经济社会发展水平相关外，主要是由本地多年来形成的产业结构决定的。

危化品物流人才存在较大缺口，也存在懂物流的人不熟悉危化品，熟悉危化品的人不懂物流的问题，因此在人才政策上建议结合市场需求，分类培养综合素质人才。鼓励大专院校和职业院校开设相关专业和课程，分类培养危化品物流人才。

来源：物流沙龙网 2018年02月23日

危化品物流呈现四大趋势

现代物流作为支撑国民经济的战略性基础性产业，在我国经济结构调整和提质发展过程中发挥着越来越重要的作用。随着政策环境持续改善和供给侧结构性改革深入推进，2017年我国物流业实现了稳中有进、稳中提质的目标。1-11月，全国社会物流总额229.9万亿元，同比增长6.7%。

危化品物流作为现代物流产业重要细分领域之一，在化工市场整体向好的形势下发展迅速。据中物联危化品物流分会统计，2017年，我国各类危化品企业已达31万家，危化品全行业货物运输量将继续保持在16亿吨以上。随着化工产业的蓬勃发展，对危化物流业提出了更高、更新的要求。未来，提质升级和融合共享成为物流行业发展的方向，总体看来，行业呈现出四大发展趋势。

一、供应链持续创新升级

“物流基础设施网络建设”和“现代供应链”写入党的十九大报告；国务院办公厅一年中就“物流降本增效”和“供应链创新与应用”两次发出指导性文件，为行业发展指明了方向。作为化工产业供应链中的重要环节，当前危化物流的发展趋势是从整个供应链上创新升级，提升上下游的运力、仓储匹配能力，提升安全、降本增效，把企业做大做强并实现规模化。

“陆、水、铁”等的多式联运正是危化品物流供应链提升效率的重心。但长期存在装备不统一、信息不能互通的问题，而铁路运力的开放性不足成为主要短板，目前液体化工（甲醇、成品油）罐式集装箱铁公海多式联运示范工程已经开展，行业都在期待铁路的政策能够放开，以补足运力短板，提升危化物流效率、降低企业物流成本。

除第三方物流外，为前三方物流提供规划、咨询、信息系统、供应链管理等内容服务的第四方物流正在兴起并有望获得快速发展。第四方物流将以“强强联合 + 区域联合 + 板块联合”的模式，通过商业模式和物流模式的创新、资源的整合及资本的有效运用，为化工企业提供安全、高效、一体化和精准化的物流服务，有效降低托运方的物流成本，为企业产生新的效益增长点，让整个危化品物流行业走上开放、联合、高效的供应链发展创新之路。

同时，智慧物流热潮涌动，智能仓储、车货匹配、无人机、无人驾驶、无人码头、物流机器人等一批国际领先技术在物流领域得到应用；无车承运、甩挂运输、多式联运、绿色配送等一批行业新模式得到推广，现代供应链正在成为新的增长点和发展新动能。

二、园区成为重要物流载体

化工企业搬迁入园的政策正在对物流模式产生新影响。物流企业将以园区为主要载体，集中经营成为提高管理水平的突破口。

我国化工园区的发展建设多处于沿海、沿江、化工经济重点区域和化工资源产地，这些地区临近港口码头和公铁路交通要道，为仓储物流发展提供了便利条件；而丰富的资源和高密度的石油化工企业，也为仓储企业提供了充足的货源和稳定的市场需求，提供了发展空间。根据我国现行政策，所有新建和搬迁的危化品生产、储存企业必须进入专业化工园区，化工园区已成为危化品仓储企业生存发展的主要载体。

新的一年，推动物流企业入园，加强园区危化品物流服务配套设施的功能性与安全性、港区化工码头、罐区和公路港等将成为危化园区物流服务工作的重心。

三、电商 + 平台开始发力

化工行业被认为是全球第三大电子商务市场，也是当前电子商务发展的增长热点。电子商务将对化学工业产生巨大的影响，改变传统的交易模式，引发整个化工行业利润的重新分配。目前国内化工电商平台众多，其高速发展也催发物流平台建设的加速。

2017 年 7 月，国务院总理李克强主持召开国务院常务会议部署推进互联网 + 的高效物流，以互联网 + 高效物流为标志的智慧物流加速起步。这无疑给危化品物流平台化注入了新动力，行业企业对危化物流电子平台建设的呼声也越来越高。2018 年，危化品物流分会也将进一步推进互联网平台在化工物流行业的应用。从实际情况来看，由于对安全要求的特殊性，危化品车货匹配平台面临着比普货更大的难题，特别是安全风险防控极为重要。因此，第一，必须建立严格的企业认证体系；第二，在服务规模化企业的同时尽可能扩大对小、散户的吸纳与整合，让这些企业也能享受到电子商务的便利；第三，理性面对危化品运输的风险性，合理防范；第四，注重平台信息的时效性和准确性。

四、环保安全智能化升级

2017 年，国家政府部门、环保部门加快划定并严守生态保护红线，环保力度逐步加大，环保部发布的关于印发《生态保护红线划定指南》的通知、《建设项目危险废物环境影响评价指南的公告》等一系列法规文件，均对危化品仓储企业的环保工作提出了高标准、严要求，这些标准和要求已成为危化品仓储企业准入门槛和运营许可的“硬杠杠”，企业发展规模化、集约化，绿色物流正在加快发展步伐。在道路运输方面，2017 年，国务院安全生产委员会印发《道路交通安全“十三五”规划》，其中着重提到要提升危化品车辆安全性，优化机动车产品结构，提升道路交通安全科技支撑能力，提高危险货物道路运输安全环保水平。

随着人工智能、物联网、大数据、云计算和主动安全防护等新技术的诞生应用，不仅提升了危化物流的管理水平、运行效率，还大幅提升了行业的安全和环保水平，如轮胎压力分析、自动驾驶等智能控制技术，可有效减少运输中的车辆事故。未来，协助推动GB7258-2017标准、新版JT617的落地与实施，加快主被动安全技术的应用，推动道路交通安全研究成果转化和资源共享等，都将是危化品物流分会的工作重心。

来源：中国产业经济信息网 2018年01月11日

上海市城市交通运输管理处对危险货物运输行业协会开展调研

2018年3月8日，市运输管理处到本市道路危险货物运输行业协会进行调研，协会相关领导参与座谈。双方就本市道路危险货物运输行业发展现状及存在问题进行交流。协会从部门之间信息交流、车载卫星定位设备信号漂移、人员办证、罐车一车多品几个方面提出建议。市运输管理处对相关建议一一作了回应，并强调今后管理部门与协会要加强信息交流，强化对车载卫星定位设备供应商的考评工作；开发网上备案系统，实行人员上岗证网上备案；按照检测报告上所列的品名进行槽罐车辆审批，不限定数量；针对缩短办证时间问题，市运输管理处已向上级部门作了汇报。

来源：上海市交通委员会 2018年03月23日

应急管理部检查6省份危化品企业：发现重大事故隐患22项

应急管理部办公厅近日发布《关于认真整改危险化学品事故隐患和问题的函》。应急管理部日前对6个省（市）40家危险化学品生产经营企业的危险化学品储存场所安全进行了检查，共发现223项主要事故隐患和问题，其中重大事故隐患22项。

为深刻吸取近年来夏季危险化学品储存场所发生的重特大安全事故教训，按照应急管理部部长办公会议部署，应急管理部组织6个督导组于2018年8月5-11日对天津、辽宁、江苏、浙江、山东、广东等6个省（市）的40家危险化学品生产经营企业的危险化学品储存场所安全进行了检查，共发现223项主要事故隐患和问题，其中重大事故隐患22项。主要表现在以下几个方面：

一是危险化学品储存不规范，超量、超品种储存。南京联合全程物流有限公司无剧毒化学品经销资质却储存剧毒物质，超经营许可范围经营危险化学品。舟山外轮供应有限公司库房内的涂料和环氧稀释剂储存过密，遮挡消防设施，未预留安全和消防通道，且超库房设计储量储存环氧稀释剂。日照锦湖金马化学有限公司仓库内甲类易燃液体和强氧化物混存。

二是重大危险源未安装自动控制系统、安全仪表系统。粤海（番禺）石油化工储运开发有限公司储罐的液位、温度、压力等参数采用PLC控制，无法在控制室屏幕上显示。南京清江石化经销有限公司T-211罐内物料为柴油，但设置的为有毒气体报警器。天津东旭物流有限公司已构成危险化学品重大危险源，但没有重大危险源评估报告。长春化工（盘锦）有限公司属于一、二级重大危险源的异丙醇储罐进出口阀门未设置紧急切断阀。

三是动火等特殊作业安全管理制度不落实。中海油舟山石化有限公司2018年7月11日开具的一张特殊动火票证，作业时间早于签发时间。万华宁波化学集团股份有限公司在施工方案中制定的生产区与施工区之间设置物理隔离措施未落实的情况下，边生产边在老装置旁新建生产装置，施工人员多，动火、吊装、动土等多种特殊作业同时进行，未按规定办理特殊作业许可手续。青岛奥博海豪气体有限公司《动火安全作业证》级别为“三级动火”，不符合国家标准要求。

四是油气储罐区作业管理违反《油气罐区防火防爆十条规定》（安监总政法〔2017〕15 号）。广州发展碧辟油品有限公司储罐低低液位报警值设置低于浮盘高度，存在浮盘落底风险。南京清江石化经销有限公司多个油罐浮盘在运行中处于落底状态。广州中冠安泰石油化工有限公司 1# 储罐浮盘落底运行。

应急管理部要求各地认真组织属地安全监管部门督促相关企业切实做好安全隐患问题整改工作，并对重大事故隐患整改挂牌督办，对相关违法违规行为依法查处，并举一反三，强化安全监管薄弱环节，全面排查消除类似事故隐患问题，有效防范和遏制危险化学品重特大事故，全力保障人民群众生命财产安全和社会稳定。有关工作落实情况及执法文书于 2018 年 9 月 29 日前书面报送应急管理部。（附：主要事故隐患和问题（略））。

来源：中物联网 2019 年 02 月 20 日

应急管理部调研危险化学品重点县专家指导服务开展情况

应急管理部党组成员、总工程师王浩水一行前往河北省石家庄循环化工园区调研危险化学品重点县专家指导服务开展情况，推动地方政府和相关企业吸取河北张家口“11.28”爆燃事故教训，充分认识这次专家指导服务的重大意义，推动企业落实安全生产主体责任，提升基层安全监管水平。

调研组实地检查了晋煤金石化工投资集团有限公司园区分公司中控室、液氨生产线、甲醇和液氨储罐区及装车区等区域的安全生产情况，查看了企业园区消防供水等应急设施维护情况，听取石家庄循环化工园区管委会安全生产工作汇报和专家组对该公司的检查反馈，对下一步专家指导服务工作进行部署。

王浩水强调，地方政府要充分认识做好化工和危险化学品生产安全的重要性，处理好发展与安全的关系，提高责任感和紧迫感；不断创新监管方式，充分利用社会资源，提高监管能力。通过专家服务指导，倒逼企业落实好企业主体责任，企业要认真梳理专家组提出的隐患问题和建议，积极开展隐患整改，举一反三，不断健全完善安全生产责任制和安全管理体系，提升安全生产水平。

王浩水指出，专家在此次指导服务中展现出认真严谨的态度、务实高效的作风和较高的专业水平。本轮专家指导服务工作是第一次，运行机制和工作方式还需进一步完善，专家组和企业要及时做好讲评和总结。专家指导服务协调小组办公室要对本轮指导服务进行总结，优化指导服务方式与内容，进一步加强现场核查，突出重点内容抓实抓细。河北省副省长刘凯、中国化学品安全协会、河北省应急管理厅、石家庄市及园区管委会等有关负责人一同参加调研座谈。

来源：中物联网 2019 年 01 月 22 日

应急管理部：今后危化品重大危险源将设“源长”

应急管理部发出《关于实施危险化学品重大危险源源长责任制的通知》。具体内容如下：

应急管理部关于实施危险化学品重大危险源源长责任制的通知

应急〔2018〕89 号

各省、自治区、直辖市及新疆生产建设兵团安全生产监督管理局，有关中央企业：

为认真贯彻落实党中央、国务院关于安全生产决策部署，强化危险化学品企业安全生产主体责任落实，有效管控危险化学品重大危险源安全风险，坚决防范遏制重特大安全事故，现就建立危险化学品重大危险源源长责任制（以下简称“源长制”）通知如下：

总体要求

认真贯彻《安全生产法》《危险化学品安全管理条例》《危险化学品重大危险源监督管理暂行规定》（原国家安全监管总局令第40号）等有关法律法规规章要求，以“管控大风险、防范大事故”作为危险化学品安全管理首要任务，在涉及重大危险源的化工和危险化学品生产、经营（带有储存设施）企业全面实施“源长制”，由企业主要负责人担任本企业危险化学品重大危险源总源长，构建责任明晰、管理严格、措施有效、应急有力的重大危险源安全管控机制。各级安全监管部门要把“源长制”作为督促危险化学品企业落实主体责任的重要抓手，加强部署和检查，确保“源长制”落实到位。

源长主要职责

作为总源长的企业主要负责人是本企业危险化学品重大危险源安全管理的第一责任人，总源长可根据本企业危险化学品重大危险源的数量、区域划分等实际，设置分源长。总源长和分源长统称源长，具体承担以下职责：

1. 组织开展危险化学品重大危险源辨识、评估、备案、核销。

2. 组织完善危险化学品重大危险源设备设施、安全监测监控系统以及在线监测监控和事故预警系统（包括自动化控制系统、视频监控系统、紧急停车系统、安全仪表系统等），定期检测检验、维护保养，确保完好投用。

3. 组织制定危险化学品重大危险源安全管理规章制度和安全操作规程，并确保其得到有效执行。

4. 为危险化学品重大危险源配备满足安全生产要求的管理和操作人员，持续开展安全操作技能培训，使相关人员了解危险化学品重大危险源的危险特性，熟悉有关安全管理规章制度和安全操作规程，掌握本岗位的安全操作技能和应急措施。

5. 定期组织开展危险化学品重大危险源安全风险辨识、管控及隐患排查，及时治理消除各类安全隐患；保证危险化学品重大危险源安全生产运行和隐患治理所必需的安全投入。

6. 强化危险化学品重大危险源动火、进入受限空间作业等特殊作业及检维修作业安全管控，落实构成重大危险源的危险化学品罐区动火作业升级管理的要求，确保安全风险辨识到位、管控措施有效。

7. 组织制定危险化学品重大危险源安全事故应急预案，建立应急救援组织或者配备应急救援人员，配备必要的防护装备及应急救援器材、设备、物资，并定期组织开展应急演练。

保障措施

1. 建立“源长制”公示制度。在危险化学品重大危险源周边显著位置设立源长公示牌，标明源长、职责、重大危险源概况、安全管控目标、监督电话等内容，接受全体员工监督。

2. 健全工作机制。源长要及时组织完善危险化学品重大危险源安全管理制度，定期检查安全管理情况，研究解决安全管理中存在的问题，强化安全风险管控，及时消除安全隐患，确保安全风险可控；要建立“源长制”工作记录，做到可查询、可追溯。

3. 加强监督考核。地方各级安全监管部门要将“源长制”落实情况纳入对有关企业日常监督检查重要内容，对于逾期未建立或者未有效实施的企业，采取通报、约谈、公开曝光等措施，并纳入重点监管对象；企业主要负责人未认真落实“源长制”，导致本企业危险化学品重大危险源发生安全事故的，要依法从严处罚，构成犯罪的，依法追究刑事责任。

有关要求

1. 各省级安全监管部门要督促指导本地区有关企业于2018年12月31日前全部制定并实施“源

长制”，并于2019年1月31日前将有关贯彻落实情况报送应急管理部。

2. 地方各级安全监管部门要以推动企业落实“源长制”为契机，按照安全风险分级管控的有关要求，强化执法检查和联系指导，督促企业严格落实危险化学品重大危险源安全风险管控措施，坚决防范遏制重特大安全事故；要明确辖区内每一处危险化学品重大危险源的源长，并建立相关台账。

3. 有关中央企业及其他企业总部要督促指导各分公司、子公司认真实施“源长制”，检查考核“源长制”执行情况，并为“源长制”落实提供必要支持保障。

4. 其他行业领域涉及危险化学品重大危险源的生产经营单位可参照执行。

请各省级安全监管部门及时将本通知精神传达至本辖区各级安全监管部门及有关企业。

应急管理部
来源：中物联网
2018年9月21日

应急管理部：危化品企业要每天承诺安全生产 接受公众监督

日前，应急管理部发布关于全面实施危险化学品企业安全风险研判与承诺公告制度的通知。要求危险化学品企业必须自觉遵守安全生产法律法规标准，全员、全过程、全天候、全方位落实安全生产主体责任，有效管控安全风险，及时排查治理事故隐患，并将有关工作开展情况向全体员工做出公开承诺，并在工厂主门外公告，接受公众监督。

应急管理部关于全面实施危险化学品企业安全风险研判与承诺公告制度的通知（应急〔2018〕74号）

各省、自治区、直辖市及新疆生产建设兵团安全生产监督管理局，有关中央企业：

为深入贯彻落实《中共中央国务院关于推进安全生产领域改革发展的意见》和《国务院安委会办公室关于实施遏制重特大事故工作指南构建双重预防机制的意见》（安委办〔2016〕11号）要求，严格落实企业主体责任，强化安全风险防控，提高企业安全生产水平，有效防范遏制危险化学品较大以上事故，全力保障人民群众生命财产安全，在部分地区试点经验基础上，现就全面实施危险化学品企业安全风险研判与承诺公告制度有关事宜通知如下：

一、总体要求

实施安全风险研判与承诺公告制度要求危险化学品企业必须自觉遵守安全生产法律法规标准，全员、全过程、全天候、全方位落实安全生产主体责任，有效管控安全风险，及时排查治理事故隐患，并将有关工作开展情况向全体员工做出公开承诺，并在工厂主门外公告，接受公众监督。地方各级安全监管部门要将安全风险研判与承诺公告制度落实作为推动企业落实主体责任防范遏制重特大事故的重要抓手，精心组织，积极推动，确保取得实效。

二、适用范围

危险化学品企业是指危险化学品生产、经营（带有储存设施）企业及取得危险化学品安全使用许可证的企业。

三、安全风险研判

（一）基本要求

1. 建立安全风险研判制度，完善责任体系，明确企业主要负责人、分管负责人、各职能部门、各车间（分厂）、各班组岗位的工作职责，强化目标管理和履职考核。

2. 按照“疑险从有、疑险必研，有险要判、有险必控”的原则，建立覆盖企业全员、全过程的安全风险研判工作流程。

3. 在每日开展班组交接班、车间生产调度会、厂级生产调度会布置生产工作任务的同时，要同步研判各项工作的安全风险，落实安全风险管控措施。

（二）重点内容

1. 生产装置的安全运行状态。生产装置的温度、压力、组分、液位、流量等主要工艺参数是否处于指标范围；压力容器、压力管道等特种设备是否处于安全运行状态；各类设备设施的静动密封是否完好无泄漏；超限报警、紧急切断、联锁等各类安全设施配备是否完好投用，并可靠运行。

2. 危险化学品罐区、仓库等重大危险源的安全运行状态。储罐、管道、机泵、阀门及仪表系统是否完好无泄漏；储罐的液位、温度、压力是否超限运行；内浮顶储罐运行中浮盘是否可能落底；油气罐区手动切水、切罐、装卸车时是否确保人员在岗；可燃及有毒气体报警和联锁是否处于可靠运行状态。仓库是否按照国家标准分区分类储存危险化学品，是否超量、超品种储存，相互禁配物质是否混放混存。

3. 高危生产活动及作业的安全风险可控状态。装置开停车是否制定开停车方案，试生产是否制定试生产方案并经专家论证；各项特殊作业、检维修作业、承包商作业是否健全和完善相关管理制度，作业过程是否进行安全风险辨识，严格程序确认和作业许可审批，加强现场监督，危险化学品罐区动火作业是否做到升级管理等；各项变更的审批程序是否符合规定。

4. 按照安全风险辨识结果，重大风险、较大风险是否落实管控及降低风险措施；重大隐患是否落实治理措施。

四、安全风险报告和承诺

1. 按照“一级向一级负责，一级让一级放心，一级向一级报告”的原则，企业各岗位、班组、车间、部门要每天做好职责范围内安全风险管控和隐患排查，自下而上层层研判、层层记录、层层报告、层层签字承诺，压实企业全员、全过程、全天候、全方位安全风险的研判和管控责任。

2. 在布置安全风险研判和管控工作任务时，既要向下级交任务、交工作、交目标，又要同步交思路、交方法、交安全要求。

3. 对下级安全风险报告和承诺，上级要组织力量进行评估，确保各项安全风险防控措施落实到位。

4. 主要负责人要结合本企业实际，全面掌握安全生产各项工作情况，亲自调度，确保生产经营活动的安全风险处于可控状态。

5. 在生产装置、罐区、仓库安全运行，高危生产活动及作业的风险可控、重大隐患落实治理措施的前提下，特殊作业、检维修作业、承包商作业等主要安全风险可控的前提下，以本企业董事长或总经理等主要负责人的名义每天签署安全承诺，在工厂主门外公告，并上传至属地安全监管部门网站。企业董事长或总经理外出时，应委托一名企业负责人代履行安全承诺工作。

五、安全承诺公告

（一）主要内容

1. 企业状态：主要公告企业当天的生产运行状态和可能引发安全风险的主要活动。如有几套生产装置，其中几套运行，几套停产；厂区内是否存在特殊作业及种类、次数；是否存在检维修及承包商作业；是否处于开停车、试生产阶段等。

2. 企业安全承诺：企业在进行全面安全风险研判的基础上，落实相关的安全风险管控措施，由企业主要负责人承诺当日所有装置、罐区是否处于安全运行状态，安全风险是否得到有效管控。

（二）公告方式

1. 公告时间：每天上午 10 时更新，至次日上午 10 时。

2. 公告地点：属地安全监管部门网站；企业主门岗显著位置设置的显示屏（安全承诺公告牌示例见附件）。企业设置的显示屏，要求文字图像显示清晰，安装位置符合防火防爆规定，保证人员、车辆安全通行。

应急管理部：危化品企业要每天承诺安全生产，接受公众监督

（三）基本条件。

企业存在下列情形之一的，不得向社会发布安全承诺公告：

1. 没有建立完善的安全风险研判与承诺公告管理制度，相关职责没有层层落实的；

2. 重大隐患没有制定治理措施的；

3. 动火等特殊作业管理措施不符合有关标准要求的，当天对重点装置、罐区以及动火等特殊作业没有进行安全风险研判和采取有效控制措施的；

4. 特殊时段没有带班值班企业负责人的。

六、安全风险研判与承诺的监督

1. 各级安全监管部门应督促指导企业于2018年11月30日前建立安全风险研判与承诺公告制度，将企业履行安全风险研判与承诺情况纳入监督检查内容，对于逾期未建立制度、不发布、虚假发布安全承诺公告的企业，进行约谈、通报、公开曝光，并纳入重点监管对象。

2. 各级安全监管部门要对企业安全风险研判与承诺公告情况进行统计分析，实施动态监管，将企业履行安全风险研判与承诺情况作为安全生产守信联合激励和失信联合惩戒的重要依据，督促引导企业自觉落实安全生产主体责任。

3. 各级安全监管部门要强化建立社会监督机制，鼓励企业员工和社会公众发现企业存在不发布、虚假发布安全承诺公告等情况时，积极向属地安全监管部门报告。

4. 鼓励有条件的地区建立信息平台，在按照《危险化学品生产储存企业安全风险评估诊断分级指南（试行）》要求对企业进行固有安全风险分级的基础上，充分结合企业承诺公告的动态风险，建立每日企业红、橙、黄、蓝安全风险分级，并按照分级结果落实分类、分级监管，实施日志式管理。

5. 有关中央企业要督促指导各分公司、子公司建立安全风险研判与承诺公告制度，完善责任体系；从集团公司层面制定总体安全风险防范措施，指导各分公司、子公司结合实际，落实安全风险管控措施。

请各省级安全监管局及时将本通知精神传达至本辖区各级安全监管部门及有关企业。

附件

安全承诺公告牌（示例）

******有限公司	
企业状态	生产装置**套，其中 运行**套，停产**套，检修**套 特殊、一级、二级动火作业各**处 进入受限空间作业**处 是否处于试生产（是） 是否处于开停车状态（是） 罐区、仓库等重大危险源是否处于安全状态（是）
企业承诺	今天我公司已进行安全风险研判，各项安全风险防控措施已落实到位，我承诺所有生产装置处于安全运行状态，罐区、仓库等重大危险源安全风险得到有效管控。 主要负责人：*** 2018年12月1日

来源：中物联网 2018年09月17日

交通部：危险品运输车将实施新规！出厂车辆配备装置有章可循！

交通运输部已经宣布了史上最严格的国六排放标准，目前，淘汰柴油车的序幕已经正式的拉开，南京、北京等地已明确安排工作。近日，交通运输部又发布《征求意见稿》，预计在不久后，危险品运输车将再出新规。

运输车辆作为运输过程中危险货物的载体，关乎危险货物道路运输的本质安全水平。为了减少事故发生的概率，弥补危险货物道路运输车辆技术方面的不足，满足行业安全生产的需求，交通部发布关于征求行业标准《危险货物道路运输营运车辆安全技术条件（征求意见稿）》意见的通知。

根据 2018 年交通运输标准化计划的安排，由交通运输部公路科学研究院起草的行业标准《危险货物道路运输营运车辆安全技术条件》（计划编号：JT 2018-17）已完成征求意见稿。按照有关规定，现公开征求意见。请研究提出修改意见，并于 2018 年 8 月 20 日前反馈至起草组，逾期视为无意见。如有对技术指标的重大意见，请说明论据或提出技术经济论证。

近年来，重特大危险货物道路运输事故仍偶有发生，带来严重的事故后果和社会影响，经事故调查发现，我国危险货物道路运输车辆技术方面尚存在一定的不足，离满足行业安全生产需求仍有一定的差距。为进一步提升危险货物道路运输车辆的本质安全水平，强化车辆生产环节与使用环节的衔接，《危险货物道路运输营运车辆安全技术条件》行业标准由此而起草出炉。

本标准适用的范围为货车（含半挂牵引车）、半挂车及半挂汽车列车，不包括全挂汽车列车、中置轴列车等。本推荐性标准与相应的国际标准和国外先进标准相比，部分技术要求已与国外技术水平相接轨；与国标相比，相关技术要求更为严格，技术更为先进，满足本推荐性标准要求的车辆是危险货物运输车辆中的优选车型。

本标准与国际规章《危险货物国际道路运输欧洲公约》（ADR）进行了良好的衔接，对危险货物运输车辆的分类实现了与国际主流接轨，对按照货物的危害特性，对车辆进行了合理分类，将车辆按照所运输货物性质的不同进行了类型划分，提出了针对性的技术要求。对我国标准中尚缺乏明确规定的包件运输车辆、散装货物运输车辆及危险货物运输罐式车辆后部防护装置进行了规定。将现有标准中对危险货物运输车辆的要求进行了细化，提升了技术要求的可执行性。

本标准与国家标准 GB 7258-2017《机动车运行安全技术条件》、JT/T 1178《营运货车安全技术条件》系列标准等车辆安全技术标准的要求保持一致，并根据危险道路运输的需求和特点，对车辆进行了分类并提出了针对性的要求。

以下为标准部分主要要求节选：

1. 危险货物运输车辆应具有限速功能或配备限速装置。限速功能或限速装置应符合 GB/T 24545 的要求，且限速功能或限速装置调定的最大车速不应超过 80 千米 / 小时。

2. 危险货物运输货车（不含半挂牵引车）应安装电子稳定性控制系统（ESC）。应配备符合 JT/T 794.1 的道路运输车辆卫星定位系统车载终端。

3. 危险货物运输车辆的所有车轮应装备盘式制动器。行车制动器的衬片需要更换时，应采用声学或光学报警装置向在驾驶座上的驾驶员报警，报警信号符合 GB 12676 的要求。半挂牵引车应安装符合 GB/T 13594 规定的 I 类防抱制动装置，挂车应安装符合 GB/T 13594 规定的 A 类防抱制动装置。牵引车辆应安装防抱制动装置失效时（含挂车防抱制动装置失效）用于报警的信号装置。防抱制动装置的性能应符合 GB/T 13594 规定，电磁兼容性应符合 GB 34660 的规定。

4. 总质量大于等于 12000 千克的危险货物运输货车应装备电控制动系统（EBS）。危险货物运输车辆上宜采用符合 JT/T XXXX 的要求的自动紧急制动系统（AEBS）。危险货物运输车辆的所有行车制动器应装备制动间隙自动调整装置。

5. 总质量大于 3500 千克小于 12000 千克的危险货物运输货车，应装备缓速器或其他辅助制动装置。总质量大于 12000 千克的危险货物运输货车应装备缓速器。装备的缓速器或辅助制动装置的性能应使汽车能通过 GB 12676 规定的Ⅱ A 型试验。

6. 危险货物运输车辆所有车轮应使用无内胎子午线轮胎。总质量大于等于 12000 千克的危险货物运输货车的后轴及半挂车的所有车轴应装备空气悬架。

7. 危险货物运输车辆安装单胎的车轮应配备胎压检测系统或胎压报警装置，并能通过仪表台向驾驶员显示相关信息。汽车轮胎气压监测系统应符合 JT/T 1178.2 的要求。

8. 危险货物运输货车应装备单燃油箱，且单燃油箱的容积应小于或等于 400 升。

9. 危险货物运输车辆应具备车道偏离报警功能和车辆前向碰撞预警功能，车道偏离报警和前向碰撞预警功能及测试方法应符合附录 B 的要求。

来源：中物联网 2018 年 09 月 06 日

上海市：管理成本高 投入产出比降低 港口危险品少了

“上海港去年的总吞吐量是 4023 万个标准箱，其中危险品大约在 74 万个标准箱。”7 月 5 日，上海国际港务（集团）股份有限公司尚东集装箱码头分公司副总经理孙金余向《华夏时报》记者表示，坦白说，上海港其实并不想做危险品，但政府要求我们承担社会责任，必须保留危险品的业务。

众所周知，危险品运输费用较普通货物更高，上海港为何不愿意做？孙金余表示，这是因为“8•12天津滨海新区爆炸事故”之后，国家对于危险品的管理更加严格，危险品的管理成本也更高了，投入产出比降低，导致很多港口都不愿意再接危险品的单子。

“8•12 天津滨海新区爆炸事故”是一起特别重大生产安全责任事故。2015 年 8 月 12 日 23 时许，位于天津滨海新区天津港的瑞海公司危险品仓库发生火灾爆炸事故，造成 165 人遇难，8 人失踪，798 人受伤，304 幢建筑物、12428 辆商品汽车、7533 个集装箱受损，直接经济损失 68.66 亿元。

随后，国家对港口的危险品运输、存储加大了管理力度。2017 年 9 月，交通部发布《港口危险货物安全管理规定》，进一步完善了危险货物港口建设项目在工程建设过程中的安全保障与安全监管制度，并着重加强了安全监管责任与企业主体责任的落实。

“危险品管理以前就很严，8•12 事故之后就更严了。所有部门都盯着危险品，港口要应对很多部门的各种检查和监督，我们的日常管控、应急处置、人员配备等都加强了力量，成本一下子就高了。”孙金余说。

例如，上海港是智能化程度较高的港口，很多货物进出都实现了自动化。但国家规定危险品运输必须由人工操作，不能采用自动化的手段和设备，这样一来效率就会降低，人工成本也会大大增加。危险品管理还要求有一整套的安全监督制度，相关的安全员必须到位。

此外，危险品还会对港口的码头作业造成很大影响。船舶进出上海洋山港要经过东海大桥，而东海大桥又规定每天 10 时至 16 时禁止危险品船舶通过，危险品船舶过不来，下一班等候装载危险品的船舶就无法装船。因为危险品在船上的配载是有指定箱位的，危险品装卸之前，其他货物也装不了。

“总体看来，危险品的投入产出比并不是最高的。大家看到危险品的收费高，其实跟我们的管理成本相比，并不一定划算。这块利润对于上海港来说也是微乎其微、无足轻重的。”

现在长江沿线仍保留有危险品运输业务的港口已经不多了，南通港、扬州港、太仓港全都不做了。如果上海港也停止这一业务，长江流域的危险品就没有出路了。“但是，一些危险品又是某些地方的支柱产业，例如烟花爆竹对于浏阳来讲，不可能全部关停。长江沿线的港口不做，就会导致这些危险品从公路上运输到别的港口去转运，运输距离可能会更长。”孙金余说，现在经常看到公路上有很多这种危险品运输的车辆，危险程度其实更高了。

来源：中物联网 2018 年 07 月 10 日

交通运输部副部长何建中：依法依规抓实抓好 港口危险货物安全管理

6 月 25 日，交通运输部副部长何建中主持召开港口危险货物安全管理专题调研座谈。他指出，要认真贯彻习近平总书记关于安全生产工作的重要思想，牢固树立以人民为中心的发展理念，健全安全生产责任体系，督促企业落实主体责任，提高监管能力水平，强化风险管控和应急能力建设，依法依规、抓实抓好港口危险货物安全管理工作，确保港口安全生产形势持续稳定向好。

会上，何建中充分肯定了各地开展港口危险货物安全专项治理取得的初步成效。针对下一步工作，何建中强调，一要强化港口安全监管理念，坚持以人民为中心，准确研判港口安全生产形势，加强源头管理和全系统控制，找出监管短板，对重点监管对象加强管控，实施“闭环”管理。二要落实企业主体责任，从经营资质、从业人员、设施设备和管理制度等方面进行督促管理。三要进一步完善法律法规，提高执法能力水平。四要加强风险防范，切实提升应急能力建设。五要做好改革相关工作，理顺管理体制机制，确保不削弱港口安全监管力量。

对近期工作，何建中强调，要抓好港口危险货物安全管理专项整治三年行动；加强极端天气应对和应急处置工作；做好暑期极端天气下的安全生产预防和应急值守，进一步做好港口领域反恐防范，加快推进港口安全生产相关标准规范制修订。

天津、上海等 16 个地方港口行政管理部门作了交流发言。部机关有关司局和部属有关单位负责同志参加座谈。

来源：中物联网 2018 年 06 月 29 日

上汽红岩获中国危险品物流智能安全运输车辆金奖

在 2018 年中国危险品物流发展与安全管理高峰论坛上，两江新区企业上汽依维柯红岩商用车有限公司（以下简称“上汽红岩”）专为化工物流安全运输研发的智能车罐一体化危化品运输车，荣获“2018 年度中国危化品物流智能安全运输车辆金奖”。

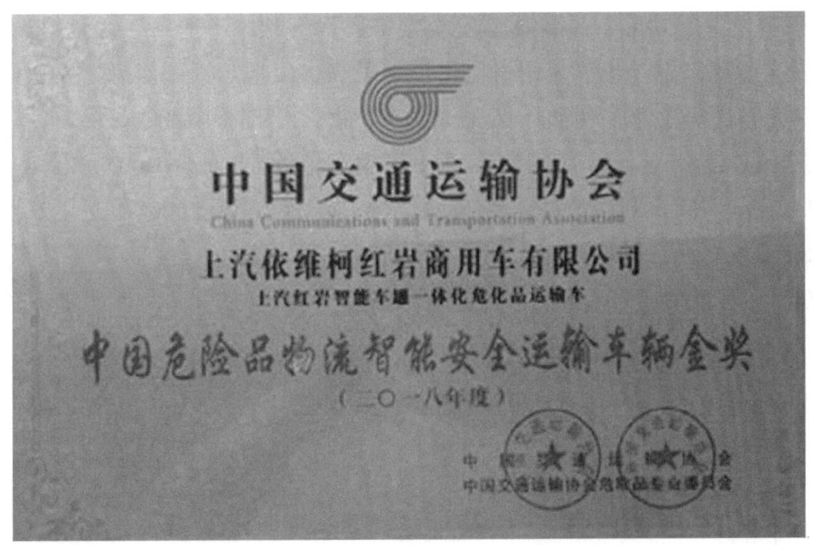

首届中国危险品物流发展与安全管理高峰论坛由国家发展和改革委员会批准、中国交通运输协会主办会议对 2018 年危险品物流发展将会遇到的问题及发展趋势进行了深入探讨，对我国危险品物流安全管理运营先进企业、先进人物以及危险品物流智能安全技术装备产品进行了表彰。由其颁布的全国危险品物流安全管理奖项，代表着行业领先水平。

此次荣获金奖的上汽红岩危化车，是上汽红岩按照国家安全、环保政策要求，基于 C2B 模式专业定制的全新智能车罐一体化危化品运输车。

该车率先采用用户全流程参与的大规模定制，并创新融合“高智能”+“一体化”设计。在传统的安全配置基础上，融合互联网技术，加入了 LDWS 车道偏离报警、AEBS 自动紧急制动、ACC 自适应巡航系统、胎压监测等一系列“黑科技”配置，有效做到“防患于未然”。

值得一提的是，该车还首次创新采用主、挂车“一体化”设计，对主车和罐体在技术标准、供应体系、数据通讯、售后服务、监控监管等方面实现了全面统一，从根本上提升了整车稳定性和安全性。

近年来，上汽红岩将智能化技术与重卡深度结合，有效提升企业品牌影响力和市场占有率。“去年年底推向市场的智能卡车大受欢迎，现在都供不应求。”上汽红岩的互联网梦想卡车显示屏具有语音对话、微信语音发送等功能，具备车辆安全预警、运行状态等服务，“这既解决了卡车司机驾驶时使用手机的安全隐患问题，也能为司机提供道路限高、限重等管理信息”。

事实上，上汽红岩是两江新区汽车产业发展的一个缩影。目前，两江新区已布局长安、长安福特、北京现代、上通五、力帆、小康、恒通、上汽红岩8家整车企业，形成370万辆整车、100万台变速器、450万台发动机的产能，并有200余家核心零部件企业，产能规模近5000亿。

数据显示，2017年，两江新区汽车产量228万辆，占重庆汽车产量的76%，产值2700亿元，其中整车约2000亿元、零部件约700亿元，占重庆市汽车工业产值的54%。

此外，两江新区还建立了两个汽车工程研究院，在建一个新能源汽车研究中心，形成了完整的汽车产业链。

来源：中物联网 2018年06月13日

用大数据建设危险品物流安全平台

危险品在运输与仓储过程中，往往会发生爆炸、泄漏和污染等事故。据不完全统计，仅去年一年就发生了近百起大大小小的生产安全责任事故，造成许多生命的消逝和巨额财产的损失。“百年累之，一朝毁之”，危险品的物流安全问题成为悬在头上的达摩克利斯之剑，有针对性地进行系统有效的预防、预警、应急处置与善后处理，便成为危险品物流发展中的当务之急。

按照维基的解释，危险品是指在使用或者运输、仓储过程中，会产生对环境、健康、安全及财产造成危害的物质，按照化学性质一般分为爆炸物和引爆媒介物、易燃性和毒性气体、易燃性液体、易燃性固态、氧化媒介物及有机过氧化物、毒性及感染性物质、放射性物质、腐蚀性物质和其他危险性物质等九类。

随着我国经济进入中高速增长，对高端化工产品的市场需求持续增长，危险品物流开始步入高速增长期。据统计，2015年全国危险品运输量约为10亿吨，危险品道路运输企业约为1.1万户，运输车辆约31万辆，从业人员约120万人，而每年运输量增速达10%，居全球第二位，且可能很快超过美国成为全球最大的危险品运输国家。

危险品物流的迅猛发展客观要求各管理部门以更快的速度建立起更加完善的危险品安全管理体系。

诚然，我国政府和相关管理部门已陆续建立了一系列规范危险品物流运作的法律、法规、规定和标准，一定程度上提高了危险品物流的安全系数。但近几年来，每年都会发生超过百起安全事故，发生率远高于欧美发达国家，让人们开始质疑这些法律法规和标准的科学性。这其中，既有专业水平不足的问题，也有基础设施条件差的问题，既有管理部门过多而协同管理不足的问题，也有信息化程度低导致监管能力差的问题，不一而足，但核心还是缺乏整体规划和系统建构。

危险品物流中的多头管理是其中最严重的问题之一。交通、公安、质检、安监、工商、环保、卫生、税务、海关等部门分头管理、职能交叉，形成的所谓闭环管理机制，容易存在争利时一哄而上而出现事故时则诿过推卸管理责任的可能，但目前还难以形成一个统一管理的体系，只能依靠技术工具来实现协同管理。

其中，大数据就是提高部门之间协同管理最便利的工具之一。所谓大数据，是指涉及的数据量规模巨大，无法通过传统数据库软件实现获取、存储、管理和分析的数据集合，具有海量的数据规模、快速的数据流转、多样的数据类型和价值密度低等特征。大数据的目的，是要把这些分布在各区域、各行业、各节点的非结构化或半结构化且含有意义的数据，依托云计算的分布式数据库和云存储进行专业化处理，实现深度数据挖掘。

危险品物流安全管理的大数据化可谓恰逢其时。在中国，2015被业界称为大数据元年，据调查显示，中国大数据市场已达到115.9亿元。2015年9月，国务院发布了《促进大数据发展行动纲要》，明确从顶层设计中解决政府数据开放共享不足、创新应用领域不广等问题；“十三五”规划也明确提出实施国家大数据战略，到2017年底形成跨部门数据资源共享共用格局。

实际上，危险品物流管理体系的主要目标是安全，其次才是效率；而危险品物流运营企业关注的主要是效益，安全则是约束的门槛。因此，利用大数据实现物流安全管理的需求在于各级管理部门，特别是很多部门还都有非常庞大的数据在手。例如，储存在交通部门的运输工具安全管理、从业人员资格等数据；储存在公安部门的危化品安全管理、剧毒化学品购买许可证、道路运输通行证、运输车辆的道路管理等数据；储存在质检部门的危化品及其包装物/容器的工业产品生产许可证以及储存在安监部门的危化品安全生产许可证、仓储危化品建设项目的安全条件审查、危化品安全使用许可证等数据。

而通过各个区域、各级政府部门建立的大数据平台，可以高度共享协同以往分散存储的安全管理信息数据，从管理源头上实时杜绝任何不符合危险品安全仓储和运输条件的企业、设施装备、从业人员以至安全管理体系，有效规避多头管理中的客户信息数据冲突，让法律法规和标准在企业管理中落地生根。

当然，单纯依靠危险品物流运营企业的自律还难以保证全系统的安全，可以利用大数据进行深度数据挖掘，从危险品的采购、生产制造、包装、分拣、储存、运输、配送等全供应链环节上实现企业级、区域级和国家级的安全风险识别、控制和规避。利用大数据建立强大的分级危险品物流安全监控中心，实时对所有危险品的生产、仓储和运输，实施严格的全流程信息管理，包括货品及货物盛装物的RFID识别标签、车载移动终端、仓储终端、作业人员识别标签等，并建立基于风险识别的预警和报警系统，这有利于危险品物流安全事故发生的应急处置和救援互助。

大数据依赖于各个分散在区域、部门和企业内部的数据库，也取决于各区域、各部门和各企业的信息化水平。不过，借国家大数据建设的东风，首先可以在已有庞大数据源的各区域、各管理部门构建大数据平台；其次可以利用危险品物流企业利润相对较高的优势，强力推行企业级信息化及智能化。大数据不仅仅是作用于危险品物流的安全管理，还能作为物流企业经营获利的利器，在危险品分级标准逐步科学合理的基础上，可以利用大数据实现的全供应链物流整体优化带来效益与利润，让企业乐于建设自身的数据平台，从而实现大数据在危险品物流管理部门与危险品物流运营企业间的融合共享。

（原编者注：本文作者系清华大学工程管理硕士教育中心执行主任、博士生导师）

来源：中物联网 2018-04-27

本篇编辑：张志坚

第七篇 城市配送物流

7.1 邮政、快递物流综合信息

7.1.1 综述

2018 年中国邮政业业务总量与收入再创新高

2019 年，全国邮政管理工作会议 3 日在北京举行。记者从会上获悉，2018 年全年，中国预计完成邮政业业务总量 12300 亿元，同比增长 26%；业务收入 7870 亿元，增长 18.81%。其中，快递业务量完成 505 亿件，增长 25.8%；业务收入完成 6010 亿元，增长 21.2%。

国家邮政局局长马军胜表示，中国邮政业正在加快产业联动融合。2018 年邮政快递业新增社会就业 20 万人以上，支撑网上零售额 6.9 万亿元，支撑跨境电子商务贸易额超过 3500 亿元。

在服务制造业方面，重点项目达 318 个，直接服务制造业年产值达到 2172 亿元。顺丰、京东等企业加快与冷链、供应链管理等专业公司战略合作，服务制造业深度广度提升。

邮政业已打造滨州冬枣、柳州螺狮粉、宝鸡猕猴桃等年业务量超千万件的“快递 +”金牌农业项目 20 个，全年农村地区累计收投快件 120 亿件，支撑工业品下乡和农产品进城超 7000 亿元。国家邮政局正在实施“快递下乡”工程，全国乡镇快递网点覆盖率达到 92.4%。2019 年，全国乡镇快递网点覆盖率目标达到 95%。

预计 2019 年，全年邮政业业务总量完成 15000 亿元，同比增长 22%；业务收入完成 9300 亿元，同比增长 18%。其中，快递业务量完成 600 亿件，同比增长 20%；业务收入完成 7150 亿元，同比增长 19%。新增直接通邮建制村 5000 个。

来源：浙江物流网　2019 年 01 月 04 日

上海市快递业务年收入首次突破 1000 亿元大关

综合 2017 年以及 2018 年 1-11 月份上海市邮政业发展趋势、行业发展规律和调研辖区企业 12 月业务发展情况，2018 年，上海市快递业务年收入首次突破 1000 亿元大关。

上海是全国邮政业的发祥地，也是快递业发展起步较早的城市之一。近年来随着邮政体制改革，快递业得到了长足的发展，业务规模不断扩大，发展不断跃升新台阶。上海快递业在发展壮大过程中呈现出四个明显特征：一是体量较大。近年来，上海快递业发展迅猛，一直处于全行业的领先地位。2008 年，全市快递业务量为 2.9 亿件 ，业务收入为 81.4 亿元，2018 年，全市快递业务年收入超过 1000 亿元，全国城市中排名第一。二是总部众多。全国快递企业有 7 家上市公司，其中总部在沪的有 5 家，多家快递企业全国总部或区域总部落户上海，形成了独具特色的快递总部经济和“民营在西、国有在中、外资在东“的发展格局，上海已成为全国快递企业总部最多的城市。三是网络健全。截至目前，全市共有注册企业约 1550 家，备案分支机构约 900 家，转运中心 31 家，拥有自动化分拣线 20 余条。上海快递服务网络已覆盖城市的每一个角落，较早实现了村村通快递。四是融合度高。目前快递业正走向与金融、电商、网络零售等行业的联动发展、深度融合，业务不断向产业链的上下游延伸，企业正向服务链更长、附加值更高的综合物流运营商转变。

2018 年，上海市快递业发展稳健，不断向高质量发展迈进。发展环境不断优化。《上海市贯彻〈国务院办公厅关于推进电子商务与快递物流协同发展的意见〉的实施意见（送审稿）》，于 12 月 10 日通过上海市政府常务会议审议，拟于近期印发实施。 将进一步解决电子商务和快递业两者协同发展存在的瓶颈问题。基础建设不断夯实。出台《上海市快递设施专项规划（2017—2035）》。作为《上海城市总体规划（2017-2035）》的专项规划之一，为全国邮政行业第一个基础设施类专项规划，有效衔接《上海市城市总体规划（2017—2035）》，确立了“三片、两园、多中心”的快递物流设施空间布局，提出了四层基础设施体系。快递末端工作纳入上海市《2018 年电子商务重点工作》，将智能快件箱纳入《上海市住宅设计》标准中，落实快递基础设施的公共属性，快递乡镇覆盖率 100%，正逐步推动直投到户。印发《关于推进本市快递网点标准化建设工作的通知》，网点标准化率已达 91%。“走出去”步伐不断加大。上海邮政快递枢纽中心建设被写入《深化上海自由贸易试验区实施方案》和《上海国际航运中心建设三年行动计划（2018-2020）》中，为快递业开放共享和企业走出去提供政策支撑。申通与 eBay、中通与与全球速卖通和淘海外、圆通与物流企业 Fetchr 等企业合作，部分快递企业开通了多条国际航线，向外发展步伐不断加大。绿色快递有序推进。本市品牌规模企业的电子面单使用率已超过 95%，“三通一达”等企业的分拨中心已开始使用绿色可循环的集包袋，UPS 等企业运用价格手段提高包装成本，引导客户主动减少包装量或者使用循环包装，顺丰研发“丰 •BOX 终端循环包装箱”试点可多次重复使用。本市已投放使用新能源车 1569 辆，新能源车辆使用得到广泛接受并逐步运用。

来源：上海市邮政管理局网 2019 年 1 月

7.1.2 综合信息

上海市邮政管理局两项管理举措入选市改革创新案例

在全市商务工作会议上，邮政行业的发展成绩和管理部门的改革举措受到关注和肯定。“城市配送物流服务体系不断完善”纳入市商务委年度报告，“快递末端服务标准”“配送车辆通行政策”入选改革创新案例。

市商务委在年度报告中指出，全市配送物流体系布局完善，快递服务网络不断健全，服务能力大幅提升。2018 年，市邮政管理局两项改革举措同时入选上海商务改革创新案例，获得肯定并在全市推广。一是编制全国首个快递服务站规范，创新末端支持政策。联合市住建委将智能快件箱、电商快递末端网点纳入全市居住区公共服务设施相关设置规划，在本市新建小区和旧城改造中同步设置，推广智能快件箱纳入便民服务、民生工程等项目。二是深入完善电商快递配送车辆通行管理政策。协调市交通委、公安局开展“快递揽投专用电动自行车”试点，首批 1100 辆电动车已完成采购试用、投入营运。修订完善《上海市快递揽投专用电动自行车管理办法》，实行统一化标识、数字化管理。

上海市邮政管理局开展快递市场清理整顿专项行动

为深入贯彻落实《快递暂行条例》《无证无照经营查处办法》，加强事中事后监管，维护快递市场秩序，保护经营者和消费者的合法权益，上海市邮政管理局按照国家邮政局相关部署，在全市范围内开展快递市场清理整顿专项行动，严肃查处无证经营、超范围经营等违法违规问题，严厉打击扰乱快递市场秩序、侵害消费者合法权益等各类违法行为。截至 2018 年年底，通过近 5 个月的专项行动，在全市范围内形成了依法严管的高压态势，进一步维护了快递市场秩序，促进市快递业健康有序发展。

此次快递市场清理整顿专项行动共出动执法检查人员 1556 人次，检查快递经营单位 685 家次，查处违法违规行为 90 次，依法约谈企业 22 次，下达责令整改 81 次，行政处罚 22 起。结合此次快递市场清理整顿专项行动，上海局全面有序推进了快递末端网点备案工作，目前已完成全部摸底数据的备案工作，切实做到应备尽备。

下一步将把清理整顿的内容贯穿于日常执法检查过程，持续加强寄递安全监管工作，加大执法和责任追究力度，坚持“严、硬、实”，坚决从严从紧、依法处罚，切实督导寄递企业提高依法规范运营水平和安全生产能力。

快递行业纳入上海市产业地图

为进一步优化产业定位和空间布局，上海从一二三全产业链角度，编制了上海市产业地图，并于 11 月初正式发布。产业地图提出了“一心、一环、两带、多区”的总体布局，重点聚焦融合性数字产业、战略性新兴产业、现代服务业和现代农业，从空间和产业两个维度，形成现状图和未来图。现状图里提出了现代服务业中的现代物流产业“5+1+X”空间布局，其中，“1”的产业定位是快递业，即青浦区的“全国快递行业转型发展示范区、国家火炬上海青浦智慧物流特色产业基地”区域，“5”的产业定位分别为保税物流、口岸物流、航空物流、城市配送和商贸物流、制造业物流和电子商务物流，“X”产业定位为农产品等其他专业物流。已纳入上海自由贸易试验区深化实施方案的“上海邮政快递国际枢纽中心”隶属航空物流产业，区域方位为浦东机场空港物流园区。未来图明确了上海各区及重点区域产业布局定位，前瞻布局高端高新产业，提高集群显示度，力争建设成为高经济密度的“产业新区”。

下一步，上海将进一步发挥产业地图的指南作用，有效服务快递物流产业的投资者，推动快递行业重大项目与产业地图精准匹配、快速落地，引导社会资本向快递业集聚，加快构建集产业链、创新链等融为一体的产业要素体系。

上海市快递设施专项规划（2017–2035 年）正式发布

《上海市快递设施专项规划（2017-2035 年）》（以下简称《规划》）正式发布。作为《上海城市总体规划（2017-2035）》的专项规划之一，《规划》立足上海市快递业发展实际，分 2020 年、

2035 年以及 2050 年三个阶段，对上海市快递基础网络近期发展目标和远期发展愿景进行了展望，对快递设施体系和空间布局进行了规划，明确了未来一段时期内上海市快递设施建设发展的方向和路径。《规划》的实施对推动本市快递行业健康发展具有重要指导意义，为落实国家局建设邮政强国任务、推进上海邮政强市工作积极谋划，先行布局。

《规划》分为五个部分：规划背景与目的、发展现状与趋势、指导思想、总体思路与规划目标、设施体系与空间布局和规划实施保障措施。《规划》客观分析了本市快递业的发展现状与实际，科学预测了未来发展趋势，突出明确了《规划》编撰指导思想、总体思路和预期目标，结合产业发展趋势和上海市城市总体规划战略，提出加强快递物流园区、快件处理中心、营业场所和末端服务设施等四层设施体系建设和形成“三片两园多中心”的快递物流设施空间布局，为进一步推进《规划》落地，提出了加强组织保障、法治建设、标准建设和制度建设等保障措施。

上海将以《规划》发布为契机，结合《上海市邮政业发展“十三五”规划》和《长江三角洲地区快递服务发展“十三五”规划》实施工作，全面开展《规划》宣贯，紧盯目标任务，全力推进《规划》落地。下一步，根据长三角一体化发展战略要求，主动融入，积极推进长三角地区快递基础网络互联互通、共建共享，为实现长三角快递业一体化发展提供支撑和保障。

上海市快递行业协会编制的《快递手持终端安全技术要求》行业标准获批通过

编制行业标准，是引领行业发展方向、推动行业规范健康前进的一项重要工作；编制行业标准，要求高、难度大，审查严，是对标准编制单位思想认识水平和具体工作能力的严峻考验。上海市快递行业协会在上海市邮政管理局的指导下，充分发挥行业协会的优势和特点，继 2016 年成功编制了我国《快递电子运单》行业标准以后，2018 年又一次成功编制了《快递手持终端安全技术要求》行业标准。

《快递手持终端安全技术要求》行业标准的编制工作是我协会主动请缨，向国家邮政局申请承担的。经过协会近二年的不懈努力，《快递手持终端安全技术要求》行业标准已编制完成。

2018 年 11 月 9 日，国家邮政局在北京召开审查会议，对《快递手持终端安全技术要求》进行审查。会议由全国邮政业标准化技术委员会副主任曾军山主持，出席会议的有全国邮政业标准化技术委员会委员、特邀专家、国家邮政局标准化管理部门和标准制订项目组成员。会议对《快递手持终端安全技术要求》进行了认真的审议并予以通过，最终形成了审查会会议纪要。

下一步，将根据评审会专家意见，对《快递手持终端安全技术要求》进行修改和完善，形成报批稿提交国家邮政局办公会议讨论。这意味着在快递手持终端设备的使用方面将诞生第一部行业标准，必将对我国快递行业的规范、安全运行产生积极影响。

2018 年双十一当天全国处理 4.16 亿快件

2018 年 11 月 11 日，全国处理 4.16 亿快件，同比增 25.68% 邮政业 300 万一线人员、110 架全货机投入旺季服务。根据国家邮政局监测数据显示，主要电商企业全天共产生快递物流订单 13.52 亿件，同比增长 25.12%；全天各邮政、快递企业共处理 4.16 亿件，同比增长 25.68%，再创历史新高。

2018年，主要电商平台促销力度不减，加之微商拼团模式平台成为电商集中促销的新生力量，促进了旺季快递业务需求增长。为做好旺季服务保障工作，邮政全行业将有超过300万名一线人员投入到旺季服务中，转运中心、车辆等能力扩充20%，行业自有全货机达到110架，高铁运快递的路线已突破400条。快递电子运单普及率已超过90%，“小黄人”“蓝精灵”等自动化分拣、无人仓和智能分拣机器人逐渐规模化使用。科技投入不断加大，有的企业科技研发费用占比已经超过5%，行业科技人员已近万人，科技应用甚至将快件量的预测提升至城市、行政区甚至每一个派送网点、每一条流向、每一位快递小哥，极大地提升了行业的抗压能力。

在压力较大的投递末端，全行业正在积极探寻多元方式释放压力。随着“快递入区”工程有效推进，全国范围内已建设4.7万个快递末端公共服务站点，投入运营近30万组智能快件箱，以住宅投递、智能快件箱投递和公共服务站投递等模式互为补充的末端投递服务新格局已初步形成。值得一提的是，实施快递末端网点备案管理以来，10万多末端网点获得合法身份，将有效缓解末端投递压力。但是，与高位业务量相比，末端投递力量仍显不足，尤其是广大的西部及农村地区压力依然巨大。

与此同时，为助力中国商业实现“买全球、卖全球”，积极服务“一带一路”倡议，邮政业加强布局全球服务链，努力实现“运全球、送全球”。行业企业携手海关升级清关效率，有的保税区甚至可以实现“秒级清关”，增加海外包机、跨境直邮线路和海外仓等多种服务，在重点海外业务地区提升末端配送能力。以俄罗斯为例，已有2000余个自提柜覆盖俄罗斯境内的390个城市，极大地提高了海外的履约效率。

国家邮政局相关负责人表示，全行业已经是第十次应对业务旺季，并成为常态化发展任务。国家邮政局将持续发挥“错峰发货、均衡推进”工作机制的基础性作用，同时，重点利用大数据技术实施更加精准、科学的业务量及流量流向信息预测分析，全程组织调度、监测监控全网运行情况，提升行业各类资源投入的针对性和匹配度。在强化安全保障方面，将严格落实收寄验视、实名收寄、过机安检“三项制度”，坚持旺季实名收寄要求不降低。同时，他再次呼吁大家，对繁忙中的快递小哥多一份关怀、多一份理解。

上海首批快递揽投专用电动自行车在韵达投入使用

2018年11月1日，“韵达速递揽投专用电动自行车交车暨交通文明出行宣誓仪式”在沪举行。上海市邮政管理局和上海市快递行业协会、快递揽投专用电动车项目组相关负责人应邀出席。韵达战略副总裁，网点管理部副总经理，韵达上海公司总经理及总部、上海公司相关部门负责人参加仪式。

周德刚副局长在交车仪式上指出，此次快递揽投专用电动自行车项目是上海快递行业践行“绿色快递”的一项重大举措，有助于快递企业规范和统一品牌形象，促进快递员安全揽投，推动上海的城市文明建设。

韵达战略副总裁符勤表示，韵达响应国家邮政局、上海市邮政管理局等各级邮政管理部门的号召，持续推进“绿色快递”建设，积极采用科技化信息化新技术，使快递服务符合环保绿色要求。此次快递揽投专用电动自行车交车使用，标志着韵达在快递服务揽投环节迈出了规范化、标准化、绿色化重要步伐，有利于提高快递末端服务的安全性，为整体提升韵达上海地区快递服务揽投服务水平奠定坚实基础，为推动上海城市文明建设和上海快递业的绿色发展作出应有贡献。

交车仪式上，首批300辆快递揽投专用电动自行车实现交付，将由韵达上海地区网点快递员使用，助力韵达上海地区在“进博会”及2018年双十一和快递业务旺季期间，提升快递时效，为客户提供更优质的服务。

圆通速递启用新总部大楼，“承诺达特快”正式对外发布

2018年10月17日，在重阳佳节之际，圆通迎来两件大事：一是速递新总部大楼启用，为圆通网络服务市场和客户提供更好支撑；二是“承诺达特快”正式对外发布，打造高品质、高科技、国际化的快递供应链网络。圆通蛟龙集团正式开启“圆通速递”与“承诺达特快”双品牌运营的新征程。上海市青浦区委书记赵惠琴、副区长倪向军等领导嘉宾以及合作伙伴、媒体朋友、圆通网络代表近500人出席了圆通速递新总部启动典礼暨“承诺达特快”品牌发布会。

速递新总部启用 开启新征程

新总部于2016年3月开工兴建，历时两年半建成使用，总建筑面积29万平方米，实际总投资16.9亿元。其主体建筑包括近5万平方米的16层“双子楼”以及18万平方米的转运中心。后者累计安装6套自动化分拣设备，日处理快件量可达450万件，是目前圆通全网最大的自动化分拣中心。

圆通新总部凸显出国际化、现代化、智能化、低碳环保等特点，在功能上集现代化办公、全球运营管理、智能化分拣、仓配一体、会议接待和员工居住生活为一体。

“承诺达特快”正式对外发布　用心服务 承诺必达

同日，在圆通速递新总部大楼启用典礼现场，圆通蛟龙集团旗下全新的独立品牌“承诺达特快”正式对外发布。承诺达特快秉承“用心服务、承诺必达”理念，致力于构建高品质、高科技、国际化的快递供应链网络，打造“让用户放心的中国快递”。业内人士期望，承诺达特快将对促进行业实现高质量发展、服务“一带一路”建设等起到助推作用。

在 17 日的现场，圆通蛟龙集团董事长喻渭蛟，承诺达特快运营方——圆硕供应链管理有限公司执行总裁杨新伟和客户代表一起启动承诺达特快的发布。

“承诺达特快”品牌 LOGO 整体造型来自品牌的英文缩写“OTP (On Time Promise)”，将展翅飞翔的雄鹰符号巧妙地融入字母图案中，传递出极速可达、承诺可信的理念；色彩上，选用橙红色为主基调，给人以亲和、时尚、富于活力的印象；同时，LOGO 中倾斜的巴腾堡格纹图形，以富有科技感的视觉效果，彰显信息技术支撑引领下包裹运送的动态轨迹。

承诺达特快是对标国际、服务中高端客户的高频配送服务网络，将与现有的经济型快递协同共进，服务电商个性化需求，助力新零售、跨境电商等新兴行业的消费升级，此外还有即时配送、O2O 配送、仓储配送服务以及贵品保价、代收货款、夜间服务、逆向物流等增值服务。

承诺达特快于今年 7 月 22 日内部试运营，期间业务增速和服务质量都呈现出了高水准。截至目前，承诺达特快已在 89 个城市设立 565 个直营的营业部，至今年年底将达到近 700 个直营营业部，服务网络覆盖市、县近千个，基本形成了平台型物流网络的雏形。

承诺达特快将着力打造多方面优势——性价比高、更快更稳、科技安全、未达退款。在产品体系上，承诺达特快同城、经济圈范围内可实现即日达、次晨达；跨省重点城市互发的快件，可依托“全货机 + 散航”资源，实现次日达覆盖率 90% 以上。在网络拓展模式上，采用以全直营体系为核心的共享模式，包括代派、联建、代理等多种模式，实现运营成本管控和服务质量保障之间的有效平衡。

作为圆通蛟龙集团旗下的独立品牌，承诺达特快将从集团的快递、物流、航空、新零售、高新科技等资源沉淀中得到有效支撑，同时也将全面对接圆通正在着力构建的国内、国际服务网络。

上海市推进寄递业电动自行车消防安全综合治理工作

为进一步推进上海市市电动自行车消防安全综合治理工作，确保进口博览会期间上海市寄递渠道平稳有序运行，市安委办、市消防委办、市公安、市邮政管理局等联合组织召开了上海市寄递企业加强电动自行车安全使用管理督导会。

会议指出，近年来上海市快递、外卖行业发展迅猛，电动自行车作为寄递行业基层单位主要运输工具，因规模数量庞大、质量良莠不齐、日常管理使用不当等原因，导致火灾事故频发。针对上述问题，以及当前本市消防安全形势，特别是首届进口博览会安保相关要求，会议从四个方面部署了寄递企业电动自行车消防安全治理工作：一要进一步落实消防安全主体责任。二要进一步完善消防安全管理机制。三要进一步优化电动自行车使用模式。四要进一步加大消防安全宣传力度。

会上，对寄递企业提出了几点工作要求：一是充分认清开展电动自行车安全治理的重要意义。二是从严从速全面开展电动自行车安全隐患整治工作，严把质量安全关、充电使用关、交通安全关。三是多措并举全力确保工作取得实效，强化宣传教育、考核督导、责任追究。

会后，参会的各寄递企业集体签订了安全承诺书，一致表示将明确任务、落实责任，真抓善治、务求实效，牢牢守住安全红线，为营造进博会良好的安全氛围做出积极贡献。市公安局、市安监局、市消防局、市邮政管理局和市交警总队相关领导同志出席会议，中国邮政集团公司上海分公司、申通、韵达、百世等 20 余家寄递企业参加会议。

2018 中国快递论坛在沪召开：转型升级 提质增效 创新发展

9 月 13 日，2018 中国快递论坛在上海召开，以“新时代、新梦想、新征程、新作为——快递让生活更美好”为主题，旨在以习近平新时代中国特色社会主义思想为指引，聚焦进一步推动快递业转型升级、提质增效、创新发展。国家邮政局局长马军胜、上海市副市长时光辉、中国快递协会会长高宏峰出席会议并致辞。

马军胜指出，党中央、国务院高度重视快递业改革发展，党的十八大以来，行业发展环境得到前所未有的改善和优化。我国快递业一直保持迅猛发展的良好势头，发展质效不断提升，市场主体综合实力明显增强，对外开放深入推进，科技装备水平突飞猛进，在降低流通成本、支撑电子商务、服务生产生活、扩大就业渠道等方面发挥着重要作用。我国快递业的飞速发展，也为世界提供了有益借鉴和成功经验，为全球邮政业转型发展和行业治理贡献了中国智慧和中国方案。

马军胜强调，在新的历史方位下，快递业必须以习近平新时代中国特色社会主义思想为指导，认真贯彻落实党的十九大精神，牢固树立新发展理念，紧紧围绕“打通上下游、拓展产业链、画大同心圆、构建生态圈”这一发展思路，始终坚持发展第一要务不动摇，聚焦推动我国快递业高质量发展，不断推进质量变革、效率变革、动力变革，不断增强快递服务的适应力、创新力和竞争力，以时不我待的紧迫感、舍我其谁的责任感，主动担当、积极作为、锐意进取、埋头苦干，为全面建成与小康社会相适应的现代邮政业、加快建设现代化邮政强国而努力奋斗。

在会上，马军胜向全行业发出倡议：

一是坚持“创新驱动、转型提效”不放松，拓展发展新空间，铸造快递业发展之“灵魂”。要主动抢抓新一轮科技革命和产业变革机遇谋篇布局，建立健全以企业为主体、市场为导向、产学研深度融合的创新体系，加快与前沿科技深度融合，打造智慧供应链体系，继续推动快递服务格局向“1+3”拓展，打造服务特色农产品“直通车”、积极探索设立先进制造业“移动仓”，建设支撑跨境网购“桥头堡”。加快推动新业态新模式发展，不断培育壮大行业发展新动能。

二是坚持“协调均衡、服务民生”不停步，满足发展新期待，培育快递业普惠之“果实”。要坚持区域协同、城乡一体、收派均衡、交邮融合，支持东部地区率先发展，带动和辐射中西部发展。要加快末端设施能力建设，发挥快递业农村双向流通主渠道的优势，培养一批快递助农脱贫能手，支持打赢精准脱贫攻坚战，同时强化基层员工的权益保障，改善一线工作环境。

三是坚持“绿色高效、低碳环保”不动摇，开启发展新模式，强壮快递业发展之“支柱”。要牢固树立习近平生态文明思想，强化企业社会责任。大力推广环保包装辅材应用，以电商快件为重点，推动包装减量化。要创新生产模式，加强包装废弃物的回收处置管理，还要持续推进生产运行中的节能减排，合理配置各类运输方式，推广使用节能新车型。

四是坚持“安全为基、社会共治”不松懈，创造发展新局面，筑牢快递业发展之“基石”。快递业必须从贯彻以人民安全为宗旨的总体国家安全观的战略高度出发，牢牢守住安全发展底线。要发挥寄递渠道安全联合监管机制作用，严格落实三项安全制度，严格重大风险防控，认真做好行业维护稳定工作，着力夯实行业安全稳定基础。

论坛还发布了《2018 中国快递论坛 青浦宣言》。坚持快递业转型升级和提质增效，要推进管理、科技、产品和模式创新，努力在产业能力、科技创新、 服务品质、安全水平、绿色低碳、综合效益等六个方面跨越提升。

论坛由国家邮政局、上海市人民政府指导，上海市青浦区人民政府、上海市邮政管理局、上海市快递行业协会和中国快递协会主办。来自国家有关部委、国家邮政局及各省（区、市）邮政管理局、上海市有关部门、中国快递协会及省市协会、中外快递企业、关联协会及机构的 400 多名嘉宾参加会议。

上海市邮政管理局开展绿色包装调研

为进一步落实国家局邮政业绿色发展相关工作要求，推动快递业包装绿色化、减量化、可循环工作，更好发挥政府作用，上海局在推动快递业绿色包装工作的进程中，注重抓源头、建平台。日前，余洪伟副局长一行专题调研新材料企业——上海金发科技发展有限公司。

调研组一行听取了上海金发科技发展有限公司关于企业基本情况、生物降解材料及产业状况、金发生物降解塑料项目、金发生物降解材料在快递电商领域应用情况的介绍。经了解，金发科技的新材料具有 100% 生物降解、韧性优异、防水防潮等特点，适合于制作快递袋、包装袋、气泡袋等，目前京东生鲜已全面采用生物降解袋。

调研中余洪伟副局长就产品性能、推广中存在的难题与上海金发负责人进行深入交流，余洪伟副局长对完全生物降解塑料等环境友好型产品给予了较高的评价，肯定金发科技在构建良好生态环境方面做的努力，希望其能进一步加强与电商快递领域的合作，为进一步推动快递业绿色包装工作提供有力支撑。同时，余洪伟副局长指出，上海市邮政管理局作为邮政行业主管部门也会在建标准、搭平台、推试点等方面积极努力，在绿色包装企业和各快递企业之间发挥纽带作用。

我国快递企业竞逐航空物流市场

印着企业标志的货车、满地跑的电动三轮车，是很多人对国内快递企业的印象。近期，多家快递公司出台方案，重金投向航空物流市场。通过让快件上飞机，不断提高快递服务的中高端供给能力。

来自圆通集团的信息显示，该公司已经与浙江省嘉兴市政府签署战略投资协议，计划投资 73 亿元，在嘉兴机场建设全球航空物流枢纽。项目计划在 2018 年内动工，2021 年投入使用，届时将成为其速递及航空的全球运营基地。圆通集团航空业务负责人苏秀锋表示，目前超过四成的国内、国际快递量集中在长三角区域，从嘉兴机场飞行三小时可覆盖国内核心城市群。

此前，中通快递也宣布与土耳其航空、太平洋航空成立合资公司，提供包括揽收、运输、快运和最后一公里的配送等服务。

对于航空运力的使用，顺丰控股走在中国快递公司前列。今年 7 月 1 日，顺丰航空的第 45 架全货机正式投入航线运行。与此同时，顺丰参与的湖北国际物流核心枢纽项目也在今年年初获得立项批复。公告显示，该项目将在湖北鄂州新建民用机场。顺丰计划以该枢纽为中心，打造覆盖全国、辐射全球的航路航线网络。

在整个物流市场中，航空是一门非常“烧钱”的生意。快递企业纷纷重金砸向航空，意欲何为？业内人士分析，主要有三个因素：

一是满足中高端快递服务的需求。国家邮政局的情况通报显示，今年上半年，全国快递业务量完成 220.8 亿件，同比增长 27.5%。在业务量保持快速增长的同时，行业的中高端供给进一步提升。初步统计，上半年快递物流领域投融资规模超过 1000 亿元，投资方向主要集中在即时配送、快运、末端配送以及转运中心建设方面。

二是加快拓展境外市场。统计显示，今年上半年，我国的国际及中国港澳台地区快递业务量完成 5.2 亿件，同比增长 43.1%，明显超过行业平均增速。

“伴随着跨境电商蓬勃发展，跨境寄递成为行业增长的亮点。”国联证券的报告指出。“卖全球”意味着“运全球”，快递业在其中发挥着“先遣队”的作用。今年 3 月，菜鸟网络开通了杭州飞往莫斯科的首条电商洲际航线，未来的目标是 72 小时全球送达。

三是从快递向综合物流服务商转型。翻开各家快递公司的财务报告，快递早已不是唯一的业务，而是快递、快运、冷链、仓储、同城配送全面开花，为用户提供多样化、综合性的物流服务。

快递物流咨询网首席顾问徐勇表示，在快递公司转型的过程中，加大在物流基础设施方面的投资，从长远看有利于降低综合成本。

从国际巨头的发展轨迹看，航空物流也是竞争的制高点之一。如联邦快递拥有超过 600 架飞机，并带动孟菲斯机场成为世界级的物流中心。而我国自建航空机队的 3 家快递公司中，飞机数量最多的顺丰才 45 架。要比肩国际巨头，中国快递公司还有很长的路要走。

上海市政府大力支持跨境电商与邮政业协同发展

近日，上海市跨境电商工作领导小组办公室正式印发《上海市跨境电商发展 2018 年工作要点》，进一步支持跨境电商与邮政业协同发展。《工作要点》提出，2018 年本市要把握跨境电商发展的重要机遇期，研究创新举措，加强政策支持，完善服务体系，力争营造良好的营商环境，促进跨境电商高质量发展。《工作要点》指出：一要拓展监管创新业务，建立针对创新商业模式的跨境电商监管方案，推动邮件、快件渠道开展跨境电商直购进口业务，完善跨境电商检验检疫监管系统，结合不同品类监管需求，进一步推动监管模式创新；二要强化跨境电商发展动态分析监测，探索通过多渠道开展跨境电商发展规模测算，加强行业动态研究分析，参与编制发布《上海市跨境电商年度发展报告》；三要进一步完善工作推进机制，领导小组各成员单位要加强沟通协调，形成合力推进各项任务按时完成。

下一步，上海市邮政管理局将结合上海邮政快递国际枢纽中心建设，持续完善跨境电子商务与邮政业协同发展政策措施，进一步提升上海国际邮件、快件运输的便利性和连通性，更好服务“一带一路”和自由贸易港建设，为地方经济社会发展作出新贡献。

中通快递与土耳其航空、太平洋航空联合设立合资公司，开拓全球范围航空运输服务

6 月 11 日，中通快递与土耳其航空（Turkish Airlines）、太平洋航空（PAL Air Ltd.）签约，宣布将成立合资公司。中通快递将携手土耳其航空和太平洋航空，整合协同各自优势资源，布局开拓全球航空运输服务，惠及更多商家和消费者。签约仪式在土耳其伊斯坦布尔举行，中通快递集团董事长赖梅松、土耳其航空董事会兼执行委员会主席伊利凯·艾吉、太平洋航空副主席刘少坤共同签署合作协议。

优速与农特达成战略合作 大包裹助农步伐加速

5 月 16 日，优速快递与农特集团在上海佘山举行了隆重的战略签约仪式。签约仪式上，双方正式宣布启动原产地直供骨干网络合作，表示将在大包裹与农特产品物流服务对接上展开深度合作，双方通过发挥各自优势实现资源共享、相互借力、优势互补，共同推动“大包裹快递 + 农业”业态发展。董事长余联兵，农特集团董事长、总裁黄刚等出席现场并见证了本次签约仪式。

优速直达网络 打造农产品物流极致体验

农特集团为“互联网 + 农业”创业孵化平台，优速则为国内大包裹快递先行者。促成双方成功合作的最大价值在于：一方面，结合杭州与湖北恩施两市“一帮一结对子帮扶工程”，优速全面对接鄂西地区的乡村振兴、农产品上行联动计划，试水布局农特原产地直供的骨干网络。湖北恩施作为双方的第一个试运作产区，优速作为农产品物流承运方，目前双方第一阶段 “豆西施”土豆单品项目试点顺利跑通。在此基础上，下一步，双方将强强联合打造优速优势区域的农特物流服务体系，共同带动更多的农产品上行和精准扶贫。

另一方面，优速的大包裹市场定位与农产品的流通特性高度契合，优速将与农特方面在农产品上行、工业品下行、节点网络建设以及政府资源对接方面推进合作，打通农产品物流供应通道，打造农特基地到社会餐桌的极致物流体验。

签约仪式上，农特集团董事长、总裁黄刚表示，“2018 年，中国互联网经济深度发展，新商业正在驱动全新的交易和流通模式。新零售、全渠道、产业链互联网化正在全面升级，S2b2c 的新型产业链重构模式将成为未来的主流趋势。农产品市场有着 5 万亿的发展空间，未来的农产品上行将是‘产地直供 + 城市共配 ’的新零售物流模式，末端需求驱动的新型订单组合模式，产地直供专线物流，实现核心产区与城市消费的主要链接。这不是简单的快递模式，而是大包裹 + 精品产地直供专线物流的巨大商机。”

农特集团是全国“互联网 + 农业”创业孵化平台，在全国 2854 个县域覆盖 1200 多个县域的创业团队，其他核心产区达 600 多个，其中打造了 100 个标杆县域，目前一个标杆县域的流量达 1 亿 / 年的交易额。

价值释放 大包裹促进农业转型升级

农产品物流运输问题，一直是挡在农业发展前的一道坎。尤其每到农产品收获旺季，偏远地区的农产品物流配送更是饱受“成本高、难度大”困扰。此外，从田间地头摘下的农产品自带时效属性，因此，农产品物流亟需打通农户和用户之间的链接，建立快速的物流直发通道，让交易与物流同时发生，才能让传统农产品模式在精准物流的供应下得到产品溢价和最大化增值。

优速大包裹快递服务优势，切中了传统农产品物流痛点，这也是达成此次双方合作的根本原因。

近几年来，优速积极响应国家提倡的“快递下乡”工程。政策号召下，大包裹助农惠农的步伐逐步加快。在果品销售旺季，优速先后开通了数条水果运输专线，帮助农产品从新鲜枝头直输至一二线城市。面对现阶段农产品进城依然存在的实际问题，以此次与农特集团合作为契机，接下来，优速将下沉网点，加快完善农产品流通骨干网络建设，提供精准物流供需对接，积极推进“大包裹 + 农业”助农行动。

随着农业供给侧结构性改革的不断推进，未来农村快递的普及化、专业化需求将更加明显。对此，余董在签约仪式上表示：“与农特的合作，我们现阶段主要提供大包裹快递服务，未来将合力推进与更多产区的快递合作，在‘农产品上行’与‘快递下乡’之间搭建好桥梁。除了基本的快递服务，下一步，优速还将利用已有优势在产业链上发力，如在农产品品牌包装、营销上提供更多服务，在助力农产品走出去同时，让农民创收增收。”

经过3年的沉淀，大包裹快递早已渗透到各个领域。“未来，优速将立足于大包裹快递服务，秉承‘一米宽，一千米深’的打井精神，深挖农村市场，助力农业产业链发展，在科技驱动与品质驱动基础上，以服务农村和精准扶贫为契机，最大程度释放大包裹快递惠农助农的价值。”余董再次表示。

此次优速与农特集团的战略合作，实现了两家在农产品上行的新商流和新流通的深度整合。这对实现优速跨越式发展带来了巨大的推动作用，同时对带动中国农村经济的新发展亦有着巨大的社会价值。

长三角14城开办“高铁极速达”快递业务，可通达40多城

2017年“双11”，中铁快运携手顺丰速运在京沪高铁推出“高铁极速达”，实现10小时之内货物送达，深受买买买的乙方和卖卖卖的甲方欢迎。2018年，该业务再次拓宽覆盖面。中国铁路上海局集团有限公司管内，14个城市的高铁站开办“高铁极速达”，快件递送业务可通达40多个城市。

快递托寄标准　快件单票重量不超过15千克；长、宽、高分别不超过0.55米、0.39米、0.4米。开通“高铁极速达”的城市车站　以下14个城市的高铁车站均可办理“高铁极速达”业务：上海、合肥、蚌埠、芜湖、马鞍山、徐州、镇江、常州、南京、无锡、苏州、杭州、宁波、金华。“高铁极速达”可以通达的城市　“高铁极速达”可以送达：北京、福州、济南、南昌、青岛、厦门、武汉、西安、长沙、郑州、上海、杭州、南京、徐州、蚌埠、合肥、芜湖、马鞍山、金华等40多个城市。运输时间：一小时内上门收件，当日11:00前寄件，当日21:00前送达；11:00—16:00寄件，次日12:00前送达。

此外，中铁快运还联合京东推出“京尊达”，针对部分京东客户专人定制物流服务，实现“高铁＋专车”专人专件配送。

上海快递协会召开快递揽投专用电动自行车推广使用会

4月18日，上海市快递行业协会召开快递揽投专用电动自行车推广使用会，上海市邮政管理局市场处何应泽处长、快递揽投专用电动自行车项目组负责人滕国强、快递揽投专用电动自行车生产及配套企业领导、本市规模以上9家快递企业相关工作负责人共20多人出席会议。

协会秘书长高镇海主持会议，并介绍了在市邮管局的领导下，推广使用快递揽投专用电动自行车3年多来的艰苦工作历程和落实该项工作的意义。

会上，滕国强同志具体介绍了快递揽投专用电动自行车3年多的研制改进过程，推广使用快递揽投专用电动自行车的目的意义和快递揽投专用电动自行车的研制现状和使用要求。上海爱玛公司、江苏金彭公司、上海天赐北斗通信公司、上海品淳投资公司等生产、配套企业负责人分别介绍了快递揽投专用电动自行车的技术参数、北斗定位装置、车辆及使用者保险等情况。何应泽处长在讲话中指出，快递揽投专用电动自行车经前阶段4个单位的试用，体现出较好的实用性和安全性。现在，通过与市公安系统和其他有关方面的协调，已经具备了快递揽投专用电动自行车的使用条件，市邮管局也发了沪邮管[2018]34号《关于印发“上海市快递揽投专用电动自行车管理办法（暂行）”的通知》。各快递企业要抓住机遇加紧推广使用，并以此为契机，提升企业的品牌和服务，进一步增强市场竞争力。

中国快递市场占全球半壁江山 物流公司开启技术竞争

中国 2017 年的快递包裹数量突破 400 亿个，随着网购规模的不断扩大，中国的快递市场已经相当于日本的 10 倍，中国也成为占据全世界快递行业半壁江山的、名副其实的“快递大国”。

报道称，根据中国邮政的统计，2017 年中国的快递包裹达到了 400.6 亿个，比 2016 年的 313 亿个增加了 28%，增加的主要原因就是阿里巴巴和京东等大型网络销售平台业务的广泛普及。中国的快递包裹数量在 10 年的时间里增加到了原来的 33 倍。根据美国必能宝 2016 年包裹运输指数报告，全球 2016 年共运送包裹 650 亿个，中国以 313 亿个的数量远远超过美国的 130 亿个，占据了半壁江山。

据中国邮政预测，2018 年中国的快递包裹数量还将增加近 20%，达到 490 亿个。为了应对物流流量的暴增，中国国内外的物流企业都在加紧投资和合作。国内最大的物流企业顺丰，在 2013 年购买了 11 架货物运输机，2017 年年底把运输机数量增至 40 架，预计今后 3 年内还将增 15 架。

上海市邮政管理局开展快递网点调研推进末端标准体系建设

上海市邮政管理局深入贯彻习近平新时代中国特色社会主义思想和党的十九大精神，按照大兴调查研究之风要求，持续开展快递末端“1+1+N”标准体系建设调研，确保国家局 2018 年“更贴近民生七件实事”重点任务不折不扣扎实推进。

为推动快递末端“1+1+N”标准体系中的地方标准《上海市快递综合服务站通用规范》尽快出台，1 月 16 日，上海局副局长余洪伟带队到上海海事大学快递服务中心调研，就快递末端标准体系建设实地调研。调研组详细察看了服务中心的功能布局、设备配置和信息系统配置等情况，听取了网点运营情况的汇报。海事大学快递服务中心设立在大学校园内，占地 600 平方米，日常有 12 名操作人员，设置了 15 组智能快递柜（5500 个格口），日高峰派件量 1.4 万件，采用智能快递柜 + 人工方式，集中为各品牌快递提供末端收派服务，基本解决了校区 2 万名师生的邮、快件需求。调研过程中，余洪伟副局长指出，一是要加大调查研究，摸清末端服务站的设置配置和服务水平等实际情况，为标准制订打好基础；二是加快“1+1+N”快递末端标准体系建设，充分发挥标准引领作用；三是积极对接相关委办局，优化末端服务政策环境，联合出台支持快递末端发展的有关政策文件。

上海局政策法规处负责人、市标准化研究院和海事大学后勤处有关负责同志参加调研。期间，调研组还与上海海事大学研究生院主要负责人就加强课题研究合作等相关工作座谈。

国家邮政局印发《快递业信用管理暂行办法》

为贯彻落实国务院《社会信用体系建设规划纲要（2014-2020 年）》《关于建立完善守信联合激励和失信联合惩戒制度 加快推进社会诚信建设的指导意见》和《关于促进快递业发展的若干意见》精神，实施《国家邮政局关于加强快递业信用体系建设的若干意见》，加强快递业信用体系建设，促进快递业健康发展，日前，国家邮政局正式印发《快递业信用管理暂行办法》（以下简称《办法》）。

《办法》共六章五十二条，对快递业信用信息的采集、评定、应用和监督管理等进行了规定，明确提出快递业信用管理以经营快递业务的企业为主要对象，建立唯一电子化信用档案进行信用评定和管理。对以加盟方式经营快递业务的，在信用建设方面实行统一管理，强化落实企业总部在信用管理方面的主体责任。

《办法》规定，快递业信用信息是指经营快递业务的企业从事快递业务经营过程中形成的信息，以及邮政管理部门在依法履行职责过程中产生的能够反映企业信用状况的信息，主要包括基本信息、许可管理信息、快递服务质量信息、寄递安全信息、社会责任信息、获得表彰或奖励等其他反映企业信用状况的信息，采集的途径包括邮政管理部门收集录入、企业申报录入、共享其他部门信息等。

依据《办法》规定，邮政管理部门将按照行业共治的原则，牵头设立快递业信用评定委员会，开展辖区内快递业信用评定工作。委员会主要职责包括负责编制年度评定方案，确定评价指标并赋予相应分值，明确守信企业、失信企业和信用异常企业的确定标准，并根据评定方案对经营快递业务的企业的信用情况考核打分，得出评定结果。

《办法》对信用信息的披露和应用作出了详细规定。信用信息通过公开、共享和查询等方式披露。公民、法人和其他组织可以查询公开的经营快递业务的企业的信用信息。被列入年度守信名单的企业，邮政管理部门可以在行业评优评先、争取政府政策支持等方面优先予以考虑和安排。被列入年度失信名单或者信用异常名单的企业，取消企业及其法定代表人（负责人）在邮政管理系统的评优评先资格。对列入信用异常名单的企业，邮政管理部门应当将其作为监督检查的重点对象，可以约谈其法定代表人（负责人），提出告诫督促其整改。对列入快递业失信名单的企业，邮政管理部门可以采取系列惩戒措施，包括提高对其随机抽查的频次和比例、取消企业及有关人员在邮政管理系统的评优评先资格、对有关人员参与新设快递企业进行重点审查、与其他部门实施信息共享和联合惩戒以及由行业协会对列入失信名单的会员企业实行警告、行业内通报批评、公开谴责、不予接纳、劝退等惩戒措施。

此外，《办法》对信用建设的监督管理、信用信息的异议和审查、信用修复、诚信文化建设和部门协同工作机制进行了规定。

下一步，国家邮政局将做好《办法》宣传贯彻落实工作，细化工作方案，尽快完善快递业信用管理工作机制，发挥信用对快递市场的正面导向作用，促进快递业健康发展。

“邮政、快递综合信息”来源：上海市邮政管理局、上海快递行业协会网

7.2 城市配送综合

7.2.1 综述

中物联副会长崔忠付：《城市配送的新时代来临》（节选）

——在"2018 中国绿色智慧城市物流峰会"上的致辞

2018 年 7 月 21 日

今天会议的主题是"新经济 新城配"，"新经济"一词最早出现于美国《商业周刊》，是指在经济全球化背景下，由信息技术革命驱动、以高新科技产业为龙头产业的经济体系。2014 年"新经济"的概念在中国得到重视，2014 年习近平总书记在国际工程科技大会上表示："世界正在进入以信息产业为主导的新经济发展时期。"

2016 年，发展新经济作为一项重要举措首次写入政府工作报告，提出"必须培育壮大新动能，加快发展新经济。要推动新技术、新产业、新业态加快成长"。时至今日，新经济在中国已不再是一个初步设想的概念，随着新能源、互联网、大数据等新兴领域的快速发展，中国经济体系由传统经济占主导向新经济占主导的趋势越来越明显。

而在新经济的推动下，城配行业正迎来千载难逢的历史机遇和服务模式变革升级的重要挑战。鉴于城配的重要性，把握城配脉搏、制定相应策略，对于促进城市物流发展具有非常重要的意义。从这个角度来说，此次峰会的召开可以说是正逢其时。下面我将结合大数据下中国城配行业整体的发展现状、特点及未来的发展趋势，谈几点我个人的看法。

第一，城配行业受到越来越广泛的关注，发展空间不断拓宽，市场前景越发广阔。城市配送属于专业的物流配送服务，主要是市内的短距离物流配送，通常满足"多种产品、单方收货"，或者"单一产品，多方收货"两种不同的需求，配送物品主要以数量大、体积大的货物为主。目前全国城配市场规模突破万亿，预计到 2020 年将超过 2 万亿。

第二，需求高度碎片化、差异大。在现实经济生活中，城配的货源并不集中在某一个区域，而是不规则地在城市中分布。对于物流企业而言，要解决这些散布在全城的配送需求，传统的通过大量布局运力来满足市场需求的物流运营模式，已经无法支撑物流企业在物流效率及运营成本方面的诉求。同时，物流作为社会经济生活的基础设施，服务众多行业。按服务范围，可以分为干线、城配、整车；按服务领域，可以根据垂直细分领域划分出多种行业物流。比如电商、家装、生鲜完全是三个不同的行业，其配送需求完全不同。生鲜产品会要求冷链、温库运输，电商及服装领域会涉及大量逆向物流，而家装配送更多要求送装一体，不同的行业有不同的配送需求。所以，城配需要针对不同垂直领域提供物流解决方案，而不是仅仅利用互联网完成车货匹配。当前，出现了一批以物联网、大数据技术为运营基础的互联网 + 车货匹配平台，比如云鸟科技、货拉拉、易货嘀、58 速运等。通过技术驱动，深度洞察货主需求，高效协调、组织社会运力，从而提供满足符合货主需求，又能够有效配置物流资源的城配服务。

第三，发展瓶颈不断突破。主要表现在以下三个方面：一是城配具有潮汐需求的特征，对配送的弹性化服务提出较高要求。物流企业在为满足潮汐需求而持有运力资源的同时，也面临着在需求低谷期的资源闲置问题，这意味着物流企业需要因此负担很高的经营成本。而共享思维、平台经济则为物流企业提供了一个弹性化满足潮汐需求的解决方式。二是行业弊端得到改善，服务趋向标准化。随着行业的进一步规范，同城货运在定价方面开始逐步标准化。大部分物流平台都按照车型、载重及运输体积，制定了标准、透明的运价，有效杜绝了坐地起价的扰乱市场秩序的行为。整体来看，城配市场将向有序市场竞争过渡。三是从业司机年轻化、认证化、专业化。随着互联网逐步渗透，大量年轻人开始涌入物流配送从业市场。目前同城货运司机中，80后成为主力军。这些年轻人较过去的传统专业司机更能适应互联网化运营。而在司机技术认证方面，全国3000多万货运司机中，拥有合法运输资质司机的占比日趋扩大。同时，随着“互联网＋物流”的平台式城配企业大量进入市场，货运司机受到了更多现代化、专业化的技能培训，运营质量也大幅提升。

第四，行业面临重构，新型城配模式将成为方向。移动互联网的飞速发展，“互联网＋物流”全面洗牌，新零售的扑面而来，电商自建物流的全面开放，全渠道驱动下的供应链深度整合，社交电商、微电商全面爆发，最后一公里新商业百花齐放，客户的深度服务诉求发生变化等诸多方面重构了城配行业，城市共同配送时代即将来临。城市共同配送模式是在城配业务社会化剥离和第三方运作的基础上，基于空间一体化和信息集成共享，将同一需求区域的物资交由统一服务单位的车辆进行统一装载、运输、配送到点的服务模式。简单概括为“四共一同”，即共用仓配送中心、共用配送车辆，共享网络信息、共享网点资源，同程配单。经过自营配送、第三方配送、统一、集中配送、行业共同配送的发展过程，最后发展到区域共同配送，城配将形成“仓共享，线共配”的战略格局。

而伴随着新零售、共享经济、新能源汽车、融资租赁的发展。未来，新型城配的商业模式将是：云仓＋共配＋新能源＋融资租赁＋共享经济＋人人创业。有仓储、懂商流、能配送，做金融，将成为城配的发展方向。

本次峰会以“新经济・新城配”为主题，围绕城配行业的热点和前沿问题进行深入探讨和交流，希望参加峰会的物流专家和企业精英们，借此契机，多学习、多交流、多合作，踊跃发言、集思广益，为共同推进城配行业发展建言献策。

来源：中国物流与采购杂志社 2018年07月24日

7.2.2 综合信息

智慧物流新时代：物流企业家年会聚焦“电商物流＋城市配送”

“双11”，一场电商狂欢节，更是一场考验物流行业的“战争”。2135亿元，当2018天猫双11成交额定格在这个数字，电商平台纷纷交上双11成绩单时，快递物流的考验才刚刚来临。据菜鸟网络数据显示，23时18分09秒，天猫“双11”物流订单量超过10亿，中国电商快递物流业进入一天10亿的新时代。如此巨大的包裹数量，不仅需要电商平台努力，更需要物流企业协助完成。电商物流发展速度之快超出人们想象，电商物流未来发展趋势如何？城市配送痛点何在？

11月24日， 2018（第十六届）中国物流企业家年会在济南召开。值此年会召开之际，“电商物流＋城市配送”分论坛于11月25日上午举行。九位嘉宾先后围绕绿色快递、城配重构等热点议题发表演讲。分论坛由中国物流学会特约研究员陈燕燕主持。陈燕燕表示，随着电商物流的发展，最后一公里配送已经进阶成为“最后一百米”配送。

快行线冷链物流有限公司董事长刘培军结合快行线冷链物流发展经验阐述城市生鲜配送物流的“智与慧”。在电商物流和城市配送高发展的背景下，城市冷链物流发展也面临着很大问题。在竞争激烈的市场下，“活着”成为目前众多微小中物流企业的共同要求。做城市配送，尤其是做生鲜配送，商品多温带、多品种、少批量、高频次的商业模式，要求配送的模式也要不断的更新改变。结合快行线冷链配送中遇到的问题案例，目前城市物流主要有自营、1+3 模式、第三方、共同配送等配送模式，而共同配送是快行线实现共享共配，适合新零售发展趋势的配送模式。共同配送通过集货量、做协同，降低参与者的运营成本，有着很高的额社会、经济、环境效益。

京东物流亚洲一号项目部高级总监王银学以京东物流发展为例分享了“电商物流重构”主题演讲。对电商物流的第一印象是什么？很多人第一反应都是“快”，电商物流的时效已由“天”发展至“分”，目前更是已经发展到秒级配送。京东物流作为电商物流，致力于构建短链、智慧、共享的新一代物流。电商物流的发展重构，使得业务进一步延伸，电商物流也由中央仓的集约化转变为前置仓的去中心化，物流 + 供应链、物流 + 地产、物流 + 金融的业务扩展也成为市场趋势。同时，技术驱动也将推动电商物流重构。目前电商物流将以数字化为基础，呈现出智能化的发展过程，最后实现电商物流无人化的结果。

山东省物流与采购协会执行会长王国利以供应链第一性原理解析现代电商物流创新趋势。供应链存在着信息流、商流（物权转移）、资金流（支付交易）、物流（物理交付）、人文流（人物交付空间）“五流”。以供应链第一性原理去实现“五流”是现代电商物流创新的必然趋势。互联网的发展引发了空间价值巨变，时空价值也被颠覆，电商物流的发展也迎来新的挑战（物流成为短板）。作为农业大国的山东，山东农业、经济的发展离不开冷链物流和电商物流。而不论是传统商贸冷链、温控物流还是电商品控物流，最终都要回归到优质优价的商业价值。

驹马集团物流高级总监丁锐以双十一交易数据开场，围绕“相互发展彼此成就，电商与物流的那些事”展开主题。双十一是电商发展的刻度，也是物流成长的戒尺。效率为先，效率是节点之中城市配送的关键。绿色物流成为发展趋势，驹马物流联合普洛斯将在普洛斯园区建设主推新能源的驹马驿站，司机的生活环境得到改善的同时，使得驹马的用户黏性也达到最佳化，共同助推绿色物流发展。

山东盖世国际物流集团有限公司生鲜电商项目总监马忠建指出智慧供应链和大数据赋能传统物流企业转型升级。盖世物流方向供应链模式下的实践案例，随着移动互联网的发展，农产品供应链的交互，交易与交付分离，可以实现交易交付不同时不同场，极大的扩展了生鲜电商和农产品供应链的想象空间，为盖世集团生鲜电商项目提供了一种“订单倒推生产”的“反向供应链模式”。随着智慧供应链和大数据的发展，盖世物流的转型升级成果不俗。

江铃汽车销售有限公司品牌事业部轻客品牌经理胡扬在论坛上分享“物流车企将助力电商与物流协同发展，构建智慧物流新时代”主题讲话。江铃新能源汽车研发使用进程，未来可能是无车物流时代。随着电商的发展，消费者的消费模式也发生了变化，从“线下”转到“线上”，消费方式由“人追物”变成了“物追人”。无边界和跨行业的趋势也越来越明显，消费升级也使得人们对新科技的接受度和需求度越来越高，汽车行业也由传统模式转变为生态圈模式。作为车企，江铃未来不会仅仅是汽车制造者的角色定位，将会以智慧的眼光从长远的角度着眼行业，在智慧物流时代，希望能够实现智慧物流运力提供商、供应链整合商、基础设施提供商角色定位，掌握物流运输市场话语权，成为移动出行和智能物流方案的最佳伙伴。

圆通速递有限公司副总裁相峰发表“新能源物流车助力快递配送绿色化”主题演讲。随着我国经济发展，快递物流业高速发展，快递配送的需求也在高速增长，在绿色物流的发展趋势下快递物流行业对新能源物流车的需求也日益增长，快递支线运输对电动汽车的应用与需求也不断扩深。目前，我国新能源物流车总体市场占有率仍然较低，中国新能源物流车实际应用比例也很低，这种情况的出现，源自于政策、市场的影响。物流行业从事人员不懂新能源，新能源物流车以组织持有居主，而目前的主流形势还是以个体持有居主的传统物流车。同时新能源物流车目前主要用在城市物流领域，车型品类还较少，这在一定程度上也制约新能源物流车的发展。新能源物流车的进入会为整个快递跟配送带来系统化、体系化的变革，并对新能源物流车新时代的到来表示期待。

云鸟科技公共事务副总裁雷禹对带来了对“新经济下未来新城配的一些思考”。云鸟科技是一家致力于“同城供应链配送”的互联网平台，以平台化、数字化为基础，用数据驱动供应链交付依托数据实现节点全流程打通、智能高效车货匹配、智能排线以及全流程可视化。

传统模式下城配的痛点在哪里？追本溯源，运力结构散、规模小；信息不透明、服务质量差；效率低、成本高，传统的城市配送制约着经济与城市的发展。新经济带来了新问题，在新市场下，仓位更远、前端更碎、前端时效、订单波动都比较大，这些都制约城市配送发展。

中国包装联合会包装用户委员会秘书长、美狮传媒集团联席CEO张滨燕针对“渠道裂变后物流效率提升的下一步制胜点”提出看法。在今天的消费时代，已经实现了线上线下 + 物流的深度融合，物流碎片化和高效送达的市场要求也使得物流成本显著上升。随着单日10亿包裹时代的到来，物流包装的重要性也日渐显现。物流如何降本增效？优化包装是节省物流成本的关键一点，物流包装实现标准化，可以明显实现降成本；同时，使用环保包装，实现轻量和回收，也将助力实现绿色物流。张滨燕指出：包装 + 物流的绿色可循环将是物流包装的未来趋势。

随着物联网、人工智能的发展，中国物流迎来发展的春天，今年是我国改革开放四十周年，也是中国物流从无到有，从起步到跨越式发展，从封闭到全面开放，从跟随到引领发展的四十年。物流企业家年会的召开，将推动我国物流行业的交流与合作，加快我国物流行业改革创新和转型升级。

来源：万联网 2018年11月27日

新零售时代，城市物流配送的出路在哪里？

随着互联网产业蓬勃发展，物流行业也迎来“井喷期”，而城市物流配送作为下一个物流发展的蓝海，无论是物流企业、平台，还是供应商都在提前布局以争取未来的主动权。

我们正处在一个瞬息变化的物流世界，移动互联网的飞速发展，“互联网 + 物流”全面洗牌，新零售的扑面而来，电商自建物流的全面开放，全渠道驱动下的供应链深度整合，社交电商、微电商全面爆发，最后一公里新商业百花齐放，客户的深度服务诉求发生变化等诸多方面重构了城市物流配送行业。

未来的城市物流配送，是服务性社会保障的重要基础，作为支撑力量的城配物流前景必然广阔。未来又是数字化的时代，更需要依托大数据提供决策支撑，深度贴合技术，靠技术拼智慧，努力提高效率降低成本是我们永恒的话题。从以下三个方面来全面解析城市物流配送的发展趋势。

一、直面问题

城市配送既是物流活动的中端也是终端，其辐射范围大到城城互通，小到社区、村镇，是城市流通矛盾的集中地。城市配送体系由城市配送网络系统、城市配送运营系统、城市配送信息系统三大主体和外部环境（需求、政策）构成。

城市共同配送模式是在城市配送业务社会化剥离和第三方运作的基础上，基于空间一体化和信息集成共享，将同一需求区域的物资交由统一服务单位的车辆进行统一装载、运输、配送到点的服务模式。可简单概括为“四共一同”，即共用仓配送中心、共用配送车辆，共享网络信息、共享网点资源，同程配单。

需要经过自营配送、第三方配送、统一、集中配送、行业共同配送的发展过程，最后发展到区域共同配送，城市配送将形成“仓共享，线共配”的战略格局。

（一）城市共配的关键点

城市共配需求的释放和培育问题城市配送中心、末端网点的完善问题供应链利益机制和信息共享问题城市配送空间网络合理规划问题城市共配如何与当前城乡流通模式融合的问题。

（二）城市共配的难点

城配企业不但面临着经营规模的压力，更承担着巨大的成本压力，具体体现在十难：信息化系统应用难，企业空间聚合有难度，社会化剥离难，配送企业盈利难，城区配送作业难，配送中心落地难，行业资源整合难，建立信任机制难，提升优化难，管理促进难。

二、趋势变化

（一）城市共同配送时代即将来临

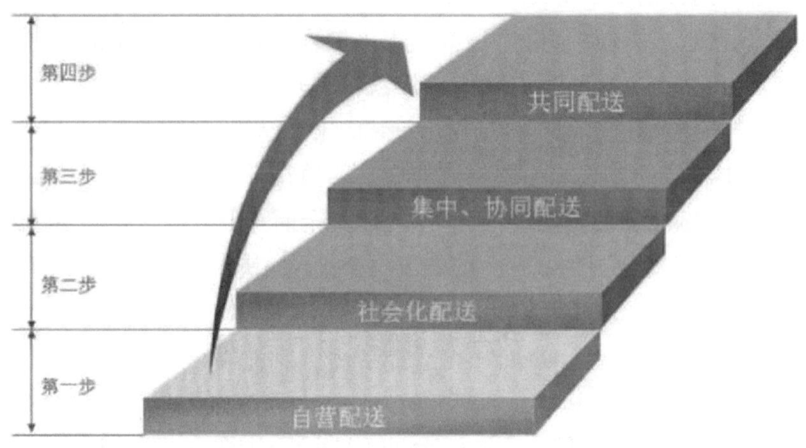

（二）工业 4.0(INDUSTRIE 4.0) 给城配物流带来的变化

工业 4.0 推动供应链运营 C2B 模式：粉丝经济的用户需求驱动，工厂定制化，渠道扁平化，快物流网络，大数据驱动，人工智能为支撑。

（三）物流配送量将发生变化

针对个人消费者的配送量将会逐年上升，toC 端的配送占比将逐年升高，toB 的配送量将呈向 toC 转变的趋势。

（四）城市配送的要求将更高

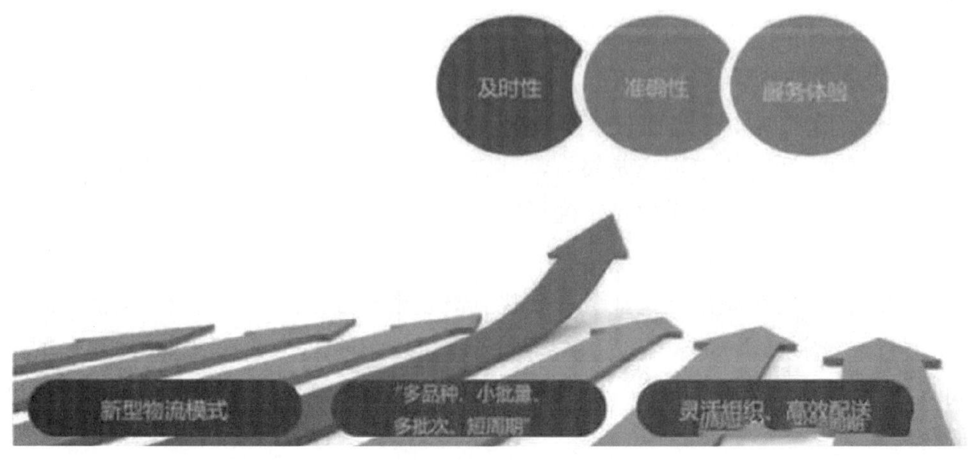

新零售新配送，线上线下全渠道时代，城市配送“多品种、小批量、 多批次、短周期”的特点，需要新型物流模式，灵活组织、高效配送，最终达到及时性、准确性、服务体验好。

（五）城市配送的服务范畴扩大更具有价值

未来的新零售商业时代，物流配送企业的核心价值体现在：谁距离用户越近，越有商业价值；谁沉淀的物流运营数据越多，谁就具有更大的商业价值；谁提供供应链运营的增值服务越多。未来一个物流配送企业的价值，不是资产越多越好，而是运营能力越强越好。

（六）城市配送网点逐步健全

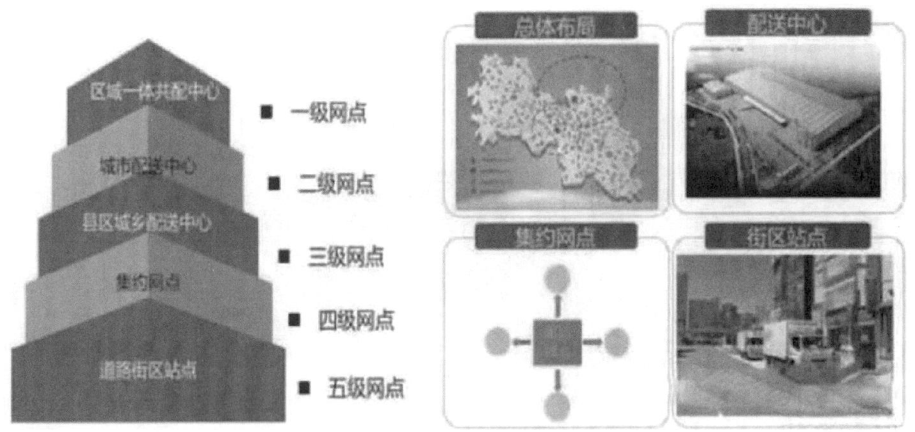

（七）未来城市配送企业将处于链主地位

城市配送与城际干线深度融合，未来，城市配送企业将处于链主地位和核心竞争力的重要环节，城市配送从商贸剥离社会化再到融合，城市配送企业很有可能成为区域商贸物流链的链主。

（八）规模化之后的集约才是最核心的竞争力

从共同配送的角度来看，最重要的一点还是要回归到供应链的本质。竞争到最后一定就是规模化，然后是精益化，将来要想成为整合者，一定是在精益方面下功夫。靠技术拼管理的时代已经来临！当今的城配体系如同股市，少部分企业盈利，小散乱的结构直接导致 7 亏 2 平 1 盈利。

（九）县域物流城乡配送需求稳定并将不断扩大

支农惠农政策逐步落实农村现代流通网络建设加快多形式、多渠道的农产品购销体系初步建立农村市场日趋活跃农村市场规模不断扩大农村消费结构升级加快农村市场消费水平不断提高

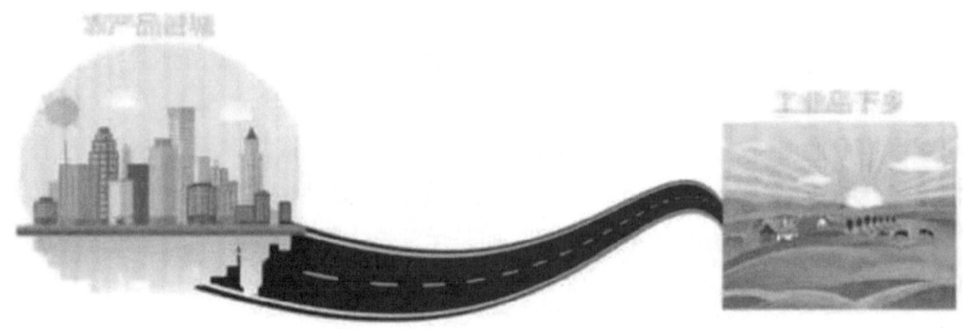

（十）城市配送未来将进入寡头时代

（十一）新零售新配送成为服务性社会保障的重要基础

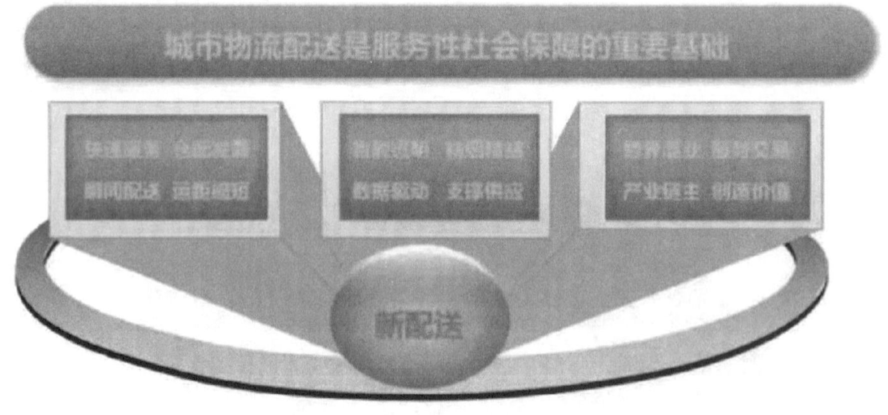

新零售，给中国物流行业一个全新的机会，转变思维、创新模式是我们当务之急。

三、机遇商机

未来的商业是虚拟商业＋实体商业的结合体系，是流量＋场景体验＋交易＋物流＋供应链＋支付＋金融＋大数据＋智能智慧……融为一体的新商业生态。用马云的话，未来将没有电商，只有新零售，新零售是将用户与产品研发直接拉近，供应链发生全面的变革，面对变化谁能抓住当下的机遇和商机，提前布局，谁就是赢家。

（一）本土物流、商贸企业转型发展的机遇

新零售时代的新配送，已经把物流和社区商业有机的整合，最后一公里会有两个变革，一个整合，一个升级。整合是末端物流配送的整合；升级是物流服务衍生出来的社区商业服务。伴随着互联网的浪潮，传统的物流企业转型要么累死，要么等死。最终行业的发展即将进入优胜劣汰，胜者为王的时代。

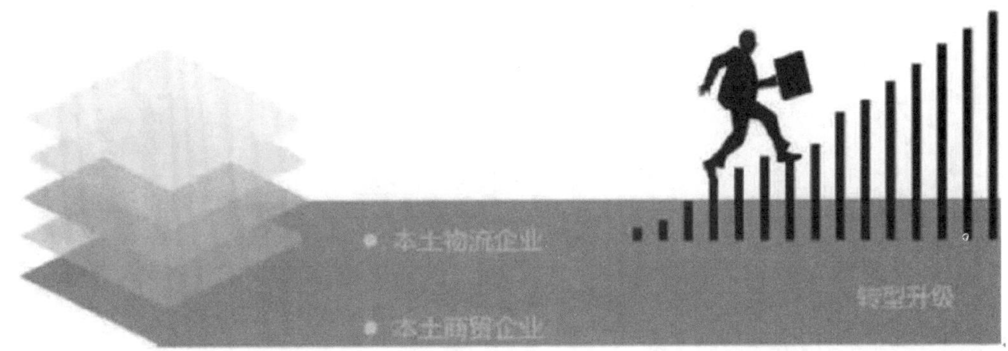

（二）区域性城配平台的发展机遇

（三）取得关键性城配节点的机遇

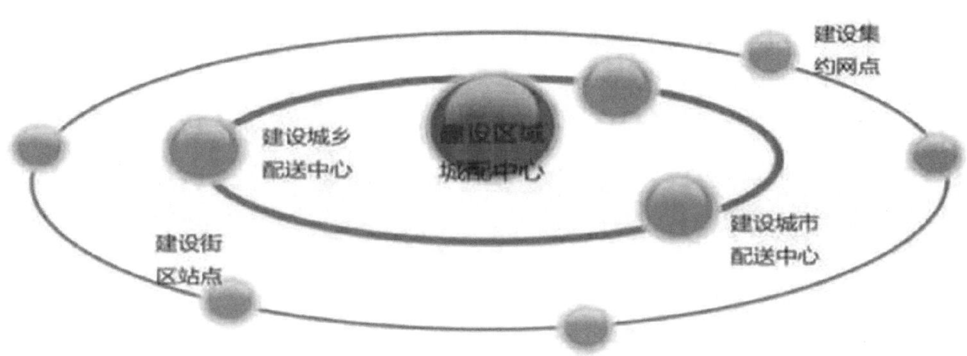

（四）成为区域城市物流配送寡头的机遇

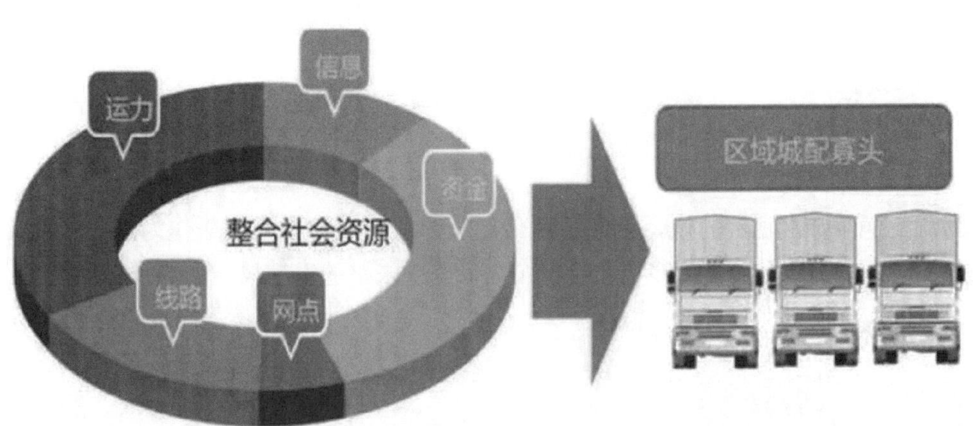

（五）面向城市物流配送企业服务商的发展机遇

（六）县域物流是未来三年物流发展的爆点

县域物流承担了工业品下乡 + 农产品进城的关键枢纽环节。县域物流成为了当前各大物流企业忽略的盲点。

县域物流是机遇和挑战共存，未来县域 + 农村的消费人口达 9 亿多，伴随着互联网的发展，农村互联网消费将全面爆发，商流通了，物流不通，一切交易都不能成为闭环。

所以说县域物流的发展和布局，机会很大，定位商业、迎合政策、升级模式、借力资源很重要。

（七）新型城市配送模式将成为方向

伴随着新零售、共享经济、新能源汽车、融资租赁的发展。我大胆的预测，下一代的城市配送的商业模式将是：云仓 + 共配 + 新能源 + 融资租赁 + 共享经济 + 人人创业。有仓储、懂商流、能配送，做金融，这将是城市物流配送的发展方向。

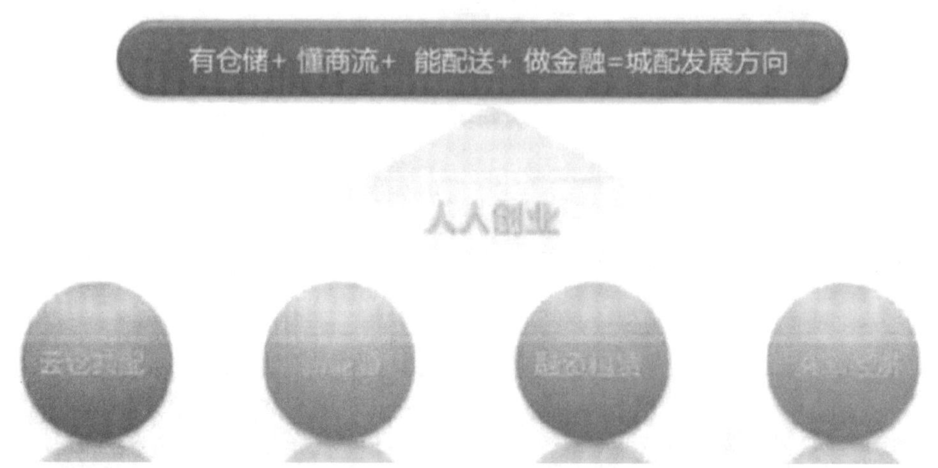

城市物流配送争夺战已经打响，谁能跑赢最后一公里？城市物流配送作为下一个物流发展的蓝海，无论是物流企业、平台、供应商都在提前布局以争取未来的主动权。

来源：物流产品网 2018 年 09 月 17 日

全国城市配送市场规模到2020年将超过2万亿元

当与消费者密切相关的零售场景发生变化，新零售扑面而来，电商物流全面开放，全渠道驱动下的供应链深度整合，社交电商、微电商全面爆发之时，互联网+物流的模式也将全面洗牌，城市共同配送时代即将来临。

城市是商品流通和居民生活的集聚区，城市配送对于城市建设发展有着重要意义。随着城市的发展、互联网时代的需求，城配也早已告别以往B2B的传统商业运营模式，转而形成了一大批以互联网大数据技术为运营基础的“互联网+车货匹配”平台。当与消费者密切相关的零售场景发生变化，新零售扑面而来，电商物流全面开放，全渠道驱动下的供应链深度整合，社交电商、微电商全面爆发之时，互联网+物流的模式也将全面洗牌，城市共同配送时代即将来临。

在新经济的推动下，作为距离消费者最近的物流场景，同城配送市场也正在发生新的变化。在此背景下，近日，由中国物流与采购联合会指导，北京云鸟科技有限公司、《中国物流与采购》杂志社联合主办以“新经济新城配——2018中国绿色智慧城市物流峰会”在北京召开。据悉，本次峰会是国内首届以“新城配”为主题的全国性峰会。

近两年来，随着新经济的快速发展，新技术、新产业、新业态加快成长，同城配送市场也在发生变化。面对这些新的机遇与挑战，同城配送行业也面临着新的课题。随着城市的扩大，物流中心越搬越远，配送半径也越来越大，同城配送企业如何实现转型？物流成本与客户要求都在不断上升，企业该如何解决这些难题？当下我国的消费格局正在发生变化，新零售业态不断涌现，企业该怎么办？在我国新经济发展模式下，企业以及行业的发展如何跟上国家发展的脚步而成为真正的基础和奠基石？

城配市场新变化、新趋势

当下同城配送市场的变化及趋势与我国的经济发展有着很大关系，对此，中国物流与采购联合会副会长兼秘书长崔忠付深有感触。他表示，2016年，发展新经济作为一项重要的举措，首次被写入到政府的工作报告中，提出必须培育壮大新动能，加快发展新经济，要推动新技术、新产业、新业态加快成长。在新经济的推动下，城配行业正迎来千载难逢的历史机遇和服务模式变革升级的重要挑战。

城配行业受到了越来越广泛的关注，发展空间在不断拓展，市场的前景愈发广阔。目前，全国城配市场规模已突破万亿元，预计到2020年将超过2万亿元。

当下市场需求高度碎片化、差异化，在现实经济生活中，城配的货运并不集中在某一个区域，而是不规则地在城市中分布。对于物流企业而言，要解决这些分散在全城的配送需求，通过大量增加运力来满足市场需求的传统运营模式已经无法支撑物流企业在物流效率及运力成本方面的需求。同时，物流作为社会生活的基础设施，服务于众多行业和服务范围，按照服务范围可以分为干线、城配两种。按照服务领域，可以根据垂直细分领域，划分出多种行业物流，不同行业的配送需求完全不同。因此，城配需要的是针对不同的垂直领域的物流解决方案，而不是仅仅利用互联网完成车货的匹配。这个变化对城配企业来说既是挑战又是机遇。

另外，城配具有潮汐需求的特征，对配送的弹性化需求提出了较高要求。物流企业在为满足潮汐需求而持有运力资源的同时，也面临着需求低谷期的资源闲置问题，意味着物流企业需要因此负担很高的运营成本。

对此，身处城配第一线的云鸟科技 CEO 韩毅深有体会。韩毅表示，目前社会的弹性需求很大，消费者已打破原来一星期、一个月采购一次的消费习惯，随时随地可以进行购物，这就会造成很多日常型进货、补货的潮汐效应订单波动。如今的仓库租金又贵，距离城市又远，商业网点的布局会越来越散，再加上城市的拥堵停车等问题，城配的物流成本会越来越高。“今天的便利店物流成本占货值的比例已经上升到 6.7%，也就是说消费者在便利店花费 100 元，6 元至 7 元是付给城市卡车的费用。如果是在 1000 平方米的超市，现在大概是 3 元至 3.5 元用于卡车和市内运输的费用。”除此之外，在韩毅看来，对城配行业影响最大的是零售场景的变化。

在消费升级的大趋势下，中国零售场景正在发生变化。首先是商业网点的数量越来越多、越来越密集，开店速度越来越快，关店速度也很快。另外从商流角度来看，消费者想享受便捷服务，买东西或者享受服务是越近越好。原来很多人喜欢去大卖场，现在的年轻人则爱去便利店，有些人连便利店也不去，会去走路不超过 30 米的无人货架等购物场所。这些零售场景的变化对城配行业来说都要面临新的课题。

从纯粹的物流需求角度来说，城市中的补车、停车以及交付难度直线上升，包括对时效要求。“原来觉得对 B2B 的时效要求很低，只要不丢就行，现在不行了，现在不仅仅是妥当的问题，还有准时和准点率问题，因为商家自己的供应链也在提升。”韩毅表示，在成本不断上升以及很多现实问题面前，今天不仅仅是企业能不能超前于客户需求的问题，而是能不能跟上社会与国家政策以及货主需求的问题。

新的经济体系，新的零售场景、新的消费环境，也势必会催生新的城配方式。事实上，为了顺应这些变化与趋势，当下城配行业已经开始重构。

在中国经济转型升级的大背景下，数据、创新与变革早已成为企业持续发展并成功破局的力量之源。“新经济发展与国民消费持续升级，催生新城配，即城市配送必须高效、智慧、绿色发展。只有把所有资源都放到云端，用数据驱动供应链交付，才可以实现城配效率的提升。”

今天的城配市场与以前的市场有了很大变化，城配企业也在积极迎合市场的变化。第一是运用云端化将分散结构的运力池进行整合。分散结构下的每辆车和资源的利用能力已到了极限，各种资源只有实现在线运营才有可能被更多人使用，才能变成公有资源，并会有更大的发展空间。

第二是运用新技术提高效率、提升服务。城配系统中有多个角色，这里面有发货人、收货人、有货，还有承运人、监管方。角色越多需要的工作流程就越多。另外还有一个很重要的特征，即这些角色开始取代人工。现在发货商很多都变成 SERP（搜索引擎）了，下游也在发生变化，有自动售卖机、无人商店，这些角色已不再需要人工。其实不管如何改变，多角色之间整个要协同到一起，这是降低隐性成本的重要一点。利用技术手段让这些角色协同起来，这也是城配企业在做的事情。

第三是排线问题。原来排线的作用在城配里并不明显，如今货量大了，很多货主每年要送四五百单，这就要考虑是要用大车还是小车、用几辆车、线路怎么走的问题了。现在订单量增加、订单波动大，因此现在排线都从原来的月级升为了日级。这也就要求企业应转变排线方式。云鸟科技原来是人工排线，排线员每天都会对一桌子单据进行排线。现在机器自动排线，大大节约了成本，而且技术能不断迭代，效率也会越来越高。

第四是运力综合匹配。排线解决了用几辆车、走什么路线的问题，而用什么价格的车就要考虑运力综合匹配了。运力综合匹配是车辆资源和司机的利用效率问题，这是城配解决的大问题。物流平台从长远来讲，如果想把资产利用率提高，只有把资产搬到云端，通过中心型的方式去计算、去提高效能。系统知道需求在哪儿、车辆的使用情况，基于云端的资源就会进入新的演化路径，在这种演化路径下效率才能进一步提升。

从行业的发展角度看，城市配送这个行业也正在重构。他表示，城配行业面临重组，新型的城配模式将成为方向。互联网 + 物流全面洗牌，新零售扑面而来，电商物流全面开放，全渠道驱动下的供应链深度整合，社交电商、微电商全面爆发，最后一公里的新商业业态百花齐放，客户的深度服务需求发生变化等诸多方面，都重构了城市配送这个行业，城市共同配送时代即将来临。

城市共同配送的模式是在城市业务社会化活力和第三方物流运作的基础上，基于空间一体化和信息的集成共享，将同一需求区域的物资交由统一服务单位的车辆进行统一的装载、运输、配送、到点的服务模式，可简单概括为“四共一同”，即共同仓储配送中心、共同配送车载、共享网络信息、共享网点资源，同城配单经过自营的配送、第三方配送、统一集中配送、行业共同配送的发展过程，最后发展到区域共同配送，城配将形成仓共享、线共配的战略格局。“伴随着新零售、共享经济、新能源汽车、融资租赁等等这些业态的发展，未来新型城配的商业模式将是云仓 + 共配 + 新能源 + 融资租赁 + 共享经济 + 人人创业，有仓储、懂商流、能配送、做金融，将成为城配的发展方向。”

来源：《中国商报》2018 年 08 月 22 日

2018 年城市配送群雄厮杀 洗牌过后谁主沉浮

今天的传统城配企业已经面临四面楚歌了，某些企业还在吹捧中国城市配送具备万亿级城市配送市场，实际上这个市场早已经被瓜分切割，只不过在每一个细分零售进行唇齿相争而已。

2018 年，新零售全面渗透中国商业经济，转眼之间曾经的单一线上电商模式进入了过去式，新零售成为了全新的商业业态。事实就是这样，每一个新商业生态的兴起，1-2 年过后就是其后服务生态的变革与重构。从今天的趋势看，新零售背后的新商业倒逼着传统的电商仓配、传统的快递企业、传统的城市商超配送面临新的一轮洗牌。单从城市配送细分领域的发展史来看，过去 20 年中国的城市配送经历了三次变革，每一次变革，都是因为商业发展的变革倒逼着城市配送的变革，当然，每一次变革在让一大批企业淘汰的同时，也孕育出全新的商业企业。

一、中国城市配送的三个时代

1. 传统 B2B 时代、

传统 B2B 商超时代是在 2000-2007 年的这个期间，当时的各大城市配送企业，紧紧围绕商超的物流配送为主，成就了各城市的城市配送企业，可惜那个时候没有资本整合，也没有全国的网络思维，完全是各自为政时代。

2. 电商物流时代

电商时代是从 2007 年过后开始全面爆发的：2008 年刘强东开始大量投资仓储物流，建立京东自营配送队伍；“三通一达”开始萌芽，布局城市快递网络；2013 年之前阿里的物流还是叫“淘宝大物流”，2013 年才正式启动菜鸟网络，从 7-8 年前的双 11 爆仓人海战术应对，到如今的智能化、无人化的多场景应用。电商时代成就了城市配送变革：一是成就了快递配送网络；二是成就了落地配网络。

3.“互联网 + 物流”共享众包时代

从 2014 年“互联网 + 物流”新商业的萌芽，到 2015 年的行业泡沫（创业者蜂拥而上、投资者大势布局），再到 2016-2017 年的行业洗牌。曾经的多个“互联网 + 物流”平台最后死剩无几。至于那些死那些活这里我就不罗列了，免得说我落井下石得罪人。“互联网 + 物流”时代的城市配送洗牌过后，现在剩下如下类别：1）平台类：货拉拉、云鸟、58 速运等；2）共享众包：闪送、美团、饿了么、点我达等；2017 年，新零售全面萌芽，2018 年新零售全面渗透。2018 年，下半年 -2019 年新零售时代的城市配送正面临全新变革。

那么，新零售时代的城市配送又会是怎样的呢？

二、2018 年中国城市配送的四面楚歌先从几个热点事件说起

事件一：7 月 13 日，58 速运完成 2.5 亿美金融资，由华新投资领投，菜鸟、中俄基金、弘润资本、前海母基金及母公司到家集团跟投……趋势看，各路资本开始站队了！

事件二：7 月 11 日，菜鸟网络宣布，以众包业务和其他业务资源及 2.9 亿美元现金战略投资最大即时物流平台点我，成为其控股股东。这是迄今为止，国内即时物流领域最大的一笔投资。

事件三：3 月 12 日，菜鸟网络深度整合五家实地配送公司，分别是万象、昇邦、东骏、芝麻开门和黄马甲，五家配送公司整合之后成为了“杭州喵递宅配科技有限公司”，内幕人士透露，这叫“新配盟”。

事件四：2 月 27 日，阿里以 95 亿美元收购饿了么全部股份。

事件五：2 月 14 日，京东物流获 25 亿美元融资，估值 134 亿美元，成为中国物流最大单笔融资。

从以上的大事件，和行业 2018 年的动态来分析，可以洞察出新零售业态下城市配送的趋势：

（一）全国落地配的整合收编

以阿里 + 菜鸟为头的大电商、新零售平台，开始收编整合优质城市配送网络资源，其目的至少有这样几个：

1. 将前期投资的城配网络结网成盟（万象、晟邦、东骏等），合并流量整合，未来可能成为一个独立的城市配送上市主体（喵递）。这个体系会更有效的为新零售战略做物流后服务，不仅为传统的天猫、猫超服务，还将原来的快递送包裹模式升级成新零售配送队伍，为零售通等多个新零售场景服务。

2. 新的城市配送整合，将洗牌掉那些做不大的、不愿意被收编整合的城市配送企业。

3. 技术变革：城市配送将进入技术改造升级，将原来的人海战术升级智能科技、无人化运营。

4. 倒逼传统快递企业转型升级：传统的快递企业如果不加速升级，业务自然会被新的城市配送网络取代，即“骨干网络 + 城市云仓 + 新配盟”模式。

（二）京东自建物流平台逐步开放

京东物流的全面开放，无疑会对城市配送带来巨大的冲击。京东有成熟的城市配送运营管理体系，早期在北上广自建的网络相当成熟，在技术体系上很难有城配企业能相当，再加上京东自带商流。京东物流的开放，对城市配送这一领域是有巨大的冲击的。

（三）互联网 + 城配平台的厮杀：货拉拉、58 速运、云鸟等已成格局

毫不客气的说，现在的“互联网 + 城市配送”平台已经所剩无几，生的伟大，死的光荣。在一次泡沫退潮过后，裸泳的自然会被洗牌。①7 月 13 日，58 速运完成 2.5 亿美金融资，由华新投资领投，菜鸟、中俄基金、弘润资本、前海母基金及母公司到家集团跟投。这无形中就是一次行业整合站队。②货拉拉在 2017 年完成了 C 轮融资，雷军的顺为资本也参与其中。③云鸟在 2017 年完成 D 轮融资，华平、经纬、金沙江等参与投资。目前来看，3 个巨头之后已经再无后来者了。互联网 + 城配平台基本成定局，最终 3 家谁能走到最后，就看谁的底子厚，谁的后台支撑力强了。

（四）新能源汽车运营平台的杀入

熊猫新能源、地上铁等新能源汽车，按理说和城市配送物流没有直接的关系，传统思维上仅仅是提供运力工具的供应商。但是，受到共享出行、共享单车等模式的影响。传统的新能源汽车工厂 + 运营平台 + 金融机构 + 城市物流市场，形成了一个即将裂变的新商业生态，这个生态不是一家企业干的，这个生态是一个企业组合。试想如果有一天：城市的个体司机不用个体买车了，直接在新能

源汽车平台上开车跑业务，一切货源调度、车辆路权、配套充电等服务都由后台提供，货源也直接与新能源汽车战略合作。这样一来，传统城市配送企业该走向何方呢？

（五）众包物流的全面整合

饿了么、点我达、美团、闪送..... 众包物流，是被“三通一达”、顺丰等快递企业忽略的一个细分市场。在过去三年时间蓬勃发展，形成了城市配送的新力军。闪送，是同城快递的代表；饿了么蜂鸟、点我达、美团是最后一公里末端众包的代表。未来的趋势看，陆续向社会化开放，会吃掉更多的城市配送的市场份额。

（六）大件物流配送竞争升级

日日顺、国美安迅、德邦快递、顺丰重货、京东物流大件物流，过去一直不被重视。一方面电商的快递企业习惯于做小件。小件单件利润高，配送作业难度小，通用性强，任何快递员都能够干。伴随着家电、厨卫、家装、新零售到店的需求日益，零担企业和新型的快递企业开始卡位大件物流。

日日顺是典型的从海尔内部的合同物流向大件物流转型的企业；国美安迅、京东物流是典型的零售电商平台转型布局大件物流；德邦快递、顺丰重货、优速快递等，是典型的从零担快递向大件重货物流布局的企业。

7 月 2 日，德邦物流更名为德邦快递，发力大件快递未来趋势看，大件物流将会成为一个独立的分支。大件物流拥有独有的特殊性，会涉及到送装一体，同时还有特殊的后服务，将成为城市配送的新型竞争领域。

几位企业老板太熟，不方便提名了商超物流是中国最老的城市配送物流，我本人曾经在 2014-2015 年扎根在城市配送中心，和上海的 3000 多家卖场做物流配送、路径优化、配载优化。当时的城市配送实现了多家品牌入住商家的物流集约。今天看，商超对优质的配送企业已经以投资的形式站队。你做的好，我就投资你，我投资了你，你就别去和竞争对手服务了，否则我业务也不给你做。这就是商超物流的站队现状，让地方性商超物流不得不委曲求全。综合分析：今天的传统城配企业已经面临四面楚歌了，某些企业还在吹捧中国城市配送具备万亿级城市配送市场，实际上这个市场早已经被瓜分切割，只不过在每一个细分零售进行唇齿相争而已。

三、未来的城市配送，谁主沉浮？

互联网商业有一个铁定的规律，上半场泡沫、下半场洗牌整合。泡沫时期资本，资本、创业者、行业巨头、跨界领域等交错相争。真正到了下半场的时候，谁能留存下来，就要考虑以下几个方面了：

（一）货源在谁手上？谁手上掌握了货源，谁有有充分的话语权

阿里、京东手上有新零售的货主权，所以他们的整合能力会进一步加大。美团、饿了么等众包平台，他们在上游抓住了订单的控制权，会持续的驾驭这个细分零售并不断创新。货拉拉、58 速运、云鸟等企业，作为第三方的资源对接和数据运营平台，单靠技术去驾驭整个商业，其实是有难度的。未来的出路一定会像滴滴做到后期一样，从“快车”为主的平台向“专车”服务延伸。如果不做成自建、自控的车辆运营体系，很难获得上游货源的认可。还有一个方向呢，就是向二三四线城市渗透，因为一线城市竞争已经白热化了，要走的路径就是农村包围城市的战略。传统商超拥有货源的主体，接下来对城市配送的收编整合会继续从投资角度渗透。传统配送企业你要生存发展，货主给你断奶了，你业务就会崩盘，因此是不得已而为之。大件物流同理，没有货源的物流平台，单独要集约货源，会面临巨大挑战。比如日日顺、国美安迅、京东物流这些大件会玩的很成功。

（二）仅用科技，真的可以做大市场吗？

这个问题很多人都问过我，我的观点是：中国物流在互联网、移动互联网时代的发展离不开科技。但仅仅靠科技就能搞透一个行业，特别是物流行业，那是扯淡。举个例子：京东在早期仓储物流系

统上买了好几家公司的软件，而做到后期过后，京东的自有硬软件技术团队独立打造XYZ等技术团队，现在在持续的迭代和升级中，远远甩开了曾经给京东提供外围技术服务的公司。所以，单独靠科技能够做成功一个行业的独角兽的情况，基本不可能，特别是物流领域，科技就只是工具。任何人在我面前吹嘘有技术就能搞透一个行业，我会直接丢一句话：去干了再说！

（三）资本在下半场如何收局？

从过去三年互联网物流的投资泡沫到今天，资本对物流领域的投资越来越理性了。从几个维度可以看出。早期的天使越来越少了，基本上天使投资人不会投资物流，因为这是重资产、重人力的长线投资，大部分资本都是逐利求快的思维。产业投资逐步成为主流，传统的PE、VC慢慢的放弃这个领域。典型的产业归类如：阿里菜鸟系、普洛斯钟鼎系、顺丰系、京东系，其他的没有太多的重资本单独砸一家物流企业了。那么在未来城市配送领域资本将如何整合呢？阿里收编整合已成定局：新配盟、饿了么、点我达、盒马配送等。东自建物流社会化中，收编达达，未来可能还会对二三线城市的配送网络进行收编。顺丰早期收编过小红帽、银捷等城配企业，可惜没有有效的抓住整合的时机；后续接触过百度外卖，最后也没有结果。普洛斯系会也进行过一系列的投资布局，比如驹马、小马大众等城配企业。未来的城市配送企业，没有资本的站队，没有商业后台的站队，会很快死掉，不信我先把话说在这里，大家一起见证！

（四）未来的新零售，究竟需要怎样的城市配送？

阿里也好、京东也罢，今天大电商平台的内核竞争力都是供应链。而未来的新零售（京东定义的无界零售）究竟需要怎样的城市配送呢？

罗兰贝格：新零售模式下的物流配送模式演进新零售有几个词值得大家记住：“一盘货”：这是2018菜鸟全球智慧物流大会里最热的词，新零售是线上线下一盘货的供应链协同，数字化供应链驱动的商业运营。“店仓”：这是近期刚刚出现的行业热词，店既是仓，仓既可成店。新零售的线上引流、线下体验、便捷到户、共享众包，店和仓的零售和物流的功能无形实现了整合和集约。“餐饮零售化”：这是盒马这样的业态的典型特征。

餐饮+最后一公里的众包，2018年世界杯最火的餐饮零售化的场景就是小龙虾的商业场景。线上点单，线下送到家电视机旁，边看球边吃小龙虾。那么未来的新零售需要怎样的城市配送企业呢？未来商业的趋势是S2b2c的新型供应链模式，这也是湖畔大学曾教授提出的，这是从商业模式角度看。而从产品流通角度看，我认为是F2b2c，背后的运营将是工厂或农场产地直供城市配送枢纽，然后从城市枢纽直接到“店仓”，中间的商品是线上线下“一盘货”的共享。

侯毅今年曾这样评价盒马物流与京东物流的差异，如图：从曾经的思维看，这和合同物流时期，直接配送到卖场貌似没有什么区别。其实错了，区别大着呢？这对物流的相应能力要求越来越高；而且库存共享协同能力要求越来越强；这个时候to“店仓”的业务，远远比合同物流时期的卖场配送复杂度高；同时这些货物不是在末端的等待销售，而是快速消费周转。

未来的城市配送企业，要快速摸透新零售配送的商业逻辑，或者尽早试水，如此以来你才不会被新商业所淘汰。

（五）垂直领域还有一线机会

如果城市配送企业，没有阿里京东的后台，也没有大资本倾注。我建议你做垂直，别做大而全，大而全你是搞不过别人的。我建议你做到类似冷链城市配送、医药城市配送、餐饮中央厨房城市配送、家居配送等等，这些细分领域还是有发展的机会的。胡子眉毛一把抓，最终没有建立一个护城河，最后自己把自己干死了。

综述：关于未来新零售的城市配送发展趋势，这几个方向大家可以参考：无商流、不物流。没有商量的话语权，一切物流企业的整合都是刀刃上舔血吃，很快就会被干掉的；未来三年，中国物流的商业竞争将是绝对的生态化的竞争，单一一个业务领域、一个区域，很难站稳脚跟了；用技术整合商业时代已经结束，新商业时代一定是线上与线下的有机融合，任何一个物流平台，单独靠线上玩不转；新时代的城市配送，将是一个新的行业生态，未来的城市配送生态场景可能是成熟枢纽+社区云仓（店仓）+新能源+融资租赁+共享经济+人人创业+大数据驱动的新商业业态。

每一次新商业的变革，随后的两年都会引爆全新的物流变革。任何商业业态都是旧不破，新不立。真正的风景，是在日起、日落变换时分。关于新一轮的城市配送洗牌，是危也是机，只有提前读懂机会，提前卡位，才可能成为机会的主人。这个时代，是考验一家企业敏捷度的时代，敏捷转型升级，敏捷卡位商机，敏捷组织变化。未来的城市配送，智能化、新能源化、数字化是大趋势。我们一起拭目以待！

来源：物流指闻 2018 年 07 月 26 日

激战城配“最后一公里”，任重而道远！

尽管城市配送“最后一公里”已经引起业界广泛关注，甚至不乏领头企业已经先行实践，如先后有北京“城市 100”、上海农工商等企业尝试依托门店开展“网订店取”，整合社区末端，拓展增值服务。

随着人们生活、工作节奏的加快，消费者对商品流通速度的要求日益升级，这让同城配送在物流业中占得一席之地。2017 年，交通运输部、公安部、商务部联合印发《关于组织开展城市绿色货运配送示范工程的通知》，提出将于 2018 年初开启城市绿色货运配送示范工程，计划至 2020 年底，力争在示范城市建成“集约、高效、绿色、智能”的城市货运配送服务体系。

现实中与其他配送形式不同，城市配送更多的是直面消费者、配送距离较短、对时间要求更为严格。“最后一公里”正成为考验市场博弈中的企业们物流体系是否完善的关键环节之一。

“得末端者，得天下”。以同城快递配送为例，根据相关数据统计显示，目前一个快递件从到达配送点开始到用户接收花费的时间 5 小时左右，占据了整个快递业务时长的 45%，但运输的距离却不足整个运输距离的 5%。“最后一公里耗费时间过长，效率低下已经成为导致快递延误的因素之一。这不仅大大降低了客户体验，也阻碍了企业甚至行业的发展。”一位长期奋战在一线的快递负责人对采访的本刊记者坦言。

国家邮政局局长马军胜对此表示，“最后一公里”正成为制约快递发展的“瓶颈”，应支持鼓励利用社会设施提供快递末端服务。

德邦轮值 CEO 韩永彦则分析认为，未来的竞争将是“最后一公里”的竞争。

具有前瞻眼光的企业于是纷纷瞄准城市配送市场尤其是“最后一公里”配送市场。根据 IT 桔子投融资数据显示，2017 年以丰巢、UU 跑腿、闪送、云鸟配送、唯捷城配等为代表的城配“最后一公里”、云仓等企业深受资本追捧；顺丰、三通一达、宅急送、全峰等快递企业更是全面部署、转型升级“最后一公里”配送，在运营模式、信息化运用等方面做出进一步尝试；与此同时，饿了么、美团外卖、百度外卖及众包物流的新达达、点我达、人人快递等也纷纷转型瞄准城配最后一公里……城配“最后一公里”这一仍有待深入挖掘的市场，正成为“必争之地”。

“城市配送‘最后一公里’之所以成为大家瞩目的焦点，离不开当下市场的需求。”业界专家对此分析认为，“随着我国城市化进程加快与人民日益增长的需求，小批量、多批次、多样化的配送需求日益旺盛，在此背景下，城市配送‘最后一公里’也日益被大众所需求。”

问题亟待解决

有研究预计，到 2025 年，我国将有 220 多个超百万人口的城市，到 2030 年，9.6 亿人口将生活在大小城镇，有近 10 亿人的消费问题主要依靠城市物流来解决。“这既是挑战，更孕育着商机。”马云对此分析表示。

总体看，随着我国民众消费水平的日益提升，城市物流配送也受到前所未有的挑战。来自国家邮政局的统计数字表明，2014 年，中国快递服务企业业务量累计完成 140 亿件，2015 年完成 206 亿件，2016 年完成 312.8 亿件，2017 年完成 400.6 亿件，2018 年或超 500 亿件......然而，与急速攀升的快件数量并不匹配的是城市配送的“最后一公里”难题尚未得到有效解决，尤其是末端服务的承受能力常为人们所诟病。配送难、配送贵的问题越发凸显。

“在城市配送中，‘最后一公里’可以说是最头疼的难题。如果配送不及时，用户的退货率就会相当高，满意度也会随之下降。”一位加盟天天便利店的负责人向本刊记者介绍。在他看来，影响“最后一公里”配送的难题如果得不到有效解决，将会影响企业的生死存亡。“我们不仅要保障配送安全，还要为‘最后一公里’配送争取更快的时间，只有这样我们才更有底气与对手竞争。”

“大部分城市都会限制货运车辆进城，所以配送车辆运行不仅面临着通行难、停靠难的问题，还面临收费多、罚款多等窘况，‘最后一公里’漫长而沉重。”北京一家配送物流企业的负责人向采访的本刊记者坦言，“不得不将货运车辆停在城外，将货品倒装到小型货车进城，物流配送的效率显著下降，成本却直线上升”。

“城市物流配送的问题概括起来有三难两多：通行难、停靠难、装卸难，收费多、罚款多。这些问题涉及的管理部门较多，协调难度也较大。”商务部流通发展司副巡视员王选庆对此表示。

不难看出，城市物流配送中“最后一公里”的矛盾已经成为普遍问题，单纯依靠企业或民众的力量实在难以根治，需要相关政府部门从整体上对症下药。“如果没有政府部门的支持，最后一公里的门槛依然难以跨越。”上述天天便利店负责人坦言。

寻求解决之道

为解决“最后一公里”的配送难题，各家企业都在尝试打破常规、创新思路，寻求合理的解决方法。事实上，在“最后一公里”配送方面，具有前瞻眼光的企业早已深度布局。

首当其冲的是电商企业。目前，快捷精准的物流服务对于京东、阿里、苏宁等这样的巨头电商来说已然不是什么难事。早在前几年，京东就先后推出了校园营业厅、地铁自提点和社区自提柜等新业务模式，布局“最后一公里”。与此同时，天猫也参与到“最后一公里”的建设中来，与多家高校达成合作，在高校设服务站，提供快件收发、自提等服务。

2017 年，天猫更是宣布 36 个闪店仓正式在北京运营，借此可实现商品 3 公里范围内的 1 小时送达。同日，京东也宣布对“京准达”服务全面升级，将预约送达时间由 2 小时缩短至 30 分钟。不仅如此，以天猫超市闪店、京东到家、每日优鲜等为代表的电商，已经能将服务末端的“最后一公里”配送控制在 30 分钟 -2 小时之间，“消费者的时间需求基本可以得到满足，然而‘最后一公里’的配送并不意味着一味的追求时间极限，还应在优化资源、提升效率上下足功夫。”中国快递物流咨询网首席顾问徐勇对此分析表示。

除了电商，传统的快递企业也在不断寻找新的出路。其中顺丰就与便利店、物业、第三方开展合作，甚至还开起了便利店。目前，顺丰优选正以“快递 + 便利店”在全国跑马圈地，计划未来一年要达到 4500 家线下店，2-3 年内建立上万家线下店。在业界专家看来，“这些便利店相对标准便利店要简单，更多承载的还是快递网点的功能，为顺丰‘最后一公里’配送提供更多便利。”

不同于顺丰的布局，中邮速递易则通过智能快递柜布局“最后一公里”。自 2012 年推出第一台智能快递柜，中邮速递易就不断深耕物流行业“最后一公里”，截至 2017 年底，中邮速递易智能快递柜已经覆盖了 220 个城市，累计派送包裹总量达到 14 亿个。

尽管城市配送“最后一公里”已经引起业界广泛关注，甚至不乏领头企业已经先行实践，如先后有北京“城市 100”、上海农工商等企业尝试依托门店开展“网订店取”，整合社区末端，拓展增值服务。与此同时，在电商、物流公司、代收类企业、快递柜企业之外，便利店等零售终端也开始主动参与进来，成为一支不可忽视的力量。

目前，国内“最后一公里”的各种尝试，都还处在摸索状态，并没有形成成熟的模式，各种路径的探索在实施过程中依然存在不可忽视的问题和困难。“因地制宜，多种资源结合利用是较好的解决办法。”西南财经大学物流系主任梁志杰对此建议。

如何完善“最后一公里”配送服务，整合末端资源，任重而道远！

来源：中国物流与采购杂志 2018 年 03 月 22 日

城配发展进入井喷期，智慧运力将弯道超车

近年来，新零售一词催生了快消品行业的飞速发展，无人货架、智能零售的背后是无数新技术的推波助澜。在新零售如火如荼的发展中，城市配送行业也在 2017 年进入了井喷期，新零售带动了庞大的城配需求，为城配行业的发展带来了机遇与挑战。

互联网技术接入城配行业不仅打破了信息壁垒，还在整合散落的行业资源的基础上，提高了城配效率、解决了货车回程空载的问题，让货运更有效率。互联网 + 城配发展至今已经取得了很多成绩，但是快消品行业的转型升级对城配提出的要求已经不是简单的车货匹配所能解决的，它需要一套完整的供应链解决方案，因此城配面临着更高的要求。

第一是“仓”的问题。仓储是产业供应链至关重要的一环，仓库位置直接决定了货运成本的高低。近年来仓储环境发生了巨大的变化，城市化进程的快速推进将仓库推向城市边缘，加上新零售大潮下智能零售赋能小店，高频低量成为小店进货的特点。这对城配提出了很高的要求，如何运用技术实现降本增效也成为城配行业竞争的关键词之一。

第二是B端共享经济的发展。从2015年起，C端的共享出行经济飞速发展，Uber、滴滴、共享单车等，许多行业人表示共享经济服务平台未来必将成为主流市场的有力支撑。同时共享经济也将逐渐向B端市场渗透，是产业发展与变革的一大推动力，而城市配送就是其中最典型的能够用共享模式推进的，对 20 万中小车队的有效利用对货主、司机与社会都将大有裨益。

第三是流动轨迹的追踪溯源，这一点是针对技术的要求。如今 C 端快递物流的在途查询已经成为寻常事，同样 B 端在城配端城配对货物流动轨迹的在途监控要求更高也更迫切。智能车、新能源、物联网、AI 等新技术研发成为城配行业发展未来发展的一项重要开拓方向，预计对整个市场的效率提升将在 50%-60% 以上。

更高的要求也意味着更好的发展空间，目前政策支持科技发展互联网物流企业，鼓励物流运力市场的发展，同时因为需求升级带来的市场机会也是逐渐拓宽，在投资方面也拥有巨大的潜力，城配行业已是一片亟待发掘的蓝海。

据托比网发布的《托比盘点：2017 年中国 B2B 行业十大融资》中，云鸟科技作为城配领域代表，以完成 D 轮融资 1 亿元杀入榜单，但细看城配领域，真正入局的资本数量并不多。货主、运力、仓储是城配的三要素，其中运力是 B2B 服务平台最容易切入与变革的一环，因此通过科技力量迅速的

打造真正的“智慧运力池”，成为为城配行业赋能最为直接的方式。与快消等融资较为火热的行业相比，受限于专业知识等原因智慧运力领域还并未获得投资人的过多关注，目前也并未有较多的投资机构入场，但有行业人士判断，智慧运力市场近几年或将迎来爆发。

每一次新技术的问世都会促进行业的升级变革，智慧运力不仅将提高调度效率，至少降低人工成本的 15-16%，另外响应国家政策绿色能源的发展也将推波助澜。未来通过与产业链深度融合，智能仓配加物联网等技术，上至货主，下至零售终端，提供配套解决方案，真正打通产业链环节，更低成本更高效的做好城配这件事。智慧运力市场或将成为下一个资本涌入厮杀的标的。

来源：中物联网 2018 年 01 月 29 日

上海联华江桥物流中心：全温带多业态共同配送典范

联华江桥物流中心不仅为亚洲地区单体跨度最大的杂货物流中心，而且是业内第一座服务于超市、卖场、便利店、社区型网点以及电商等多个业态的全温带共同配送中心，通过开放的信息系统、标准的作业流程、可视化的运作管理模式、先进高效的物流装备，实现了全方位的高质量物流服务，为联华超市的业务发展提供了强大支撑力。

联华超市股份有限公司（简称“联华超市”）是香港联交所上市公司，隶属上海国资委百联集团，年销售额 300 亿元，员工近 5 万人。联华超市于 1991 年起在上海开展业务，以直接经营、加盟经营和并购方式，已发展成为一家业态齐全、品牌众多、全国布局的零售连锁公司，除了大型综合超市、超级市场、便利店三大主要零售业态外，电子商务业务也在有序开展，实现了线上、线下齐扩张。截至 2017 年上半年，联华超市的门店总数达到 3595 家，遍布全国 19 个省和直辖市。

作为持续领先的中国零售巨头，联华超市的物流体系一直为业界标杆。2016 年，联华江桥物流中心建成并投入使用，再一次引起业界广泛关注。据悉，江桥物流中心是目前亚洲地区单体跨度最大的杂货物流中心，业内第一座全温带、多业态共同配送中心，上海市现代服务业综合试点项目。

联华江桥物流中心筹建办公室主任张启强介绍联华江桥物流中心的建设与运营情况。

一、联华物流项目背景及概况

1. 建设背景

联华超市 81.6% 的门店处于华东区域，近年来发展迅速。在联华超市原有物流体系中，上海的两个常温配送中心、一个便利拆零物流中心以及一个生鲜加工配送中心，共同支持华东区业务发展。但鉴于四个物流中心布局分散，人员、设备、配送能力等各方面资源也相对分散且难以满足需要，联华超市于是决定新建一个大型物流中心，将原有四个物流中心的业务整合在一起，实现集中化运营及管理。2011 年，江桥物流中心开始规划建设，2016 年正式投入运营。

2. 概况及功能

江桥物流中心位于上海市嘉定区，其东西长度约为 426 米，南北长度约为 137 米，是目前亚洲最大的单跨杂货物流中心。物流中心占地面积约为 13.5 万平方米，建筑面积近 20 万平方米，其中包括一栋三层的配送中心，约 18 万平方米，分为常温库区 15 万平米与低温加工库区 3 万平米；两栋四层的办公楼 7000 平方米及一些辅助用房。项目包括 24 台托盘升降机、45 条分拣滑道和两条冷链分拣流水线以及诸多辅助装备设施。

江桥物流中心为除江浙区域外的长三角地区的世纪联华大卖场、快客便利、联华、华联标超、i 百联电商等提供采购、集货、分拣、储存、理货、加工、配送、信息处理、资金结算等物流及相关配套服务，涉及门店2000余家。江桥物流中心作为目前国内为数不多的大型“全业态、全温带、全天候、全渠道”物流中心，处理的货品不仅涵盖食品、日杂、百货、家电等常温商品，还包括常温生鲜食品、需冷藏冷冻的低温食品，以及与百姓日常生活密切相关的各类快速消费品和耐用消费品，甚至邮包、信函等，充分满足了各业态发展需求。

值得一提的是，规模巨大的江桥物流中心定位独特，功能强大：不仅是商品供应链与物流服务链的关键节点，还是商品贸易的集散中心和商品流通的转运中心及配载中心，成为联合超市商流、物流、信息流的综合服务平台，为其业务进一步发展奠定了坚实基础。而且，物流中心还实现了各业态共享商流资源，可协同采购议价，分享规模红利。

二、强大的信息系统

江桥物流中心建设围绕两大核心服务体系展开，一个是门店服务体系，一个是供应商服务体系。在门店服务体系中，需要保证门店订货便捷性、商品订货满足率、到货时间及时性、商品到货准确性、库存结算及时性、在途商品可视性。在供应商服务体系中，则需要保证供应商货品装卸方便、数据透明、在途商品可视、货源组织高效、结算清晰、设备共享。

为了实现上述目标，江桥物流中心对信息系统建设进行了严谨规划，分为智能社区系统和业务应用系统。两大系统的上线，使人员、商品、设备、资金以及数据实现了在移动中的智能化管理。

1. 智能社区系统　智能社区系统用于物流中心内部管理，包括人员管理、全场区监控管理、资产设施管理、内外部通讯管理以及食堂等方面。

2. 业务应用系统　业务应用系统是用于物流服务的管理系统，主要包括小型ERP模块 、WMS仓储模块、TMS车辆配送模块以及商品加工模块。功能强大、接口规范、灵活开放的信息系统实现了物流中心各个业务环节的信息贯通和共享。各模块的主要功能如下：

ERP模块承接了卖场、便利店、标超、电商、药妆、第三方以及总部的业务指令，根据业务指令并结合物流中心内部运作，对商品加工模块、WMS仓储模块、TMS车辆配送模块做出指令。

WMS仓储模块能够在进货扫描后自动分配库位，操作人员仅需按照信息指示将货品送至指定库位；在分拣过程中，系统自动生成的拣货标签上印有相关信息，指导拣选作业；还能够盘点各类商品库存状况。

TMS车辆配送模块能够自动规划配送路径，提高车辆装载效率，使货品保质、准时、高效的完成配送。

三、先进的物流设备应用

1. 搬运设备一个物流中心的运营系统中，装卸搬运设备的选用不仅关系到作业效率，也关系到作业人员的劳动强度，特别是联华江桥项目，总体面积广、单体跨度大，对于搬运设备的选择慎之又慎。抛开稳定可靠，高效耐用等特性之外，及时的响应时间，完善的售后服务等也是重要参考因素。经过层层的预筛选和公开招标评选，第三方招标专家会最终选择了在业内有良好口碑的林德叉车等一批优秀搬运设备，在一年多的使用过程中，这些设备完全融入了江桥物流中心的系统运作，有力保障了货物的安全、快速、高效的移动。

2. 自动化分拣系统物流中心采用了高速滑块式分拣系统，截止物流中心投入使用之际，为国内同行业中速度最快、能力最强的分拣流水线，分拣效率高达1.25万箱／小时，实现了货物快速自动且零差错分拣。

3.DPS电子标签拣选系统针对拆零商品采用DPS系统，通过货架上的电子显示装置提示的应拣选货物及其数量，辅助拣货人员作业，不仅缩短目视寻找的时间，大幅提高拆零拣选效率，还减少差错率。

4. 自动升降设备物流中心为三层楼库的设计，楼层之间的货品传送通过自动升降机提高了效率。

此外，特别值得介绍的是，江桥物流中心以“高效、节能、共享”为目标，在商品、资产、设备、人员管理等方面广泛应用了条码技术、无线射频技术，强化资产、设备、作业的跟踪管理；强制推广外箱码的规范使用，以规范物流运作管理、提高作业效率；使用标准托盘、标准周转箱、标准笼车等载运工具，实现载运工具的双向互换和社会化流转使用，提高作业效率；规范配送车辆车型，在自有车辆以及签约运输车辆上均配置装卸尾板，实现货物的快速装卸和交接。高度的标准化、规范化、可视化，保障了物流顺畅、高效。

四、顺畅的作业流程

低温加工库区除了与常温库区相似的收货、存储、分拣、出库等作业环节外，还包括生鲜食品的加工处理，如蔬菜清洗、肉品切割等，此不再述。

1. 收货物流中心南侧有 45 个进货道口，接收 2000 多家供应商货品。工作人员应用 RF 枪扫描完成收货作业，信息自动传递给 WMS。

2. 存储常温库区二层、三层为存储区，一层除了分拣、发货区以外，还包括通过型货品暂存区。扫描完成收货作业的货品，WMS 自动按照货品规格、属性等特点分配指定货位。

针对通过型货品，作业人员驾驶叉车搬运至一层的通过型货品暂存区；对于存储型货品，则由叉车作业人员搬运至自动升降机，自动升降机自动提升至指定楼层，再由该楼层作业人员驾驶叉车搬运到指定货位，完成存储。

3. 分拣分拣作业分为整件分拣和拆零分拣。

整件分拣是工作人员手持 WMS 自动生成的拣货标签，驾驶叉车到指定货位拿出指定数量的整件货品，搬运至自动升降机，并贴上相应的条码，然后在搬运到自动分拣系统的入货口，由自动分拣系统完成分拣。

拆零分拣区位于一楼。输送线贯穿拆零分拣区，当拣货标签与周转箱一起到达作业人员负责区域时，货架上的提示灯亮起，作业人员按照提示将指定数量、指定货品放入周转箱，周转箱自动传送到下一拣选区，直到完成所有拣选任务，打包并贴上相应条码，自动进入自动分拣系统。

4. 分拨当整件商品或分拣之后的周转箱经过分拣系统的扫描设备时，自动扫描条码，按照信息自动到达对应的道口。

5. 出货工人将货品装入笼车，与此同时，TMS 系统安排对应的物流运输车到达出货道口，作业人员驾驶叉车将笼车运送到车上，物流运输车按照既定路线进行配送。需要指出的是，江桥物流中心道路环通、场地宽敞，装卸货码头、停车泊位富足，可以确保任何货运车辆的平均装、卸货时间不超过半小时，作业效率极高。

五、项目特点及效果

联华江桥物流中心酝酿时间长、资金投入大、规划起点高，广泛吸取了他人的经验教训，集合了各项物流标准和物流规范，采纳了先进的运作管理理念，选用了先进的物流运作技术和设备，确立了自己的优势地位。作为业内首创的全温带共同配送中心，该项目吞吐能力强、作业效率高：常温库日进库峰值为 25 万箱，日出库峰值为 25 万箱，极限库存容量 200 万箱，储存型商品品项数为 2 万 -2.5 万个，拆零品项数为 5000-8000，库存商品周转天数为 7 天，年配送金额超百亿元。低温加工库日配送量达 580 万元，冷库存储量 8 万箱，生鲜食品加工量 7600 万元，年配送金额超 20 亿元。

联华江桥物流中心运营一年里，以开放的信息系统、标准的作业流程、可视化的运作管理模式、可追溯的全程监控措施为保障，以联华集团遍布长三角地区数千家门店的商品配送需求为依托，面向社会、面向供应链上下游客户提供全方位的物流综合服务，成为了名副其实的能辐射长三角地区的城市共同配送枢纽，成为了规模宏大、功能齐全、技术先进的行业示范工程。

来源：搜狐网 2018 年 06 月 21 日

7.3 生鲜、冷链物流专题

7.3.1 综述

2018中国冷链物流回顾与2019展望（节选）

2008年可以说是我国冷链产业步入发展快轨的元年，一批批冷链物流企业自此如雨后春笋般成立壮大。国家有关部门和各地政府对冷链物流业高度重视，相继出台多项产业政策并配套财政资金予以扶持。我国冷链物流水平相应得到了很大的提升，这十年应该讲是我国冷链产业从小到大的十年。

从无到有，由小及大，40年来随着中国经济的腾飞和全民食品安全意识的增强，我国冷链产业的发展在2018年呈现出许多积极的变化。

一是冷链物流基本面持续向好。据中物联冷链委预测，2018年，我国冷链物流需求总量将达到1.8亿吨，比上年增长3300万吨，同比增长22.1%。冷链物流市场规模达到3035亿元，比上年增长485亿元，同比增幅19%。冷链基础设施设备水平进一步提升，2018年，全国冷库总量将达到5238万吨（折合1.3亿立方米），新增库容488万吨，同比增长10.3%。从冷库新增的区域来看，武汉、杭州、福州、济南、重庆、大连等城市增幅明显，反映出二三线城市消费的快速崛起。截至2018年三季度，全国冷藏车保有量为16.42万辆，新增冷藏车2.4万辆，同比增长33%，增幅显著。此外不完全统计，2018年，国内新开通铁路冷链线路近20条，铁路冷链运量超过160万吨，极大丰富了运输手段，降低了冷链成本。

二是多领域政策涉及冷链凸显产业价值。商务部、中国物流与采购联合会等8部门出台《关于开展供应链创新与应用试点的通知》、国务院办公厅印发《推进运输结构调整三年行动计划》和《关于推进奶业振兴保障乳品质量安全的意见》等多个政策文件中提及冷链，“冷链物流”渗透到越来越多领域的政策规划里面，这表明冷链物流作为保障食品和民生安全的重要手段，已深度融入各产业链的核心环节当中，整个冷链产业的价值和地位愈发凸显。

三是冷链物流标准化体系更加完善。2018年中物联冷链委新申报《食品冷链物流温度控制要求》等两项国家标准，开展《生鲜宅配作业规范》《冷库能效设施评估指标》等四项标准制订，此外还参与了《冷链货物空陆联运通用要求》等多项标准的制修订工作。值得一提的是，由中物联冷链委作为第一起草单位的《食品冷链卫生规范》国家强制性标准，2018年已完成实地调研工作，同时组织多次研讨会，对标准内容进行反复修改，即将进入征求意见阶段。以上这些标准的出台实施，将会助力我国冷链物流标准化水平更上一个台阶。

四是冷链物流市场集中度明显提高。2018年，我国冷链物流企业之间整合、并购、重组等事件相比以往要更多、动作也更大，无论是中外运冷链和招商美冷之间的内部整合，还是万纬物流并购太古冷藏，亦或是顺丰和夏晖之间的强强联合，总之我们看到，是市场这支无形之手，促使企业之间有了改变的内生动力，冷链物流市场集中度将得到一定程度的提升。回顾美国、日本等国家的冷链物流发展历程，同样是在经过无数次整合之后形成现在的稳定格局，我们今天的变化与它们有很多相似之处。

五是出现全国性服务能力的冷链企业。随着生鲜电商、新零售、新餐饮等业态的涌现，全国性连锁超市、便利店的扩大，客户对冷链物流企业的辐射半径、物流时效要求越来越高，市场的需求催生出像荣庆物流、顺丰冷运、京东物流、苏宁物流、安鲜达物流等一批具备全国性服务能力的冷链物流企业，通过布局全国性冷库节点，拓展中小城市运输网络，延伸最后一公里配送能力，统一全链条服务标准等，赢得客户的信任和青睐。

2018 年，中国经济形势面临下行压力，中美贸易战对食品进出口业务带来冲击，在这种情况下，我国冷链物流市场仍旧保持快速增长，取得诸多积极变化，着实令人欣慰。同时我们也要正视我国冷链产业面临的新问题。

一是冷链物流营商环境有待优化。众多冷链仓储企业反映，土地资源空间不足成为企业发展壮大的根本困难，同时由于房产税、土地使用税及附加税缴纳额度太高，且抵扣项较少，导致企业承受较大的税务负担。此外，冷链企业在业务模式创新中遇到融资难等多重因素的影响。

二是部分地区冷链基础设施结构失衡。一方面，部分农产品产地仍旧存在冷链最初一公里配套设施不足，产地预冷设施和冷库偏少、标准偏差的问题。另一方面，局部省市又存在冷库盲目过量建设，功能定位落后于市场需求，导致冷库市场供大于求或者供需无法匹配的现象，截止 10 月底全国共有超过 200 万吨冷库面临招租问题。

三是企业利润空间进一步压缩。据中物联冷链委调研统计，当前冷链物流行业的平均净利润率仅在 3% － 4 %左右，且仍在不断压缩。一部分冷链物流企业赔本赚吆喝，也有的企业不惜主动放弃既有业务断臂求生。在各项成本逐年上升的客观因素下，如何寻找新的利润增长点，是所有从业者要思考的问题。

四是诚信缺失、监管缺位问题突出。冷链行业的高速发展，不能掩盖由于诚信缺失和监管缺位造成的违约成本低的事实，这会造成冷链行业价格战、单方毁约、应收账款高企、企业监管成本高、企业融资难等一系列问题。当前国家发改委主导、中物联冷链委深度参与的冷链行业失信治理工作已全面启动，冷链物流行业诚信体系建设迫在眉睫，行业既要有白名单，也要有黑名单。

五是冷链物流人才短缺严重。首先冷链行业缺乏制定战略和运营管理方面的人才，中物联冷链委《2018 冷链行业人力资源报告》中显示，当前行业既有理论基础又具备实操能力的高级管理人才不足 2000 人。其次是缺乏掌握冷链专业技能的人才，随着社会年龄结构的改变和人力成本的逐年增加，智能化成本冷链行业新趋势，这种情况下行业急需一批懂得“冷、链、物、流”的新型专业人才。

新的时期，我国冷链物流的主要问题已经从基础服务能力不足转向应对更高层次的市场挑战，需要国家有关部门、地方政府、行业协会、企业共同努力解决。

大家也应当看到，经济在平稳增长、消费在不断升级、城镇化进程在加快、中产阶级数量在增多、食品安全意识在提高……这一些列因素推动着冷链行业迈向新的发展阶段，应对新的发展趋势，探寻新的发展机会。

一是水大鱼大，冷链市场需求空间旺盛。2018 年，我国大闸蟹市场规模逼近 1000 亿元，像这样的高附加值产品热销成为带动大众消费升级的蝴蝶效应，对于冷链的刺激也是立竿见影。2018 年我国进口食品总额将首次超过 700 亿美元，20 年来增长 15.2 倍，进口食品背后冷链潜力巨大。与此同时，随着京津冀一体化、大湾区建设和海南等更多自贸区的开放，区域升级必将会在冷链基础设施建设、城市冷链配套服务等方面产生很多新机遇。

二是冷链行业规范程度将越来越高。今年 8 月份我国爆发了大面积的非洲猪瘟疫情，有关部门为了防止全国性传染，控制南北猪肉价格差异，要求改调猪为调肉，即由原来的活猪运输改为屠宰之后的全程冷链运输，这很大程度上改进了冷链市场规范程度。另外，从明年起社保将由税务部门征收，此举也会提升冷链企业规范化经营。加上《食品冷链卫生规范》等强制性标准的出台，冷链行业门槛将越来越高，市场秩序得以改善，企业在公平的环境里展开竞争。

三是人才是冷链企业转型升维的关键。冷链物流行业处于市场快速变化的浪潮当中，企业要想发展壮大，需要能够及时引领和改变方向的舵手，敢打、善打硬仗的管理人才和掌握新技术的专业人才。企业要通过校企合作、企业内训、管培生、走出去培训等方式，加强对企业人才的储备和培养，同时要考虑以股权激励、业务分红等手段留住人才。

四是新技术装备引领冷链行业变革。物流行业的本质是降本增效，在人工、土地等成本只会涨不会降的前提下，唯有新技术和新装备的应用，才能驱动冷链企业做大做强。自动分拣、智能仓储、无人机送货、新能源汽车、大数据补货、人工智能等，将在短时间内普及到冷链物流行业，这是企业今后必然的选择，企业在这方面要早做规划和投入。

来源：中物联副会长崔忠付在第十二届中国冷链产业年会上的讲话 2018 年 12 月 3 日

7.3.2 综合信息

2018 年上海市生鲜、冷链物流相关统计数据一览

1. 冷库基本信息

依据对上海 195 家冷库企业调研情况来看，目前上海市冷库总体量 985 万立方米，冷冻库约 763 万立方，冷藏库约 222 万立方。

冷库主要地域分布在浦东、宝山、嘉定、闵行、青浦、奉贤等区域，冷库功能主要以冷冻仓储、城市配送型，中转贸易型为主，近年来随着市场的发展，新建冷库项目容积大多都在 5 万立方米以上。目前市场冷库仍以 -18℃的冻库为主，伴随着生鲜电商的发展，冷藏库快速增长，0-8℃的冷藏库也是未来大量需求增长趋势，随着冷链市场的进一步发展，越来越多的冷库发展成为多温区、多功能，高标准的综合型冷库，且都在逐步实现冷库数字化信息化和智能化。

2. 冷藏车基本信息

2018 年，上海市冷藏车辆保有量约 19,643 辆（涵盖外牌和上海本地号牌），按冷藏车型号划分：9.6 米以下车型约 11331 辆，9.6 米及 9.6 米以上车型约 8312 辆。

3. 餐厅基本信息

本市共有中餐厅约 41500 家，西餐厅约 5340 家，简餐餐厅约 20300 家，奶茶店约 16500 家，日系餐厅约 4000 家，其他类型餐厅约 1 万家。

4. 生鲜商超基本信息

2018 年，上海连锁卖场共计 230 家，比 2017 年下降近 20%，生鲜销售占比 35% 左右，连锁便利店 2018 年为 5727 家，比 2017 年增加 12%，生鲜占比约 40% 以上，其中以全家、罗森为传统便利店；康品汇、超级物种、百果园等为龙头生鲜蔬果便利店。

5. 上海市农副产品基本情况

农副水产品交易市场年销售额达到 200 亿规模的有：西郊市场、江桥市场、上农批、江阳市场、龙上市场。

6. 上海餐饮外卖配送基本信息

2018 年，上海城市外卖总体量日均 225 万单，客单价 46 元。配送成本 12.5 元 / 单，配送员收入约 9200 元。

7. 上海生鲜电商发展数据

据统计，2018 年，上海市网络购物交易额（含商品和服务）突破 1 万亿元，其中生鲜电商交易量达到 166 亿元，客单价为 52 元左右。

8. 上海医药物流基本信息

截至 2018 年底，上海 124 家药品批发企业中有 96 家企业自设药品物流。其中上海医药物流企业除了承担了本市医疗卫生机构 4000 多所，零售药店 3000 多家和药柜 40 多家以及其他用药机构的配送业务，同时也承担了医药商品进出口和自贸区内的物流业务。

9. 首届上海进口博览会期间食品配送情况

2018 中国国际进口博览会（11 月 5 日 -10 日）食材供应总箱数：72146 箱，其中常温食材 21589 箱；冷藏食品 40332 箱；冷冻食品 10225 箱；其中 50557 箱为温控食材，占比高达 70%；总吨位：745.41 吨；服务 160286 人次。

供稿：上海市物流协会冷链分会 孙汕　2019 年 3 月 6 日

我国的果蔬冷链物流全链路建设概况与发展趋势

随着生鲜电商的发展以及新零售的变革，冷链物流行业进入高速发展期。数据显示，2017 年，冷链物流市场已达千亿级。但是市场集中度较低，还没有出现规模化、集约化、标准化的龙头企业，行业进步空间较大。特别是在果蔬冷链领域，还存在产品损耗大、冷链物流成本高、基础设施薄弱、冷链断链等一系列难题待解，加快我国果蔬冷链物流全链路建设势在必行。

一、我国果蔬冷链物流发展概况

1. 发展现状

我国是水果和蔬菜生产、贸易、消费大国，2017 年我国生产的生鲜农产品超过 13 亿吨，其中水果有 2.78 亿吨，蔬菜有 8.21 亿吨，连续 10 多年增长，呈现总量“供大于求”、特色品种“供小于求”并存的局面。

根据“十二五”冷链物流发展规划来看，2010 年，我国果蔬冷链流通率仅有 5%，冷藏运输率仅有 15%，2010-2015 年，我国果蔬冷链物流的规模快速增长。到 2015 年，果蔬冷链流通率达到 22%，冷藏运输率为 35%，较好地完成或超出了我国“十二五”冷链物流规划目标。

2. 果蔬冷链服务模式

2017 年，我国在冷链供应链模式上的创新有智能整合型模式、共同体模式、托管式模式、闭环形模式、即时即控模式、供应链并联型模式等。

2018 年，纵观我国果蔬冷链服务商，共有仓储型、运输型、城市配送型、综合型、供应链型、电商型和平台型等七种模式。

3. 冷链物流核心技术

冷链物流对储存、运输以及安全管理控制的要求相对较高，目前在果蔬冷链方面已经采用的技术有：吸收性制冷、喷射性制冷、蒸气压缩机、气体涡流制冷、热电制冷等技术。

2017 年，我国冷链物流在技术层面取得了突破性创新，其中蔬菜、水果冷链物流在技术层面上的创新有：产后商品处理技术、加工环节实现低温控制技术、包装规模化技术、一体化冷链技术、温度监测技术、食品追溯技术、HACCP 技术、3S 技术、生鲜农产品质量等级化技术、上下游企业冷链对接技术、供应链管理技术、食品追溯技术等。

二、政府及行业大力推动果蔬冷链物流发展

果蔬冷链，按供应链一般分为6个环节，如采购采集→商品化处理→储藏→运输与配送→销售→信息管理与质量追溯。果蔬电商出现后，环节发生前移，也就是说从交易形成订单开始，果蔬冷链逐渐转变为产地预冷→入库存储 →物流运输→销地存储→末端销售这样一个链条。

加强果蔬冷链物流全链路发展具有重要意义：一是有利于减少产品损耗，更好地保障食品安全；二是对果蔬价值链提升具有重要作用，能够提高其附加价值；三是可以促进高度信息化条件下的各个环节的无缝联接；四是可以提高其供应链的生态圈、生态链；五是可以保障农民从果蔬流通过程得到较好的收入。

近年来，政府以及行业协会充分认识到冷链物流发展对于农产品流通的重要性，并大力推动，果蔬冷链物流全链路建设取得明显成效。

1. 国家政策支持

2016年2月，中央一号文件大力推进农业供给侧结构性改革，完善跨区域农产品冷链物流体系，开展冷链标准化示范，实施特色农产品产区预冷工程。

2017年，国务院出台《关于加快发展冷链物流保障食品安全促进消费升级的意见》，聚焦农产品产地“ 最先一公里”和 城市配送“最后 一公里”等突出问题，形成贯通一、二、三产业的冷链物流产业体系；国务院《关于积极推进供应链创新与应用的指导意见》，对我国供应链创新发展作出全面部署，其中包括农产品冷链的发展；交通运输部《加快发展冷链物流保障食品安全促进消费升级的实施意见》，部署推动冷链物流行业健康发展，保障生鲜农产品和食品消费安全；商务部等5部委联合发布《城乡高效配送专项行动计划（2017-2020）》，指出到2020年初步建立起高效集约、协同共享、融合开放、绿色环保的城乡高效配送体系。

2018年初，中央一号文件高度重视农产品冷链物流，提出重点解决农产品销售中的突出问题，加强农产品产后分级、包装、营销，建设现代化农产品冷链仓储物流体系，打造农产品销售公共服务平台，支持供销、邮政及各类企业把服务网点延伸到乡村，健全农产品产销稳定衔接机制；4月，商务部开展“农产品冷链流通标准化示范城市（企业）”建设（示范城市4个，示范企业9家），公布第一、二批全国公益性农产品示范市场49家。商务部《关于开展2018年流通领域现代供应链体系建设通知》提出积极推广标准化冷链，推动建设产地公用型预冷库和推广使用冷藏集装箱；农业部开展“农产品质量年”活动，建设100个果菜茶全程绿色标准化生产示范基地，质量监测覆盖全国150个大中城市基地和市场的5大类产品110个品种。

2. 地方政府、行业协会大力推动

近年来，地方政府、行业协会大力推动农产品冷链物流发展，加快农产品冷链物流的标准化建设。如2018年3月，北京市发布地方标准《食品冷链宅配服务规范》征求意见，该“规范”对冷链宅配的易腐食品贮藏温湿度要求进行了明确的规定。

3. 强化果蔬冷链物流科技研究

近10年来，国家和各级地方政府高度重视果蔬冷链物流科技研究，如，国家科技支撑计划先后有：《果蔬冷链物流配套包装材料与装备研发应用（十三五）》、《新型蓄冷保温技术与设备（十二五）》、《智能环保型集装箱式果蔬高湿变风量压差预冷装置（十二五）》、《特色蔬菜预冷工艺研究与示范（十二五）》、《蔬菜冷链流通质量安全控制技术研究与示范（十一五）》等。国家863计划有《蔬菜绿色供应链技术创新与产品研制（十一五）》。

再以北京市为例，已开展的科技计划有：《北京市蔬菜物流技术体系的构建与示范》、《北京市农林科学院创新能力建设新学科培育项目有农产品现代物流学科建设》、《农产品冷链装备研发

及保鲜技术集成示范》等。从实际效果来看，以上与蔬菜、水果冷链物流有关的政策和举措引导和促进了我国蔬菜、水果冷链物流体系建设，改善了冷链物流相对滞后的现象，但是多部门的协调及其生态体系建设仍然是一个长期的过程。

三、我国果蔬冷链物流模式创新

农产品冷链物流发展一方面需要政府和行业的支持，同时也离不开企业的积极参与。近年来，相关电商、商超、农贸、第三方物流企业积极探索农产品冷链物流模式，并取得较大突破，其中有代表性的企业如下：

1. 京东自营果蔬冷链模式

京东通过自营物流体系建设，建设覆盖了 300 多个城市的冷链物流网络，解决农村基础设施薄弱问题。深冷、冷冻、干线冷链、冷藏、控温全程冷链发展迅猛。目前，京东的全国冷仓 10 个，分布在七大区域的 10 个城市。仓网布局网络覆盖近 300 个城市，其中次日达及当日达城市超过 220 个，全温层覆盖 82 个城市。整体生鲜冷链覆盖全国京东站点超 50%。

2. 菜鸟社会化冷链物流模式

菜鸟是“以数据化为驱动的社会化协同物流平台”，在全国有 11 个中心仓，通过平台整合冷链物流资源，提供农产品冷链物流服务。阿里易果旗下的冷链物流安鲜达，专门对接各种 B 端的冷链配送，在 10 大城市有 11 个冷链物流基地。2018 年 6 月，菜鸟国家智能物流骨干网首批在全球布局了 6 大 eHub 节点，分别位于杭州、吉隆坡、迪拜、莫斯科、列日和香港。

3. 顺丰全业态冷链物流

顺丰在冷链干线上，拥有 4 条省际干线，6 条城际干线；在冷链运力上拥有 120 辆自有冷运车、7733 辆外包冷运车，提供冷运仓储、冷运干线、冷运宅配、生鲜食品销售、供应链金融等一站式解决方案。

除了上述企业，还有黑狗物流、快行线、码上配、九曳供应链、安家宅配、极客冷链、冷联天下、易流物流、越好冷链、闪电狗城市智能配送平台等，在以多种模式积极探索农产品冷链物流。

四、我国果蔬冷链物流面临的瓶颈及原因分析

1. 主要瓶颈

中国是农产品生产、贸易、消费大国，不是冷链物流的强国，其主要问题集中在以下几个方面：

（1）冷链物流基础设施薄弱。据统计，2017 年，全国冷库总容量为 4775 万吨，基本与美国持平，但人均拥有量却只占美国的 1/4，占日本的 1/3。冷藏车合规数量不多，“假”冷藏车市面上仍然存在，很多二手海柜改装冷藏车还在路面上跑 ，这对于农产品冷链物流健康发展起到限制作用。

（2）我国农产品冷链物流成本仍然较高。我国冷链物流除了专业化程度不高，还存在路桥费、燃油费、人工费等逐年走高问题，三者加起来占到冷链企业总收入的 80% 以上，运行成本高在一定程度上加剧企业心态的浮躁，在支出方面精打细算，很少有企业主动在信息系统、设备升级、人才培养、服务提升等方面加大投入。

（3）我国农产品冷链在农村面临着许多问题，主要集中表现为“发展不平衡、不充分”的问题。农产品物流占全社会物流总额的比例只有 1.58%，但是农村物流不足与过剩同时存在，资源没有得到充分利用，当前冷链物流是不缺资源缺整合，有政府多部门投资，有多个企业投资，也有多种经济成份投资等，许多投资没有形成体系，因此不能够形成效益。

2. 原因分析

（1）农产品冷链包括农产品的低温加工、低温贮存、低温运输、配送及低温销售四个环节，具有复杂性、协调性、高成本、信息化复杂等特点，因此农产品冷链物流的难度较大。

（2）降本增效是针对整个冷链物流大行业来说的，当前降本增效的工作主要体现在冷链设施用电、建设用地、冷链运输车辆通行、冷链企业融资等方面，各地政府大力推行并支持。中国分段、分散的物流方式使目前冷链食材成本较高。要满足人们日益增长的生活需求，对物流服务的建设还有很长的路要走，未来标准化、规范化、集约化、智能化是行业的最终目标。

（3）由于发展结构性不合理，沿海区域以及一线城市冷链基础设施设备数量较多，西部中部地区资源较少。

（4）冷链物流企业集约化程度不够，企业整体呈现散、乱、小的状态，中物联冷链委统计冷链百强企业合计大约只占市场份额不足5%。

（5）冷链物流专业人才缺乏，市场需求爆炸式增长，但冷链专业人才出现短板，制约企业发展。

五、国际果蔬冷链物流发展借鉴

1. 中国与发达国家果蔬冷链物流差距较大

发达国家果蔬冷链物流冷链流通率、运输率均在95%以上（中国分别为25%、35%），损耗率只有5%。近年来，中国果蔬冷链发展很快，但是仍然相对滞后，损耗率达25%。2017年，中国水果和蔬菜产量分别为2.86亿吨、8.2173亿吨，严重产能过剩，果蔬损耗和浪费2000亿元以上。总体来看，中国冷链流通率低，冷链运输率低，腐损率高。

2. 发达国际果蔬冷链物流管理模式借鉴

发达国家果蔬产销的现代化水平较高，在法律法规以及标准化建设方面相对规范。美国由农业部、商务部、食药总局三大部门管理果蔬，我国政府10多个部门管果蔬及食品安全，俗称“11个部门管不好一头猪、一块面包片”。

近几年，许多地方采取了“三合一”“四合一”管理模式，中央政府借鉴各地的经验，将国家工商行政管理总局、国家食药监督管理总局、国家质监管理总局合为“国家市场秩序管理总局”，具有重要的现实意义。

3. 借鉴发达国家果蔬冷链物流先进技术

美国加州、日本大田市场、澳大利亚等国果蔬商品化处理较好，如蔬果采收、清洗、包装、标准化托盘、田间运输等都比较规范，采用了压差预冷技术。另外，澳大利亚鲜切果蔬冷藏技术，日本豆角常温流通技术、生鲜超市技术，美国蔬菜的托盘包装和货架销售等，都值得借鉴。

1988年以来，国家蔬果工程技术中心借鉴了多种预冷技术与设备，探索了多种模式，取得了许多专利和研究成果。如探索了大冷冰温集装箱应用、海洋冷藏运输、航空冷藏运输、配送和宅配物流箱创新、可拆卸式蓄冷保温箱、移动式双温数显蓄冷保温箱等技术。

4. 借鉴发达国家果蔬冷链物流经营模式

国外许多企业在果蔬冷链方面成功的模式及其经验也值得借鉴。如美国Local Harvest的深度整合行业上下游模式；美国生鲜电商Farmigo食材配送模式，集中精力做CSA软件，与食材配送企业形成合作关系；Whole Food Market食品零售的供应链模式，是目前世界排名第一的天然有机食品连锁零售商模式；美国Fresh Direct的完善冷链仓配的农产品电商模式；美国Relay foods的农村包围城市的扩张模式；美国Amazon Fresh的生鲜快递运营模式；德国的Hello Fresh创新的连接形式掌控模式；Blue Apron周订半成品净菜创新模式延伸整个产业链模式；英国Ocado的B2C+O2O模式，是世界上最大的网上食品零售商模式；Oisix的日本农产品O2O精细化管理模式；等等。

六、我国果蔬冷链物流发展趋势

1.2020年我国果蔬冷链物流发展总趋势

到2020年，初步形成布局合理、覆盖广泛、衔接顺畅的冷链基础设施网络，基本建立“全程温控、标准健全、绿色安全、应用广泛”的冷链物流服务体系，培育一批具有核心竞争力、综合服务能力强的冷链物流企业，冷链物流信息化、标准化水平大幅提升，普遍实现冷链服务全程可视、可追溯，生鲜农产品和易腐食品冷链流通率、冷藏运输率显著提高，腐损率明显降低，食品质量安全得到有效保障。

2. 未来我国果蔬冷链物发展 10 个分趋势

（1）融合化趋势：果蔬电商网上网下融合化发展，多种冷链物流模式网上网下、平台前平台后、“最前一公里”“最后一公里”等融合发展。

（2）标准化趋势：果蔬冷链物流标准化发展，国际标准、国家标准、行业标准、团体标准、企业标准等多种标准体系发展。

（3）功能化趋势：果蔬冷链物流的交易、信息、物配、展示、销售、体验等实现多功能发展。

（4）品牌化趋势：果蔬冷链物流以品质、安全、健康、营养等为内容向品牌化发展，产品品牌、企业品牌、区域公共品牌以及网络品牌将获得较大的发展。

（5）全渠道趋势：全渠道发展指的是采取尽可能多的零售渠道类型进行组合和整合（跨渠道）销售的行为，以满足顾客购物体验需求。全渠道是果蔬冷链物流重要方向。

（6）国际化趋势：2013 年以来，“一带一路”建设项目已经形成了“六廊六路多国多港”主骨架，推动一批合作项目取得实质性进展。这些对于我国果蔬冷链物流发展都是重大利好。如，2017 年 9 月，齐齐哈尔国际冷链物流专列开通成为一个新亮点——“龙海号”冷链专列满载着齐齐哈尔地产圆葱出发，经历 10 天后运抵俄罗斯莫斯科，专列在抵达莫斯科后运载俄罗斯食品、酒类、肉制品等优质商品返回齐齐哈尔。

（7）智能化趋势：果蔬冷链物流智能化发展，即在高度信息化条件下，果蔬冷链各个环节的无缝连接。

（8）绿色化趋势：绿色冷链包装盒在不同的果蔬品类中推广，形成一个完整的体系框架。

（9）社区化趋势：果蔬冷链物流社区化发展，大力推进网上交易模式创新，如 C2B、CSA（社区支持农业）、S2B、C2F、C2B2B 等，使城乡社区与基地、农户紧密结合起来，融为一个整体。

（10）法制化趋势： 2018 年《电子商务法》出台，今后《农产品质量法》修订，果蔬冷链物流的法律、法规、标准体系将不断规范，促进中国果蔬冷链物流创新发展、规范发展、智能发展、可持续发展

七、我国果蔬冷链物流全链路发展建议

1. 加强协调

蔬菜、水果冷链物流体系建设环节多、产业链长，是一个跨部门、跨区域的系统工程，需要多方面的配合与支持。中央政府和各级地方政府应由一个部门牵头，与有关部门加强协调配合，形成合力统一组织规划实施，协调解决蔬菜、水果冷链物流发展中的突出矛盾和问题。

2. 调整政策

随着我国进入“十三五”时期，国家应随着经济和社会发展的变化，适时调整蔬菜、水果冷链物流的相应政策，切实解决“买难买贵”的问题，兼顾蔬菜、水果第三方冷链物流企业的特点，完善企业营业税差额纳税试点办法，扩大政策享受范围。对冷库建设新增用地，要在提高土地集约利用的基础上，合理安排用地。简化冷链物流企业设立时的前置审批手续，放宽对冷链运输车辆的城市交通管制；充分考虑冷链运输车辆因增加保温车厢和制冷机组使自重增加的特殊情况，合理确定运输车辆的载重量；支持冷藏运输车辆跨区域加盟，在车辆审验、车辆管理等方面提供支持。对冷链物流企业的用水、用电、用气价格与工业企业基本实现同价。

3. 整合资源

针对蔬菜、水果冷链物流“不缺资源缺整合”的现状，通过企业兼并重组、参股控股、合资合作等方式，整合现有生鲜农产品生产加工企业、批发市场、冷链物流企业以及港口、码头、航空航运交通枢纽的冷链物流资源，加快升级改造步伐和配套协作，建立全国性和区域性的大型低温物流中心，并采用现代经营理念、管理手段和运作模式，提高冷链物流整体质量与效率。

4. 加大资金投入

蔬菜、水果冷链物流设施建设要充分发挥市场机制的作用，鼓励企业加大投入，多渠道筹集建设资金。中央和地方政府可对大型冷藏保鲜设施、冷藏运输工具、产品质量认证及追溯、企业信息化等重要项目给予必要的引导和扶持。要多方面拓宽蔬菜、水果冷链物流企业的融资渠道。银行业、保险业、担保业等金融机构对符合条件的农产品冷链物流企业要加大融资支持，并做好配套金融服务。

5. 鼓励技术和设备创新

加强对蔬菜、水果预冷、冷藏、常温和信息化管理等冷链物流技术和设备的创新与研发，对农产品冷链物流新工艺新技术、新型高效节能的大容量冷却冷冻机械、移动式冷却装置、大型冷藏运输设备、冷藏运输车辆专用保温厢和质量安全追溯装置等进行集中攻关与研发。

来源：万联网 2018 年 12 月 06 日

冷链物流五方面大升级，重视运营是企业核心

很多行业的演进变迁历程都可以贴上 1.0、2.0 或 3.0、4.0 时代的标签，我国冷链物流行业进入 2018 年以来呈现出全新、快速的发展态势，经过这 20 年时间的沉淀积累，我认为已经从最初的 1.0 时代进入到 3.0 时代。

冷链物流 3.0 时代的特点

首先从 1.0 时代说起，那应该追溯到 1998 到 2007 这十年，冷链行业处于刚刚萌芽阶段，资源非常匮乏。很多企业尚没有“冷链物流”的概念，进入冷链市场纯粹凭借自我判断。冷链设施设备普遍缺失和落后，多数企业仅依靠几台二手改装的冷藏车跑运输起家，冷库设施陈旧且大部分在国营企业手里，城市配送都在经销商手里。1992 年夏晖物流进入国内市场，想找一辆冷藏车也比较费劲，更不用说找到仓配一体的公司，但那时候冷链企业利润却非常丰厚，属于资源短缺阶段。

进入冷链物流 2.0 时代，有几个标志事件：2007 年荣庆拿到今日资本投资；2008 年北京奥运会；2010 年国家发改委出台首个冷链规划；中物联冷链委和央视合作推出《断裂的冷链》、《冷链的冷遇》等多期节目……这些因素逐步使得冷链理念开始普及，带动了冷链意识的萌芽，搅动了市场的一池春水。

2008-2017 年，中国冷冻食品产业快速发展，也是冷链快速发展的十年，中外运、招商局等央企布局冷链，全球知名的美冷、普菲斯、太古等外资冷链公司纷纷进入，双汇、光明等食品上游成立独立物流公司，麦德龙、沃尔玛以及国内的永辉、步步高等陆续建立生鲜配送中心，连锁餐厅的快速发展带动中餐标准化和中央厨房的遍地开花，京东、易果、天猫都试水生鲜电商。种种因素带动国内部分冷链物流企业开始组织化运作，全国性地仓配网络布局、拓展新业务模式、提升信息化水平……2.0 时代的特点是冷链一体化服务开始形成。

进入 2018 年以来，冷链市场进一步蜕变，全民冷链需求爆发、基础设施体系日益完善、新技术对产业驱动强劲……这些都是进入冷链物流 3.0 时代的印证，行业将迎来蝶变升维的新格局。3.0 时

代特点主要体现在五个方面的升级：

一、产业环境升级

一方面，从中央部门到地方政府，自上而下高度重视冷链发展，相继出台多项产业政策并配套财政资金予以扶持，冷链物流像血管一样渗透到各民生领域当中，从实体产业到资本各界都感受到冷链物流热度。

另一方面，政府监管力度加强，例如国办 29 号文《关于加快冷链物流保障食品安全促进消费升级的指导意见》中涉及 20 多个部委，且责任划分明确。各个细分领域的标准不断完善，正在制定的《食品冷链卫生规范》国家标准，是冷链物流行业第一个强制性标准。

此外金税三期，还有从明年 1 月 1 日开始，社保和税务的并轨，以及个人所得税的监管，实际上是规范企业的盈利方式，优质的冷链企业将会迎来春天。基于以上，可以预见整个产业的营商环境会明显优化。

二、冷链意识升级

在美国，食品消费占据家庭支配收入的比重超过房和车，食品安全重视程度也非常高，相较而言国内对食品消费投入和重视程度偏低，不过这一现象将会很快得到明显改观，据统计 2018 年大闸蟹市场规模已接近 1000 亿，小龙虾超过 100 万吨，刚刚结束的中国国际进口博览会上海关总署发布数据进口食品规模超过 700 亿美金……中国人吃全球的时代来临，这是消费升级的最好佐证。

同时看到，政府部门意识也在升级，发达国家很早就禁止了活禽运输，国办通知运输活禽车辆不再享受鲜活农产品运输“绿色通道”政策，活禽调拨的时代即将结束，铁路的盒饭也有了冷链的保障。中国中产阶级还在扩增，城镇化进程还在加速，京津冀、大湾区、港珠澳大桥等区域合作步伐在加快。

三、技术装备升级

当前我国劳动力成本越来越高，加之冷链多环节低温恶劣的作业环境，冷链企业的降本增效提升不能一味靠人，自动化、智能化至关重要。两周前我去韩国考察亚洲最大的 CJ 的快递中心，该中心具有 30 万平米、43 公里长的分拣线，里面却只有十几位员工。据统计，在运输环节中卡车司机的成本占到了运营成本的 30% 左右，如果一家运输公司使用无人驾驶技术，就意味着这家企业的成本比会降低 30%，竞争优势空间将加大。在围棋和象棋比赛中，机器都战胜了人类，因为机器可以在几秒钟学到一个棋手练了十年的功夫，我相信人工智能将在物流领域广泛应用。

四、人员管理升级

企业强强联合的背后是人才的竞争，所有的投资都是投人，现在 90 后已经成为社会主力，面对 90 后，管理除了靠制度外，更重要的是发挥文化和价值观的引领作用。长生疫苗事件的发生就是因为公司完全以盈利为目的，企业的价值观出现了问题。什么是价值观，价值观怎么用？中物联冷链委的价值观第一条是“会员第一”，我跟所有秘书处员工讲，当你拿不准一件事情做不做的时候，就把价值观拿出来，比如你做的事情是有利于会员的，那你不用请示就可以去做。

正确的价值观是企业长远发展的基石，在 3.0 时代尤为重要，雷军在创业时曾探索百年企业的生存和发展基因，在研究同仁堂的时发现，其百年来一直恪守“炮制虽繁必不敢省人工，品位虽贵必不敢减物力”的古训，一句话概括就是同仁堂从不偷工减料。一个百年企业基本价值观一定要正，冷链物流企业也是如此，对于 90 后甚至 00 后的员工，一定要用价值观、正能量引领他们。

五、经营理念升级

伴随互联网、物联网、大数据到人工智能的高速发展，中国在诞生越来越多世界级公司的同时，也深感这个时代变化太快了。有人说“我赢得了所有的竞争对手，却输给了这个时代”……这就是提醒大家，在 3.0 时代必须时刻升级自己的经营理念。

经典的“大象理论”，说大象要去河对面喝水，过河时却把草丛里的蚂蚁、青蛙、蛇等小动物都踩死了，大象的目的仅仅是要喝水，而不是伤及无辜。在座的很多冷链物流企业也要去思考这个问题，踩踏这个行业的大象可能会是谁？是资本玩家、传统物流巨头，还是产业链链主？或许都不是，我们要想成为大象，必须要有大象的格局和眼界。

美团在探索打车业务，滴滴在探索打饭业务，后面也可以有打货业务。典型互联网思维是“羊毛出在猪身上狗来买单”，靠传统经营思维已经行不通了。我们简单看美团是消费互联网公司，而背后他一定是一家产业互联网公司，比如为餐厅提供食材，提供超乎想象的赋能。冷链物流企业未来会是一家什么公司？技术公司？数据公司？金融公司？供应链公司？每个领域的变化已经超过我们的想象，我们每个人的理念必须要升级。

此外，在冷链技术设施建设和运营管理方面，也要提升安全、环保和节能理念。由于冷库安全意识不足，今年以来已发生 10 多起冷库安全事故。冷库是能耗大户，全国每年冷库用电费用超过 800 亿元，节能空间巨大。同时要注重绿色能源在冷链物流行业的应用。

模式归模式，冷链物流企业核心还是要重视运营，要重视以下“三化”：

专业化。业务发展定位一定要明晰，知道客户群体是什么，自己的核心业务又是什么，要善于做减法而不是加法。

精细化。像日本的冷链物流企业，平均净利润率也就 2%，运营稍不留意就会亏损。但是由于他们在精细化管理方面做到极致，所以仍能保持盈利，这就是向管理要效益。随着我国冷链市场竞争的加剧，后面拼的就是精细化管理。

品牌化。品牌就意味着溢价能力，一杯依云的水放在碗里不值钱，但是装到贴有依云瓶子里就可以卖不同的价格，好品质和好品牌，要重视品牌的打造。

最后我想用去欧洲考察的总结成果，用三个词来结束今天的演讲：客户、技术、人才。

客户。首现在很多物流企业只是在做客户某一点或一部分业务，实际上客户的业务很多，包括采购、物流、营销等等，背后的链条非常长，你在客户的口袋里挖出了多少金？其次是关注客户和渠道变化，还有随着新零售、新餐饮的出现，渠道扁平化，带来了订单碎片化，在这个改变当中物流企业的角色发生了怎样的变化？始终关注客户的变化，关注客户的客户变化。

技术。DHL 英国公司的技术团队有 3000 多人，Ocado 的技术人员占比也很大。顺丰为什么一直在领先，因为顺丰一直专注技术的投入，在座的冷链物流企业，各自公司有多少技术人员，在技术方面投入了多少？到现在如果一家物流企业还不重视技术，一定会被淘汰的。

人才。目前国内大部分冷链物流企业在人才培养和培训方面投入较少，人才的重视程度和需求度不相匹配。全球最大货代公司 Kuehne&Nagel 的利润是全球所有集装箱企业的利润总和，该公司在人才培养方面投入很多，为保持服务的一致性，所有进入该公司的人才必须经过半年培训才能上岗。海底捞所有入职的员工都要参加集体培训，所有的店长要经过海底捞大学培训。今年中物联冷链委也成立了内部学院，所有的员工必须经过一系列培训才能上岗，这些举措都是为了建立稳定的人才培养体系，提供一致的全国性服务标准。

来源：第一物流网 2018 年 12 月 10 日

冷链物流四方面发展瓶颈待突破

目前我国冷链市场规模在2500亿元左右，预计到2020年，市场规模将可以达到4700亿元，年复合增速将超过20%。但同时，我国冷链物流仍面临四方面瓶颈亟待突破。

随着果蔬、肉类、水产品等农产品和疫苗等医药产品的市场需求不断扩大，我国冷链物流迎来行业发展契机，目前我国冷链市场规模在2500亿元左右，预计到2020年，市场规模将可以达到4700亿元，年复合增速将超过20%。但同时，我国冷链物流仍面临四方面瓶颈亟待突破：

行业发展不平衡不充分

目前我国冷链体系发展失衡，2017年华东、华北、华中、华南区域的冷库容量分别为1245万吨、453万吨、431万吨、324万吨，而承担全国大部分生鲜农产品批发的西南和西北区域合计不足400万吨，缺乏原产地区域化生产冷链体系建设。我国冷链产业近年来快速发展，但总体仍处于初级发展阶段，截至2017年末，全国冷藏车保有量11.5万台，远低于美国、日本的20余万辆。冷链行业集中度较低，排名前10的冷链运营企业仅占整个市场份额的10.5%，前30名运营商仅占17.3%，尚未出现具有超强整合能力的行业巨头，运营分散使得企业无法形成规模效应。

“两高一低”抬升行业成本

冷链行业面临初期投资成本高、运营过程中返空率高、运输单价低等“两高一低”的问题。在我国一个5000平方米沃尔玛标准级冷库需要2000万元以上资金投入，在运营中由于双向物流负荷不平衡，空返率高达98%，单次的运输成本是普通物流的2倍，而运单价只能高出后者20%-40%，受此影响，目前我国生鲜市场冷链利润率为8%左右，而发达国家冷链的利润率可以达到30%。我国生鲜农产品具有千亿级的市场规模，近年生鲜电商行业火热，但只有不到3%的渗透率，究其原因冷链成本占据了总体成本70%左右，2017年，全国数百家O2O生鲜电商关闭。

相关技术发展先机被发达国家抢占

为减少损耗、确保品质，冷链物流技术与果蔬等农产品低温保鲜技术正深度融合，以苹果、梨、葡萄等水果为例，当运输、贮藏条件满足-1.5-0.5℃的温度和95%的相对湿度，并采用抑制呼吸、减少有机物质消耗的气调保鲜技术时，可以保鲜6-7个月。当前，这一技术正迎来全球第三次发展高潮，但我国此类技术发展水平相对滞后。截至2017年末，全球果蔬低温保鲜专利申请竞争力前20强中，10强被陶氏化学、宝洁、联合利华等美国公司所占据，其余10席由法国、荷兰、日本、德国等公司夺得，没有一家中国公司或科研机构。

标准建设滞后且部分标准未严格执行

冷链物流业横跨交通运输、仓储包装机械设备信息化等领域，涉及食品医药化工等行业，共有国家标准12项，各地方性、行业标准99项，但标准体系建设与贸易新业态、新模式发展不一致。如我国在《物流业发展中长期规划（2014—2020年）》中特别提到加快海铁联运等多式联运工程设施建设，但冷藏集装箱运输方面标准制定滞后，导致港口作业随意性大，调研表明港口冷藏集装箱从未发生制冷中断率的只有19%。另一方面，目前我国冷链物流企业为节约成本，执行标准程度弱，以杭州市猪肉冷链物流为例，调研4家冷链物流企业，其中只有1家企业严格执行国家标准-18℃的贮藏要求，1家企业运输车甚至没有制冷设备，存在较大质量安全隐患。

来源：《中国国门时报》 2018年07月02日

医药冷链标准化体系不断完善，与国际接轨需努力

为全面推广、宣贯该标准，推动行业标准化工作，《医药产品冷链物流温控设施设备验证性能确认技术规范》国家标准新闻发布会今日（5 月 3 日）在京召开。

2018 年 5 月 1 日，由中国物流与采购联合会医药物流分会、北京科园信海医药经营有限公司等 14 家单位起草的《医药产品冷链物流温控设施设备验证 性能确认技术规范》国家标准正式实施。为全面推广、宣贯该标准，推动行业标准化工作，《医药产品冷链物流温控设施设备验证 性能确认技术规范》国家标准新闻发布会今日（5 月 3 日）在京召开，亿欧受邀出席。

医药冷链设备标准更精细

据了解，此标准规定了医药产品冷链物流涉及的温控仓库、温控车辆、冷藏箱、保温箱及温度检测系统验证性能确认的内容、要求和操作要点。适用于医药产品储存运输过程中涉及的温控仓库、温控车辆、冷藏箱、保温箱及温度检测系统的性能确认等活动。

该标准一方面填补了国家国家医药冷链储运的空白，提高大家对相关法规执行的力度，对相关法律条款中模糊，提升标准的一致性和统一，对医药冷链物流的成本、效率、控制成本方面都有深远的意义。另一方面，该标准的制定企业中涵盖了医药冷链不同阶段的企业，第三方验证、第三方物流、技术提供方等从不同程度上参与了该标准的制定。此外，该标准从 2014 年开始到 2017 年 10 月 14 日正式发布，经过了很多反复验证。整个标准涵盖四个方面，既包括冷库、运输、冷藏车、运输车，以及可操作层面的执行的依据，还对由于理解导致的模糊定义做了更为详细的说明。

医药冷链标准化体系不断完善

全国物流标准化技术委员会副主任崔忠付在大会致辞中指出，我国医药物流标准化呈现以下特点：

1. 稳步增长的医药市场为医药物流标准化提供了新动能。据工信部现有数据推算，2017 年，医药物流规模以上企业主营业务收入大概是 32599 亿元，较上年增长 12% 左右。医药市场规模的持续增长促使企业的快速发展，也为医药物流的标准化的持续提供了动能。

2. 医药物流标准化面临新形势，物流市场竞争日益激烈，互联网 + 加速产业深化变革，对医药物流对标准化工作提出新要求；

3. 医药物流标准化体系不断完善。相关标准医药物流标准，医药物流体系不断完善。

但是目前我国的医药物流标准化仍存在标准化覆盖率比较低，标准不统一，实施困难等多方面难题，阻碍着医药冷链物流标准化的推进。崔忠付表示，标准的制定固然重要，但是标准的贯彻和实施更为重要。

全国物流标准化技术委员会医药物流标准化工作组常务副组长秦玉鸣在会上指出，医药的标准化不仅仅是降低成本、提高效率，还跟百姓生活密切相关。一项标准从立项 - 启动 - 编制 - 报批 - 宣贯 - 复审，历时多年，希望这项标准能够认认真真的推进这项标准的实施。

此次标准有关设施设备，冷链物流最重要的设施设备，冷链物流如果没有合格的设施设备，全程冷链管理就是无稽之谈。目前我国的冷链物流设备企业标准，各家不一，相互合作时，经常需要重复认证，不仅影响整个流通效率，也增加了企业的成本。目前亟需大家统一标准，解决大家互认的问题，减少重复认证问题，进而实现降本增效。

对于标准推广，秦玉鸣表示，将通过多渠道开展宣贯，这个月对讲师进行培训，讲师培训完之

后他们回到所在的区域，然后展开标准的培训。

与国际标准接轨趋势开始凸显

对于医药物流标准化的未来，崔忠付认为：我国的医药冷链物流标准化的工作会持续受到重视，现在国标、行标、团表，涉及医药方面的标准有 40 多项，医药标准的统一度会继续提高。我国的标准化会持续加快，与国际标准接轨趋势逐渐凸显。

随着行业的集中化程度逐步提高，特别是“两票制”之后行业的兼并重组速度加快。医药批发行业的百强在 2015 年占市场的 74%，到 2017 年提升到 78%。医疗器械行业的前十强占到整个行业的可能还到不了 10%，仍有较大的整合空间，物流的专业化和社会化将会更为普遍，服务模式创新将会成为市场的热点，今后服务的创新将成为提高我们医药物流行业水平的竞争的一个重要方面，医药物流的标准化将会取得明显的成效。

秦玉鸣表示，接下来医药物流的标准化，正在着手医疗器械方面的标准，即将启动体外诊断试剂的标准化工作，这个试剂是要求 2-8℃，现在仍有很多不达标；还有一块是医院内部的物流标准化；还有就是人才方面的标准。国家目前只有几所高职院校开了医药冷链物流专业，大部分院校还没有医药冷链物流专业。

来源：亿欧网　2018 年 05 月 04 日

解决农产品最先一公里难题，技术创新是关键

目前，农产品冷链物流发展较为滞后的局面正在制约农产品市场发展，卖不了、运不出、储不行、成本高、亏损大等问题，严重影响农民增收、贫困户脱贫。

2017 年，我国冷链标准不断出台，国际标准得到广泛应用。冷库方面，产地冷库建设增多，冷藏库、保鲜库、气调库体量将有所增加。冷藏车方面，新国标 GB1589 的出台对规范和推动冷藏车市场发展提供新动力。冷链物流体系也将逐步走向第三方服务。

“长期以来，我国新鲜水果、蔬菜等农产品销售，大部分是就地出售的传统经营方式，即便是出口产品，也因包装粗糙、保鲜技术落后，每年有上万吨的果蔬腐烂，经济价值难以提升或严重损失。”日前，中国交通运输协会农产品冷链物流专业委员会秘书长万益锋在公开演讲中指出，生鲜产品市场蛋糕非常巨大，将成为电商逐利的下一站，但是，农产品冷链物流“最先一公里”问题，已经成为当下困扰生鲜电商最大的问题。

农产品冷链物流不缺资源缺整合

《2018 年中国农产品电商发展报告》数据显示，2017 年，我国主要农产品再获得丰收，农产品总量达到 211828.25 万吨，再创历史新高。但当前农产品“供过于求”与“供不应求”同时存在，中国农业正处于转型“关键期”，既要种得好、养得好、加工好，还要卖得好、卖出好价钱，消费者得实惠，农民得收入；反过来，通过卖得好、卖出好价钱，促进种得好、养得好、加工好。

目前，农产品冷链物流发展较为滞后的局面正在制约农产品市场发展，卖不了、运不出、储不行、成本高、亏损大等问题，严重影响农民增收、贫困户脱贫。

“农产品冷链包括农产品的低温加工、低温贮存、低温运输、配送及低温销售四个环节；具有复杂性、协调性、高成本、信息化复杂等特点，因此农产品冷链物流的难度较大。我国冷链物流与发达国家相比还存在较大差距，虽拥有较大的人口基数，市场规模仍旧不大，同时冷链物流还存在诸多问题。”中国食品（农产品）安全电商研究院院长洪涛在《2018 年中国农产品冷链物流发展报告》

（以下简称《报告》）中分析。

他认为，冷链体系不健全、成本仍然较高和发展不平衡是目前农产品冷链物流存在的主要问题。冷链体系的不健全已然成为物流企业前进的阻碍，由于政府多个部门管冷链，众多企业盲目投资，导致农产品冷链领域投资不足与投资过度同时存在，导致全国农产品冷链不缺资源缺整合；冷链物流企业存在专业化程度不高、运行成本高、经营心态浮躁等问题，路桥费、燃油费、人工费等逐年走高，三者加起来占到冷链企业总收入的 80% 以上，已成为压在冷链物流企业身上的大山，在一定程度上加剧企业心态的浮躁，在支出方面精打细算，很少有企业主动在信息系统、设备升级、人才培养、服务提升等方面加大投入；目前农产品物流发展不平衡、不充分，占全社会物流总额的比例只有 1.58%，农村物流不足与过剩存在，资源没有得到充分利用，当前冷链物流是不缺资源缺整合，许多投资没有形成体系，因此不能够形成效益。

电子商务研究中心法律权益部分析师姚建芳告诉本刊记者，目前我国冷链物流发展水平还不能满足快速发展的生鲜电商市场。目前我国大部分鲜活产品物流以常温物流或自然物流形式为主，还没有形成完善的冷链物流体系，非冷藏运输状态下的鲜活产品物流，在运输、分销和零售多次装卸搬运中增加了二次污染的机会，并降低了产品的新鲜度；而自建物流是重资产投入，冷链物流的投入和成本更高，过高投入和缓慢的回收周期，给企业带来较大的发展阻力。物流上的短板已经成为生鲜电商发展的制约因素，要从竞争中突围，亟需提升供应链的管理水平。

新技术新模式助推行业升级

《报告》指出，受政府出台多项政策、冷链标注不断出台、冷链新技术新模式不断出现等利好的影响，2017 年，我国农产品冷链物流取得明显成效。

2017 年，我国政府因势利导出台了多项政策措施，包括国务院办公厅印发的《关于加快发展冷链物流保障食品安全促进消费升级的意见》、《关于积极推进供应链创新与应用的指导意见》、交通运输部印发的《加快发展冷链物流保障食品安全促进消费升级的实施意见》等，鼓励冷链物流健康发展。

2017 年，我国冷链标准不断出台，国际标准得到广泛应用。冷库方面，产地冷库建设增多，冷藏库、保鲜库、气调库体量将有所增加。冷藏车方面，新国标 GB1589 的出台对规范和推动冷藏车市场发展提供新动力。冷链物流体系也将逐步走向第三方服务。

冷链新技术新模式的应用，助推行业升级。2017 年，我国冷链物流在技术层面上的创新有：产后商品处理技术、屠宰加工环节实现低温控制技术、包装规模化技术、一体化冷链技术、温度监测技术、食品追溯技术、HACCP 技术、3S 技术、生鲜农产品质量等级化技术、上下游企业冷链对接技术、供应链管理技术、食品追溯技术等。在供应链模式上的创新有“智能整合型”模式、“共同体”模式、“托管式”模式、“闭环形”模式、“即时即控”模式、供应链“并联型”模式等。

以食品追溯技术为例，食品追溯技术对于产品来说就像每个人的身份证号码，具有唯一性和连通性，通过食品追溯技术可以全面记录产品从源头产地到终端消费的冷链全过程，每个关键环节都有信息记录，不仅让消费者对于食品安全有清晰地了解，对于出现问题的环节也可以清晰地了解和处理，在增加食品安全意义的前提下，带动冷链物流效率的提升。

姚建芳认为，信息化技术优化末端配送，包括生鲜电商在内的快递末端配送问题一直是行业痛点问题，利用大数据等信息化手段优化末端配送路线，提升配送效率、降低配送时间等成本；包装材料等的创新，比如研发新型的保温箱，也能够降低成本及提高保鲜能力。

冷链物流的快速发展，带动了农产品市场的规模增长。2017 年，我国农产品冷链物流总额达到 4 万亿元，同比增长 17.6%；冷链物流总收入达到 2400 亿元，增长 10%；冷链物流仓达到 1.1937 亿立方米，同比增长13.7%，约4775万吨，同比增长13.7%；冷藏车预计达到13.4万辆，全年增加1.9万辆，同比增长16.5%。2017年我国生鲜市场规模超过13亿吨，达到13.28亿吨，冷链交易额市场规模达4700亿元。在“6.18”“双十一”、年货节中，在人们的网络消费清单中，生鲜食材所占的比重越来越高，这不仅得益于人们生活水平的提高，更得益于冷链物流的快速发展。

未来农产品冷链物流将呈现十大趋势

“冷链产业进入了变革期，产业发展拐点临近。”亿欧联合创始人兼执行总裁王彬认为，新理念、新科技、新政策是推动冷链产业变革的三大新动能。

新理念层面上，消费升级促使对冷链服务的要求发生变化。随着95后成为主力消费人群，加之社会文化和理念的进步，这一代消费者具备更强的个性化要求，对于品牌和品质的要求更高，强调享受即时服务，极度注重消费体验，所以对冷链服务提出了新的要求。消费升级催生新零售等新的商业模式，产生巨大的“推力”，倒逼冷链产业升级。

新科技的落地应用不断拉动冷链产业各个环节的创新，将产生巨大的“拉力”效应。物联网在冷链仓储和运输环节的应用，真正驱动冷链产业实现了数据化实时管理，可以实现冷链物流的透明化管理与控制。随着物联网应用率的提升，越来越多的冷链产业运营数据得以不断丰富和积累，结合产品冷链运输标准数据库的完善，会驱动整个产业实现商业智能。

除了新理念的“推力”和新科技的“拉力”外，新政策的保障和支撑也是至关重要的新动能。“一带一路”的基础建设，使冷链产业“走出去”具备了条件，近年来，各口岸城市都非常重视跨境电商的发展，对于其中的生鲜电商，冷链物流扮演着至关重要的角色；精准扶贫为冷链产业的大力发展提供新的契机，冷链产业也助力实精准扶贫，越来越多从田间地头直达餐桌的商业模式涌现出来；节能环保政策也将推动冷链产业的高质量发展，倒逼冷链企业不断提升温控方案的节能性，迭代优质环保的隔热材料。

洪涛认为，未来我国农产品冷链物流将呈现十大趋势：一是融合化趋势，农产品电子商务和网上网下的融合发展；二是标准化趋势，生鲜冷链物流标准化的发展；三是功能化趋势，各类冷链物流要发挥多种功能；四是品牌化趋势，农产品冷链物流的品牌化发展；五是全渠道趋势，农产品冷链物流的全渠道的发展；六是国际化趋势，农产品冷链国际化的趋势；七是智能化趋势，农产品冷链物流必须走智能化发展道路；八是绿色化趋势，绿色冷链包装盒只是其中的一个内容；九是社区化趋势，农产品冷链物流向社区化发展；十是法制化趋势，通过法律法规和标准体系来促进中国的农产品冷链物流可持续的发展。

来源：《中国战略新兴产业》杂志 2018年07月02日

7.4 电商与“新零售”物流

7.4.1 综述

国办一号文力促电商物流协同发展，将实施快递末端网点备案管理

2018 年 1 月，国务院办公厅印发了《关于推进电子商务与快递物流协同发展的意见》（国办发〔2018〕1 号，以下简称《意见》），《意见》明确了优化协同发展政策法规环境、完善电子商务快递物流基础设施等六方面的政策措施。

值得关注的是，在深化“放管服”改革方面，《意见》提出进一步简化快递业务经营许可程序，改革快递企业年度报告制度，实施快递末端网点备案管理，实现许可备案网上统一办理，业内认为这将进一步激发市场活力，实现让信息多跑路，让群众少跑腿。

在管理创新层面,《意见》要求创新价格监管,引导电商平台实现商品定价与快递服务定价相分离,促进快递企业发展增值服务；提出创新公共服务设施管理，明确智能快件箱、快递末端综合服务场所的公共属性，纳入相关规划，为加快完善快递末端服务网络提供了有力支撑。

在解决突出矛盾层面，《意见》明确鼓励各地对快递服务车辆统一编号和标识管理，合理确定通行区域和时段，完善停靠、装卸、充电等设施，对快递服务车辆给予通行、作业便利，引导各地因地制宜解决快递运输需求与城市交通拥堵之间的矛盾。

针对日趋激烈的数据资源争夺，《意见》提出健全数据开放共享规则，建立数据中断等风险评估和通报制度，为建立大数据时代电子商务平台与快递物流企业之间高效和谐利用数据资源提供指引。

在加强短板建设层面，《意见》提出提升末端供给能力，包括推广智能投递设施，支持传统信报箱改造；建设快递末端综合服务场所，开展联收联投等。同时，提高协同运行效率，鼓励通过商流、物流、信息流、资金流等无缝衔接和高效流动，实现信息协同化和服务智能化。

商务部电子商务司负责人表示，随着电子商务的快速发展，电子商务与物流快递协同发展方面暴露出一些问题，比如基础设施不配套、配送车辆通行难、快递末端服务能力不足、行业间协调联动不够等，成为制约电子商务发展的重要瓶颈。自 2014 年 10 月开始，商务部会同财政部、邮政局在 11 个城市开展了电子商务与物流快递协同发展试点。试点工作取得了积极成效，上述问题得到了较好解决，形成了一批可复制推广的经验和做法。但从全国来看，快递物流制约电子商务发展的问题依然普遍存在。2017 年以来，电子商务与快递物流协同中又暴露出数据互通共享的矛盾、过度包装影响环境等问题。出台《意见》，就是要全面复制推广试点经验，加快推动制度创新，解决发展中的新问题，进一步提高电子商务与快递物流协同发展水平。

来源：《经济参考报》 2018 年 01 月 24 日

电商物流：电商法出台关乎快递“规定动作”

十三届全国人大常委会第五次会议表决通过了电商法草案，这是规范电子商务行为的专门法，也是我国电商领域的首部综合性法律。从 2013 年被列入立法规划到最终出台，这部由全国人大财经

委牵头的法律打破常规，在 5 年里历经 4 次审议、3 次公开征求意见。最终面世的《中华人民共和国电子商务法（草案）》（以下简称“电商法草案”）共 7 章 89 条，特别是第二十条、第五十二条、第六十五条等对与电商息息相关的快递作出了规定，被认为是在更加具体细致的内涵下规范快递行为。

绿色链条快递很关键

电商过度包装既浪费资源又污染环境。可以发现，电商法从三审稿到四审稿，绿色发展是其中改动较大的部分，最终在第六十五条中增加了各级政府促进电商绿色发展的责任，在第五十二条中规定了快递物流服务提供者要使用环保包装材料。

电商法规定“快递物流服务提供者应当按照规定使用环保材料，实现包装材料的减量化和再利用”。对此，有专家认为这缺少对污染源大头——电商封装的约束。

同时，第六十五条规定“国务院和县级以上地方人民政府及其有关部门应当采取措施，支持、推动绿色包装、仓储、运输，促进电子商务绿色发展”。实际上，从 9 月 1 日起，新修订的《快递封装用品》系列国家标准已正式实施。新国标从绿色化、减量化、可循环三方面对原有标准进行了补充完善。

对于“从产业链中游加强约束还不能治本”这样的担心，国家邮政局发展研究中心法律与治理现代化研究室负责人潘迪在接受采访时表示，这是四审稿中增加的比较重要的制度安排。商品包装始终贯穿于电商交易的全链条，这个链条中有卖方、买方、快递服务提供者等多个主体。一方面，法律要求快递服务提供者使用环保包装材料，并不是说卖方和买方就可以置身事外，包括清洁生产促进法、循环经济促进法、固体废物污染环境防治法在内的多个法律文件均对包装物材质和包装方式进行了规定；另一方面，商品的包装是为运输服务的，对商品包装问题有决定权的应当是快递物流等运输投递方。在解决电商包装问题上，快递物流企业应当处于领衔地位，为电商绿色环保、可持续发展提供更优的快递物流解决方案。

未经同意不能代收货物

如果收件人不在家，也可以让他人代收。电商法草案第五十二条规定：快递物流服务提供者为电子商务提供快递物流服务，应当遵守法律、行政法规，并应当符合承诺的服务规范和时限。快递物流服务提供者在交付商品时，应当提示收货人当面查验；交由他人代收的，应当经收货人同意。

此外，电商法草案第五十二条规定快递物流服务提供者在提供快递物流服务的同时，可以接受电子商务经营者的委托提供代收货款服务。

而 2018 年 5 月 1 日起施行的《快递暂行条例》也规定，快递企业应当将快件投递到约定的收件地址、收件人或者收件人指定的代收人，并告知收件人或者代收人当面验收。

对于电商平台的义务，电商法草案也作出明确相关规定。例如，对关系消费者生命健康的商品或者服务，电商平台经营者对平台内经营者的资质资格未尽到审核义务，或者对消费者未尽到安全保障义务，造成消费者损害的，依法承担相应的责任。电商平台经营者对平台内经营者侵害消费者合法权益行为未采取必要措施，或者对平台内经营者未尽到资质资格审核义务，或者对消费者未尽到安全保障义务的，由市场监督管理部门责令限期改正，可以处 5 万元以上 50 万元以下的罚款；情节严重的，责令停业整顿，并处 50 万元以上 200 万元以下的罚款。

来源：中国产业经济信息网 2018 年 09 月 20 日

7.4.2 综合信息

第九届中国电子商务物流大会在上海召开

第九届中国电子商务物流大会2018年10月10日在上海召开，本次会议得到上海现代服务业联合会、上海物流企业家协会、上海市电子商务行业协会、上海跨境电子商务行业协会等上海有关方面的大力支持。

中国物流与采购联合会副会长兼秘书长崔忠付在致辞中回顾了我国电子商务2017年的主要数据，并指出电商物流作为数字经济中最活跃的细分领域之一，正在出现供应链融合、数字化转型、国际化发展等方面的新趋势和发展重点。

上海市商务委员会电子商务处处长陈晓明、爱姆意云商副总裁梁峙峰、京东物流集团价值供应链部总监吴海英、路威酩轩香水化妆品物流总监林正娣、点我达联合创始人、高级副总裁谢新宇、上汽安吉物流总经理助理杨兼文、美团外卖配送事业部总经理魏巍在上午大会阶段发表了主旨发言。此外，上午会议期间还举行了“中物联同城即时物流分会成立仪式”，这标志着中物联开始对即时物流这一新业态开展工作，促进行业健康发展。中物联同城即时物流分会秘书长万莹与美团点评、饿了么、点我达、闪送、顺丰速运、达达－京东到家、同达快送等七位副会长单位主要负责人共同参与了启动仪式。

“第二届城市电动物流车应用发展论坛”在10月11日下午同期举行。中物联物流装备专业委员会秘书长左新宇主持本论坛。交通运输部科学研究院现代物流研究中心副研究员华光、深圳市新能源车辆应用发展中心主任谢海明、顺丰速运有限公司新能源汽车项目负责人郑伟志、菜鸟网络高级业务拓展专家袁果、地上铁租车（深圳）有限公司市场中心总经理金玮、货拉拉全国运力总监谷小猛、浙江传化绿色慧联物流有限公司常务副总经理杨东、京东物流新能源车辆项目部负责人刘飞等嘉宾围绕新能源物流车发展现状与趋势、新能源物流车推广应用实践等话题展开研讨。会议期间，主办方对新能源物流车应用推广贡献企业及新能源物流车应用推广贡献专家进行了表彰。

同期举行的“AI时代下，电子商务物流新趋势论坛”，有林德（中国）叉车行业拓展高级经理刘英、德马泰克国际贸易（上海）有限公司高级系统顾问朱庭亮、中国重汽集团销售部总经理助理、上海分公司经理杨树海、3M中国有限公司华东区销售经理刘国才、物流沙龙CEO Tracy、迅蚁创始人、CEO章磊、圆通速递副总裁相峰、百世集团营销总经理洪一玮、晶链通副总裁毛莉、恒力市场部经理刘枫等嘉宾等就电子商务物流的新趋势发展方向及智能化大趋势下物流装备的新格局进行了发言及现场互动。论坛由罗戈物流研究院院长潘永刚主持。

“跨境电商物流发展论坛”则由CAPEC中国首席代表雍虎主持，有上海自贸区联合发展有限公司党委委员、总经理助理逄淑光、阿里巴巴集团公共事务副总裁邢悦、上海智盾网络科技有限公司董事长陶钧、福建陆地港集团总经理李子兴、杭州佳成国际物流公司副总经理殷琦围绕自贸区发展及跨境电商业务创新模式、跨境服务新场景、新时代跨境物流产业的推动与发展等主题进行了分享。

中物联电商物流与快递分会、中物联装备委分别对“2018中国电子商务物流优秀服务商”“2018中国电子商务物流设备供应商”进行了表彰。

来源：中物联电商物流与快递分会 2018年10月11日

跨境电商：物流业务全球化 航空物流迎来新动能

电子商务巨头正在利用人工智能和机器学习帮助客户轻松搜索产品。从图像与语音搜索到无人机送货，电子商务行业正不遗余力地服务客户。随着手机的迅速普及，电子商务的发展速度飞快。然而，供应链效率低下可能成为一大制约因素。

电商贸易线路

谈到最受欢迎的电子商务贸易线路，全球大多数物流企业都特别提到了美国和中国。大多数电子商务贸易都是从这两个国家向世界其他国家和地区供货的。

“我们最大的电子商务区域是荷兰、美国、德国、英国、澳大利亚和中国。我们最大的贸易线路是中国至欧盟、中国至美国、美国至欧洲。今年包裹的数量有了大幅增长，我们公司每天要将2万多个包裹从美国运到欧洲。”老虎物流公司首席执行官安德鲁·尤灵斯表示。

DHL电子商务首席执行官查尔斯·布鲁尔也表示：“主要的电子商务市场是美国和中国，我们看到这两大市场到其他地区的贸易量都在持续增长。”除了中国和美国之外，东南亚、拉丁美洲和中东等地区的电子商务贸易量也在不断增长。

多年来，美国泰德·史蒂文斯安克雷奇国际机场的货邮吞吐量一直稳居世界前5位。在跨太平洋航线上用货机运输的货物中，约80%都会通过这座机场中转。安克雷奇机场经理吉姆·什切斯尼亚克表示：“通常我们一天会看到6架波音747货机飞往亚马逊公司位于美国辛辛那提的基地，还可以看到大约30架UPS宽体机和17架联邦快递宽体机在这里起降。安克雷奇机场2017年的货运量增长超过7%，达到270万吨。电子商务是推动增长的一个重要因素。”

所有这些贸易线路突显出另一个问题：与国内电子商务相比，跨境电子商务是一个流行的概念，而且正在迅速发展。DHL在《21世纪香料贸易》报告中指出，2015年跨境电商市场交易额达3000亿美元，约占电商交易总额的15%。DHL进一步表示，到2020年，其增速将保持每年25%——接近国内电子商务市场增速的2倍，也是大多数传统零售市场梦寐以求的增速。报告还显示，大约20%的跨境采购价值超过200美元，这一比例高于国内电子商务市场，能为物流企业提供很大的利润增长空间。

新加坡樟宜机场集团负责航空枢纽发展的常务董事林振杰很看好东南亚地区的电子商务发展前景。他说，到2025年，东南亚地区的电子商务预计增长16倍，达到880亿美元。“新加坡正处于东盟地区全球电子商务贸易的十字路口，再加上我们极高的航空连通性和快速发展的邮政、快递、货运业务，我们处于有利地位”。

美国UPS正将赌注压在亚洲、欧洲和新兴市场上。“UPS的国际业务在2017年和2018年上半年均保持了强劲增长。”UPS印度次大陆常务董事理查德·弗盖蒂表示，“作为UPS发展转型战略的一部分，我们正努力增加国际运力。因为预计到2022年，全球包裹市场将增长3000亿美元-4800亿美元，并集中在亚洲、欧洲和新兴市场上。”

监管和基础设施改革

在电子商务迅猛发展的同时，物流利益相关者正在不断进行监管、政策和基础设施改革，以满足日益增长的业务需求并吸引更多的消费者。

在东南亚，高达73%的人口在没有信用卡或数字支付系统的情况下无法进行网上购物。在这些地区，现金仍然是最重要的。DHL发现了这一短板，并在东南亚推出了电子商务货到付款服务，允许消费者在跨境网购时货到付款。

布鲁尔表示："在电子商务兴起之前，跨境货到付款从来都不是事儿。有了货到付款服务，我们的客户现在可以开拓新的细分市场，迎合那些更喜欢现金支付的消费者。我们会继续跟踪市场上的电子商务支付趋势，并在有市场需求的国家推出货到付款服务。"

与此同时，荷兰阿姆斯特丹史基浦机场货运主管巴特·鲍威尔斯表示："我们看到，来自亚洲的小包裹数量大幅增加，而不是集运货物。这对海关流程有很大影响，延长了处理时间。"为了简化流程，荷兰海关推出了一种新的简化电子商务申报单，名为"VENUE"。

"VENUE 可在截至 2021 年 1 月的整个联盟海关代码过渡期内，帮助时尚、个人护理和家居用品等电子商务平台进出口商品。航空货运市场正在发生变化，我们看到电子商务包裹数量大幅增加。在阿姆斯特丹史基浦机场，我们专注于为电子商务客户提供高质量、高效的服务，而 VENUE 将帮助我们做到这一点。"鲍威尔斯说。

与此同时，什切斯尼亚克强调，安克雷奇机场一直在努力更新基础设施，以更好地应对日益增长的电子商务包裹数量。"安克雷奇有特殊的航空货物转运权。这允许货代和航空公司在机场通过枢纽辐射模式运营货运业务。安克雷奇机场很快将建设一个新的'快转'航空货运设施。这个设施将成为我们货物转运的核心，能够快速储存和提取货物"。

2017 年，新加坡地面运营商新翔集团在樟宜机场建立了新的电子商务空运中心，提高了其区域 B2C 电子商务能力。林振杰说："这个新的全自动化设施通过提高效率与空间利用率，提高了新翔集团和新加坡邮政的货物处理能力。随着包裹处理能力提高了 3 倍多，自动化设施缩短了 50% 的邮件处理时间，电子商务包裹能更快地被装载到飞机上。此外，新设施在追踪包裹状态方面更加透明，从而提高了客户满意度。"

技术进步与速度的竞争

从电子商务公司的角度来看，完善的网络和可靠的服务对快速而准确地运送包裹至关重要。行业专家还指出，越来越多的消费者要求更快、更透明地完成交易。因此，追踪包裹和快速运送正在成为新的标准。

谈到阿姆斯特丹史基浦机场采取的措施，鲍威尔斯说："我们已经与航空公司、货代、地服和卡车司机等实施了智能货运大港计划。在这个计划中，我们探讨如何使史基浦机场成为欧洲最创新、高效和智能的货运枢纽。电子商务是由数字流程推动的，这意味着要考虑数字化，并设法改变任何可能需要更新的领域。智能货运大港计划和完善的航线网络将有助于史基浦机场发展快速增长的电子商务货运业务。"

老虎物流公司首席信息官马克·盖茨比表示，总体而言，电子商务的发展与订单结构的变化增加了系统交易量并提升了复杂性，这迫使其彻底反思自己的 IT 战略。"我们已经转向一种更灵活的、基于云计算的技术系统，能应对更大的业务量和短期订单激增的情况。此外，我们还改变了整合的方式，让客户的货物更快地登机。"他说。

正如盖茨比所说，应对短期订单激增确实是一项具有挑战性的任务。进入第四季度，很多电商巨头都大幅打折，导致电子商务快递的需求迅速增加。此时，保持高水平的运送准确性是至关重要的。印度物流巨头、德国邮政 DHL 集团旗下的蓝标快递在最后一英里的配送中通过人工智能、地址匹配和机器学习实现了分拣过程的自动化，在保持较高分拣准确性的同时大幅缩短了交货时间。

此外，电商巨头发力物流领域已经成为行业的一大趋势。

2018 年 6 月，阿联酋航空货运公司与阿里巴巴集团旗下的物流公司菜鸟签署了一项协议，使菜鸟得以利用其覆盖 160 个目的地的网络运送包裹。亚马逊公司凭借其雄心勃勃的扩张计划，几乎占据了美国电子商务市场近 50% 的份额，并正处于全面控制其物流的过程中。该公司披露，亚马逊 Prime 免费的 1 天 -2 天送货服务在 2017 年运送了超过 50 亿件商品。

《华尔街日报》最近报道，亚马逊公司正准备推出自己的快递服务，名为“亚马逊配送”，将与 UPS 和联邦快递竞争。这项服务将从洛杉矶开始，允许其与在亚马逊网站上销售产品的第三方商家合作。显然，在不久的将来，该公司计划将业务扩展到其他城市和企业。

亚马逊公司正在推进斥资 15 亿美元在美国辛辛那提北肯塔基国际机场建设亚马逊国际航空枢纽的计划。该公司甚至已经计划使用无人机运送包裹。

来源：中国民航网 2018 年 12 月 21 日

政策利好，国务院点名跨境电商、物流枢纽建设

2018 年 11 月 21 日，国务院常务会决定延续完善跨境电商零售进口政策并扩大范围，决定扩大开放、激发消费潜力。国务院将跨境电商零售进口政策扩大到北京、沈阳、南京等城市；鼓励外企民企等社会资本参与物流枢纽建设运营。

针对这一政策利好，快递专家赵小敏在公开媒体上如是说：国务院突降惊天利好，也意味着快递物流将迎来更快更好更绿的重大机遇期，会议明确加快跨境电商的的发展，对快递物流企业走出去，是千载难逢的实实在在的大利好。

“要瞄准国际先进水平，多措并举发展“通道 + 枢纽 + 网络”的现代物流体系，布局建设一批重点物流枢纽”、“鼓励包括民企、外企在内的社会资本参与物流枢纽建设运营”，这一决定对立志于打造物流骨干网的菜鸟网络和亚洲枢纽建设的顺丰及嘉兴航空枢纽的圆通都提供了政策支持和宽松的发展环境，同时在美国上市的中通和百世提供了更好的参照国际快递物流标杆企业的机会，可以充分利用国内和国际资本市场不同的定位和资本优势。

“支持物流枢纽运营主体通过发债、上市等融资”，这对已经上市的快递物流企业来说，有了更多更广泛的融资渠道，更有利于快递物流企业做强做大。

“大力培育供应链物流、快递和电商物流等新模式”，这对以加盟制为主体的“通达帮”和百世来说得到了名正言顺的官方认可，加盟制快递将迎来“新的春天”，加盟制快递也是天然的众创思维和理念的贯彻执行者，具有广阔的市场前景，也是企业高速成长资本扩张的好模式，同时也将迎来加盟制快递的转型升级的新机遇。

“促进物流体系智能绿色、高效便捷发展，提升国际竞争力”，这与快递物流绿色化趋势是一脉相承的，是不可阻挡的趋势，必须坚决践行绿水青山的国策。

中国政府网公布的国务院常务会议的内容如下：

国务院总理李克强 11 月 21 日主持召开国务院常务会议，决定延续和完善跨境电子商务零售进口政策并扩大适用范围，扩大开放更大激发消费潜力；部署推进物流枢纽布局建设，促进提高国民经济运行质量和效率。

会议指出，按照党中央、国务院部署，加快跨境电商等新业态新模式发展，有利于提高开放水平，促进外贸进出口稳定增长和新动能成长，增加消费和就业。

会议决定，一是从明年 1 月 1 日起，延续实施跨境电商零售进口现行监管政策，对跨境电商零售进口商品不执行首次进口许可批件、注册或备案要求，而按个人自用进境物品监管。

二是将政策适用范围从之前的杭州等 15 个城市，再扩大到北京、沈阳、南京、武汉、西安、厦门等 22 个新设跨境电商综合试验区的城市。非试点城市的直购进口业务可参照执行相关监管政策。

三是在对跨境电商零售进口清单内商品实行限额内零关税、进口环节增值税和消费税按法定应纳税额 70% 征收基础上，进一步扩大享受优惠政策的商品范围，新增群众需求量大的 63 个税目商品。提高享受税收优惠政策的商品限额上限，将单次交易限值由目前的 2000 元提高至 5000 元，将年度交易限值由目前的每人每年 2 万元提高至 2.6 万元，今后随居民收入提高相机调增。

四是按照国际通行做法，支持跨境电商出口，研究完善相关出口退税等政策。

五是按照包容审慎监管原则，依法加强跨境电商企业、平台和支付、物流服务商等责任落实，强化商品质量安全监测和风险防控，维护公平竞争市场秩序，保障消费者权益。

会议指出，要瞄准国际先进水平，多措并举发展“通道 + 枢纽 + 网络”的现代物流体系，确保全社会物流总费用与国内生产总值比率明显降低，提高经济运行效率，促进高质量发展。

为此，一要以区位和产业条件较好、辐射能力较强的城市为载体，布局建设一批重点物流枢纽。构建物流枢纽干线网络体系，重点发展铁路干线运输。健全转运、装卸等物流标准，推进集装箱、托盘等设备标准化，加快发展多式联运。

二要更大发挥市场机制作用，整合优化现有物流园区、货运场站等设施，提高集约利用和信息共享水平，统筹补齐物流枢纽设施特别是中西部地区物流软硬件短板。支持物流枢纽运营主体通过发债、上市等融资。

三要加快物流领域“放管服”改革，打破阻碍货畅其流的制度藩篱，坚决消除乱收费、乱设卡等推高物流费用的“痼疾”。进一步扩大物流业对外开放，鼓励包括民企、外企在内的社会资本参与物流枢纽建设运营。密切与全球重要物流枢纽等的合作。

四要大力培育供应链物流、快递和电商物流等新模式，促进物流体系智能绿色、高效便捷发展，提升国际竞争力。

此外，11 月 20 日，交通运输部公布第三批共 24 个多式联运示范工程项目。与单一公路运输相比，前两批示范工程降低社会物流成本超过 80 亿元。

据央广网报道，2016 年以来，交通运输部会同国家发展改革委先后确定了两批共 46 个示范工程项目，截至今年 9 月，示范工程企业已开通线路超过 250 条，覆盖全国 28 个省份，参与企业数超过 1000 家，完成集装箱多式联运量约 270 万标箱。与单一公路运输相比，降低社会物流成本超过 80 亿元，降低能耗约 108 万吨标准煤。

交通运输部运输服务司副司长王绣春在接受央视记者采访时，表示：多式联运最后落脚点落在运上，核心是要联，枢纽集疏运体系的打通，加快多式联运公共信息平台的建设，也就是现在各种运输方式承运人之间的信息和政府公共服务之间的信息，把这些环节打通，实现信息的连通和共享。

王绣春还表示，2019 年底，沿海及长江干线主要港口实现铁水联运信息交换共享。到 2020 年底，基本建成全国多式联运公共信息平台。据预测，到 2020 年，我国多式联运市场规模可以达到 3000 亿 -4000 亿元，到 2030 年有望达到 1 万亿元。

来源：亿欧网 2018 年 11 月 22 日

电商物流是什么 浅析电商物流和第三方物流的区别

行业人士常说："电商行业的发展带动了第三方物流的发展。"但是殊不知，除了电商和第三方物流之外，还有电商物流的存在。但是由于"电商物流"很少出现在公众和媒体的视野中，所有大家对电商物流是什么？电商物流和第三方物流有什么区别？存在疑问。

伴随着电商的发展和日益成熟，物流成为各个电商企业竞争强有力的筹码，物流的配送速度和质量也成为衡量企业的重要指标。很显然，第三方物流快递公司已经远远不能满足电商企业的庞大订单量，以及对于配送的高标准和高要求。对此，很多电商企业打破传统快递的牢笼，通过选择自建物流来为自己建立一道护城河，电商自建物流就是我们称的"电商物流"。电商物流与第三方物流的区别在于：

一、电商物流

电商物流指企业自身经营物流业务，建设全资或是控股物流子公司，完成企业物流配送业务，即企业自己建立一套物流体系。代表企业有京东、苏宁。

1. 优点

（1）就在于各个配送环节的协调方面都具有自控权保证了物流服务的及时性和安全性。物流直接由电商企业监管、实施，较好地保证了服务的质量和快递的速度。

（2）保证特殊时期的业务稳定。自建物流可以很好地弥补节假日期间运力不足的状况，使消费者在享受到优惠价格的同时也能享受到高效优质的物流服务。

（3）增加了消费者的认可度。

2. 缺点

（1）投资过大，风险增加。自建物流系统的成本高，大量物流基础设施的投入，回本周期长，对资金要求高。

（2）员工管理问题。自营物流体系的发展扩大，员工队伍也在不断壮大，人工成本问题、管理培训问题都是考验。

（3）电商物流不能专注于自身的核心业务。

二、第三方物流

第三方物流的配送模式是连锁企业将其物流配送业务部分或者全部委托于专业的物流公司运营的一种模式。以淘宝、天猫为代表。

1. 优点

（1）可以减少电商企业固定资产投资，规避经营风险，集中于发展核心业务，提高电商企业在核心业务上的竞争力。

（2）电商可以自行选择物流公司，根据实际情况选择适合符合商品特点的第三方物流企业进行运输，既满足了自身需求，又可以在很大程度上提高商品的流通速度。

（3）第三方物流企业在仓储配送方面有丰富的资源和经验，优秀品牌如顺丰，既能满足消费者的需求，还有利于增强消费者对商家的信任。

2. 缺点

（1）商家无法全程控制商品配送情况，不能及时获取信息，遇到突发情况也无法及时处理。

（2）遇到大型节假日及特殊日子，不能有效满足需求。如春节放假、双 11，第三方物流企业会放假或者人手不够，造成物流速度的减缓，快递积压，顾客的投诉上升，服务质量就下降了。

第三方物流和电商物流都有着各自的优势和劣势，但不管它们具备怎样的优势和劣势，最终服务的对象是消费者。只要最终能够满足消费者的真实需求，那么这种物流模式就是好的模式。

来源：物流沙龙网 2018 年 11 月 20 日

敏思达－中国跨境电商物流运营模式浅析

跨境电商领域的发展，在利用互联网减少流通环节中的节点，从而实现点对点的产品直达。那么物流环节必然作为国民经济增长的新亮点，引起了国家和企业界的重视，新形势下跨境电商物流模式直接影响跨境电商的发展状况，优质的电商物流，能够促使跨境电商交易更加便利。

据艾瑞网调查显示，仅 2017 年，中国跨境进口零售电商行业市场规模就达到 1113.4 亿元，实现了 49.6% 的增长率。在未来几年内，跨境电商零售市场仍将保持平稳增长。预计到 2021 年，中国跨境电商的市场规模将突破 3000 亿。

那么对于很多跨境电商的创业企业主和从业者而言，物流模式就是首先需要搞懂的问题，就中国跨境电商物流模式来看，目前物流的模式主要分为保税备货模式和海外直邮模式，而且其中以保税备货模式为主流的商业模式。

两种物流模式的本质：

1. 保税备货模式是跨境电商企业从国外供应商处批量采购商品存放于国内保税仓，用户下单后货物直接从保税仓发出，在进行清关后由国内快递配送到消费者手里。

2. 而海外直邮模式根据是否集货又分为小包裹直邮和集货模式。小包裹的模式则是跨境电商直接从海外供应链处采购商品发货，通过国际物流到达国内清关，最后到消费者手里；集货模式则是跨境电商通过海外仓集中订单进行采购，再通过国际物流到达国内清关。

两种物流模式的区别：

1. 保税备货模式

配送时效快（国内保税仓发货）、通关效率高（保税备货服务企业直接与海关平台进行系统对接）、仓储成本低、有跨境电商优惠计税方式，适合商品包括标品、受到市场检验认可的热款以及大众商品等。

2. 海外直邮模式

配送速度较慢（海外仓）、通关效率低（抽查力度大）、仓储成本高（承担较多海外仓建设成本、人工成本或者国际物流费用）、缴纳行邮税、适合商品品类多，特别适用于非标和处于测试阶段的新品等。

在跨境电商行业飞速发展的大形势下，物流运营模式也必将不断优化迭代，对资金周转和经营成本的降低产生最直接的影响。

来源：中物联网

电商 + 物流 阿里京东苏宁激战双 11

线上线下协同

线上线下联动的生态效应将成为2018年双11的一大亮点。事实上，阿里、京东、苏宁也在线上线下加紧布局。

与去年相比，阿里2018年已经把电商狂欢节从线上搬到线下的400个城市，阿里强大的生态系统为双11加磅，让它成为线上线下的狂欢。有数据显示，今年双11，菜鸟智能物流骨干网链接全球仓库3000万平方米、物流从业人员300万人、快递车辆20多万。例如天猫和大润发的合作，不仅将线上网红产品引入卖场，补充货品种类，还可以为大润发增加流量入口。天猫总裁靖捷曾表示，天猫不再是“天上一只猫”，它将打破线上线下的界限，在中国核心城市的100个重点商圈为用户呈现理想的城市生活。

反观京东，此前，一直致力于从前端好物推荐、中端优质体验到后端完善服务的京东，宣布今年的“京东全球好物节”从10月20日持续到11月15日，长达27天，主要是想为消费者打造线上线下协同、一站式的高品质购物体验。例如首次参加双11的京东7FRESH在线上线下推出包括“7FRESH早市”“7FRESH晚市”等在内的一系列活动。据悉，7FRESH早市将进入到北京多个社区场所；7FRESH晚市则可以在特定时间段延长配送时间，且享受3公里范围内的免费配送服务。

而深耕消费市场近30年的苏宁，依靠苏宁易购广场、苏宁小店、红孩子、苏鲜生等多业态模式打破了线上线下界线，实现双线融合。以苏宁小店为例，其采取“便利店+APP”模式，以用户体验为导向，基于实体门店，实现线上、线下精准运营和智能化物流配送的新零售模式发展。

服务下沉

在“三通一达”与百世宣布调价后，京东物流与苏宁物流却未站队。毕竟对于电商物流而言，涨价不是唯一选择，综合服务到位才是标杆。

近日，首次参与双11的阿里本地生活服务公司发布了《本地生活服务中小商户发展报告》。报告显示，对于即将到来的双11，超过80%的女性商户表示高度期待和认可，92%从事夜宵的商户准备积极参与双11。阿里本地生活服务公司认为，各地本地生活服务市场将迎来爆发式增长，其中昆明鲜花、福州荔枝肉、重庆火锅等餐饮、新零售单品双11当天最高增幅预计超过300%。

为迎接双11，京东物流推出了五大王牌，通过精细运营、智能科技提效、供应链服务全球化、共生体系保障、绿色环保计划等，使物流配送更智能、更高效。以京东到家和沃尔玛的合作为例，今年对沃尔玛店内前置仓进行了升级，扩大面积、优化选品，大大改善了配送流程。双方还依托智能大数据支持，在没有门店覆盖的区域建立云仓，为附近3-5公里的居民提供1小时送达服务，让商超能以更“轻”的形态扩大覆盖区域，收获更多消费者。

而苏宁物流在双11前宣布全面升级精准配送产品“准时达”，升级后覆盖至全国100座城市，“大件准时达”和“准时取”也将服务更多消费者。10月22日，“苏宁秒达”众包APP上线，作为苏宁物流进军即时配送领域的产品，在双11期间，苏宁秒达将正式开启众包模式，进军本地生活即时配送服务。苏宁秒达主要提供社区化的即时服务网络，围绕“苏宁小店”在全国的快速布局，为苏宁小店1公里、3公里提供30分钟、60分钟达的社区鲜食生活急速配送服务。

“黑科技”加持

过去10年，天猫双11物流订单从2009年26万件，到2017年的8.12亿件，增长3100多倍。

业内专家表示，今年双 11，行业有望迎来全球新记录。如此庞大的快递包裹量若是仅仅依靠人力处理肯定会爆仓，但“黑科技”加持后日均快件处理能力创新高也不是难事。

目前，菜鸟正联合行业一起推进 IoT 技术在物流行业的应用，实现包括机器人在内的多种物流要素实时在线，并进行智能调度，优化资源配置，提高效率降低成本，持续为消费者带来普惠极致的物流体验。

与此同时，菜鸟的合作伙伴们正投入更大的技术设备，为双 11 大备战：菜鸟与圆通联合启用超级机器人分拨中心，高峰期内，2000 平方米的场地内，350 台机器人昼夜作业，每天可分拣超过 50 万包裹；在中通，24 个转运中心上线双层自动分拣系统；在申通，超过 14 个新建及改扩建转运中心投入使用，预计新增操作面积超过 23 万平方米，新增日均快件处理能力达 1000 万件；德邦快递则上线智慧车队，双 11 期间将实现数据管控共享，第一时间发现并处理风险。

近日，京东物流启用智能包装机，用磁悬浮技术打包快递。据悉，该设备将磁悬浮技术应用于仓库作业的包装环节，打包效率高达 1000 件包裹 / 小时，是传统打包速度的 10 倍。早在今年 6 月，京东就联合美国磁飞机技术公司，布局磁悬浮智慧物流技术。该技术最大的亮点是商品从打包到运输均不需要地面货物运送车辆，而是通过地下管道运输。据了解，智能包装机嵌入了磁悬浮轨道和用于运送包裹的智能托车，最高速度可达 5 米 / 秒。

此外，京东物流 CEO 王振辉还透露，今年双 11，京东物流提前谋划，在精细运营、智能科技、全球服务、共生体系、绿色物流等方面全面创新，推出一系列举措，确保消费者的极致购物体验，全面推动服务品质再升级。并且还把 50 个不同层级的无人仓分布在北京、上海、武汉、深圳、广州、沈阳等全国多地投入运营，其自动化、智能化设备覆盖率达到 100%，效率也将提升 10 倍，10 年累计降低成本约 30%。

在“黑科技”方面，苏宁物流从仓库拣选 AGV 机器人，到最后一公里配送的无人机和无人小车，其投入力度不断加大。10 月 16 日，苏宁物流宣布全面升级精准配送产品“准时达”，升级内容包括扩大服务范围、打造服务标杆、升级服务速度、拓展服务品类四大方面。此外，为应对双 11 流量高峰，苏宁物流为大件商品开辟了特殊通道“前行仓”，可以减轻主仓的压力，通过大数据提前对商品销量及购买人群进行预测，科学备货，保障双 11 期间用户体验不打折。

合作共赢

随着菜鸟智能物流骨干网建设提速、京东物流加速开放、苏宁物流服务不断升级，今年的快递“春运”，将呈现前所未有的新特征，以往各自作战的局面将被改变，全行业、全社会正在合奏一场技术大升级、协同大升级、大促下降本提效的宏大交响曲。

菜鸟驿站 2018 年宣布，所有智能柜双 11 期间对快递员继续免费。此外，今年 5 月，德邦快递与菜鸟合作，在全国枢纽率先试用上线视频云监控系统，物流场站内的百万个摄像头，从简单的监控回溯设施升级为智能感知设备，开启“物流天眼”，实现对场站的智能管理。随后，“三通一达”与百世也加入“物流天眼”计划。德邦快递营运研发中心高级总监丁俊哲表示，通过这些操作，挪车及时率比以前提高了 54%，从 13 分钟到 6 分钟，人员成本 573 万，可以节约 283 万，每年达到 290 万。

对于京东物流而言，其自 2016 年 11 月以品牌化运营方式全面对社会开放后，开放程度不断提高。京东物流 CEO 王振辉曾公开表示，2017 年双 11，近 30% 订单都是交给达达完成最后一公里配送，让京东的订单能够快速送达到消费者手中。有数据显示，京东的订单仅是达达总订单的 20%，达达通过和京东物流的深入合作，运营能力得到提高，还可以更好的为整个社会服务。他指出，我们希望共生是盟国的，而不是帝国的。他还透露，作为无人科技最为重要的推动和落实部门——X 事业部，未来也将开放经营，会给其他的物流企业提供物流科技产品，推动整个行业的效率提升，成本降低。

此前，京东物流还宣布开放个人快递业务。王振辉指出，这一举动不考虑谁是竞争对手，最主要的是把体验做好。此业务先期覆盖北上广，明年扩展至30-50个重点城市，逐步扩大至全国。

同时，苏宁物流自2014年实施社会化开放以来，其发展明显提速。截至2018年6月末，苏宁物流及天天快递拥有仓储及相关配套合计面积735万平方米，拥有快递网点达到23416个，公司物流网络覆盖全国352个地级城市、2910个区县城市。围绕供应链物流、仓配一体服务，苏宁物流社会化营业收入（不含天天快递）同比增长118.49%。据了解，“苏宁秒达”作为开放平台，已与多个品牌合作。其已为瑞幸咖啡多家门店提供即时配送服务，保障咖啡半小时内送达用户手中。未来，结合苏宁各类智慧门店，数码、3C、百货及生鲜、鲜花、蛋糕、文件等社区生活所需，也会被逐渐吸引到“苏宁秒达”平台上。

结语：

伴随着数字化经济的快速发展，业内已经由价格战争夺，包裹量比拼，转为线上线下一站式服务的PK，无论对于电商还是对于快递物流企业而言，既是机遇，也是挑战。不管各家企业在双11前夕口号喊得多么响亮，服务到位才会最终赢得消费者认可。

来源：亿欧网　2018年10月25日

电商的后时代要向物流、供应链要效率

伴随电商高速发展，消费者个性化需求不断涌现。为满足不断高涨的用户诉求，电商亟待提高各种服务，尤其是物流服务。其实，无论自建物流还是外包物流，均是电商企业可选择的一种物流服务，而自建物流可保障高效优质的服务，外包物流则让电商企业更轻松。

“中国亚马逊”被收购

2018年4月11日晚间，海航系旗下天海投资发布公告称，拟通过发行股份及支付现金方式，购买100%股权及当当科文100%股权，初步作价75亿元。至此，海航收购当当网的交易终于尘埃落定。“天地孤影任我行，世事苍茫成云烟！”3月11日，当当网联合创始人、CEO李国庆在微博发声，这被业内人士看作是对“海航收购”之事的首次回应。其实，通过仔细梳理不难发现，当当网被海航收购涉及诸多因素，而物流或是其一。

1999年，李国庆、俞渝夫妇创立当当网，曾被视为图书网购行业的佼佼者，也曾被誉为“中国亚马逊”。然而，好景不长，当淘宝、京东等电商平台在迅速扩展电商品类、金融业务，甚至是自建物流时，当当网却不闻其他，只固守图书业务。李国庆还曾多次公开表示，“烧钱”的做法不可取，无法盈利的销售额毫无意义。

事实上，速度太慢、货物破损率高等问题，一直是当当网物流的难点。更有业内人士称，购物后七天半才能收到货物。“由于李国庆对物流认知的落差，始终没有下决心建设自己的现代物流体系。时至今日，当当网的物流仍然停留在上市前的水平，可能他自己到现在也没有明白这其中的道理。当他看到自己的部下用土法子也可以完成数十万订单的配送时，也许这种假象对他产生了迷惑。其实，当一个人没有体会到现代物流的巨大作用时，就如同只坐过普通慢车而没有坐过高铁，他的体验和判断又如何不产生偏差呢？”北京伍强科技有限公司董事长尹军琪认为，当当网错过了最好的机会。

在当当网创办的同一年，马云创立了阿里巴巴——一个同样没有自建物流，也将物流外包的电商平台。不同的是，阿里巴巴的物流却很少被诟病，其旗下的菜鸟网络、天猫超市、淘宝等板块皆可证明。事实也如此，如果消费者11：00之前在天猫超市下单购物，当天即可收到货物（偏远地区除

外）。消费者在入驻淘宝的其他旗舰店购买商品时，平日最迟三四天也可收到货物，像业内人士指出的当当网七天半的派送时间，或许是淘宝春节假期期间才会发生的事情。

与当当网不同的是，阿里巴巴一直在努力构建物流生态圈。北京驮丰高新科技股份有限公司副总经理张海岐透露，阿里巴巴在线上线下都有布局，中国排名前十位的物流企业中基本都有阿里巴巴参与的身影。然而，当当网的现代物流体系都还未搭建。

主导权丧失成难题

电商企业将物流外包，可以说是极大地降低了物流成本。相较于自建物流，电商企业通过专业化的第三方物流企业为自己提供规模化服务模式，可以相应地减少仓储、车辆等固定资产投资，还有助于电商企业专注于自身核心业务，能够凸显专业优势、成本优势。据环球物流咨询首席顾问黄尧笛介绍，针对业务范围多样化、产品千差万别的复杂性，例如生鲜产品、危险化工品等，这些产品货物的物流配送、仓储都具有不同特点及标准要求，电商企业在短时间内无法提供符合配送要求的物流服务，通过与专业化的第三方物流企业开展合作，可以最大限度地满足电商企业与用户之间的共同要求，为用户提供具有较强针对性的定制化物流服务。

不过，电商企业将物流外包，与第三方物流企业合作，也存在一些不容忽视的问题。

首先，电商企业失去了运营管理物流的主导权。对此，美国生产与库存控制协会认证的管理专家卓弘毅指出，物流外包之后，电商企业不直接参与仓储、运输等业务，失去了这部分业务的管理权，完全交给第三方物流企业进行管理。在这种情况下，一旦电商企业与第三方物流企业之间出现某环节方面的协调问题，就很有可能会产生物流失控的风险。况且，如果电商企业将全部的物流业务交给独家的第三方物流企业负责，后者获得垄断的运营权后，可能就会使用一些价格更低的分包商，在物流风险较高的情况下，还会导致物流时效降低。

其次，电商企业难以保障物流服务质量。电商企业与第三方物流企业合作，希望成本有所降低，同时服务质量要有所保障。但这样就比较矛盾，因为很多第三方物流企业难以保障在物流费用相对较低的情况下，提供高品质的物流服务。比如，消费者网购 300 元或者 500 元的商品，电商企业能够选择顺丰为其服务。然而，因为顺丰比大多快递企业的快递费用高，当消费者网购低于 20 元的商品时，为节约成本，一般电商企业都无法使用顺丰为其服务。所以我们也很少在淘宝中看到 20 元的商品下标注“顺丰包邮”。而且，第三方物流企业信息化、智能化、自动化等发展水平较低，且处于各自为战的状态，电商企业无法保证货物送达的时间与效率。

据国家邮政局发展研究中心助理研究员、行业分析师刘江分析，对第三方物流企业来讲，电商企业具有较强的话语权，因而议价能力较强，为保持竞争力往往压低配送价格。而低价造成第三方物流企业扩大再生产能力不足，没有形成共生共赢的生态体系，更无法提供最新的物流服务。

再者，电商企业的商业机密有可能会被泄露。电商企业将物流外包给第三方物流企业，并提供客户的配送地址和电话号码等信息，这样会逐渐削弱电商企业与客户间的联系，更有一些不良的第三方物流企业会利用客户的个人信息进行不法交易。如果该电商企业的竞争对手与其共用同一家第三方物流企业，也不排除外包的物流企业泄露商业机密的可能性。

最后，电商企业在选择第三方物流企业的时候会出现排他性。电商企业间或者物流企业间存在激烈的竞争关系，电商企业投资或者控股的第三方物流企业容易被其他的电商企业排挤。比如 2017 年京东“封杀”天天快递，声明从 2017 年 7 月 31 日起，暂停天天快递服务。同一年，京东还将其自建物流开放，面向诸多的 B 类客户，与其他物流企业展开竞争。

显然，当当网在与第三方物流企业合作的过程中也会遇到诸如以上几种痛点，但是其对物流投入总是持保守心态。在张海岐看来，李国庆始终以一种“以不变应万变”的心态来应对外界的变化。

专注 + 专业 = 精益

其实，只要做到专注并提供专业化服务，电商企业与第三方物流企业合作还是可以保障物流服务质量的。

例如，从第三方物流企业角度出发，黄尧笛认为，第三方物流企业应进一步优化自身资源配置，强化增值服务。物流企业在提供基本物流服务的同时，要根据市场需求，不断细分市场，拓展业务范围，以客户增效为己任，发展增值物流服务，广泛开展加工、配送、货代等业务，甚至还提供包括物流策略和流程解决方案、搭建信息平台等服务，用专业化服务满足个性化需求，提高服务质量，以服务求效益。

同时，电商企业也可明确配送标准和送达标准的配送费用。例如，新达达等即时配送平台约定 15 分钟揽件和 1 小时全城送达，超时免费。显然，电商企业也可以与第三方物流企业通过协议明确配送标准和送达标准的配送费用：如果第三方物流企业达到设定配送标准，电商企业可按照约定费用支付；第三方物流企业若未达到设定标准时则应予以一定补偿。并且，电商企业也需要对第三方物流企业订立严格的考核机制，定期进行考核，同时不断引进优秀的第三方物流企业，淘汰不合格的外包企业。

当然，电商企业也可以采用客单价或者会员费来抵消物流费用。一般情况下，愿意选择优质物流服务的消费者也愿意承担相对较高的物流费用。《零售威观察》创始人王子威指出，电商企业可以通过提高客单价或者办理会员的方式来为消费者提供质量较高的物流服务，这部分物流成本可以通过客单价或者会员费用来抵消。联邦快递电商业务资深副总裁 Carl Asmus 也曾表示，为了免运费，90% 的消费者会愿意凑到配送最低限额。

并且，电商企业与第三方物流企业之间还应实现信息共享、有形资源共享等，实现双方协同发展。黄尧笛指出，通过结合实际情况建立有形网络，若第三方物流企业规模大、业务多，可自建经营网点；若仅有零星业务，可考虑与其他物流企业合作，共建共用网点；还可与大客户合资或合作，共建网点。要建立信息网络，通过互联网、管理信息系统、数据交换技术等信息技术实现物流企业和客户共享资源，对物流各环节进行实时跟踪、有效控制与全程管理，形成相互依赖的市场共生关系。

以 eBay 为例，作为全美第二大网络零售电子商务公司，在亚洲、欧洲及北美等地区均建立了站点，以购物与拍卖为主导。eBay 所有的物流服务都是外包，依靠互联网购物平台的商品买卖业务和信息资源，联手诸多快递物流公司建立合作联盟，比如联邦快递、联合包裹、敦豪等，共同为买卖双方提供所有的物流服务。一方面，由于 eBay 在全球网络市场上占据着极其重要的地位，网络销售遍及国内外，因此它成为很多物流企业的重要客户，在与第三方物流企业商谈时能为商家争取到较低的物流价格和良好的物流服务；另一方面，与 eBay 合作的物流企业均是拥有很强实力的国际物流企业，这些物流企业早已构建好了全球的物流网络，也具有完善的物流理念和管理技术，这些都能保证 eBay 用户的货物及时运送到用户手上。

苏宁收购天天快递实现电商资源和物流资源共享后，苏宁物流也升级为苏宁集团产业板块独立运作。由此可见，电商企业可以通过收购第三方物流企业或者与之交叉持股，将第三方物流企业和电商的物流资源进行整合，建立利益共同体。刘江分析，这样既能满足电商企业对物流服务质量的要求，电商企业足够大的业务规模也可分摊物流网络运营成本。

此外，卓弘毅在接受记者采访时还从供应链的角度提出，有实力的电商企业可以建立一个供应链控制塔，整合全供应链的信息系统，实现可视化管理。从预测管理、需求转化、订单管理、交付管理等各个环节进行信息共享，提升电商的供应链管理能力，以保障服务质量。

来源：物流时代周刊 2018 年 10 月 11 日

物流+科技，未来电商物流之路该怎么走？

随着大数据应用对供应链的改变，物流路径也会发生变化，全国的产业布局也在发生着变化，数据打通后，未来这些货物将直接从工厂发货，做到物流路径最优，货物不动数据动，这也是一个不可抗拒的趋势。不得不说，各电商平台拥有电商巨大需求驱动，也有雄厚的资金和技术支撑，如今已经成为中国物流技术变革的“带路党”，下面我们就先来看看他们在物流技术上各有什么“神通”吧。

阿里一直坚持打造开放性的物流平台，而随着京东、苏宁的自建物流逐渐开放，物流已成为三大电商构建社会化物流生态的杀手锏。虽然都已经对外开放物流体系，不过各自所选择的路线却不同，其中阿里强调“算法”、京东强调“技术”，苏宁强调“实用”，那么具体有什么不同呢？

事实上，物流中很多重要的路径问题，可以通过算法来解决。在这方面，阿里云拥有车辆路径算法，根据车辆、货物、路线等数据，为每一个订单计算最优的货物分配、最佳路线甚至是车内货物摆放。

在即时配送领域，阿里云在今年1月已经开始用算法帮助外卖平台提升调度效率，采取的是人机协作的模式，也就是系统采集调度员历史的操作数据，对关键性因素进行提取，用算法优化计算结果，最后传送给配送员，帮助调度员实现更高效、准确的调度。在干线物流领域，阿里云则与运满满合作，用算法满足车货匹配需求。而在同城配送领域，阿里云的算法也在提升拼单效率，把原来2%到10%的拼单成功率提升到了45%以上，降低了20%的车辆行驶里程。

京东方面则比较注重物流科技，刘强东最近宣布将在四川投建150个无人机货运机场，这也说明了京东在物流方面的方向——专注于物流前沿科技的研发，包括无人仓储、无人车和无人机等。京东发展物流科技最终目的就是，依靠技术手段减少对人的依赖，领域涉及机器人技术、深度学习、人工智能、物流云和最新的区块链等。

在自动化作业层面，京东的设想是依靠无人货车、无人仓、无人车（配送）和无人机实现从供应商到消费者的全程自动化作业，堪称整齐划一的“无人”概念。技术需要长期积累，高科技从来都不是一步到位的，京东也一直在这方面进行探索，未来会将所有的技术应用到实际。

和前两者相比，苏宁的物流技术更偏重于实用。2016年，苏宁先后上线“以货到人”系统为核心的南京云仓，和以AGV机器人为核心的上海云仓。不过苏宁并不急于把两个云仓的模式进行快速复制，而是着眼于沉淀已有的技术，最大化发挥设备的能力。据介绍，苏宁正在测试、研究的技术包括仓库自动作业技术、绿色包装技术、智能拣选机器人、无人机园区智能巡检、AR/VR技术等，由于场景封闭，可控性强，现阶段这些仓库物流技术的实用性也显得更强。

总的来看，虽然三大电商平台对物流技术的侧重有所不同，但是都把未来放在了用技术打造一个开放性物流体系的上面。阿里云已经积累了很多大数据和算法经验，随着在物流领域的不断深耕，阿里云会通过数据和算法的方式解决更多的行业需求；京东的目标是成为中国零售领域的基础设施提供商，并将面对全社会开放，在线上线下打通全渠道的供应链物流体系；而苏宁物流则会以成熟的云仓模式建成独立的社会化物流。

随着电商等行业的崛起，近年来中国的物流行业的发展态势也异常迅猛，快递业务量由0到10亿件用了26年时间，而从10亿到突破100亿件则仅用了8年时间。根据此前国家邮政局发布的中国快递发展指数报告来看，2016年中国快递支撑网络零售额超4万亿元，占社会消费品零售总额比重达12.5%。快递业务量规模依然稳居世界首位，全球占比超过四成，对世界快递业务增长贡献率达60%。

中国快递业能够发展到今天的地步，与电商的迅速崛起是分不开的。目前除了阿里、京东、苏宁等大型电商之外，还有一些新兴电商陆续加入，加之微商的出现，使得零售市场已经发生了翻天覆地的变化，越来越多的消费者已经养成网购的习惯，成为快递持续发展的动力，也为快递业带来前所未有的发展机遇。

从中不难看出，未来整个电商还将会保持现在的快速发展。按照阿里研究院就业测算模型，预计到2020年，整个网络零售将会超过10万亿，全年包裹量将超过1千亿件，届时电商物流从业人员或将超过500万人。当人工成本超过机器成本之时，大规模迭代就会迅速发生，未来智能机器人分拣和无人机等技术一定会应用到实际之中，电商物流自动化是必然趋势，这也是京东一直在探索的方向。

另外，随着大数据应用对供应链的改变，物流路径也会发生变化，全国的产业布局也在发生着变化，数据打通后，未来这些货物将直接从工厂发货，做到物流路径最优，货物不动数据动，这也是一个不可抗拒的趋势。平台经济在不停发展，电商物流势必走向社会化物流，共享物流之路。

总而言之，未来的电商物流之路或将偏向智慧化、个性化和人性化，而电商平台在这些方面的探索与完善，其目的也正是为了让消费者获得更好的用户体验。坐在家里下个单，需要的货物就能直接飞进窗户送到人手里，想想就觉得幸福。

物流科技落地已成大势所趋，从概念到落地，物流科技正走在下一个爆发点的路上，其中还有不少隐藏的痛点和难点，如何整合资源、如何落地也成为当务之急……

2018年08月13日

传统快递企业、电商、物流平台，谁能摘得同城桂冠?

近日，顺丰在北京上线同城急送业务。据悉，该业务由顺丰专职人员进行配送，平均配送时效为1-2小时，目前支持北京四环内配送服务，并在全国15个城市推出。其实，同城配送这一市场，已经有不少传统快递企业、跑腿儿企业、外卖企业入局。此次，顺丰的强势介入能否颠覆现有的同城配送行业格局尚未可知，但同城配送领域一场新的较量开始了。

争抢分羹

随着消费者对同城配送效率要求的不断提升，并对于点对点快速配送需求不断增大，这使配送呈现出短距离、高频次、高时效的特点。由市场端引发的倒逼机制促使同时服务于B端、C端的物流企业的相关领域也随之发生变化。顺丰、闪送等，圆通、韵达、苏宁等开始布局同城配送市场，并加快了开拓市场的步伐。

目前，同城配送市场的竞争主体大致分为三类：首先，以顺丰推出同城急送，圆通开通B网，韵达研发云递配等为代表的传统快递企业；其次，以苏宁物流推出“冰淇淋指数”，京东物流上线闪电送等为代表的电商企业；再次，以闪送推出专人直送，美团的专送和跑腿代购，饿了么的帮买帮送等为代表的“互联网+物流”平台企业。

前有快递企业、电商企业布局，后有众包物流、外卖大军“搅局”，同城配送市场着实热闹，也相当诱人。国家邮政局数据显示，1-5月，全国快递服务企业业务量累计完成178.5亿件，其中同城业务量累计完成41.1亿件，同比增长27.1%。

激烈“厮杀”，传统快递企业有90%的市场份额

在传统快递配送模式中，无论路程远近都需要将货物放到中转仓分拨然后再配送，具体模式为：接单—下单—收件—交件入仓—分拨—转运—分拨—快件出仓—派件。如果一个物品需要送到马路对面，按照快递模式去派送的话，这就需要从取货点送到快递网点，然后再回大仓进行分拨，随后再进行派送，这样一套流程下来，实际上浪费了许多时间，无法确保时效。

事实上，数据显示，传统快递企业掌握了同城配送市场 90% 的份额。尽管如此，这一细分领域并未引起快递企业的重视，当然也并没有放弃。有业内人士预测，一旦这些传统快递企业把以往从发件人到各个分拨中心再到收件人的多层次派送模式改变，整个同城配送格局将被改变。

据了解，本次顺丰入局同城配送不同于传统即时配送企业采用众包物流的方式，顺丰同城急送由全职配送员提供服务，自营配送团队在安全性方面有所保障。但不可忽视的，由于采用了专职配送人员，所以服务价格有所提升。

抢夺中高端消费者

随着消费结构的升级，消费者对配送时效、货物安全等的要求越来越高，也逐渐演变为刚性需求，市场潜力巨大。于是闪送、美团、饿了么、UU 跑腿等“互联网 + 物流”平台企业瞄准商机，明确市场定位，推出专人直送、跑腿儿、帮买帮送等服务。随后，顺丰、苏宁物流、京东物流也逐渐推出类似的产品。

如圆通即将全线开通的 B 网，就是针对中高端商务客户及个人推出的城市高频配送服务体系，由圆通独立直营；主打产品有同城即时配、同城即日件、同城限时达、跨市即日件、跨市限时达、跨省限时达等。

瞄准同城配送诉求罅隙

传统快递企业在同城配送业务方面普遍是当天发出货物第二天才能送到，尽管顺丰提供同城当日达服务，但只有当天上午 11 点前发出的快件才可以当天送到，这一时间点后的快件均是第二天送到。而现在已有企业开始瞄准这一罅隙，将收件时间延长，如将时间延长至下午 4 点，并通过协调各个网点间发车频次来保障下午 4 点前接收到的货物实现当日送达，。

以快服务这家企业为例，其可通过智能系统将运作流程压缩到分钟级或小时级，快速地完车快递员的配送、班车的调度、客单价的规定等货、人、车匹配，并提高班车发出频次，延长收件时间，这样就保证了快服务在一天内更高频次更高效率地派送货物。

诸多潜力有待挖局

同城配送在经历了 020、众包物流等模式后，终于成为了又一个潜在的竞争市场模式，只是这个市场面对的是基数庞大且需求万变的 C 端，要如何把握这一机遇，值得身处其中的企业细细思量。但究其服务的本质来说，无论是资本青睐还是需求旺盛，都应把握服务这一本质。否则，市场空有需求，而自身却后劲不足。也许，只有那些能够确保时效，提供更好的服务，满足消费者多样化需求的企业才能够摘得同城速递行业桂冠。

速度——同城配送更多的是满足广大的消费者时间换时间的诉求，即派送员和消费者的时间互换，这就需要物流企业去帮助他们节省更多的时间。这一市场当下的需求不断倒逼物流企业去提供更加快速高效的服务，这也是企业未来需要重点发力的方向。

品类——同城配送市场不同于以往传统快递市场，其配送品类更加多元化，比如生鲜、鲜花、宠物、重要文件、古玩字画等，这就对物流企业提出了更高的要求，需要企业扩大服务品类，并逐渐完善相关配套设备等。

成本——在速度提升，品类扩充的条件下，提供同城配送服务的物流企业如果能将物流成本降低，便会提供消费者可以接受的客单价，这样也便于企业分得更多杯羹。

可以肯定的是，未来，同城配送市场会慢慢向更高效、更快速、更精细化的方向发展。究竟传统快递企业、电商企业、“互联网 + 物流”平台企业，哪个才能夺得同城配送桂冠？不久的将来，是否还会衍生出其他业态？这些都有待于市场来揭晓答案。

来源：《物流时代周刊》 2018 年 07 月 02 日

服务为王，电商物流与第三方物流 PK 谁更胜一筹?

随着电商的发展和日益成熟，物流成为各大电商企业竞争强有力的筹码，物流的配送速度和质量也成为衡量企业的重要指标。对此，很多电商企业打破传统快递的牢笼，通过选择自建物流来为自己建立一道护城河。

2018 年 6 月 4 日晚，国家邮政局发布《2017 年邮政行业发展统计公报》，数据显示，2017 年，邮政行业业务总量突破 9000 亿元，收入突破 6000 亿元，快递业务量突破 400 亿件。同城快递业务量与异地快递业务量分别同比增长 25%、28.9%。民营快递企业业务量市场份额为 92.2%，业务收入市场份额为 85.6%。无疑，不断增长的快递业对国家商贸流通和社会生产生活形成了有力支撑。

快递业的蓬勃发展，离不开电子商务的庞大市场，两者相辅相成。伴随着电商的发展和日益成熟，物流成为各个电商企业竞争强有力的筹码，物流的配送速度和质量也成为衡量企业的重要指标。很显然，第三方物流快递公司已经远远不能满足电商企业的庞大订单量，以及对于配送的高标准和高要求。对此，很多电商企业打破传统快递的牢笼，通过选择自建物流来为自己建立一道护城河。

亿欧通过调查，整理了国内 10 家电商自建物流平台：

以京东为例，看自建物流行业发展　提到京东物流，就不得不说说刘强东对于自建物流的决心和对物流市场行情的洞察力。如果当时刘强东在一致的反对声中，放弃了这个项目，京东物流还会存在吗?

2018 年是京东物流成立第 11 年，京东的自建物流在行业内可以说是一个非常典型的案例。其实在早期京东物流的发展也是一波三折，很多业内人士对此争论不休，但现在发展状况稳定向好。目前，京东物流已经在上百个城市实现了当日达，并提供京准达、211 限时达、极速达、夜间配等多个个性化服务。

起初对于刘强东要自建物流的想法，投资人和京东高管都持不看好和反对的态度，即使在这种情况下，刘强东还是毅然决然地建立了京东物流。时间证明当时的决定是对的！就当时为什么一定要自建物流，2015 年，刘强东在接受媒体采访时给出了答案，对比现在刘强东给出的解释（京东的价值是品质保证，京东送货快，价格便宜），话语显得很实在。

刘强东表示，2007 年之前，京东的商品既自己配送又依赖传统快递公司。不过，就京东的包裹，在当时被偷的是最严重的。至于其原因，主要是京东当时主营的是手机、电脑等 3C 家电产品，也非常值钱。对于京东包裹被偷的问题，彼时的快递公司也比较头疼，甚至都不愿意接京东的快递单子了。毕竟被偷的话，快递公司也有不小的损失。

对于电商企业来说，除了刘强东提到的“偷快递”现象外，企业自建物流最根本的原因有以下几点：

①随着电商业务的不断扩大，第三方快递物流公司已不能满足日渐增长的快递配送需求；

②时间上有保障，配送速度快，在配送时间上更能把握好时间点；

③服务意识强，避免掉包快递、对快递随意乱丢等现象；

④能够大幅度提升用户的消费体验，增加用户的粘性，增加信任感。

快递物流咨询网首席顾问徐勇表示，从电商与快递物流行业的市场规则到付款周期，再到对快递物流行业的罚款名目上来看，相较第三方快递物流公司而言，电商企业自建物流，具备一定优势：电商企业本身掌握货源，可以利用上游商品的利润补贴快递的配送价格；电商自建的物流企业往往采取直营模式，在物流配送体系标准化上更胜一筹；电商自建的物流企业对自家商品配送的掌握能力更强，可以避免因为第三方物流快递公司休假而产生的无人送货的情况，实现节假日无休配送，用户体验更好。

自建物流对于产品的标准化运作也具有一定的帮助。例如，易果生鲜的安鲜达、中粮我买网自建物流的标准化仓储运作模式，它既提升了物流的配送效率，也节约了物流的配送成本，还保证了产品的品质。

但纵观近几年国内电商物流的发展，“由重变轻”的趋势越来越明显，迫于成本投入的压力，电商物流开放程度逐渐提升，电商企业开始输出自己物流体系的核心技术竞争力和服务能力。由此可见，“类亚马逊”电商物流模式开始引起行业的思考。亚马逊发展模式，在中国是否行得通？电商企业的自营物流，在形式上是典型的亚马逊模式，可这种模式在中国实施起来会不会造成“赶鸭子上架”的局面！

自建物流是福也是祸，它给企业带福利的同时，也会带来一定的杀伤力，甚至会拖垮企业。因为自建物流并不是企业的主要经济来源，且它的前期投入非常大，要求非常高：第一，需具备雄厚的资金和技术实力；第二，企业管理能力要非常强。企业想要自建物流就必须投入大量的资金、时间、精力、人员，对于像苏宁、美的、海尔、京东等大型制造企业或电商企业来说符合他们的发展需求，而对于小规模电商企业，这些前期的投入无疑增加了企业的负担，削弱企业竞争能力，严重的会导致企业无法正常运营。

据 IT 前沿信息报道，京东虽然已经上市，但近期才开始扭亏为盈，在很长一段时间里，京东还是亏损状态。原因是京东商城盈利，京东物流亏损，京东商城所赚来的钱都用在了京东自建物流上。

海尔、苏宁、国美、美的等这些企业的自建物流，背靠企业雄厚的资金和技术、管理能力的支持，发展相对比较好。国美零售总裁王俊洲表示，国美不排除会将旗下物流等板块独立上市。

沱沱工社早期也是自建物流，但出于成本考虑，采用自建物流 + 第三方快递物流公司结合的柔性供应链，但因自营农场后期运营问题，就完全采用第三方快递物流公司来负责业务配送。沱沱工社方面称，农场和物流属于重资产投入，从农场到物流两端减持，才能将产业链轻盈化，才可能将“自重”减轻。

2014 年初成立的半成品净菜电商青年菜君，初期的取货模式是在地铁口取件，后因地铁口人流量大，管理混乱，成本高，就转变发展模式，改成社区自提柜和宅配送的模式，蔬菜的利润口虽大，但仓储和物流成本都太高，最终因融资脱节不得不以悲剧告终。

自建物流从配送和服务用户的角度来看，可圈可点，但从经济和运营来看，则不利于市场竞争。德利得物流总公司运营总监恽绵曾推测：受快递物流企业面临的成本压力影响，随着“共享经济”蓬勃发展，未来电商自建物流企业与第三方快递物流企业或将在末端配送、干线运输等环节实现业态融合。因此，不同的电商企业应立足电商物流特性，考虑综合成本因素，才能让物流能力成为企业发展的利器，在激烈的行业竞争中找到出路。

而英国《金融时报》此前报道称，中国电子商务淘金热之际，快递员成为掘金人。同时，它援引国际投行里昂证券观点认为，数据证明亚马逊那种自营物流的模式在中国行不通。但报道中却认为大数据平台菜鸟网络引领快递业创新潮流，实现跨越式变革。本文且不论京东、菜鸟最后谁能成功，但这个过程必不可少。

总结：流量为王的市场，自建物流成必然趋势

在 2018 全球智慧物流峰会上，菜鸟总裁万霖表示，“5 年时间里面我们整个行业的包裹量已经从 90 亿，到今年要突破 500 亿的规模，每年都会有百亿级的突破”。

若如万霖所说，“快递包裹每年都会有百亿级的突破”的这个速度增长的话，电商自建物流市场在未来还是一路向好。尤其是对于淘宝、京东、唯品会等这些电商以及本身的自建物流来说，可谓是一大喜事，在快递包裹激增、消费者要求不断提高的社会中，电商自建物流愈加占据优势。因为在这百亿级增长规模的快递包裹市场份额里，终究还是要被流量主电商们瓜分，而留给第三方物流公司的流量可能少之又少，唯一能做的就是抢夺除了流量主之外的散客们，但这些又有多少呢？

在这样的大势下，电商自建物流成必然趋势，未来会有更多的电商加入到自建物流体系当中，并且电商物流已有发展第三方物流的征兆。2012 年，苏宁物流从苏宁的内部服务体系中剥离出来，转型成为第三方物流公司。现如今，京东正在打造独立于京东现有物流体系之外的物流公司，它与京东现在所经营的业务板块完全区分开来，双向发展，拓展业务线。就连表示“绝不建立快递公司的马云”也建立了自有物流落地配送体系“喵递”。

可见，电商开放或剥离物流发展会成为电商物流业务线之一，未来在金融方面也会是一个发展方向，电商、物流、金融将成为三个协同发展的业务线，成为共识。最终三流合一，重构流通体系，优化供应链，打造生态闭环。

电商自建物流逐渐开放后，将会与第三方快递物流企业展开直面竞争，在服务上自建物流形式更具多样性、时效性。这时，顺丰、三通一达等第三方物流公司该如何与电商企业在“竞合中掌握生存的平衡”依然是一个有待时间检验的命题。

来源：亿欧网　2018 年 06 月 19 日

“移动仓库”：跨境电商的未来趋势

2018 年 5 月 21 日，始发自德国汉堡的中欧班列“长安号”首趟跨境电商物流专列驶入西安国际港务区西安铁路集装箱中心站。这种跨境电商方式，在国人看来还是比较新鲜。不过在我看来，在未来，这很可能会成为一种趋势，因为任何一种交易的产生，都来自于市场需求。

近年来，随着中国与国外更多的经济交往，旅游、商务需求兴起，越来越多的中国人走出国门。人们发现，国外的产品，质优价廉，于是，海外代购蔚为热潮，海淘、微商、跨境电商快速崛起。但是，经常买进口商品的你有没有想过，你购买的进口货到底是怎么运来的，需要多长时间，路上发生了什么，是否真的是从国外来的，还是“出口转内销”的冒牌货？

实际上，随着代购的兴起，与此同时，假货也应运而生。无疑，有什么样的造假需求，就有什么样的造假供给。这些造假是系统性的，从产品本身，到包装、再到国外购物小票、国外的商城海报、甚至通过海关的手续，都一应俱全，具有很强的迷惑性。这些造假者还主动出击，去诱惑那些本来老老实实从事代购的人。

人们为什么要去海外买？除了价格因素之外，很大程度上，是相信海外生产的商品更加优质，更加安全。本质上，是相信当地的监督制度能够保证品质，相当于一种制度封印。但是，这种品质，需要的是全程无缝监管，一旦有任何一环脱离了监管，“制度封印”就失效了。比如，私人带回这个过程，是无法监管的，在代购链条中充斥着系统性造假的时候，更是如此。正如中国乳业俱乐部发起人雷永军就认为，很多妈妈从跨境电商平台上购买进口奶粉，反倒使不规范的电商平台，为非法商贩销售假冒奶粉提供了途径。

有观点认为，这是监管不足造成的，但是，即便国家建立无缝的从内容到包装的监管，但小而散的代购本质上是为了避税，不可能在这种监管体系之中。比如，海关不可能去零散地检查旅客随身携带的每一罐奶粉。小、散、乱的海外购买渠道，藏着太多猫腻。在这种情况下，真正理性的消费态度应该是，避免代购，选择跨境电商。

实际上，市场提供了这种无缝的过程：大型企业进口，正常报关，全程处于监管之下。这个过程，作为一种信号呈现给消费者的，就是商誉，这正是大型跨境电商的优势所在。随着亚马逊、谷歌等大公司逐步进入，势必会给本地经营者带来更多的培育。京东也开通了从汉堡到西安的精品专列，试图打造“一带一路”上的移动仓库。进入国门之后，可以直接发往全国各地保税仓或区域中心仓，实现全程信息共享。

随着中国更多的进口国外的商品，在满足这一需求的过程中，会出现很多的技术创新、新的商业模式去满足消费者更高的需求，移动仓库这种模式，也会不断出现，改造我们的生活。

来源：《经济观察报》 2018 年 06 月 04 日

人工智能和区块链赋能 新零售倒逼电商物流加速变革

2018 年 5 月 24 日，上海市郊，在京东“亚洲一号”无人仓的分拣车间里，300 个“小红人”（分拣机器人）正以每秒 3 米的速度往来穿梭，分拣数十万个来自多个地区的包裹，该速度相当于 3 小时跑完北京二环，这是全世界最快的分拣速度，也使得无人仓的日处理订单能力超过 20 万单，整体运营效率较传统仓储提升 10 倍。

业内人士称，随着新零售时代到来，传统物流体系正在加速变革，配合消费升级，对消费者的精准服务是电商物流制胜的关键。但需注意的是，智能电商物流的建设并非一蹴而就，其中成本投入等问题仍面临挑战。

“无人”科技遍地开花

目前，为提升购物体验，实现精准库存控制和升级配送效率已成为国际电商物流的竞争焦点。为提升运营效率，无人仓、无人机、无人车等无人科技已成为物流中下游降本增效的利器。

来自山东临沂的姜珊已在上海京东“亚洲一号”工作 4 年多时间，她说，自去年 10 月启动全球首个全流程无人仓项目后，分拣工作变得轻松而高效。“原来赶上订单多的时候，我们每人每天大约要分拣 3000 多个包裹，非常忙碌。有了‘小红人’之后，自动化设备取代了简单机械化劳动，我们只需要处理一些技术方面的问题，效率大大提高了。”

除分拣“小红人”外，智能搬运机器人（AGV）叉车、堆垛机器人、自动供包机器人等十几种不同工种的上千个机器人，在 4 万平方米的仓库内基于人工智能、深度学习、图像智能识别、大数据应用等技术集成各司其职，其投放使用密度行业领先。

记者在现场了解到，全流程无人仓涵盖了收货、存储、订单拣选、包装四个作业系统，而操控全局的智能控制系统，是京东自主研发的“智慧”大脑，可以在 0.2 秒内，计算出 300 多个机器人运行的680亿条可行路径，并做出最佳选择。同时，智能控制系统的反应速度为0.017秒，是人的6倍，达到世界领先水平。

京东物流首席规划师、无人仓项目负责人章根云向记者介绍，科技已为京东无人仓装上了“大脑”“眼睛”“胳膊”和“腿”，使其变成一个强大的“人工智能”。

目前，无人仓的运营效率是传统仓库的 10 倍，除该仓外，京东已经投入使用的无人仓还有武汉亚一小件无人仓、华北物流中心 AGV 仓和昆山无人分拣中心等。

2017 年 4 月，京东集团宣布京东物流正式独立运营，并组建京东物流子集团。成立半年后，京东物流收入规模达 200 亿 -300 亿元，今年 2 月又获得 25 亿美元的融资，投后估值达 134 亿美元，位居同行前列。华尔街分析师认为，京东大幅投入的物流建设是公司制胜的关键。

除京东外，海内外电商也纷纷布局智能物流。亚马逊早在 2012 年就收购了 Kiva systems 公司的机器人项目，目前已在全球部署 10 万台 Kiva 仓储机器人，在机器人应用数量、订单处理能力，以及仓库自动化程度上均居全球前列。亚马逊推出的即时物流 Prime Now 还能通过云计算 AWS 等系列测算，一个小时内将物品送达用户，远超同行速度。在供应链方面，亚马逊在全球范围内开启了智能供应链系统，基于云技术、机器学习和大数据分析系统，可以实现预测、采购、补货和分仓的自动化，并自动根据客户需求，精准调整库存，实现发货。

此外，物流巨头 UPS、联邦快递、电商巨头阿里巴巴等均加大无人仓布局。UPS 自 2016 年起对分拣设施、技术能力和生产自动化进行升级和投资，增大了运送能力；联邦快递则在 2017 财年投资建设 19 个全自动站点；菜鸟网络已累计投资上百亿元，打造全球最大的物流数据基础设施，并推出电子面单、物流地址库、物流云、智能云客服等产品。

抢滩区块链物流

如果说无人科技使物流供应链的中下游成功实现了降本增效，那么区块链物流则在上游处理订单和分发方面提升了效率，保证防伪溯源。年初以来，以科技公司自居的京东、亚马逊、阿里巴巴等巨头纷纷抢滩区块链物流，希望通过区块链技术优化生产、运输、检验的物流全过程。

4 月，亚马逊的 AWS 云服务部门推出了支持以太坊和超级账本两种项目的“AWS 区块链模板”业务，以帮助亚马逊打假以及优化支付流程及物流服务。京东物流也于本月宣布成立“物流 + 区块链技术应用联盟”，希望通过搭建国内外区块链技术互动平台，联合政府部门和相关机构共同推动建立区块链在物流行业统一的应用技术标准，解决区块链技术共性、关键性问题。阿里巴巴旗下香水品牌凌仕国际则宣布，已成功将区块链技术应用于跨境物流贸易，公司基于区块链研发的系统能够对进口货物的所有相关信息进行追踪，包括产品生产、运输方法、海关、检验及第三方认证。UPS 也于月初宣布加入货运区块链联盟，连零售巨头沃尔玛近日也申请区块链专利，称要创建一个智能的快递系统，当客户与产品进行交互时，客户可以通过私有或公共身份验证密钥，接收来自智能搬运机器人 (AGV) 的包裹。

咨询机构普华永道本月发布报告称，区块链技术在物流领域最有可能创造价值。清华大学互联网产业研究院副院长刘大成对中国证券报记者表示，天然具有去中介化的区块链可以记录供应链物流的全流程信息，满足透明化以联合决策的需求。更重要的是，物流与供应链中需要交易的各类资源均可以在封闭的供应链生态中得到区块链技术的支持。

京东物流研发部负责人程岩在接受中国证券报记者采访时表示，未来区块链在物流领域的发展方向应该是“区块链 + 人工智能 + 物联网”三者相结合，人工智能是更先进的生产力，区块链是更先进的生产关系，物联网则连接更多的生产要素，三者结合将使更多的生产要素在信任的基础上，自主进行智能交易与合作，同时将更广泛地应用到智能仓储、智能商店、智能快运和智能配送等环节。

新零售加速变革

业内人士表示，线下零售场景的不断丰富对电商物流提出更高要求。刘大成认为，未来物流的成功将源于对消费者的精准理解。他举例说，亚马逊的 AWS 云服务可以将配送时间普遍缩短至两天，部分地区能够缩短至 1 小时；相比之下，沃尔玛的配送体系还停留在 7 天一个周期。他认为，亚马逊物流和云计算 AWS 已成为亚马逊市值高企的主要推动力。

截至 24 日，亚马逊市值达 7779 亿美元，远高出沃尔玛 (2445 亿美元)、好市多 (873 亿美元) 等零售商市值；在科技公司中，亚马逊市值也仅低于苹果 (9248 亿美元)。另据分析机构 FactSet 数据，2017 年亚马逊研发支出高达 226 亿美元，居全美首位，远高于谷歌母公司 Alphabet、微软、苹果，三家公司同期研发支出分别为 166 亿美元、123 亿美元和 116 亿美元。

除上游区块链和中游无人仓外，在新零售的推动下，多数电商巨头在物流供应链的下游已将线下门店附加前置仓功能，在缩短配送时间同时，降低仓储成本，进一步实现线上线下的深度融合。

自去年起，亚马逊就设置了生鲜提货点，其生鲜自提可以在 15 分钟内备好货，等待消费者取货。阿里巴巴则在旗下安鲜达等品牌收购好邻居超市后，将其附加前置仓功能。对此，新零售样本盒马鲜生的创始人兼首席执行官侯毅表示，未来新零售业态下的物流体系一定是去中心化的，例如在线下店覆盖的 3 公里范围内做到 30 分钟送货上门，如此，覆盖消费者生活半径的前置仓库将使物流作业更加简洁高效。

与此同时，在打通最后一公里的配送环节方面，无人机、无人车等代替快递员的无人物流时代已悄然而至。亚马逊的空中物流中心项目早于 2014 年底已获批专利，该中心在指定区域上空建立一种悬浮仓，通过小型接驳飞船将货物运送至目的地附近的悬浮仓，然后用无人机完成最后一公里配送。亚马逊已于 2016 年实现无人机送货首飞。

业内人士表示，随着无人驾驶技术的日渐成熟，将把物流业带入由互联网、人工智能、大数据、云计算所组成的高科技自动化的全新领域。刘大成认为，其中无人驾驶在促进物流业降本增效上的突破是最快的，该技术将给物流管理模式带来根本性变革。无人驾驶还将加剧物流企业间的竞争，通过并购、联盟等形式实现资源整合，进一步促进行业降本增效。

值得注意的是，无人化电商物流的盈利能力尚存隐忧。尽管各大电商巨头和快递公司已从智能系统、智能机器人、无人机等硬件终端和大数据系统入手，实现物流体系的改造升级，但物流业的全面无人化仍为时过早。为吸引政策和投资，很多智慧物流公司将成本让位于速度，但无人科技在物流方面的投入较大，目前综合盈利水平还未可知。

英国技术调查顾问公司 Technavio 曾发布报告称，随着电商物流公司不断增加对科技软件、自动物料搬运设备和射频技术等科技投入，到 2020 年，全球电商物流的市场规模增速将达 9.69%。

刘大成称，能否降本增效要取决于应用场景和具体作业，无人化不是万能的，在柔性化可变作业方面，仍需人机结合。长城证券分析师也强调，新物流的建设并非一蹴而就，从计划、网络、仓储到配送等仍然面临诸多挑战。其中，物流计划需要对社区、个人客户有更精准的感知；在网络布局层面，需要兼顾零售和仓储配送，并满足不同订单需求。

来源：腾讯网 2018 年 05 月 28 日

本篇编辑：张志坚

第八篇 物流装备技术与物流标准

8.1 物流装备技术

8.1.1 综述

物流装备和技术将呈现“六化”发展趋势

——中物联副会长蔡进在“2019 全球物流技术大会”上的讲话节选

2019 年 3 月 6 日，我们召开了物流装备领军企业供应链发展座谈会，在座谈会上，出现了很多新的思路，好的见解，我把它们集中起来，跟大家一起分享。

第一个方面，2019 年，物流装备与技术的发展，遇到了一个比较好的宏观环境。今年的政府工作报告有一个非常重要的特点，戴会长对此做了一个很好的总结：今年的政府工作报告突出展现出的一点就是通过政策导向，来体现社会的公平，维护社会的公平和公正。通过营造公平、公正的环境，使得企业在发展的过程中提升效率。戴会长对此做了高屋建瓴的概括，我觉得有很多的政策，都是体现在公平之上的。比如说，政府工作报告提出的第一条工作就是要保持经济的平稳增长，为了保持经济平稳增长，李克强总理提到了一系列的政策，首先，就是减税。制造业的增值税从 16% 降到 13%，减了 3 个点，运输业，包括我们的建筑业、物流业在内，从 10% 降到了 9%，减税实际上充分体现了更加公平的分配机制。过去几年，在财富分配的过程中可以看到，增长最快的是国家财政，18%、20%，去年还是百分之十几，其次是企业的利润，再者是居民的收入，都增长得很好，保持和 GDP 的增长同步。但是从增长的速度也可以看出，在财富分配过程中，还要进一步体现公平，通过税制改革，或者说通过减税、减费的过程，体现了分配机制的公平公正，为企业创造更加良好的、公平的环境，激发企业发展的活力；其次，政府工作报告讲到的，为了激发市场主体的活力，营造良好的营商环境。政府工作报告提出了一系列的措施，来做改善营商环境的事情，中国物流与采购联合会在做营商环境调研方面先行了一步，在去年初就开始做这个事情，现在看起来，不仅仅是物流行业，全社会从政府层面到市场层面到企业层面，都在关注如何改善营商环境，来激发市场主体的活力。所以，这对营造公平公正的发展环境来说，也是一个非常重要的措施；再者，今年的改革是要深化市场机制改革，完善市场机制对资源配置的决定性作用。从一系列出台的政策措施可以看到，实实在在地通过政策的导向，来实现或者说来促使社会更加公平、公正，创造好的环境，激发企业发展活力。这些对物流行业、物流装备技术产业来说是非常利好的条件，是难得的发展机遇。

第二个方面，物流的发展趋势为物流装备与技术的发展提供了高质量发展的机遇。2018 年是非常重要的转折点，由过去的规模化发展方式，进入到高质量的发展方式。有三个特征一定要把握住：其一，组织方式进行了转型升级，过去的一体化的物流组织方式，进入到供应链组织方式。过去的一体化的物流组织方式主要是表现在企业内部，从企业的采购、生产到销售，都是在一个企业内部完成，但是发展到今天，物流的组织方式进入到供应链组织方式，物流的发展和物流作业的执行，已经不局限在一个企业内部了，需要企业和企业之间进行物流协同，甚至是在产业和产业之间来进行物流协同，甚至可以在地区和地区之间来组织物流。而这一定要通过供应链的创新来实现。其二，物流的功能在提升。过去物流主要是进行资源的整合、优化，通过资源整合，剔除重复配置的资源，在整合的基础上，进一步发展到流程优化，上下游的产业，从采购到生产，再到销售，做整个流程的优化。今天物流不仅要做整合优化的事情，更重要的是要做组织协同的事情，在企业和企业，产业和产业之间，做协同的事。其三，先进技术和先进物流组织方式的融合，人工智能、区块链、云计算、大数据，从今年开始一项更重要的技术5G移动技术开始与物流行业融合发展。去年的中央经济工作会议以及今年的政府工作报告都提出要加快5G技术的商用进程。先进的技术和先进的物流，先进的供应链组织方式融合，发展的非常迅速。未来的物流是科技物流，市场对物流的需求远不止稳定、高效和安全，还需要更加柔性、敏捷、可定制，传统的技术手段和人工模式已经不能满足这种需求。新技术和物流的融合是一个必然的发展趋势。

在这种背景下，物流装备技术如何发展，机遇在哪儿？我们总结出“六化”：

一是“协同化”。在市场经济条件下，一个企业经营的关键是要做好分工基础上的协同，通过协同，把物流、资金流、信息流、服务流等形成一个链。只有通过协同，才能形成一个链，从产业分工的角度来讲，这个链叫产业链，从价值形成的角度来讲，叫价值链，从生产组织管理的角度来讲，叫供应链，因为一切生产组织活动的起点都是从原材料的供应开始的，所以叫供应链。有的人把产业链、价值链和供应链混为一谈，其实不是这样，这三者中间，价值链和产业链的实现，一定是通过供应链来实现的，只有通过供应链的生产组织活动，才能够实现价值，实现产业链的无缝衔接。所以说，供应链是在协同过程中间非常关键的一环，是一个落脚点。未来的物流装备与技术的发展，一定要做供应链协同的事情，实现上下游的协同，产业之间的协同，装备技术和物流之间的协同，在协同的过程中，推动物流装备技术的供应链创新。

二是“服务化”。需求过剩，倒逼企业做服务化。物流装备技术厂家、卡车厂家基本处在过剩的状态，倒逼厂家销售产品以后，提供服务，这是现代经济转型升级的必然发展趋势。现在是卖产品送服务，提供各种各样的服务，甚至是全生命周期的。但是在服务化的进程中，特别是在供应链的创新过程中，卖产品已经不成为优势了，或者根本卖不出去，营销方式就会转变为送产品、卖服务。比如说载货车，是整个物流解决方案的一个环节，不能单独卖产品，要在为用户提供服务的过程中，形成一种可持续的价值。

三是“标准化”。我们现在做的标准是产品标准，或者是物流的某一个作业标准，标准和标准之间是孤立的，很多专家和企业家提出，在物流环节和产业之间彼此协同的基础上，做具有协同作用的标准，戴会长提出，在某一个环节和某一个环节的协同过程中的那个接口，就是协同标准，要做这个标准。

四是“网联化”。一开始是集成化，把所有的产品集成起来交给客户，让客户能够完整地运用设备体系。发展到今天，已经成为网联化，在供应链的过程中，必须通过物联网，才能够实现价值。比如说，如果没有网联化，连带托盘进行运输很难实现，很难从仓库里面运出来，只有在网联化的基础上，才能够实现带托运输。尤其是5G发展起来以后，车辆网将进一步推动网联化发展。

五是“智能化”。各项物流装备智能化要求越来越高。

六是“绿色化”。绿色的循环经济发展理念已经建立，不仅仅是车辆，那些能耗大的、耗电的物流装备必须要节能减排，顺应绿色环保经济的发展趋势。

全球物流技术大会是把握趋势的大会，是把握机遇的大会，中国物流与采购联合会非常重视物流装备和技术在物流领域的应用。非常期待今天的会议在众多的专家学者和企业家的共同建言献策过程中，能够形成共识、有所收获，能够开得实实在在、满载而归。

来源：中物联物流装备专业委员会　2019年03月09日

中国物流装备业发展回顾与 2018 年展望（节选）

综合分析 2018 年宏观经济发展环境及各行业发展趋势，预测 2018 年电子商务物流对技术装备需求继续呈现高速增长态势，智能制造领域仍然是物流技术装备需求热点，物流技术装备业面临着良好的宏观经济环境与产业政策环境。

2017 年中国物流技术装备市场需求分析

综合来看，近年来，电商、医药、服装、汽车、家电、新能源、食品、家居建材、烟草、军事等众多行业领域对物流装备需求旺盛，其特点各有不同。服装行业，商业模式变革倒逼服装企业加速改善流通领域的物流系统；汽车企业积极探索智能制造，供应链上下游物流升级；医药商业物流中心重视引入“货到人”系统，制药行业关注物流自动化、智能化升级；家电行业在加速进行工厂智能物流系统建设；家居卖场、家具制造企业加快向物流自动化、信息化、智能化升级；烟草行业新一轮大规模物流系统建设提上日程，电商物流全面进军智慧物流。

1. 电商物流是物流技术装备需求热点

2017 年，电商高速发展掀起了电商物流技术与装备的大发展热潮。电商物流技术与装备有两大发展路径，一是大数据、云计算、物联网为基础支撑的物流大脑智慧体系快速形成，一个是大力进行物流设施建设，加速物流自动化、智能化升级，实现从入库、存储、包装、分拣的全流程无人化的技术发展。目前看，以阿里、京东为首的两大电商巨头都以物流作为其争夺行业地位的重要支撑，在两大路径上全面发展，但各具优势。

根据相关资料不完全统计分析，我们认为 2017 年中国电子商务对物流技术装备市场需求已经超越了传统的医药、烟草、服装、汽车、家电等产业领域，不仅市场占比第一，而且增长速度也是第一。初步估算，2017 年，中国电子商务物流对物流技术装备的市场需求增长速度在 35% 以上。

2. 制造业仍是物流技术装备的需求主体

随着中国智能制造 2025 的全面推进，智能制造已成为制造业发展方向，智能物流系统作为智能工厂的核心组成部分，呈现出四大发展特点：一是全流程数字化；二是网络化，各种设备通过物联网和互联网技术连接在一起；三是高柔性的自动化，包括物流作业流程、硬件以及系统布局上的柔性化；四是智能化，通过各种设备将生产环节智慧相联，使其具有自主决策能力。近年来，制造企业的原材料物流、成品物流、生产物流亟待全面升级，尤其线边物流自动化系统建设不断升温。其中新能源汽车等领域是市场需求热点。传统的医药领域、烟草领域、汽车制造、智能家电、智能家居产品等制造领域也继续呈现需求旺盛的趋势。综合分析，制造业对物流技术装备的市场需求增长在 18% 以上。

3. 消费升级推动冷链物流技术装备需求持续上升

2017 年，中国冷链物流市场规模约达到 4300 亿元，并以每年 17% 的速度增长。食品制造、零售、批发商三类客户目前占据冷链物流需求前 3 位，生鲜电商、便利店、餐饮企业具有较大的增长潜力。冷链物流能力建设分为一张天网（信息平台）和四张地网（仓储中心、干线运输、城市短驳、B2C 宅配）。

2017 年，电子商务向新零售发展，零售新形态、新物种大量孵化出来，其中生鲜冷链是新零售物流创新的主战场。新零售重构了人、货、场，要求物流服务快速、准确，作为基础支撑的物流系统加速向自动化、智能化方向转变。新零售对物流技术装备的需求是模块化、柔性化、小型化。2017 年是新零售元年，新零售的物流技术装备需求处于起步的爆发阶段，但增长基数还很小。

2017 年中国物流装备产业发展分析

考察全球物流技术与装备的演进历程，大致可以分为机械化时期、自动化时期、高柔性自动化时期、智慧物流发展时期。现阶段，中国物流装备市场需求差异性非常大，需求层次非常多，各种物流装备长期并存，目前主要特点呈现的是自动化为主流，智慧化为趋势的发展阶段，出现了智能装备创新、企业跨界发展、物流标准化推进、资本整合加剧、企业联合共生等新变化与新趋势。

1. 系统集成

智慧物流推动了物流系统集成市场快速发展，集成商都在围绕智慧物流进行探索和布局。随着客户对物流效率的要求不断提升，物流中心从局部自动化向全面自动化、甚至无人化方向发展，托盘式自动仓库、输送系统、分拣系统等自动化物流系统的市场需求进一步加大，穿梭车系统、AGV、机器人等更加柔性化的自动化物流系统也得到越来越多的应用。在智能软件方面，集成商更加重视 WMS、WCS 系统软件能力的提升，采用云计算技术，使其具有支持超大物流系统运行的能力，覆盖在线生产物流系统与物流配送中心运营管理。“一体化解决方案”“一站式服务”是系统集成商服务客户的核心理念。

根据调查分析，2017 年，物流系统集成商的重点企业的市场规模快速扩张，增长速度都在 30%-40% 左右，综合分析我们认为 2017 年中国物流系统集成领域市场销售额增长率 30% 左右，截至 2017 年 12 月，全国自动化立体库保有量超过 4300 多座，年立体库建设超过 700 座以上。

2. 物流机器人

目前物流机器人行业发展非常迅速，从 2017 年 CeMAT Asia 展会上就可以感受到市场的火爆程度，物流系统集成商、传统机器人企业、新兴物流机器人企业三类企业都带来了新产品与新的行业应用展示，显示出技术不断升级发展。近年来，移动机器人、拆码垛机器人、 分拣机器人等仓储机器人在各个行业应用日渐普及。

从仓储机器人的技术方向看，顶层：开发基于仓库业务流程及各种设备特征的仓储机器人统一综合调度管理平台；中层：增加机器人的种类，如，自动拣选机器人、皮带输送搬运机器人、重载型机器人；底层：伴随机器人视觉、环境感知、传感器、芯片、通信等技术发展，打造新型的机器人操作平台，如，使机器人不仅能和服务器通信，还能实现机器人之间、机器人与其他设备等之间的通信，并朝着更加自动化、低功耗等方向发展。

根据中国电子学会发布的《2017 中国机器人产业发展报告》，2017 年中国机器人出货量超过 12 万台。根据我们不完全的调查统计，测算 2017 年中国各类物流机器人销售量在 1.2 万台以上。

3. 叉车

2017 年是中国叉车行业发展历程中的一个重要时刻，行业经历了超预期的高速增长，国内、出口双双创历史新高，叉车全系列车型普遍增长，带来全年 496,738 台的整体销量，比 2016 年同期增长 34.23%；国内市场销售 371013 台，相比 2016 年同期增长 38.51%；出口达到 125725 台，相比 2016 年全年增长 23%。

全年叉车行业呈现出以下几大特点：一是中国制造的叉车在世界范围内占比进一步提升，占比接近 40%（含外资在华企业）；二是电动、仓储、新能源、智能化叉车得到广泛关注，市场机遇期已经到来；三是行业集中度进一步提高，领军企业在技术、成本、渠道、服务等关键竞争力方面优势明显；四是人工、原材料成本增加，市场竞争进一步加剧，利润水平出现下滑；五是叉车后市场、围绕叉车全价值链提供服务，备受叉车企业关注。

产品类型方面：仓储叉车继续保持较高增长，部分常用小吨位内燃平衡重叉车将由电动、新能源叉车替代，叉车类 AGV 及牵引车在未来技术突破、成本降低后市场需求会进一步释放。以往经济型叉车为主的市场，随着客户需求的提高，中端类型的叉车份额会进一步增加。

4. 货架

2017 年，货架市场需求旺盛，很多货架工厂均处于产能饱和状态。不少货架企业尝试扩展仓储自动化、物流系统集成等新业务领域，货架产品已形成标准化、系列化。从产品类型来看，普通的横梁式、隔板式、阁楼式货架都有相当大的市场需求，尤其是电商高速发展带来阁楼式货架系统越做越大。

从货架需求量看，2017 年，电子商务物流、服装物流、医药物流、快消品物流、高端制造等领域是高端货架需求的主要行业，市场需求增长较快。机械、汽车、电子等行业增长货架市场需求增长平稳。预计 2017 年全年货架产销量超过 129 亿元，同比增长 29%。

5. 输送分拣

输送分拣设备更加强调模块化，以实现高效生产和快速安装调试，同时通过标准化达到低成本、低维修的目的。行业领先企业 2017 年都推出模块化平台的战略。例如，德马第五代基于物联网应用的模块化智能输送机平台 i-G5，具有智、柔、美、捷、绿五大特点，高速的输送性能、高效的运行效率、快速的交货周期、便捷的安装调试；英特诺模块化平台简化了各个部件的组装过程，实现即插即用，能够确保迅捷、可靠交货，便于规划和实施物料输送解决方案。华南新海（Hongsbelt）是运用模组带分拣技术的国际领先企业，其推出的模块化模组带物流分拣系统也得到了物流行业的广泛关注。

从技术方向来看，今后需要开发可以处理多种类型、形状物品的自动分拣系统，如采用塑料袋包装的服装如何实现快速传送和分拣；提高系统处理效率，尤其是分拣系统的自动供件环节的效率；输送分拣设备与移动机器人（AGV）的结合应用受到关注；华南新海（Hongsbelt）的模组带分拣系统在快递分拣中得到快速发展。

根据监测，目前输送分拣设备行业市场需求呈现高速增长态势，2017 年全年增长预计在 35% 以上，市场规模超过 70 亿元以上。

6. 单元化产品

在商务部大力推进商贸物流标准化行动计划带动下，物流单元化、标准化成为发展趋势。作为单元化物流的基础器具，托盘、周转箱等产品得到广泛应用，市场需求大幅上升。随着自动化、智能化物流系统建设加快，对单元化产品的规格、尺寸、材料、样式、可追踪和应用模式等都提出了更高要求。

托盘是最重要的单元化产品，2017 年以来，托盘行业增长速度稳定回升，根据对企业的调研分析，我们估计 2017 年中国托盘生产增长速度同比增长率在 8% 左右，考虑到托盘更新因素，截至目前中国托盘保有量预计接近 12 亿片。

根据相关数据调查测算，在中国商贸物流标准化行动计划的推动下，2017 年，中国托盘产销量中标准托盘产销增长继续保持快速增长，增长速度远远高于托盘增长速度。预计增长速度在 15% 以上，标准托盘产销量占比超过 37%。

2018 年中国物流技术装备发展展望

2018 年，随着中国经济结构转型，中国制造向高质量和智能化方向发展，为物流装备行业提供巨大的市场空间。劳动力成本上升，物流行业基层人员用工荒，继续推动物流业机器换人，物流机器化、自动化和智能化发展将继续获得快速发展。在消费领域，消费升级推动新零售快速发展，网购电商仍将保持较快的增长速度。从经济政策上看，2018 年以来中国政府陆续出台了推进物流发展的一系列政策，如 10 各部委联合发布的《关于推广标准托盘发展单元化物流》的意见等政策。

综合分析 2018 年宏观经济发展环境及各行业发展趋势，预测 2018 年电子商务物流对技术装备需求继续呈现高速增长态势，智能制造领域仍然是物流技术装备需求热点，物流技术装备业面临着良好的宏观经济环境与产业政策环境。

但是，2018 年中国经济也面临较大的不确定性，最近中美贸易摩擦激烈，贸易战已经拉开序幕。美国发布的对中国产品的加税产品名单集中于中国智能制造领域，如果中美贸易战开打，势必对中国高新技术产品出口带来影响，对宏观经济发展带来不利影响。

综合分析 2018 年的市场需求环境，我们认为 2018 年中国物流技术与装备行业增长继续高于国民经济发展速度，整体增长 25% 左右，其中普通的叉车、货架综合增长速度将有所回落，预计 17% 左右，但输送分拣设备、自动化立体库、AGV 等各类物流机器人、智能穿梭车、快递自提智能物流箱、标准化托盘、立体库货架等先进的物流技术装备继续保持高速增长，预计综合增长速度在 30% 左右。

来源：亿欧网　2018 年 04 月 26 日

8.1.2 综合信息

港口装备：半世纪“臃肿”一朝除 ZPMC 轮胎吊技术获突破

振华重工成功研发轮胎吊大车轮毂电机驱动机构。该机构的研发成功颠覆了业内传统技术，解决了轮胎吊长达半世纪的部件多、维护繁琐的“臃肿”状态，是一种具有完全自主知识产权、国际领先的新型嵌入式轮毂电机驱动机构。

过去，轮胎吊是集装箱码头的主要作业设备，全球港口已投入使用万余台。半个世纪以来，轮胎吊大车驱动机构一直采用链轮链条的传动方式，不仅存在结构松散、传动效率低、运行冲击震动大、精确定位困难等缺点，而且日常维护要求高，易造成油污。为此，振华重工成立专家团队，经过近两年的精心钻研和详细设计，成功开发出嵌入式轮毂电机驱动机构。

“我们就像在螺丝壳里做道场。”项目研发人员江灏评价该项目，研发人员突破性地将近 30 千瓦的由电机、减速器和制动器组成的三合一驱动机构嵌装在直径约 5 厘米的空腔里，摒弃一般必需的液压冷却方式，采用完全自然冷却，实现机构的免维护。此外该机构由新型永磁电机、行星减速器等组成，取消了传统轮胎吊大车的链轮、链条、联轴节、轴承和罩壳等众多部件，使整个大车机构简洁、高效、环保、免维护，完全改变了原来的“臃肿”状态。

嵌入式轮毂电机驱动系统，轮毂电机驱动机构的成功研发，将给用户带来众多实实在在的好处。免维护：原来的链条驱动维护量大，需要定期加黄油、调间隙，并需要根据磨损及时更换链条，每年直接费用近两万元；新驱动系统免维护，不再产生维护成本，经济效益明显；高可靠：与传统的轮毂驱动普遍采用液压冷却方式不同，振华电气轮毂驱动完全采用自然冷却方式，减少了系统部件，大大提高了系统可靠性；高性能：大车纠偏是轮胎吊重要功能；相对于原来的异步电机低速扭矩不到额定值的一半，新驱动系统的永磁电机可达额定值，纠偏性能极大提高；高精度：传统的链条链轮之间有间隙，大车起制动时会对整机造成冲击和震动，大车停止时停位精度也受到影响；新的驱动系统采用齿轮传动，运行平稳，噪音低，更适宜于需要高精度的自动化轮胎吊；高效率：新的驱动系统由高效永磁电机和齿轮传动取代了原有的异步电机和低效链条传动，运行效率高，耗能降低；高环保：原有的链条机构需要油脂润滑，会造成车体和地面污染，新驱动系统则采用全封闭齿轮箱，污染被彻底消除；

高颜值：新的驱动系统结构紧凑、简单美观。

来源：上海市交通委网

航运装备：以智能制造增强核心竞争力 推进海洋装备业高质量发展

2019 年 3 月 3 日，全国政协十三届二次会议开幕，全国政协委员、江南造船（集团）有限责任公司总工程师胡可一如期参会。刚从芬兰赶来北京的他，为本次全国两会带来了“推进船海工业智能制造”“改进科技创新评价体系”和“自主开发大型工业软件”3 个提案，并重点关注智能制造及高端海洋装备发展。

智能制造是长期目标和发展方向

装备制造业是资本、技术和劳动密集型行业，做大做强装备制造业，是提高国家综合国力、建设强大国防的根本保证。其中，船舶工业和海洋装备制造业是为水上交通、海洋资源开发及国防建设提供技术装备的综合性和战略性产业，是国家发展高端装备制造业的重要组成部分，也是国家实施海洋强国战略的基础和重要支撑。胡可一表示，随着智能制造的逐步推进并向《中国制造 2025》的核心目标稳步逼近，船海工业也朝着“设计数字化、信息集成化、船型智能化、建造自动化和管理精细化”的智能船厂方向发展，将进一步促进我国海洋装备制造业高质量发展。

回顾船海工业近十年的发展历程不难发现，行业经历了从繁荣到“寒冬”、从订单量“船位一位难求“到造船产能严重过剩的局面。胡可一认为，在产能扩张的同时，船海工业的设计水平、建造效率和质量都有了长足的进步，但应该清醒地认识到，结构性产能过剩背后反映的是行业创新驱动力的不足、智能化制造水平低、产业链处于中低端以及人口红利逐渐消失的严峻事实。如果这些深层次的问题得不到真正解决，必将影响到我国船海工业的整体竞争力和高质量的可持续发展。因此，建议针对船海工业的特点进行智能制造研究、推进智能船厂和智能生产流程建设。“推进智能制造是保持船海产业核心竞争力的关键和抓手，也是船海产业实现可持续、高质量发展的长期目标和努力方向。”他说。

“机器替人”不等于智能制造

胡可一认为，和一些先进制造业相比，目前船海工业在智能制造方面整体较为落后。即便是世界上船舶智能制造技术最为先进的德国迈尔船厂，其智能化领域也主要集中在内场的平直分段的自动化生产，而将过度依赖于手工和人员密集型生产转移到东欧的船厂；就国内而言，先进船厂主要在部件和管件的切割、焊接、涂装等环节应用机器替人，实现局部的自动化流水线生产。

2016 年，工业和信息化部联合财政部印发的《智能制造发展规划（2016-2020 年）》指出，智能制造是基于新一代信息通信技术与先进制造技术深度融合，贯穿于设计、生产、管理、服务等制造活动的各个环节，具有自感知、自学习、自决策、自执行、自适应等功能的新型生产方式。胡可一认为，对比该时期有关“智能制造”的定义及船海工业推进智能制造的实际情况，足以看出差距之大。他强调：“我国船海行业的智能制造和智能船厂建设总体上还处于起步阶段，‘机器替人’不等于智能制造，在物联网的应用、智能化建造水平、数字化设计支撑能力、生产管理的智能化管控等方面尚存在着较大差距。”

“双通道”创新实现“换道超车”

船海工业是典型的离散型制造业，具有按单生产、多品种小批量、体积重量大、在建造过程中变化修改多等特点。胡可一表示，船海工业需要较多的柔性制造、柔性舾装，需要把人的柔性赋予到智能化的生产之中，而不完全是流水线式的自动化生产。因此，他建议应该针对船海工业的特点，进行智能制造的顶层规划，鼓励船舶总装企业在单个流程 / 制造单元 / 车间进行自动化生产试点和对智能化柔性舾装模式的探索和流程再造。国家、相关地方政府给予一定的配套等支持政策，船舶央企积极推进产学研合作模式，一步一步探索、分阶段和分层级推进，在试点企业形成可复制、可移植和可推广的模式。

正如前文所说，和国际一些先进制造业相比，我国船海工业智能制造发展落后，如果按照工业发达国家发展智能制造时的“数字化－网络化－智能化”的 “串联式”发展路线，很难在短时间内实现“换道超车”。因此，胡可一表示，我国船海工业应走“数字化、网络化、智能化并行推进”的“双通道”创新之路。一方面，着力提高船型研发和工艺工法的创新能力；另一方面，努力提升以三维“数字样船”为基础信息化拓展应用能力。为此，广大船企要结合自身发展需要，充分激发内生动力，实事求是探索适合企业实际的智能化转型路径；移植适用于船海工业的智能制造系统解决方案，加快建设船海工业智能制造发展生态环境；充分重视三维电子模型在智能制造中的核心地位，探索建立单一数据源，收集完整且高质量的数据，以智能制造增强核心竞争力，推进海洋装备业高质量发展。

来源：中国水运网 2019 年 03 月 07 日

物流车辆：新能源物流车挑战机遇并存 行业发展技术是关键

2018 年已经过去，回看 2018 年的新能源物流车市场，虽然受新能源汽车补贴退坡的影响，但整体仍呈现出稳中向好的发展态势。

在提质增效、降低物流成本方面，新能源物流车起到了积极的促进作用。根据中国物流与采购联合会数据，2018 年 1-11 月，全社会物流总额 257.9 万亿元，按可比价格计算，同比增长 6.7%。12 月，物流需求增长平稳趋势仍在延续，预计 2018 全年社会物流总额为 280 万亿元左右，可比增长约 6.5%。从细分项目来看，2018 年，与民生、绿色经济相关的物流规模保持快速增长，1-11 月单位与居民物品物流总额 6.3 万亿元，可比增长为 22.7%。在我国物流业的平稳发展中，新能源物流车也发挥了其不可忽视的作用。

政策支持力度大 深圳模式引关注

近年来，国家与各地方对新能源物流车的支持政策，陆续出台。2018 年，新能源物流车的政策信息也多次引起业内关注。

2018 年 2 月 13 日，《关于调整完善新能源汽车推广应用财政补贴政策的通知》出台。补贴新政大幅提升电池能量密度标准，续驶里程在 150 千米以下的车型不再纳入补贴范围。同时，新政还设定 2018 年 2 月 12 日 -6 月 11 日为政策过渡期，此间上牌的新能源乘用车和客车按照 2017 年补贴标准的 0.7 倍执行，新能源货车和专用车按 0.4 倍执行。

6 月，交通运输部办公厅、公安部办公厅、商务部办公厅联合发布《关于公布城市绿色货运配送示范工程创建城市的通知》。该工程明确要求推广新能源汽车应用作为示范工程的一个重要组成部分，确定了天津等 22 个城市作为首批示范城市，并在示范城市的考核方面，要求其在购置和更新换代新能源物流货运车辆时要达到一定比例。《通知》同时提出，有关省级部门要从配送节点建设、新能源物流配送车辆购置及运营、配送车辆通行便利政策、融资保险、土地、财税等方面对示范工程相关项目给予扶持。可以预见，未来这 22 座城市将会更加注重纯电动物流车 /'> 电动物流车的应用和推广。

作为电动物流车推广的前沿城市，“深圳模式”也备受关注。2018 年，深圳出台了一系列鼓励电动物流车运营的政策。例如，2018 年 5 月 1 日起，新增营运类轻型货车全部为纯电动车；7 月 1 日起，纯电动货车路权优先，采取升降级管理，在 10 个片区试点设立“绿色物流区”，全天禁止轻型柴油货车行驶；12 月 31 日前，淘汰 2 万辆营运类轻型柴油货车，推动 1 万辆非营运性轻型柴油货车置换为纯电动货车。尤其是，6 月 13 日，深圳还出台了《深圳市现代物流业发展专项资金管理办法》，其中首次纳入纯电动物流配送车辆运营资助项目，这意味着深圳成为全国第一座为纯电动物流车提供运营补贴的城市。

市场“危”“机”并存 需求潜力仍可挖掘

业内人士预计，2018 年全年，新能源物流车销量同比去年可能会有所下滑，主要原因在于补贴退坡以及资金周转压力较大。

“总体来看，估计 2018 年新能源物流车销量同比去年下降 30%。”成都雅骏新能源汽车科技股份有限公司副总裁范永军指出，“一方面是因为国家补贴和地方补贴退坡幅度较大，另一方面是，生产企业之前为运营商预先垫付的资金太多，而国补、地补还没有发下来，2018 年难以再垫付。”

但单从 2018 年来看，新能源物流车月度销量仍呈上升趋势，这说明补贴退坡虽有影响，但是有实力的车企还是会逆势发力，市场对新能源物流车的需求潜力仍可挖掘。东风商用车副总经理蒋学锋就曾表示，基于未来市场发展趋势，东风商用车规划的电动化典型应用场景包括高速物流、城市环卫 / 物流和城际物流。

路权规定需明确 技术水平仍是关键

2018 年整体来看，新能源物流车中轻、微客车型的占比最大，应用较多的车型有瑞驰、开瑞、依维柯等；其次是轻卡和微卡。主要是因为有些地方对纯电动车的路权规定不明确，零排放的纯电动轻卡也会被归为“不允许进城的卡车”类别中。

根据 2018 年新能源汽车补贴政策对车辆技术性能要求提高的趋势，业内推测 2019 年的补贴政策对技术的要求可能会进一步提高。技术标准变化，生产企业就要为电池、电机、整车等重新上公告，因此，如果新能源物流车生产企业没有常规化的、充分的技术储备和生产储备，就有可能在技术或者核心零部件的供应方面出现不足，面临被淘汰的风险。面向未来，要想“笑到最后”，纯电动物流车企业更应专注于技术水平的提升。

来源：物流北京网 2019 年 01 月 14 日

航运装备：20000TEU 级超大型集装箱船全球首次接用岸电成功

2019 年 1 月 4 日，刚刚下水的中远海运集团旗下 20000TEU 级超大型集装箱船舶“中远海运人马座”轮在上海冠东国际集装箱码头（以下简称“冠东码头”）接用岸电成功，工程师们在接电过程中，通过有效的与船方进行沟通，攻克了接通难关，连船一次性成功。这也是 20000TEU 级超大型集装箱船在全球首次接用岸电成功，标志着冠东码头的高压变频岸电上船相关技术和工程保障能力已达到世界先进水平。对于此次船舶靠港接用岸电，船方和码头方都高度重视，前期通过充分的沟通和设备调试对接，在船舶靠泊 4 小时之后成功为“中远海运人马座”进行实船供电，接用岸电期间，船舶供电指标均正常，此次船舶连接岸电一共供了 6 小时、13200 度电。

作为长三角船舶排放控制区“岸电应用试点港区”之一的洋山港冠东码头，其岸电项目已攻克了电制差异、电缆拖接、电力切换等技术难题，具有“一键操作、全自动数字化控制，一个接口、操作简便，高压上船、不间断供电”等特点，与国内外其他岸电技术相比，具有港航参与、安装便捷、接用方便、自动化高、技术领先、适用性强等诸多优势。全球已有多艘 20000TEU 级超大型集装箱船陆续下水运营，且很多船舶具备岸电受电设备，但都尚未使用过，本次接用岸电成功在国内，乃至国际都尚属首次。

此次“中远海运人马座”集装箱船的成功接用岸电，是船、岸双方通过加强互信、密切合作以保障岸电成功连接的典型案例，既为我国港口岸电设施为超大型集装箱船舶供电积累技术经验，也为建设绿色港口、打赢蓝天保卫战作出了积极的贡献。据了解，按照中远海运集团与上海冠东国际集装箱码头签订的协议，后续中远海运还将有多艘超大型集装箱船舶在靠泊冠东码头期间接用岸电。

来源：中国水运网 2019 年 01 月 09 日

物流车辆：苏宁布局绿色物流 2019 年将投放 5000 辆新能源车

苏宁宣布 2019 年将开展“青城计划”，布局绿色物流，将在全国 100 个城市投放 5000 辆新能源车，设立绿色包装回收站 5000 个，打造全球领先的全链路绿色物流解决方案，推进绿色产品的全场景应用，推动新型绿色物流快递城市建设。

近半年来，苏宁不断在汽车新零售以及新能源汽车领域进行广泛布局，与众多汽车企业达成了合作。2018 年 7 月 15 日，第一家苏宁易购汽车超市开业，服务涵盖汽车整车销售、融资租赁，配件，售后维修、保养，二手车等领域。10 月，苏宁携手智能电动车品牌 BYTON 拜腾，入局互联网智能汽车领域，在智能汽车的产品布局、产业合作、零售方面达成合作。广州车展时，苏宁易购与合众新能源正式签订战略合作协议，共同探索新能源汽车智慧零售体验。目前，苏宁汽车超市已含有 20 多个汽车品牌，100 多款车型。

来源：中国道路运输网 2019 年 01 月 02 日

仓储装备：软件定义硬件，智慧物流装备进入数字化程控化时代

随着现代物流进入智慧时代，未来物流装备技术发展也将重点体现在智慧的进化上。从智慧物流思维体系角度看，目前已经进入数字化时代，正在向程控化（软件程序主导物流系统）的方向进化，程控化的特点就是软件可以对硬件起到主导和定义的作用，并且可以快速的迭代升级。

物流硬件技术的智能化变革

近年来，智慧物流获得了快速发展，物流技术装备正全面向智能化方向进化。2019 年 11 月上海举办的 CeMAT 展会上，物流自动化设备展台最多，智慧物流是最大的亮点。

中国智慧物流的思维系统已经进入了数字化阶段，正在向程控化阶段进化，未来是全面智慧化。程控化进程中，物流技术装备硬件系统将呈现思维与执行的融合，向智能硬件进化，其中智慧物流思维系统将逐步成为硬件系统的大脑，成为硬件系统的控制中枢，成为硬件系统进化与升级的主导。

软件定义物流硬件的创新模式

1. 软件定义无人叉车

叉车 AGV 系统是符合软件定义硬件的创新方向。在叉车上加载各种导引技术，构建地图算法，辅以避障安全技术，可以实现叉车的无人化作业。其中叉车导引系统、构建地图算法、安全避障系统、自动感知系统等是无人化叉车的技术进化主体，需要实现控制层、数据层、与硬件层的逻辑分层，可以实现相关软件系统的迭代升级和不断进化。

2. 软件定义输送分拣

通过软件定义的理念，可以让物流分拣更智慧，让分拣设备更智能。先进的智能物流输送分拣系统应该是一个智慧化、相互高度协同的有机整体，它由许多个智能分拣模块和智能零部件组成，在大数据分析和指导下，各个单元自主而协同地完成复杂任务。智能零部件要包含感知系统实现可感知，使每个包裹成为可感知的智能网络节点，实现自动识别物料、自动拣选物品，让每件货物沿着智能规划后的路径，找到工位上的操作人员。

路辉模块化智能分拣系统 – 大型分拣矩阵

目前中国智能输送分拣领域，深圳路辉正在大力推进智能分拣系统功能的模块化分类，其滚珠模组带自动分拣系统、高速分流器系列可根据不同的场景随时排列组合成满足需求的智能分拣系统。

3. 软件定义物流机器人

物流机器人是一个智能单元，是由一硬（硬件）和一软（软件）组成，目前硬件在机器人设计中已经不占据主导地位了，机器人的软件系统才是决定机器人水平高低的根本。

菜鸟无人仓机器人

机器人的软件系统主要有控制系统、导航系统与计算系统，算法分为感知算法和控制算法，导航技术目前有定位导航、网络调度、视觉轮廓的自然导航等等；机器人的智能作业包括搬运、分拣、拆垛、码垛、上料、混杂物体分类。目前物流机器人作业系统也成为电商物流黑科技的关注焦点。

4. 软件定义柔性自动化

传统的物流自动化系统具有整体性、系统性，具有牵一发而动全身的刚性，对物流自动化的实际应用带来阻碍。一个大型物流自动化配送中心，仅因为某个零部件的损坏就可能带来全系统瘫痪，简直是灾难。

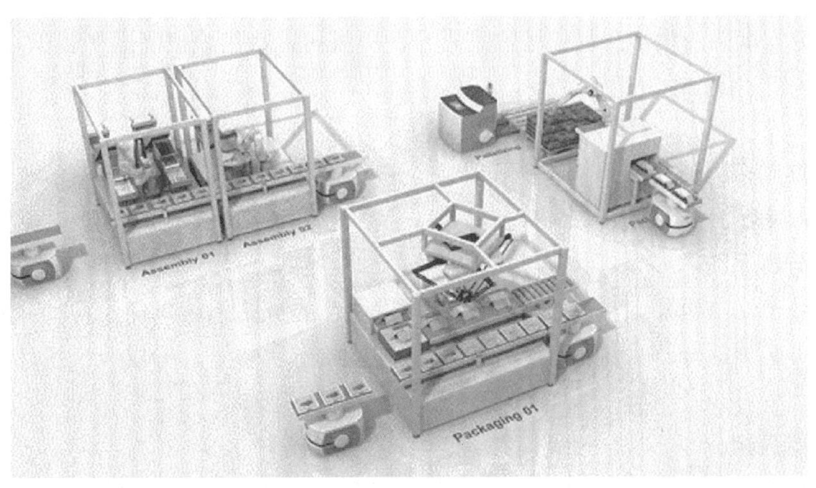

基于软件定义物流硬件的理念，对物流系统采取模块化设计，实现易搬迁与部署；通过排列组合式扩展，可以很快部署新的机器人与自动化设备，处理更多订单，同时单节点出现故障不影响整个系统；通过业务流程的程序化管控与调整，可根据订单商品的特点改变物流作业模式，实现软件

系统可以随机、柔性的调度与管理整个物流自动化系统，实现物流作业场景的柔性切换和自动的调整。

软件定义硬件，推动智慧物流全面发展，实现无人仓储，实现柔性自动化物流作业，未来将会对整个物流行业带来巨大革命。

来源：中国物流与采购网 2018 年 12 月 14 日

仓储装备：“排序分拣 + 运输 + 分发”全能型电商包裹机器人

机器人 + 手推车 =Soly 分拣机器人，基于由 IT 系统实时管理的移动机器人，能实现全自动单独分拣、搬运、分发包裹。

这款名为“Soly”的小机器人由法国老牌企业 SOLYSTIC 设计，是一款专为处理包裹提供的全方位的自动化解决方案。它最大的特点是：从包裹分拣到运输，再到分发的每一个环节，它都扮演了不同的角色。不仅能够实现机器人单独排序分拣包裹，还可以有序的对包裹进行分类存储和搬运、分发，是一款多功能机器人。

Soly 机器人三个应用场景

1. 包裹分拣

Soly 机器人能够按照正确投递顺序分拣包裹。基于工人搭建好的单元化分拣系统，工作人员将扫码后的包裹放置于机器人搬运的手推车上，机器人能自动将包裹运输到分拣格口，将包裹投递到指定袋子里。在这个环节，最有意思的是机器人没有通过机械臂或其他更为先进的方式完成投递，而是通过分拣系统的挡板和机器人的前后运动将包裹扔进袋子。

2. 包裹运输、分类

Soly 机器人则能够代替人工独立将包裹搬运到指定地点并进行分类存放。这一环节中，最有意思的是 Soly 机器人搭配着不同型号、不同高低的手推车作业，手推车还可以层层叠放货物，有效节省空间。

3. 分发货物

Soly 机器人则完美地代替了传递包裹的工人。当司机发出的订单指令，Soly 机器人便扫描包裹，然后自动将包裹放入准确的运输托盘中运输到月台，等候司机将包裹按照顺序装车。

设计亮点

1. 手推车

机器人与手推车搭配使用。手推车的设计完全符合人体工程学，所有环节的作业，工人都不需要弯腰提举，大大减轻了员工的劳动强度。另外，手推车型号、高低不一，能够层层叠加存储。

2. 模块化的分拣系统

在包裹分拣环节，与机器人配套的分拣系统时模块化的分拣系统，便于移动，系统搭建拆分都非常便捷，灵活可扩展。分拣系统搭建好后在合适位置放上空袋子，形成一个投递格口，机器人就可以开始作业。

3. 移动的机器人组

Soly 机器人是基于由 IT 系统实时管理的一组移动机器人，IT 系统监控所有移动并永久定位对象。机器人与手推车结合，单独运送包裹。对象被放置在托盘上，并且获取它们的图像以允许自动识别系统提供处理它们所需的信息。

典型案例：DPD 巴黎 V é mars 处理中心

为优化包裹处理流程，DPD 在巴黎 Vémars 处理中心测试由 Solystic 公司开发的 10 个 Soly 机器人分拣包裹。这些新型机器人将负责分拣小型包裹，并将这些包裹运送到处理中心的寄递点，再传送到投递卡车上。整个过程有效减少了分拣员工的重复性劳动和投递司机的劳动量，可让司机更加专注于投递路线的合理规划。

DPD 法国公司称，机器人的使用，需要在地面上标注二维码，机器人会跟随着地面上的标记移动。工作人员会将每件包裹传递给机器人，机器人扫描包裹后就会自动将包裹放入准确的运输托盘中，随后等待装入投递卡车。

DPD 法国公司表示，公司一直希望优化包裹寄递流程，因此决定测试机器人处理包裹，从而优化包裹配送和路线规划。鉴于消费者或服务点的需求变化，包裹投递司机的工作越来越呈现出“以服务为中心”的趋势，因此，公司必须考虑减少投递司机装卸包裹的工作量。

同时，DPD 公司还在法国东南部的安纳西新建一个新的处理中心，该处理中心配备了 1 套双重包裹分拣系统，能有效应对季节性业务高峰。

来源：物流产品网 2018 年 11 月 27 日

物流车辆：快递配送车电动化自动化成大势所趋

2018 年 10 月 9 日，2018 蜂集万采快递物流装备暨物料采购博览会在杭州国际博览中心拉开帷幕。本届快递物流展以新征程、新格局、新模式、新技术、新智能、新能源、新环保、新作为为主题，吸引了顺丰速运、申通、中通、韵达、安能等多家大中小型快递物流品牌企业、冷链企业、仓配企业、电商和微商企业参会，是快递物流产业的一场金秋盛会。此次展会也凸显了快递配送车电动化自动化成大势所趋。

值得关注的是，在城市物流配送电动化趋势下，为了推动电动物流车在快递物流配送链中的发展，本次展会重点开辟了“新能源物流车”主题展。八匹马租车作为行业内新能源汽车综合服务运营商，此次携多款颇具口碑的新能源物流车型登陆展会。

此次展出的车型，覆盖微面、凌特、厢货车型，能够充分满足用户的不同配送需求。

开瑞优优 EV 作为一款微面纯电动物流车，其车身尺寸为 4430×1626×1930 毫米，轴距为 2800 毫米。动力方面，开瑞优优 EV 搭载一台永磁同步电机，最大功率为 60 千优，最大扭矩为 180 纳米，车辆工况续航里程 256 千米，适合短途配送运输。

北汽长江纯电动多功能厢式运输车是一款凌特车型，相比微面拥有更大的载货空间。根据不同版本，它的车身尺寸为 5960×2020×2850/2650/2560/2360 毫米，轴距 3665 毫米，厢体容积 12.3 立方，满载质量 1405 千克，可以进一步满足用户的配送需求。

吉利远程 E200 则是一款厢式货车，它的车身尺寸为 5995×2100×2950 毫米，货厢容积 17 立方，额定载质量 2600 千克，最高 300 千米的工况续航，是快递物流企业城市配送中的好帮手。

随着国家、地方对大气排放和城市交通管理的日趋严格，以及城市配送压力的不断增加，物流快递企业在城市配送任务中，使用新能源物流车、车辆的自动化和智能化已经成为一大趋势。

由于新能源物流车是一个新兴产物，大多数企业对新能源物流车的企业、品牌、产品、服务、保养都不是很了解，贸然自购车辆不仅固定投入巨大而且存在非常大的使用风险，由此选择专业的新能源物流车运营服务商合作成为明智之选。

来源：中国道路运输网 2018 年 10 月 11 日

仓储装备：智能化无人化趋势下，如何打造智能仓储体系？

随着电商、物流产业的发展，快递物流已经是生活中不可或缺的角色。然而随着人口红利的消退，用人成本不断提升，传统物流体系寻求改革，智能仓储优势凸显。

智慧物流、绿色物流、数字化物流无疑是行业发展主旋律；仓储智能化、无人化将是趋势，对于物流企业、零售流通企业来说，又该如何打造企业专属的智能仓储体系？

一、智能仓储的特点

1. 自动化、智慧化的广泛应用

主要是指硬件部分如自动化立体仓库系统、自动分拣设备、分拣机器人以及可穿戴设备比如VR增强现实技术的应用；细分下去自动化立体仓库里面又包括立体存储系统、穿梭车等，分拣机器人主要如关节机器人、机械手、蜘蛛手的应用。

2. 互联网＋智能仓储设备

这部分偏重于软件，主要是互联网技术如大数据、云计算、AI、深度学习、物联网、机器视觉等广泛的应用。利用这些数据和技术进行商品的销售和预测，以及智能库存的调拨和对个人消费习惯的发掘，能够实现根据个人的消费习惯进行精准的推销，目前技术比较成熟的企业如京东、菜鸟等已运用大数据进行预分拣。

3. 共享化

共享经济的出现在仓储领域是有体现的，如托盘、容器、叉车等仓储物流装备的共享。比如菜鸟把部分仓库里的运营、硬件设备等一起外包，只负责土地和仓库的建设，此外还有仓库的共享，如京东和达能饮料合作的协同仓、京仓等。

4. 海外化

随着国家一带一路倡议，国内消费升级，跨境进出口领域迎来发展新机遇，企业加速全球化海外布局……跨境海外仓需求激增。

二、智能仓储装备

智能仓储体系的打造，离不开高效先进的软硬件的有机融合。智能仓储的硬件设施设备一般分为如下几个方面。

1. 自动化输送系统

主要包括皮带输送线、滚筒输送线以及托盘输送线等，主要用于纸箱和周转箱的输送，相关厂家主要有瑞仕格、德马泰克、德马、金锋馥、东杰智能等。相关厂家很多，其技术含量比其他系统要相对低一些。

2. 自动存储系统

包括自动化立体仓库和自动化密集存储系统两部分。自动化立体仓库必不可少的设备有：

（1）堆垛机：托盘堆垛机、箱堆垛机；国内主要的生产厂家有北起、昆船、刚玉等；国外主要的厂商有瑞仕格、德马泰克等；国内的与国外的目前在技术上来讲没有太大的技术代差，主要的还是在精度上会有差别。立体仓库里面有托盘输送系统，如多层的穿梭车（穿梭车、子母车等），这领域的公司如 TGW、瑞仕格、德马泰克、兰剑、万事达。

（2）自动化密集存储系统：主要用于对箱的存储，相关厂家有 TGW、瑞仕格、胜菲尔、音飞、太仓，国内在这一领域厂家不太多。

3. 自动分拣系统

自动分拣系统目前较火，尤其是在快递行业和电商仓。

（1）交叉带分拣系统及翻盘分拣系统：主要是应用于箱的分拣和单件零捡，适用于小件、轻薄件。做的较好的厂家有伯曼、德马泰克、邮通、三所等。

（2）滑块分拣系统：主要是进行箱的分拣，适用于不易破损的中型件，做的较好的企业如范德兰德、德马泰克等等。

（3）摆轮分拣系统：主要是进行箱的分拣，一般载重 50 千克以下，这类厂家有如范德兰德、德马泰克、瑞仕格、国内的路辉。路辉摆轮分拣系列，按品类可分为多品类分流器、重载分流器（最高承重 100 千克）、超高速分流器（分拣效率≥ 8000 件 / 小时）。

（4）滚珠模组带分拣系统：可分拣品类广，对底部较为平整的软包及编织袋也具有较好的分拣能力，做的较好的 企业如深圳路辉。

4. 机器人分拣系统

机器人分拣系统，主要是对货架和散件实现货到人的分拣系统，典型为 AGV（自动导引车），大家熟知的有：国外亚马逊 kiva 分拣系统，国内的极智嘉、快仓、马路创新等公司。

AGV 的分拣系统里有一种小黄人分拣系统，主要进行散件的分拣，比如杭州的立骠、海康等公司，京东无人仓、申通分拣仓都是用的小黄人。

三、如何打造自己的智能仓储体系

企业该如何打造自身专属的智能仓储体系？主要围绕智能仓储的规划原则、场地工艺方案的规划、智能设备选项和技术参数的确定和项目实施质量掌控。

清晰的战略定位

A.企业形象工程？ B.企业转型升级实用工程，先进程度？

合理的业务增长率预测定位

A.项目最少满足6年以后的增长率要求，决定项目的产能规模

适合且先进的信息架构的规划

1.信息架构规划，构建智能信息网络系统，打通软件与软件、软件与设备硬件的互联 。

应用大数据？AI？物流云？物联网？……

1. 智能仓储的规划原则

无论采用多么先进的智能软硬件，都必须根植于企业的实际情况。

- 设备技术宁选成熟且先进的，不选过时的；选择效率适当高的，不选最高的
- 方案尽量柔性的，可扩展的
- 规模的产能涉及不要超前太多或者预估太紧
- 尽可能减少客户化，尽可能可替代性强一些
- 尽可能降低人力投入，降低人的劳动强度，尽量降低人的操作技能难度，尽量减少差错率
- 化繁为简，化难为易
- 能向空间的，尽量少向平面
- 工艺方案中进出流量要平衡，切忌出现瓶颈

2. 场地工艺方案的规划

工艺方案规划的合理与否取决于基础数据的收集，数据收集要尽量准确、可靠；这些基础数据包含货物的大小、重量、外包装情况、整托盘 / 整箱和拆零的比例，SKU 多少、SKU 特性、每天出入库量、订单行数、订单数量、仓库周转期、库存量等。

（1）数据收集和 EIQ 的分析，EIQ 分析是工艺方案规划的先决条件。

（2）流程的规划与合理设计，智能仓储与传统仓储在流程上有很多是相似的，也有很多差异之处，这就要求决策者要打破传统观念，不能一味按照固有的思维来进行方案设计。有些流程可以简化和删减，所谓合理就是要切合实际需求。

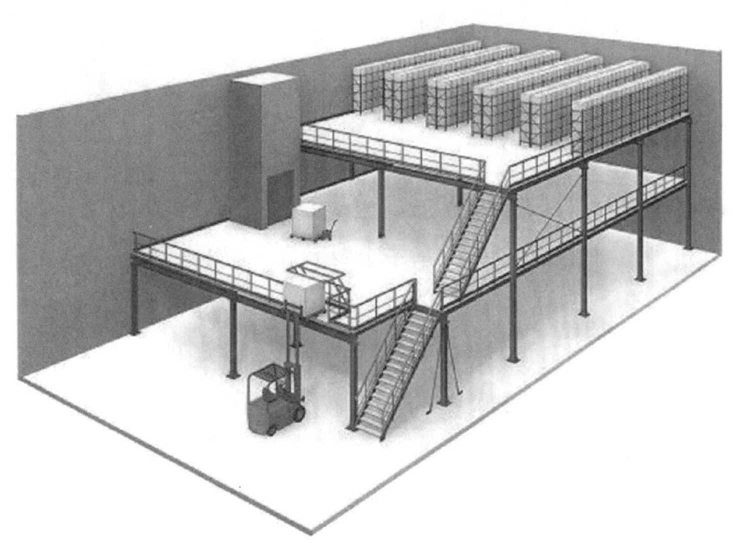

（3）功能区位置、大小的规划，如立体仓库存储区、分拣区、补货区、复核区、集货区、路由分拣区、发货区等，都需要根据业务要求来合理规划。

（4）货位的规划与设计也比较重要，如爆款品一定是靠近打包、复核、出库等区域，另外如退货、重货、轻货分别放到哪一个位置也需要做好设计。

（5）动线的合理规划和设计。动线在仓储规划里是核心中的核心，所有的业务操作都是通过动线来连接。

（6）岗位设计和人力规划。这是 IE（工业工程）中的一个分支叫岗位设计和人力规划，如按照目前的业务量和处理能力，某个岗位要安排多少人。

3. 智能仓储设备的选型及功能参数的确定

（1）自动化输送系统

动线参数的设定取决于处理能力和上限参数，一般箱式的分拣系统宽度为580/620/680/720/780，宽度由在动线上运输的货物的物理尺寸决定；比如涉及线体的承载能力、电机的功率选型等，一般选择2500箱/小时左右，常用速度为32米/分钟。

（2）自动化立体仓库

托盘堆垛机的速度一般在180米/分钟以下，存取次数一般是200次/小时。高度上最高可达30米，一般为24米以下，；多层穿梭车，存取能力可达1000次/小时。

（3）AGV分拣机器人

主要为AGV分拣矩阵，在京东无人仓里应用较多。无人仓的概念是较先进，但这类小黄人矩阵分拣系统的大规模应用的性价比不高，故障率高、后台调度程序算法复杂；且这种矩阵型AGV分拣系统属于二维码导航，存在技术瓶颈：AGV小车越多，其处理量反而会下降。

京东小黄人

（4）自动分拣系统

滑块分拣机，用于箱式的分拣，对软包货物不能分拣；交叉带分拣，主要用于细分领域，能提供比较多的格口，运行速度较高，分拣能力可做到2万-4万件，甚至更高，但对场地要求高，费用也极高。路辉滚珠模组带分拣系统、高速分流器系列，采用模块化设计，分拣品类广，分拣效率分别能达到4000件/小时、8000件/小时，不受场地限制，且投资回本周期短。

（5）电子标签系统

主要用于拨种式和摘果式的拣选，解决分拣错分率问题，一般电子标签系统差错率少于万分之五，应用电子标签系统比手工分拣的效率高，有效提高分拣效率。

（6）密集存储系统

垂直和水平的旋转库，垂直的旋转库一般单机即可使用，而水平的旋转库则需配套使用，其效率比人工要高6-10倍。由于密集存储系统能够增加50%左右的存储密度，其能节省的存储空间可达50%-60%，目前密集存储系统在电商仓里用的较少。

（7）货到人系统

专指AGV货到人，即驮着货架移动，如kiva系统；还有一个货到人系统叫在线拣选工作站，一般可达1000件/小时，传统的拣选中70%的时间用在走路上，30%时间用于拣选，效率低；运用货到人系统，效率会大大提高。

亚马逊 kiva 机器人

（8）在线机器人分拣系统

主要问题在于价格比较高，对仓储行业而言性价比不高，效率无法与人工相比；目前在京东和菜鸟出现，其他的电商仓储里用的很少。

4. 项目实施质量的掌控

（1）要随时确认设备质量符合设计要求，留存证据。

（2）起草一份适合项目的验收测试规范，为验收提供依据。

来源：中国网　2018 年 10 月 12 日

仓储装备：物流企业布局智能仓储现状和趋势

随着我国人口红利的消退、社保税费成本提升，仓储行业用人成本不断提升，智能仓储优势凸显。电商、物流产业的发展更是带动了智能仓储的需求。

一、物流发展进入快车道，智能仓储缺口大

近年来，电商企业和快递企业都在智能仓储领域积极布局，企图在未来激烈的竞争中抢占智能物流领域的高地。

京东可谓电商物流领域的龙头企业，近年来的仓储物流设的增长率保持在 70% 上下，2017 年，京东仓储物流设备的净值达到 26.9 亿元；苏宁则起步稍晚，2017 年，其机器设备净值达到 8 亿元，2017 年，苏宁机器设备净值增长率由 2016 年的 9.4% 一跃升为 225.3%，说明其近年来正在智能物流领域积极布局。

京东、苏宁仓储设备

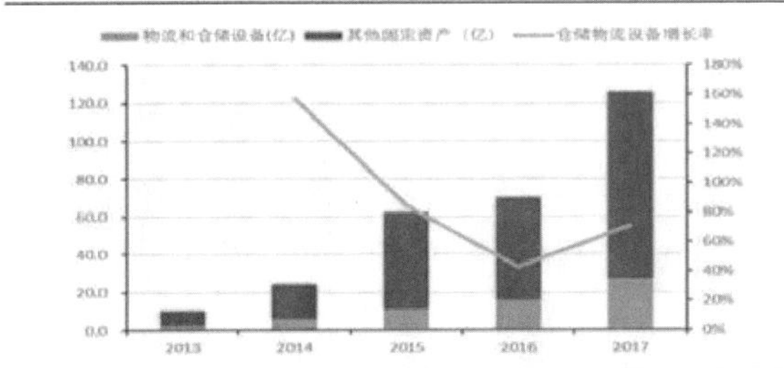

图 1　京东仓储物流设备规模

资料来源：公司年报，浙商 证券研究所

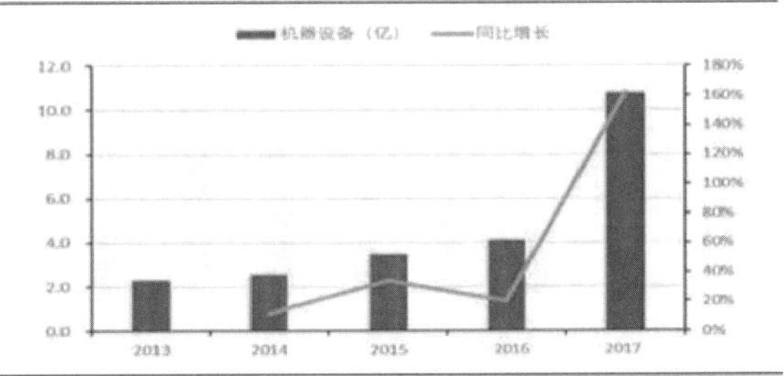

图 2　苏宁机器设备净值

资料来源：公司公告，浙商证券研究所

电商企业物流仓储体系定位

电商名称	代表案例	物流体系定位	物流体系建设规划
阿里	菜鸟网络	全球领先的物流网络	未来5年投入1000亿元，主要用于和物流伙伴共建智能仓储、智能配送、全球超级物流枢纽等，加快建设全球领先的物流网络，实现国内24小时、全球72小时到达，以物流的智能化实现新零售战略的推进。
京东	亚洲一号	以物流打头阵的供应链全球化服务	全国第一个“亚洲一号”自2014年10月投入使用以来，京东已在国内已拥有7大物流中心，覆盖2691个区县。未来10年，京东物流主攻国际化，形成强大的全球化供应链服务网络，同时提升整个社会的供应链效率，节约供应链成本。
苏宁	苏宁云仓	覆盖全国的智能云仓体系，强化整体的物流能力	至2020年，苏宁物流将新建40座中大型仓库、50个城市分拨中心，仓储面积新增1000万平方米；航空物流突破100条，运输车辆超过10万辆；同时，布局农村和学校，打造1万个服务站点，五万个自提点，3万个快递点。
唯品会	蜂巢系统	全球一流的电子商务平台	目前，唯品会已经建成东北、华中、华北、华南、华东和西南六个大型物流仓储中心，未来将加快全国乃至全球物流仓储布局，全面升级各大物流中心的仓储自动化系统

表1 电商企业物流体系定位和建设规划

资料来源：公司公告，浙商证券研究所

快递企业集中上市带来提升装备投资需求。2016年，圆通、申通、顺丰、韵达等快递巨头纷纷借壳上市，并募集配套资金进行项目投资。从各公司披露的信息看，所募集的配套资金多运用在转运中心的建设和设备自动化升级方面。

上市两年来，中通和韵达在机器设备中投入加速，其他3家也各有增长，说明快递行业正在积极向智能物流靠拢。

尽管在智能仓储的下游应用结构中电子商务并不突出，但近年来全国电商交易额和全国快递业务收入正在逐年攀升，其带来的智能仓储需求成为了重要的增长引擎。

全国电子商务交易额

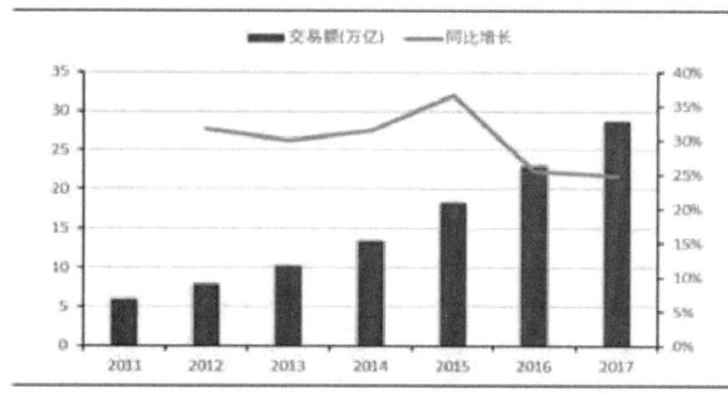

图3 全国电子商务交易额

资料来源：中国电子商务研究中心，浙商证券研究

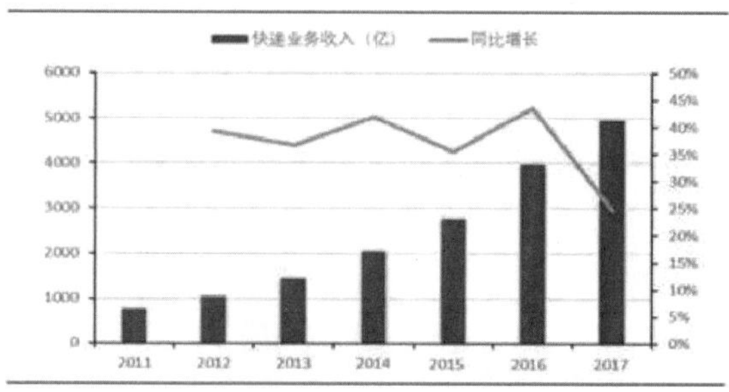

图4 全国快递业务收入

资料来源：国家邮政局，浙商证券研究所

快递企业上市提升智能物流设备需求

快递公司	借壳公司	募集资金	募投项目名称	投资总额（亿）	投资完成度
圆通	大杨创世	23 亿	转运中心建设和智能设备升级项目	11.00	77%
			智能网络提升项目	6.00	7.8%
			指挥物流信息一体化平台建设项目	6.00	9.7%
中通	艾迪西	48 亿	中转仓一体化项目	14.47	44.9%
			运输车辆购置项目	5.17	100.0%
			技改及设备购置项目	3.35	37.5%
			信息一体化平台项目	3.68	25.2%
			现金对价	2	-
韵达	新海股份	39 亿	智能仓配一体化转运中心建设项目	1.36	-
			转运中心自动化升级项目	20.52	-
			快递网络运能提升项目	10.31	-
			供应链智能信息化系统建设项目	6.96	-
			城市快递配送网络项目	4.02	-
顺丰	鼎泰新材	80 亿	航材购置及飞行支持项目	26.86	61.5%
			冷运车辆与温控设备采购项目	2.92	100.0%
			信息服务平台建设及下一代物流信息技术研发项目	34.49	45.3%
			中转场建设项目	13.95	50.3%

表 2 快递企业上市提升智能物流装备需求

资料来源：公司公告，浙商证券研究所

二、智能仓储行业竞争格局

（一）国内智能仓储系统发展历程

国内自动化物流系统的发展大致经历了三个主要阶段：

起步阶段：1975-1985 年，我国自动化物流系统发展处于起步阶段，在这一时期，我国已完成系统的研制与应用，但限于经济发展的限制，应用极其有限。

发展阶段：1986-1999 年，属于我国自动化物流系统的发展阶段。随着现代制造业向中国逐步转移，相关企业认识到现代化物流系统技术的重要性，其核心的自动化仓储技术获得市场认识，相关技术标准也陆续出台，促进了行业发展。

提升阶段：2000 年至今，可看作我国自动化物流系统的提升阶段。在这一阶段，市场需求与行业规模迅速扩大，技术全面提升。现代仓储系统、分拣系统和自动化立体库技术在国内各行业开始得到应用，尤其以烟草、冷链、新能源汽车、医药、机械制造等行业更为突出。更多国内企业进入自动化物流系统领域，通过引进、学习世界最先进的自动化物流技术以及加大自主研发的投入，使国内的自动化物流技术水平有了显著提高。

（二）国外智能物流装备巨头效益良好，继续保持高速增长

自动化物流系统综合解决方案是企业最终需求。整体来看，世界最优秀的物流自动化系统集成商仍集中在美国、欧洲和日本等地区，国内系统集成商仍处于相对落后状态。2018 年 5 月，美国权威物料搬运领域杂志《MMH》公布了 2017 年全球自动化系统集成商 20 强榜单。

2015–2017 全球物流系统集成商

2017排名	2016排名	公司名称	2016年全球收入(百万美元)	2017年全球收入(百万美元)	17年同比增长率	三年增长率	总部
1	1	大福	2924	3659	25.1%	44%	日本大阪
2	2	胜斐迩	2630	3060	16.3%	23%	德国诺因基
3	3	德马泰克	2016	2267	12.5%	42%	美国乔治亚特兰大市
4	5	范德兰德	1231	1538	24.9%	46%	荷兰费赫尔
5	4	村田机械	1260	1287	2.1%	28%	日本东京
6	8	霍尼韦尔	850	1000	17.6%	59%	美国俄亥俄州
7	12	TGW	568	915	61.1%	74%	澳大利亚
8	7	伯曼集团	852	900	5.6%	0%	德国北莱茵-威斯特法伦州
9	9	法孚集团	721	721	0%	0%	法国巴黎
10	10	瑞仕格	645	695	7.8%	-2%	瑞士布克斯
11	11	科纳普	643	643	0%	4%	奥地利哈特北格拉茨州
12	14	伟创	453	635	40.2%	75%	德国帕克施泰因
13	13	格林策巴赫机械	477	477	0%	0%	德国哈姆拉
14	15	卡迪斯	397	425	7.1%	24%	瑞士苏黎世
15	N/A	Elettric80	150	261	74%	99%	意大利

表 3 2016-2017 年度全球物流系统集成商 20 强名单

2015-2017 年全球物流系统集成商 2

（续表 3）

16	16	巴斯蒂安解决方案	217	233	7.4%	39%	印第安纳波利斯
17	17	DMW&H	172	225	30.8%	80%	美国密歇根
18	N/A	Stöecklin	N/A	153	N/A	N/A	瑞士诶施
19	19	维世多	140	152	8.6%	17%	德国斯图加特
20	20	西斯特	129	129	0%	-16%	意大利

资料来源：MMH，浙商证券研究所

2017 年，智能仓储集成商 20 强榜单中收入超过 10 亿美元的有 6 家：

Daifuku（日本大福）以 36.59 亿美元稳居排行榜第一

SCHAEFER（德国胜斐迩）以 30.60 亿美元位居第二

Dematic（德马泰克）公司以营收 22.67 亿美元排名第三

Vanderlande（荷兰范德兰德）以 15.38 亿美元的营收排名第四

MurataMachineey 当年营收 12.87 亿屈居第五

Honeywell（北美霍尼韦尔）以 10 亿美元营收排名第六

在 2017 年 20 强榜单中，欧洲区域的公司占据了绝对优势，日本公司有两家入围，而目前中国本土公司尚未进入 20 强名单。

排名的第一的日本大福（DAIFUKU）公司创立于 1937 年，可谓是与日本产业界的成长发展一起壮大。

日本大福 2017 年营收 36.6 亿美元，同比增长 25%，3 年增长 44%。该年营收的增长很大部分依赖于东亚平板显示屏产业和半导体产业对该公司物料搬运系统订单的增加。截止目前，大福公司已在 23 个国家及地区设立了分支机构，加速推进全球化业务。

作为全球最大的智能物流设备制造厂商和系统集成商，该公司的产品用于多个领域，其中制造业及流通产业在 2016 年销售额占比达 34%，其次是半导体、液晶制造业，占比达 27%。

大福在 2017 年制定了新的中期经营计划，目标是到 2021 年 3 月合并净销售额到达 4200 亿日元，使营业毛利达到 8%。

2016 年日本大福各产品销售额

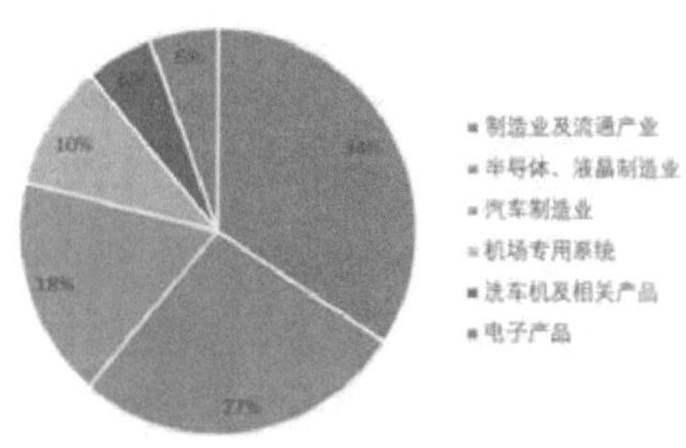

图 5 2016 年日本大福各产品销售额占比

资料来源：DAIFUKU，浙商证券研究所

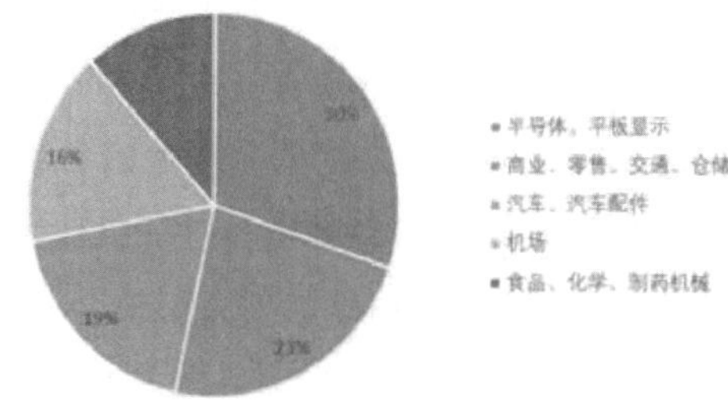

图 6 2016 年日本大福销售额下游行业占比

资料来源：DAIFUKU，浙商证券研究所

第二名胜斐迩在 2014 年度之前，曾连续 8 年排名世界物料搬运系统供应商第一的位置，直到 2014 被日本大福公司反超。

作为全球最大的仓储物流设备制造商之一，胜斐迩在工业仓储设备和物流系统承建领域占有一席之地，被誉为“解决问题的专家”。

胜斐迩在 2017 年营收 30.6 亿美元，同比增长 16.3%，3 年增长率为 23%。其在 2015 年承接苏宁自动化仓储项目，为苏宁南京物流基地新建了自动化仓库，增强了它在国内的影响力。

德马泰克公司以 22.7 亿美元的营业收入再次排名第三，营收同比增长 12.5%，3 年增长 42%。德马泰克是提供用于优化供应链、满足客户对物流搬运自动化需求的先进的集成自动化技术、软件和服务的全球领先供应商。

在 2016 年底被叉车和物流领导者凯傲（KION）集团收购后，德马泰克现在成为凯傲的供应链解决方案运营部门。该部门还包括 Egemin 公司，其是一家自动工业车辆专家此前曾在此列表中排名第 18，并于 2015 年被 KION 收购。

根据美国《MMH》杂志每年公布的物料搬运系统集成商 20 强榜单 2013-2017 年的营收情况，前五强近 5 年的营业收入总额分别为 85.3 亿美元、87.7 亿美元、95.6 亿美元、100.0 亿美元、118.1 亿美元，整体稳定增长，且增速在波动中上升，五年复合增长率 7.46%，行业发展强于宏观经济发展。

将范围扩大到每年榜单内的 20 家上榜企业，其总收入分别为 157.1 亿美元、160.6 亿美元、166.6 亿美元、173.8 亿美元、196 亿美元。

在全球 GDP 增速 5 年来于 2017 年首次超过 3% 的时候，智能仓储系统集成商的 5 年复合增长率达到了 6.0%，基本保持在经济增速的两倍左右。可以窥见，即使在全球经济萧条的大背景下，全行业依然保持的较高的发展速度。目前，全球经济初显回暖趋势，在未来经济向上向好发展的进程中，对智能仓储行业投资将会迎来下一个高峰。

2013-2017 年度榜单 5 强营收及增长

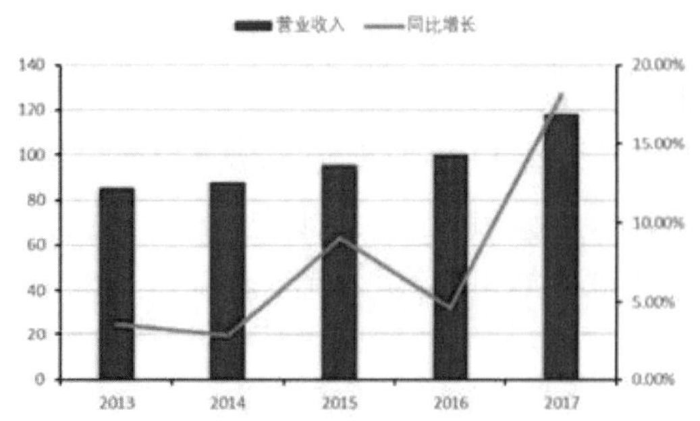

图 7 2013-2017 年度榜单 5 强营收及增长

资料来源：DAIFUKU，浙商证券研究所

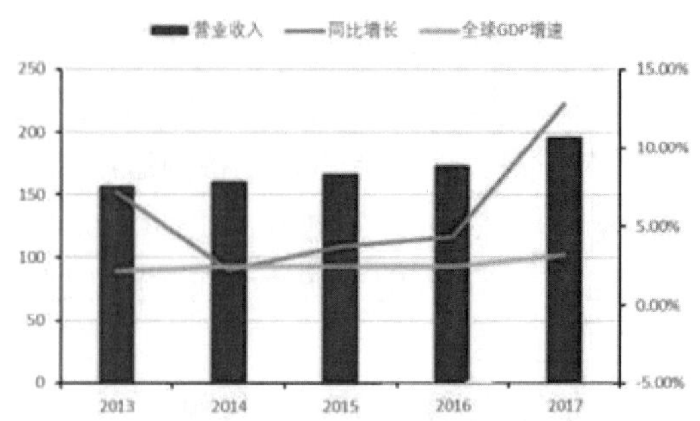

图 8 2013-2017 年榜单 20 强营收及增长

资料来源：DAIFUKU，浙商证券研究所

（三）国内市场充分竞争，期待国内智能仓储龙头企业

目前，我国自动化物流系统行业处于一个充分竞争的态势。国内企业与国外先进的物流自动化系统提供商竞争中不断发展，陆续推出具有自主知识产权的自动化物流产品，如昆船物流的 TIMMS 系统，国内企业凭借在性价比以及本土化后市场服务上明显优势，在一些中低端项目中具备了较强的竞争优势，并成功进入高端项目领域。

由于长期的技术积累，国外自动化物流系统提供商则在高端物流软硬件技术和行业经验方面具有优势，在一些高端自动化物流系统项目中占有一定优势。

国内和国内物流系统综合解决方案提供商的优劣势对比如下。

企业类别	代表企业	优势	劣势
国外物流系统综合解决方案提供商	日本大福 德马泰克 瑞仕格 胜斐迩	1、产品技术水平高 2、产品质量好 3、行业经验较丰富 4、品牌知名度高	1、价格高 2、实施周期长 3、服务维护成本高 4、服务响应速度较慢
国内物流系统综合解决方案提供商	昆船物流 北高科 今天国际 诺力股份	1、价格占据优势 2、熟悉国情，具有本地化优势，便于与客户沟通 3、售后服务成本低 4、服务响应及时。	1、品牌知名度较低 2、质量稳定性不够 3、技术经验积累不足 4、规模小，资金不足

表 4 国内外物流系统综合解决方案提供商优劣势对比

资料来源：中国产业信息网、浙商证券研究所

在我国自动化仓储的应用行业中，各公司优势领域和优势项目各不相同。如今天国际、昆船物流在烟草领域深耕多年，有着丰富的项目经验，日本大福则在汽车、机械领域更有优势。

从物流系统市场在各行业竞争角度来看，烟草、医药、电力系统、服装和食品等行业国内企业均具有一定的竞争优势，在汽车与机械制造行业国内外物流系统集成商各自为营，而在电商、机场等领域外资目前占据明显优势。

国内供应商相对缺乏的是大项目的总包集成能力，但国内企业正不断地朝这方面发力，随着经验的不断积累，国内企业中也将诞生出有竞争力的龙头公司。

三、智能仓储三大类核心设备发展前景光明

自动化物流装备按功能构成分为立体仓储设备、高速分拣设备、自动化输送设备等几大类，主

要产品自动化立体库、堆垛机、自动分拣机、输送机、AGV 自动导引车等。其中自动化立体库、自动分拣机、自动输送系统是智能物流关键设备，对于提高物流分拣中心的储存能力和分拣效率起到至关重要的作用。

（一）自动化立体库，提高仓储效率的关键所在

自动化立体库是指用立体仓库实现高层存储、自动存取，其构成为立体货架、堆垛机、输送机、搬运设备、托盘、管理信息系统及其他设备。

自动化立体库能有效减少土地占用及人力成本，是提高物流效率关键因素。自动化立体库的发展可以有效地解决仓储行业大量占用土地及人力的状况，并且实现仓储的自动化与智能化，降低仓储运营、管理成本并且提高物流效率。

自动化立体仓库市场规模增长迅速，保有量较国外仍有差距。根据中国物流技术协会信息中心统计，我国的自动化立体库近十年来市场规模保持了 20%左右的平均增速，2016 年市场规模约 149 亿，同比增长 23%。

预计未来几年将维持 20% 增速，到 2020 年将达到 325 亿元规模。截至 2016 年，我国自动化立体库的建成数已经达 3600 座。

然而从国际水平来看，美国拥有各种类型的自动化立体仓库 2 万多座，日本拥有 3.8 万多座，德国 1 万多座、英国 4000 多座。与这些发达国家相比，我国自动化立体仓库保有量依然很少，未来增长潜力巨大。

2012–2020 年我国自动化立体仓库市场规模

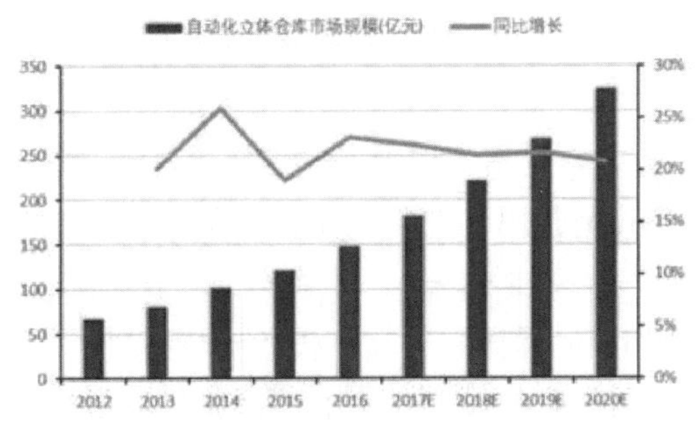

图 9 2012–2020 年我国自动化立体仓库市场规模（亿元）

资料来源：前瞻产业研究院，浙商证券研究所

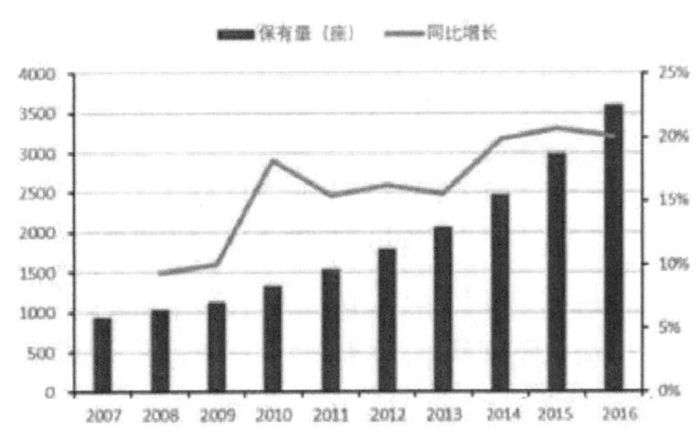

图 10 自动化仓库保有量

资料来源：中国产业信息网，浙商证券研究所

近年来，国家加强土地资源管理，土地资源日渐紧张，使得土地使用成本不断增加，倒逼企业需要充分利用有限空间，提高现有土地利用率。智能仓储系统摒弃了传统仓库的水平拓展模式，转向立体拓展，具有较高的土地利用率和库存容积率，可减少企业的土地成本。

根据测算，国内一个典型的 8000 个托盘规模的 20 年期自动化立体库的总成本为 7189 万元，普通平库的总成本为 9036 万元。虽然自动化立体库在初期的硬件投资要远高于普通平库，但长期来看，自动化立体库的总成本要低于普通平库。

随着中国土地和人工成本的不断上升，自动化立体库较传统库的优势将日趋明显，自动化立体库将是未来仓储发展的首选。

全国主要城市工业用地平均地价

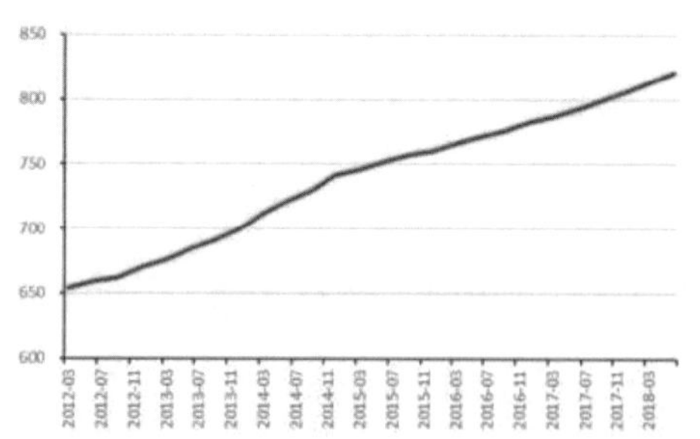

图 11 全国主要城市工业用地平均地价

资料来源：同花顺，浙商证券研究所

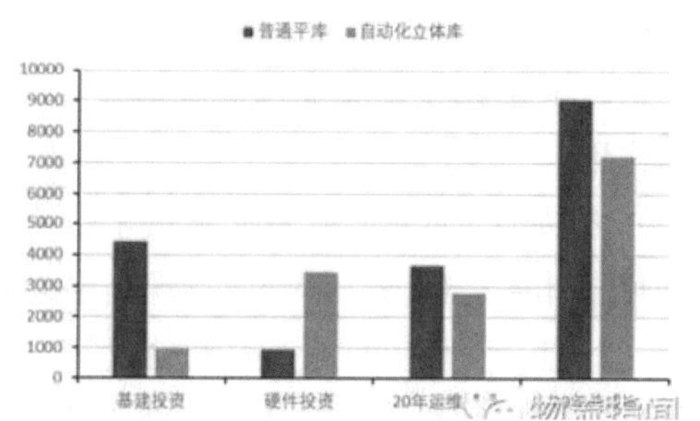

图 12 自动化立体库与普通平库成本对比

资料来源：今天国际招股书，浙商证券研究所

（二）自动分拣系统，提升分拣效率的关键制约

自动分拣系统是智能物流装备中的核心部件。智能分拣系统一般由控制装置、分类装置、输送装置及分拣道口组成：

控制装置的作用：识别、接收和处理分拣信号，根据分拣信号的要求指示分类装置、按商品品种、按商品送达地点或按货主的类别对商品进行自动分类。

分类装置的作用：根据控制装置发出的分拣指示，当具有相同分拣信号的商品经过该装置时，该装置动作，使改变在输送装置上的运行方向进入其它输送机或进入分拣道口。

输送装置的主要作用：使待分拣商品贯通过控制装置、分类装置，并输送装置的两侧，一般要连接若干分拣道口，使分好类的商品滑下主输送机（或主传送带）以便进行后续作业。

分拣道口是已分拣商品脱离主输送机（或主传送带）进入集货区域的通道，一般由钢带、皮带、滚筒等组成滑道，使商品从主输送装置滑向集货站台，在那里由工作人员将该道口的所有商品集中后或是入库储存，或是组配装车并进行配送作业。

智能分拣设备的主要特点是能连续、大量的给货物分类，基本实现无人操作排序，错误率极低。

随着信息化标准化的来临和物联网技术的发展，尤其是条码和射频识别技术的进步，在邮政快递行业，自动分拣机系统使用越来越普遍。

近年来，我国人口红利进一步消退，智能分拣设备带来的高效率、高替代的优势凸显。

2017 年，我国电子商务交易额已达 28.66 万亿元，快递业务收入 4957.1 亿元，全年配送快递 400.5 亿件。随着我国电子商务行业的高速发展，它所带动的线上消费产生大量的快递分拣需求，未来将会有越来越多的企业将运用自动化分拣系统提高效率。

2017 年，我国自动化分拣设备投资规模约 56 亿元，假设未来快递总量以 2017 年快递总量同比增速（28%）增长，中转次数、分拣效率、单条线成本不变，预计至 2022 年，我国物流行业自动化分拣系统市场规模将达到 190 亿元。

2017 年自动分拣设备投资规模测算

国内快递总量：亿	400.5
中转次数：次	2
分拣设备效率：万/时	2
每天分拣时长：小时	20
每天分拣量：万	40
每年分拣天数：天	360
每年分拣量：万	14400
所需装备数量：套	278
每套投资金额：万	2000
设备总投资：亿	55.625

图 13 2017 年自动分拣设备投资规模测算

资料来源：浙商证券研究所

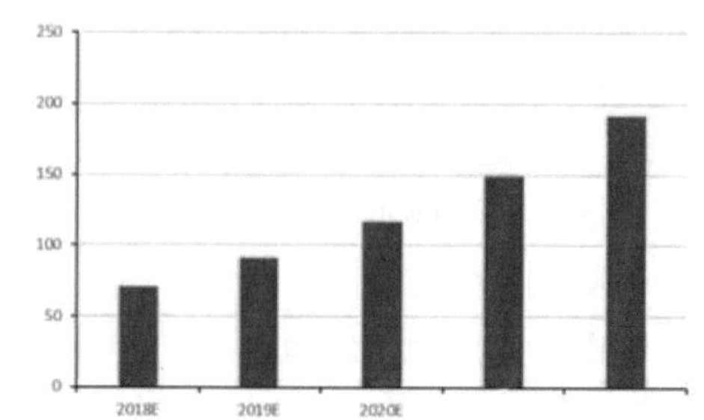

图 14 2018-2022 年自动分拣系统投资规模（亿）

资料来源：浙商证券研究所

自动分拣机高效作业，使配送跟上订单步伐。目前我国快递分拣自动化程度较低，在劳动密集型的转运中心，与分拣作业直接相关的人力约为一半，分拣作业时间约占整个转运中心作业时间的30%~40%，分拣的成本占到转运中心总成本的40%。

智能分拣已然成为自动化物流装备领域的一大亮点，包括韵达在内的多家物流公司都采用了智能分拣设备提高工作效率。

智能分拣设备能够实现以大转盘模式，将快递流水线和分区的建包袋结合，在800平方米操作区域大循环，每小时处理超过1.2万件包裹，全过程只需一次扫码，大大缩短了操作时间，满负荷运转可减少2/3的分拣人员，分拣精准度达99%以上。

目前自动分拣机已经为越来越多的快递企业所选用，规模化成本优势带来行业龙头集中度的快速提升，快递与物流业大都采用滑块式、交叉皮带式与翻板式。与人工分拣相比，自动分拣缩减了分拣时间，提高了分拣效率，同时大幅降低错误和破损情况的发生概率。

（三）自动输送系统，提升物流效率的关键纽带

自动输送系统，主要包括箱式、托盘式两大类。

箱式输送机主要包含皮带式、辊式输送机以及提升机等多种形式，唯品会“蜂巢”系统就是箱式运输机的典型应用之一。

托盘式输送机主要包含辊筒式输送机、链条式输送机、提升机、穿梭车等多种形式，亚马逊Kiva AGV就是托盘式输送的典型应用之一。输送机主要和自动化立体库配合应用。

21世纪以来，我国自动输送系统技术取得了长足的进步，叉车、高速输送机、AGV、RGV等已实现国产化，应用领域也遍及多个行业，其在烟草、医药、服装、零售等领域发展迅速。

近年来，伴随着我国电商、快递业的飞速发展，自动输送机也更多的向该领域渗透。自动输送系统改变了传统“人到货”拣货模式，变为现在的“货到人”模式，减少拣货员移动和寻找过程，极大地提升了拣货效率与准确率。

（四）叉车：物流搬运车代表，随全球工业化快速发展

叉车原属于工程机械大类，但又在企业物流系统中扮演着搬运作业的重要角色。最早诞生于1917年，是对成件托盘货物进行装卸、堆垛和短距离运输作业的轮式搬运车辆，广泛应用于港口、车站、机场、货场、工厂车间、仓库、流通中心和配送中心等，是托盘运输、集装箱运输中必不可少的传统设备。

根据前瞻产业研究院2014年的统计，我国建筑业和机械制造行业应用领域占比最大，占比分别达到26%和20%。

随着国家工业的结构性发展，细分下游有略有变化，根据中国工程机械工业协会统计，2017年我国叉车需求量最大的行业包括交通运输仓储、物流仓储、邮政业、电器、机械行业、汽车行业等。

随着计算机控制技术和单元化运输方式快速发展，以及世界各国工业化水平的不断提高，叉车企业的制造能力不断提高，产品种类型号日益丰富、性能大大加强，应用场景逐渐拓宽进入众多领域，成为生产搬运中的重要工具。

近10年以来，全球范围内的叉车行业销量保持快速发展，主要驱动因素来自于中国等新兴经济体“机器换人”（叉车替代手动搬运和板车）的红利。

根据世界工业车辆联盟统计数据，全世界叉车销量从2006年的82.41万台增长到2017年的133.38万台，年复合增长率4.47%，2017年销量再创新高。国内叉车销量在2017年同比增长34%的高基数下，2018年上半年增速依然强劲，达到26.7%。

1. AGV：物流搬运车的无人化升级版

根据前瞻产业研究院的数据，2013 年，我国 AGV 机器人销量为 2439 台，2014 年上升至 3150 台，同比增长 29.15%；2016 年销量为 6500 台，同比增长 51.16%。

2013-2016 年，年复合增长率达 38.64%。按每台 AGV 机器人 40 万元的均价测算，2018 年的 AGV 市场达到 72 亿元。

从需求领域来看，目前我国 AGV 机器人需求领域较为集中，主要分布在汽车工业、家电制造等生产物流端。2016 年，除了工业级的应用外，AGV 开始向商业行业推广应用，其中对 AGV 需求最大的莫过于电商仓储物流、烟草和电子 3C 行业，三者占比分别为 15%、15% 和 13%。

2013-2018 年中国 AGV 机器人销量

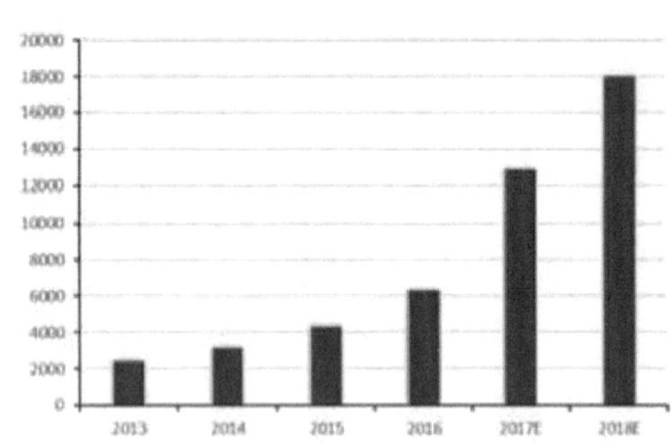

图 15 2013-2018 年中国 AGV 机器人销量（台）

资料来源：前瞻产业研究院，浙商证券研究所

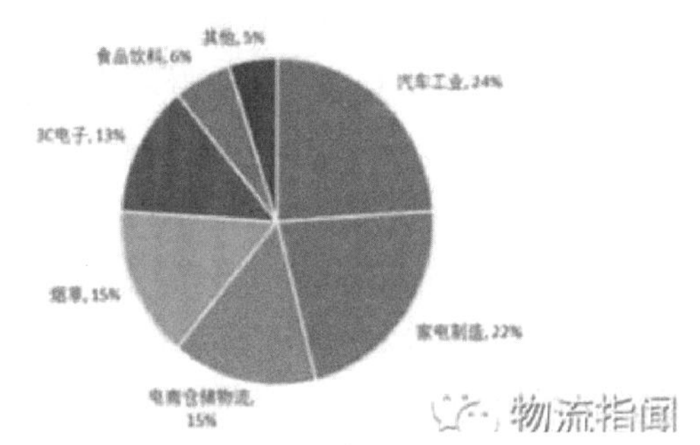

图 16 AGV 应用领域占比情况

资料来源：前瞻产业研究院，浙商证券研究所

2016 年中国 AGV 市场中，内资企业销量占比达 85%，外资占比 15%。其中内资企业主要占领中低端市场，代表企业有新松机器人、昆船装备、机科、三丰智能等；而外资企业则占据高端 AGV 市场，代表企业有 JBT、Egemin、Rocla、Swisslog、日本大福、明电舍等。

2015 年中国 AGV 市场份额分布

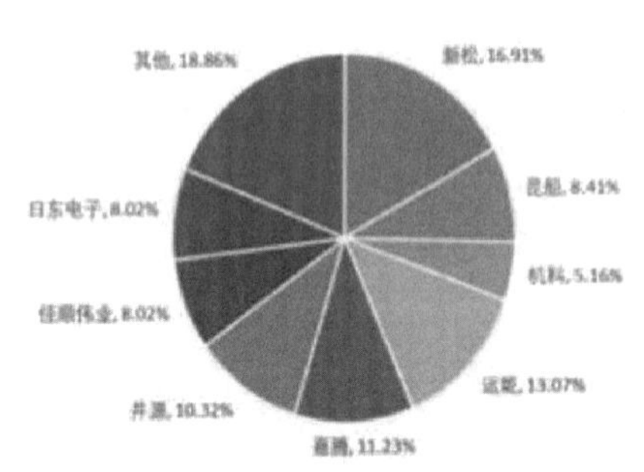

图 17 2015 年中国 AGV 市场份额分布

资料来源：GGII，浙商证券研究所

国外			国内		
排名	公司	价格(万)	排名	公司	价格(万)
1	Egemin(比利时)	100	1	昆船	50-75
2	JBT(美国)	90	2	新松	45-75
3	Rocla(芬兰)	95	3	三丰机器人	55-80
4	ATAB(瑞典)	110	4	机科	75
5	大福(日本)	120	5	今天国际	80-100
6	Jungheinrich(德国)	90	6	林德	40-80
7	Axter(法国)	50-100	7	杭叉	80
8	System(意大利)	100	8	GEEK+	15
9	Crown(美国)	85	9	海康机器人	15
10	明电舍(日本进口)	70-80	10	厚达	

图 18 AGV 中国区域排名（2016）

资料来源：AGVSO，浙商证券研究所

2. RGV

RGV 是有轨制导车辆（Rail Guided Vehicle）的英文缩写，又叫有轨穿梭小车，RGV 小车可用于各类高密度储存方式的仓库，小车通道可设计任意长，可提高整个仓库储存量，并且在操作时无需叉车驶入巷道，使其安全性会更高。

利用叉车无需进入巷道的优势，配合小车在巷道中的快速运行，有效提高仓库的运行效率。目前，立体仓库正逐渐向高动态应用的方向发展，对仓库存储量的要求越来越高，拣选、输送以及出入库频率等要求也越来越高。

国外对 RGV 的研究起步较早，在 2005 年前后，YLOG、DEMATIC、TGW 等物流巨头就推出了自己的货架穿梭车，并在这几年进行持续优化，已相继推出多款升级版本的货架穿梭车，显著提升了 RGV 的运行速度、灵活性和智能程度。

国外的穿梭车运行速度普遍在 4 米 / 秒以上，并且一般具备路径规划系统，可进行复杂路径的规划。国产穿梭车近年的发展还算迅速，最高运行速度接近国外产品。随着国内企业的不断发力，未来国产 RGV 各项指标会逐渐接近国际水平，甚至高于国际水平。

国内外穿梭车产品技术综合对比

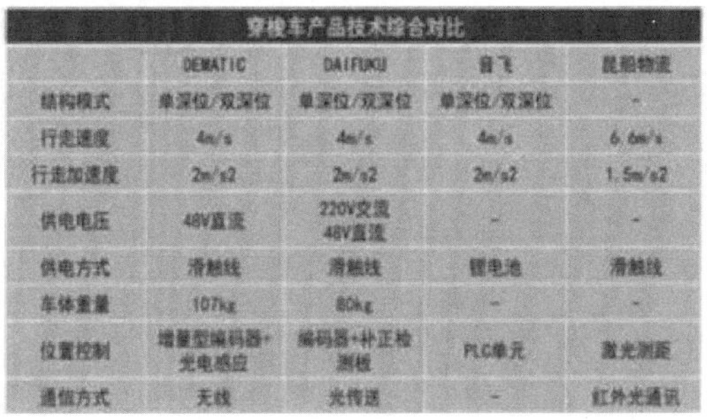

穿梭车产品技术综合对比				
	DEMATIC	DAIFUKU	音飞	昆船物流
结构模式	单深位/双深位	单深位/双深位	单深位/双深位	-
行走速度	4m/s	4m/s	4m/s	6.6m/s
行走加速度	2m/s2	2m/s2	2m/s2	1.5m/s2
供电电压	48V直流	220V交流 48V直流	-	-
供电方式	滑触线	滑触线	锂电池	滑触线
车体重量	107kg	80kg	-	-
位置控制	增量型编码器+光电感应	编码器+补正检测板	PLC单元	激光测距
通信方式	无线	光传送	-	红外光通讯

图 19 国内外穿梭车产品技术综合对比

资料来源：RFID 世界网，公司官网，浙商证券研究所

图 20 音飞多层穿梭车

资料来源：音飞官网，浙商证券研究所

山东蓝剑为唯品会打造的蜂巢系统，是典型的的穿梭车系统集成模式。2015 年 3 月，兰剑蜂巢一代系统在唯品会发布运行，2017 年 11 月，唯品会华南运营中心宣布兰剑蜂巢二代上线运行。

在二代蜂巢系统中，兰剑应用了自主开发的智能高速穿梭车，实现了 288 台的超大集群调度。该智能高速穿梭车车身采用新材料，降低了车重。提高了载重，速度可达 5 米 / 秒，达到了国际先进水平。

蜂巢系统利用自动化立体库和多层穿梭车的有效配合，订单处理能力可达 52 万件 / 天，属于典型的“货到人模式”。

2018 年的餐饮市场规模已近 4 万亿元，在线化、数据化、模式化、品牌化、零售化是新餐饮时代的五大特征，其中零售化趋势最为突出。如海底捞的烧烤尝试，西贝的超级肉夹馍，星巴克的外卖实践等，都显示出餐饮巨头们在探索零售化想象力边界上已不遗余力。

来源：浙商证券 2018 年 09 月 10 日

8.2 物流标准

8.2.1 中物联：2018 年 1 月至 2019 年 1 月部分《物流标准化动态》目录一览

2018 年 1 月《物流标准化动态》目录

【标准化工作动态】

01 历史性的变革 历史性的成就

02 《关于加强质量认证体系建设促进全面质量管理的意见》

03 十部委联合启动百城千业万企对标达标 提升专项行动

04 2018 年全国标准化工作会议在京召开

05 《团体标准管理规定（试行）》出台

【物流标准动态】

06 全国物流标准化技术委员会 2017 年度工作会议在京召开

06 全国物标委分技术委员会、工作组年度工作会议在京召开

07 全国物标委钢铁物流标准化工作组年度会议在京召开

08 《托盘共用系统塑料平托盘》国家标准批准发布

08 两项物流国家标准审查会议在京召开

09 2018 年推荐性物流行业标准批准立项

【相关标准动态】

10 《关于推广标准托盘发展单元化物流的意见》发布

12 崔钢副主任赴京东集团调研重要产品追溯标准化工作

【相关新闻】

12 何黎明：推动物流高质量发展 努力建设“物流强国

17 国务院：《关于推进电子商务与快递物流协同发展的意见》

2018 年 2 月《物流标准化动态》目录

【标准化工作动态】

01 国家标准委印发《2018 年全国标准化工作要点》

05 国家质检总局、国家标准委批准发布了一批重要国家标准

06 2018 年中国标准创新贡献奖评选活动正式启动

【物流标准动态】

07 《物流公共服务平台服务质量要求与测评》（征求意见稿）国家标准向社会征求意见

08《冷库能效设施等级评估指标》行业标准开展实地调研

【相关标准动态】

09 一批物流标准发布即将实施

【相关新闻】

09 2017 年全国物流运行情况通报

2018 年 4 月“物流标准化动态”编辑发行

2018 年 5 月《物流标准化动态》目录

2018 年 6 月《物流标准化动态》目录

【物流标准动态】

01 中国物流与采购联合会发布团体标准 2018 年第 2 号公告

01《物流公共服务平台服务质量要求与测评》国家标准审查会在北京召开

02《医药产品冷链物流温控设施设备验证性能确认技术规范》国家标准宣贯学习班在西安成功举办

02 《冷藏、冷冻食品物流包装、标志、运输和储存》国家标准向社会征求意见

03 六项行业标准向社会征求意见

05 《物流企业化工产品道路运输服务要求与能力评估指标》

行业标准重点问题讨论会在京召开

05《废旧动力蓄电池物流箱技术要求》行业标准专家研讨会在长沙召开

【相关标准动态】

06《食品冷链卫生规范》强制性国家标准研讨会在京召开

06 两部委联合开展流通领域现代供应链体系建设

07 全国首个外卖餐盒团体标准正式发布

【相关新闻】

08 国务院发布五举措降低实体经济物流成本

08 何黎明出席 2018 年现代物流管理高层论坛并作主题演讲

09 2018 年 1-5 月物流运行通报

2018 年 7 月《物流标准化动态》目录

【标准化工作动态】

01 八部门印发关于实施企业标准“领跑者”制度的意见

【物流标准动态】

01 三十二项物流行业标准批准发布

02 十一项物流行业标准批准立项

03《食品低温配送中心规划设计指南》国家标准向社会征求意见

04 三项行业标准向社会征求意见

05 全国物流标准化技术委员会两个标准化工作组换届

05 逆向物流标准化工作组开展逆向物流标准化调研

06《药品冷链物流运作规范》国家标准第十批试点企业公布

06《医药产品冷链物流温控设施设备验证 性能确认技术规范》国标宣贯学习班第三期在北京成功举办

07“物流信息化与标准化”专题分论坛在浙江宁波召开

【相关标准动态】

07《危险货物道路运输营运车辆安全技术条件》行业标准向社会征求意见

【相关新闻】

08 全国物流降成本工作电视电话会议召开

08 2018 年上半年物流运行情况通报

2018 年 8 月《物流标准化动态》目录

【标准化工作动态】

01 统筹推进标准化军民融合工作

【物流标准动态】

01《医药产品冷链物流温控设施设备验证 性能确认技术规范》国标宣贯学习班第四期在上海举办

02《冷藏、冷冻食品物流包装、标志、运输和储存》国家标准研讨会在南昌召开

02《生鲜宅配作业规范》行业标准研讨会在南昌召开

03《大宗货物电子仓单》《大宗货物电子运单》行业标准研讨会在京召开

03 第六批星级冷链物流企业名单公布

04 第二届全国高校智慧物流科研与应用高峰论坛在上海召开

04 2018 版《物流标准目录手册》完成

【相关标准动态】

04《危险货物道路运输营运车辆安全技术条件》行业标准征求意见

【相关新闻】

05 三部门联合整治出行领域严重失信行为

06 交通部《船舶载运危险货物安全监督管理规定》发布

07 第二十六批 A 级物流企业名单公布

07 1-7 月物流规模增长平稳 行业效益有所改善

2018 年 9 月《物流标准化动态》目录

【标准化工作动态】

01 李克强考察国家市场监督管理总局并主持召开座谈会

01 加强市场监管 建设质量强国

【物流标准动态】

03 2019 年物流国家（行业）标准项目开始征集

03《汽车整车物流多式联运设施设备配置要求》国家标准研讨会在京召开

04《体外诊断试剂温控物流服务规范》行业标准启动会在京召开

04《大宗货物电子仓单》行业标准第二次研讨会圆满结束

04 全国物标委化工物流标准化工作组 2018 年度工作会议召开

05 全国物标委医药物标准化工作组讨论会上海召开

05《药品冷链物流运作规范》国标试点企业培训在南京成功举办

06 第六批星级冷链物流企业授牌仪式在长春举行

06 2018 年第三季度中物联团体标准化工作会议成功召开

【相关标准动态】

07 交通运输部发布 34 项交通运输行业标准

【相关新闻】

07《中华人民共和国电子商务法》

07 物流业成本支出增长明显 多地降低过路过桥费用

国家发改委印发 2018 年推荐性物流行业标准项目计划（第二批）

2018 年 10 月《物流标准化动态》目录：

【标准化工作动态】

01 全面提高标准化工作水平营造公平竞争市场环境

【物流标准动态】

02《托盘单元化物流系统 通用技术条件》国家标准审查会召开

02 两项化工物流标准审查会召开

03 两项汽车物流行业标准小组研讨会在京召开

04 全国物标委仓储技术与管理分技术委员会 2018 年会召开

04 全国物标委物流作业分技术委员会 2018 年年会召开

05 行业标准可全文公开查询

【相关新闻】

05 推进运输结构调整 三年行动计划

06 进一步落实道路货运车辆检验检测改革政策

07 前三季度物流运行情况分析

08 1-9 月全国快递业收入 4246.3 亿元 同比增 24%

2018 年 11 月《物流标准化动态》目录：

【标准化工作动态】

01 国务院标准化协调推进部际联席会议在京召开

01 国家技术标准创新基地建设稳步推进

【物流标准动态】

02 两项冷链物流标准审查会在京召开

03 两项化工物流标准审查会在京召开

03 《废旧动力蓄电池物流箱技术要求》行业标准通过审查

04 两项果蔬类周转箱国家标准向社会征求意见

05 《医药产品冷链物流温控设施设备验证 性能确认技术规范》国家标准宣贯学习班在广州举办

05 两项医药物流标准研讨会在上海召开

06 《药品冷链物流运作规范》国家标准开展新一批试点

【相关标准动态】

06 《危险货物道路运输规则》行业标准发布

【相关新闻】

07 国务院常务会议召开 延续跨境电子商务零售进口政策

08 国务院办公厅：保持基础设施领域补短板力度

09 交通运输部等九部门：推进运输结构调整三年行动计划

10 商务部等五部门印发《城乡配送绩效评价指标体系》

11 托盘业的发展探索与思考——摘自蔡进在第 13 届中国托盘国际会议上的讲话

2019 年 1 月《物流标准化动态》目录：

【标准化工作动态】

01 2019 年全国标准化工作会议在京召开

来源：中物联网

8.2.2 综合信息

《托盘单元化物流系统 通用技术条件》国家标准审查会在京召开

2018年10月12日，由全国物流标准化技术委员会组织的《托盘单元化物流系统 通用技术条件》国家标准（项目编号：20170460-T-469）审查会在北京召开。

来自中国物流与采购联合会、中国包装科研测试中心、商务部流通发展司物流促进处、北京理工大学、中国物流技术协会、京东物流集团公共事务部、交通运输部水运科学研究院、陆军装甲兵学院、天津德利得供应链管理股份有限公司、全国物流标准化技术委员会、中铁检验认证中心、国标委评审中心、中国质检出版社等单位的13名专家、标准起草组成员、托盘生产及用户企业的近30人出席会议，中物联托盘委主任吴清一列席此次会议。

会议由中国物流与采购联合会副会长兼秘书长、全国物流标准化技术委员会常务副主任崔忠付主持。标准起草组成员北京科技大学副教授唐英介绍了本标准的来源、主要工作过程、主要技术内容及依据和本标准与其他标准的相关性。

本标准规定了托盘单元化物流系统中托盘集装单元、托盘、单元货物包装容器、装卸及搬运设备、仓储货架、集装箱及运输车辆的要求。本标准适用于流通托盘平面尺寸为1200毫米×1000毫米的托盘单元化物流系统。其他托盘单元化物流系统可参考本标准使用。标准填补了我国单元化物流相关标准的空白，标准制定对于实现我国供应链物流各个环节无缝衔接，形成高效低成本的社会化的托盘单元化物流系统提供了基础技术支撑，具有指导意义。

审查组在听取了标准起草组的介绍后，对标准文稿进行了逐字逐句的审查，提出了相应意见和建议并一致同意通过对该标准的审查，要求标准起草组根据审查会上专家提出的修改意见，对标准送审稿的有关内容进行修改和完善，尽快形成报批稿上报。

来源：中物联托盘专业委员会 2018年10月12日

《果蔬类周转箱尺寸系列及技术要求》《果蔬类周转箱循环共用管理规范》（征求意见稿）两项国家标准向社会征求意见

由全国物流标准化技术委员会（SAC/TC 269）提出并归口的《果蔬类周转箱尺寸系列及技术要求》《果蔬类周转箱循环共用管理规范》两项国家标准列入了 2017 年国家标准制修订计划。经起草单位调研、起草、研讨和修改完善后，现已形成征求意见稿。按照《国家标准管理办法》有关规定，近日向社会公开征求意见。

来源：中物联标准化工作部 2018 年 11 月 05 日

三项国家标准批准发布

2018 年 12 月 28 日，国家市场监督管理总局、国家标准化管理委员发布 2018 年第 17 号公告，批准发布 646 项国家标准。其中包括全国物流标准化技术委员会归口的三项物流标准。

一、《绿色物流指标构成与核算方法》（GB/T37099-2018）

该标准规定了企业的绿色物流指标体系与指标核算方法。标准适用于绿色物流的建设、评价和考核，为政府、行业管理部门、第三方评价机构以及企业绿色物流水平评估提供依据。

二、《物流园区绩效指标体系》（GB/T37102-2018）

该标准规定了物流园区绩效指标体系、指标内涵。标准适用于各类物流园区的绩效管理与评价，亦可作为各类示范物流园区评价的参考论据。

三、《托盘单元化物流系统 托盘设计准则》（GB/T37106-2018）

该标准规定了托盘单元化物流系统中流通的平托盘、箱式托盘、立柱式托盘和滑板托盘的设计准则和射频识别标签（RFID）及条码符号的基本要求。标准适用于托盘单元化物流系统内平面尺寸为 1 200 毫米 X1 000 毫米的托盘的设计和生产。其他平面尺寸的托盘的设计和生产可参考使用。

来源：中物联网 2019 年 2 月 13 日

《物流公共服务平台服务质量要求与测评》国家标准顺利通过专家审查

2018 年 6 月 26 日，全国物流标准化技术委员会组织召开了《物流公共服务平台服务质量要求与测评》国家标准审查会。中国物流与采购联合会副会长兼秘书长、全国物流标准化技术委员会常务副主任崔忠付出席并主持会议。来自政府部门、行业协会、物流企业、大专院校、科研院所等单位的专家出席了会议。

专家们在听取了起草单位关于项目来源、前期预研、研制过程、标准主要内容及拟解决的问题后，对标准进行了逐字逐句的审查，一致认为：

该规定了物流公共信息平台的类型、通用质量要求、不同类型物流公共信息平台服务质量要求以及服务质量测评。标准适用于物流公共信息平台的相关服务和测评。

标准结构合理、内容完整规范，具有普遍的适用性和较强的可操作性。标准送审资料齐全，标准的起草符合 GB/T 1.1-2009 的相关规定，标准制定程序符合要求。

审查组一致同意通过对该标准的审查。同意将名称变更为《物流公共信息平台服务质量要求与测评》，并要求标准起草组根据审查会上专家提出的修改意见，对标准送审稿的有关内容进行修改和完善，尽快形成报批稿报批。

来源：中物联网 2018 年 07 月 02 日

“支撑物流和电子商务发展的 30 项重要标准研究”质检公益科研专项课题通过验收

2018 年 5 月 15 日，由中国物流与采购联合会主持、7 家协作单位共同完成的“支撑物流和电子商务发展的 30 项重要标准研究”质检公益科研专项课题顺利通过原国家质监总局组织的专家验收。

“支撑物流和电子商务发展的 30 项重要标准研究”质检公益科研专项课题是由原国家质监总局下达的标准化公益科研项目，项目通过选取了物流运行管理、物流设施设备、综合运输、仓储管理、商贸物流、快递物流、电子商务等，与民生相关的、物流与电子商务领域亟待解决的 7 个关键点的标准化为主要研究任务，系统的分析了物流业和电子商务发展现状以及标准化现状，提出了优化和完善物流标准化体系方案，提出了电子商务标准建设体系，研制并完成了 30 项物流与电子商务领域的重要技术标准，开发了物流诚信信息共享管理系统和质量测评软件，建立了相关的实验基地。项目的多项研究成果已在行业得到转化和应用，并取得了良好的效果。项目的研究成果为提升物流业的总体水平提供指导和重要技术支撑，对推动物流业的健康发展具有重要意义。

来源：中物联网 2018 年 05 月 16 日

两项汽车物流行业标准审查会召开

2018 年 12 月 18 日，全国物流标准化技术委员会组织召开了《汽车零部件物流 KD 件包装和集装箱装载作业规范》《汽车售后服务备件仓储服务规范》两项行业标准审查会。全国物流标准化技术委员会常务副主任、中国物流与采购联合会副会长兼秘书长崔忠付出席并主持会议。审查组由来自行业组织、科研院所、大专院校、生产企业、物流企业等单位 13 名专家组成。审查组专家听取了标准起草组对标准的编制过程和内容介绍后，对标准文本进行了逐条审查，一致认为：

《汽车零部件物流 KD 件包装和集装箱装载作业规范》行业标准规定了汽车 KD 件出口包装、集装箱装箱、封箱作业要求以及操作人员要求，是首个关于汽车 KD 件物流作业的行业标准。标准对解决汽车 KD 件出口包装和集装箱装箱作业不规范等问题起到了积极的作用，对降低包装操作过程的质量风险，提升汽车零部件出口物流服务水平具有重要意义。

《汽车售后服务备件仓储服务规范》行业标准规定了汽车售后服务备件在仓储作业中的入库、包装、存储、出库、装卸搬运、信息系统以及安全管理等要求。标准对解决汽车售后服务备件在仓储环节的作业不规范、管理不健全等问题有积极作用，对提高仓储运作效率，提升汽车售后服务备件管理水平具有重要意义。

两项标准结构合理、内容完整、格式规范，具有普遍的适用性和较强的可操作性。标准送审资料齐全，标准的起草符合 GB/T 1.1-2009 的相关规定，标准制定程序符合要求。审查组建议将《汽车零部件物流 KD 件包装和集装箱装载作业规范》标准名称改为《汽车成套零部件出口包装和集装箱装箱作业规范》，将《汽车售后服务备件仓储服务规范》标准名称修改为《汽车售后服务备件仓储作业规范》

审查组一致同意通过对该标准的审查，要求标准起草组根据专家意见，对标准送审稿做进一步修改和完善，尽快形成报批稿报批。

来源：中物联标准化工作部 2018 年 12 月 19 日

《城市配送电动物流车辆应用选型规范》（送审稿）行业标准审查会召开

2018 年 12 月 17 日，全国物流标准化技术委员会组织召开了《城市配送电动物流车辆应用选型规范》（项目编号：303-2017-009）行业标准审查会。全国物流标准化技术委员会常务副主任、中国物流与采购联合会副会长兼秘书长崔忠付出席并主持会议。审查组由来自行业组织、科研院所、大专院校、制造企业、物流企业、电商企业、咨询机构的 13 名专家组成。审查组专家听取了标准起草组对标准的编制过程和内容介绍，对标准文本进行了逐条审查，一致认为：

标准规定了城市配送电动汽车的整车基本要求、技术要求、车载储能装置要求、安全要求，是首个城市配送电动汽车功能配置的行业标准。标准研制对引导、规范和促进城市配送电动汽车的使用以及技术和质量提升，推动城市配送行业绿色健康安全发展具有重要意义。标准结构合理、内容完整规范，具有较强的适用性和可操作性。标准送审资料齐全，标准的起草符合 GB/T 1.1-2009 的相关规定，标准制定程序符合要求。审查组建议标准名称修改为《城市配送电动汽车功能配置要求》。

审查组一致同意通过对该标准的审查，要求标准起草组根据审查会上专家提出的修改意见，对标准送审稿的有关内容进行修改和完善，尽快形成报批稿报批。

来源：中物联标准化工作部 2018 年 12 月 19 日

《食品冷库能效设施评估指标》行业标准审查会召开

2018 年 12 月 11 日，全国物流标准化技术委员会组织召开了《食品冷库能效设施评估指标》行业标准审查会。全国物流标准化技术委员会常务副主任、中国物流与采购联合会副会长兼秘书长崔忠付出席并主持会议。审查组由中国物流与采购联合会、原国家食品药品监督管理总局药品化妆品监管司、中国北方工业公司、北京物资学院、中国质检出版社、沃尔玛食品安全评估中心、夏晖物流、国内贸易设计研究院、北京众惠供应链管理有限公司、冰轮环境技术股份有限公司、德和资（北京）人工环境技术有限公司、上海协达冷气工程有限公司、上海九曳供应链管理有限公司的 13 位专家组成。

审查组专家听取了标准起草组对标准的编制过程和内容介绍后，对标准文本进行了逐条审查，一致认为：

本标准规定了食品冷库能效评估内容、指标、计算方法以及等级划分，适用于公称容积在 5000m^3 以上食品冷库设施能效评价，不适用于山洞冷库及气调库。标准的制定为建立食品冷库等级评估体系提供了依据，有利于冷链物流行业绿色发展、节能减排的实现。标准内容完整、结构合理，具有较强的适用性和可操作性。标准送审资料齐全，标准的起草符合 GB/T 1.1-2009 的相关规定，标准制定程序符合要求。建议标准名称改为《食品冷库能效评估指标》。

审查组一致同意此项标准的审查，要求标准起草组根据审查会上专家提出的修改意见，对标准送审稿的有关内容进行修改和完善，尽快形成报批稿报批。

来源：中物联标准化工作部 2018 年 12 月 12 日

《道路运输 医药冷藏车功能选型技术规范》行业标准审查会

2018 年 12 月 10 日，全国物流标准化技术委员会组织召开了《道路运输医药冷藏车功能选型技术规范》行业标准审查会。

全国物流标准化技术委员会常务副主任、中国物流与采购联合会副会长兼秘书长崔忠付出席并主持会议。审查组由来自中国物流与采购联合会、中国物流技术协会、中国北方工业公司、中国标准化研究院、天津大学、中国医疗器械有限公司、北京嘉和嘉事医药物流有限公司、国药物流有限责任公司、北京华欣物流有限公司、镇江康飞汽车制造股份有限公司、河南新飞专用汽车有限责任公司、电装（中国）投资有限公司的 13 位专家组成。

审查组专家听取了标准起草组对标准的编制过程和内容介绍后，对标准文本进行了逐条审查，一致认为：

该标准规定了医药产品冷藏车的分类、功能配置要求。该标准的研制为用户选用医药产品冷藏车提供了参考依据，有助于促进医药物流行业健康发展。标准结构合理、内容完整规范，具有较强的适用性和可操作性。送审资料齐全，标准的起草符合 GB/T 1.1-2009 的相关规定，标准制定程序符合要求。审查组建议将标准名称修改为《道路运输医药产品冷藏车功能配置要求》。

审查组一致同意通过对该标准的审查，要求标准起草组根据审查会上专家提出的修改意见，对标准送审稿的有关内容进行修改和完善，尽快形成报批稿报批。

来源：中物联标准化工作部 2018 年 12 月 12 日

两项冷链标准审查会召开

2018 年 11 月 14 日，国家标准《冷藏、冷冻食品物流包装、标志、运输和储存》、行业标准《生鲜宅配作业规范》审查会在北京召开。全国物流标准化技术委员会常务副主任、中国物流与采购联合会副会长兼秘书长崔忠付出席并主持会议。专家组由来自行业协会、大专院校、冷链物流企业的 13 位专家组成。

审查组专家听取了标准起草组对标准的编制过程和内容介绍后，对标准文本进行了逐条审查，一致认为：两项标准内容完整、结构合理，具有普遍的适用性和较强的可操作性。送审资料齐全，标准的起草符合 GB/T 1.1-2009 的相关规定，标准制定程序符合要求。这两项标准对规范冷链物流相关领域的的物流活动，提高物流服务水平具有重要意义。

《冷藏、冷冻食品冷链物流包装、标志、运输和储存》国家标准规定了冷藏、冷冻食品在物流过程中的包装、标志、运输、储存和追溯要求，适用于冷藏、冷冻食品的物流作业与管理；《生鲜宅配作业规范》行业标准规定了食品冷链末端配送的基本要求和作业要求，适用于食品冷链末端配送的作业与管理。

审查组一致通过两项标准的审查，要求标准起草组根据审查会上专家提出的修改意见，对标准送审稿的有关内容进行修改和完善，尽快形成报批稿报批。

来源：中物联标准化工作部 2018 年 11 月 16 日

《物流企业化工产品道路运输服务要求与能力评估指标》等两项标准审查会召开

2018 年 10 月 29 日，中国物流与采购联合会、全国物流标准化技术委员会在北京组织召开了行业标准《物流企业化工产品道路运输服务要求与能力评估指标》、团体标准《液体石油化工产品库区管理规范》审查会。中国物流与采购联合会副会长兼秘书长、全国物流标准化技术委员会副主任崔忠付出席并并主持会议。审查组由来自行业协会、科研院所、大专院校、生产企业、物流企业的 13 名专家组成。

审查组听取了标准起草组对标准的编制过程和内容介绍后，对标准文本进行了逐条审查，一致认为：

《液体石油化工产品库区管理规范》规定了散装液体化工产品库区的储存、装卸等单元操作的作业管理要求。标准的研制有助于液体化工产品仓储行业规范操作流程、加强安全管理、履行社会责任、提升企业管理水平。标准内容完整规范，结构合理，具有普遍的适用性和较强的可操作性。标准送审资料齐全，标准的起草符合 GB/T 1.1-2009 的相关规定，标准的制定程序符合要求。建议该标准名称修改为《散装液体化工产品库区管理规范》。审查组一致同意通过对该标准的审查，要求标准起草组根据审查会上专家提出的修改意见对送审稿的有关内容进行修改和完善，尽快形成报批稿报批。

专家一致同意标准起草组对行业标准《物流企业化工产品道路运输服务要求与能力评估指标》进一步修改完善，函审通过后再行报批。

来源：中物联标准化工作部 2018 年 10 月 30 日

上海市快递行业协会编制的《快递手持终端安全技术要求》通过审议报批

2018 年 11 月 14 日，在上海市邮政管理局的指导下，上海市快递行业协会充分发挥行业协会的优势和特点，继 2016 年成功编制了我国《快递电子运单》行业标准以后，2018 年又一次成功编制《快递手持终端安全技术要求》行业标准。《快递手持终端安全技术要求》行业标准的编制工作历时二年，日前国家邮政局召开审查会议，审议通过了该标准。下一步，将根据评审会专家意见，对《快递手持终端安全技术要求》进行修改和完善，形成报批稿提交国家邮政局办公会议讨论。这意味着在快递手持终端设备的使用方面将诞生第一部行业标准，必将对我国快递行业的规范、安全运行产生积极影响。

来源：上海市快递行业协会网 2018 年 11 月

本篇编辑；张志坚

第九篇 物流金融和供应链物流

9.1 物流金融

9.1.1 物流金融综合

四类机构竞夺物流金融服务市场

滴滴做汽车金融，美团做商户贷……在各类机构纷纷抢占“互联网＋金融”，最贵的是流量。高频次、黏性强场景的流量意味是高转化率的用户数和市场占有规模。

近年来，移动电商等高速发展带动了物流业市场规模快速扩张，一些银行，第三方支付机构，物流、零售行业巨头日益关注到中小型物流公司、无车承运平台和货运司机、快递员的支付钱包、理财、消费金融、信贷需求等。

数据显示，我国物流企业的贷款融资需求在每年 3 万亿元以上，而被传统金融机构满足的需求不足 10%；仅物流运费垫资一项，每年约有 6000 亿元的融资需求，而这之中能从银行获得贷款的只有不到 5%。

瞄准物流业万亿金融服务缺口

国家发改委数据显示，2018 年前 5 个月，社会物流总额 105.3 万亿元、同比增长 7.1%，与之相应的社会物流总费用 4.9 万亿、同比增长 7.5%，这一数字在去年全年是 12.1 万亿元，近年来移动电商等的高速发展带动了规模快速扩张的物流业市场。

一个可佐证的数据是，仅仅双十一期间（11 月 11 日到 16 日）全行业快递处理量，2017 年是 13.8 亿件、2016 年是 10.7 亿件，而在今年，据国家邮政总局检测数据，仅 11 月 11 日当天快件总数就达到 13.52 亿件，创下新高。

这背后，有数以万计的中小型物流公司、承运平台，以及约 1500 万辆载货汽车、3000 多万名货运司机（2017 年数据）。不过，也正是由于物流行业整体呈现“小、散、多、弱”的特点，中小微企业占据市场主导，运力市场高度碎片化，管理欠规范，再加上固定抵押、担保不足，物流行业企业长期面临资金困扰。

中物联金融委数据显示，我国物流企业的贷款融资需求在每年 3 万亿元以上，而被传统金融机构满足的需求不足 10%；仅物流运费垫资一项，每年约有 6000 亿元的融资需求，而这之中能从银行获得贷款的只有不到 5%。

物流货物的“代收代付”—在货运过程中，无车承运平台（或者专线物流公司）会承担发货主和收货人的中介纽带，代收代付。物流龙头企业传化集团数据显示，目前中国 80 万家专线零担物流公司，70% 存在代收货款服务，有多达 1 万亿资金长期滞留在专线物流公司的帐户。

然而由于很多物流企业没有管理代收货款的能力，不断引发跑路等信任危机。记者了解到，在商贸物流繁荣、代收货款量最多的郑州、西安、沈阳等地，货运平台和物流公司违规经营、资金链断裂、携款跑路坑害上下游商家时有发生。在业内人士看来，物流企业亟需统一收付款方式和平台，将商户管理系统化，缕清账务关系。

“以无车承运平台为例，司机属于加盟入驻的，有可能会涉及‘二清’或‘大商户模式’。”宝付物流行业线产品负责人罗超向券商中国记者解释，“这就需要平台与持牌支付机构合作，由后者提供B2B支付、协议支付和代付等产品，使平台资金线上化。另一方面也是促使交易资金结算规范化”。

更多业内人士则瞄准了货车司机这个C端群体的金融服务需求。“他们属于蓝领人群，收入稳定，还有货车资产，行车里程、驾龄等等容易获得的数据都可以列入征信维度，尽管由于学历普遍不高等因素多数不在传统金融机构白名单客群里，但对于消费金融业务来说仍是很优质用户。”北京某消费金融公司商务总监告诉记者。

业界保守估计的数据是，当前我国3000万卡车司机的生活消费、娱乐等市场规模超过1.1万亿元；2000万辆卡车等物流装备的升级、汽修汽配市场规模超过1.7万亿元，他认为，“一旦金融服务能打通覆盖货主、物流企业、货运司机、商户全覆盖、全流程的交易和支付闭环，意味着有万亿级市场空间等待拓展”。

四类机构竞夺“物流＋支付＋金融”市场

物流业市场规模快速扩张，带动的中小型物流公司、无车承运平台和货运司机、快递员的支付钱包、理财、消费金融、信贷需求，正日益受到一些银行、第三方支付机构、物流或零售行业巨头的关注：

银行：立足企业服务，打造商贸物流金融特色

相对于面向物流产业链C端的消费金融业务，银行机构的优势在于B端信贷和供应链金融等。依托区域经济，打造商贸物流金融领域特色的郑州银行是一个代表，截至2017年末，郑州银行商贸物流类贷款余额已达468亿元，占该行全行贷款的33.9%。

郑州银行董事长、党委书记王天宇介绍，将立足于企业“平台化”行业特征，连通银行产品与行业应用，贯通账户与支付基础服务，将金融服务深度嵌入到“交易”环节，满足“场景”应用，解决商贸流通领域的资金流、信息流、商流、物流四流合一问题，为商贸物流企业在线提供商贸物流综合金融解决方案。

持牌第三方支付机构：以支付切入，延伸多元金融产品

这类机构的优势在于提供聚合支付、代扣、代付、快捷支付等产品服务，从而简化交易流程，加速平台回笼资金。

以行业内入局较早的宝付为例，记者了解到，近日其推出的物流智慧管家宝户通，除了最基础的支付通道合作外，还为平台提供增值服务和金融产品合作。具体来说：为商户提供各类支付产品之外，还提供资金往来凭证，包括宝付支付凭证以及银行电子凭证，满足物流公司税务解释需求；同时，还能提供基于C端消费场景的车后市场增值服务，比如货主和司机还可以通过账户余额进行加油、ETC卡充值等消费活动，后期甚至可以根据货源数据获得融资授信。

两大行业巨头：立足产业特色，打通“物流＋支付＋金融”

这类企业一般在物流产业链上具备基础和优势。比如传化集团，属于公路港物流行业巨头，在全国多地布局物流城市中心。在去年获准持有第三方支付资质许可证后，有意围绕物流业的各类金融需求，探索“仓配运＋支付＋金融”系统解决方案，逐步涵盖支付、网贷、理财、保险、消费分期及商业保理等多元金融服务。

由于其具备自建零售电商和仓储物流、园区优势，苏宁则属于零售电商巨头中开拓物流金融的代表，面向B端和C端都有产品推出。苏宁金融相关负责人告诉券商中国记者，在支付方面，苏宁支付账户系统已实现与物流平台交易系统的无缝对接；在物流融资方面，开发打造了以应收账款、库存、交易累积信用作为核心授信依据的账速融、货速融、乐业贷等企业融资产品；同时，依托金融科技，与三方、四方物流平台合作获客，并且根据上下游客户的交易状况为企业提供免担保的贷款服务。

上述负责人介绍，在新业务模式下，苏宁金融专注整车运输的互联网交易平台，以运费收入产生的应收应付账款为基础，利用运单信息、车辆轨迹等信息，结合上下游货主企业的ERP、财务信息和第三方公开数据，向具有一定规模的物流车队发放额度，用于支付高速公路管理公司的相关费用，同时，保险公司为相关贷款业务提供担保和兜底。"既能规避传统的资金挪用风险，（物流企业或平台）本身凭借流量数据，也获得了定制化的信贷服务。"

来源：亿欧网　2018年11月29日

2018年物流行业融资盘点：104家获融资，总金额近750亿元

物流行业的投资最早始于2007年，投资潮一直延续到2015年，都始终呈现出越来越热、持续向上的走向。但是，2016年是一个转折点，这一年融资数量开始下降，整个创投圈甚至传出资本寒冬的声音，而今年的寒冷更是透骨，因为接下来资方的手头开始变得紧张起来。

但是，在这样的环境下依然有百亿级的融资出现，可见好的项目从来不缺青睐。对有些企业来说，这是寒冷的一年；而对一些人来说，则正好找到了向资本市场冲刺的机会。时间在2018年似乎又来到一个分水岭，也是市场变革的节点，这一年的投融资究竟有哪些特点？

融资数持续走低，融资总额反弹

根据公开数据统计，2018年，物流行业共发生了104笔融资，融资金额接近750亿元。

从今年的融资数据中可以发现以下几个特点：

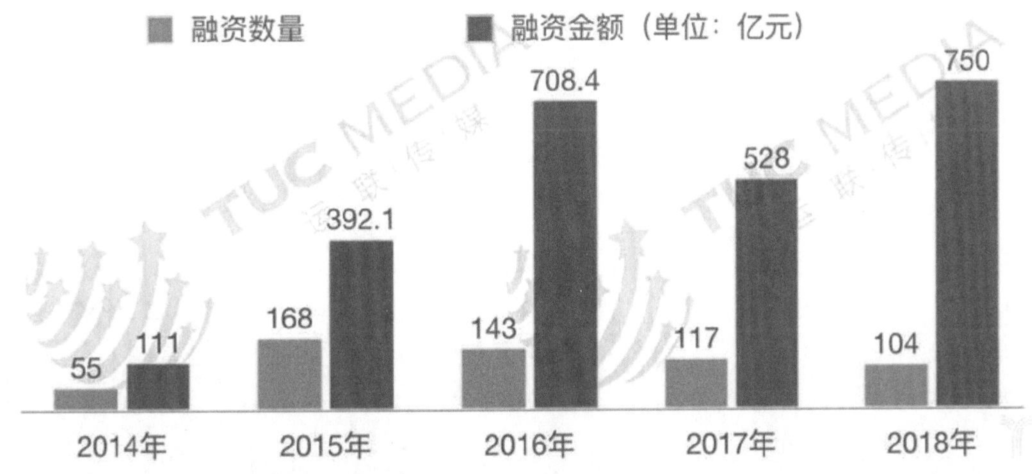

图1　2014-2018年物流行业融资个数、融资金额情况

1. 融资数量走低，融资总额亮眼。从融资总额上来看，750亿元的总额超过了2016年的最高值，而融资数量则自2015年以来持续走低，不到2015年的2/3（运联传媒ID:tucmedia）。

2. C 轮前融资占比超 60%。C 轮前融资共 66 笔，占比超 60%，但融资额仅不到 100 亿，可以看到，成熟的领域逐渐定型并持续获得资本看好，以技术、金融为代表的新投资方向逐渐冒出头来。

3. 亿元融资大规模出现。亿元融资共 59 笔，其中不少都是以 10 亿起跳，而京东物流、满帮甚至首轮就拿到百亿级别融资，巨头开始浮出水面。

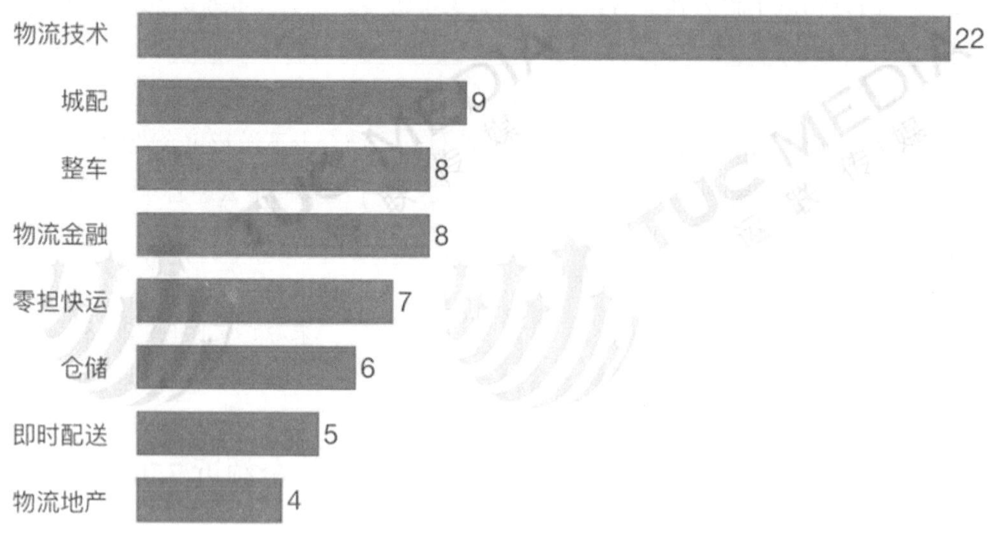

图 2 2018 年物流行业融资 - 主要领域分布

技术连续两年成投资热点。此前，隐山资本合伙人董中浪曾表示：碰货为先、节点为王、技术驱动是物流行业投资的一个基本逻辑。今天回过头来看，近年来人工智能、大数据、无人技术等热词开始频繁出现在物流行业，今年发生在物流技术领域的融资 22 笔，技术发展的节点似乎已经到来。

总的来说，2018 年投融资最大特色就是亿元融资大规模出现，不断刷新细分领域甚至是行业的记录。

巨头出水，有人欢喜有人忧

融资数减少，融资额反弹，亿元融资出现的阶段甚至前移到首轮融资。京东物流、满帮刷新了行业的记录，G7 也刷新了物联网细分领域的记录，是重大拉分项。

表 1 2018 年物流行业过亿元融资

时间	融资企业	轮次	投资方	融资金额	领域
2018.01.02	福佑卡车	C+轮	京东物流领投、普洛斯、钟鼎创投、君联资本跟投	1.5亿元人民币	整车
2018.01.16	洋葱海外仓	C轮	赛富基金领投	2亿元人民币	仓储
2018.01.23	丰巢科技	增资	韵达股份、中通快递	20.7亿元人民币	快递柜
2018.01.25	凯东源	战略投资	普洛斯	1.1亿元人民币	城配
2018.02.06	斑马物联网	C 轮	香港著名投资机构ZEEMAN领投	1亿美元	跨境物流
2018.02.08	易代储	B 轮	普洛斯领投、德邦物流跟投	过亿元人民币	仓储
2018.02.11	驹马物流	B+轮	远洋资本	2亿元人民币	城配
2018.02.14	京东物流	首轮	高瓴资本、红杉中国、招商局集团、腾讯、中国人寿、国开母基金、国调基金、工银国际等	约25亿美元	快递
2018.02.28	找油网	C1轮	-	1.5亿美元	后市场
2018.03.19	云途物流	不详	普洛斯、网络资本、钟鼎创投、递子资本等	过亿元人民币	跨境物流

表 1 2018 年物流行业过亿元融资

2018.03.19	云途物流	不详	普洛斯、网络资本、钟鼎创投、递子资本等	过亿元人民币	跨境物流
2018.03.23	天地汇	C 轮	中金资本、铭宵资本领投，启创资本等多家资本机构跟投	5亿元人民币	物流地产
2018.03.27	地上铁	A 轮	经纬中国、启明创投联合领投，国电投、钟鼎创投跟投	3亿元人民币	物流金融
2018.04.04	中铁物流	战略投资	海通创新资本	10亿元人民币	零担快运
2018.04.19	德坤物流	A 轮	海尔资本	数亿元人民币	零担快运
2018.04.23	壹米滴答	C 轮	远洋资本、厚朴投资领投，普洛斯、源码资本持续跟投	5亿元人民币	零担快运
2018.04.24	满帮	-	国新基金、软银愿景基金联合领投，包括谷歌资本(CapitalG)、Farallon Capital、Baillie Gifford、Ward Ferry、阳光保险融汇资本、金沙江创投、新世界K11投资、农银国际\红杉资本、腾讯、光速中国、全明星基金、钟鼎创投、高瓴资本、元生资本、襄禾资本、纪源资本等	19亿美元	整车
2018.04.28	Flexport	-	顺丰	1亿美元	物流技术
2018.05.03	车主邦	A+	蓝焱资本、朴素资本联合投资	1.1亿元人民币	后市场
2018.05.03	中国物流资产	认购股份	京东	9亿港元	物流地产
2018.05.15	易商红木	-	京东集团旗下子公司	3.06亿美元	物流地产
2018.05.18	闪电狗	A 轮	东旭集团和东鼎集团	1亿元人民币	城配
2018.05.22	发网	C 轮	远洋资本领投，钱包金服、东方嘉富、晨晖资本、德屹资本跟投	3.7亿元人民币	城配
2018.05.24	中储智运	B 轮	国有企业结构调整基金	数亿元人民币	整车
2018.05.29	浙江驿栈	增资	申通投资、圆通速递、宁波圆泽、上海中通、福杉投资、百世物流、云锋、浙江菜鸟	31.67亿元人民币	快递
2018.05.29	中通快递	-	阿里巴巴、菜鸟网络	13.8亿美元	快递
2018.06.01	汤氏供应链	A 轮	普洛斯、险峰长青、合力投资	1亿元人民币	整车
2018.06.01	中通快运	A 轮	红杉中国、鼎晖、云锋、中通快递	超1亿美元	零担快运
2018.06.12	唯捷城配	B 轮	创新工场、赛富资本领投，德屹资本、金固创投、猎鹰投资、广道创投跟投	1.16亿元人民币	城配
2018.06.26	甲乙丙丁	A 轮	满帮	3亿元人民币	后市场
2018.06.28	远孚物流	B 轮	高榕资本领投，深圳前海母基金、三行资本跟投	数亿元人民币	供应链
2018.07.02	爱库存	B 轮	君联资本领投，钟鼎创投、建发集团跟投	5.8亿元人民币	仓储
2018.07.03	冻品在线	B 轮	创新工场领投，顺为资本、隆领资本、厦门政府引导基金跟投	1.2亿元人民币	冷链
2018.07.11	狮桥	战略融资	百度、阳光融汇资本联合领投	10亿元人民币	物流金融
2018.07.16	快狗速运	-	华新投资领投，菜鸟网络、中俄基金、弘润资本、前海母基金、58到家集团跟投	2.5亿美元	城配
2018.08.01	商桥物流	A+轮	达晨创投领投，中集产业基金、中车绿脉基金、毅德控股、拓邦投资及七匹狼等跟投	2.5亿元人民币	零担快运
2018.08.01	找油网	C1、C2	家族基金Rainbow Capital 领投C1轮 普洛斯领投C2轮 Tide Capital、Oceanpine Capital、G7、GGV、DCM、SIG海纳亚洲、云九资本、云启资本跟投	1.5亿美元	后市场
2018.08.03	快成物流	Pre-A	春嘉资产领投	亿元级人民币	整车
2018.08.03	望家欢	A 轮	普洛斯	近4亿元人民币	餐饮供应链
2018.08.06	UU 跑腿	B 轮	东方汇富领投、汇德丰资本、园诺资产跟投	2亿元人民币	即时配送
2018.08.09	达达-京东到家	-	沃尔玛、京东	5亿美元	即时配送
2018.08.20	聚盟	Pre-A 轮	IDG资本	过亿元人民币	零担快运

表 1 2018 年物流行业过亿元融资

2018.08.20	聚盟	Pre-A 轮	IDG资本	过亿元人民币	零担快运
2018.09.18	新宜中国	战略投资	新宜中国、华平投资	8亿美元	仓储
2018.09.21	能运物流	战略投资	德邦快递、钟鼎创投	过亿元人民币	汽车物流
2018.09.25	村鸟	天使轮	银泰、华平资本领投	2亿元人民币	农村物流
2018.10.10	九曳供应链	C轮战略投资	正大集团	数亿元人民币	冷链
2018.10.15	全路程	A	鸿鼎资本	超亿元人民币	物流金融
2018.10.16	联易融	C轮	新加坡政府投资公司（GIC）领投、腾讯、中信资本、正心谷、贝塔斯曼（BAI）、普洛斯、创维、泛海投资、微光创投等跟投，招商局创投完成转股	2.2亿美元	物流金融
2018.10.26	爱库存	B1轮	创新工场、GGV、众源、黑蚁等	1.1亿美元	仓储
2018.10.29	地上铁	B1轮	博将资本领投，伊藤忠商事株式会社、启明创投、经纬中国跟投，中关村银行提供了债权支持	3亿元人民币	物流金融
2018.11.07	运链	A轮、A+轮	嘉禾资本、伯藜创投、海纳亚洲	1.2亿元人民币	跨境物流
2018.11.07	叮叮鲜食	A 轮	隐山资本	近亿元人民币	生鲜冷链
2018.11.14	凯乐士	C 轮	一村资本、顺丰科技、元禾控股	数亿元人民币	物流技术
2018.11.21	Geek+	B 轮	-	1.5亿美元	物流技术
2018.11.26	驹马物流	C 轮	普洛斯、远洋资本等	15亿元人民币	城配
2018.12.03	凯京	C 轮	蚂蚁金服、大钲资本领投，红杉资本中国基金、德邦证券、滕湖实业跟投	10亿元人民币	物流金融
2018.12.04	中交兴路	A 轮	蚂蚁金服领投，北京车联网产业发展基金跟投	7亿元人民币	物流技术
2018.12.07	智久机器人	A 轮	柒零资本、烟台高新区管委会	1亿元人民币	物流技术
2018.12.10	G7	-	厚朴投资领投，宽带资本、智汇革金、晨山资本、道达尔风投、泰合资本参与共同投资，普洛斯、中银投资、腾讯等追加投资	3.2亿美元	物流技术
2018.12.18	福佑卡车	D 轮	中银集团投资有限公司、经纬中国领投、PAC基金跟投	1.7亿美元	整车

对于一些细分领域来讲，行业开始定型，新入局者的机会变小。比如零担快运领域，德邦快递年初上市，壹米滴答、中通快运、商桥加速奔跑，新机会开始向大票零担、整车转移，大平台在今年纷纷起网，德坤、聚盟也拿到了亿元级别融资。

而对于部分企业来讲，现在正是触底反击的好时机。比如前些年比较火的城配领域，繁华落尽半城殇，加之新零售概念兴起，资本从城配领域流向离消费者更近的即时配送、末端服务，城配企业开始出现现金流、发展速度的瓶颈，面临着砍业务、放慢速度甚至出局的危险。而相对健康的企业，显然希望在这个时候踩一脚油门，与同行者拉开距离。

对于企业来讲，现在正处于一个要全力奔跑才能保持原地不动的时代，行业在发生剧烈变化，向着集约化程度越来越高的方向发展。而站在资本的角度来看，这是一场赌局，并且这张赌桌上的筹码正在加大，正如董中浪所说：钱少了，牌桌你都上不去！

但资本不是人傻钱多，命运掌握在自己手中，钱越大每一步都走得越小心，但也越有信心。

“好的资本一定不是纯粹的金融投资者，而是战略投资人，最好的投资人应该是懂产业的投资人……作为投资人都必须成为这个行业中的专家，成为真正能够帮到创业者的投资人。如果没有这样的产业背景，没有办法对产业有全面的布局和观点，这样的投资人也没办法真正帮助创业者完成战略使命。”董中浪这样认为。

因此，投资者每走的一步也越来越笃定其做大的可能性，在单笔投入额上便能看出来。所以，接下来，要玩就玩大的。

产业资本入局，拿钱不是目的

2019年，“战略投资”应该是大家听到最多的一个词。

从投资方的维度去分析，可以发现今年的投资案例中基本没有个人投资者，越来越多的产业资本入局，有些行业内头部企业开始自己做布局，比如满帮、菜鸟、京东、顺丰、德邦已经开始投资、并购物流企业。

表2 部份物流企业的投资情况

投资方	投资企业
满帮	甲乙丙丁
菜鸟	中通快递、快狗打车
京东	福佑卡车、中国物流资产、易木红商、达达-京东到家
德邦	易代储、能运
顺丰	凯乐士、餐北斗、车主邦、Flexport

在这个过程中会发现，作为产业资本，他们投资并不是因为某个市场热而追热点，而是因为其确实有这样一个规划和布局的需求。

典型的例子就是类似普洛斯、钟鼎资本这样的机构，他们基本上对整个产业有了深入的研究，在整个物流链接的链条上进行布局，所做的只是按图索骥。而今年以来越来越多的产业资本如远洋资本、君联资本、蚂蚁金服、恒大集团、东旭集团、东鼎集团、中楷集团等入局，基本上是产生需求之后，他们在市场上去找一些企业，之后快速融合到一起。

基于这种特性，过去的资方多为财务投资者，是市场导向，而产业资本更多是需求导向。

12月份，蚂蚁金服在物流领域连续投资了凯京、中交兴路，在蚂蚁金服副总裁纪纲看来：蚂蚁金服投资一直是围绕着业务发展需求，我们和我们不同的业务条线，包括支付宝，包括网商银行，都是在密切合作。我们也希望投资不仅仅成为一个工具，成为一个手段，更多的是成为连接我们的业务和被投资企业的桥梁。

同样的，从企业的角度出发，创始人与资本博弈的时候拿多少钱并不是他们最关心的，他们更关心资方能在多大程度上带来资源的协同。

“我很不赞成很多创业公司一开始就去拿资本的钱，就是财务投资者的钱，这个事情不是说一个人要给我很多钱，他就是我的投资者。驹马能走到今天，我只占到了50%的功劳，还有50%的功劳来自于股东的支持，我更喜欢战略投资。”驹马集团CEO白如冰这样说。

物流企业希望从资方得到超过钱的价值，但反过来讲，产业资本一般也不缺钱。

所以，当大量的产业资本入局之后会发现，除了投资，孵化、并购也是他们布局产业的方式。

今年以来，普洛斯联合蔚来、威马等互联网造成势力，与G7、驹马一起组建无人驾驶、造成公司，普洛斯金融与G7组建资产服务公司，在零担快运领域，天地华宇并入上汽物流板块、顺丰收购新邦、DHL供应链业务、满帮收购志鸿物流等等。

在一些新领域，他们通过已有资源自己孵化的方式布局产业，在相对成熟的领域，则是通过并购融合，以相对比较低的成本做产业部分，他们更明白自己需要什么。

对创业者来说，融资、资本运作其实都不是企业发展的目的，它是企业发展到一定过程中一个自然的结果。所以，如果大家能专注在自己的行业，寻找自己行业中的机会，同时用创新的思路、方法去拓展市场，资本会是保驾护航好的手段。

来源：亿欧网

从物流金融两大业务模式看新兴银行的前景

物流行业的融资又火了：航运物流公司运去哪获招商局 1 亿元战略融资，零担行业的商桥物流业拿到了 5000 万的 A 轮融资，加上天地汇、传化物流、福佑卡车、Shippo 的风投融资，以及通达系、顺丰、德邦的上市，这种连续的资本市场风暴不禁让笔者感慨：快运江湖的风口来了！

虽然资本市场对物流的关注如火如荼，但仔细观察，其实还是集中在快递和快运这些能够规范化、标准化复制的以网络为核心竞争力的行业，真正能得到资本滋润的更是极少行业中的个别领先企业。

面对更广泛的物流业中小企业，债权融资仍是重要的融资渠道。那么，目前的银行信贷产品做得如何？对于物流金融，哪些银行走在了前面？

物流企业融资需求两极分化

物流企业的终端基础设施、转运中心等都需要大力建设，同时现代物流服务为智能型、管理型产业，现代化程度较高，需要投入巨额资金。因此，总体来看，物流企业的融资需求很大。但当我们将目光深入行业内部，就会发现公路物流不同细分行业的企业融资需求有较大差别。

第一，若干规模化快递或零担公司资金实力雄厚，且很多时候能够获得资本市场的直接融资，包括 IPO、天使或风险投资、各种创业投资基金等，同时作为合同物流业务，资金结算方式以合同的方式订立，较为简单，主营业务产生的现金流较多，较少产生资金回收问题，因而其信贷需求基本能够通过银行信贷进行覆盖。

如图 1 所示，物流业上市公司的财务费用占营收比重大多较低，应收账款和应付账款周转速度较快。同时，由于存在较大规模的可抵押固定资产，银行对这类企业授信的传统渠道也较通畅。

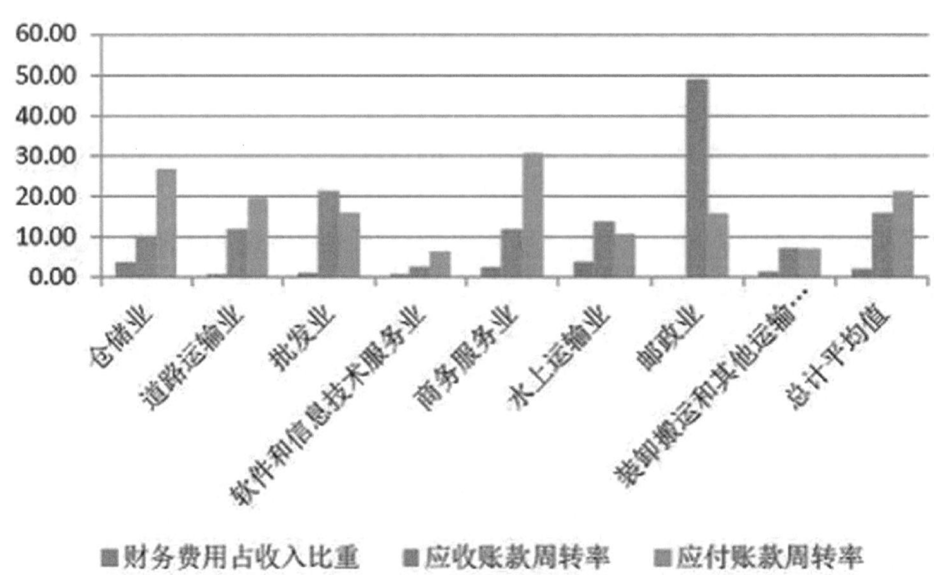

图 1 物流业上市公司的财务状况良好

资料来源：Wind，苏宁金融研究院

第二，众多小微的快递企业、快运企业则由于激烈的市场竞争，存在为客户代开证、代垫费用甚至购货资金来争取货源的情况，同时物流行业中特有的资金结算方式也产生较大的资金融通需求。据中国物流与采购联合会物流金融专业委员会估算，物流业仅运费垫资一项，每年就存在约 6000 亿元的融资需求，但这约6000亿元的融资需求中只有不到5%是通过银行贷款方式获得的。

第三，近年迅速发展的无车承运人企业也很快收获了资本的青睐，却仍然需要大量资金来烧钱，用以攫取更大的市场份额。

小型快递企业的融资痛点

与少数规模化物流企业不同，小型民营快递企业存在着融资难的问题。由于企业经营设施以租赁为主，小型民营快递企业的主要价值集中在品牌和网络等无形资产，抵押物很少，无法向银行进行抵押贷款。

此外，由于民营快递企业普遍规模较小，亦无法取得银行授信额度。因此，银行贷款的融资方式并不能与快递行业对接，造成更大的融资难题。

而对于公路货运行业这样的资金密集型产业，资金是保障其快速发展的重要因素。而缺钱，已成为这些物流企业发展最主要的制约因素之一。

一直以来，物流行业复杂繁多的交易场景无法很好的按照银行信贷逻辑有效呈现；同时，银行因为不太了解物流产业的复杂情形，风控手段不足；另外，物流行业一直以“散小弱”为主要特征，单笔贷款金额不高，对传统金融机构来讲完全不是一门合适的生意。要将传统物流领域复杂的场景、交易逻辑翻译成金融行业认可的语言，需要强大的产业背景和理解能力。同时，又要将场景化的资产标准化、批量生产出来，也具备很大的挑战性。

当前物流金融的两大模式

面对特定市场竞争结构带来的融资需求与供给的错配，传统信贷业务在艰难前进中摸索出了两条路：物流供应链融资模式和物流银行两种模式。

这两种业务模式的重点不同：前者专注于核心企业上下游企业，因为能够实施监控货品仓储和运输动向，以核心企业业务链条为抓手，便能最大限度内控风险；而后者则精心挑选合适的产业，对其精品业务授信，也能从源头上控制风险，同时还能获得较高的收益。下面做个具体介绍：

1. 银行与物流合作

在供应链融资模式方面，目前开展规模最大也最早的是深圳发展银行，此外上海浦发银行、招商银行、工商银行、华夏银行、兴业银行、中国银行、建设银行以及交通银行等也有开展。

如表1所示，代表性银行在物流供应链融资模式和物流银行两种模式中均实现殊途同归的风险管控和收益获取。

授信银行	具体业务模式
供应链融资模式	
平安银行	与核心企业、监管方合作，通过平安银行线上融资平台、核心企业电子商务平台和监管方仓储建团平台等多方在线协同，为供应链下游企业提供的一项全流程在线预付款融资产品和服务。该产品为授信客户提供在线订货、在线融资、在线抵（质）押、在线还款赎货等服务。
招商银行	将中小企业作为公司业务转型的重点，颠覆性地变革业务流程，在九家分行试点推进以供应链金融作为突破口，开发大型客户上、下游中小企业，提供买方或他方复习商业汇票贴现和国内信用证议付、汽车销售商融资、商品提货权融资等特色创新融资服务，为中小企业成长注入活力。
物流银行模式	
工商银行	逐步深化在企业扩大融资规模、企业类型划转为现代服务业、网络平台建设、债权发行等多方面的探讨与合作。
潍坊银行	首推艺术品物流仓储出库业务。目前潍坊银行的艺术金融业务规模为1.3亿，与其整体授信额度规模相比还较小，但其希望把艺术品质押做成其差异化经营的明星产品和重要业务板块。

表1 供应链融资和银行物流模式的业务开展实例

资料来源：银联信，苏宁金融研究院

2. 银行 + 物流 + 电商

“互联网 +”在物流业早已不是一句空话，传统供应链金融被互联网大数据时代的到来打破。传统的供应链金融认为大企业才有供应链，小企业是依附于大企业生存的，然而在互联网时代，小微企业也同样拥有自己的供应链，市场中心节点的概念越来越模糊，每个客户都是出发点，都存在上下游。

电子商务、物流企业凭借信息、技术和渠道优势，依托自身强大的电子商务交易平台和物流配送平台，与商业银行开展越来越紧密的合作，共同为客户提供全流程、一体化的服务，即“银行 + 物流 + 电商”的新型线上供应链金融模式。

目前，交通银行、平安银行和苏州银行等均已通过与核心企业对接平台和系统，利用电商流量和数据，开展电商平台内企业供应链金融业务。

新兴银行的机会或已到来

通过对物流行业现行最前沿业务的介绍，相信读者对物流行业的债权融资有了基本的认识：银行或与核心企业合作，开发上下游关联企业的信贷需求，或直接对核心企业授信，同时越来越多的银行借助电商平台拓展业务。

但面对巨大的需求和对应的高风险，上述信贷产品似乎仍不足够完成对物流产业优质客户的覆盖。在这样的十字路口上，苏宁银行等一批新崛起的民营银行和直销银行走在了前面，他们以普惠金融和金融科技为两大抓手，在物流金融领域闯出了一番天地。

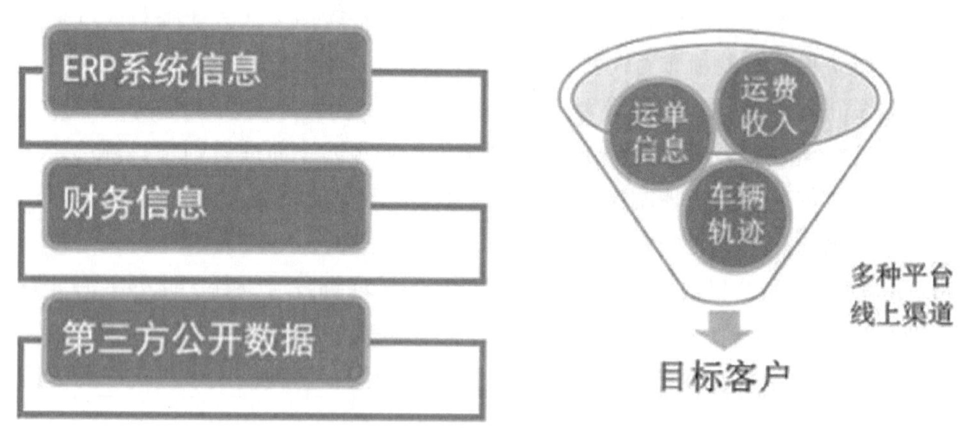

图 2 物流金融的新业务模式和特征

资料来源：苏宁金融研究院

目前这些银行业务主要还是以线上产品为主，为物流企业提供精准的供应链金融和授信服务。如图 2 所示，这些新兴的线上业务主要有以下三个特征：

(1) 多样化的产品服务。不仅为物流企业群提供普惠贷款，还提供诸如结算、支付等业务支持。同时可根据企业的具体业务模式进行针对性的产品设计。

(2) 依托平台获客。通过与近年崛起的无车承运人平台的合作，同时提供平台授信和平台中企业授信和结算业务。更重要的是，这些银行通过扎实的大数据风控技术，通过线上渠道对物流企业和运输车队进行实时跟踪，与负面清单模式结合，从“一头一尾”两端“堵死”违约风险。

(3) 负面清单管理。不对物流产业链环节、企业类型等预设过多限制。举例来说，新业务模式下，银行可借助专注于整车运输的互联网交易平台，以运费收入产生的应收应付账款为基础，利用运单信息、车辆轨迹等信息，结合上下游货主企业的 ERP、财务信息和第三方公开数据，向具有一定规模的物流车队发放额度，用于支付高速公路管理公司的相关费用。同时，保险公司为相关贷款业务提供担保和兜底（参见图 3）。这一模式可以规避传统的资金挪用风险。同时，对于平台本身，也可根据平台流量数据满足其定制化的信贷需求。

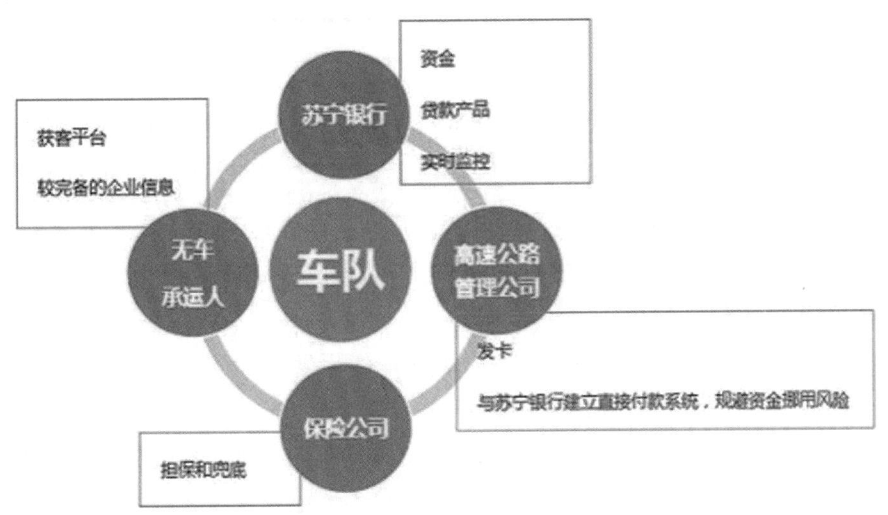

图 3 无车承运人平台授信模式实例

资料来源：苏宁金融研究院

就像上文说的那样，互联网和大数据彻底改变了产业发展模式，物流当然也不例外。而物流这个聚合型产业内部纷繁的业务链条，反而给银行授信提供了广阔的想象空间和潜在业务缝隙。

今天的缝隙，就是明天的大道。到了银行转变思路的时候了。然而，传统银行授信的界限在短期内很难被打破，逐渐崛起的新兴银行的机会或许已经到来。

来源：苏宁财富资讯

天地汇联手维龙集团，设立 50 亿元物流产业基金

2018 年 8 月 18 日，天地汇集团与欧洲最大的工业地产开发商之一维龙集团（Vailog Group）共同签署双方的全面战略合作协议，拟共同设立 50 亿元人民币的物流产业基金，并成立合资公司共同在中国打造国际领先的全新智能物流的基础设施和生态网络。

这是在双方 2018 年 5 月签署的《天地汇维龙现代物流产业发展基金合作框架协议》的基础上达成的具体合作协议。目前合资公司的管理团队已经组建完毕。

意大利维龙投资公司是处于欧洲领先地位的英国工业地产投资信托基金 Segro 集团旗下公司之一，也是意大利最大的物流仓储设施提供商，拥有覆盖欧洲的综合性的仓储网络，专业从事物流地产开发和投资，影响力巨大。进入中国 12 年后，维龙中国已组建起覆盖长江三角洲、京津渤海湾、珠江三角洲以及东北、中部和西部的物流仓储网络，获得中国物流业界和客户的高度认可。

天地汇集团是业界领先的中国公路物流产业互联网 + 平台，是基于互联网技术和实体物流园区网络打造的线上线下联动的第四方公路物流平台。目前，天地汇园区网络已覆盖 59 个城市，遍布全国的公路港物流园区“地网”依托强大的“天网”，实现互联互通，专注于物流要素、资源在平台上的高效流转和共享，以及成本的显著优化。

本次设立的 50 亿元物流产业基金用于打造全新生态的公路港，有望打开中国公路物流发展的全新局面。维龙在物流仓储建设方面以及天地汇在公路港互联互通方面的优势互补优势，将极大地提高中国公路物流的现代化、标准化和网络化水平。不仅能为货主、三方等客户和会员带来更优质的服务体验，更能优化城市基础设施建设，为当地带来更多招商机会、就业和税收实现。

来源：凤凰财经

金融系统解决方案 破局中小物流企业融资困局

“作为国民经济发展的战略性、基础性产业，物流业长期以来一直面临‘小、散、弱’的窘境，中小物流企业的融资难问题十分突出。”4月24日，中国物流与采购联合会副会长蔡进在2018传化金融服务创新合作伙伴峰会上指出。

当日，传化金融发布了“仓配运 + 支付 + 金融”一体化供应链金融系统解决方案以及物流人专属的定制钱包，为解决中小物流企业金融难题破局。

蔡进认为，“随着企业与企业之间，国与国之间在供应链上的竞争日益加剧，物流与供应链金融的作用也愈加凸显”。

长期以来一直面临“小、散、弱”窘境的物流业，由于绝大部分中小物流企业位于供应链环节的价值末端，资信较差、担保不足等问题导致融资供需矛盾突出，其迫切的金融需求有望得到有效满足。

相关数据显示，我国68%的企业存在逾期付款，37%的企业逾期时间超过180天。但是在供应链参与成员中，物流企业通常处于弱势方，行业普遍账期在3-6个月，物流企业的资金周转问题成为其发展壮大的一大“硬伤”。

为此，传化智联高级副总裁周升学将这种现象比喻为“小蚂蚁”撑起了“大脊梁”：作为中国物流的主力军，承载了国民经济77.5%的货运量，国内30万家的物流企业，近89%的企业为500人以下的中小微企业。

据悉，传化金融作为传化智联旗下专业从事供应链普惠金融的战略平台，正在为物流企业与金融机构之间搭建一座“银企桥”，从而推动传统金融机构的服务进入到产业链，提升金融服务在物流行业的普惠性和覆盖面。

中国银联金融与民生事业部总经理丁林润表示，伴随着“产融结合、脱虚向实”的国家政策引导，金融正在逐渐回归支持实体经济发展的本源，与传化金融的合作，为我们建起了连接物流企业乃至生产制造企业的桥梁，让我们的金融服务更加自信而有力量。

据中物联金融委统计数据显示，2016年，我国物流企业的贷款融资需求在3万亿元以上，但被传统金融机构满足的需求不足10%；仅物流运费垫资一项，约有6000亿元的融资需求，但这部分需求只有不到5%是通过银行贷款的方式得到。

来源：中国经济时报 - 中国经济新闻网

中国物流进入黄金时期，两大领域具有重要战略价值

2018年5月11日，普洛斯（GLP）正式宣布设立隐山现代物流服务基金，专注于投资物流生态领域。隐山基金本期目标总额为100亿元人民币，是目前国内首个物流生态领域投资的专项基金。中邮资本等领先的长期机构投资者与普洛斯中国联合投资，普洛斯中国的私募股权基金平台隐山资本将担任基金管理者。

作为中国物流行业发展的领导者和参与者，大家一定对普洛斯和隐山资本的投资思路和行业思考有一定的好奇感。日前，普洛斯隐山资本投资总监梁悦敏在“2018年物流与货运行业发展论坛”

发表以“中国物流运力的投资展望”为主题演讲，值得大家思考揣摩。

一、两大投资领域

普洛斯隐山资本是普洛斯作为管理人发起的一支专注于中国物流领域的专业私募股权投资基金，致力于为中国的物流行业提供高质量高标准的物流基础设施。目前，中国物流进入黄金时期，“现代物流”和“现代商贸流通”领域具有重要战略价值并进入绝佳的投资发展期。

1. 现代物流领域

物流行业是一个跨行业综合性服务的行业，行业发展增速非常快，但从业者分散，整个行业进入了一个很好的整合和进一步提升的阶段。现阶段中国的社会物流总费用占 GDP 的比例 14.6%，相较于 9% 的水平还有相当大的提升的空间。此外，一些小散的物流企业也进行一个行业整合期，运输费用占到物流总费用的 50% 以上。因此，物流行业的运输版块投资前景巨大，成为隐山基金关注的重点。

2. 现代流通领域

中国的经济已经从外向型转向了内需拉动型，在电商新零售的推动之下，商贸流通行业进入高速发展和提升阶段，需求端保持了每年两位数的增长，但供给侧方面中国物流现有的基础服务设施还有很大改善空间，如中国现在人均冷库面积仅为美国的 $^{1}/_{28}$。隐山资本关注民生领域，特别是食品方面，鉴于食品是刚需，隐山资本在整合冷链行业将会有较大布局。

二、现代物流集成运力体系——公路运输

无论是从技术创新、模式创新，还是从效率提升、组织变革的角度来看，当今的中国物流行业里公路运输市场走在行业的前列，发展和变化最为迅猛。

根据整个细分市场的规模以及分散程度，隐山资本认为当前的中国的公路运输呈现一个金字塔型，顶端的全国性快递快运企业借助资本的力量展现出小荷才露尖尖角成为行业的领军；第二层级的快运企业通过多样化的组织方式聚力更上一层楼，给第三第四层级的地区和专线公司带来了极大的冲击和挑战，对于这些企业建议是以更加开放的心态拥抱创新和改革，才能突破顶层巨头的压力。

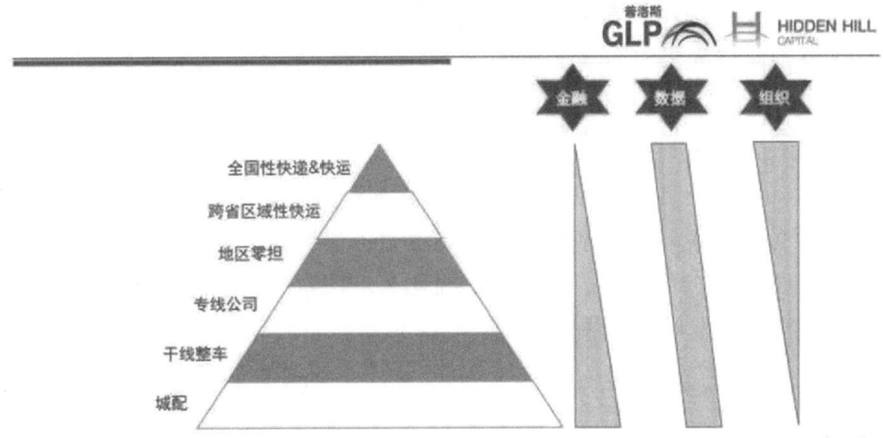

图 1 现代物流集成运力体系 - 公路运输

总结起来，不论处于金字塔的哪个层级，切入行业的抓手可从以下三方面：

1. 组织化

组织化就是分两端，首先对下游要有效组织下游社会消散的运力，形成一个有效的运力体系，提升整个运力体系的质量安全性及时性。同时在上游端抓住货源，才能为下游聚集的运力提供更好的服务和帮助，提供更好的价值，改善他们生存的环境。

2. 数据

不论是人工智能，还是物联网技术，数据已经使行业很多传统运营模式发生悄然改变，如自动

化的仓库系统，行业向高科技模式下发展，传统的依靠人力模式终会被淘汰。

3. 金融

金融在未来的资本市场，将成为一个流量变现的手段，在物流行业里做金融不在于有多少客户或资金，关键在于企业对风险的把控和控制，当企业的商业模式下可做到零风险时资本自然会涌向你。

三、多式联运

普洛斯认为，中国的多式联运发展进入一个很好的机遇期，到今年年底 80% 的港口和物流园区将接入铁路，铁路的集装箱货运量比率提高到 10%，水铁联运的每年的增速达到 10%。

根据以往数据来看，中国在海运集装箱中铁水联运的比例占到 2% 不到，欧美国家是 30% 的水平，铁陆中国只有 3%，美国有 7 家一级的铁路公司，多式联运的方式占到 30%-50%，德国占到 33%。通过数据对比及欧美国家的发展经历，未来的多式联运特别是铁水联运将是中国发展的良好契机，企业可以考虑是否提早布局相关节点，培育自身在作为多式联运方的能力。

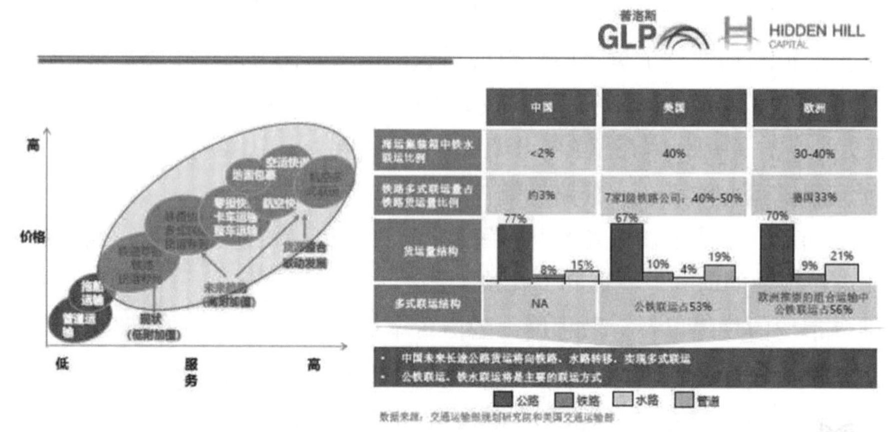

图 2 中国多式联运具有重大发展空间

四、掌握物流产业中的应用场景是服务商的核心要务

未来技术的驱动力将成为推动物流业发展的核心的要素，技术驱动带来了两个方面的变化。

一是对基础设施提供者来说基础设施的含义在发生变化，以前单纯的说有人、空间、设备，但是未来慢慢的这些人，空间、设备以及上面所产生的数据和一些新能源带来的变化会重新定义我们对基础设施的概念。

二是对于物流服务商来说，新技术驱动下的物流服务提供者竞争力将非常弱，只有利用现在先进的技术和科技发展的助力，更好的了解客户想要什么，探索更多实际的应用场景，做一个深入的布局，才是未来物流服务商发展的好的出路。

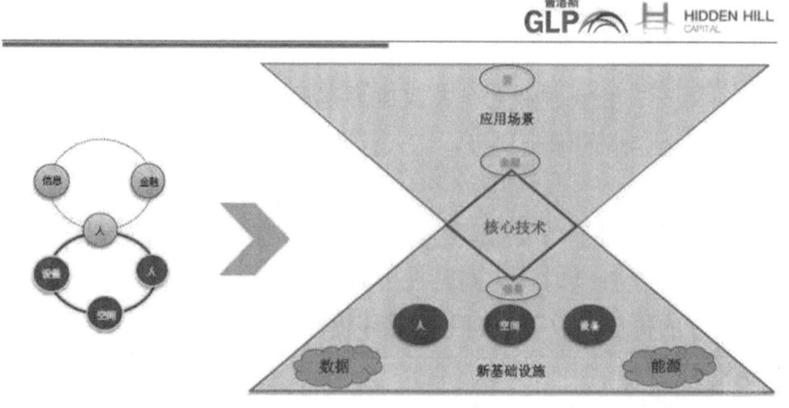

图 3 掌握物流产业中的应用场景是服务商的核心要务

五、未来物流投资方向

1. 模式和基础创新。

2. 全链路服务能力。为客户提供的价值链路越长客户对你的依存度也越高，这种全链路服务将成为未来客户服务的需求方向。

3. 垂直细分领域的专业性。处于金字塔中间的企业再全链路服务中更应专注细分领域，做出创新之处，才能赢得投资者关注。

来源：物流指闻

上海国际保险中心建设提速：多项金融业扩大开放政策落地

经过多年努力，上海已成为国际上金融要素市场最齐备的城市之一，也是中外资金融机构的重要集聚地。其中，在服务上海自贸区建设、“长江经济带”国家战略和“一带一路”倡议的过程中，上海国际保险中心正成为我国保险业对外开放的一张“新名片”。上海国际保险中心框架有三大重要支撑：航运保险中心、再保险中心和保险资金运用中心。

“一带一路”保险服务网络体系

作为“一带一路”倡议的桥头堡，上海港旗动船忙。“航运保险要为‘一带一路’沿线国家和地区的双边和多边经贸活动提供更高层次、更多类型、更广范围的保险服务。这是上海国际保险中心的重点发展领域。”上海保监局负责人对《21 世纪经济报道》记者强调。

上海保监局数据显示，近年来，上海航运保险规模始终保持全国第一。2017 年，上海船舶保险和货运保险保费收入 37.12 亿元，占全国 25.05%，其中船舶保险保费收入在全国占比达 44.05%。

值得一提的是，上海正在着手建设全球航运保险服务网络。上海航运保险协会秘书长、太平洋产险海外业务部总经理徐峰对《21 世纪经济报道》记者透露，当前，国内保险机构承保海外业务和项目普遍依赖于劳合社检验理赔代理人网络，且已无法满足保险机构理赔需求。针对这一问题，“上海航运保险协会在充分调研的基础上，已经形成了全球航运保险服务网络建设的初步方案”。

“目前，上海航运保险协会正与国外第三方检验人协商服务网络的供应商名录、服务方式等内容，并将成立货运理赔委员会，设委员五到六人，由国内主要水险保险公司的资深核保、理赔人员组成，负责推动保险机构使用该保险服务网络，以及对网络的海外检验机构进行相应评估。”

不仅是航运保险，上海保险机构还积极拓展与“一带一路”倡议相关的保险业务。例如，2017 年 3 月，太保产险新建海外业务部，统筹管理和推动发展海外业务，重点集聚支持以“一带一路”倡议为代表的海外业务。其中，中欧班列投保的货运保险，是由太保产险牵头进行风控、查勘、理赔等方面的服务。

劳合社（中国）运用内部共保机制组建了针对“一带一路”倡议相关项目风险需求的工程保险再保险联合体、大件货物运输及延迟开工保险再保险联合体，及政治风险再保险联合体。

劳合社（中国）合规负责人朱冰告诉《21 世纪经济报道》记者：“随着‘一带一路’倡议得到国际社会的广泛响应，沿线国家和地区的相关工程项目日益增加，大件货物运输及延迟开工保险需求旺盛。因为如果货物未能及时到达项目所在地，工程项目进度可能受到影响。”目前，劳合社（中国）大件货物运输及延迟开工保险再保险联合体参与承保了总保额为 4.6 亿美元。

此外，上海保监局数据显示，2018 年上半年，出口信用保险累计承保重大项目业务 2.6 亿美元，储备各类“走出去”项目 55 个，涉及合同金额 236 亿美元。其中，上海电气巴基斯坦塔尔等重点项目有序推进。

而多个保险资金支持的“一带一路”倡议项目也已扬帆出海。比如，华泰资管发起设立了“华泰－中国远洋海运集团债权投资计划”，实际募集资金超过百亿元，主要用于支持“海上丝绸之路”沿线航运港口、船舶制造和造船基地多项工程项目建设；太平资管发起设立了“太平－云南铁投铁路项目债权投资计划”，募集资金 15 亿元，用于大理至临沧铁路项目建设。

率先实施金融业扩大开放政策

2018 年 4 月 11 日，在“2018 年博鳌亚洲论坛年会”上，中国宣布放宽银行、证券、保险业外资股比限制的重大措施要确保落地，同时要加大开放力度，加快保险业开放进程，放宽外资金融机构设立限制，扩大外资金融机构在华业务范围，拓宽中外金融市场合作领域。

4 月 27 日，银保监会发布银行业、保险业扩大开放系列政策。在银保监会扩大开放政策发布当天，上海保监局就向韦莱保险经纪颁发扩大业务范围的许可证，扩大开放政策在上海率先实施。5 月 2 日，合资寿险公司工银安盛获批在沪筹建保险资产管理子公司。

其中，韦莱保险经纪由全球三大保险经纪集团之一—英国韦莱集团控股在华设立。韦莱保险经纪副总经理常秉健向 21 世纪经济报道记者介绍：“上海保监局按照快事快办原则，启动绿色通道，使韦莱保险经纪成为全国首家获准扩展经营范围的外资保险经纪机构。”

“外资保险经纪的优势在于风控能力，包括投保前的风险评估、投保后的防损控制、出险后的理赔服务等方面。放开外资保险经纪的业务范围，可以使中外资保险经纪相互学习、共同进步，为企业和民众提供多样化投保选择。”常秉健说。

在此基础上，扩大开放效应进一步显现。5 月 9 日，上海保监局完成了怡和保险经纪申请扩大经营范围的许可证换发事宜；7 月 19 日，第二家合资寿险公司交银康联获批在沪筹建资产管理公司。

数据显示，截至 2018 年 6 月末，上海共有 28 家外资保险法人公司、36 家外资保险省级分公司及来自 14 个国家和地区的 24 家外资保险公司上海代表处，外资保险法人公司数量位居全国第一。2018 年 1-8 月，上海外资保险省级分公司共实现原保险保费收入 177.86 亿元，占上海保险市场保费规模总数的 18.87%。

打造保险要素和交易聚集中心

目前，上海已经成为全国唯一具有保险交易市场和完备保险机构体系的保险中心城市，形成了由保险要素市场、各类型保险法人主体、保险中介机构、专业服务机构、功能性机构等各类机构组成的门类齐全、数量众多、层次完整的保险产业链。

从国际经验看，完备成熟的保险市场体系是国际保险中心的基石。国际保险中心是保险要素和保险交易聚集的中心，保险资本、人才、交易和技术依附保险机构而存立。完备的保险机构体系是形成良好保险生态圈的基础，而保险要素市场的成立更有利于规范和活跃保险市场交易，增强国际保险中心资源配置能力和辐射能力。

国务院发展研究中心金融研究所教授朱俊生对《21 世纪经济报道》记者评价称：“在保险机构体系逐渐完备的基础上，上海推动成立了上海航运保险协会、上海保交所、中保投、中信保上海分公司等平台型、枢纽型和基础性保险机构，以及中远航运自保、江泰再保险经纪、航运保险营运中心等专业性、功能性保险机构，吸引中国人寿二总部落户上海，不断丰富拓展上海保险功能，优化上海保险生态圈。”

不仅如此，“在保险要素市场和完备保险机构体系建设完成后，上海又增强了保险交易的活跃性，如航运保险注册制改革、上海航运保险指数发布、上海保交所陆续上线了诸多登记、交易和清算平台，提升了上海国际保险中心内涵的能级和丰富度。”朱俊生强调。

值得关注的是，上海国际保险中心框架中的再保险中心建设和保险资金运用中心建设，也将成为下一步上海保险业服务“一带一路”倡议，落实进一步对外开放政策的重要着力点。

环亚保险经纪董事长鲍荣清对《21世纪经济报道》记者表示：“上海保险业通过聚焦重点项目大型风险、巨灾风险、特殊风险的保障需求，可以增强对离岸风险、区域性风险以及全球性风险的再保险供给能力，推动上海再保险业的专业水平与服务能力提升。”

为此，中国银保监会明确表示将加大对上海区域性再保险中心建设的支持力度，包括支持在上海设立“一带一路”再保险承保共同体及营运平台，支持更多再保险主体落户上海等。

上海保监局负责人表示：“在中国银保监会和上海市政府的大力支持下，上海保监局将对照国际最高标准和通行惯例，针对制约再保险发展的制度障碍与短板弱项，借鉴全球主要保险中心经验做法，持续推进制度改革，破解束缚发展的瓶颈，最大程度激发市场活力。”

保险成为城市精细化管理重要手段

值得一提的是，上海国际保险中心的建设也带来了新的保险产品服务和经营理念。保险已成为上海城市精细化管理的重要手段。

上海保监局负责人表示：“上海市巨灾保险试点今年在黄浦区正式启动，为老百姓因台风、暴雨、洪水等自然灾害造成的家庭财产损失和人身意外买单；港口危险货物作业巨灾保险正在有序推进，将为上海现代化的超级港口安上风险防护罩；建筑工程质量潜在缺陷保险在上海全市推广，已经为1580万平米住宅工程提供482.4亿元风险保障，这些都成为保险服务上海特大城市治理的范例。”

保险也是科技创新的重要保障。上海保监局数据显示，截至2018年上半年，科技型中小企业贷款履约保证保险累计为上海1625家科技企业的62.98亿元贷款提供融资增信服务；依托专利保险联盟推动开展专利综合保险和专利质押融资保证保险，承保专利数量2110件，提供风险保障累计6557万元，支持专利贷款近1000万元。

保险更为上海民众提供了高质量的保障。截至2018年5月末，大病保险覆盖上海市16个区、334万人，为3.92万人次累计赔付30.54亿元。个人医保账户累计承保8.16万人，提供风险保额236.19亿元。

根据《21世纪经济报道》记者统计，一方面，2018年上半年，上海保监局新建《上海地区〈保险统计管理规定〉实施细则》等10项监管制度，完善“一梁三柱”非现场监管体系，搭建风险监测预警体系；另一方面，注重全流程市场系统治理，既坚持不懈抓公司法人治理源头，又一以贯之整治市场乱象，对车险市场、人身险销售和互联网保险中出现的乱象冒头就打，对于有风险端倪和问题比较集中的保险机构严查重罚、不遗余力。

对于未来，上海保监局负责人表示：“将全面深化上海保险市场建设，更好地贯彻我国金融业进一步扩大开放的国家承诺，推进落实上海‘扩大开放100条’，积极加快上海国际保险中心的建设步伐，着力扩大辐射度、影响力和带动性，将上海真正打造成为一个既能服务全国，又具有区域乃至全球影响力的保险中心，打响上海国际保险中心的品牌。”

来源：中物联网

上海自贸区率先出台服务融资租赁产业组合拳

2018 年 11 月 29 日，中国（上海）自由贸易试验区（以下简称上海自贸区）举行重点融资租赁项目签约暨融资租赁产业服务措施发布会。一批新落地的融资租赁企业与上海自贸区相关片区管理局签约。发布会现场，上海自贸区宣布设立融资租赁产业发展服务中心（平台），并发布了《中国（上海）自由贸易试验区关于进一步促进融资租赁产业发展的若干措施》（以下简称“二十条”措施）。

上海自贸区管委会保税区管理局和陆家嘴管理局这两个融资租赁产业相对集中的区域，分别与中国东方航空股份有限公司、南航国际融资租赁有限公司、福特汽车融资租赁（上海）有限公司、马钢（上海）融资租赁有限公司等 10 家融资租赁企业进行了签约，10 家企业计划在上海自贸区内投放更多的飞机、船舶等资产。

对于设立融资租赁产业发展服务中心（平台）的目的，上海市浦东新区金融服务局局长张红在接受记者采访时表示，“设立该中心（平台）是为了加强对融资租赁企业的服务力度，其中整合了金融监管局、海关、税务、财政等行政服务资源，也整合了行业协会、中介机构、服务团队等专业服务力量，为融资租赁企业提供一站式、全流程的精准服务。”

该中心（平台）将以上海自贸区为中心，辐射浦东新区乃至全上海的融资租赁企业，并进一步探索加强长三角区域产业协同创新的工作机制，增强上海融资租赁产业的引领作用。

上海自贸区还发布了进一步促进融资租赁产业发展的“二十条”措施，包含支持融资租赁企业设立和发展、优化融资租赁产业创新发展环境、加大对融资租赁企业和人才的政策支持力度等六个方面的服务措施。

在马钢（上海）融资租赁有限公司董事长严太霞看来，此次发布的“二十条”措施对企业来说既及时又必要，而且相比之前的政策更有针对性。“政策出台后，能很清楚地了解到办事要去哪里办、怎么办，比如高管落户、企业税收优惠等事项，企业都非常需要。”

截至 2018 年第三季度末，浦东新区新增融资租赁企业 39 家，注册在浦东的融资租赁母公司总数达到 1804 家，注册资本总额 7272 亿元人民币，融资租赁资产规模约 2 万亿元人民币。同时，落户上海自贸区保税区域的融资租赁项目公司 (SPV) 335 家，包括 368 架飞机、316 艘船舶以及 26 台飞机发动机等大型设备。

来源：中国（上海）自由贸易试验区网

航运企业积极参与上海出口集装箱运价衍生品交易

3 月 6 日，上海航运运价交易有限公司旗下上海出口集装箱（欧洲）运价衍生品迎来了混合交收模式下航运产业客户的首单交易。该模式针对集运市场特征，顺应了我国外贸物流企业的需求。目前产业客户已陆续参与到交易中来，将企业预期的运费价格报价到交易盘面，提前锁定运费收益，对冲运价波动风险。

欧盟是我国最大的贸易伙伴，近年来自欧债危机中逐步复苏，中欧双边经济回暖带动中欧航线集运市场复苏，每天都有大量集装箱自中国港口运往欧基港。2017 年往返于远东—欧洲航线的集装箱运量达 2290 万 TEU，周运力达 40 万 TEU，为世界三大班轮航线之一。

但海运市场客观存在运价波动风险大、频率高，且难以预测的特点。2015-2017 年，中欧航线平均指数分别为 872.8 美元 /TEU、694.8 美元 /TEU、620.3 美元 /TEU，振幅达 512.7%、488.2%、63.8%，中国外贸出口商难以通过传统贸易手段应对运价大幅波动的风险。因此具有套期保值、价格发现功能的上海出口集装箱（欧洲）运价衍生品，正是基于现货企业的需求应运而生，正中行业痛点，为拓展中欧经贸业务迈出了重要一步。

上海航运运价交易有限公司在“一带一路”倡议指导下，全面推行“产品市场化、市场服务化、客户实体化”的发展理念，围绕“金融服务实体经济”的宗旨，积极开展集装箱运价衍生品的研发和创新实践。上海出口集装箱（欧洲）运价衍生品混合交收包含指数和运力交收，以合同到期月的第三个 SCFI 指数发布日作为最后交易日，以到期月份的前 3 周 SCFI 指数（上海 - 欧基航线）的算数平均值作为合同的交收结算价。到期后，在优先采用 SCFI 指数现金交收的基础上，对于有实际运输需求的客户提供实际运力交收，灵活多变的混合交收方式，逐步被业内客户认可和欢迎。

来源：上海市交通运输委网

9.1.2 供应链金融专题

把握数字经济新机遇 发展智慧供应链金融（节选）

——在 2018 第三届中国物流与供应链金融峰会上的讲话

中国物流与采购联合会 会长 何黎明

今年是中国改革开放 40 周年，我国供应链金融的发展有赖于改革开放 40 年中制造业的快速发展。当前，作为“世界制造中心”，我国正在从世界供应链大国向供应链强国迈进。作为供应链上的重要一环，供应链金融也得到快速发展。本次大会的主题是“赋能新金融，智赢供应链”。如何推进供应链金融健康发展，推动我国向供应链强国迈进？我认为，要把握好以下几点：

供应链金融发展迎来政策机遇期。近年来，供应链金融的规范发展越来越受到政府部门的高度重视。2017 年 10 月，国务院办公厅印发《关于积极推进供应链创新与应用的指导意见》，明确提出积极稳妥发展供应链金融。今年 4 月，我会与商务部等 8 部门联合下发《关于开展供应链创新与应用试点的通知》明确提出，要规范发展供应链金融服务实体经济。推动供应链核心企业与商业银行、相关企业等开展合作，创新供应链金融服务模式，在有效防范风险的基础上，积极稳妥开展供应链金融业务，为资金进入实体经济提供安全通道，为符合条件的中小微企业提供成本相对较低、高效快捷的金融服务。我国供应链金融发展迎来了前所未有的政策机遇期。

助力中小微企业成服务创新重点。小微企业是我国数量最多，最具创新活力的企业群体，在促进经济增长，推动创新，吸纳就业等方面具有不可替代的重要作用。小微企业的融资难融资贵问题也一直受到我国政府部门的高度重视。今年 6 月，在由李克强总理主持召开的国务院常务会议上，进一步强调要缓解小微企业融资难融资贵问题。随后，人民银行、银保监会、证监会、发展改革委、财政部等部委联合印发《关于进一步深化小微企业金融服务的意见》。着力推动缓解小微企业融资难融资贵问题，切实降低企业成本。而在“产融结合”“脱实向虚”的大背景下，应“产业发展需求而生”的供应链金融，是金融服务实体经济的重要途径之一。

参与主体多元化，产业巨头布局。目前，商业银行、行业龙头、供应链管理公司、物流公司、B2B 平台、互联网企业、外贸综合服务平台、金融信息服务平台、金融科技公司、信息化服务商、基础设施服务商等都是供应链金融市场的参与主体。各供应链金融参与主体根据自身优势和行业特性，提供量身定制的多样化金融服务，并逐步向更垂直细分、更精准、更专业的方向发展。而在推进产融结合，金融回归服务实体经济的本源的引导下，越来越多的产业巨头纷纷布局供应链金融市场。不但蚂蚁金融、京东金融、百度金融、腾讯区块链等互联网巨头介入，海尔、格力、TCL、美的、苏宁、国美、永辉等传统制造业和流通业龙头均开展了基于在线技术的供应链金融服务，降低企业成本，提升实体经济质量。

大数据等新技术为供应链金融赋能。大数据、云计算、物联网等新技术在供应链金融领域的应用，使供应链金融发展更加高效和安全可控。利用大数据、云计算、物联网等新技术，供应链金融服务者可以分析和掌握平台交易历史和交易习惯等信息，并对交易背后的物流信息进行跟踪与分析，全面掌控客户交易行为并及时提供融资服务。

供应链金融发展过程中的风险一直不容忽视，突出问题在信息不对称、不透明、造假、被篡改等多个方面。大数据、云计算、物联网等新技术充分利用海量数据资源，能够实现信息的透明化，加快推进资源和信息共享，有效降低金融风险，并且通过相关各方经营活动中所产生的商流、物流、资金流、信息流的归集和整合，正在重构供应链金融的服务模式，驱动供应链金融不断转型升级。可以说，大数据与供应链金融深度融合的智慧供应链金融时代正在到来。

区块链在供应链金融中初步落地应用。今年以来，区块链投资热度不断升温，越来越多的行业和企业涉足其中，而供应链金融是区块链投资最热的领域之一，其在供应链金融领域的落地应用研究也得到快速推进。区块链技术具有去中心化、时序数据、集体维护、可编程和安全可信五大特点，既提供了可验证和追溯的分布式系统，同时解决了共享问题与真实性问题，降低了企业交易成本，使供应链金融交易更加便捷、直观、安全。目前，腾讯、阿里、京东、百度等正在将其引入到供应链金融业务中，大力推进区块链技术应用加快落地。随着区块链技术与供应链金融的相结合，必然会创造出更多的业务模式、服务场景、业务流程和金融产品，为行业发展创新带来更多前景。

法规保障和风险防范体系仍待完善。供应链金融在给各方带来利益的同时，其存在的潜在风险同样不容忽视，尤其在推动智慧供应链金融的转型期。从目前实际情况来看，我国在防范供应链金融风险的相关法律制度还有待进一步完善。尽管国家一直在大力扶持供应链金融发展与创新，但是我国现有的法律制度尚存在许多空白之处，无法跟上供应链金融发展的速度。虽然在我国，《合同法》《担保法》《物权法》的某些条款能够做为法律上的依据，但相关的物权登记制度不够健全，统一公开的物权公示性备案系统缺乏，供应链金融纠纷多采取法庭程序，存在许多不可预见的因素等。这些需要引起相关政府部门的重视。另一方面，在我国，供应商账期被故意拉长的现象并不鲜见。而在供应链金融业务中，由于核心企业在供应链中往往处于绝对优势，如何在制度上形成约束，让他们在开展供应链金融业务过程中避免这一现象的出现，也需要政府相关部门给予高度关注。

现代物流业和现代供应链是现代化经济体系的重要组成部分，是新时代中国特色社会主义建设的重要支撑。作为供应链上的关键要素，供应链金融以产业链为纽带，以金融服务为抓手，在助力我国由供应链大国迈向供应链强国进程中将扮演越来越重要的角色。随着大数据、区块链等新技术的不断创新应用，全产业链的转型升级，我国供应链金融也将迎来新一轮的繁荣发展。

来源：中物联物流金融专业委员会 2018 年 07 月 30 日

2018 年供应链金融方向的十大走势

1. 供应链未变但供应链金融大变

供应链玩的就是一条链，既可以从前往后玩，也可以从后往前玩，譬如：本来是个采购执行，交易的主体未变，交易的方式未变，就是这样完全相同的一条链，但是委托方一变，采购执行就可能瞬间完成了销售执行，但是你的授信主体将立即变化，业务结构未变，但是风险结构大变，原来业务是你做了，现在就眼睁睁的看着煮熟的鸭子飞到别人的锅里啦，你的人才储备，模式设计。客户开拓等准备好了吗？但是这恰恰是一个机会，新的模式在客户结构、风险结构、资金结构、团队人才要求结构等方面都将发生巨大的变化。

2.B2B 平台的供应链金融逐渐成为资金方的香饽饽

垂直行业的 B2B 平台成长是有个周期的，很平台方一上来就想资金方通过他们的模式给与授信，实话说玩资金方的人都不傻，你平台的信用都不够，还敢给你平台的客户授信，简直天方夜谭，但是经过最近几年的轮番淘汰，存活下来的平台应该还是经历了九死一生，大浪淘沙。而这种可以支持资金方批量的低成本获客，从海量客户中筛选好客户，信息化水平相对较高，因此”平台 + 平台”将在供应链金融模式中逐渐兴起。

3. 外综服务的出口退税将逐步步入蜜月期

以出口退税为主的外总服务将在今年下半年崛起，原因是经过 2 年的行业阵痛后，将逐步建立新的行业秩序，相关责权，法制，政策等都逐步跟上。经过一阵血雨腥风的洗礼，歪门邪道的出口骗税越来越少，正儿八经的出口退税业务将重新回到供应链业务中来。

从今年 1 月份外贸数据看，外贸供应链业务又将迎接下一场盛宴。其实银行多年前就看到了这块肥肉，但是一直在等待机会下口，这次可能时机到啦。

4. 传统产业链龙头企业玩供应链金融，从星星之火到燎原

过去小部分产业链中核心企业尝试玩供应链金融，主要是依托自身的产业链优势，对所在供应链进行供应链金融渗透与辐射，从中短期来看，效果还是不错的，充分利用核心企业在银行的大量授信，将这部分信用释放到产业链上，自己又可以赚钱，还可以帮助上下游企业，何乐而不为之？因此更多的产业链核心企业将加入到供应链金融大军，但是瓶颈在于信息化平台，甚至供应链金融科技平台。

5. 供应链金融服务与供 应链服务将逐步分离

供应链服务是供应链金融的载体，将作为为供应链金融输送优质资产的重要通道，当前的 IPO 证券政策也不支持供应链服务与供应链金融在同一主体下进行，供应链公司将成为供应链金融资产的入口与资产管理及服务公司。

因此从去年以来出现了一些玩供应链金融的机构与供应链公司深度合作，基于供应链公司的客户及服务形成的资产。强烈建议供应链公司不要被高高的负债拖累住了前进的步伐。

6. 供应链金融的“链 +”特性将凸显

本来就是做供应链金融，而往往忽视了链的特性，一环不算链，只有一环扣一环才能形成链。而今开发一个新客户好难，新进入一个产业链领域更难，因此就地取材，沿着供应链往上下游延伸开来，当然供应链最为经典的”1+N”模式的前提也是假设当前的核心企业不会出问题。

核心在商业模式与风险控制的结构设计。

7. 小 b 端的供应链金融将比大 B 端供应链金融更火

小 b 端的供应链金融受制于：获客成本高，客户信用记录少，抗风险能力比较弱等特点。

但是在垂直化的小 b 也具有突出的优先：集中度高，有门店，家庭式经营，小老板做无限担保，因此小 b 兼顾了企业与个人的两种属性。

重点关注：夫妻零售店、大街上的药店、汽配城小店等。大 B 端竞争太激烈啦，谈判的条件也比较苛刻，开发成本比较高，渐渐为一些大资金所垄断。

8. 产业集群供应链金融呼之欲出

中国上百个大的产业集群，譬如：中山的照明，河南许昌的假发，河北邯郸永年县的紧固件，河北衡水安平丝网，温州的汽配等。产业转型升级迫在眉睫，缺少驱动力，产业转型升级的核心是供应链转型升级，供应链金融将是核心驱动力。

当然这必须是地方政府基金，企业、供应链金融资金方，平台方等多方的合力协作。这必然是一块大肥肉，但是胃小了吃不了，吃了可能不消化。

9. 供应链 + 区块链将为供应链金融玩法晋级

供应链本来就具有区块链的多方，非中心化的特点，供应链只是在商业供求的强弱方面具有中心化，但是在信息、交易、结算方面都有各自的账本的，区块链这一技术与模式的出现必将带领供应链金融进行一个新的高度，你可以不投入但是不能不关注，这为供应链金融中的去伪存真、鉴权、防扯皮、信息协同等方面带来极大的改善。

10. 供应链金融特殊资产处置将走入人们的视野

随着供应链金融体量越来越大，势必供应链金融的特殊资产处置需求越来越大，将冒出很多专门处置的专业机构：包括特殊资产处置咨询机构，特殊资产处置平台，特殊资产管理服务商等。

来源：亿欧网　2018 年 04 月 13 日

供应链金融风再起 新老“选手”抢滩万亿级市场

2018 年，供应链金融站上风口，传统金融机构、核心厂商、电商平台、物流企业等机构纷纷杀入，抢滩庞大的供应链金融市场。华南一位银行业人士表示，这一轮供应链金融热潮中有两大趋势值得关注，一是以银行为主的金融机构及核心厂商成为当仁不让的主角，其背后各有考量和动机；二是各参与方通过科技手段降低核心企业门槛、解决信用多层穿透问题，甚至“去核心企业化”来破解“链”上难题。

供应链金融风再起

“严格来说，供应链金融不是什么新概念，银行开展这项业务已经有近 20 年的时间了。平安银行从 1999 年就开始通过供应链金融来服务中小企业，和 300 余家核心企业开展产业链合作，历年累计服务中小微企业超 10 万余家、提供融资近 5 万亿元。” 平安银行供应链金融资深专家陈旭辉日前对“中国证券报”记者表示：“今年供应链金融确实成为一个现象级的金融热点业务，受到极高的关注，这一点我们也始料未及。前阵子我们刚接待了好几家上门进行专项交流的银行同业。”

2018 年供应链金融站上风口，新老“选手”纷纷抢滩庞大的供应链金融市场。业内人士表示，尽管各参与主体的动机不同，供应链金融的再度崛起，背后离不开政策驱动和庞大市场空间带来的吸引力。

2017 年 10 月 5 日，国务院办公厅印发了《关于积极推进供应链创新与应用的指导意见》（国办发〔2017〕84 号，简称“84 号文”），要求加快供应链创新与应用，明确提出到 2020 年要形成一批适合我国国情的供应链发展新技术和新模式，培育 100 家左右的全球供应链领先企业。84 号文被业内认为具有划时代意义，监管明确提出支持供应链发展，并设定了数量指标，各方积极性被充分调动起来。

分析人士指出，除政策驱动外，供应链金融火爆背后不乏市场吸引力。国家统计局数据显示，2018 年 1-6 月，我国规模以上工业企业应收账款达 13.7 万亿元，余额占今年累计主营业务收入的比重为 26.3%。应收账款是小微企业获得供应链融资的重要基础。

“目前我国的海量中小企业未能得到金融资源的有效支持，国内贸易应收账款、存货以及预付账款规模合计接近 110 万亿，天量的贸易资产规模蕴藏的巨大金融价值未得到有效利用。”金融壹账通董事长兼 CEO 叶望春表示。

这一轮供应链金融热潮中，以银行为主的金融机构及核心厂商成为当仁不让的主角。

陈旭辉表示，今年核心企业搭建产融平台、进军供应链金融趋势最为明显，包括海尔、TCL、美的等大型核心企业都在抢滩这一市场。目前核心企业进军供应链金融的内生动力主要有三：一是核心企业通过支持自身供应链内成员企业，可以梳理并优化供应链管理节点，提升供应链整体经营效率；二是在现阶段，大型企业传统实业经营利润有所下滑，激发了其通过挖掘供应链金融价值、提升整体利润水平的动力；三是伴随企业内部财务管理要求不断细化，通过供应链金融安排优化财务报表，成为众多大型核心企业的共识及选择。

“对核心企业来说，上游决定采购成本，下游决定销售。只有帮助整个产业链提高金融效率，才能和其他核心企业的链条进行竞争，这是核心企业介入供应链金融最大的动力。”华南某银行业人士告诉记者，当前的竞争不是单个企业对单个企业的竞争，而是链条与链条的竞争。如果核心企业很强，但供应商很不稳定，会削弱核心企业竞争力。

传统金融机构方面，今年包括平安银行、民生银行、浙商银行等数十家银行纷纷发力供应链金融业务。

过去中型股份行一直是银行业参与供应链金融的主力。由于供应链金融存在单笔贷金额小、操作环节繁杂等特征，相对属于劳动密集型业务，不太受大行青睐，而小银行受制于核心企业客户资源和供应链专业风控技术，参与程度也相对较低。

“今年中小银行明显加大了供应链金融参与力度。”陈旭辉指出，这主要有三方面原因，一是国家政策鼓励，监管部门不断引导金融机构通过供应链金融支持实体经济；二是供应链金融通过嵌入企业日常经营流程提供服务，可以确保贸易背景的真实和资金的用途，风险相对较小，银行还可借此实现基础客群的稳定获取，有些外资银行将其喻为“银行业务稳定器”；第三，无论是授信资金规模还是价格，中小型银行都难以满足核心企业直接授信的要求，但可通过满足大型核心企业的供应链金融服务需求，来拓宽、稳固与大型企业的合作空间。

破除“链”上难题

以参与主体和增信模式来划分，目前供应链金融可以主要分为四大模式：银行等金融机构的应收账款增信式、核心厂商的产业链增信式、电商平台的交易信息流增信式、物流企业的物流信息增信式。

传统供应链金融模式围绕核心企业展开，基于贸易真实背景（比如评估来自核心企业应收账款）为上下游企业放款，这种模式被业内称为“1+N”模式。

“这种做法会产生两个问题，一是对银行来说，一般只有特大企业才能成为其核心企业，但不是所有银行都有这类客户资源；二是核心企业的信用传导是有限的，参与主体只能局限于服务核心企业的一级供应商或经销商，难以触达其二级乃至N级需求。”业内人士告诉记者。

从今年供应链金融发展情况看，一大新趋势是通过降低核心企业门槛、解决信用多层穿透问题，甚至“去核心企业化”来破除“链”上难题。

目前已有不少金融机构将区块链应用到供应链金融，以解决核心企业信用无法穿透、门槛过高的问题。以平安集团下属金融壹账通发布的“壹企链”智能供应链金融平台为例，运用“区块链+电子凭证”技术，连通供应链各个参与方，将核心企业强信用层层传导至供应链的末端，将七成多原先无法覆盖的客户纳入供应链信用体系。此外通过将线下交易线上化，引入众多数据源实现交叉认证，降低核心企业准入门槛。

部分核心企业也将区块链技术嵌入自身的供应链平台。如TCL旗下的简单汇平台，目前已逐步开放自己的平台让更多的核心企业入驻，同时利用区块链技术解决开放平台的数据可靠性问题，进而解决平台方、核心企业、供应商、保理商等多方机构之间的互信问题。

“借助新技术能够解决中小企业与金融机构间的信息不对称、推动供应链核心企业信用穿透多级，覆盖更多长尾端中小企业，将从根本上解决部分中小企业融资难题。”叶望春表示。

目前，已经有银行在“去核心企业化”上进行探索。陈旭辉说，平安银行正通过区块链、物联网、大数据及AI等技术升级供应链金融业务。如通过科技手段对特定供应链条进行穿透式分析，降低甚至取消对核心企业的信用依赖，通过强化贸易背景校验和借助对应风控模型，为供应链末梢的中小微企业提供金融服务。

辉腾金控脱胎于中铁中基供应链集团有限公司，旗下科技金融、产业投资、资产管理均围绕供应链金融展开。辉腾金控董事长岑鹏日前对中国证券报记者表示，辉腾金控提供的供应链金融服务建立在能够观测到企业货物流通和仓储情况的基础之上。

“从我们这里获取供应链金融服务的企业，它的货物在流通、存储过程我们都能看得见。在供应链金融领域，我们不仅仅关注核心企业，更应关注的是交易本身的风险，即商品流通性风险和商品价格稳定性，而非简单地看抵押品和担保品的价值。”岑鹏强调。

而在互联网公司模式中，阿里、京东、苏宁利用其平台累计的交易数据来推行供应链金融。“互联网平台供应链金融模式是平台信息流授信，通过提供的场景服务沉淀企业的交易数据、信用风险数据，再根据这些数据发放贷款金额。”一位银行业人士告诉记者。

多元竞争格局逐渐成形

苏宁金融研究院研究员赵一洋表示，未来切入供应链金融的主体会很多，龙头企业、物流公司、供应链服务公司、B2C电商、B2B电商、SAAS服务商、ERP服务商等，各方会围绕自身优势整合商户流、资金流、物流、信息流等资源来切入供应链金融服务。

赵一洋认为，未来供应链金融发展关键在于商业模式和金融科技两个方面。商业模式方面，核心在于如何通过商业场景整合商户流、资金流、物流、信息流等商业资源，形成供应链金融的底层商业生态，实现对主体信用和货物的双重控制。金融科技方面，关键需要利用物联网、区块链、人工智能、大数据等技术去降低获客成本、运营成本以及风险成本，形成安全高效的供应链金融资产，例如区块链化的债权凭证或者智能仓储基础上的仓单质押等。

“企业之间的交易、运营会产生大量的数据，过去科技能力不足，数据无法得到充分运用。现在随着大数据、云计算、AI、区块链等技术发展，散乱、海量的数据可以被计算和观察。将供应链服务、资产进行数字化、标准化处理，是供应链金融行业变革的根本，大数据和科技的应用将决定未来的竞争走向。”岑鹏表示。

陈旭辉表示，过去主要是以银行为代表的传统金融机构作为提供供应链金融服务的主体，由核心企业协助提供相应的支持及配合。随着核心企业“产融结合”“自金融”意识的觉醒，越来越多大型企业通过设立保理公司、租赁公司等类金融企业的方式进军这块市场。

“但核心企业的核心优势终归是产业经营，随着供应链金融业务往纵深开展，其资金体量和金融风控能力都会面临瓶颈。因此，核心企业和银行未来很可能会形成同生共赢的深度联盟合作机制。核心企业专注于自身生产经营优化，并定向开放产业链相关资源，而银行则负责专业风控技术的注入和资金资源的提供。”陈旭辉认为，相对于市场其他供应链参与主体，银行作为传统的供应链金融服务提供商，在某些方面也具有其他机构所不具备的特定优势，包括：经营及牌照合规、公信力高、管理体系完善、资金动员及头寸管理能力较强等；尤其在业务实践和风控能力方面，银行可凭借多年的供应链金融业务经验沉淀及成熟的风险识别、管控体系，实施有效的风险经营和业务创新。

岑鹏认为，中小微企业普遍抗风险能力较弱，提供供应链金融过程中要注重关注风控问题。他说：“小微企业出现风险问题大概有几种：一是盲目扩张，实行业务多元化，不踏踏实实干一件事情；二是上游的核心企业拖欠账期，把企业拖垮；三是其所处行业出现巨变，对企业生产经营造成冲击。”

岑鹏指出，经济下行的背景下，提供供应链金融服务需提前做趋势预判，对所服务产业进行一个配置或者组合，在第一产业、第二产业、第三产业进行一个有效比例的调配，尽可能降低经济周期波动对资金安全产生的影响。他说：“就辉腾金控来说，我们会降低对这种稳定性较差的中小微企业的支持，并通过风控模型判别企业在生产链条中的风险。”

来源：浙江物流网 2018 年 11 月 22 日

9.2 供应链物流

9.2.1 综述

中物联副会长蔡进：从国家战略高度扎实推进现代供应链创新与应用（节选）

现代供应链是一个系统工程，是国家战略。做好现代供应链是推进我国社会经济转型升级的大战略，是践行“一带一路”倡议，构建人类命运共同体的大战略，也是推动我国尽快进入创新型国家的大战略。需要我们站在国家战略的高度，扎实推进现代供应链创新与应用，切实做好以下几方面的工作。

第一，要以转型升级为导向，构建供应链创新体系。要围绕习近平总书记提出的现代供应链的理念，以商务部牵头八部门联合发布《关于开展供应链创新与应用试点的通知》为契机，加快推进现代供应链创新与实践，使得供应链体系渗透到国民经济的方方面面，发挥作用。通过供应链的创新与应用，探索中国现代经济发展的规律。创新生产组织方式，真正推动我国经济社会的转型升级；推动供给则结构性改革不断深入，不断完善，实现我国经济由高速度增长向高质量发展的转变；创造新的价值，加快我国产业高端化进程。

第二，要以打造人类命运共同体为出发点，构建供应链的全球治理体系。全球化构建人类命运共同体是大趋势，不可逆转。人类一直在朝着这个方向孜孜不倦地追求。人类发展到今天，全球修建了一百多万公里铁路，几千万公里的公路，成千上万个航空港，遍布全球的港口，乃至利用信息技术构建互联网等等，其最终的目的就是一个——追求人类彼此互联互通。千百年来，人类不断有摩擦，甚至不断发生战争，彼此封锁，彼此竞争，但人类互联互通的进程却从来没有停止过，反而势不可挡，发展到今天，人类比以往任何年代都更加互联互通，也更加迫切需要全球的互联互通。包括物流、经贸、投资、金融、人文的彼此互联互通。而这种超越国界的互联互通，就是人类命运共同体不断推进的过程。这是人类发展的必然趋势，不可阻挡。从某种意义上说，互联互通是一个组织过程，必须要有一种组织方式来实现。这种组织方式就是供应链。供应链是全人类共同寻求互联互通所必然产生的一种组织模式。甚至有人说谁把握了供应链，谁就掌握了全球化的进程。实现全球化，推进人类命运共同体的进程，就必须要有全球供应链。我们推动供应链体系，一定要朝着全球治理体系去发展与创新。就像刚刚郑司长讲的，格局一定要高，立足点一定要高。我们推进的供应链不仅仅是国内的创新，也要围绕人类命运共同体的方向，推进供应链的全球治理体系。要以构建人类命运共同体为出发点，在构建供应链全球治理体系中作出中国的贡献。

第三，要以创新与跨越发展为目标，打造现代供应链理论体系。从20世纪80年代中期提出供应链，发展到今天，经历了三个阶段。第一个阶段是整合，通过供应链组织方式对资源进行整合。第二个阶段，在整合的基础上，做供应链的流程优化。第三个阶段，在流程优化的基础上，发展到今天供应链比较成熟的阶段——组织协同。包括经营层面、管理层面、战略层面的协同。我们今天发展供应链，就要紧紧围绕习总书记提出的现代供应链理念，实现跨越式发展。一方面，我们要补以前的课，做供应链的整合、流程优化和组织协同。另外一方面，我们要跨越这个阶段，要走在供应链的最前端，不仅要推进供应链创新，更要打造创新型供应链。这就需要在实践和创新的过程中，不断创新供应链理论体系，这对于供应链的创新和实践是非常关键、非常核心的环节。

许多供应链的专家为中国供应链理论体系建设贡献自己的力量。同时，还有许多企业也在创新与实践的过程中，参与推进了我国供应链理论体系的发展。今天我们将在此成立中物联现代供应链研究院，进一步推动这项工作。

第四，要以高效有序、应急有效、稳定可靠为重点，构建供应链安全体系。供应链安全威胁主要来自于三个方面：一是来自政治、经济以至于军事方面的冲击；二是来自网络以及有关技术的攻击；三是来自地震、水灾等自然灾害的破坏。供应链是保证国家安全的关键所在。要通过创新供应链安全体系，使我们的供应链更加具有韧性，更加具有弹性，更加具有灵活力，以增强应对风险的能力，确保国家安全。。一是要加强供应链风险管理，及时评估来自各方面的风险隐患，并提出应对预案。二是加强供应链基础物流设施建设与保护，以确保物流、经贸的互联互通高效有序。三是以共商共建共享为原则，积极参与全球治理，深入把握全球治理规则，争取更大的主动权，使我国供应链安全具有全球治理的法规保障。四是建立供应链网络与技术安全体系，以有效防范来自网络技术的攻击。五是建立供应链应急机制，以及时应对地震等自然灾害的破坏。

第五，要以规范发展，人才培育为保障，构建供应链基础体系。供应链创新与实践，要有非常牢固的基础体系作为保障。包括建立供应链标准体系，以保障供应链创新规范化；建立供应链学科教育体系，以保证供应链人才培养的专业性；建立供应链职业培训体系，以保障供应链管理的职业化；建立供应链研究体系，以保障供应链发展的创新性；建立供应链绩效评价体系，以保障供应链管理水平提升。

“上下同欲者胜，风雨同舟者兴”。中国物流与采购联合会将一如既往地在商务部等部门指导下，发挥供应链行业影响力和专业优势，在现代供应链理论体系建设、供应链创新公共服务平台建设，供应链标准、职业教育、信息统计和绩效评价等供应链基础体系建设、供应链知识体系推广以及国内外交流与合作等方面，发挥积极作用，为中国现代供应链创新发展贡献力量。

来源：中物联采购与供应链管理专业委员会 2018 年 05 月 30 日

发展现代供应链 助力深化供给侧结构性改革

党的十九大报告提出“在中高端消费、创新引领、绿色低碳、共享经济、现代供应链、人力资本服务等领域培育新增长点、形成新动能”。这是党中央首次提出现代供应链概念，标志着“现代供应链” 发展正式上升为国家战略。当前， 我国经济已由高速增长阶段转向高质量发展阶段，正处在转变发展方式、优化经济结构、转换增长动力的攻关期。要实现经济高质量发展、建设现代化经济体系，迫切需要以发展现代供应链为抓手，发挥供应链助推供给侧结构性改革、促进资源优化配置和经济质量、效率提升的重要作用，培育新增长点、新动能，推动经济发展质量变革、效率变革、动力变革。

现代供应链的特征及发展趋势

现代供应链是与传统供应链相对应的概念，是指以客户需求为导向，以数据为核心要素，运用现代信息技术和现代组织方式将上下游企业和相关资源进行高效整合、优化和协同，实现产品设计、采购、生产、销售、服务等全过程高效协同的组织形态。与传统供应链相比，现代供应链具有数字化、智慧化、平台化、服务化、绿色化、全球化等特征和趋势。

（一）数字化、智慧化成为现代供应链的显著特征

现代信息技术的快速发展和应用，推动供应链发展到与互联网、物联网深度融合的智慧供应链

新阶段，数字化、网络化、智能化成为现代供应链的显著特征。数字化赋能赋予供应链大数据支撑、网络化共享、智能化协作的智慧化新特点，使供应链协同效率大幅提高、供应链成本显著降低。资料显示， 有效的数字化供应链整体能够推动企业收入增长10%，采购成本下降20%，供应链成本降低50%。

（二）互联网平台成为现代供应链发展的新形式

随着大数据、物联网、云计算、人工智能、区块链等现代信息技术在供应链中应用程度的不断加深，现代供应链的组织形式从原来以跨国公司主导逐步向平台型组织主导延伸，平台化逐步成为现代供应链发展的重要特征。以平台型企业为核心的跨行业、跨区域、跨国界的产业供应链平台，通过协同不同国家、不同区域、不同产业、不同企业实现资源整合、优势互补， 构建紧密合作的全球供应链网络， 实现一体化供应链运作，辐射带动越来越多上下游企业向规模化、集群化、专业化方向发展。同时，不同层级上下游相关企业在供应链平台的整合下形成跨界融合、平台共享、共荣共生的供应链生态圈，推进平台型组织向生态化组织演进。

（三）供应链服务成为一个新兴的服务行业

现代信息技术变革和产业分工的深化和细化，推动了供应链上游研发、原材料采购、设计以及下游品牌经营、销售、物流等服务环节分离出来，促进了供应链服务外包快速发展，推动供应链服务业态创新成为现代供应链发展的重要趋势。目前，我国提供供应链专业化服务的企业数量蓬勃发展、类型不断丰富，并形成以了怡亚通、一达通等为代表的一批供应链综合服务平台。

（四）绿色供应链管理成为企业的社会责任

随着全球气候变暖、环境污染等重大生态环境问题日益突出， 绿色和可持续发展成为全球性话题。在可持续发展理念下，跨国家跨地域跨领域的供应链也逐渐被要求可持续、对社会和生态负责。2015年，“绿色供应链”进入APEC 议题，成为全球备受关注的议题之一。目前，许多跨国企业都将“绿色供应链”管理视为社会责任的重要工作，把可持续发展和环境保护纳入供应链管理中。例如华为自2011年起将非政府组织公众环境研究中心（IPE）环保检索纳入供应商审核清单和自检表，要求存在问题的供应商限期整改，着力构建绿色供应链，2017年华为在IPE绿色供应链CITI指数中排名第六，国内企业排名第一。

（五）全球经济进入供应链协同时代

随着经济全球化发展不断推进，区域经济贸易协定不断升级， 供应链管理也从国内企业间协同合作发展成为区域或全球企业间协同合作模式。特别是随着互联网技术的发展，世界各国分工模式由基于比较优势的产业分工走向基于要素优势的供应链分工转变，参与全球分工的跨国企业形成了互惠式的相互依存关系。近年来，受贸易保护主义抬头等因素影响，尽管经济全球化进程有所放缓，但全球价值链和供应链分工体系已经形成， 趋势不可逆转。在全球供应链协同体系中，世界各国之间的贸易、投资日益相互联系、相互影响，你中有我，我中有你，利益交融、互惠共生。

现代供应链对供给侧结构性改革的重要作用

推进供给侧结构性改革，是以习近平同志为核心的党中央深刻把握全球经济新格局和我国经济发展大势做出的重大战略部署，是破解经济发展中供需失衡、产能过剩等问题、引领我国经济高质量发展的创新举措。现代供应链作为连接供给侧和需求侧的桥梁和纽带，是以市场化方式推进供给侧结构性改革的重要抓手。发展现代供应链， 有利于运用先进的供应链管理技术和模式来替代过去低效粗放的运营模式，促进降本增效，优化供给结构、供给质量和供给效率，推动经济高质量发展。

（一）有利于实现降成本目标

长期以来，我国物流成本偏高。2017年，我国社会物流总费用与GDP的比率为14.6%，尽管已比 2012 年下降了 3.4 个百分点，但仍比美国等发达国家高出 5-6 个百分点。当前，我国处于高成本高增长向低成本中高增长转变的关键阶段，随着供给侧结构性改革逐步深入，“降成本”已进入攻坚克难阶段，要进一步降低企业成本，必须有新途径、新思路。现代供应链通过整合各类资源，优化企业内部和外部业务流程，加强从研发设计、生产制造到售后服务的全过程、全链条协同管理，能够有效降低企业经营成本和交易成本。海尔通过整合和优化供应链，推动业务流程再造，使企业库存下降 33%，制造成本下降 10%，管理费用下降 6%，及时交货率提高 35%。

（二）有利于提高供给质量和效率

从经济发展阶段来看，由于我国工业化进程已进入工业化中后期阶段，一般性技术水平与先进国家的差距大大缩小，在这种情况下要改善供给结构、创造新供给，最重要的是提高供给效率。而效率提升的关键在于以市场化途径促进要素资源的优化配置和集成创新。现代供应链借助互联网、云计算、大数据、人工智能等信息技术，促进企业之间按照上下游战略协同来及时准确地做出市场反应，理性决策，有序安排生产，打通从前端设计、生产到流通、最终消费等各个环节，大幅提高生产效率和流通效率，促进供需精准匹配和产业转型升级。麦肯锡研究报告显示，通过供应链等方式推进运营转型，可使中国劳动生产率提升 15%-30%。国际著名连锁零售品牌 ZARA 通过高效的供应链体系，可随时掌握全球每个门店的销售情况和库存变化，并对市场消费潮流快速响应，一周内完成新款服装的策划设计到生产出厂。

（三）有利于培育经济新动能

当前，我国经济已由高速增长阶段转向高质量发展阶段，正处在转变发展方式、优化经济结构、转换增长动力的攻关期。受国际经济形势日趋复杂多变影响，我国经济面临出口萎缩、传统产能过剩，传统动能发展出现了瓶颈，迫切需要深化供给侧结构性改革，培育新动能。现代供应链通过资源整合和优化配置，有利于促进新业态、新模式发展和推动传统产业转型升级，是经济发展的新动力、新引擎。一方面，在制造业与服务业融合发展过程中，通过推动供应链跨界整合、优化、创新，能够产生新的服务和商业模式，形成专业化的供应链服务，培育新的经济增长点。另一方面，培育经济发展新动能不仅要着眼于新业态、新产业、新模式的发展，也要重视传统产业转型升级。在传统产业升级过程中，通过改造传统供应链，实现供应链的数字化、网络化和智能化发展，能够促进传统产业转型升级，形成经济发展新动能。

（四）有利于补齐产业发展短板

在国际分工体系中，我国长期被“锁定”在以发达国家跨国公司为主导的全球价值链的低端环节。近年来，在新一轮科技革命、欧美国家实施“再工业化”战略等因素影响下，国际经济贸易格局发生了根本性变化，国际产业转移形成了“高端环节向发达国家回流”“中低端环节向东南亚、南亚、非洲等成本更为低廉的地区转移”的趋势，推动以发达国家跨国公司为主导的全球价值链加速重构，导致我国利用传统优势继续参与全球价值链的扩展空间越来越小，原来依附于发达国家主导的全球价值链发展的模式难以为继，迫切需要探索新的发展模式，推动产业向全球价值链中高端延伸。现代供应链通过对全球价值链上的各个环节进行有机整合，保证产业关联的物流、金融等无缝衔接，推动制造业上下游协同发展，逐步提升前端的设计、研发、采购以及后端的品牌、物流、营销、金融等服务能力，有利于我国企业摆脱对发达国家跨国公司的依赖，促进制造业向中高端迈进，打造世界级先进制造业集群。

发展现代供应链助力供给侧结构性改革的着力点

发挥现代供应链助推供给侧结构性改革的作用，要以市场需求为导向，以现代信息技术为支撑，加快推动现代供应链在各行业、各领域深度应用，构建和优化重点城市、重点产业、重点企业的供应链体系，培育供应链发展新业态、新模式，推动供应链数字化、平台化、服务化、绿色化发展，形成经济新增长点和新动能，促进实体经济创新发展、转型升级。

（一）培育数字化、专业化供应链平台，打造经济发展新动能

数字化、专业化的供应链平台是推动现代供应链发展的核心力量。要顺应数字经济发展趋势，加快推进物联网、云计算、大数据、区块链等信息技术在供应链管理中的应用，鼓励有实力的企业建设数字化、专业化供应链平台，构建大数据支撑、网络化共享、智能化协作的智慧供应链体系，实现与上下游企业的软硬件制造资源全系统、全生命周期、全方位联动，提升供应链上下游企业协同的信息化、网络化、智慧化水平，提高快速响应速度，降低供应链成本。

数字化、专业化供应链平台应重点培育三大类：

一是培育供应链综合服务平台。鼓励第三方物流企业、外贸企业等向供应链服务企业转型，打造综合型供应链服务平台，整合不同区域、不同行业、不同企业等各方优质资源，全面覆盖产业链上游采购网络、中游仓储流通网络及下游销售服务网络，提供集交易、融资、结算、物流配送、进出口代理、品牌培育、营销推广等为一体的供应链集成服务，实现产业链上下游的资源整合、优势互补和协调共享。

二是培育产销协同型供应链平台。以需求端为导向，鼓励企业探索发展产销协同型供应链平台，打造大规模个性化定制供应链、智能制造供应链，以精准的需求预测驱动供应、采购、备货、分配体系， 强化供应链的协同性，提高原料采购、生产、物流、分销等各环节响应速度和协同水平，促进产销一体化发展。

三是培育供应链金融服务平台。鼓励供应链服务企业与相关物流企业与银行、电商平台等开展合作，依托参与各方的数据共享形成的风控及信用体系，打造数字化、智能化、可视化的金融服务，为供应链上下游中小企业提供在线授信、保理、担保、结算、理财等综合金融财务服务，降低供应链融资成本，提高供应链金融服务效率。

（二）推进产业集群供应链创新与应用，完善产业供应链体系

改革开放以来，我国通过先后设立经济技术开发区、高新技术产业园区、海关保税区等一批产业园区，有效推动了我国产业集聚发展，在长三角、珠三角、环渤海等地，形成了一批在国内外有影响力的产业集群。但是，近年来随着要素成本上升和“互联网+战略”的实施，我国传统产业集群面临的发展空间受到挤压、产业链不完善、集群竞争力薄弱等问题日渐突出， 迫切需要在产业集群中加强供应链创新与应用，有效提高产业协同效应，促进产业转型升级。因此，一方面，要围绕产业集群内企业在产品设计、物料采购、生产制造、检验检测、物流和市场销售等环节的共性需求，打造各类供应链协同平台，通过协同设计、协同采购、协同制造、协同物流和金融服务等方式，完善产业供应链体系，促进线上平台与线下产业集群相互补充、共同发展。另一方面，要发挥不同产业集群中龙头企业供应链资源整合和服务能力，对供应链中的物流、商流、信息流和资金流进行设计、规划、控制和优化，带动上下游企业协同发展，快速提升供应链创新与应用水平。

（三）推动企业实施绿色供应链管理，促进产业绿色转型升级

推动企业实施绿色供应链管理、建设绿色供应链体系，是践行绿色发展理念、深化供给侧结构性改革的核心要义。目前，我国绿色供应链发展还处于初步探索阶段。与发达国家相比，我国企业绿色管理意识相对淡薄，供应链上各种物流活动引起的环境污染还比较严重。以包装物回收率为例，我国同发达国家存在很大差距。数据显示，2017 年，我国快递业中纸板和塑料实际回收率不到 10%，包装物的总体回收率不到 20%，这些包装大多被直接送进垃圾场填埋，给城市环境带来巨大压力。在一些发达国家，纸板类包装物回收利用率达 45% 左右，塑料类包装物回收率则在 25% 左右。

因此，要以产业和企业为核心，加快建设以资源节约、环境友好为导向的采购、生产、营销、回收及物流体系，制定严格的绿色产品标准，探索建立统一的绿色产品标准、认证、标识体系，实现供应链绿色化发展。一方面，要以企业为核心，实施绿色供应链管理，鼓励企业优先采购和使用节能、节水设备，推行清洁生产和绿色制造，生产绿色节能环保产品，扩大绿色产品供给，提高绿色产品质量。另一方面，要以重点产业为核心打造绿色供应链，推动产业转型升级。在农业方面，运用绿色技术保护和改善农业生态链， 建立和拓展农产品绿色供应链， 大力发展农业循环经济，促进农业的有机化、无公害化发展，实现农业经济可持续增长。在制造业方面，推动电子电器、汽车、钢铁、纺织等产业推行绿色供应链管理，通过对产品设计、原料选择、制造过程、物流、回收以及最终处置等环节进行绿色化改造，促进形成科技含量高、资源消耗低、环境污染少的产业供应链，推动产业绿色转型升级。在服务业方面， 要重点抓住与生产和消费紧密联系的流通环节，采用现代信息技术和管理方式改造传统流通模式，继续实施绿色采购、绿色营销、绿色商场等示范工程，鼓励快递企业开发可回收包装材料，推动“绿色流通革命”，引导消费者绿色消费。

（四）推动优势产业融入全球供应链，助力“去产能”“补短板”

抓住“一带一路”建设和国际产能合作发展机遇，积极推动企业深度参与全球产业链、价值链竞争、合作与分工，深入融合全球供应链体系， 促进国内过剩产能“走出去”，积极打造中国企业主导的全球供应链，提升中国产业在全球价值链中的地位。一是结合“一带一路”沿线国家和地区工业化所处阶段和产业发展的实际情况，以产能合作为抓手，加快服装鞋帽类劳动密集型产业，钢铁、煤炭、水泥等产能过剩的资本密集型产业，助力“去产能”。二是推动电子信息、装备制造等优势技术密集型产业向沿线国家转移，通过推动上、中、下游全产业链深度合作，推动“一带一路”产业合作由加工制造环节为主向合作研发、联合设计、市场营销、品牌培育等全球价值链中高端环节延伸，打造我国占据主动地位、优势互补、互利共赢的全球供应链体系。三是推进“一带一路”沿线边境经济合作区、跨境经济合作区、境外经贸合作区建设，鼓励企业设立境外分销和服务网络、物流配送中心、海外仓等， 建立基于当地市场的供应链体系，提高全球范围内供应链协同和配置资源的能力，打造更具全球竞争力的产业集群。

来源：亿欧网　2019 年 03 月 15 日

9.2.2 综合信息

仓储的嬗变之道，从互联网走向供应链

仓储是所有环节中离货最近的环节，也是最能反映库存的地方，因此仓储与供应链的关系非常密切。由于不同行业，其供应链管理，包括仓储管理都面临着巨大差异。

一、仓储企业本身的发展趋势：

随着整个商业结构的重构和物流行业的发展，仓储企业为了自身的发展，正在不断更新迭代，渐渐走上风口，成为飞的最高的猪，目前呈现以下几个发展趋势：

（一）从多品类走向单品类

仓储的满仓率往往不是很高，为了填满仓储面积，提升使用率，往往仓储不分货物品类，有货就接，使得仓储品类庞杂，对于效率提升和专业化发展带来很大的困难。仓储一般都有从多品类的仓走向单品类仓的需求。而且仓储的行业属性很高，不同的货物品类对于仓储的管理有着完全不同的要求，同时对于企业的供应链布局有着显著影响，因此仓储都有走向单品类的内部动力和需求。

（二）拆小仓建大仓的趋势

仓储总体上还比较传统，大部分仓储的自动化和信息化水平不高，仓的面积和规模以及货物品类对于仓储信息化应用有很大的关系，因此都有拆小仓，建大仓的需求，提升集约化水平。

（三）从单仓走向多仓网络

单仓主要提供点的服务，随着电商的发展，为了更好的服务全国化的货流，很多仓储企业都在从单仓走向多仓，而且是越多的仓越好，随着技术的发展，多仓联网完全可以实现。

（四）走向仓配一体化

各个大物流企业都在往综合性物流方向发展，各大物流商也纷纷开始建仓，实现仓配一体化。菜鸟作为阿里系的天然优势，能够较好的控制货，一方面菜鸟针对自营的天猫商超自营仓储，具体仓储管理外包给供应商，另一方面与阿里系的仓储企业如百世物流合作。由于快递与电商接触最深，阿里对电商的掌控力，掌控了货，也就掌控了快递配送的起点，对快递公司有很大的影响。顺丰打造电商产业园，靠近电商企业建设自身的仓储配套，打破菜鸟与货和仓的控制。仓是最接近货的场地，对配送会产生很大的影响。迫使各大物流商纷纷建仓。从而综合物流的趋势，最后行业趋势会不断整合而剩下几大巨头。

二、应该怎么认识仓储：

仓储作为供应链的核心，仓储的布局能够看到供应链的布局。

我们要搞清楚是谁在使用仓储，大致分为几类：

大型电商、连锁经营企业，大批发商，称之为流通领域的大 B，如京东、优衣库等；

中小电商，小型零售店，小经销商，称之为流通领域的小 B，如五星淘宝店，专业市场店等；

生产制造企业，包括 B2B 型的生产资料制造企业，如宝钢、万向等，和 B2C 型的生活资料企业，如蒙牛等；

物流企业，包括快递、快运等。总体上，越靠近 C 端客户，流通越快，离市区越近。

（一）流通领域的大 B 往往选择自建仓储

大型的电商和连锁零售企业一定会建立自己相对封闭的供应链体系，会投资建立自身的仓储和配送中心，强化管控，从而建立高效的供应链管理体系，形成卓越的客户服务体验，但投资额度很大，回收期很长，一旦形成就会形成巨大的壁垒门槛和效率优势，国外的零售企业都是连锁模式，如日本便利店只有全家和 7-11，流通领域都已经进行了高度整合，建立了非常高效的供应链体系，这种高效的供应链体系使得电商在实体商店面前并没有优势。

而国内流通企业（批发零售）的供应链效率仍然非常低下，层层经销分销体系，体现在终端是遍布各地的各种分散的小超市、服装店和便利店等，由于缺乏整合，供应链的链条过长，整个效率明显低下，这也给了电商发展的巨大空间，这也是为什么中国的电商相比国外的电商发展更加迅猛的原因，因为线下对手太弱，远未通过供应链实现整合提升效率。这种类型的企业，仓储多属于流通中转仓，即配送中心，都通过自己来管理，有自己的仓储管理系统，与其他企业管理系统相对接。

（二）流通领域的小 B 具有大量、分散、相对弱小的特征

本身供应链管理的能力不强，通过专业市场（零售商集中地）、马路边各种服装店、零售店等形式存在，由于中国国情特征难以有效整合，因此还会有大量的中小电商、经销商和零售商店长期存在，这些小 B 不可能建立自己的仓储，投资太大，因此必须借助外部的公共仓储，借助外部的公共供应链体系。仓储也属于流通中转仓，一般都委托第三方专业仓储公司来管理。

（三）制造企业

主要有原料仓、半成品仓和成品仓，仓储性质主要是存储型仓库。一般都是自建仓储，多和厂房在一起。一般通过合同物流直接送至客户，无需中转仓。但是有时候会优化供应链布局，如会在供应商密集的地方设置原料仓或半成品仓，在客户密集的地方设立成品仓，具有一定的库存，缩短周期。所以有时候为了在生产基地之外的地方设置库存，也会委托第三方的仓储企业进行管理。

（四）物流企业

大量的仓储物流公司通过建仓为企业提供存储和配送服务，随着云仓的热起，也通过租用仓、加盟仓等多种形式轻资产化、网络化运行。同时随着仓配一体化的推进，大量原来主要从事运输的物流企业开始建仓，构建综合性物流。仓储企业的仓库主要是供给外部企业使用，而三方物流企业的仓库主要是自身物流货物的存储和流转。

三、仓储如何可以进行互联网 +?

互联网深刻改造物流行业，从车货匹配到专线联盟，物流平台化趋势日盛，互联网物流的大量探索一方面使得大量创新企业壮烈牺牲，成了先烈，2016 年将是创业公司一地鸡毛，血流成河；另一方面确实对物流传统经营模式有了很大的触动，引发了行业模式的深刻反思和变革。在这股东风下，仓储作为最基础、最传统的物流板块，在雨露均沾的物流行业，如何能够趁着共享经济的东方，实现互联网化、平台化转型，成为下一个创新的风口。

（一）模式上走平台还是自营，封闭还是开放？

互联网在商业模式上对很多行业进行了改造，物流行业血淋林的教训势必需要我们反思一个问题，行业发展上，互联网的价值到底是工具还是目的？最根本的，是需要探讨，模式上是平台还是自营（平台和自营很多时候很难扯得清，但我们看系统上的钱是属于流水还是主营，可以判断本质上是平台模式还是自营模式），联结上是封闭还是开放？

互联网就一定要玩平台，平台就一定是互联网？封闭就一定是传统，开放就一定是互联网？大量车货匹配创业公司的或转型或倒闭，都说明，并没有一招制胜的统一方法和理论可以套用着改造一个行业，真正生存下来的就一定是在平台和自营之间，在封闭和开放之间找到了一个平衡点。如果要探讨仓储行业怎么互联网化，我们怎么找到一个合适的平衡点？让我们尝试从共享经济的四个标准角度来看仓储行业：信息不对称的问题；碎片化的问题；即时性消费的问题；行业规模的问题。

1. 仓储行业有信息不对称问题吗？

这个明显存在的，很多仓储总是有一部分是闲置的，而不少单位却找不到合适的仓库，货物没有合适的地方安置，在社会层面看，信息的对称其实完全有更多提升的空间。因此在信息匹配和共享层面，建立一个平台具有一定的价值。

2. 碎片化、分散化问题

仓储的分布无疑是碎片化散落在各处，大量中小型的仓库就像驿站散落在中国土地上的角角落落，虽然现在大有开始整合的趋势，但这么庞大的量通过资本进行自有化的整合明显不太现实，而且过度后整合其实效率会极低，通过社会化的平台联盟，既可以发挥平台整合的优势，又保留个体的自主高效与灵活。

3. 即时消费、非计划性行为的问题

一个平台的活跃度，在于消费的即时性（冲动型）和高频性，只要用户是高频性和即时性，平台的活跃度就拼运营了。当我们去看仓储的时候，仓库的使用决定是高度计划性的，存储型仓库基本上一锤子买卖，就跟买房子一样，流通性的仓库也是需要长期固定合作的。但随着 C2B 生产消费时代的到来，生产变得更加柔性和弹性，货主使用的未必是一个完整的仓库，而可能只是几个货架，而且具体需要货架的数据会发生变化，这是即时消费的程度就高了。但总体上，仓储的需求肯定是一个高计划性的行业。

4. 行业规模的问题

我觉得这个一个最重要的问题，规模的大小是可以反转前面三个因素的。因为长尾理论的存在，只要行业够大，即使低频、即时消费少，平台规模效应仍然明显。物流行业规模大吗？实际上并不大，所以 2015 年兴盛的很多互联网物流企业烧完了几个亿后仍然处于饥渴的状态，变得岌岌可危。相比滴滴打车 3 亿的会员、几千万的日订单，物流行业上百万的会员，几万的日订单，那是几个量级的差距。

当分析完这四个方面时，我们可以考虑到，仓储与互联网的结合，一方面是可以通过全开放，从而把尽可能多的仓储资源链接起来，在信息层面整合最多仓储资源，成为一个信息中介，但是另一方面，一个纯平台的模式是玩不转的，因为仓储行业规模不大，无论从数量和活跃度而言，都难以支撑平台走向盈利，必须要利用平台上丰富的仓储的资源为客户提供专业服务。因此在平台和自营的平衡线上，偏向于自营，互联网就成了工具，而在开放和封闭的平衡线上，则是偏向开放。

（二）平台的客户和用户都是谁，为他们提供了什么价值？

我们可以探讨一个互联网仓储平台的模式，货主和仓主可以都是用户，提供信息交易与服务，就像很多平台在做的，如中仓网、物联云仓等，但最根本的，是要把一部分货主变成客户，而仓储成为用户甚至是合作伙伴。当货主成为客户的时候，平台就要联合所掌握的仓储资源，为货主提供最优的服务，而平台的优势在于，所掌握的仓储越多，则协同效应越明显，越能提供更优的服务。这里的核心点就是，平台掌控仓储服务能力的水平，平台与仓储的协同度如何，怎么平衡好平台和仓储的利益。

因为仓是所有环节中离货最近的环节，也是最能反映库存的地方，因此仓储与供应链的关系非常密切。由于不同行业，其供应链管理，包括仓储管理都面临着巨大差异，因此实际上平台的运营，可以建立一个面向所有仓储和货主的平台，同时针对某几个特定行业通过类自营模式，提供定制化专业服务。

这样一个联合了众多中小仓库的平台，他应该专业服务什么样的客户？在供应链环节上看，首先是流通领域的小 B，或者一些生产领域的小 B。其中中小电商有大量外包仓储的需求，成为一个重要客户，但从供应链的角度，最重要的是线下零售终端的小 B，以及其上游的生产商，而平台成为直接连接零售终端小 B 和生产商的平台，提供从订货、到仓配物流，直接到终端的最优化供应链服务，最终成为一个通过整合的供应链服务平台，帮助中小零售打造强大供应链管理能力的平台。而在行业来看，日用品、服装和车后等高度分散行业都相对适用。

来源：第一物流网　2018 年 12 月 14 日

传统供应链受困 智慧供应链成价值链重构的新纽带

传统的供应链发展正面临两大瓶颈，而智慧供应链能有效助力瓶颈突破。那么，我们该如何审视和考量智慧供应链的创新与运用呢？

受困的供应链

供应链是以客户需求为导向、以提高质量和效率为目标、以整合资源为手段，实现产品设计、采购、生产、销售、服务等全过程高效协同的组织形态。自 20 世纪 90 年代以来，我国企业纷纷开始引入供应链管理思想。供应链管理的技术、模式与方法在许多行业都得到了普及和推广，在制造供应链、农产品供应链、服务供应链乃至军事供应链、应急供应链中都得到广泛应用。一些典型领域如电子商务、快递物流等的供应链创新模式与技术在全球已经开始领先。这些应用不仅有力提高了原有企业的生产效率和经营效益，也显著提升了社会经济运行质量，促进了民生发展。

然而，纵观我国供应链管理的应用进展，仍然存在两个重大的发展困境。一是传统的供应链运行模式受到技术应用不足的影响，信息孤岛现象严重，效率和效益的提升程度有限；二是传统供应链运行受到政府条块分割体制的多重影响，导致供应链无法畅通高效，运行成本高昂，难以充分发挥供应链管理对产业发展的重大价值。这两个明显的发展困境已经成为当前我国经济高质量发展的阻碍因素，传统的供应链管理模式与方法迫切需要改进与转型。

在解决传统供应链管理面临的重大困境过程中，有以下几个问题值得我们深入思考：

第一，有没有一种新型的供应链管理方式比传统供应链管理更有效率？第二，能否通过新型的供应链管理方式突破以往技术应用不足的缺陷？第三，是否可以通过新型的供应链管理方式弥补当前政府体制管理的缺陷，实现产业供应链高效运营，进而助推经济的高质量发展？

智慧供应链管理为上述 3 个问题提供了明确答案，智慧供应链创新与应用可以有效解决上述两大发展困境问题。一方面，智慧供应链通过现代智能技术和供应链技术的深度应用，实现了供应链全程运作的柔性化管理、快速化响应、无缝化衔接和高效信息共享与协同，可以帮助供应链实现低成本运作和高效率运行的发展目标，有效提升供应链效率和效益。另一方面，智慧供应链通过智能技术应用和协同共享发展，可以实现供应链在跨部门、跨环节、跨领域的协同运作，从而能够弥补当前政府各个部门分割管理的缺陷，并以此为基础实现政府、市场、社会多方协同的公共价值塑造，实现政府管理与公共服务的精细化、智能化、社会化，以及智慧政府建设目标。

“智”与“慧”的供应链

智慧供应链是以物流互联网和物流大数据为依托、以增强客户价值为导向，通过协同共享、创新模式和人工智能先进技术，实现产品设计、采购、生产、销售、服务等全过程高效协同的组织形态。其“智慧”的特征突出表现在基于现代智能技术和供应链技术的应用，供应链全程运作可以实现可视化、可感知和可调节等功能。智慧供应链通过柔性化管理、快速化响应和智慧化协同，实现供应链创新、生态、高效的发展目标。

第一，从科技层面看，全球科技发展进入了智慧时代，供应链正在向智慧化方向迅速转型，为智慧技术应用提供了新的场景驱动。作为物流、商流、信息流、资金流等“四流合一”的供应链已经不再是劳动密集型组织的代名词，供应链正在向智慧化方向迅速转型，数字化、自动化和智能化发展成为不可阻挡的科技潮流，供应链已发展到与互联网、物联网深度融合的智慧供应链新阶段，以可视化、可感知和可调节功能为核心智慧特征的供应链发展趋势日益显现。

第二，从经济层面上看，中国经济进入高质量发展时代，智慧供应链成为经济发展提质增效的新支撑。党的十九大政府工作报告指出，我国经济已经由高速增长阶段转向高质量增长阶段，经济增长动力由要素投入向全要素生产率提升和创新驱动转型，和谐共生的绿色生态理念逐步成为发展潮流。因此，构建创新、生态、高效的供应链必须依靠智慧供应链技术，通过智能技术和供应链管理技术有机结合，通过供应链全流程创新实现供应链高质量发展，满足经济建设提质增效的根本目标。

第三，从产业层面来看，我国进入了新旧动能转换的关键时期，智慧供应链发展成为新动能转换的新引擎。作为党的十九大政府工作报告明确提出的经济增长六大新动能之一，供应链行业应抓住这个历史机遇，前瞻未来趋势，洞察市场需求，利用智慧供应链实现柔性化管理和快速响应，实现多维度颠覆式创新，形成新的持续发展模式，变革与再造旧动能，创新与发展新动能，适应新经济时代发展的要求。

第四，从市场层面上看，市场发展进入了消费主权时代，智慧供应链正成为价值链重构的新纽带。当前消费正成为主导经济发展的决定性因素，按需生产的个性化服务方式正成为新型生产模式，消费者体验成为赢得市场的关键因素，这意味着我国已经由供给侧主导时代进入了消费者主导时代。在这场新的价值链重构中，产业供应链在缩短，服务链在延长。智慧供应链作为链接供需双方的桥梁和纽带，通过智慧化的协同运作，最能切身感受到客户的体验和市场需求，从而在国民经济供给侧结构性改革及新的产业链、价值链重构中发挥更大的引领和推动作用。

推动智慧供应链创新与应用

开展智慧供应链创新与应用，无论是从国际竞争和国内产业发展，还是从政府体制改革趋势来看，都具有很高的紧迫性。

从国际发展的趋势来看，智慧供应链创新与应用已经成为全球发达国家新一轮创新竞争的重要趋势，我国亟需加快步伐迎头赶上。从国内发展趋势来看，加快智慧供应链创新与应用不仅是顺应我国物流与供应链行业发展的客观要求，也是响应时代变革发展的迫切需要。

通过智慧化的技术手段和管理创新，提升供应链价值，适应第四次科技革命时代的变革要求，助力企业自身变革和产业转型升级，物流业将迎来向供应链物流转型升级的热潮。因此，推进智慧供应链创新与应用，不仅是我国物流业发展的客观要求，也是顺应时代发展的迫切需要。

从政府体制改革趋势来看，加快智慧供应链创新与应用，不仅是推进政府深化体制改革的重要抓手，也是建设智慧政府的必然选择。近年来，供应链创新与应用已经引起了我国政府的高度重视，《国务院办公厅关于积极推进供应链创新与应用的指导意见》（国办发 [2017]84 号）、《关于开展供应链创新与应用试点的通知》等政策纷纷出台。

然而，无论是中央，还是地方政府出台的鼓励供应链创新与应用相关政策，仍然关注在传统供应链范畴，并没有涉及到智慧供应链层面，也没有能有效解决前文所述两大经济发展困境的具体政策。加快智慧供应链创新与应用，可以有效破除当前政府体制改革的难点和痛点，切实解决体制不适应经济发展的瓶颈问题，推进政府智慧治理和服务转型。因此，加快智慧供应链创新与应用，将成为我国政府深化体制改革的重要手段和必然要求。

当前，我国的现代化经济体系建设已经开始，智慧供应链发展不断加速，传统供应链管理的相关理论、方法和政策不仅难以为智慧供应链创新与应用提供必要的理论基础，也不适应现代经济体系的建设要求。

所以，迫切需要在新形势下对我国智慧供应链的运行机理、创新目标、创新模式、创新路径、典型应用及政策支撑体系建设等重大理论问题开展深入研究，并提出相关的决策咨询建议，为国家宏观决策部门提供重要参考。因此，开展智慧供应链创新与应用研究对我国经济社会发展不仅具有重要的现实意义，也具有重要的战略意义。

来源：第一物流网　2018 年 12 月 04 日

复盘 269 家全国供应链创新试点企业：他们缘何上榜

2018 年 9 月 21 日，商务部、中国物流与采购联合会等 8 部门对 2018 年全国供应链创新与应用试点城市和企业评审结果进行了公示，其中包括北京等全国 55 个试点城市，阿里巴巴（中国）网络技术有限公司、北京京东世纪贸易有限公司、TCL 集团股份有限公司等 269 家试点企业均上榜。

企业的竞争，归根结底是供应链的竞争。随着全球供应链布局成为一项国家战略，以及全球信息化和经济化的加速发展，包括阿里菜鸟、京东物流，以及顺丰、圆通等典型的物流企业都在近年来纷纷提出全球供应链网络发展格局。同时，在技术迭代和消费升级背景下，国内多个地区不同行业正涌现出一批创新供应链的“黑马”们。

一、创新供应链者”诞生记“：制造、流通业占比大，适应新消费的更吃香

1. 商贸流通＋制造业＋农业等实体企业，供应链创新势头猛

如果从主营业务来看，将这 269 家企业以农业制造（93 家），商贸流通（76 家），物流供应链管理（85 家），金融服务（7 家），科技信息平台（8 家）来分类的话，可以看到，以商贸流通和农业、制造等为主的一二产业仍占主导，总比例达到 62.8%。

2. 创新供应链企业剪影：智慧化、新消费、协同化、降本增效是主旋律

①龙头企业带动下，整合农业供应链协同发展

农业类企业大致可以分为种植业和养殖业两大类型，其中不乏农业产业化龙头企业。如种植业东方集团、华朴农业、云南农垦；养殖业的顺鑫农业、华英农业、华正农牧业等。

农产品的多样性导致其生产具有分散性，由于生产规模小，经营分散等，目前我国农业供应链仍不完善。目前，在农业产业化龙头企业带动下，结合本地特色农业和农产品，在解决供需信息不对称的问题的基础上，推动资源的整合和共享，正逐渐打造农户、农业经营主体、农产品加工流通企业，以及终端消费者间联结紧密的农产品供应链。

以东方集团为例，在现代农业领域，通过投资、并购及合作等方式积极向现代农业的上下游进行拓展，加快业务创新和产业整合。2009 年，东方集团创立东方粮仓，专注于农业领域的产业投资发展，涵盖种子培育、建立农业种植、产品研发、稻谷加工、粮食贸易、品牌营销及电子商务于一体的现代化农业产业，重点以农产品电子商务为交易平台，线上、线下相结合，以黑龙江绿色有机食品为切入点，不仅为现代农业及健康食品产业解决上下游需求端口。

②关系民生，制造业供应链创新企业覆盖多民生行业

制造业涵盖多个细分领域，且各个细分领域里不乏领军企业。如家电类的 TCL、海尔、长虹；汽车类的北汽福田、潍柴动力；装备类的三一集团、徐工集团等。

对于钢铁、水泥等这类行业企业，供应链创新要以提高产业协同、推动降本增效、去库存去产能为出发点和落脚点，打造供需无缝对接，资源整合的供应链协同平台。

而对于家电、汽车、食品、日化等与百姓消费密切相关的行业企业，应以提高产品和服务质量为重点，构建与柔性化生产相匹配的智能制造供应链协同平台。以海尔为例，其将供应链的制造模式前连引领战略，后连个性化定制，整合全球一流的研发资源网、供应商资源网、用户资源网，打造精准、高效、满负荷下的定制包销体系，满足用户个性化需求，正在逐步形成高精度下高效率的智慧供应链生态系统。

③商贸流通业供应链创新与现代物流发展息息相关

试点企业中既包括有医药流通类华润医药、南京医药、云南省医药等，也有传统线下商业零售类包括物美、利群、中百等，既有自营也有平台，既有 2B 也有 2C 服务商。

作为物流这个大集合的一部分，商贸流通业供应链的整合力与新物流发展速度息息相关，因为这些关系民生的消费类企业，其通过对信息流、资金流、物流、消费流等的创新协同会大大带动整个物流业从基础设施到物流消费的供应链可视化和智能化发展水平。例如医药流通企业华润医药，其供应链整合能力和模式的跑通不仅关乎医疗行业的发展，也是推动冷链物流水平等医药物流发展的关键。

所以，华润医药的业务不仅涉及药品研发制造，目前其在全国拥有 153 个物流中心，近千家零售实体药房，在全国 88 个城市创新高值药品直送模式，而掌链也留意到，华润医药近期与同样上榜了的招商银行正“试水”在线供应链金融业务。此外，据天眼查资料，华润医药集团有限公司实际控股的企业达近 600 家，通过并购重组、业务整合等资本市场手段逐渐完善供应链布局，华润医药俨然已成为优秀医药供应链民族企业代表。

④新零售格局下，物流与供应链服务平台正推动供应链组织形态洗牌

试点企业中既包括了传统物流企业代表比如宝供物流、上港集团物流等，也有互联网 + 新物流技术平台的代表如阿里巴巴、美团点评等，还有专业的供应链服务企业怡亚通等。

对于这类物流与供应链现代化、平台整合属性更加明确的企业，我们发现其不仅在互联网信息技术的运用上已经炉火纯青，更利用大数据、智能化等互联网技术，将供应链传统的组织形态重新洗牌升级。在新一代零售消费升级的背景下，除了物流和供应链服务企业们利用信息的便捷性将供应链节点简化，将传统的制造业主导供应链模式变为消费需求主导生产之外，同时开始输出其供应链的价值服务，比如京东正加大对外开放物流、金融和零售。

而像怡亚通这类专业的供应链服务企业，也利用互联网 + 供应链手段更多的从商业生态的角度去聚合全行业企业，经销商或渠道商、物流商、金融机构、增值服务商等各大群体，这也是平台化服务者最大的优势，当规模越大，聚合效益经济效益也就越大，因为能为不同企业不同需求创造更多服务。

⑤供应链金融服务市场和成长空间大

占比相对较低的金融类企业，大部分为银行如招商银行、江苏银行、中原银行等，其中比较有代表性的云链金融由五家国企合资成立的企业，具有较强的金融背景。国内服务企业的专业供应链金融企业还有很大市场和成长空间。

⑥科技信息服务平台与新零售等场景服务新新结合

专业物流信息服务平台包括网易旗下的网易无尾熊（杭州）科技有限公司等，这些擅长运营大数据的年轻企业，多与新零售服务挂钩，因为场景化的运营是智慧供应链升级的关键。同时，我们在这上榜的所有企业身上都看到了对科技信息的重视和运用，智慧供应链是大势所趋。

二、供应链模范生”养成记“：资本运作成最重要的手段之一

不同于生产制造、库存管理、产品营销等传统意义上的供应链布局，着重于企业资本项下的横向同产业和纵向上下游产业类的企业并购和投资，自建等，也是企业供应链网络布局最直接有效的方式。当然，这也是带动全国乃至全球供应链网络不断流动、整合至最有效格局的大前提。

在这 269 家上榜的企业中，活用资本市场的不占少数，而供应链体系更成熟的企业，往往资本痕迹就越重。而在本次《关于开展供应链创新与应用试点的通知》中也明确提出，试点企业要加快与供应链上下游企业的协同和整合。

以农业企业红太阳集团为例，天眼查资料显示，其已经投资了 11 家企业，包括一家面向“三农”发放贷款、提供融资性担保、开展金融机构业务代理的金融机构，两家电商公司，一家物流运输公司。

红太阳集团持有 10% 股份的，A 股上市公司南京红太阳股份有限公司（红太阳集团两大股东之一的南京第一农药集团为控股股东），投资 17 家企业，包括三家商贸流通企业，一家供应链金融公司——南京红太阳金控供应链有限公司。以红太阳金控为例，注册资本 6 亿元。三家股东，江苏国星投资有限公司为控股股东，南京红太阳股份和南京第一农药集团占股比例为 51%、30% 和 19%。

对于拥有 50 多年物流运营史的中国物资储运集团有限公司来说，资本运作已经是业务扩展和产业辐射最常见的手段之一。其除了在国内 20 多个省市投资运营数千万平方米的物流园区和库房等，

还先后投资设立了中储恒科物联网系统有限公司和中储南京智慧物流科技有限公司，而国内最大的“无车承运人”平台——中储智运平台就是由南京智慧物流科技有限公司打造的。而中储南京智慧物流科技有限公司也入围了本次试点企业。

此外，还有一家经历两次更名，多次股权变更，通过不断的资本运作，形成庞大供应链网络的试点企业——浙商中拓集团股份有限公司。截至 2018 年 9 月 30 日，该公司总资产 131.90 亿元，净资产 27.60 亿元。据天眼查信息，目前其对外投资的企业达到 50 家。

在供应链管理方面，其主要围绕“基本建设”和“中国制造”两类客户，在华东、华北、华南和中西部等地区共设立了 37 家全资 + 控股子公司以及 14 个业务部门，同时，还在香港、新加坡等地设立 3 个境外公司，围合内外贸一体化。而在物流储运方面，也全国多地设立标准化仓库。更值得关注的是，为了推进业务管理数字信息化，2011 年，浙商中拓 100% 控股成立了湖南中拓电子商务有限公司为主体，自主打造了电商交易平台“中拓钢铁网”，成为其钢贸业务子单位。如今，该网站规模正日渐扩大。

此外，笔者还留意到一家成立仅仅 5 个月就上榜的企业。据天眼查信息，浙江天畅供应链管理有限公司成立于 2018 年 04 月 26 日，是一家聚焦“新能源产业”的供应链管理与解决方案提供商。这样一个初创企业为何能上榜？或许是因为出身不一般。

其诞生于拥有 32 年发展历程的天能集团，作为其智能化信息平台的载体，天畅背负着以新能源产业物流降本增效的使命。或是依着对“新能源领域”产业供应链组织与优化的迫切需求，天能集团集中精力辅能天畅智运平台，现已整合 14700 多台社会车辆，管控里程超 1.57 亿公里，实现年运量超 500 万吨，产销物流费用超 5 亿元，成为行业拓展智能化模式的代表。

此外，以阿里为代表的电商供应链平台企业，也都在不遗余力通过资本手段加快企业布局，完善供应链网络升级。总的来说，无论是国有还是民营企业，各家的钱袋子都投向了围合自家供应链生态体系上，并以此为基础，加大创新技术企业尤其是以互联网为基础的大数据、智能化企业的投资。

来源：第一物流网 2018 年 11 月 26 日

供应链对现代制造业到底有多重要？来听听权威专家们的解读

“2018 年中国物流发展与形势分析大会”上，中国物流领域的权威代表们纷纷发言，金句满满，政府代表和业界的专家分别从不同角度对物流和供应链行业的发展趋势做出了分析和解读。而其中一个非常核心的议题就是如何以供应链为推手推动制造业进行高质量的发展。

中国物流与采购联合会副会长蔡进在发言中，把供应链与制造业的融合做了精准的表述，他提到在国家经济工作层面，着力的方向之一就是推动制造业的高质量发展。推动制造业的高质量发展有两个抓手，一是先进的制造业和现代服务业的深度融合，二是促进制造业的新技术、新组织模式和核心产业集群的成长与发展。这两个抓手中间的核心，就是供应链。产业之间的融合，必须通过供应链去实现。所以，先进制造业和现代服务业的融合，一定是以供应链为支撑，才能够实现。

他还提到物流发展趋势当中的三个创新，第一个“新”是物流方式的创新，这就是供应链，不能为了做供应链而做供应链。供应链是社会经济发展到高质量增长阶段中，推进社会经济高质量发展的一个必由之路。第二个“新”是物流的功能、模式在不断创新和深入。过去讲物流，主要是围绕着如何提升一个或者单个企业的效益进行，而现在，物流的功能不仅要着重于企业的效益，更加着重的是企业和企业之间，产业和产业之间，区域和区域之间的协同，通过协同形成整个产业链和区域之间的经济运行的效益。所以从这个角度来看，物流的发展已经超越了企业的边界，已经超越了产业的边界，甚至超越了区域的边界，互联互通，形成彼此协同的发展效应。第三个“新”是现代物流的组织模式和现代技术的应用密切地融合。从场景上来看，这两年在物流领域出现“四无”现象：无人机、无人车、无人仓、无人岗。这都是因为先进的技术和我们的现代物流业融合的结果。先进的技术有学者用ABCDE进行归纳（人工智能、区块链、云计算、大数据、边缘技术、5G移动技术），这些都是技术方面的创新。

国家发展计划委员会综合运输研究所所长汪鸣在发言中更加强调了供应链置于制造业中的重要作用。他指出，没有制造业，中国14亿人的现代消费就无从谈起。中国是制造业大国，促进形成强大的国内市场，推动中国经济发展的两个轮子是高质量的制造业和国内消费，在中央刚结束的2018中央经济工作会议上也指出未来两个轮子的核心是要把高质量的制造业和国内消费市场相融合，这将成为未来经济发展的主攻方向。当然其中并不排斥开放，优势的出口和消费的进口是发展外向型经济的常态。作为物流供应链的从业者，我们要思考的是如何把这些常态转化成国际供应链的控制性指标，来指导我们的供应链体系发展，在经济转型的大背景下，来把握物流供应链的发展趋势和方向。

在行业权威专家对供应链趋势的研判下，对企业的战略发展和创新能力提出了更高的要求。以为B2B工业制造业企业提供供应链管理为核心竞争优势的准时达，正是在这样趋势下的最佳实践企业。准时达根据多年来在制造领域所积累的供应链管理经验，以及对未来物流业发展的前瞻预判，所形成的商业发展模式完全符合物流发展趋势，与2018中央经济工作会议上，国家把供应链作为推动制造业发展重要抓手的方向相一致。

“供应链是推进社会经济高质量发展的必由之路”已经成为共识。准时达作为B2B工业制造业领域提供端到端智能供应链管理平台服务的佼佼者，在供应链管理方面，不仅着眼于企业的效益，更看重上下游企业之间，产业与产业之间，区域与区域之间的协同，通过供应链的协同形成整个产业链与区域之间的价值最大化，这与整个物流发展的趋势是一致的。现如今物流的发展已经开始超越企业的边界，向不同产业、区域过渡，非常需要有准时达这样的企业来发挥供应链的协同作用，实现互联互通，彼此协同。

社会的发展对物流的要求不仅仅是更加高效，更加可靠，更加安全，还要更加敏捷，更加柔性，更加可定制化，更有价值创造的能力，这考验的是物流企业是否能充分运用现代科技与自身的模式相融合。准时达以科技型供应链企业的定位努力沉淀自身的科技实力，在打造供应链实时协同平台、智慧化供应链等方面做了很多突破性的尝试并取得了可借鉴的实践成果。准时达所打造的供应链实时协同平台，正是在制造业当中灵活柔性的、开放的、能满足我国物流供应链多样化现状和发展要求的可定制化的科技信息系统平台，这是推动我国制造业的高质量发展在企业层面的最佳实践和场景应用。

本次峰会是2018年末，物流业界的一次盛会，是对物流供应链行业未来发展的机遇、趋势和方向的指导性会议。来自国家发改委经济运行调节局巡视员，商务部流通发展司领导，国家统计局服务业司领导，以及来自全国各个城市的物流行业协会统计部门代表，中国物流企业50强代表余1000人出席了本次峰会。

本次峰会上还进行了“2018中国物流企业50强”授牌仪式，准时达位列其中。获得2018中国物流企业五十强的殊荣，是中物联等权威机构对准时达在制造业供应链管理和服务方面取得业绩的高度认可。准时达将以此为契机，不断提高供应链的创新能力，为推动国家产业转型升级，推动先进制造业与现代服务业的融合，充分发挥供应链协同的价值创造作用。

上海的安吉汽车物流股份有限公司、上药控股江苏股份有限公司和上海中谷物流股份有限公司入围“2018中国物流企业50强。

从美国的供应链变革 看中国 B2B 的发展路径

我国快消 B2B 发展现状

快消品行业的渠道数字化已经是一个行业的基本共识，在这里我们不得不提 B2B。自 2013 年从国内兴起到现在，B2B 已经有 6 年时间，从默默无闻，到逐步被市场接受，这个过程基本可以用惨烈来形容。截至目前，新经销统计的国内仍然存在的 B2B 目前仍然有 239 家，但是大多数都是产业链上的服务商，纯粹的 B2B 公司目前已经不足 50 家，行业更替之惨烈可见一斑。

趋势上，行业的市场教育已经基本完成。从新经销市场调研的数据统计来看，目前国内 B2B 的线下渗透率虽仍不足 10%，但是在局部市场或是局部区域上，B2B 的覆盖和渗透都已经到达一个非常高的水平。在某些市场，B2B 的覆盖率甚至高达 90% 左右，渗透率也达到了 50% 以上。

在上游品牌商层面，目前国内几乎所有的品牌商都已经接受了渠道数字化的理念，认可了 B2B 存在的必要性以及价值，并陆续开始和各个平台进行不同形式的战略合作。虽然在合作方式上，部分品牌因为自身体制及存量原因无法全面进行合作，但在对 B2B 的态度上却已经非常明确。

但是我们要清晰的认识到，B2B 平台的销量，尤其是与品牌商直接合作所产生的销量，在品牌商的销售占比中仍然非常低。品牌商与 B2B 的合作，大多都仅仅是出于战略考量，是通过牺牲掉部分的市场覆盖和利益冲突而换取的合作。如果面临比较大的利益冲突，或者是品牌商管理不利的情况下，在品牌商内部合作的优先级，依旧会是以内部原有渠道合作为主。

B2B 的亏损，一方面是由于快消行业的竞争激烈，渠道利润已经高度压缩；另一方面，各 B2B 平台自身战略方向不够清晰，仍然在试错阶段，前置性的大量投入变成了平台的沉没成本，此外经营能力上的不足，都导致整个 B2B 行业的策略性亏损可能还需要持续一段时间。

经过近几年行业的发展，目前各个平台已经逐步认识到 B2B 不能只做单一环节而不做整个供应链的赋能，所以在模式上，大多数平台都倾向于供应链 + 零售的模式来串连起整个链条的服务。虽然战略比较清晰，但是产业链的高复杂性、困难度，以及产业漫长的调整周期同样已经让所有的平台意识到，B2B 要想做成功还需要很长的路要走。

美国供应链发展路径

一、美国批发业的特点

因此，笔者特地研究了美国的一些供应链公司，希望从他们身上可以找到一些为国内 B2B 所能借鉴的经验。商务部驻美经商参处对外发布的一个研究报告指出，美国批发业具有以下几个特点：

1. 从 20 世纪 90 年代开始，美国批发业已进入了稳定发展期。由于受到美国发达的百货公司、连锁商店、超级市场体系，以及“一周一次”一站式采购习惯等因素影响，美国近年少有新批发市场及公司开张。

2. 生产、批发和零售之间的界限比较模糊，相互渗透很强。连锁经营模式在大型零售业巨头中十分普遍，零售商可直接向厂家下达订单，由厂家直接配送商品。近年来美国的大型零售商为批发业务开辟的快速旁路（By-Pass）系统成为批发业的一种新趋势。许多生产商采取的顾客定制的生产模式、专卖店的销售模式、全国或全球联保的服务模式，使消费者和厂家的直接联系更加密切。

3. 电子商务的兴起使批发商职能弱化。互联网使批发商的信息、资金、规模优势不再明显，生产者和消费者建立直接联系，使配送路径更短、产品价格更低。第三方交易平台、快递公司、远程交易的电子支付、连锁企业中的 ERP 系统广泛使用，也使批发商的传统功能被替代。

4. 在食品供应链中，批发市场作用依然十分重要，每年完成约 2400 亿美元食品批发。特别是通过合同农场协议模式，批发商为分散的农场主与超市之间建立了直接联系。

也正是基于美国批发业的这种特点，使美国市场难以出现过多数量的大型供应链公司。相关资料显示，目前美国的主流的供应链公司大概不超过 20 家，而其中前五大供应链公司 2016 年 GMV 更是高达近 1600 亿美金。

二、美国五大供应链公司简介

Sysco:（西斯科）

Sysco 是全球最大的餐饮食材供应商，成立于 1969 年，员工超过 5 万人，为全美 42.5 万客户提供服务，2018 年 GMV587 亿美金。除了美国市场以外，Sysco 的营销和物流网络遍及美国、加拿大、英国、法国等，为全球 90 多个国家、60 多万客户（包括餐厅、医院和学校）提供食材供应服务。

从经营品类来看，Sysco 旗下分销产品主要可以分为 10 余类，具体包括鲜冻肉、海鲜、家禽、蔬菜、水果、零食以及环保餐具、厨房用品等，2018 财年数据显示，占比最大的品类为鲜冻肉，但占比不超过 20%；此外占比超过 10% 的品类包括罐头和干制品（17%）、冷冻果蔬和面包等（15%）、家禽（10%）、奶制品（10%）。

Sysco 的高速发展离不开仓配物流建设，强大的物流配送网络布局为及时、高质量的产品配送提供了保障。截至 2018 财年年底，Sysco 旗下的物流中心数量达到 332 个，物流车数量达到 14000 辆。Sysco 在物流布局方面采用重资产运营方式，截至 2018 财年年底，公司旗下 78% 的物流配送中心面积和 88% 的物流车为自有。

投资并购是 Sysco 与生俱来的商业基因。作为是全球最大的食品供应商，细看 Sysco 的发展历程，就是一部企业并购史。1969 年，创始人 John Baugh 说服其他 8 个小的食品配送商将公司与 John 拥有的 Zero Foods 进行合并，成立了 Sysco，以便能在所覆盖的区域内配送任何食品。1970 年，Sysco 登录纽交所，并于当年进行了第一次并购。

1976 年，美国高速发展的经济市场迎来了衰退的周期阶段。为了应对这一时期，西斯科并购了从事冷冻肉类、家禽、海鲜、水果、蔬菜、罐头和干燥产品、纸张分销的 Mid—Central Fish and Frozen Foods Inc。这次并购给西斯科增加了不少农产品品类，尤其是不受周期影响的生鲜品类。据媒体统计，Sysco 在 1990 年前共完成了 43 次收购。截至 2012 年，Sysco 累计并购 157 家公司。

借助并购手段，Sysco 一步一步巩固了自己在食品供应商中的霸主地位。然而，Sysco 并不是那些只懂得疯狂扩张却不能保证正向经营的公司。根据行业数据，Sysco 在 2017 年的投资资本回报率（ROIC），平均比竞争对手们高出 5.6%。

McLane（麦克莱恩）

麦克莱恩（McLane）成立于 1894 年，总部位于美国得克萨斯州 Cameron，是美国最大的供应链服务公司之一，主要为美国的便利店、大卖场、连锁药店、连锁餐厅等提供杂货、食品、酒水饮料等综合性供应链服务，代表客户有沃尔玛、7-11、百胜集团等，员工 22500 人，为 50 个州的 47000 家便利店服务，2015 年营收 482 亿美金。

麦克莱恩是伯克希尔哈撒韦（Berkshire Hathaway，巴菲特所有）的全资子公司，并雇用超过 2 万名员工。2016 财年，麦克莱恩的收入为 480.75 亿美元，税前利润为 4.31 亿美元，税前利润率为 0.9%。

麦克莱恩累计投入超过 10 亿美元用于基础设施和配套设施建设，在全国拥有 22 个分发中心、1600 辆现代卡车和 2700 辆多种温控拖车，以确保商品准确、及时送达客户并保证产品质量和安全。麦克莱恩与数千个产品的供应商保持深度合作关系。在数个品类上，麦克莱恩是全球最大的买家之一，如烟草、糖果、零食等。

麦克莱恩商业模式有如下三大特征：巨大的收入体量；微薄的利润率，服务特性明显，但低风险；依托几个大型客户。

C&S Wholesale

C&S Wholesale 成立于 1918 年，是全美第十大私人企业，员工 1.7 万人，为全美 6500 多个连锁店提供供应链服务，营收约为 300 亿美金，也是美国最大的供应链服务商之一。

C & S 拥有 Piggly Wiggly 杂货品牌（独立特许经营商店）以及 Best Yet 自有品牌。从营收角度来看，C & S 目前为美国最大的批发杂货分销商。而成立之初的 C&S Wholesale 仅为一栋三层楼的小型杂货配送中心。在 20 世纪 40 年代，随着超市的普及，C & S 对其分销流程进行了多项改进，包括仓库“滚轮系统”，同时使送货司机同时兼任销售职能，从而将订单交付成本降低了一半。1958 年，C&S 开始为 BIG D 超市提供供应链服务，自此 C&S 正式进入快速发展期。

在 20 世纪 70 年代，C&S 仓库面积扩充至 2.8 万平方米。随着仓配设施的扩充，C&S 也正式开始为包含 A&P 在内的几家大型连锁超市。从 2013 年开始，C & S 开始与 BI-LO（美国知名连锁超市）建立合作伙伴关系，为所有 480 家 Winn-Dixie 商店提供仓储、配送和采购服务。因此，C & S 开始在美国东南部运营六个现有的 Winn-Dixie 配送中心。2014 年 9 月，C & S 与 Associated Wholesalers Inc（AWI）（零售企业服务商，为零售企业提供食品供应服务）签订了资产购买协议，收购了其所有资产。

Core-Mark

Core-Mark 是北美便利零售行业最大的新鲜和广泛供应解决方案营销商之一，为传统的便利零售商，杂货店，药品，酒类和专卖店以及其他携带便利产品的商店提供服务。Core-Mark 拥有员工数量 5500 名，在美国和加拿大拥有约 3 万个客户。截至目前，Core-Mark 建立了 30 个配送中心，其中两个作为第三方物流供应商运营。

Core-Mark 于 1888 年由 Glaser 兄弟在旧金山创立，在多代所有权之后，Glaser 家族于 1974 年将 Core-Mark 卖给了 DavidGillespie，并于 1984 年在多伦多证券交易所上市。后 Core-Mark 几经易手，并于 2005 年在纳斯达克证券交易所再度上市，一直持续至今。

SuperValu

SuperValu 是一家美国杂货产品批发商和零售商，于 1926 年成立于美国明尼苏达州，2017 财年收入 124.8 亿元，在职员工数量达 29000。而纵观 SuperValu 的发展历程，也是充满了投资并购。

1963 年，SuperValu 收购了位于印第安纳州韦恩堡的食品营销公司 Bursley & Company，该公司的历史可以追溯到 19 世纪初。

1971 年，折扣连锁店 ShopKo 被 SuperValu 收购。

1975 年，SuperValu 收购了 Hornbacher's（美国连锁超市）。

1980 年，SuperValu 收购了明尼苏达州的 Cub Foods，该公司在 Twin Cities 地区经营着五家商店。截至 2011 年，Cub 在明尼苏达州和伊利诺伊州经营着超过 73 家门店。

在 20 世纪 90 年代早期，SuperValu 开始收购几家连锁店。

2003 年，SuperValu 从 C & S 批发杂货店收购了前中西部弗莱明公司的业务，包括 Sentry Foods 和 Festival Foods 品牌。

2006 年 1 月 23 日，SuperValu 宣布，它与 CVS 公司以及由 Cerberus Group 领导的一系列投资者同意以 97 亿美元收购 Albertsons（美国零售企业，北美第二大连锁超市，拥有 2778 家商店）。

中国快消 B2B 的发展方向

通过研究这几家有代表性的供应链公司，笔者发现了一些特点：

区域精耕：限制配送半径，强调深耕某一区域；

杠杆收购：企业成长史就是一部兼并整合史；

混业经营：批发兼零售，而且是通过批发整合中小型零售

全品类经营：食品，饮料，烟草等全品类经营

多元业务：除了批发业务之外，兼具，品牌建设，店面设计，广告咨询，财务和预算咨询，效率提升以及金融服务等

毫无疑问，美国供应链企业的发展路径对我国快消 B2B 企业的发展具有十分重要的借鉴意义。结合美国供应链的发展历史来看，我国的 B2B 企业要想盈利，必须做到以下几点：区域深耕；渐进式跨区扩张并购；向上尝试成为一级或者二级代理商；向下以多种形式融合便利店；借助小店的点位优势，通过社区团购，逐步的打通与消费者的连接。

比较积极的信号是目前国内的快消 B2B 也正在朝着这些方向发展。以易久批收购惠进货为代表的投资并购开始兴起，大润发、每一天等连锁零售企业纷纷涉足 B2B，而 B2B 也开始发展连锁零售业务，B2B2C 成为整个行业的共识……

毫无疑问，目前国内的 B2B 业务模式已经逐步和美国现有的大型供应链公司模式接近或者趋同。由此也可以说明，国内的 B2B 已经完成了自身模式的试错阶段，下一阶段可能会更加注重自身的盈利能力，以及通过局部市场的强度覆盖，实现产业链条打通，为下一阶段的产业兼并整合做准备。

但客观事实是，上游高度的分散性决定了我国快消品流通很难集中到一家或几家供应链企业手中，依靠传统经销方式进行商品分销依旧是目前快消品渠道的主流。虽然上游生产关系已经开始从小规模生产向规模化、集约化的生产方式进行转变，以京东新通路、阿里零售通为代表的全国性的 B2B 平台也开始出现，但与美国大型供应链公司多经过近百年甚至数百年的发展才得以形成现在的发展规模相比，我国出现仅十余年的快消 B2B 依旧还有很长的路要走。

来源：亿邦动力网 2019 年 02 月 18 日

快递物流国际化布局 供应链能力至关重要

国内快递企业中最早“走出去”的是顺丰，而在国际共识上国际化发展最为成功的则是 DHL，巧合的是这两家企业在过去的几个月刚有了一次交集。2018 年 10 月 26 日，顺丰发布公告称，收购敦豪供应链（香港）有限公司和敦豪物流（北京）有限公司 100% 股权，将整合德国敦豪邮政集团（DPDHL）在中国大陆、香港和澳门地区的供应链业务。

中国快递企业“走出去”已经不算是一个新鲜的话题，或基于竞争，或基于政策，顺丰、“三通一达”、百世等企业在最近几年都纷纷开展了国际化布局。而他们纷纷“走出去”最深层的原因是什么？本文尝试开启一个新的视角：供应链角度。从这个视角看来，所谓的“国际化布局”也并非只是跑马圈地那么简单。

客户生意的全球化需要全球化物流能力

参与客户供应链更长的管理，获取更大的利润空间，这是物流企业发展的基本目的，而随着经济全球化趋势加剧，使物流企业所服务的客户供应链变得更长，变得突破了国界线的限制。

在 2018 年第七届运联峰会现场，美国罗宾逊公司全球跨境业务总监瞿宁在演讲时提到，“中国本土物流企业“出海”的时机已经到了。”在对这个论点做背景做阐述时，瞿宁说道：“众多客户

持续发展的要求和传统外贸货运转向跨境电商模式有着相似的要求，物流企业寻找新的增长点，我们作为供应链的角度去看，如果能参与客户供应链更长的管理，能获得的利润空间更大。”

经济全球化带来的物流全球化的趋势也已经被第三方物流所感知，海格物流董事长梅春雷曾在演讲中说道：“随着全球化和互联网化的到来，一个商品供应链条可能的链路包括本地工厂生产，到海外生产，最后到在全球范围内采购，这需要的是全新的供应链服务能力。”

因此从这个角度来看，文章开头提到的“世界级的物流都在提供全球化物流服务”，并不单纯指得是地理范围上的“全球”，而是指提供全球范围内物流服务的能力。这个能力在很多情况下被认为成物流企业的“供应链服务能力”。

在 2018 年 10 月份传出顺丰的收购消息后，《中国企业家》杂志曾撰文这样评价：“与其说顺丰收购了 DHL 的供应链业务，倒不如说是给 DHL 交了 55 亿的学费。”而作出这一句判断背后的原因是，顺丰有希望借此契机，补充其供应链基因。

顺丰布局的供应链业务主要集中在医疗冷链及供应链金融方面，而面对汽车、消费电子以及半导体等具有高附加值的领域，却很难在短期内打破自身的局限。顺丰与 DHL 实现业务协同，会进一步推动顺丰向全球标准的一体化综合物流解决方案服务商迈进。

顺丰向全球标准的一体化综合物流解决方案服务商迈进的步伐，是伴随顺丰的国际化布局一起发生的。2017 年 5 月，顺丰控股与全球最大的包裹递送公司 UPS 在香港成立合资公司，双方分别出资 500 万美元，各持股 50%，共同开发和提供国际物流产品，使得两家企业在网络、规模等方面取长补短。对顺丰而言，以这种模式布局海外，一方面可以快速拓展新业务，另一方面可以进一步扩大国际业务的影响力。

国际化布局并非那么简单，那国内快递企业进入国际市场，要怎么打呢？

总体来看，几乎所有试图进行国际化布局的企业都默认一个“三步走”战略：从产品全球化，到网络全球化，到综合一体化服务运营商。

第一步，产品全球化，通过在海外设立网点，掌控商客两端信息，服务进出口贸易。目前，各大企业网点设立最为密集的是东南亚地区，顺丰、德邦、百世等企业都将东南亚地区作为国际化布局的重要一环。以百世为例，11 月 28 日，百世快递在泰国大曼谷地区正式起网运营，该网络与国内加盟快递网络类似，采取自建快递分拨中心结合加盟末端网络的方式，现已在泰国全境运营。

第二步，网络全球化。构建海外仓，满足中国商家外海本土化诉求。顺丰早在 2015 年发布的国际化战略时就提到，在网络全球化方面，要通过建立 20 个全球仓网，来覆盖 4 个主要目标市场。

第三步，成立合资公司，聚焦全球跨境贸易，打造综合一体化服务运营商。2018 年，瞿宁在运联峰会演讲时提到：“中国物流企业走出去的时候，寻找当地最强的合作伙伴作为战略的合作对象，是一个捷径，可以达到弯道超车的重点。”2017 年 11 月，圆通收购先达国际正是基于这个目的。

在这个过程中，应该注意的一点是：尽量避免直接进入他国的国内市场，以国际供应链业务为基点。这一点在中国市场已经反复得到印证。在 1997 年，德国邮政完成体制改革确立国际化战略后，在国际化第一阶段，通过多次收购并购，一举进入供应链业务领域，并取得领导者地位。但是 DHL 在第二阶段的失利，又大多与其试图全资建设当地网络有关，DHL 的这一尝试在中国市场也同样折戟。

除 DHL 之外，USP、FedEx 过去 20 年，在中国快递市场进行了各种不大不小的收购和扩张动作，但大多数情况下，跨国物流巨头对国内快递市场的态度不是隔岸观火，就是水土不服后的黯然离场。

走出国门进行国际化布局是对企业服务能力的更高一层的考验，这个能力的表现绝不仅是开通航线、开网点和布局网络，而是体现在企业的 IT 和人才储备，能否满足本土客户还有跨境客户的需求。

美国、德国、日本三大经济体就催生了四家世界级的快递巨头——UPS、Fedex、DHL 及雅玛多。

中国作为全球第二大经济体，可以预期的是，中国必将诞生不止一家与其经济体量相适应的物流巨头。但是这个过程又注定是缓慢的，曲折的。

来源：物流北京网 2019 年 01 月 29 日

全国供应链创新与应用试点工作会议在沪召开

2018 年 10 月 17 日，商务部在上海召开全国供应链创新与应用试点工作会议，贯彻落实《国务院办公厅关于积极推进供应链创新与应用的指导意见》（国办发〔2017〕84 号），按照《商务部等 8 部门关于开展供应链创新与应用试点的通知》（商建函〔2018〕142 号）要求，部署全国供应链创新与应用试点工作。

会上，商务部副部长王炳南作出重要指示，上海市副市长吴清致辞。中央财办三局局长赵建出席会议。中国物流与采购联合会副会长蔡进代表中国物流与采购联合会参会，与工业和信息化部、生态环境部、农业和农村部、人民银行、市场监管总局、银保监会等试点联合发起部门代表，从不同角度提出对供应链创新与应用工作的要求。商务部市场建设司副司长郑书伟对试点工作作出具体部署。中国物流与采购联合会具体负责试点工作的采购与供应链管理专委会主任胡大剑，全国有关省、自治区、直辖市、计划单列市商务主管部门代表，供应链创新与应用 55 个试点城市代表参会。部分试点企业代表列席会议。

蔡进在发言中提出：

第一，试点工作要突出重点，强化目标导向。这次试点既有城市试点，也有企业试点，是落实《国务院办公厅关于积极推进供应链创新与应用的指导意见》（国办发〔2017〕84 号）关于“培育 100 家左右的全球供应链领先企业，重点产业的供应链竞争力进入世界前列，中国成为全球供应链创新与应用的重要中心”发展目标的重大举措。试点工作要突出重点，强化目标导向，切忌照搬文件搞“一刀切”。各试点城市要突出重点和特点，结合自身的产业基础、要素禀赋和发展条件，制定切实可行的试点目标和试点任务，形成各具特色、富有活力的产业供应链发展模式。试点企业要结合自身业务模式，探索利用供应链理念整合上下游业务，为企业降本增效、提升竞争力的独特的富有竞争力的供应链发展模式。中物联将组织专家研究推出城市供应链竞争力指数和企业供应链绩效指数，配合有关部门服务于试点工作。

第二，要通过供应链的试点工作，培育出具有全球供应链领先水平的示范企业，形成我国对外开放的重要支撑，推动我国经济积极融入全球经济。在经济全球化进程中把握主动权。同时积极应对全球经济变化趋势，保障产业安全。

第三，要高度重视技术创新和数字供应链的发展。当前，世界正在经历新一轮以数字化和智能化为核心的技术和产业革命，这对供应链发展也带来了前所未有的变革。供应链整合协同的边界发展到产业之间、城市之间，乃至全球的时候，仍靠传统技术、传统的装备已很难实现，必须依靠科技创新，与人工智能、无人机、大数据、云计算等先进技术深度融合，以提升供应链的数字化和智能化水平。中物联将依托国家智慧供应链公共服务平台开发建设，为试点城市建立公共服务平台提供规划咨询、技术支持，推动试点城市之间数据共享与互联互通。

第四，要积极推进供应链标准体系建设。供应链标准不统一，必将形成市场壁垒，影响供应链整合协同效率。中物联将在有关部门的支持下，分不同行业和产业，组织上下游有影响的市场主体进行协商，形成行业广泛接受的统一的供应链标准体系，促进供应链配套整合能力和效率的提升。

第五，要大力培养供应链专业人才。未来全球供应链的竞争，更重要的是人才的竞争。美国已经宣布不再为中国培养人才，中国要维持并强化在全球供应链中的地位和影响力，必须高度重视和大力培养供应链专业人才。中物联将推动学历教育中增设供应链管理专业，积极推动大专院校供应链学科建设，加强供应链专业人才教育。在商务部等部门的支持下，中物联将依托自有供应链知识体系，与试点城市和试点企业合作，推动供应链职业培训和认证工作，努力培养更多具备全球供应链竞争意识的高端人才。

第六，要建立供应链推广长效机制。试点工作刚刚起步，要持续深入并取得实效，使各级政府和企业高度重视现代供应链的发展，必须建立供应链推广长效机制。中物联将充分发挥行业优势，持续宣传推广现代供应链理念和最佳实践。在商务部等有关部门的指导下，将选择重点产业筹办系列供应链专业论坛活动，为持续传拨现代供应链理念搭建交流合作平台。

当天下午，上海市和京东集团分别代表试点城市和试点企业发言，国家电网、海尔集团、中粮贸易、招商银行、众陶联等企业分享供应链创新与应用经验，阿里巴巴集团供应链研究中心副主任施云作为专家讲授了中外供应链发展趋势与比较。

来源：中物联网 2018 年 10 月 18 日

国家物流信息平台：服务供应链 共建新生态

2018 年 12 月 21-23 日，以“交通产业智引未来”为主题的浙江国际智慧交通产业博览会在杭州召开，国家交通运输物流公共信息平台（简称国家物流信息平台）携手平台数据服务商、应用服务商参展，引发关注。

作为政府主导建设的一项交通基础设施工程，国家物流信息平台近年来持续推进标准、交换、数据三大基础服务，并在全国开展一批互联应用示范工程和应用产品建设，促进了物流业降本增效。

推进信息标准化，数据交互无障碍

在快递及物流展区 C 区，国家物流信息平台展台的信息大屏吸引了众多参会嘉宾的目光，前来咨询人员络绎不绝。“国家物流信息平台的三大基础服务是什么？”来自尼日利亚的一群留学生指着大屏问道。

近年来，国家物流信息平台立足标准、交换、数据三大基础服务，为企业提供了共享、开放、基础、公益的物流信息服务。

“目前，我国多种运输方式在信息互联标准上还没有形成统一的规范，像铁路虽然自己内部有信息化建设标准或规范，但是和其他运输方式对接未形成统一标准。”国家物流信息平台管理中心总监沈国庆介绍，多年来，国家物流信息平台在标准化工作上通过制定标准推动相关行业信息互联标准规范化，再推动各种运输方式物流信息通过平台进行“互联互通”，提升了社会效益。

据悉，该平台目前已整合 687 项数据元、104 个代码集、68 个单证、17 个服务功能调用接口，涉及主要的国家和行业标准，实现了标准向多种运输方式和综合服务领域的扩展。基于此，供应链上下游企业的业务数据通过国家物流信息平台的交换服务得以在线上高效联通，既创新了政府服务，又加快了行业信息化标准化进程。

据介绍，在交换服务方面，国家物流信息平台通过部署一批区域交换服务器和公路、铁路、海运等行业节点交换服务器初步构建了服务物流业的信息基础交换网络，实现了铁水、铁公、水水、公空、企业与政府等25类业务协同互联场景。

在数据服务方面，据统计，目前国家物流信息平台已汇聚全球90%海运集装箱船期信息和18万艘船舶实时位置数据，全国道路运输经营业户、营运车辆和从业人员资质信息、全国公民身份证信息核验、全国范围500余万辆12吨以上货车实时位置数据，北京和上海铁路局范围内物流位置跟踪数据，杭州和宁波海关关区通关状态信息，初步为行业用户提供了一站式物流公共信息获取窗口，降低了物流公共信息获取难度和成本。

创新市场合作机制，构建增值服务生态

2018年是国家物流信息平台首次携手数据服务商、应用服务商共同参展。“亿海蓝平台覆盖了全球2300多个港口，天信达信息产品覆盖了我国60%的机场，中交兴路平台汇聚了公路物流500多万辆货车，中国铁道科学研究院为铁路局制定相关信息互联规范……”国家物流信息平台相关负责人为前来咨询的参会代表解说。

据沈国庆介绍，国家物流信息平台从供应链主导企业着手，通过与各领域市场占额较大的信息服务商、软件服务商合作，并结合市场实际需求与企业共建标准，发挥企业渠道和产品优势，推动标准在供应链上下游、各种运输方式间的信息互联应用。

以与龙头企业合作为抓手，国家物流信息平台不断创新市场合作机制，丰富应用场景，推广了三大基础服务，推出了涉及保险、数据应用、物流资源、集装箱订舱等10多个增值产品，逐步构建了国家物流信息平台的增值服务生态。通过该平台构建的增值服务体系，企业间实现了信息高效的互联，提高了作业效率，也助力企业合理规划供应链，实现了物流降本增效。

值得注意的是，国家物流信息平台以服务“多式联运”和“一带一路”建设为突破口，实现了跨交通运输方式、跨部门、跨地区、跨国际的重要突破。

国家物流信息平台目前已实现了上海铁路局与宁波舟山港以及浙江东晋弘、浙江川贵、湖州鑫达、浙江义信4个货代企业之间铁路货票等单据交换；实现了北京铁路局与天津港、河北港集团、天津中远海运、中谷海运之间铁路运单等单据交换；实现杭州、宁波、温州、广州、深圳等机场货站、货运代理间的信息互联；完成宁波港、乍浦港、长兴港等港口的海河信息互联。

此外，通过积极推进与东南亚、欧洲等“一带一路”沿线国家港口的互联，截至目前，该平台已实现23个港口提供集装箱船舶动态信息、22个港口提供集装箱状态信息查询。

四大方面升级，释放物流业活力

面对我国经济从高速增长转向高质量增长、打赢蓝天保卫战倒逼运输结构调整、建设交通强国等新形势，转型升级成为物流业当前乃至今后一段时期内面临的时代命题。

根据近期国务院推进运输结构调整三年行动计划的要求，交通运输部将升级国家物流信息平台。国家物流信息平台将在更高层面进一步整合物流信息资源。

据国家物流信息平台相关负责人介绍，平台将从“服务内容更加丰富，服务范围更加广泛，服务方式更加灵活，服务系统更加完善”四个方面对平台进行升级。

在服务内容上，平台将以现有数据为基础，吸纳车货匹配平台等经营数据，提升行业数据服务能力；在服务范围上，服务对象由传统物流供应链企业（如货主、承运方等）延伸至新业态下的物流相关平台；在服务区域上，将扩展并着重加强与“一带一路”周边国家的互联互通。

在运营模式方面将更注重市场化应用、帮助企业做好业务协同。值得一提的是，国家物流信息平台将根据市场业务需求，把提供被动查询的服务方式转变为主动推送与被动查询相结合的服务，并将单一的汇聚服务转变为协同服务。

“未来，国家物流信息平台在升级上抓关键点、突破点，通过推动多式联运、‘一带一路’等建设，在应用层面做深做细。”中国交通通信信息中心数据应用事业部负责人孙腾达介绍，与铁路信息互联将成为今后工作的重点难点，国家物流信息平台与中国铁路总公司“总对总”的方式或将成为破局之策。

携手服务商 构建物流信息生态圈

近年来，国家物流信息平台与物流业应用服务商、数据服务商合作推广三大基础服务、五大“平台 +”应用，取得了积极效果。此次会议上，国家物流信息平台携手 12 家企业参会，展示合作成果，构建起一个物流信息服务生态圈。

平台 + 铁路互联

中国铁道科学研究院电子计算技术研究所与国家物流信息平台不断推进铁路货运公共信息的全面开放和业务单据的电子化交换，促进铁路物流链条中铁路、港口、公路等各运输协作主体信息的高效流转。未来，双方将致力于铁路物流信息互联的标准制订和应用推广，聚焦于共同推进铁路货运信息互联共享工作，在强化多式联运信息互联共享和构建铁路城市绿色物流体系等方面深化合作。

平台 + 航空互联

天信达信息技术有限公司与国家物流信息 + 平台推进了航空货运单据在航空货代、机场货站、航空公司、国检等航空物流链中各主体作业系统的电子化流转。今后，双方将合作为航空公司、机场货站和广大物流企业提供信息交换、基础应用和专业业务处理的信息化服务，并共同致力于航空物流信息互联的标准制订和应用推广。

平台 + 公路互联

北京中交兴路车联网科技有限公司为国家物流信息平台承建的部级无车承运人试点运行监测平台提供车辆定位校验服务，并通过国家物流信息平台跟踪数据服务系统为公路运输行业提供营运货车（12 吨及以上）定位及轨迹查询服务。未来，双方将继续强化合作，进一步提高定位服务质量，深化公路物流相关信息化产品的研发。

平台 + 航运物流

亿海蓝（北京）数据技术股份公司与国家物流信息平台合作，提供船舶静态数据、船舶动态数据、船舶航运数据等接口，共同推进自身平台与航运企业间业务操作单据方面的互联互通；并提供全球船舶动态 AIS 数据等多维数据，服务于船舶监控、港口调度、物流计划、供应链优化等领域。下一步，双方将共同通过 SAAS 软件服务、拖车宝移动管理等产品，为货代等企业提供一站式数字化转型解决方案。

平台 + 普运软件联盟

中国普运软件联盟遵循国家物流信息平台标准与交换框架，在信用、金融、保险、硬件等各领域开展合作。下一步，该联盟将继续在平台指导下，探索基于联盟成员的产品和数据挖掘，促进联盟成员在技术、产品、服务及应用方面的合作。

平台 + 航运软件联盟

中国航运软件联盟与国家物流信息平台双方在制定行业标准、打造数据交换通道、产品对接改造、资源互助等方面达成合作意向。未来，联盟将深化合作，与国家物流信息平台在向船司订舱、同行订舱、预备舱单、VGM 等方面，实现统一的信息标准和数据交换通道，并依托国家物流信息平台进一步实现物流全程跟踪，促进物流供应链上下游企业对接。

平台 + 物流园区

上海百弘计算机软件有限公司参与国家物流信息平台园区、仓储、运输业务数据互联的标准制定，完成了百弘物流园区管理系统、百弘运输管理系统（TMS）、百弘仓储管理系统（WMS）等软件的标准化接口改造。未来，上海百弘将在国家物流信息平台互联理念及标准接口的基础上，为更多的企业提供更多的优质产品。

平台＋铁路货代

泉州市星宇软件技术有限公司基于国家物流信息平台公铁联运单据标准规范及信息交换技术标准，完成了星宇软件物流运输管理业务系统的标准化接口改造，通过了国家物流信息平台增值服务商认证，并实现了浙江东晋弘物流有限公司与上海铁路局集团公铁联运互联。未来，双方将强化在数据资源、互联应用的推广合作，推进铁路货运信息互联互通。

平台＋供应链管理

浙江智联慧通科技有限公司的产品“悟流云”遵循国家物流信息平台数据交换标准，完成了企业间单据的接口标准化改造，并通过国家物流信息平台软件认证，为传化化学品、一诺威等多家生产制造企业提供了信息系统，实现与物流企业的互联互通。未来，该企业和国家物流信息平台将在客户上下游互联、无车承运人平台建设等方面开展合作，共同推动行业信息化建设。

平台＋仓储管理

杭州高达软件系统股份有限公司通过国家物流信息平台的标准接口，实现了收货单等数据接口和商务协同，提高了钢铁行业的数据互联互通水平和仓储、贸易公司数据收集的及时性和准确性。高达仓储管理系统 WMS 已经完成国家物流信息平台标准化接口改造，并向企业推广应用。高达软件未来将深化与国家物流信息平台数据资源、互联应用的推广合作，推进大宗行业在仓储、供应链上下游等方面的信息互联互通。

平台＋物流保险

上海龙琨保险代理股份有限公司通过国家物流信息平台数据交换服务，打通各合作企业数据交换通道，形成在线投保双向闭环通道。而国家物流信息平台的信用数据服务系统，为物流企业和保险公司提供了相关数据的真实性校验，保障了投保数据的真实性。龙琨保险未来将进一步运用国家物流信息平台提供的应用数据，提升保险产品品质。

国家物流信息平台子平台

江海联运信息中心作为国家物流信息平台的子平台，结合三大基础服务，已建立江海联运交换节点，开展江海联运信息互联标准建设，并在长江沿线港口范围内推广应用；开展江海联运示范应用建设，促进跨部门、跨区域物流信息互联。下一步，舟山江海联运信息中心将牵头制定江海联运数据标准规范，梳理江海联运信息资源共享目录，建立江海联运数据交换节点，推动江海联运数据标准规范在长江经济带主要港口推广应用。

来源：中国交通新闻网　2019 年 01 月 03 日

本篇编辑：张志坚

第十篇 附录

10.1 2018 年上海物流业大事记

上海物流业 2018 年 1 月 –2019 年 2 月部分大事记

2018 年

＊ 1 月 8 日，联邦快递上海国际快件和货运中心在上海浦东国际机场举行启用仪式，上海局党组成员、副局长余洪伟参加启动仪式并致贺词。至此，国际快递货运三大集成商（Fedex、UPS、DHL）均已在浦东机场设立了专属的国际级转运中心。加之 2017 年 7 月份顺丰浦东机场国内分拨中心正式投入运营，10 月份上海航空枢纽全球战略布局中建立的首个外仓 --- 南通机场内顺丰国际航线的开通，上海邮政和速递全年国际跨境业务大幅度增长，以及国际邮件处理中心即将迁址浦东机场，标志着《上海市邮政业发展“十三五”规划》和《上海国际航运中心建设重点任务》提出的“上海邮政快递国际枢纽中心建设”进一步完善，作用进一步发挥，上海邮政快递国际枢纽中心建设步入新阶段。

建成投用的联邦快递上海国际快件和货运中心，投资超 1 亿美元，总占地面积 13.4 万平方米，每小时最高可分拣 3.6 万个包裹和文件，是浦东机场内占地面积最大、设施最先进的国际快件中心，内专设海关和出入境检验检疫办公专区，简化操作程序，极大提速清关流程，联邦快递现已开通上海 - 比利时 - 巴黎，以及上海 - 奥克兰等货运专线，目前每周有 66 个航班进出该中心，承载华东地区往来国际市场的进出口快件。

＊ 1 月，上海市统计局通报了 2017 年度本市交通运输、仓储和邮政业统计工作综合评比结果，上海市邮政管理局获评二等奖。统计工作是支撑行业健康稳定发展的一项基础性工作，上海市邮政管理局历来高度重视行业统计工作，不断提升统计工作管理能力和水平。在 2017 年度工作中，上海市邮政管理局认真落实国家邮政局和上海市政府关于统计工作的相关要求，按照国家局党组“打通上下游、拓展产业链、画大同心圆、构建生态圈”的总体思路，认真贯彻行业统计工作相关要求，不断提高行业统计工作水平，为行业发展提供坚实的统计保障。

＊ 1 月 16 日，上海市快递行业协会假座上海华亭宾馆召开二届六次理事会议。理事会由快递协会沙剑湧会长主持。上海市邮政管理局党组成员、副局长周德刚出席会议并讲话。　理事们经过认真审议，通过了 2017 年协会工作、财务工作、会员发展工作三项报告和成立“上海市快递行业协会之友”组织的提议；以投票形式对 2017 年协会和秘书长工作进行了评价；以投票形式同意增补上海安能聚创供应链管理有限公司为协会副会长单位。

＊ 1 月 24 日，国务院办公厅印发《关于推进电子商务与快递物流协同发展的意见》（以下简称《意

见》）。

《意见》指出，近年来，我国电子商务与快递物流协同发展不断加深，但仍面临政策法规体系不完善、发展不协调、衔接不顺畅等问题。要全面贯彻党的十九大精神，深入贯彻落实习近平新时代中国特色社会主义思想，落实新发展理念，深入实施“互联网＋流通”行动计划，提高电子商务与快递物流协同发展水平。

《意见》提出了六个方面的政策措施。一是强化制度创新，优化协同发展政策法规环境。简化快递业务经营许可程序，创新产业支持政策，健全企业间数据共享制度，健全协同共治管理模式。二是强化规划引领，完善电子商务快递物流基础设施。统筹规划电子商务与快递物流发展，构建适应电子商务发展的快递物流服务体系，保障基础设施建设用地；完善优化快递物流网络布局，推动电子商务园区与快递物流园区发展。三是强化规范运营，优化电子商务配送通行管理。推动各地从规范城市配送车辆运营入手，完善通行管理政策，对快递服务车辆等城市配送车辆给予通行便利。四是强化服务创新，提升快递末端服务能力。鼓励将推广智能快件箱纳入便民服务、民生工程等项目，推广智能投递设施；促进快递末端配送、服务资源有效组织和统筹利用，鼓励集约化服务。五是强化标准化智能化，提高协同运行效率。加强大数据、云计算、机器人等现代信息技术和装备在电子商务与快递物流领域应用，提高科技应用水平；加强快递物流标准体系建设，鼓励信息互联互通；优化资源配置，提升供应链协同效率。六是强化绿色理念，发展绿色生态链。鼓励电子商务企业与快递物流企业开展供应链绿色流程再造，促进资源集约；制定实施电子商务绿色包装、减量包装标准；开展绿色包装试点示范，培育绿色发展典型企业；鼓励电子商务平台开展绿色消费活动。

《意见》要求，各地区、各有关部门要充分认识推进电子商务与快递物流协同发展的重要意义，强化组织领导和统筹协调，在落实各项政策措施的同时，加强对新兴服务业态的研究和相关政策储备。

＊2月7日，市商务委副主任申卫华会见了丹麦马士基航运大中华区总裁方雪刚。双方就马士基集团的发展情况、航运相关新政策举措以及上海自由贸易港建设等话题进行了深入交流。

＊3月12日，为落实长三角主要领导座谈会精神，市商务委总经济师张国华主持召开长三角区域合作商务服务合作专题工作会议。江苏省商务厅、浙江省商务厅、安徽省商务厅有关负责同志，以及市商务委相关处室参加会议。会议传达了李强书记关于长三角区域一体化的讲话精神，介绍了《长三角商务服务合作专题2018年工作计划》《长三角一体化发展三年行动计划》《关于长三角区域共同做好中国国际进口博览会协同工作方案》的编制情况，并就下一步做好长三角商务服务有关工作进行了讨论。

张国华指出，下一步要抓紧完善相关工作计划，充分体现内外贸联动、对内对外开放和会商旅文体联动的要求，加强平台建设、加强项目聚焦、加强活动对接、加强部门协同，共同推动长三角商务服务合作再上新台阶，为推动长三角地区率先发展、一体化发展作出贡献。

＊3月16日，亚太示范电子口岸网络（APMEN）试点项目暨战略合作签约仪式在上海中心大厦举行。市商务委主任尚玉英、商务部国际司副司长杨正伟出席签约仪式并致辞，与APEC秘书处代表等共同见证签约。本次签约仪式展示了APMEN试点项目的进展情况和战略合作方向。上海亿通国际股份有限公司、厦门自贸试验区电子口岸有限公司、澳大利亚新南威尔士港运营控股有限公司就APMEN海运物流可视化试点项目签订了合作备忘录，探索电子口岸系统互联互通与数据交换的解决方案。

APMEN运营中心（AOC）与马来西亚国家单一窗口运营商DNeX签约，在“FTA自由贸易协定优惠关税系统”和电子原产地证信息互联互通等方面开展合作，共同探讨如何有效运用“中国－东盟自由贸易协定”降低中马双方企业的跨境贸易成本。同时，APMEN运行中心还分别与招商局港口公司、广东南沙自贸片区管委会及上海外高桥集团股份有限公司等合作方签约，与招商局全球港口资源对接，在跨境商品溯源及贸易便利化咨询服务等领域展开战略合作。亚太示范电子口岸网络联合运营委员会（AJOG）第四次会议、亚太示范电子口岸网络海运物流可视化技术研讨会也于同期举行。

＊4月，上海邮政国际业务数据已经纳入上海市跨境电商统计监测范围，该项工作作为《上海市跨境电商2017年重点工作》任务之一，由上海市邮政管理局和市商务委负责完成，表明上海邮政在跨境电商领域已得到市政府的高度关注。上海市邮政管理局积极配合市政府创新发展模式、夯实基础设施、完善管理政策、健全风险防控，持续推进邮政业与跨境电商协同发展，2018年将联合上海市商务委、发改委等部门，围绕跨境电商综合试验区建设，进一步完善统计监测系统，探索建立基于清单申报、平台数据、支付结算等多方联动的统计制度，并在政策扶持、业务发展上给予更大的支持。下阶段，上海市邮政管理局将紧紧抓住中国国际进口博览会和上海自由贸易港建设契机，持续推动本市跨境寄递业务和国际快递业务发展，建设与上海国际化大都市相匹配的现代邮政业。

＊4月10日，市商务委副主任杨朝出席荷兰驻沪总领事馆举办的中荷“物流联通未来”研讨会并致辞，荷兰对外贸易与发展合作大臣卡格女士出席活动。杨朝对卡格大臣以及荷兰物流与电商代表团访沪表达欢迎。他表示，上海作为中国经济规模最大、开放程度最高的城市，一直是中荷两国之间投资与贸易往来的重要枢纽，希望双方进一步完善经贸合作机制，加强物流与供应链领域合作，进一步提升双向投资规模和质量。今年11月5日-10日，首届中国国际进口博览会将在上海举行，希望荷兰企业能够利用这个机会展示荷兰的产品和服务，分享上海乃至中国市场的发展机遇。

＊4月20日下午，上海市物流协会第三届第二次会员代表大会暨理事会在华亭宾馆隆重举行。会上，市政府主管部门的领导和浦静波会长及供应商代表等共同启动了上海市物流协会会员采购服务平台（sh56.365me.cn）的上线仪式。

＊4月20日，上海市物流协会在华亭宾舘举行第三届第二次会员代表大会暨理事会，浦静波会长作了“关于协会2017年工作回顾总结和2018年工作安排的报告”，高瑞监事长作了“关于协会2017年监事会工作的报告”，周亚玲副会长作了“关于协会2017年财务收支情况的报告”，陈震常务副秘书长作了“关于协会理事会理事调整增补情况的报告”和“关于行业信用信息共享平台管理制度的报告”，固晨曦副秘书长作了“关于上海市物流协会数据中心管理办法的报告”，张悦来副秘书长作了“关于上海高技能人才培养基地建设管理办法的报告”。会上举行了上海市物流协会会员采购服务平台的启动仪式，平台是协会供应链分会组织物流装备供应商为协会会员提供线上采购的服务新模式，协会将发挥各分支机构的资源优势，进一步增强该平台的服务功能，为会员企业降本增效服务。市商务委朱冰心、市发展改革委殷飞也分别讲话。

＊2018年上海口岸工作领导小组会议于4月20日上午在市政府召开，中共上海市委常委、常务副市长、上海口岸工作领导小组副组长周波在讲话中充分肯定了2017年度上海口岸工作所取得的成绩，一年来，上海口岸各单位围绕服务全国打响“上海服务”“上海制造”“上海购物”“上海文化”四个品牌，不断创新改革，奋力拼搏，为上海经济、金融、贸易、航运和科创五个中心建设提供了

坚强有力保障和支撑。会议由市政府副秘书长、上海口岸工作领导小组秘书长马春雷主持。会议审议了市口岸办主任张超美所做的《上海口岸 2017 年工作总结和 2018 年工作安排》报告，上海口岸工作领导小组 33 家成员单位负责人出席会议，市口岸办副主任金国军、副主任武伟参加会议。

＊ 5 月 3 日，市商务委副主任申卫华赴东航物流开展实地调研，了解跨境电商 9610 出口模式推进进展、取得的成效和相关诉求建议，市跨境电商公共服务平台负责同志出席会议。申卫华表示，要充分发挥现有产业扶持政策带动作用，鼓励和支持更多跨境电商 9610 出口企业参与试点。举办跨境电商出口推进会，邀请跨境电商出口企业、海关、国税等部门参与，共同推动 9610 出口业务实现规模化发展。根据行业规模发展，及时总结梳理新需求，进一步完善通关流程，提升通关便利化水平。

市跨境电商公共服务平台、东航物流介绍跨境电商 9610 出口模式目前已实现实单测试走通，并不断优化完善运单放行流程、汇总申报规则、监管场所配置，关于下一步工作提出了三点诉求：一是希望进一步简化通关流程、提升通关自动化水平，支撑跨境电商出口规模化发展。二是希望加大产业扶持力度，支持跨境电商出口企业培育和集聚。三是希望能扩大试点企业数量，尽快提升出口规模。

＊ 5 月 6 日，“2018 上海物流日”活动在上海建工浦江皇冠假日酒店成功举办。本次活动由上海现代服务业联合会、上海市物流行业社会组织合作联盟、上海冷链联盟共同主办，上海市发改委、市商务委、市经信委、市交通委、市合作交流办，以及中国仓储与配送行业协会特别指导，活动主题为《物流创新与现代供应链》。上海物流日活动，自 2016 年开始，至今已举办第三届。上海现代服务业联合会会长周禹鹏、中国仓储与配送行业协会常务副会长沈绍基、上海市商务委副主任刘敏分别致辞。上海现代服务业联合会副秘书长白焕耀在会上受命发布《2017 上海物流年鉴》，上海现代服务业联合会物流与供应链服务专委会副主任相峰发布《物流创新路径报告》。在主旨演讲环节，上海市发改委党组副书记、副主任阮青，上海市政协副主席周汉民分别作了《全力打响上海“四大品牌”、率先推动高质量发展》、《围绕学习两会精神、创开放新局面》的报告。来自物流业界 600 多位嘉宾与代表出席了物流日盛会。

＊ 5 月 10 日，国家邮政管理局召开快递业信用体系建设动员部署电视电话会议后，上海市邮政管理局第一时间部署落实相关工作，传达国家局会议精神，贯彻落实刘君副局长指示要求，扎实推进上海市快递业信用体系建设工作。上海市邮政管理局下发了《上海市邮政管理局快递业信用体系建设工作实施方案》，成立了上海市邮政管理局快递业信用体系建设工作领导小组，由局党组成员、副局长周德刚任领导小组组长，各处室和管理局负责人为领导小组成员。下一步，上海市邮政管理局将按照方案要求，完善快递业信用管理规章制度和信用档案，牵头组建快递业信用评定委员会，编制年度信用评定方案，争取到 2018 年底，基本建成本市快递业信用基础性制度和标准体系，基本建成本市快递行业信用采集机制。

＊ 5 月 29 日，上海物流行业社会组织合作联盟 2018 秘书长第一次联席会议在嘉定马陆中国商用汽车模型博物馆会议室举行。会议讨论了联盟工作条例和关于信息专报的意见，原则同意这两个文件，作适当修改后征求联盟全体成员意见后执行。会议讨论了中国交通运输协会关于评选 2018 年度全国先进物流企业的通知精神和要求，认为应在市政府主管部门领导指导下由联盟各成员单位共同推荐完成。会上各成员单位交流了所在协会的情况和重点工作。

＊ 6月1日，长三角地区主要领导座谈会在上海召开，会议审议并原则同意《长三角地区一体化发展三年行动计划(2018-2020年)》(以下简称“三年行动计划”)和《长三角地区合作近期工作要点》。三年行动计划的内容覆盖12个合作专题，进一步聚焦交通互联互通、能源互济互保、产业协同创新、信息网络高速泛在、环境整治联防联控、公共服务普惠便利、市场开放有序等7个重点领域。本次座谈会是2005年首次举行长三角地区主要领导座谈会以来的第14次会议，长三角三省一市主要领导和国家发改委领导出席会议。

＊ 6月，上海市跨境电商工作领导小组办公室正式印发《上海市跨境电商发展2018年工作要点》(以下简称《工作要点》)，进一步支持跨境电商与邮政业协同发展。《工作要点》提出，2018年本市要把握跨境电商发展的重要机遇期，研究创新举措，加强政策支持，完善服务体系，力争营造良好的营商环境，促进跨境电商高质量发展。下一步，上海局将结合上海邮政快递国际枢纽中心建设，持续完善跨境电子商务与邮政业协同发展政策措施，进一步提升上海国际邮件、快件运输的便利性和连通性，更好服务“一带一路”和自由贸易港建设，为地方经济社会发展作出新贡献。

＊ 6月14日下午，市政府举行新闻发布会，介绍《上海国际航运中心建设三年行动计划（2018-2020）》。市交通委主任谢峰介绍，到2020年，上海要基本建成航运资源高度集聚、航运服务功能健全、航运市场环境优良、现代物流服务高效，具有全球航运资源配置能力的国际航运中心。目标包括：集装箱年吞吐量突破4200万标准箱；航空旅客年吞吐量达到1.2亿人次，货邮年吞吐量达到440万吨；邮轮年接待出入境游客350万人次。

上海将重点采取一系列举措—— 加快推进外高桥港区八期工程、浦东机场三期、虹桥机场T1航站楼改造、浦东机场第五跑道工程；提升两场航班放行正常率，打造世界先进的海空枢纽港。推进南槽航道治理一期工程；推动江海直达运输，加快建设大芦线二期等内河高等级航道；推进沪通铁路南通至安亭段建设，推进铁路进外高桥港区；加快机场联络线前期工作，优化完善枢纽港集疏运体系。编制实施新一轮《绿色港口三年行动计划》，加快岸电设施推广和应用，推广LNG动力内河船舶应用；打造长江口深水航道E航海示范区，建设跨境贸易管理大数据平台和长江集装箱江海联运综合服务信息平台，全面推行港口业务网上受理，推进集装箱设备交接单、提货单电子化，促进航运绿色、安全、高效发展。深化北外滩“航运服务总部基地”建设；打造虹桥临空经济示范区，建设吴淞口邮轮总部基地；打造“上海航运指数”品牌，发展航运金融衍生品业务；上海中国航海博物馆打造具有全球知名度的一级博物馆，全面提升现代航运服务能级。强化长三角区域港航协同发展，加快推进小洋山北侧岸线联动开发；鼓励机场之间构建联盟体，创新跨区域机场运行管理体制；发挥长江经济带航运联盟的示范效应；建立21世纪海上丝绸之路港航合作机制。

＊ 6月21日，上海市物流学会第九届会员代表大会第一次会议假座物贸大厦七楼会场举行。市社联专职副主席任小文出席会议。会议由储雪俭教授主持。会上，第八届学会会长周纪东作了第八届学会工作报告。郝皓教授作了第九届学会筹备情况的报告，张三敏副秘书长作了学会会费收支情况的报告，王东教授作了学会章程修改说明的报告。与会代表以投票选举办法选举产生了由59人组成的第九届学会理事会。第九届学会理事会举行第一次会议，以投票选举的办法选举许国良为学会会长，陈燕为学会监事，陈震为学会秘书长，杨斌等7人为学会副会长，王东等19人为学会理事会常务理事。市社联专职副主席任小文和新任会长许国良分别在会上讲话。

＊ 6月24日，中国（上海）自由贸易试验区（以下简称上海自贸区）启动首次自贸区条例修订工作。现有的《中国（上海）自由贸易试验区条例》（以下简称《条例》）自2014年8月1日正式实施。《条例》作为自贸区的基本法，自颁布以来，在保障自贸区自主创新方面提供了有力支撑。自《条例》颁布后，上海自贸区经历了扩区，实施范围从原来的28.78平方公里拓展到120.72平方公里，原实施区域全部在海关特殊监管区域，扩区后，既有海关特殊监管区域，也有非海关特殊监管区域。有关管理方式等都有调整，这些都要与时俱进。

2013年以来，自贸区在投资体制改革、贸易监管模式、金融开放创新、事中事后监管等方面取得了一系列重大进展，形成了一批改革创新重要成果。据悉，本次《条例》的修订将充分固化、完善这些制度创新内容。《条例》修订也将对标国际评估标准，并反映国际经贸规则的新发展和新趋势。《条例》修订可以充分借鉴世行营商环境评估的指标体系，对自贸区营商环境建设的相关环节进行流程再造，同时，应当对标国际经贸新规则，继续推动对外开放压力测试，进一步形成适应经济更加开放要求的试点经验。

＊ 6月27日，上海市物流协会A级企业评估办受中物联评估办指派，由陈震副秘书长任组长，山西省物流协会韩建国高级审核员等为组员的一行4人，对上海金溪物流有限公司申报综合服务型AAA级国家标准物流企业，进行了现场评估。

＊ 6月28日，上海市物流协会A级企业评估办受中物联评估办指派，由山西省物流协会韩建国高级审核员任组长，陈震秘书长等为组员的一行4人，对上海安鲜达物流科技有限公司申报综合服务型AAAA级国家标准物流企业，进行了现场评估。

＊ 7月，市发改委组织的专家组一行五人对上海市物流协会信用信息共享平台项目进行了验收，平台项目工作小组组长、协会秘书长刘鹰参加，副秘书长陈震作了项目情况汇报。专家们听取了汇报，查阅了相关材料，观看了平台系统演示，就有关问题进行了询问了解，提出了意见和建议。最后通过了验收。平台作为上海市诚信建设体系的组成部分，由政府立项。首批有60家物流企业建立信用档案，300家物流企业入录信用信息。

＊ 7月7日，上海市物流产业高技能人才培养基地企业内部培训师培训班在上海物资大厦会场开班，来自冷链、电商物流企业的73名企业内部培训师参加。市经信委领导出席并讲话，协会秘书长刘鹰在开班仪式上致词，固晨曦副秘书长主持。本次企业内部培训师的培训，是为了提高企业内部培训的水平，更好服务于企业的人才发展战略和员工技能提升的一次集中而又较为系统的基础性工作。培训内容有物流操作技能、物流发展趋势分析、物流新装备等演示和教学艺术等多个方面，培训班教师来自复旦大字、海洋大学、上师大、商学院等院校的教授、专家。当天的培训班上复旦大学的徐以汎教授和作家戴达作了授课。

＊ 7 月7日，上海市物流协会刘鹰秘书长、陈震常务副秘书长参加了会员单位龙邦供应链管理公司的多多大货网发布暨多多智慧物流园招商会。物流和物流装备企业等代表到会参加。多多大货网是为客户提供智能化零担运输的网络平台，多多智慧物流园位于北青公路嘉松中路，占地240亩，交通便捷，区位优势明显。

＊ 7 月 10 至 11 日，受中物联评估办委派，由安徽省物流与采购联合会和上海市物流协会相关人士组成的评估组，对上海盈思佳德供应链管理有限公司和上海无忧汽车物流有限公司两家申报 4A 的企业，进行了现场评估。

＊ 7 月 12 日，根据《邮政业“十三五”规划中期评估工作方案》安排，为进一步落实邢小江副局长在《规划》评估苏州座谈会上有关要求，上海市邮政管理局近期牵头组织开展了《长江三角洲地区快递服务发展“十三五”规划》（以下简称《规划》）中期评估推进会。会议解读了评估报告中《规划》主要指标的完成情况、重大任务和重点工程实施进展情况、存在问题和下一步措施等内容，就长三角区域快递业发展共性问题和指标调整交换意见，并就长三角区域快递业下一步如何融入长三角一体化发展进程、强化三地协同以及增强区域创新能力等方面进行了充分讨论。三地邮政管理局对如期完成《规划》目标任务充满信心，一致认为要以《规划》评估为抓手，紧紧围绕《规划》目标，力争打造与世界级城市群地位相匹配、引领全国、联通国际的快递强区，进一步引领全国快递业的发展。上海市、江苏省和浙江省邮政管理局相关负责同志参加会议。

＊ 7 月 13 日，上海市物流协会与上海市质量监督检验技术研究院食品化学品质量检验所签订战略合作，共同为上海的物流仓配企业，以及食品流通生产企业提供食品检测、装备检测绿色快捷的检测通道，并享受一系列检测便捷优惠政策，为广大物流仓配企业的竞争力提供强有力的保障，将提升会员企业的招投标竞争力，食品物流企业可以提供除仓配业务以外的增值服务。

＊ 7 月 18 日下午，物流统计监测专题会在上海市物流协会会议室召开，会议由协会刘鹰秘书长主持。发改委经贸处吴保峰首先介绍了统计报表的编写过程，介绍了上海开展这项工作的重要性和必要性，要听取我们企业对本项统计工作的意见，复旦大学朱文贵博士对制度填报的要求、设想一一做了解读，大家围绕着这个内容展开了讨论，吴保峰希望大家认真做好统计工作的意见反馈，在试填 2017 年统计数据的时候要实事求是，要有依据，切忌拍脑袋，表示要与统计局、上海市物流协会一起，到有关单位面对面进行交流，深入听取意见，根据时间节点及时做好试填报表工作和意见反馈。

＊ 7 月 26 日，上海市快递行业协会召开二届七次理事会议，快递协会会长沙剑湧主持会议。上海市邮政管理局党组成员、副局长周德刚出席会议并讲话。会上协会作了《上海市快递行业协会 2018 年上半年协会工作报告》，通报了上半年工作情况和下半年工作计划。重点就《2018 中国快递论坛》筹备工作作了专题动员，指出该论坛是我国快递行业高层次盛会，各单位一定要高度重视积极参与。会上，上海繁锦律师事务所为理事单位对《快递暂行条例》主要条款进行解读；3M 中国公司作了《反光材料在快递行业的应用》报告；会议向理事单位提供车辆资源信息。周德刚副局长在讲话中传达了国家局年中座谈会上马军胜同志讲话精神，通报了本市快递企业的安全生产形势，提出了上海局下半年工作要点。

＊ 7 月 27 日，2017 年上海市逆向物流指数系列（机动车）发布。

＊ 7 月 27 日和 28 日，由中国物流与采购联合会评估办主任杨国栋担任组长，上海市物流协会有关人员参加的评估组，分别对上海锦江航运（集团）有限公司和上海则一供应链管理有限公司申报

5A 运输型物流服务企业，进行了现场评估。

＊ 中国物流与采购联合会、中国物流学会编制的《第五次全国物流园区（基地）调查报告（2018）》（以下简称《报告》），于 2018 年 7 月 27 日在内蒙古自治区乌兰察布市召开的 2018 年（第十六届）全国物流园区工作年会上发布。中国物流与采购联合会、中国物流学会先后于 2006 年、2008 年、2012 年和 2015 年组织了四次全国物流园区（基地）调查。2018 年组织开展的第五次调查工作，得到了国家发展和改革委员会及各地发展改革部门、物流行业组织、中国物流与采购联合会物流园区专业委员会会员单位大力支持。中国物流与采购联合会会长、中国物流学会会长何黎明担任本次调查组组长，副会长贺登才担任本次调查组副组长并在会上对《报告》作了解读。

＊ 7 月 30 日下午，上海物流行业社会组织合作联盟举行 2018 第二次秘书长联席会议。市商务委周岚处长、市交通委藤俊频出席会议，参加会议的有联盟 9 家成员的秘书长以及应邀参加的部分行业社团负责人近三十人。会上，物流、货代、危化品、企业家、快递、交运物流、船东、仓配等行业协会的秘书长分别报告交流了本协会近期工作，周岚在会上通报了市商务委推进的与物流相关的包括城乡高效配送行动计划在内等六项重要任务，希望各协会在物流统计、行业调研、开展培训、标准制定、诚信建设、安全工作等六个方面发挥社团的支撑作用，为上海经济社会发展作出新贡献。市交运协会多式联运分会刘建堂会长介绍了多式联运和长三角多式联运开展情况，中铁特货运上海公司介绍了铁路冷链班列的相关情况。联盟秘书处报告了工作，发布了联盟首期信息专报。

＊ 8 月，交通运输部和国家发展改革委共同印发了《关于组织开展第三批多式联运示范工程申报工作的公告》，在总结第一批、第二批多式联运示范工程经验基础上，决定组织开展第三批多式联运示范工程申报工作。

＊ 8 月 3 日，2018 上海首届国际医药供应链高峰论坛顺利召开，市商务委副主任殷欧、市食药监局总工程师周群出席论坛并致辞。本次论坛由市商务委和市食药监局联合指导，上海国际医药供应联盟（SIMSCA）、药品安全合作联盟（PSM）、上海浦东医疗器械贸易行业协会（MDTA）联合主办，中国医药工业信息中心承办，中国化学制药工业协会、中国医药商业协会等 5 家单位联合协办。论坛主题为“开放的药品和器械供应链追溯模式研讨”，来自医药供应链相关的政府官员、行业专家、企业高管等共 500 多位嘉宾出席。

＊ 8 月 9 日，上海市人民政府办公厅印发《关于本市积极推进供应链创新与应用的实施意见》的通知。

＊ 8 月 13 日，上海市商务委、上海市财政局联合启动《关于开展 上海供应链体系建设试点 2018 年增补项目》申报工作，根据《商务部办公厅 财政部办公厅关于开展供应链体系建设工作的通知》（商办流通函〔2017〕337 号）要求，为加快推进试点工作，进一步巩固试点成效，市商务委、市财政局会同市有关部门启动上海供应链体系建设试点 2018 年增补项目申报工作。

＊ 8 月 16 日下午，上海市物流协会举办 2018 年首批行业信用体系建设及企业信用管理专题座谈会。参会企业选取的大部分是已公布信用名单的试点企业以及今年新增的评级企业共计 30 余家会员

单位。协会目前实施上海市发改委企业信用体系建设专项课题的工作进展，该项目已列入协会 2018 年的重点工作之一。协会计划将之前 61 家试点企业数量增至 100 家左右，并在 2018 年年底之前继续免费为试点企业开展信用等级评价服务。会上还请来了第三方评估机构上海正名资信评估服务有限公司叶克全总经理为与会代表作企业信用体系建设专项培训。

＊ 8 月 22 日，中国物流与采购联合会发布“关于发布二十六批 A 级物流企业名单的通告”。上海有 15 家物流企业被评为国家标准 A 级物流企业，其中 5A 级 2 家，4A 级 9 家，3A 级 4 家。中物联将在九月召开授牌大会。

＊ 8 月 24 日，由上海市物流协会主办的上海城乡配送效益交通提升紧缺人才培训班在上海市商务委员会、上海市人力资源和社会保障局的指导下，于浦东世博管理局汇博中心开幕。培训班是为贯彻商务部、公安部等五部委《城乡高效配送专项行动计划（2017-2020）》文件精神，针对上海地区从事城乡配送的物流企业中高层管理者而举办，共招收企业人员、职业学校教师师 55 名。上海市物流协会精心策划，聘请政府领导、院校教授和成功企业家就上海市城乡配送体系建设政策导向和举措，上海城市配送发展趋势及成功案例剖析，现代城配的演进过程，城市冷链配送的技术与创新，城市配送的运营效率和成本控制，标准化助推城乡高效配送等专题进行解读、讲授和分享。

＊ 当地时间9月8日，首批承运的中国国际进口博览会展品由中远海运正式在德国汉堡港装上“中远西班牙”轮出运。作为进口博览会推荐的国际段运输服务商，中远海运为参展客户提供的首次境外全程展品运输服务。首批展品的启运，标志着中远海运深度参与首届进口博览会，已由组织参展、设计和提供优质优惠的运输服务解决方案，正式进入展品运输阶段。这批展品的货主是位于德国南部巴登 - 符腾堡州的一家历史悠久的家族企业，涉足汽车、航天、建筑业、发电、机械工程、船舶、港口和海工等多个领域，其生产的驱动、传动装置、铸锻造部件等产品享誉业界，堪称德国制造业翘楚。

随着此次首批展品的成功装船发运，来自世界各地的展品运输也将陆续展开。中远海运也已准备就绪，将积极发挥行业特点和全球网格资源优势，为首届进口博会的成功举办做出积极贡献，与中外各界共同见证首届中国国际进口博览会的恢弘盛景。

＊ 9 月 12 日，由上海市食品药品监督管理局主办的《智能化冷冻食品全程监管平台》监管项目说明会，在上海市物流协会举办。此项监管项目旨在完善《上海市食品贮存、运输服务经营者备案管理办法》，强化对食品流通环节的监管，保障上海食品安全流通，无盲点监控，对危险进行提前预警，这也是强制实施的监管工具之一。这次的会议主要针对上海市骨干冷链服务企业小范围试点，听取用户反馈，完善功能建设。上海市物流协会冷链分会孙汕常务副秘书长主持了会议

＊ 9 月 13 日，2018 中国快递论坛在上海召开，以“新时代、新梦想、新征程、新作为——快递让生活更美好”为主题，旨在以习近平新时代中国特色社会主义思想为指引，聚焦进一步推动快递业转型升级、提质增效、创新发展。国家邮政局局长马军胜、上海市副市长时光辉、中国快递协会会长高宏峰出席会议并致辞。论坛还发布了《2018 中国快递论坛 青浦宣言》。坚持快递业转型升级和提质增效，要推进管理、科技、产品和模式创新，努力在产业能力、科技创新、 服务品质、安全水平、绿色低碳、综合效益等六个方面跨越提升。

论坛由国家邮政局、上海市人民政府指导，上海市青浦区人民政府、上海市邮政管理局、上海

市快递行业协会和中国快递协会主办。来自国家有关部委、国家邮政局及各省（区、市）邮政管理局、上海市有关部门、中国快递协会及省市协会、中外快递企业、关联协会及机构的 400 多名嘉宾参加会议。

＊ 9 月 16-17 日，中国物流与采购联合会在吉林省长春市召开了《第二十六批物流企业授牌大会》和《2018 年全国物流服务平台发展年会》，全国各物流行业协会及物流企业的代表参加了会议。上海市物流协会由陈震常务副秘书长带队参会。第二十六批 A 级物流企业全国共有 496 家，其中上海市有 15 家（5A 级 2 家，4A 级 9 家，3A 级 4 家）。

＊ 继 2018 年中物联二十五、二十六批次国家标准 A 级物流企业评估在上海地区积极开展并取得新增 A 级物流企业 28 家之后，上海市物流协会评估办继续抓紧开展评估工作，加大宣贯力度，加紧联系沟通，加强材料审核，加快上报协调。2018 年 10 月，第二十七批评估工作已开始，有多家新评的物流企业的 A 级申报材料已报协会评估办，其中就有数家申报 5A 级的大型物流企业。

＊ 10 月 10 日，第九届中国电子商务物流大会在上海召开，本次会议得到上海现代服务业联合会、上海物流企业家协会、上海市电子商务行业协会、上海跨境电子商务行业协会等上海有关方面的大力支持； DHL 快递中国、中国重汽集团、美团点评、点我达、天地华宇（上汽物流板块）、德马泰克、林德叉车、永合力租赁、3M 中国、地上铁等企业也对大会给予了支持。中国物流与采购联合会副会长兼秘书长崔忠付、上海市商务委员会电子商务处处长陈晓明、爱姆意云商副总裁梁峙峰、京东物流集团价值供应链部总监吴海英、路威酩轩香水化妆品物流总监林正娣、点我达联合创始人、高级副总裁谢新宇、上汽安吉物流总经理助理杨兼文、美团外卖配送事业部总经理魏巍分别发言。会议期间还举行了“中物联同城即时物流分会成立仪式”。

＊ 10 月 11 日下午，“第二届城市电动物流车应用发展论坛”在上海举行。中物联物流装备专业委员会秘书长左新宇主持本论坛。交通运输部科学研究院现代物流研究中心副研究员华光、深圳市新能源车辆应用发展中心主任谢海明、顺丰速运有限公司新能源汽车项目负责人郑伟志、菜鸟网络高级业务拓展专家袁果、地上铁租车（深圳）有限公司市场中心总经理金玮、货拉拉全国运力总监谷小猛、浙江传化绿色慧联物流有限公司常务副总经理杨东、京东物流新能源车辆项目部负责人刘飞等分别讲话，围绕新能源物流车发展现状与趋势、新能源物流车推广应用实践等话题展开研讨。会议期间，主办方对新能源物流车应用推广贡献企业及新能源物流车应用推广贡献专家进行了表彰。

同期举行的“AI 时代下，电子商务物流新趋势论坛”，有林德（中国）叉车行业拓展高级经理刘英、德马泰克国际贸易（上海）有限公司高级系统顾问朱庭亮、中国重汽集团销售部总经理助理、上海分公司经理杨树海、3M 中国有限公司华东区销售经理刘国才、物流沙龙 CEO Tracy、迅蚁创始人、CEO 章磊、圆通速递副总裁相峰、百世集团营销总经理洪一玮、晶链通副总裁毛莉、恒力市场部经理刘枫等嘉宾等就电子商务物流的新趋势发展方向及智能化大趋势下物流装备的新格局进行了发言及现场互动。论坛由罗戈物流研究院院长潘永刚主持。

“跨境电商物流发展论坛”则由 CAPEC 中国首席代表雍虎主持，有上海自贸区联合发展有限公司党委委员、总经理助理逄淑光、阿里巴巴集团公共事务副总裁邢悦、上海智盾网络科技有限公司董事长陶钧、福建陆地港集团总经理李子兴、杭州佳成国际物流公司副总经理殷琦围绕自贸区发展及跨境电商业务创新模式、跨境服务新场景、新时代跨境物流产业的推动与发展等主题进行了分享。

中物联电商物流与快递分会、中物联装备委分别对“2018 中国电子商务物流优秀服务商”“2018 中国电子商务物流设备供应商”进行了表彰。

＊ 10 月 17 日，商务部在上海召开全国供应链创新与应用试点工作会议，落实《国务院办公厅关于积极推进供应链创新与应用的指导意见》（国办发〔2017〕84 号），上海市副市长吴清出席会议并致辞，商务部副部长王炳南出席会议并讲话，中财办、工业信息化部、生态环境部、农业农村部、人民银行、市场监管总局、银保监会等有关国家部委负责同志出席会议。

＊ 10月29日下午，由上海现代服务业联合会与徐汇区政府合作举办的聚焦徐汇“四大品牌”建设，迎接“首届进博会“高峰论坛在光大会展中心举行。这是继 2016 年以来双方合作的第三届论坛，是政府与社会组织双方合作互补发挥各自综合优势的创新模式。上海现代服务业联合会会长周禹鹏、上海市徐汇区区长方世忠出席并致辞。论坛现场，上海现代服务业联合会副秘书长白焕耀受命发布《上海现代服务业发展报告 2017》和 2017 年上海服务业景气指数。上海现代服务业联合会副会长、创博会组委会常务副主任陈振鸿做了上海 2018 第八届创意产业博览会筹备工作报告。徐汇区副区长陈石燕、上海社科院世界经济研究所副所长徐明棋研究员分别作主旨演讲。上海现代服务业联合会各直属机构、会员单位以及徐汇区各委办局相关领导出席了本次高峰论坛。

＊ 10 月 30 日，为进一步做好中国国际进口博览会（以下简称进博会）和快递业务旺季期间我市寄递渠道安全服务和保障工作，上海市邮政管理局局组织召开了进博会寄递渠道安全保障再动员暨快递业务旺季服务保障部署会。会议传达学习了国家邮政局、公安部、国家安全部联合印发的《关于加强首届中国国际进口博览会期间寄递物品安全管理的通告》和市政法委、市交通委有关会议和文件精神，指出各管理局要加强进博会期间寄递渠道安全监管工作，各企业要认真落实企业主体责任，确保进博会期间寄递行业安全生产工作，要自觉遵守交通法规，自觉维护进博会期间道路交通秩序；市场处解读了上海市《2018 年快递业务旺季服务保障工作方案》；邮政公司、圆通、顺丰分别就进博会期间寄递渠道安全服务保障、双 11 快递业务旺季服务保障和后续加强寄递服务保障工作进行了交流发言；寄递办通报了近期国内外涉恐涉爆相关情况，强调各企业要严格落实三项制度，特别是进博会期间的实名收寄工作，确保录入信息准确可查，确保杜绝潜在风险隐患。上海市寄递物品安全监管办公室，上海市快递协会，上海局办公室、普服处、市场处、安全中心和各管理局相关领导同志出席会议，邮政上海市分公司、申通、韵达、顺丰等 20 余家快递企业相关负责人参加会议。

＊ 11 月 5 日至 10 日，举世瞩目的首届中国国际进口博览会在上海举办。习近平主席亲自出席开幕式并发表主旨演讲，深入阐释了举办进口博览会的重大意义，郑重宣示了进一步扩大开放的中国行动，彰显了中国推动更高水平开放、推动建设开放型世界经济、推动构建人类命运共同体的信心和决心、责任和担当，引发与会嘉宾强烈共鸣，得到国际社会的广泛关注和高度赞赏。首届进口博览会以习近平新时代中国特色社会主义思想为引领，以“新时代，共享未来”为主题，秉承“创新、协调、绿色、开放、共享”新发展理念，吸引了 172 个国家、地区和国际组织参会，3600 多家企业参展，超过 40 万名境内外采购商到会洽谈采购，展览总面积达 30 万平方米。截至 11 月 10 日中午 12 时，累计进场达 80 万人。

＊ 2018 年 11 月 7 日，交通运输部发布《关于交通运输行业“证照分离”改革具体措施的公告》，

公告内容是根据《国务院关于在全国推开“证照分离”改革的通知》（国发〔2018〕35 号）明确的，涉及交通运输行业为“国际船舶管理业务经营审批（外资）”等 12 项审批事项。交通运输部已逐一细化改革举措，制定了具体管理措施。

＊ 11 月 7 日，商务部联合公安部、交通运输部、国家邮政局、供销合作总社印发了《城乡配送绩效评价指标体系》（以下简称《指标体系》）。《指标体系》的印发有利于落实《城乡高效配送专项行动计划（2017-2020 年）》提出的“到 2020 年，初步建立起高效集约、协同共享、融合开放、绿色环保的城乡高效配送体系，确定全国城乡高效配送示范城市 50 个左右、骨干企业 100 家左右”的主要目标；有利于指导各地对开展城乡高效配送工作情况进行综合评估；有利于落实城市主体责任、引导企业转型升级与模式创新发展；也是检验城乡高效配送专项行动成果的重要依据。

＊ 11 月中旬，上海市邮政管理局正式发布《上海市快递设施专项规划（2017-2035 年）》（以下简称《规划》）。作为《上海城市总体规划（2017-2035）》的专项规划之一，《规划》立足上海市快递业发展实际，分 2020 年、2035 年以及 2050 年三个阶段，对上海市快递基础网络近期发展目标和远期发展愿景进行了展望，对快递设施体系和空间布局进行了规划，明确了未来一段时期内上海市快递设施建设发展的方向和路径。《规划》的实施对推动本市快递行业健康发展具有重要指导意义，为落实国家局建设邮政强国任务、推进上海邮政强市工作积极谋划，先行布局。

上海市邮政管理局表示，将以《规划》发布为契机，结合《上海市邮政业发展“十三五”规划》和《长江三角洲地区快递服务发展“十三五”规划》实施工作，全面开展《规划》宣贯，紧盯目标任务，全力推进《规划》落地。下一步，根据长三角一体化发展战略要求，主动融入，积极推进长三角地区快递基础网络互联互通、共建共享，为实现长三角快递业一体化发展提供支撑和保障。

＊ 11 月 14 日，在上海市邮政管理局的指导下，上海市快递行业协会继 2016 年成功编制了我国《快递电子运单》行业标准以后，2018 年又一次成功编制《快递手持终端安全技术要求》行业标准。《快递手持终端安全技术要求》行业标准的编制工作历时二年，日前国家邮政局召开审查会议，审议通过了该标准。下一步，将根据评审会专家意见，对《快递手持终端安全技术要求》进行修改和完善，形成报批稿提交国家邮政局办公会议讨论。这意味着在快递手持终端设备的使用方面将诞生第一部行业标准，必将对我国快递行业的规范、安全运行产生积极影响。

＊ 11 月 16-18 日，由中国物流学会、中国物流与采购联合会主办的 2018 年（第十七次）中国物流学术年会于 11 月 18 日在江西省南昌市圆满结束。来自全国物流领域产学研各界及美国、日本等 1200 多名国内外代表参加了会议。本次大会中国物流与采购联合会会长、中国物流学会会长何黎明，国务院发展研究中心副主任隆国强，海尔集团总裁、董事局副主席周云杰等领导和嘉宾出席并讲话，中国物流学会兼职副会长、全国物流标准化技术委员会逆向物流标准化工作组秘书长、上海市物流协会逆向物流分会副会长郝皓教授也应邀在全体大会上做题为《全球逆向物流发展趋势和中国创新模式研究》的大会报告。

＊ 11 月 22 日，上海市邮政管理局召开《上海市志（1978—2010）• 邮政业卷》编纂启动会。市快递协会、市邮政分公司、各快递企业编纂工作相关负责人、编纂实施方出席会议。余洪伟副局长出席会议并讲话。会议介绍了《上海市志（1978—2010）• 邮政业卷》编纂筹备情况、宣布了编纂委

员会、办公室的组织架构和人员名单。会议就各快递企业提供的资料清单做了详细说明。

＊ 11月24-25日 ，中国物流与采购联合会在山东济南召开了2018（第十六届）中国物流企业家年会。本次年会也是物流行业隆重纪念改革开放四十周年的回顾会和表彰会。会上，中物联评选出了“改革开放40年物流行业企业家代表性人物”40名、“改革开放40年物流行业代表性企业”40家，“改革开放40年物流行业专家代表性人物”30名、“改革开放40年物流行业协会工作代表性人物”30名等，其中上海保税区域协会会长邢慷弟、正广通科技集团有限公司董事长杨文华、上汽安吉物流有限公司首席执行官余德、上海天地汇供应链管理有限公司董事长徐水波、远成物流股份有限公司董事长黄远成、圆通速递有限公司董事长喻渭蛟、德邦快递董事长崔维星、西本新干线股份有限公司首席执行官虞钢荣获“改革开放40年物流行业企业家代表性人物”；德邦快递、普洛斯投资（上海）有限公司、上海外高桥物流中心有限公司、上汽安吉物流股份有限公司、圆通快递有限公司荣获“改革开放40年物流行业代表性企业”；上海交通大学朱道立教授，上海海事大学校长黄有方教授荣获“改革开放40年物流行业专家代表性人物”；上海市物流学会原会长李厚圭、上海市物流协会常务副秘书长陈震、上海物流企业家协会原会长范鸿喜荣获“改革开放40年物流行业协会工作代表性人物”。

＊ 11月29日下午，市商务委与市地方金融监管局举行“融资租赁公司、商业保理公司、典当行监管职责转隶确认书”签订仪式，副市长吴清、市商务委主任尚玉英、市地方金融监管局局长郑杨共同出席见证，市商务委副巡视员徐文杰、市地方金融监管局副局长李军代表双方签订转隶确认书。按照党中央国务院关于机构改革工作的要求和市委市政府统一部署，为贯彻落实全国金融工作会议关于加强地方金融监管的要求，根据商务部、银保监会有关融资租赁公司、商业保理公司、典当行监管职责转隶工作部署，市商务委将以上三类机构监管职责（包括规划制定、行业准入、行业监管、行业自律组织指导等）划转至市地方金融监管局。转隶后，市商务委将支持市地方金融监管局做好有关工作，确保各项工作平稳有序。市委编办、上海银保监局筹备组、市市场监管局、市税务局、市公安局、市民政局分管领导出席了见证活动。

＊ 12月6日，上海市物流行业社会组织合作联盟2018秘书长第三次联席会议在苏州市会议中心太仓厅召开，参加会议的有联盟成员11家协会的秘书长等共20余人，上海市口岸办刘代宇副处长出席。上海交通运输行业协会副秘书长刘建堂介绍了有关多式联运发展和在长三角的推进情况，参会的交运多式联、货代、航发促进、船东、集箱运联、国防交通、企业家、仓配、物流、道运等秘书长介绍了本协会年内主要工作和新一年的工作设想。市口岸办刘副处长在会上讲话，希望联盟各成员单位为进一步改善上海口岸的营商环境多作贡献，联盟进一步发挥好作用。

＊ 12月10日，全球规模最大的全自动化码头洋山深水港四期迎来开港一周年。截至2018年11月底，洋山四期共完成集装箱吞吐量174.3万标准箱，预计今年全年将完成200万个标准箱的吞吐量。作为全球规模和体量最大的全自动化码头，洋山四期总用地面积达到223万平方米，集装箱码头岸线长达2350米，但全部工作人员只有不到260人，仅仅是传统码头的$^1/_4$左右。自动化降低了人力成本，提升了港口科技含量，也给日常运营带来了挑战。根据规划，洋山深水港四期将最终配备26台桥吊、120台轨道吊、130台无人驾驶自动导引车。全部建成后，运营能力有望达到年吞吐量630万标准箱。

* 12 月 11 日，上海市物流协会假座日航饭店会议厅举行协会 2018 年度会长办公会议暨第二次常务理事会。浦静波会长主持会议，刘鹰秘书长作了关于协会 2018 年工作总结和 2019 年工作设想的报告；张悦来副秘书长作了关于协会章程修改说明的报告；陈震常务副秘书长作关于理事调整和增补副会长议案的报告；固晨曦副秘书长作关于协会会费收取补充意见的报告。会议审议了以上报告和修订后的协会章程。

* 12 月 14 日，苏浙沪物流行业协会和部分物流企业 70 余人在苏州市举行会议，本次会议旨在贯彻习主席提出的“将支持长三角区域一体化发展上升为国家战略”的指示精神，共商推动长三角区域物流高质量一体化发展大计。上海市物流协会、学会和上海物流行业组织合作联盟其他成员单位及上海物流企业代表二十余人参加。会上，苏浙沪物流协会交流了物流发展情况，企业介绍了物流运行和创新情况。会议讨论了“长三角物流一体化合作宣言”。将加强合作和沟通，为长三角物流高质量一体化发展建言献策和务实推进。

* 12 月 20 日，上海市物流产业高技能人才培养基地在上海物贸股份公司会议室召开年度工作会议，协会介绍了 2018 年培训工作和 2019 年工作设想，基地有关人员介绍了市人社局、市就促中心、市鉴定中心和市财政专家近期讲话精神。2019 年基地工作重点是开发完成培训项目，组结培训和鉴定，围绕重点工作，开展技能竞赛，完成新型学徒制试点工作，进一步做好教师企业实践，加强宣传和管理工作等。

* 12 月 20 日下午，由上海市物流学会和上海市物流协会主办的庆祝改革开放 40 周年暨供应链论坛在上海物贸股份办公楼七楼会议室隆重召开。论坛旨在借助庆祝改革开放 40 周年之际，回顾总结现代物流业的发展历程，展望新时代赋予的新使命，探索物流业在现代供应链和供应链创新的国家战略中更好地创新发展，稳步实现党和政府提出的物流发展新目标和新任务，以激励广大物流工作者迈向现代物流业发展的新征程。

* 12 月 25 日，上海市邮政管理局网确认，从 2019 年 1 月 1 日起，上海市快递员等灵活就业群体工会会员将获得专享基本保障，最高每人每年保障金可达 9.08 万元。近年来，以物流快递员等为代表的灵活就业群体大量涌现，为帮助他们切实提高抵御和防范疾病、意外风险的能力，上海市首次设计推出了“灵活就业群体工会会员专享基本保障”，专享的四类保障范围为：住院补助金、特种重病保障、意外伤害和重残保障、疾病身故保障，个人最高保障金额达 9.08 万元 / 年。上海市邮政管理局将按照国家局的部署，适应新时代、新要求，在切实维护行业职工权益、加强行业职工保障上下功夫，在进一步加强和改进党对工会工作的领导，推动各大品牌快递企业成立工会组织上下功夫，积极加大专享基本保障政策宣传力度，用足用好政策，指导上海市快递行业协会、相关快递企业采取有力措施，切实扩大在沪快递员参保人数，切实守护快递员的民生权益，真正让快递员感受到政策红利、城市关怀和社会温情。

* 12 月 27 日，由上海现代服务业联合会举办的“纪念改革开放四十周年上海物流业座谈会”在上海现代服务业联合会会议大厅隆重召开。原上海市委常委、副市长、上海现代服务业联合会会长周禹鹏，上海现代服务业联合会副会长周伟民、陈振鸿、巢卫林、范鸿喜，副秘书长隋军，市发展改革委员会经贸流通处殷飞处长、市经济和信息化委员会生产性服务处何勇处长、市商务委员会市

场体系建设处王纪升副处长、市交通委员会运输管理处滕俊频主任科员、市对外合作交流办企业管理处代表、物流业领军企业22家和物流业15家社团组织共60余人出席座谈会。

2019年1–2月

＊1月1日，《中华人民共和国电子商务法》正式实施，这意味着中国电商行业进入有法可依的时代，为规范行业发展迈出重要一步。

电商法规定，通过互联网等信息网络从事销售商品或者提供服务的经营活动的自然人、法人和非法人组织都属于电子商务经营者，应当依法办理市场主体登记，履行纳税义务。这意味着原本处于灰色地带的个人海外代购、微商将纳入法律法规的监管。只有加强监管，合理提升市场准入门槛，才能净化市场环境，淘汰销售假冒伪劣产品或欺诈消费者的商家，为真正有实力、能诚信经营的代购或微商提供公平的市场环境，从而让消费者放心购物。

电商法的出台是对整个电子商务行业规则的重塑，不仅对商家的行为做出规范，还明确了电商平台应有的责任和义务，给消费者网购“撑起了腰”。相信随着电商法的深入实施，消费者的合法权益将得到更有效的保护，网购会更加放心舒心。

＊1月3日，长三角地区市场一体化建设合作备忘录签约仪式在上海举行。上海市副市长许昆林、江苏省副省长陈星莺、浙江省副省长王文序、安徽省副省长杨光荣共同签署了《长三角地区市场一体化建设合作备忘录》。商务部副部长王炳南、市场监管总局总工程师韩毅见证签约。签约仪式由上海市政府副秘书长顾金山主持。三省一市商务主管部门、市场监管部门负责同志参加签约仪式。市商务委主任尚玉英、副主任刘敏参加签约仪式。

＊1月3日，上海市邮政管理局宣布，综合2017年以及2018年1-11月份上海市邮政业发展趋势、行业发展规律和调研辖区企业12月业务发展情况，2018年上海市快递业务年收入首次突破1000亿元大关。上海快递业在发展壮大过程中呈现出四个明显特征：一是体量较大。2008年全市快递业务量为2.9亿件，业务收入为81.4亿元，2018年全市快递业务年收入超过1000亿元，全国城市中排名第一。二是总部众多。全国快递企业有七家上市公司，其中总部在沪的有五家，多家快递企业全国总部或区域总部落户上海，形成了独具特色的快递总部经济和“民营在西、国有在中、外资在东“的发展格局，上海已成为全国快递企业总部最多的城市。三是网络健全。截至目前，全市共有注册企业约1550家，备案分支机构约900家，转运中心31家，拥有自动化分拣线20余条。上海快递服务网络已覆盖城市的每一个角落，较早实现了村村通快递。四是融合度高。目前快递业正走向与金融、电商、网络零售等行业的联动发展、深度融合，业务不断向产业链的上下游延伸，企业正向服务链更长、附加值更高的综合物流运营商转变。

＊1月3日至5日，上海市物流协会评估办分别对新银豪国际物流（上海）有限公司和上海金国物流有限公司申报4A级综合服务型物流企业，及上海劲诚供应链管理有限公司申报3A级综合服务型物流企业进行现场评审。评估小组依据国家标准的评审要求，听取了三家单位的情况介绍，了解了企业的运行情况，查验了相关数据和材料，提出了意见和建议，完成了全部评估工作。三家企业通过了A级企业的现场评估，将报中物联评审委作最后审核批准。

＊1月8日，上海市物流协会在协会会议室召开司法服务企业调研会议，上海市人民检察院第一

分院党组成员、副检察长顾海鸿等一行6人到会听取企业意见和诉求。在研讨会上，郑明、远成、圆通、中通、E通世界、五石米等民营物流企业的领导和企业法务部门负责人介绍了物流企业经营活动情况和企业法务工作的情况，从物流企业角度提出了有关企业对司法服务的意见、建议和诉求。顾海鸿副检察长结合自己从事过的判案工作，法院领导工作和在市政法委工作的经验，与参会人员进行了交流，并表示物流企业需要进一步了介法律知识，愿意为大家提供培训和大家进行交流。

＊ 1月15日，在无锡市日航宾馆三楼会议室举行《上海现代服务业发展报告2017》编撰工作总结会暨2018年版动员会，联合会会长周禹鹏出席並讲话。市物流协会与浦东现代物流、快递、仓储、港口、道路搬场、市政公路等多家行业协会，积极参加了联合会组织的白皮书中物流业部分发展分报告的撰写。

＊ 1月24日，上海交通物流职教集团与上海市物流协会合作撰写的《上海市物流中高级人才需求预测报告（2019一2023）》正式发布。报告撰写过程中调查了60多家上海物流企业，查阅了国内外有关资料，研究了国家与上海市政府部门物流发展的相关规划和要求，还邀请近20位院校、企业、社会团体专家参加研讨，两易其稿后顺利完成。专家认为报告所提出的8个结论，3个建议，对上海市物流人才培养和职业学校教育有较高的参考价值。

＊ 1月下旬，上海市政府办公厅下发《关于本市推进电子商务与快递物流协同发展的实施意见》（以下简称《实施意见》），推进本市电子商务与物流快递进一步健康快速发展。《实施意见》是贯彻习近平新时代中国特色社会主义思想和党的十九大精神，深化落实《国务院办公厅关于推进电子商务与快递物流协同发展的意见》（国办发〔2018〕1号）的积极举措。以推动供给侧结构性改革为主线，以完善城市基础设施为重点，以构建优质营商环境为保障，着力推进电子商务和快递物流业合理化布局、智能化发展、绿色化运营、标准化建设、便利化服务。《实施意见》提出五方面十四项重点工作任务。

＊ 2月11日，上海现代服务业联合会物流与供应链服务专委会主任范鸿喜一行到访上海市物流协会，协会刘鹰秘书长等接待并进行了座谈。双方各自介绍了2019年工作重点，希望加强联系和交流，共同为上海物流业发展做出新贡献。协会常务副秘书长陈震、副秘书长张悦来，上海现代服务业联合会物流与供应链服务专委会秘书长韩志雄等参加座谈。

＊ 2月14日，为贯彻落实《国务院办公厅关于积极推进供应链创新与应用的指导意见》（国办发〔2017〕84号）、《关于本市积极推进供应链创新与应用的实施意见》（沪府办发〔2018〕26号）精神，加快推进实施本市供应链创新与应用试点，市商务委副主任刘敏主持召开本市供应链创新与应用试点工作推进专题会。市发展改革委、市经济信息化委、市农业农村委、市生态环境局、市市场监管局、市地方金融监管局、人民银行上海分行、上海银保监局等相关单位负责同志参加会议。会上，各单位交流了试点启动以来本领域工作进展及取得的阶段性成效，市商务委介绍了2019年推进本市供应链创新与应用试点的工作方案，并对启动本市各重点领域企业和全市面上排摸和评估工作提出要求。

会议明确，下一步要结合实施长三角一体化国家战略，持续打响“四大品牌”，对接好中国国际进口博览会平台，联合社会各方力量，系统集成推动制造供应链、流通供应链、农业供应链、供应链金融、绿色供应链、全球供应链等六大重点领域改革创新发展，同时聚焦信用、质量、标准等领域进一步完善政府治理和公共服务，加快在现代供应链领域培育新增长点、形成新动能。

* 自2019年2月14日起，电子EIR（交接单电子化）全面上线，各船公司将全面停止发放纸质设备交接单，电子EIR全面上线之后，将彻底改变原先集中等单、集中进港、集中提箱，港区周边交通堵塞、隧道堵车的状况，R解决了码头作业的集中和堆场作业的集中，让码头、堆场作业均衡，30年来自然形成的设备交接单的单证申请、发放、流转方式，已经成为行业发展的障碍。实现设备交接单电子化，可谓一举多得。据市商务委（市口岸办）发布信息，除了取消纸质设备交接单之外，为实现上海优化营商环境“2.0”版在跨境贸易方面所明确的改革目标和改革任务，更多的改革举措将陆续实施：具体包括减少进口申报随附单证，取消汽配类商品自动进口许可证；降低进口边境合规费用；减少出口申报随附单证，推广出口原产地证书自主打印；降低出口边境合规费用；推广进口“提前申报”“提前换单”，扩大关税保证保险试点范畴，推进提货单电子化流转；加强对上海口岸经营性收费的检查力度；按照服务与收费相一致原则，规范集装箱堆场、查验场站收费，加强价格监督检查，防止滥用优势地位指定服务商等。

* 2月19日至20日，市委办公厅综合处何燕飞处长一行三人到上海市物流协会调研，分别听取协会关于行业情况介绍，召开企业座谈会，听取在发展运营中面临的问题、困难，意见、建议。参加企业座谈会的有上港物流、圆通快递、德邦快递、国药物流、百联集团、环世物流、远孚物流7家企业，涵盖了港口、快递、医药、货代、城配等细分领域。座谈会上企业介绍了物流运营情况并就规划政策、企业减负、营商环境、发展后劲、教育支持等方面发表了意见，提出了建议。

搜集整理：张志坚

10.2 上海图书馆馆藏部分2018年出版物流业文献目录

上海图书馆馆藏部分2018年出版物流业文献目录

序号	书　名	著者	出版社
1	Flexsim 物流系统建模与仿真案例实训	马向国	化学工业出版社
2	Flexsim 物流仿真与系统优化	尹静	冶金工业出版社
3	Inside Logistics : Canada's supply chain magazine		Newcom Business Media Inc.
4	“一带一路”背景下我国物流管理发展研究	王雅华	中国水利水电出版社
5	“一带一路”背景下乌鲁木齐市沙依巴克区物流产业布局	肖忠东	电子工业出版社
6	みるみる効果が上がる！製造業の輸送改善 ： 物流コストを30%削減	仙石惠一	日刊工業新聞社
7	エンジニアが学ぶ物流システムの「知識」と「技術」	石川和幸	翔泳社

序号	书　名	著者	出版社
8	保税物流区域发展对腹地经济增长影响的研究	戴小红	浙江大学出版社
9	城市绿色智慧物流	王喜富	电子工业出版社
10	大规模定制化物流服务模式下物流服务供应链调度理论与方法	刘伟华	中国财富出版社
11	大数据时代的智慧物流	李汉卿	人民交通出版社股份有限公司
12	大宗商品物流市场研究方法	沈哲	浙江大学出版社
13	地域経済強靭化に向けた課題と戦略 ： 北海道の 6 次産業化の推進と物流の課題の視点から	阿部秀明	共同文化社
14	第三方物流	姜春华	东北财经大学出版社
15	电子顾客互动对电子商务物流服务顾客购买意愿的影响研究	魏斐翡	中国社会出版社
16	电子商务物流	刘常宝	机械工业出版社
17	电子商务物流管理	邵贵平	人民邮电出版社
18	电子商务物流实务	陈雄寅	华东师大出版社
19	电子商务物流实训教程	陶杰	浙江大学出版社
20	电子商务与快递物流	杨萌柯	北京大学出版社
21	二级物流多中心共同配送收益分配优化	王勇	科学出版社
22	港口供应链与物流管理理论	王文渊	中国建筑工业出版社
23	港口物流	郑俊田	中国海关出版社
24	港口物流业与宁波港口经济圈发展的战略协同研究	徐莹	中国社会科学出版社
25	供应链与物流管理	赵林度	高等教育出版社
26	管理决策模型与北京市物流问题实践	许研	知识产权出版社
27	广东省物流业发展报告 ． 2016-2017	蒋蒲生	暨南大学出版社
28	贵州省物流成本研究	王茂春	冶金工业出版社
29	国际货代物流实务英语手册	王传见	华东理工大学出版社有限公司
30	国际物流	苑春林	中国经济出版社
31	国际物流单证实务	许妍	南京大学出版社
32	国际物流与货运代理	张清	东北财经大学出版社
33	国际物流与运输	郑俊田	中国海关出版社
34	国家智能化仓储物流示范基地创新发展报告	贺登才	中国物资出版社
35	航空投送转运物流系统集成应用研究	李欣	中国财富出版社
36	航运物流从业第 1 课	黄伟明	厦门大学出版社
37	行业物流管理研究	温卫娟	中国财富出版社

序号	书　名	著者	出版社
38	湖南现代物流发展研究报告 . 2017	黄福华	中国财富出版社
39	互联网环境下的城市物流配送	汪晓霞	清华大学出版社 : 北京交通大学出版社
40	互联网 + 物流的理论与实务发展研究	张如云	中国水利水电出版社
41	化工产品链延伸与物流优化研究	付启敏	科学技术文献出版社
42	化工物流中的 HSE 关键问题研究	李荷华	西安电子科技大学出版社
43	基于电子商务环境下的物流体系研究	南洋	吉林大学出版社
44	集成化视角下钢铁物流流程再造与应用	邹安全	中国财富出版社
45	江苏物流服务业发展研究报告 . 2017	乔均	南京大学出版社
46	精益供应链与物流管理	麦尔森	人民邮电出版社
47	跨境电商物流	韩玲冰	人民邮电出版社
48	跨境电商物流业务操作	左锋	中国人民大学出版社
49	冷链物流	吕建军	中国经济出版社
50	冷链物流管理	叶健恒	北京师范大学出版社
51	冷链物流系统风险分析	彭本红	科学出版社
52	冷链物流运营管理	杨清	北京理工大学出版社
53	林 - 浆 - 纸企业生产物流智能控制与配送研究	张国华	北京理工大学出版社有限责任公司
54	绿色物流	章竟	北京交通大学出版社
55	煤炭物流运输网络可靠性评估研究	曾旗	经济科学出版社
56	门到门时代 : 正在重构人类生活的物流革命 = Door to door : the magnificent, maddening, mysterious world of transportation *	休姆斯	文汇出版社
57	南京市物流标准化研究及实践	南京市商务局	中国标准出版社
58	内河港口物流园区建设与运营	王亚武	上海交通大学出版社
59	农产品电商物流运作实务	张步阔	贵州大学出版社
60	农产品冷链物流技术原理与实践	张玉华	北京理工大学出版社有限责任公司
61	农产品物流	侯云先	中国经济出版社
62	农村物流配送管理有道	桂琳	中国科学技术出版社
63	农村物流园	潘苏	经济管理出版社
64	農産物流通は今	農政ジャーナリストの会	農政ジャーナリストの会 : 農林統計協会（販売）

序号	书　名	著者	出版社
65	ERP 供应链系统	张丽静	立信会计出版社
66	ERP 财务会计与供应链实训教程：用友 ERP-U8 V10.1 平台	简胜前	西安电子科技大学出版社
67	Introduction to operations and supply chain management (Third edition) / Cecil C. Bozarth, Robert B. Handfield = 运营与供应链管理	Bozarth, Cecil C.	中国人民大学出版社
68	“供应链”遇上“物联网”专著：农产品供应链的管理与优化	冷凯君	东北师范大学出版社
69	“互联网 +”背景下的供应链管理改革与创新研究	冷凯君	东北师范大学出版社
70	报童型供应链的时间管理与协调研究	方新	科学出版社
71	采购与供应链管理 Purchasing and supply chain management	莱桑斯	机械工业出版社
72	采购与供应链管理：采购成本控制和供应商管理实践	柳荣	人民邮电出版社
73	采购与供应链管理：苹果、华为等供应链实践者	辛童	化学工业出版社
74	采购与供应链管理实务	崔国成	武汉理工大学出版社
75	产品服务供应链管理	徐志涛	机械工业出版社
76	出口跨境电商供应链管理	唐亮	中国财政经济出版社
77	创新突围：基于供应链的创新 = Innovation breakthrough : innovation based on supply chain	杨婷	中国经济出版社
78	大规模定制化物流服务模式下物流服务供应链调度理论与方法	刘伟华	中国财富出版社
79	大数据环境下供应链企业间客户知识共享及激励研究	沈娜利	经济科学出版社
80	港口供应链与物流管理理论	王文渊	中国建筑工业出版社
81	供需匹配视角下的云计算服务供应链的协调策略研究	韦凌云	科学出版社
82	供应链的三道防线：需求预测、库存计划、供应链执行	刘宝红	机械工业出版社
83	供应链管理技术：采购和仓储实践者的创新笔记	李傑	人民邮电出版社
84	供应链金融	陈晓华	人民邮电出版社
85	供应链企业信任的演化分析与实证研究	石岿然	经济科学出版社
86	供应链契约设计和优化决策：基于努力投入的视角	马鹏	科学出版社
87	供应链生命周期合作关系的影响机理与协调策略	王利	中国财富出版社
88	供应链与供应链竞争的纵向结构与合同选择	赵海霞	四川大学出版社

序号	书　　名	著者	出版社
89	供应链与物流管理	赵林度	高等教育出版社
90	关系稳定性、联盟绩效与跨境农产品供应链优化：以广西—东盟为例	隋博文	中国社会科学出版社
91	精益供应链与物流管理	麦尔森	人民邮电出版社
92	绿色供应链管理：政策与实践	张洁清	中国环境出版集团
93	逆向供应链及其服务	夏绪辉	机械工业出版社
94	期权合同视角的生鲜农产品供应链管理决策研究	王冲	科学出版社
95	实体零售商主导下快消品双渠道供应链合作博弈研究	刘峥	北京理工大学出版社
96	我国城市蔬菜供应链一体化	周涛	经济管理出版社
97	物流信息平台整合供应链资源模式	魏娟	经济管理出版社
98	物流与供应链管理：新商业、新链接、新物流	朱传波	机械工业出版社
99	物流与供应链管理理论精要与实践案例	张诚	经济管理出版社
100	现代物流与供应链管理	魏修建	西安交通大学出版社

（来源：上海图书馆网　查询整理制表：张志坚 2019 年 3 月 24 日）

10.3 上海现代服务业联合会物流与供应链服务专委会推荐介绍：本市物流行业两家行业联盟和三家明星企业

物流行业两家联盟简介

一、上海冷链联盟

上海冷链联盟于 2017 年 12 月 15 日成立，是由上海现代服务业联合会牵头，上海市 13 家协（学）会共同发起、上海市冷链领域相关行业组织及企业组成的行业性合作组织，13 家发起单位分别是：上海现代服务业联合会，上海冷链协会、上海物流企业家协会、上海市物流协会、上海冷冻空调行业协会、上海市制冷学会、上海市冷冻食品行业协会、上海水产行业协会、上海市肉类行业协会、上海市蛋品行业协会、上海市果品行业协会、上海蔬菜食用菌行业协会、上海现代服务业促进中心、上海医药商业行业协会等。

自 2017 年 6 月开始，在上海现代服务业联合会牵头下，组建了上海冷链联盟筹委会，并按照“跨界融合、构筑平台、撮合资源、携手合作”的指导思想，积极与市商务委、市发改委等相关指导部门沟通，并大量走访调研了冷链相关企业，积极推进各项筹备工作的开展。

组建上海冷链联盟的初衷是：随着经济的发展和人们生活水平的提高，随着商业模式颠覆性的改变，新的组织形式、新的商业模式、新的设施设备、新的信息化手段不断地注入我们的冷链事业，如何把这些新的、更高科技含量融汇到冷链事业当中，这是冷链行业发展急需解决的问题。目前，上海的冷链行业拥有多个行业组织，参与上海冷链联盟发起的有 13 家协（学）会，这些行业组织在工作开展中，发挥着各自的优势，从不同角度、不同专业为上海冷链行业、会员单位提供了必要的服务，做出了相应的贡献。但如何把这些行业组织的优势、资源更好的整合起来，发挥整体优势？如何构筑一个各行业沟通交流的平台、资源共享的平台？这个就是我们建立上海冷链联盟最基本的初衷。

在筹建过程当中，筹委会走访了市商务委、市发改委、市经信委、市交通委、对外合作交流办等政府相关部门及其他的行业组织、企业单位，得到了政府相关部门大力的支持，并表示要对上海冷链联盟下一步的工作和发展提供必要的支持，而且政府相关部门也正在寻求这样一个助手，能够成为政府部门职能管理的延伸。为政府的购买服务创造了条件、打下了基础。这充分说明了组建上海冷链联盟的条件基本成熟。

筹建上海冷链联盟的目标，是搭建一个供各行业协会、企业交流沟通、合作共赢的平台，是为行业之间、行业内部、行业与政府之间、行业与专业研究机构交流沟通、合作的平台。上海冷链联盟的性质是纯公益性组织，是为行业、企业提供必要的服务，不收取会费，联盟和成员之间，成员与成员之间不存在领导与被领导的关系、依靠的关系，而是一种自愿合作关系、共享的关系。

上海冷链联盟的宗旨为：遵守和贯彻中华人民共和国宪法、法律、法规和政策。联盟以行业服务、行业自律、沟通协调、资源共享为基本职能，努力发挥政府、社会、行业、企业之间的桥梁和纽带作用，积极维护联盟成员和行业企业的合法权益，助力本市冷链企业发展，助推本市冷链市场健康有效地运行。充分发挥上海的区位优势和冷链资源优势，立足上海，联合长江三角洲地区，辐射全国，加强与国际同行的合作交流，为上海现代化国际大都市的建设作出贡献。

上海冷链联盟成立时，审议通过了《上海冷链联盟章程》，审议通过了筹委会提出的《关于上海冷链联盟第一届执行委员会委员名单的提案》，并由执行委员会选举产生了联盟主席、常务副主席、副主席。上海冷链行业协会、上海郑明现代物流有限公司董事长黄郑明当选为首任联盟主席，韩志雄（原上海市物流协会执行副会长兼秘书长）当选为首任联盟常务副主席，中国仓储与配送协会冷链分会、原上海冷链协会会长刘龙昌当选为首任副主席兼联盟秘书长。并选举出上海现代服务业联合会副会长陈振鸿任顾问咨询委员会名誉主任、上海物流企业家协会会长范鸿喜任顾问咨询委员会主任、中国仓储与配送协会冷链分会会长刘龙昌任常务副主任，上海现代服务业联合会副秘书长兼上海现代服务业促进中心主任白焕耀、上海市商务委蔡涵欢调研员、上海同济大学建筑设计研究院王增先教授级高工等共 20 余位来自冷链行业相关协会、研究机构、高校、企业单位的领导及专家教授组成了上海冷链联盟顾问咨询委员会的专家组。

2017 年 12 月 19 日，在中国金融信息中心举行的“2017 第五届上海现代物流高峰论坛”上，上海冷链联盟举行了成立揭牌仪式。

信息来源：搜狐网

二、上海物流行业社会组织合作联盟

上海物流行业社会组织合作联盟成立于 2014 年 6 月 17 日。是在积极呼应中国（上海）自由贸易试验区运行、努力推动行业和企业发展的背景下，由上海市物流业 12 个行业协会发起成立的，12 家发起单位分别是：上海口岸联合会、上海市交通运输行业协会、上海市国际货运代理行业协会、上海市仓储行业协会、上海船东协会、上海港口行业协会、上海市快递行业协会、上海道路运输行业协会、上海道路危险货物运输行业协会、上海物流企业家协会、上海浦东现代物流行业协会、上海市物流协会等。

联盟的成立得到了本市主管政府部门的支持和指导，市商务委副主任刘敏和市发改委、市交通委、市经信委的相关负责人出席联盟成立并见证了签约。

联盟的宗旨是：加强合作、优势互补、共同发展。任务是：更好推动政府发展物流业规划和政策的落实；共同完成政府和有关方面布置的跨协会任务和工作：支持联盟成员发展产业推动行业的举措和活动；创新联盟成员合作模式实现新优势。并建立了联盟成员每半年一次的联席会议制度，开展了活动。2018年，在原有基础上，联盟又制定了工作条例和信息专报制度，设立联盟秘书处（设在上海市物流协会），并将原来每半年的联席会议制度改成每季一次的成员单位秘书长联席会议制度，分别由成员单位轮值主办，至今已召开了四次。

信息来源：上海市物流协会 陈震

物流行业三家明星企业简介

年鉴编者按：2019年3月27日下午，上海现代服务业联合会在中国金融信息中心上海厅举行“2018年上海现代服务业优秀企业家”表彰大会，为丁勇等50名企业家颁发“2018年上海现代服务业优秀企业家”、为丁祖昱等30名企业家颁发“2018年上海现代服务业优秀企业家提名奖”证书与奖杯。

获“2018年上海现代服务业优秀企业家”荣誉的本市物流业企业领军人有：上海国电海运有限公司、 福建国航远洋运输集团董事长王炎平，上海外高桥集团股份有限公司董事长刘宏，上海钢联电子商务股份有限公司董事长朱军红，申通快递有限公司董事长兼总裁陈德军，上海天地汇供应链科技有限公司董事长徐水波，上海郑明现代物流有限公司董事长黄郑明等六位；获“2018年上海现代服务业优秀企业家提名奖”荣誉的本市物流业企业领军人有上海万家物流有限公司董事长范立军。

上海现代服务业联合会物流与供应链服务专委会在此谨推荐介绍其中的3家明星企业及领军人。

一、上海郑明现代物流有限公司与董事长黄郑明

黄郑明，男，汉族，籍贯上海，1965年7月出生，中国民主党派人士，“92派”民营企业家，跟随改革开放的时代脚步，在二十余载的商海沉浮中，凭借过人的胆识、开阔的眼界、敏锐的洞察力，勇于把握机遇、不断自我创新，从建筑装潢行业创业起步，逐渐拓展到汽车销售、商贸领域，至今已发展成为公路客运和公路货运行业中优秀民营企业家的代表人物。

黄郑明作为上海郑明投资（集团）有限公司董事长，旗下的上海新大都客运有限公司成立于1995年，是当时上海交通行业中唯一的一家省际客运民营企业，目前已拥有资产逾2亿元，高级大客车150余辆，经营省际客运班线81条，成为推动中国公路客运发展的一支力量。旗下的上海郑明现代物流有限公司在黄郑明董事长的带领下，始终坚持专业化、网络化和平台化的发展理念，在打造全方位的供应链服务平台和全国温控仓储网络布局方面取得卓越成就。凭借在第三方冷链物流和汽配物流领域的领先地位，先后获得美国红杉资本、法国凯辉私募基金、国际金融公司、摩根士丹利、国家开发银行、春华资本及远洋资本的战略投资。历经二十多年的飞跃发展，已从区域性的物流公司发展成为中国冷链物流行业的标杆企业，目前拥有50多家分／子公司，86个温控仓储基地（100多万平方米），自有现代化运输车辆600余辆，可控外协车辆5000余辆，服务网点覆盖全国90%的重要城市，每日货物吞吐量可达10000余吨。并先后被中国物流与采购联合会评为首批五星级冷链物流企业，荣获全国第三方食品冷链物流服务商第一名、全国冷链物流50强企业第一名、2017年度冷链仓储百强企业第一名等荣誉称号。

二十余载的创业历程中，黄郑明董事长在带领着企业实现多元化发展的同时，始终不忘企业家的社会责任与行业担当。2008年起投资创办了郑明希望小学，每年坚持捐款、捐物，让每位学生拥有和“上海的孩子们一样多的”学习用品。2012年成立了郑明爱心互助基金，旨在帮助员工解决重大疾病和意外事故等问题，充分发挥企业团结互助、扶贫帮困的作用，增强企业凝聚力，弘扬良好的企业风尚。自2017年先后当选为上海冷链协会会长、上海冷链联盟主席、上海现代服务业联合会副会长等行业职务，积极参与行业协会工作，凝聚力量，发挥行业引导力，共同推动上海冷链行业快速发展，为推动“上海四大品牌”建设添砖加瓦，助力打造上海“服务品牌”的新亮点！

行有恒水能穿石，涵无穷海可纳川。过去的20余载，赶上了改革开放的好时代，郑明集团实现了快速发展与创新转型。未来，黄郑明董事长将始终保持企业家的实干精神和创新活力，积极探索新时代下冷链产业发展的新思路，不断引领温控供应链业务模式创新，继续续写郑明集团新的辉煌！

信息来源：上海现代服务业联合会物流与供应链服务专委会

二、上海天地汇供应链科技有限公司与董事长徐水波

天地汇集团成立于 2013 年 7 月，是一家基于互联网技术和实体物流园区网络打造的线上线下联动的中国第四方公路物流平台。公司以“互联网 +”的方式整合以“小、散、乱、差、多”为特征的传统物流园区和各类物流要素，通过运用互联网、移动互联网、云计算、大数据、物联网等先进技术与物流实际运营相结合，实现天网（基于供应链的 SAAS 平台）、地网（物流园区网络）、车网（干线甩挂网络）的互联互通，助力全国传统物流企业向网络化、信息化、标准化、集约化和互联网化方向的转型升级，优化物流运营，降低物流成本，助力物流产业发展，大幅缩小中国物流和发达国家的物流发展水平。

目前，天地汇园区覆盖 30+ 城市，网络覆盖 48 个公路港，整合超过 20000 亩土地，200 多亿资产；同时，公司拥有物流企业会员超 过 3.5 万家，活跃司机会员超过约 45 万，在 2016 年平台营业额突破 641 亿，实现营收近 20 亿的基础上，2017 年天地汇继续保持高速增长，完成平台营业额 1197 亿、实现营收 43 亿。无论从园区网络覆盖还是平台交易额，天地汇都在行业遥遥领先！

2019 年，天地汇将继续保持良好发展态势，计划拓展主要的一、二线物流节点城市及部分三、四线城市，基本建成全国物流骨干甩挂网络；同时公司营收预计突破百亿大关，并在“互联网 + 物流”行业首次历史性地实现全年盈利。

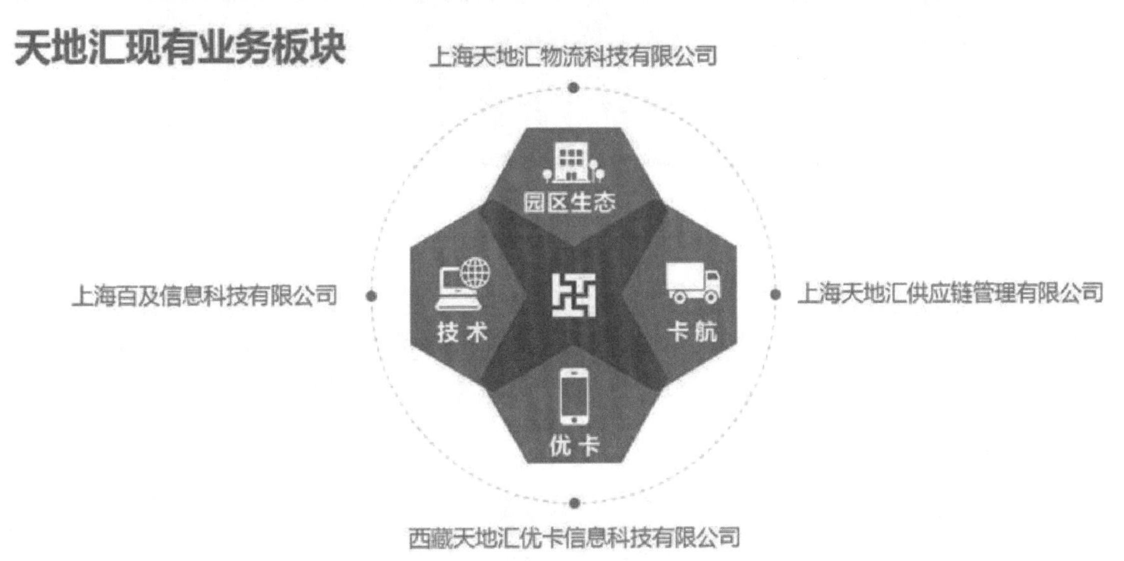

■ 商业模式

天地汇专注于打造三张网和两朵云，即：“天网、地网、车网”和“物流云”、“数据云”。以供应链协同为核心，以线下园区为基础管理单元，通过互联网、移动互联网、车联网、物联网等信息技术手段进行线上线下的联动，实现园区与园区之间互联互通，进而构建园区之间的高效车网并实现运输过程的透明化管理。

天地汇会员的发展和服务质量的提升依赖类 SaaS 系统的物流云，依托于这个系统所产生的大数据，形成云数据，可服务于每个物流企业甚至每台车。天地汇的商业本质是“天网共享、地网互联、车网互通、生态共赢。”

■ 天网

“天网”是天地汇精心打造的、具有完全自主知识产权的公路港信息化云服务平台，是公路港核心竞争力；是基于互联网、移动互联网、物联网和车联网“四网合一”的物流云服务平台。

“天网”平台主要包括“园区通”（RPMS）、智能订单管理系统（OMS）、运输管理系统（TMS）、“天地卡航”管理系统（REMS）、集提集配智能管理系统（PUDMS）、甩挂调度管理系统（DTMS）以及会员和诚信管理系统（MCMS）、支付结算系统（TDPay）等系统以及在线金融服务综合而成的，通过天网的核心作用，使地网、车网实现全网协同，最终实现整个供应链体系的优化与协同。

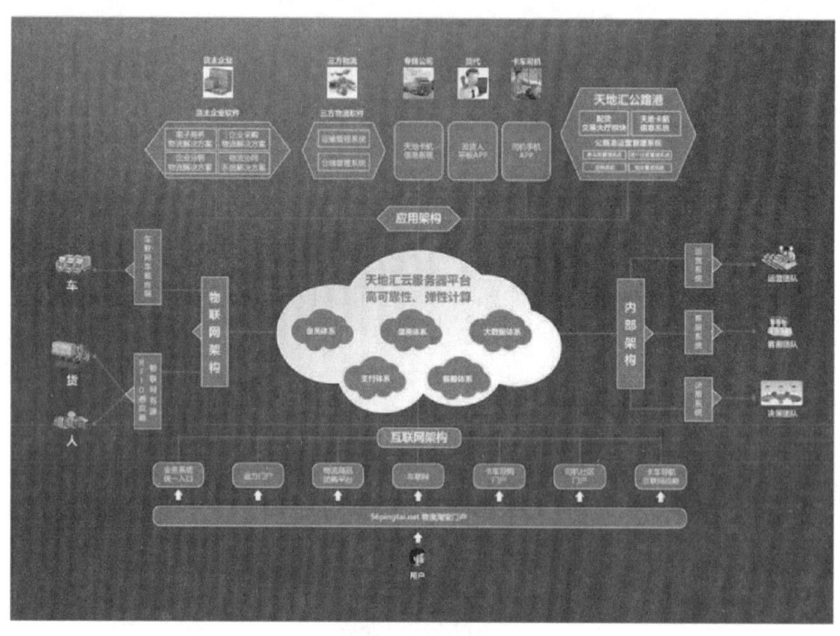

■ 地网

遍布全国的物流枢纽节点城市的公路港连接形成天地汇“地网”，地网打破了传统孤岛园区的弊端，形成物流资源在地网平台上的高效流转和共享，使得所有货主、物流企业、司机会员在整个地网中享受各类标准的产品和服务。地网的形成将真正意义上让网络型高效甩挂运输成为可能，着力解决因两地货源不对等而产生车辆运输能力无法充分利用的情况。

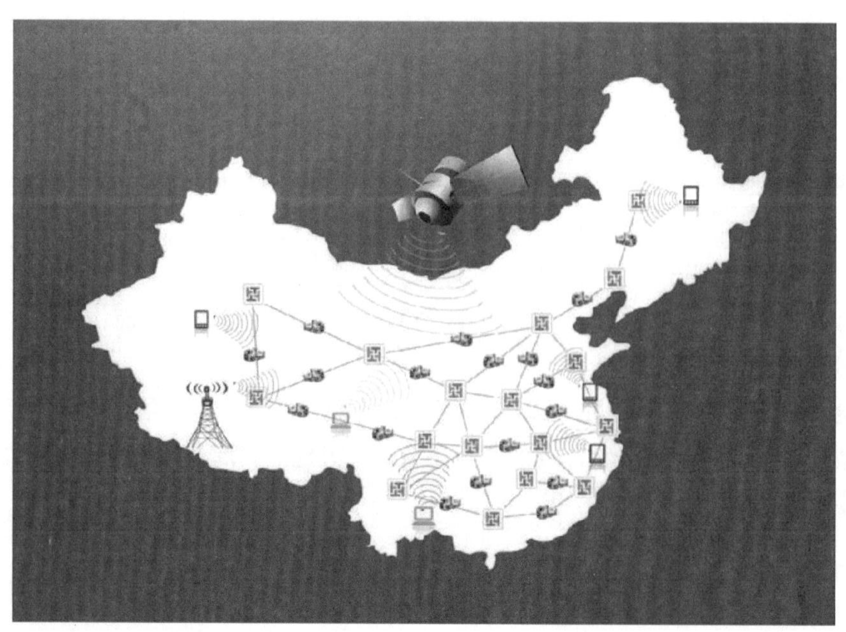

■ 车网

“车网”是在“地网”和“天网”的基础上构建的园区之间点点直达的车辆运输网络。天地汇通过“天地卡航”产品让所有干线运营牵引车和车厢在地网之间高效运作，实现全网甩挂运输，天地汇将成为中国干线运输网络的总调度台，在全国范围内调度和控制所有运营车辆，让车与车之间，车与司机之间，司机与物流企业之间，车与总调度之间形成有机的管控关联。在这样科学、透明、高效的管理下，天地汇车网平台上的车辆使用效率实现大幅提高，已达到国际先进水平。

天地汇致力于推动物流行业的降本增效，践行国家供给侧改革，目前已经成为物流产业互联网公司的行业龙头和典型代表，被誉为“互联网时代的园区运营专家”和“中国干线甩挂运输的领军者”。

信息来源：上海现代服务业联合会物流与供应链服务专委会

三、万家物流有限公司与董事长范立军

万家物流全面转型，中国零担物流首选品牌，领先的电商综合物流服务商。以互联网信息化的优势，结合自身行业特点，开发与物流相关联的延伸、增值服务，打造以“中国共配”、“万家商城”、“放东西”为主的三个物流增值服务平台，连同原“万家物流”构成了集团四大支柱版块。以创新型组织构架，众筹开发的形式与众多业内外资源相互合作，最终形成全国零担集货配送网络+第三方物流（供应链服务）+特色物流及增值服务（家居宅配+医药宅配+酒品仓配）的服务产品。通过全国的网络布局，提供整车货运、零担集货运输、调拨、仓储及增值服务、逆向物流、代收货款等多种物流服务。

信息来源：上海现代服务业联合会物流与供应链服务专委会

10.4 《上海物流年鉴 2018》英语总目录

《Shanghai Logistics Yearbook 2018》 General Catalogue

Section 4: Innovation Practice & Researching of Logistics Development

Section 4.1: Comprehensive Information

Section 4.2: Classification of Logistics Innovation

Section 4.2.1: Informatization, Mega Data and 5G Network of Logistics

Section 4.2.2: The Application of Block Chain

Section 4.2.3: AI (Artificial Intelligence)

Section 4.2.4: The Cloud Storage of Logistics

Section 4.2.5: IoT (Internet of Things)

Section 4.2.6: The Reverse Logistics

Section 5: The Port & Free Trade Zone' Logistics and The Logistics Integration of Yangtze river delta

Section 5.1: The Port Logistics

Section 5.1.1: The Statistics of 2018 Shanghai Port Logistics

Section 5.1.2: Comprehensive Information

Section 5.1.3: Special Subject of "China International Import Expo"

Section 5.2: The Logistics of China (Shanghai) Pilot Free Trade Zone

Section 5.2.1: 2018 Statistics

Section 5.2.2: Comprehensive Information

Section 5.3: The Regional Cooperation of Yangtze river delta

Section 6: The Logistics of Manufacturing Industry

Section 6.1: Steel & Iron Logistics

Section 6.2: Automobile Logistics

Section 6.2.1: Review

Section 6.2.2: Comprehensive Information

Section 6.3: Medicine Logistics

Section 6.3.1: Review

Section 9.2: Supply Chain

Section 8.1.1: Review

Section 8.1.2: Comprehensive Information

Section 10: Appendix

Section 10.1: Chronicle of Logistics Events (2018 - Feb. 2019)

Section 10.2: Shanghai Library’s Collection of The Logistics Books in 2018

Section 10.3: 《Shanghai Logistics Yearbook 2016》 General Catalogue

(Edition & Translation by: Zhang Zhijian)

本篇编辑：张志坚

编辑说明

本年鉴是自 2011 年创办以来的第八本行业年鉴。本年鉴内容坚持定位于反映年度上海市地区物流业发展状况和综合信息，本年度年鉴共分十个篇章，依次分别为第一篇综合报告和政策文件，第二篇物流基础领域，第三篇物流业改革开放四十年，第四篇物流业创新研发与应用实践，第五篇口岸与自贸区物流、长三角物流区域合作，第六篇制造业物流，第七篇城市配送物流，第八篇物流装备技术和物流标准，第九篇物流金融和供应链物流，第十篇附录。本年鉴信息和稿件收集的时间范围为 2018 年全年，部分后延至 2019 年 4 月。

按惯例，本年鉴每年都要根据行业发展实际在内容编排上作一些调整和改进，本次调整主要有：第一篇“综合报告和政策法规”仍保留以往按全国和上海市两个范围的分类，其中政策法规以目录索引为主，还登载了部分当年主要政策的官方解读文本；取消了原第二篇“物流业景气指数”整个篇章；增设了第三篇“物流业改革开放四十年”；第四篇“物流业创新研发与应用实践”中重新调整分类为：物流信息化、大数据和 5G 网络技术应用，区块链应用，人工智能，物流云仓，物联网和逆向物流等六大部分；第五篇调整为“口岸与自贸区物流、长三角物流区域合作”，增加了 2018 年 11 月在上海举办的首届中国国际进口博览会相关物流业信息，以及长三角三省一市的物流区域合作新内容；其余篇章也都有不同程度的框架调整和内容扩充或缩减。

本年鉴编辑大纲设计、工作计划制订和征组稿工作自 2019 年 1 月中旬开始启动，其中编辑部编辑工作始于 3 月 12 日，前后历经约两个半月时间，于 2019 年 3 月底完成初编稿编写，目前已进入审核阶段。由年鉴编辑部牵头，参加组稿工作的有市发展改革委、市经信委、上海市物流协会（学会）、现代物流报上海记者站、上海现代服务业联合会物流与供应链服务专委会、上海工程技术大学、上海市交通港航发展研究中心等单位（排名不分先后）。

本年鉴选摘稿信息主要来源有：国家统计局、国家邮政总局、国家发展改革委、交通运输部、商务部、工信部、中物联、中国上海、市发展改革委、市商务委、市经信委、市交通委、市统计局、市口岸服务办公室、中国（上海）自由贸易试验区、中国国际进口博览会、市城市交通运输管理处、上海海关、上海市邮政管理局、上海国际港务（集团）有限公司、上海市物流协会（学会）、上海市港口行业协会、上海市快递行业协会、上海现代服务业联合会等公共网站，还有部分其他物流相关行业的或综合信息网站。年鉴采用的选摘稿均注明来源出处。

对参与本年鉴供稿和编写工作的单位和个人、以及其他各方面的鼎力支持，我们谨表示衷心感谢。由于专业水平和编辑经验等方面的局限，本年鉴存在的不足之处，敬请业内外人士批评指正。

上海物流年鉴编辑部

2019 年 3 月 29 日

东方航空物流股份有限公司

东方航空物流股份有限公司（以下简称“东航物流”）是中国东方航空集团有限公司旗下的现代综合物流服务企业，总部位于上海。以成为最具创新力的物流服务集成商为愿景，东航物流致力于为全球客户提供安全、高效、精准、便捷的全方位综合物流服务解决方案。

2017年6月，作为国家民航领域混合所有制改革试点首家落地企业，东航物流率先实现股权多元化，东航集团、联想控股、普洛斯、德邦物流、绿地集团及核心员工分别持有公司45%、25%、10%、5%、5%、10%股份，东航物流以全新姿态重新启航。

东航物流旗下拥有中国货运航空、东航快递、东航运输等子公司及境内外近200个站点及分支机构，员工近7000人，是目前世界上独一无二的被航空公司拥有，同时又拥有航空公司的物流企业。

东航物流拥有功能齐全、结构均衡的战略资本。东航650余架客机腹舱和9架全货机的航空运力及遍布全国、辐射全球的航线网络构成了东航物流得天独厚的资源优势。在上海虹桥和浦东机场均设有运营基地，拥有6个近机坪货站（含海关监管仓库、跨境电商示范园区），总面积达125万平方米。在昆明、西安、北京等东航主要枢纽机场还设有10个异地货站。

集供应链管理、航空运输、卡车运输、海运、仓储、装卸、快递、报关、进出口贸易等业务功能于一体，东航物流在运营实践中培育和形成了综合物流服务所必备的方案设计、优化、组织、实施、管理等全程物流服务能力，可根据客户的需求提供“一站式”物流解决方案，实现全方位的项目过程管理、时间和成本控制。

在经济全球化和电子商务的双重推动下，东航物流审时度势、转型升级，以“一个平台，两个服务提供商”（快速供应链平台、高端物流解决方案服务提供商、航空物流地面综合服务提供商）为战略引领，以全方位信息系统为支撑，深度挖掘创新能力，领跑航空物流业界同行。

秉承“客户为尊”的服务理念，东航物流将依托“天地合一”的资源保障和国际化的物流服务体系，悉心建设以现代科技为支撑的物流操作平台，持续保持自身对供应链各环节的控制与协调能力优势，为实现客户价值最大化、满足客户需求升级，提供贴心到位的专业服务。

[东方美谷企业集团]

打造全区美丽健康产业的投资管理平台

东方美谷集团全称东方美谷企业集团股份有限公司，是奉贤区第一家区属一级国有股份公司，注册资本 6 亿元。

集团作为推动“东方美谷”发展的市场化主体，以“产业投资，专业招商”为主要业务，并以“产业集群，企业上市”为发展目标，致力于全面整合资源，拓展东方美谷美丽健康产业的承载空间，提升产业发展品质，加快产业发展速度，丰富产业发展内涵，并对美丽健康全产业链相关优质资产开展收购兼并和股权投资，打造全区美丽健康产业的投资管理平台，推动奉贤区美丽健康产业集群集聚发展。

集团通过投资、收购全区乃至全市范围内 104 板块适合产业开发的土地和拟实施产业结构调整的土地，与当地政府进行合作开发，打造以实现美丽健康产业集群发展为目标，运用专业化、现代化、国际化的招商思路和手段，吸引、培育一批行业顶尖、具有国际影响力的美丽健康产业企业和机构落户，形成国内规模最大的美丽健康产业集群和具有行业引领作用的发展高地。

东方美谷集团将围绕东方美谷“五大平台”和“八大中心”，构建产业支撑体系。

五大平台——产业发展平台、产业资源平台、产业孵化平台、产业服务平台、产业政策平台。

八大中心——研发中心、设计中心、检测中心、展示中心、营销中心、体验中心、服务中心、指导中心。

康成投资(中国)有限公司

康成投资（中国）有限公司（英文名称：CONCORD INVESTMENT (CHINA) CO., LTD. 简称“康成投资”）是上海市外商投资企业协会副会长级会员单位。“康成投资”是 2005 年 3 月 4 日经国家商务部批准成立的外商投资性公司，2009 年 12 月 21 日经上海市商务委员会认定为“跨国公司地区总部”，是“大润发”系列注册商标的所有权人，目前公司注册资本为 24831.3183 万美元。

2017 年 11 月 20 日，阿里巴巴与大润发母公司高鑫零售达成战略合作，阿里巴巴投入约 224 亿港元持有高鑫零售 36.16% 的股份。高鑫零售旗下有大润发和欧尚两大零售企业，截至 2016 年现代通路中的主要零售商占有率大润发（6.5%）和欧尚（1.3%）共有 7.8% 的市场份额，排名中国第一。作为全国最大的大卖场运营商与全国最大的电商平台，两者强强联手将从商业模式和资本结构双通道加快推动新零售进程。

满足顾客需求，并让顾客满意

未来已来，唯一的不变就是改变

物流体系的建构：

1. 全国物流中心：

5 大中心仓库：华东 / 华北 / 东北 / 华南 / 华中
4 大区域仓库：南京 / 厦门 / 成都 / 哈尔滨
正在构建华北中心仓库
总计面积：430000 平方米

2. 仓库参数

品项数：23000 SKU
日均收货量：70 万箱（2100 万箱 / 月）
日均出货量：65 万箱（2000 万箱 / 月）
365 天 24 小时提供服务

3. 自动化仓库作业

滑块分拣机 + 堆垛机器人：
【货到人】机器人系统
无人搬运车 + 遥控拣货车

4. 运输参数

日均趟次：485 趟（14550 趟 / 月）
总车辆数：360 台
总柜数：1050 个
平均里程：350-400 公里（最远距离 4000 公里）

5. 运输作业

运输模式：路运 / 海运 / 铁路
GPS：里程 / 油耗 / 轨迹 / 车速 / 停车异常 / 超速报警
OTMS：外车预约 / 报到 / 追踪在途车辆及时状况

作业准则：

效率最大化，成本最小化
安全、效率、品质、服务、成本、创新
精益求精，落实工匠精神

服务宗旨

满足顾客需求，并让顾客满意
未来已来，唯一的不变就是改变

效率最大化，成本最小化

安全、效率、品质、服务、成本、创新

精益求精，落实工匠精神

上海统超物流有限公司

上海统超物流有限公司成立于 2009 年 4 月，注册地位于上海市松江区，是由台湾统一企业在中国设立的转投资事业，矢志成为最卓越之仓配一体物流业者，以提供连锁门市最便捷、最安心的物流服务为宗旨、并善尽良好社会公民之责任。

公司业务范围包括仓储理货、流通加工、运输配送等，针对每位客户门市之不同商品特性及物流规模，规划专属的仓配作业解决方案，提供客户最适化的物流服务。目前主要客户为华东地区的著名品牌便利店和咖啡餐饮连锁门店，服务门店截止至目前已逾 1400 家，分布在上海区域及浙江区域。

对于客户的不同商品，其所需要的仓储和运输条件各有不同，区分常温、冷藏、冷冻、恒温等不同的需求，仓储规划方面针对商品属性设立了四大温区，分别为常温、冷藏、冷冻以及恒温区；在门市配送面，采用多温层配送确保配送稳层不断链，完善食品安全要求。当然，针对不同客户门店的需求，上海统超物流为客户提供客制化方案；在为便利店服务时将常温与低温分开配送，为咖啡连锁餐饮品牌服务时则将常温、冷藏与冷冻提供多温层共同配送，完全满足客户期望。另一方面建立了检测机制，即对仓储温度 / 商品效期 / 车辆的轨迹、温度等进行实时的监控，从全流程保证商品的安全性。在客户不断茁壮下，目前每日为客户配送商品件数逾 80 万件，每日发出的车辆超 200 多台，最远配送距离达 500 公里。

随着服务对象店数增加、新的服务客户的开拓，对仓储空间、配送效率及质量的要求逐步提高，公司于 2017 年自行开发了新的 smart2G WMS 系统，在物流中心内部采用全部电子化及自动化作业，落实无纸化，大大提升作业效率及准确率，并大大降低同仁作业辛劳度，保障同仁健康。

作为不断追求进步的现代物流企业，加强自身的管理水平，上海统超物流有限公司于 2018 年实施并取得 ISO9001:2015 质量体系权威机构认证；并于 2019 年 1 月通过中物联评估办的审核，获得第 27 批 3A 级综合型物流企业；公司的目标是建设高智能化、高自动化的现代物流，充分利用互联网等最新技术，配备最先进的拣货系统，最大限度地满足客户的需求；通过大家十年的辛勤付出，上海统超物流有限公司得到了众多知名企业和物流公司的信任和肯定，公司致力打造中国最值得信赖的精品物流企业；公司愿与每一个企业建立真诚、友好、双赢的长期合作关系，携手共创辉煌！

上海商业储运有限公司

上海商业储运有限公司成立于1952年，是目前国内最大的流通产业集团一百联集团旗下上海现代物流投资发展有限公司的全资子公司，作为一家拥有60余年行业经验的大型国有物流企业，是国内最早以现代物流理念，提供物流供应链一体化服务运作的第三方物流企业之一。

公司注册资金近6000万元，总资产逾2亿元，总部位于上海最繁华的商业中心一外滩。是国内第一批被中华人民共和国国内贸易部评为“中华老字号”的企业，曾先后荣获“国内AAAA级综合服务型物流企业”、“中国五星级仓库”、“中国行业年度诚信企业”、“中国仓储服务金牌企业”、“全国先进物流企业”、“上海市五星级诚信创建企业”、AAA级信用企业、上海市纳税信用A类等级、上海市会计信用A类等级等荣誉称号。

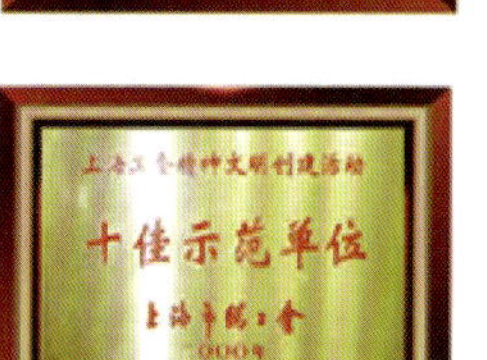

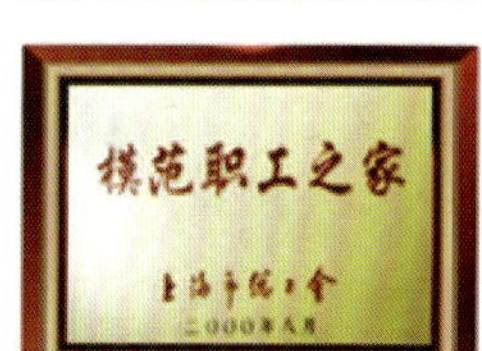

作为一家立足于上海及长三角地区的区域性第三方物流服务企业，公司目前管理的仓储经营面积已达到了35万㎡左右，分布于杨浦、宝山、松江、青浦、嘉定和奉贤等区域近二十个标准的物流基地之中，总体的运作网络已覆盖上海各角落，并可辐射整个长三角地区和国内各大主要城市。2018年实现整体收入1.56亿元，全年实现利润2322万元。

强大的物流资源整合能力、高效的一体化管理模式和相辅相成的物流设施设备租赁服务是公司经过多年摸索所形成的特有的核心优势。公司依托百联物流的整体供应链服务平台和先进而高效的信息化中台体系，目前所经营的各物流园区和基地均可提供诸如各类标准库（常温库、冷链功能库、高标平台库等）仓储租赁服务、库存管理服务、仓配一体化服务、与电商/新零售业务密切相关的物流供应链服务等， 并可根据客户的具体要求，定制化物流服务方案，真正做到随需而变，打造符合个性化需求的物流一体化供应链服务。

展望未来，上海商业储运有限公司将继续秉承优秀的企业文化，借助自身的服务品牌、信息技术、运作管理和操作团队的优势，不断与时俱进，以创新性的思维逐步调整白身经营和服务模式，在更大范围、更广阔领域和更高层次上获得崭新的发展，打造一流的物流服务标杆企业。我们也将一如既往的承担更多的社会责任，为创建和谐社会贡献一份力量。